中国　南通

全国文明城市

国家环保模范城市

国家卫生城市

国家园林城市

国家历史文化名城

全国社会治安综合治理优秀城市（获“长安杯”）

全国科技进步先进市

中国人居环境奖（水环境治理优秀范例城市）

全国双拥模范城

中国民营经济最具活力城市

中国十佳和谐发展城市

中国大陆最具台商投资价值城市

跨国公司眼中最具投资潜力的中国城市

首届中国最安全城市（2007 年）

南通市年鉴编纂委员会

《南通年鉴（2011）》编纂人员

南通年鉴

NANTONG YEARBOOK

2011

南通市年鉴编纂委员会　编

方志出版社

南通市国土资源信息中心 南通市测绘院有限公司 编制　　南通市国土资源局 南通市民政局 监制

南通市政区图

湖南地图出版社 出版 审图号：苏S(2009)082号

地区生产总值（亿元）

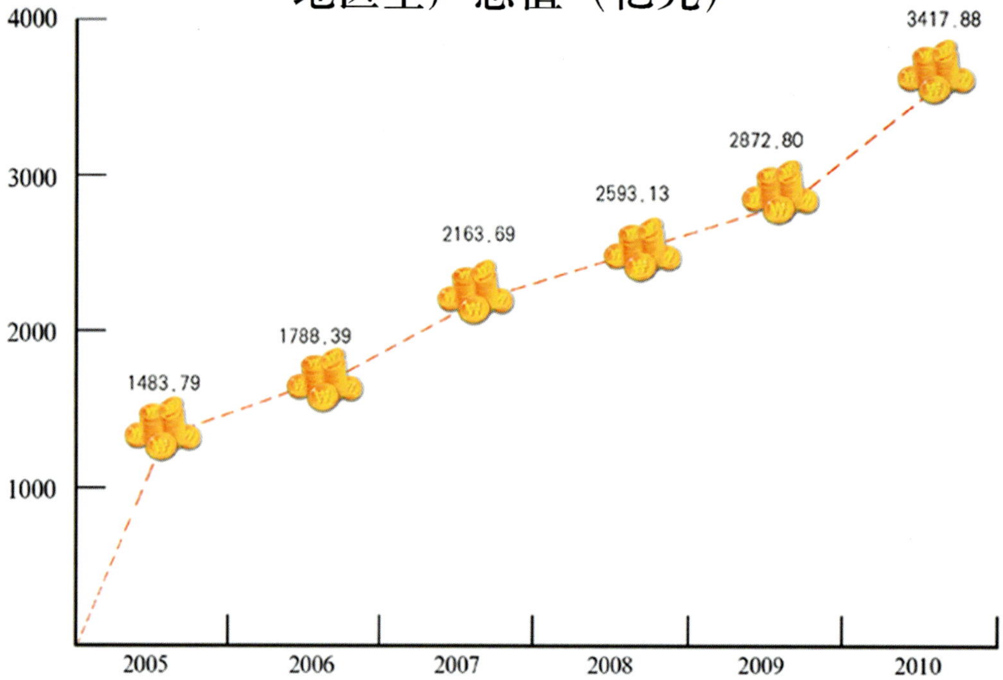

年　份	2005年	2006年	2007年	2008年	2009年	2010年
地区生产总值	1483.79	1788.39	2163.69	2593.13	2872.80	3417.88

三次产业构成（%）

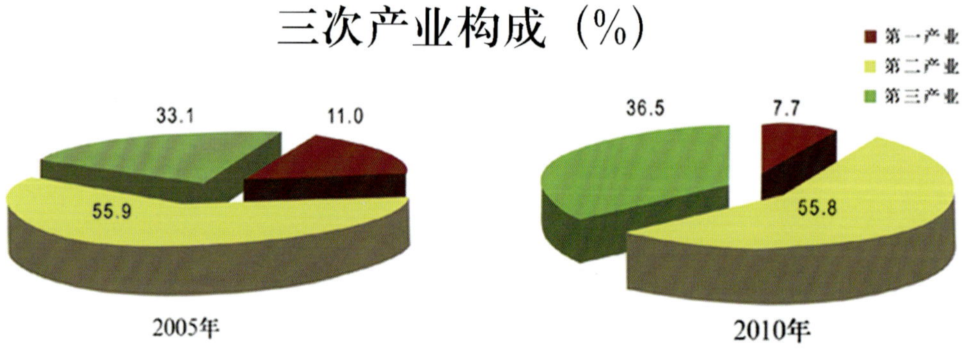

三次产业增加值占GDP的比重

年　份	2005年	2006年	2007年	2008年	2009年	2010年
一产增加值占比	11.0	9.9	8.6	8.5	8.2	7.7
二产增加值占比	55.9	55.5	55.9	56.0	56.0	55.8
三产增加值占比	33.1	34.7	35.4	35.6	35.8	36.5

财政总收入（亿元）

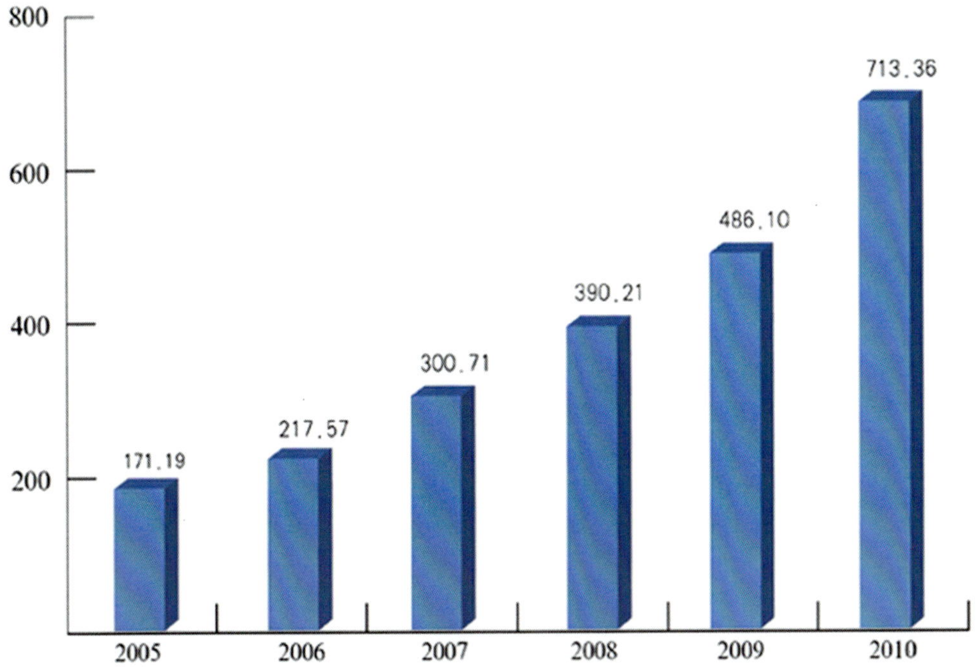

年 份	2005年	2006年	2007年	2008年	2009年	2010年
地区生产总值	171.19	217.57	300.71	390.21	486.10	713.36

城镇化率（%）

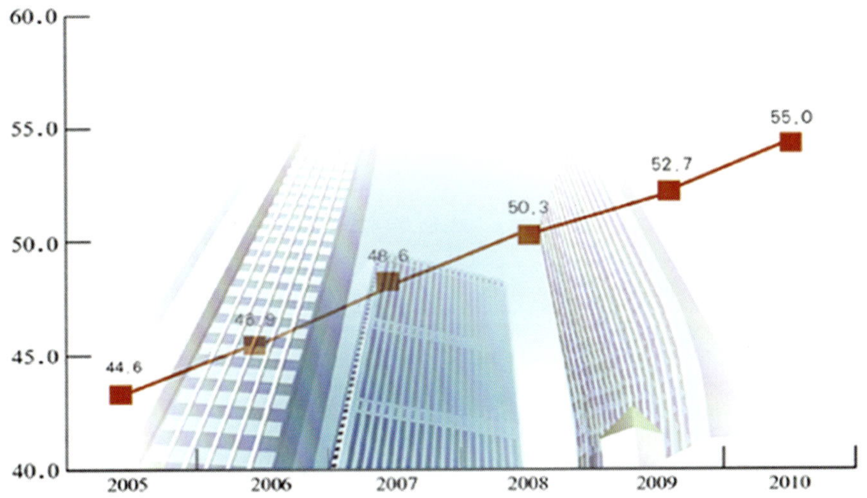

年 份	2005年	2006年	2007年	2008年	2009年	2010年
城镇化率	44.6	46.9	48.6	50.3	52.7	55.0

农林牧渔业总产值（亿元）

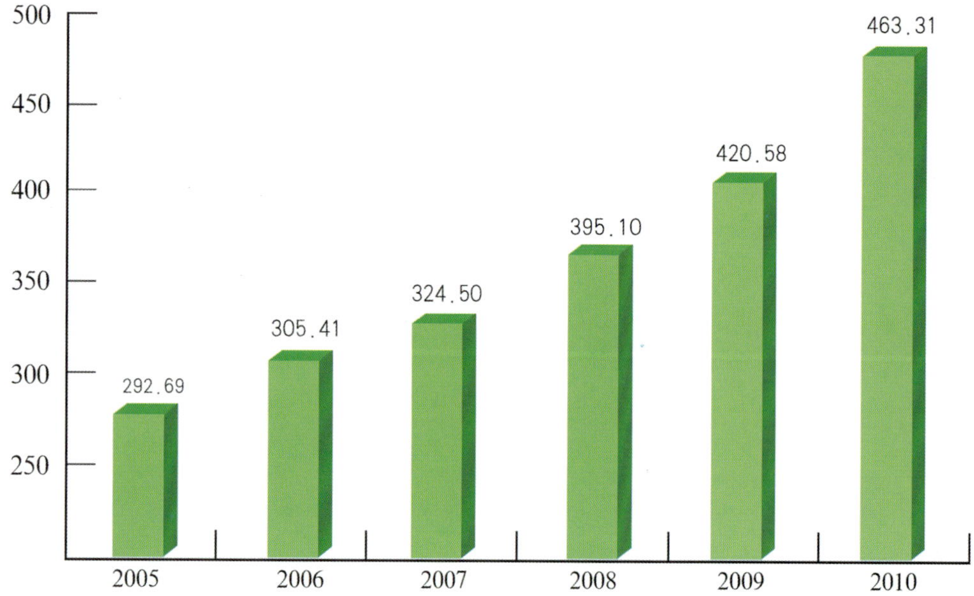

年 份	2005年	2006年	2007年	2008年	2009年	2010年
农林牧渔业总产值	292.69	305.41	324.50	395.10	420.58	463.31

规模以上工业总产值（亿元）

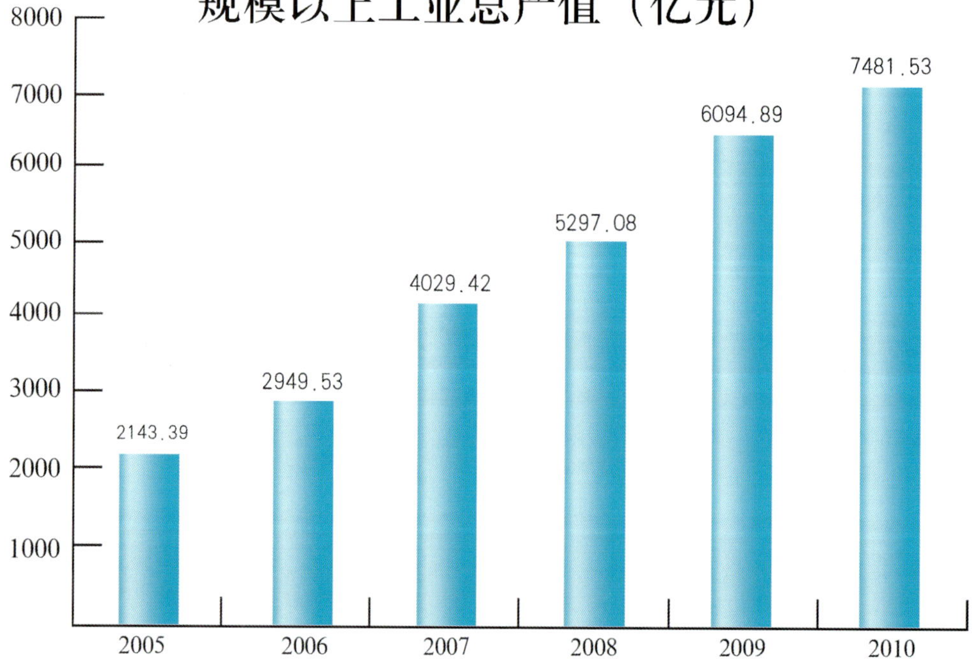

年 份	2005年	2006年	2007年	2008年	2009年	2010年
规模以上工业总产值	2143.39	2949.53	4029.42	5297.08	6094.89	7481.53

进出口总值（亿美元）

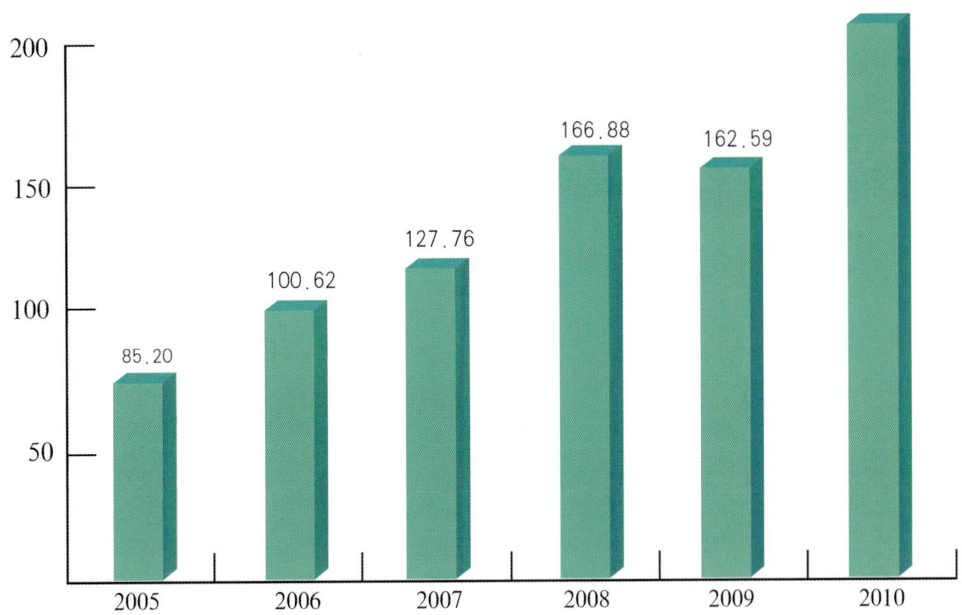

年 份	2005年	2006年	2007年	2008年	2009年	2010年
进出口总值	85.20	100.62	127.76	166.88	162.59	210.96

社会消费品零售总额（亿元）

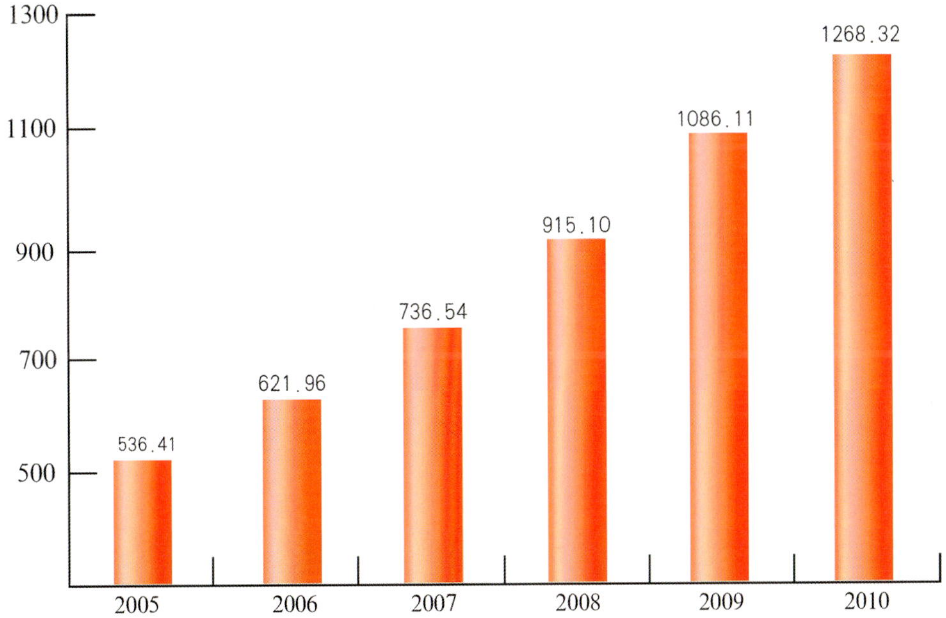

年 份	2005年	2006年	2007年	2008年	2009年	2010年
社会消费品零售总额	536.41	621.96	736.54	915.10	1086.11	1268.32

2011年4月16日，市委召开全市领导干部会议，宣布中共江苏省委关于南通市委主要负责同志职务调整的决定：丁大卫同志任中共南通市委书记；罗一民同志不再担任南通市委书记、常委、委员职务。图为省政协副主席、省委统战部部长罗一民与新任南通市委书记丁大卫亲切握手

2011年6月中旬，市委书记丁大卫，市委副书记、代市长张国华率市党政代表团先后赴连云港、盐城、上海洋山港、苏州昆山等地考察。图为丁大卫（右四）、张国华（右三）一行参观上海临港产业园

注：2011年5月5日，中共江苏省委组织部负责人宣布省委决定：原昆山市委书记、昆山经济技术开发区党工委书记、江苏昆山花桥经济开发区党工委书记张国华同志任中共南通市委委员、常委、副书记，提名为南通市人民政府市长候选人；丁大卫同志不再担任市长职务。5月11日南通市第十三届人大常委会第23次会议决定，接受丁大卫同志辞去市长职务，任命张国华同志为副市长、代理市长。

2010年1月14～15日，中共中央政治局常委、全国人大常委会委员长吴邦国在南通视察

2010年5月14～15日，中共中央政治局常委、中央纪委书记贺国强在南通视察

2010年9月24日，刘瑞龙同志诞辰100周年纪念座谈会在南通举行。中共中央政治局委员、国务委员刘延东出席会议

2010年3月27～29日，十届全国人大常委会副委员长成思危出席在南通举行的2010全球创新型经济高层论坛，并到有关企业实地考察

2010年11月30日，市委十届七次全体会议在市行政中心举行，审议通过《中共南通市委关于制定南通市国民经济和社会发展第十二个五年规划的建议》

2010年10月22日，新加坡—江苏合作理事会第四次会议在南通举行。双方签署新苏理事会新一轮合作备忘录，15个合作项目在会上签约

2010年8月23日，无锡市人民政府与南通市人民政府合作共建锡通科技产业园签约仪式在无锡市举行

2010年9月15日至19日，2010中国南通港口经济洽谈会隆重举行

2010年9月19日，南通科技园开园

2010 年 10 月 18 日，中国供销集团南通供销产业园奠基 （市供销总社供稿）

2010 年 1 月 18 日，宁启铁路复线电化工程（南通段）开工（市铁路办供稿）

2010 年 6 月 8 日，南通沿海开发 408 个亿元以上项目集中开工仪式在海门滨海新区举行

资本市场崛起“南通板块”。2010 年 2 月 3 日，南通精华制药股份有限公司在深交所上市

（港闸开发区供稿）

至2010年底，洋口港江苏LNG项目一期工程基本建成

2010年6月，江苏大唐国际吕四港电厂一期工程4台机组投产发电

苏中建设集团承建的上海世博会英国馆获国际建筑大奖

中国航空馆（南通四建集团承建）

万科馆(通州建总集团承建)

台湾馆(苏中建设集团承建)

爱尔兰馆（苏中建设集团承建）

编　辑　说　明

一、《南通年鉴》是中共南通市委、南通市人民政府主办，南通市年鉴编纂委员会组织编纂的地方综合年鉴，旨在逐年记述南通市自然、政治、经济、文化、社会等方面的基本情况，为各界人士了解南通、宣传南通、研究南通、建设南通提供翔实、准确的地情资料。

二、《南通年鉴(2011)》的编纂，以中国特色社会主义理论体系为指导，贯彻落实科学发展观，全面客观记载2010年南通市经济社会发展的新情况。

三、《南通年鉴(2011)》结构体例立足原有格局并根据新形势进行一定的创新。卷首部分为"特载"，包括重要报告、专记、媒体聚焦南通；主体部分设概览篇、政治建设篇、经济发展篇、文化建设篇、社会建设篇、生态建设篇、辖区篇、人物篇、文献篇9个部分，除辖区篇、人物篇、文献篇外，各篇下设类目、分目、条目，部分篇还下设二级分目、单位选介等；卷尾部分为"附录"。经济发展篇中对于各产业的划分根据"十二五"规划和市委、市政府决策部署进行全面调整。与此同时，本期年鉴对版式作适当调整。

四、《南通年鉴(2011)》内容收录对象以现行南通行政区划为界，凡在区域范围内的机关、团体、学校、医院、企事业单位有价值的信息和资料，不论归属，均予收录。收录时限为2010年1月1日至12月31日，个别事项适当追溯或下延，便于读者了解始末。为便于检索，卷首设中英文总目及详细目录，卷末设主题索引，所载信息可使用目录、索引、书眉等方法检索。市年鉴编纂委员会组成人员名单沿用2010年年鉴。

五、《南通年鉴(2011)》刊用的文稿，系各部门、各县(市、区)政府提供，由专人撰写，经各单位领导审定。全市综合性数据以南通市统计局提供的为准，统计部门未提供的以专业部门提供的为准。作者署名在每一条目尾，连续多个条目为同一作者的，署名在最后一个条目尾。随文选用插图由各有关单位提供。

六、《南通年鉴(2011)》的编纂出版，得到全市各部门、单位和社会各界人士的关心、帮助和支持，在此一并表示感谢。同时希望广大读者提出改进意见，以便进一步提高《南通年鉴》编纂质量。

《南通年鉴》编辑部
2011年8月

启 事

＊＊＊＊＊＊＊＊

1.《南通年鉴》属汇编类作品，法定著作权人为南通市年鉴编纂委员会。所收录资料除部分一次文献外，均由全市各机关、团体、企业、学校、医院、驻通单位及个别特定对象提供并把关，所有作者均予署名。

2.《南通年鉴》坚持社会公益性质，欢迎社会各界参阅和引用，但任何单位和个人不得擅自翻印或未经授权改编、发行、传播。

3.由于资料来源多样，《南通年鉴》采用文字、图片可能有个别作者姓名及地址不详，请相关作者及时与编辑部联系，以便奉寄稿酬。编辑部计发稿酬时间一般为出刊后至次年第一季度末止。

4.《南通年鉴》分纸质版和光盘版两种，部分资料经精选后在"南通史志网"上发布。如无特殊声明，所有来稿视作认同上述三种传播方式。

南通年鉴编辑部地址：南通市世纪大道6号行政中心15楼

邮编：226018　电话：0513-85215822、85098928

E-mail：ntnj0513@163.com

《南通年鉴》编辑部

2011年8月

总 目

Total Table of Contents

Ecological Construction

Area of Jurisdiction

(英文翻译:李 佳)

图书在版编目（C I P）数据

南通年鉴.2011/《南通年鉴》编纂委员会编.—北京:方志出版社,2011.9
ISBN 978-7-5144-0199-8

Ⅰ.①南… Ⅱ.①南… Ⅲ.①南通市—2011—年鉴 Ⅳ.①Z525.33

中国版本图书馆 CIP 数据核字（2011）第 177631 号

南通年鉴（2011）

编　　者:《南通年鉴》编纂委员会
责任编辑:梅中英
出 版 者:方志出版社
（北京市建国门内大街 5 号中国社会科学院科研大楼 12 层）
邮编　100732
网址　http://www.fzph.org
发　　行:方志出版社发行部
(010)85195814　85196281
经　　销:新华书店总店北京发行所
法律顾问:北京市大禹律师事务所
印　　刷:南通华民彩印有限公司
开　　本:889×1194　1/16
印　　张:32.5
字　　数:1014 千
版　　次:2011 年 9 月第 1 版　2011 年 9 月第 1 次印刷
印　　数:0001~2000 册
ISBN 978-7-5144-0199-8/K·162　定价:150.00 元

目 录

特 载

概 览 篇

中国人民政治协商会议南通市委员会

纪检 监察

治安 司法

新兴产业 …… (202)

支柱产业 …… (205)

基础产业 …… (209)

生产性服务业 …… (213)

文化建设篇

社会建设篇

生态建设篇

辖区篇

人物篇

文献篇

附录

重 要 报 告

加快现代化 再创新辉煌
——在市委十届七次全会上的讲话(摘要)

中共南通市委书记 罗一民

(2010年11月30日)

同志们:

这次全会的主要任务是,认真学习贯彻党的十七届五中全会和省委十一届九次全会精神,紧密结合南通实际,总结"十一五"工作,谋划"十二五"发展,动员全市上下继往开来,持续奋进,加快现代化,再创新辉煌。

一、关于"十一五"的基本情况和主要经验

"十一五"是南通发展史上具有突破性意义的五年。在党中央和省委的正确领导下,全市人民紧紧围绕"全面达小康、建设新南通"的目标定位,深入贯彻落实科学发展观,积极应对国内外宏观环境复杂多变的严峻挑战,危中抓转机,难中攀新高,把诸多不可能变为可能,从而历史性地把南通的经济社会发展推向了一个新的高峰。全市上下迸发出前所未有的创业、创新、创优激情,经济社会发展承接了"十五"跨越发展的良好势头,经济发达、文化繁荣、政治清明、社会和谐、人民安康五个新南通建设成绩斐然,超目标、超预期完成"十一五"规划确定的各项任务。

一是全面小康目标提前实现。全面建设小康社会是我国新世纪头20年总的奋斗目标,也是"十一五"南通发展的主题。省委要求苏中2012年前实现小康,我们在制定"十一五"规划时自我加压,提出在"十一五"期末以市为单位全面达小康。实践的结果,到2009年底我们就在全省江北率先达到了省定小康标准。提前实现小康,充分体现了省委"两个率先"的要求,反映了全市广大人民的共同愿望,是南通经济社会发展史上一个重要里程碑。

二是城市位次显著前移。"十一五"前四年,经济发展以平均14.8%的速度位列全省第一,效益持续保持全省领先。地区生产总值和人均地区生产总值五年翻番,预计分别达3400亿元和47000元左右,地区生产总值由全国地级市第十位前移到第八位,在全省贡献份额由"十五"末的8%提高到8.3%,增长幅度居全省首位。财政总收入突破600亿元,是"十五"期末的3.5倍。工业总量由长三角第九位前移至第七位,规模工业增加值在全省的占比由6.8%提高到8.2%,工业投入五年预计达到5700亿元,是"十五"的4倍,成为全国少有的工业投入超千亿的地级市。连续五次获得全国科技进步先进市称号,被评为全国最具创新环境城市。位居中国民营经济最具活力十大城市榜首。利用外资持续"撑竿跳",跻身全国前十强,实际到账外资预计五年累计突破130亿美元,是改革开放到"十五"期末总和的1.8倍;跻身中国外贸百强城市前30强,外经合作连年保持全省领先;与5个国外城市缔结为友好城市,占改革开放以来的1/3。在江苏可持续发展综合评价排名中,南通从2003年的第九位跃升至2009年的第四位,其中可持续发展能力由全省末位跃升至首位。城市综合竞争力由长三角核心圈16个城市第十四位跃升至第七位。列全球500个重点城市综合竞争力第二百九十九位,较上年度大幅前移了38个位次,同时入选全球最具城市竞争力最佳案例城市。

三是江海开发取得历史性突破。沿海开发上升为国家战略,苏通大桥通车,洋口、吕四两大深水海港正式通航,如皋港获批为国家一类开放口岸,崇启大桥、沪通铁路、宁启铁路、沿海高速等一批事关全局的重大基础设施项目进展顺利,区域性综合交通枢纽框架初步形成。南通港跻身全

国亿吨大港行列。苏通科技产业园等10多个跨江联动、跨国合作开发项目相继启动,滨海产业带建设有序推进,一批对南通未来发展具有重大拉动力的临港新兴产业落户沿江沿海。沿江优势进一步彰显、沿海优势强劲突破的区域发展新格局正在形成,南通阔步迈入"桥港新时代",融入上海一小时都市圈。

四是发展环境全面改善。"十一五"期间,"五城同创"圆满实现,先后被评为全国文明城市、国家环保模范城市、国家卫生城市、国家园林城市、国家历史文化名城,南通城市的知名度、美誉度、关注度大幅提升。新一轮行政机构改革和市属公益型事业单位改革基本完成,政府行政审批制度改革率先启动,教育、医疗、文化、金融体制改革深入推进,形成了充满活力的体制机制环境;持续深入开展绩效管理和争创全省最佳办事环境活动,在全国首创机关绩效考评"南通模式",政府服务质量连续两次位居全国第一,跻身最具台商投资价值城市、跨国公司眼中最具投资价值的中国城市、中国最佳投资环境城市行列,被评为首届"中国城市绩效管理创新奖",形成极具竞争力的政务环境;"包容会通、敢为人先"的南通精神深入人心,形成了政通人和、心齐气顺、风正劲足的良好社会环境。

五是社会全面协调发展。城乡统筹成效明显,城市化率预计达到55%左右,比"十五"末提高10.1个百分点,"民富、村美、风气好"的新农村建设深入推进,新农村建设十大工程和农村六件实事成效显著。南北区域均衡发展,各县(市)争先晋位,全部进入"全国综合实力百强县(市)"行列。文化大市建设步伐加快,区域教育现代化全面展开,公共卫生和基本医疗服务体系不断健全,成功承办省"十六运"。精神文明"南通现象"享誉全国,家纺版权保护经验被世界知识产权组织树立为首例优秀典范。荣获全国社会治安综合治理最高奖"长安杯",入选全国社会管理创新综合试点市。惩治和预防腐败体系得到中央领导充分肯定,行政权力网上公开透明运行走在全省前列。保持共产党员先进性教育、深入学习实践科学发展观活动成效显著,"创先争优"活动扎实推进,干部人事制度改革率先而为,被列为全省干部人事制度综合改革试点城市。环境质量综合指数居"全国污染控制较好城市"首位,提前完成主要污染物存量削减任务。耕地持续19年保持占补平衡。计生工作走在全国前列。统筹推进、全面协调已成为南通在区域性竞争发展中最具特色的亮点。

六是人民生活大幅提升。城镇居民人均可支配收入和农民人均纯收入年均增幅分别达到12.6%、12%,创历史新高,预计分别超过21800元和9700元,超额完成"十一五"规划目标,基本消除农村人口绝对贫困现象。预计今年全市居民储蓄存款达3000亿元左右,列全国地级市第六位。城乡登记失业率连续11年好于全省全国,在全省率先建成充分就业市区;城镇基本养老、医疗、失业保险和新型农村合作医疗在全国率先基本实现全覆盖,廉租房租金补贴、实物配租及经济适用房补贴实现"应保尽保",在全省率先建立被征地农民基本生活保障制度,城乡低保标准大幅提升。在《2010江苏城市发展报告》中,我市社会保障水平列全省首位。

回顾五年来走过的历程,我们在科学发展、持续跨越发展、全面协调发展实践中深切地体会到:

一是要坚持以科学发展新理念指导跨越发展新实践。我们把中央科学发展的新理念与南通跨越发展的新实践有机结合,始终坚持好字当头,大步跨越。针对"十一五"南通迈入桥港新时代的阶段特点,明确紧环境下抓机遇、好中求快争一流的要求,坚持速度、规模与质量、效益的同步增长,坚持强市与富民的同步推进,坚持经济发展和人口、资源、环境相协调,把产业结构调整、发展方式转型的"好"与经济高速增长、总量迅速壮大的"快",有机统一于南通跨越发展的实践,形成了持续跨越、全面协调的科学发展"南通现象"。

二是要坚持高点定位引领发展。新世纪以来,我们始终坚持用跨越发展的目标凝聚人心,包括在确立"十一五"发展目标任务时,都体现了全市一以贯之的高点定位、挑战极限的总体工作要求,从而不断调动和激发全市上下的发展热情,形成了万众一心促跨越的浓烈氛围。同时,我们还建立了一整套行之有效的目标导向机制、压力传递机制和激励考评机制,充分挖掘各行各业的发展潜能,有效调动各地、各部门的积极性和创造性,全市各地区、各部门出现了创先争优、你追我赶的生动局面,使很多往往认为不可能的事情变成了可能,为超目标、超预期完成"十一五"各项任务提供了强有力的保障。

三是要坚持走符合南通实际的特色路。我们始终坚持"依托江海、崛起苏中、融入苏南、接轨上海、走向世界、全面小康"的发展思路,在准确把握"十一五"是南通全面小康决胜期、持续跨越黄金期、城市地位赶超期、全面腾飞关键期的阶段特征基础上,确定了"全面达小康、建设新南通"的目标定位,重点发展集约型经济等六大经济形态,全力抓好大通道、大港口等八大战略支点,切实强化社会、体制、人才、人文、政治五大保障,全面系统地展开"十一五"发展的整体布局,走出了一条体现时代特点、富有南通特色、并在实践中取得巨大成功的跨越发展之路。

四是要坚持牵住改革开放牛鼻子。通过多领域的率先改革,极大地激发了各类经济发展要素的活力,为跨越发展赢得了体制机制的先发优势。在全省率先把民营经济作为地区主流经济来抓,使得南通经济发展内生动力充沛,抗风险能力显著增强,更多地惠及民生。通过不断扩大开放,实现了由招商引资到招商选资、招商引园的升级转型,市外资

本大量涌入,国际化、科技化的高水平园区纷纷落户,各类先进的生产要素迅速向南通集聚,为南通持续跨越注入了强劲动力。

*五是要坚持打好"四位一体"组合拳。*把握科学发展、跨越发展的丰富内涵和内在联系,整体推进经济、政治、文化、社会建设。高度重视非经济因素对经济发展的促进作用,大力弘扬"包容会通,敢为人先"的"南通精神",注重整合挖掘南通人文、人才优势和各种"软环境"优势,促使经济工作与非经济工作一道创先争优,形成了相互促进、全面进步的喜人局面。不仅经济发展创下"南通速度",而且在精神文明建设、机关作风建设、平安南通建设、和谐社会建设等多个方面创造了"南通模式",在全省、全国产生了广泛影响。

*六是要坚持通过加强和改善党的领导不断提高执政能力。*五年来,我们坚持以执政能力建设和先进性建设为主线,扎实有效地开展深入学习实践科学发展观活动,不断创新管党、治党的领导体制和工作机制,全市各级领导班子和干部队伍呈现出团结协作、比学赶超、敢于负责、勇于拼抢的良好风貌,各级党组织的创造力、凝聚力和战斗力显著增强。我们注重发挥党委总揽全局、协调各方的领导核心作用,统筹落实保增长、保民生、保稳定各项工作,统筹抓好打基础、利长远、惠百姓的大事实事。我们注重提高在复杂环境下领导科学发展的能力,面对国际金融危机的冲击,科学应对,抢抓转机。我们注重建立健全民主公开、竞争择优的干部选拔任用机制,全面推进公推直选,干部选拔任用工作的公信力和满意度明显提升。全社会形成了聚精会神搞建设、一心一意谋发展的浓烈氛围。

五年来的发展成就十分巨大,五年来的奋力拼搏难以忘怀,五年来的发展经验弥足珍贵。各地各部门都要对"十一五"进行认真总结,并在规划和推进"十二五"发展中发扬光大。与此同时,我们也要清醒地看到南通发展面临的矛盾和挑战、困难和不足。世界经济增长的不确定因素增多,国际竞争更加激烈,对外向度较高的南通经济影响将更为深刻;城市化水平和服务业比重偏低;高端人力资本不足,自主创新能力偏弱,建立更为强大的现代产业体系任务艰巨;资源约束加剧,环境压力加大,社会建设面临诸多新课题。我们必须始终保持清醒头脑,切实增强忧患意识,积极应对各种风险和挑战,在前进中克服困难,在发展中解决问题,在竞争中牢牢把握发展主动权,进一步巩固和发展来之不易的大好形势。

二、关于"十二五"的战略定位和目标

战略定位关系区域发展全局,是一段时期内区域发展的大方向、总目标。"十一五"我们确定了"全面达小康,建设新南通"的战略定位,从而引领南通发展获得了巨大成功。展望即将到来的"十二五",是南通在新的高起点上,向更高、更宏伟目标大步迈进的关键时期。在2009年底全市以市为单位提前实现小康后,市委十届六次全会就不失时机地提出了开启基本现代化新征程的战略决策。综合分析南通目前所处的发展阶段、发展基础、发展特征、发展环境,"十二五"乃至更长一段时期,南通发展的战略定位,应该是"加快现代化、再创新辉煌"。

确立这么一个战略定位,主要基于以下判断:首先,我们要看到,"十二五"时期南通面临着千载难逢的重大历史性机遇。长三角一体化发展和江苏沿海开发两大国家战略叠加效应的全面释放是我们面临的最为重要、最富含金量的发展机遇,两大战略赋予南通建设长三角北翼经济中心、江海交汇的现代化国际港口城市、经济实力较强的特大城市的历史重任,凸显了我市在区域发展中的增长极地位和主力军作用,有利于南通在"十二五"期间更多地分享到两大国家战略综合释放的规划导向效应、政策支持效应、要素引导效应。长三角地区一体化的强劲发展特别是上海的北拓辐射,有利于南通加强与先进地区产业发展、基础设施、城市功能、机制体制等方面的全方位对接,全面优化生产力布局,加快转型升级;江苏沿海开发的深度推进和沿江开发的全面升级,有利于南通更大力度推进跨江合作、更大力度吸纳国际资本和先进生产要素,集成各种大发展的能量,将为南通不失时机向基本实现现代化大步迈进创造十分有利的外部条件。其次,我们要看到,经过"十一五"的努力,我们取得了超出预期的发展成果,经济社会持续跨越,经济总量扩张迅速,经济运行质量持续向好,5年来的年人均生产总值增长率达到15.5%,高居全省首位,作为衡量经济增长质量和可持续性主要指标的全要素生产率达到5.25%,位列全省第二位;独特的区位优势实现质的跃升,深水大海港的建设和通航,使南通阔步迈入"江海时代",苏通大桥的建成及沪崇启、锡通等过江大通道的加快建设,使南通全面融入上海一小时都市圈,构筑起承南启北、西进东出,江海河联运、水陆空互通的"黄金十字通道",彻底告别了南通"南不通"的历史;全面协调发展的格局形成并不断丰富内涵,城市和农村、经济和社会、人与自然、对内发展和对外开放、区域之间统筹推进、同步跨越;全市各条战线、各行各业、各个区域都能围绕全局、紧贴中心,勇于开拓创新,不断争先创优,凝聚力、向心力和战斗力更为增强,思跨越、想赶超的氛围浓烈,广大干部进一步锤炼形成了攻坚克难、求真务实的良好作风,这些都为南通不失时机向基本实现现代化大步迈进奠定了十分厚实的基础。第三,我们要看到,不失时机向基本实现现代化大步迈进,既是全市人民的共同期盼,也是中央和省委、省政府对南通未来发展的更高期望和要求。国家《长江三角洲地区区域规划》提出,长三角地

区要在2020年率先基本实现现代化,省委关于"十二五"规划的《建议》也已明确提出,江苏要"向率先基本实现现代化迈进",南通应当在江苏江北率先基本实现现代化,才能为国家和全省发展大局多作贡献。总之,从"十二五"到2020年,对南通来说,绝对是一个至关重要、大有作为的黄金十年。因此,全市广大党员干部,必须以只争朝夕的精神抢抓机遇,以志在必得的气魄持续赶超,以比"十一五"更大的干劲、更实的作风、更好的业绩,去完成"十二五"的宏伟目标,去创造南通历史上又一次新的辉煌!

按照以上战略定位,"十二五"期间我们要紧紧围绕以下几个努力方向奋力拼搏、扎实推进:

——"十二五"时期,要加快推进现代化建设,为在江苏江北率先基本实现现代化奠定具有决定性意义的基础。从全面小康向基本实现现代化迈进,这是南通发展历程中的又一重要里程碑,是继全面小康之后引领全市发展的光辉旗帜。全市各级党组织和广大党员干部一定要增强责任感、紧迫感和使命感,解放思想、振奋精神,用基本现代化的总目标引领"十二五"发展,努力使"十二五"发展的思路、目标、方式、路径与基本现代化相适应,工作的理念、标准、方法、手段与基本现代化相合拍。要用基本现代化的理念、标准和要求来引导经济发展方式转变,以转变经济发展方式来推进现代化建设,使现代化建设和转变经济发展方式相辅相成、齐头并进,不断增强发展的全面性协调性可持续性,推动经济实力更大提升、社会建设更大进步、人民生活更大提高、生态环境更大改善。

——"十二五"时期,要全力打造长三角北翼经济中心,促进沪苏通"小金三角"和沪甬通一体两翼格局加速形成。打造长三角北翼经济中心是《江苏沿海地区发展规划》确定的南通城市发展定位,是"十二五"期间南通现代化建设的重点目标。作为经济中心,不仅自身要有较强的综合经济实力,还要成为聚集、配置各种资源要素的高地,对区域经济和社会发展具有明显的辐射带动作用。因此,今后五年,南通既要不断促进自身经济实力壮大,又要不断增强在长三角北翼范围内的辐射力、集聚力、带动力,进一步彰显聚集性、扩散性、创新性、先导性等经济中心特征,促使经济发展由以自我服务为主向为区域服务拓展,努力打造长三角北翼先进制造业、现代服务业和港口物流业中心。通过长三角北翼经济中心的全面打造,南通要逐步成为沪苏通"小金三角"中活力强、后劲足,对周边区域具有较强拉动作用的一角。

——"十二五"时期,要在全国、全省和长三角城市中持续赶超,争先进位。树立强烈的赶超意识,确立更高的标准、更高的参照系,敢同强者争先,敢跟先进比拼,既要实现总量、速度上的赶超,也要努力实现质量、结构、内涵上的赶超,以全方位的争先进位实现持续跨越。通过五年不懈的努力,在科学发展、和谐发展上继续走在全国、全省前列,到"十二五"末,全市经济发展、群众富裕、城乡建设等指标达到苏南水平,经济发展效益、可持续发展能力保持全省领先,综合竞争力由目前长三角的第七位前移1~2位,经济综合实力在全国283个地级市中的排名由目前的第八位上升1~2位,综合创新能力、产业层次竞争力、社会环境竞争力在全国城市中的位次上升5位以上,从而推动南通发展不断增创新优势、迈向新高度。

根据"十二五"的战略定位,制定和实施我市"十二五"规划的总要求是:高举中国特色社会主义伟大旗帜,以邓小平理论和"三个代表"重要思想为指导,深入贯彻落实科学发展观,按照党的十七届五中全会和省委十一届九次全会精神,全力抢抓两大国家战略规划深入实施的重大机遇,以科学发展为主题,以"加快现代化、再创新辉煌"为统领,以加快转变经济发展方式为主线,以改革开放和科技创新为强大动力,以保障和改善民生为根本目的,统筹做好改革发展稳定各项工作,促进经济长期平稳较快发展和社会和谐稳定,为2018年左右基本实现现代化奠定具有决定性意义的基础。

具体的目标是:

经济更加强盛。经济发展主要指标增幅继续超过全省平均水平,地区生产总值按现价计算年均增长13%左右,到2015年,经济总量超过6000亿元,人均地区生产总值突破80000元,经济体系更具活力、更加开放、更趋优化,沿海开发、跨江联动实现新的突破,成为江苏和我国东部沿海重要增长极,初步确立长三角北翼经济中心的地位。

科教更加发达。科技创新体系充满活力,创新能力显著增强,研发投入占地区生产总值比重达到2.2%,科技进步贡献率提高到55%以上;教育强市建设迈出坚实步伐,教育现代化水平进一步提高;人才强市战略取得明显成效,基本建成创新型城市。

社会更加和谐。法治南通、长安南通建设水平不断提高,民主法制建设进一步健全,社会公平正义进一步得到保障,公民文明素质进一步提高,社会管理机制更加完善,社会管理创新、构建和谐社会走在全省、全国前列。

文化更加繁荣。文化大市建设成效显著,文化事业产业得到大力发展,公共文化服务体系基本建成。全国文明城市创建成果进一步巩固,南通精神得到弘扬光大,精神文化生活更加丰富多彩,南通文化软实力得到大幅提升。

生态更加优良。建成国家生态市,单位地区生产总值能耗、二氧化碳和主要污染物排放总量明显减少,森林覆盖率继续上升,生态得到有效保护,污染得到有效治理,可持续发展能力不断增强,人民群众对生态和人居环境满意度持续提高。

人民更加幸福。社会就业更加充分,城乡居民收入普遍较快增加,努力实现居民收入增长与经济发展同步,劳动报酬增长与劳动生产率提高同步。城乡公共服务支出占财政总支出比重进一步提高,覆盖城乡居民的社会保障体系日益完善,人民群众享有高水平的教育、健康服务和公共文化产品,普遍过上更加宽裕安康的生活。

三、关于"十二五"的战略原则和重点

实现"十二五"的战略目标,具体要把握和遵循以下六条战略原则:一是必须把推动科学发展、加快现代化建设作为主题。二是必须把加快转变经济发展方式作为主线。三是必须全力抢抓两大国家战略机遇。四是必须把深化改革开放作为推进现代化建设的强大动力。五是必须坚持光大"南通现象"、弘扬"南通精神"。六是必须更加突出以改善民生为重点的社会建设。

实现"十二五"的战略目标,在以上战略原则指导下,要突出抓好三大战略重点。

(一)加快推进产业现代化。

产业现代化是经济结构战略性调整的核心,是基本实现现代化的首要基础。要以建立现代产业体系为目标,坚持走新型工业化道路,努力形成现代农业、先进制造业和现代服务业协调发展的产业格局,推动经济增长方式的根本性转变,实现产业突破性转型升级。

1. 把培育战略性新兴产业与改造提升传统产业结合起来。培育发展战略性新兴产业是增创产业竞争力的关键之举。要切实按照新兴产业倍增计划,着力围绕重点发展的海洋工程、新能源、新材料、生物技术和新医药、智能装备及传感、节能环保、软件和服务外包等七大新兴产业,切实加强政策支持和规划引导,切实加大投入力度,加快实施一批牵动力强的重大新兴产业项目,大力推进新兴产业产品应用示范工程,积极培育南通船舶海工等十大新兴产业基地,到2015年,七大新兴产业销售收入确保突破4000亿元。积极实施传统产业升级计划,广泛运用新技术、新装备、新工艺对纺织服装、轻工食品、化工建材等传统产业进行现代化改造,推动高端发展、品牌发展、创新发展,到2015年,传统产业主流技术要达到国际国内领先水平。要大力发展面向长三角城市群的都市型农业,加快推动传统农业向现代农业转变,用现代装备武装农业、现代科技提升农业、现代理念经营农业,大力发展高效规模农业,不断提高农业机械化和装备化水平,积极完善现代农业流通体系,重点推进设施农业建设等现代农业发展十大重点工程,着力提高农业综合生产能力、抗风险能力、市场竞争能力。

2. 把发展现代服务经济与发展绿色经济结合起来。把发展服务经济作为产业结构调整的战略重点,把发展绿色经济作为永续发展的战略导向,形成以服务业发展为重要支撑、以绿色增长为鲜明特色的经济发展格局。实施服务业提速计划,重点发展现代物流、研发设计、现代金融、科技服务、服务外包等生产性服务业,为新型工业化提供强有力的配套支撑;适应消费结构升级,重点发展医疗保健、养老托幼、家政服务等生活性服务业,大力发展旅游休闲业,积极打造江海风韵特色旅游门户城市;顺应信息化发展新趋势,大力发展电子商务、互联网内容产业、网络电视等新兴服务业,不断拓展服务业发展空间、提升服务业发展层次,确保实现服务业投资增长高于全社会固定资产投资增长、服务业增速高于GDP增速、服务业发展速度高于全省平均发展速度"三个高于"的目标。要以构建"生态南通"为目标,大力发展绿色经济、低碳经济、循环经济,实现生产效益"增"和能耗污染"减"的良性发展。积极推进清洁生产,大力发展"零排放"的太阳能、风能等新能源和可再生能源产业,加快构建循环经济体系。以节能、节地、节材、节水为重点,形成节约型生产生活方式。把生态文明作为实现绿色增长的根本导向,实施清水工程、蓝天工程、清洁家园工程,建成国家生态市,走出一条生产发展、生活富裕、生态良好的文明发展新路。

3. 把培育具有国际竞争力的大企业大集团与扶持特色化专业化中小企业结合起来。企业是产业现代化的主体。要综合运用财政、税收、金融、土地等政策,推动生产要素向优秀企业集中、向行业骨干集聚,引导骨干企业做大规模、做强主业、做响品牌,形成一批主业突出、拥有自主知识产权和自主品牌的大企业大集团。到2015年,销售收入超过100亿元的企业超过10家,销售收入超过50亿元的企业超过20家。支持优势企业以市场为导向、资本为纽带、品牌为龙头,实行跨区域跨行业跨所有制兼并重组、靠大联强,拓展经营领域和业务规模,实现低成本扩张;支持大企业跨国经营,设立海外研发机构、生产基地和营销网络,拓宽市场,扩大规模,不断增强国际竞争力;支持优势企业改制上市,借助资本市场做大做强,全市上市公司数要在"十一五"基础上实现翻番。要充分发挥大企业大集团的骨干带动作用,强化产业链上下游的分工协作,激励中小企业做精、做特、做新、做优,与大企业共同形成各有特色、功能互补、格局合理的优势企业群。

4. 把加快信息化与推进工业化结合起来。要注重依靠信息化带动工业化,推动信息化与工业化的深度融合。按照打造"智慧南通"的目标,加快经济社会各领域信息化,重点深化信息技术在工业发展中的广泛渗透运用,以电子、船舶、纺织和化工等优势产业为重点,实施"两化融合"示范试点工程,全面推进装备和产品信息化、产品设计和生产过程信息化、管理信息化、服务信息化,实现企业生产经营过程的自动化、网络化、智能化,增强信息技术对产业发展的整合力和支撑力。加快推进电信网、广播电视网、互联网

"三网融合",着力建设现代化信息基础设施,构建覆盖全市、高速互联、安全可靠、业务融合的新型信息服务网络,满足多元化的信息通信需求。以信息共享和互联互通为重点,加大基层信息基础设施建设力度;大力推进电子政务网络建设,整合提升政府公共服务和管理能力。

5. 把彰显沿江优势与放大沿海优势结合起来。沿江沿海是推进产业现代化的重要战略平台。要充分发挥我市兼具长三角一体化发展和江苏沿海开发两大国家战略的叠加优势,着力推进江海大开发。要在打造大港口上实现新突破。全力构建综合性港区和深水海港群,深入推进沿江岸线整治开发和整合优化,提升沿江九大港区开发建设水平。着力构建结构合理、功能完善、服务高效的现代化江海港群,打造上海国际航运中心北翼组合强港。要在构筑大通道上实现新突破。着眼于完善沿江沿海集疏运体系,以建设国家级区域性综合交通枢纽为目标,构筑国际大通道、过江大通道、城际大通道、市域大通道"四位一体"的大交通格局。要在发展大园区上实现新突破。按照"空间集聚、资源集约、产业集群"的要求,高标准建设开发园区,促进省级以上开发区转型升级,推动滨海产业园区加速发展,推进跨江合作开发园区早见成效,加快形成一批开发模式新、规划起点高、发展规模大、带动能力强的园区群。要合理布局沿江沿海产业带。在沿江建设产业集聚度高、接纳上海和苏南辐射快、可持续发展能力强的高科技密集区;在沿海构建新兴基础产业基地和海洋产业集聚区。要坚持开发和保护并重、开发和利用并重、开发和集中并重,加快沿海滩涂综合性开发利用和沿江沙洲资源的保护性开发利用。

(二)加快推进城市现代化。

城市现代化是区域现代化的重要标志、强大引擎。特别是工业化中后期,城市化对经济发展和转型升级的推动作用将越来越明显。当前南通城市化水平、城市化质量尚滞后于经济发展水平。加快城市现代化是我们在"十二五"期间需要下大力气重点突破的一项工作。要突出中心城市建设,大力度、高水准、快速度掀起新一轮中心城市改造建设热潮,全力提升与长三角北翼经济中心相称的现代化的城市规模、形态和功能,同时进一步优化调整城镇布局,统筹推进大中小城市和小城镇、新农村建设协调发展,加快构建经济实力较强、功能优势互补、江海特色鲜明的现代化城市群。

1. 优化空间布局,加速构筑宜居创业的特大城市发展框架。要按照"拓展规模、完善功能、彰显个性、提升形象"的总体要求,围绕建成300万人口的特大城市目标,着力拉开城市发展框架,加快实施"东西轴向延伸、南北相向聚合"的城市发展战略,加强市级规划统筹,进一步促进人口集中居住、产业集聚发展、土地集约利用、功能合理分工,不断拓展城市建成区规模。要根据城市核心区和不同片区的特色优势,分区域建设高新技术发展带、文化旅游发展带、商贸休闲发展带、产业物流发展带,形成合理分工、特色鲜明、互动发展的城市布局。要着力集聚城市人口,进一步改革户籍管理制度,积极有序实施农民转市民工程,加快域内人口和外来人口向中心城市集聚,推动中心城市人气集聚、商气兴旺。要着力推进大县(市)城和重点镇建设,呼应中心城市发展,建立中心城市与县(市)城、重点中心镇之间的快速通道,加快形成区域副中心城市,建设一批具有地域特色的现代化小城镇。

2. 美化城市形态,塑造兼具现代气息与江海特色的城市风格。充分挖掘城市文化内涵,加强城市景观规划,推动人文、景观、建筑和空间发展的协调一致。要在城市重点商务、商贸集聚区和重点骨干道路的重要节点规划建设一批个性突出、富有魅力的地标性建筑,在街景、道路、空间、绿化、水系等方面,形成一批标志性亮点。将主城区的核心区域建成业态高端、繁荣有序的现代商业圈和总部汇集、精英荟萃的现代商务圈。同时不断放大南通独特的自然、历史、人文资源,打造更具魅力的山水景观和人文景观,进一步彰显"江风海韵北上海,中国近代第一城"的城市个性。

3. 提升现代城市功能,努力实现并放大沪苏通同城效应。积极顺应长三角一体化发展和构筑沪苏通"小金三角"的要求,进一步健全现代化的城市功能,不断增强中心城市与上海、苏南资源共享的能力。大力推进现代化的交通建设,着力提升城市辐射集聚功能。在进一步加快沪通铁路、崇启大桥、崇海大桥等过江通道规划建设的同时,配套推进区域大交通一体化建设,着力实施城市道路快速化改造工程,积极发展地面快速公交,加快城市轨道交通的规划研究和编制,构建对内对外更为便捷顺畅、高效安全的城市综合交通体系。大力提升城市现代商务功能。加快建立多层次金融市场体系,确保2015年金融机构总量突破30家。积极发展现代物流,建成一体化、多功能的物流信息公共服务平台。加速建设中央商务区、能达商务区、北翼新城商务区及通州中心商务区,形成一批具有竞争力的商务服务品牌,把南通打造成独具特色的长三角商务服务高地。要努力提升城市公共服务功能。完善重要资源供应保障体系和城市防灾减灾体系,加快推进水、电、气以及污水处理、垃圾处理等城市配套设施建设,加强公共停车场建设,不断提高城市在提供公共服务、商贸服务、生产者服务方面的效率和水平。

4. 推进城乡一体发展,进一步打造民富村美风气好的新农村。要按照全省乃至全国一流的要求,加快完善城乡发展规划,实现城乡统筹规划与城市总体规划、土地利用规划和经济社会发展规划"四规叠合",在区域布局、功能定位、资源整合方面,将广大农村纳入城市规划范围,促进公共资源在城乡之间均衡配置,生产要素在城乡之间自由流动。要统筹城乡基础设施和公共服务设施建设。加快路网、供水、供电、通信、广电、文化体育等公共基础设施向农村延伸，确保“十二五”期间农村行政村公路硬化率达到100%，安全饮用水普及率达到100%，有线电视和数字电视入户率达到80%以上。要促进城乡共同繁荣发展。统筹管理城乡劳动力资源和就业工作，建立覆盖城乡的就业、失业登记制度和城乡统一的劳动力市场。协调推进农村发展改革，探索建立城乡统一的建设用地市场，完善农村集体建设用地使用权有序流转制度，加快农村产业园区化、生产规模化、组织合作化、居住社区化、保障社会化、环境生态化步伐。

（三）加快推进人民生活现代化。

加快人民生活现代化，使人民群众过上更加富足美好的生活，是基本实现现代化的重要任务和主要标志，也是我们一切工作的出发点和落脚点。要始终坚持以人为本，致力于更为宽裕、均衡、充实的目标，全面提高人民生活现代化程度。

1. 实施城乡居民收入倍增工程，让人民生活更加富裕。把富民作为改善民生的突出任务，力争“十二五”期间实现城乡居民收入增长一倍。一要突出创业富民。把支持创业作为致富百姓的首要途径，进一步优化创业环境，鼓励和引导民资向多领域、多产业延伸发展，不断提高经营性、资产性收入在居民收入中的比重。努力使更多有创业意愿和创业能力的劳动者成功创业，使更多群众通过创业富裕起来。二要推动就业惠民。把相对充分就业作为最重要社会目标，实施更加积极的就业政策，引导多渠道自主就业和多形式灵活就业，确保“十二五”期间新增就业40万人，使群众从就业中获得稳定收益。三要完善机制利民。合理调整收入分配关系，形成增长有序、结构合理的收入格局，提升中等收入人群占总人口的比重。着力构建农民增收长效机制，建立职工工资正常增长及支付保障机制，构建和谐劳动关系。建立农村贫困人口脱贫长效机制，稳步提高最低工资标准和扶贫标准，确保低收入群体收入增长幅度高于全市平均水平。

2. 推动文化大发展大繁荣，让人民生活更有品质。建设现代化新南通，不仅要提高物质生活水平，更要提高文化生活水平，不仅要建南通之城，更要铸南通之魂。要把提升文化软实力作为推动科学发展的硬任务，深入实施《南通市2010～2015年文化建设规划纲要》，不断满足人民群众日益增长的精神文化需求，积极探索具有南通特点的文化体制改革新路子，大力推进文化创新，加快文化强市建设。要加快发展文化事业，大力推进文化惠民工程，加快公共文化设施建设，扩大公共文化产品和基层公共文化服务的有效供给，基本建成覆盖城乡、惠及全民的公共文化服务体系。继续发掘提升江海文化、近代文化、博物馆文化等个性文化，努力推出一批体现时代风采与地域特色的文化品牌和精品力作。要大力发展文化产业。围绕重点发展的广播影视、文化旅游、会展文博等优势产业，加强文化产业聚集区建设，重点发展高科技文化创意产业园区，加快培育一批骨干文化企业，加强文化产品市场和文化要素市场建设，切实增强文化产业的内在发展活力。要充分发挥先进文化的引领作用，进一步弘扬精神文明“南通现象”和“包容会通、敢为人先”的南通精神，深入推进社会公德、职业道德、家庭美德和个人品德建设，深入推进群众性精神文明创建活动，不断提升全社会的道德素养和文明程度，建成更高水平的文明城市。要牢牢把握正确舆论导向，提高舆论引导水平，为现代化建设营造浓厚舆论环境和文化氛围。

3. 构筑高水准社会发展体系，让人民生活更有保障。建立起与基本现代化相适应的基本公共服务体系，让全市人民生活更有保障、更有尊严。要围绕“人人享有基本社会保障”的目标，稳步提高社会保障标准和统筹层次。在进一步扩大城镇社会保险覆盖范围的同时，重点加快实现农村新农保、新农合、农村低保基本全覆盖。逐步推进社会保险基本制度“并轨”改革，加快改进社保基金运作与管理模式。以满足城市中低收入家庭基本居住需求为目标，扩大公共租赁住房建设规模，加大保障性商品房供应，健全多层次的住房保障体系，进一步改善居民住房条件。要大力发展社会事业。深入贯彻《国家中长期教育改革和发展规划纲要》，牢固确立教育优先发展的战略地位，把提高教育质量作为教育改革发展的核心任务，率先建成教育强市，实现教育现代化。要深化医药卫生体制改革，推动基本公共卫生服务均等化，健全覆盖城乡、人人享有的医疗卫生服务体系，不断提高医疗保障水平，确保每个城市社区都能享受15分钟健康服务圈，确保每个乡镇都办好一所合格的卫生院，确保每个行政村都有一所示范化村卫生室。要加快体育强市建设，建成覆盖城乡的全民健身服务网络，推动群众体育、竞技体育和体育产业协调发展。要强化与人民群众生活密切相关的物价、药品与食品安全等的监管。加快社会化养老服务体系建设，切实保障妇女合法权益，加强未成年人保护，大力发展妇女儿童事业和残疾人事业，加快建设生育适度、素质提升、结构优化、分布合理的人口均衡型社会。

四、关于“十二五”的战略支撑和保障

1. 着力推进科技创新，提升核心竞争力。一要全力抢占科技创新的制高点。二要全力推进科技创新的载体建设。三要全力培育科技创新的领军型人才。

2. 着力推进改革开放，不断增强发展活力。一要全面推进开放型经济转型升级。二要全面增创体制机制新优

势。三要全面推进民营经济转型跨越。

3. 着力推进社会管理创新,确保社会和谐稳定。一要强化全局管理。二要强化源头管理。三要强化基础管理。四要强化动态管理。

4. 着力推进政治建设,凝聚各方力量建设现代化。一要切实加强党的建设。二要切实加强民主政治建设。三要切实加强机关作风建设。

同志们,“十二五”将是南通发展史上的又一个黄金期、赶超期、突破期。现代化的美好蓝图鼓舞人心,宏伟目标催人奋进。全市广大党员干部要在党中央和江苏省委的正确领导下,带领全市人民高举中国特色社会主义伟大旗帜,全面贯彻落实党的十七届五中全会和省委十一届九次全会精神,深入贯彻落实科学发展观,以更加昂扬的斗志、更加扎实的工作,开拓创新,争先攀高,为圆满完成"十二五"规划的各项任务、建设现代化的新南通而努力奋斗!

政府工作报告(节选)

——在南通市十三届人民代表大会第四次会议上

南通市人民政府市长 丁大卫

(2011年2月20日)

一、2010年工作回顾和“十一五”主要成就

过去一年,全市上下在省委、省政府和市委的正确领导下,齐心协力完成了市十三届人大三次会议确定的目标任务。地区生产总值3417.9亿元,按可比价计算增长13%;财政总收入713.4亿元、增长46.8%,其中,地方一般预算收入290.8亿元、增长46.1%;全社会固定资产投资2168.4亿元、增长20.3%;社会消费品零售总额1268.3亿元、增长18.7%;城镇居民人均可支配收入21825元、增长12.1%,农村居民人均纯收入9914元、增长14%;城镇登记失业率2.75%;完成节能减排目标任务。

(一)转型升级取得新进展。

新兴产业势头良好。海洋工程、新能源、新材料等七大新兴产业产值1615.8亿元、增长31.4%。海洋工程完工量389.4万综合吨、增长50.9%,产量占全国市场份额的1/3,成为国家新型工业化产业示范基地。风电并网发电装机容量64.2万千瓦、增长18%。光伏电池产量523兆瓦、增长62.9%。规模以上新兴产业企业总数突破1000家,在建超亿元项目135个。

传统产业扩量提质。船舶及配套产业产值966.7亿元、增长21.3%,规模以上造船完工量808万载重吨、增长42.5%,我市成为国家船舶高新技术产业化基地。纺织服装产业产值1694.3亿元、增长16.7%,电子信息、精细化工等产业产值增幅均超过25%。家纺、茧丝绸等成为省级特色产业基地。新增省级以上名牌产品70个,驰名、著名商标40件,家纺版权保护经验被世界知识产权组织确定为优秀典范。建筑业施工产值2700亿元、增长23.7%。

服务业发展速度加快。服务业增加值1246.9亿元、增长13.6%。规模以上服务业投资600.8亿元、增长36.1%。物流业、金融业增加值占服务业比重分别达到17.1%和11.3%。港口货物吞吐量1.5亿吨。旅游总收入230.2亿元、增长27.9%。市区高星级酒店建设取得突破性进展,新增6家,客房总数增长64%。服务外包营业额8.1亿元、增长70%。

集约发展、节能减排力度加大。13个省级以上开发区以全市4%的面积,创造了全市48%的生产总值、43%的财政总收入。50个工业集中区销售收入占全市的60.2%,提高3个百分点。连续19年保持耕地占补平衡。全面完成省下达淘汰落后产能任务。关闭、搬迁小化工企业50家,印染、钢丝绳行业污染整治初见成效。新建扩建污水处理厂32座,新增污水日处理能力20.2万吨。海安县在全省江北率先建成国家生态县,如皋等4个县(市)基本达到国家生态县考核标准,全市85%的乡镇建成国家级生态乡镇。

自主创新能力增强。高新技术产业产值2424.1亿元、增长31.8%,占规模以上工业的32.4%。中远船务研发中心成为我市首家国家级企业技术中心;新增省级工程技术

研究中心121家;科技孵化器面积突破200万平方米,新增国家级科技孵化器3家,南通科技园建成开园;南京大学南通材料研究院等启动建设。建立2个国家级、8个省级产业技术创新战略联盟,实施产学研合作项目400个,专利授权量突破2万件、列全省第三。22项科技成果获省级以上科学技术奖。"江海英才"计划全面实施,全市投入人才专项资金2.2亿元,引进领军型人才185名,4人入选国家"千人计划",22人入选省"双创"计划;新增院士工作站15家。

(二)江海开发呈现新气象。

大产业项目加快集聚。组织472个亿元以上项目集中开工,总投资超过2000亿元。大唐吕四港电厂、江苏LNG接收站、王子制纸一期等百亿级项目投产或竣工。沿江沿海前沿地区完成规模以上投资1071.5亿元、增长23.6%。

大港口开发加快实施。洋口港10万吨级北航道工程完工,管线桥、太阳岛二期等建成;吕四港区吕四作业区5万吨级码头投运,东灶港作业区2个2万吨级码头开工;通州湾(暂定名)建港条件研究全面启动。长江口-12.5米深水航道先导段贯通,新通海沙岸线整治工程海门段竣工,狼山港三期集装箱泊位、如皋港10万吨级通用泊位建成。全市新增5万吨级以上泊位5座。

大通道建设加快推进。20项重大交通基础设施项目进展顺利。崇启大桥完成总投资的66%。沪通铁路公路大桥开工准备工作基本就绪。宁启铁路南通段复线电气化改造工程开工,海洋铁路完成工程量的76.3%。江海高速建成通车,通洋高速、临海高等级公路、平海公路开工建设,干线通道沿海边布局的态势已经形成。兴东机场飞行区改扩建完成工程量的65%。连申线航道南通段整治工程开工,焦港船闸建成。

大园区承载功能加快提升。国家级开发区和12个省级开发区新落户10亿元以上重大项目26个。苏通科技产业园一期基础设施工程基本竣工,研发中心等7个配套项目开工。锡通科技产业园、上海市北高新(南通)科技城、海宝工业园、中国供销产业园、上海外高桥(启东)产业园、杨浦(海安)工业园等跨江合作园区进入实质性开发阶段;洋口港南通国际产业园开工。实施滩涂围垦项目11个,新增可用滩涂17.4万亩,沿海开发空间进一步拓展。

(三)改革开放迈出新步伐。

开放型经济加快转型升级。举办港洽会、世界船舶高层峰会和"龙腾江海·耀眼南通"等系列招商活动,新批协议外资49.8亿美元,注册外资实际到账29亿美元、增长44.6%。新批及增资超9000万美元项目16个,新批装备制造和新兴产业项目占比达到42%。进出口总额211亿美元、增长29.8%;机电、高新技术产品出口占比分别达到42.7%、19.1%。完成外经营业额12.5亿美元,继续保持全省领先;境外投资额突破3亿美元,为上年的7.4倍。外事、侨务、港澳事务、对台事务、口岸工作在扩大开放中发挥重要作用,新缔结国际友城2个。

民营经济发展质态加快提升。个体工商户总数、私营企业数和注册资本等指标保持全省第二。民营经济增加值占地区生产总值比重60%,提高2个百分点。新引进市外民资项目注册资本536亿元、增长55%。新增汽车及配件等百亿级特色产业板块4个。24家民营企业入围全国500强。新增以民企为主体的上市企业9家,总数22家,熔盛重工成为我国当年在香港上市的最大民营企业,中小板创业板上市企业数进入全国大中城市前十强。

各项重点改革任务加快实施。新一轮市县政府机构改革、乡镇机构改革任务基本完成。长江镇、吕四港镇被列为全省首批扩权强镇试点镇。南通市农村商业银行成立,华夏、民生银行南通分行开业,广东发展银行南通分行获准筹建,银行业金融机构总数达到32家。全省江北首家外资银行日本名古屋银行南通分行通过开业验收。省信用再担保公司在我市设立全省首家分公司。市级国有资产公司专业化经营加快,资本运作平台作用有效发挥。文化、医药卫生体制改革和事业单位全员聘用改革稳步推进。

(四)"三农"工作获得新成效。

现代农业发展进一步加速。规模以上"三资"开发农业投入增长24.2%,农业综合开发投入增长37.8%。新增高效农业39.7万亩、高效渔业11.3万亩,新增省级现代农业产业园区2家、农业龙头企业68家。江海台湾农民创业园启动建设。市区实施都市生态型农业项目46个。粮食连续7年增产,单产创历史新高。

农村基础设施和公共服务水平进一步提升。新建改造农村公路1350公里、农村公路桥梁和农用桥梁845座。新增城乡客运线路15条。江海堤顶硬质化改造262公里。完成第三批70万农村居民饮水安全工程建设任务。引江调水规划启动实施。农村河道提前实施新一轮疏浚。建成4个垃圾焚烧发电厂。新增造林面积17.3万亩。村级劳动保障服务平台实现全覆盖,60%的行政村建成"充分就业村";新增农村劳动力转移5万人,总量列全省第一。

农村发展活力进一步增强。认真落实各项强农惠农政策,市、县财政"三农"投入37.4亿元、增长39%。"万顷良田试点工程"稳步推进,新增土地流转面积31万亩。农民专业合作组织入社率提高5.3个百分点,新增土地股份合作社239家,社区股份合作制改革面83%。村级集体经济快速发展。农村小额贷款公司"三农"贷款增长158%,农业政策性保险覆盖面进一步扩大。

(五)城市功能有了新提升。

城市建设统筹推进。修编新一轮城市总体规划,编制完成市区路网等4类28项专项规划。市区组织实施城建项目230个,完成投入136亿元;建成区面积125.2平方公里,增加31.4平方公里。各县(市)城市总体规划修编全面启动,城市框架加快拉开。11个省级重点中心镇联结城乡的纽带作用进一步发挥。

中心城市功能增强。新城区竣工和在建商务、金融等功能性项目37个,总面积238万平方米,核心区建设初具规模。老城区改造建设力度持续加大,环濠河商业中心改造步伐加快,寺街·名人文化区建设前期工作启动;文峰城市广场、圆融广场等一批城市综合体项目全面启动。开发区能达商务区总部大厦等项目开工。港闸区一批老镇改造和历史文化保护项目顺利推进,城市绿谷一期建成,华强城市乐园等一批旅游休闲、商务居住项目正式落户,北翼新城核心区建设加快实施。通州城东新区等四大功能片区框架全面拉开。实施市区"102030"交通畅通工程。已建和在建快速路总里程超过40公里,通沪大道高架建成通车,江海大道快速化改造等5个项目开工。城市组团间交通联接进一步强化,北城大桥、园林路、钟秀东路东延段等竣工,静海大桥、长江南路改造等开工。新购和更新公交车133辆,新辟公交线路20条。新增日供水能力40万吨、污水日处理能力7.5万吨。推进39个老小区环境整治,其中23个基本完成。新增绿地240公顷。市、区两级数字化城管平台建成运行,市容环境卫生面貌不断改善。

(六)民生保障得到新加强。

全市财政民生投入168.5亿元、增长31.4%,占一般预算支出的54.5%。10件27项政府为民办实事项目全面完成。引江区域供水等12项超额完成年度目标,食品安全动态监测等15项完成年度目标。全市引江区域供水工程普及率73%,新增饮用长江水受益人口150万人,如皋市实现区域供水乡镇全覆盖。

就业和社会保障工作不断强化。全市新增城镇就业9.96万人,城镇失业人员再就业3.85万人。城镇职工五大保险覆盖率均稳定在97%以上,工伤保险实现市级统筹;城镇居民基本医疗保险覆盖率98%,新型农村合作医疗参合率99.5%;新型农村社会养老保险覆盖率93%,为108.7万农村老年居民发放基础养老金;城镇老年居民开始享受养老补贴。对城乡80岁以上老人普遍实施优待金制度,市区居家养老服务站全覆盖。企业退休人员养老金和城乡低保标准再次提高,市区被征地农民独立保障体系初步建立。完成脱贫攻坚阶段性任务。

住房保障力度加大。全市拆迁安置房新开工536.6万平方米、竣工交付391.5万平方米,均增长一倍以上,其中,市区竣工交付269.8万平方米、增长106.9%,安置拆迁户1.35万户;全市提供公共租赁住房1.1万套(间)、经济适用房4091套、廉租房465套。市区按照三年建成1万套的目标,启动建设保障性(限价)商品房。市区将符合条件外来务工人员纳入住房保障;5个"城中村"改造地块开工,3个片区危旧房改造项目基本竣工;普通商品住房用地出让353公顷、增长22%,新开工258万平方米、增长40.5%。

社会事业发展加快。制定实施南通市中长期教育改革和发展规划。完成校舍安全改造151.7万平方米。素质教育整体推进。我市被列为国家高职教育改革发展综合试验区。优化商贸高职、工贸技校等职教资源布局。南通大学被确定为博士学位建设单位。农村三级医疗卫生服务体系不断健全。市区基层医疗卫生服务机构全面实施国家基本药物制度。公益性文化设施基本实现镇村全覆盖。市图书馆新馆、凤凰国际书城、报业新闻传媒中心等文化设施开工。有线电视用户突破200万户,有线数字电视用户新增100万户。巩固全国文明城市创建成果,开展"讲文明、树新风、迎世博"主题活动,加强公民道德建设,社会文明程度进一步提高,城市公共文明指数测评列全省第二。全民健身体系进一步健全。我市成为全国人口和计划生育综合改革示范市。第六次人口普查登记任务完成。职工权益维护、妇女、儿童、青少年、残疾人、关心下一代、老区扶贫开发、见义勇为、法律援助、红十字和慈善等工作进一步加强。对口援建四川地震灾区三年任务两年完成。民族、宗教、地方志、统计、机关事务管理、气象、防震、档案、保密、新闻出版、哲学社会科学等工作不断加强。

(七)社会稳定取得新业绩。

积极创新社会管理体系,基层基础工作不断深化,社会稳定风险评估、社会平安信息发布等机制初步建立,我市成为全省唯一入选的全国社会管理创新综合试点城市,综治平安建设综合绩效列全省第一。乡镇(街道)政法综治工作中心全覆盖,专业社工服务、心理矫治中心等功能不断提升。万人发案率全省最低。"12345"政府服务热线、市长信箱、市长接待日、群众来信来访、网上与群众直接交流"五位一体"的民生诉求服务机制不断健全。建立政府网络发言人制度。"五五"普法任务全面完成,法治南通建设进一步加强。安全生产事故发生数和死亡人数连续9年双下降。食品药品监管和市场价格监管扎实有效。应急管理体系进一步健全。国防教育、民兵预备役、优抚安置、民防(人防)、国家安全、防邪反邪工作取得新成绩。

过去一年,我们以推进政府机构改革为契机,进一步转变职能,着力提升工作创造力、行政执行力、政府公信力,不断加强自身建设。强化为民服务举措,建立民生诉求首问、首办负责制;强化重大项目会办服务,积极化解发展难题。加强调查研究,30多项调研成果转化为推进工作的举措;加大督办查办力度,133项重点工作全面完成。坚持依法行政,规范政府行政行为。推进政府信息公开,全面实施行政权力网上公开透明运行。自觉接受市人大及其常委会的法律监督、工作监督和市政协的民主监督,认真执行市人大及其常委会决议，支持市政协参政议政。对市人大“强化政策驱动，促进南通服务业又好又快发展”、“健全完善南通市食品安全检验检测体系工作”两个代表议案和市政协“加快我市特色园区建设”、“加强我市医疗卫生服务体系建设”两个建议案，专题交办、专人跟办、专项督办，促进了重点工作的落实。人大代表建议、政协委员提案办理任务全面完成。贯彻落实廉政准则，推进廉政教育，全面推行政府投资项目代建制，强化绩效审计，领导干部廉洁自律意识得到增强。

“十一五”以来，面对复杂多变的外部环境，特别是面对国际金融危机冲击，全市上下以科学发展观为统领，紧紧围绕“全面达小康、建设新南通”的目标，加快经济转型升级，大力保障改善民生，取得了超出预期的发展成就。

这五年，综合实力大幅提升，城市位次显著前移。2010年，地区生产总值是“十五”末的2.3倍，在全国大中城市排名由“十五”末的第二十九位前移至第二十六位，列全国地级市第八位。地方一般预算收入是“十五”末的4倍，总量进入全国地级市十强、列全省第四。进出口总额突破200亿美元，列全国大中城市第二十五位。

这五年，江海开发取得历史性突破，南通昂首迈入桥港新时代。经过多年持之以恒努力，苏通大桥建成通车，崇启大桥即将贯通，沪通铁路公路大桥即将开工，洋口、吕四两大深水海港正式通航，结束了“有江无桥、有海无深水海港”的历史，综合交通枢纽门户城市格局加速形成。通州撤市设区，中心城市框架全面拉开，各县（市）城建设全面提速，城市化率提高到55%，大城市格局加速形成。苏通科技产业园等一批跨江联动、跨国合作园区启动建设，省级以上开发区、滨海产业园区承载功能显著提升，江海并进的大园区开发格局加速形成。各县（市）均成为全国综合实力百强县（市），崇川、通州、如皋、海门、启东地方一般预算收入均超过30亿元，南北区域协调发展格局加速形成。

这五年，全面小康目标提前实现，人民生活持续改善。2009年在全省江北率先总体达到省定全面小康标准。城镇居民人均可支配收入、农村居民人均纯收入连年保持两位数增长，2010年分别比“十五”末增长88.3%和80.2%；居民储蓄存款余额比“十五”末增长126%。形成“十大类二十二项”社会保障体系，城镇职工五大保险和新型农村合作医疗、新型农村社会养老保险基本全覆盖。2010年城乡低保标准分别比“十五”末提高67%、180%。全市财政民生投入550多亿元，为民兴办实事58件132项。

这五年，发展环境进一步优化，精神文明建设和社会建设管理不断强化。争创全省最佳办事环境成效明显。文化大市建设迈出大步，在全省江北率先以县域为单位基本实现教育现代化，公共卫生服务体系城乡全覆盖。大调解、大防控机制不断健全，公众安全感持续位居全省前列，荣获全国社会治安综合治理“长安杯”。全国文明城市、国家历史文化名城等“五城同创”目标圆满实现，城市美誉度进一步提升。大力推进思想道德体系和社会诚信体系建设，精神文明“南通现象”发扬光大，“包容会通、敢为人先”的新时期南通精神不断弘扬，全市上下进一步形成了政通人和、心齐气顺、风正劲足的良好氛围。

南通的发展还存在不少亟待解决的问题，我们的工作还存在不少薄弱环节。经济结构中的深层次矛盾仍较突出，自主创新能力需要增强；城市功能和城镇化水平仍待提高，农村公共服务仍然不足；在城镇住房、拆迁安置、城市交通等方面还存在群众不满意的地方。少数政府工作人员存在形式主义、官僚主义和消极腐败现象。对此，我们一定高度重视，认真解决。

二、“十二五”时期的目标任务

从今年开始，我们进入了本世纪第二个黄金发展的十年。十年看五年。根据《中共南通市委关于制定南通市国民经济和社会发展第十二个五年规划的建议》，市人民政府制定了《南通市国民经济和社会发展第十二个五年规划纲要（草案）》（以下简称《纲要（草案）》，提请大会审议。

“十二五”时期，我们将高举中国特色社会主义伟大旗帜，以邓小平理论和“三个代表”重要思想为指导，深入贯彻落实科学发展观，按照党的十七届五中全会、省委十一届九次全会和市委十届七次全会精神，紧紧围绕“加快现代化、再创新辉煌”的战略定位，全力抢抓两大国家战略规划深入实施的重大机遇，以科学发展为主题，以加快转变经济发展方式为主线，以改革开放和科技创新为强大动力，以保障和改善民生为根本目的，以全国社会管理创新综合试点城市为重要抓手，统筹做好改革发展稳定各项工作，促进经济长期平稳较快发展和社会和谐稳定。

按照“加快现代化、再创新辉煌”的战略定位，我们将在以下三个方面奋力拼搏：加快推进现代化建设，为2018年左右在全省江北率先基本实现现代化奠定具有决定性意义的基础；全力打造长三角北翼经济中心，促进沪苏通“小金三角”和沪甬通一体两翼格局加速形成；在全国、全省和长三角城市中持续赶超，争先进位。为此，《纲要（草案）》提出“六个更加”的新目标：

——经济更加强盛。经济发展主要指标增幅超过全省平均水平，到2015年，地区生产总值超过6000亿元，人均地区生产总值突破8万元。产业结构明显优化，发展质量和效益明显提升，服务业增加值占地区生产总值比重提高到41%。城市化和城市现代化水平明显提高，城市化率达到64%，城乡、区域发展更趋协调，成为江苏新的重要增长极。

——科教更加发达。创新能力显著增强,研发投入占地区生产总值比重力争达到2.5%,科技进步贡献率提高到60%;教育强市建设迈出坚实步伐,教育现代化水平进一步提高;人才强市战略取得明显成效,基本建成创新型城市。

——社会更加和谐。各项社会事业加快发展,城乡各类公共服务水平显著提升。法治南通、长安南通建设水平不断提高,民主法制建设进一步健全,社会公平正义得到进一步保障,公民文明素质进一步提高;社会管理创新、和谐社会建设走在全省和全国前列,社会大局持续稳定。

——文化更加繁荣。江海特色文化强市建设成效显著,文化事业和产业得到大力发展,公共文化服务体系基本建成。更高水平全国文明城市创建深入推进,新时期"南通精神"得到弘扬光大,精神文化生活更加丰富多彩,文化软实力大幅提升。

——生态更加优良。建成国家生态市,单位地区生产总值能耗和二氧化碳、主要污染物排放总量显著下降,森林覆盖率提高到21%,人民群众对生态和人居环境满意度持续提高。

——人民更加幸福。社会就业更加充分,城乡居民收入普遍较快增长,努力实现居民收入增长与经济发展同步,城镇居民人均可支配收入、农村居民人均纯收入分别达到4万元和1.9万元,力争五年实现倍增;社会保障体系日益完善,人民群众享有较高水平的教育、健康服务和公共文化产品,幸福感明显提高。

实现"十二五"发展目标,我们必须把握科学发展主题和转变发展方式主线,抓好产业现代化、城市现代化、人民生活现代化三大战略重点,强化科技创新、改革开放、社会管理创新、政治建设四大战略支撑。为此,《纲要(草案)》提出13项重点任务。完成好这些任务,需要我们突出创新引领,加快转型升级;突出沿海开发,放大发展优势;突出改革开放,激发体制活力;突出城乡一体,强化统筹发展;突出民生优先,促进社会和谐。

我们坚信,到2015年,全市综合实力、自主创新能力、国际竞争力和可持续发展能力将显著增强,人民群众将普遍过上更加宽裕安康的生活,南通将在科学发展道路上创造又一次新的辉煌!

三、2011年主要任务

今年全市经济社会发展的主要预期目标是:地区生产总值增长12%左右;地方一般预算收入增长15%以上;固定资产投资增长18%,社会消费品零售总额增长17%;外贸进出口总额增长10%以上,注册外资实际到账25亿美元;城镇居民人均可支配收入、农村居民人均纯收入均增长12%以上;居民消费价格涨幅控制在4%左右;城镇登记失业率控制在4%以内;全社会研发投入占地区生产总值比重力争达到2%;万元地区生产总值能耗降幅和主要污染物减排完成省下达任务。

实现上述目标,我们将按照市委十届七次全会和全市经济工作会议部署,坚持不懈调结构、抓创新、促转型,持之以恒重统筹、惠民生、促和谐,着力做好以下七个方面工作:

(一)加大产业结构调整力度。

加快发展战略性新兴产业。实施"新兴产业倍增计划",抓好100个以上超亿元项目、100家优势企业、10个特色产业基地,新兴产业产值突破2000亿元。围绕打造国家级海洋工程产业基地,提升高端产品研发能力和总承包、专业化分包能力,海洋工程完工量超过450万综合吨。围绕打造国家绿色能源示范基地,加快建设"海上三峡",风电并网发电装机容量超过90万千瓦;光伏电池及组件产能超过1300兆瓦。围绕打造长三角新材料研发转化生产基地,拉长功能性、专用型合成材料产业链。加快培育一批具有自主知识产权、自主品牌的生物技术药物,提升生物医药产业水平。着力突破数字化及系统集成技术,积极发展智能装备产业。大力开发推广高效节能装备及产品,壮大节能环保产业。

提高"千亿级"产业板块竞争力。推动信息化与工业化深度融合,加快推进船舶及重装备、能源及其装备制造两大产业"双倍增",电子信息、石化两大产业"双突破",纺织服装、轻工食品两大产业"双提升",六大产业产值全部突破千亿元,新增百亿级工业企业1~2家、亿元以上工业企业100家。船舶产业重点向"三高一优"方向发展,加快打造"世界船谷"。能源及其装备制造重点发展高端、大型输变电和发电配套设备,加快打造千万千瓦级电力能源基地和全国重要的能源装备制造基地。电子信息重点做优光通信、新型电子元器件、集成电路测试封装等,加快打造技术先进的电子信息产业基地。石化产业重点向产业链两端延伸,强化新产品开发,加快打造全国重要的新兴石化产业基地。纺织服装以研发、生产、贸易一体化为方向,巩固提升"南通家纺"品牌,加快打造国内一流的家纺产业基地。轻工食品重点提升高档纸制品、醋片醋纤、电动工具等优势产品开发、品牌创建能力,加快打造华东地区具有较强影响力的轻工业基地。

推动现代服务业跨越发展。深入实施服务业发展三年行动计划,抓好168个市级服务业重点项目建设,服务业增加值占地区生产总值比重提高1个百分点。推进制造业企业主辅分离,生产性服务业增加值占服务业增加值比重提高1个百分点。大力发展服务临港产业、辐射长江中上游的港口物流,积极发展航空物流;培育、整合16个10亿元以上专业市场,壮大、提升2个百亿级大型专业市场。大力培育总部经济和会展品牌。壮大网络呼叫、动漫设计等特色产业,打造长三角北翼服务外包首位城市。加快发展现代商贸、社区服务、家政服务等生活性服务业。加强旅游大项目建设,旅游总收入力争达到280亿元。推动服务业集聚发展,40个市级以上服务业集聚区营业收入达到1200亿元。

大力推进自主创新。实施新一轮"高新技术产业双倍增"工程,高新技术产业产值超过3000亿元。加大科技投入,提升企业自主创新能力,培育更多自主知识产权和自主品牌,鼓励企业组建产业技术创新战略联盟,推动企业建设研发平台200家以上。实施产学研合作项目200个,新增科技孵化器50万平方米、入孵企业400家,引进1~2家重大研发机构。加快科技公共服务平台建设,推动创新资源共享。大力发展科技金融,支持和鼓励金融机构组建南通科技银行、科技创新担保公司、科技创业风险投资公司。深入实施"江海英才"计划,大力推进"百千万"人才引进和培养工程、"226"高层次人才培养工程,引进高层次创新创业领军人才和紧缺专业优秀人才2000名以上。建设富有竞争力的"人才特区",解决好人才关注的居住、医疗和子女教育等问题。

坚持抓好节能减排和资源节约。加快淘汰落后产能,实施循环经济项目100个。推进工业园区生态化,开展低碳园区和企业创建试点。抓好100个节能降耗技术改造项目,新增污水日处理能力15万吨。严格执法和监管,落实重点企业、行业和区域节能减排责任。坚持最严格的耕地保护和节约用地制度,推进国家级节水型社会试点市建设,提高集约节约利用水平。

(二)推动沿海开发全面突破。

在基础设施建设上求突破。交通基础设施完成投资突破200亿元。推动沪通铁路公路大桥开工建设和崇启大桥尽快建成通车。宁启铁路南通段复线电气化改造完成总工程量的1/4以上,海洋铁路完成铺轨,宁启铁路通启段开工,海安至盐城铁路复线改造工程完成可研。兴东机场飞行区改扩建工程竣工。加快推进通洋高速、临海高等级公路建设和225等省道改扩建工程,建成平海公路东段。加强内河航道规划建设,抓好连申线航道南通段整治工程。做好崇海大桥、海启高速、城市轨道交通等项目前期工作。实施14个电力基础设施项目。推进洋口港15万吨级蓝沙洋北航道和5~15万吨级液体化工码头等建设。实施吕四港区挖入式港池和10万吨级进港航道、5万吨级港池码头等工程,建成东灶港作业区2个2万吨级通用码头。加快编制通州湾整体开发规划,启动腰沙促淤和通州三夹沙一期工程。提升沿江港口功能,有序推进长江北支、横港沙、如皋北汊等整治开发和保护。

在产业集聚发展上求突破。抓好总投资4658亿元的170个市级重点项目,完成投资超过760亿元。推动沿江船舶海工、精细化工等产业有序向沿海转移。强化国家级开发区和12个省级开发区大项目、大产业集聚功能。引导滨海产业园区完善规划,提升功能,吸引更多符合产业导向的项目落户。推进重点工业集中区创建示范、生态、特色园区。强势推动跨江联动、多方合作,加快苏通科技产业园一批总投资超亿美元重大项目建设,促进锡通科技产业园、海宝工业园、中国供销产业园、中国江海产业园、杨浦工业园、洋口港南通国际产业园等园区尽快形成项目集聚效应。

在推进统筹开发上求突破。按照全市江海联动开发功能布局和规划,强化市级统筹、共建共享的综合开发机制。推进省百万亩滩涂围垦综合开发试验区工程,实施4个区域59.4万亩滩涂围垦项目,力争完成10万亩。坚持生态开发、高效利用,加强资源的统一规划和管理。强化沿海开发融资平台建设,吸引大型央企、知名外企、民企参与沿海开发,引进市外民资400亿元以上。

(三)进一步深化改革扩大开放。

提升对外开放的层次和水平。实施"六千六百六十工程",推动开放型经济转型升级。突出招引重特大项目,强化产业链招商、资源优势招商、环境品牌招商,引导外资更多投向沿海地区、新兴产业、现代服务业,打造日资、港资、台资集聚的开放型经济示范城市。创新招商方式,加大引园区、引业态、引技术和引才智力度,鼓励设立区域总部和研发、采购中心,吸引跨国金融、贸易等机构和创投、股权投资基金落户。突出提质增效,推动外贸发展方式转变。在船舶海工、机电、家纺等领域,培育一批高层次出口基地和大户,提高自主知识产权、自主品牌产品出口比重。突出跨国经营,拓展外经合作空间。支持有条件的企业到境外收购研发机构、营销网络、知名品牌及上市融资,建立资源开发及加工基地,积极承接国际总包工程和我国援外项目。进一步加强外事、侨务、港澳事务、对台事务和口岸开放工作。

加快民营经济转型升级。继续争创江苏民营经济第一大市,抓增量,调结构,全面提升发展质态。深入推进全民创业,打造"政策洼地"和"服务高地",激发群众创业热情;完善财税、担保等扶持措施和"金融超市"等融资机制,优化创业环境和平台。大力推动集约发展,巩固提升家纺、电动工具等14个百亿级特色板块,新增2个百亿级特色板块。拓展专业施工领域,提高装备作业水平,建筑业施工产值突破3000亿元。坚持抓好"三名"工程,鼓励和支持有条件的民营企业通过多种形式实施整合重组,加快向规模化、品牌化、国际化方向发展。

加强重点领域改革。发展壮大各类金融机构,引进市外金融机构2~3家。推进农村金融体制改革。健全中小企业融资担保体系。加大企业上市工作推进力度,新增上市企业5家。完善土地、技术、人力资源等要素市场。健全国有企业经营业绩考核制度,确保国有资产保值增值。实施公共卫生与基层医疗卫生事业单位绩效工资,有序推进事业单位工资改革。

(四)统筹城乡发展,整体提升“民富村美风气好”的新农村建设水平。

加大城乡一体化发展力度。加快推进城乡规划、产业布局、基础设施、公共服务、劳动就业一体化。全面推进县(市)城市总体规划、乡镇总体规划修编。支持各地做大做强县(市)城,加强滨江临海新城、重点中心镇建设以及老集镇改造,建设县(市)城与重点中心镇之间的快捷通道,更好发挥城镇对城乡统筹发展的联结作用。稳妥推进“万顷良田试点工程”和农民集中居住区建设,积极推进户籍制度改革,促进工业向园区集中、人口向城镇集中、居住向社区集中、土地向适度规模经营集中。强化城乡生态环境建设和保护,狠抓生态林业重点工程,加强生态海洋建设;加大污水收集管网建设力度,生活污水集中处理率提高5个百分点;组织国家生态市创建攻坚,力争所有县(市)都通过国家生态县(市)考核验收。

放大高效农业规模优势。继续争创全省高效农业规模化第一市,新增高效农(渔)业33万亩以上,其中设施农(渔)业11万亩以上。加快农业产业集聚,打造百亿级特色产业板块。建设高标准农田18万亩。抓好江海台湾农民创业园建设,推进市级以上现代农业园区、基地、示范村创建,建成省级园区、省级特色基地8个以上。启动“农业产业化龙头企业和农民专业合作组织倍增工程”,加强农民经纪人队伍建设,提高农业市场化和组织化程度。大力发展外向型农业和品牌农业。加快构建产前、产中、产后一条龙的农业社会化服务保障体系。

优化农村发展环境。新建农村公路1200公里,新建改造农村公路桥梁和农用桥梁650座。加大引江区域供水推进力度,突破进村入户管网与干线管网衔接难点,引江区域供水工程普及率80%以上,新增饮用长江水受益人口68万人、农村饮水安全人口43万人。加大引江调水力度,建立农村河道轮浚机制,提高农村河道、道路、绿化、生活垃圾“四位一体”环境长效管理水平,农村生活垃圾无害化处置率100%。实施清洁家园工程,加强农业面源污染治理。强化农村教育、医疗、文化等公共服务,大力发展镇村公交。深入开展文明村镇、卫生村镇创建。加快发展村级集体经济。社区股份合作制改革面达到100%。开展农民资金互助合作试点,扩大农业政策性保险试点。

(五)强力推进中心城市建设。

大力增强城市集聚辐射功能。按照新一轮城市总体规划定位,拓展城市建成区规模,推动中心城市人气提升、商气兴旺。加快市域人口和外来人口集聚,提高市区城镇人口和经济总量占全市的比重。完善专项规划,高质量编制控制性详细规划,强化城市规划的前瞻性、操作性和控制力。开展城市综合交通枢纽规划研究。以总投资180亿元的107个重点基础设施项目为抓手,组织开展市区新一轮城建大会战。以推进总建筑面积超400万平方米、总投资超200亿元的28个城市综合体、商贸金融和文化教育医疗项目为重点,做大做强做靓新城区商务中心;以启动南大街步行化改造等工程为重点,做优做精做特老城区环濠河商业中心,加快崇川区为主体的城市核心区建设。以开发区能达商务区和苏通科技产业园功能配套为重点,加快南翼新城建设。以港闸区北大街沿线开发和上海市北高新(南通)科技城为重点,加快北翼新城建设。以拉开通州城区框架、提升要素集聚功能为重点,加快东部新城建设。继续抓好一批“城中村”、危旧房片区改造和老小区综合整治工程,加快推进观音山、唐闸、天生港等老街区改造。

大力优化城市交通。加快实施市区“102030”交通畅通工程,通过三年努力,基本实现主城区机动车辆10分钟上快速路、20分钟上高速、30分钟通勤。按照“一环一轴八射”快速路网布局规划,推进长江中路高架和东方大道、金通公路快捷化改造等12项工程,初步形成快速路系统。推进工农路北延、金通三大道等45项骨干道路工程以及28项支路建设和节点改造工程,不断完善路网体系。推进9个公共停车设施工程和15个居民小区停车设施建设,缓解部分公共区域、居民小区“停车难”。启动实施“公交优先20项”工程,新辟、优化公交线路38条,新购和更新公交车200辆,加快公交专用车道建设,提升出租车营运能力和管理水平,开工建设汽车客运枢纽东站。强化交通管理,建设智能交通,扩大单行系统。

大力提升城市形象和品位。突出挖掘中心城市文化底蕴,着力打造历史与现代交相辉映的江海魅力之城,彰显“中国近代第一城”新风采。新建一批城市精品建筑、精品小区,提高城区主要节点、标志性建筑的建设品位,整治提升商贸集聚区、主要通道沿线城市景观。加快推进寺街·名人文化区、西寺、伶工学社、南通·1895、天生·古港风情区、民俗文化博览园、中华慈善博物馆、南公园改造等一批历史文化保护、建设项目,华强城市乐园、城市绿谷二期、能达文化公园、“南通之眼”等一批文化、旅游休闲项目。以创建5A级景区为目标,进一步提升濠河、狼山景区绿化美化水平。推进通吕运河绿廊、星湖大道景观带等20个绿化项目,市区新增绿地200公顷以上。健全城市综合管理长效机制,强化数字化、精细化管理。加强市容环境整治和小区物业管理,确保通过国家卫生城市和国家环保模范城市复检。实施城市水系规划和市区“清水工程”三年行动计划,完成32条段市区河道整治。实施蓝天工程,空气质量优良天数比例保持在90%以上。市区启动城郊结合部“四位一体”环境长效管理。

（六）更大力度保障和改善民生。为民办好10件40项实事（见附件），一般预算支出用于民生的比重提高0.5个百分点。

增加城乡居民收入。突出抓好高校毕业生、城镇就业困难人员、农村转移劳动力等重点群体就业，南通籍高校毕业生就业率95%以上，有就业愿望和能力的城乡登记失业人员就业率95%以上，80%的行政村建成“充分就业村”。推进职工工资集体协商，保障工资正常增长和及时支付，提高最低工资标准。营造更为宽松的政策环境，大力支持自主创业，让更多群众拥有经营性、财产性收入。强化扶贫和老区开发，巩固脱贫攻坚成果。完善社会救助机制，对生活困难群众继续实施价格上涨动态补贴。

提升城乡社会保障水平。扩大新型农村社会养老保险覆盖面。提高企业退休人员基本养老金和城镇老年居民养老补贴标准，建立市区城镇居民养老保险和职工自费补充医保制度。新型农村合作医疗人均筹资标准提高到250元，其中政府补助标准提高到200元、增长66.7%，县乡两级政策范围内住院费用补偿比例提高到65%以上；城镇职工和居民医保制度规定范围内医药费用报销比例分别达到80%和60%。推进各类社会保险市级统筹。健全城乡低保、农村五保户、被征地农民基本生活保障标准自然增长机制。抓好“菜篮子”工程，市域建设蔬菜保供基地5万亩，基本建成南通农副产品物流中心。加大市场价格预警和监管力度，坚决查处串通涨价、哄抬物价等行为，保持物价基本稳定。

坚决遏制房价过快上涨。落实各级政府住房保障主体责任。强化保障，遏制房价。加大住房保障专项资金筹集力度，优先保证用地供应，市区新开工拆迁安置房350万平方米、竣工交付200万平方米，安置拆迁户1万户；市区加快1万套保障性（限价）商品房建设，开工不少于5000套；市区建设公共租赁住房不少于4200套（间）；对符合申请廉租住房、经济适用房条件对象实现“应保尽保”，市区为符合条件的外来务工人员提供经济适用房。加大供应，遏制房价。合理确定新建住房价格控制目标，切实增加住房有效供给，市区普通商品住房用地出让不少于350公顷，新开工不少于300万平方米；提高中低价位、中小套型商品住房比重。加强监管，遏制房价。规范房地产市场秩序，对已出让土地超过两年没有开工建设的及时收回土地使用权；严格落实差别化的住房税收、信贷等政策，合理引导住房需求，有效遏制投机投资性购房，促进房地产业平稳健康发展。

（七）切实加强社会建设和管理创新。

加快发展社会事业。落实南通市中长期教育改革和发展规划，促进基础教育优质均衡发展，实施学前教育提升工程，推进中小学布局优化调整和校舍安全工程。抓好国家级高职教育改革发展综合试验区建设。加快实施新区高中、商贸高职新校区建设和体臣卫校迁建等项目。加强终身教育、特殊教育，保障困难群体和外来务工人员子女上学。大力发展公益性文化事业，完善镇、村（社区）公共文化服务网点。积极培育文化产业，引导文化消费，扶持发展文化创意、地方特色文化等产业。市区加快建设图书馆新馆、凤凰国际书城、报业新闻传媒中心、工青妇活动中心、文艺之家等文化设施，启动国际文化交流中心项目前期工作。完成县（市）有线电视数字化整体转换，乡镇广播电视服务站规范化建设比例超过80%。进一步弘扬精神文明“南通现象”和新时期“南通精神”，切实加强青少年思想道德建设和城乡志愿服务工作，深入开展群众性精神文明创建活动，确保蝉联全国文明城市称号。加快推进医药卫生体制改革，全面实施国家基本药物制度，健全基层医疗卫生机构补偿机制；政府在每个乡镇办好一所卫生院，落实基本公共卫生及相关重大公共卫生服务项目；加强重大传染病防控工作；加快公立医院改革试点，优化优质医疗资源布局。深入开展全民健身运动。加强人口和计生服务，提高优生优育水平。应对人口老龄化加速趋势，加快养老服务体系建设。积极发展妇女、儿童、青少年、残疾人、关心下一代、见义勇为、法律援助、红十字和慈善等事业。推进民族、宗教、气象、防震减灾等事业协调发展。扎实做好地方志、哲学社会科学、统计、机关事务管理、档案、保密等工作。全力做好对新疆伊宁县等地对口支援工作。

创新社会管理方式。以全国社会管理创新综合试点为契机，构建党政主导、部门负责、社会协同、公众参与的社会管理新格局，争创全国首批社会管理创新示范城市。推进社会管理“六大创新”和“十大体系”建设，实施社会管理创新26个重点项目。坚持一体化谋划，实施人本化管理，完善长效化机制，加快由控制型管理向服务型管理转变。强化源头管理，全面推行社会稳定风险评估制度，完善社会矛盾纠纷排查化解机制，加强特殊人群和外来人口服务管理。强化基础管理，大力推进“强基工程”，充分发挥基层社区组织、政法综治组织以及工青妇等群团组织、行业协会和商会等社团组织在社会管理中的重要作用。强化动态管理，创新发展社会矛盾纠纷大调解机制，完善“12345”政府服务热线等“五位一体”民生诉求服务机制，健全政府网络发言人制度，建成社会管理信息化平台。巩固“长安南通”成果，实施科技防范入户工程，提升社会治安综合治理水平，严密防范、依法打击各种违法犯罪活动，加强国家安全、防邪反邪等工作，健全公共突发事件应急管理机制，强化安全生产责任制和责任追究制。加强食品药品监管，保障人民群众饮食和用药安全。深入推进法治南通、诚信南通建设，启动“六五”普法。支持国防和军队建设，推进全国双拥模范城"五连冠"创建活动,抓好全民国防教育、征兵、民兵预备役、民防(人防)等工作。

面对新形势、新任务,我们将紧紧围绕建设服务型政府、责任政府、法治政府和廉洁政府,进一步加强自身建设,不断提高工作创造力、行政执行力、政府公信力。进一步提升行政服务效能。巩固扩大政府机构改革成果,强化社会管理和公共服务。深入推进机关作风建设,以群众满意为第一标准,健全服务发展、服务民生的制度机制,严格落实首问、首办负责制,抓落实,讲效率,办实事。优化财政支出结构和方式,增强公共服务能力,提高公共服务水平。进一步提高依法行政水平。规范政府行政行为,完善行政执法程序,依法细化、量化自由裁量权。完善公众参与、专家论证、合法性审查和监督反馈等重大决策机制。提升行政权力网上公开透明运行水平,做好政府信息公开和新闻发布工作,提高行政透明度。严格执行政府规范性文件报备与审查制度。自觉接受人大及其常委会的法律监督、工作监督和政协的民主监督,高度重视办好人大代表议案、政协建议案和人大代表建议、政协委员提案。认真听取各民主党派、工商联、无党派人士和各人民团体的意见,主动接受社会各方面监督。进一步加强勤政廉政建设。保持奋发有为的精神状态,真抓实干,埋头苦干,敢于负责,勇挑重担。强化调查研究和跟踪督查,狠抓重要决策、重点工作、重大项目推进落实。强化绩效管理,严格行政问责,加大行政监察审计和责任追究力度。大力倡导艰苦奋斗,从严控制公费出国出境,加强公务用车管理,切实降低行政成本。全面落实党风廉政建设责任制,扎实推进政府系统党员干部思想道德体系和社会诚信体系建设,严肃查处违法违纪行为,努力保持公务员队伍为民、务实、清廉的良好形象。

附:

2011 年政府为民办实事项目

一、继续推进引江区域供水、农村饮水安全工程,改善城乡水系环境。开工建设如海引江区域输水干管复线和通久线引江区域输水干管,建成通洋线引江区域输水干管,引江区域供水工程普及率80%以上,新增饮用长江水受益人口68万人。开工建设狼山水厂分厂(40万吨/日)。新增农村饮水安全人口43万人。实施引江调水工程,全市沿江涵闸引水量达到30亿立方米,沿江沿海排水量达到30亿立方米,主要河道水质稳定在Ⅳ类,基本消除劣Ⅴ类水体。推进实施城市水系规划和市区"清水工程"三年行动计划,完成兴石河等32条段市区河道整治。

二、加强"菜篮子"工程建设。市域建设蔬菜保供基地5万亩,其中市区1万亩。实施市区农贸市场标准化建设三年行动计划,年内改造完成8个。基本建成南通农副产品物流中心。加强食品安全动态监测。

三、促进城乡就业。所有社区建成"充分就业社区",80%的行政村建成"充分就业村"。全市提供就业岗位25万个。健全农民就业失业登记、求职登记、创业服务和农村困难家庭就业援助制度,促进农民就业创业。农业实用技术培训、农民创业培训30万人次。

四、提高公共医疗卫生服务水平。基本药物制度乡镇及人口覆盖率95%以上,群众就诊费用下降25%以上。新型农村合作医疗参合率99%以上,人均政府补助标准提高到200元。人均基本公共卫生服务项目经费提高到20元以上,其中市区25元。

五、优化文化教育服务和法制宣传阵地建设。扩大免费开放公共文化设施范围,向经济薄弱镇村送书、送戏、送电影。继续推进中小学校舍安全工程建设,新建、加固校舍50万平方米。向全市义务教育阶段学生免费提供作业本。新增省级优质幼儿园22所,总达标率提高到63%。市区建成通师一附新校区、崇川学校,加快建设新区高中,启动建设北城小学、北城高中。加强公共法制文化宣传教育,建成南通崇法文化广场。

六、加强农村基础设施建设。新建农村公路1200公里,改造农村公路桥梁150座,新建、改造农用桥梁500座以上。新建、改造灌溉泵站177座,新建排涝工程41处、防渗渠340公里。压缩式垃圾中转实现乡镇全覆盖,农村生活垃圾无害化处置率100%。市区启动城郊结合部12个街道、103个村(社区)和南通农场等区域河道、道路、绿化、垃圾处理"四位一体"环境长效管理。

七、强化保障性安居工程建设。市区新开工拆迁安置房350万平方米、竣工交付200万平方米,安置拆迁户1万户;市区加快1万套保障性(限价)商品房建设,开工不少于5000套;市区建设公共租赁住房不少于4200套(间);对符合申请廉租住房、经济适用房条件对象实现"应保尽保",市区为符合条件的外来务工人员提供经济适用房。市区继续推进7个、新启动5个片区危旧房改造,完成20万平方米;继续推进20个、新启动10个"城中村"改造;继续推进16个、新启动15个老小区环境整治(包括配电、停车等配套设施建设),推进老小区安全防范设施改造。

八、大力实施"公交优先"战略。新辟、优化城乡客运一体化线路10条。市区新辟城市公交线路14条、优化调整24条;新购和更新公交车200辆;建设工农路公交专用车道。开工建设南通汽车客运枢纽东站。

九、提高养老服务水平。建立市区城镇居民养老保险制度。市区未参加任何养老保险的户籍满15年老年居民月生活补贴提高到150元,不满15年的提高到100元。新建标准化居家养老服务中心40个。开工建设市社会福利中心三期工程。

十、加大救助力度。家庭经济困难寄宿生生活费补助标准提高为小学生每生每年750元、初中生1000元，普通高中、中等职业学校每生每年国家助学金平均资助标准为1500元，免除中等职业学校家庭经济困难学生和涉农专业学生学费。对生活困难群众继续实施价格上涨动态补贴。继续面向社会提供法律援助，提供法律咨询5万人次以上。市区困难群众医疗自付费用救助比例提高到50%，救助上限提高到3万元。对纳入最低生活保障后仍然困难的重度残疾人实施重残补贴金制度，对一户多残、依老养残等特殊困难家庭中的残疾人给予特别救助。

市行政中心

专 记

“十一五”盘点与“十二五”展望

“十一五”时期是南通发展史上具有突破性意义的五年,全市人民在市委、市政府的正确领导下,紧紧围绕“全面达小康、建设新南通”的目标,积极应对国内外宏观环境复杂多变的严峻挑战,着力推进跨越发展、科学发展、和谐发展,经济社会发展取得新的巨大成就,提前3年在全省江北率先达到省定全面小康标准(2009年以市为单位达到小康标准,2010年所辖县、市全部达到小康标准),实现具有里程碑意义的重大跨越,胜利完成“十一五”规划确定的主要目标和任务。这五年,是南通实现大桥通车、大港通航、大城市建设、大园区开发美好梦想的五年,是南通综合实力大幅提升、城乡面貌显著改善、人民群众得益更多、区域竞争力和影响力明显提高的五年,是南通提前实现全面小康的五年。面向未来,南通站在新的历史起点上,将紧紧围绕两大国家规划对南通的新定位,在全面建成更高水平小康社会的同时,奋力向基本实现现代化迈进。

“十一五”期间经济社会发展的巨大成就

一、综合实力持续攀升

“十一五”期间,南通市经济总量实现翻番,全市地区生产总值(GDP)年均增速在全省13市和长三角16市排名第一。2005年全市生产总值1483.80亿元,2007年跨越2000亿元大关,2010年跨越3000亿元大关、达到3417.88亿元,是2005年的2.3倍,按可比价计算,年均增长14.4%,增速比“十五”时期加快1.3个百分点。2010年全市GDP总量全国地级市排名第八,比2005年前移两位。全市人均GDP从2005年的20000元提高到2010年的47500元,年均增长14.9%。各县(市)全部进入“全国综合实力百强县(市)”行列。

“十一五”时期,全市经济发展质态大幅提升。全市财政总收入由2005年的171.19亿元增加到2010年的713.36亿元,累计增长3.2倍,年均增长33.0%,年均增幅比“十五”时期提高11.6个百分点。全市一般预算收入由2005年的71.99亿元增加到2010年的290.81亿元,累计增长3.0倍,年均增长32.2%,年均增幅比“十五”时期提高6.8个百分点。2010年,全市一般预算收入总量全省13市排名第四,比2005年前移一位;全市一般预算收入年均增幅沿江8市排名第一。全市规模以上工业企业利润总额由2005年的99.92亿元增加到2010年的536.80亿元,累计增长4.4倍,年均增长40.0%。

“十一五”时期,全市经济结构不断调优。产业结构战略性调整取得明显成效,二、三产业对经济增长的拉动作用越来越强。二、三产业增加值占GDP的比重由2005年的89.0%提高到2010年的92.3%;三次产业增加值结构由2005年的11.0:55.9:33.1调整为2010年的7.7:55.8:36.5。全市第一产业增加值年均增长3.9%,第二产业增加值年均增长15.8%,第三产业增加值年均增长14.9%。高新技术产业产值占规模以上工业比重较“十五”末提高12.5个百分点,新兴产业、现代服务业、高效农业加速发展。企业实力不断壮大,百亿级工业企业取得历史性突破,六大“千亿级”产业板块基本形成,成为全国五大修造船基地之一。

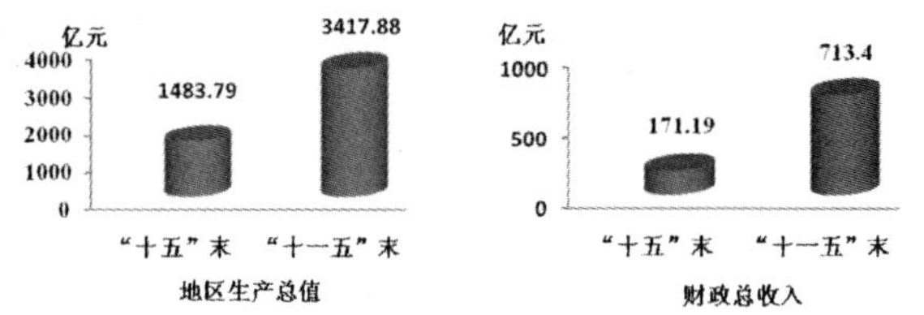

图1 经济总量、财政总收入对比

二、转型升级扎实推进

现代农业建设推进有力。“十一五”时期,全市大力推进现代农业建设,农业产业结构不断升级。2006年全市农林牧渔业总产值突破300亿元、2008年突破400亿元、2010年全市农林牧渔业总产值达到463.31亿元,是2005年的1.6倍。其中,农业产值超过200亿元,达到203.65亿元;牧业和渔业产值均超过100亿元,分别达到118.99亿元和113.10亿元。2010年,全市农林牧渔服务业产值达24.56亿元,是2005年的2.1倍,占农业总产值的比重由2005年的4%提高到5.4%。2010年,全市蔬菜产值占种植业产值的比重达32.0%，比2005年提高3.1个百分点；全市高效农业面积占全市耕地面积的比重超过45%，比2005年提高20个百分点；设施农业面积占全市耕地面积的比重达10%。

工业结构日趋优化。“十一五”时期，全市深入实施工业兴市第一方略，加快新型工业化进程，工业产业结构不断升级。2010年，全市规模以上工业增加值1721.81亿元，年均增长18.8%；全市规模以上工业总产值7481.53亿元，是2005年的3.5倍，年均增长28.5%，增速比“十五”时期加快3.3个百分点。2010年，全市规模以上高新技术产业产值2424.13亿元，是2005年的5.7倍，年均增长41.5%，高新技术产业产值占全市规模以上工业总产值的比重由2005年的19.9%提高到32.4%。2010年，全市规模以上装备制造业产值3375.65亿元，是2005年的5.1倍，年均增长38.7%，装备制造业产值占全市规模以上工业总产值的比重由2005年的30.6%提高到45.1%。2010年，全市新能源、新材料、新医药及生物工程、节能环保、智能传感及装备、海洋工程六大新兴产业实现产值1615.82亿元，比上年增长31.4%，六大新兴产业产值占全市规模以上工业总产值的比重由2009年的18.5%提高到21.6%。全社会研发投入占GDP的比重由2005年的1.00%提高到2010年的1.80%。

服务业发展全面提速。“十一五”时期，全市大力发展现代服务业，服务业经济总量实现倍增。2010年，全市服务业增加值1246.89亿元，是2005年的2.5倍，年均增长14.9%，增速比“十五”期间加快2.4个百分点，占地区生产总值的比重由2005年的33.1%提高到36.5%。2010年，全市服务业税收达到147.52亿元，比上年增长30.8%；全市社会消费品零售总额1268.32亿元，是2005年的2.4倍，年均增长19.2%，增速比“十五”期间加快6.9个百分点。“十一五”时期全市房地产开发累计完成投资额891.61亿元，年均增长27.8%，增速比“十五”期间加快2.6个百分点。2010年末，全市金融机构各项存款余额4957.83亿元，各项贷款余额2964.58亿元，分别是2005年末的2.7倍和2.9倍，分别年均增长21.8%和23.7%，增速比“十五”期间分别加快2.8和2.7个百分点；全年境内服务外包执行额、国际服务外包执行额分别为5.51亿元和4270.95万美元，分别比上年增长117.3%和30.3%。

建筑业发展水平保持领先。“十一五”时期，积极推动建筑业向高附加值、高效益转型，建筑业发展保持良好态势。全市建筑业总产值由2005年的947亿元增加到2010年的2700亿元，累计增长1.9倍，年均增长23.3%。2010年，全市建筑业增加值达到340.07亿元，按可比价计算，年均增长11.6%，全市建筑业经济总量和增速继续保持全省领先。2010年末，全市拥有特级资质建筑企业15家，拥有一级建造师2777人。南通被誉为“建筑之乡”和“鲁班故里”，历年累计获中国建筑工程最高荣誉奖——鲁班奖61项，连续多年高居全国地级市之首。2007年南通市被江苏省政府命名为“建筑强市”（全省唯一）。

节能减排成效显著。“十一五”时期，经济发展方式实现较大转变，节能减排工作取得显著成效。“十一五”时期全市万元GDP能源消耗累计下降20%。2010年全市万元GDP能耗为0.664吨标煤，继续保持全省领先水平。风电等新能源产业从无到有发展迅速，形成以林洋新能源等企业为龙头、在国内领先的新能源装备及配套产业集群。“十一五”时期全市主要污染物COD、SO_2排放总量超额完成省政府下达的减排任务。2010年末，全市环境质量综合指数达到88.6分，比“十五”末提高5.5分；全年空气质量优良以上天数达到330天。

三、江海开发高歌猛进

“十一五”时期，南通江海开发取得历史性突破，以苏通大桥通车和洋口港、吕四港两大深水海港通航为标志，南通进入桥港新时代。抓住长三角一体化发展和江苏沿海开发两大国家战略叠加的机遇，出台并实施《南通市沿海开发规划》，加快港口开发，加快产业集聚，提升园区承载能力，推进大通道建设，全面融入上海一小时都市圈。

港口、园区建设取得重大突破。“十一五”期间，以洋口港、吕四港、如皋港、东灶港开发为标志，港口建设取得重大突破。全市新增万吨级码头20座，南通港跻身亿吨大港行列。全市港口货物吞吐量从2005年的0.83亿吨增加到2010年的1.51亿吨，累计增长1.8倍，年均增长12.7%；外贸吞吐量从2005年的776万吨增加到2010年的2961万吨，累计增长2.8倍，年均增长30.7%。“十一五”时期，一批跨江联动、跨国合作园区建设取得重大突破，苏通科技产业园一期工程全面启动，上海外高桥（启东）产业园、锡通科技产业园、上海市北高新（南通）科技城、上海杨浦（海安）工业园等一批跨江联动合作园区覆盖所有县（市、区）；沿海前沿区域开发建设全面启动，启东、海门、如东等滨海产业集中区初具雏形。

产业项目加快集聚。“十一五”时期，南通勇当江苏沿海开发主力军，沿海开发向纵深推进。2010年，全市海工船舶及重装备产业突破“双千”目标，其工业产值达到1125.32亿元，造船完工量达到1197.31万综合吨。江海前沿区域开发投资额1071.50亿元，比2009年增长23.6%；江海前沿区域在建亿元以上项目326个，计划总投资达1561.20亿元。大唐吕四港电厂、江苏LNG接收站、王子制纸一期等百亿级项目投产或竣工。

交通设施建设全面推进。“十一五”时期，全社会固定资产投资五年累计7791亿元，是“十五”时期的3.2倍，年均增长21.6%。全市加大以交通为重点的基础设施建设力度,全市基础设施完成投资由2005年的90.50亿元增加到2010年的303.46亿元,累计增长2.4倍,年均增长27.4%。苏通长江公路大桥、江海高速公路、沿江高等级公路建成通车,兴东机场飞行区改扩建、宁启铁路电气化改造、海洋铁路、崇启大桥等加快建设,沪通铁路、宁启铁路通启段、通洋高速公路、海启高速公路等项目进展顺利。2010年,全市货运量达到1.96亿吨,是2005年的2.3倍,年均增长17.8%;全市客运量达到1.67亿人次,是2005年的1.8倍,年均增长12.4%。

四、改革开放全面深化

全面深化农村、文化、教育、医疗、住房等各项改革。新一轮行政机构改革和市属公益型事业单位改革基本完成,机关作风建设和绩效考评工作"南通模式"享誉全国。重组三大国有控股公司(集团)。金融体制改革亮点频现,资本市场"南通板块"快速凸显,新增境内外上市公司18家;率先在全省实现农村小额贷款公司县(市、区)全覆盖,全市新引进或改革组建银行业金融机构14家。

全民创业全省领先。"十一五"时期,争创"江苏民营经济第一大市"成效显著。至2010年末,全市累计登记私营企业达到15.31万家、私营企业注册资本达到3898.40亿元,分别是2005年末的2.2倍和4.1倍;全市累计登记各类个体工商户39.21万户、个体工商户注册资金142.29亿元,分别是2005年末的1.6倍和1.7倍,全市登记私营企业、私营企业登记注册资本、登记各类个体工商户3项总量指标在全省13市中均排名第二。民营经济主流地位更加突出。2010年,全市民营经济实现增加值2050.70亿元,是2005年的2.8倍,年均增长22.8%,民营经济增加值占GDP的比重由2005年的50.0%提高到60.0%;全市民营经济入库税金256.23亿元,是2005年的3.5倍,年均增长28.5%,民营经济入库税金占国税、地税收入的比重由2005年的55.0%提高到61.8%;全市规模以上民营工业产值4314.08亿元,是2005年的3.5倍,年均增长28.1%,民营工业产值占全市规模以上工业总产值的比重为57.7%。

对外开放持续发展。"十一五"时期,全市开放型经济经受住国际金融危机的严峻考验,在逆境中实现新发展。实际利用外资不断增加,跻身全国前10强。"十一五"时期,全市累计新签外商投资项目2889个;全市累计实际利用外资达到126.95亿美元,是"十五"时期的3.4倍。对外贸易较快增长,进入全国30强。2010年,全市进出口贸易总值突破200亿美元、达到210.96亿美元,是2005年的2.5倍,年均增长19.9%。其中,出口贸易总值141.07亿美元,是2005年的2.4倍,年均增长19.5%;进口贸易总值69.89亿美元,是2005年的2.6倍,年均增长20.7%。外经合作连年保持全省领先。2010年,全市对外承包劳务完成营业额12.53亿美元,是2005年的1.9倍,年均增长13.6%;新签对外承包劳务合同额8.73亿美元,是2005年的1.6倍,年均增长10.0%;年末在外人数到达2.94万人。省级以上开发区贡献率进一步提高。

五、社会建设成果丰硕

"江海英才"计划实施取得明显成效,创新型城市建设不断推进。实施城乡免费义务教育,各类教育协调发展,教育现代化稳步推进。文化大市建设步伐加快,形成环濠河文博馆群,涌现出一批文化精品;成功承办省"十六运"和第九届亚洲艺术节。公共卫生和基本医疗服务体系不断健全;人口计生工作走在全国前列。建成一批为民服务重点项目,公共服务设施不断完善。社会管理全面加强,大防控体系、大调解机制不断健全,应急管理体系初步形成,荣获全国社会治安综合治理"长安杯",入选全国社会管理创新综合试点市。

六、城乡环境焕然一新

实施通州撤市设区行政区划调整,中心城市框架全面拉开,老城区功能不断完善,新城区现代化新貌基本形成。城市形象和品位进一步提升,荣膺全国文明城市、国家卫生城市、国家环保模范城市、国家园林城市、国家历史文化名城。城市化率达55%,比"十五"末提高10.4个百分点,城镇化率增幅全省13市排名第一。

新农村建设步伐不断加快,实施新农村建设十大工程和农村六件实事成效显著,全面完成县(市、区)域供水工程建设,实现村级公共服务中心全覆盖。生态环境得到有效改善,单位地区生产总值能耗、化学需氧量及二氧化硫排放量分别比"十五"末下降20%、18.4%和37.35%,超额完成省下达任务;环境质量综合指数达到88.6分,比"十五"末提高5.5分,居"全国污染控制较好城市"首位;绿化覆盖率、森林覆盖率分别达到40.8%、20.2%;耕地持续保持占补平衡。

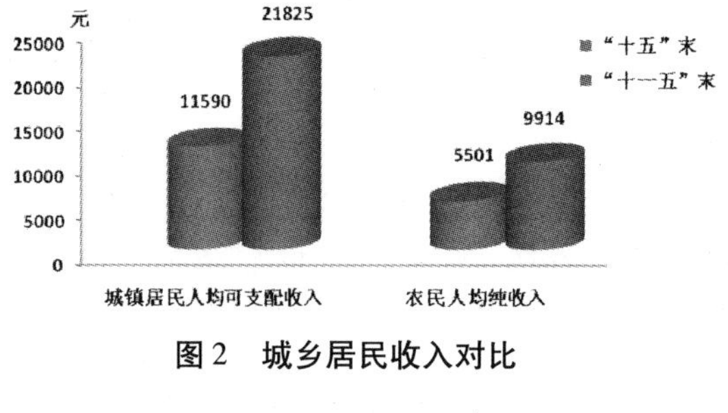

图2 城乡居民收入对比

七、人民生活不断改善

2010年,城镇居民人均可支配收入、农民人均纯收入分别达到21825元、9914元,比"十五"末增长88.3%和80.2%,基本消除农村人口绝对贫困现象。就业和社会保障水平进一步提高,在全省率先建成充分就业市区,累计新增转移农村劳动力30万人,城镇登记失业率持续低于全省全国水平；在全省率先基本实现城镇基本养老、医疗、失业保险和新型农村合作医疗、新型农村基本养老保险全覆盖，实现廉租房租金补贴、实物配租及经济适用房补贴“应保尽保”，在全省率先建立被征地农民基本生活保障制度，城乡低保标准分别比“十五”末提高67%、180%。

五年来，南通全市上下在科学发展观指引下，弘扬“包容会通、敢为人先”的新时期南通精神，开拓进取，奋力赶超，走出一条跨越式发展之路，经济发展创下“南通效益”、体制改革创下“南通模式”、社会建设形成“南通特色”，形成令人瞩目的“南通现象”。在实践中形成弥足珍贵的经验和体会：一是要坚持以科学发展新理念指导跨越发展新实践。二是要坚持高点定位引领发展。三是要坚持走符合南通实际的特色路。四是要坚持牵住改革开放牛鼻子。五是要坚持打好“四位一体”组合拳。六是要坚持通过加强和改善党的领导不断提高执政能力。

“十一五”规划主要目标完成情况

类别	序号	指标		“十一五”目标	2010年实绩
经济增长	1	地区生产总值(亿元)		2944	3417.88
	2	人均地区生产总值(元)		38120	47500
	3	一般预算收入(亿元)		>200	290.8
	4	全社会固定资产投资累计(亿元)		>6000	7791
结构效益	5	二、三产业占地区生产总值比重(%)		94左右	92.3
	6	总增加值率(%)		35左右	-
	7	单位地区生产总值能源消耗(吨标煤/万元)		0.76	0.664
	8	城市化水平(%)		>55	55
改革开放	9	民营经济增加值占地区生产总值的比重(%)		60	60
	10	注册外资实际到账累计(亿美元)		≥100	126.95
	11	外贸出口总额(亿美元)		>100	141.07
科技创新	12	R&D经费支出占地区生产总值的比重(%)		1.65	1.8
	13	高新技术产业产值占规模以上工业产值比重(%)		≥25	32.4
人口资源环境	14	人口自然增长率(‰)		0	-0.9
	15	耕地保有量(万公顷)		45.87	45.87
	16	主要污染物排放总量减少(%)	化学需氧量	14.5	18.4
			二氧化硫	29.5	37.35
	17	绿化覆盖率(%)		42	40.8
	18	森林覆盖率(%)		18	20.2
公共服务	19	城镇养老、医疗、失业保险覆盖面(%)		≥95	97.6
	20	新型农村合作医疗参合率(%)		100	99.5
	21	高中阶段教育毛入学率(%)		95	100
	22	高等教育毛入学率(%)		50	37
	23	公共卫生服务体系健全率(%)		96	100
人民生活	24	城镇居民人均可支配收入(元)		>20000	21825
	25	农民人均纯收入(元)		>8500	9914
	26	恩格尔系数(%)		<40	35.9
	27	五年新增城镇就业人数(万人)		25	42
	28	城镇登记失业率(%)		<4	2.75

"十二五"时期建设现代化新南通的总体构想

"十二五"时期,南通仍处于可以大有作为的重要战略机遇期。从国际看,金融危机进一步加快了全球经济结构调整步伐,世界正在酝酿新的科技创新和产业革命,必然带来新一轮全球产业布局的重大调整。从国内看,中国经济社会发展长期向好的基本面没有改变,仍将处在工业化、信息化、城镇化、市场化、国际化互动并进的重要时期。从南通实际看,两大国家规划的深入实施,多年持续跨越发展夯实的坚实基础,加上交通区位条件的根本性改善,为"十二五"时期的转型发展和现代化建设带来了新机遇、拓展了新空间、增添了新动力。

"十二五"是南通全面加速发展,向江海交汇的现代化国际港口城市和长三角北翼经济中心迈进,加快构建沪苏通"小金三角"的黄金机遇期。"十二五"时期,南通面临着长三角一体化发展和江苏沿海开发两大国家规划全面实施的叠加机遇,发展空间更为广阔;大桥通车、大港通航,区域门户城市加速形成,区位优势得到根本性提升,发展条件更为优越;多年猛攻有效投入进入全面产出阶段,跨越发展、科学发展态势不断巩固和持续,发展支撑更为强劲。抓住机遇、发挥优势、趁势而上,南通将朝着现代化国际港口城市、长三角北翼经济中心和构建沪苏通"小金三角"的目标迈出更加坚实的步伐。

"十二五"是南通全面转型升级,向工业化后期迈进,加快提升综合竞争力的攻坚赶超期。"十二五"时期,南通将跨越人均地区生产总值10000美元这个经济社会发展的重要分水岭,进入工业化后期的崭新发展阶段,经济社会发展面临深刻变革。南通只有顺应时代发展趋势,加快创新转型步伐,加快城市化进程,着力推进经济增长模式向内需主导、消费驱动转型,经济增长动力向科技引领、创新驱动转型,社会建设向扩大公众参与、完善公共服务、保障社会公平转型,才能在挑战中把握机遇,才能在总量和质态上追赶苏南等先进发达地区取得新的跨越,才能进一步增强中心城市辐射带动力。

"十二五"是南通建设更高水平小康社会,向基本实现现代化迈进,加快打造江苏新增长极的奋力突破期。现代化建设是继建成全面小康社会后引领全市发展的又一面光辉旗帜。"十二五"时期,南通将在新的起点上努力实现更好更快发展,在建成更高水平小康社会的同时,加快现代化建设步伐,为2018年左右基本实现现代化奠定具有决定性意义的基础。南通要用现代化的目标引领发展,用现代化的思维谋划发展,用现代化的方式推动发展,不断增强发展的全面性、协调性和可持续性,推动经济实力更大提升、社会建设更大进步、生活水平更大提高、生态环境更大改善,成为江苏新的重要增长极。

"十二五"时期也是各类矛盾交织、发展面临更多考验的挑战期。全球经济面临深度调整和发展模式转型,影响世界经济发展的不稳定、不确定因素较多,围绕市场、资源、人才、技术、标准等的竞争更加激烈,给外向度较高的南通在更大范围、更广领域、更高层次扩大开放带来新考验。中国正处在经济体制深刻变革、社会结构深刻变动、利益格局深刻调整、思想观念深刻变化的时期,经济社会进入必须以转型促发展的新阶段,国际社会和国家对节能减排和资源环境保护的要求越来越高,对南通加快经济结构调整、推动经济发展方式转变提出更加迫切的要求。与此同时,南通经济社会发展中各种结构性、深层次矛盾和问题仍比较突出,推进经济社会全面协调可持续发展面临的形势更加复杂严峻。主要表现在:一是传统经济增长方式面临严峻挑战。投资结构有待进一步优化,消费需求对经济增长的拉动仍显不足;化解资源、环境硬约束的压力较大。二是结构性矛盾仍较突出。工业化水平不高,服务业占比、城市化水平仍然低于全省平均水平,城乡一体化进程有待进一步加快。三是自主创新能力亟待增强。高新技术产业产值、研发投入占比仍然偏低,企业自主创新能力不强,科技成果转化水平较低,高层次创新人才稀缺。四是社会建设面临诸多新课题。城乡居民收入增长滞后于经济发展水平,社会建设和管理面临诸多新课题,基本公共服务配置尚不健全,在住房价格、拆迁安置、城市交通等方面还存在群众不尽满意的地方,社会稳定压力增大。

"十二五"时期,全市上下要在市委、市政府的领导下,紧紧围绕"加快现代化、再创新辉煌"的战略定位,全力抢抓两大国家战略规划深入实施的重大机遇,以科学发展为主题,以加快转变经济发展方式为主线,以改革开放和科技创新为强大动力,以保障和改善民生为根本目的,以全国社会管理创新综合试点城市为重要抓手,统筹做好改革发展稳定各项工作,促进经济长期平稳较快发展和社会和谐稳定。

按照"加快现代化、再创新辉煌"的战略定位,在以下三个方面奋力拼搏:加快推进现代化建设,为2018年左右在全省江北率先基本实现现代化奠定具有决定性意义的基础;全力打造长三角北翼经济中心,促进沪苏通"小金三角"和沪甬通一体两翼格局加速形成;在全国、全省和长三角城市中持续赶超,争先进位。为此,《南通市国民经济和社会发展第十二个五年规划纲要》提出"六个更加"的新目标和一系列具体的目标任务:

——经济更加强盛。经济发展主要指标增幅超过全省平均水平,地区生产总值按现价计算年均增长13%左右,到2015年,经济总量超过6000亿元,人均地区生产总值突破80000元;产业结构明显优化,发展质量和效益明显提升，高新技术产业产值占规模以上工业比重达到37%，服务业增加值占地区生产总值比重提高到41%；城市化和城市现代化水平明显提高，城乡、区域发展更趋协调，城市化率达到64%；改革开放不断深化，江海开发、跨江合作实现更大突破，成为江苏新的重要增长极，初步确立长三角北翼经济中心的地位。

——科教更加发达。科技创新体系充满活力，力争研发投入占地区生产总值比重达到2.5%，科技进步贡献率提高到60%以上，形成一批拥有自主知识产权、自主品牌的创新型企业；教育强市建设迈出坚实步伐，教育现代化水平进一步提高；人才强市战略实施取得明显成效，基本建成创新型城市。

——社会更加和谐。各项社会事业加快发展，城乡各类公共服务水平显著提高；全民综合素质得到普遍增强，城市文明程度保持全国领先；法治南通、长安南通建设水平不断提高，民主法制建设进一步健全，社会管理机制进一步完善，人民权益得到切实保障，社会管理创新、和谐社会建设走在全省和全国前列，社会持久稳定。

——文化更加繁荣。社会主义核心价值体系得到广泛认同和遵循，新时期"南通精神"不断弘扬光大，文化软实力大幅提升；江海特色文化强市建设成效显著，文化事业和产业得到大力发展，文化创新扎实推进，公共文化服务内容不断丰富，实现文化事业强、文化产业强、文化队伍强。

——生态更加优良。低碳经济、循环经济得到大力发展，资源利用效率不断提高，单位地区生产总值能耗和二氧化碳、主要污染物排放总量明显减少，污染得到有效防治；生态得到切实保护，耕地保有量保持在45.9万公顷左右，森林覆盖率提高到21%，人民群众对生态和人居环境满意度持续提高，建成国家生态市。

——人民更加幸福。城乡居民收入普遍较快增加，努力实现居民收入增长与经济发展同步、劳动报酬增长与劳动生产率提高同步，城镇居民人均可支配收入和农民人均纯收入分别达到4万元和1.9万元，力争实现倍增；社会就业更加充分，五年新增城镇就业40万人以上，城镇登记失业率低于全省平均水平；社会保障体系日益完善，人民群众享有较高水平的教育、健康服务和公共文化产品，幸福感明显提高。

通过五年努力，综合经济实力、自主创新能力、国际竞争力和可持续发展能力显著增强，人民群众普遍过上更加宽裕安康的生活，全面建成更高水平小康社会，加快建设现代化，努力走在全省江北现代化建设的最前列。再经过一个时期的努力，把南通建成江海交汇的现代化国际港口城市、长三角北翼经济中心和国内一流的宜居创业城市。

（发改委　统计局）

吴邦国、贺国强在南通视察调研

一、吴邦国调研南通重点企业，强调优势产业要向高端调整

2010年1月14～17日，中共中央政治局常委、全国人大常委会委员长吴邦国在江苏调研。他先后到南通、苏州、无锡等地，深入工业园区、科研院所、企业车间，亲切看望生产科研一线的基层干部群众，与大家共商转变经济发展方式大计。

调研期间，吴邦国强调，要以科学发展观为指导，认真贯彻落实中央经济工作会议精神，妥善处理速度与效益、当前与长远、局部与全局的关系，把保持经济平稳较快发展与加快经济发展方式转变有机统一起来，着力在提高经济发展质量和效益、增强发展可持续性上下功夫，着力在转变发展方式、调整经济结构、促进产业升级上下功夫。

1月14日至15日在南通期间，吴邦国重点调研振华重工、中远船务、罗莱家纺等企业，强调优势产业要向高端调整。他强调，要把加快经济发展方式转变作为深入贯彻落实科学发展观的重要目标和战略举措，坚定不移调结构，脚踏实地促转变，使经济回升建立在结构优化升级的基础上，使应对国际金融危机冲击的过程成为增强发展可持续性的过程。

上海振华重工（集团）股份有限公司是世界上最大的港口装备制造企业，产品远销70多个国家和地区，占全球近80%的市场份额。2006年7月在南通经济技术开发区设分公司。吴邦国到振华集团南通公司生产基地，这是他第二次到振华重工考察。他认真察看自主研发的核心部件，详细了解新产品研发和市场开拓情况，对他们在巩固发展传统市场的同时，积极拓展大型钢结构、海工等新兴市场，实现产品和市场多元化的做法表示赞许，勉励企业继续立足自主创新，加快转型升级，进一步提升市场竞争力。

南通中远船务工程有限公司经过多年努力，从普通修船、拆船企业成功进入造船、海工平台等领域。在该公司研发中心和自主研发的浮式钻井生产储油工程船、超深水海洋钻探储油平台等模型前，吴邦国询问产品关键技术及主要技术经济指标，鼓励企业加大核心技术和关键部件研发力度，努力向研发、成套等产业链高端和利润高端调整。吴邦国与技术中心副总监徐秀龙亲切交谈，对其作为新加坡引进的特殊人才回国建设表示赞赏。他指出，加快自主创新，推动转型升级，关键在人才。无论是传统优势产业向高端调整，还是培育新的经济增长点，一定要牢固树立人才资源是第一资源的观念，坚持尊重劳动、尊重知识、尊重人才的方针，鼓励创造、宽容失败、大力培养和吸引人才，积极引进海内外人才尤其是创新创业领军人才和研发团队，完善

技术成果交易等创新载体,加强创新服务平台建设,为各类人才创业创造条件、提供便利。吴邦国还到码头了解企业承建的半潜式海洋钻井平台相关情况,与企业职工合影留念。

南通罗莱家纺股份有限公司是国内渠道规模最大、品牌知名度最高、综合实力最强的家纺企业之一。他们采取专业化生产并与国际一流家纺企业合作等方式,积极应对国际金融危机严重冲击,保持较好的发展势头。吴邦国走进公司产品展销厅,向企业负责人了解家纺业面临的新挑战与新机遇,希望他们进一步加强品牌与设计、物流与销售两方面的工作,增加产品附加值,掌握发展主导权,增强国际竞争力和抗御风险能力。

调研中,吴邦国还强调,要把加快经济方式转变作为深入贯彻落实科学发展观的重要目标和战略举措,坚定不移调结构,脚踏实地促转变,使经济回升建立在结构优化升级的基础上,使应对国际金融危机冲击的过程成为增强发展可持续性的过程。要加快开放型经济转型升级,更加注重引进高层次人才、先进技术和先进管理经验,支持鼓励有条件的企业到境外收购研发机构、营销网络、知名品牌,在海外建立生产加工基地,全面提高对外开放水平。

多年来,吴邦国对苏通大桥建设一直非常关心。得知大桥建成后高峰时日车流量达到5万辆时,他充满感情地说:"苏通大桥,我是全力推进的。现在看来是对的。大桥的建成,对南通、对江苏的发展起到了很大的作用。有了大桥,大企业、大项目都来了,促进了整个城市的发展。"他同时表示:"南通今后的大通道建设,我将继续关心和支持。"在南通期间,吴邦国还分别考察濠河生态景区、南通博物苑。考察途中,全国人大常委会内务司法委员会委员、交通部原部长黄镇东向吴邦国介绍南通沿海开发特别是洋口港开发建设情况。吴邦国勉励江苏省和南通市"一定要想法设法把洋口港建设得更好"。考察结束前,吴邦国说,与2001年到南通考察时相比,南通这些年的发展不仅速度很快,而且发展非常全面,经济建设、城市建设、社会建设都取得了喜人的成绩,体现了科学发展观的要求。全国人大常委会有关委室负责同志,省委书记梁保华、省长罗志军,市委书记罗一民、市长丁大卫等陪同考察。

二、贺国强到南通调研加快经济发展方式转变、推进反腐倡廉建设创新

2010年5月14~19日,中共中央政治局常委、中央纪委书记贺国强在江苏考察工作,先后到连云港、南通、无锡、南京等地,就加快经济发展方式转变、推进反腐倡廉建设创新等问题进行调研。他强调,要认真贯彻落实中央决策部署,切实打好转变经济发展方式这场硬仗,在科学发展道路上铸造新的辉煌;坚持以改革创新精神推进反腐倡廉建设,为推动科学发展、促进社会和谐作出新的贡献。

调整经济结构是加快经济发展方式转变的战略重点。在南通振华重型装备制造有限公司,当贺国强得知该企业生产的大型浮吊以一次吊重8000吨而位列世界第一时,高兴地勉励企业进一步提高经营管理水平、降低生产成本和能耗,增强可持续发展后劲。在南通罗莱家纺股份有限公司,贺国强希望企业负责人坚持走传统产业品牌化、专业化、国际化道路,进一步加强产品市场调查、研发设计、物流销售,不断提高品牌国际知名度,增强企业国际竞争力。贺国强专程察看具有世界先进水平的苏通长江公路大桥,对工程建设者们通过自主创新突破重大技术难关的成绩连声称赞。

在党风廉政教育中心,贺国强专门到数字化电子办案系统指挥室详细了解系统运行情况,称赞南通市纪委积极强化科技办案、教育培训、廉政文化宣传有力促进了反腐倡廉工作的开展。他强调指出,要以党风廉政建设和反腐败工作新成效为加快经济发展方式转变提供保证。考察中,贺国强听取了南通经济社会发展和党风廉政建设工作汇报,对南通市各项工作所取得的成效给予充分肯定,希望认真贯彻胡锦涛总书记等中央领导同志对江苏工作的一系列重要指示,紧紧围绕"率先全面建成小康社会,率先基本实现现代化"的奋斗目标,把保持经济平稳较快发展和调整经济结构作为加快经济发展方式转变的重要任务,强化科技支持和人才支撑,促进城乡协调发展和区域协调发展,争创体制机制新优势和对外开放新优势,营造良好的生态环境与和谐的社会环境,切实把加快经济发展方式转变这项重大战略任务抓紧抓好抓出成效,努力促进经济社会又好又快发展。中纪委副书记张毅,中纪委常委、秘书长吴玉良,省委书记梁保华、省长罗志军,市委书记罗一民、市长丁大卫等陪同考察。

(孙吉安 综 合)

南通与世博

2010年5月至10月,第四十一届世界博览会在中国上海举行,这是世博会159年来第一次由发展中国家主办。上海世博会以"城市,让生活更美好"(Better City, Better Life)为主题,总投资达450亿人民币,在黄浦江两岸(南浦大桥和卢浦大桥区域)规划建设了占地5.28平方公里的世博园区。有246个国家和国际组织参展,184天共吸引7308.44万人次参观,园区内演出2万多场,创造了世界博览会历史上多项纪录。与上海一江之隔的南通,不仅与世博会有着深厚的历史渊源,而且在服务上海世博会中作出卓越贡献。

一、民族实业家张謇参与世博、提振实业的探索

1851年，工业革命前夕的英国伦敦，一场名为“万国工业品大博览会”的首届世界博览会吸引了来自世界各地的1.8万名商人，展出近10万件商品。25年之后的美国费城世博会上，中国作为参展国家的身份确立。但是真正认识参博、办博意义并发挥其作用的当数近代著名实业家张謇。1896、1897年间，张謇在向清朝廷上呈的《农工商标本急策》一文中提出“各省开劝工会”的主张。1901年，他在《变法平议》中更是把举办博览会列为改良政治、振兴实业的一项变法内容，认为“博览会尤有益于工”。1903年5月，张謇应邀参加日本在大阪举办的第五次国内博览会。他看到中国参展的展品大多为古董，展品的挑选明显不当，远不及日本展陈的产品那样精当。他感慨地说，拿我家乡的产品而言，通州、海门的棉花，吕四的盐，都可以与五大洲的名品相抗衡，但是这些产品都没有组织参加，非常可惜。首次考察之行，前后共70天，在日本实际考察63天。

1905年，清政府决定参加将于次年在意大利米兰举办的世博会，由商务部头等顾问官张謇负责。清政府采纳张謇建议，颁布《出洋赛会章程》，以官方和民间合作的形式参加国际赛会。这是清政府摆脱“洋人海关”掌控，独立开展世博会参展事务的开端。1906年意大利米兰渔业博览会（又称意大利万国博览会）上，中国商品陈设渔业占地400平方米、工艺占地120平方米，数量极其有限，但得奖牌、奖凭百余张。其中，张謇创办的颐生酿造公司的颐生酒摘得中国酒类产品在世博会上的第一枚金牌，吕四盐场的盐、颐生罐洁公司和温州罐洁公司的罐食也同获金奖。张謇还尝试在国内举办博览会，1910年在江苏江宁（今南京）举办的“南洋劝业会”已初具世博会性质。

二、南通积极参与、全力服务上海世博会

2010年上海世博会的场馆荟萃当今世界建筑设计大师的最新理念，是全国乃至全世界建筑强手比拼的大擂台。作为建筑之乡的南通，成为除东道主上海之外，承建项目最多、工程科技含量最大、施工技术水平最高的城市，其中英国馆获得世博展馆设计金奖等多项大奖。南通建筑铁军在世博会上有8个总承包项目，施工产值4亿元。8个项目分别为：苏中建设集团承建的英国馆、台湾馆、爱尔兰馆；通州建总集团承建的万科馆，世博村H、I地块公寓酒店；江苏通顺建设承建的阿曼馆；南通四建集团承建的航空馆；南通建工集团承建的震旦馆。除了总承包，南通建筑队伍还参与其他8个项目的土建、安装、装潢，施工产值3.1亿元。

由启东生产的世博吉祥物海宝销售到世界各地。南通的蔬菜、生猪等农副产品在世博会期间保障上海市场的供应。全市销往上海市场的鲜活农产品，销售额达到60亿元，比上年增长16%。南通有30家市级以上龙头企业的25类农产品进入上海市场，其中一部分通过上海企业的加工进入世博园区，成为世博游客的美味佳肴。

世博会期间，南通积极部署世博安保“护城河”工程，全市7000多名民警和1万多名辅警连续作战，在3个入沪检查站、15个水上检查点，共检查车辆13.6万余辆、船舶3035艘、人员29.1万人次，查获违法犯罪嫌疑人员215名，收缴危险违禁物品3870件。南通海事局共对6571艘次船舶进行安全检查，检查出各类缺陷1.2万多个，禁止船舶离港28艘次。

世博会期间，南通游客有50多万人参观世博会，其中约30万人通过南通市近百家旅行社组团前往，选择自驾游的游客有20万人。南通共有47家长三角世博旅游接待推荐饭店，世博会期间经由南通看世博的外来游客约有三四百万人。

（综　合）

资本市场崛起“南通板块”

“十一五”期间，南通市累计有17家企业在境内外实现上市，募集资金超过120亿元。其中，2010年新增上市公司9家，全市上市公司总数累计达23家（本年实际运作22家）。中小板创业板上市企业达12家，居全国大中城市第八位，全国地级市第四位。

1994年5月，南通机床股份有限公司在上海证交所挂牌上市（“南通科技”），拉开南通企业走向资本市场的序幕。1996年11月，江苏综艺股份有限公司在上海证交所上市，成为江苏省第一家乡镇企业上市公司（“综艺股份”）。2001年、2002年，南通江山农药化工股份有限公司（“江山股份”）和江苏中天科技股份有限公司（“中天科技”）先后在上海证交所上市。2005年5月，江苏三友集团股份有限公司在深圳证交所挂牌上市（“江苏三友”），成为南通第一家中外合资上市公司。从1994年至2005年的11年间，南通上市企业仅5家。

资本市场“南通板块”的崛起，主要集中在“十一五”期间。2006年，南通市出台鼓励和推动企业上市的政策文件，在上市前期费用补助、税费优惠返还、上市成功奖励等方面作出明确规定。市委、市政府提出实施企业上市“321”工程，即：通过3年努力，上市公司总量超过20家，上市融资总量超100亿元。推进企业上市作为提升区域综合竞争力、推动产业结构优化升级、促进企业做大做强的战略举措来抓。至2007年12月，全市上市企业增至11家，上市企业市值占全市GDP总量比重（证券化率）达46.1%，比2006年底提高29.3个百分点，证券化率在全省位居前列。

2008年前后，随着《公司法》、《证券法》的出台，全流通机制的建立，资本市场发展发生积极而深刻的变化。市委书记罗一民在市委十届四次全会上讲话指出,"要抓住当前国家积极发展资本市场的政策性机遇,推动更多的民营企业上市。"市委副书记、市长丁大卫要求"各级党委、政府及相关部门要把企业上市作为当前组织经济工作的一项重要抓手,进一步创新思路,优化服务,一着不让地推进企业上市工作。"市委常委、常务副市长蓝绍敏在年初的上市工作会议上更是大声疾呼"加快培育资本市场的'南通板块'。"当年下半年,市政府又制定力度更大的优惠政策。2008年起每年举办上市培训和股权融资、中小板案例研究等专家讲座10来场,累计参训6200多人。市发改委在香港、南通分别举办大型融资洽谈会,向200多家投资机构推荐112个项目。职能部门按照报会、拟报会、入轨、重点后备4个层次,抓好企业上市推进工作。市领导率队到企业调研,了解上市进展,协调解决问题和矛盾,2009、2010两年,每年的调研活动达上百次之多。在强力推进下,企业上市积极性空前激发,从10家到20家,仅用3年时间就实现目标。

2010年,南通市企业上市实现四个方面的历史性突破:一是新增上市公司数量创历史之最。全市新增上市公司9家,列全省第二。全市上市公司总数累计达23家。二是新募集资金创历史新高。历年募集资金总量270亿元(含再融资34.02亿元),其中2010年新增量超过200亿元。熔盛重工在香港上市,首次公开募股即募集资金146亿元港币;3家上市公司实现再融资额18亿元人民币。三是中小板创业板挂牌创历史最佳。南通市在深交所挂牌的中小板创业板企业共12家,居全国各大城市第八位、全国地级市第四位。四是上市公司实现县区全覆盖。2010年4月23日,江苏联发纺织股份有限公司(海安)新股挂牌上市仪式在深交所举行,标志全市9个县(市、区)都拥有上市公司。9月29日,江苏润邦重工股份有限公司和南通江海电容器股份有限公司在深交所同时挂牌。继当年两家南通企业同一天首发申请过会之后,再次成为资本市场的焦点。《证券时报》等专业媒体对此罕见现象作显著报道。

(梅 华 综 合)

南通上市企业一览

股票名称	代码	上市时间	所在交易所
南通科技	600862	1994.5.20	上海
综艺股份	600770	1996.11.20	上海
江山股份	600389	2001.1.10	上海
中天科技	600522	2002.10.24	上海
江苏三友	002044	2005.5.18	深圳
东源电器	002074	2006.10.18	深圳
林洋新能源	SOLF	2006.12.21	美国纳斯达克
通富微电	002156	2007.8.16	深圳
时代超市(乐天玛特)	1832.HK	2007.7.16	香港联交所
多维科技	CZ4H	2007.08.3	新加坡
九鼎新材	002201	2007.12.25	深圳
金飞达	002239	2008.5.22	深圳
中南建设	000961	2009.7.15	深圳
罗莱家纺	002293	2009.9.10	深圳
精华制药	002349	2010.2.3	深圳
联发股份	002394	2010.4.23	深圳
九九久	002411	2010.5.25	深圳
江苏神通	002438	2010.6.23	深圳

股票名称	代码	上市时间	所在交易所
金通灵	300091	2010.6.25	深圳
润邦股份	002483	2010.9.29	深 圳
江海股份	002484	2010.9.29	深 圳
熔盛重工	01101.HK	2010.11.8	香港联交所

注：时代零售 1832.HK 于 2010 年 5 月退市。

2010年12月17日，江苏省委副书记、代省长李学勇到南通富士通公司视察

（崇川开发区供稿）

媒体聚焦南通

依托沿海开发 实现经济转型
——访江苏省南通市市长丁大卫

记　者:去年《江苏沿海地区发展规划》上升为国家战略,不久前《长江三角洲地区区域规划》又经国务院批准实施,南通迎来了新一轮沿海开发的热潮。您能否介绍一下南通在实施“沿江开发、江海联动”战略中取得了哪些成绩?

丁大卫:2003年以来,我们始终把沿江沿海开发作为南通深入贯彻落实科学发展观、推进又好又快发展的重大机遇,充分发挥国家和省推进沿海开发的政策集成效应,全面依托南通有江有海的资源集聚效应,推动了南通新发优势的快速显现。

实施沿江开发、江海联动的7年,是南通市工业化、城市化进程明显加快的7年,工业化、城市化水平分别提高了2.9个、13个百分点;是跨越发展、优势放大的7年,GDP平均增速近15%,2009年GDP总量2872.8亿元,在全国地级市中跃居第8位。同时,一批事关全局和长远、支撑南通发展产生格局性变化的重大基础设施实现突破,从根本上改善了南通的对内对外交通。

记者:南通的很多政府部门和企业都把沿海开发战略和经济转型升级联系在了一起,南通是如何看待和处理这二者的关系的?

丁大卫:我们把沿海开发作为转型升级的机遇,注重创新驱动型、集约节约型开发来促转型,努力使沿海开发的过程成为转型升级的过程。

拿2009年与2002年相比,我市二、三产业占比提高了8.1个百分点;临港临海产业特征凸显,装备制造业产值、高新技术产业产值占规模以上工业比重分别提高了17.5个、16.6个百分点。特别是集聚了一批临港型、龙头型、基地型、链条型重大产业项目,去年沿江沿海的13个省级以上开发区以全市3.83%的面积,集中了全市47%的固定资产投资,创造了45%的GDP、41%的财政收入;每亩投入达到了254万元。

转型升级是南通新一轮沿海开发的内在要求和根本动力。总的来说,就是按照中央、省加快转变经济发展方式的要求,把南通的新兴产业做大、支柱产业做优、服务业比重做高。

把新兴产业做大,我们已经有了一定的基础,初步培育了海洋工程及技术、新能源、新材料、新医药及生物工程、节能环保、智能传感及装备7个重点新兴产业。今年上半年,这7大新兴产业产值达到了766.46亿元,占规模以上工业比重超过了1/5,增速也高出规模工业增速7.1个百分点。形成了一批新兴特色产业集群,特别是海洋工程、新能源等产业走在全省甚至全国前列。

把支柱产业做优,去年我们制定实施了六大主导产业转型升级规划纲要,由注重规模速度转向更加注重质量效益。思路上是实施“三个推动”:第一,推动船舶产业向海洋工程及重装备方向转,船舶海工向“高技术、高附加值、高配套率”方向转。目前,全市552家规模以上船舶企业中有29家成功转型为海工装备企业。第二,推动电子信息、石化等向产业链上游和终端产品方向转,争取通过两三年努力,终端产品占比达到30%,具有国际先进水平的高端产品占比达到20%。第三,推动纺织、轻工两大传统产业向研发设计和营销服务两端延伸,加快形成一批具有国际竞争力的自主知识产权和自有品牌,提高附加值和品牌化水平。

把服务业比重做高,大力推进我们去年制定出台的市区服务业发展三年行动计划,力争到2012年,服务业总量突破1500亿元,服务业增加值占GDP比重提高到39%,服务业对经济增长贡献率达到44%。

记　者:能否详细介绍南通下一步如何来培育新兴产业?

丁大卫:对于处于工业化中期的南通而言,需要把发展新兴产业作为战略性举措来抓,积极提升新兴产业的集约化、高端化、国际化发展水平。

通过突出发展重点来推动集约化。结合编制“十二五”规划,抓紧出台新兴产业发展规划,力争到2012年,培育国家级高新技术产业园区1家;省级特色产业基地和园区分别达到5家和10家;销售收入超百亿元企业达到5家,超50亿元企业达到10家。

通过突出自主创新来促进高端化。重点需继续提升三个能力：一是研发能力的再提升，抓好高层次研发机构和技术创新联盟建设。二是企业二次创新能力的再提升，培育好有自主知识产权和自主品牌的一批企业主体。争取年内销售规模超亿元的制造业企业全部建成工程技术中心，3年内再拓展到所有销售规模超5000万元的制造业企业，使更多企业通过自主创新拥有自己的核心技术。三是吸纳创新要素能力的再提升，打造好创新载体。

通过突出集聚人才来支撑国际化。建设有国际竞争力的新兴产业，必须有国际化创新创业人才作支撑，以人才引领新兴产业发展、推动转型升级，以人才高地建设带动产业高地、创新高地建设。

（原载2010年8月6日《经济日报》第十版，记者：任　意）

南通：江海联动营造发展新优势

编者按：地处江苏省中部的南通市坐拥166公里江岸线、203公里海岸线，区位优势得天独厚。然而，长期以来南通却有江无桥、有海无港。到了上世纪90年代，因为交通不便，曾与苏锡常并称“江苏四小虎”的南通，慢慢有些落后了。而如今，在《江苏沿海地区发展规划》、《长江三角洲地区区域规划》的带动下，一幅沿江开发、江海联动、产业升级的画卷正在南通大地上徐徐展开。

深水海港：从梦想走向现实

南通重点建设的深水海港—洋口港、吕四港已经实现初步通航并获得国家批准口岸开放。

“今年上半年，南通市港口完成货物吞吐量7656万吨，同比增长18.2%；其中，外贸吞吐量1595万吨，同比增长8.5%，这均创下了南通市港口生产史上的新纪录。”南通港口集团董事长尹建炉告诉记者，尤为可喜的是，代表一个地区经济发展水平的集装箱运输量亦创下历史新高。

然而，坐拥203公里海岸线的南通却没有一座真正的海港，货物吞吐量基本上全是由江港完成的。有海无港（深水海港），是令南通人长久不能释怀的遗憾，更是南通经济社会发展的一块短板。而今，这种遗憾正在成为历史。经过不断努力，南通重点建设的深水海港——洋口港、吕四港已经实现初步通航并获得国家批准口岸开放。

驱车穿越12.6公里的海上公路桥——黄海大桥，视线从陆地到滩涂，到一望无际的海平面。在桥的末端，一座面积达1.2平方公里的人工岛——太阳岛已经浮出海面，而在太阳岛的另一端，一条栈桥伸向更远的深水航道，形成一个个10万吨级的码头泊位。这就是全面建设中的洋口港。

“洋口港是全国少有的天然深水良港，可建10万至30万吨级的码头，可建5万吨级以上泊位100多个。”洋口港开发区管委会主任周建飞说，到明年年初，港区运行的基础设施将基本到位，外部集疏运体系将建成。

我国四大渔港之一的吕四港，地处“黄金水道”和“黄金海岸”的最佳交会点，是东部沿海不可多得的深水良港。围绕打造上海北翼第一海港、接轨上海国际航运中心的目标，吕四港区总体规划年初获交通运输部和江苏省政府联合批准。目前，投资20亿元、围垦面积达12平方公里的吕四港外拓工程全面竣工，国家一类开放口岸今年有望实现正式开放，10万吨级进港航道将在2012年正式通航……昔日的“著名渔港”正向“深水大港”转变。

在港口建设方兴未艾的同时，南通市正努力构建沿海特色产业带。“我们决不会沿袭传统的工业化模式，而是要坚定不移地走新型工业化道路，高起点规划、高标准建设沿海产业群，推进先进制造业加快发展。”南通市委常委、常务副市长蓝绍敏说。

在洋口港记者看到，靠近海岸的大片滩涂已经被围起来，随时等待着高新项目的入驻。如东县县长詹立风介绍，未来这里可利用滩涂面积将达到几百平方公里。目前，LNG接收站、差别化纤维系列项目、LNG电厂3个项目，已初步形成洋口港临港产业以化工和能源为主体的产业链。

洋口港临港产业发展如火如荼，吕四港也不甘落后，规划总面积130平方公里的省级吕四海洋经济开发区总体规划编制已全面启动。4月27日启东国际经贸洽谈会签约的128个项目中，外资项目的27%、内资项目的49%集聚吕四，其中超过10亿元的项目有6个，涉及机电、化工、石油仓储、煤炭中转、天然气储存和海产品深加工等领域。

海工产业：转型升级的标杆

在全球船舶业还没能走出国际金融危机的“寒冬”时，南通的海洋工程装备产业却早已经迎来了“春天”。

5月28日，中国首艘自主设计、自主建造的具备3000米作业能力的深水铺管起重船“海洋石油201”号在南通顺利出坞。同一天，代表国际海洋工程装备制造最高水平的GM4000半潜式钻井平台在南通中远船务公司圆满完成上下船体提升总合拢。此外，明德重工建造的石油平台供应船，惠生（南通）重工有限公司的钻机模块，美利昌通宝的铺管起重居住驳船，吉宝船厂的海洋工程三用工程船、拖轮等一系列产品也已经建造、交付……

统计数据显示，今年第一季度，南通市涉及海工装备的11家船舶工业企业实现产值52.9亿元，同比增长近4成。至此，该市船舶工业已完成从修船到造船、从造船到海洋工程产业的转身。

6月8日，南通举行了408个亿元以上项目的集中开工仪式。在这些项目中，最吸引人目光的莫过于7个海洋工程产业项目，它们总投资122.2亿元，平均单体规模投资17.5亿元，其中仅中船重工产业基地一个项目的总投资就高达80亿元。

南通市委书记罗一民说，争当沿海开发主力军，南通必须以大项目说话，更要以新兴产业说话，当前要抢抓沿海开发和长三角一体化两大国家战略叠加机遇，充分发挥南通滨江临海优势，乘势大力发展海工产业，使其成为引领全市乃至全省沿海经济转型升级的重要标杆。

罗一民的自信来源于坚实的产业基础，除了当日开工的项目之外，南通早已吸引了一批重量级海工项目落户：总投资49.9亿元的熔盛海工项目已累计完成投资43.3亿元，1600吨龙门吊设备开始安装；总投资40亿元的海新重工项目，累计完成投资11.5亿元，目前有2条特种工程船正在舾装……

“海洋工程产业是沿海开发的排头兵，是当前新兴战略产业与沿海资源禀赋结合最紧密的产业之一。”南通市经信委主任杨扬说：“沿海开发的支撑和成效最终反映到项目建设上，一大批重量级项目的建设，使南通海洋工程产业集聚、企业集群、发展集约的态势越发明显，为今后的持续跨越奠定了基础，也必将带动一批海工船舶配套企业转型升级。”

目前，南通沿海已有20多个总投资超过400亿元的重大海工项目布阵，形成了江苏乃至全国最大的海工产业群；其海工总产值已占中国海工市场份额的1/3，产品品种覆盖了从近海到深海的所有种类。按照南通市政府的规划，南通将加快建设国际先进、国内一流的船舶海工及重装备制造基地，力争到2011年，造船能力突破1200万载重吨，销售收入突破1100亿元。

风电产业：走向“蓝海时代”

在南通平常使用的电能中，每百千瓦时就有4.5千瓦时来自风能。

从如东县城驱车半个小时，大片的沿海滩涂就映入眼帘。在无边无际的滩涂上，一座座白色风机高高矗立，在夏季海风的吹拂下，硕大的风叶均匀有力地旋转着，捕捉着源源不断的清洁能量。这里就是龙源电力运营的凌洋风电场，它是目前国内最大兆瓦级特许权风电场，其风电远期装机容量将达162万千瓦。

2006年，江苏省第一台风电机组在如东成功并网发电，结束了江苏风力资源大省没有风电的历史。2008年底，江苏华能启东风电一期工程实现了全部61台风电机组并网发电，创造了我国100兆瓦级风电场当年开工建设、9个月实现首批机组并网发电、10个月全部机组并网发电的新纪录。

此后，南通风电产业发展不断加速。龙源投资开发的3万千瓦潮间带试验风电场，于去年10月完成了首台机组的吊装工作，并正式并网发电。有专家将其称为“江苏省乃至全国首台并网的完全处于潮间带上的风力发电机组，我国风电开发从陆上向海上发展迈出重要而关键的一步，具有划时代的意义。”它的并网发电标志着南通的风电事业开始走向“蓝海时代”。

沿海风电产业带动了相关装备制造业发展。2009年7月，《南通市新能源、能源及其装备制造业转型升级规划纲要》出台。《纲要》提出，到2011年全力实施“双千规模”培育工程，着力打造“三大基地”。“双千规模”即千万千瓦发电装机规模和千亿元产业销售规模。“三大基地”即建设全国重要的新能源基地、长三角重要的能源基地和具有国际先进水平的新能源、能源装备制造基地。

独特的资源优势，良好的发展前景，吸引了众多风电装备企业纷至沓来。去年6月，广东明阳风电设备制造项目正式落户如东，该项目以全新技术的超级紧凑型SCD3兆瓦风机作为主打产品，是世界近海和海上风资源利用换代性产品。今年1月，东方汽轮机有限公司与南通市政府签约投资风电设备制造基地项目，建成后将实现年产450兆瓦至750兆瓦风机的产能，为南通新能源装备制造业发展再添新动力。6月，江苏龙源振华海洋工程有限公司在南通开发区举行揭牌仪式，这标志着龙源与振华强强联手，开始在江苏南通打造一流海上风电企业。

截至2009年底，南通市已建、在建的风电项目装机容量达76.2万千瓦，并网装机容量54.4万千瓦，占江苏省的57.6%，居全省第一。

(原载2010年8月6日《经济日报》第十版，记者：任　意　谢文哲)

南通新战略：以低碳为支点打造“北上海”

5月26日下午，南通投资环境推介活动周开幕式在上海举行，南通市委书记罗一民出现在会场。

这是5月24日国务院批准《长江三角洲地区区域规划》之后，第一个在上海举办推介会的城市。

“我们欢迎符合低碳发展潮流、符合国计民生需要、符合南通产业定位的企业投资南通，对于无污染，又符合产业升级导向的企业我们非常欢迎。”在接受本报记者专访时，罗一民说。

选择这个时机在上海举行投资环境推介会，罗一民有着自己的考虑。"我们希望借世博这个机会,推介南通,促进南通与上海更加紧密的合作。"

从1999年开始走进南通政坛,罗一民一干就是11年,而这也是南通发展最快的一个时期。在他眼里,有"北上海"之称的南通正是充分发挥"靠江(长江)、靠海(东海、黄海)、靠上海"的优势才得以快速发展。

低碳产业领舞

《21世纪》:新能源等战略性新兴产业在南通发展迅速,南通对战略性新兴产业有何具体规划?

罗一民:战略性新兴产业都是绿色产业、低碳产业,和绿色世博理念颇为一致,所以我们一直在努力引进和发展这类产业。

就南通而言,我们抓住南通滨江临海的优势,突出强调发展船舶海工及重装备制造基地、新能源、能源及装备、电子信息产业、石化和新材料产业等。

以船舶海工为例,我们正加快建设国际先进、国内一流的船舶海工及重装备制造基地、长三角重要的能源及装备制造基地,力争到2011年,造船能力突破1200万载重吨,销售收入突破1100亿元。

同时,力争到2011年,新能源、能源及装备企业销售达1000亿元,均比2008年翻一番。比如,在如东、启东等地区,你可以看到海边用于发电的风车很多,南通的风能发电等行业在全国沿海地区已经具备领先地位。

另外,到2011年,南通将形成电子信息产业千亿板块、石化及新材料产业千亿板块,成为全国重要的新兴石化和新材料产业基地。

《21世纪》:南通处于产业向当地聚集、部分产业需升级、部分产业向外转移的三阶段重叠时期,如何实现产业集聚与产业升级的同步进行?

罗一民:首先,承接产业转移是一个持续不断的过程,我们正努力承接高新技术、现代服务业、战略性新兴产业等向南通转移。

当然,也可能有一些传统存量企业需要升级,还有部分企业在科技创新等方面存在不足,所以我们也在力促现有产业转型升级。从政府角度来看,更多的是制定政策,做好规划,创造公共服务平台。

以南通的两大传统产业为例,为了促进产业升级,我们正在力推品牌战略,力争到2011年,形成纺织服装产业两千亿板块和轻工食品产业千亿板块。

打造"北上海"

《21世纪》:南通和上海、苏南等地都建立了合作开发区,试问,南通在经济发展方式上如何避免重走苏南老路?如何避免只是成为外资工厂的一个加工地?

罗一民:合作开发区是承接上海北拓发展的最佳平台,也是南通加快沿海开发的特色载体。目前,全市在建、在谈跨江联动合作开发园区项目已达21个,这些园区将为南通承接上海、苏南等地产业转移提供优质载体。

我们在高起点开发合作园区的同时,也对既有13个省级以上开发区为重点的园区加快了转型升级,力图通过3年的努力,着力培育一批软件园、物流园、科技创业园、工业设计园、服务外包园等专业化特色产业园。我们将以追求发展质量和特色产业为目标,而不是一味地铺项目。

《21世纪》:与兄弟城市比较起来,南通最大的竞争优势是什么?

罗一民:最大的优势就是"靠江、靠海、靠上海"。在江苏沿海地区发展规划上升为国家战略一年后的今天,国务院又批准实施《长江三角洲地区区域规划》,使南通成为这两大国家战略叠加的核心区,自身独特的优势将会进一步凸现出来,迎来新一轮跨越腾飞的黄金时代。利用这个优势,我们主动接轨上海,这次在上海举办推介会就是其中一个步骤。

我们将按照国家战略规划的要求,全力开发新江海、做强新产业、打造新园区、建设新城市。特别是要依托江海自然禀赋,利用广阔的经济腹地、出海通道、环境容量,以及丰富的淡水资源和优质劳动力,大力发展沿江、沿海优势产业。

比如现代装备制造、新能源、新材料以及精细化工等产业,利用靠上海的优势,大力承接上海和苏南的产业、资本和人才的转移等,这些都是南通的优势所在。从某种意义上说,建成名副其实的"北上海"正是南通的追求。

与上海"错位发展"

《21世纪》:南通港发展迅速,加上洋口港的开航,南通系列港口如何和上海方面错位发展,南通港的优势何在?散货是发展的重点么?

罗一民:对于港口的建设,我们有一系列规划,我们将加快启动洋口港、腰沙-冷家沙2个30万吨级航道规划建设及一批专用码头建设,构建以洋口港为龙头的江海港口群。我们正按照《江苏沿海地区发展规划》和《长江三角洲地区区域规划》的最新要求,积极承接上海港的辐射,加速打造上海北翼组合强港和国家沿海主要港口。

对于散货和集装箱,我们都非常重视,长江最大的通用散货泊位就在南通港。由于长江口12.5米深水航道正在整治,10万吨级船舶可进港,所以我们南通港事实上已经成为沿海港,发展潜力很大。

《21世纪》:南通和上海之间一直没有高铁连接,请问沪通铁路有何进展?南通如何将自己打造成港口、航空、铁路、公路等协调发展的城市?

罗一民:目前,南通和上海之间的沪通铁路已经获批,今年将开工建设,这样南通到上海市区只需要40分钟时间,所以铁路对于南通的发展作用巨大。

同时,南通的机场也已成为上海机场的辅助机场,目前,正在进行改扩建工程,将从小型机场向中型机场转变。

在苏通大桥通车之后,南通正在加快推进崇启大桥、海洋铁路、宁启铁路改造、兴东机场改扩建工程,启动沪通铁路建设,有机场、铁路、高速、港口的南通将把自己打造成为长江北翼枢纽城市,成为通江达海、承南启北、接轨上海的国家级综合交通枢纽。

我们最终要把南通建成"长三角北翼的经济中心"、"经济实力较强的特大城市"、"江海交汇的现代化国际港口城市",这是国家对我们南通城市的发展定位。

(原载2010年6月1日《21世纪经济报道》,记者:孙小林)

从隔江对话到南北互动
——苏通科技园构筑沪苏通"小金三角"重要节点

伴随着苏通科技园的揭牌和一期项目实施,2009年11月,江苏省政府出台了促进苏通科技产业园加快发展的系列政策:除了享受国家级开发区的审批权限外,苏通科技园又被赋予了省辖市项目管理权限。南通构建沪苏通"小金三角"的步伐再度提速。

推动苏南苏北跨江互动,共同搭建新的产业承接平台,加快资金、人才、物流、技术等经济要素流入,苏通科技园,这片总规划50平方公里,一期不过9.5平方公里的土地,被寄予太多的期望。

据介绍,苏通科技园的开发主体由中国和新加坡双方去年5月共同出资成立的中新苏通科技产业园(南通)开发公司负责,注册资本5亿元,其中中新苏州工业园开发公司(CSSD)占比51%,南通市经济技术开发区占比39%,江苏省农垦集团有限公司则以科技园占用的农场土地入股,占比10%。各方责任和利益的协调由包括南通市-苏州市联合协调理事会、南通市-苏州市双边工作委员会、苏通科技产业园区等管理机构负责,其中联合协调理事会是最高机构,工作委员会其次,管理机构则负责执行前述两个机构(会议)的决定,并具体负责苏通科技园的管理工作。

接过苏南发展的接力棒,借鉴苏州工业园区成功经验,带动苏中地区快速崛起,进而辐射整个苏北,江苏省政府的意图非常明确。

据了解,苏通科技园将定位于海洋及港口工程装备制造业、新能源装备制造、辅助产业包括高端电子信息业、新材料产业、生物工程和新医药及医疗装备产业和现代服务业。

这与去年年底召开的南通市委十届六次全会的构想基本吻合,事实上,2009年南通港口洽谈会签约的高达700.2亿元的项目中,绝大多数也集中在新能源、装备制造业、船舶配套、现代物流等行业上。

目前,国内沿海大中型装备制造业不断聚集的趋势加快,这为苏通科技园提供了千载难逢的机会。由于苏通科技产业园位于苏通大桥北岸,紧邻长江岸线,离苏州只有10分钟距离,加上政府的政策支持,这为其产业定位高端提供了可能。

按照苏州工业园区"提前做好一切规划"的模式,目前苏通科技园的产业规划已经完成。

强调产居平衡、综合开发新城,新加坡邦城规划顾问有限公司总规划师谢瑞欣说:"未来苏通将形成工业区、科技商务区和居住区协调发展的局面"。为此,苏州工业园区已经派出数十名骨干参与到苏通科技园的建设和招商过程中。

"学习借鉴苏州工业园区的成功经验,努力把苏通科技产业园建设成苏通跨江联动开发的新亮点、江苏实现'两个率先'的新空间、中新深化双边合作的新典范,共同把"蛋糕"做大做强。"南通市长丁大卫介绍说。

(原载2010年3月1日《科技日报》,作者:朱　波)

南通:408个"亿元巨人"布局新"江海时代"

时间:2010年6月8日

地点:南通市海门滨海新区

现场:6个县(市、区)联动,408个亿元以上项目同时开工

"408个亿元项目,总投资1721亿元。其中,1亿至5亿元的项目319个;5亿至10亿元项目有40个;10亿元以上的项目有49个,10个百亿以上项目也正在落实之中!"海风徐徐中,南通市委书记罗一民响亮宣告。

总额大、数量多、规模空前。从出席嘉宾到投资客商,从地方官员到媒体记者,无不震撼!408个"亿字头"项目,舞出了南通人"龙腾江海"的气魄,也绘出了南通"转型升级"的现实路径和美妙前景。

迎接江苏沿海规划上升国家战略一周年,南通人用

"大项目"说话。

长"大"变"重",产业结构向"长肌肉"转型

408个大项目,带给人们的震撼远不止停留在数字层面。

翻开密密麻麻的项目清单:新能源项目15个,新材料项目32个,现代装备制造项目83个……四"新"项目占总数的六成以上,这传递出一个强烈信号——南通在变。

一个最为显著的变化是,轻纺已不再是南通唯一的"工业标志",取而代之的是,船舶、海工、机械、电子、冶金、电力等现代装备制造业,正构造出全新的、特色鲜明的现代产业体系。

"南通经济就像一个活力勃发的青壮年,正在江海联动中'练肌肉'。"市委常委、常务副市长蓝绍敏形象地比喻。在他看来,长期作为"第一大支柱产业、出口创汇主体"的轻纺产业,虽为南通赢得了"全国最大的家用纺织品的加工销售基地"等桂冠,但一场国际金融风暴,就将"虚胖"的劳动密集产业打回原形。

南通怎么办?时逢江苏沿海开发上升国家战略,滨江临海的区位优势,叠加新一轮国际资本和朝阳产业抢滩沿海港城的大势,给南通"练肌肉"提供了千载难逢的机遇。

产业由"轻"变"重",正成为沿海开发战略实施以来,南通经济结构转型的最深印迹。2009年7月,《南通市新能源、能源及其装备制造业转型升级规划纲要》出台后,以熔盛重工为代表的船舶修造、以振华港机为代表的现代港口机械制造、以林洋太阳能为代表的新能源以及以江苏LNG为代表的重石化产业的集群抢滩,形成了既有江海特色又符合南通特点的"产业Logo"。

"在南通,大项目的标准一直在变。"市经信委主任杨扬说,在传统纺织领域,投资亿元以上就算大项目;在"现代装备制造业"的坐标下,连50亿、上百亿的项目也不稀奇。

令人振奋的是,6月8日的集中开工只是南通"长大变重"的"冰山一角"。今年1~4月,南通市先后开工亿元以上项目100多个,新加坡吉宝、日本川崎重工、美国高盛及中远集团等34个世界500强跨国公司纷纷落户,中石油LNG、华能国电、王子造纸等10个项目达到惊人的"百亿级"。

现在的南通,就像一只不断攀高的"蓝筹股",在全省乃至全国的经济版图上,拉出一道高扬的"大阳线"。数字为证:2008年,全市开工亿元以上项目175个;2009年是150个,今年仅前6个月就多达500多个——半年就是以往全年的3倍。

招商引"园",绝不让项目落地成为永久遗憾

大项目蜂拥而至,自然给人们带来一个巨大的"?"——南通的碧海蓝天,能和这座城市的经济增长一样可持续么?

一则鲜为人知的故事打消了人们的疑虑。日本在华最大投资项目、总投资250亿元的王子造纸项目,日方在考察了中国21个城市后,最终"落子"南通。然而,就在去年3月5日,该项目在南京组织的专家环评"意外"地没有通过,这在国内的重大项目环评史上非常"罕见"。经过对排海区域进行规划调整,第二次评审才告通过。

"绝不能让项目落地成为永久遗憾。"在南通市市长丁大卫看来,王子项目落户的一波三折,恰好折射出南通科学、理性的发展路径。面对沿海开发带来的"项目潮涌",相比于项目进园区的"大众做法",南通人干脆一步到位,直接"引园落户"。

被列入新加坡-江苏合作理事会2009年重大合作项目的中新苏通科技产业园,就是南通从"招商引资"向"招商引园"转型的一次成功探索。在苏通大桥北翼的项目区,记者看到一期9.5平方公里"九通一平"基础设施框架已经全部拉开,这里将成为"江海生态城、国际创业园"的典范。

借鉴这一经验,南通各地纷纷利用自己独特的区位优势,先后引进创立20多个特色产业园区。在启东,上海外高桥集团与当地政府合作建立外高桥(启东)产业园区;在海门,上海张江海门高科技园即将启动;在海安,与上海杨浦区共建杨浦(海安)工业园,与上海华东大学共建海安纺织科技园;最近,无锡又与南通洽谈共建锡通产业园,等等。

"园区还在建,想落户的大项目就挤破了头。"上海外高桥保税区联合发展有限公司总经理刘宏告诉记者,"引园区"不仅提高了招商引资的数量和质量,更形成了"以园区引产业、以产业带动产业板块"的沿海经济发展新路径。

"引园区"让南通人尝到了集约开发带来的"环保红利",更成为南通经济和城市转型的主战场,勾勒出未来城市发展的现实模样。南通市民发办常务副主任陈林一言蔽之:就是"昨天的垦区,今天的园区,明天的城区。"

"江风海韵",长三角北翼经济中心"浮出水面"

5月25日,国务院正式批准实施《长江三角洲地区区域规划》。消息传出,《规划》所涉沿海各市欢欣鼓舞之余,对于自身所处位置的思考,也同时摆在了决策者面前。

"南通要做名副其实的长三角北翼经济中心。"蓝绍敏说,《规划》中对南通的定位非常清晰,就是要做区域中心,辐射周边。而此前的《江苏沿海地区发展规划》中,南通同样被赋予了"主力军"的重任。巧织江海联动"双面绣",在现有经济版图中植入"江风海韵",成为南通撑起长三角北翼"半边天"的当然选择。

敏锐的上海媒体最先捕捉到这一变化。5月26日的《解放日报》上,用通版的篇幅刊登《南通:从“北上海”到“上海北”》一文,在详尽报道南通纺织、机械、船舶、电子工业等主导产业后,得出论断:“南通已成为江苏接轨上海的重要桥头堡和上海重要的经济腹地。”“在区域经济版图上,南通就是上海的一部分。”

“江海联动”不是一句空话,南通人用大投入推进大开发,实现了大港口、大通道、大产业、大园区、大城市的“五大”突破。以崇启大桥、沪通铁路、崇海大桥的加速推进为标志,南通与上海越走越近;以洋口港和吕四港初步通航为标志,南通打造深水海港的梦想变为现实;以沿海四大滨海工业园区加快发展为标志,南通沿海开发空间全面拓展;以中石油LNG、大唐电厂、中远海工、龙源风电等大项目落户沿海为标志,南通沿海产业带加速隆起。

“肩负两大国家战略,南通要有苏南的总量,苏北的增幅。”市委书记罗一民说,今年一季度,南通实现国内生产总值722亿元,财政收入180.6亿元,增幅分别为14.8%和85.2%。既是速度的“领跑者”,又是增量的“支撑者”。

乘着国家战略“东风”,倚仗丰饶的江海资源,在南通听海,惊涛正拍岸!

(原载2010年6月9日《新华日报》,记者:陈　明　王世停)

南通:以创新领跑 中国海洋工程装备产业

从2010南通港口经济洽谈会上获悉,南通市海洋工程装备业近年来强势崛起,目前已占据中国海工市场份额的三分之一以上。

《国务院关于加快培育和发展战略性新兴产业的决定》将高端装备制造列入其中,南通作为科技部认定的国家船舶高新技术产业化基地,正在向海工制造全面转型。在“十二五”期间,南通的海洋工程装备产业将达到千亿级规模。

很长一段时间以来,在金融危机余威和墨西哥湾漏油事件的双重影响下,全球大型海洋工程产品成交量几乎为零。

但是,南通海工产业却早早地迎来了“春天”——今年上半年,一系列世界或国内第一在这里诞生:6月29日,世界首艘带自航能力的自升式海洋平台成功交付;5月28日,世界首艘同时具备3000米级深水铺管能力、4000吨级起重能力和DP3级全电力推进动力定位、自航能力的船型工程作业船顺利出坞……数据显示,今年1至6月南通全市造船完工量389.3万载重吨,同比增长82.1%,占江苏全省总量的38%,全国的1/7。其中,具有高技术含量、高附加值的海工及特种船舶完工量超过3成。

南通市科技局局长朱千波介绍,南通市前瞻性地制定《船舶产业发展中长期规划》等,明确提出海洋工程产业发展定位和目标,同时集聚科技、人才等多项财政资金和专项政策,引导企业由南通制造向南通创造转型。

熔盛重工总裁陈强说,今年熔盛重工的海工板块全面启动,将最终形成4个大项,2013年其海工产值将超过30亿元。以熔盛重工为代表,南通大型船舶修造企业正在加速向海工制造转型。中远船务、明德重工等企业纷纷推出自己的中长期“海工规划”。截至目前,该市552家规模以上的船舶及配套企业中已有29家成功转型为海工制造装备企业,实现了海工产品的全面覆盖。

南通海工强势崛起的背后,活跃着一大批优质科技服务平台。6月18日,江苏省海工产业战略联盟在南通成立。同时,江苏省海洋工程装备设计研究院和船舶工程设计研究院也分别落户中远(南通)船务和熔盛重工。

(原载2010年11月15日《科技日报》第六版,作者:张　晔　谭德进)

大公司抢滩 南通成“中国呼叫城”

携程、百度、谷歌、腾讯等大公司纷纷抢滩设立“呼叫中心”,将形成6万人就业规模;将来在南京打个电话叫份外卖,说不定接电话的就在南通。

“您好,欢迎致电携程旅行网,很高兴为您服务……”当你拨打携程的热线电话预订机票或酒店时,电话就会被接转到南通——今年5月,中国领先的在线旅行服务商携程旅行网,将呼叫中心搬到了南通,3年内,携程的目标是“将建成世界旅游行业最大的呼叫中心”。同时,百度、谷歌、腾讯、安客诚等信息运营商,也纷纷抢滩南通,将旗下的呼叫中心设在了这里。南通就此提出打造一个“中国呼叫产业城”,最终形成6万人的就业规模,也让“呼叫产业”成为南通的一个特色品牌。

携程呼叫中心从上海移师南通

昨天,南通携程大楼内,整齐密布的呼叫席位上,一位位年轻的“呼叫小姐”、“呼叫先生”正在眼疾手快地通过网络、电话为客人服务。中秋、国庆两节,预订酒店、机票的电话暴增。在酒店预订部,22岁的呼叫员小张坐在席位上,通过耳麦与客人沟通,很快,她就帮客人预订好了国庆期间杭州的一家酒店。

小张今年刚大学毕业，恰逢携程南通呼叫中心招聘，经过多轮考试、面试，普通话标准、音质柔美的她，成为携程的一名“呼叫小姐”。记者获悉，在这栋大楼内，“呼叫先生”、“呼叫小姐”已达3000多名，大多是刚毕业不久的年轻人。

这栋12层的大楼，位于南通开发区内，是由著名的携程旅行网花3亿元打造的，共设呼叫席位1.2万个，为出行者提供机票和酒店的预订服务。3年内，这里将成为世界旅游行业最大的呼叫中心，将吸引1万多人就业。携程呼叫中心也就从上海移师到了南通。

工作环境好、岗位体面、忙而不累……说起自己的“呼叫工作”，小张很满意。她告诉记者，在这里，每个月可以拿到近2000元，公司提供宿舍和三餐，一年后定级，工资福利还会涨。“这个待遇，对于刚工作的大学生来说，还是比较诱人的。”小张说。

“抢滩”皆因看中南通低成本

作为服务外包的内容之一，呼叫产业渐渐成为南通的一个新产业。这两年，凭借靠近上海、沿江沿海，但各项成本都较低的优势，除了携程外，一大批国内外的“呼叫巨头”都纷纷看好南通。记者获悉，百度、谷歌、腾讯等多家知名网站也纷纷将旗下的呼叫中心落户南通。

全球最大的互动营销公司安客诚公司最近也在南通正式启用其全球服务中心，这也是安客诚继设在波兰之后的第二个全球服务中心。安客诚副总裁杰夫·施丹德说，他们在全国15个城市做了分析，考察了12座城市，最后还是决定将这个呼叫服务中心放在南通。

携程高级副总裁孙茂华说，因为土地昂贵、人力成本高，携程在上海的发展遭遇“瓶颈”，而与上海仅有一个多小时路程的南通，则可以为携程提供更多的空间。在南通的1.2万个席位全部启用后，他们还将继续在这里建设呼叫大楼。目前，携程每月预定的约200万张机票及200万间酒店，很大一部分都是通过南通的呼叫中心完成的。

位于崇川科技园聚智谷5楼的百度南通呼叫中心，已有呼叫员110多人，已帮助近3000家企业提升业绩，扩大知名度；刚刚落户南通的腾讯呼叫中心，呼叫席位也将达200多个；全球规模最大的搜索引擎谷歌也落户崇川科技园，成立“谷歌江北呼叫中心”，一期也将有200个席位。

“呼叫城”将容纳6万人就业

南通市商务局局长羌强说，苏南服务外包发展早、实力强，无锡定位为“上海服务外包承接中心”，苏州确定为“国际一流的服务外包基地”，常州以动漫为切入点，并已经形成一定规模，“南通为了在服务外包上实现错位发展，将呼叫产业定位一个重要方向，打出自己的特色品牌。”

在近日举办的“呼叫产业在南通”论坛上，国务院参事、中国电子商会会长曲维枝说，呼叫产业在中国是一个朝气蓬勃的行业，金融、通信、保险、证券等很多行业都与之相关，前景广阔。

记者获悉，南通也是在全国较早提出建设“中国呼叫产业城”的城市，在前几天举行的南通“港洽会”上，中国电子商会将“中国呼叫产业建设示范基地”的牌子颁给了南通。“两到三年，南通‘中国呼叫城’将会初具雏形。”中国电子商会常务副会长王宁预言。

羌强说，今年南通的呼叫席位数已达6000个，明年将很快增加到1.5万个。

据悉，以打造“中国呼叫产业城”为目标，按照中国电子商会的说法，未来几年内，南通的呼叫席位将增加到6万个，占全国呼叫席位的十分之一。“在南京打电话叫一份外卖，接电话的却在我们南通。一旦呼叫服务外包成为企业节省成本、提升服务质量的大趋势，这完全有可能。”南通市商务局负责人说。

（原载2010年9月24日《扬子晚报》一版头条，记者：郭小川）

南通：版权兴业的全球样本

7月9日，联合国世界知识产权组织和中国国家版权局在京联合发布《加强版权保护对中国南通家纺产业发展的影响调研报告》。这是联合国世界知识产权组织首次在一个国家特定地区和行业进行专项调研并发布报告。

《报告》向世人讲述了一个中国东部乡村从自发、无序、低水平的布坯市场，发展成为自觉、规范的中国最大、世界前列的家用纺织品市场的进程中，版权保护所发挥的积极作用。

市场呼唤：行政与司法相衔接

江苏南通是中国近代民族工业的发源地之一，是中国重要的棉产区。2009年，南通市纺织产业对GDP贡献率达18%；“中国南通家纺城”和“叠石桥国际家纺城”两大家纺市场成交额高达近千亿元人民币，成为中国乃至世界最大的家用纺织品市场，产品远销世界100多个国家和地区。

1996年8月，台湾东帝兴公司带着已在台湾注册版权的100多个新款花型来到南通志浩市场，新花型转瞬间被质次价廉的翻版花型取代。台湾商人开始寻求著作权保护，投诉到当时刚成立的南通市版权局版权管理办公室。

国家版权局明确批复江苏局:印花布花型版权应当视同美术作品的版权加以保护。"版权"概念也由此进入农民布商们的脑海。

1997 年 3 月,南通市组建了全国第一家村级版权管理机构——通州市志浩市场(南通家纺城前身)版权管理办公室。2002 年 10 月,叠石桥市场也成立了"三星镇版权管理办公室"。南通市两大家纺市场保护知识产权完成了由自发到自觉的跨越,开始形成村民自发维权和行政保护相配套的格局。

2007 年 11 月,经最高人民法院批准,南通市所辖通州市(现为通州区)人民法院可以审理知识产权案件,成为苏北地区唯一一家拥有知识产权审判管辖权的基层法院。2008 年,南通市中级人民法院整合司法资源,通州市人民法院受命在两大市场特设知识产权巡回法庭,专责审理两大市场知识产权纠纷诉讼案件。凡版权办公室调解无果的案件只要起诉,都可以就地立案和审理。

通州区人民法院知识产权庭庭长陈宗林说:"化解矛盾,我们更注重行政、司法保护相融合。"他介绍:近 5 年来,志浩市场版权管理办公室调处纠纷 861 件,而进入司法程序的不到 100 件;家纺类知识产权纠纷案件的调解撤诉率达到 90%,南通本地家纺经营者之间的花型设计纠纷案件裁判的自觉履行率达 100%。

自主创新:吸引大批智力创业者

杨斌是三星镇版权管理办公室的常客。前不久,杨斌在一天之内就对公司新研发的"美丽人生"、"一泓秋水"、"国色天香"等近 30 个花型注册登记版权。

10 年前,杨斌却没有这样的版权意识,只要在市场上看到好卖的产品就买回来,照葫芦画瓢,结果经营所得都交了罚款。痛定思痛的杨斌决定为版权"埋单",并很快尝到甜头,他购买的第一只花型就为他带来了几十万元的利润。"侵权盗版阻碍企业发展,版权才能提高产品附加值",杨斌的体会刻骨铭心。

像杨斌一样,明白了"版权创造财富"的农民布商开始请人设计或自创新花型。1997 年 8 月,在南通市版权局的倡导下,志浩市场成立了全国第一家农民美术图案设计研究所,聘请来自全国各地的工艺美术设计者,专事设计开发新花型。

目前围绕市场开发新花型的民营花型所(室)已达 50 多家,每年推出 2 万多个新花型。5000 多名来自全国各地美术专业院校的毕业生、家纺设计人员活跃在南通家纺市场。一些研发中心已发展成上百人的团队,作品开始迈出国门、走向世界。

"在金融危机中,公司的产品内贸增加 40%,外贸增加 20%,都是因为我们有了自主创新的产品。"南通家纺龙头企业金太阳公司企业管理部经理沈建东介绍:公司的家纺设计研究院已成为全国家纺行业规模最大、门类最全的研发设计团队,金太阳面料产品不仅国内供不应求,还大量出口欧美、日韩、澳大利亚等国家和地区,形成了 5 亿元左右的年销售规模。

"版权保护是南通家纺市场发展的生命线",南通市委书记罗一民说,引入版权保护机制,是保证南通家纺市场科学发展的关键因素。

产业升级:版权催生创意产业

2006 年 6 月,全国首家农民花型版权贸易交易所在南通志浩市场成立,国内外的客商通过"花型电脑资料库"可以选购市场上万种拥有版权的花型款式。农民布商由卖布、卖产品,开始卖权利。

2008 年 9 月 26 日,南通家纺城举办首届画稿交易会,吸引了包括来自美、英、法等国家和地区的 70 多家家纺研发设计机构。10 多个国家的画稿设计商,带来了 1 万多幅原创作品,布满了 7 个展馆。会上共交易 800 多幅作品,交易额达 80 万元。同年,以两大市场为代表的南通家纺市场获得"世界知识产权组织版权创意金奖"单位奖。

南通家纺市场通过作品设计不断创新产品,同时注重对产品设计的版权保护,大大增加了家纺产品的附加值,10 年间,其家纺产品出口从 9875 万美元增长到 10 亿美元,年均增长 26.14%。

世界知识产权组织创意司代理司长根切夫在南通家纺市场考察时表示,在世界上其他地方,他还没有看到这样集中的家纺产业集群,并拥有如此多的设计人员。他评价道,南通"把一个传统产业打造成了一个新兴的创意产业,这样的经验和做法值得研究,并向世界推介。"

世界知识产权组织助理总干事克拉克在 7 月 9 日调研报告发布会上表示,南通经验说明了地方经济发展、产业繁荣、人民富裕与版权保护机制的实施分不开,这些经验和做法不仅对中国广大地区和发展中国家有重要意义,而且为全世界作出了积极的贡献。

(原载 2010 年 7 月 10 日《人民日报》,作者:赵京安 蒋建科)

概　览　篇

市情概要

自然地理

【位置面积】 南通市位于长江入海口北翼,江苏省东南端,东枕黄海,南倚长江,三面环水,形似半岛。南与上海市、江苏省苏州市隔江相望,西和泰州毗连,北与盐城市接壤。地理坐标为北纬 31°41′06″~32°42′44″,东经 120°11′47″~121°54′33″。全市陆域总面积 8001 平方公里,其中市区(崇川区、港闸区、开发区、通州区)面积 1706 平方公里。全市耕地面积 48.3 万公顷。境内有江海岸线 370.63 公里,其中长江岸线 164.63 公里,海岸线 206 公里。

【地质地貌】 南通位于江海交汇处,属长江下游冲积平原。约 6000 年前,长江口开始有沙洲沉积,并逐渐自西向东、向南延伸扩展,海安最早,如皋渐次。南通市区和附近地带古称胡逗洲,唐代时是一块东西约 40 公里、南北约 17.5 公里的岛屿,与海安、如皋中有夹江,后不断淤涨、并接,连成一片。全境地域轮廓东西向长于南北向,三面环水,一面靠陆,呈不规则菱形。地势低平,地表起伏较微,高程一般在 2.0 米~6.5 米,自西北向东南略有倾斜。按地理位置、成陆先后、地貌显示及成因可分为狼山残丘区、海安里下河低洼泻湖沉积平原区、北岸古沙嘴区、通吕水脊海河沉积平原区、南通古河汊水网平原区、南部平原和洲地、三余海积平原区、沿海新垦区等。平原辽阔、水网密布是其显著特征。九圩港、焦港、如海运河、通扬运河、新江海河、新通扬运河、北凌河、栟茶运河、如泰运河、遥望港、通吕运河、通启河等主要河流纵横全境,总长 742.34 公里。

【土壤】 南通主要有四大土类,分别潮土、盐土、水稻土和棕色石灰土。潮土占耕地总面积的 86.86%,分布于江北岸古沙洲平原上,成土年龄远的约 5000 年,近的只有一二百年。盐土占耕地总面积 3.71%,主要分布在海安、如东、通州、海门、启东等县(市)堤岸内侧的带状区域,盐土土体及浅层地下水含有较多的可溶性盐分,影响作物生长。长期以来,经引淡淋盐,改造土壤,含盐量逐渐降低。水稻土占总耕地面积的 9.43%,主要分布在里下河洼地古泻湖沉积平原区和中部古河汊水网平原区。棕色石灰土分布在市区南郊五山地带。

【气候】 南通属北亚热带湿润季风气候区,季风影响明显,四季分明,气候温和。年平均气温在 15 摄氏度左右,年平均日照时数 2000~2200 小时。年平均降水量 1000~2000毫米。

(年 鉴)

【水情水文】 2010 年,南通市雨量比多年平均雨量略偏多 3%。受梅雨、强降雨和台风的影响,降雨主要集中在 7 月中旬至 9 月上旬,最大月降雨量发生在 7 月份,为 290.4 毫米。

2010 年汛期,南通市的水情形势受梅雨期及 7 月下旬 8 月上旬连续强降雨影响,区内大部分河流出现超警戒水位,但由于防汛指挥部门科学调度,内河水位得以有效控制,总体稳定。

(朱友年)

2010 年气候

【概况】 2010 年,南通市年平均气温偏高,高温日数比上年有所增多。降水时空分布具有明显的不均匀性,全年总量偏多。日照比常年略偏少。综合情况,全年温、光、水条件,有利于工农业生产。

【气温】 2010 年,南通全市年平均气温 15.0~15.9℃,比常年(1971~2000 年,以下同)偏高 0.2~0.9℃;其中南通市区年平均气温 15.7℃,比常年偏高 0.4℃。

年极端最高气温 37.6~38.7℃,其中南通市区极端最高气温 37.6℃,出现在 8 月 13 日;全市年极端最低气温 -10.4~-6.3℃,其中南通市区极端最低气温 -7.2℃,出现在 1 月 14 日。

南通市区平均气温≤0℃的日数为 12 天;终霜出现在 4 月 16 日,比常年略晚;初霜出现在 11 月 24 日,比常年晚

20 天;无霜期 221 天,常年为 227 天。

【降水】 2010 年,南通市降水总量 993.2～1356.8 毫米,其中南通市区年降水量 1356.8 毫米,比常年多 288.0 毫米,偏多 2.7 成。降水时空分布明显不均匀,月降水交替出现偏多偏少的情况,特别是 5、6、10、11 月,各站降水比常年明显偏少,导致部分地区旱象抬头。南通市区日最大降水量 117.5 毫米,出现在 7 月 12 日。

【日照】 2010 年,南通全市日照时数 1835.9～2101.0 小时。南通市区日照时数 1874.4 小时,比常年偏少 145.8 小时。日照偏少时段主要在 2 月、6 月、7 月,其余月份日照条件正常。

【灾害性天气】 2010 年,南通市重大天气事件较为频繁,其中因暴雨洪涝和强对流天气造成的灾害最为严重。全年发生的各类灾害性天气共计近百次,其中发生次数较多的为大雾、雷电、高温、大风、暴雨、寒潮、冰雹等。

台风。2010 年对南通市带来影响的 3 个台风来得较晚,第 7 号台风"圆规"、第 9 号热带风暴"玛瑙"、第 10 号热带风暴"莫兰蒂"都出现在 9 月上半月,"圆规"、"莫兰蒂"台风影响期间,出现 3 个局部暴雨日和大风天气。

暴雨。2010 年南通市首次暴雨出现在 2 月份,全年共发生 12 个强降水过程,出现 15 个暴雨日,其中区域性暴雨 3 天,局部暴雨 12 天(3 天是台风影响)。

大风。2010 年南通市陆上出现 7 级以上大风天气 14 次;沿海 7 级以上大风有 106 次,8 级以上大风出现 33 次。

寒潮。2010 年南通市出现 6 次寒潮过程,其中 5 次区域性寒潮过程分别出现在 1 月 4～6 日、1 月 20～22 日、2 月 10～12 日、12 月 4～6 日和 12 月 13～15 日,一次单站寒潮天气 3 月 20～21 日出现在如皋。

梅雨。2010 年 6 月 17 日入梅,7 月 18 日出梅,比常年偏晚(常年 7 月 10 日),梅雨期 32 天,比常年偏长(常年 20 天)。据自动站统计,全市梅雨量在 166.0～374.7 毫米。

高温。2010 年,南通市出现区域性高温(最高气温≥35.0℃,同日 3 个以上站高温)15 天,局部高温 7 天,8 月 11～15日南通市区出现连续 5 天的高温。

雷雨。2010 年南通市出现雷雨天气 26 次,雷雨最早出现在 2 月 21 日,最晚出现在 9 月 11 日。主要发生时间集中在 6 月至 8 月。

大雾。2010 年南通市出现区域性大雾 20 次,局部性雾出现 16 次。

冰雹。全年发生 3 次冰雹天气过程,2 月 28 日 19 时 28～30 分如东出现冰雹,随即融化。8 月 25 日 14:50 分左右启东发生非本站冰雹,直径达 8 毫米。15:30 左右海门也出现非本站冰雹,直径达 10 毫米。

连阴雨。2 月 22～27 日出现长达 6 天的连阴雨天气,期间全市降水量为 47.4～86.5 毫米,比常年同期明显偏多。

(黄　亮)

历　史　沿　革

【概况】 南通历史悠久。远在 6000 年前,南通西北部地区(海安青墩)就有人类氏族部落生息和繁衍。他们制造石器、骨器、陶器、玉器,驯养动物,过着渔猎农耕生活。

春秋战国时期,今南通的海安一带历属吴、越、楚等国地域。秦时属九江郡。西汉文景时期,今南通西北部地区为吴王刘濞的封地。汉元狩六年(公元前 117 年)置临海郡,管辖海陵等 29 县(今海安地域即属于海陵县)。东汉时,海陵县并入东阳县,属广陵郡。东晋义熙七年(411 年)置宁海县,这是海安地区建县之始。

南北朝时期,今南通市区一带逐渐在长江口涨沙成洲,始称壶豆洲,后又称胡逗洲。至唐初,成为一个东西长 40 公里、南北宽 17.5 公里的江中岛屿,相当于今南通城区和通州平潮、刘桥、西亭一带。唐初(约 618～626 年),朝廷在胡逗洲设盐亭场,属广陵郡。唐乾符初年(约 874 年)设狼山镇,归浙江西道节度使管辖(为防务建置)。五代十国时,姚氏家族统治南通,南通称静海,先后设东洲静海都镇、静海都镇制置院。

后周显德五年(958 年),周世宗克南唐静海,改为静海军,同年改为通州,上隶扬州,下辖静海、海门两县。这是通州建州之始,州名蕴含"据江海之会,通吴越"之意。与此同时,开始修筑州城。

北宋年间,通州隶属于淮南东路。南京建炎四年(1130 年),金人一度入侵通州。

元至元十三年(1276 年),通州被元军占领。通州属扬州路,隶属于江北淮东道廉访司。至正二十七年(1367 年),朱元璋部属徐达占领通州。

明洪武二年(1369 年),撤销静海县,通州领海门县,增领崇明县,属扬州府。洪武八年(1375 年),崇明县改隶属于苏州府。

清顺治元年(1644 年),清军入关。次年七月南下占领通州。康熙十一年(1672 年),海门县改为乡,并入通州。雍正二年(1724 年),通州升为直隶州,隶属江苏布政使司,泰兴、如皋两县。乾隆二十六年(1761 年),改属江宁布政使司。乾隆三十三年(1768 年),割通州 19 沙、崇明 11 沙及新涨的天南等 41 沙设海门直隶厅。

清宣统三年(1911 年)九月十八日(11 月 8 日),通州官绅响应武昌起义，宣告通州脱离清王朝统治，次日成立中华民国（北洋政府）军政分府及民政署。民国元年（1912年），江苏临时省议会决议通州废州设县，改称南通县，行政区划同宣统时的13市、8乡。民国十六年（1927年）5月，国民革命军（北伐军）抵南通，推翻北洋政府南通县知事公署，成立中华民国（南京政府）南通县政府，县知事改称县长，属江苏省政府管辖。民国二十三年（1934年），江苏省行政第七区（后改为第四区）专员公署设于南通城，下辖南通、如皋、海门、启东、崇明等县。1938年3月，日本侵略军侵占南通城，建立伪政权，南通县政府先后迁至金沙、北兴桥，专员公署先后迁至马塘、掘港。

1940年11月，新四军东进通如海启地区，随即按照"三三制"原则建立南通、如皋、海门、启东四县抗日民主政府。1941年3月，成立苏中第四行政区专员公署，1945年12月和1946年8月先后建立苏皖边区第一、第九行政区专员公署。

1945年8月，日本军国主义宣布投降。再经过3年半的解放战争，南通终于回到人民的怀抱。1949年2月，南通城解放。华中行政办事处决定，划南通城、唐闸镇、天生港镇、陆洪闸和近郊农村成立南通市，隶属苏皖边区第九行政区，行署机关驻南通市。当年5月，第九行政区改称苏北南通行政区。1950年5月，南通市升格为苏北行署直辖市。1953年1月起，南通市为江苏省辖市，同时建有南通区（同年4月起改称专区，1978年7月起改为地区）。其中"市"管辖城区、郊区，专区（地区）管辖海安、如皋、如东、南通、海门、启东、崇明等县（其中崇明于1958年11月划归上海）。地、市并行的体制一直延续到80年代初。1983年3月，国务院决定，撤销南通地区行政公署，原行署所辖六县归南通市领导，实行市管县、省辖市的体制。

随着内部区划调整，特别是2009年4月通州撤市建区，南通市区面积迅速扩大，有崇川区、港闸区、通州区和南通市经济技术开发区（富民港办事处），并辖海安县、如皋市、如东县、海门市、启东市5个县（市）。全市辖区总面积8001平方公里，常住人口728.28万人。

（周　磊）

行　政　区　划

【概况】 2010年，南通市区有崇川区、港闸区、通州区和富民港办事处（与南通市经济技术开发区管委会合署）。下辖海安县、如东县、如皋市、海门市、启东市。全市有乡镇101个（其中乡2个）、街道20个，村民委员会1426个，居民委员会582个，行政区域面积8564.22平方公里。

【区划调整】 2010年，经省政府批准，撤销崇川区竹行镇，以其原辖区设立竹行镇街道办事处；撤销崇川区小海镇，以其原辖区设立小海镇街道办事处；撤销富民港办事处新开镇，以其原辖区域设立新开镇街道办事处。

表1-01　　2010年南通市行政区划一览

区域名称	面积（平方公里）	所辖街道、乡镇名称
崇川区	99.95	街道（10个）：钟秀街道、任港街道、文峰街道、城东街道、和平桥街道、新城桥街道、虹桥街道、学田街道、观音山街道、狼山镇街道
港闸区	134.31	街道（6个）：永兴街道、唐闸镇街道、天生港镇街道、秦灶街道、陈桥街道、幸福街道
通州区	1339.68	镇（19个）：金沙镇、石港镇、三余镇、平潮镇、十总镇、二甲镇、五接镇、平东镇、刘桥镇、兴仁镇、四安镇、骑岸镇、西亭镇、兴东镇、五甲镇、东社镇、川姜镇、先锋镇、张芝山镇
富民港办事处	153.02	街道（4个）：中兴街道、新开街道、竹行街道、小海街道
海安县	1110.75	镇（14个）：海安镇、老坝港镇、角斜镇、李堡镇、西场镇、孙庄镇、大公镇、白甸镇、城东镇、雅周镇、南莫镇、胡集镇、墩头镇、曲塘镇

(续表)

区域名称	面积（平方公里）	所辖街道、乡镇名称
如皋市	1514.37	镇(20个):如城镇、柴湾镇、搬经镇、东陈镇、高明镇、磨头镇、郭园镇、桃园镇、林梓镇、吴窑镇、丁堰镇、九华镇、长江镇、下原镇、白蒲镇、雪岸镇、袁桥镇、石庄镇、江安镇、常青镇
如东县	1872.00	镇(14个):掘港镇、马塘镇、新店镇、长沙镇、曹埠镇、岔河镇、双甸镇、栟茶镇、袁庄镇、大豫镇、河口镇、洋口镇、苴镇、丰利镇
海门市	1148.77	镇(21个):海门镇、天补镇、三星镇、三和镇、德胜镇、麒麟镇、三厂镇、正余镇、刘浩镇、东灶港镇、悦来镇、临江镇、三阳镇、常乐镇、万年镇、四甲镇、货隆镇、王浩镇、包场镇、余东镇、树勋镇 乡(1个):海永乡
启东市	1191.37	镇(11个):汇龙镇、吕四港镇、北新镇、惠萍镇、寅阳镇、东海镇、近海镇、南阳镇、海复镇、合作镇、王鲍镇 乡(1个):启隆乡

(陆骏骅)

人口 民族

【人口】 根据《全国人口普查条例》和国务院部署,中国以2010年11月1日零时为标准时点进行第六次全国人口普查。据初步汇总公布的主要数据,全市常住人口为7282835人(注:常住人口包括,居住在本乡镇街道、户口在本乡镇街道或户口待定的人;居住在本乡镇街道、离开户口所在的乡镇街道半年以上的人;户口在本乡镇街道、外出不满半年或在境外工作学习的人)。全市常住人口中,家庭户2589631户,家庭户人口为6849723人,平均每个家庭户的人口为2.65人,比2000年第五次全国人口普查的2.87人减少0.22人。

(一)性别构成。全市常住人口中,男性人口为3443066人,占47.28%;女性人口为3839769人,占52.72%。总人口性别比(以女性为100,男性对女性的比例)由2000年第五次全国人口普查的91.71下降为89.67。

(二)年龄构成。全市常住人口中,0~14岁人口为774003人,占10.63%;15~64岁人口为5306345人,占72.86%;65岁及以上人口为1202487人,占16.51%。同2000年第五次全国人口普查相比,0~14岁人口的比重下降6.68个百分点,15~64岁人口的比重上升2.61个百分点,65岁及以上人口的比重上升4.07个百分点。

(三)各种受教育程度人口。全市常住人口中,具有大学(指大专以上)文化程度的人口为558309人;具有高中文化(含中专)程度的人口为1083640人;具有初中文化程度的人口为2830038人;具有小学文化程度的人口为2226004人(以上各种受教育程度的人包括各类学校的毕业生、肄业生和在校生)。

同2000年第五次全国人口普查相比,文化程度大幅上升,每10万人中具有大学文化程度的由2667人上升为7666人。

表1-02 **南通常住人口地区分布**

地　区	人口数（人）	比重（%）
全　市	7282835	100.00
市　区	2273326	31.21
其中:崇川区	686158	9.42
港闸区	266326	3.65
开发区	182104	2.50
通州区	1138738	15.64
海安县	866337	11.90
如东县	995983	13.68
启东市	972525	13.35
如皋市	1267066	17.40
海门市	907598	12.46

(统计局)

【民族】 2010年,南通市有少数民族52个,约有1.57万人,占总人口的0.2%,其中80%以上分布在农村。超过千人以上的少数民族有苗族、侗族、蒙古族,占少数民族总人口的15%左右。市区世居回、满、蒙等44个族别,1500人左右。此外,全市有少数民族暂住人口6100多人,主要以新疆维吾尔族,甘肃、宁夏、青海回族,四川藏族居多。

(民宗局)

国民经济和社会发展

【概况】 2010年,南通市实现生产总值3417.88亿元,按可比价计算,比上年增长13.0%。其中,第一产业增加值262.43亿元,增长4.0%;第二产业增加值1908.56亿元,增长13.7%;第三产业增加值1246.89亿元,增长13.6%。全年人均地区生产总值47500元,按当年平均汇率折算达7017美元。三次产业增加值结构由上年的8.2:56.0:35.8调整为7.7:55.8:36.5。财政总收入占地区生产总值的比重达20.9%,比上年提高4.0个百分点。

【农业】 全市农林牧渔业总产值463.31亿元,按可比价计算,比上年增长4.0%。其中,农业产值203.66亿元,增长4.5%;牧业产值118.99亿元,增长3.5%;渔业产值113.10亿元,增长3.5%。全年粮食种植面积793.17万亩,比上年减少3.95万亩;棉花种植面积66.06万亩,比上年减少1.07万亩;油料种植面积206.49万亩,比上年减少0.30万亩;蔬菜种植面积167.58万亩,比上年增加8.50万亩。全市新增造林面积25万亩。

全年粮食产量324.94万吨,比上年增长1.4%;棉花产量5.95万吨,比上年下降12.1%;油料产量42.20万吨,比上年下降0.8%。全年肉类总产量46.39万吨,比上年增长3.3%。全年水产品产量78.92万吨,比上年增长3.8%。

【工业】 全市规模以上工业增加值1721.81亿元,按可比价计算,比上年增长16.0%。全市规模以上工业总产值7481.53亿元,比上年增长23.2%。其中,装备制造业产值3375.65亿元,增长26.9%,占全市规模以上工业总产值的比重达45.1%,比上年提高1.6个百分点;高新技术产业产值2424.13亿元,增长31.8%,占全市规模以上工业总产值的比重达32.4%,比上年提高2.6个百分点;六大新兴产业产值1615.82亿元,增长31.4%,占全市规模以上工业总产值的比重达21.6%。全市规模以上工业主营业务收入7306.19亿元,比上年增长23.2%;规模以上工业利润总额536.80亿元,比上年增长37.6%;规模以上工业产销率99.1%,比上年提高0.3个百分点。

表1-03 规模以上工业增加值分类增长情况

指　　标	比上年增长(%)
规模以上工业增加值	16.0
其中:国有企业	19.6
集体企业	-12.9
股份合作企业	14.8
股份制企业	16.9
外商及港澳台商企业	15.5
其他	11.1
其中:民营工业	14.5
其中:轻工业	10.7
重工业	19.7

【建筑业】 全年建筑业增加值340.07亿元,比上年增长10.5%;建筑企业承建施工面积3.54亿平方米,比上年增长20.3%;承建高层建筑10571栋。年末全市建筑队伍总人数达106.65万人,建筑队伍遍及近70个国家和地区,出国人数达2.20万人;全市拥有特级资质建筑企业15家;全市拥有一级建造师2777人。

【固定资产投资】 全社会固定资产投资2168.38亿元,比上年增长20.3%。其中,规模以上投资2015.18亿元,增长22.9%,占全社会固定资产投资的比重达92.9%;全社会民间投资1637.20亿元,增长21.6%,占全社会固定资产投资的比重达75.5%;全社会工业投资1530.11亿元,增长15.1%,占全社会固定资产投资的比重达70.6%。在规模以上固定资产投资中,分产业看,第一产业投资3.25亿元、比上年下降16.8%,第二产业投资1411.17亿元、比上年增长18.2%,第三产业投资600.75亿元、比上年增长36.1%。分区域看,城镇投资1281.39亿元、比上年增长22.2%,农村投资733.79亿元、比上年增长24.2%。

全年基础设施投资303.46亿元,比上年增长44.2%。其中,水利、环境和公共设施管理业投资91.23亿元,增长113.7%;电力、燃气及水的生产和供应业投资122.70亿元,增长49.5%;交通运输仓储和邮政业投资70.09亿元,增长12.7%。

全年规模以上房地产开发投资272.78亿元,比上年增长35.9%,占全市规模以上固定资产投资的比重达13.5%。全市商品房施工面积2434.03万平方米,比上年增长21.2%,其中,住宅施工面积1915.08万平方米,增长23.4%。全市商品房竣工面积667.42万平方米,比上年增长21.4%,其中,住宅竣工面积520.95万平方米,增长18.5%。

【国内贸易】 全年社会消费品零售总额1268.32亿元,比上年增长18.7%。分地区看,城镇消费品零售额906.63亿元,比上年增长19.8%;乡村消费品零售额361.69亿元,比上年增长16.1%。分行业看,批发和零售业消费品零售额1177.91亿元,比上年增长18.6%;住宿和餐饮业消费品零售额90.41亿元,比上年增长19.6%。

全年家电下乡中标产品销售量55.51万台,销售额12.65亿元;家电以旧换新销售量62.81万台,销售额22.99亿元;汽车以旧换新销售量4261辆,销售额0.58亿元。

【开放型经济】 全年进出口总值210.96亿美元,比上年增长29.8%。其中,出口总值141.07亿美元,增长26.2%;进口总值69.89亿美元,增长37.6%。在出口贸易总值中,机电产品出口60.24亿美元,比上年增长24.1%;高新技术产品出口26.94亿美元,比上年增长53.1%;纺织服装制品出口46.77亿元,比上年增长24.1%。

全年新批外商投资项目364个,比上年下降9.2%;新批协议注册外资55.15亿美元,比上年下降0.2%;实际到账注册外资20.61亿美元,比上年增长2.8%。

全年新批设立境外企业35家,中方协议投资额3.18亿美元。全年新签对外承包劳务合同额8.73亿美元,比上年增长13.0%;对外承包劳务完成营业额12.53亿美元,比上年增长8.4%;新派劳务人员0.89万人次,比上年增长2.2%;年末在外劳务人员2.94万人,比上年下降8.2%。

【民营经济】 个体工商户总数、私营企业数和注册资本等指标保持全省第二。全年新登记私营企业3.43万家,年末累计达15.31万家;新登记私人企业注册资本780.75亿元,年末累计注册资本3898.40亿元。全年新登记个体户8.37万户,年末累计达39.21万户;新登记个体工商户注册资本40.31亿元,年末累计注册资本142.29亿元。年末全市共有规模以上民营工业企业5703家,占全市规模以上工业企业总数的比重达75.6%;全年民营工业产值4314.08亿元,比上年增长22.3%,占全市规模以上工业总产值的比重达57.7%。24家民营企业入围全国民营企业500强。熔盛重工成为当年内地在香港上市的最大民营企业,南通中小板创业板上市企业数进入全国大中城市前十强。

【财政】 全年财政总收入713.36亿元,比上年增长46.8%;各项税收417.46亿元,比上年增长28.3%。全年一般预算收入290.81亿元,比上年增长46.1%。其中,营业税、增值税、企业所得税比上年分别增长30.2%、6.7%和68.4%。全年房地产业营业税入库92.40亿元,比上年增长43.9%。全年财政总支出546.18亿元,比上年增长41.0%。其中,一般预算支出316.75亿元,增长33.4%。

【金融保险】 全年金融系统新增贷款532.61亿元,比上年少增148.62亿元。年末金融系统各项贷款余额2964.58亿元,比上年末增长21.9%。全年金融系统新增存款951.48亿元,比上年少增15.13亿元。年末金融系统存款余额4957.83亿元,比上年末增长23.8%。其中,居民储蓄存款余额2693.99亿元,增长17.9%;企业存款余额1206.41亿元,增长8.2%。

全年新增保险机构4家,年末保险机构总数达56家。全年保费收入134.45亿元,比上年增长39.4%。其中,财产险收入21.53亿元,增长35.5%;人寿险收入106.91亿元,增长41.3%。全年已决赔款及给付22.80亿元。

【城市建设】 全年市区(含通州区)新增绿地255公顷,城市绿化覆盖率40.8%,比上年增长0.35个百分点;日供水能力达到120万立方米,水质综合指标合格率100%;新增日污水处理能力7.3万吨/日,达到38.80万吨/日;市区燃气普及率达到99.6%,用水普及率、生活垃圾无害化处理率均达到100%。全年市区新增路灯、景观灯40185盏,城市道路亮灯率达到99.0%。

【交通】 全市交通运输、仓储及邮政业增加值126.17亿元,比上年增长16.3%。全年民航货邮吞吐量5869.61吨,比上年增长100.8%;民航旅客吞吐量27.14万人次,比上年增长23.2%。全年铁路货运量91.69万吨,比上年增长14.7%;铁路客运量263.17万人次,比上年增长4.1%。全年公路货运量1.54亿吨,比上年增长24.8%;公路客运量1.64亿人次,比上年增长18.8%。全年建成农村公路2139公里,危桥改造485座。

全市港口货物吞吐量15069.80万吨,比上年增长10.5%。其中,进港9139.60万吨,增长13.9%;出港5616.40万吨,增长5.4%。全市外贸吞吐量2961.20万吨,比上年增长3.5%;全市集装箱吞吐量46.23万标准箱,比上年增长31.9%,其中,国际航线0.66万标准箱,下降22.5%。

【环境保护】 全市新增污水处理能力20.20万吨。全市共建成燃煤火电、热电机组脱硫设施52台套,现役4886兆瓦燃煤机组全部实施脱硫改造,机组脱硫率超过99.0%。市区及县(市)政府所在地城镇烟尘控制区覆盖率均达100%。全市环境质量保持稳定,环境空气主要污染物年平均值为:二氧化硫0.033毫克/立方米,二氧化氮0.029毫克/立方米,可吸入颗粒物0.098毫克/立方米,各项指标均符合国家空气质量二级标准;全年空气污染指数达到良好以上的天数达330天,占全年天数的90.4%。长江南通段主流水质符合国家地面水质环境质量Ⅱ类水质标准,饮用水源地水质达标率100%。区域环境噪声平均值为55.0分贝，交通干线噪声平均值为67.8分贝，均符合国家环境噪声质量标准。

【教育】 全市拥有普通高等学校6所，年末在校学生8.49万人；全市成人高校2所，年末在校学生2.25万人；全市中等职业教育学校27所，年末在校学生8.58万人；全市普通高中57所，年末在校学生13.05万人；全市普通初中193所，年末在校学生20.59万人；全市小学347所，年末在校学生32.32万人；全市特殊教育学校9所，年末在校学生0.10万人；全市各级各类幼儿园374所，年末在园儿童15.01万人。

【卫生】 年末，全市拥有卫生机构1673个（不含农村社区卫生服务站、村卫生室）。其中，医院、卫生院333个，妇幼保健院（所、站）7个，专科疾病防治院（所、站）5个。年末全市卫生机构床位数2.63万张，卫生技术人员3.05万人。其中，执业医师和执业助理医师1.30万人，注册护士0.97万人。年末全市拥有疾病预防控制中心（站）9个，卫生技术人员427人；卫生监督所7个，卫生技术人员217人；乡镇卫生院270个，床位1.12万张，卫生技术人员1.03万人。

市区（不含通州区）共建成城市社区卫生服务中心21个，以街道（镇）为单位建成率100%。累计建成农村社区卫生服务站1678个，行政村覆盖率100%。全市新型农村合作医疗参合率99.5%。农村自来水普及率99.0%。

【文化】 年末，全市共有文化经营单位3200家，从业人员1.08万人。年末全市登记在册的民营演出团体160个。年末累计已建成农村乡镇文化站119家；年末累计已建成“农家书屋”1713家。全市拥有各类博物馆、纪念馆25家。全市拥有各级文物保护单位82处，其中，全国重点文物保护单位6处，省级文物保护单位24处。全市拥有国家级非物质文化遗产名录9项，省级非物质文化遗产名录24项。

【社会保障】 年末，全市拥有各类养老机构248家，总床位数29038张；年末全市农村拥有敬老院145家，床位19991张。在全市农村20240名五保对象中，有14679人实行集中供养，集中供养率达72.0%。全年婚姻登记64413对。

年末，全市参加基本养老保险人数达111.38万人，比上年末增加7.82万人；年末全市参加失业保险人数达80.83万人，比上年末增加1.61万人；年末全市参加基本医疗保险人数达139.90万人，比上年末增加7.06万人；年末参加工伤保险人数为93.07万人，比上年末增加3.97万人。年末城乡居民享受最低生活保障人数14.65万人，其中，城镇居民1.52万人，农村居民13.13万人。

（张莉云）

精神文明创建

【概况】 2010年，南通市精神文明创建工作以创建更高水平全国文明城市为重点，扎实推进公民思想道德建设和未成年人思想道德建设，深入开展群众性精神文明创建活动，大力培育精神文明先进典型，有力协调指导社会志愿服务工作，城乡文明程度进一步提升。以迎接全国部分城市公共文明指数测评为动力，大力实施“讲文明、树新风、迎世博”主题活动，在测评中取得良好成绩。以2007～2009年度江苏省群众性精神文明建设先进单位评选推荐工作为动力，扎实推进群众性精神文明创建活动，不断扩大创建覆盖面和工作水平。大力弘扬精神文明“南通现象”，广泛组织开展各类精神文明先进典型宣传学习活动，组织开展道德模范百场宣讲和网上宣讲活动，营造良好社会风尚。组织参与中央文明办主办的“我推荐、我评议身边好人”活动，全市共有36个先进典型入围，14个先进典型荣登中国好人榜（事迹见“人物”篇）。大力推进社会志愿服务，完善文明办牵头负责志愿者工作机制，不断壮大志愿者队伍，开展形式多样志愿服务活动，努力构建和谐人际关系。加强未成年人成长指导中心建设和心理健康教育专业队伍建设，做好中小学校心理健康辅导中心星级评定，扎实推进未成年人心理健康辅导工作。整合学校、家庭、社会三方面力量，着力构建未成年人思想道德建设“三结合”教育网络。开展欢乐在新春——未成年人寒假系列活动、关爱雏鹰向着未来集中行动月活动、七彩的夏日——未成年人暑期系列活动。加强党员干部思想道德体系和社会诚信体系建设，组织开展迎世博迎亚运文明短信传递活动、爱国歌曲大家唱群众性歌咏活动等系列道德实践活动。切实办好南通文明网和江苏文明网南通频道，促进各级各部门互相学习交流。申报的2个案例获全省农村精神文明建设工作创新案例奖。

【创建更高水平全国文明城市】 依据南通新一轮创建规划、《全国文明城市测评体系》以及全国公共文明指数测评指标，以“讲文明、树新风、迎世博”主题活动为载体，着力推进创建更高水平全国文明城市工作。4月20日，市委、市政府召开全市“讲文明、树新风、迎世博”主题活动动员大会，部署实施户外广告、交通秩序、道路设施、小区建设、公共交通、社会风尚、市容环境、河道环境、网吧经营、窗口服务等十大整治工程和18类重点公共场所达标工程，成立主题活动领导小组及办公室，分解任务，明确部门责任、工作标准及考核评比办法，制定《南通市18类重点公共场所公共文明指数测评办法》。组建30人督查队伍，对各级各部门开展主题活动情况进行集中和不定期专项督查，确保创建任务落实到位。通过社会宣传、新闻宣传、网络宣传等多种渠道强化市民宣传教育。组织编印3万本《讲文明树新风迎世博主题活动市民读本》和6000份“讲文明树新风迎世博”主题活动宣传张贴画，免费发放到市民手中。全市各媒体聚焦文明创建，各类社会化媒介广泛发布文明创建宣传内容和《南通市文明市民基本行为规范》，形成良好舆论氛围。全市各级各部门坚持创建为民、创建惠民的指导思想，以十大整治工程为抓手，加强发动、加大排查，突出重点、狠抓落实，有效提升城市文明程度和广大市民对文明城市创建工作的满意度。在2010年度全国部分公共文明指数测评中，南通列全国地级市第十三位，在全省所有被测地级市中位列第二。

【群众性精神文明创建活动】 以新一轮江苏省群众性精神文明建设先进单位评选为契机，推动全市群众性精神文明创建工作。组织开展文明创建成就宣传，市各新闻媒体开设“文明巡礼”专栏，集中宣传部分南通市级文明创建先进单位，南通文明网开设“南通市文明创建先进单位风采展示平台”。认真组织2007～2009年度全省群众性精神文明建设先进单位评选推荐工作，按省相关创建标准进行严格考评，科学评定、好中择优，产生南通大学等一批创建水平高、示范作用强的省级文明创建先进单位。

围绕提升城市公共文明水平，把组织文明市民宣传教育、开展精神文明建设系列主题活动和改善社区公共环境作为主要内容，广泛动员文明行业、文明单位参与社区创建。组织实施社区亮灯工程，切实解决老小区路灯、楼道灯不能正常使用等问题，赢得居民群众广泛好评。进一步深化“百村千户建小康”城乡文明共建活动，以村级公共服务中心为阵地扎实推进农村精神文明建设，组织开展农村精神文明建设专题调研，基本完成省文明办交办的文明乡风指数研究课题。

组织开展“迎世博讲文明、满意在南通”优质服务竞赛活动，全市所有窗口行业在活动启动仪式上向社会作出服务承诺，并将服务承诺和投诉电话制成展板集中展出，接受广大服务对象监督。结合省、市两级文明诚信市场评选推荐工作，加大文明诚信市场建设力度，对全市文明诚信市场建设进行全面检查摸底并加强指导，促进市场环境大力改善、经营户诚信经营意识显著增强、市场经营秩序明显改观。组织开展2010年度“文明与春运同行”竞赛活动，不断推进优质服务，积极营造文明和谐的春运氛围。

【精神文明“南通现象”】 广泛组织开展各类精神文明先进典型宣传学习活动，营造良好社会风尚。一是组织开展道德模范百场宣讲和网上宣讲活动。南通市和各县(市、区)分别组成道德模范宣讲团，深入社区、村镇、校园、企业、机关、军营开展120余场报告会，宣讲道德模范感人事迹。在江苏文明网南通频道、南通文明网、中国南通政府网、南通热线、南通网等网络媒体上开展网上宣讲。市各新闻媒体对道德模范宣讲活动进行全面报道，营造崇尚道德模范、热爱道德模范、学习道德模范、争当道德模范的浓厚氛围。二是评选表彰南通市文明新风典型。7月13日，市委、市政府召开大会，表彰南通市第三十二次文明新风典型，共有20个典型当选。组织开展南通市第三十三次文明新风典型评选活动。春节、五一劳动节期间，市委宣传部、市文明办、各县(市、区)和市有关部门组织慰问历届南通市文明新风典型。三是组织开展“我推荐、我评议身边好人”活动。根据全市统一部署，各县(市、区)及市各相关行业主管部门，推荐100多个好人好事，广大市民纷纷来信来电推荐身边好人。市各新闻媒体开辟专题或专栏，宣传好人好事。在中国文明网组织的“我推荐、我评议身边好人”活动中，全市共有36人入围接受全国投票评议，共有14人荣登中国好人榜(分别为见义勇为、孝老爱亲、助人为乐、诚实守信、敬业爱岗等类型)，当选人数位居全省第二，全国领先。

【社会志愿服务】 (一)建立健全组织协调机构，完善志愿服务活动工作机制。市文明委印发《关于成立南通市社会志愿服务活动协调小组的通知》，确定市文明办负责全市社会志愿服务活动组织协调，明确市民政局、市老干部局、市总工会、团市委、市妇联、市科协、市残联、市红十字会、市老龄办、市教育局、市体育局等有关部门工作职责和具体分工。为在求助者和志愿者之间建立起便捷沟通渠道，市文明办、南通移动公司等部门联合研究开发江海志愿服务平台，建立健全江海志愿者网上注册、时间储蓄、业务培训等基础管理制度，对社会志愿服务活动进行电子化管理，有效解决志愿者信息与求助需求信息不对称问题，使志愿服务能及时有效满足社会需求，志愿服务信息化管理工作走在全国前列。(二)大力宣传弘扬志愿服务精神，不断壮大志愿者队伍。通过多种形式传播志愿精神，号召广大干部群众积极投身迎世博讲文明树新风志愿服务活动。在原有基础上，成立公共文明礼仪志愿者、文明交通志愿者、老干部志愿者、国土资源宣传志愿者、消防志愿者、文化志愿者、工商志愿者等多支专业队伍，新增专业志愿服务人员8000多名。公众对志愿活动认知程度不断提高，越来越多普通市民自愿加入志愿者队伍。组织推荐11个候选人参评全省、全国百名优秀志愿者，赵小亭当选为全国百名优秀志愿者。在全国迎世博迎亚运讲文明树新风志愿服务工作座谈会上，南通作大会交流。在全国迎世博迎亚运讲文明树新风志愿服务工作研讨会上，南通经验材料入选。(三)努力拓展志愿服务领域，开展形式多样志愿服务活动。为开展文明交通志愿活动，组建以机关事业单位工作人员为主要力量的志愿者队伍，在交通繁忙时段分赴主要路口开展文明交通劝导。重阳节期间，重点组织开展孝老敬老系列志愿服务活动。作为全国第二批示范城市，于1月17日举办关爱"空巢"老人志愿服务活动启动仪式，为中国志愿服务基金会募集资金105万元。开展关爱农民工子女志愿服务行动，组织大学生志愿者与农民工子女开展小手拉大手结对互助活动。开展2010年南通大型菊花展志愿服务活动，在为期一个多月菊花展期间，组织600多人次志愿者积极参与园区引导、提示服务、奖券兑奖等服务活动。开展安装老小区楼道灯志愿服务活动，专门招募500多名持有电工证及上岗证的电工志愿者参与全市点亮一盏灯、温暖一片心主题活动，为老小区楼道安装楼道灯。以参与志愿服务、共建和谐社会为主题，组织开展"12·5"国际志愿者日广场服务活动，40多个窗口行业的500多名志愿者参与志愿服务，共接待市民3000多人。开展关爱农村老人志愿服务活动，在部分乡镇试点成立市、县、乡、村四级关爱农村老人志愿服务中心，为农村老年人提供包括生活照料、应急救助、健康保健、法律援助等多方面志愿服务。开展便民利民志愿服务，通过上门服务、广场服务、长期结对服务等多种形式，提供以家电维修、医疗卫生、法律咨询为主要内容的志愿服务，切实帮助群众解决实际困难。开展健康进万家红十字志愿活动，以帮助困难人群医疗康复为宗旨，组织开展博爱在南通、人道万人捐大型公益志愿行动等。组建南通江海老干部志愿者队伍，开展政策宣讲、思想道德教育辅导、帮扶弱势群体等方面服务。同时，在消防、环保、科普、工商等方面开展多种形式志愿服务活动，受到广大市民热烈欢迎。（四）组织开展向优秀志愿者赵小亭学习活动。7月29日，南通市江海志愿者协会向全体13万江海志愿者发出向中国杰出青年志愿者赵小亭学习倡议书。市委宣传部、市文明办组织召开座谈会，号召全市广大干部群众特别是青年学生向赵小亭学习，争当优秀志愿者。社会各界纷纷对赵小亭亲属表示慰问，如皋市委、市政府除给予慰问金外，还为赵小亭父母办理养老保险。江苏元升太阳能集团有限公司出资成立江苏元升赵小亭爱心基金。全市各行各业通过举行纪念活动、召开座谈会等多种形式传承小亭精神。

【全国少儿歌曲创作征集推广传唱活动】 为繁荣发展少儿文艺，市委宣传部、市文明办与通州区委配合省委宣传部、省文明办等部门在全国范围内发起第三届"童声里的中国·唱支歌儿给党听"——全国少儿歌曲创作征集推广传唱活动。该活动于2010年6月起开始筹划，8月20日，在北京新闻大厦举办启动仪式。至2010年底，共征集到来自全国各地词曲作者的作品4000多首。

【南通市未成年人成长指导中心】 按照中央文明办和省文明办的要求，市文明办联合市教育局、市文广新局、市卫生局、团市委、市妇联、市关工委等部门，在南通博物苑、南通大学的支持配合下，成立南通市未成年人成长指导中心。经过一年多时间的筹备，2010年7月17日，南通市未成年人成长指导中心开始试运行，10月23日正式挂牌运行。南通市未成年人成长指导中心位于南通博物苑内，总面积约400平方米，设有面询室、活动室、热线室、游戏室、训练室、宣泄室、测评室、放松室等，配备智能身心反馈仪、音乐放松训练仪、游戏沙盘等一批专业设备。中心邀请市委常委、宣传部长和市政府分管副市长担任顾问，市文明办、教育局、卫生局等8个部门的分管领导组成领导小组，文明办、教育局等部门的职能处室负责同志担任中心正副主任，下设咨询服务工作室、教育培训工作室、指导建设工作室和科学研究工作室，配备适用先进的服务设施，聘请敬业专业的志愿服务者。截至12月底，接待个案面询300多人次，QQ在线咨询600多人次，96111电话热线200多人次，负责服务100多人次，团体辅导100多人次，面向家长开展心理知识宣教400多人次。

（钟祥胜）

组织机构及负责人

（2010.1～2010.12）

中国共产党南通市委员会

书　　记　罗一民
副 书 记　丁大卫　黄利金
常　　委　张小平（女）　陈　斌　蓝绍敏　秦厚德
　　　　　王正宇　郭腊军　宋文辉
　　　　　季　风（7月20日免）　黄巍东
　　　　　贾建民（7月20日任）
秘 书 长　黄巍东
副秘书长　黄建东　保刚健（女，兼）　刘　岩　陈　俊
　　　　　张　坤　刘　锋（4月28日任）

市委各部委办、部门管理及议事常设机构、事业单位

办 公 室（研究室与其合署办公）

办 公 室

主　　任　黄巍东（兼，2月26日免）
　　　　　黄建东（兼，2月26日任）
副 主 任　刘　锋（4月28日免）　王　斌
　　　　　徐兴林（4月28日免）　成　宾　张鹏飞
　　　　　唐建泉（2月26日任）

研究室

主　　任　黄建东(兼,2月26日免)
徐兴林(4月28日任)

组织部(新经济新社会组织工作委员会与其合署)

部　　长　郭腊军(兼)
副部长　殷　雄　李水林　黄卫成　曹金海　王亚雄

新经济新社会组织工作委员会

书　　记　黄卫成
副书记　蒋　建

宣传部(挂"市精神文明建设指导委员会办公室"牌子)

宣传部

部　　长　张小平(女,兼)
副部长　徐仁祥　李存玉(2月26日免)　叶晓平(女)
黄振平(4月28日任)　顾　华

市精神文明建设指导委员会办公室

主　　任　叶晓平(女,兼)
副主任　李　洁

统一战线工作部

部　　长　张永凯(兼)
副部长　姚国钧　朱德炎　徐贻忠　马建清(兼)
王　虎(4月28日任)

政法委员会(市社会治安综合治理委员会办公室与其合署办公)

政法委员会

书　　记　陈　斌(兼)
副书记　沈振新(兼)　秦剑平(兼)　王　振　邵怀德
陈慧宇(2月26日任)
政治部主任　顾　坚

市社会治安综合治理委员会办公室

主　　任　邵怀德(兼)
副主任　钱建华　杨兴标

农村工作办公室(挂"市政府农村工作办公室"牌子)

主　　任　潘　新
副主任　曹启雄(2月26日免)　张　坚　刘向阳
政治处主任　高银田

台湾工作办公室(挂"市政府台湾事务办公室"牌子)

主　　任　卜贵林
副主任　沈　林　朱　鸿

市机构编制委员会办公室

主　　任　顾裕岳(兼,2月26日免)
殷　雄(兼,2月26日任)
副主任　金品旗　陆国强　葛扬华(4月28日任)

市级机关工作委员会

书　　记　姬焕玲(女)
副书记　聂新清　俞　雷　张山山(2月26日任)
纪工委书记　顾文明

老干部局

局　　长　曹金海
副局长　蔡宏伟(女)

保密委员会办公室(挂"市国家保密工作局"牌子)

主任(局长)　张永明

机要局(挂"市国家密码管理局"牌子)

局　　长　施　平

党史工作办公室(市地方志编纂委员会办公室与其合署办公)

主　　任　严崇明
副主任　徐建红(女,2月26日免)　张建明
茅建兵(2月26日任)
陈　红(女,4月28日任)

党校(挂"市社会主义学院"、"市行政学院"、"省委党校干部函授学院南通分院"牌子)

党　校

校　　长　黄利金(兼)
副校长　陆　踊　高良德　沈卫中　张笑春
教育长　费　凡(11月30日任)

市社会主义学院

校　　长　黄利金(兼)
副院长　陆　踊　高良德　黄国权　沈卫中　张笑春
朱德炎(兼)

市行政学院

院　　长　蓝绍敏(兼)
副院长　陆　踊　李水林　高良德　沈卫中　张笑春

省委党校干部函授学院南通分院

院　　长　陆　踊
副院长　陆云飞

南通日报社

社　　长　顾　华
总　　编　康贻华
副社长　季　方
副总编辑　顾新元　丁邦华　王　霞(女)
纪检组长　赵国庆

南通市人民代表大会常务委员会

主　　任　罗一民
副主任　宋　飞　徐永兵　孙汝建(8月27日免)
陆玉明　王　平
秘书长　江治学
副秘书长　娄炳南　姚明钊　张彦武

市人大常委会办公室、研究室、各工作委员会

办公室

主　任　张彦武

副主任　马秀华　陆　群(女)

研究室

主　任　姚明钏(兼)

副主任　景　迅

财政经济委员会

主　任　施新协

副主任　张小健(女)

内务司法委员会

主　任　王明池

副主任　王茂华(12月23日免)

人事代表委员会

主　任　丁　健

副主任　杨　甦(女)　王安丽(女)

环境资源城乡建设委员会

主　任　娄炳南(兼)

副主任　孙建国

农业和农村委员会

主　任　严君毓

副主任　蔡松文

教科文卫委员会

主　任　吴声和

副主任　施布民

外事民宗侨台委员会

主　任　李春宝(10月26日任)

副主任　赵建华(10月26日任)

信访督办室

主　任　吴建秋

南通市人民政府

市　长　丁大卫

副市长　蓝绍敏　秦厚德　吴晓春(女)　杨展里
朱　晋　徐　辉　沈振新　秦剑平
陈惠娟(女)　孙金华(挂职,5月18日任)

秘书长　屈宝贤

副秘书长　顾诺之　薛　谦　陈品山(兼)　缪三义
陈蔓生　薛　斌　徐国祥　陆善平
倪永平　宗剑峰　吴晓春(2月26日任)

市政府工作机构

市政府办公室(市政府研究室与其合署办公)

主　任　顾诺之(兼)

副主任　李欣彤(女)　孙宝军　周　建　缪　平
陈剑锋(11月30日任)　钱树清(兼)
王丽娟(兼,女)　邱伟明(兼)　唐国平(兼)

纪检组长　任仲菲(女)

发展和改革委员会

主　任　蔡惠忠

副主任　尹建勇　李吉平(4月28日免)　张乃华
戴泽晖　李振冲　赵京平
王　凯(11月30日任)

纪检组长　谈育龙

经济和信息化委员会(挂"市中小企业局"牌子)

经济和信息化委员会

主　任　杨　扬(5月18日任)

副主任　杜永朝(4月28日任)　吴永宏(4月28日任)
吴建国(挂职,4月28日任)
雷培基(4月28日任)　赵立新(4月28日任)
吴跃玲(女,4月28日任)
陆雪松(4月28日任)

纪检组长　胡建达(4月28日任)

中小企业局

局　长　杜永朝(4月28日任)

副局长　陈　林(4月28日任)　邱爱军(4月28日任)

教育局(挂"市委教育工作委员会"牌子)

局　长　缪建新(12月29日免)

副局长　黄建辉　秦建荣(4月28日免)　王笑君
王国平　姜学勤(11月30日任)

纪检组长　张建跃

政治处主任　葛苏强

政府教育督导室

主　任　秦建荣(4月28日任)

副主任　顾中华(4月28日任)

科学技术局(挂"市知识产权局"牌子)

科学技术局

局　长　朱千波

副局长　沈卫坚　季晓雷　程　翔　虞越嵩

总工程师　杭建中

纪检组长　丁铁军

知识产权局

局　长　朱千波

公安局

局　长　秦剑平

副局长　姜建宁(兼)　吴勉信(2月26日免)　王　健
张　陵(2月26日免)　吴忠灿　王　华
何　峰(11月29日任)
陈　兵(11月29日任)
徐　静(11月29日任)

纪检组长　顾云明
政治部主任　陆玲玲(女)

市维护稳定工作领导小组办公室

副 主 任　张建平

监察局(与市纪委机关合署办公)

局　　长　陆建生(兼)
副 局 长　张新华(兼,7月9日免)　辛鸿堂(兼)
　　　　　施学雷(女)　张建明(7月9日任)
　　　　　陈　锋(10月26日任)

民政局(挂"市老龄工作委员会办公室"牌子)

民 政 局

局　　长　杨建忠
副 局 长　陈　坚　严江平　方建新　葛鑫涛
纪检组长　王　勇
政治处主任　曹海兵

老龄工作委员会办公室

主　　任　杨建忠(兼)
副 主 任　印亚平(女,2月26免)
　　　　　吴明华(11月30日任)

司 法 局

局　　长　张武林
副 局 长　张有刚(2月26日免)　祁文华(女)　周锦南
　　　　　张利娟(女,11月30日任)
纪检组长　刘继东
政治处主任　谢丽霞(女,4月28日任)

财 政 局

局　　长　施建中
副 局 长　丁友明　卢　斌　顾宗瑜　潘卫斌
纪检组长　顾　明(4月28日任)
总会计师　樊晓梅(女)

人力资源和社会保障局

局　　长　江　航(5月18日任)
副 局 长　李水林(4月28日任)　王　伟(4月28日任)
　　　　　王志平(4月28日任)　张　明(4月28日任)
　　　　　朱正春(4月28日任)　顾忠贤(4月28日任)
　　　　　袁　勇(4月28日任)　丁兴华(4月28日任)
　　　　　蒋洪涛(4月28日任)
纪检组长　施　忠(4月28日任)
政治处主任　朱晓朝(4月28日任)

城乡建设局(挂"市建筑工程管理局""市园林局"牌子)

局　　长　陈本高(5月18日任)
副 局 长　李维贤(4月28日任)
　　　　　陶　燕(女,4月28日任)
　　　　　景　安(4月28日任)　何益军(4月28日任)
　　　　　吴益平(11月30日任)
纪检组长　张宏义(4月28日任)
政治处主任　杨　娟(女,4月28日任)
总工程师　顾　强(4月28日任)

规 划 局

局　　长　马啸平(5月18日任)
副 局 长　金　元(4月28日任)　徐向东(4月28日任)
　　　　　张　彤(4月28日任)
　　　　　吴　刚(11月30日任)
纪检组长　郝民立(4月28日任)
总工程师　孙　寰(4月28日任)

城市管理局(挂"市城市管理行政执法局"牌子)

城市管理局

局　　长　钱志平
副 局 长　倪建斌　卢志高(2月26日免)　朱桂华
　　　　　陈如海
纪检组长　魏玉军
政治处主任　王一明

城市管理行政执法局

局　　长　钱志平(兼)
副 局 长　倪建斌(兼)　卢志高(兼,2月26日免)
　　　　　朱桂华(兼)　陈如海

交通运输局

局　　长　周跃华(5月18日任)
副 局 长　王开亮(4月28日任)　何锦泉(4月28日任)
　　　　　成明智(4月28日任)　杨云贵(4月28日任)
纪检组长　程燕萍(女,4月28日任)
政治处主任　袁　萍(女,4月28日任)

水 利 局

局　　长　刘新华
副 局 长　喻福涛　陈　宏　刘　平
纪检组长　江　宏(12月29日任)

农业委员会(挂"市林业局""市农业机械管理局"牌子)

农业委员会

主　　任　朱瑞琴(女,5月18日任)
副 主 任　朱进华(4月28日任)　王　进(4月28日任)
　　　　　范袁斌(4月28日任)
纪检组长　王融荣(女,4月28日任)

林 业 局

局　　长　朱进华(兼)

农业机械管理局

副 局 长　严新民(4月28日任)　孙建坤(4月28日任)
　　　　　冯亚军(4月28日任)

商务局(挂"市口岸管理委员会"牌子)

商 务 局

局　　长　羌　强(5月18日任)

副 局 长 羌　毅(4月28日任) 金维枢(4月28日任)
左晓明(4月28日任) 仇亦文(4月28日任)
周灵强(4月28日任)
纪检组长 黄柳春(4月28日任)
政治处主任 杨丁勇(4月28日任)

口岸管理委员会

主　　任 羌　毅(4月28日任)
副 主 任 陆晓建(4月28日任)

文化广电新闻出版局(挂"市文物局"、"市版权局"牌子)

文化广电新闻出版局

局　　长 陈　亮(5月18日任)
副 局 长 范　平(女,4月28日任)
王帜华(女,4月28日任)
王栋云(女,4月28日任)
金星华(4月28日任) 王倚海(4月28日任)
邱国明(4月28日任)
纪检组长 余家成(4月28日任)
政治处主任 黄洪平(4月28日任)
总工程师 季利民(4月28日任)

版 权 局

局　　长 范　平(女,兼,4月28日任)

卫生局(挂"市爱国卫生运动委员会办公室"牌子)

局　　长 蒋志群
副 局 长 唐金和(2月26日免) 陈宋义 王晓敏(女)
曹淞云(4月28日任)
胡宁彬(11月30日任)
纪检组长 刘乐平
政治处主任 李　康(女)

人口和计划生育委员会

主　　任 顾　绮(女)
副 主 任 张启芬(女) 顾　锋 景月琴(女)

审 计 局

局　　长 纪　进
副 局 长 张　林 赵闻斌(兼) 陈铭鑫 张亚萍(女)
纪检组长 王志坚
总审计师 施宏伟(11月30日任)

环境保护局

局　　长 陆伯新
副 局 长 谢晓军 孙立新 顾晓彬
纪检组长 张文慧(女,4月28日任)
总工程师 陆　荣

住房保障和房产管理局

局　　长 沈卫星(5月18日任)
副 局 长 鲍榕宁(4月28日任) 缪小华(4月28日任)
孙志祥(4月28日任)
纪检组长 耿建华(4月28日任)

体 育 局

局　　长 王振建
副 局 长 孙新设 孙　森 沈行恒
顾中华(4月28日免)
纪检组长 成　中(4月28日任)

统 计 局

局　　长 毛卫华
副 局 长 胡亚生(9月20日免) 凌　屹 陈　斌
黄建新(9月20日任)
总统计师 许德华(11月30日任)

安全生产监督管理局

局　　长 倪建明
副 局 长 朱江涛 张徐标 徐　荣
纪检组长 戚建华(女)

食品药品监督管理局

局　　长 姚顺昌(5月18日任)
副 局 长 缪宝迎(4月28日任)
马　岚(女,4月28日任)
殷银林(4月28日任) 吴小平(4月28日任)
纪检组长 郭武余(4月28日任)

旅 游 局

局　　长 戴　平
副 局 长 任　芳(女) 金志剑
纪检组长 王华全

物 价 局

局　　长 施德威
副 局 长 胡　平 丁蔚心(女) 赵永南
纪检组长 姚红春(女,4月28日任)

粮 食 局

局　　长 孙建一(女,5月18日免)
柏云冲(5月18日任)
党组书记 孙建一(女)
副 局 长 徐建文 华霄艳(女)
纪检组长 周　云

海洋与渔业局

局　　长 葛海祥
副 局 长 顾汉忠 吴晓春(2月26日免) 顾润华
曹　军(11月30日任)
纪检组长 徐海斌
政治处主任 朱卫香

民族宗教事务局

局　　长 马建清
副 局 长 胡澜石 保　朴

信 访 局

局　　长　王乃儒

副 局 长　杨　楠　徐　晨(女,12月29日免)　瞿　刚　陈苏宁　姚　毅

纪检组长　奚国新

信访督导专员　戴　澄(12月29日任)

民防局(挂"市人民防空办公室"牌子)

局　　长　耿荣泉(5月18日任)

副 局 长　陈　权(4月28日任)　周为民(4月28日任)　黄惠兵(4月28日任)　顾　清(兼,4月28日任)

纪检组长　唐榕生(4月28日任)

市政府外事侨务办公室(挂"市政府港澳事务办公室"牌子)

市政府外事侨务办公室

主　　任　钮启贤(5月18日任)

副 主 任　王浦坚(4月28日任)　徐爱民(女,4月28日任)　金志伟(4月28日任)

市政府港澳事务办公室

主　　任　钮启贤(兼,4月28日任)

副 主 任　张智强(4月28日任)

市政府法制办公室

主　　任　王筱融

副 主 任　邵涌泉　殷　蓓(女)

市政府国有资产监督管理委员会

主　　任　李桂顺

副 主 任　曹　康　张明鑫　王　春

纪检组长　刘宁秋

市级机关事务管理局

局　　长　陆书通

副 局 长　沈　洁(女,2月26日免)　沈江海　沈　飞　周　伟　施　健(11月30日任)

纪检组长　陆　剑(女)

港口管理局

局　　长　李吉平(5月18日任)

副 局 长　茅正平(4月28日任)　郁志祥(4月28日任)　王世秀(女,4月28日任)

纪检组长　顾才群(4月28日任)

农业资源开发局

局　　长　许海波

副 局 长　周金荣　彭长青

地 震 局

局　　长　顾松泉

副 局 长　倪建国(2月26日免)　陈冠军(11月29日任)

接待办公室

主　　任　保刚健(女)

副 主 任　陆　军　袁　忠

铁路办公室

主　　任　刘建中

副 主 任　薛祖健　陆建新　杨兴贵

纪检组长　陈学勤(女)

档案局(档案馆)

局(馆)长　苏远明

副局(馆)长　许建华　卓卫民　沈宇红(女)

供销合作总社

主　　任　葛志华

副 主 任　张金华　马桂祥　贾二鸣

纪检组长　陈昌锦

政治处主任　顾　健

市政府驻北京联络处

主　　任　钱树清

副 主 任　李吉平(兼,4月28日免)　李　跃(7月5日免)

市政府驻南京办事处

主　　任　王丽娟(女)

副 主 任　王正龙　朱　姝(女)

市政府驻上海联络处

主　　任　邱伟明

副 主 任　陆春霞(女)

市政府驻深圳(海口)办事处

主　　任　唐国平

副 主 任　潘国华

市政府驻西南办事处

主　　任　吴永宏

副 主 任　陈晓峰　张建中

中国人民政治协商会议南通市委员会

主　　席　王德忠

副 主 席　袁瑞良　张庆平　季金虎　张永凯　赵闻斌　顾裕岳　徐守铭　刘　璠

秘 书 长　朱　进

副秘书长　张泽民　施文彬　叶沈良　陈宋义　朱明敏(6月4日任)

市政协办公室、研究室、各工作委员会

办公室

主　　任　叶沈良(兼)

副 主 任　张国华　周　沛

研 究 室

主　　任　郭继荣(12月29日免)

缪建新(12月29日任)
副主任 贾彩英(女,7月9日免) 瞿卫东

提案委员会

主　任 朱 明

学习、文史委员会

主　任 潘永江(12月29日免)
郭继荣(12月29日任)
副主任 胡泓石(女)

经济科技委员会

主　任 余树培
副主任 翟耀忠(11月29日任)

文教卫体委员会

主　任 陆梅芳(女)
副主任 施作雄

城乡建设、社会法制委员会

主　任 赵新宁(12月29日免)
副主任 于 澄

人口资源环境委员会

主　任 李 俊

港澳台侨委员会(外事委员会)

主　任 唐 毅

中共南通市纪律检查委员会

书　记 王正宇(兼)
副书记 陆建生 徐珉南(女) 陈 勇
常　委 张新华(7月9日免) 辛鸿堂 王志国
陈 锋 葛维先 顾保红(7月9日任)

南通市中级人民法院

院　长 马志相
副院长 卢旭光 顾卫平 陈 专 徐 峰
李 莹(女)
纪检组长 施惠权
政治部主任 帅建明

南通市人民检察院

检察长 王向红
副检察长 周剑浩 任淑琴(女) 何启明 李 宁
纪检组长 陈建忠
政治部主任 房 栋

南通军分区

司令员 贾建民
政　委 季 风(2月16日免) 苏西群(7月16日任)
副司令员 韩克文
副政委 张卫新
参谋长 叶 超(12月16日免)
杨增平(12月16日任)
政治部主任 谢北平(12月16日免)
张宇宝(12月16日任)
后勤部部长 张锦华
副参谋长 顾 清
政治部副主任 石金田
后勤部副部长 陈 辉

中国人民武装警察部队

中国人民武装警察部队南通市支队

支队长 赵 新
政　委 王道汉
副支队长 范建军
副政委 谢林祥(4月免) 姜其彬(4月任)

中国人民武装警察部队南通市边防支队(南通市公安边防支队)

支队长 刘建飞
政　委 梁全万
副支队长 薛 明 黄 健(8月5日任)
副政委 张 杰

中国人民武装警察部队南通市消防支队

支队长 封力军
政　委 陆文杰(4月23日免)
姚 勇(4月23日任)
副支队长 吴 斯(7月31日转业) 谭 剑
顾春华(10月29日任)
副政委 季智洲(8月16日免)
朱永宁(10月29日任)

南通边防检查站

站　长 蔡锦明
政　委 吴 千
副站长 李安军(3月1日转业) 王伟涌(6月1日任)
管昊昱(6月1日任)
副政委 王伟涌(6月1日止)
郭晓卫(6月1日任)

民主党派、工商联

中国民主同盟南通市委员会

主　　委　杨展里

副 主 委　朱明敏(女)　景圣琪　刘　洪　王晓冬

中国民主建国会南通市委员会

主　　委　赵闻斌

副 主 委　周云中　李春华　胡澜石　周时和

中国民主促进会南通市委员会

主　　委　孙汝建(8月5日辞职)

副 主 委　孙　爵　陈　萍(女)　何志斌

中国农工民主党南通市委员会

主　　委　陈宋义

副 主 委　严　煜　吴鸿飞　戴宝江

中国致公党南通市委员会

主　　委　刘　璠

副 主 委　张泽民　孙　淼

九三学社南通市委员会

主　　委　季金虎

副 主 委　尹建炉　程　翔(女)　陈伯森

南通市工商业联合会(南通市总商会)

会　　长　徐守铭

副 会 长　黄　煌　於曙光　贲有华　姚国钧
张英田(不驻会)　施　冲(不驻会)
陆云芳(女,不驻会)　马荣生(不驻会)
施　聪(不驻会)　孔祥军(不驻会)
薛济萍(不驻会)　张　强(不驻会)
陶　涛(不驻会)　潘卫国(不驻会)
陈　惠(不驻会)　张建石(不驻会)

群众团体

南通市总工会

主　　席　陆玉明

副 主 席　朱淑娟(女,12月24日免)　钱祥圣　李仕春
季金祥(12月24日任)
杨晔娟(女,12月24日任)

纪检组长　叶新春

共青团南通市委

书　　记　王少勇(9月20日免)
张　军(12月29日任)

副 书 记　赵男男(女,9月3日免)　赵新叶

南通市妇女联合会

主　　席　程　静(女)

副 主 席　钱锁梅(女,11月10日任)　沈　美(女)
翁晓云(女)　钮　曦(女)

南通市科学技术协会

主　　席　姜晓军

副 主 席　缪建红　薛　云(女,7月27日任)
顾晓松(兼)　潘　新(兼)　蔡惠忠(兼)
徐守铭(兼)　杨占平(兼)　朱千波(兼)

南通市文学艺术界联合会

主　　席　袁瑞良

副 主 席　羌怡芳(女)　王　法　周建忠(不驻会)
顾晓群(不驻会)　杨树德(不驻会)

南通市哲学社会科学界联合会

主　　席　张小平(女,兼)

副 主 席　陈冬梅(女,2月26日任)　陈　亮(兼)
顾诺之(兼)　包志华(兼)　高良德(兼)
沈卫中(2月26日免)

南通市归国华侨联合会

主　　席　镇　翔

副 主 席　吴亚军　沈更生(兼)　郭周同(兼)
李小萍(女,兼)

南通市残疾人联合会

理 事 长　房　健

副理事长　周建群

南通市台湾同胞联谊会

会　　长　李　照

中国国际贸易促进委员会南通市支会(中国国际商会南通商会)

会　　长　蒋严明(6月3日免)
金维枢(6月3日任)

副 会 长　杨　平(6月3日任)

南通市人民对外友好协会

会　　长　王德忠(兼)

副 会 长　钮启贤　顾裕岳(兼)　李存玉(兼)
姬焕玲(女,兼)　王炎斌(兼)　施建中(兼)
羌　强(兼)　黄振平(兼)　梁　戈(兼)
王振建(兼)　羌怡芳(女,兼)
严　宪(女,兼)　陈凌云(女,兼)
马荣生(兼)

事业单位

南通市广播电视大学

校　　长　从卫兵(8月11日撤职)
张建锋(11月30日任)

副 校 长　刘启东　景圣琪　谢新安

副 书 记　黄书明

南通市工人业余大学

校　　长　朱雨石

党支部书记　邢　菊(女)

南通市中等专业学校

副 校 长　许振华　孙　爵　吴晓进(11 月 30 日任)

党委副书记　赵建辉

南通高等师范学校(江苏教育学院南通分院)

校　　长　郭毅浩

副 校 长　沈行恬(9 月 2 日免)　石俊元　陈　情
　　　　　潘　健　孙国春

南通体臣卫生学校

校　　长　施建民(11 月 30 日免)
　　　　　姜声扬(11 月 30 日任)

党委书记　王晓敏(女)

副 校 长　徐必林　沈建新

党委副书记、纪委书记　管　军(4 月 28 日任)

南通市体育运动学校

校　　长　任学明

党支部书记　徐学泉

南通西藏民族中学

校　　长　杨德钊

副 校 长　杨小凡　刘逢庆　郭　庆

党总支副书记　郁玉霞(女)

江苏省南通中学

校　　长　姚天勇

副 校 长　韩明飞　刘忠保　朱全中　许建平

江苏省南通第一中学

校　　长　成锦平

副 校 长　陈文辉　张晓冰　王允琪　李明生

南通市高等学校招生委员会办公室

主　　任　卢鸿杰

江海晚报社

社　　长　顾　华

总 编 辑　范计春

南通电视台

台　　长

南通人民广播电台

台　　长　张　辉

江苏沿江地区农业科学研究所

副 所 长　邱启程　沈锦根　顾国华　胡加如

南通艺术剧院

院　　长　葛怡华

南通博物苑

苑　　长　王栋云(女,兼)

党支部书记　周　昶(11 月 30 日任)

南通市第一人民医院

院　　长　缪旭东

副 院 长　孙　华　仲崇俊　胡宁彬　王高仁　崔志明

纪委书记　王建军

南通市中医院

院　　长　施振东

副 院 长　陈建荣　明顺华　丁志勤

党委副书记、纪委书记　张莉华(女)

南通市肿瘤医院

院　　长　强福林

副 院 长　张一心　蔡　晶(女)　陆会均　张　勇

南通市第二人民医院

院　　长　印国祥

南通市第三人民医院

院　　长　王陆军

党委书记　夏照明

南通市妇幼保健院(虹桥医院)

院　　长　黄宇春

党总支书记　陈建华

南通市第四人民医院

院　　长　张　兵

党委书记　王　静

南通市疾病预防控制中心

主　　任　许建军

党总支书记　杨自力

南通市卫生监督所

所　　长　唐金和(兼,11 月 30 日免)
　　　　　羌校君(11 月 30 日任)

党支部书记　王咸钢

南通市医疗保险基金管理中心

主　　任　孙　华

党支部书记　徐　超

南通市住房公积金管理中心

主　　任　冯　煦

党总支书记　陈令健

南通市信息中心

主　　任　李　俊

南通市人才服务中心

主　　任　张　泉

党委书记　林　毅

南通市退休人员管理服务中心

主　　任　龚建祥

党支部书记　程海燕(女)

南通市劳动就业管理中心

主　　任　沈志和
党总支书记　吴　强
南通市社会保险基金管理中心
主　　任　顾　伟
党总支书记　邱小兵
江苏省南通市公路管理处
处　　长　史　星(9月2日免)
　　　　　陈　宁(11月30日任)
南通市航道管理处
处　　长　曹建中
党委书记　刘　忠
南通市地方海事局(南通市船舶检验局)
局　　长　徐永元
南通市运输管理处
处　　长　周玉兵
党委书记　沈　华
南通市交通建设投资公司
总 经 理　徐　中
南通市濠河风景名胜区管理处
主　　任　陈德华
南通国际海员俱乐部
主　　任　戎九柱
南通中国珠算博物馆
馆　　长　徐　琳
副 馆 长　缪跃军

其他机构

南通大学
党委书记　顾晓松
校　　长　袁银男
党委副书记、纪委书记　杨礼宾
副 校 长　陆少林　包志华　彭怀祖　周建忠　程　纯
　　　　　高建林　董正超　丁　斐(女)
南通纺织职业技术学院
党委书记　王观龙
院　　长　王　毅
党委副书记、纪委书记　季跃东
副 院 长　徐晓红(女)　金卫东
南通航运职业技术学院
党委书记　袁卫国(2月21日任)
院　　长　杨泽宇
副 院 长　李　军　施祝斌　张晓拔
南通职业大学
党委书记　王炎斌
校　　长　管德明
副 校 长　顾力平　陈家颐　刘金红(女)
　　　　　黄燕飞(4月28日任)
纪委书记　王建新
南通农业职业技术学院
党委书记　程晓强
院　　长　黄建晔
党委副书记、纪委书记　柯晓杨(女)
副 院 长　顾卫兵　周兴阳
江苏省南通商贸高等职业学校
党委书记　任　芳(12月29日任)
校　　长　冯志明
副 校 长　姚俊豪　张　辉　堵有进
江苏省南通工商行政管理局
局　　长　蒋亚亭(5月31日免)　蔡忠云(5月31日任)
副 局 长　周　永(女)　崔友华(11月29日免)
　　　　　李菊生　秦卫国
纪检组长　吴亚彬
江苏省南通市国家税务局
局　　长　凌曙明
副 局 长　顾一兵　张岳军(1月28日撤职)
　　　　　陆秋丹(女)
纪检组长　朱晋达
总经济师　顾建平
总会计师　董正兴(1月18日任)
南通市地方税务局
局　　长　陈茂锋(8月31日免)　黄林华(8月31日任)
副 局 长　张云鹏(1月19日免)　杨幸福
　　　　　李　强(6月9日免)　佘元原
　　　　　嵇海林(12月27日任)
纪检组长　刘红梅(女)
总经济师　周宏建(12月27日任)
南通市国土资源局
局　　长　刘建华
副 局 长　黄　玲(女)　张跃进　魏钦稳
纪检组长　丁　毅
政治处主任　朱振洲
江苏省南通质量技术监督局
局　　长　王庆煊
副 局 长　顾　华　柴志强　张　伟　钱　泉
中国银行业监督管理委员会南通监管分局
局　　长　周洪生
副 局 长　胡　宏　赵伟希
纪委书记　徐卫东
南通海关

关　　长　王立其(7月28日免)　陶建明(7月28日任)
党组副书记　张　坚(7月28日任)
副关长　王德平(9月27日任)　顾克中
　　　　陈　翔(7月免)　张宗琪
　　　　林伟东(7月28日任)

南通出入境检验检疫局

局　　长　刁彩华
副局长　冉俊祥　邵亚平　袁建国(8月16日任)
　　　　季远全
纪检组长　姜朝阳

江苏渔港监督局(江苏渔船检验局)

局　　长　胡永生
副局长　陈耀中　朱卫星
总工程师　凤要武
专职纪检员　周伯春

南通市气象局

局　　长　宗周全
副局长　缪勇谋　范德新
纪检组长　尹成华

江苏省海洋渔业指挥部

指　　挥　程建新
副指挥　刘晓兵　沈德纲　王新勇
专职纪检员　张文龙

农业部东海区渔政渔港监督管理局南通站

站　　长　许太伟

江苏省海洋水产研究所

所　　长　张朝晖
党委书记　仲霞铭
副所长　陆勤勤　康　凯(7月23日任)

江苏省电力公司南通供电公司

总经理　陈道彪
副总经理　何　杰　范正满　毛邦强(11月22日任)
　　　　陈泰生　冯迎春　刘正元(11月1日免)
纪委书记　施天明
工会主席　王　军
总工程师　江志平
总会计师　陶栋梁

南通邮政局

局　　长　李春江
副局长　陈玉冬　杨　俊　季建华(5月26日任)

中国电信股份有限公司南通分公司

总经理　曹小忠
副总经理　袁锦华　陈　华(1月28日解聘)　包惠东
　　　　叶　凯(1月28日聘用)　蒋　芃
　　　　宗润梁(11月27日聘用)

中国联合网络通信有限公司南通市分公司

总经理　蒋振鸣(7月26日免)
　　　　张　强(7月26日聘任)
副总经理　张　军(7月26日聘任)
　　　　陈悦万(7月26日免)
　　　　冷　安(7月26日聘任,12月31日免)
　　　　邵向阳(7月26日聘任)
　　　　徐伟斌(12月31日聘任)
　　　　顾建明(7月26日聘任)

中国移动通信集团江苏有限公司南通分公司

总经理　陈凌云(女,3月22日免)
　　　　谢生勃(3月22日任)
副总经理　叶　路　过敏敏

江苏省南通市烟草专卖局(江苏省烟草公司南通市公司)

局长(经理)　秦立华
副经理　张春平
副局长　张礼伯
纪检组长　江　泓(11月1日任)

南通海事局

局　　长　周竹山(5月4日任)
党委书记　李　生(11月22日任)
副局长　沈道明(5月4日免)　周建华(5月4日免)
　　　　韩光民(5月4日任)　薛建军(5月4日任)
党委副书记　叶建军

中国人民银行南通市中心支行

行　　长　姚　军
副行长　李丹瑾(女)　从　斌　蔡定洪(9月19日任)
纪委书记　陈晓鸣
工会主任　张国建

中国银行股份有限公司南通分行

行　　长　徐效强
副行长　徐功和(7月26日解聘)　顾健新(女)
　　　　宋重萍(女)　周晓东(女,3月9日解聘)
　　　　周广峰(7月7日聘任)
　　　　吴　瑚(挂职,11月22日聘任)

中国工商银行股份有限公司南通分行

行　　长　王　军(2月12日免)
　　　　刘小全(2月12日聘任)
副行长　冯　勇　朱亦华　陈　云　顾　飞
　　　　牛　野(7月7日聘任)

中国建设银行股份有限公司南通分行

行　　长　张伟煜
副行长　江山红　瞿向阳　范建锁

中国农业银行南通分行

行　　长　周　建(9月13日解聘)

韩　静(11月11日聘任)

副 行 长　汪　洋　吴瑞祥(8月16日聘任)　邱祖良

顾　明　李京龙(11月11日聘任)

纪委书记　石选峰(10月8日任)

中国农业发展银行南通市分行

行　　长　王　明(5月17日免)

陈梦蒙(5月17日任)

副 行 长　陈树宏(1月14日免)　陈梦蒙(5月17日止)

张家泰(3月22日任)　陈履庭(5月19日任)

交通银行股份有限公司南通分行

行　　长　刘雅刚(9月9日免)

副 行 长　王　飚(12月9日聘任)

蓝汉仁(9月9日免)　刘为民(女)　卢国华

徐爱明(女)　袁　伟(12月9日聘任)

上海浦东发展银行股份有限公司南通分行

行　　长　边道华

副 行 长　施建辉　邢莉萍(女)　侯晓虎

江苏银行股份有限公司南通分行

行　　长　许　雄

副 行 长　王卫兵(5月19日解聘)

王　昊(7月29日聘任)

陈亚明(12月10日聘任)

纪委书记　周宏坤

总 稽 核　崔美玲(女)

中国人民财产保险股份有限公司南通市分公司

总 经 理　李　旭

副总经理　杨卫刚(12月31日聘任)

戴　宁(12月31日聘任)

中国人寿保险股份有限公司南通市分公司

总 经 理　徐展华

副总经理　周焕中(3月2日解聘)　施　政

耿德新(3月2日聘任)

朱德华(6月3日聘任)

中国太平洋财产保险股份有限公司南通中心支公司

总 经 理　朱伯春

副总经理　野树明　庄慧敏(女)　金　钟

中国太平洋人寿保险股份有限公司南通中心支公司

总 经 理　季金忠

副总经理　周旭东(8月25日免)

王　欣(8月27日聘任)

(吕爱民)

大　事　记

2010年南通十大新闻

（南通市委宣传部组织评选）

1.中共中央政治局常委、全国人大常委会委员长吴邦国，中共中央政治局常委、中央纪委书记贺国强分别于1月14日至15日和5月14日至15日考察南通，高度评价南通在跨越发展、科学发展、协调发展等方面取得的成就，指导南通在科学发展观指引下，进一步加快现代化建设的进程。

2.11月30日，中共南通市委召开十届七次全会，回顾总结了"十一五"发展成就，通过《中共南通市委关于制定南通市国民经济和社会发展第十二个五年规划的建议》。南通市经济社会发展实现持续跨越、全面协调发展，2010年实现GDP预期突破3400亿元，居全国地级市第8位；江苏省正式认定南通以市为单位率先在苏中苏北地区总体达到全面小康标准，"十一五"规划完美收官。

3.4月，由江苏省城市发展研究院历时多年研究完成、经江苏省人民政府审定的《2010江苏城市发展报告》公布，南通排名居首。该报告对城市可持续发展水平和能力进行研究和评比，其中包括社会保障、环境治理能力等指标。2010年，南通市新农保参保总人数再创新高，受到国家人力资源和社会保障部高度评价。为民办实事项目全面或超额完成，采取多项措施帮扶特困人群，首次将农民工纳入住房保障对象。

4.11月18日至20日，"江海神探"顾瑛被中宣部推荐为时代先锋典型，《人民日报》、新华社等10家中央媒体集中报道顾瑛事迹；11月底，"支教玫瑰"赵小亭成为央视"感动中国"年度人物候选人；在中国文明网组织的"我推荐、我评议身边好人"活动中，有36人入围，12人入选"中国好人榜"；中央文明办11月9日公布全国117个城市公共文明指数测评结果，南通市名列全国地级市第十三位（江苏省第二位）。城市文明程度进一步提升，精神文明"南通现象"不断弘扬。

5.10月，南通作为江苏省唯一入选城市，被列为全国社会管理创新综合试点市。12月7日，全国社会管理创新推进会在北京举行，市委书记罗一民在会上发言。12月10日，市委、市政府动员大会提出，通过一至两年的努力，成为全国首批社会管理创新示范城市。

6.11月19日，中国熔盛重工集团成功在香港上市，共融资140亿元港币，成为2010年国内在港IPO（首次公开募股）融资额最大的民营企业。2010年南通先后有9家企业登陆国内外证券市场，上市公司"南通板块"初具规模。

7.12月9日，上海至南通铁路长江大桥通航安全评估报告在南通通过专家评审，标志该项目完成前期专题论证。随着江都至海安高速公路建成通车，崇启大桥、海洋铁路、宁启铁路和通洋高速、南通机场改扩建等一批重大交通基础设施项目加速推进，南通对外综合交通枢纽格局初步形成；通沪大道高架主线建成通车，一批市政重大改扩建工程相继动工，市区快速路网建设再现新突破。

8.10月21日，新加坡－江苏合作理事会第四次会议在南通举行，苏通科技产业园首批10个重大项目集中开工。锡通科技产业园、上海市北高新（南通）科技城等重量级园区等纷纷落户，成为南通"融入苏南、接轨上海"的新亮点，跨国合作、跨江联动再谱新篇章。

9.7月9日，联合国世界知识产权组织和中国国家版权局在北京联合召开发布会，向全球推广南通在家纺产业版权保护方面的成功做法，让世界共享"南通经验"。中央主流媒体纷纷集中推介南通版权保护经验。

10.11月30日，南通市委全委会差额票决公选处级领导干部，这是南通市被列为全省干部人事制度改革综合试点城市后采取的一大突破性举措。全市村（社区）换届选举推行公推直选、行政权力网上公开透明运行等机制的形成，标志着南通民主政治制度建设实现新突破。

（原载2011年1月1日《南通日报》）

2010年南通市大事记

1月

1日 总投资2亿元的南通电视台节目制播大楼正式启用,南通电视台网站(www.nttv.cn)同时开通。

Δ 南通首条城际公交线——南通至张家港公交班线开通。

2日 《江海晚报》报道,崇川科技创业园通过科技部火炬中心专家组评审,被认定为国家高新技术创业中心。该园入驻企业108家,入园创业1051人,年实现主营收入1.8亿元。

4日 《江海晚报》报道,江苏油田海安作业区在海安县海安镇、胡集镇镜内打井20多口进行试开采。

Δ 总高度超过800米、160层的世界第一高楼——“迪拜塔”举行落成典礼。南通六建于2005年承建迪拜双塔项目,2009年12月该工程获境外工程“鲁班奖”。

8日 迄今为止市区单体规模最大安置小区——紫东三期奠基开工。该小区位于外环东路东侧、通甲路南侧,占地约24万平方米,总建筑面积约40万平方米,可安置拆迁户2000多户。

11日 省体育局授予南通市2009年度全省体育强市称号。

13日 市委、市政府召开全市建筑业加速发展经验交流会,庆贺建筑业成为全市第一个2000亿级支柱产业(2009年南通建筑业施工总产值2023亿元)。市委书记罗一民要求弘扬“铁军精神”,全力打造全国一流建筑强市。

14日 南通至洋口港区高速公路项目获省发改委批准立项。通如高速公路起自南通北,向北经通州、如东,止于洋口港区,全长约54公里,项目估算总投资35亿元。

14~15日 中共中央政治局常委、全国人大常委会委员长吴邦国到江苏调研期间,在南通进行为期两天的考察,先后实地考察振华重工、罗莱家纺、中远船务等企业,并参观苏通大桥、南通博物苑等。

16日 南通第一高楼——中南汇泉国际广场封顶。该楼位于中央商务区核心位置,建筑高度277.96米,由58层超高层及附属裙房等构成,主要功能为五星级酒店、酒店式公寓、会议、餐饮等。

17日 南通市关爱“空巢”老人志愿服务行动启动仪式在崇川区虹桥社区举行。志愿者采取定向结对方式为“空巢”老人提供生活照料、心理抚慰、应急救助等服务。

18日 市工商局通报,南通新增“快达”、“鹏飞”、“好收成”、“东成”4件驰名商标,至此,南通驰名商标总数达9件。

19~22日 市政协召开十届三次会议。

20~23日 市人大召开十三届三次会议。

23日 省人力资源和社会保障厅宣布,从2月1日起调整最低工资标准,南通市区、通州区、启东市、海门市属省一类地区,从850元调整为960元;海安县、如东县、如皋市属省二类地区,从700元调整为790元。

27日 临海公路、平海公路建设总指挥部召开第一次会议,分别于5月和3月启动。临海公路连接连云港、盐城、南通三市,南通段起自海安临港新区,沿海岸线终于沿江高等级公路,全长约165公里;平海公路起于通州滨海工业园221省道,途径通州、港闸,与204国道相交,全长约63公里。

Δ 由中南集团南通建筑总承包公司引进并研发的NPC(新型全预制混凝土装配)技术得到成功应用,海门中南世纪城33号楼成为国内第一幢利用该技术建造的楼宇。

本月 由市级国有资本组建的洋口港南通国际产业园开发股份有限公司成立,首期注册资本1亿元,计划5年内基本建成100亿元销售收入的石化产品及新材料产业园区。

本月 首批36名首席质量官结业上岗,市政府发文推行“首席质量官”制度,力争5年内全市规模以上企业全面实施该制度。

2月

2日 市海洋与渔业局成立海域使用权交易服务中心,这是全国首家海域交易中心。

3日 南通精华制药股份有限公司2000万新股在深圳证交所上市,至此,南通中小板上市数进入全国十强行列。

5日 204国道市区段立交桥通过竣工验收,这是南通市区第一座真正意义上的立交桥。

Δ 为期两个多月的农民工工资支付情况专项检查结束,4411.9万元欠薪补发到位,检查活动由市劳动和社会保障局、建设局、公安局和总工会联合组织。

6日 《南通日报》报道,《南通历史文化名城保护规划(2009-2030)》获省政府批准,即日起进行为期一个月的公示。《规划》明确保护范围为主城区、唐闸片区、天生港片区和狼山片区,同时划定濠南、西南营、寺街、唐闸四个历史文化街区。

21日 市委、市政府召开全市农村工作会议,会议在部署2010年农业农村工作的同时,强调当前要突出抓好城乡规划、产业布局、基础设施、公共服务、社会管理“五个一体化”。

22日 南通市区正式实施基本药物制度,599种、2600余个品规的基本药物到位,市民可在崇川、港闸两区的21个社区卫生服务中心享受到这一实惠。

Δ 市委、市政府召开全市政法工作会议,推进长安南通建设,提出三年内建成技防城市的目标。

26日 南通家纺商会年会公布,2009年全市家纺产业销售额突破600亿元,比上年增长20%,年出口供货额超6亿美元。

Δ 由江苏综艺集团与欧贝黎新能源联合组建的综艺(开曼)太阳能电力股份有限公司在香港运行,目标打造世界一流光伏企业。

27日 中国海洋石油总公司总经理傅成玉一行到南通,就推进和拓展与南通市合作项目进行考察。

Δ 华夏银行南通分行开业。自2005年该行在南通设营业部以来累计发放贷款15亿元。

本月 位于港闸区芦泾港村的城市绿谷(原名陈氏花园)历时一年整修和建设,一期工程开始对外试营业。

本月 《南通港吕四港区总体规划》获国家交通部和江苏省批复。规划港口岸线60.3公里,分通州、东灶港、吕四和连兴港4个作业区。

本月 南通体臣卫生学校通过江苏省教育厅验收,升格为南通卫生高等职业技术学校。

3月

1日 市语委开始南通地方普通话录制工作,7名发音人参与录制,经整理和标注后归入中国语言资源有声数据库。

2日 江苏大唐航运股份有限公司的“大唐2号”轮船取得国际航行所有资质,成为南通第一艘本地籍国际航行船舶。

3日 全市环保工作会议召开,提出2010年力争基本达到国家生态市考核标准,并分解重点任务。

5日 全市“小手拉大手”志愿服务家庭总动员活动启动,动员以家庭为单位参与志愿服务。

8日 新组建的市老年大学开学,开设7个系39个专业、129个班,学员总数2950人。

9日 副省长何权率省政府调研组到南通,就南通市科技创新情况进行专题调研。

Δ 《南通日报》高级记者王广祥历时四年在香港打赢新闻侵权诉讼,成为内地记者境外维权第一人。新华社采访组专程就此作专题采访。

10日 省委常委、无锡市委书记杨卫泽率党政代表团到南通考察。两市政府举办情况交流会并签署加强战略合作框架协议。

上旬 百年老镇唐闸镇街道危房改造工程全面开展拆迁协议签订等前期工作,涉及1200户3.8万平方米,这是港闸区迄今最大的危房改造工程。

10~13日 中央国家机关工委副书记邵旭军受国务院领导委托,率队在南通专题考察机关绩效管理工作。

11~20日 市委书记罗一民率南通经贸考察团赴以色列、约旦和阿联酋三国进行考察访问。在上述西亚三国经商创业的南通籍侨商有数百人,三国在南通累计投资设立46家企业。

14日 国家“十一五”重点工程、我国最大的水运工程长江口深水航道治理三期工程通过交通运输部的交工验收,形成长92.2公里、深12.5米的深水航道,对南通航运和船舶修造业的发展带来极大利好。

17日 洋口港临时对外开放后迎来首艘外籍船舶——载重量3.3万吨的巴拿马籍“彩虹”号。

18日 省委书记梁保华在如皋调研,实地考察熔盛重工、神马科技、双钱轮胎等企业,强调以自主创新推动跨越发展。

Δ 交运物流集团与港闸区政府签约,在南通火车站北物流园区征地500亩,投资10亿元兴建江苏最大的综合物流中心。

19日 由南通经济技术开发区投资2亿元建造的四海家园暨人才公寓启用。该项目包括14幢职工公寓、17幢人才公寓,并有餐厅、洗浴、超市等配套设施,可容纳2万人居住。

Δ 南通出口加工区保税物流园通过可行性评审,项目占地500亩,一期建设12万平方米保税仓库和2.4万平方米堆场。

Δ 21时12分,一辆由南通开往山东苍山、牌号为苏F25533的大客车,在沿海高速公路大丰段发生翻车事故,造成9人死亡,11人重伤。

中旬 市委办、市政府办下发《南通市高技能人才成就奖评选奖励办法》,每3年评选一批高技能人才(不超过5名),颁发证书并一次性奖励10万元。

24日 由省质量技术监督局局长靳道强率领的全国质量兴市先进市省级核查验收组结束对南通的检查,对南通“质量兴市”工作给予高度评价。

25日 市委常委会作出公开承诺,带头执行《廉政准则》。

Δ 总投资超过32亿元的8个服务业项目在崇川区集中开工。

26日 市委召开学习实践科学发展观总结大会。从2009年3月起,全市1.2万个党组织、40万名党员先后参加第二、第三批学习实践活动。

Δ 全市113个亿元工商业项目集中开工仪式在市经济技术开发区能达广场举行。

Δ 苏通大桥工程获美国土木工程协会2010年度土木工程杰出成就奖,这也是中国工程项目首次获此殊荣。

Δ 由苏中集团以"设计+施工"总承包方式承建的世博会英国馆交付运行。6月29日获2010年英国皇家建筑师学会国际建筑大奖。

27~29日 2010全球创新型经济高层论坛在南通举行,300多名专家学者围绕"创业教育与经济发展"这一主题展开探讨和交流。论坛由全国工商联、全国政协科教文卫体委员会、中华职业教育社联合主办,由团省委、中共南通市委、南通市人民政府承办。

29日 市区40个城建项目集中开工。这批项目总投资15亿元,其中市级项目14个,包括环保公园、世纪大道东延段、城市绿谷配套、易家桥改造等重点工程。

Δ 市科技奖励大会在市行政中心举行,表彰科技进步先进单位和个人,14人获2009年度南通市科技兴市功臣称号。

30日 南通建筑队伍承建的上海世博会8个场馆全部竣工。分别为:南通苏中建设集团承建的英国馆、爱尔兰馆、台湾馆,通州建总承建的万科馆、世博村公寓酒店,南通四建承建的航天科技馆,江苏通顺(如东)承建的阿曼馆、南通建工集团承建的台湾企业展馆——震旦馆。

Δ 由5家出租车公司联合组建的南通首家汽车代驾公司成立,有25名驾驶员提供代驾服务。

本月 大唐吕四电厂2号、1号机组先后投产发电。

4月

1日 当日起至6月30日,长江南通段水域实行全面禁渔。同日,中国渔政执法船开展巡江大检查,并放流100多万尾家鱼及河豚等苗种。

2日 由南通天擎机械有限责任公司研发的国内首代秸秆压块成型机受到出席全省秸秆机械发展研讨会的专家领导肯定,该生产线仅需2名操作工人,每小时可生产秸秆成型燃料块400公斤。

Δ 中影集团副总经理、南通籍著名导演江平携新作《濠河边上的女人》在更俗剧院首映。该片讲述抗日战争时期,南通人民与日本侵略者不屈斗争的故事。

Δ 凌晨5点50分许,南通中集集装箱有限公司一在建重型车间发生垮塌事故,正在浇筑面上的8名施工人员从14米高空坠落,造成7死1伤的惨剧。12月,6名事故责任人被判刑。

9日 第十四届中国东西部合作与投资贸易洽谈会在西安开幕,南通市代表团与西部合作方洽谈成功项目19个,投资额28亿元,居全省前列。

Δ 南通籍名家系列展首个展览——袁运甫作品展在市中心美术馆开幕。

9~10日 中央扩大内需促进经济增长政策落实检查组到南通检查指导。至3月底,列入中央投资计划的141个项目中有82个竣工,累计完成投资36.91亿元,占计划73.89%。

12日 总面积30万平方米的中国南通家纺城成品展示中心开业,全国近九成知名品牌进驻。

13~14日 以市长瓦伦多米罗·洛佩斯为团长的巴西圣若泽黑河市代表团到南通访问。市长丁大卫会见代表团一行,两市签署发展友城关系备忘录。

15日 中纪委副书记干以胜在南通调研,认为南通纪检监察机关科技化办案做法值得全国推广。

Δ 截至本日,开关仅9个月的如皋海关征收税款入库突破10亿元,达10.27亿元。

16日 南通正大有限公司(如东)成立20周年之际,宣布启动建设年屠宰1亿羽肉鸡的一条龙项目,总投资35亿元。

18~20日 市委书记罗一民率有关部门负责人赴新疆伊犁自治州,与南通新一轮对口支援单位伊宁县进行考察对接。

20日 市委、市政府召开"讲文明树新风迎世博"主题活动动员大会,部署在此后半年内实施户外广告整治、交通秩序整治、道路设施整治等"十大工程"。

Δ 市政府分解市区"三小车辆"综合治理任务。通过两个月集中整治实现阶段性目标:人力客(货)运三轮车实行公司化租赁经营;残疾人机动轮椅车实行残联指导下的驾驶人自治;电动三轮车禁止在市区行驶。

21日 南通各界和全国人民一道举行哀悼日活动,深切哀悼青海玉树地震遇难同胞。同时社会各界踊跃开展捐赠活动。

29日 社区党委换届选举试点单位——虹桥街道虹北社区举行党委班子直接选举,吴燕霞成为市区首位直选产生的社区党委书记。

30日 交通运输部在北京召开上海至南通铁路沪通长江大桥通航论证研究报告审查会,同意锡通过江通道方案。

5月

5日 市政府召开重大项目办公会,重点检查新城区生物中心建设情况,研究引进企业总部的相关扶持政策。

6日 省召开电视电话会议部署化工企业新一轮整治工作。2006年10月至2009年底,南通已关闭158家、整改

423家、启动搬迁26家,超额完成下达任务。

7日 市委、市政府召开机构改革动员大会,启动新一轮机构改革,按照"大部制"要求对有关机构进行撤并和调整,计划6月底前完成"三定"工作。

8日 由携程旅行网投资建设的携程信息技术大楼在南通开发区启用。该大楼拥有呼叫席位超过1.2万个。

Δ 南通机场飞行区改扩建工程正式开工,工程完工后可起降波音747等大型客货飞机。

Δ 《求是》杂志总编张晓林到南通考察,称赞南通的大调机制是社会管理创新之举。

Δ 中国矿业大学、鸿百佳集团在崇川开发区投资的固体氧化物燃料电池项目签约,总投资9980万美元,一期工程年生产能力1亿片电池片,产值可达35亿元。

9日 宁启铁路南通东站至启东吕四港段项目获铁道部、江苏省政府批准立项,长94.3公里,设计旅客列车时速160公里。

10日 静海大桥、东快速路等6项城建工程开工建设,总投资约15亿元。

11日 第五届中国家庭文化艺术节在南通开幕。全国妇联副主席洪天慧、江苏省副省长李小敏、省妇联主席张京霞和罗一民、丁大卫共同启动开幕水晶球。

12~13日 美国美中工商协会会长粟亚率"美中工商协会世博访问团"到南通考察访问。

14日 全市干部人事制度综合改革工作会议召开,全面启动实施综合改革试点工作。南通于2010年4月被确定为"全省干部人事制度综合改革试点区",力争在三年内突破11项重点。

14~15日 中共中央政治局常委、中央纪委书记贺国强到南通考察,就加快经济发展方式转变、推进反腐倡廉建设创新等问题进行调研。

17日 崇川区政府机构改革启动,调整后政府工作部门共20个,总数比改革前减少1个。

18日 市妇幼保健院整体迁建工程在新城区奠基,建设工期2年。

19日 市政府召开市区工业企业"退城进园"推进会,通报重点企业搬迁情况。2005年以来,狼山钢绳、南通科技、大生二棉、江山股份、蓝星化工、宝灵化工等9家企业启动搬迁,其中6家基本完成。会议决定,精华制药原料药分厂等5家企业三季度启动搬迁,确保2012年全部完成。

19~21日 全国人大常委会原副委员长蒋正华到南通,就经济社会发展、历史文化名城保护等问题进行专题调研。

24日 "2010年南通产业控股集团有限公司债券"在上海证交所发行,共募集资金8亿元。这是南通市第一支产业项目融资类企业债,用于姚港化工区建设和产控发展项目营运。

25日 江苏九九久科技股份有限公司在深交所上市。至此,南通上市企业增至17家,其中中小板上市企业9家,进入国内大中城市前十行列。

26日 南通投资环境推介周在上海市开幕,期间开展12场专题招商活动,开幕式上签约41个项目,平均投资额1.06亿元。

28日 总投资12亿元、占地2.2万平方米的南通凤凰国际书城在新城区开工,工程计划于2013年竣工。

本月 海关总署发布"2009年中国外贸200强名单",南通企业首次入围,分别为江苏林洋新能源(112位)、中远川崎(143位)、中远船务(144位)。

本月 位于人民中路文庙大成殿维修工程完工,工程历时3个月。

6月

1日 市政府召集相关部门负责人及市区30多家高层建筑建设、施工、监理单位负责人,通报5月31日中南汇泉国际广场火灾事故,要求吸取事故教训,严查安全隐患。

4日 《南通日报》报道,由江苏省城市发展研究院城市评价中心完成的《2010江苏城市发展报告》显示,江苏各省辖市可持续发展综合评价排名,南通市逐年攀升,自2003年第九位跃升至2009年的第四位,多项分类指标居全省前列,进入全省第一梯队。

6日 由顺丰速运、东海航空联合开通的"深圳-南通-深圳"货运定期航班开通。该航班每周往返5次,每次载重量14.5吨。

6~8日 2010中国南通投资环境推介活动在香港举行,市长丁大卫、副市长沈振新率经贸代表团参加活动,签约21个超千万美元项目,总投资22.7亿美元。

8日 市委、市政府在海门滨海新区举行亿元以上项目集中开工典礼,庆祝江苏沿海开发上升为国家战略一周年。此次集中开工共有408个项目,总投资超过1700亿元。省委常委、常务副省长赵克志出席典礼并讲话。

Δ 民政部副部长窦玉沛、市委副书记黄利金共同为市社会福利中心揭牌。该中心总投资2.2亿元,已完成的一期工程阳光老年公寓为20层综合服务楼,拥有床位245张,首批60名老人签约入住。

9~10日 国家园林城市复查省级专家组对南通园林绿化工作进行实地检查,认为南通符合国家园林城市相关要求。

11日 全市启动事业单位岗位设置管理工作,实现人员管理由身份管理向岗位管理转变,涉及3000余家单位11万人。

11~14日 市委副书记、市长丁大卫率南通经贸代表团在印度考察软件及服务外包产业发展情况,推介南通投资环境。

12日 《南通日报》载,国家交通运输部通过对南通港启海港区环评审查,为南通港总体规划最终获批铺平道路。

13日 全省规模最大、南通市第一个无偿献血屋设立,全市第一支无偿献血志愿者服务队也于同日宣告成立。

22日 《如东跳马伕》在首届中国农民艺术节上获得最高荣誉奖——"精粹奖"。

23日 在国务院常务会议审议并原则通过《江苏沿海地区发展规划》一周年之际,省长罗志军到南通就加快沿海开发进行专题调研,要求深入推进沿海开发战略,加快培育新的经济增长极。

Δ 无锡市人民政府与南通市人民政府合作共建锡通科技产业园签约仪式在无锡市举行。

24日 中共中央政治局常委李长春到四川省绵竹市视察灾后文化产业恢复重建工作,专程视察南通援建绵竹市的"三馆三中心"项目。

29日 由南通中远船务建造的世界首艘带自航能力的自升式海洋平台——"瑞美蒂"号成功交付。

Δ 市区"三小车辆"综合治理首批新车在港闸区发放,86辆崭新的人力客运三轮车上路营运。

30日 江苏省信用再担保公司在南通设立首家分公司。

6月 位于崇川区观音山街道的环保公园开工,总投资1.5亿元,占地面积13万平方米,计划2011年上半年开园。

7月

1日 市委召开庆祝建党89周年大会,表彰党建工作先进,作出向尤建华学习的决定,对创先争优活动提出要求。

Δ 由中共中央对外联络部副部长陈凤翔率领的国情考察团到南通考察,重点就基层党建、经济发展方式转变、走新型工业化道路、创新社会管理等情况进行调研。

3日 以"母亲河之夜"为主题的纪念晚会拉开2010年度"濠滨夏夜"广场文化活动开幕。自1980年7月起,"濠滨夏夜"舞举办30年,累计演出1600场次。全国总工会、江苏省总工会来电祝贺。

5日 市委书记、市人大常委会主任罗一民在文峰饭店会见印度驻沪总领事戴思锐女士。

Δ 新修订的《南通市市民行为规范》发布,由原8条改为15条。市"讲文明树新风迎世博"领导小组办公室负责人就出台背景接受《南通日报》记者专访。

6日 台湾南通经贸交流活动周暨新兴产业合作论坛在台北开幕。中国国民党荣誉主席吴伯雄、连战分别发来贺电。活动周期间签约经贸合作项目28个,注册资金4.3亿美元。

Δ 市委、市政府召开全市法治城市创建动员大会,提出三年左右进入全省法治城市先进行列,力争到2015年基本建成法治城市。

8日 市区外环北路、通宁大道快速化改造等11个重点城建项目集中开工,总投资约23亿元。

Δ 经20小时营救,不慎落入军山汇贤居工地15米深桩井的一名7岁男孩成功脱险。

9日 国家版权局和世界知识产权组织(WIPO)在北京共同召开新闻发布会,发布《加强版权保护对中国南通家纺产业发展的影响调研报告》,向全球推广南通在家纺产业版权保护方面的成功做法。

10日 市教育局首届国家心理咨询师培训班开班,首批100名教师接受为期20天的集中培训。教育部门计划三年内全市所有中小学都配备专职心理咨询师。

11日 南通市第一个婚恋文化品牌——新人妙会在百安谊家举办两周年庆典。经两年发展,认证会员近万名,并在市区40多个大型企事业单位发展集体会员1500多名。

14~17日 市委书记罗一民率团赴辽宁学习考察沿海开发的经验,先后考察沈阳、营口、锦州、盘锦四市。

15日 《江海晚报》报道,国家质检总局公示14个"地理标志保护品种",海门山羊、启东海蜇榜上有名。

16日 南通市城市巡防中心揭牌,这是社会管理的又一创新举动。

19日 上午11点06分,如东县附近海域(北纬32.5度、东经121.6度)发生3.8级地震。这是继7月9日之后又一次地震,发生的位置和震级与前次相同。

20~23日 受国家发展和改革委员会委托,中国国际工程咨询公司专家组初步确定上海至南通铁路建设方案。沪通铁路由宁启线拟建平东站接轨,在九圩港上游跨越长江,经张家港、常熟至太仓,分两支分别接入京沪线安亭站和浦东铁路。全长248.9公里,工程估算486.8亿元,其中长江公铁两用桥142亿元。

23日 新疆伊犁州党政代表团在州党委书记李湘林率领下到南通访问,两地协商对口支援工作。

27日 如皋籍武汉大学女大学生赵小亭被共青团中央、全国学联、中国青年志愿者协会追授"中国杰出青年志愿者"称号。7月21日,赵小亭在贵州山区支教途中,被山石击中头部不幸遇难。

28日 装载如皋港第一批集装箱货柜的"皖宇航8号"驶向日、韩,这是如皋港外贸集装箱航线首次航行。

Δ 总投资18.5亿元的南通醋酸纤维有限公司五期

工程开工,计划2012年建成,届时人均实物劳动生产率、企业单产规模分别列世界同行业第一、第二位。

29日 南通市首批5应急避难场所工程通过竣工验收,占地总面积92万平方米,总投资330万元。

29~30日 全国人大常委会常委、香港立法会原主席范徐丽泰率香港特别行政区部分全国人大代表到南通考察。

8月

1日 商务部公布第二批"中华老字号"名录,南通白蒲黄酒有限公司的"水明楼"白蒲黄酒酿造技艺等4个品牌入选。

3日 市委、市政府召开全市人才工作会议,首次颁发江海杰出英才奖、留学回国人员成就奖、高技能人才成就奖。

4日 广西壮族自治区主席马飚率党政代表团,在江苏省委常委、常务副省长赵克志等陪同下到南通考察。

5日 省委常委会决定,全省20个经济比较发达镇开展行政管理体制改革试点,南通市有启东市吕四港镇、如皋市长江镇名列其中。

7日 国家海洋局东海预报中心与市海洋与渔业局签约共建海洋环境监测预报中心。

8日 清华同方南通LED半导体产业基地在南通开发区奠基,项目总投资60亿元。

Δ 南通农村商业银行股份有限公司宣告成立。该行是在南通市市郊农村信用合作联社和通州市农村信用合作联社实行股份改造后成立的,2010年3月21日经银监会批准筹建。

Δ 洋口港陆岛通道管线桥顺利实现合龙。

10~11日 世界银行-国际货币基金组织的华人专家在南通调研,先后参观考察南通经济技术开发区、苏通科技产业园、如东洋口港经济开发区,并开展金融服务恳谈。

13日 中国农工民主党创始人之一季方史料陈列馆在海门市三阳镇开馆。

Δ 启东吕四港起步码头——大唐电厂码头迎靠首艘外轮巴拿马籍"长乐"轮。

19日 由市委宣传部、市文明办牵头协调,崇川区、港闸区、市开发区启动实施老小区楼道亮化改造工程。

Δ 如东县洋口国家中心渔港、启东市吕四中心渔港入选首批"全国文明渔港"。

23日 无锡、南通两市政府在无锡签订战略合作框架协议,合作共建锡通科技产业园。

23~24日 由河北省副省长宋恩华率领的河北省城市建设考察团在南通考察。

25日 南通市与上海市闸北区签署合作协议,在港闸区规划建设上海市北高新(南通)科技城项目。项目占地5.2平方公里,总投资超350亿元。

26日 全国卫生标准工作研讨会在南通市召开。

28~29日 全省教育工作会议在南京举行,南通市委书记罗一民在会上作"实施教育优先发展战略、加快建设教育强市"的主题发言。

29~30日 原国务委员唐家璇在南通考察。

30日 中国民生银行南通分行开业。

31日 由南通港闸船舶制造有限公司建造的"长鲸6号"大型自航耙吸挖泥船交付使用,该船于2008年年底承建,总投资6.2亿元,是长江航道最大的疏浚船舶。

9月

2日 中国乒协乒乓球运动学校、南通市通州乒乓球运动学校开学,这是全国第一所公办乒乓球运动学校。

Δ 连申线(东台-长江段)航道整治工程可行性研究报告获省发改委批准。该航道途径盐城东台和南通海安、如皋,南通境内需整治里程64.5公里,投资概算约41亿元。

2~3日 省政协主席张连珍率省政协委员及相关部门负责人到南通,就农村饮用水安全和工程建设提案进行重点督办。

5日 市芦泾水厂技术改造工程通过竣工验收。工程采用的超滤膜技术得到全国制水行业和专家的关注。

7日 全市人大工作会议暨南通地方人大设立常委会30周年纪念大会在行政中心举行。

8日 连接市区与苏通大桥、宁启高速、沿海高速的重要快速通道——通沪大道高架主线通车,实现30分钟出城。工程于2009年4月开工,全长4.5公里,总投资7.2亿元。

9日 南通警方通报"6·11"特大侵犯知识产权案。经查,犯罪团伙以南通天野精细化工有限公司名义在网上销售美国杜邦公司专利产品——氯虫苯甲酰胺,涉案金额3500余万元,为全国迄今最大的农药产品专利案。

Δ 中国国民党革命委员会南通市支部委员会成立。

14日 南通天生港发电有限公司两座分别高180米、150米的烟囱和4座高约52米的锅炉成功爆破。

16日 "百名侨商南通行"活动在南通大饭店开幕。来自加拿大、美国、日本等15个国家和地区的近百名知名侨商相聚南通,寻求合作。

Δ 张謇杯·2010年中国国际家用纺织品设计大赛颁奖典礼在海门叠石桥国际家纺城举行,参赛作品及参赛国家(地区)数量创历届之最。

17日 2010中国南通港口经济洽谈会开幕式在市体

育会展中心举行。此次港洽会突出“精彩港洽会、十年辉煌路,魅力江海城、耀眼新南通”主题,举办十大活动,期间集中签约100个项目,总投资103.1亿元。全国政协副主席李金华、省政协副主席包国新出席开幕式。

Δ 南通第二届友城交流大会在市行政中心报告厅举行,来自亚、非、欧7个国家的9个友城代表团应邀参加大会。

19日 南通科技园举行开园仪式,80家企业入驻。该园为南通最大的科技孵化器,规划423亩,一期工程142亩,其中已建成7.7万平方米孵化基地。

Δ 上海市北高新(南通)科技城项目启动仪式在港闸区举行。该项目总规划面积约为5.2平方公里,计划于2015年底前完成基础设施和公用设施建设,2018年底将全面建成。

20日 南通明德重工首制的2.5万吨化学品船下水。该船是全省造船史上吨位最大的化学品船。

24日 刘瑞龙诞辰100周年纪念座谈会在南通举行。中共中央政治局委员、国务委员刘延东出席,江苏省委书记、省人大常委会主任梁保华在会上讲话。

27日 司法部组织的国家“五五”普法考核验收组对南通市进行考核验收。

28日 在北京召开的2010中国呼叫中心产业峰会上,南通开发区被中国电子商会授予“2010中国最佳呼叫中心基地”称号。

29日 江苏润邦重工股份有限公司、南通江海电容器股份有限公司在深交所同时挂牌。

本月 中国民营企业500强最新评选名单公布,南通有24家企业上榜,其中有南通二建、南通三建等14家建筑企业,为上榜企业最多的城市。

10月

1日 《南通日报》报道,南通市跻身全国“十城千辆”节能与新能源汽车示范推广第三批试点城市。计划于2011年在公共交通、出租、公务等领域推广1100辆节能与新能源汽车。

10~11日 宁夏回族自治区党委常委、银川市委书记崔波,率宁夏银川市党政代表团到南通考察。

11日 南通-常熟城际公交班线开通,从南通狼山汽车站驶出,至常熟滨江开发区,全程行车约70分钟,票价10元。

11~12日 国家交通运输部部长李盛霖专程到南通考察崇启大桥建设进展情况,并就谋划“十二五”国家重大交通基础设施建设进行调研。

13日 市委、市政府召开全市教育工作会议,部署实施《南通市中长期教育改革和发展规划纲要(2010~2020)》,到2020年率先在全省实现教育现代化,建成学习型社会和人力资源强市。

Δ 苏通大桥通过交通运输部组织的竣工验收。大桥于2003年6月开工建设,2008年6月建成通车,累计交通量2800万辆。苏通大桥是首个被列入国家级科技支撑计划的交通类工程,也是迄今获得国际荣誉最多的中国桥梁工程。

13~14日 国际奥委会副主席兼首届世界青奥会主席黄思绵率新加坡企业家代表在南通考察。

15日 市区房地产18个项目集中开工仪式在崇川区五山五期拆迁安置房项目地块举行,新建住宅近300万平方米,其中拆迁安置房104.88万平方米,保障性(限价)商品房18.88万平方米。

Δ 南通市经济技术开发区举行小海镇、竹行镇、新开镇撤镇建街道办事处揭牌仪式。

Δ 《江海晚报》报道,南通历史上规模最大的农村人力资源专题调查结束。经3个多月、对206万农户的入户调查,三大产业从业人员之比为1:2.3:1.2,从事非农产业的有213万人,占77.73%。

16日 南通市经济技术开发区举行星湖·101广场开街庆典,首届星湖美食活动周同时启动。

16日 南通对口援建项目集中交付仪式在四川德阳所属的绵阳市新市镇举行,圆满实现三年任务两年完成,共完成对口援建工程18个,总投资5.5亿元。

17日 《江海晚报》报道,南通市老年人有170万人,占总人口22.29%,其中百岁老人768人。

Δ 市扶贫办宣布,2008、2009年,全市累计减少贫困人口18.61万人,下降62%。

18日 通洋(南通-洋口港区)高速公路奠基仪式在如东掘港镇举行。全国政协副主席李金华出席仪式。

19日 大型四幕廉政话剧《母亲的守望》在北京首都剧场演出,中纪委领导与近千名观众观看演出。这是南通文艺作品在时隔50年后再次走上首都舞台。

22日 新加坡-江苏合作理事会第四次会议在南通举行。省委书记、省人大常委会主任梁保华和新加坡卫生部长许文远出席会议并参加苏通科技产业园首批10个项目集中开工仪式。

Δ 南通天生港发电有限公司一脱硫塔在实施电焊破拆时不慎引发火灾,大火在燃烧4小时后被扑灭。

23日 全省民营经济工作会议在南京召开,市委书记罗一民在会上作题为《策应两大国家发展战略,促进民营经济转型跨越》的主题发言。南通是全省第二个私营企业注册资本超3000亿元的城市。

Δ 深圳证券交易所理事长陈东征在南通考察,对南通在资本市场异军突起给予充分肯定。近3年南通有10家企业上市,募集资金87亿元,超过前13年的总和。

25日 一期投资12亿元的南通综艺新材料有限公司项目在通州经济开发区开工,项目建成后,综艺集团将形成太阳能光伏完整产业链。

26日 位于市区北翼的第六人民医院落成启用。该院是在原市肺科医院基础上整体迁建而成的。

28日 第十九届JECKU峰会(日欧中韩美船舶高层峰会)在南通举行,来自美国、欧盟、中国、日本、韩国的主要造船企业及各国造船行业协会负责人、专家学者等125人参加峰会。

29日 由南通市市郊农村信用合作联社和通州市农村信用合作联社合并组建而成的南通农业商业银行开业。

Δ 广西壮族自治区党委常委、南宁市委书记车荣福率南宁市党政代表团到南通考察。

Δ 南通大学启东校区(杏林学院)在启东滨海工业园奠基。

11月

1日 纳米比亚驻华大使莱昂纳德·纳穆巴胡及夫人到南通访问,市委副书记、市长丁大卫会见大使一行。

2~3日 最高人民法院在南通召开全国第一次审判管理工作座谈会,围绕新形势下如何强化审判管理、破解发展难题进行深入研讨。

3日 全长99.77公里、总投资58.03亿元的江海高速(江都-海安)全线通车,其中海安段长26.6公里。苏中地区通达南京、上海更快捷。

4~6日 全国公安机关执法规范化建设工作座谈会召开,国务委员、公安部部长孟建柱要求全国公安机关学习"南通经验",南通市公安局等10家市级公安机关被公安部命名为"全国公安机关执法示范单位"。

5日 市工贸技工学校新校区落成。新校区总投资2.6亿元,位于南通开发区振兴东路北侧、通盛大道东侧,占地180亩,可容纳8000余名学生。

7~8日 由市委副书记、市长赵德率领的温州市党政代表团到南通考察。

9~10日 中央组织部副部长、国家人力资源和社会保障部部长尹蔚民在南通调研社会保障工作。

13日 南通市应急救援支队成立。该队依托市公安消防队伍组建,除承担火灾扑救任务外,同时承担综合应急救援任务。

16日 国务院妇女儿童工作委员会副主任,全国妇联党组书记、副主席、书记处第一书记宋秀岩到南通调研。

17日 市委、市政府在南通博物苑举行纪念新四军东进南通地区暨抗日民主根据地建立70周年座谈会。

18日 中国供销集团南通供销产业园在通州区奠基,项目占地1000亩,总投资20亿元。

20日 南通博物苑南通范氏诗文世家陈列馆获文化部表彰状,市委副书记黄利金与范曾共同揭牌。

25日 国家知识产权局局长田力普率队到南通,就南通市知识产权工作进行调研,并召集盐城、泰州、南通三市知识产权工作座谈会。

27日 第十六届亚运会在广州闭幕,南通籍体育健儿共夺得6金3银1铜,奖牌总数居历史第二。

29日 市区13家超市响应市物价局"稳定菜篮子价格"倡议,从即日起至12月底每天零利润销售5种蔬菜。

30日 市委十届七次全体会议在市行政中心举行,总结"十一五"工作,谋划"十二五"发展。市委书记罗一民作题为《加快现代化 再创新辉煌》的报告。

12月

3日 中国人口福利基金会理事长赵炳礼率领国家评估组一行,就南通市"十一五"人口发展规划执行情况进行综合评估。

7日 全国社会管理创新综合试点工作推进会在北京召开,南通市委书记罗一民在会上介绍南通经验和思路。10月,中央在90多个推荐城市中筛选35个全国社会管理创新综合试点城市,南通作为江苏唯一、全国7个地级市之一入选。

11日 市委、市政府召开全市社会管理创新综合试点工作动员大会,要求全市上下先试先行,率先作为,力争成为全国首批社会管理创新示范城市。

15日 市政府借座北京中国大饭店,举办2010中国南通(北京)投资环境推介活动月开幕式。开幕式上12个项目集中签约,总投资95.68亿美元。

17日 中央军委委员、总参谋长陈炳德在南通与澳大利亚国防军司令安格斯·休斯顿、国防部秘书长伊恩·瓦特共同主持第13次中澳防务战略磋商。

18日 市委副书记、市长丁大卫与江苏海事局局长张同斌签署《推进南通沿江沿海开发战略合作备忘录》。

19日 焦港船闸工程通过省交通运输厅组织的交工验收。这座全省投资规模最大的船闸至此全面建成,1000吨级船舶可全天候通航。

19日 无产阶级革命家刘瑞龙塑像在南通农院落成。

26日 国家环保部考核组对海安县生态建设示范区工作进行考核验收,海安县成为苏中苏北首个国家生态县。

28日 全市经济工作会议在市行政中心报告厅举行,会议总结2010年经济工作,部署2010年经济工作,动员全市上下立足新起点，推进新跨越，奋力实现"十二五"新跨越。

29 日　中央党校党建部在南通举办"崇川社区建设论坛"，与会专家学者以"社区社团与社会和谐"主题进行深入研讨。崇川区现有登记社团 1250 余家，在和谐社会建设中发挥重要作用。

30 日　世界 500 强企业之一——韩国韩华新能源有限公司年产 1000 兆瓦太阳能电池工厂签约落户南通经济技术开发区，项目投资 5 亿美元。8 月，该公司斥资 4300 亿韩元(约合 3.87 亿美元)收购江苏林洋新能源(启东)49.9%的股份。

31 日　南通市区第一座真正意义上的立交桥——204 国道立交桥获"中国市政金杯示范工程"称号。

Δ　南通市首个沿海水上搜救中心——如东县水上搜救中心挂牌成立。

注：标"△"者为同日发生的事件。

(陈　云)

2010年5月28日，南通凤凰国际书城在新城区奠基开工　(市新华书店供稿)

政治建设篇

中国共产党南通市委员会

南通市人民代表大会

南通市人民政府

中国人民政治协商会议南通市委员会

纪检　监察

民主党派　工商联

群众团体

综合行政管理

治安　司法

人民武装　人民防空

中国共产党南通市委员会

综　述

【概况】 2010年，中共南通市委深入贯彻落实科学发展观，积极抢抓长三角一体化发展和江苏沿海开发两大国家战略机遇，加快推动经济发展方式的转型和由全面小康向基本现代化的转型，坚持以基本现代化的总目标引领发展、推动发展，“经济发达、文化繁荣、政治清明、社会和谐、人民安康”五个新南通建设成绩显著，全面完成了“十一五”各项发展目标，实现基本现代化成功开局。年初，市委根据十届六次全会确定的加快“双转型”、奋力开启基本现代化建设新征程的总体要求，按照“六个加快”的工作部署（加快转型升级，形成与基本现代化相匹配的新型产业体系；加快沿海大开发，构建基本现代化建设重大战略平台；加快中心城市建设步伐，全力打造现代化城市；加快改革开放步伐，增创发展新优势；加快建设更高水平的新农村，大力推进农村基本现代化；加快改善民生，不断提高人民生活水平）开展全年工作。7月，市委要求全市上下根据“高平台上稳增长、加快步伐促转型、全力以赴攻沿海、更大力度惠民生、高点定位谋规划、创先争优强党建”六大工作重点全面推进各项工作。全市经济呈现高开稳走、转型加速、质量提升、活力增强、能耗下降、民生改善的良好态势，社会建设和管理全面推进，经济总量持续跨越，实现五年翻番的目标，圆满完成了全年和“十一五”规划确定的各项任务。主要成果体现在：转型升级取得新进展，开发开放取得新突破，城乡环境展现新面貌，民生保障得到新加强，社会建设呈现新亮点。

（孙吉安）

重要决策与重点工作

【提出“十二五”规划建议】 6月7日，市委、市政府成立南通市“十二五”规划编制工作领导小组。8月26日，市委召开市领导干部学习研讨会，就如何谋划“十二五”发展、推进现代化建设进行了专题研讨。市委委托中国社会科学院，成立由副院长朱佳木任顾问、城市与竞争力研究中心主任倪鹏飞领衔的专家课题组，对南通如何推进现代化建设进行实地调研和理论研究，形成中国社会科学院首份中国城市现代化战略研究报告——《南通基本实现现代化战略研究》。11月30日，市委十届七次全会通过《关于制定南通市国民经济和社会发展第十二个五年规划的建议》（以下简称《建议》）。

《建议》指出，“十一五”期间，南通经济社会发展取得辉煌成就，提前建成全面小康社会，走出了一条科学发展观指引下的跨越之路，被誉为科学发展“南通现象”。“十二五”是南通基本实现现代化的关键时期，要深刻认识和准确把握发展新阶段的新任务新要求，坚持用现代化的目标引领发展、用现代化的思维谋划发展、用现代化的方式推动发展，全面开启基本现代化建设新征程。《建议》提出制定“十二五”规划的指导思想是：高举中国特色社会主义伟大旗帜，以邓小平理论和“三个代表”重要思想为指导，深入贯彻落实科学发展观，按照党的十七届五中全会和省委十一届九次全会精神，全力抢抓两大国家规划深入实施的重大机遇，以科学发展为主题，以加快现代化、再创新辉煌为统领，以加快转变经济发展方式为主线，以改革开放和科技创新为强大动力，以保障和改善民生为根本目的，统筹做好改革发展稳定各项工作，促进经济长期平稳较快发展和社会和谐稳定，为2018年左右基本实现现代化奠定具有决定性意义的基础。《建议》要求，必须坚定不移地走科学发展观指引下的跨越之路；必须把加快转变经济发展方式作为“十二五”时期发展的主线；必须深度参与长三角和江苏沿海地区融合发展；必须更加突出以改善民生为重点的社会建设；必须把深化改革开放作为推动现代化建设的强大动力。《建议》提出了今后五年经济社会发展的主要目标：到2015年，全市综合经济实力、自主创新能力、国际竞争力和可持续发展能力显著增强，人民群众普遍过上更加宽裕安康的生活，全面建成更高水平小康社会，努力走在全省江北现代化建设的最前列，有条件的地方要力争率先基本实现现代化。再经过一个时期的努力，把南通建成江海交汇的现代化国际港口城市、长三角北翼经济中心和国内一流的宜居创业城市。《建议》指出，一要认真落实扩大内需各项政策,通过建立扩大消费需求的长效机制和切实扩大有效投入,保持经济的平稳较快发展;二要突出产业结构调整,力发展先进制造业和现代服务业,提高产业集约发展水平,加快信息化建设,着力构建结构优化、技术先进、清洁安全、附加值高、吸纳就业能力强的现代产业体系;三要加快江海联动开发,全力推进港口建设、产业发展、滩涂开发、基础设施配套,拓展区域发展空间;四要坚持教育和人才优先发展,增强转型发展动力,深入推进创新型城市建设;五要努力建设特大型城市,加快城市化和城市现代化进程,构建经济实力较强、功能优势互补、江海特色鲜明的现代化城市群;六要加大统筹城乡发展力度,整体提升新农村建设水平,在更高层次上建设"民富、村美、风气好"的社会主义现代化新农村;七要全面深化改革开放,促进开放型经济转型升级,全方位推进区域合作,增创经济社会发展新优势,为现代化建设增添新动力和活力;八要扎实加快推进生态市和绿色南通建设,全面提升生态文明建设水平,增强可持续发展能力;九要坚持以发展社会主义先进文化为核心,打造江海特色文化强市,推动文化大发展大繁荣;十要以人为本、民生优先,创新社会建设和管理模式,促进社会和谐稳定。《建议》强调,必须调动一切积极因素,形成推进现代化建设的强大合力,确保"十二五"规划顺利实现。

【开展社会管理创新综合试点】 2月21日,市委、市政府出台《关于推进长安南通建设的意见》。要求全面实施"大调解、大防控、社会管理、基层基础、队伍建设"五大工程,完善"领导责任、科学考评、有效投入、齐抓共管"四大机制,在全市形成"政通人和、安定祥和、文明安康"的发展环境和社会氛围,确保连续评为全国社会治安综合治理优秀地市、保持全国社会治安综合治理"长安杯"。5月9日,市委召开市委中心组(扩大)集体学习暨社会管理创新专题报告会。《求是》杂志总编辑张晓林、中央编译局副局长俞可平、中国社科院社会研究所所长李培林到会作社会管理创新专题辅导报告,市委书记罗一民出席报告会并讲话。7月1日,市委调整市依法治市领导小组成员。7月6日,市委、市政府召开全市法治城市创建动员大会,全面部署法治城市创建工作。市委书记罗一民到会讲话,市委常委、政法委书记陈斌就法治城市创建工作作具体部署。10月,南通作为江苏唯一、全国7个地级市之一入选全国社会管理创新综合试点城市。12月9日,市委、市政府出台《南通市推进社会管理创新工作实施意见》,要求全面推进"社会服务保障、社会矛盾纠纷大调解、现代社会防控、特殊人群管理服务、外来人员服务、城乡新型社区管理、基层基础建设、社会管理队伍、组织领导机制、社会管理手段"等"十大体系"建设,用1~2年时间,构建党政主导、部门负责、社会参与、整体联动、多元治理的社会管理格局,确保建成全国社会管理创新示范城市。同日,市委、市政府成立南通市社会管理创新综合试点工作领导小组,下发《南通市社会管理创新综合试点项目书》。12月10日,市委、市政府召开全市社会管理创新综合试点工作动员大会。市委副书记、市长丁大卫主持会议,市委常委、政法委书记陈斌作试点动员报告,市委书记罗一民在讲话中指出,全市上下要瞄准全国社会管理创新示范城市目标,从"六个方面"实行创新:统筹管理上要有创新、源头管理上要有创新、规范管理上要有创新、基础管理上要有创新、信息管理上要有创新、人本管理上要有创新。中央综治办督导室主任胡增印,省委政法委副书记、综治办主任张新民到会指导。

【实施江海英才计划】 3月16日,市委、市政府下发《南通市江海英才引进计划实施办法》、《南通市江海杰出英才奖评选奖励试行办法》、《南通市留学回国人员成就奖评选奖励试行办法》、《南通市高技能人才成就奖评选奖励试行办法》。8月3日,市委、市政府在市行政中心报告厅召开全市人才工作会议,研究部署深入实施江海英才计划、加快建设人才强市的各项任务。会议由市委副书记、市长丁大卫主持,市委书记罗一民到会讲话。他代表市委、市政府提出全市人才工作目标:力争通过5~10年坚持不懈的努力,适应基本现代化建设的需要,培养造就一支规模宏大、结构优化、布局合理、素质优良的人才队伍。会议对首届江海杰出英才奖等一批先进单位和个人进行了表彰。

【市级机关绩效考评】 3月31日,市委、市政府在更俗剧院召开市级机关作风建设大会,总结部署市级机关作风建设工作。市委副书记、市长丁大卫主持会议。市委书记罗一民到会讲话。2010年度市级机关作风建设的总体要求是:坚持以科学发展观为统领,以推进公共管理现代化为导向,紧紧围绕"加快推动经济发展方式转型和由全面小康向基本现代化转型"的工作主线,继续按照"巩固、提升、深化"的思路,深入推进争创全省最佳办事环境活动,不断提升综合绩效管理科学化水平,全面打造规范、创新、高效、廉洁的服务型机关,为成功开启基本现代化建设新征程提供强有力的作风保障。会议对2009年度市级机关作风建设、目标责任制管理工作考评中成绩优秀的10个最佳办事单位、25个先进单位、44个良好单位、8个达标单位、14个争先进位奖单位、7个服务地方先进奖进行表彰。6月10日,市委、市政府印发南通市2010年市级机关综合绩效考评目标责任书,明确市级机关92个部门和单位年度考核目标。7月9日,市委、市政府调整市机关作风建设目标责任制管理工作领导小组成员及其下设办事机构组成人员。同日,市委、市政府出台《2010年度市级机关综合绩效考评办法》。7月12日,市委、市政府在市行政中心报告厅召开市级机关作风建设推进会,提出下阶段机关作风建设要以突出机关处室建设为重点,强化内部绩效管理。会议由市委常委、常务副市长蓝绍敏主持。市委副书记黄利金到会讲话,10月26日,市委、市政府发出《关于进一步落实工作责任、深化为民服务的意见》,要求全市上下牢固树立为民服务的根本宗旨,认真解决工作实践中暴露的“管理职责盲点”、“边缘职能弱化”等突出问题,进一步完善工作机制,强化监督,努力提高市级机关作风建设和效能建设水平,为成功开启基本现代化建设新征程提供坚强保障。

【加快老龄事业发展】 4月14日,市委、市政府出台《关于加快我市老龄事业发展的实施意见》。《意见》就进一步加快我市老龄事业发展,切实维护广大老年人的合法权益,提高老年人生活质量提出五点要求:(一)不断完善老年人社会保障制度,进一步提高老年人社会保障水平。要健全老年人社会保险制度,提高老年人社会福利水平,完善老年人医疗保健服务,加强对困难老年人社会救助和对老年重点优抚对象保障力度。(二)加快推进社会化养老体系建设,进一步满足老年人养老服务需求。要建立健全以居家养老为基础、社区服务为依托、机构养老为补充的养老服务体系,加大对老年服务机构扶持力度,促进养老服务规范化。(三)加大老年法律法规的宣传和检查力度,建立健全老年维权网络,保障老年人合法权益。(四)高度重视老年人精神关爱工作,进一步丰富老年人精神文化生活。(五)建立健全保障机制,进一步促进老龄事业全面发展。

【讲文明树新风迎世博主题活动】 4月20日,市委、市政府在市行政中心报告厅召开全市“讲文明树新风迎世博”主题活动动员大会,号召全市上下进一步推进文明城市创建工作。会议由市委副书记黄利金主持。市委副书记、市长丁大卫在会上作动员报告,他指出,抢抓世博机遇、承接“溢出”效应,推动本地文化旅游、商贸消费、产业调整、科技创新和人才交流,成为长三角众多城市的重要战略。要抓住这次千载难逢的机遇,以文明指数提升南通的“人气指数”,吸引更多的世博宾客关注南通并来南通观光游览。丁大卫指出,当前要以人民群众为主体、以人民幸福为追求、以人民满意为标准,在“城市以市民为本、市民以城市为家”的互动中,全面推进文明城市创建工作。丁大卫强调,要通过“讲文明树新风迎世博”主题活动,努力以最美的城市形象、最佳的人文魅力、最好的精神气质、最优的服务水平呼应世博,提高全市公共文明指数。会上,市委、市政府下发《江苏省市民公共文明指数测评操作手册》、《南通市18类重点公共场所公共文明指数测评办法》、《“讲文明树新风迎世博”主题活动十大工程任务分解表》。崇川区、市城管局、公安局、建设局、交通局、规划局等部门和单位负责同志作表态发言。6月18日、8月9日,市委、市政府分别召开“讲文明树新风迎世博”主题活动推进会、督查情况点评会。12月7日,市委、市政府在市行政中心报告厅召开全市“讲文明树新风迎世博”主题活动总结推进会。市委副书记黄利金到会讲话,他代表市委、市政府向所有积极参与文明创建的全市广大干部群众表示感谢。黄利金强调,要突出做好五个方面的工作,全面推进文明城市创建工作。一是抓好氛围营造,在全市大力开展“我为创建更高水平文明城市献计献策”的主题讨论,把市委市政府的创建目标内化为自觉行动;二是落实长效机制,建立市容环境、农贸市场等各项长效管理制度,始终保持创建常态水平;三是深化各项创建,着力抓好公共设施维护、消防设施管理、道路交通、环境卫生等专项整治,进一步巩固创建成果;四是丰富创建载体,充分引导和发挥好广大干部群众的参创积极性;五是严格落实责任,有效建立和完善“条块结合、层层传递、分层落实”的目标责任制和“人人头上有要求,个个肩上有责任”的责任体系。

【制定南通市党的基层组织建设规划】 9月1日,市委制发《2010~2014年南通市党的基层组织建设规划》。《规划》提出2010~2014年南通市党的基层组织建设的工作目标:(一)城乡统筹的基层党建工作格局基本建立,实现城乡党务管理一体化。(二)农村基层党组织建设不断深化。到2014年底,村(社区)党组织班子成员100%实现“公推直选”,在职村干部100%进入村后备干部人才库。(三)“两新”党建工程向纵深推进,党组织在新经济新社会组织中的组建率、覆盖率均达到100%。(四)街道社区党建工作体系趋于完善,全市所有社区建成建筑面积不少于300平方米、布局合理、制度健全、功能完善的社区公共服务中心。(五)机关、事业单位、国有企业以及其他相关领域党建工作全面协调发展。(六)党员队伍活力显著增强。党员发展机制健全,党员队伍结构和分布不断优化。每年发展的党员中,35岁以下的占75%以上,女党员占40%左右,大专以上文化程度的占80%以上。《规划》还提出具体工作措施。

【制定中长期教育改革和发展规划纲要】 10月12日,市委、市政府联合出台《南通市中长期教育改革和发展规划纲要(2010~2020年)》《规划纲要》提出要以“优先、质量、公平、改革、服务”为着力点,率先实现教育现代化的战略目标,即:到2015年,全市基础教育优势继续巩固提升,各类教育事业协调发展,主要指标高于全省平均水平,建成教育强市;到2020年,教育发展水平和综合实力位居全省前列,率先实现教育现代化,建成学习型社会和人力资源强市。《规划纲要》强调了九点意见:一是优质发展基础教育,大力推进高水平均衡;二是创新发展职业教育,着力培养应用型人才;三是优化发展高等教育,服务创新型城市建设;四是加快发展终身教育,构建开放式学习体系;五是深入实施素质教育,促进学生可持续发展;六是实施人才强教战略,建设高素质教师队伍;七是推进优质资源开发,加快教育信息化进程;八是加大改革创新力度,提升教育科学发展水平;九是完善教育保障机制,确保教育事业优先发展。10月13日,市委、市政府在市行政中心召开全市教育工作会议,动员全市上下全面实施《南通市中长期教育改革和发展规划纲要(2010~2020年)》,促进教育事业科学发展,加快建设教育强市,率先实现教育现代化,为全市全面开启基本现代化建设新征程提供强有力的人才保证和智力支撑。市委副书记黄利金主持会议。市委书记罗一民到会讲话。

【深入开展创先争优活动】 6月1日,经市委同意,市委办公室转发市委组织部、市委宣传部《关于在全市党的基层组织和党员中深入开展创先争优活动的实施意见》。《意见》要求全市各级党组织和广大党员,要认真贯彻落实中央和省、市委的决策和部署,以中国特色社会主义理论体系为指导,以"争创科学发展新业绩,加快基本现代化新征程"为主题,结合本地区、本部门、本单位的实际,围绕中心、服务大局,改革创新、务求实效,充分发挥基层党组织的战斗堡垒作用和共产党员的先锋模范作用,力求推动科学发展迈出新步伐,促进社会和谐取得新成效,服务人民群众实现新进展,加强基层组织开创新局面,努力实现组织创先进、党员争优秀、群众得实惠。《意见》提出,创先争优活动要以创建先进基层党组织、争当优秀共产党员为主要内容。先进基层党组织要努力做到"五个好":领导班子好、党员队伍好、工作机制好、工作业绩好、群众反映好。优秀共产党员要做到"五带头":带头学习提高、带头争创佳绩、带头服务群众、带头遵纪守法、带头弘扬正气。《意见》要求,全市创先争优活动要以健全完善岗位责任和目标管理制度为主要抓手,通过定岗明责、公开承诺、真正践诺实现创先争优,通过党内互评、群众评议、领导点评推进创先争优,通过评选表彰激励创先争优。各基层党组织和广大党员立足岗位职能,对照创先争优活动的总体目标和"五好"、"五带头"要求,明确创先争优的年度目标,根据岗位职责作出承诺,并进行党内互评、群众测评、领导点评。《意见》强调,创先争优活动是基层党建领域的一项经常性工作形式,要进一步加强组织领导,落实领导责任,注重资源整合,强化典型引路,形成长效机制。6月3日,市委成立创先争优活动领导小组,办公室设在市委组织部。

【加强两大体系建设】 8月10日,成立南通市党员干部思想道德体系和社会诚信体系建设推进办公室(简称"两大体系建设推进办公室"),办公室设在市纪委。8月11日,市委出台《关于加强党员干部思想道德和社会诚信建设,深入推进惩防体系建设的意见》。加强两大体系建设的总体目标是:通过2~3年的努力,以强有力的两大体系建设深入推进惩防体系建设,各级党员干部思想道德水平明显提高,党政机关执行力、公信力有新的提升,企业诚信经营、廉洁经营意识普遍增强,行业组织诚实守信状况明显改善,商业贿赂行为得到有效遏制,人民群众满意度有新提高,基本形成两大体系建设长效机制,为基本现代化建设创建更加风清气正的发展环境。8月12日,市委召开全市惩防体系建设推进大会,全面部署两大体系建设工作。会议由市委副书记、市长丁大卫主持,市委常委、纪委书记王正宇作工作报告。市委书记罗一民出席会议并讲话。

【公开选拔领导干部】 9月29日,市委在市行政中心报告厅召开全市公开选拔领导干部动员大会,决定市县联动面向社会公开选拔109名党政机关、事业单位领导干部和国有(控股)企业领导人员。市委副书记黄利金到会作动员讲话,市委常委、组织部长郭腊军主持会议,并就公开选拔工作提出具体要求。11月9日,市委召开全市领导干部会议,对全市公开选拔领导干部中23个职位的69名候选人,进行第二轮民主推荐。会上,每位候选人通过1分钟视频,简要介绍自身的基本情况和竞争优势。第二轮民主推荐的每个职位确定2名差额票决人选。经过笔试面试、民主推荐、组织考察、竞职演讲等程序,产生24名公开选拔的领导干部。12月16日,市委召开公开选拔领导干部任职集体谈话会,市委书记罗一民要求公选出来的领导干部要全力履行好职责,全心全意为民服务,不辜负群众的支持与期盼,为南通加快现代化、再创新辉煌建功立业。市委全委会差额票决处级领导干部,在全省全市尚属首次。

(孙吉安)

重要会议

【全市农村工作会议】 2月21日,市委、市政府在市行政中心报告厅召开全市农村工作会议。市委副书记、市长丁大卫主持会议,市委常委、副市长秦厚德作工作报告,提出紧紧围绕农业农村基本现代化的目标,全力推进城乡一体化进程的总体要求。市委书记罗一民到会作重要讲话。他说,近年来全市各级始终坚持"产业化提升农业、城镇化发展农村、市场化富裕农民、文明化打造城乡"的工作思路,按照"民富、村美、风气好"的要求,扎实有效地推进新农村建设,促进了农业稳定发展、农民持续增收、农村优美繁荣,全市项目农业、高效农业、设施农业加快发展,高效农业规模化工作走在全省前列;农村“三大合作”、劳动力转移总量等多项指标保持全省领先;公共服务中心建设等多项工作在全省乃至全国产生较大影响,产业融合、城乡互动、民生改善、乡村文明,为南通全面小康建设作出了历史性贡献。罗一民指出,当前要把统筹城乡发展作为全面小康和基本现代化建设的根本要求,把改善农村民生作为调整国民收入分配格局的重要内容,把发展现代农业作为转变经济发展方式的重大任务,把建设社会主义新农村和推进城镇化作为保持经济平稳较快发展的持久动力,做到“稳粮保供给、增收惠民生、改革促统筹、强基增后劲”,加快推进城乡一体化,夯实农业农村发展基础。要牢牢把握推动资源要素向农村配置这个重要着力点,牢牢把握城镇化与新农村建设协调推进这个战略着眼点,牢牢把握城乡改革联动这个关键切入点,不断提升城乡统筹水平,力争使全市农业农村工作继续走在全省前列。他强调,要紧紧围绕上述目标,突出抓好“五个一体化”:一是大力推进城乡规划一体化。要把握整体性,推进国民经济和社会发展规划、土地利用规划、城乡总体规划“三规”融合;体现集约性,做到工业企业向规划区集中与新型工业化同步推进、农业用地向规模经营集中与农业现代化同步进行、农民居住向新型社区集中与富民工程同步实施;彰显特色性,突出江海文化和历史名城文化;保证严肃性,从规划源头上落实好强农惠农政策,确保规划顺利实施。二是大力推进产业布局一体化。重点是促进城乡市场统一开放、公共资源均衡配置、生产要素自由流动,尤其要推进城市人才、技术、资金等生产要素向农村流动,实现城乡一、二、三产业融合、协调、全面发展。要加快发展现代农业、加快提升第二产业、加快突破农村服务业。三是大力推进基础设施一体化,城乡建设要统一规划、统一建设、统一发展,大力实施农村实事工程,有效整合城乡资源,按照“政府主导、社会参与”的原则建立多元化的投入机制,实现城乡基础设施的整体协调与共建共享,切实改善农民生产生活条件。四是要统筹好城乡社会事业、城乡劳动就业、城乡社会保障,大力推进公共服务一体化与社会管理一体化。五是大力推进社会管理一体化。要加快政府职能转变,不断完善有利于城乡经济社会发展的政府管理体制,充分发挥各级政府在完善和建立城乡社会管理相关制度方面的作用。罗一民强调,加快城乡一体化是一项长期的系统工程,要充分发挥党委、政府主导作用,不断完善“三农”工作的领导体制;充分发挥基层组织战斗堡垒作用,积极创造良好的工作环境;充分发挥社会合力共建作用,统筹发展,协调各方,形成整体推进城乡一体化发展的工作格局。会议还表彰2009年度农业和农村工作先进集体。

为进一步统筹城乡发展,加快形成城乡一体化的新格局。4月16日,市委、市政府成立南通市统筹城乡发展工作领导小组,办公室设在市委农办。5月31日,市委、市政府对2010年全市农业农村工作主要目标从“单项工作”、“综合目标”、“农业农村政策创新”三个方面进行考核。8月18日,经市委、市政府同意,市委办公室、市政府办公室印发《南通市涉农负担问责暂行办法》。

【全市政法工作会议】 2月22日,市委、市政府在市行政中心报告厅召开全市政法工作会议。市委常委、政法委书记陈斌作工作报告。市委副书记、市长丁大卫主持会议。市委书记罗一民到会讲话,要求政法系统大力弘扬夺取“长安杯”的精神,认真落实市委、市政府关于推进长安南通建设的战略部署,勇当基本现代化的助推者、保障者和建设者,为开启基本现代化建设新征程提供良好的法治环境和稳定的社会环境。一是要全力维护转型期社会稳定,进一步深化大调解工作,推进社会管理创新,不断提升维稳工作水平。二是要全力构筑长安建设基层基础,牢固树立发展、创新、唯实的意识,不断提高长安建设科学化水平。三是要全力加快法治南通建设进程,力争到2012年率先进入全省法治城市创建工作先进行列。罗一民强调,政法工作是党委工作的重要组成部分,各级党委要站在全局和战略的高度,全面加强和改善对政法工作的领导,在政治上把关、组织上配强、工作上放手、政策上倾斜,努力为政法工作谋好思路、用好干部、抓好投入、打好基础。会上,市委、市政府下达2010年政法综治重点工作任务书,各县(市、区)市综治成员单位递交2010年社会治安综合治理和法治建设责任书。会议还对2009年综治工作先进单位和“十佳调处中心”、“十佳调处能手”进行表彰。

【全市领导干部会议】 7月29日,市委、市政府召开全市领导干部会议,传达贯彻中央政治局会议和省委十一届八次全会精神,总结上半年工作,分析当前形势,部署下半年任务。市委副书记、市长丁大卫主持会议,市委书记罗一民作重要讲话。他指出上半年工作全面推进,实现“双过半”。在八个方面取得新成绩:一是主要指标高开稳走,经济回升向好态势巩固提升。二是转型升级步伐加快,新兴产业发展迅猛。三是外向型经济难中攀高,利用外资结构发生积极变化。四是民营经济活力强劲,中小板上市企业数进入全国十强。五是沿海开发强势推进,沪通铁路等重大项目取得历史性突破。六是城乡基础设施建设切实加强,文明创建工作向纵深发展。七是民生状况持续改善,社会保持和谐稳定。八是经济社会协调发展,“南通家纺版权保护经验”、干部人事制度改革等多项工作呈现新亮点。罗一民指出,做好下半年工作具体要做好以下六个方面:一是高平台上稳增长。稳增长是下半年经济工作的首要任务,要做到促进工业经济提速增效,全面挖潜;强势推进项目建设,加大投入;大力开拓市场,拉动需求;抓好农业生产,强化“三农”。二是加快步伐促转型。转变经济发展方式,是关系到南通长远发展和基本现代化建设全局的重大而紧迫的战略任务。要始终坚持加快转变经济发展方式与推进基本现代化建设齐头并进、改造提升传统产业和发展新兴产业齐头并进、做大服务经济与发展“绿色经济”齐头并进、优化政务环境与完善市场机制齐头并进,在加快转型升级中增创发展新优势,抢占新一轮发展的制高点。要进一步推进海洋工程、新能源、新材料、新医药、节能环保、软件及服务外包等七大新兴产业快速增长。要进一步推动六大主导产业提质扩量。按照《2010 年推进六大产业转型升级规划纲要主要目标任务分解》的要求,抓紧培育主导产业高端优势。要进一步促进服务业经济持续加快发展。要按照省服务业提速计划和市服务业发展三年行动计划的要求,加快推进 10 个省级和 168 个市级服务业重大项目建设,确保全年各县(市)规模以上服务业投入总量均超过 40 亿元,服务业增加值增速持续高于 GDP 增速。要进一步加大自主创新和节能减排工作力度。通过强化创新主体、壮大创新载体、培育创新人才、优化创新服务,加快构建和完善自主创新体系,推动经济发展向创新驱动转变。三是全力以赴攻沿海。沿海是南通未来发展的最大空间,也是南通构筑新的发展优势、如期实现基本现代化的战略支撑。要统筹落实好《江苏沿海地区发展规划》《长三角地区区域规划》两大国家战略;统筹好基础设施建设。特别是需要从沿海地区发展的大局着眼,统筹好市县两个层面的基础设施建设;统筹好产业发展和资源开发。四是更大力度惠民生。切实把改善民生放在更加突出的位置,把更多精力向民生倾注,更多资源向民生倾斜,更加扎实地推进各项惠民工程。着力解决突出的民生问题、丰富群众精神文化生活、维护社会稳定、打造宜居的城乡环境。五是高点定位谋规划。编制“十二五”规划事关全局和长远,是 2010 年一项重大而紧迫的任务。首先要准确把握南通“十二五”时期所处的发展阶段。“十二五”是南通向基本现代化迈进,打造江苏新增长极的突破阶段;是南通向后工业化时期迈进,全面加快转型升级的赶超阶段;是南通向江海交汇的现代化国际港口城市和长三角北翼经济中心迈进,加快构建沪苏通“小金三角”的关键阶段。其次要进一步明确科学合理、契合南通实际的“十二五”发展目标。应以基本现代化来明确方向,以基本现代化来凝聚人心,以基本现代化来激励斗志,以基本现代化来引领发展。最后要深入研究“十二五”发展的战略重点和战略举措。要深入研究转型升级问题、城乡一体化问题、社会建设和管理问题、改革开放问题。六是创先争优强党建。党的建设是做好一切工作的重要保障。要扎实开展创先争优活动,积极推动干部人事制度改革试点,大力加强惩防体系建设。

【中共南通市委十届七次全体会议】 11 月 30 日,市委在市行政中心报告厅召开十届七次全会。出席会议的市委委员 48 人、候补委员 4 人。市纪委委员和有关方面负责同志列席会议。全会提出,要认真学习贯彻党的十七届五中全会和省委十一届九次全会精神,紧密结合南通实际,总结“十一五”工作,谋划“十二五”发展,动员全市上下继往开来,持续奋进,加快现代化,再创新辉煌。市委书记罗一民代表市委常委会主持会议并讲话。他在讲话中总结“十一五”主要成就和基本经验,提出“加快现代化、再创新辉煌”的“十二五”战略定位,以加快转变经济发展方式为主线,以改革开放和科技创新为强大动力,以保障和改善民生为根本目的,统筹做好改革发展稳定各项工作,促进经济长期平稳较快发展和社会和谐稳定,为 2018 年左右基本实现现代化奠定具有决定性意义的基础。围绕“经济更加强盛、科教更加发达、社会更加和谐、文化更加繁荣、生态更加优良、人民更加幸福”的目标,突出抓好三大战略重点,即加快推进产业现代化,加快推进城市现代化,加快推进人民生活现代化(*详见“重要报告”*)。会议讨论并通过了《中共南通市委关于制定第十二个五年规划的建议》和《中国共产党南通市第十次委员会第七次全体会议决议》。

【全市民营经济工作会议】 1 月 18 日,市委、市政府在市行政中心报告厅召开全市民营经济工作会议。市委副书记黄利金主持会议,市委常委、常务副市长蓝绍敏作工作报告。市委书记罗一民到会讲话。他指出,从 2003 年南通市提出争创江苏民营经济第一大市目标以来,全市民营经济规模迅速扩大、领域迅速扩张、辐射迅速增强、实力迅速提升,民营经济成为推动全市经济跨越发展、促进体制改革和加快对外开放、促进产业结构优化和经济素质提升、促进就业和增加收入的重要力量,成为富民强市之路和全面小康的主要推动力。罗一民指出,面对重大历史机遇,全市民营经济发展已经具备新一轮跨越突破的良好条件,要按照“当好基本现代化建设主力军”的定位,瞄准“结构更优、质量更高、效益更好、后劲更足”的要求,在进一步做好全民发动创业、引进市外民资等工作的基础上,更加注重民营经济的转型升级和内涵提升,大胆探索民营经济转型发展和民营企业裂变发展新路径,在产业结构调整和发展方式转变中累积民营经济的总量优势和质态优势,拓宽民营经济的发展道路和发展空间,为顺利完成“十一五”规划、成功开启基本现代化建设新征程再立新功。罗一民强调,民营经济发展要围绕转型升级,着重抓好四个方面的工作。一是进一步加快产业结构优化;二是进一步加快发展方式转型升级;三是进一步推动民营企业做大做强;四是为民营经济转型升级营造最优发展环境。会上市委、市政府下达2010年度民营经济发展目标任务书,海门市等3家作交流发言。会议还表彰2009年度全市发展民营经济的先进单位。3月18日,经市委、市政府同意,市委办公室、市政府办公室印发《2010年全市民营经济发展重点工作目标任务分解表》,明确各部门责任。

【全市经济工作会议】 12月28日,市委、市政府在市行政中心报告厅召开全市经济工作会议。市委副书记、市长丁大卫主持会议。会议传达贯彻中央、省经济工作会议和市委十届七次全会精神,总结部署全市经济工作。市委书记罗一民到会作重要讲话。他说,2010年是"十一五"的最后一年,全年和"十一五"规划各项任务超目标、超预期完成,体现为"六个新",即:经济总量跃上新台阶、转型升级迈开新步伐、城乡环境展现新面貌、开发开放取得新突破、民生质量实现新提升、社会建设呈现新亮点,为实现"十二五"时期经济社会又好又快发展打下了坚实基础。罗一民指出,2011年是实现"加快现代化、再创新辉煌"战略目标的开局之年,2011年经济工作的总体要求是:深入贯彻落实科学发展观,紧紧围绕科学发展的主题和"加快现代化、再创新辉煌"的战略定位,坚持以实现"十二五"良好开局为切入点,全面落实市委"十二五"规划《建议》;坚持以转型升级为着力点,推动经济发展方式转变取得重大进展;坚持以产业现代化、城市现代化、人民生活现代化为侧重点,全面展开现代化建设的战略布局;坚持以沿海开发为突破点,深入实施江海联动战略;坚持以社会管理创新为新起点,统筹推进政治、经济、文化、社会、生态文明建设和党的建设,推动经济持续跨越发展、社会持续和谐稳定。罗一民强调,2011年全市经济工作要着力抓好六项重点工作:一是经济转型升级要加快推进。通过提升科技化水平、推动市场化进程、加快国际化步伐、推进生态化建设,进一步加快转型升级。二是紧紧围绕"产业现代化、城市现代化、人民生活现代化"三大战略重点抓紧抓实,确保"十二五"各项工作成功开局。三是统筹推动"投资、消费、出口"三大需求,拉动经济增长。四是沿海开发要全面突破,大力推进江海联动战略,实现沿海地区深度开发和整体开发。五是以全国社会管理创新综合试点城市为契机,坚持一体化谋划、突出基础化建设、实施人本化管理、健全长效化机制,全面推进社会管理创新工作。六是切实提高组织领导现代化建设水平,为实现基本现代化成功开局提供组织保证。

(孙吉安)

办公室(研究室)工作

【概况】 2010年,市委办公室(研究室)坚持以科学发展观为指导,紧紧围绕市委中心工作,按照"创新、高效、敬业、勤勉"要求,充分发挥参谋辅助作用,准确把握"十一五"收官、"十二五"起步的关键节点,突出以文辅政,积极建言献计,精心办文办会办事,推动市委重大部署、决策的制定和落实。全年获省级表彰8项,市委、市政府表彰5项;被评为市级机关最佳办事单位。

【文稿起草】 研究推动全市经济社会发展的新思路、新举措、新办法,起草高质量的文稿,当好市委智囊团和参谋助手。全年起草各类领导讲话和综合文稿450余篇,提出"加快'双转型'、奋力开启南通现代化建设新征程"、"稳增长、促转型、攻沿海、惠民生、谋规划、强党建"等开拓性、创新性观点,起草"十二五"发展规划《建议》并提交市委十届七次全会审议,为南通保持持续跨越的良好发展态势发挥重要指导作用;以文辅政水平进一步提升,总结提炼干部人事制度改革、大调解工作、社会管理创新、机关内部绩效管理、惩防体系建设等10多篇经验交流文稿在全国、全省各类会议上交流,起草的《不断提高社会管理科学化水平》、《问政于民——引领新风下基层》等多篇领导署名文章在《人民日报》、《群众》、《唯实》等刊物发表;总结宣传推介南通,助推南通经济发展,归纳总结科学发展"南通现象"的汇报材料得到吴邦国、贺国强、刘延东、李金华等党和国家领导人的高度评价,《南通基本实现现代化的战略研究》写入中国社科院首份中国城市现代化战略报告并得到国内学界政界的广泛关注,南通提高城市竞争力的做法、家纺产业版权保护等经验材料分别在"第九届城市竞争力国际论坛"和联合国世界知识产权组织、中国国家版权局北京联合发布会上交流。总结撰写的南通转变经济发展方式系列文稿,被新华社和《人民日报》、《人民画报》、《新华日报》、《21世纪经济报道》等主流媒体关注。

【综合协调】 发挥综合协调职能,高效推进一系列重大活动、重大项目,推动市委重大部署、重大决策的落实。全面服务江海联动开发,先后联合组织以沿海开发为主题的两次亿元项目集中开工、十大百亿元项目会战、专题招商等活动,协同市相关部门落实《南通市沿海开发规划》、《南通沿海开发行动纲要》等文件明确的116项重点工作,进一步研究和完善洋口港开发政策,协助市委领导和相关部门积极跑部跑省,有力指导和推动沿海开发开创新局面,使南通沿海开发工作走在全省前列。扎实推进跨江园区合作,协同组织苏新合作理事会第四次会议,加快推进苏通科技产业园建设和实质性启动锡通科技产业园、上海市北高新(南通)科技城、南通供销产业园等一批跨江园区合作项目。协调推进"讲文明树新风迎世博"活动,做好中央公共文明指数测评的各项准备工作,组织召开协调会10余次,将全市文明创建工作向纵深推进,创建成果得到巩固提升,为南通在测评中取得全国地级市第十三位的好成绩作出积极贡献。参与组织2010年中国南通港口经济洽谈会、全球创新型经济高层论坛、刘瑞龙同志诞辰一百周年纪念活动、中澳第13次防务战略磋商、世界船舶高层峰会、第五届中国家庭文化艺术节、全国审判管理工作座谈会、全省检察机关工作会议和全省数控大赛等国际性和全国、全省的大型会议和活动,得到与会领导、专家的一致好评,南通持续跨越、全面协调的成果得到全方位展示。

【调查研究】 紧紧围绕市委中心工作,围绕基本现代化、"十二五"发展等全局性、战略性重大问题开展调查研究,为市委领导议大事、谋大事、抓大事提出决策参考。全年共完成调研报告30篇,其中新型工业化、沿海开发、新农村建设、可持续发展方面的多篇调研文章观点转化为市委决策,《构建多元管理新格局》、《当好主力军,积极推进沿海大开发》、《策应两大国家战略,促进民营经济转型跨越》等13篇调研报告和领导署名文章在《群众》、《唯实》、《江苏通讯》、《调查与研究》等杂志上发表,《以城镇化为突破口,加快现代化建设进程》等3篇调研报告获全国党刊年会一等奖。结合编制"十二五"规划的战略课题,市委办与中国社科院开展南通现代化战略研究并在北京召开成果发布会,得到国家领导人、高端专家的高度评价,中央电视台、《大公报》等多家国内外主流媒体作报道。内刊编辑有特色。全年编发《南通工作》6期,充分反映各地各部门工作的特色和亮点,《南通工作》蝉联"全国优秀党刊"称号。全年编发《研究与参阅》24期,多篇调研文章已转化为市委、市政府的指导性、政策性文件或领导讲话内容,为南通持续跨越、全面协调发展发挥探索性、前瞻性、引领性作用。

【信息工作】 提高信息辅政水平,信息服务更加高效、优质、全面。全年上报544期,共计3471篇,质量系数全省第二。全年编发《信息快报》及增刊29期,其中反映全市经济社会发展中的热点难点、矛盾困难及社情民意类的决策辅政信息19期。全年编发《南通信息》85期,其中编发各地各部门贯彻落实全市经济工作会议、作风建设会议等重要会议精神专辑36期,有效推动全市上下对市委、市政府重要决策部署的贯彻落实。做好应急管理工作,全年编发《重要信息专报》159期,其中市委领导批示270件,实现批办件跟踪反馈落实率的100%,确保各类应急突发事件的及时妥善处理。在全省率先实施信息工作询访制度,编发"信息询访专刊"信息20篇。加强业务研究,《"小信息"做成了"大文章"》在中办主编的《秘书工作》上发表。9篇参阅性信息被省委办公厅《信息快报专刊》录用。完善考核激励机制,全年编发《业务通讯》6期,表彰全市信息工作先进单位61家,先进个人61人。深入加强党委系统信息网络建设和业务指导工作,实现日常信息的快速传递、工作部署的快速落实、网络成员的快速联系,提高联动效率。

【督办督查】 协助市委反馈省委决策部署在南通市的贯彻落实情况,全年共向省委办公厅上报《督查专报》10期,被省委办公厅《江苏督查专报》、《情况与建议》、《省委书记信箱督查专报》等刊物录用篇数在全省名列前茅。高质量办好省委书记信箱交办件,全年收到省委督查室转交来信114件,规定期限内办结率100%,满意率95%以上。认真开展市委决策部署贯彻落实情况的督查,对市委全委会等重要会议和重要文件的贯彻落实开展10余次督查活动,及时向市委领导报告督查情况。强化市委领导交办件的专项查办工作,全年办理请示报告件467件,办理市委和市委办公室领导交办件219件,重要交办事项报结率100%。全年共组织常委会、常委(扩大)会15次,参与组织市委中心组学习3次,编发常委会纪要11期。强化参谋职能,围绕领导关注的焦点、热点问题,全年编发《要情动态》5期。

【办文办会办事】 围绕市委中心工作和全市重大活动,做好办文、办会、办事工作。认真及时办理请示、报告,严格审核文件,进一步完善办文制度、规范办文程序、提高办文质量,加强文件管理,完成文件清退、文件归档、资料汇编、图书资料管理、党刊征订通联等工作。全年制发市委、市委办公室文件550余件,收发各类文件1500余件;传送上级文件812件,完成2009年度文件清退销毁5850件;整理分类归档文件1871件,通过江苏省档案工作三星级单位复查;在全市全面实施无纸化网络传输公文,接收传输各类文件和资料874件。《秘书工作》通联工作获全国一等奖。精心组织会务,全年组织全市性重要会议41场、8800人次,常委会15次,参与组织全球创新型经济高层论坛等4次国际性会议。精心编制领导公务活动安排,科学细化接待方案,认真做好接待服务工作,全年完成50余批、2000人次的接待任务,其中等级任务6次、省部级领导10次、各地党政代表团13批。完成人大代表建议和政协委员提案答复,满意率100%。做好重大事件、突发事件和群众来信来访的接待处置工作,重要信访问题及时汇报、督办,全年处理来信来访100件次。全年出车2.8万台次,安全行驶108余万公里无事故。

【机要保密】 做好密码通信和保密工作,为市委各项工作提供安全保障。严格密码管理,加强检查监督,强化通信保障。深入开展电报办理"精品年"活动。全年及时安全办理各类电报传真无差错。信息化密码保障工作扎实推进,市委机要局单列进入市委部门管理序列。市电子政务认证中心管理规范，运行稳定，为市电子政务提供有效的安全保障。市委办公室内网平台、办公自动化系统、机关党建网等开通运行。突出抓好党政机关和军工企业保密工作，建成电子政务内网违规外联安全监管平台，加强政府信息公开保密审查和涉密载体保密管理工作，开展保密技术检查和保密防范工作，对全市地理信息市场进行专项整治，进一步开展保密宣传教育培训，指导全市保密要害部门、部位制定保密防范措施。承办、参加全省首届保密知识电视竞赛。

（孙吉安）

保密工作

【概况】 2010年，全市各级保密组织贯彻落实胡锦涛总书记重要批示、中央保密委和省委保密委会议精神，围绕党委、政府中心任务，加强保密宣传教育，狠抓保密管理，为维护国家安全、推进全市经济社会又好又快发展发挥保驾护航作用。

【组织领导】 各级党委和保密委员会（保密领导小组）坚持党管保密原则，把保密工作摆上议事日程。市委领导专门听取保密工作情况汇报，市委保密委员会多次召开会议，研究重大问题，解决实际困难。4月和9月，先后两次召开县（市、区）保密局长会议，研究制定加强保密工作的对策和措施。11月，召开保密工作协作组组长会议，部署全市保密工作目标管理考核。全年，市、县两级主要（分管）领导就保密工作作出批示28次，党委中心组组织保密方面学习11次。

【宣传教育】 新修订的《中华人民共和国保守国家秘密法》4月由全国人大常委会通过，并于10月起施行。以此为契机，全市广泛开展新《保密法》宣传月、“12·4”全国保密法制宣传日活动，在主要交通要口、社区广场宣讲保密知识，开设新法咨询站，设置专题展板，悬挂宣传横幅，张贴宣传画，发放新《保密法》宣传单。市、县保密部门深入党政机关和企事业单位举办新《保密法》报告会和辅导讲座近70场，受教育人数4900余人次。全市统一下发《保密技术防范常识（图文本）》2500册，新《保密法》文本2800册，新《保密法》释义1570册，宣传挂图222套。7～9月，市保密局承办全省首届保密知识电视竞赛预赛，南通代表队在决赛中荣获全省第二名，全市60余家党政机关、涉密企事业单位近3000名干部职工收看江苏省首届保密知识电视决赛实况。认真组织全市开展保密承诺书签订人员保密知识竞赛活动，16家优秀单位和66名先进个人受到市委保密委表彰。市保密局与市委组织部、市人力资源和社会保障局联合下发《关于在全市公务员中开展保密教育培训工作的通知》，为全市各单位培训保密教育专业师资200多人。全市领导干部、涉密人员参加社会信息化保密常识普及教育、保密知识竞赛考试等达90%以上。在国家级保密刊物和省保密简报用稿数居全省前茅，市保密局被国家保密局评为通联工作先进单位。全年编印《南通保密工作》6期。

【保密管理】 按照中办、国办关于保密要害部门（部位）保密管理规定，指导94家单位、95个保密要害部门、98个要害部位制定保密防范措施，不定期督促检查抓好落实。指导军工企业开展有关认证新标准学习和培训，完成相关企业初审工作。不定期对全市15家国家秘密载体定点复制单位进行专项保密检查，落实长效管理机制。建成电子政务内网违规外联安全监管平台，并通过省专家组审查验收，实现对全市涉密计算机户籍式实时管理。规范完善党政机关和政府门户网站信息公开保密审查工作。3月下旬至4月，联合市邮政局开展党政机关秘密载体寄递管理工作专项检查。4～5月，对市直60家有定密任务的单位进行定密年检，重点检查定密程序、定密制度、有无错定漏定及调密是否及时等。7月，配合组织、政法、公安等部门，对系统内各单位的计算机及移动存储介质进行技术检查。做好国家统一考试的保密管理与监督检查工作。市、县两级建立高考保密突发事件应急处置机制，实行24小时值班和“零报告”制度。与市国土资源局、安全局、工商局等部门集中开展全市地理信息市场专项整治工作，取得较好效果。做好全市秘密载体回收定点销毁管理工作，明确销毁范围，严格销毁程序。市、县两级保密行政管理部门会同公安、工商、商务等部门，集中开展清理取缔涉密文件资料非法交易专项行动，及时堵塞漏洞，消除隐患。

（林　森）

组织工作

【概况】 2010年，市委组织部围绕中心、服务大局，创先争优，推动组织工作取得新进展新成效。（一）干部人事制度改革迈出新步伐。抓住被列为全省干部人事制度综合改革试点市的有利契机，深入推进干部人事制度改革，市县联动公开选拔百名领导干部，在全省率先探索实行市委全委会差额票决拟任人选。（二）人才强市战略有力推进。加快形成人才优先发展的战略布局，实施“江海英才计划”，着力抓好高层次人才队伍建设，评选重奖“江海杰出英才奖”、“留学回国人员成就奖”、“高技能人才成就奖”，优秀人才集聚效应不断放大。（三）新一轮“强基工程”扎实开展。组织开展创先争优活动，统筹推进农村、社区、企业、机关、学校等领域党的建设，比中央和省定计划提前两年完成“一村一社区一名大学生”目标，率先实现新经济组织、新社会组织党的工作有效覆盖和有效管理,全省推广南通市机关党建"创先工作法",基层党组织的创造力、凝聚力、战斗力不断增强。(四)组织工作群众满意度持续攀高。深入开展"讲党性、重品行、作表率"活动,切实加强组织部门自身建设,组织工作的影响力不断提高。中组部发布的2010年全国组织工作满意度民意调查结果,南通市得分处在全国前列,居全省第二。市"公推直选1071名大学生村官进班子,倾力打造新型村干部队伍"等2项成果入选全省组织工作十佳优秀创新创优成果,"实施江海英才计划,引领南通跨越赶超"入选全省组织工作创新创优成果。

【开展创先争优活动】 全市创先争优活动于5月下旬正式启动,活动主题为"争创科学发展新业绩、加快基本现代化新征程"。各地、各部门建立起主要领导任组长的领导机构,健全行业指导机构,形成齐抓共管格局。市委突出县(市、区)委关键层级,深入实施"一把手"工程,发挥主要领导的表率示范作用,有效推动活动开展。坚持突出主体,把起点和重点始终放在基层党支部,分类创设活动主题,丰富活动载体,加强分类指导,基层党组织和党员通过承诺践诺,在推动科学发展、服务人民群众中充分发挥主力军作用。深入开展党建带群建、公推直选大学生村干部进入"两委"班子,从机关中选派干部到经济薄弱村担任"第一书记"。市委活动办统一印发工作手册,建立起一月一自评、一季一互评、半年一点评、一年一测评的"四个一"推进机制,先后召开在推动发展中创先争优现场推进会、领导点评现场观摩会,各地也相应建立活动推进机制,确保创先争优活动有序开展。先后开展向尤建华、杨志南同志学习的活动,集中宣传如皋大学生村官创业群体、洋口港开发建设党员群体以及市公安局顾瑛等先进典型,在全市开展先进典型巡回演讲。引导基层党组织和党员围绕全市转型升级和基本现代化建设大局,立足本职明职责,兑现承诺办实事,推动跨越发展,服务基层群众。

【乡镇党委书记管党述职评议】 按照"抓书记、书记抓"的要求,探索乡镇党委书记党建工作述职评议机制。把乡镇党委书记作为乡镇党建工作的直接责任人,明确要求其对乡镇党建工作要亲自谋划,亲自部署,亲自检查,亲自督导,切实履行好管党职责。年底由各县(市、区)委召开乡镇党委书记专题管党述职会议,乡镇党委书记围绕履行管党职责情况进行述职,由分管领导和相关职能部门进行点评指导;参加会议人员现场质询,并根据乡镇党委书记的述职及现场解答情况进行测评打分。测评结果作为述职对象当年年度考核的重要内容、评先评优的重要依据和提拔使用的重要参考。同时,要求各乡镇党委书记对照述职评议结果进行深入剖析,认真查找亟待解决的突出问题,制定切实可行的整改方案,提高管党工作水平。

【非公企业党组织和党员先进作用发挥制度体系】 巩固提升党组织和党的工作覆盖面,截至2010年底,非公企业党组织整体组建率达86.32%。市委组织部制定出台《关于有效促进非公有制企业党组织和党员先进作用发挥的意见》,建立完善非公企业党务工作者资格认证制度、党组织书记"公推直选"制度、"四方商谈"联席会议制度、企业文化建设制度、企业党员定职上岗制度等5项制度,形成《南通市非公有制企业党组织和党员作用发挥情况考核评估办法(试行)》、《南通市非公有制企业党组织和党员作用发挥情况考核评估细则(试行)》。全市建立"四方商谈"联席会议工作机制和制度体系,在全市2960家企业中率先推行;有5258家企业拥有自办报刊、网站等宣传平台;非公企业党员积极参与创先争优,为企业发展提合理化建议1.83万条,开展技术革新1.06万个,完成急难险重任务1.05万件,由此增加经济效益29亿元。

【公推直选1071名大学生"村官"进班子】 探索"择优选、倾力帮、一线培、大胆用"的大学生"村官"培养之路。以村"两委"换届为契机,公推直选1071名大学生"村官"进村"两委"班子,占大学生"村官"总数的60.2%,其中129人担任村"两委"一把手,540多人担任村党支部副书记或村委会副主任。健全大学生"村官"岗前培训、定期轮训制度,发挥77个实践锻炼基地作用,创设"5+1"帮带机制,全市117名大学生"村官"考上公务员及事业单位工作人员岗位。引导大学生"村官"扎根基层、服务三农。全市大学生"村官"先后创办、领办、合办工业、高效农业、特种养殖等各类项目616个,累计投入资金2.2亿元,带动8915家农户增收致富,在农村经济建设、民生保障、拆迁维稳等各个领域建功立业。

【干部人事制度改革综合试点】 4月,省委组织部把南通市确定为全省深化干部人事制度改革综合试点市。市委对此高度重视,市委常委会进行专门研究,成立由市委书记罗一民任组长、各县(市、区)委书记和有关部门负责同志为成员的领导小组。召开全市领导干部会议,邀请中组部干部一局负责同志作专题辅导。坚持把开展综合改革试点作为深化改革、促进各项工作的有利契机,将省委《实施意见》提出的目标任务分解成13个重点项目,成立项目课题组,市县联动逐项提出试点的思路办法,将责任落实到单位、到个人。截至年底,市、县推出22项改革举措,制定出台18个规范性文件。

【公开选拔领导干部】 9月28日,市委召开全市公开选拔领导干部会议，部署以“三双三差”模式开展市县联动面向社会公开选拔部分党政机关、事业单位领导干部和国有（控股）企业领导人员109名。通过“双推”（两轮民主推荐）、“双考”（笔试和面试两次考试，均采取“一职一卷”）、“双评”（适岗评价、考察情况量化计分），全程实行“三差”（综合成绩前5名进入面试；面试成绩前3名进行体检，体检合格者进入第二轮民主推荐和组织考察），11月30日，通过现场演讲程序，实行公选领导干部全委会票决，从50名人选差额产生25名领导干部人选。

【实施“江海英才”计划】 紧扣人才强市战略，制定实施江海英才计划。加大人才投入，全市设立3.2亿元人才专项资金，对引进人才（团队）一次性给予50~500万元资金扶持，投入10亿元推进科技企业孵化器、人才公寓建设；重奖优秀人才，对“江海杰出英才奖”获得者每人给予100万元奖励。集中宣传优秀人才先进事迹，营造重才爱才浓厚氛围。深入实施“226”高层次人才培养工程，建立“虚拟硕士园”，与上海交大等高校合作，联合培养紧缺专业人才。实施“技能振兴行动计划”，培训高技能人才。围绕新能源、新材料、生物医药等优先发展产业，举办“海外高层次人才交流会”、“院士专家南通行”活动，赴境内外广揽人才，在国内外大城市举办21场人才政策推介会。

【党员教育培训】 制定全市党员教育培训意见，推进第一轮青年党员考学，印发新一轮青年党员考学教材，大力开展创业就业技能培训，推广“流动课堂”、“流动党校”、“主题党日”、“空中党课”，运用网络载体提升党员教育水平。注重党内表彰激励，对创建“党员先锋岗”活动中涌现出的28个先进党组织和54名优秀党员进行表彰奖励。

【结对帮扶】 制定下发第六轮结对帮扶的工作意见，组织全市机关党员帮扶283名特困职工。继续开展“先锋广场”、“双帮”等活动，全年各级党员共为群众办实事约5.7万余件，解决各类实际问题2.2万多项，走访慰问困难群众7.6万余人次，提供各类慰问物资折合540.4万元。对全市困难党员和老党员普遍走访慰问，分配下拨新中国成立前老党员生活补助经费1181.64万元。

（张　莉　戴者春）

宣传思想工作

【概况】 2010年，全市宣传思想文化战线深入贯彻落实科学发展观，紧紧围绕市委市政府中心工作，扎实推进理论武装、舆论引导、文明创建、文化建设等各项工作。（一）切实加强理论武装，积极引领科学发展。深入开展十七届五中全会精神学习教育活动，大力推进学习型党组织建设。承办全省农村党员冬训工作会议，积极推介南通特色经验。打造“江海大讲坛”品牌，广泛开展形势任务教育。开展应用性理论研究，举办第九届南通发展论坛。（二）精心组织新闻宣传，营造良好舆论氛围。组织“开启基本现代化建设新征程·转型升级在南通”、“年轻记者江海园区行”等大型新闻采访活动，做好全国“两会”、上海世博会、南通港洽会系列宣传，以及创先争优、文明创建等活动的宣传报道，加强社会热点难点问题舆论引导。全年《人民日报》、新华社、中央人民广播电台、中央电视台刊播南通报道330多篇，《新华日报》头版刊登南通报道20多篇。（三）深化思想道德建设，提高文明创建水平。组织开展“我推荐、我评议身边好人”活动，南通有14人荣登“中国好人榜”。围绕建设更高水平全国文明城市，组织开展“讲文明树新风迎世博”主题活动，深入实施市民素质提升工程，在全国117个城市公共文明指数测评中，南通取得全国地级市第十三名的好成绩。继续推进城乡基层各类精神文明创建活动和共建活动，农村精神文明建设特色经验在全省交流。大力推进社会志愿服务，南通市被确定为全国关爱空巢老人志愿服务活动示范城市，志愿者工作经验在全国会议上交流。加强未成年人思想道德建设，南通市未成年人成长指导中心建成并正式对外开放，第三届“童声里的中国”——优秀少儿歌曲创作征集推广活动有序开展。（四）推进文化改革发展，服务群众文化需求。市县两级全部成立文化广电新闻出版局，县级广播电台、电视台完成合并。经营性文化单位转企改制工作积极推进，公益性文化单位内部机制改革进一步深化。加强文艺精品生产，大型廉政话剧《母亲的守望》赴京演出取得成功，在全省广播电视政府奖评选中南通有40件作品获奖，继续保持全省领先。大力发展文化产业，海安523文化产业主题公园成为省级示范基地，一批投资超亿元的大型文化产业项目进展顺利。深化版权保护工作，联合国世界知识产权组织向世界推介版权保护促进区域经济发展的“南通经验”。（五）开展创先争优活动，激发干部队伍活力。先后举办市直宣传文化系统创先争优大党课和市直宣传文化系统及教育、卫生、体育党建工作座谈会，组织宣传思想文化系统贯彻落实“廉政准则”专题报告会。以公开竞争上岗的方式选拔部机关中层干部。举办多期宣传思想文化人才专题培训班。

【“江海大讲坛”等讲坛学堂建设】 “江海大讲坛”邀请周国平、张召忠、楼宇烈、张维为、闻闸、康震等一批知名专家，为广大市民奉献出一批高端讲座，讲坛现场常常爆满，讲坛内容在《南通日报》、南通电视台作深度报道。深化与企业及媒体的合作互动，保持与知名企业冠名合作。在“江海大讲坛”的示范引领下，全市建成各类讲坛学堂82个，年举办讲座1450多场,直接受众约26.7万人次,成为全市传播科学文化、开展形势教育的一块重要阵地。中宣部《党建》杂志第九期、《新华日报》2010年9月9日、省委宣传部主办的《大众学堂》2010年第6期分别刊文重点介绍南通市讲坛举办经验。

【应用理论研究】 发挥市社科基金导向作用,提高应用性理论研究组织程度,评选市社科规划基金课题44项。组织社科工作者申报国家及省、部级课题,全年获国家社科基金立项7个、省社科基金立项7个、省部级课题21项。重点围绕社会管理开展专题调研活动,在《人民日报》理论版发表署名文章,以"现代化进程中的社会管理创新"为主题举办第九届南通发展论坛。

【经济工作宣传】 策划开展"开启基本现代化建设新征程·转型升级在南通"大型新闻行动,市直媒体在重要版面、重要时段集中推出系列深度报道,对南通市船舶及海工制造、新能源等八大行业的转型升级现状进行透视,展示亮点,找出不足,探寻对策。抓住南通拥有江苏沿海开发、长三角一体化两大国家级战略叠加的独特优势,积极服务于全市开放型经济和民营经济,在市直新闻单位开展"年轻记者江海园区行"采访活动,深入苏通科技产业园、如东洋口港临港产业园、启东滨海工业园等沿江沿海工业园区采访,推出集中报道。配合港洽会召开,策划组织系列宣传活动,新华社、中央人民广播电台、经济日报等30多家中央、省级主流媒体集聚南通,宣传推介南通独特的区位优势、良好的投资环境,《新华每日电讯》、《人民政协报》、《新华日报》、《瞭望中国》刊发港洽会专版、专题。

【上海世博会宣传】 抓住上海世博会召开的重大契机,精心组织一系列宣传报道。与新华社、上海广播电视台合作开展主题为"世博会——长三角准备好了"(南通站)大型直播活动;通过上海世博新闻发布平台——"2010中国上海国际新闻中心"举办"南通旅游迎世博"新闻发布会,开展世博期间南通旅游网上推介活动;举办世博"南通宣传周";组织西亚、北非21个国家的23名世博境外记者到南通采访。市直媒体推出"参与世博,共享世博"、"世博零距离"、"直通世博会"、"走进世博"等专版、专栏;在《解放日报》、《文汇报》、《新华日报》、《香港大公报》等媒体上推出"世博与南通"集中宣传。

【先进典型宣传】 围绕创先争优活动、农村基本现代化建设、文明创建等内容,组织开展一系列典型宣传,继续发扬典型引路、群体效仿的宝贵经验。新闻媒体先后宣传报道尤建华、顾瑛、杨志南、赵小亭等一批先进典型的感人事迹,在社会上引起良好反响。召开先进典型代表座谈会,协同组织创先争优先进典型事迹宣讲报告会,分赴各县(市、区)开展巡回宣讲活动,制作发放先进典型事迹专题片,营造学习先进、崇尚先进、争当先进的良好氛围。

【宣传思想文化工作调研】 坚持把调查研究作为一项基本方法和工作制度,贯穿于宣传思想文化工作的全过程。全年先后组织开展提高宣传思想文化工作科学化水平、学习型党组织建设、文化体制改革文化产业发展、农村精神文明建设、志愿者工作等多项专题调研活动。开展宣传思想文化工作社情民意调查,深入市县基层采用问卷调查方式随机抽样访问3200人,了解群众的所思所想所需所盼,提高工作的针对性、前瞻性。市委常委、宣传部部长张小平的调研文章《服务基层,夯实基础,推动宣传思想文化工作科学发展》被中宣部部刊《宣传工作》刊用,并在《光明日报》发表。全年省委宣传部部刊《宣传工作动态》刊用南通市调研文章15篇,用稿数全省领先。

(张　俊　徐强昇)

【全民国防教育】 2010年,全民国防教育以学习宣传国防教育法律法规为主题,突出重点,服务大局,营造全社会关心国防、支持国防、建设国防的浓厚氛围。市国防教育办公室在中国人民解放军南京政治学院上海分院举办全市国防教育骨干法律法规专题培训班,全市50名国防教育骨干参加培训。组织市党政领导到通州区人武部慰问并开展"军营一日"活动,市四套班子、南通军分区以及市国防教育委员会成员单位的领导共45人参加活动。扎实做好征兵宣传工作,协调市级新闻单位和相关部门为全市征兵工作营造良好舆论氛围。

(高　荣)

统一战线工作

【概况】 2010年,全市统战系统围绕中心,服务大局,各领域统战工作取得新的进展。(一)开展"凝心聚力推转型"主题活动。发动全市统战系统开展结对交友、帮助转型,教育引导、推动转型,排忧解难、促进转型,送计献策、支持转型等系列活动,挂钩联系18家非公有制企业,结交900多名非公有制经济人士,表彰50名非公有制经济人士,帮助500多家企业融资31.5亿元,开展助企服务400多人次。开展"我为转型献一计"活动,收集各类建议489条,遴选69条上报市委、市政府。(二)维护民族宗教领域稳定。会同市民族宗教事务局开展民族团结进步创建活动,营造民族团结和谐氛围。实施少数民族困难同胞扶助工程,动员组织社会各界关心民族工作。会同公安、城管等部门做好到通经商少数民族同胞管理服务工作，妥善处理纠纷和突发事件。会同有关部门和县(市、区)为天主教海门教区主教祝圣活动提供服务和保障。加强宗教团体建设，完成市伊斯兰教协会、佛教协会和天主教爱国会换届工作。(三)支持民主党派履行职能。成立联合指导小组，推动民主党派开展学习践行社会主义核心价值体系活动。协助民革省委会成立民革南通市支部，协助民建市委会、民进市委会分别成立民建崇川区基层委员会和民进港闸区基层委员会。邀请民主党派负责人和无党派人士参加协商通报会、党风廉政情况通报会和座谈会。编辑《民主党派之声》11期，上报30多条建议。(四)增进与海外"四有"(政治上有地位、经济上有实力、学术上有造诣、社会上有影响)人物联系。配合香港南通同乡会邀请部分香港地区全国人大代表到南通考察。组团赴香港考察并协助市政府在香港举行大型招商活动。倡议并推动成立深圳南通商会。促成香港动漫火车有限公司与市开发区签订有关项目投资意向协议。(五)联络、扶持非公有制经济代表人士。会同市工商联组织10家非公有制企业赴西部和东北地区开展光彩事业项目。引导非公有制经济人士履行社会责任，全年累计参加社会公益事业和慈善捐赠300多次，捐资总额9000多万元。在全省率先开展非公有制经济代表人士综合评价工作，出台实施意见，成立领导小组，建立综合评价联席会议制度。指导、推动非公有制经济组织开展创先争优活动，确定18个联系点，以活动开展促进企业转型升级。(六)加强党外代表人士队伍建设。协助民进市委会、九三学社市委会进行届中调整，实现新老交替。开展"南通市党外代表人士队伍建设"专题调研，探索长效机制建设。会同市委组织部选拔党外人士安排实职，3名党外干部走上市政府部门领导岗位。全年举办培训班10多期，培训党外干部300多人次。做好党外人士政治安排，全市担任全国、省、市人大代表及政协委员的党外人士达615名。组织市政协委员书面考察和港澳政协委员届中考察，做好增补部分市政协委员的人事安排工作。

【组建民革南通市支部】 在市委领导下，协助民革省委会积极组织筹备。9月9日，民革江苏省委直属南通市支部委员会举行成立大会。民革中央副主席、省政协副主席、民革省委主委程崇庆为民革南通市支部揭牌，为南通市多党合作事业增添新力量。

【推进参政议政】 按照"党委出题、党派调研，政府采纳、部门落实"的模式，推动市各民主党派、工商联开展专题调研，市委、市政府领导以及10个部门负责人专题听取7个调研报告成果汇报，扩大民主党派、工商联参政议政、知情出力的影响力，为市委、市政府民主决策、科学决策提供参考。

【举行香港南通乡亲联谊活动】 会同香港南通同乡会在深圳举行香港南通乡亲联谊活动。方铿、杨耀忠、周安达源等80多位南通乡贤以及外交部驻港特派员公署发言人宋荣华、中联办施纪明等领导和知名人士参加活动。

【组织优秀中学生赴港访问】 组织第四批28名优秀中学生赴香港，进行为期5天的访问交流，并达成延续5年中学生赴港交流访问协议。

(李 莽)

农村工作

【概况】 2010年，全市各级贯彻落实中央和省委、省政府关于"三农"工作的决策部署，强化农业基础，促进农业转型，深化农村改革，改善农村民生，各项工作取得新成绩，为"十一五"目标任务圆满完成奠定坚实基础。全市实现第一产业增加值262.43亿元，增长4%；农村居民人均纯收入9914元，增长14%，连续7年保持两位数增长，连续两年高于城镇居民人均可支配收入增幅。全市率先在全省江北以县(市)为单位实现全面小康，所辖县(市)均跻身全国综合实力百强县行列。

【统筹城乡发展】 市委、市政府成立南通市统筹城乡发展工作领导小组，市委副书记、市长丁大卫任组长，市级机关涉农部门主要负责人为领导小组成员。组织编制《南通市"十二五"现代农业和农村经济发展规划》(草案)，如皋市成功申报为国家级农村综合改革试验区。

【农业产业化经营】 以项目农业建设为载体，推进农业产业化经营。全市规模农业项目550个，投资额达125.4亿元，争取到省农业产业化龙头企业扶持资金1120万元。组织有关龙头企业在农业部"中国农业网"上宣传推介，为有关企业成功申报国家农产品加工示范企业、加工示范基地和国家农产品加工研发分中心等，海安老坝港镇、海门培育村分别成功申报农业部"一村一品"示范镇村。9月29～30日，省委、省政府在南通召开全省农业产业化经营工作会议，与会代表参观海安、如皋等地现场。

【农业接轨上海】 2010年，全市承接上海农业项目130个，其中农业投资项目70个、合作项目60个，吸引上海方面投资23亿元，比上年增长50%；全市销往上海市场的鲜活农产品，销售额达到60亿元，比上年增长16%。

【三大合作组织】 全市新增农民入社户数8.05万户，居全省前列。新增农地股份合作社190家,新增入股面积1万公顷。新增社区股份合作社239家,量化资产2.97亿元,社区股份合作制改革面达到83%。全市累计三大合作社总数达3745个,入社成员占农户总数的31.7%。制定《南通市农民专业合作示范社认定和监测办法(试行)》和《关于加强农民专业合作社档案工作规范化建设的意见》,建立以政府扶持为主要对象的农民专业合作社名录,获得国家、省、市项目扶持资金近2000万元。

【农村土地承包管理】 加强土地承包规范化管理和服务,开展土地承包经营权登记试点工作,9个村138个村民小组进行登记试点,涉及农户5090户,办理土地承包经营权登记的农户4802户,占95%。全面推广使用土地流转合同标准文本;规范土地流转服务,推进农村土地承包管理信息化,全市土地流转面积达到167万亩,比上年增加11%,流转面积占承包地面积的29%。农业适度规模经营面积达362万亩,比上年增加21%。完善土地承包经营纠纷调解仲裁体系。12月23~25日,全国农村承包土地管理工作座谈会在南通召开,南通市作大会交流发言。

【一事一议项目化管理】 坚持一事一议筹资筹劳方案逐级审批制度。9月2~3日,会同市委组织部开展乡镇主要负责人农村政策培训。全市实行一事一议筹资的行政村1503个,实施"一事一议"筹劳的行政村1435个,分别占全市行政村总数的88.3%、84.3%。全市预算筹资10658万元,农民人均承担18.71元;预算筹劳1334万个工日,劳均筹工5.85个,其中农民自愿以资代劳工日1272.89万个,可筹以资代劳金12728.9万元,劳均出资55.87元。各地的筹资筹劳标准,以村为单位均控制在省委、省政府规定的村民"一事一议"筹资筹劳政策上限内。全市共获省奖补资金8217万元,涉及583个村,受益农业人口204万人。

农业部在南通召开全国农村承包土地管理工作座谈会(市委农办供稿)

【农村经营管理规范性文件】 研究出台《南通市涉农负担问责暂行办法》、《南通市违反农村集体财务管理规定行为问责暂行办法》,在全省尚属首创。中纪委"党风廉政之窗"网、国务院纠风办及省委农工办和省农委分别推介南通的做法。

【农业政策性保险试点】 在全省率先启动并实现农业保险信息化管理全覆盖,得到省金融办的充分肯定。举办2期全市农业保险政策暨信息化管理软件使用培训班,有300人参加培训。2010年,全市承保水稻251.89万亩,承保率96%;承保小麦236.17万亩,承保率达95%;承保油菜160万亩,承保率99%;承保玉米48.88万亩,承保率97%。承保能繁母猪30.99万头,承保率100%。承保育肥猪32.5万头,承保桑蚕33.26万张。承保大棚及附加薄膜2.68万亩。

【脱贫攻坚】 各县(市)和通州区从1月1日起,将农村低保标准提高到每月210元,对未脱贫农村建档立卡户实现全覆盖。全市脱贫情况整体良好。据省公布的数据,南通市建档立卡30.01万人,2008~2010年累计脱贫28.67万人,全市脱贫率为95.5%,其中海安县94.3%,如东县95.9%,启东市95.4%,如皋市96.5%,海门市96.0%,通州区96.3%。

【村级集体经济】 培植村级集体经济的"造血"功能。2010年全市实现村级集体经营性收入5.12亿元,比上年的村均17万增加13万元,增长76%。11月23日,在全省发展村级集体经济推进会上,南通市和海安县作为先进典型作大会交流发言。

【被征地农民生活保障】 研究出台《市政府关于加强和完善崇川区、港闸区被征地农民基本生活保障工作的意见》。11月23日,市政府召开崇川区港闸区被征地农民基本生活保障工作大会。建立健全市区被征地农民基本生活保障体系,崇川、港闸两区有90.8%的被征地农民重新回归到基本生活保障体系。

【农地招商】 以农村土地规模经营为基础,体现现代农业发展规划和特色产业发展要求,编制招商项目。10月26日,在南通文峰饭店成功举办土地规模经营农业项目招商推介会。推介会邀请客商140多名,集中签约30个项目,涉及土地流转面积4.24万亩,投资总额34.66亿元。

【农民体协】 海安县花鼓队代表南通市参加全省农民鼓王大赛获得一等奖,如东的民间舞蹈跳马扶、通州二甲的蓝印花布参加首届中国农民艺术节荣获大奖。

(王建中)

政 法 工 作

【概况】 2010年,全市政法机关以科学发展观为指导,以长安理念为统揽,深入推进社会矛盾化解、社会管理创新和公正廉洁执法三项重点工作,以"平安综治综合绩效全省第一,社会管理创新全国试点"为标志,全市政法工作进入新阶段。全市社会大局持续处于平稳可控状态,连续13年未发生一起在全省全国造成重大影响的刑事案件、政治事件和群体性事件。

【维护社会稳定】 先后10多次召开全市性维稳工作会议,分别对矛盾纠纷排查化解、治安重点地区整治、世博安保、校园安保等工作作出部署。与各县(市、区)人民政府、市级机关各有关部门签订综治维稳工作责任书。在全市范围内建立"党委统一领导、政府组织实施、部门具体负责、综治维稳指导考核"的社会稳定风险评估体系,制订出台《社会稳定风险评估规范化工作标准体系(试行)》等文件,在重大改革、重大项目实施之前,全面进行稳定风险评估。大力推进应急管理建设,完善预防社会矛盾问题积累和激化的排查机制、社会敏感问题和突发事件监测预警机制、应急处置救援机制,形成"110、119、112"和政府应急管理中心"3+1"公共应急管理模式。深入开展国家安全人民防线建设,有效保障全市社会政治稳定。全面推进"四个纳入"(纳入基层党组织建设、纳入综合治理、纳入精神文明创建活动、纳入"三个代表"学教活动)工作,深入开展反邪教斗争,持续实现"三个确保、一个零指标"的目标。

【社会管理创新综合试点】 2010年10月,南通市被中央确定为全国社会管理创新综合试点城市(全国共7个地级市、江苏唯一),承担起为全国社会管理创新工作先试先行的重任。12月7日,在北京召开的全国社会管理创新综合试点工作推进会上,市委书记罗一民作大会交流发言,介绍南通市加强社会管理创新的经验。

【法治南通建设】 紧紧围绕"法治南通建设全省领先"工作目标,突出"依法行政、公正司法、普法宣传"三大重点,全力推进法治城市创建活动。在全省率先制定法治城市创建考核办法及考核细则,将法治城市创建纳入全市年度工作综合目标责任制考核体系。扎实开展法治系列创建活动,海门、如皋被表彰为全国法治县(市、区)创建工作先进单位,海安、海门、如皋、如东被表彰为全省法治县(市、区)创建工作先进单位,受表彰数全省领先。被全国主流媒体誉为"海安样本"的行政首长出庭应诉制度,受到最高人民法院肯定并向全国推广。

【执法督查工作】 根据中央和省委统一部署,深入推进集中清理涉法涉诉信访积案、案件评查和联合接访"三项活动"。全市共排查689件积案,全部采集录入中央政法委数据库,经过集中清理化解670件。认真开展涉法涉诉信访处理工作,全年办理领导批件380件,接待人民群众来访72批600余人次。组织政法各部门评查案件428件,并抽取100起信访积案进行市级评查,通过逐案点评反馈等形式强化个案指导。加强涉法涉诉信访案件联合接访工作,建立市、县两级涉法涉诉联合接访中心10家。全省"三项活动"现场推进会在南通市召开,南通市案件评查和涉法涉诉案件处理工作经验在会上交流。依法督促、推动全市大案要案的查处工作,研究协调有争议的重大疑难复杂案件。全年共协调市政法各部门和下级政法委提请协调的案件14起,召开案件协调会24次,成功处理一批重大疑难复杂案件。配合省委政法委深入开展为期两个月的执法监督巡视工作,听取政法各部门及基层执法单位汇报会24场,参加各类座谈会20余次,走访基层执法单位50余家,有力促进政法部门执法规范化建设。

【政法队伍建设】 结合创先争优活动,在全市政法系统广泛开展公正廉洁执法主题实践活动,经验做法5次被省委政法委推广,10月底全省公正廉洁执法现场推进会在南通市召开。深化以"岗位练兵、轮岗交流、队伍督察、内部制约"为主要内容的政法队伍建设"四大机制",切实提升政法机关和政法干警的形象。加大对执法部门、窗口单位、敏感部位和重点热点岗位干警轮岗交流力度,全市政法干警轮岗交流2686名,占应交流数85.2%。组织暗访活动12次,先后暗访362个基层政法单位。全面推行市公安局以标准化管理推进执法规范化建设的先进经验,引导全市政法机关形成岗位标准、行为标准和裁量标准等三大执法标准体系,最大限度地确保执法公正廉洁。"构建政法队伍建设四大机制,夯实持续创新创优根基"的经验做法被中央政法委推广。树立并宣传"江海神探"顾瑛、"贴心法官"杨志南、"反邪斗士"蒋龙生、"马路卫士"尤建华等一大批先进典型。

【综治法治领导责任制】 落实市委2010年1号文件《关于推进长安南通建设的意见》,突出强化综治法治领导责任制,推动政法综治和法治建设各项工作有效落实。首创平安报表月报制度,为各级领导科学决策提供依据。着力完善诉求表达机制,建立健全听证对话制度,从源头上防止矛盾冲突发生,县乡两级共组织听证对话1012场次,参加群众代表达3.28万人次。强化考核奖惩制度,把领导干部履行维护社会稳定、推进平安法治建设的情况纳入年度考核体系,全市共有126个处级领导班子和1146名副处级以上领导干部参加述法述安考评。

(陈金祥)

对台工作

【概况】 2010年,市委台湾工作办公室紧紧抓住ECFA(两岸经济合作条约协议)洽签机遇,完成各项对台工作任务,各项指标继续处于全省领先位置,全年共吸引台商投资项目118个,总投资21.2亿美元,协议注册台资14.8亿美元,实际利用台资6.2亿美元,当年到账台资连续6年位列全省第二、全国前十,被市委市政府授予"市开放型经济引荐服务双佳单位"和"对台招商引资先进单位"荣誉称号。南通市对台贸易再上新台阶,全年对台贸易总额达6.11亿美元,同比增长44.3%。南通服务台商工作连续第9年保持在国台办"零投诉"的记录。

【赴台招商】 全年共有36个团组283人次赴台经贸考察。2010年6月30日~7月9日,市长丁大卫率11个团102人赴台招商,于7月5日在台北君悦大酒店举办"龙腾江海·耀眼南通——台湾南通经贸交流活动周"开幕式暨新兴产业合作论坛,台湾工业总会理事长陈武雄及280余名岛内工商业界重量级人士与会,其中台湾大财团以及上市上柜公司96家。中国国民党荣誉主席连战、吴伯雄分别给大会发来贺信。南通市成功签约28个台资项目,总投资14.8亿美元。7月2日,南通市政府与台湾新竹科学园区同业公会在新竹举行"南通·新竹产业交流对接会",市长丁大卫等与新竹科学园区的50多位新兴产业界董事长、总经理进行座谈。7月8日,市政府与台北电脑同业公会、台湾动漫产业协会在远企中心联合举办"南通·台北科技文化产业创意论坛",50多位岛内电子、电脑、动漫界企业高层人士与会,副市长沈振新在会上作推介。在台期间,市长丁大卫、副市长沈振新一行还拜会中国国民党荣誉主席连战、吴伯雄,中国国民党副主席、海基会董事长江丙坤等人士。5月18~26日,市政协副主席顾裕岳率南通市服务业考察团赴台招商,并在岛内召开投资洽谈会。

【台商接待】 全年接待到南通经商考察台商1299人次。其中重量级台商有:台塑集团总裁王文渊,台肥董事长钟荣吉,科学工业园区同业公会理事长谢其嘉,台湾天蓝建设开发公司董事长张神其,台湾工商建设研究会理事长吴嘉璘,中环集团董事长翁明显,欣兴集团董事长曾子章,台湾"中石化"总经理蔡锡津,润泰集团总经理简沧圳等。市领导罗一民、丁大卫、黄利金、黄巍东、徐辉、沈振新等先后会见到访重要客商。

【两岸交流】 全年共有20批79人赴台交流,内容涉及司法、医疗卫生、档案、珠算、劳动等方面。邀请、接待到南通台胞1753人。通台双向交流人数全省领先。

【对台宣传】 全年共有台湾主流媒体记者5批41人到南通采访,是频次最高的一年,共完成9集295分钟宣传南通电视片的拍摄,先后在台湾东森、三立、中天等多家电视台播出。台湾南通经贸交流活动周期间,台湾《经济日报》、台湾《工商时报》、《旺报》共12个专版专题介绍南通。

(朱 鸿 金林远)

老干部工作

【概况】 2010年,全市有离休干部6268人,平均年龄83.4岁。按单位性质分,机关2131人,事业1766人,企业2371人;按职级分,享受地(市)级待遇283人,享受地(市)级两项待遇253人,享受县(处)级待遇2496人,享受其他待遇3236人;按参加革命时间分,红军时期1人,抗日战争时期1238人,解放战争时期5029人。市管退休干部1142人。全市老干部工作突出抓好落实离休干部政治生活待遇,发挥老干部独特作用,关心下一代工作被中央文明办表彰为全国关心下一代工作先进集体;"双五好"离退休干部党支部和党员创先争优活动荣获全省老干部工作创新创优优秀成果奖,被中组部、《中国老年报》在全国推广;开展争创"五好"离退休干部党支部和争创示范性老干部活动学习阵地活动的做法分别被中组部、省委老干部局向全国、全省推广。年内,市委老干部局迎来建局30周年,在举办庆祝活动的同时着力加强服务能力建设,开展创特色工作、创优质服务、创一流业绩活动,举行全市老干部工作政策业务知识竞赛,参加全省老干部工作政策业务知识竞赛,获"优胜单位奖"。开展创新创优评比,全市有34项创新创优成果获奖。组织老干部工作课题调研,《关于推进学习型离退休干部党支部建设的思考》被中组部评为三等奖,《关于我市利用社区资源做好离退休干部服务管理工作的调查与思考》荣获省委老干部局调研课题一等奖,《关于学习型离退休干部党支部建设情况的调查与思考》荣获市委宣传部、组织部调研课题二等奖。

【离退休干部思想政治建设】 建设学习型离退休干部党支部。下发《关于推进学习型离退休干部党支部建设的意见》,举办2期支部书记培训班和4期县(处)级退休干部培训班,邀请党校教授和发改委领导围绕十七届四中、五中全会精神作专题辅导,组织老干部参观上海世博会和本市工农业生产建设,把离退休干部的思想和行动统一到党和政府的决策部署上来。7月9日,在全市经济社会发展形势报告会上,市委常委、市政府常务副市长蓝绍敏为老干部作形势报告。开通南通市离退休干部网络党支部,帮助老干部深入、系统地学习党的先进理论。在市老干部活动中心成立老干部党校,作为老干部学习党的先进理论的主阵地。组织离退休干部参加"庆世博让生活更美好"知识竞赛,被全国老龄工作委员会办公室、中国老年杂志社授予"优秀组织奖"称号。

开展创先争优活动。与市委组织部联合下发《关于组织全市离退休干部党支部和党员深入开展创先争优活动的意见》,提出在离退休干部党支部和党员中开展以创建"五好"先进党支部和争做"五好"优秀党员为主要内容的创先争优活动。全市60%以上离退休干部党支部达到"五好"标准。组织全市离退休干部开展"夕阳映江海,晚霞更生辉"主题实践活动,召开正厅职以上老同志座谈会,征求"十二五"规划《建议》的修改意见;老年科技工作者关于南通市"十二五"科技发展的建议得到市委、市政府主要领导的充分肯定;组织老干部参与全市"讲文明树新风迎世博"主题活动,协助文明城市创建工作。11月26日,召开全市离退休干部思想政治建设暨创先争优经验交流会。

【落实老干部生活待遇】 (一)健全完善离休干部医疗保障机制。在全省率先出台《进一步加强离休干部医疗保健服务管理工作的意见》和《关于做好副省级医疗待遇离休干部医疗保健工作的通知》,为老干部提供优质、快捷的医疗服务。(二)巩固完善离休干部生活待遇正常增长机制。对县(市、区)离休干部关注的住房补贴问题,采取单位负担与财政补贴相结合、一次审批与分批解决相结合的办法,为5718位县(市、区)离休干部发放近1.57亿元的住房补贴,在苏中、苏北率先全面解决离休干部住房补贴。(三)落实完善离退休干部特困帮扶机制。市财政安排帮扶特困老干部专项资金,对有特殊困难的离休干部给予特殊关爱和救助,并将帮扶对象延伸至市管退休干部和老干部遗属。全市落实经费387万元,帮助600多名困难离退休干部及离休干部遗属解决燃眉之急。

【离退休干部服务管理】 健全完善退休干部服务管理网络,将市管退休干部按单位划入10个片,定期召开片组长会议。9月28日,在如皋市召开全市退休干部服务管理工作推进会,在全国率先实现全市干部管理权限内退休干部服务管理工作的全面覆盖。市委组织部、老干部局等部门出台《关于利用社区资源做好离退休干部服务管理工作的意见》,将市属1469名离休干部委托崇川、港闸区21个社区服务管理。10月29日,在崇川区新城桥街道朝晖社区广场举行全市利用社区资源服务离休干部启动仪式。开展"峥嵘岁月再回首,'红色火炬'代代传"传统教育、关工助学等活动,《中国老年报》"红旗支部行"栏目作专题报道。

【阵地建设与活动开展】 出台《示范性老干部活动学习阵地创建实施意见》和《南通市示范性老干部活动学习阵地建设考核验收标准》。4月22~23日,在如东县召开示范性老干部活动学习阵地建设工作会议,组织参观县、镇、村三级活动阵地,交流各地阵地建设经验。在全市培育26个示范点,推动老干部活动学习阵地建设整体水平提高。全市先后投入资金5019万元,新增和改造老干部活动学习阵地1.3万平方米,开放新城老干部活动室。举办历时4个月的首届"健康快乐伴我行"老干部文体系列活动。组队参加"迎省运"全省老干部桥牌比赛、"和谐颂"全省老干部现代交谊舞比赛、十七届全国沿海部分城市门球联谊赛等活动。重阳节在更俗剧院举办老干部文艺汇演暨庆祝重阳节活动。

(陶蓓蓓)

机关党建

【概况】 2010年,市委市级机关工作委员会紧紧围绕"双转型"的工作主线,深入推进争创全省最佳办事环境活动,不断提升综合绩效管理科学化水平,为南通开启基本现代化建设新征程提供强有力的作风保障。创新机关党建工作思路,提出"机关党建科学化发展"的全新理念,结合开展创先争优活动,扎实推进活力党建、特色党建和质量党建活动。在"活力党建"上,坚持以争创全省最佳办事环境为导向,加强机关作风建设、推进综合绩效管理,形成事事抢第一、行行争一流的良好局面;在"特色党建"上,注重思想领先、行动率先、业绩争先,推进学习型、服务型、创新型机关党组织建设;在"质量党建"上,强化机关党务干部队伍建设,健全党务干部学习培训制度,全省率先在有条件和党员人数较多的部门设立机关党组织专职书记,完善和落实对机关党务干部的走访慰问、激励表彰等制度。全年机关党组织创先争优成果达到200多个,其中60多个得到推广运用。市机关作风建设再度引起高度关注,中央国家机关工委到南通专题调研。"三评三看"为核心的机关党建综合考评办法,得到中组部调研组肯定。

【机关作风建设】 出台《关于2010年全面打造规范、创新、高效、廉洁的服务型机关,深化市级机关作风建设的实施意见》。将机关作风建设与部门职能工作、社会评议意见整改、内部绩效管理相结合,形成联动抓作风的良好态势。机关部门开展"学习先进强服务,争先创优助转型"主题实践活动,94个机关部门围绕"六个最"(办事理念最先进、办事态度最热情、办事程序最简化、办事方式最快捷、办事成本最低廉、办事成效最显著)的原则要求,结合自身实际,建立1607项指标,其中全省最佳指标1318项,全国一流指标289项。审批服务流程再次提速,84个行政许可(服务)事项压缩374.5个工作日,单项业务办结时间为0.8个工作日,比上年压缩45.6%。探索形成机关优质服务文明办公机制、行政审批增效提速机制、全员培训提高机制、内部压力传递机制、机关联系群众机制、民主监督机制、组织领导推进机制和"三位一体"综合考评体系等8个较为成熟的机关作风建设长效机制。首次全面部署全员绩效管理工作,形成系统化的内部绩效管理实施意见,有效实现机关作风建设由部门面上推进向部门内部处室延伸、由对部门考核向处室和工作人员考核的拓展。

【"千企挂钩帮扶年"活动】 通过市级机关与千家企业联手、委派千名党员干部与企业结对共建,以最大的诚意、最优的政策、最实的举措、最佳的环境,进一步为企业提供急需、直接、管用的个性化服务,帮扶企业持续健康发展。据统计,全年市级机关94个部门共结对帮扶7100个企业,帮助融资贷款453亿多元,争取资金15亿多元,帮助解决各类问题5204个,扶持政策及献计献策4954条,参与服务企业的机关干部达3299人次。

【市级机关服务品牌创建】 指导各部门进一步从品牌名称、文化、形象、服务标准、服务软件、管理体系和保障制度等方面入手,对服务品牌进行再提炼、再加工、再实践、再宣传,把服务品牌作为推动机关工作的导向、机关干部个人行为的规范。81个机关部门共确立89个服务品牌,部门品牌创建率达94%,品牌数量和质量均创历史新高,为"全省最佳办事环境"这一全市机关大品牌赋予更丰富的内涵。

【机关作风社会评议】 组织方式出新。扩大基层和企业的参与面,企业和基层的代表占比由2009年的79%增加到83%。代表候选人的推荐比例由高于正式代表人数的20%增加到30%,每个机关部门只有1个代表参评。调整代表候选人信息库,各扎口部门按照30%的比例进行调整、充实,随机抽选确定社会评议代表。督查问题深入。通过深入基层单位、聘请作风建设监督员、发放征求意见表、召开座谈会等途径,主要排查影响民生和谐、重点企业服务、行政效能审批等方面的突出问题。严格整改落实。各部门普遍建立整改目标责任制、整改内容承诺制、整改过程督查制,做到整改内容、任务要求、整改时限、责任部门、责任人"五落实",2010年,社会各界对机关部门落实重点问题整改的满意率和基本满意率达到98%以上。跟踪督查94个部门的整改情况,发现问题随即反馈。

【机关党建综合考评】 创新机关党建综合考评,在全国率先建立以"三评三看"为核心的机关党建综合考评办法,即:评价党的建设的经济效益,看机关党建在促进经济社会发展中的作用是否得到充分发挥;评价党的建设的政治效益,看机关党组织的凝聚力、战斗力和影响力是否得到有效提高;评价党的建设的社会效益,看党和政府与人民群众的联系是否得到进一步加强。完善考评内容,"基础性工作"突出规范化建设,全市统一并保持相对稳定;"创新性工作"突出创新争优导向,由市级机关直属党组织结合部门实际拟定,经审定后各自组织实施。党组织负责人直接在网络上浏览所有直属党组织的目标实施情况,并分组打分。这种考核方法,解决了机关党建考评定性多、定量少,考评内容及对象多、资源少等难题,在国内同行中产生较大影响。

【学习型机关建设】 落实《市级机关建设学习型机关五年规划》,强化考核激励,推进学习型机关建设取得新成效。首次开展"先进文化在机关"系列活动。组织开展"弘扬社会主义核心价值体系专题学习讨论和党员箴言征集"活动,共收到党员箴言1222条,评选出优秀党员箴言312条,收录汇编成《抒怀、明理、励志——南通市市级机关共产党员箴言录》,其中40条入选《理想与信念——江苏省市机关共产党员箴言录》一书,录用数位居全省13个地级市第一。组织美文佳作赏析活动,市级机关广泛开展诵名篇活动。首次举办市级机关"双语"(普通话、英语)大赛,85名选手报名参赛,15位选手进入决赛。首次开展学习型机关创建优秀活动项目评选活动,市级机关共申报90个活动项目,38个项目入选优秀活动项目。举办创建成果展览。61个部门共展出展板80多块,集中展示机关部门5年来学习型机关创建活动。进行首轮学习型机关创建评估,通过自评申报、分组评估、集体审定,最终授予60个部门"学习型机关创建先进单位"称号。首创党组织学习旁听活动。确定10个机关党组织为旁听对象,机关工委组织人员参加旁听,对学习活动情况进行综合评估。

【机关党风廉政建设】 首次组织廉政承诺公开宣誓。5月10日,在市行政中心举办市级机关党员干部集中廉政宣誓承诺,200多名党员干部参加承诺宣誓,并进行廉政承诺签名。首次开展廉政格言警句和廉政文学作品征集,共征集到廉政格言1000多条,廉政诗歌、小说、散文近百篇,通过精心筛选,编印《市级机关廉政格言警句汇编》和《市级机关廉政文学作品汇编》,发放各部门。"国际反腐败日"之际,首次举办"2010市级机关勤政廉政论坛",市委常委、纪委书记王正宇作主题演讲,市级机关400多名党员干部代表参加论坛。

【机关群团建设】 提出"围绕中心、贴近大局、活跃气氛、凝聚人心"的机关群团工作思路，充分发挥群团组织在推进各项工作落实中的突出队作用。机关工会广泛开展"创学习型组织、争当知识型职工，创文明岗位、争当文明职工"活动，致力建设"学习型、实干型、创新型、服务型"工会，涌现一批"五一"劳动奖章获得者、国家、省市级劳模和一个全国英模示范岗（尤建华示范岗）。评比产生51个先进职工之家、47个合格职工之家，建家合格率达100%，南通国税局成为全国模范职工之家，审计局、地税局为省模范职工之家。团工委通过团建工作联系点、青年文明号集体、青年志愿服务队、文体活动俱乐部等渠道，努力实现机关团组织对机关青年的全覆盖。市级机关共有国家级青年文明号1家，省级青年文明号14家，市级青年文明号48家。6家团组织通过公推直选进行换届改选或书记增补，机关团干部队伍更具活力。妇工委创新形式，开展网上调查妇女现状活动，加大建立机关妇女组织的力度。举办"市级机关巾帼文明岗风采巡礼展览"，集中展示历年来市级机关获得省市级以上"巾帼文明岗"的部门和单位的巾帼风采。举办各种活动和赛事。机关工会举办"迎世博"市级机关乒乓球比赛、市级机关迎新春掼蛋比赛、"南通体育日"游泳比赛、"迎亚运"拔河比赛等。团工委组织"看世博、讲文明、我先行"活动，开展"融入基层、真情助困"主题实践活动，成功举办首届机关青年运动会，500多名机关青年参赛。妇工委开展"美在机关"系列活动，关心市级机关单身男女青年生活。

（张菊红　钱秀平）

党史工作

【概况】 2010年，市委党史办认真贯彻落实全国、全省党史工作会议精神和中央10号文件、省委16号文件精神，围绕中心，服务大局，以党史二卷本（1949～1978）编写为基础，以党史专题研究为特色，以活动组织为抓手，以队伍建设为保障，全面加大各项工作组织力度，开展创先争优和全员学习活动，各项工作取得新成绩。

【地方党史第二卷编写】 经过4年努力，至2010年6月，近40万字的《中共南通地方史（1949～1978）》完成征求意见稿。年内报市委领导审阅，并报省委党史工办。与此同时，指导、推进各县（市）党史二卷本的编写工作。

【编纂《中国共产党南通党建简史》】 为迎接建党90周年，回顾、总结南通党建的发展历程和经验得失，市委党史办组织专人开展《中国共产党南通党建简史》一书的编纂工作。至年底，资料收集及初稿编写工作基本完成。

【编纂出版《三名之春》】 为及时总结南通民营经济发展新鲜经验，打造"三名"工程，弘扬"三创"精神，市委党史办在前两年编辑出版《三名之春》的基础上继续开展新版《三名之春》的编纂工作。1月初，市委党史办、市民发办、市工商联联合召开各名企办公室主任会议，落实资料编写任务。3月底顺利完成《三名之春》（2008～2009年）一书出版工作。发行后反响良好。

【编纂《江海骄子》系列书籍】 为宣传南通，市委、市政府拟编印《江海骄子》系列书籍，市委党史办积极配合搞好前期资料的采编工作。至年底，基本完成《江海骄子》（第一部）资料的征集、编辑工作。主要收录出生于南通、在中央或外省担任过部级以上职务的人士简要情况。

【编纂《南通乙种组织的前前后后》】 南通乙种组织是中共苏中四地委领导的党的隐蔽组织代号，是具有层次化、区域化的独立系统，独立存在于1943年春至1945年秋。为告慰革命先人，发挥地方党史资政育人作用，党史办搜集大量相关的历史资料，认真考证求实，着手编纂《南通乙种组织的前前后后》（暂名），全面反映南通乙种组织的历史风貌。至年底，形成资料40多万字。

纪念新四军东进南通地区70周年座谈会

【纪念南通地区抗日根据地创建70周年】 11月17日，南通市委、市政府在南通博物苑报告厅召开新四军东进南通地区暨抗日根据地建立70周年纪念座谈会。市委副书记黄利金、市人大常委会副主任王平、市政府副市长朱晋、市政协副主席袁瑞良、南通军分区副政委张卫新及市有关部门和单位党组（党委）负责人参加纪念座谈会。会上，老同志代表、机关干部代表、学生代表从不同角度回顾新四军东进抗日的历史，重温党领导人民群众团结抗日取得的辉煌业绩，表达珍惜今天幸福生活、再创历史新辉煌的决心。市委副书记黄利金作重要讲话。活动由市委党史办具体承办。

【纪念刘瑞龙诞辰 100 周年】 2010 年 10 月 3 日,是无产阶级革命家刘瑞龙同志诞辰 100 周年纪念日。为配合市委搞好纪念活动,市委党史办征集纪念文章、整理相关资料,编印《刘瑞龙同志诞辰 100 周年特刊》,协同如皋市委党史办召开纪念红十四军创建者和领导者刘瑞龙诞辰 100 周年座谈会,撰写纪念红十军建立 80 周年及刘瑞龙诞辰 100 周年文章,分别在《南通日报》、《新华日报》发表。9 月 24 日,刘瑞龙诞辰 100 周年纪念座谈会在南通举行。中共中央政治局委员、国务委员刘延东出席,江苏省委书记、省人大常委会主任梁保华在会上讲话。

【革命遗址普查】 根据中央党史研究室和省委党史工办关于开展革命遗址普查的部署和要求,市委党史办组织发动各县(市、区)史志办,组织人力,开展普查,撰写普查文稿,填报普查报表,完成普查报告。到各县(市、区)开展工作指导,帮助解决技术问题,推动工作进度,保证普查质量。直接完成崇川区、开发区革命遗址的普查工作。10 月底,南通市革命遗址普查工作通过省验收,11 月上旬普查报告及资料上报省委党史工办。

(朱　茜)

【《南通今古》改版更名】 2010 年,市委党史办、市地方志主办的内刊《南通今古》实施全面改版。开本由正 16 开改为大 16 开,记述范围由以市区为主,扩大为 1 市 5 县(市),选题注重文化内涵和史料价值。改版的同时刊名更名为《江海春秋》。《江海春秋》全年共出版 6 期,约 40 万字。其中,第五期为纪念刘瑞龙同志诞辰 100 周年特刊。改版后的《江海春秋》继续保持"思想性、史料性、知识性、可读性"的办刊特色,更好地发挥了"以史鉴今,资政育人"的作用。

(期刊处)

党校工作

【概况】 2010 年,中共南通市委党校坚持以科学发展观为统领,加强十七届四中、五中全会精神的学习与宣传,贯彻落实《中国共产党党校工作条例》、《行政学院工作条例》、《2010－2020 年干部教育培训改革纲要》以及市委对党校工作意见,加强南通基本现代化建设的系统研究,在干部教育、调研科研、行政后勤等方面取得新成绩。

【干部教育培训】 发挥"一校两院"(市委党校、行政学院、社会主义学院)在干部教育培训中的主阵地作用,多层次培训干部。(一)完成市干部教育培训领导小组培训计划。举办各类常规班、专题班 14 期,培训学员近 1400 人次。其中,常规班 8 期,培训县处级、乡科级党员领导干部 389 人;中青年军转干部进修班、转业军官岗前培训班各 1 期,培训军转干部 194 人;大学生村干部专题培训班 4 期,培训 813 人。承办、协办国家行政学院国际部举办的全国副省级以上行政学院英语演讲与交流研讨班、加拿大阿尔伯塔大学商学院 EMBA 考察培训班、宁波市委党校厅局级领导干部进修班以及河南平顶山、漯河等地区的委托培训班。(二)在职研究生教育稳步发展。新录取省委党校政治经济学专业在职研究生 82 名,在校研究生 314 人。教学管理规范有序,顺利通过省委党校在职研究生年度教学管理检查,被评为优秀教学点。(三)做好党校函授学历教育扫尾工作。加强教务安排、考风考纪、学员管理和对县(市)党校函授教学点的督查指导。市直函授班全年完成 2 个专业、11 个班次 38 门课程、11 个专题的教学工作,完成 5 个班次 2633 名学员的毕业论文指导与评审,毕业离校 6 个班次 2793 名学员。(四)拓展联合办学业务。全年配合市有关部门(行业)办班办会 104 期次,参训人员 1.2 万人次。

【理论研究宣传】 党校科研工作坚持为教学服务,为党委政府决策服务,为党的理论建设服务,为南通政治经济社会发展服务,取得丰硕成果。全年完成专著 2 部,发表省级以上论文成果 102 项(其中核心期刊 21 项)。全年课题立项 27 项,结题 22 项。出版《南通论坛》6 期。5 项成果获奖,其中《南通沿海开发与生态环境保护》获南通市社科联热点课题一等奖。注重理论研究与宣传,主动开展调研与决策咨询服务。围绕十七届四中、五中全会精神的学习、江苏沿海开发和"长三角"一体化、南通市"十二五"规划研究等重大理论与实践问题,配合全市"创先争优"活动,全年开展校内外理论宣讲近百场,编印《党校视点》6 期,在《南通日报》理论版发表理论研究文章 5 篇,22 篇论文入选"苏东党校沿海发展论坛"第二届年会,1 篇论文入选"南通发展论坛"第九届年会。

【南通基本实现现代化专题研究】 2010 年,由姜作培牵头,以南通党校系统 17 名教师为主组成课题组,形成 57 万余字的系统而丰富的研究成果,正式出版《南通基本实现现代化研究》一书。市委书记罗一民为该书作序。

【苏东党校沿海发展论坛】 苏东党校沿海发展论坛,是南通党校发起,联合连云港、盐城两家党校建立的市际科研协作平台。1 月 24 日、10 月 26 日,分别在南通和连云港举办两次论坛,为沿海三市响应发展战略提升、推进理论研究与成果共享、加强交流合作、实现互利共赢发挥积极作用。

(王　军)

南通市人民代表大会

综　　述

【概况】 2010年，南通市人大常委会以中国特色社会主义理论体系为指导，坚持党的领导、人民当家做主、依法治国的有机统一，紧紧围绕全市工作大局依法行使职权，议大事、重民生、求实效，各项工作取得新进展。一年来，共召开7次常委会会议，10次主任会议，听取、审议"一府两院"专项工作报告23项，组织检查8部法律法规的执行情况，作出决议决定6项，依法任免国家机关工作人员84人次。加强与友好城市的交往，接待哥斯达黎加立法大会友好访问团。

【开展监督工作】 2010年，市人大常委会切实加强经济社会发展计划和财政预算监督，高度关注本届人大三次会议确定的全市经济社会发展的年度目标任务完成情况。7月，专门召开市人大常委会扩大会议，会议邀请全市8个县(市、区)的150名市人大代表列席会议，听取和审议市政府关于上半年经济社会发展情况的报告，审议关于2010年国民经济社会发展计划、市级财政预算上半年执行情况的报告，听取和审议关于2009年市级财政预算执行和其他财政收支情况的审计工作报告。12月，市人大常委会依法批准市级预算调整方案，并组织专门力量初步审查2010年计划预算完成情况和2011年计划、预算草案。专题听取市政府关于市区财政体制调整情况的报告，支持政府进一步理顺市区财政分配关系，促进市区经济发展。在视察调研和审议中，市人大常委会关注中小企业发展，推动政府加强政策扶持；坚持把加快城市化进程作为推进基本现代化建设的重大战略，分别听取和审议市政府关于加快新城区建设和加快狼山风景区建设的专项工作报告；坚持把载体建设作为推动经济结构优化升级的重要支撑，先后调研视察苏通科技产业园、全市国土资源利用、交通运输体系建设等方面的工作。此外，还专门听取关于全市内河航道建设管理情况的报告，听取和审议关于企业发展资金使用管理和关于科技发展资金使用管理等报告。参与谋划"十二五"规划，组织多次专题调研活动，全面分析"十二五"发展的机遇及挑战，及时提出相关的对策建议，并对"十二五"规划提出修改完善意见。

突出以改善民生为重点的社会建设。专题调研保障性住房和拆迁安置房建设情况；检查江苏省学生体质健康条例实施情况，督促政府进一步加大贯彻力度；视察检查动物防疫法的执行情况，专题听取市政府的执法情况报告，推动全市饲养业健康发展。听取行政复议法贯彻执行情况的报告，加大监督行政、司法工作的力度；听取市政府关于全市信访工作情况的汇报，督促政府进一步强化信访维稳责任，积极协调各方为群众解决实际问题，保障群众合法权益。2010年，市人大机关共收到人民群众来信326件，接待群众来访97次。开展大气污染防治法、省水产资源繁殖保护条例等法律法规的执法调研，检查水污染防治法的贯彻情况，推进生态环境建设。

【督办议案建议】 市十三届人大三次会议把关于强化政策驱动，促进南通服务业又好又快发展的议案列为大会1号议案。在议案办理过程中，组织部分组成人员视察全市服务业发展情况，专题听取议案办理工作阶段性情况汇报，督促和支持政府加大议案办理力度。常委会第二十次会议听取和审议议案办理专题报告，作出相关决议。

健全南通市食品安全检验检测体系作为市十三届人大三次会议的2号议案，引起市政府高度重视，制订实施方案并着手组织实施。常委会有关工作机构参与方案论证和修改完善，常委会还组织多次专题视察活动，跟踪关注推进情况。年底，常委会审议议案办理专项工作报告，并提出审议意见，要求在2011年底前完成食品安全公共检测资源的整合，初步形成分工明确、职责到位、资源共享、管理规范、技术先进的食品安全检验检测体系。

为确保实现十三届人大二次会议关于全市城乡居民普遍饮用长江水的议案所提出的目标，市人大常委会组织开展专项工作评议。这次评议是对跨年度重大民生议案跟踪督办的一次积极探索。评议之前，常委会领导率领有关工作机构多次深入实地了解情况，召开基层人大代表、镇村干部代表和居民代表座谈会，发放近千份问卷调查表，听取社会各方面的意见，并及时反馈给政府及有关部门。2010年全年新增区域供水受益乡镇26个,新增受益人口150万人,全市区域供水乡镇覆盖面达78%,人口普及率达73%。

进一步完善代表建议、批评和意见的提出、办理和督办工作程序。全面开展代表建议网上办理,加强承办单位与代表的沟通交流,方便群众监督。选择"关于加快发展低碳经济的建议"、"关于加强电动自行车管理的建议"等8件建议,由常委会副主任和相关委室牵头重点督办,至年底全部办理完毕。第二十六次主任会议专题听取市政府关于市十三届人大三次会议议案、建议办理进度的报告,12月常委会听取和审议市政府关于建议办理情况的报告。市十三届人大三次会议期间所提295件建议办成率为51.86%,代表满意和基本满意率达94.18%。闭会期间代表提出的42件建议,全部答复反馈。常委会评选出优秀议案2件,优秀建议30件。

【发挥代表作用】 加强与人大代表的联系。坚持常委会主任、副主任接待代表日制度。常委会领导多次深入基层,听取代表的建议、批评和意见。首次组织开展市长、市中级人民法院院长、市人民检察院检察长接待市人大代表活动。邀请代表列席常委会会议,组织代表参加执法检查、工作调研和专题视察等活动,参加有关专题审议。

加强组织服务,保障代表执行职务。重视代表小组活动,注重发挥好代表专业组的作用;组织代表开展专题调研和集中视察活动,形成多篇较有质量的调研报告。组织在南通的全国、省人大代表开展活动,为香港特别行政区部分全国人大代表、驻苏部队省人大代表以及省直机关省人大代表到南通视察调研做好服务工作。市十三届人大四次人代会前,组织代表围绕全市经济社会发展中的重大问题进行集中视察,为代表审议大会各项报告、提出高质量的议案建议做好准备。

【纪念地方人大设立常委会30周年】 2010年是南通市地方人大设立常委会30周年。市人大常委会系统总结人大工作经验,研究坚持和完善人民代表大会制度的新举措,为市委召开全市人大工作会议作准备。组织开展系列宣传纪念活动。分别召开县(市、区)人大常委会主任和人大老领导等座谈会,举办全市人大知识竞赛,组织征文和书画展等活动,通过市级主要新闻媒体和市人大杂志、市人大网站开展丰富多样的专题宣传活动。

人民代表大会

【南通市第十三届人民代表大会第三次会议】 2010年1月20~23日,南通市第十三届人民代表大会第三次会议在更俗剧院举行。大会主席团常务主席罗一民、宋飞、徐永兵、孙汝建、陆玉明、王平分别主持大会和主席团会议。大会听取和审议市人民政府市长丁大卫所作的《政府工作报告》、审议《南通市2009年国民经济、社会发展计划执行情况和2010年国民经济、社会发展计划(草案)的报告》、《南通市2009年财政预算执行情况和2010年财政预算(草案)的报告》、听取和审议市人大常委会副主任宋飞所作的《南通市人大常委会工作报告》、市中级人民法院院长马志相所作的《南通市中级人民法院工作报告》、市人民检察院检察长王向红所作的《南通市人民检察院工作报告》,并作出相应决议。

人大常委会会议

【南通市第十三届人大常委会第十四次会议】 2010年1月8日,南通市第十三届人大常委会第十四次会议在市行政中心第一会议室举行,市人大常委会副主任宋飞、徐永兵、孙汝建、陆玉明、王平,秘书长江治学和委员共40人出席会议。王平主持会议。会议听取市人大常委会副秘书长、研究室主任姚明钏所作的《关于常委会工作报告稿起草情况的汇报》,审议通过《市人大常委会工作报告(稿)》。会议审议通过《市人大常委会2010年度工作要点》。会议听取市人大常委会代表资格审查委员会副主任委员、人事代表委员会主任丁健所作的《关于代表变动情况和补选代表资格的审查报告》,并作出公告。会议还听取和审议市人大常委会秘书长江治学所作的《关于南通市第十三届人民代表大会第三次会议有关建议事项的说明》,审议通过有关事项。市中级人民法院、市人民检察院的负责同志,市委组织部、市政府办公室、市人大常委会各委室负责同志列席会议。

【南通市第十三届人大常委会第十五次会议】 3月22日,南通市第十三届人大常委会第十五次会议在市行政中心第一会议室举行,市人大常委会副主任宋飞、徐永兵、孙汝建、陆玉明,秘书长江治学以及委员共43人出席会议。宋飞主持会议。会议听取市委常委、常务副市长蓝绍敏所作的《关于市政府机构改革方案有关问题的汇报》。会议还听取市政协副主席、通大附院副院长刘璠对十一届全国人大三次会议精神的传达。常务副市长蓝绍敏,市中级人民法院、市人民检察院的负责同志,市委组织部、市政府办公室、各县(市、区)人大常委会和市人大常委会各委室负责同志列席会议。

【南通市第十三届人大常委会第十六次会议】 5月17~

18日,南通市第十三届人大常委会第十六次会议在市行政中心第一会议室举行,市委书记、市人大常委会主任罗一民,市人大常委会副主任宋飞、徐永兵、陆玉明、王平,秘书长江治学以及委员共48人出席会议。徐永兵、陆玉明分别主持会议。会议听取和审议市科技局局长朱千波受市政府委托所作的《关于南通市科技发展资金使用和投入机制完善情况的报告》,提出审议意见。会议听取和审议市宗教局局长马建清受市政府委托所作的《关于全市宗教工作情况的报告》。会议听取市长丁大卫代表市政府向常委会提请的人事任免议案,听取市中级人民法院和市人民检察院分别提请的人事任免议案,听取部分拟任命人员所作的工作汇报,经审议,会议表决通过相关人事任免事项。罗一民向新任命人员颁发任命书。审议市人大常委会委员钱中怡提出的书面辞职报告,同意钱中怡辞去南通市人大常委会委员职务。会议还听取省人大财经委主任委员、省人大预算工委主任朱尧平所作的法制与政策讲座。市委常委、副市长秦厚德,副市长徐辉,市中级人民法院、市人民检察院的负责同志,市有关部门、各县(市、区)人大常委会和市人大常委会各委室负责同志列席会议。部分市人大代表应邀列席会议。

【南通市第十三届人大常委会第十七次会议】 7月22~23日,市第十三届人大常委会第十七次会议在市行政中心报告厅举行。市委书记、市人大常委会主任罗一民,市人大常委会副主任宋飞、徐永兵、陆玉明、王平,秘书长江治学以及委员共40人出席会议。宋飞、徐永兵先后主持全体会议。会议邀请150名来自基层的市人大代表列席会议,共同听取、审议市政府上半年经济社会发展情况等报告。常委会组成人员和列席会议的市人大代表分成11个组,分别听取和审议市长丁大卫所作的关于上半年经济社会发展情况的报告,听取和审议市政府关于南通市2009年市级财政决算(草案)的报告和关于南通市2009年市级财政预算执行和其他财政收支情况的审计工作报告,审议关于南通市2010年国民经济和社会发展计划上半年执行情况的书面报告和关于南通市2010年上半年市级财政预算执行情况的书面报告,并进行大会交流发言。经过认真审议,会议作出《南通市人民代表大会常务委员会关于批准南通市2009年市级财政决算的决议》。市委常委、副市长秦厚德列席会议。市中级人民法院、市人民检察院,南通经济技术开发区、市政府各工作部门及有关直属部门、垂直管理部门和单位,各县(市、区)人大常委会的负责同志列席会议。市政府相关副市长到会听取分组审议发言。

【南通市第十三届人大常委会第十八次会议】 8月26~27日,市十三届人大常委会第十八次会议在市行政中心第一会议室举行,市人大常委会副主任宋飞、徐永兵、陆玉明、王平,秘书长江治学以及委员共41人出席会议。陆玉明、王平先后主持全体会议。会议听取和审议市人大常委会农业与农村委员会主任严君毓受市人大常委会执法检查组委托所作的《关于<中华人民共和国水污染防治法>的执法检查报告》。会议分别审议市规划局局长马啸平、市旅游局局长戴平分别受市政府委托所作的《关于加快新城区建设情况的报告》和《加快狼山景区建设步伐,努力为全市旅游经济发展作贡献》的报告,结合市人大常委会环资城建委《关于加快南通新城区和狼山风景区建设的视察调查报告》,会议提出审议意见。会议分别审议孙汝建、季风提交的书面辞职报告,接受孙汝建辞去南通市人大常委会副主任职务的请求,接受季风辞去南通市人大常委会委员职务的请求。全体与会人员还听取江苏省发改委规划处处长林康所作的《江苏"十二五"发展的重大问题研究》的政策讲座。副市长吴晓春、朱晋,市中级人民法院、市人民检察院的负责同志,市有关部门、各县(市、区)人大常委会和市人大常委会各委室负责同志列席会议。部分市人大代表应邀列席会议。

【南通市第十三届人大常委会第十九次会议】 10月26日,市十三届人大常委会第十九次会议在市行政中心第一会议室举行。市委书记、市人大常委会主任罗一民,市人大常委会副主任宋飞、徐永兵、陆玉明、王平,秘书长江治学以及委员共41人出席会议。宋飞、徐永兵分别主持全体会议。会议听取和审议市财政局局长施建中受市政府委托所作的《关于企业发展资金使用和绩效管理情况的报告》。会议听取和审议市检察院检察长王向红所作的《关于我市检察机关预防职务犯罪工作情况的报告》,结合市人大常委会视察组提交的《关于全市检察机关预防职务犯罪工作情况的视察调查报告》,提出审议意见。会议听取并审议《南通市人民代表大会常务委员会主任会议关于提请变更市人大常委会民宗侨台委员会名称的议案》,作出《关于将市人大常委会民宗侨台委员会更名为市人大常委会外事民宗侨台委员会的决定》。会议审议陈琳提交的书面辞职报告,接受其辞去南通市人大常委会委员职务的请求。会议还审议通过有关人事任免事项。罗一民向新任命人员颁发任命书。副市长徐辉,市中级人民法院、市人民检察院的负责同志,市有关部门、各县(市、区)人大常委会和市人大常委会各委室负责同志列席会议。部分市人大代表应邀列席会议。

【南通市第十三届人大常委会第二十次会议】 12月21~23日,市十三届人大常委会第二十次会议在市行政中心第一会议室举行。市委书记、市人大常委会主任罗一民,市人大常委会副主任宋飞、徐永兵、陆玉明、王平,秘书长江治学以及委员共41人出席会议。徐永兵、陆玉明、王平分别主持三次全体会议。会议听取和审议副市长吴晓春代表市政府所作的《<关于强化政策驱动,促进南通服务业又好又快发展的议案>办理情况的报告》,结合市人大常委会视察组提交的《关于南通服务业发展情况的调查报告》,会议作出《关于强化政策驱动促进南通服务业又好又快发展的决议》。会议听取并审议副市长杨展里代表市政府所作的《<关于健全南通市食品安全检验检测体系的议案>办理情况报告》,提出审议意见。会议听取并审议市政府秘书长屈宝贤代表市政府所作的《关于市十三届人大三次会议代表建议批评和意见办理情况的报告》。会议听取和审议市人大常委会人事代表委员会主任丁健受主任会议委托所作的《关于评选"优秀议案和优秀建议"工作情况的说明》,作出《关于表彰市十三届人大三次会议优秀议案和优秀建议的决定》。会议听取和审议副市长朱晋代表市政府所作的《关于<关于进一步加快实现全市城乡居民普遍饮用长江水的决议>贯彻落实情况的报告》,结合市人大常委会视察组调查视察报告,会议对市政府贯彻落实决议情况的专项工作报告进行满意度测评,满意和基本满意率达100%。测评结束后,副市长朱晋作表态发言。市人大常委会常务副主任、党组副书记宋飞对专项评议活动作总结讲话。会议听取和审议市发改委主任蔡惠忠受市政府委托所作的《关于"十一五"国民经济和社会发展规划执行情况及"十二五"国民经济和社会发展规划编制情况的报告》,结合市人大常委会视察组提交的《关于我市"十一五"规划执行和"十二五"规划编制情况的调查报告》,会议提出审议意见。会议听取和审议市财政局局长施建中受市政府委托所作的《关于南通市2010年市级财政预算调整的报告》,作出《关于批准2010年市级财政预算调整的决议》。会议听取并审议市人大常委会秘书长江治学所作的《关于召开南通市第十三届人民代表大会第四次会议有关情况的说明》,作出相关决定,市十三届人大四次会议定于2011年2月20~24日在南通召开。会议同时审议通过市十三届人大四次会议议程(草案)、列席人员范围(草案)及有关人事免职事项。市委常委、副市长秦厚德,市中级人民法院、市人民检察院的负责同志,市有关部门、各县(市、区)人大常委会和市人大常委会各委室负责同志列席会议。部分市人大代表应邀列席会议。

(姚小忠)

全市人大工作会议暨南通地方人大设立常委会30周年纪念大会

南通市人民政府

综　　述

【概况】 2010年，市政府各项工作目标全面完成。全市实现地区生产总值3417.9亿元，按可比价计算增长13%；财政总收入713.4亿元、增长46.8%。其中，地方一般预算收入290.8亿元、增长46.1%；全社会固定资产投资2168.4亿元、增长20.3%；社会消费品零售总额1268.3亿元、增长18.7%；城镇居民人均可支配收入21825元、增长12.1%，农村居民人均纯收入9914元、增长14%；城镇登记失业率2.75%；完成节能减排目标任务。全年，转型升级取得新进展，江海开发呈现新气象，改革开放迈出新步伐，“三农”工作获得新成效，城市功能有了新提升，民生保障得到新加强，社会建设和管理创新取得新业绩（详见《政府工作报告》）。2010年，南通成为国家新型工业化示范基地，家纺版权保护被世界知识产权组织确定为优秀典范，省下达的淘汰落后产能任务全面完成。2010年，资本市场崛起“南通板块”，大产业项目加快集聚，大港口开发加快实施，大通道建设加快推进，大园区承载功能加快提升，经济发展质态进一步提升。完成新一轮市县政府机构改革和乡镇机构改革。南通成为全省唯一入选的全国社会管理创新综合试点城市。综治平安建设综合绩效列全省第一。一年来，全市各级以推进政府机构改革为契机，进一步转变职能，着力提升工作创造力、行政执行力、政府公信力，不断加强自身建设。强化为民服务举措，建立民生诉求首问、首办负责制；强化重大项目会办服务，积极化解发展难题。加强调查研究，30多项调研成果转化为推进工作的举措；加大督办查办力度，133项重点工作全面完成。坚持依法行政，规范政府行政行为。推进政府信息公开，全面实施行政权力网上公开透明运行。自觉接受市人大及其常委会的法律监督、工作监督和市政协的民主监督。人大代表建议、政协委员提案办理任务全面完成。贯彻落实廉政准则，推进廉政教育，全面推行政府投资项目代建制，强化绩效审计，领导干部廉洁自律意识得到增强。根据《中共南通市委关于制定南通市国民经济和社会发展第十二个五年规划的建议》，市政府制定《南通市国民经济和社会发展第十二个五年规划纲要（草案）》，提请市人代会审议。

（施张范）

【政府实事工程】 2010年，市政府确定为民办实事项目10件27项。在各责任部门和单位的共同努力下，项目建设任务全部完成。对照年初确定的目标，12项超额完成年度目标，15项完成年度目标。

（一）超额完成年度目标的事项

1.“完成第三批70万农村居民饮水安全建设任务。”

全年共铺设管道4720公里，新建增压站3座，完成投资3.47亿元，完成年计划的101%。

2.“新增40万吨日供水能力，全市引江区域供水工程普及率60%。”

狼山水厂三期日供水能力20万吨及洪港水厂四期日供水能力20万吨扩建工程均投入运行，市区新增40万吨日供水能力；全市引江区域供水工程普及率73%，超过年计划13个百分点。

3.“免费开展农民培训，其中，农业实用技术培训29万人次、创业技能培训1.2万人次、渔业科技（安全）培训1.2万人次。”

全年农业实用技术培训29.38万人次，完成年计划的101.3%；农民创业技能培训1.47万人次，完成年计划的122.5%；渔业科技（安全）培训1.55万人次，完成年计划的129.2%。

4.“村级劳动保障服务平台实现全覆盖，确保50%的行政村建成‘充分就业村’。”

全市村级劳动保障服务平台实现全覆盖，60%的行政村建成“充分就业村”，超过年计划10个百分点。

5.“提高农民医疗保障水平，确保新型农村合作医疗参合率达到98%，人均筹资标准提高到160元，其中政府补助不低于120元。”

全市新型农村合作医疗参合率达99.52%，高出全年目标1.52个百分点；人均筹资标准从上年的120元提高到160元，其中政府补助120元，补助标准比上年增加30元。

6.“建立和完善法律援助工作保障机制，办理法律援助案件4000件，成立市法律援助基金会。”

市法律援助中心全年办理各类法律援助案件6020件,完成年计划的150.5%;市法律援助基金会正式成立。

7.“新建农村公路1200公里。”

全年新建农村公路1350公里,超额完成年计划。

8.“新建、改造农村公路桥梁100座以上。”

全年新建、改造农村公路桥梁180座,完成年计划的180%。

9.“改扩建农用桥梁500座以上。”

全年改扩建农用桥梁665座,完成年计划的133%。

10.“推进城乡公交一体化建设,新增、调整、优化农村公交线路150条。”

全年新增、调整、优化城乡公交线路159条,完成年计划的106%。

11.“市区新购和更新公交车130辆。”

全年市区新购和更新公交车133辆,超过计划3辆,其中,普通公交车83辆,新能源公交车50辆。

12.“加大住房保障力度,市区新开工拆迁安置房190万平方米以上、竣工交付130万平方米以上。”

全年市区新开工拆迁安置房265.88万平方米,完成年计划的139.9%;竣工交付269.8万平方米,完成年计划的207.5%。

(二)完成年度目标的事项

1.“建设通吕线、通洋线引江区域输水干管等工程。”

通吕线引江区域输水干管工程全线竣工;通洋线如东段完成约10公里管道铺设,通州段完成拆迁。

2.“进一步完善新型农村社会养老保险制度,给符合条件的农村老年居民发放基础养老金。”

全年给符合条件的108.7万农村老年居民发放基础养老金,发放率达99.6%。

3.“启动市妇幼保健院迁建工程。”

市妇幼保健院迁建工程启动,进入地下和人防工程施工阶段。

4.“推进实施国家基本药物制度,市区所有政府举办的社区卫生服务中心100%配备、使用和零差价销售599种基本药物。”

崇川区、港闸区、市开发区全面启动实施国家基本药物制度,海安县部分地区开始试点,其他县(市、区)正在抓紧推进。全年采购总金额6288.91万元,销售额5481.6万元,实际让利群众2302万元。

5.“新建南通农副产品物流中心,蔬菜、水果、水产交易区部分竣工。”

南通农副产品物流中心项目开工建设,蔬菜、水果、水产交易区预计2011年5月可部分对外营业。

6.“继续完善食品安全动态监测体系,对市区所有中型以上超市、大型农贸市场和食品批发市场的10大类27个品种食品定期、定点、定项目检测并公告结果。”

全年对市区10大类27个品种食品进行11次抽检,共抽检2144件样品,抽检样品平均合格率为96.5%,均在媒体进行公告。

7.“对低保住房困难家庭有廉租房实物配租需求的和低收入住房困难家庭申请廉租房补贴、经济适用房政策性补贴的实现‘应保尽保’。”

对已提出申请、经审核符合条件的低保、特困住房困难家庭、低收入住房困难家庭实现“应保尽保”,为1215户符合廉租住房租金补贴条件的家庭发放补贴资金738.6万元,为578户家庭发放经济适用房补贴1850万元。

8.“继续推进3个、新启动4个片区危旧房改造。”

继续推进3个片区危旧房改造:公园二村、南工房项目主体工程基本竣工;建设新村项目基础工程开工。新启动4个片区危旧房改造:公园三村项目主体工程基本竣工;新工房项目正在进行基础部分施工;文亮小学北侧地块项目已签订拆迁协议50户,占总数的54%;无线电厂西南侧地块项目95%住户签订拆迁协议。

9.“继续推进10个、新启动10个‘城中村’改造。”

2009年确定的10个“城中村”改造项目继续推进;新启动改造10个“城中村”地块,全部完成规划选址和规划方案研究,其中核发7个地块的规划设计要点。

10.“继续推进7个、新启动30个老小区环境整治(包括配套建设停车等设施)。”

崇川区“5+2”老小区整治工程持续推进,其中,5个项目的整治方案通过会审,另外2个项目的整治方案基本修订完成;崇川区虹桥新村、易家桥新村、郭里园新村9个非机动车库交付使用。新启动32个老小区环境整治,其中,崇川区6个项目整治方案正在研究论证,港闸区3个项目整治方案初步制订,通州区23个老小区整治工程全部完成。

11.“推进老小区安全防范设施改造。”

老小区安全防范设施改造继续推进,崇川区和港闸区共改造老小区16个,全部实行外部设施的封闭或半封闭管理,涉及楼房278幢,投入经费近1000万元,安装技防探头702只、防盗门1112扇、防爬刺15356只。

12.“启动实施《南通市城市水系规划》,推进《南通市市区‘清水工程’三年行动计划》,实施天生港河、裤子港河、界港河整治工程,民俗文化博览园水系调整工程,深水港河和港闸区公园三村河道贯通工程。”

《南通市城市水系规划》有序推进,天生港河、裤子港河、界港河整治工程,民俗文化博览园水系调整工程以及深水港河和港闸区公园三村河道贯通工程全部完成。

13.“市区新建10个社区老年活动场所。”

市区新建的10个社区老年活动场所全部建成。

14.“加强老年福利机构体育设施建设。”

市区老年福利机构体育设施全部安装到位并对外开放。

15.“对特困老人实施政府购买服务。”

从2010年3月份起，市政府拨出专款为市区全部特困老人共1994人，购买每人每月100元的居家养老服务。

（施张范）

重要会议

【政府全体（扩大）会议】 2010年2月26日，市政府在启东市召开政府全体（扩大）会议。市委副书记、市长丁大卫在会上作讲话。市委常委、常务副市长蓝绍敏主持会议。会议动员全市各级政府部门认真贯彻落实市委十届六次全会和市“两会”要求，以更强的紧迫感、责任感和使命感抓好落实，切实做到抓早、抓紧、抓出局面；以更高的要求抓好自身建设，进一步提高抓落实的创造力、执行力、公信力。要求各级各部门进一步凝心聚力，创新举措，扎实工作，确保全面完成“十一五”目标任务，为早日建成基本现代化的新南通而努力奋斗。会议表彰2009年度南通市固定资产投资目标管理考核先进地区、重大项目和江海联动开发目标管理考核先进单位以及2009年度调研工作先进单位。市信访局、城市管理局和如东县政府用多媒体交流相关重点调研成果。市委常委、副市长秦厚德，副市长吴晓春、杨展里、朱晋、徐辉、沈振新、秦剑平，市政府秘书长屈宝贤出席会议。市人大常委会副主任王平，市政协副主席袁瑞良，市人民检察院检察长王向红应邀出席会议。

【政府常务会议】 2010年，第十三届人民政府共召开15次常务会议。

1月15日下午，市长丁大卫主持召开十三届市政府第三十八次常务会议。会议讨论并原则同意《2010年度城建计划安排（送审稿）》；讨论并原则同意《南通市城市水系规划（送审稿）》；听取了恒力（南通）石化项目推进情况汇报；听取了南通方特城室内主题乐园项目情况汇报，原则同意港闸区提出的相关工作建议；传达省政府两次房地产工作座谈会精神。

2月10日下午，市长丁大卫主持召开十三届市政府第三十九次常务会议。会议组织参观南通经济技术开发区部分重大产业项目和苏通科技产业园基础设施项目施工现场，听取南通经济技术开发区党工委、管委会和苏通科技产业园综合管理办公室工作情况汇报；讨论并原则同意《关于加强沿海战略资源科学开发使用管理的意见（送审稿）》；听取关于宁启铁路复线电气化工程南通段建设相关情况的汇报；讨论并原则同意《南通市节约用水管理办法（送审稿）》。

3月1日下午，市长丁大卫主持召开十三届市政府第四十次常务会议。会议讨论并原则同意《中共南通市委南通市人民政府关于深化医药卫生体制改革的实施意见（送审稿）》；听取市减轻企业负担有关工作进展情况的汇报，原则同意市监察局提出的相关工作建议；听取关于锡通高新技术产业园推进情况汇报，原则同意通州区提出的与无锡共建锡通高新技术产业园的有关设想；讨论市新建居住区供配电工程价格标准问题，原则同意市物价局提出的调整方案。

3月25日下午，市长丁大卫主持召开十三届市政府第四十一次常务会议。会议听取2010年市人大代表议案、建议及政协提案基本情况汇报，原则同意市政府办公室提出的办理工作建议；传达省政府消防工作会议精神，听取市消防工作情况汇报，原则同意市消防支队提出的相关工作建议；讨论《南通市城乡低收入家庭认定管理办法（送审稿）》，原则同意予以试行；讨论并原则同意《中共南通市委南通市人民政府关于加快我市老龄事业发展的实施意见（送审稿）》；听取关于南通农副产品物流中心项目情况汇报，原则同意《南通农副产品物流中心规划·建筑概念方案（送审稿）》。

4月17日下午，市长丁大卫主持召开十三届市政府第四十二次常务会议。会议讨论《外环东路快速化改造、通启路快速化改造、工农路快捷化改造规划研究方案（送审稿）》，原则同意外环东路、通启路快速化改造方案；听取市“十二五”规划编制工作的情况汇报，原则同意市发改委提出的相关工作建议；听取全市安全生产监管工作情况汇报；听取市区“三小车辆”综合治理情况汇报，原则同意市公安局提出的综合治理工作方案；讨论《南通市地名管理办法（送审稿）》；听取关于港闸区万顷良田建设工程有关情况汇报，原则同意港闸区提出的相关工作建议；听取关于沪通科技城项目推进情况汇报，原则同意港闸区提出的相关工作建议；听取市区拆迁安置房建设情况、市区普通商品房开工建设情况、区域供水工程推进情况、市第六人民医院建设情况、全市基本药物制度实施情况、市区高星级酒店建设推进情况、服务外包产业发展情况、新区核心区建设推进情况、市区“城中村”改造情况及临海高等级公路、平海公路开工建设情况书面汇报。

5月12日下午，市长丁大卫主持召开十三届市政府第四十三次常务会议。会议讨论并原则同意《关于加快新城区总部经济发展的若干意见（送审稿）》；讨论并原则同意《南通市通州区滨江新区产业发展规划（送审稿）》；讨论并原则同意《南通市引江调水规划（送审稿）》及市水利局提出的实施该《规划》的相关工作建议；研究清华同方科技产业基地有关优惠政策,原则同意市财政局提出的相关建议;听取市区"城中村"改造情况汇报,原则同意市规划局提出的下阶段工作建议和打算;听取区域供水情况汇报,原则同意市建设局提出的下阶段工作打算。

6月2日下午,市长丁大卫主持召开十三届市政府第四十四次常务会议。会议研究中央商务区发展提升研究方案涉及容积率调整补缴土地出让金等问题;听取全市主要污染物减排工作情况汇报,原则同意市环保局提出的工作建议;听取南通体臣卫校异地扩建与加快发展的情况汇报,原则同意市卫生局提出的相关建议;讨论并原则同意市教育局提出的新城区高中建设方案。

6月29日下午,市长丁大卫主持召开十三届市政府第四十五次常务会议。会议讨论丁大卫市长《在市十三届人大常委会十七次会议上的报告(讨论稿)》;讨论关于提高市区城乡低保保障标准问题;听取市区限价商品住房建设情况汇报,原则同意市住房保障和房产管理局提出的相关工作建议;讨论并原则同意《市政府关于推进市区外经企业转型升级的若干意见(送审稿)》;听取上半年市政府为民办实事项目进展情况汇报;听取市区社区物业管理工作基本情况的书面汇报。

7月15日下午,市长丁大卫主持召开十三届市政府第四十六次常务会议。会议听取关于市政协《加快我市特色园区建设的建议案》办理情况的汇报,原则同意市经信委提出的相关拟办意见;听取《市区被征地农民安置保障情况及政策建议》的汇报,原则同意被征地农民保障调研组提出的相关政策建议;听取在全市开展社会稳定风险评估工作的情况汇报,原则同意市维稳办提出的相关工作建议;听取通州区政府关于无锡、南通两市合作共建锡通科技产业园的情况汇报,原则同意《无锡市人民政府南通市人民政府合作共建锡通科技产业园协议书(送审稿)》。

8月12日下午,市长丁大卫主持召开十三届市政府第四十七次常务会议。会议传达全省各市主要负责同志会议精神;听取当前全市安全生产工作及拆迁工作情况汇报,原则同意市安监局、住房保障和房产管理局提出的工作建议;讨论并原则同意《南通市江海台湾农民创业园建设意见(送审稿)》;听取关于加快推进中科院海洋研究所(南通)筹建情况的汇报,原则同意《中国科学院海洋研究所(南通)建设方案》;听取当前全市消防安全工作情况的汇报;研究公布南通市2010年企业工资指导线的有关问题;会议研究对港闸区华强方特乐园项目给予扶持的问题,原则同意市财政局提出的政策建议。

9月15日下午,市长丁大卫主持召开十三届市政府第四十八次常务会议。会议学习《国务院关于进一步加强企业安全生产工作的通知》和《省委省政府关于深入扎实开展"三项排查"工作坚决维护社会稳定的通知》精神,听取市深入开展"三项排查"、推进社会稳定相关工作的情况汇报;传达全省公共租赁住房建设推进会精神,听取市推进房地产市场平稳健康发展情况汇报,原则同意市住房保障和房产管理局提出的相关贯彻意见和工作建议;传达全省教育工作会议精神,原则同意市教育局提出的相关贯彻落实建议;听取苏通科技产业园综合管理办公室关于东方大道快速化改造工程方案的汇报,原则同意全线高架快速化改造方案;讨论并原则同意《南通市内河航道网规划(送审稿)》。

9月30日上午,市长丁大卫主持召开十三届市政府第四十九次常务会议。会议传达全省加快发展现代服务业工作会议精神,原则同意副市长吴晓春提出的相关贯彻落实意见;听取市"十二五"国民经济和社会发展规划指标体系编制情况汇报;讨论《加快我市新兴产业发展实施意见(送审稿)》;讨论并原则同意市区实施"102030"交通畅通工程计划。

10月10日下午,市长丁大卫主持召开十三届市政府第五十次常务会议。会议讨论并原则同意《南通市中长期教育改革和发展规划纲要(2010~2020年)(送审稿)》;讨论并原则同意市监察局提出的《关于进一步落实工作责任深化为民服务的意见(送审稿)》。

11月21日下午,市长丁大卫主持召开十三届市政府第五十一次常务会议。会议听取全市节能降耗工作情况汇报;讨论并原则同意《关于鼓励制造业企业分离发展生产性服务业工作的实施意见(送审稿)》;听取2010年市政府为民办实事项目进展情况的汇报;听取市区批而未用土地情况汇报,原则同意市国土局和崇川、港闸区政府、市开发区管委会提出的相关工作建议;听取市区危旧房改造和拆迁安置房建设情况的汇报;讨论并原则同意与云南省昆明市缔结友好城市关系;听取《关于强化政策驱动促进南通服务业又好又快发展的议案》(人大1号议案)和《关于强化南通食品安全检验检测体系的议案》(人大2号议案)办理情况的书面汇报。

12月3日下午,市长丁大卫主持召开十三届市政府第五十二次常务会议。会议听取《南通市国民经济和社会发展第十二个五年规划纲要》编制情况的汇报;讨论并原则同意《2011年度市区城建计划(送审稿)》和《2011年度中心城区停车场建设计划(送审稿)》;传达全省城市道路交通管理工作会议精神,原则同意市公安局提出的有关贯彻落实意见;讨论并原则同意《关于进一步促进市区房地产市场平稳健康发展加快推进保障性住房建设的意见(送审稿)》。

(施张范)

重 要 决 策

【促进农民自主创业】 1月20日,市政府印发《关于进一步促进农民自主创业的工作意见》(通政发〔2010〕3号),推动促进农民自主创业工作。《意见》分六个部分:(一)总体要求和目标任务。从2010年起,力争用3年时间,全市新增转移农村劳动力达7.5万人,农村劳动力自主创业、返乡创业达到1万人,带动就业5万人;对农民进行农业创业培训4.5万人,新增创业基地60个,新增创业项目80个,创立新品牌20个,扶持农民从事高效农业创业3.6万人,新增加农民年人均收入1000元以上。(二)加强政策引导。规范引导农民自主创业,强化农民自主创业培训,落实创业用地,建立农民创业基地。(三)落实扶持措施。包括享受招商引资和产业发展优惠政策,减免相关收费,给予租金补贴,给予社会保险补贴,实行税收优惠政策,财政加大资金投入等六个方面。(四)加强信贷支持。提高小额担保贷款基金规模,扩大小额担保贷款扶持范围,放宽小额担保贷款贴息范围,创新金融服务方式和手段,建立健全妇女小额担保贷款工作机制。(五)完善服务体系。简化审批程序,加强信息引导,强化创业指导,提供公共服务。(六)强化组织领导。

【建立耕地保护共同责任机制】 1月20日,市政府印发《关于建立耕地保护共同责任机制的意见》(通政发〔2010〕9号)。《意见》分四个部分:(一)耕地保护的工作目标和总体要求。要求到2020年,耕地面积不少于685.89万亩,基本农田保护面积不少于638.85万亩;保持全市耕地占补平衡和总量平衡;确保全市基本农田"面积不减少、用途不改变、质量有提高";2015年前基本农田整理面积不少于60万亩。(二)全面落实耕地保护共同责任。明确责任主体,加强部门联动,落实责任体系,推动社会共管。(三)建立健全耕地保护长效管理机制。一是严格保护制度,加大管护力度;二是保持占补平衡,加大补充力度;三是落实专项资金,加大整理力度;四是加强联合执法,加大查处力度。(四)切实加强组织领导和工作考核。

【加快市区新能源产业发展】 1月23日,市政府印发《关于扶持市区新能源产业加快发展的若干意见》(通政发〔2010〕11号)。(一)加大新能源产业发展政策扶持力度。(二)对新能源装备制造领域新投入的生产设备投资额在300万元以上的市区工业企业技改项目给予贴息。(三)对新上的新能源装备制造项目,自投产之日起,将新增企业所得税和增值税地方留存部分按一定比例奖励给企业。(四)培育新能源装备制造企业壮大规模。(五)加快培育新能源产业链。(六)鼓励发展新能源领域的生产性配套服务业。(七)大力推进新能源产业示范园区建设。(八)鼓励兴办新能源行业协会,为本地新能源产业发展提供智力支持。(九)加大宣传造势力度。(十)加强组织协调。(十一)意见执行时间为公布之日起至2011年12月31日。

【加快市区电子信息产业发展】 1月23日,市政府印发《市政府关于扶持市区电子信息产业加快发展的若干意见》(通政发〔2010〕12号)。《意见》分为十一个部分:(一)加大电子信息产业政策扶持力度。(二)鼓励国内外知名电子信息企业来南通投资发展高技术含量、高附加值项目。(三)加快培育电子信息产业链。(四)鼓励发展电子信息领域的生产性配套服务业。(五)积极吸引电子信息企业总部,国际性、全国性组织(机构)落户。(六)鼓励建设国际一流、国内领先的研发机构。(七)鼓励世界500强企业和国内大型电子信息企业投资兴建大型电子信息产品交易市场、物流配送中心和测试中心。(八)鼓励重点企业收购国内外电子信息核心技术企业、重点配套企业、设计公司。(九)支持本市企业开发嵌入式软件、通信软件等,提高全市工业产品自动化、智能化水平。(十)加强组织协调。

【加快现代农业产业发展】 5月5日,市政府印发《关于加快现代农业产业发展的意见》(通政发〔2010〕57号)。《意见》分五个部分:(一)指导思想。以科学发展观为指导,以促进农民增收为核心,以市场为导向,以科技为支撑,高起点、高标准、高水平地规划建设一批起点高、功能全、规模大、效益好、带动力强的市级现代农业产业园区和现代特色农业示范基地,建设现代农业示范村,进一步强化物质装备,提升科技水平,完善产业体系,创新经营方式,加快推进全市现代农业发展。(二)总体目标。通过建设规模化、标准化、产业化程度较高和生产效益较高的产业园区和示范基地,培育壮大优势特色产业,推进农业适度规模经营;通过农科教、产学研结合,集成示范推广现代农业技术,提高农业创新能力,促进农业科技成果产业化;通过典型引路,以点带面,促进农业增效、农民增收。(三)工作重点。主要包括建设现代农业产业园区,建设现代特色农业示范基地,建设现代农业示范村。(四)工作要求。一是因地制宜,着力发展优势特色产业;二是科技先导,强化农业科技创新;三是整合资源,培育市场竞争主体。(五)保障措施。主要包括加强组织领导,加大政策扶持,强化考评奖励等方面。《意见》中以附件形式下发《南通市现代农业产业园区建设标准》、《南通市现代特色农业示范基地建设标准》、《南通市现代农业示范村建设标准》等。

【促进高校毕业生就业】 5月10日,市政府印发《关于进一步促进高校毕业生就业工作的意见》(通政发〔2010〕58号)。《意见》分为五个部分:(一)引导支持高校毕业生到城乡基层、企业就业。包括鼓励高校毕业生到城乡基层就业,鼓励高校毕业生到中小企业和非公有制企业就业,鼓励科研项目单位吸纳高校毕业生就业。(二)鼓励扶持高校毕业生自主创业。包括加大创业资金扶持力度,加强高校毕业生创业载体建设,建立高校毕业生创业培训实习制度,全面落实高校毕业生自主创业优惠政策。(三)全面提升高校毕业生就业能力。充分发挥省、市高校毕业生就业见习基地的示范作用,稳步扩大见习基地覆盖面;加大未就业高校毕业生职业培训力度。(四)加强高校毕业生公共就业服务。主要包括加强各级政府所属高校毕业生就业指导机构建设,确保人员、场所、经费到位;充分发挥人才市场作用,及时为在校毕业生提供最新招聘信息和就业政策;加强就业指导队伍建设;加强高校毕业生就业市场管理;加强高校毕业生就业创业网上服务平台建设;做好就业登记备案、户口落迁等工作。(五)进一步做好困难家庭高校毕业生就业援助。

【加快淘汰落后产能】　9月16日,市政府印发《关于加快淘汰落后产能工作的实施意见》(通政发〔2010〕82号)。《意见》分六个部分:(一)充分认识淘汰落后产能工作的重要意义。(二)明确淘汰落后产能工作的目标任务。一是全面完成重点行业淘汰落后产能工作任务。2010～2012年,确保完成省政府下达南通市的制革、印染等行业淘汰落后产能目标任务。在此基础上,根据南通实际,从加速推进产业转型升级的总体要求出发,在更多产业领域、以更高标准界定落后产能,提出淘汰落后产能的目标任务和时间表。二是深入开展化工生产企业专项整治。三是继续推进市区“三镇两行业”污染专项整治,坚决关闭不能稳定达标排放的企业。(三)强化产业政策约束机制。一是严格市场准入,二是强化经济和法律手段,三是加大执法处罚力度。(四)完善淘汰落后产能激励机制。一是加强财政资金引导,二是做好职工安置工作,三是支持企业升级改造。(五)健全监督检查机制。要求加强舆论监督,加强监督检查,实行问责制。(六)切实加强组织领导。

【加快全市开发区转型升级】　11月26日,市政府印发《关于加快全市开发区转型升级的若干意见》(通政发〔2010〕89号),加快开发区转型升级,提升发展水平。《意见》分三个部分:(一)进一步明确开发区转型升级的指导思想和奋斗目标。提出要经过五年努力,到2015年,全市开发区主要经济指标和综合评价指标均位列全省第一方阵,真正成为引领全市科学发展的先导区。(二)强力打造科学发展、转型发展的现代新型园区。分别对做强特色园区、突破创新园区、创建生态园区、打造功能园区、培育精品园区、建设商务新区六个方面提出具体要求。(三)全面加强对开发区转型发展的组织领导。分别就切实加强组织领导、创新管理体制机制、推进合作共建、突破发展瓶颈、完善考核评价体系作出具体部署。

【加强食品安全检验检测体系建设】　11月29日,市政府印发《关于加强食品安全检验检测体系建设的意见》(通政发〔2010〕91号)。意见分五个部分:(一)充分认识健全食品安全检测体系的重要意义。(二)加强食品安全检验检测的统筹协调管理。要求各级、各相关部门做到强化食品安全检验检测的综合管理职能,明确监管部门及公共检验机构职责分工,健全食品安全监测协调机制和信息网络。(三)注重食品安全检验检测的综合能力建设。要求各级、各相关部门做到重点加强食品安全公共检测能力建设,严格规范食品生产经营企业自检工作,积极鼓励社会机构参与食品安全监测。(四)规范食品安全检验检测体系的运行机制。当前和今后一个时期要着力推进落实公共检验监测“五个统一”的要求,即统一计划编制、统一经费管理、统一适用标准、统一信息发布、统一监督考核。(五)完善食品安全检测体系建设的保障措施。

(施张范)

重　要　活　动

【全国首家海域交易中心在南通成立】　2月2日,南通市海域使用权交易服务中心成立。这是全国首家海域交易中心,主要负责南通海域使用权与海上构筑物出让、转让、出租、抵押等交易条件的初审,海域与海上构筑物权属、交易鉴定等业务,通过收回、收购、置换和征收等方式实施海域储备。

【锡通科技产业园启动建设】　3月10日,南通市与无锡市签署《关于加强两市战略合作的框架协议》。《协议》明确,双方将共同开发建设“锡通科技产业园”,按照企业管理、市场化运作的方式,坚持走新型工业化道路,把园区建成一个高科技、生态型、国际化、综合性、多功能的新城。8月23日,南通市与无锡市正式签订《合作共建锡通科技产业园协议》。锡通科技产业园位于通州区张芝山镇镇域内,总规划面积24平方公里,西与南通市区相邻,产业园将采用新型工业化与城镇化双轮驱动的方式,建设产业新区和商务新城。

【台湾农民创业园落户南通】　5月13日,农业部、国台办同意设立南通江海台湾农民创业园,该创业园规划总面积100平方公里,建成后将是长三角最大的台湾农民创业基地。规划建设的南通江海台湾农民创业园,将以发展高科技农业、高效设施农业、外向型农业、生态休闲农业、农产品电子商务为重点,引进台湾农业优良品种、先进技术、管理经验和科研成果,重点建设通州高效设施农业核心区、海安苏台农业合作示范区、如东蔬菜加工出口示范区、海门高档鲜食瓜果示范区、海峡两岸(海门)农产品商贸区。

【2010中国南通港口经济洽谈会】 9月17~19日,2010中国南通港口经济洽谈会隆重举行。全国政协副主席李金华、省政协副主席包国新出席开幕式,市委书记、市人大常委会主任罗一民在开幕式上致辞,市委副书记、市长丁大卫市长代表市政府为120名高级经济顾问颁发聘书,宣读百名开放型经济发展杰出贡献奖表彰决定、授予荣誉证书。开幕式现场举行重大项目签约仪式,集中签约项目100个,总投资103.1亿美元,创历届港洽会之最。本届港洽会突出"精彩港洽会、辉煌十年路、魅力江海城、耀眼新南通"主题,确立五个"100"的工作目标,通过举办"一项主体活动、10项主题配套活动和3个园区开园入园仪式"等活动,达到了结交一批新客商、谈成一批大项目、促进南通开放型经济转型升级的目的。

【南通科技园开园】 9月19日,南通最大的科技孵化器——南通科技园正式开园。园区总规划423亩,一期工程占地142亩,已建成7.7万平方米的孵化基地。南通科技园将具备"一个基地,三个中心"四大核心功能,即区域科技企业孵化与培养基地、区域高新技术研发与创新中心、区域科技产品物流与信息中心和区域科技产品与技术贸易中心,着力孵化电子信息、新材料、新能源和生物医药为主的四大高新技术产业。园区已签约企业80家,并吸引中科院海洋研究所(南通)、南京大学南通材料工程技术研究院、河海大学南通海洋与近海工程研究院、浙江大学南通合作服务中心等重大研发机构入驻。科技部高新司副司长耿战修,江苏省科技厅厅长朱克江,南通市委书记、市人大常委会主任罗一民,市委副书记、市长丁大卫,浙江大学党委副书记任少波,南京大学常务副校长张荣,河海大学校长王乘,中科院海洋研究所所长孙松等参加开园仪式,向入驻企业颁发入孵证书,并为重大研发机构入驻揭牌。

(施张范)

行政管理体制改革

【市县政府机构改革】 根据省委、省政府批准《南通市人民政府机构改革方案》,研究制定《南通市人民政府机构改革实施意见》。5月7日,市委、市政府召开机构改革动员大会,启动新一轮机构改革,按照"大部制"要求对有关机构进行撤并和调整。会后,市编办形成《市政府各部门领导职数调整方案》和《市政府各部门及市委相关部门人员编制调整方案》,分别经市委常委会和市编委会审议通过。市编办还会同市纪委、监察局拟定《关于严明纪律切实保证行政管理体制改革和政府机构改革顺利进行的通知》,为顺利实施市政府机构改革提供保证。各部门"三定"规定经审核后,由市政府批准印发。至年底,政府机构改革任务基本完成。

在进行市级政府机构改革的同时,市编办根据省编办关于各县(市、区)政府机构改革方案的备案意见,批准下发海安、如皋、如东、海门、启东五县(市)及通州、崇川、港闸三区政府机构改革方案,做好改革实施过程中的指导协调工作,保证市、县两级政府机构改革的同步推进、同步完成。

(李建国)

表2-01 南通市人民政府机构改革情况

组建	南通市经济和信息化委员会	原市经济贸易委员会内贸管理以外的职责、市发展和改革委员会的信息化管理职责、市无线电管理委员会办公室和市物资总会职责,整合划入市经济和信息化委员会。挂市中小企业局牌子。
	南通市人力资源和社会保障局	原市人事局的职责、市劳动和社会保障局的职责,整合划入市人力资源和社会保障局。
	南通市交通运输局	原市交通局的职责、市建设局承担的城市客运管理职责,整合并入市交通运输局,进一步整合公路、航道、航空产业等管理职责。
	南通市农业委员会	原农业、林业、畜牧业、农业机械管理等职责,整合划入市农业委员会,挂市林业局、市农业机械管理局牌子。管理市农业资源开发局。

(续表)

组建	南通市商务局	原市经济贸易委员会的内贸管理职责、市对外贸易经济合作局的职责、市口岸管理委员会的职责,整合划入市商务局,挂市口岸委员会牌子。
	南通市文化广电新闻出版局	原市文化局的职责、市广播电视局的职责,整合划入市文化广电新闻出版局,挂市文物局、市版权局牌子。
	南通市政府外事侨务办公室	原市外事办公室的职责、市政府侨务办公室的职责,整合划入市政府外事侨务办公室,挂市政府港澳事务办公室牌子。
撤并	南通市经济贸易委员会	并入市经济和信息化委员会。
	南通市无线电管理委员会办公室	
	南通市物资总会	
	南通市人事局	并入市人力资源和社会保障局。
	南通市劳动和社会保障局	
	南通市交通局	并入市交通运输局。
	南通市农业局	并入市农业委员会。
	南通市农业机械管理局	
	南通市文化局	并入市文化广电新闻出版局
	南通市广播电视局	
	南通市外事办公室	并入市政府外事侨务办公室。
	南通市政府侨务办公室	
挂牌	南通市政府金融工作办公室	在南通市发展和改革委员会挂牌。
撤牌	南通市乡镇企业管理局	原在市经济贸易委员会挂牌。
	南通市新闻出版局	原在市文化局挂牌。
更名	南通市城乡建设局	原南通市建设局更名为南通市城乡建设局,挂市建筑工程管理局、市园林管理局牌子。不再保留市建筑工程与材料工业管理局。
	南通市规划局	原南通市规划管理局更名为南通市规划局。
	南通市住房保障和房产管理局	原南通市房产管理局更名为南通市住房保障和房产管理局。
	南通市民防局	原南通市人民防空办公室更名为南通市民防局,挂南通市人民防空办公室牌子。
	南通市港口管理局	原南通市港务管理局更名为南通市港口管理局,仍为市政府直属事业机构。

（续表）

调 整	江苏省南通食品药品监督管理局由省以下垂直管理改为市政府工作部门，更名为南通市食品药品监督管理局，业务上接受上级主管部门和市卫生局的组织指导和监督。
	南通市农业资源开发局由市政府管理调整为由市农业委员会管理。
	南通市机构编制委员会办公室（原与市人事局合署）改为单独设置，列市委机构序列，既是市委工作机构，又是市政府工作机构。
	南通市政府研究室由与市政府合署办公调整为在市政府办公室挂牌。
	南通市政府国有资产监督管理委员会由市政府直属特设机构调整为市政府工作部门。
	南通市市级机关事务管理局由市政府直属事业机构调整为市政府工作部门。

【乡镇机构改革】 在总结推广启东、通州乡镇机构改革试点经验的基础上，全面启动海安、如皋、如东和海门四县（市）乡镇机构改革。经过一年多时间，圆满完成改革任务。列入本次乡镇机构改革范围的68个乡镇在职能转变、机制创新、机构编制精简和富余人员安置等方面取得成效。四县（市）乡镇行政编制总量由2001年县乡机构改革后核定的4475名减少至4028名，减少447名，精简比例为10%。事业编制总量由2001年乡镇事业单位机构改革前的8962名减至4492名，减少4470名，精简比例为50%。741名事业单位工作人员平稳妥善分流。年底顺利通过省政府组织的乡镇机构改革检查验收。

【经济发达镇行政管理体制改革试点】 2010年下半年，启东市吕四港镇、如皋市长江镇被列为省级经济发达镇行政管理体制改革的试点单位。根据省委办公厅、省政府办公厅出台的《江苏省经济发达镇行政管理体制改革试点工作意见》和省编办的有关要求，市编办及时提出改革试点准备工作方案。开展实地调研，组织试点市编办和试点镇主要领导赴浙江省义乌市佛堂镇和苍南县龙港镇考察学习。同时，加强试点工作业务指导和督促，确保改革试点工作科学、有序进行。

（李建国）

【行政管理体制调整】 （一）根据国务院办公厅文件要求，对全市驻京办事机构设置情况进行调研，督促各县（市、区）按照要求撤销驻京办事机构，收回人员编制，根据工作需要保留市政府驻北京联络处。（二）根据省委精神，对市委机要局机构进行调整，由原为市委办公室内设机构调整为单独设置，为市委部门管理机构，由市委办公室管理，并充实人员编制。同时，对各县（市、区）机要保密机构进行调整整合，机要局和保密办实行一个机构两块牌子。（三）根据中央编办和省编办要求，对海安县、如东县、海门市、启东市食品药品监督管理机构进行调整设置，由原在卫生局挂牌改为单独设置，作为政府工作部门。（四）根据形势发展的需要，调整部分县级行政机构。研究提出调整部分县（市、区）档案局等机构规格的意见。研究提出县级版权机构设置的意见。根据中央编办和省编办关于清理专门公安机构的要求，对全市专门公安机构设置情况进行排查，督促海门市撤销海门市公安局城市管理警察大队。根据省统一部署，做好全市财政系统耕地占用税和契税征管职能、机构、编制和人员划转地税部门的有关工作，理顺和规范“两税”征管职能。

（梅　华）

外事侨务　港澳事务

【概况】 2010年，外事侨务工作坚持“服务经济、服务企业、服务百姓”的理念，打造“经济外侨、服务外侨、和谐外侨”优质品牌，提升南通的国际影响力。成功举办第二届中国南通国际友城交流大会和百名侨商南通行活动，签订1个友城协议、1个准友城意向书和2个友好合作备忘录，促成物流园区开发、旅游开发等6个项目合作意向。成立全国首家APEC商务旅行卡（亚太经合组织成员国之间商务人员便利性通关凭证，相当于3年多国多次签证）协会，有效促进企业相互交流合作和“走出去”创业。成功举办2010海外华侨华人高层次人才江苏行（南通站）活动，达成10多个合作意向。设立华东地区首家赴泰国因私签证代办点。市政府外侨办获评全省侨务外联经科工作先进单位、全市引荐服务外来投资双佳单位、全市民营经济先进服务部门、2010中国南通港口经济洽谈会组织工作先进单位一等奖、市级机关绩效考核先进单位和全市对外宣传工作先进集体。

【因公出国(境)管理】 办理因公出国(境)团组963批2457人次,其中党政机关团组367批1954人次(含省内省外双跨团组),企业团组596批1503人次。新办护照和通行证1444本,其中护照1207本,通行证237本。申办签证2365批5505人次,其中办理临时因公签证432批1492人次,赴日因私签证1630批3549人次,赴韩因私签证251批384人次,赴新加坡因私签证35批48人次,赴澳大利亚因私签证17批32人次。签证量比2009年批次增加15.4%,人次减少0.5%。注重专项管理,严格制止公款出国(境)旅游,配合市纪委抓好专项治理,严格计划审批,完善管理制度,严肃查纠问题。2010年,受理362批1261人次的出访请示,批准356批1239人次,否决团组6批22人次,压缩人数、天数团组19批63人次。办理邀请外国人入境手续833批1400人次。外交部外管司充分肯定南通因公出入境管理经验,通过《外事管理》杂志向全国推广。

【因私签证】 经多次磋商沟通,泰国外交部正式同意南通市政府外侨办代办因私赴泰签证,这也是泰国在华东地区授权的首家地市级因私签证代办点。南通先后开通日本、韩国、新加坡、澳大利亚、泰国的因私签证代办点,因私签证代办人次列全省前三位。

【礼宾友城】 2010年,接待国际友好团组到访22批291人次,组织友好团组出访6批37人次,外事接待呈现"密度强、规模大、级别高"的特点。除年度友城互访的团组之外,还接待巴勒斯坦法塔赫中央委员会代表团、全国人大邀请的哥斯达黎加立法会外事委员会代表团、印度国会议员代表团、美中工商协会代表团等大型团组。在2010港洽会、第十九届日欧中韩美船舶峰会和第十三次中澳战略防务磋商等重大活动中,市政府外侨办积极调配翻译力量,细致周到地做好接待服务,赢得外交部、总参谋部、省政府、市委市政府和主办单位的一致好评。年内南通市与毛里求斯瓦瓜菲尼克斯市、俄罗斯圣彼得堡市莫斯科区先后正式签署友城协议;发展4对准友城,分别为:巴西圣若泽黑河市、韩国昌原市、澳大利亚大湖市、澳大利亚蓝谷市;成功上报1对县级友城:海门市与纳米比亚奥卡豪市。

(陈 伟)

【涉侨活动】 市政府外侨办积极开展有影响的涉侨活动,为加快南通发展引进急需资金和技术人才。成功邀请接待"美中工商协会世博访问团"。经市政府外侨办牵线,由美国美中工商协会会长栗亚率领,由美中工商协会、南加州华人社团联合会、上海人联合会、温州旅美同乡会和纽英伦中华资讯网络协会华人企业家、专家学者和社会各界人士近百人组成的"美中工商协会世博访问团"到南通访问,市长丁大卫会见访问团一行。代表团许多成员对南通教育、科技及产业发展等表示浓厚兴趣。外侨部门还先后接待澳门中小企业协进会代表团、马来西亚宗乡青联合总会副主席李培华、美国南通同乡会名誉会长顾衍时、香港善龙集团董事长李承东等300余人次来宾。市外侨办组稿、策划的人才专版于5月底在法国《欧洲时报》刊出。7月和11月先后在《环球时报》刊登如皋专版和吕四港专版。

9月4日,在北京举办的大爱无国界-资助残疾人国际义卖活动上,外交部部长杨洁篪亲切接见市政府外侨办主任钮启贤

【国内侨政】 以《中华人民共和国归侨侨眷权益保护法》颁布20周年为契机,在全市范围内广泛开展侨法宣传活动,把侨法宣传纳入街道(乡镇)工作。在归侨侨眷相对集中的如皋市如城镇大治街道和启东市汇龙镇南城区街道挂牌国家级侨法宣传角,全市国家级侨法宣传角增至5家。崇川区虹桥街道、海安县海安镇新陵街道被省侨办命名为全省侨务系统"五五"普法示范单位,崇川区任港街道、如皋市如城镇迎春街道孔庙社区被省侨办命名为全省社区侨务工作示范单位。先后组织侨界联谊联欢、座谈讨论、老归侨看世博等活动5次。加强侨务信访工作。全年接待受理海外同胞及国内归侨侨眷来信来访33件(次),受理"三侨生"(归侨青年、归侨子女、华侨在国内的子女)身份认定高考19名、中考8名。协调市财政部门设立专项资金,通过困难补助和医疗救助为老年归侨提供物质帮扶。全市用于归侨及重点侨眷的救助款计4.5万元,救助困难归侨40余户,走访慰问归侨侨眷200余户。做好市区归侨医疗费补贴和企业退休归侨补助款发放工作,市外侨部门全年下发归侨门诊医疗费补贴合计9800元,大病救助13人,合计1.02万元,困难归侨定期补助1.98万元、市区企业退休归

侨补贴8400元。

【华侨捐赠】 整合侨务资源，创建各类教育基金和奖学金。经市政府外侨办与知名侨港资企业——善龙食品有限公司多次沟通，由该企业捐资设立"承善教育基金"，首批捐款金额100万元人民币。如皋港等地10名本年度录取高校新生获首次资助。

（曹启华）

【港澳事务】 围绕南通与港澳全面合作，市政府港澳办分别邀请和接待澳门特别行政区行政长官崔世安、香港民政事务局局长曾德成、香港特区政府驻上海经济贸易办事处主任陈子敬等高层官员到南通访问，积极组织本地企业家参加省港澳办和香港贸发局举办的"苏港共同拓展国际市场合作论坛"。5月1日，应省港澳办邀请，澳门特区行政长官崔世安访问江苏省，首站抵达南通。市委书记罗一民，市委副书记、市长丁大卫分别会见崔世安一行。澳门特首崔世安是南通市港澳办成立以来接待的最高职位官员。2010年，邀请和接待港澳重要团组8批123人次，接待量实现历史性突破。

【第二届中国南通国际友城交流大会】 9月16～18日，"第二届中国南通国际友城交流大会"市长论坛、国际友好交流学校命名仪式、友城市长与南通市民手拉手篝火晚会、友城代表参观上海世博会等系列活动先后举行。来自7个国家的9个友城或准友城的市长、议长或市长代表率领的官方代表团参加活动。此次会议组织严密、服务专业，被各友城市长誉为具有国际水准的友城盛会。第二届南通国际友城交流大会作为2010南通港洽会主体活动之一，成为本届港洽会的突出亮点。

（陈 伟）

【"百名侨商南通行"活动】 9月16～18日，2010南通港口经济洽谈会主体活动之一的"百名侨商南通行"活动成功举行，包括开幕式、南通投资环境说明会、南通市侨商企业家联谊会换届大会、南通海外交流协会年会、参观考察和项目对口洽谈等，向与会嘉宾展示南通进入桥港时代发展前景和靠江、靠海、靠上海的独特区位优势。来自20多个国家和地区近百名知名侨商、侨领应邀参加此次活动，物流园区开发、旅游开发等6个项目达成合作意向。

【"海外华侨华人高层次人才江苏行"南通站活动】 6月26～28日，由市委、市政府主办，市政府外侨办承办的"海外华侨华人高层次人才江苏行"南通站活动成功举行。40余位海外华侨华人高层次人才与南通市各相关部门、企业负责人参加开幕式、南通市情和人才政策推介会、项目发布、对口洽谈、参观考察等活动。活动期间达成合作意向12个，5个项目正式签约。

（曹启华）

【南通市APEC商务旅行卡协会】 为更好地服务全市"走出去"战略，2月和6月，市政府外侨办两次召开企业家座谈会，推介APEC商务旅行卡。为120名企业家申报相关材料，近80名企业家拿到APEC卡，成为全省申办APEC卡最多的地级市。7月12日，市政府外侨办召开全国首家APEC商务旅行卡协会成立大会。外交部领事司、省外办等领导出席会议。10月20日，APEC商务旅行卡协会召开第一次理事会。省外办专门发文推介南通市做法，外交部领事司、外管司分别在全国推广南通做法。

【海外创业顾问团】 市政府外侨办积极为南通市走出去创业的海外创业者提供服务。2月21日，在世界通商总会年会上，通商总会海外创业顾问团正式成立，顾问团集合全市行政和公共服务的优势资源，为通商总会的成员在法律、经济、税务、通关、卫生、外宣和金融等领域搭建强有力的后援服务平台。市领导为顾问团成员颁发聘书。8月10日，市政府外侨办组织举办"海外创业顾问团咨询服务会"，40余名海外创业的代表与10多名顾问团成员进行面对面交流。

【对外宣传】 抓住世博年契机，加强对外宣传。5月3～5日，市政府外侨办邀请38名北非西亚记者代表团到南通采风。安排赴如东洋口港采访。在南通期间副市长沈振新会见记者团并接受采访。6月中旬，英国作家大卫到南通采访，市政府外侨办为其提供英文翻译等便利。

（陈 伟）

民族宗教事务

【概况】 2010年，市民族宗教事务工作适应新形势，创造新业绩。少数民族流动人员管理工作在全省交流，城市和社区民族服务工作经验在全省推广；宗教场所建设与和谐寺观教堂创建取得新进展。

【少数民族流动人员服务管理】 每年外来流动少数民族人数约4000余人。根据外来少数民族经商管理出现的新情况和新特点，不断完善工作机制，提高服务管理水平。南通市民族宗教事务局会同公安、城管、工商及街办等部门、单位召开民族工作专题协调会，帮助少数民族流动人员解决经商摊位、执照和规费减免等实际问题；举办法制教育培训班，对少数民族流动人员进行遵纪守法宣传教育，提高其法律意识和守法自觉性，增进民族友谊与融和；与工商部门在全国率先成立“12315 少数民族维权联络站”，及时有效化解经商矛盾，维护少数民族的合法权益。少数民族流动人员服务管理工作经验被纳入全市现代化社会管理创新经验，并在全省穆斯林教育引导和管理经验交流会上作典型交流。

【民族团结进步】 以加强散杂居地区民族文化建设为重点，推进民族团结进步创建活动。市委宣传部、统战部联合开展主题创建活动，培养典型，树立先进，制作宣传横幅和展板，印发宣传资料。指导少数民族同胞开展丰富多彩的民族文化活动，在崇川区学田街道成立首个以街道为单位的民族风艺术团。根据省民委通知精神，积极做好全省民族团结进步创建模范集体、模范个人的评比推荐工作。

【服务少数民族】 主城区在全省率先实现社区少数民族服务中心全覆盖，发挥社区服务功能和民族宗教法律事务部、医疗保健中心作用，为少数民族提供就业指导、技能培训、法律援助和就医看病等便利。经统计，共向全市民族宗教界人士发放医疗就诊卡 400 余张，1000 多人次享受到医疗保健、法律服务等优惠服务，减免各种费用 20 万余元。省民委在南通召开城市民族工作暨社区民族工作现场会，推介南通做法和经验。

【宗教场所建设】 与市佛教协会筹办圣严法师佛教成就展示馆，于 2010 年 5 月 1 日该馆在狼山落成开放。圣严法师是佛学大师、教育家、佛教弘法大师、台湾法鼓山的创办人。法师于 1930 年出生于江苏南通，13 岁在狼山广教寺出家，青年时期留学日本，1975 年获日本立正大学文学博士学位，后辗转台湾，于 2009 年 2 月 3 日圆寂。法师一生著作一百多种，有十多种语言的译著，其中《正信的佛教》发行量超过三百万册；由他主办的英文佛教刊物，发行到世界 30 多个国家和地区。展示馆以照片、书法作品、著作、视频等形式，以圣严法师的生平为主线，突出展示了圣严法师的佛学理念。市民族宗教事务局还协助市道协、城隍庙推进文昌阁建设，建成后的文昌阁成为濠河景区又一景观。

【宗教工作】 推进和谐寺观教堂创建。制定新一轮和谐寺观教堂创建规划及评比细则。以纪念国务院《宗教事务条例》颁布 5 周年，新修订《江苏省宗教事务条例》颁布一周年为契机，加大依法管理力度。委托会计师事务所对市区宗教团体、宗教活动场所进行专项财务检查，推动宗教场所提高财务管理水平。

引导开展慈善公益活动。各级宗教部门积极引导宗教界人士和信教群众发扬优良传统，开展捐资助学、赈灾救难、助残扶困、关爱弱势群体等活动。全市宗教界全年共资助 135 个贫困家庭学生上学。市佛道教慈善超市、海安县佛协“慈爱功德会”、南通佛教居士林安养院等慈善机构进一步扩大受益面。全市宗教界向青海玉树地震灾区捐款捐物折合人民币 50 多万元，举行传灯法会、祈福礼拜、求恩弥撒等 80 多场次。

(王　旭)

政府法制工作

【概况】 2010 年，全市政府法制机构紧紧围绕率先基本建成法治政府的目标，推动体制机制创新，加强制度建设，不断强化监督和复议职能，扎实推进依法行政，政府法制工作取得新进展。市政府法制办获全省政府法制工作创新奖。

【依法行政】 进一步推进依法行政制度化建设，不断健全完善考核机制，及时调整考核权重，增强考核的科学性、合理性。加强基层法制网络建设，开展“市级依法行政示范点”评选，确认 2010 年度“市级依法行政示范点”20 家，初步建立省、市、县三级示范点分级分类管理制度。在全市推广乡镇政府法制工作室、行政复议委员会和相对集中行政复议权试点等创新工作。在全省依法行政考核中，南通市与苏州市被评为优秀等次。中央和省级新闻媒体专程到南通就依法行政工作作深度报道。

中央和省级新闻媒体来通采访报道依法行政工作（法制办供稿）

【政府制度建设】 全年审核出台各类政府文件 547 件，其中规范性、政策性文件 98 件。做好市级部门“三定方案”的审核工作。制定出台《南通市规范性文件管理办法》，建立规范性文件制定出台前的社会风险评估机制，广泛听取社会各界意见建议，增强政策制定的合理性。围绕推动经济转型升级、加快江海联动开发、推进城乡建设、改善民生保障、维护社会稳定等热点难点问题，组织起草、制定出台一系列政策措施。全年规范性文件报备率、及时率、规范率均达100%,在全省13个地级市中名列第一。

【行政执法监督检查】 全年共备案审查各县(市、区)政府和市级部门报送备案文件68件,重大行政处罚备案审查46件,抽查行政处罚卷宗195件,行政许可卷宗235件。探索执法监督新模式,与市监察局开展联合执法检查,并邀请人大代表、政协委员、法院及检察院办案人员、部门法制业务骨干参加。对全市40个执法单位罚没缴分离制度执行情况进行检查。

【行政复议应诉案件办理】 全年共收到行政复议案件101件,受理73件,不予受理4件,未补正而放弃申请4件,收回申请2件,告知18件;在受理的案件中,维持53件,确认违法1件,

驳回申请2件,撤回终止14件,中止3件。不断健全完善听证、和解、调解、审理"四位一体"的工作机制,灵活运用各种方式解决行政争议和纠纷。在部分县(市、区)试行行政争议集中调处和行政负责人出席听证会。指导海门市不断深化行政复议委员会试点工作,相关做法在全国行政复议委员会试点工作现场会上作经验介绍。继续推进行政机关负责人出庭应诉工作,全市行政诉讼案件行政机关负责人出庭应诉率在95%以上,其中海安等4个县(市、区)出庭应诉率达100%。

【政务公开】 以县(市、区)为重点,进一步推进新一轮行政权力网上公开透明运行系统建设,覆盖全市各县(市、区)的行权平台基本建成并投入使用。法制监督系统更加完善,涵盖行政权力库管理、执法行为监督、行政复议诉讼监督、规范性文件监督和执法人员管理等多个方面。在全省率先制定出台《南通市政府法制网上监督系统管理暂行办法》,进一步规范系统的运行和管理。在省行政权力网上公开透明运行工作考核中,南通市被评为优秀等次。

【承办政府法律事务】 为全市中心工作和重点工程提供法律和政策咨询服务。积极推动南通市"讲文明、树新风、迎世博"系列活动的开展,加强对全市"三小车辆"综合整治、市区违法高立柱户外广告拆除等阶段性重点工作的执法指导。审核出台《城市长效综合管理考核办法》,推动城市综合管理制度化建设。就市区执法职责交叉等问题,组织开展执法协调,明确划分部门职能,有效提升执法效能。针对十字街地下工程改造、市区老小区综合整治等关涉民生的热点问题,进行调研和协调。

【法制宣传培训】 利用各类媒体加强法制宣传,进一步加强门户网站建设。组织行政执法单位参加广场宣传,并深入企业、社区开展送法上门服务。开展法制工作人员培训工作,与市委组织部、市政府办公室在复旦大学举办法制人员培训班,并重点对全市200多名执法人员开展培训考核,进一步树立管理与服务相结合、执法与疏导相结合、教育与处罚相结合的新型执法理念。

(陈 捷)

地方志工作

【概况】 2010年,南通市地方志编纂委员会办公室主攻《南通市志(1983~2005)》这一工作重点,加大工作推进力度,取得阶段性成效。《五山志》完成评审稿。《南通年鉴》提前出版。

【《南通市志》分纂完成】 在完成初稿的基础上,对成熟的初稿落实人员进行编辑和分纂,由全办13名同志分别承担。开展业务讲解,提高本办人员业务素质。对农业、工业、金融、文化、政法、商贸、体制改革等重点部类的资料,聘请9名熟知情况的行业专家进行分纂,提高志稿的质量。全年累计完成分纂20篇,完成工作量的80%左右。

【《南通市志》总纂篇目形成】 《南通市志》续修工作于2006年5月全面启动。初拟《南通市志(1983~2005)》资料征集篇目,共分35篇。根据资料收集和编纂体例要求,市志编辑部与各承编单位协商确定初稿篇目。2009年,续修《南通市志》完成初稿编写,进入分纂阶段,及时统筹全志书稿,增补内容,调整篇目,形成分纂篇目,同时,通过业务研讨、召开座谈会、上门请教等形式,吸取兄弟市的篇目长处,不断完善篇目。到2010年底,分纂稿基本完成的基础上,初步形成总纂篇目。为更好地把握地方特色和时代特点,分别召开由本办业务骨干参加的和县(市)业务骨干参加的总纂篇目座谈会,邀请部分专家对篇目把关。至年底,《南通市志(1983~2005)》总纂篇目基本定型。篇目暂定43篇,230章,973节。

【完成《五山志》评审稿】 2005年,《五山志》编纂纳入江苏省地方志文库后,南通市地方志办全面启动《五山志》的编写工作,将任务落实到人。2006年,整理出60多万字的资料。坚持边收集资料边撰写志稿,先后编写《五山志》的总述、大事记、狼山、剑山、军山、马鞍山、黄泥山、近山景点、旅游、人物、丛录等章,近30万字。至2007年11月,42万字的《五山志》初稿完成。此后转入资料补充、图片拍摄等阶段。2008年,园艺博览园开馆,根据各方意见,对《五山

志》篇目进行再次大调整,内容进行增补,并将下限延伸至2008年,使园艺博览园、滨江公园能够入志。2009年11月,修改后的《五山志》稿进行内部讨论修改,增补照片。2010年初,再次邀请相关专家对志稿进行审阅,提出修改意见,9月,《五山志》评审稿送至省地方志办和各相关部门。

【修志业务指导】 市二轮修志工作开展以来,不少部门纷纷提出修专业志、部门志。人大、军分区、卫生局、公安局、人口和计生委等单位在完成《南通市志》初稿任务后,启动专业志的编写,市地方志办加强业务指导,使专业志、部门志的编写顺利进行。2010年,《南通市电力工业志》、《南通人口和计划生育志》等部门志先后公开出版。市地方志办还先后组织召开《通州市志》、《海门市志》《如皋市志》、《海安县志》总纂篇目市级评审会。

【年鉴编纂】 2010年8月,《南通年鉴(2010)》顺利出版,比往年提前2个月。该期年鉴反映2009年全市经济社会发展情况,重要图片截至2010年6月。《南通年鉴(2010)》进一步拓展征集范围,调整篇目设置,优化格式,提高编校质量。9月,获首届江苏省年鉴奖框架设计奖和条目编写奖。

【编印历史文化名城专辑】 为配合国家历史文化名城建设,市地方志办、市规划局、国有置业集团联合编印历史文化名城专辑2期,作为《江海春秋》的增刊印发。专辑图文并茂介绍介绍各历史文化保护片区,并对历史文化保护工作进行全面记述,受到领导和读者的好评。

(方志处　年鉴处)

档案工作

【概况】 2010年,全市设档案行政管理部门9个。档案馆有19个,其中国家综合档案馆10个,国家专门档案馆7个,部门档案馆2个,共有专职档案人员195人,档案馆总建筑面积4.54万平方米,档案库房建筑面积2万余平方米,档案技术用房建筑面积2766平方米。全市19个档案馆馆藏1912个全宗,238.16万卷,以件为保管单位档案46.76万件,录音、录像档案1179盘,照片档案11.05万张,底图9.96万张,缩微卷片1.35万幅。10个国家综合档案馆向社会开放档案1001个全宗,其中新中国成立前83个全宗、案卷4.43万卷,新中国成立后918个全宗,案卷14.35万卷,以件为保管单位档案8170件。19个各类档案馆全年接待利用档案11.89万卷次、1.58万件次;举办展览4个,接待参观档案展览4294人次;公开出版编研资料2种84万字,编印内部参考资料14种41万字;复制档案、资料16.18万页;利用资料800人次、1719册次,利用现行文件2234人次、4400件次。全市82个市直机关、23个大型企业、8个中型企业、5个省部属文化事业单位、9个县团级文化事业单位、5个地师级以上科技事业单位和8个县团级科技事业单位建有档案室(处、科),共有专职档案人员161人,兼职档案人员819人,档案室总建筑面积3.97万平方米,档案库房建筑面积2.83万平方米。10月26日,市委办、市政府办印发《南通市档案局(南通市档案馆)主要职责内设机构和人员编制规定》。明确市档案局为市委、市政府直属正处级事业机构,市档案馆与市档案局一个机构、两块牌子。市档案局(市档案馆)设8个内设机构:办公室、法规宣教处、监督指导处、资源建设与开发处(张謇与大生档案资料研究室)、保管利用处、信息技术处、企事业档案管理处(南通市企事业档案馆)、文件查阅处(南通市文件中心)。

【档案资源建设与开发】 6月22日,南通市档案资源建设座谈会在如皋市召开,会议研究探讨新时期开展档案征集和编研工作的新途径、新办法,部署"档案资源建设年"的相关工作。继续实施"记忆经典南通"工程,在境内外征集各种形式和载体的反映南通历史变迁、人文和地方特色的档案文献资料。征集到院士吴慰祖、姚穆、保铮,南通籍著名作家、第四届茅盾文学奖获得者王火,诗人丁芒、古人类学家周国兴、全国劳动模范朱骅的档案。征集《南通日报》、《江海晚报》、《南通市人民政府公报》有关南通的照片270张。完成《大豫盐垦公司》的选材与句逗工作。大达内河轮船公司档案入选《江苏珍贵档案文献名录》。参与《南通经济发展简史》的编写。

【赴台湾征集张謇与大生档案】 4月15日至23日,南通市档案学会代表团赴台湾"中央研究院"近代史研究所档案馆,查阅有关张謇与南通的档案,共复制档案86件974页。这些档案大致可分为张謇的来往文件68件和有关南通的文件18件,均为原件,均未公开发表。内容涉及有关张謇在南通兴办实业、张謇在农商总长期间形成的文件、张謇任全国水利局长期间形成文件、中比航务交涉、关于庚子赔款等。根据征集的档案,南通市档案局馆在《中国档案报》发表《1915年美国旧金山世博会东北产品参赛中日交涉始末》和《刘坤一的世博观》,在《江海晚报》发表《清政府对1893年芝加哥世博会的旁观心态》。《台湾近代史研究所档案馆考察记》在2010年第9期《档案与建设》发表。代表团还造访台湾大学档案馆。

南通市档案学会在台湾大学档案馆考察交流

【第二届民间珍贵档案评选】 第二届民间珍贵档案评选活动由南通市档案局馆与《江海晚报》联合举办，吸引全市1206件(组)民间档案参评，在南通《江海晚报》《旧闻》版上刊登相关征文31篇。评出特等奖2名、一等奖2名、二等奖5名、三等奖10名。10月22日，举行第二届民间珍贵档案评选揭晓暨档案捐赠日启动仪式。著名诗人丁芒捐赠他与夫人樊玉媛1970年代末的《两地书》，民间收藏家郭永华夫妇捐赠明万历年间的《群书备考》卷四，南通市委党校教授季建林捐赠其父亲纪力的个人档案，著名书画家沈启鹏、陈云、王法、侯德剑捐赠书画作品，原如东文联常务副主席陈祥志捐赠茅盾文学奖获得者王火的一封信。民间珍贵档案评选被江苏省档案局评为全省档案管理与服务创新案例。

【国家重点档案抢救和保护】 完成2010年南通市国家重点档案抢救和保护补助费申报工作。国家财政部下达南通市档案馆32万元，江苏省财政厅配套经费64万元，补助项目有民国档案、赴美国征集张謇与大生档案、档案实体安全管理系统等。同时下达海安县档案馆、海门市档案馆国家和省补助费，用于新中国成立前档案、民国档案的保护。9月，馆藏"民国张謇与大生档案"入选由国家档案局主办的"守望人类的共同记忆——国家重点档案抢救和保护工作成果展"，制作并展出4件仿真复制件。对国家重点档案抢救工作进行调研，调研报告《关于提高国家重点档案抢救和保护费利用效益的思考》，发表于《中国档案》2010年第6期。

【档案法制与宣传】 建立健全档案行政权力网上公开透明运行系统及相关配套制度。启动"十佳档案员"评选表彰活动。南通电视台先后播出档案专题片《不见硝烟的较量》、《撷英民间档案》和《两地书一世情》。11月28日，南通人民广播电台《新闻今日谈》栏目，就南通市第二届民间珍贵档案评选活动作专题报道。

【档案监督指导】 联合市委农办对通州、如东、如皋三地的"农民土地合作社"、"农民专业合作社"以及"社区股份合作社(集体资产股份合作)"的运作情况、档案管理现状进行调研，出台《关于加强农民专业合作社档案工作规范化建设的意见》。联合市民政局下发《关于开展城市社区(居委会)档案工作创建"六有"标准活动的通知》。印发《关于加强政府机构改革中档案管理工作的通知》。为苏通科技产业园、南通航院新校区、南通中专实训基地、如东东凌风电70.5兆瓦项目、龙源风电如东二期100.5兆瓦扩建、中远船务海工基地等项目提供建档指导与服务。全市160个单位的档案工作通过档案工作星级测评(复查)。

【档案信息化】 完善目录数据库、全文数据库和多媒体档案数据库，目录数据库数据总量253万多条，全文数据库总量562万多页。建立专题档案数据库47个，照片档案2.2万多张，音像档案1.4万多分钟，视频档案4.5万多分钟。实行数据安全备份管理，确保数据的安全管理和局域网的畅通运行。对新产生的数据进行异机硬盘备份；定期对各类数据进行光盘刻录备份；适时对现有目录数据、全文数据进行磁带备份；馆藏全部的数据(约240千兆)报送省档案电子中心，实行异地备份。开通企事业档案信息网，作为南通市档案信息网的二级网站。

【接待服务】 2010年，市档案馆共接待查档1655人次，提供档案资料4139卷(册)、274件，其中利用开放档案1472卷、未开放档案2228卷，利用资料439册，复制7501页。达到目的者占全部利用人数的76.93%，基本达到占2.59%，未达目的占12.59%，找到线索占7.89%。896人次利用档案解决个人退休、工龄、工资、婚姻等问题，占全年利用人次的54.1%。以工作查考为目的利用档案资料443人次，占26.8%。以编史修志为目的利用档案资料182人次，占11%。南通市文件资料服务中心建立网上文件超市，利用者足不出户，就能看到现行政策、法规和政府红头文件。

【城建档案馆工作】 至2010年底，市城建档案馆累计接收进馆档案661个项目6920卷，整理档案长度201.06米。其中工程档案525个6784卷，2009年建设管理档案136卷。2010年，新接收南通火车站工程档案。拍摄129个专题的声像档案，形成照片档案6215张，录像1565分钟。完成1997～1999年建设工程规划档案，2000～2005年建设用地规划、市政工程规划、市政用地规划档案的数字化工作，以及列入《城建档案馆应对突发性事件应急档案目录》的所有市政、公用工程及部分重要建筑工程的数字化工作。与建设单位签订《报送工程档案责任书》202份；全年参加建设工程竣工验收41次,办理《工程档案专项验收意见书》61份。接待查档356次481人次,提供档案903卷次,提供底图544张,照片858张。复印档案凭证11262张,复印图纸1576张。提供原始档案,作为全市教育系统实施教学楼、学生公寓楼抗震加固工程的依据。

(朱　江)

政务信息网络管理

【概况】 2010年,市信息中心扎实推进电子政务建设,各项工作取得新进展。市行政权力网上公开透明运行系统通过省政务公开办组织的验收,获优秀等级;在长江沿岸中心城市信息合作联盟组织的评比中,南通市获2009~2010年度长江沿岸中心城市信息化建设先进城市奖;"中国南通"政府网站在由中国社会科学院信息化研究中心、国脉互联政府网站评测研究中心联合主办的2010年全国地市级政府门户网站绩效评估中名列第三,在省信息网络安全办公室组织的信息网络安全检查考核中得分名列第一,省经信委在南通召开现场会推广南通市经验。南通政府网站在省电子政务建设协调指导小组等部门组织的2010年度江苏省政府网站测评中获第二名,稳居第一方阵。市信息中心连续第八次被评为江苏省信息系统先进集体。

"中国南通"政府网站在线访谈活动

【行政权力网上运行】 中心于2008年起开始市级电子政务内网骨干网建设。在考察多个兄弟城市,并进行深入论证的基础上确定系统建设主线和"一库四平台"的建设思路,全程参与建设过程,承担系统建设技术保障任务。2009年完成45家行权部门的电子政务内网接入。提出《南通市电子政务建设标准规范》。2010年,行政权力网上试运行,中心技术人员做好后期修改维护、使用人员的培训、多方数据联调等指导和服务。2010年7月,南通市行权系统顺利通过省政务公开办组织的验收,并取得优秀等次。在此基础上,加强对部门和县(市、区)的指导、考核。通过几轮整改,各部门与县(市、区)的系统基本达到省政务公开办提出的建设要求。

【"中国南通"网站运行】 (一)规范政府信息公开目录发布。认真执行《南通市政府信息公开实施办法》,及时上网发布市政府及政府部门制定的相关政策文件,组织政府相关部门主动维护市政府及部门政府信息公开的相关信息。2010年,市政府及各部门共发布政府公开信息4万余条,收到依申请公开信件79件,回复73件。(二)动态信息内容保障。网站编辑部门每日安排专人及时维护"中国南通"政府网站上的动态新闻栏目,即时审核发布县(市、区)政府及政府工作部门报送的各类信息。每月将各部门的信息报送情况进行通报、考核。2010年,"中国南通"政府网站发布各类信息4.96万条,其中县(市、区)政府报送信息7683条,部门报送信息11800多条。(三)策划组织专题专栏。为配合市委、市政府重点工作,政府网站设立"2010年新年新思路"、"我们身边的尤建华"、"南通市国省重点文物保护单位"、"南通大交通建设"等19个专题,方便市民及时了解本市重大活动,丰富网站内容。(四)加强在线互动。2010年,政府网站共收取市长信箱有效信件5636封、部门信箱收取2982封、在线咨询1210封,总处理率100%,市长信箱回复率96.7%、部门信箱回复率97.8%、在线咨询回复率98.9%。市政府办公室专门就做好"市民论坛"在线回复工作向各部门发出通知,提出明确要求。2010年网友发布言论4448帖。市信息中心将"市民论坛"中有参考价值的言论汇编成《市民论坛摘编》148期、《网友信息摘编》52期、《网络舆情动态》3期、《网络舆情专报》2期交市主要领导参阅,领导批示率达90%以上,网友反映的问题得到领导关注并责成相关部门妥善解决。(五)办好特色栏目。"在线访谈"栏目一般每月举办2次专题活动。2010年共举办20期,7位副市长共9次参加访谈活动,30多个部门领导及处室负责同志在线回答近千个网友提出的问题,现场答复161个有效问题。"在线调查"栏目是政府网站了解民情、体察民意的重要阵地。2010年,共安排19期调查专题在网上发布,并将有关调查结果在网上发布。"2011年政府为民办实事项目建议"、"南通需要改造路段的建议"、"高考加分政策的建议"、"怎样才能遏制地沟油使用的建议"、"公立医院改革的建议"等议题受到市民关注,网友在线提交700多条意见和建议。

【政府网站群系统升级改造】 "中国南通"政府网站使用服务器15台,大部分为2005年前购置。随着"中国南通"政府网站群的建设规模和访问量的剧增,网站运行压力与日俱增。2010年初,中心确定"中国南通"政府网站系统升级改造方案,新购6台高性能的IBM3850服务器替换重要应用系统、数据库的服务器,将现有的较高性能服务器用作辅助应用系统服务器,对"中国南通"政府网站系统进行整体升级改造。系统改造2月21日开始,历时近2个月,在确保不影响主站WEB访问的情况下,逐步替换和升级原网站服务器。网站服务器完成升级改造后,主站与子站访问压力减少,服务器负载下降,网站访问速度明显提高,稳定性和安全性得到保障。

【部门子网站整合】 开展"中国南通"政府网站群第二批子网站整合工作,对"中国南通"政府门户网站和纳入市级财政预算的部门子网站进行整合。2010年整合38个部门子网站,累计有51个部门子网站纳入"中国南通"政府网站群系统。

(肖正南)

机关事务管理

【概况】 2010年,南通市市级机关事务管理局立足于服务全市基本现代化建设大局,服务机关、服务基层,履行管理、服务、保障职能,推进服务型、节约型、平安型、创新型、学习型机关建设,为市级党政机关高效有序运转提供有力保障。

【公共机构节能工作】 发挥公共机构节能主管部门职能作用,立足于节能、效能双推进,突出源头抓减控,突出细节抓落实,突出过程抓监督。2006~2010年,市直公共机构单位面积用电量下降23.35%,人均用电量下降21.94%,人均用水量下降32.7%,车均燃油量下降12.23%,圆满完成"十一五"期间公共机构节电、节水20%,公务用车车均油耗下降5%以上目标。(一)形成组织体系。市和所辖5县(市)4区均成立公共机构节能工作领导小组,各条线部门相继建立节能工作领导小组,形成自上而下的组织网络。(二)加强制度建设。出台《南通市公共机构节能工作考核评估办法》、《南通市公共机构节能行为规范》等一系列文件。(三)强化基础工作。组织全市公共机构能源资源统计培训上千人次,严格实施能耗统计报告制度,并逐步对行政中心、科技大楼、南通市中医院住院部等17万平方米的公共机构建筑实行能源审计。(四)开展节能宣传。广泛开展"生态文明与我同行"、"节能宣传周"、"绿色公务"和能源紧缺体验等活动,参加节能知识竞赛,印发宣传资料,倡导节能环保理念和低碳生活方式。(五)强化节能措施。市行政中心减少公共区域照明灯,年节电40000余度;优化中央空调水泵系统,节电率达到30%以上;组织节能产品推介会,出售节能灯具5000多只;在建的市民服务中心项目同步考虑能耗监测系统,努力通过节能管理和技术改造,降低运行能耗与成本。(六)强化考核督查。在全市组织开展公共机构节能竞赛活动,将公共机构节能列入市机关综合绩效考核。

【行政性资产管理】 以办公用房权属登记和闲置资产盘活为突破口,以资产信息化管理为抓手,有效提高国有资产管理效益。2010年累计完成137宗12.5万平方米办公用房的权属变更工作,并对公、检、法、工会、人防等部门32宗16.4万平方米办公用房形成具体处置方案报市政府审定;配合市财政推进进驻市民服务中心办公单位原办公用房的资产变现工作,确保市民服务中心建设资金平衡;加快驻外办事机构房产的梳理与分类处理,梳理各驻外办事处房产12宗8000多平方米。坚持出租房统一管理、统一出租、统一进账,加强资产盘活力度,全年实现租金收入440万元,超额完成年度指标。

【会计集中核算管理】 会计中心切实履行参谋助手、政策把关、监督管理职责,有效加强部门预算编制与执行跟踪控制,强化预算约束,确保年度预算平衡,提高行政经费的使用效益。积极构建财政、会计中心、服务单位"三位一体"的信息共享平台,在全省率先开通单位端支付、核算、报表、工资、资产等系统查询业务。开展上门服务、延时服务和档案集中整理、整体移交服务,多渠道加强财务信息反馈,坚持向各单位报送月度财务信息简表与季度财务分析报告,并增设固定资产增减变动提示,为各单位实时掌握财务情况、科学决策提供保障。

【安全保障】 根据全市长安建设和综合治理的总体要求,以创建平安大院、构建和谐机关为主线,不断健全完善工作机制。加强安全应急预案建设,形成全局总体应急预案及行政中心治安、餐饮、消防、设备运行、工程建设、医疗服务、幼儿园管理等15个专项预案。加强"平安大院"建设,进一步完善安防立体网络,加强人防技防配备,提升安防队伍素质,确保大院各项秩序的平稳顺畅。

【后勤服务】 充分发挥行政中心多年来"集约化管理、市场化运作、社会化服务"的实践优势,不断规范社会化服务项目的招投标及合同监管、考核工作,加强服务项目的质量监控和考核督查,促使各项服务不断向专业化、规范化发展。切实加强物业、绿化等外包项目的管理与监督,促使服务单位不断提升管理和服务水平。

【服务品牌建设】 全系统深入开展"后勤要勤、更好才好"优质服务品牌创建活动,不断深化服务内涵,创新服务手段,提高服务效能。餐饮服务进一步加强食品安全管理,坚持24小时留样检验制度,确保卫生安全零事故。会计中心保持省“巾帼示范岗”荣誉,并通过省“青年文明号”的复核认定。物业管理通过“全国物业管理示范大厦”的复审。会务中心全年保障各类会议3294场次。文印中心坚持上门接送单和24小时电话值班服务特色,新增彩色展板一体化制作业务,被评为省诚信单位。机关一园、二园继续打造“家长满意工程”,蝉联省“青年文明号”、“和谐校园”称号。

【局属单位管理】 市级机关固定资产管理中心推进办公用房的权属管理、出租房管理等工作。市级机关第一、第二幼儿园主持推进多个国家级、省级重点课题,全年有58篇论文在省以上活动中获奖或在教育核心期刊发表;市级机关基建服务中心(房管所)认真做好新城小区相关工作;市级机关门诊部完成开设新城小区门诊点的各项筹备工作,组织桃坞路门诊点的环境设备更新改造,提升医疗服务的软硬件水平,全年门诊流量达3万人次。

【市民服务中心后勤配套】 配合市代建办,联系入驻单位,协调服务大厅窗口单位的功能布局、服务格局、弱电需求等,明确装潢设计方案;做好入驻单位确定和办公用房分配工作,分配方案经市长常务会议审议通过。同时,提前开展会计集中核算、餐饮服务、文件交换、安防监控、集中文印等后勤配套项目的场所设计、功能布局、人员配置、运行模式调研,确保同步启用,无缝对接。

(孙 鸿)

接 待 工 作

【概况】 2010年,南通市接待办加强接待工作标准化建设,全面提高接待工作水平,圆满完成各项接待工作任务。全年接待来宾826批、3.95万人次,其中警卫任务26批、省部级以上领导273人,完成吴邦国、贺国强等党和国家领导人的接待任务和39批党政代表团的接待工作。完成中澳防务战略磋商等重要活动接待和2010年南通港口经济洽谈会、江苏－新加坡理事会、世界船舶峰会等重要会议的接待任务。配合上海世博会,认真做好相应接待工作。南通市接待办先后荣获全市开放型经济先进单位、2010年服务港洽会工作一等奖、服务对台经济工作先进单位、服务招商引资工作先进单位、市级机关综合考核先进单位、全省接待系统先进集体等荣誉称号。

(沈爱明)

2010年7月5日,市委副书记、市长丁大卫在“龙腾江海-耀眼南通——台湾南通经贸交流活动周”开幕式暨新兴产业合作论坛上致辞　　(市台办供稿)

中国人民政治协商会议南通市委员会

综　　述

【概况】 2010年,市十届政协服务发展大局,为加快“两大转型”议政建言;坚持以人为本,为切实保障和改善民生献计献策;注重务实创新,为经常性工作有效开展增添活力;加强自身建设,为实现政协工作科学化强基固本。

【围绕“转变经济发展方式”协商议政】 为推进全市经济转型升级,3月下旬至5月上旬,市政协开展“加快南通市特色园区建设”课题调研,组成4个调研小组,集中听取市相关部门情况介绍,到有关县(市、区)及各类园区视察调研,并赴常州、昆山等市学习考察。在此基础上,形成4份调研报告、1份考察报告。经十届十次常委会议充分协商讨论,形成《关于加快南通市特色园区建设的建议案》,其中包括制订产业发展规划、加快基础设施配套、突出龙头企业带动、构建公共服务平台等19条建议。市政府常务会议专题研究《建议案》办理落实方案,积极采纳政协有关建议。市政协高度关注后危机时代全市企业自主创新和转型升级问题。主席会议选择“进一步增强全市企业技术创新能力”课题,带领部分委员及有关方面同志深入调研,向市委、市政府报送《关于进一步增强南通市企业技术创新能力的调研报告》,提出的深化政产学研合作、构建技术创新平台等务实性对策建议被市政府采纳。一年间,各专门委员会还就发展壮大文化产业、加快推进现代农业、打造“千亿级”产业集群、做大做强专业市场、科学实施沿海开发等,组织委员视察调研,形成一批专题性调研成果。

【围绕“率先基本实现现代化”专题建言】 根据中共南通市委要求,市政协把“基本实现现代化目标、路径研究”这一重要课题作为主席会议协商专题,组织调研组集中听取13个部门情况通报,深入基层调查研究,充分征询专家学者的意见建议,各专门委员会也围绕相关子课题进行调研。在此基础上,形成《关于南通市率先基本实现现代化若干问题的建议》、《关于南通市率先基本实现现代化指标体系的建议》及7份专题调研报告。市委在全市领导干部“十二五”规划研讨会上,安排市政协作专题交流发言。市政协把为编制“十二五”规划建言献策作为重点工作,以专门委员会为主体,组织委员围绕一些全局性、前瞻性问题开展专题调研和座谈讨论,形成一批较高质量的建言成果。经归纳整理,形成市政协委员关于编制“十二五”规划的9个方面36条具体建议,为市委、市政府科学决策提供参考。

【关注医疗卫生服务体系建设】 6月下旬至8月中旬,市政协常委会围绕医疗卫生服务体系建设这一重大民生问题,组织精干力量深入调研,了解城乡不同层次、不同所有制形式医疗卫生服务机构的运行状况,听取各方面的意见建议。经市十届政协第十一次常委会议协商,形成《关于加强南通市医疗卫生服务体系建设的建议案》,提出办好基层医疗卫生服务机构、加快全科医生队伍建设、大力实行基本药物制度、深化公立医院改革等20条具体建议。市委、市政府高度重视这些意见建议,在随后召开的全市深化医改重点工作推进会上,出台加快推进医改的决策部署和惠民举措。相关专门委员会还围绕市第六人民医院迁建、完善农村三级医疗卫生服务网络、打造药品流通服务平台等开展视察调研、提案督办,推动医药卫生事业健康发展。

【推动解决热点难点问题】 南通市政协主席会议成员带队围绕市区快速路网建设、户外广告整治等进行视察,对市区交通建设规划方案、数字化城管平台建设提出建议。委员会还通过信息专报,及时反映群众对优先发展公共交通、增加车用天然气加气点、治理大货车违停等意见和呼声。针对群众反映比较强烈的小区“停车难”问题,主席会议成员带领部分委员,深入崇川、港闸两区实地视察,提出解决问题的相关建议。在市、区两级政府的共同努力下,一些小区的公共车库开工建设,有的投入使用。委员们还围绕中学生心理健康、净化网络环境、教育均衡发展、推进区域教育现代化等建言,为营造良好的育人环境献计出力。相关专门委员会还组织委员对再就业培训、稳定物价、老城区西部建设、环境保护等群众关心的问题进行视察调研,及时向有关部门反映情况,推动相关工作的开展。

【提案交办、督办】 南通市政协十届三次会议以来,政协委员、政协各参加单位和各专门委员会共提交提案571件,立案534件,至2010年年底全部办复。开通提案网络办理系统,实现提案网上递交、审查、立案、交办、答复和反馈,提高提案工作的效率和透明度。提升重要提案办理工作层次,遴选8大类57件提案作为重点督办提案,由政府领导领办、政协主席会议成员督办、专门委员会参与督办,对市卫生局2010年提案办理工作开展民主评议。

【反映社情民意】 加强信息员队伍建设,组织集中采编,提高信息质量。在社区试点建立政协委员联系群众信箱,及时收集和反映群众诉求。评选表彰2008~2010年优秀社情民意信息。全年共编报《政协信息专报》28期,在政协会刊上编发20篇,得到市委、市政府领导批示29次。专报所反映的一些问题和建议,如"加快实施'江海英才计划'"、"坚决取缔居民小区违规搭建"等,被市有关部门采纳,推动问题的有效解决。

【联谊交往】 发挥港澳委员的纽带作用,扩大与港澳同胞、华侨侨眷和台属台胞的联谊交往。关心维护海外华侨的合法权益,在智利发生强烈地震、罗马尼亚"中国城"遭强拆后,市政协及时与当地华侨华商取得联系,了解有关情况,转达家乡人民的关心和问候。举行海外投资者及南通籍在外发展成功人士联谊座谈会,帮助有关外资企业协调解决发展中的难题。发挥海外资源优势,协助党委政府做好引资引智工作。

【文史和宣传工作】 充分挖掘地方独特的人文资源,编辑出版《张謇的交往世界》一书。开展工业遗产保护和历史文化名村、镇保护调研。注重新中国成立后史料收集工作。组织文史专家、摄影家赴四川地震灾区采访,撰写南通市支援绵竹灾区恢复重建实录,在《中国报告文学》杂志发表。组织部分委员走进市电台直播室,就一些热点问题与市民交流。加大对外宣传力度,全年在《人民政协报》、《中国政协》和省、市媒体发表新闻稿件260余篇。

【加强与各党派团体合作】 市政协进一步加强与市各民主党派、工商联、人民团体和无党派人士的联系。围绕重要课题,召开党派、团体负责人会议,听取意见建议。坚持市政协秘书长与市各民主党派、工商联秘书长和人民团本负责人联席会议制度,通报交流情况,研究有关工作,合作共事的氛围进一步增强。鼓励和支持市各民主党派、工商联和无党派人士通过各种协商议政平台,积极发表见解和主张。高度重视党派团体提案办理,主动邀请有关人士参加政协组织的视察调研、提案督办、民主评议、建言献策等活动。

【推进界别活动】 市政协把2010年确定为"界别活动推进年",召开界别工作推进会。27个界别分别围绕沿海开发、科技创新、社会保障、民族宗教、国土资源管理、秸秆综合利用等专题,组织委员开展座谈研讨、视察调研、学习考察、联谊交流活动。民进、教育界委员送教到基层。医卫界组织专家进社区开展义诊。妇女界委员向全体女委员发出《为开启南通基本现代化建设新征程争作贡献》的倡议书。通过开展界别活动,各界别的特点和优势得到较好发挥,进一步密切委员与各界别群众的联系。

【委员服务管理】 市政协定期编发《南通政协》、《政协工作文摘》和《学习资料》,组织委员深入学习中共十七届四中、五中全会和胡锦涛总书记在庆祝人民政协成立60周年大会上的讲话精神,夯实履职的思想理论基础。举办"特色园区建设"专题报告会和全市经济社会发展情况通报会,进一步帮助委员知情明政,拓展视野。以专门委员会为依托,搭建委员履职平台,扩大调研视察参与面,全年共组织委员视察调研60多次,形成视察调研报告和专项建议22份。组织驻通省政协委员围绕农业产业园建设专题视察、赴泰州学习考察。坚持市政协领导和专门委员会走访委员制度,切实关心委员的工作生活情况,激发委员参政议政热情。加强委员管理和考核,定期通报履职情况,增强委员的责任意识。

【政协机关建设】 市政协机关以创先争优活动为抓手,加强机关思想建设、组织建设、制度建设、作风建设和廉政建设,努力提高机关建设水平。组织机关干部围绕《廉政准则》等专题深入学习,开展革命传统教育,进行创先争优学习心得交流。召开机关作风建设推进会,继续开展先进处室评选,认真实施绩效管理。开展"为基层解难题、为群众办实事"活动。主席会议成员带队走访企业,帮助企业出点子,协调解决用地困难、落实有关政策。召开市政协理论研究会年会,形成一批较高质量的研究成果。支持书画会开展"奉献爱心、回报社会"等活动。加强老同志服务工作,发挥联谊会在团结、联络老委员方面的作用。

(王桂山)

政协全体会议

【政协南通市第十届委员会第三次会议】 1月19~22日,市政协在更俗剧院举行十届三次会议。19日上午召开开幕大会,市委书记罗一民出席会议并作讲话,市政协主席王德忠作市十届政协常务委员会工作报告，市政协副主席张庆平作市十届政协常委会关于提案工作情况的报告，会议由市政协副主席袁瑞良主持。会议期间，委员们审议以上报告并列席人代会，听取和讨论南通市人民政府工作报告及其他有关报告。召开4个专题建言献策会，就“加快经济转型升级，提升产业发展水平”、“推进沿海开发，增创经济发展新优势”、“统筹城乡发展，促进民生改善”、“增强城市软实力，促进社会和谐发展”等问题，组织委员与市领导进行面对面的协商。22日下午，举行第二次全体会议，进行大会发言，通过大会决议，并举行闭幕式。市委、市人大、市政府、南通军分区领导罗一民、丁大卫、黄利金、张小平、陈斌、蓝绍敏、秦厚德、王正宇、郭腊军、宋文辉、季风、黄巍东、宋飞、徐永兵、孙汝建、陆玉明、王平、吴晓春、杨展里、朱晋、沈振新、贾建民等出席会议。历届市政协老领导黄冰、程亚民、曹能新以及市中级人民法院院长马志相、市人民检察院检察长王向红等应邀出席会议并在主席台就座。驻通省政协委员和市各民主党派、工商联、各人民团体负责同志以及无党派人士的代表，市有关部委办局负责同志列席大会。

（王桂山）

政协常委会议

【南通市第十届政协第九次常委会议】 1月21日，南通市第十届政协第九次常委会议在市行政中心第二会议室举行，会议听取十届三次全会各讨论小组协商讨论情况的汇报，讨论市政协十届三次会议决议（草案）。市政协副主席张永凯主持会议，市政协主席王德忠，副主席袁瑞良、张庆平、季金虎、赵闻斌、顾裕岳、徐守铭，秘书长朱进参加会议。

【南通市第十届政协第十次常委会议】 6月4日，南通市第十届政协第十次常委会议在市行政中心第二会议室举行。会议听取市政协秘书长朱进关于专题调研情况、建议案主要内容以及有关人事事项的说明。各调研小组和外出考察组交流视察调研情况。市政府副市长徐辉到会并讲话。会议审议通过《关于加快南通市特色园区建设的建议案》；会议决定朱明敏任政协南通市委员会副秘书长。市政协主席王德忠在会议结束前讲话。市政协副主席袁瑞良、张庆平分别主持会议。

【南通市第十届政协第十一次常委会议】 9月14日，南通市第十届政协第十一次常委会议在市行政中心第二会议室举行。会议听取市政协秘书长朱进关于建议案（草案）的说明。会议审议通过《关于加强南通市医疗卫生服务体系建设的建议案》。会议决定撤销曹军市十届政协委员资格。市政协副主席季金虎主持会议，市政协主席王德忠在会议结束前讲话。

（王桂山）

重点建议

【关于加快特色园区建设的建议案】 2010年6月4日，市第十届政协第十次常委会议审议通过《关于加快南通市特色园区建设的建议案》。主要内容有：（一）把握发展大势，增强特色园区建设的紧迫性。把建设特色园区作为彰显区位优势、抢抓两大国家战略叠加机遇的长远之计。把建设特色园区作为调整经济结构、加快全市经济转型升级步伐的关键之举。把建设特色园区作为统筹城乡发展、开启基本现代化建设新征程的必由之路。（二）确立全新思路，增强产业发展规划的导向性。高水平编制特色产业发展规划。高标准确定园区错位发展布局。高要求构建特色园区品牌体系。（三）注重功能配套，增强基础设施建设的超前性。精心谋划基础设施建设。努力打造生态低碳园区。加快园区整体协调发展。（四）主攻重大项目，增强园区龙头企业的带动性。围绕“重特大项目”花气力。围绕“产业链招商”做文章。围绕“共建型园区”出实招。（五）集聚科教资源，增强创新创业平台的承载性。做强园区孵化载体。做优公共服务平台。做大“江海英才”队伍。（六）营造良好环境，增强体制机制创新的实效性。强势组织推进。强攻管理创新。强化政策扶持。强抓督查考核。

【关于加强医疗卫生服务体系建设的建议案】 2010年9月14日，市第十届政协第十一次常委会议审议通过《关于加强南通市医疗卫生服务体系建设的建议案》。主要内容有：（一）注重统筹规划，提高医疗卫生资源配置的科学性。医疗卫生机构布局与城市总体规划相衔接。医疗卫生体系建设与经济社会发展相协调。医疗卫生资源利用与群众服务需求相适应。（二）完善镇（街道）村（社区）网络，提高基本医疗卫生服务的可及性。确保每个镇（街道）办好一所卫生院（社区卫生服务中心）。构建镇（街道）村（社区）一体化卫生服务体系。（三）突出分工协作，提高城乡医疗卫生服务体系的互补性。公立医院与非公立医院并举。综合医院与专科医院兼顾。市级医院与社区卫生服务机构联动。县级医院与镇村医疗卫生机构对接。（四）坚持面向基层，提高医疗卫生人才培养的针对性。加快全科医生队伍建设。鼓励医卫人才服务基层。提高乡村医生业务素质。（五）保障基本服务，提高医疗卫生公共产品的普惠性。大力实行基本药物制度。不断提升医疗保障水平。城乡共享公共卫生资源。（六）强化行政推动，提高医疗卫生体制改革的实效性。切实加强组织领导。深化公立医院改革。建立医卫信息系统。健全投入保障机制。20. 创新监督管理方式。

【关于弘扬先进文化提升社会文明水平的建议】 2010 年上半年,市政协学习、文史委员会就大力弘扬先进文化提升社会文明水平提出建议:(一)深化文化体制改革,完善文化工作机制。(二)健全文化服务体系,提高公共文化服务水平。(三)下移文化建设重心,提高基层文化服务水平。(四)加强文化市场管理,优化社会文化环境。

【关于加快体育产业发展的建议】 2010 年 9 月,市政协文教卫体委员会就加快全市体育产业发展提出建议:一是落实责任,激活社会资源,统领全市体育产业发展。二是开发体育市场,满足人们的健身娱乐需求。三是加强体育产业经营人才队伍建设,提升体育产业管理水平。

【关于全面提升开放型经济国际竞争力的建议】 2010 年 10 月,南通市政协港澳台侨(外事)委员会就全面提升开放型经济国际竞争力提出建议:(一)以创新发展为动力,加快开发区转型升级。(二)以沿海开发为支撑,突破重大外资项目。(三)以产业优化升级为重点,提升利用外资水平。(四)以市场需求为导向,促进外贸稳定增长。(五)以转型转轨为抓手,提升外经合作层次。(六)以建设基地城市为契机,实现服务外包新跨越。(七)以增创优势为关键,提升综合竞争能力。

【关于加强南通与台湾两地文化交流的建议】 2010 年 7 月,南通市政协港澳台(外事)委员会就加强南通与台湾两地文化交流提出四点建议:一是制定相应规划,全面推进对台文化交流;二是迈出坚实步伐,构建苏台文化交流平台;三是畅通交流渠道,鼓励多部门多团体参与;四是拓展交流领域,推动促进文化产业发展。

【关于促进南通沿海经济发展的建议】 2010 年 4 月,南通市政协港澳台(外事)委员会就如何发挥和用好海外优势资源促进南通沿海经济发展提出建议:(一)加大宣传力度,使南通成为海外媒体关注的焦点。(二)规划特色园区,吸引更多优质外资项目落户南通。(三)优化引资环境,营造"亲商安商富商"投资氛围。(四)打造沟通平台,齐心协力引进海外优势资源。

【关于进一步增强企业技能新能力的对策建议】 2010 年 4 月 29 日,市政协十届二十七次主席会议审议通过《关于进一步增强企业创新能力的调研报告》,提出如下六个方面的对策建议:(一)进一步确立企业在技术创新中的主体地位。(二)进一步招引技术创新资源。瞄准国际国内前沿技术,大力发展战略性新兴产业。推动企业与高校、院所建立战略联盟,大力提升产学研合作层次。充分发挥政府主导作用,大力深化政产学研合作。(三)进一步构建技术创新平台。(四)进一步加强技术创新人才队伍建设。(五)进一步优化技术创新环境。(六)进一步强化技术创新组织领导,努力形成"一把手抓第一生产力、抓第一资源、抓第一驱动力"的领导机制和工作机制。

【关于南通市率先基本实现现代化若干问题的建议】 2010 年 7 月 21 日,市政协十届三十次主席会议审议通过《关于南通市率先基本实现现代化若干问题的建议》。建议主要内容有:(一)南通市率先基本实现现代化的目标定位。总体目标就是要在全省江北率先达到世界中等发达国家水平。到 2018 年率先基本实现现代化,人均国内生产总值(GDP)13 万元,服务业比重 55%,城镇化水平 75%,进而建设一个经济更加强盛、科教更加发达、社会更加文明、文化更加繁荣、生态更加优良、人民更加幸福的现代化新南通。(二)南通市率先基本实现现代化的战略构想。首先,要以科学发展观为指导,理清发展思路。在经济建设方面,坚持速度与效益并重。在社会进步方面,坚持硬件与软件并重。在生态文明方面,坚持质量与容量并重。在人的发展方面,坚持物质与素质并重。其次,既要继续推进原来行之有效的发展战略,又要适应新的形势和任务要求,制定实施新的发展战略。实施创新驱动战略;实施江海联动战略;实施城乡互动战略;实施内生推动战略。(三)南通市率先基本实现现代化的路径选择。一要以转型升级为主要方向,构建现代产业体系。提升发展先进制造业,优先发展现代服务业,稳步发展现代农业。二要以江海开发为主要抓手,抢占经济增长高地。构筑大园区,突破大项目,建设大枢纽,打造城镇群。三要以城乡一体为主要推力,提升区域发展水平。城乡统一规划,壮大中心城市,打破城乡壁垒。四要以民生改善为主要内容,推动和谐社会建设。健全社会保障体系,确保居民健康生活,优化美化生态环境,强化民主法制建设。五要以素质提高为主要目标,促进人的全面发展。加强核心价值观教育,推进教育优先发展,注重基层文化建设。(四)南通市率先基本实现现代化的推进措施。以人为本,凝聚力量;立足全市,统筹规划;深化改革,创新机制;整体联动,提供保障。

主席会议同时审议通过《关于制定南通市率先基本实现现代化指标体系的建议》。南通市基本现代化指标体系设经济发展、科技进步、社会文明、生态优良、民生保障的五大类 25 个指标,其中,人均 GDP(常住人口)、第三产业增加值占 GDP 比重、研究与开发(R&D)经费支出占 GDP 比重、城镇化率、城乡居民基本社会保险一体化率、环保投入占GDP比重、环境质量综合指数、城镇居民人均可支配收入、农村人均纯收入等9项指标为核心指标。另设公众参与类项目(4个满意度值),其指标与前者五大类指标平行考量。

(王桂山)

市政协调研城市公交　(市公交总公司供稿)

纪检 监察

综 述

【概况】 2010年,全市各级纪检监察机关坚持标本兼治、综合治理、惩防并举、注重预防的方针,全面落实中央《建立健全惩治和预防腐败体系2008~2012年工作规划》,统筹推进教育、制度、监督、改革、纠风、惩治六项任务,全面启动党员干部思想道德体系和社会诚信体系建设,高标准建设具有南通特色的惩治和预防腐败体系基本框架,党风廉政建设持续走在全省前列。中央政治局常委、中央纪委书记贺国强对南通市纪委科技化办案工作作出批示并亲临视察;廉政话剧《母亲的守望》赴京汇报演出;中央纪委副书记干以胜到南通考察调研,评价南通市科技化办案工作走在全省、全国前列;中央纪委副书记李玉赋批示肯定南通纪检监察工作;省委副书记、省长李学勇到南通市第三人民医院考察,肯定南通"无红包医院"创建工作;省委常委、省纪委书记弘强多次到南通考察,对南通构建两大体系给予充分肯定。南通反腐倡廉建设为各级媒体关注,《中国纪检监察报》在头版头条刊登长篇通讯,全面报道南通市第十次党代会以来反腐倡廉建设的探索与实践。"全面打造依纪依法安全文明办案保障体系"、"实施廉政文化精品工程"两个项目分获全省纪检监察工作"创新奖","构建领导干部信访监督预警机制"被省纪委列为通报表扬项目。

【服务改革发展稳定大局】 各级纪检监察机关围绕中心、服务大局,不断强化监督检查职能。继续做好中央"扩内需、促增长"政策落实情况的监督检查,重点对中央四批和省新增投资182个涉及中央投资6.55亿元的项目进行跟踪督查,针对存在问题提出整改建议123条,下发督办通知书26份。中央检查组和省检查组先后6次对南通市进行专项检查,对南通落实中央扩大内需政策工作给予充分肯定。围绕市委、市政府确定的80个重点续建项目和80个重点新开工项目,开展有针对性的监督检查,及时纠正存在问题。围绕迎世博、加快现代农业建设、推进服务业快速发展等市委、市政府重点工作,主动发挥行政监察作用,督促相关部门切实履职、促进发展、维护稳定。贯彻《中华人民共和国行政监察法》,开展《中华人民共和国行政许可法》执行情况的专项督查,着力规范行政执法和行政许可行为。对2006年以来安全生产责任追究落实情况进行逐一排查,组织对南通中集"4·2"事故的调查和相关责任追究工作。制定出台《南通市环境保护问责暂行办法》等制度,对秸秆禁烧、污染治理设施建设、节能减排、"清水工程"、重点挂牌督办事项等巡查,促进各级领导负起责任,严格执法,切实维护群众的环境权益。

【党员干部思想道德和社会诚信体系建设】 8月12日,市委召开全市惩治和预防腐败体系建设推进大会,对加强党员干部思想道德和社会诚信体系建设作出全面安排。市委下发《关于加强党员干部思想道德和社会诚信体系建设深入推进惩防体系建设的意见》,建立领导干部道德操守公开承诺制度、党员干部道德问题预警制度、党员干部社区道德表现函调制度。年内,"争当道德楷模、建设诚信南通"、"算好道德账"等专题教育活动广泛开展。以党政机关、企业、行业为重点,加强诚信体系建设。建成商业贿赂犯罪档案查询系统,推进信用产品使用,各行各业诚信从业、廉洁经营意识不断增强。发挥典型示范作用,广泛宣传,强化引领,社会诚信体系建设氛围日渐浓厚。

【宣传贯彻《廉政准则》】 2010年2月,党中央颁布《中国共产党党员领导干部廉洁从政若干准则》(以下简称《廉政准则》)后,市纪委开展一系列宣传活动。组建宣讲团,赴各地各部门巡回宣讲20余场,创作并教唱《廉洁从政歌》。组织开展"践行《廉政准则》、争当勤廉表率"主题活动,实行党员领导干部廉政承诺制,市委常委会率先作出廉洁从政"四项承诺",全市举办廉政承诺活动1000余场次,3万多名党员干部面向管理和服务对象作出廉政承诺。9月28日,在《南通日报》公布62名县(市)区党政主要领导和市直部门主要负责人廉政承诺,接受社会各界监督。组织各级党组织召开专题民主生活会,对照准则查找问题,全市587人主动上缴礼金521万元,查纠违规金额641万元。在新闻媒体开辟学习《廉政准则》专栏,宣传《廉政准则》的重大意义及基本内容。

【查案执纪】 进一步完善反腐败协调机制,开通纪检监察信访举报"绿色邮政",实行派驻机构重要信访举报协作调查制度。全年各级纪检监察组织受理信访举报3184件(次),立案查处违纪违法案件1033件,涉及县处级领导干部7件、乡科级干部119件,挽回经济损失1.28亿元。查处启东市人大原督导员沈和新、南通市住房保障和房产管理局原副局长孙志祥、市经济技术开发区农村工作局原局长吴宏明、海门市人民政府原副市长张永斌等一批典型案件。在查办案件过程中,坚持政治效果、法治效果和社会效果相统一,认真落实"一案四报告制度",在形成案件调查报告、案件剖析报告、警示教育报告的基础上,针对所查办案件中暴露出的突出问题,认真分析当前反腐败斗争面临的新情况新问题,向市委、市政府提交相关案件的建议报告,深入分析党员领导干部产生腐败的动机成因,提出相关建议,放大治本功效,实现以惩促防。广泛开展警示教育活动。精心制作警示教育片,分别在案发单位召开警示教育大会。与发案单位共同分析研究制度上存在的问题,及时查漏补缺。建立案件调查行为审理监督制度,进一步增强依纪依法办案能力。高标准建成市、县两级办案场所,纪检监察机关科技化办案机制和工作平台逐步完善,市纪委数字化电子办案指挥系统荣获省政府颁发的全省科技进步二等奖。《纪检监察机关办案规程》由中国方正出版社出版,被中央纪委和省纪委列为办案培训教材。

【宣传教育】 大型廉政话剧《母亲的守望》进京汇报演出,影响巨大、广受好评。面向全国的2010年南通反腐倡廉学术交流会成功举办;国内首份反腐倡廉学术性期刊——《廉政文化研究》杂志公开发行;全省规模最大的廉洁文化主题广场——南通廉政景观博览园竣工开园;开通南通廉政文化旅游专线。组织"江海清风"反腐倡廉建设巡礼展、"濠滨夏夜"专题文艺演出、"江海廉政大讲坛",形成广泛社会影响。第三个"5·10"思廉日、"12·9"国际反腐败日、"算账教育月"系列宣传活动声势浩大,参与人数达50多万人次。继续开展年度反腐倡廉"十件大事"评选活动、召开反腐倡廉建设情况通报会,有效提高反腐倡廉工作的透明度和人民群众的参与度。《新华日报》在头版头条刊登专访,详实介绍南通廉政文化建设取得的成果。

【权力监督】 积极构建权力监督制约机制,监督触角向更广范围、更深层面延伸。完善领导干部信访监督相关配套制度,市、县两级纪检监察机关实施信访监督332件次,236名党员领导干部接受提醒或诫勉谈话。创新医疗卫生系统党风巡查制度,进一步完善市纪委委员年中巡查、国有企业和大中专院校党风巡查、环境保护纪检监察巡查,切实做到关口前移、防范在先。扎实推进党务公开,在总结如东县、港闸区试点工作基础上,全面实施县(市、区)权力公开透明运行工作,在更大范围推行选拔任用干部差额票决制。出台《违反农村集体财务管理规定行为问责暂行办法》、《环境保护问责暂行办法》、《涉农负担问责暂行办法》,领导干部问责工作不断强化。国有企业"双学一创"活动广泛开展,内控机制建设得到加强。实施农村党风廉政建设"三三三工程"(县、乡、村党政组织"三级联建"领导体制,农村纪检监察工作室、乡镇纪委、村监督委员会"三位一体"工作机制,创建"勤廉好班子"、"群众满意基层站所"、"村干部勤廉示范点创建"活动),全市村监委首次与村委会同步换届选举,1170个基层站所建立监督委员会,基层监督网络不断健全。

【源头治理】 高标准建成行政权力网上公开透明运行系统,市级4487个行政权力事项实现全上网、全运行和全监控,县(市、区)行政权力网上公开透明运行工作水平整体提升。行政管理体制、干部人事制度、司法体制、财税管理体制、投资体制、国有资产管理体制改革稳步推进。行政审批制度改革进一步深化,四级便民服务网络不断完善。研究制定市场廉政"准入"和"禁入"制度,全面建成网上远程评标系统。

【专项治理】 围绕群众关注的热点问题,开展专项治理,纠正损害群众利益的不正之风,切实维护群众利益。开展工程建设领域突出问题专项治理,检查项目2193个,排查问题1809个,查处案件134件,实施党纪政纪处分103人,29人被移送司法机关处理。开展"小金库"专项治理,查处党政机关和事业单位"小金库"案件10件,给予党纪政纪处分10人,清理违规资金190万元,清理国有企业和社会团体"小金库"36个。制止公款出国(境)旅游初见成效,通过经费控制否决出国(境)团组3批11人次,压缩8批29人次,节约资金100多万元。建立"无红包医院"季度函调、暗访和督查制度,调查处理"阳性"反映11例。实施教育乱收费问责制,清退违规收费475.8万元;清理规范民办改制学校,23所原义务教育阶段民办改制学校全部恢复为公办或停办。组织54个部门负责人走进"政风行风热线"直播室,受理群众咨询、投诉1409件,其中524件的投诉全部解决。建立机关事业单位人员酒后驾车抄告制度。城镇房屋拆迁"十公示一监督"、市区拆迁安置房建设纪检监察巡查工作全面深化。实施保障性住房建设专项效能监察,有序推进住房保障工作。

【《行政许可法》执行情况督查】 10～12月,市纪委对10个部门贯彻执行《中华人民共和国行政许可法》情况,以及10家行政执法部门执法情况开展监督检查,着力解决服务效率、自由裁量权等方面的突出问题,进一步规范行政执法和行政许可工作,优化发展环境。

(汤明文 周莉梅)

重 要 会 议

【市纪委十届五次全体会议】 中国共产党南通市第十届纪律检查委员会第五次全体会议于2010年2月10~11日举行。会议认真学习十七届中央纪委五次全会以及胡锦涛总书记在全会上的重要讲话、省纪委十一届六次全会精神,总结回顾2009年党风廉政建设和反腐败工作,研究部署2010年全市反腐倡廉建设。市委书记罗一民出席会议并讲话。市领导丁大卫、王德忠、黄利金、张小平、陈斌、蓝绍敏、秦厚德、郭腊军、宋文辉、季风、黄巍东、宋飞出席会议。市委常委、纪委书记王正宇主持会议。会议通过王正宇代表市纪委常委会作的工作报告和全会《决议》。与会人员还参观了“2009年南通反腐倡廉建设巡礼展”。

【全市行政监察暨纠风工作电视电话会议】 4月8日,全市行政监察暨纠风工作电视电话会议召开,会议传达全省行政监察工作座谈会精神,对2010年的行政监察和纠风工作作出部署。市政府秘书长屈宝贤主持会议,市纪委副书记、监察局局长陆建生作工作报告,市委常委、常务副市长蓝绍敏作讲话。

【全省信访监督工作经验交流会】 5月25~27日,省纪委、省监察厅在南通召开全省信访监督工作经验交流会,会议对南通市创新信访监督预警机制给予充分肯定,并要求在全省推广。省纪委副书记王中远出席会议并讲话,市委常委、市纪委王正宇书记参加会议并致欢迎辞。

【全市惩防体系建设推进大会】 8月12日,全市惩防体系建设推进大会召开,市委书记罗一民出席会议并讲话,市委副书记、市长丁大卫主持会议,市委常委、市纪委书记王正宇作工作报告。市领导王德忠、张小平、陈斌、蓝绍敏、秦厚德、郭腊军、宋文辉、黄巍东、宋飞等参加会议。会议印发中共南通市委《关于加强党员干部思想道德和社会诚信体系建设,深入推进惩防体系建设的意见》,各县(市)区委书记、纪委书记、市直各单位主要负责人、纪检监察组织主要负责人380余人参加了会议。

【全市党务公开及党风廉政建设重点工作推进会】 11月18日,全市党务公开及党风廉政建设重点工作推进会召开,会议提出年底前全市所有乡镇(街道)、村(社区)和县级各党政机关的党组织要全面实行党务公开。市委常委、市委秘书长黄巍东主持会议,市委常委、市纪委书记王正宇出席会议并作重要讲话。

【南通反腐倡廉学术交流会】 11月29日,由南通市纪委、南通大学主办,南通廉政文化研究所承办的2010年南通反腐倡廉学术交流会举行。中国监察学会副会长李成言、中国政治学会副会长包心鉴、湖南商学院副院长王明高、中国人民大学毛昭晖等知名专家以及省内高校代表、部分获奖论文作者200余人出席会议,省纪委副书记王中远致辞,市委常委、市纪委书记王正宇作主旨报告。

【全市巩固无红包医院创建成果推进大会】 12月2日,全市巩固无红包医院创建成果推进大会召开,就巩固提升“无红包医院”成果工作进行再动员、再部署。市委常委、市纪委书记王正宇出席会议前讲话,省监案厅副厅长刘井石参加会议并讲话。

(汤明文 周莉梅)

重 要 活 动

【《纪委监察机关办案程序》首发】 为提高纪检监察机关办案科学化、规范化、制度化水平,确保依纪依法、安全文明办案,1月4日,由南通市纪委编撰、中国方正出版社出版的《纪委监察机关办案程序》举行首发式,市委常委、市纪委书记王正宇出席仪式并讲话。该规程被列为中央纪委北戴河培训中心教材,全国21个省(市、自治区)60个省级和市级纪检监察机关将其作为实用工具书。

【“5·10”思廉日系列活动】 5月10日,市纪委组织开展全市第三个“5·10”思廉日活动,市委常委、市纪委书记王正宇参加廉政宣誓仪式。活动期间,全市播放廉政主题影视作品2800多场,开设廉政党课800多堂,前往廉政教育基地参观400多批次,组织廉政知识测试500多次,举办廉政文艺演出40多场,参与活动的干部群众达到50万人,其中,有1万多名领导干部参加“践行《廉政准则》,争当勤廉表率”廉政宣誓活动。

【廉政话剧《母亲的守望》进京汇报演出】 10月19日晚,南通市创作并排演的大型廉政话剧《母亲的守望》在北京首都剧场举行汇报演出。中央纪委领导张惠新、马駇、干以胜、黄树贤、李玉赋及中宣部、文化部负责同志,部分专家学者和首都各界900多人观看演出。

【廉政景观博览园开园】　11 月 24 日，南通廉政景观博览园面向社会开放。博览园占地 150 亩，拥有 46 个廉政景观，成为全省最大廉政文化主题广场。省纪委副书记、监察厅厅长解畅和南通市委副书记、市长丁大卫为博览园揭幕。

【专题督查两大体系建设】　12 月 21 日，市纪委召开常委会，集体督查市直有关部门党员干部思想道德和社会诚信两大体系建设，常委会听取市中级人民法院、市人民检察院、市发改委、市民政局、市财政局、市规划局、市交通局、市农委、市水利局、市环保局、市药监局两大体系建设情况的汇报，市纪委常委进行点评，市委常委、市纪委书记王正宇发表讲话。

（汤明文　周莉梅）

五山远眺　（张荣生摄）

民主党派 工商联

综 述

【概况】 2010年,南通市有民主党派7个,其中市级组织6个、省直属支部1个,成员2608人,比2009年新增113人。全市新成立行业商会10家,市工商联(总商会)会员共1.53万多家。

【参政议政】 参加市委、市政府、市纪委关于重要人事安排、重大工作部署及反腐倡廉等协商会、通报会。按照"党委出题、党派调研,政府采纳、部门落实"的工作模式分别开展专题调研,市委、市政府有关领导及10个政府部门负责人专题听取7个调研报告成果汇报。九三学社市委会提出《关于实施"一网一站一车"创新型经济示范工程的建议》,时任省长罗志军对此作出批示。民进市委会《关于做好沿海渔民社会保障和转产转业工作的建议》,获时任常务副省长赵克志、副省长黄莉新批示。致公党市委会《关于南通市社区建设发展状况的对策研究》被致公党省委会列为B类重点课题。市政协十届三次全会期间,各民主党派提出集体提案35件、个人提案231件,分别占全会提案的70%和48%,3家党派进行大会发言,3家党派进行书面发言。参与"我为转型献一计"活动,上报各类建议85条。投稿《民主党派之声》,被采纳30多条建议,其中《关于建立工艺美术保护发展基金的建议》、《建议我市加快沪通铁路引线公路规划建设》、《关于开发整合濠河风景区旅游资源的建议》、《关于在我市建设风能发电充电站的建议》等被市领导批示,并被相关部门采纳。

表2-02 　　2010年南通市各民主党派组织概况

(单位:人)

党 派	成员总数	分布单位	其中中共党员数	教育界	文化界	医卫界	科技界	经济界	其它	2010年新发展	基层支部数	主 委
民 盟	596	401	20	363	38	35	76	22	62	28	32	杨展里
民 建	451	375	5	34	2	10	2	374	29	20	19	赵闻斌
民 进	537	98	27	412	12	7	8	41	54	21	32	董正超
农工党	480	98	11	40	30	342	17	13	38	26	22	陈宋义
致公党	173	75	3	88	2	14	8	48	13	7	11	刘 播
九三学社	355	27	13	120	3	74	74	1	83	10	13	季金虎
民革支部	16	12		4		5	3	4		9	1	陈玉冬
合 计	2608	1086	79	1061	87	487	188	503	279	121	130	

【组织建设】 按照各党派中央、省委会要求,通过形势报告会、学习辅导、培训班、心得交流等,深入开展学习和践行社会主义核心价值体系活动。民进市委会、九三学社市委会进行届中调整,顺利实现主任委员新老交替。拓展组织网络,新成立民革南通市支部委员会,民建市委会、民进市委会分别成立民建崇川区基层委员会和民进港闸区基层委员会。民盟市委会深入实施"人才强盟"战略,加强后备干部队伍培养;民建市委会切实加强专委会工作,对各专门委员会进行调整,制定各专门委员会工作职责试行办法;民进市委会把开展全国、省市级先进基层组织创建活动同履行

参政党职能有机结合，提高基层组织和广大会员履行职责、参与会务的积极性；农工党市委会建立季方史料陈列馆，丰富了活动阵地；致公党市委会在支部活动中，邀请支部所在单位的中共党组织负责人参加，密切与中共党组织联系；九三学社市委会举行通州区基层委员会成立15周年庆典大会，基层组织建设得到社中央、省委会和中共通州区委充分肯定；市工商联会同市委组织部出台全国首个行业商会党建工作文件，建立行业商会党建工作指导员和联络员制度。

【活动开展】　民主党派、工商联发挥人才智力优势，关注民生、服务社会，开展"三下乡"、"结对帮扶送温暖"、"百名专家进乡村"、"生育关怀"、"致福工程"等活动。民盟市委会坚持开展农村义务教育"烛光行动"，再次组织10名优秀教师赴甘肃天祝藏族自治县支教；民建市委会发动会员参与中华思源工程扶贫基金会"思源·甘泉"行动，为旱灾地区捐款救灾；民进市委会先后两次组织优秀教师赴淮安市开展教学交流活动，为当地师生带去先进教学理念；农工党市委会深入中小学课堂，开展"土壤环境与健康"专题教育活动；致公党市委会配合省委会做好"引凤工程"，向海外高层次人才推介南通；九三学社市委会会同港闸区残联，组织农业专家举办农业科技培训班，为30名残疾农民进行蔬菜新品种及新型、高效栽培模式专题培训；市工商联组织10家民营企业参加西安经洽会和东北转型升级投资说明会。

（李　荞）

中国民主同盟南通市委员会

【概况】　2010年，民盟南通市委以学习和践行社会主义核心价值体系活动为主线，强化思想政治建设，着力提升盟员思想素质；加大组织建设力度，推进人才强盟战略，不断壮大队伍，增强组织活力；履行参政议政职能，提高建言献策质量和水平，在推动市区义务教育均衡发展、城市资源优化配置、非物质文化遗产旅游开发、沿海开发中渔业的地位等方面，形成诸多有价值的意见和建议；拓展社会服务领域，开展义诊咨询、农村教育烛光行动等，树立良好社会形象。

【思想建设】　全盟开展学习和践行社会主义核心价值体系活动，成立活动领导小组和办公室，制定下发活动实施方案。广泛宣传发动，重点面向领导班子成员、骨干盟员、基层组织负责人和中青年盟员，以点带面，将活动推向纵深。4月，与各党派联合召开学习和践行社会主义核心价值体系活动动员大会，民盟市委主委杨展里主持会议；6月，与各党派联合举行"学习和践行社会主义核心价值体系交流会"；8月，向各基层组织传达和转发民盟省委《关于开展向朱岳明同志学习活动的决定》的文件，号召广大盟员学习身边典型；10月，与各党派联合召开基层组织学习和践行社会主义核心价值体系交流会。2010年是民盟老一辈领导人费孝通、华罗庚诞辰100周年，民盟市委以此为契机，开展学习征文、撰写理论文章，收集盟史资料等活动，动员盟员收看《建国大业》、《民主之澜》、《黄炎培》等优秀影视作品，阅读《费老在江苏》、《华罗庚百年纪念集》、《江苏省民主党派人物录（民盟卷）》等专辑。年内，民盟市委还与各党派联合举办十七届五中全会精神学习辅导报告会。

民盟南通市委组织盟员参观费孝通纪念馆

【组织建设】　全年发展盟员28人，中高级职称比例达96%，文化、教育和科技界占79%，年底盟员总数596人。年内相继成立民盟南通市小海中学支部、民盟南通市虹桥二中支部，基层组织总数达到27个。举办新盟员和基层组织委员培训班各1期；选派骨干盟员分别参加省、市社会主义学院培训学习；组织女盟员和离退休盟员赴外地参观考察。同时做好盟员信息管理和动态更新工作。上半年召开民盟江东书画会第三次全体会议，选举产生新一届理事会，南通大学教授吴耀华当选会长。

【参政议政】　在市政协十届三次全会上，全盟提交集体和个人提案67份，占总数13%，在各界别中保持领先。集体提案《关于推进我市农业社会化服务体系建设的建议》，个人提案《改革我市公交管理体制，全力破解群众出行难》获当年优秀提案。围绕全市中心工作及社会热点深入调研，全年完成调研课题6项，其中，"关于推进南通市区义务教育均衡发展"为中共南通市委出题交民盟调研；"南通市沿海开发中渔业的地位和可持续发展"为提交民盟中央海洋经济研讨会论文。向市委统战部报送"我为转型献一计"20多条，为完善市十二五规划提出合理化建议。全年采编报送信息200条，70%被中央、省、市各级采用，副市长批示

3条,“调整完善南通市区行政区划的建议”被信息快报录用专送中共南通市委常委领导班子阅处,“关于加强市餐饮垃圾管理的建议”被市政协评为年度优秀社情民意信息;民盟市委办公室连续第三年被中共南通市委办、市政府办评为全市党政系统信息工作先进集体三等奖;连续八年在民盟省委信息工作评比中名列前茅,2010年再次荣获江苏民盟信息工作先进集体一等奖。民盟市委每年召开社情民意信息工作会议,总结经验、表彰先进。

【社会服务】 7月,组织盟内优秀教师10人赴甘肃省天祝藏族自治县支教,9月,完成该县5位中学校长到南通为期1周的培训学习接待工作;参与市教育局“走近身边的图书馆”系列活动,组织优秀教师赴海安县南莫小学为全市教育系统图书馆相关人员上公开课,同时组织文化界盟员承办“品味经典漂流书香”书画沙龙活动;先后3次组织和参与中共南通市委统战部组织的“送医送法律进社区”活动;组织盟员为玉树地震灾区捐款40040元;继续组织盟员对口支助甘肃省夏河县拉不愣藏民小学学生完成学业。年内,民盟市委荣获民盟全省“社会服务工作先进集体”和“农村教育烛光行动先进集体”,民盟南通戏剧支部获“社会服务先进基层组织”称号,2人获农村教育烛光行动优秀组织奖,20余名盟员获民盟社会服务工作参与奖,在全省13个地级市中获奖人次最多。9月,民盟市委召开社会服务工作会议,总结近年来社会服务工作经验,对先进基层和个人进行表彰。

(朱菊鸣)

中国民主建国会南通市委员会

【概况】 2010年,民建南通市委员会以纪念民建成立65周年为契机,切实加强自身建设,认真履行参政党职能,圆满完成全年各项工作任务。进一步发挥思想建设的核心作用,宣传思想工作、理论学习研讨的计划性、指导性和实效性显著提高,得到民建省委和市委统战部的肯定。履行参政议政职能,提交5件集体提案,全年完成12个课题调研任务。以基层支部换届、成立崇川区基层委员会为重点,不断加强组织建设。以服务社会、多作贡献为己任,社会服务工作深入开展。

【参政议政】 在南通市政协十届三次全会上,民建市委提交大会发言1篇、集体提案5件。会员中的市政协委员在“两会”期间积极建言献策,提交个人提案37件,集体提案“桥港时代加快物流业发展的建议”被市政协评为2010年度优秀提案。“关于对户外广告进行整治的建议”、“我市中小企业转变发展方式,提高创新能力和核心竞争力方面的建议”被评为市政协十届三次会议优秀提案,“关于尽快解决蓝星公司征地拆迁矛盾的建议”被市政协评为2008~2010年度优秀社情民意。

根据市委出题,围绕“提升滨海产业园区功能,实现错位互补发展”开展课题调研,在中共南通市委、市政府领导汇报会上作汇报。全年就特色园区建设、基层医疗卫生服务体系、城市公交体系建设、建筑消防安全机制、建筑低碳设计、社会矛盾成因及化解、旅游创新、节能降耗、职业教育、对外经济转型、空间规划等社会热点问题开展调研,形成调研报告或提案,其中特色园区建设在市政协常委会上作书面发言,基层医疗卫生服务体系作口头交流发言,组织撰写的产业集群研究报告在市各民主党派、工商联调研成果评比中,被评为一等奖。将调研与招商相结合,促成省民建会员企业与市洋口港太阳岛三期钢板桩围堰工程项目成功签约,合同标的近4000万元;帮助联系投资商参与市通州区低碳新城建设。

发动和组织广大会员参加“我为转型献一计”活动,共收到社情民意和建议案12件,其中3篇被市委统战部录用,并上报有关部门。全年向民建省委、市委统战部和市政协等报送社情民意32份,其中《民主党派之声》录用6篇,《南通政协》录用2篇。“关于规划发展城市快速公交系统(BRT)的建议”和“关于建立传统工艺美术保护发展基金的建议”得到市领导批示。

【宣传思想】 以纪念中国民主建国会建会65周年为契机,以“双学双争”主题教育活动为载体,不断推进会的思想建设。开展弘扬民建优良传统,学习和践行社会主义核心价值体系活动,

印发《社会主义核心价值体系学习读本》等学习资料。牵头组织市各民主党派成员学习第十一届全国人大三次会议和学习党的十七届五中全会精神报告会;发动各基层支部成员观看电视连续剧《黄炎培》。会主要领导撰写的《感受风雨同舟60年》获中央统战部、民建中央、《人民政协报》、《团结报》等单位联合举办的“与共和国同行”征文二等奖;学习体会文章《始觉今朝眼界开——参加民建江苏省委多党合作理论研讨班有感》获民建中央新闻宣传优秀作品奖;《学习和践行社会主义核心价值体系,建设和巩固团结奋斗的共同思想基础》、《继承优良传统,履行历史使命》两篇文章获民建江苏省委“双学双争”主题征文活动优秀作品奖。组织会员参加省民建“双学双争”知识竞赛,获三等奖。组织开展全国、省、市先进基层组织、优秀会员的评选、推荐和表彰工作,司法支部荣获“全国先进基层组织”称号,陆建辉荣获“全国优秀会员”称号;机关一支部、崇川一支部荣获“民建江苏省先进基层组织”称号;王忠等

6人荣获“民建江苏省优秀会员”称号。表彰马鑫明等23位优秀会员；方宜新等10位参政议政先进个人；马元芳等20位先进会务工作者；庄毅等9位社会服务先进个人。全年在相关刊物上刊登新闻宣传稿件176件，其中58件在中央级媒体、刊物上登载。在市委统战部宣传稿件用稿率统计中名列市各党派之首，获民建省委年度新闻宣传工作三等奖。

【组织建设】 基层支部换届有序展开，民建市委根据近年来会员的发展和变动情况，对部分支部和成员进行适当的调整，使之更趋合理，更有效地发挥作用。10月，成立民建南通市崇川区基层委员会，下辖有9个支部，会员200人左右。此外，民建市委还对各专门委员会进行调整、重组，调整后的专委会有参政议政工作委员会、企业工作委员会、社会法制工作委员会、城乡建设工作委员会、学习与理论研究委员会、妇女工作委员会，并制定《各专门委员会工作职责（试行）》。遵循“注重质量，注意数量，改善结构”的原则积极开展组织发展工作，全年发展会员20人，平均年龄38岁，研究生以上学历的7人，高级职称7人。截至2010年底，共有在册会员451人。

【社会服务】 民建市委组织“思源工程——生育关怀”活动继续深入开展，资助100户计生特困家庭，为他们送去慰问金及慰问品。青海玉树地震后，民建市委发动捐款，共收到会员捐款72940元。组织会员参加市委统战部送医送法进社区活动，民建市委南通大学支部组织送医下乡活动。针对一些会员企业面临的实际问题，民建市委请会员中的法律和财会方面的专业人士，就“防范与规避企业风险”为题，为企业家会员和会员企业相关人员作辅导讲座。

（钱丽丽）

中国民主促进会南通市委员会

【概况】 2010年，中国民主促进会南通市委员会积极履行参政党职能，围绕全市经济和社会发展的大局及社会热点、难点问题，深入开展调查研究，撰写出一批高质量的调查报告；反映社情民意，积极建言立论；以纪念民进成立65周年活动为契机，积极开展社会服务活动。

【思想建设和宣传工作】 开展纪念民进成立65周年系列活动。动员会员收看电视剧《民主之澜》，了解多党合作光辉历史，发扬老一辈民主党派领导人优良传统。参加民进中央举办的学习《六个为什么》网上征答活动。组织收看社会主义核心价值体系辅导片和主题征文活动。召开“学习郭明义先进事迹和崇高精神座谈会”。加强理论学习和研究。参加民进中央关于建设学习型参政党理论研讨征文活动，撰写文章11篇，举办“参政党建设理论研讨交流会”。参加市政协理论研讨年会，11篇论文入选《政协工作理论研讨论文汇编》，2篇被评为优秀论文，作大会发言交流。2010年，共有26篇理论文章分别被《团结报》《江苏政协》《江苏省社会主义学报》《江南时报》《江苏民进》《南通日报》等各级各类报刊采用，1篇被中共中央党校出版社出版的《中国领导干部论坛》收录并评为优秀论文一等奖，1篇入选河海大学出版社出版、江苏省社会主义学院编辑的理论研讨会论文集。《江苏民进通讯》连续四期宣传报道民进南通市委机关工作的做法。

邀请《民主》杂志社副主编和《团结报》有关领导、编辑到南通指导对外宣传工作。全年在中央、省市级刊物和各级各类网站上发表报道及文章330篇。宣传报道工作在民进全省评比和南通市委统战部系统评比中荣获先进集体称号。

【参政议政】 积极建言献策。在市政协十届三次会议上，民进市委代表作题为《加强临港产业技能人才培养，服务桥港经济时代》的大会发言（该提案被评为2010年市政协优秀提案），提交集体提案7份，个人提案41份；在专题建言献策会上，就主城区西部开发建设等热点问题建言献策。《关于做好沿海渔民社会保障和转产转业工作的建议》被民进江苏省委采用为2010年省政协十届三次全会集体提案。调研报告《关于统筹南通市沿江沿海开发与沿海发展的对策建议》获中共南通市委统战部评比二等奖。副主委何志斌《加快主城区西部开发建设的建议》，引起政府部门高度重视，并纳入年度规划编制任务，被评为市政协优秀提案。《关于推进我市公交优先发展》的提案，得到市政府主要领导重视，相关部门作专题研究，建设市快速公交系统、提高公交车辆运行效率已列入“十二五”公交规划。召开参政议政会议，围绕经济增长方式转型收集各类建议百余条。参加市政协“加快特色园区建设”专题调研、“‘十二五’规划建言献策论坛”，参加民进江苏省“江海文化论坛”，分别就有关议题作发言或递交建议。

开展课题调研。与民进连云港、盐城市委就“培养海洋人才、搭建研发平台、助推江苏沿海开发”开展联合调研活动。承办中共南通市委交办的“南通率先实现社会就业比较充分对策研究”课题，与市政协开展联合调研。

反映社情民意。向各级有关部门报送信息260余条次，其中《对防治蜱虫引发无形体病的几点建议》被中央统战部《零讯》采用，另有50余条被民进中央、省委及中共江苏省委统战部录用。何志斌、胡志坚提出的“建议取消园博园两费制实行统一票价”和“关于城山路通车后，保障残障学生人身安全的建议”被评为市政协优秀社情民意。马知路被评为“民进全国宣传信息先进工作者”(江苏唯一)。

【组织建设】　召开基层组织换届改选暨创先评优动员大会,各支部纷纷制定活动计划,策划并开展主题活动,以实际行动争创建全国、省市级先进基层组织。通师二附支部和特殊教育支部荣获“民进全国先进基层组织”称号,港闸、通中、一附、文化4个支部被评为全省先进基层组织,民进南通市委会被评为全省先进地方组织。通师二附支部在全省表彰会上作大会发言。加强组织发展工作,成立港闸区基层委员会;全年发展新会员21名。举办“崇川·港闸区基层委员会主题活动经验交流会”,研讨新时期高素质基层组织建设。组织编写民进南通市委会群英人物事迹,入编江苏省委统战部与省各民主党派联合出版发行的《群英录》。加强机关建设,以“团结进取、热忱恭谦、敬业奉献、务实创新”十六字为机关文化,提出“在位在行在状态”的工作标准,进一步提高机关干部的综合素质。

【社会服务】　青海玉树地震发生后,民进南通市委会立即发动会员捐款,筹集善款3万余元,通过市红十字会捐往灾区。承接民进省委社会服务工作,先后两次组织会内优秀教师赴淮安盱眙县、金湖县3所小学上公开课,并赠书2000余册。与民进常州市委、南通师范学校等在刘海粟纪念馆举办“罗国华国画、水粉画作品展”。与市公安局、中级人民法院和社会有关单位共同发起“抢抓世博契机、共建和谐南通、强化法制意识、提升自我形象”倡议活动。港闸区基层委员会与兄弟党派联合开展送科技进乡村活动。二附支部组织学生送福到敬老院,法律支部、文亮小学等支部相继开展法律咨询服务和科普知识讲座。

(田　伟)

中国农工民主党南通市委员会

【概况】　2010年,中国农工民主党南通市委员会有党员480名,基层支部22个。在市政协十届三次全会上,农工党南通市委作题为《进一步提高沿海滩涂开发水平,促进南通沿海开发战略》的大会发言,提交集体提案9件、个人提案45件,其中1件提案被市政协评为优秀提案。在市人大十三届三次会议上,1项建议被评为优秀建议。全年向农工党江苏省委、市政协、市委统战部报送信息、社情民意等136篇。南通大学附属医院总支被农工党中央表彰为“社会服务先进基层组织”;高佩兰被农工党中央授予“全国社会服务先进个人”称号。农工党南通市委获农工党江苏省委“2006~2010年社会服务先进市级组织”称号,3个支部被表彰为省“先进基层组织”。

【纪念农工党建党80周年】　开展纪念中国农工民主党建党80周年系列活动。为纪念中国农工民主党创始人之一季方,建造“季方史料陈列馆”并在海门三阳镇举行开馆仪式。全国人大常委会副委员长、农工党中央主席桑国卫题写馆名。农工党中央副主席刘晓峰、杨震,农工党江苏省委主委周健民等领导出席仪式。“陈列馆”被命名为“农工党党史教育基地”、“南通市第三批爱国主义教育基地”和“海门市爱国主义教育基地”。编辑《参政议政成果录》。组织歌咏比赛。参加农工党建党80周年知识竞赛。参与农工党中央、农工党省委的“党在我心中”摄影图片展。

季方史料陈列馆开馆仪式　(胡宏宏摄)

【调查研究】　多次召开参政议政工作委员会会议,积极参与农工党江苏省委的调研课题申报,主动承担中共南通市委的命题调研项目,形成调研报告8篇。其中《构建南通沿海开发统筹协调机制的对策研究》受到中共南通市委领导的高度评价。在市委统战部调研成果评比中,报送的调研报告获二等奖第一名。向市科技局、市科协申报的课题均成功立项。

【思想建设】　开展树立和践行社会主义核心价值体系活动。常委会组织专题学习,组织骨干党员听取辅导报告并发送学习读本。南通大学附属医院总支参加市民主党派基层支部“学与行”活动交流会。朱良春、陈宋义、戴宝江3名党员的先进事迹入选农工党江苏省委编辑的《树立和践行社会主义核心价值体系风采录》。8月,农工党中央宣传部部长石光树到南通时对学教活动给予肯定。

【组织建设】　召开表彰大会,5个“先进基层支部”、26名“先进党务工作者”、48名“优秀党员”受到表彰。召开组织工作会议、举办骨干党员培训班。领导班子成员和骨干党员分别参加农工党江苏省委和市委统战部举办的培训班。全年共发展党员26名。

【服务社会】　5月,走进市社会福利院,为近80名护工讲解老年人护理知识。6月,根据农工党中央统一部署开展第三届中国环境与健康宣传周活动，在文亮小学举办“土壤环境与健康”专题讲座。先后组织7名党员参与统战部门组织的送医送法进社区活动，组织10多位专家在海门三阳镇开展义诊活动。组织党员为惠州邓演达纪念园建设募捐，捐款23450元。

（高佩兰）

中国致公党南通市委员会

【概况】 2010年，中国致公党南通市委员会认真履行参政议政职能，加强思想建设、组织建设，广泛开展社会服务和海外联谊工作，年度工作目标顺利实现。

【参政议政】 致公党南通市委在省、市、区人大、政协会上，提交集体提案、议案30余件。“关于南通市社区建设发展状况的对策研究”被致公党省委列为B类重点课题。完成市委出题“加快海外高层次人才引进 助推我市基本现代化建设”，参加12月21日召开的全市民主党派调研汇报会。组织2个课题申报市软科学支持项目。成员撰写信息85条，多方面反映群众诉求。编辑《致公党南通市委2010年信息选编》，分发给信息员、通讯员和骨干成员学习参考。

【思想建设】 按照上级统一部署，认真开展学习和践行社会主义核心价值体系活动。先后多次召开中心组学习研讨会、骨干成员学习座谈会，学习和把握精神实质。开展党建理论专题研究，撰写理论文章，《南通致公》内刊开辟专栏，发表成员的理论学习和研究成果。全年成员在《中国致公》、《江苏致公》、《南通政协》等各类刊物上发表文章49篇，其中《强化三个意识 发挥参政功能》一文参加江苏省统一战线理论研讨会，被收录到《携手共进》文集中。承办市各民主党基层组织学习和践行社会主义核心价值体系交流会。

【社会调查与社会服务】 致公党南通市委参政议政委员会、老龄委员会及各支部先后组织到革命老区和市区有关企业、生态园区考察调研。走进社区、学校开展慰问老人、捐资助学等活动。玉树地震发生后，致公党南通市委机关干部和广大成员捐款4万多元。9月，市开发区“致福工程”农民上网培训班开班，标志“致福工程”项目在南通农村地区实现全面覆盖。至年底，南通“致福工程”项目完成培训近6000人次。经主委刘璠的引荐，哈佛大学生物医药博士后刘方参加“2010海外华侨华人高层次人才江苏行”南通站的活动，并带着自己的研究成果与南通市相关机构进行洽谈。

【海外联谊】 2010年，致公党南通市委会成员出境访问10多人次，接待境外到访约20人次。邀请香港神龙企业总经理李燕等10多位企业家参观港闸经济开发区。成员顾建洪与新加坡来宝集团合作成立南通来宝宏通生物饲料有限公司，先期投资600万美元用于基建项目。

（刘　勇）

九三学社南通市委员会

【概况】 2010年，九三学社南通市委员会进一步加强思想建设、组织建设，深入开展调查研究，积极反映社情民意，参政议政工作取得新成效。开展学习、践行社会主义核心价值体系和百名专家进乡村活动，吸收中青年优秀知识分子入社，加强培训，队伍素质不断提高，参政议政能力不断增强。

【思想建设】 开展学习、践行社会主义核心价值体系活动。4月，社市委召开六届十二次市委扩大会暨学习践行社会主义核心价值体系活动动员会。发动基层组织和广大社员参与活动，开展主题征文，在《南通社讯》、网站上开设专栏，3篇文章被社省委采用。8月，社市委召开六届十三次市委扩大会暨学习践行社会主义核心价值体系交流会。开展建社65周年纪念活动，先后组织参观厦门陈嘉庚纪念馆、无锡王选事迹陈列馆。通州区委员会被社中央表彰为优秀基层组织，吴建国、王进、陈翌冬获九三学社中央优秀社员称号。社市委妇委会联合民进、农工妇委会共同举办“女性让世界更精彩”庆祝“三八”国际劳动妇女节大型文艺演出。

【参政议政】 1月，在市政协十届三次会议上，社市委作题为《加快产业集聚 推进江海联动开发》的大会发言，提交集体提案5件，社的政协委员个人提案30件。在市、区“两会”上，南通社的政协委员、人大代表共提交议案、提案120余件。社市委承担中共南通市委下达的“‘十二五’期间我市农业基本现代化发展对策研究”课题，形成专题报告，供市委市政府决策参考。社市委还就加快推进科技创新载体与服务平台建设、做强职业教育、新医改方案实施中的问题与对策、加快南通市环保产业发展等课题开展重点调研，形成调研报告。《关于加强农村医务人员培训的建议》、《培育沿海特色产业，加快发展临海产业带》等3项课题中标九三学社江苏省委参政议政调研课题。《关于实施“一网一站一车”创新型经济示范工程的建议》得到江苏省委罗志军书记的批示。8月，九三学社市委召开参政议政专门工作会议，制定出台《关于加强参政议政工作的实施意见》。全年，社市委向社中央、社省委及市有关部门报送信息、社情民意64件。在九三学社中央第五届“九三论坛”上，社市委有3篇征文入选。在第三届江苏九三论坛上，社市委有8篇论文入选。

【组织建设】 全年共发展社员10人，平均年龄36.5岁，其中有4人是硕士，1人为正高职称。专业领域涉及高教、医卫、工程技术等。徐美玉被增补为九三学社江苏省医药卫生委员会副主任。全年有20人次参加社省委、省委统战部和市委统战部组织的各类培训。7名社员被九三学社江苏省委表彰为先进个人。

百名专家进乡村活动　　（九三学社供稿）

【社会服务】 3月，九三学社市委组织通大附院和肿瘤医院的专家到郭里园社区参加义诊活动。5月，组织通大附院支社10余名专家在启东市第二人民医院举行义诊活动，受益群众200多人。青海玉树发生地震后，发动社员为灾区捐款2万余元。社市委与市委宣传部、市科技局在幸福街办举行“科技入户工程”现场发放科普图书及农技资料3000余册，分发蔬菜、玉米新品种种子500余份；与市港闸区残联联合举办农业科技培训班，培训残疾农民30人次。12月，九三学社市委及2个基层组织被九三学社省委表彰为社会服务工作、参政议政工作和组织工作先进集体。

（朱天龙）

南通市工商业联合会（南通市总商会）

【概况】 2010年，市工商联着力引导、推动和服务民营经济转变经济发展方式，创新服务举措，提升服务能力，为实现全市经济社会又好又快发展作出应有贡献。2010年，市工商联（总商会）先后入选“中国最具影响力民间商会50强”，荣获“全省工商联系统先进集体”、“南通市服务民营经济先进单位”、“南通市招商引资先进单位”等称号，市工商联主席徐守铭入选“中国杰出商会领袖30人”。引导民营企业家积极投身光彩事业，1200多家民营企业在青海玉树抗震救灾中捐款捐物总计2777.52万元，其中熔盛重工捐赠人民币1100万元。市工商联与市委统战部共同表彰50名民营企业家为“南通市光彩事业先进个人”。

【促进民营经济转型升级】 （一）加大政策宣传力度。市工商联常委会议形成“关于推动民营企业加快发展方式转变”的决议，在《南通日报》登载。承办“长三角十五城市民营经济和商会工作合作与交流机制”第八次会议，邀请北京大学副校长刘伟、国务院参事保育钧为民营企业家作《增强企业技术创新能力》、《民营经济发展形势》的专题演讲。（二）推进行业总部经济建设。加强家纺、服装、船舶、金属等优势产业的行业商会建设，以行业商会为主体，筹划建设产业园区或具有总部经济性质的商会大厦，促进民营经济集群化发展。金属商会产业园区取得实质性推进。（三）建设行业公共服务平台。引导行业商会建立面向区域板块、行业发展的研发、检测、培训等公共服务平台。南通液压机商会建立技术研发中心、南通锻压机械业商会建立省级锻压机械检测中心、南通药品业商会建立职业技能鉴定所。至2010年底全市共建立行业商会技术创新公共服务平台12个。（四）为企业对外交流创造条件。与市发改委组织国内外100家投资公司与南通市60家拟上市企业进行对接交流；组织企业参加第十四届“西洽会”，组织工作受到市政府及相关部门通报表彰。全年组织企业参加经贸洽谈会、展销会等相关活动20余次。

【中小企业服务平台建设】 扩大“南通市中小企业应急互助基金”影响。加强与人行南通市中心支行以及市区各商业银行的合作，规范“应急互助基金”运作规程，新增互助基金会员16家。全年办理146笔资金续贷业务，融资周转额7.1亿元，为市委、市政府年初下达目标任务的2倍。指导启东、如东、海门等县（市、区）工商联的中小企业互助基金建设，帮助民营企业解决短期流动资金需要。深化民企融资协商与合作机制。总结推广与招商银行小企业信贷中心南通分中心“伙伴工程”做法，动员民生银行、江苏银行、南京银行等5家商业银行新加入“伙伴工程”，拓展银企合作空间，全年为450家会员企业放贷31.5亿元。完善“维权服务平台”功能。与市地税局建立涉税问题“快速通道”，先后为27家企业协调解决税企分歧。与市国税局选择20家成长型企业,开展“点对点·面对面”贴身服务,满足纳税人的个性化服务需求。全国工商联副主席孙安民到南通进行“中小企业社会服务体系建设”专题调研时对南通的做法给予肯定。

【组织建设】 2010年,全市新组建行业组织21家,其中,行业商会13家,新发展会员企业1014家。7家市直行业商会顺利完成换届。全市行业商会总数达到208家,会员总数1.57万家。异地商会工作得到拓展,深圳南通商会、通州区总商会南京商会、东北联合商会相继成立。试行行业商会会长任期目标责任制,开展行业商会会长年终述职,增强会长的责任意识。编印《南通市行业商会实用工作手册》,成为全国首本指导行业商会工作的实用教材。开展行业商会党建工作。8月,在全国率先以市委组织部名义下发《关于加强行业商会党建工作的意见》。全市有16家行业商会建立党组织,建立行业商会党建工作指导员和联络员制度,4家行业商会党组织与药监局等机关党组织开展共建活动。召开全市行业商会创建优秀服务品牌推进会,撰写《万紫千红春满园——南通市行业商会服务品牌亮点展示》材料,在省市媒体连载宣传。引导行业商会加强整体联动。会同市安监局在事故高发行业的商会建立安全生产工作站,出台《行业商会安全生产监督管理工作站工作制度》。开展钢丝绳商会、船舶业商会与金属商会,房地产商会与装饰装修商会,餐饮商会与禽业、水产品商会等之间的交流合作活动。鼓励和引导民营企业家建言献策,为民营企业与政府部门沟通创造条件。完善全市非公有制经济代表人士信息库建设,充实一批企业二代接班人进入信息库,完成30份省级以上非公经济代表人士基本数据、170份行业商会问卷调查。

【调查研究】 开展转型升级系列调研,撰写《关于促进我市民营经济转型升级的对策研究》,组织县(市、区)、市直行业商会、骨干企业从开展民营经济转型升级专题研究,形成调研报告35篇,并汇编成书。编辑出版《南通民营经济发展报告(2009～2010)》,总计45万字,由中华工商联合出版社正式出版,对全市民营经济发展情况首次进行综合全面的梳理和分析。完成全国工商联主编的《中国商会发展报告》中“南通家纺商会发展报告”编撰任务。

【宣传与培训】 加大对企业家宣传报道力度。《中华工商时报》、《人民政协报》、《团结报》等中央级媒体先后到南通采访,就市工商联在融资服务、协调服务、组织建设、教育培训等方面刊出12篇专题报道。全年在省级以上媒体发表文章25篇,在市级新闻媒体上发表文章25篇,在电台、电视台等媒体报道20多次;创刊《商会信息》,出版16期,编辑出刊《南通民营经济》杂志12期,会务信息被省联网站录用388条,全国工商联网站录用102条。加强民营企业家培训工作。与宁波市联合举办推进加快民营企业转型升级培训班,邀请国内著名经济学家为60位企业家授课;邀请龙永图、胡润等走进南通举办财富论坛讲座,150家企业参加现场活动。

(陆志祥)

群众团体

南通市总工会

【概况】 2010年,南通市总工会准确定位、主动作为,攻坚克难、勇于创新,组织建设、民主管理、保障工作、法律工作、女工工作、工会信息等多方面的工作受到中华全国总工会及国家有关部门的表彰,宣传教育、劳动保护、干部培训、工会财务、经审规范化建设等10多项工作受到省总工会及省有关部门的表彰,各级新闻媒体先后宣传报道南通工会工作780多篇次。南通市总工会推动将优秀农民工和缴纳社会保险时间较长的外来农民工纳入城镇住房保障体系,引起广泛关注,国务院农民工工作联席会议办公室专门发出通报,认为此举"在江苏省乃至全国开创了农民工享受城市住房保障的先河"。

【外来农民工住房保障】 通过开展专题调研、人大代表建议、政协专题发言、在政府与工会联席会议上提出意见建议以及与房管部门研讨论证等,推动政府将部分外来农民工纳入城镇住房保障体系。5月6日,市政府办公室转发市总工会房产管理局、劳动和社会保障局《关于将优秀农民工和缴纳社会保险时间较长的外来农民工纳入市区经济适用住房保障范围的试行意见》。《意见》下发后,市总工会深入企业宣讲政策,做好申报审核、房源落实、房价核定等工作,首批19名符合条件的对象获得市区经济适用房保障。这一做法,突破了原有住房保障对象仅限于当地户籍居民的限制,为农民工参与享受城市住房保障提供机会。

【构建和谐劳动关系】 进一步推进劳动关系和谐企业创建,健全预申报、辅导、预审、抽检、正式申报、考评、公示、表彰、回访等十项制度,建立创建预申报名单储备库,实行常态化的辅导管理,全面推广海安县的"四率"(企业效益实现率、职工权益保障率、企业对职工满意率、职工对企业信任率)年检制和启东市的"评估改进"行动,新评出市级劳动关系和谐企业120家。召开全市工会劳动争议调解工作推进会,制定下发《南通市工会劳动争议调解工作实施意见》,全面推进"五位一体"调解机制建设。发挥工会劳动关系预警、工会与法院"诉调对接"、联合执法检查等机制的作用,及时参与劳动争议调处,切实把矛盾化解在基层和萌芽状态。全市基层企业劳动争议调解组织共调解劳动争议近3020件,基层以上工会通过接处职工来信、来访,成功调处劳动争议1270余件。全程参与原市属改制企业遗留问题的处理,为职工分流安置寻求出路。

【开展劳动竞赛】 继续推进"当好主力军、建功'十一五'、建设新南通"主题劳动竞赛。全面启动创新创造劳动竞赛活动,组织百万职工开展"我为企业创新发展献一计"竞赛,十万职工职业技能大培训、大练兵,万名职工技术革新、技术攻关、发明创造,千名职工职业技能大比武,评选百项职工技术革新、发明创造成果。联合相关部门开展崇启大桥建设、洋口港开发建设等重点工程劳动竞赛,组织评选"十佳建设功臣"。与绵竹市总工会、南通援建指挥部联合召开南通援建工程立功竞赛表彰大会。拓展"工人先锋号"创建领域,实行挂牌创建公示制度,先后评选表彰200个市级"工人先锋号"。组织开展南通市第四届职工"十佳操作法、十佳合理化建议、十佳创新成果"评比,共评选出30项职工优秀创新成果,有5个项目获全省和全国表彰。会同有关部门开展12个行业18个工种的职业技能竞赛,在全省十大职业技能比赛中夺取四项第一。此外,与相关部门共同开展"生态文明与我同行"2010南通环保联合行动,组织开展"我为节能减排献一计"征文比赛等活动。

【推进民主管理】 健全完善以职代会为基本形式的企业民主管理制度,市厂务公开协调小组被表彰为全国推动厂务公开民主管理工作先进单位。创造性地开展以单次协商、动态协商为主要形式的工资集体协商机制,深入实施工资协商春秋"双百日"要约行动,"一函六书"(特别提示函和要约书、回复书、整改建议书、限期改正指令书、工资审查意见书、履约报告书)制度在九城市工会工作论坛上作经验交流,获全省工资集体协商工作创新实践成果一等奖。稳步推进区域性、行业性工资集体协商,总结推广通州区的"二元"工资协商和海门市的行业工资协商经验。大力实行女职工维权联动计划,进一步推进女职工特殊保护专项集体合同工作。全市建立厂务公开制度的企事业单位2.5万余家,签订集体合同的企业2.4万余家,签订工资专项集体合同的企业近2.4万家。

【深化扶贫帮困】 依托职工服务中心,积极开展全方位一站式帮扶。精心组织送温暖活动,慰问困难职工1.3万多户,发放慰问款物近720万元。认真开展特困职工申报审核工作,市、县(市)区两级工会共发放特困职工证940余份,建立困难职工档案2700多户。大力开展"金秋助学"活动,共发放助学金340余万元。启动第六轮市级机关、市直单位与困难职工结对帮扶活动。坚持把困难农民工纳入特困职工申报对象,继续联合邮政储蓄银行发放外来困难农民工子女助学金,被全总表彰为"全国工会'千万农民工援助行动'先进单位"。大力推进"家政服务工程",培训家政服务员800多名。选树"十佳创业示范基地"和"十佳创业带头人",依托市工人业余大学对城镇下岗失业人员、农民工等就业困难人员开展免费培训,实行免费职业介绍,帮助就业困难人员提高就业技能和实现就业再就业。

【加强劳动保护】 深化"安康杯"竞赛活动,在全省劳动保护工作会议上作经验交流。推广应用"1+3"安全监控体系,全市实施"1+3"安全监控体系的企业达2800多家,规模危化品生产企业实现全覆盖。推进创建"安全合格班组"和"星级安全合格班组"活动,全市参评的三星级安全合格班组达2600多个。开展安全生产隐患排查治理技能竞赛和"送安全、送知识、送清凉"高温慰问暨"关爱职工安全与健康"专家进企业特别行动,全市各级工会共走访慰问一线职工11.8万余人。

【提高职工素质】 全面深化"两创两争"(创建五一文明班组(岗),争当文明职工;创建学习型组织,争做知识型职工)活动,不断提升职工技术技能和文明素质。精心策划纪念"濠滨夏夜"30周年系列活动,先后组织各类演出近50场次,现场观众达10万余人次。加强"职工书屋"建设,先后建成全国和省级"职工书屋"示范点42家。组队参加省十七运职工部比赛,金牌数和总分均位列全省第三。评选第十三届"五一新闻奖",评选第五届"职工明星艺术家",开展"五一宣传月"和"职工读书月"活动,被推荐为全省宣传思想工作先进集体。举办纪念"三八"国际劳动妇女节100周年大会暨职业女性"三创"论坛。完善女职工心灵家园工程,在全省会议上作经验交流。深化劳模"创新业、立新功"五大行动,全市推广建立劳模创新工作室160余家。注重面向基层一线,突出转型升级实绩,评选产生倪涛等15名全国劳模和先进工作者。举办全国劳模事迹展,组织百名劳模免费游世博活动,做好全国千名劳模"看世博、游南通"的各项工作,全总专门发来感谢信。推动落实劳模待遇,完善市劳模帮扶资金管理使用办法。

【强化基层建设】 按照全总"双措并举、二次覆盖"("双措并举",就是在工会组建中要采取两项措施,一是建立小型非公有制企业工会联合会,二是招聘职业化工会干部;"二次覆盖",就是在小型非公有制企业已经建立基层工会组织的基础上,按照地域相近、行业相同的原则再建立工会联合会,进行第二次覆盖)的要求,继续推进外资企业、世界500强企业工会组建,加强小型企业、商贸物流业、餐饮服务业、物业管理业工会组建工作,加大民办非企业、社会中介组织、服务外包等新社会组织的工会组建工作力度。力推劳务工"源头入会",推广如皋市和启东市建立流动会员管理中心的经验。全市新建工会1960多家,建立村(居)联合工会800多家、行业工会70多家,新发展会员7.95万人,出租车企业实现100%建会的目标,被全总表彰为"双措并举、二次覆盖"工作先进集体。加强区域性"职工之家"建设,召开全市模范"职工之家"表彰暨工会创先争优推进会。加强以会员代表大会、工会主席直选、会员评家、会务公开制度等为主要内容的基层工会群众化、民主化建设。坚持工会干部定期培训制度,举办全市工会干部培训班和陈小星事迹报告会。加大工会干部职业化推进力度,启动职业化、社会化工会干部工资分级负担试点工作,全市共选聘专职工会工作者120名、社会化兼职工会工作者334名。

【自身建设】 深化机关作风建设,强化绩效管理。健全工会调查研究制度,完善市总机关干部联系一线职工制度。承办全国工会企业职工劳动经济权益实现状况及思想动态问卷调查工作部署会议,并在全市40家企业400名职工中开展专题调查,被全总列为全国25家定点调查单位之一。组织开展全市工会重点工作推进落实情况督查调研;联合市有关部门对台资企业生产经营和劳动关系状况进行调查走访;开展工会就业培训工作情况、工会参与社会保险监督情况、女职工特殊保护专项集体合同履行情况等调研。市委召开全市工会工作会议,专题研究部署加强和改进新形势下工会工作。加大经费收缴力度,贯彻实施新《工会会计制度》,积极推进基层工会独立建账工作,不断提高经审监督效能。稳妥推进唐闸工人文化宫、市工人疗养院等市总直属事业单位的改革改造,出台《南通市总工会直属事业单位资产监督管理暂行办法》。

(钱聪慧)

附:

关于将优秀农民工和缴纳社会保险时间较长的外来农民工纳入市区经济适用住房保障范围的试行意见(摘要)

为逐步解决生活在城市中的农民工住房保障问题,充分调动广大农民工投身我市现代化建设的积极性,现就将优秀农民工和缴纳社会保险时间较长的外来农民工纳入市区(暂不含通州区,下同)经济适用住房保障范围提出如下意见:

一、保障对象

(一)在市区工作并缴纳社会保险的下列优秀农民工:

1. 在市区务工期间获得市级以上(含市级,下同)党委、政府、农民工工作领导小组、流动人口工作领导小组表彰、嘉奖或授予荣誉称号的;

2. 在市区务工期间获得市级以上劳动模范称号或"五一"劳动奖章的;

3. 在市区务工期间获得市级以上共青团组织授予的"新长征突击手"或"杰出青年"称号的;

4. 在市区务工期间参加职工职业技能竞赛活动获得市级以上技术能手称号或市级以上竞赛综合成绩前三名的;

5. 取得技师以上职业资格证书的;

6. 取得高级工职业资格证书并在市区连续缴纳社会保险满2年的。

(二)在市区工作且在市区连续缴纳社会保险达10年以上(不含10年,下同),户籍为外省、市的农民工。

二、保障原则和方式

根据我市现有的住房保障水平和实际承受能力,分步实施、逐步解决市区优秀农民工和缴纳社会保险时间较长的外来农民工的住房保障问题。

市房产管理局和市总工会原则上按市区每年经济适用住房计划总数15%的比例,共同确定每年农民工经济适用住房的配售数量。在符合条件的申请人数超过当年市区经济适用住房可配售数量时,优先供应优秀农民工申请人的住房,对符合条件的其他申请人通过按申请时间的先后顺序、依次轮候解决的方式确定当年的购房者名单。

三、申请条件

符合本意见保障对象范围的农民工申请购买经济适用住房的,还应同时具备下列条件:

(一)申请人及共同申请人(配偶或子女,下同)不少于2人且必须常年在南通市区工作、生活;

(二)申请人及共同申请人在南通市区无住房或人均住房面积低于18平方米(含18平方米,以后随市区经济适用住房申请住房面积条件的调整而相应调整);

(三)优秀农民工申请人及共同申请人的人均月收入低于1400元;在市区连续缴纳社会保险达10年以上的外来农民工申请人及共同申请人的人均月收入低于1200元;以后随市区经济适用住房申请收入条件的调整而相应调整。

四、申请材料(略)

五、申请与审核(略)

六、监督管理(略)

南通市总工会
南通市房产管理局
南通市劳动和社会保障局
二〇一〇年四月

共青团南通市委员会

【概况】 2010年,共青团南通市委围绕"青春燎原计划",深入开展"争创先进集体、争当先进个人"主题实践活动,抓好基层组织建设和基层工作,促进青年就业创业,做好青年思想引导工作,维护青少年合法权益,全年各项工作任务圆满完成。

【大学生村干部"三百三优"工程】 实施大学生村干部"三百三优"工程(100%兼职团的工作,能力素质优;100%联系农村青年,整体形象优;100%带头开展创业,发展实绩优)。对大学生村干部开展农村政策法规、群众工作方法、农业实用技术、团的业务知识等培训,共举办培训班15期,参与培训2327人次,有效提升大学生村干部能力素质。组织112名有艺术特长的大学生村干部成立大学生村干部艺术团,并开展"拥抱江海大地,放飞青春梦想"全市大学生村干部艺术团文艺汇演。依托农村青年创业卡、青年创业基金、小额贷款等渠道,为全市大学生村干部创业提供扶持资金63万元。全市有436名大学生村干部领办255个创业项目,带动1.73万名团员青年创业就业。推进"一村官一团建项目",全市1234名大学生村干部共参与实施1087个团建项目。

【文明交通志愿行动】 根据全市"讲文明树新风迎世博"交通秩序整治工程部署,4～9月,团市委组织各级行政机关、事业单位、学校的文明交通志愿者在主城区主要道路、路口和车站进行文明交通劝导,协助交巡警纠正各种违法违规行为,规范文明交通行为。活动历时75天,参与文明交通服务的志愿者累计达4万多人次。

【希望工程】 实施市县联动,开展春秋季助学活动。给予每位贫困学生300～500元的资助,累计资助贫困学生1500余名,发放希望工程助学款近50万元。为支援西南抗旱救灾,开展"捐一元钱买瓶水,我为灾区献爱心"活动,筹集善款132.96万元。开展"大学生圆梦行动",资助贫困大学新生250名,发放助学金75万元(其中团市委自筹24万元)。

【非公团建"一县一品"工程】 团市委在推进规模以上非公企业建团的同时,引导各县(市、区)实施非公团建"一县一品"工程。共青团海安县委重点打造行业协会团建,以建材行业协会成立团组织为试点,先后在铜材协会、餐饮协会、建筑协会等行业协会建立团组织;共青团如皋市委积极探索互联网团建,成立文广传媒集团新媒体部团委,为本地网络青年提供正确的思想引导;共青团如东县委开拓新商业模式团建,以县日用杂品有限公司团委为突破口,在下属直营门店、加盟门店以及促销员群体中分别建立团支部,实现对公司团员青年的全体覆盖;共青团海门市委着力推进园区团建,以叠石桥家纺城团建工作为重点,通过"心连心、肩并肩,共建和谐新园区"主题活动,实现工作覆盖;共青团启东市委推广产业链团建,以吕四港为依托,成立海产品产业链团组织,通过"企企联合+村企合一"的模式,有效扩大团组织的覆盖面;通州区团委试点区域化团建,建立团建共同体新模式,实现"1+1+1〉3"的效果;崇川区团委加强社区团建,以街道团组织格局创新试点为契机,择优竞配编外团工委副书记,为社区团建提供新生力量;港闸区团委积极推进楼宇团建,加大区内楼宇团组织组建步伐;南通开发区团委坚持"党工团一体化"团建,坚持党建带团建的工作思路,大力推进非公企业团建。截至年底,全市新增规模以上非公企业团组织811家,完成团省委年度任务的135.2%。

【参与承办2010全球创新型经济高层论坛】 3月27~29日,2010全球创新型经济高层论坛在南通举行,300多名专家学者围绕"创业教育与经济发展"这一主题展开探讨和交流。论坛由全国工商联、全国政协科教文卫体委员会、中华职业教育社联合主办,由团省委、中共南通市委、南通市人民政府承办。团省委书记练月琴、南通市市长丁大卫共同签署发布《2010全球创新型经济高层论坛南通宣言》。

【青联活动】 市青联加强与各界青年的沟通与交流,先后3次组织南通青年与外地青年互访。6月16日,南通市青年联合会与中日青年交流中心、日中写真文化交流协会联合在市劳动文化宫举办中日摄影交流展览会,中日两国的摄影名家、爱好者齐聚一堂切磋技艺。7月2日,团市委、市青联组织的"青联委员沿海沿江开发启东行"活动在启东市举行,省、市青联委员20余人出席活动。8月25~29日,为庆祝中越交60周年,中越青年大联欢活动在广西举行。应组委会邀请,市青联选派优秀青年代表参加活动。为深入学习优秀共产党员、南通市公安局交巡警支队民警尤建华的先进事迹,7月8日,市青联组织部分青联委员、各界青年代表到"老尤查报站"看望学习尤建华,实地体验查报站的工作。11月27~28日,团市委、市体育局、市青联联合举办"凯胜"杯青年团体羽毛球大赛。

(张 强)

南通市妇女联合会

【概况】 2010年,全市各级妇联组织以党群共建创先争优为动力,以为妇女儿童办实事为重点,抓住新机遇,开拓新思路,在服务发展大局、维护妇女权益、夯实基层基础等方面取得新成效。市妇联先后荣获全国城乡妇女岗位建功先进集体、全国维护妇女儿童权益工作先进集体等国家级、省级表彰15项。其中,在全省妇联系统2010年度重点工作考核中获特等奖,并获创新工作考核特等奖,综合排名列全省第一。市妇联先后承办"第五届中国家庭文化艺术节开幕式"等国家级、省级现场会议或活动5次。《中国妇女报》等国家级媒体先后11次宣传推介南通妇女工作。市委书记罗一民、市长丁大卫等市领导先后16次批示,对妇联工作给予大力支持并予以充分肯定。

【纪念"三八"国际劳动妇女节100周年暨南通市妇联成立60周年】 全市妇联围绕"平等发展·共创和谐"主题,纪念"三八"国际劳动妇女节100周年和市妇联成立60周年。市委、市政府召开巾帼群英会,市妇联举办"江海巾帼竞风流——南通妇女运动成果展",改革开放以来最具影响力的南通妇女品牌工作评选,开展百名"三八"红旗手、百个"三八"红旗集体、百个五好文明家庭、百名先进妇女工作者、百个巾帼文明岗"五个一百"先进典型评比表彰,组织千名妇女干部进村入户,实施送温暖、送岗位、送项目、送法律"四送"实事工程。

【全国妇联党组书记、副主席宋秀岩到南通调研】 2010年11月,国务院妇女儿童工作委员会副主任,全国妇联党组书记、副主席、书记处第一书记宋秀岩到南通调研,实地考察通州区先锋镇双盟村妇女儿童之家、崇川区虹桥社区和谐家庭创建工作、南通文峰派出所家庭暴力投诉站等,称赞南通的妇女儿童事业形成自己的特色,为全国妇联工作提供良好的经验。市委书记罗一民汇报南通的相关情况。全国妇联书记处书记范继英陪同调研。省政府副省长李小敏,省妇联党组书记、主席张京霞,市长丁大卫等领导参加相关活动。

【促进妇女发展"三大行动"】 全市各级妇联着力实施"三大行动",服务"两个转型",妇女参与发展的能动意识和综合能力不断提高。(一)实施"巾帼科技创新联盟行动"。联合组织、科技部门,制定工作意见。举行巾帼科技创新联盟行动启动仪式,建立市级"巾帼科技创新示范基地"10个。组织开展科技女专家乡村行、企业行活动,为从事现代高效农业的女农民送科学技术,为女企业家企业把脉问诊,并邀请专家到南通讲座、组织女企业家参与长三角世博论坛、组织沪通两地女企业家考察苏通科技产业园、与上海社科院女高知联谊会开展交流联谊、组织政协妇联界别组委员开展专题视察。(二)实施"巾帼牵手创业就业援助行动"。重点以女大学生、下岗失业妇女为援助对象,开展多形式的援助活动。推进妇女小额信贷,争取市财政200万元担保基金落实到位。全市累计发放妇女小额担保贷款216笔,发放金额2275万元。实施女大学生创业导师行动,全市组织女企业家、巾帼文明岗和女大学生结对205对,培训女大学生1050名。建立"女大学生创业见习实习基地"73个。推动妇女发展来料加工,全市成立10家女经纪人协会,吸纳305名优秀女经纪人,新建较大规模的巾帼来料加工基地8个。市妇联在通州举办农村妇女转移技术(服装裁剪)培训班,为100名农村妇女进行免费培训。(三)实施"巾帼家政服务创牌行动"。着力推动妇女发展家政服务业,建立"南通市巾帼家政培训基地",举办免费家政服务员培训班,开设9个方面的课程,学员考核通过率达100%,全部拿到上岗证。

巾帼群英会会场 (市妇联供稿)

【依法维权】 积极参与源头维权。市、县两级开设"男女平等基本国策"专题讲座11期,近2000名干部听讲。开展国策宣传进社区活动,印发国策宣传袋、国策宣传贺卡4000多份。抓住省人大开展《中华人民共和国妇女权益保障法》及江苏省《实施办法》执法检查契机,营造维护妇女权益的良好社会氛围。借助人大、政协参议议政平台,主动与有关部门沟通协调,促进法规政策的完善。南通市推进女性进村"两委",落实贫困"三八"红旗手专项补助待遇,将获市级以上"三八"红旗手称号的优秀农民工纳入经济适用住房保障范围,明确对"先进妇女工作者标兵"记三等功一次等多项工作在政策争取上取得突破性进展。把创建"平安家庭"作为建设"长安南通"的着力点,推进法律和平安知识、安全防范措施、矛盾纠纷调解"三进"家庭,组织"三八"维权周活动、举办法制讲座、开展爱心帮教等,帮助妇女群众提高依法维权能力。推进妇联维权阵地建设,发挥已建立的"五大中心"作用,并以"妇女维权岗"创建作为新抓手提高维权水平。开展信访维权服务,全年接待来信、来电、来访437件,其中领导专家接待96件。

【第五届中国家庭文化艺术节开幕式】 5月,全国妇联、文化部等单位主办的第五届中国家庭文化艺术节在南通举办开幕式,市妇联成功承办开幕式,并奉献一台具有浓郁江海文化特色、充分展示文明家庭风采的文艺晚会,得到领导、观众的肯定。中央电视台《新闻联播》、江苏卫视《江苏新时空》、人民网等分别对开幕式盛况作报道。市妇联荣获第五届中国家庭文化艺术节优秀组织奖。

【女性进村"两委"】 市妇联抓住村"两委"换届的契机,及早谋划,多次向市委领导汇报、提出书面建议,并与组织、民政等相关部门沟通协调,为女性进村"两委"呼吁。南通在全省率先出台推进女性进村"两委"的政策文件。省妇联在南通召开全省各市妇联主席会议,对南通推进女性进村"两委"的工作经验进行推广,专门转发南通两个文件,供全省借鉴。《中国妇女报》对南通明确要求新一届村、社区党组织班子中女性不低于35%作专门报道。普遍举办基层妇女参选参政素质提升培训班。全市完成换届的1805个村(居)党组织中,女支委3801名,占比40.1%,比上届提升12.3个百分点;完成换届的1696个村(居)委会中,女村(居)委委员3629人,占比43.7%,比上届提升10.1个百分点,居全省全国领先地位。

【党群共建创先争优活动】 以全面工作在全省领先、重点工作在全省创牌、特色工作在全国有影响为目标,将创先争优融入各项工作。强化学习培训,提高妇女干部素质。组织妇女干部走进"女性大讲堂",开展"每天学习一小时、每季精读一本书、每年一篇调查报告"的"三个一"学习活动。切实转变作风,开展调查研究。市县妇联领导班子成员分别带队,深入基层,认真倾听妇女群众呼声,了解妇女群众最关心、最直接、最现实的"三最"问题,一批优秀调研成果在《妇工要情》、中国妇女网刊登。在全市25个村(居)的375户家庭中开展第三次中国妇女地位调查。推动"办实事暖心行动"。利用妇儿委工作平台,推进妇女儿童活动中心建设、市区儿童健身设施建设、妇女"两癌"(宫颈癌、乳腺癌)检查等实事工程。实施"爱心助孤"工程,对全市688名贫困孤儿进行结对扶助,捐助额达70多万元,此项工程被评为南通市未成年人思想道德建设工作优秀创新案例。深入实施"春蕾计划",为贫困学生圆梦。到年底,全市建立"春蕾小学"3所,"春蕾班"115个。注重培树先进典型,举办妇联系统创先争优事迹报告会,集中展现全市妇联组织和广大妇女的时代风采。

【家庭育人工程】 加强中小学、幼儿园家长学校的规范化建设,评定43所市级模范家长学校。联合市文明办、市教育局开通南通网上家长学校。举办市级模范家长学校、儿童快乐家园负责人培训班,办好"家庭教育直通车"节目,与市社科联开展家庭教育理论研讨活动。家庭教育研究会入选市"十佳社团"。加强小公民道德建设,在所有"春蕾学校"、"春蕾班"以及"爱心助孤"工程的受助学生中,开展"感恩关爱·积极奋进"主题活动,取得良好效果。"六一"前夕,组织20名留守儿童登上"幸福快车",到上海和参与世博建设的父母同游世博园。

【评选改革开放以来最具影响力的南通妇女品牌工作】 3月,改革开放以来最具影响力的南通妇女品牌工作评选揭晓,14项品牌工作入选。分别为:"银花赛"棉田建功,农家女一展英姿;统筹生养基金全国首创,千万女职工普遍受惠;自办托幼园所,解决百姓难题;"春蕾"绽放遍江海,扶孤助学促成长;母亲水窖聚爱心,江海儿女西部情;家长学校数第一,家庭教育结硕果;科级干部男女同龄退二线,男女平等谱新篇;"家庭文化节"展百姓风采,"神州大舞台"亮南通新貌;村"两委"女性比例全国领先,基层女性参政议政环境良好;"家庭赡养协议"传美德,"五好文明家庭"扬新风;儿少中心打造快乐家园,"双有"活动享誉全国;实施妇女发展规划,优化妇儿发展环境;城乡妇女大创业,经济发展半边天;"平安家庭"建设春风化雨,为长安南通建设夯实基础。

(周清泉)

南通市科学技术协会

【概况】 2010年,南通市科学技术协会以"三优同创"为目标,以"突出重点、加强集成、创新手段"为主线,以"四讲四抓"为着力点,以"双千工程"为载体,强力推进各项工作争先进位。市科协被中国科协列为全国学会深入学习实践科学发展观唯一地方科协联系点。以市委名义下发《关于进一步加强新时期科协工作的意见》(通委发〔2010〕3号),明确新时期科协工作基本要求和主要任务,对科普经费、场馆建设、干部交流等作出明确要求。所属县(市、区)党委也相继出台有针对性的文件。市科协机关以创先争优活动为契机,加强机关作风建设,队伍综合素质得到较大提升。中央主流媒体聚焦南通科协工作,宣传"党建促科建"经验。中国科协常务副主席、党组书记邓楠专门接见市科协领导班子成员。省《全民科学素质行动计划纲要》督查组到南通督查,充分肯定南通科普工作成效。市科协先后获"省第二届青少年发明家评选活动优秀组织奖"、省科普宣传先进集体、"南通市人才工作先进单位"等荣誉称号。市科协在市级机关绩效考核中首次跨入全市先进单位行列。姜晓军、郭淑琴2人被列为全省科协系统先进典型。《江苏公众科技网》全年录用南通要闻55条,名列全省各市前茅。

【国际科技交流】 8月10~11日,经江苏省科协、南通市科协联络协调,国际货币基金组织中国职员协会、留美华人公共管理协会组织世行专家到南通调研考察,并举行金融服务恳谈会。活动期间,专家们介绍促进产业升级和可持续发展的成功案例。省科协党组书记徐耀新、市委书记罗一民参加恳谈会,并会见世行专家。

【专题建言献策】 组织召开科技界新春联谊会。以"科技创新促进经济转型"为主题,组织科技界100多位专家、学者叙友谊、谋发展。郭腊军、徐辉、袁瑞良等市领导听取建议。组织征求院士对《政府工作报告》提建议,共收到反馈表28件。中国工程院院士季国标反馈的《我国印染工业节能减排相关进展》等资料以及关于印染行业治理污染建议引起市政府及相关部门重视。组织市老领导、老专家开展《南通市区"十二五"规划发展研究》课题研究,形成《南通市区发展定位和四区域特色经济差异化发展的建议》等11个专题报告。市委副书记、市长丁大卫带领市政府15个部门的主要负责人,专程听取建议。

【举办科技咖啡馆】 科技咖啡馆是一种源于英国的学术交流论坛,市科协会同英国总领事馆、省科协共同举办"低碳、农业与环境"、"如何在城市中宣传创意产业,并合理分配创新文化资源"、"纳米技术"等主题活动。6名中外专家分别阐述自己的看法,科技人员与专家进行现场交流。

【创建新一轮全国科普示范县(市、区)】 积极争取将全市8个县(市、区)列入2011~2015年度全国科普示范创建名单,召开创建工作推进会,对创建工作进行指导。各县(市、区)均成立以党委政府领导为组长的创建领导小组,创建工作全面展开。

【科普宣传】 举办科普宣传周和科普日活动,主题分别为"坚持科学发展,走近低碳生活"、"走进低碳生活,你我共参与"。通过声势浩大的开幕式活动,以及科普集市、院士报告会、主题科普巡回展和校园低碳文化节等系列活动,在全社会营造了"讲科学、学科学、用科学"的良好氛围。组织开展"我与低碳"征文活动,共组织到征文203篇,评出优秀征文34篇。11月,市科协主席姜晓军应邀为同济大学师生作题为"依靠科技创新助推经济发展方式转型"的科普报告,引起强烈反响。

【青少年科普活动】 (一)南通科技馆发挥科普主阵地作用。组织承办"南通科技馆杯"全国青少年教育机器人奥林匹克竞赛活动受到好评,新华社、《新华日报》等多家媒体报道了大赛盛况。年内,南通科技馆被中国科协授予"全国科普教育基地"称号。(二)组织参加各项科技比赛。在第十七届"ROBO-ONE国际机器人竞赛"中,南通科技馆选手代表中国队获得团体表演第三名和2个新人奖。在全国青少年教育机器人奥林匹克竞赛中,南通科技馆代表队获团体总分第一和优秀组织奖。在省第二十一届青少年科技创新大赛中,8件作品获一等奖,24件作品获二等奖,25件作品获三等奖。(三)组织开展市职业教育创新大赛。有12所职业院校参赛,征集作品近50件,有14件作品获省级奖。(三)培育先进典型。培育青少年发明家,有10人分别获省发明创新一、二、三等奖;启东市紫薇小学、海门中学获摇篮奖。涌现启东市大江中学等24所科普特色学校,表彰郑焕祥等21名优秀教育科技工作者、蔡伟等33名市优秀科技辅导员。

中国科协党组书记邓楠,省委、省政府主要领导与全省科协系统先进工作者代表合影
(前右三为南通市科协主席姜晓军)

【筹建中国机器人科技馆】 中国机器人科技馆是一个集科技展示、互动参与、技术研究等功能为一体的项目,并与发展高端智能产业紧密结合。项目设想得到全国各大机器人及智能产业相关国家级科研机构、院校的普遍赞同,中国科学院自动化所致函市科协对南通建设中国机器人研究院提出意见建议。经市领导协调,市科协与南通经济技术开发区协商落实科技馆前期经费、用地等事宜,并开展项目引进工作。

【千名专家兴千村】 海门市海盛生猪专业技术协会、启东市紫菜协会和南通金土地绿色食品有限公司董事长朱长满等科普示范基地、技术协会和科普带头人获中国科协、省科协"科普惠农兴村计划"相关荣誉,得到67万元奖励资助。自2006年中国科协系统实施"科普惠农兴村计划"以来,南通市累计有近20个项目进入国家和省计划,获上级财政资助200多万元。

【千名专家兴千企】 推进院士企业工作站建设。成功举办"化工新材料产业"、"船舶与海洋工程"、"节能减排与协调发展"等3个专题的院士专家南通行活动,先后组织6位中国工程院院士深入江苏大生集团、南通江山农化等企业,帮助解决近10个技术问题,其中为南通醋酸化工解决的一个技术难题,使产品成品率由原来的30%多提升到70%以上。通过积极促成,6家企业与院士达成建立院士服务站意向,其中3家建成省级站,分别获省市两级财政100万元资金扶持。

组织开展企业科技创新主题活动。评审2009年度"厂会协作"项目,评出优秀项目25个,产生经济效益11.13亿元,其中增效亿元以上项目2个、千万元以上项目5个,百万元以上项目9个。在实施"金桥工程"活动中,促成53个项目立项,年新增利税3.9亿元,节约资金1.8亿元,其中增效亿元以上项目2个、千万元以上项目20个、百万元以上项目31个。在"讲理想、比贡献"活动中,组织开展77个项目,产生经济效益48.6亿元。

组织实施"海智计划"。6个项目被列为"中国科协2010年海智计划项目",占全省入选总量一半以上。其中"热塑性弹性体(TPE、TPR)项目投产后,销售额年增长达80%以上。

【建成全国首家学会联合党委】 5月30日,中共南通市自然科学学会联合委员会成立大会在南通市科学会堂举行。联合党委隶属市委新经济新社会组织工委,市科协党组负责党委的日常管理工作。联合党委的成立，成为全国科协系统一项创新举措，被《光明日报》、《科技日报》等近10家中央级媒体集中报道。南通市科协应邀在全国科技类社会团体创新发展研讨会上介绍经验。

【高层次人才培养】 市科技人员进修学院新增船舶与海洋工程专业，工程硕士类专业达10个门类，录取学员152人，创历史之最。南大网络学院招生189人，名列南大校外学习中心第一，连续5年被评为"优秀学习中心"，并获唯一"特别贡献奖"。南京政治学院自学考试项目合格率达98%，为南通开发区培养100多名乡村干部。

【服务科技工作者】 春节期间，慰问300多位科技人员，慰问金14万元。评比表彰10名市"青年科技奖"和20名"优秀科技工作者"，其中2人获省"青年科技奖"，2人被评为全国优秀科技工作者。组织编印的《江海涌动创新潮》，宣传全市14位科技工作者。反映熔盛重工发展历程的大型报告文学《船梦》在《十月》杂志刊登。

（严惠慈）

南通市文学艺术界联合会

【概况】 2010年，南通市文学文学艺术界积极履行联络、协调、服务、指导职能，着力推出优秀作品和优秀人才，出台创作激励机制，加强人才培养和创作研究，广泛开展文艺宣传和文化惠民活动，全年文艺创作取得丰硕成果。年内，市文联召开九届二次全委会，对全年工作进行部署；成立南通市文艺著作权维护中心，为文化艺术界人士提供法律咨询和权益保障。

【推出创作激励机制】 市文联制定出台《重点扶持文学创作工程实施方案(试行)》、《重点扶持音乐创作工程实施方案(试行)》。文学创作方面，共征集30多部文学作品，经省作家协会专家评审、市文联领导研究，确定将8部作品列入重点扶持篇目，分别为：长篇小说《对抗》(张黎华)、长篇小说《灶花儿开》(李新勇)、长篇小说《我的爸爸是警察》(葛继延)、长篇小说《命运》(陈寅生)、长篇小说《渔家灯火》(周花荣)、长篇散文《历史的私语》(王春鸣)、长篇散文《疼痛》(刘剑波)、长篇诗歌《纪念日》(钱雪冰)。市文联与重点扶持文学创作作品的作者签约，并特邀省作协研究部主任、著名文学评论家汪政对八部作品进行点评指导。音乐创作方面，共收集新创歌词80多首，经过省音乐专家评审研究，确定14首歌词进入谱曲阶段。市文联、市音协召开重点音乐曲作者座谈会，请省专家再次评审并签约。

【创作研究】 市文联与市委宣传部联合举办话剧《蜗居》观摩座谈会。市作协与如东县文联联合举办"刘剑波小说创作研讨会"，组织召开《江海之子——姚止平》创作座谈会、长篇小说《江海祭》创作座谈会、举办徐泽作品研讨会。市书协举办第二届青年书法提名展作品评点会。市作协、民间文艺家协会联合举办中国民间艺术家协会会员、歌谣学会会员贾佩峰编创的南通民间歌谣集《风行千载》座谈会。

【宣传推介文艺拔尖人才】 举办"南通市第二届青年书法家提名展"，展出南通地区10位优秀青年书法家的50余件书法作品。在北京举办《上天的恩宠》赵志勇摄影作品研讨会，并在中国美术馆举办个人摄影作品展，国内摄影界权威专家参加活动并作深度点评。

2010年，南通市有11名文艺家加入国家级文艺家协会。其中，李新勇、祖丁远、马国福3人加入中国作家协会；王蓝青、徐贵明、翟天兵、沈正4人加入中国书法家协会；黄映波加入中国摄影家协会；葛萍、许益明、周朝霞3人加入中国杂技协会。

【文艺家理论读书班】 9月19～20日，南通市文联举办第12届文艺家读书班。特邀中国文联原副主席、著名文艺评论家仲呈祥，省文联党组书记、常务副主席王慧芬，苏州市文联党组书记、常务副主席朱建华作专题讲座。读书班期间，还组织文艺家参观崇明岛。

【基层组织建设】 崇川区和平桥街道北濠东村社区文联(南通市第一个社区文联)、崇川区观音山街道二桥社区文联、任港街道南通港社区文联相继成立。市作家协会建立"南通市作家协会桃园创作基地"，市戏剧家协会成立南通市朗诵学会，海门市文联成立沈寿刺绣艺术研究会和"麦穗书房文化艺术交流中心"，启东市文联建立"启东作家创作基地"。

【第五届"五月风"文艺展示月活动】 第五届"五月风"文艺展示月活动项目有30多项，创历史之最。其中展览、展示14项，交流研讨8项，展演7项，比赛5场，专家讲座3场，揭牌仪式2项。主要特色活动有：首次举办"人与自然"——中日摄影艺术作品交流展和中日摄影艺术交流研讨会；首次在中国美术馆举办赵志勇摄影作品展；举办南通市青少年才艺大赛暨第十七届推新人大赛，首次通过南通电台对比赛实况进行现场直播。其他活动还有："聚影山川——南通市作家摄影作品展"、"2010南通油画展"、"江海丹青——南通市2009晋京晋省美术作品展"、"庆世博颂和谐"歌曲演唱会、"南通市首届中老年舞蹈大赛"、"江苏省获奖魔术专场晚会”、“南通市红木雕刻展暨红木雕刻新人赛”、“李斌装裱艺术展”、“相约崇川——丁征峰、陶永华、吴国华美术作品展”、“2010 南通市书法篆刻作品大展赛”、“上天的恩宠——赵志勇摄影作品展”回通汇报展、“宝岛台湾行”摄影大赛、“世博金秋 南通赏菊”旅游摄影大赛。

【文联大讲坛】 举办第 19 至 23 期文联大讲坛。邀请国家一级摄影师、福建省摄影家协会副主席石广智作“创意摄影拍摄技巧”专题讲座，邀请省著名作家储福金作“小说心态”文学专题讲座，邀请中国书法家协会理事、中国书法家协会行书委员会委员、江苏省书法家协会秘书长李啸作“当代书法创作走向及思考”专题讲座，邀请北京电影学院教授齐士龙作“艺术感觉与小品创作”专题讲座，邀请著名诗人、词作家李朝润作“浅谈音乐文学创作的几个问题”专题讲座。

【文艺惠民】 8 月 8 日，成立江海文艺志愿者服务队。首批文艺志愿者 400 多名，设服务总队与 12 个分队。首批文艺志愿者与崇川区 8 个社区开展结对服务，培训社区文艺骨干，开展各类展览、展示、展演活动。2010 年，江海文艺志愿者们在崇川区虹桥街道开展一系列文艺志愿服务活动，在濠阳社区举办“老街摄影展”，在东大街社区举办民间工艺进社区活动，在虹桥社区开展“一对一”书画创作点评，举办公益电影专场。此外，文联艺术团还为文峰街道解放坝社区书写春联数百幅；为军分区干休所和新城桥街办朝晖社区送专场演出；牵头组织“元宵节”系列活动。

【艺术交流】 组织举办“人与自然”——中日摄影艺术作品交流展，共展出 200 幅摄影作品，中日双方各 100 幅。展览期间，还举办摄影艺术研讨会，组织部分美术家赴苏州、无锡等地参观交流。此外，还组织举办“沈行工、诸雷、陈守义作品展”、“佘玉奇画展”、“镇江南通女书法家作品联展”、“南通盐城刻字交流展”、在南京举办“魏武书法展”。

【编辑出版文学遗产】 编辑出版《江海文库》第七辑(共 10 部)：《断章——卞之琳诗文选》、《蝴蝶与刍狗——沙白自选诗》、《秋水——耿林莽诗文选》、《鸥鸟塘说文——罗企曾民间文学论文选》、《葭埭居文稿——顾启文选》、《岁月留痕——赵云舞剧作文论集》、《石醒编馀——张松林散文选》、《胡逗洲弄歌——沈志冲民间文学论文选》、《潜修履痕——姚馨丙文艺评论集》、《瞻前顾后——尤世玮序跋集》。张謇研究中心继续开展新编《张謇全集》的校订补遗和编纂工作，编辑出版 2010 年《张謇研究年刊》。

【权益保障】 成立南通市文艺家权益保障委员会暨南通市文艺著作权维护中心。中心成立后，开展版权知识培训和咨询活动，开展文艺作品版权登记，受理文艺著作权投诉，接受著作权法律咨询，调解文艺著作权纠纷等，筹建“南通文艺著作权服务网”。

(张金萍)

南通市哲学社会科学界联合会

【概况】 2010 年，南通市哲学社会科学界联合会(简称“市社科联”)各项工作有新进展。加强社科理论研究，组织优秀成果评选，出版年度热点问题研究蓝皮书。县级社科联建设取得突破性进展。举办南通市第七届社科普及宣传周系列活动。会刊《江海纵横》全面改版。

【社科成果评奖】 组织 2007～2009 年度江苏省第十一届哲学社会科学优秀成果南通地区的初评和推荐工作，获奖总数位列全省各市前列。

【县级社科联建设】 2010 年 8 月 19 日，市委办、市政府办下发《关于加强县级社科联组织建设的意见》(通办发〔2010〕41 号)。继通州区建立社科联之后，如皋市、如东县也于年内成立县级社科联组织。

【第七届社科普及宣传周】 9 月 25 日，市社科联在更俗剧院举办市第七届社科普及宣传周启动仪式暨百名社科专家广场咨询活动。近百名社科专家学者向市民作咨询服务。活动中下发各类宣传普及资料 2000 余份。举办“社科之夜”露天电影活动，全年放映 20 场。与南通电台联合开辟《社科之声》空中讲坛，每周六播出，全年播出 32 档节目。与《南通日报》联合开辟每半月 1 期的《社科之窗》栏目，共刊发 15 期社科普及文章。举办《社科之展》大型图片展，在更俗剧院、虹桥街道、市老干部活动中心等巡展。继续开展社科普及“三走进”活动，全年共到机关、学校、社区举行报告会或讲座 20 场。新建 5 家社科普及示范基地。有 6 项社科普及活动项目被省社科联评为优秀活动项目。《社科之声》空中讲坛活动被市委宣传部授予 2010 年度市直宣传文化系统改革创新奖。

【举办南通发展论坛】 与市委宣传部联合举办以“沿海开发与南通经济转型升级”为主题的第八届南通发展论坛，主要承担发展论坛《论文集》的编校任务及有关主讲专家的邀请。

【理论研究】 组织推进南通基本现代化进程理论研究。组织全市社科工作者撰写理论研讨文章。会刊《江海纵横》开辟专栏。8月20日，召开南通市社科界推进南通基本现代化进程理论研讨会，出版《南通基本现代化研讨会专辑》。市经济学会蔡惠忠、李炜平等人撰写的《南通策应上海国际航运中心建设的思考》荣获2010年度江苏省"社科应用研究精品工程"优秀成果一等奖。

【热点问题研究】 向社会公布"南通沿海开发产业导向"等26个选题指南。3月，到申报选题139项，经专家评审，确定10项资助课题，20项立项课题。到11月底接受申报成果62项，评出一等奖3项、二等奖5项、三等奖14项，特别奖2项。

【出版《南通市经济与社会发展蓝皮书(2010)》】 以《江海纵横》特刊形式出版《南通市经济与社会发展蓝皮书(2010)》，分基本现代化篇、经济篇、社会篇，全书约40万字。

【《江海纵横》改版】 2010年5月，会刊《江海纵横》全面改版，由原来的双月刊改为月刊。在全国范围内征集南通市社科联标识和《江海纵横》的封面设计。组建一支特约撰稿人队伍。

（李祝星）

南通市归国华侨联合会

【概况】 2010年，南通市归国华侨联合会紧密团结归侨侨眷，广泛联系海外侨胞，为侨服务内容丰富，服务大局成效明显。成立由侨界企业家组成的南通华侨经济技术交流促进会，搭建为侨企服务的平台。南通市侨联组织建设的经验作为全省唯一代表在全国侨联基层组织建设交流会上作大会交流。

【"2010海外侨商江苏沿海行"活动】 5月18～19日，省侨联主办"2010海外侨商江苏沿海行"活动，市侨联广泛联系侨商、开展项目对接，促成近200名海外侨商到南通参观考察，市长丁大卫向侨商作全市经济社会发展情况推介。6月初，汉雅星空文化科技有限公司、魅力中国新媒体有限公司与如皋经济开发区签订合作协议，项目总投资3000万元，注册资金1000万元。

【组建南通华侨经济技术交流促进会】 9月5日，由市侨联主管的南通华侨经济技术交流促进会(下称"华促会")成立。华促会是以南通市侨界企业家为主体，吸收部分外资企业、台资企业、民营企业家以及各类专业人士参加的企业家联合组织。中国侨联副主席王永乐专程到南通为华促会成立揭牌。2010年，华促会共组织会内企业开展业务交流、经济合作10余次，涉及金额1000多万元；组织会员企业与政府部门开展大型交流活动1次，个案工作交流15次，为企业维权、投资发展等解决实际问题；组织会员企业赴香港、浙江、东北等地考察3次，达成3项投资合作意向，其中1项已落实；为南通经济技术开发区成功引进易居电子商务和汇动汽车电子2个高科技项目。

【为侨服务】 以华侨医疗保健中心、法律工作委员会、江海志愿者侨联分站为平台，为侨界群众提供医疗、法律、家政等服务，全年减免归侨侨眷医疗费近2万元，提供免费法律咨询近10件，累计接待侨界群众来信来访30余件次，帮助协调解决住房拆迁、子女升学等问题。

【参政议政】 2010年，市县两级侨界人大代表、政协委员提出提案、议案170余件，积极向党委和政府建言献策。在南通市政协十届三次会议上，市侨联作《在沿海开发中进一步重视引进侨资工作》的书面发言。

【群众活动】 开展多项联谊活动。市侨联除春节、中秋固定开展侨界群众的大型联谊活动外，8月还举办"南通籍华人华侨学生书画、作文大赛"，来自数十个国家的上百名华人华侨学生踊跃参加。成立于2009年的南通华侨艺术团已拥有近300名注册团员。2010年演出近30场，荣获全国沿海城市体育舞蹈公开赛团体第一名。老谊会、侨谊会活动形式多样。老谊会组织老归侨前往绍兴、诸暨等地参观，并组织游览世博会；侨谊会组织骨干前往镇江、常州、沙家浜等地交流参观。

【联谊交流】 全年，市侨联先后接待台湾侨联总会理事长简汉生、全国政协香港委员方铿、美国中国企业协会会长吴有义、文莱中华中学考察团等海外华侨华人、侨联组织、华侨社团20批126人次。7月，台湾侨联总会理事长简汉生到南通访问，与南通市侨联签订友好合作协议，双方建立长期交流合作关系，实现对台工作一大突破。

【组织建设】 全市三级侨联组织健全。市侨联有老归侨联谊会、新华侨留学生眷属联谊会、南通市华侨艺术团、南通市华侨书画院、南通市华侨经济技术交流促进会5个直属基层组织。8个县(市、区)侨联组织做到体制、机构、编制、干部、经费五落实。全市121个乡镇(街道)建立侨联组织，部分村(社区)也建立侨联组织。11月，南通市侨联作为全省唯一代表在全国侨联基层组织建设交流会上作《创新思路,多措并举,在非传统侨乡地区全面加强侨联基层组织建设》的交流发言。12 月,全省侨联组织建设暨维护侨益工作经验交流会在南通召开,南通市侨联努力拓展乡镇(街道)和村(社区)级侨联组织建设以及以党建带侨建的做法得到与会领导和同行的肯定。

(王 璨)

南通市台湾同胞联谊会

【概况】 2010 年,南通市台湾同胞联谊会贯彻落实党中央对台方针,围绕中心、服务大局,发挥自身优势,团结广大台胞,在服务上下功夫,在联谊上讲真情,在沟通上创实效,圆满完成全年工作任务。年内,市台联被省台联评为宣传工作先进单位。

为"世界华人作文大赛"获奖的台湾籍学生颁奖(市台联供稿)

【服务台胞】 增强服务意识,讲究工作实效,做好定居和常住台胞工作。开展送温暖活动。全年走访慰问台胞 48 户,年初,市台联发放老台胞和特困台胞补助款 2.13 万元,慰问在南通的 8 户老台胞、10 户特困台胞家庭和已故老台胞的遗孀。对患病老台胞进行探望,并给予生活补助。在各级台联组织的支持下,为重点帮扶对象林忍整修房屋。帮助台籍考生及时确认身份,协助填报高考志愿。鼓励扶持中青年台胞创业,做好政策宣传,针对一些疑难问题,与相关部门积极协调解决。与台商朋友保持经常性联系,端午、国庆节、圣诞节,市台联与市台商投资协会联合举行联谊庆祝活动。"五四"青年节和"六一"儿童节,市台联领导看望在南通学习的台籍学生,给他们送去节日礼物。

【台联工作】 市台联以丰富多彩的活动来促进与台胞之间的交流交往,工作层面不断拓展。3 月 20 日,市台联召开六届五次理事会,对全年工作和重点活动作出安排。组织 7 名小台胞参加"全国第十一届世界华人学生作文大赛",有 6 名台生分获二、三等奖,市台联被评为优秀组织奖。组织第十二次中青年台胞暑期夏令营活动,有 32 名二、三代台胞赴世博、无锡观光。协助省台联在南通举办第三届"两岸姊妹情"女台胞联谊活动。组织在南通的部分台商参加省台联在淮安举办的第七届"江苏台商看江苏"活动。

【两岸往来】 随着两岸交流交往的增多,市台联做好接待来访台胞工作,增进了解,加深友谊。全年累计接待到访台胞 13 批 80 多人次。5 月、7 月,分别接待回如皋探亲的台胞吴志明、吴志如兄弟及其家属。11 月,台湾统一联盟高雄分会一行 30 多人到南通参访,市台联热情接待,并保持经常性联系。

【参政议政】 台籍人大代表、政协委员积极建言献策,履行职责。在市"两会"期间,6 名台籍代表、委员撰写建议、提案及社情民意计 18 件,市政协会上进行大会书面交流和大组专题发言。全年台籍代表、委员参加人大、政协组织的各种座谈、调研和视察活动累计 30 多人次。配合省台联开展青年台胞调研活动,形成调研报告。为全市经济转型升级和"十二五"规划建言献策,参加政协理论研讨,撰写论文3 篇。

(吴 琼)

南通市红十字会

【概况】 2010 年是贯彻实施《南通市红十字事业 2010 ~ 2014 年发展规划》的开局之年。市红十字会充分发挥党和政府人道领域助手作用,各项工作取得新成绩。救护培训管理"南通模式"在全国唱响。在全省率先建立南通企业社会责任博爱基金、南通市造血干细胞捐献工作服务中心。实现组织建设与干部能力素质、赈灾救援的社会公信力、筹资能力与救助实力、红十字宣传与理论研究水平、红十字组织的社会影响力"五个明显提升"。南通市红十字会连续第十三年荣获全省红十字系统目标管理考核综合一等奖。红十字博爱典型成为城市标志性名片获突出贡献奖,在百辆出租车上安装红十字募捐箱等做法获工作创新奖。

【组织建设】 南通市红十字会第五次会员代表大会于 3 月 1 日召开,选举产生以市委常委、常务副市长蓝绍敏为会长的新一届理事会;聘请市委书记罗一民、市长丁大卫为名誉会长,张柔武、李炎为名誉副会长。全面理顺县级红十字会管理体制。全市8个县(市、区)均独立设置正科级的红十字会机构,纳入群团机构序列管理,核定人员编制和领导职数。探索建立全省首个由编委会正式批准设立的开发区地方红十字会,副处级建制。

【备灾救灾】 全市红十字会系统为青海玉树地震赈灾募捐1604.3万元,其中市红十字会募款911.68万元,募捐数额列全省地级市第二位。为西南旱灾、舟曲泥石流、海地地震共募捐81.74万元。全市红十字系统在汶川地震灾后重建中,共援建绵竹市红十字博爱之家、绵竹市青少年活动中心、新市镇便民服务中心(南通博爱楼)、绵竹市新市镇敬老院、南通市红十字奖学基金、定向援建四川绵竹观鱼学校“通瑞楼”、定向援建绵竹市预防接种和儿童保健规范化门诊、定向援建绵竹灾区广电设施等8项工程。2010年底召开汶川地震赈灾专题新闻发布会,通报全市红十字系统募捐款物使用和灾后援建情况。

开展“博爱在南通 人道万人捐”募捐活动,全市共募集500.38万元

(市红十字会供稿)

【人道基金】 全年围绕“希望之星”助学、“生命之光”助医、“温暖之源”助困、博爱超市“爱心接力”等项目筹资259万元。开展“博爱在南通 人道万人捐”主题筹资,全市共募集500.38万元。通过救护培训事业增值,向“南通市红十字人道救助基金”注资200万元。在市区已设置42只募捐箱的基础上,在100辆爱心出租车上安装红十字募捐箱,并同步设立“南通红十字阳光爱心救助金”,全年共募款4.83万元。争取政府人道资助100万元。全年累计募集款物共1234.08万元,比2009年增加41.53%。市红十字会与南通电视台共同发起建立南通企业社会责任博爱基金,其中,南通农村商业银行出资100万冠名“南通红十字生命相髓博爱基金”;江苏启秀置业集团有限公司出资70万元冠名“南通红十字温暖之源博爱基金”;江苏宝缨集团出资60万元冠名“南通红十字爱心接力博爱基金”。

【博爱工程】 全年市和各县(市、区)用于市内人道救助的款物总额达到719.74万元,受益人次3.65万。其中:全市博爱送万家救助款物216万元;博爱助困支出172.4万元;博爱助学发放资助金77.2万元;博爱助医救助金245.14万元。此外,重阳节走访慰问148名孤寡及“空巢”老人,发放慰问物品价值9万余元;从人道救助基金中拨付救助款12万元,参与设立南通市企业军转干部大病医疗救助金。

【卫生救护培训】 全市共有15.96万人接受红十字会初级救护培训,培训人数比上年增长8.5%。9月,市红十字会常务副会长倪瑾作为全国地级市唯一代表应邀出席中国红十字会应急救护培训研讨会,介绍“救护培训管理南通模式”。

【红十字志愿服务】 市红十字会在原有16支志愿者服务队的基础上,新成立红十字“92.9”阳光爱心出租车志愿者服务队、红十字外籍留学生志愿者服务队、红十字网络志愿服务队、红十字天乐艺术团等4支特色志愿服务队伍。依托社区165个红十字服务站、27个共建基地、11个街道红十字博爱超市开展经常性社会志愿服务活动,建立高校、医院、街道社区“三位一体”的常态化红十字志愿服务模式。

【学校红十字工作】 调整充实南通市红十字学校工作委员会,健全学校工作机构;加强各类学校红十字组织建设、会员发展与管理工作;推广通州区学校红十字工作经验,推动学校红十字工作可持续开展。会同市教育局对通州、启东、海门等6所中小学红十字会规范化管理工作进行达标考核;开展省级示范校申报工作,9所学校通过省级验收。

【造血干细胞捐献】 南通市造血干细胞捐献工作服务中心于8月设立。该中心为市红十字会下属纯公益型事业单位,正科级建制,核定编制3名,经费渠道为财政全额拨款;同时增挂“中华骨髓库江苏分库南通工作站”牌子。在市区增设3个造血干细胞血样采集点。全市造血干细胞捐献采样志愿者达到7036份。

【红十字宣传】 南通市红十字会推出的“捐献造血干细胞群体”和“磨刀老人”2个博爱典型，入选“全市道德模范百场宣讲和网上宣讲”。全年各级各类媒体宣传报道全市红十字会工作200篇次；编发《红十字信息》22期；对红十字网站进行全新改版，全年上传稿件236篇；在市区设置大型公益广告牌3块。全年发表8篇理论研究文章，孟纬鸿《破解理顺红十字会管理体制之难题》一文获中国红十字总会2009~2010年度十佳论文奖。

【红十字活动】 2010年，市、县两级红十字会先后组织“5·8”世界红十字日宣传纪念活动、博爱救助系列送温暖、首届红十字博爱之夜、应急救护宣传演练、红十字志愿服务和生命相髓、爱满人间、南通捐献造血干细胞志愿者爱心大行动等多项社会宣传活动。

（陆　洋）

南通市人民对外友好协会

【概况】 2010年，市对外友协与日本丰桥地区日中友好协会、日本东三河地区书画协会等日中友好团体保持密切合作，加强与日本阿南市及德岛县日中友好协会等日中友好团体的往来，与韩国文化部门和德中友协初步建立文化和经济交流渠道。全年接待到访团组5批66人次。

【对外交流】 （一）文化交流。年初，分别向日本丰桥地区、东三河地区、和泉市等地相关友好协会和书画协会寄送市中小学生书法作品，参加当地书画展。6月，举办“国际书画展进社区”活动，展示日韩中小学生书画作品，并为虹桥社区“对外文化交流活动中心”揭牌。9月，举行“国际友好交流学校”授牌仪式。（二）教育交流。12月，接待日本丰桥市中学生代表团，23名日本中学生进入南通市普通家庭，进行为期3天的家庭居住式访问。（三）医疗交流。9月，派遣市中医院2名医护人员赴丰桥市野依福祉村医院进修。

【友好合作】 年初，与日本德岛县日中友协签署加强友好合作协议书，该协议书是协会首份与国外省级协会之间签署的交流协议。9月，与北海道苫小牧市商工会议所签署加强合作协议书，为双方今后经济合作构建框架。

【接待来访】 5月，接待德国社民党前秘书长、前联邦议员本内特率领的德中友协斯图加特分会代表团一行。同月，接待日本德岛县日中友协名誉会长加藤高明一行。11月，接待日本德岛县日中友协会长生田治夫一行。

【联谊活动】 11~12月，策划组织2010在南通的外国友人才艺比赛，选出优秀节目在年底市政府迎新年招待会上进行展演，并举行才艺比赛颁奖仪式，累计参赛、参演外国友人110余人次。

（潘　强）

世博菊韵

综合行政管理

机构编制工作

【概况】 2010年,南通市机构编制工作求真务实、锐意创新,完成市、县政府机构和乡镇机构改革,建立以"大部制"为特色的政府机构组织模式;深入推进事业单位分类改革,顺应以"公共服务"为特色的社会事业发展目标取向;不断完善机构编制责任审核和执行情况评估,提升以"评审结合"为特色的机构编制监督检查机制。同时,强化机构编制宏观调控,完善机构编制实名制管理,规范事业单位登记工作。

【机构编制责任审核】 为提高机构编制审核工作水平,市编办研究出台《南通市党政领导干部"三责联审"项目管理办法》。积极推动机构编制责任审核工作向县、乡延伸。调整优化审核指标体系,突出职能履行和执行机构编制纪律两大审核重点。对审核中发现的问题,坚持与被审核对象一起研究分析,查找原因。审核报告以文件形式向被审单位反馈,并以适当形式在一定范围内通报。组织开展"回头看",了解整改情况,进一步巩固审核工作的实际成效。全年共完成市人事局、劳动和社会保障局、卫生局、文化局、外办、农机局、铁路办、无管办、社科联等9家市级机关主要负责人机构编制责任审核。4月,"三责联审"工作经验在全国机构编制监督检查工作会议上作典型交流。

【机构编制评审一体化】 利用市、县机构改革这一契机,开展机构编制责任审核和政府机构改革评估,着力构建"评审一体化"工作新格局。分别拟订市级机关和县(市)区机构改革评估方案。通过开展形式多样的评审工作,促进被评估部门或地区规范机构编制日常管理。省编办《机构编制工作动态》全文刊登南通市"评审一体化"的工作经验。中央编办专程到南通拍摄宣传资料片,全国9个省、直辖市、自治区的10多个考察团组到南通学习交流。

【事业单位法定代表人培训】 市编办和中国人事人才网培训中心合作,举办首期事业单位法定代表人网络在线培训班。由国内知名学者教授、政府高级官员、知名企业家和知名培训师在线讲课。385名法定代表人报名参加,并参加网上考试。

(李建国)

事业单位管理

【人事管理】 为优化市属事业单位人员队伍结构,实施社会公开招聘。出台《南通市事业单位工作人员竞聘上岗暂行办法》。市人事部门组织开展春季市属事业单位公开招聘,按照规定程序为市属事业单位招聘141名工作人员。

【绩效工资制度】 抓好义务教育学校奖励性绩效工资考核分配,人事、教育部门制定下发《南通市义务教育学校教职工和校长绩效考核工作指导意见》。召开市直义务教育学校校长座谈会,加强对各义务教育学校奖励性绩效工资分配的监督检查。开展对各县(市、区)相关工作的督促、指导,开展宣传解释工作。

稳步推进公共卫生与基层医疗卫生事业单位绩效工资实施工作。对全市公共卫生与基层医疗卫生事业单位津补贴进行清理核查,统筹考虑各类矛盾,听取意见建议,破解基层卫生事业单位实施绩效工资的难点问题,与周边地区加强沟通联系,统一政策理解。指导各县(市、区)统一政策口径,充分做好实施前的各项准备工作。

【事业单位岗位设置管理】 以两办名义印发《南通市事业单位岗位设置管理实施意见》,并出台相关配套文件,编印"文件汇编"和"操作手册",举办专题业务培训班。至年底,100家市属事业单位岗位设置方案通过核准,9个县(市、区)岗位设置总体方案全部批复并陆续组织实施。

(程晋乐)

人事人才工作

【概况】 2010年,南通人力资源和社会保障系统大力推进人才强市战略和人才国际化战略,推进体制内人事管理创新,提升公共服务水平,全力维护社会稳定,各项人事人才工作全面转型、跨越发展。市人社局连续17年被市委、市政府评为“文明单位”,连续2年被市委市政府考评为“最佳办事单位”,被市委、市政府表彰为“社会治安综合治理和长安法治建设先进集体”、“南通市民营经济优秀服务部门”。

【毕业生就业】 落实国家及省毕业生就业政策,拓宽高校毕业生就业渠道,搭建服务平台,较好地满足社会对毕业生人才的需求。接收毕业生人数首次超3万人(其中博士168人,硕士1076人,本科1.57万人,大专1.3万多人),硕士、博士生人数首次超千人。先后组织毕业生专场招聘会40多次,提供有效岗位逾10万个。全市为大学生发放小额担保贷款和贴息近560万元,减免软件园和科技孵化器租金超过6000万元。年内新批成立国家级见习基地1家(江苏明德重工)、省级5家、市级20家,1799名毕业生参加见习活动,50%以上得到用人单位的认可并被录用,南通市生源的毕业生就业率达92%以上。毕业生在见习基地见习期间,参照灵活就业人员办法参加工伤保险并享受相应待遇,属全省首创。市人才服务中心被评为“全省见习工作先进集体”。

【公务员管理】 在市党政机关组织开展公务员执法检查,推进市公务员管理制度建设。拓宽选人用人渠道,出台《南通市科级公务员调任实施细则(试行)》、《南通市市级机关公务员公开选调办法(试行)》,规定凡市级机关补充正科职及以下公务员,必须公开选调,从国有企事业单位调任公务员必须通过竞争上岗和公开选拔的方式。全年调任、转任基层公务员41人,信息公开、程序规范,竞争性选拔公务员成为常态。与上海逸智电子信息工程有限公司合作开发“南通市公务员在线学习考试系统软件”,为公务员在线学习平台。制订出台《南通市2010年公务员考核工作意见》,在全市公务员队伍中推行绩效管理、分类考核,强化平时的考核,在全省率先根据公务员的不同职位职级设定考核指标体系,进一步量化、细化、深化公务员考核工作。制订《南通市公务员思想道德和社会诚信行为规范》,在省内率先从“四德”(社会公德、职业道德、家庭美德、个人品德)入手,规范公务员在履行职责、执行公务和社会生活中必须遵守的基本行为准则。

【综合绩效评估】 南通市综合绩效考评模式被全国地方政府绩效评估体系研究课题组编入《中国政府绩效评估报告》。吉林省政府,广东深圳,安徽合肥、滁州,辽宁沈阳、本溪等10多个省市学习考察团组到南通学习调研。中央组织部副部长、国家人力资源和社会保障部部长尹蔚民到南通调研,认为南通市机关绩效管理工作在全国具有示范意义。编辑出版《绩效南通——让人民满意》一书,该书是国内第一部全面系统介绍地方政府绩效管理实践做法的专著,全书33万字,由中组部党建读物出版社出版,作为中国政府管理创新系列丛书开篇之作向全国发行。完成省政府交办的《探求绩效管理新机制,推进服务型政府建设》和《抓培训促会干,抓考评促要干,努力把机关行政效能提升到新水平》两篇调研课题和省纪委交办的《施行综合绩效考评,探寻治懒治庸良方》调研课题,市人社局党组书记李水林受邀参加中纪委召开的调研座谈会并作专题发言。《施行综合绩效考评,加大干部治懒治庸力度》被《党建导刊》全文刊载。

【“人才特区”建设】 研究制定《南通市江海英才引进计划实施办法》、《南通市江海杰出英才奖评选奖励试行办法》等文件,建立“江海英才”申报网络系统。评出“江海英才奖”、“留学回国人员成就奖”、“高技能人才成就奖”8人,分别给予100万元、20万元、10万元的重奖。投入人才专项资金2.5亿元,对引进人才(团队)一次性给予50~500万元资金扶持。完成南通科技产业园一期工程,科技企业孵化器面积新增6倍,建成人才公寓20多万平方米。在海外成功举办多场江海英才计划推介会,达成合作意向30多项。在国内外大城市举办21场人才政策推介会,全市引进人才5.25万人(人才总量达到72.45万人)。其中,硕士研究生以上和副高职称以上人才2600多人(高层次人才总量达到3.06万人);高层次创新创业人才185名,比2009年增长20%。深入实施“226”工程,对优秀人才给予科研、深造资助。大力实施“技能振兴行动计划”,培训高技能人才1万多人,技能人才总量年增速保持10%以上。在全省率先组建“虚拟硕士园”,与高校联合培养1200名紧缺型高层次人才。

【海外引智和专家管理】 承办“2010海外高层次人才洽谈会暨百名海外英才进百企”活动,发布全市企事业单位人才、项目需求信息460多项;邀请来自17个国家和地区的102名海外高层次人才到南通考察交流,达成合作意向52项,签订合作协议34项,其中人才创业项目19个,投资额4.3亿元。与市委组织部、市外侨办共同承办“海外华侨华人高层次人才江苏行”南通站活动,41名华人华侨到南通对接洽谈。首次独立参展留学人员广州科技交流会,面试海外高层次人才49人次,达成合作意向28项,签约5人,获优秀参展交流奖。全年引进453名海外高层次紧缺留学人才和外国专家,比2009年增加15%。先后组织实施各类引智项目81项,留学人员科技活动择优资助项目5项,花甲专家项目8项,新建省级引智示范村1家,市级引智基地2家。实施国家重点引项目1项,国家示范推广项目1项,争取资助经费317万元,江苏省两项国家级重点引智项目、两项独联体项目,南通各占1项。"转基因作物及作物育种"项目被人社部确定为2010年度中国留学人员回国创业启动支持计划重点创业项目。项目执行数、含金量、经费支持力度等多项指标居全省之首。省内首家出台《外国专家来通工作证件办理规定》,全面推行外国专家网上办证系统,办理外国专家来华工作许可53项,外国专家证152份,受理11家单位的聘请外国专家单位资格认可申请,对59家专家聘用单位进行年检。

【人才服务】 在上海人才市场举办"2010年南通优秀企业上海专场招聘会",组织县(市、区)人才中心及600多家用人单位赴南京、北京、东北、武汉、合肥等地招聘21场次,引进各类成熟型人才、优秀毕业生1200多名。确定232家重点服务单位,主动提供"匹配服务",先后为宏华集团、天舒电器、熔盛重工等行业领军企业提供人才保障服务。联合南通航运学院、启东市人社局共同定制"雏鹰培养成才"计划,成功配置本科以上海工、船舶类专业人才300余名。借助人才市场与南通科技、软件、机电三大优质产业园签署人才服务战略合作协议,在南通人才网设立高新企业成果暨招聘展示区,满足园区200余家企业招聘、培训、代理、评审等一揽子人才服务需求,成功引进以"北大硕士夫妻"为代表的100多名电子、IT高科技专业人才。

【人才开发载体建设】 全面加强博士后科研工作站建设,新增国家级博士后科研工作站8家、国家级分站2家、省级工作站6家,新增设站数居全省前列。组织全市工作站参加省和南京市办的"博士后交流"活动,举办"2010名校博导南通行"活动。面向企业征集100多个项目需求,并与国内40多所知名高校进行沟通、对接。组织高校人员赴相关企业,进行"一对一"现场考察和深度对接。30多家企业与高校达成50多项合作协议或意向,招收博士后7名。南通市被清华大学授予"全国研究生社会实践基地建设工作优秀奖"。

【人才评价】 实施"江苏六大人才高峰"第五批人才项目结项验收和第七批人才项目资助申报工作,南通市共有13个项目获得第七批高层次人才项目资助,项目入选数、资助总额均位居全省第三。组织完成年度国务院特殊津贴和省突出贡献专家的选拔工作,受理申报107人,推荐报省候选人32名,获省政府公示国家特殊津贴候选人4名,当选省突出贡献专家10名。在全省率先开发使用网上职称申报答辩评审系统。

【高技能人才培养】 出台实施《关于激励企业开展高技能人才培养工作的意见》,该项制度为全省首创。以市委办名义出台《南通市高技能人才成就奖评选奖励试行办法》。谭德凤等3名高级技师荣获南通市首届高技能人才成就奖,市委、市政府给予每人10万元奖励,奖励力度居全省之冠。组织发放省、市有突出贡献的高级技师、技师津贴8.76万元,省、市技术能手奖励3.1万元。围绕建筑行业开展技师、高级技师培养,全年新增技师、高级技师3364人,完成年度目标的203%,在全省名列第一。南通市人社局被评为2010年全省技工院校招生工作先进单位、就业工作先进单位和培训工作先进单位,获全市人才工作创新成果奖。扎实开展职业技能鉴定工作,全年完成职业技能鉴定人数10.55万人。联合市总工会、科技局、经信委等部门开展30多个工种的比武,有6320人参赛,3958人获得职业资格证书。承办"南通科技杯"第四届全省数控技能大赛暨第四届全国数控技能大赛江苏赛区选拔赛。南通市人社局获第三届全省技工院校技能比赛组织奖,局属市工贸技工学校被表彰为优秀教学奖单位。

【人事考试】 全年完成各项考试任务合计55项,11.79万人次,实现"零差错、零事故"。其中,完成公务员、事业单位等招录考试共10项,3.74万人次;完成各项职称类考试共20项(含省信息化素质考试县级考点),3.11万人次;完成各项执(职)业资格及水平类考试共计25项,4.95万人次,累计处理考试违纪人员43人,无一起安全事故发生,实现"零差错、零事故"目标。编辑《南通市人事考试考务标准化流程(实施细则)》。市人事考试培训中心在全省人事考试工作会议上作经验介绍,被省人社厅表彰为"全省人事考试工作先进单位"。

【军转安置】 推进军转干部安置方式改革。2010年度,南通市接收安置247名军转干部,比上年增加25.4%。按照"公开、公正、公平、竞争、择优"、"个人特长与岗位需求相结合"、"重点安置与照顾安置相结合"的原则,采取"双考"、"四公开"、"一监督"的安置办法("双考"即考试与考核;"四公开"即公开安置办法、公开考试考核成绩、公开安置计划、公开安置结果;"一监督"即接受纪检监察部门全程监督)。对在市区非相应安置的团职军转干部(含技术九级以上)采取量化考核、积分选岗的安置办法;对在市区安置的营以下军转干部采取考试考核、双向选择、积分选岗、保底安置的办法。严格按照安置人数与安置岗位1:1制定安置计划,加大向公安、政法、三区等基层一线的安置力度,拿出10%的事业单位安置岗位,基层一线安置比例达23%。把军转干部随调家属安置与军转干部安置同步制订安置计划,与军转干部同步发出报到通知。在全省率先完成军转安置任务,持续实现军转干部安置工作“三满意”目标。《中国人事报》和《江苏省军转安置工作简报》专题介绍南通市的安置经验和做法。

做好企业军转干部的解困和稳定工作。强化思想教育引导,教育企业军转干部正确对待深化改革过程中带来的利益关系调整,珍惜荣誉,保持传统,维护来之不易的安定团结局面。保持与重点工作对象经常性联系,向他们通报情况,传达政策。全面落实解困政策,解困工作覆盖到所有企业,解困对象由下岗失业的企业军转干部覆盖到包括在岗、退休人员在内的所有企业军转干部。市区建立企业军转干部大病救助机制,对12名患有重大疾病的企业军转干部进行救助。截至2010年底,南通市连续7年无企业军转干部赴宁进京违规集访。

(程晋乐)

行　政　审　批

【概况】 南通市行政审批服务中心成立于2002年1月。截至2010年末,进驻中心的部门和单位有29个,设立54个窗口,办理行政许可、服务事项244项,其中,许可事项155项,服务事项89项。2010年,市行政审批服务中心以“机制上有新突破、创新上有新思路、服务上有新飞跃”为目标,各项工作取得新发展。完成第八轮压缩承诺时限工作,承诺件的办结时间保持全省最短;梳理293份告知单,形成《行政许可(服务)事项告知单汇编》;行政审批管理系统建设日益完善,推进了全市行政权力网上公开透明运行;完善并联审批机制,优化审批流程,印发《南通市建设项目并联审批一本通》;整合餐饮业事项办理流程,形成《一般餐饮企业办理行政许可(服务)须知》;建立市区重大项目“绿色通道”制度,推进重大项目建设和管理。全年累计受理各类行政许可(服务)事项19.32万件,办结19.23万件,按时办结率100%。

【提速增效】 中心开展第八轮压缩承诺时限工作,84个行政许可(服务)事项共计压缩374.5个工作日,承诺件的办结时间动态情况始终保持全省最短。日均办件量为741件,单项业务平均时间为0.8个工作日,与2009年单项业务平均时间1.47个工作日相比,压缩幅度为45.6%,行政审批提速增效明显。

【并联审批】 不断完善并联审批试行办法,协调、规范、优化建设项目审批工作。2010年1月,印发《南通市建设项目并联审批一本通》,明确并联审批事项、牵头和协作部门、具体流程和期限等。自2009年10月建设项目并联审批实行后,立项审批、方案设计审查和施工许可审批3个阶段的具体作业内容得到进一步明确和固化,有力推进政府投资项目建设。至2010年底,累计受理148个项目,其中121个项目已完整运行整个审批流程。

【优化服务】 中心以“热情、周到、便民、高效”为服务宗旨,延伸服务触角,拓展服务内容,为企业提供“绿色通道”服务、提前介入服务、上门服务、先时服务、预约服务、延时服务、报建项目短信提示服务、外文告知单服务、重大项目跟踪服务等。2010年,中心启用服务热线“85551000”作为第三方测评的公开电话,使调查结果更客观公正。通过第三方回访测评,对外调查行政相对人13676人次,总体满意率达98.42%。

表彰先进窗口　　　　(市行政审批服务中心供稿)

【服务创新】 中心组织开展服务创新活动,年初进行创新项目申报,年终进行评比总结。全年形成重大项目绿色通道、建设项目环评管理一卡通、卫生许可ISO 9001质量管理体系认证、许可个案点评等24项创新服务成果。

【政务公开】 中心通过多种形式实施政务公开:一是行政审批工作做到六公开,即中心的工作目标和配套制度向社会公开;事项审批依据、程序、时限公开;事项的受理和办理情况公开;窗口工作人员的身份公开;收费标准和依据公开;监督管理机构和受理投诉部门的联系人和联系方式公开。二是在中心门户网站发布信息公告,第一时间向公众提供政策参考和办件公告。三是设立政府信息公开查询点。按照《政府信息公开条例》的规定,专门设立政府信息查询中心,实现纸质文件上架提供查阅、电子文件上网查询的双重公开服务。

(张忠雪)

信　访　工　作

【概况】 2010年,全市市、县两级党政信访部门办理群众来信、接待群众来访5.44万件(人次),其中,来信5875件

(含人民建议446件),来访9029批4.85万人次,来信、来访分别占信访总量的11%和89%。来信中联名信480件,来访中集访1736批3.77万人次。市信访局全年办理群众来信、接待群众来访2.44万件(人次),占全市信访总量的45%,其中来信2273件(含人民建议340件),来访4124批2.21万人次。受理信访事项复查复核申请85件。市"12345"政府服务热线接听来电17万个、受理有效来电6.97万个。市长电子信箱受理诉求事项5636件。2010年,全市两级信访部门受理信访总数1.49万件(批)。群众信访反映的主要问题中,城乡建设方面占35%;劳动社保方面占22%;国土资源方面占7%;农村农业方面占6%;政法方面占5%。全市信访总量比上年下降16%,集体上访批次、人次比上年分别下降30%和21%,重复信访下降21%,进京去省上访人次分别下降39%和23%,信访形势平稳可控。2010年,市信访局先后获得全省"上海世博会信访工作先进集体"、"驻省人民来访接待中心先进集体"等荣誉。

【政府服务热线经验全国交流】 8月30日,在兰州召开的第十七届全国市长公开电话工作年会上,南通市受邀交流工作经验。市"12345"政府服务热线在全国率先探索建立首接调查、查后移送、争议协调、类推办理、执行监察五大工作机制的创新做法,在全国同行中产生广泛影响。

【化解信访积案】 2010年,南通市深化信访积案化解活动,努力降低信访"存量"。5月,向各责任地区和单位交办148件信访积案。为确保活动成效,市信访局实行局领导与县(市、区)挂钩督查制度。通过全市上下共同努力,80%信访积案得到有效化解,全年重复越级上访率明显下降。

【矛盾纠纷排查化解】 为将问题解决在基层,把矛盾化解在萌芽状态,减少信访"增量",2010年全市继续深入开展矛盾纠纷排查化解工作,并不断健全完善工作机制。全年市、县两级排查出各类矛盾纠纷5200个,落实领导包案3400个,落实责任单位及责任人5900个,及时化解4400个,超前化解率达83%,为营造和谐稳定的社会环境奠定良好基础。

【达标创建】 全市各县(市、区)及各乡镇(街道)分别围绕"三无"、"四无"创建目标("三无":无进京去省非正常上访,无民转刑案件,无刑事案件;"四无":无越级集体上访,无重复上访,无信访老户,无突发性群众事件),创新工作机制,健全工作网络,畅通信访渠道,解决群众合理诉求,取得良好成果。在"三无"县(市、区)创建工作中,海安县、如东县、海门市、启东市、通州区、崇川区、港闸区和南通经济技术开发区受到省信访工作领导小组的表彰;在"四无"乡镇(街道)创建活动中,全市有114个乡镇(街道)达标。

【党政领导大接访】 各级党委政府高度重视定期接访和下访工作,市、县两级党政领导通过定点接访、预约接待、带案下访、下访调研等形式,全面、深入、持久地开展接待群众信访活动,取得良好效果。全年县(市、区)四套班子领导接待群众1859批次6179人次,处置化解1720批次5615人次;党政主要领导接待636批次2223人次,结案622件、停诉息访596件。

(刘华根)

应急管理

【概况】 2010年是实施"十一五"应急体系建设规划的最后一年,也是全市应急管理工作强基固本、全面提升的关键一年。3月31日,市政府在海安县召开全市应急管理工作座谈会,表彰2009年度应急管理先进单位和先进个人,部署全年应急管理工作。全年,"一案三制"(一案,指制订修订应急预案;三制,指建立健全应急的体制、机制、法制)等基础工作全面夯实,应急救援队伍建设、应急宣教培训等有突破性进展,应急管理区域合作取得新成效,应急值守和信息报送水平实现新提升,基层应急管理工作打开新局面,圆满完成"一年打基础、两年上台阶"的目标任务。加强考核评估,修订《南通市应急管理工作目标考核办法》,对八大类100多项指标进行量化考核,突出重点工作权重,评分结果直接与年度评先挂钩;同时,将对市各有关部门的应急管理考核结果纳入市级机关综合绩效考核体系。年内,综合应急管理、应急队伍建设、应急区域合作等工作在省政府和长三角有关会议上作专题经验介绍。

【自然灾害】 与往年比较,2010年全市自然灾害相对减少,影响程度相对减轻。全年累计发生各类灾害性天气33次,分别比2008年、2009年下降145%、48.5%。全市因灾倒塌民房286户642间;受灾人口累计150万人,因灾伤病13人,紧急转移安置1172人;共造成直接经济损失1.5亿元。受灾人口、直接经济损失两项指标比上年分别下降47%、160%。全市各级政府下拨救灾款192万元、冬令春荒款142万元,帮助灾民修建房屋642间。汛期受灾损失偏重。2010年汛期,全市强降水过程雨量大,造成城市积水、农田受淹和部分房屋倒塌,尤其是如泰运河、通扬运河持续高水位,海安、如东等地区受涝严重,其中海安县受淹面积约为20万亩。海安县损坏护岸48处、水闸10座,冲毁圩坝2处,如东东安新闸、海安北凌新闸等一批水利设施有不同程度损坏,全市水利工程直接经济损失达2063万元。海洋与渔业受灾下降。2010年,全市海洋与渔业因台温带气旋、风暴潮、寒潮、赤潮等自然灾害造成直接经济损失近8000万元,比2009年下降75%。全市未发生较大以上海洋与渔业突发事件。

【事故灾难】 按考核口径统计,2010年,全市累计发生各类生产安全事故1615起、死亡519人,分别比上年下降2.77%、2.44%,事故起数、死亡人数连续9年实现双下降。主要存在以下突出问题:一是事故总量仍然偏大,全市平均每天发生事故近4.5起、死亡1.4人;二是道路交通事故比重偏大,分别占到全市各类事故总起数和死亡总人数的83.03%、90.94%。三是较大事故起数与上年持平(2起,死亡11人)。

【突发公共卫生事件】 2010年,全市累计发生突发公共卫生事件20起。其中,较大事件1起,如皋市石庄镇发生河豚毒素食物中毒事件,致1人死亡、6人中毒。19起一般突发事件中,急性出血性结膜炎5起、水痘暴发疫情8起、食物中毒2起、流行性腮腺炎暴发疫情2起、手足口病和霍乱散发疫情各1起,总体仍以传染病疫情为主;卫生疫情主要集中在学校,食物中毒事件主要集中在企业食堂。

【突发社会安全事件】 2010年,全市社会安全存有许多不稳定因素,但总体仍处于平稳可控状态。(一)涉恐犯罪形势较为平稳,未发生涉及恐怖活动的案事件。(二)重大刑事犯罪稳中有降。全市全年累计发生重大刑事犯罪案件695起,比上年下降6.1%,总量仍在高位徘徊,一些个案的恶性程度有所上升。(三)群体性事件大幅下降。全市发生10人以上群体性集访事件比上年下降30%。信访工作总体呈现出信访总量、集体上访、重复信访、越级上访"四个下降"的态势。(四)涉外事件同比持平。全市涉外单位和常住境外人员数量不断增加,但涉外人员事件总数与上年基本持平。(五)市场价格波动幅度不大。受市场价格上涨、成本上升等因素影响,价格总水平涨幅较高,上涨压力较大。为保持价格总水平的基本稳定,南通市根据上级部署,开展与人民群众密切相关的粮油、猪肉、奶制品、液化气、柴汽油等方面的价格检查,采取临时性价格干预措施,有效稳定市场价格秩序。(六)粮食市场供销态势正常。全市粮油库存充足,应对措施得力,市场供应保持平稳,未出现断供抢购等现象。

【管理体制与工作机制】 2010年,市应急管理体制建设取得突破性进展。市政府组建南通市应急管理委员会,并调整设立市应急管理办公室,在市政府办公室增设应急值守处(市政府总值班室)、应急协调处,增加人员编制。以政府机构改革为契机,调整充实市级专项应急指挥机构,并通过多种形式推动各县(市、区)相应建立健全应急管理领导机构和工作机构,市、县、乡三级工作网络初步形成。

探索建立会商研判、联动处置、舆情引导等一系列应急管理工作机制。(一)应急值守和信息报送机制。修订双休日、节假日值班工作规范,推行重大突发事件发生时值班双岗制等制度,使值守流程更规范、责任更明确。市政府总值班室和省政府总值班室联通的应急视频系统运行良好,每周汇报一次上周突发事件情况。提高信息报送效率,全年编印《昨日要情》250期,市领导作出批示80多条次;及时运转办理突发公共事件专报983期,有效发挥运转枢纽作用。《江苏应急管理》录用信息30条。(二)突发事件会商研判机制。在全省地级市中率先建立突发事件隐患评估与防范对策会商机制,每季度召开一次各县(市、区)应急办主任会议和市各有关部门联席会议,对突发事件隐患进行分析研判,超前提出应对措施,并形成隐患评估与防范会商报告,供领导决策和部门参考,推动应急管理由被动应付向主动防范转变。(三)预防预警预报机制。预防机制上,重点开展危险源、危险因素和危险区域的排查登记工作,建立重点化工区、重点污染源、饮用水源保护区的危险源数据库和远程监控系统,实行分类分级管理和实时监控,确保风险隐患处于可控状态。预警机制上,加强对各类突发事件发生、发展及衍生规律的研究,加大监测装备投入,完善监测预警网络。预报机制上,完善突发事件预警信息发布平台建设,扩大预警信息覆盖范围,逐步解决信息发布"最后一公里"的瓶颈问题。

市综合应急救援支队成立暨消防指挥中心落成仪式
(市应急办供稿)

【应急预案体系建设】 2010年,市、县两级应急机构完善各级各类应急预案。2010年,全市新编市级专项预案2个、修订市级专项预案1个,新编市级部门预案36个,使突发事件防范应对工作更加有章可循、有案可依。推进基层预案体系建设,突出查漏补缺、消除盲点,乡镇(街道)、村

(居)、学校和规模企业的预案制订率实现"四个100%"。全年组织市级各类综合演练活动20多场次,不断提高各类预案的操作性、协调性。

【应急队伍建设】 市政府办下发《关于切实加强基层应急队伍建设的意见》,提出全市基层应急队伍建设的目标要求和建设标准。5月,海门市作为全省3个试点县(市)之一,在全省挂牌成立首支县级综合应急救援大队。7月,市政府在海门召开全市基层应急队伍建设推进会,至年底,9个县(市、区)综合应急救援大队均组建挂牌到位。各乡镇(街道)综合应急救援分队组建工作有序推进。按照"行政专家"和"业内专家"相结合的原则,加强应急专家队伍建设,市级初步建成应急管理专家库,同时开展应急志愿者的招募工作。

【市综合应急救援支队成立】 11月13日,南通市综合应急救援支队成立暨消防指挥中心落成仪式在南通消防支队举行,标志南通市应急救援队伍建设迈上一个新台阶。市综合应急救援支队依托南通消防支队组建,除承担火灾扑救任务外,同时承担以抢救人员生命为主的各类突发事件应急救援处置工作。总投资6000多万元的市消防指挥中心被列为市级首批代建工程,工程建设如期完工,并添置一批大型车辆和器材装备。

【应急避难场所建设】 7月29日,南通市首批5个应急避难场所工程通过竣工验收。分别是中心应急疏散场所(园博园、滨江公园)、濠东绿苑、文峰公园、体育公园和文化广场,占地92万平方米,建设总投资330万元。工程包括应急供水、应急厕所、应急照明及应急广播、应急消防等基础建设与设备安装。建成后可满足市区15万人的应急避难需求。

【基层应急管理】 开展"五个一"示范工程,在全市确定一个县(市、区),每个县(市、区)确定一个乡镇(街道)、一个社区(村)、一家企业、一所学校作为示范单位,通过召开现场会推进、申报验收、公示挂牌等形式,以点带面,示范引领,推动基层应急管理工作向纵深发展。以抓机构、抓预案、抓队伍、抓宣传、抓信息、抓排查、抓保障、抓培训、抓演练、抓联动等"十个抓"为突破口,明确基层应急管理工作重点。推动基层应急管理工作规范化、高效化,做到信息早报告、苗头早预防、隐患早排查、矛盾早化解、事件早处置。

【应急管理专题研修】 7月5~10日,南通市应急管理业务骨干专题研修班在全国第一所应急管理学院——广东省暨南大学应急管理学院举行,各县(市、区)和市各有关部门的40多名应急业务骨干参训。该期研修班由市委组织部、市政府办公室(应急办)联合举办,也是首次组织应急管理专题培训。

11月22~24日,市委组织部、市政府办公室(应急办)在南京大学联合举办县处级领导干部应急管理专题研修班。各县(市、区)和市各相关部门的42名县处级领导干部参加。国内知名专家、学者为学员们讲授《转型期群体性事件应对》、《突发事件管理及媒体应对策略》、《美国应急管理体制及其启示》、《互联网与民意表达》等具有较强针对性的应急管理课程。期间,市委书记罗一民专程赴宁,为学员们上一堂应急管理实践教学课。开展县处级领导干部应急管理专题培训,在全省尚属首创。

【"5·12防灾减灾日"系列活动】 4月下旬~5月下旬,市应急办、教育局、民防局、地震局、民政局、红十字会等单位,利用全国第二个"5·12防灾减灾日",在市区各初中联合开展"五个一"系列活动,深入宣传防灾避险知识,全面普及自救互救技能。(一)组织一次应急预案编制工作培训班。4月下旬,组织市区各初级中学分管负责人,就学校应急预案的编制进行专题业务培训。5月中旬,市相关部门对市区各初中应急预案进行验收。(二)举办一次应急救护知识培训活动。4月下旬~5月下旬,在市中小学素质教育实践基地开展应急救护知识培训,通过模拟体验、现场示范等形式,普及各类灾害基本知识和防灾避险、自救互救的基本技能。(三)开展一次应急知识宣传周活动。5月12日前后,市各相关部门通过举办展览、街头咨询、张贴海报以及印发科普读物、手册等形式,广泛开展应急宣教活动。5月8日,市红十字会牵头组织"防灾减灾日"广场宣教咨询活动。(四)举办一次校园综合应急救援示范演练。5月11日,在南通市第一初中举办全市初级中学综合应急救援示范演练,组织市区各初中主要负责人、分管负责人集中观摩。5月中下旬,市区各初中因地制宜,开展桌面推演、实战演习、技能练兵等应急演练活动。(五)印发一批防灾减灾知识宣传资料。4月下旬,市各有关部门针对学校可能发生的各类突发事件,编印防灾减灾知识宣传资料,发放至市区每一名初中生,实现"教育一个学生、带动一个家庭、辐射整个社会"的目的。

【突发环境污染事件应急演练】 为提高应对突发环境污染事件的处置能力,保障全市环境安全,10月15日,市政府在海门临江化工园区举行突发环境污染事件应急演练。市公安、消防、环保等部门参加演练,市、县分管领导及环保、应急系统200多人现场观摩演练。

【防汛抢险应急救援演练】 根据本市水旱灾害发生几率

较高的实际,7月28日,市防汛防旱指挥部举行市级防汛抢险演练,146支防汛抢险专业队共计1万多人进行编织袋构筑子堤、土工布截渗法、抗旱排涝机泵快速架设等抢险科目演练。通过实战练兵,为防大汛、抢大险、救大灾打下坚实基础。

(陆建东 吴桂祥)

气象管理

【概况】 2010年,全市气象部门紧密围绕地方经济社会发展需求,大力推进现代气象业务体系建设,不断提升公共气象服务能力,气象事业继续保持良好发展态势,被评为南通市应急管理工作先进单位(2009年度),连续第八年荣获"春运组织工作先进集体"称号,被评为江苏省文明行业(2007~2009年度)。

【气象服务】 全年基本业务服务任务完成较好,各项预报质量均超省定标准。地面测报质量错情率为0.0‰,自动站等各类数据传输质量均达省定要求;雷达运行可靠性99.16%,排名全国前列。做好气象监测、预报和预警服务工作,准确预报低温冻害、连阴雨雪、沿海大风等重大灾害性、关键性、转折性天气。全年报送《重要天气报告》74期,市级共发布预警信号47次,发布预警短信500余万条,为"两会"、"春运"、中高考、"港洽会"等重大活动,在重大节假日及春播、夏收、秋收秋种等关键农时季节提供准确预报和精细化服务。加强和新闻、农业、安监、水利、卫生等部门的密切合作,通过广播、电视、报纸、网络、短信平台、96121、气象影视节目等渠道及时发布各类气象信息,降低了灾害损失。全员发动,上下联动,全力做好汛期气象服务,确保万无一失。

2010年5月18日,市长丁大卫视察新一代雷达信息处理中心工程现场 (市气象局供稿)

【为农服务】 (一)强化农业气象灾害监测和预警。加强对灾害性天气的农业气象服务,及时发布灾害预警报告,第一时间报送春耕春种、主要粮油作物产量趋势预测、夏收夏种、秋收秋种气象条件分析等决策服务材料200余期,为生产部门动态掌握天气气候变化、安排农业生产提供参考意见。(二)加强特色农业气象服务。开展反季节蔬菜、螃蟹养殖、对虾养殖等气候条件分析,为发展特色农业气象服务。(三)延伸"三个一"平台,开展为农服务示范点、示范村、示范县建设。海安建成全国县级为农服务试点县(全国5个、江苏唯一),如皋建成省级为农服务示范点和社会主义新农村建设气象服务示范村,全市各县(市、区)均建成为农服务示范村。

【海洋气象监测】 加强海洋气象监测系统规划与建设。如东洋口港海洋生态站和启东园陀角四要素观测站升级为海洋站,新增气压和能见度观测。在南通海洋渔政船"中国渔政32501"上成功安装一套探海2号海洋船舶自动站。继续加大海洋大功率电台的建设力度,新建机房1个、电台发射主机2套、倒L天线2套、改造全向天线1套,相关升级改造工作基本完成。

【软硬件建设】 预报预测系统。建立各种天气预报和服务系统,预报预测水平明显提升。完善短时天气预警预报系统,市代县制作天气预报系统。加强预报技术经验总结和交流,召开强对流天气过程预报技术交流会。

综合观测系统。按照"统筹规划、合理布设,突出重点、集约建设"的总体思路,加快建设综合观测系统。完成风廓线雷达和波高雷达建设的前期工作、完成2个海洋站的升级工作,新建1个海洋船舶自动站、7个四要素自动观测站、1个七要素自动观测站、4个小气候观测站、2个移动气象观测站。开展探测环境保护专项规划编制工作。

重点工程建设。"南通新一代雷达信息处理楼"2009年11月开工建设,2010年1月开始桩基施工,10月大楼主体顺利封顶。

【气象行政】 全年共开展气球施放许可397项、防雷装置设计审核987项、防雷装置竣工验收736个,对600多家厂矿企业进行避雷针检测,对其中40多家单位提出整改建议。

开展《南通市气象管理办法》的修订工作,并经南通市政府常务会议讨论通过,正式颁布实施。修订方案主要包括15条22款,重点是针对气象探测环境保护、气象信息发布、气象灾害风险评估、人工影响天气和防雷减灾管理等方面进行了修订完善。

(黄 亮)

防震减灾

【概况】 2010年,南通地震监测预报、震灾预防、地震应急与救援三大体系基础建设和能力建设稳步推进。编制南通市防震减灾“十二五”规划,市政府出台《关于进一步加强防震减灾工作的实施意见》。在2010年度全省市县防震减灾工作综合评比中,市地震局荣获市级组第二名,海安县地震局荣获县级组第二名,海门市地震局、如皋市地震局获县级优秀。

【地震监测】 市城区地下活动断层探测项目完成招标工作,由北京吉奥星地震工程勘测研究院中标。严格落实震情会商制度,全年组织月会商12次、季度(专题)会商4次,编写《震情》12期、《震情会商纪要》4篇、《南通市2010年中地震趋势研究报告》和《南通市2011年度地震趋势研究报告》。南通地震台改扩建方案初步确定。如东县洋口港太阳岛测震台建设项目获中国地震局批准。

【震害防御】 城区地下活动断层探测项目完成招投标,北京吉奥星地震工程勘测研究院中标,12月8日签订技术服务合同书。2010年,全市地震部门审查项目1308个,对26个重大项目进行地震安全性评价,其中市区审查工程项目271个。

【地震应急】 市地震局对原有会议室、数字测震台网中心进行功能改造,具备召开本地会议、与省地震局建立应急视频互通、实时显示台网测震信号、本地地震震害快速评估等功能,并与市人防指挥中心连接,作为应急指挥的延伸。与相关部门协力推进应急避难场所建设,市区5个应急避难场所的标识全部安装到位,应急厕所、应急广播、应急照明、应急供电、应急供水、应急消防等基础设施全部配置到位。濠东绿地应急监控系统由公安部门统一实施。7月29日,在狼山水厂举行南通市避震疏散场所建设(第一批)工程竣工验收会,该项目的建成,可满足市区15万人的应急避难需求。至此,全市共有应急避难场所13个,其中Ⅱ类1个,Ⅲ类12个。

【地震安全社区创建】 稳步推进地震安全社区创建工作,全市16个社区达“市标”,13个社区申报“省标”考核。5月,市区多地组织演练活动,在市第一初中举行“南通市区初中综合应急救援示范演练”。崇川区朝晖花园社区开展地震应急避险、紧急疏散、消防灭火、防化演练等科目演练。据统计,5月份全市组织演练41次,知识竞赛2次,咨询活动2次,接受媒体采访10次,发放宣传材料近5万份。

(付国玉)

全市机关作风建设大会

治安 司法

社会治安综合治理

【概况】 2010年,南通全市上下牢固树立长安理念,积极应对社会治安综合治理工作区域性、动态性、复杂性愈加明显的新形势,坚持经济发展和社会稳定两轮齐驱,深入推进社会矛盾纠纷大调解、社会治安大防控、社会管理大创新和基层基础大建设,为南通市基本现代化建设提供和谐稳定的社会环境。总体呈现出"三降三升"的良好态势,即矛盾纠纷总量下降,矛盾纠纷调处成功率上升;"八类案件"(杀人、抢劫、伤害、强奸、放火、爆炸、劫持、绑架八类暴力型案件)发案数下降,社会公众安全感上升;政法队伍违法违纪数下降,群众对政法机关的满意率上升。

【大调解工作】 着力推进组织领导体制、专业调处机制、信息化平台和制度规范化等"四大建设",有效提升大调解机制的效能和水平。全市9个县级调处中心全部拥有独立办公大楼,其中3个县中心面积超过1000平方米;建成社会矛盾纠纷专业调处机制15个,涉及医患、交通事故损害赔偿、消费、物价等诸多领域。市大调解指导办会同市公安局、司法局联合开发大调解信息管理系统,实现市、县、乡大调解工作信息化全覆盖,并逐步向村级延伸。一年来,全市各级调解组织共受理调处各类矛盾纠纷28899起,累计成功调处28433起,调处成功率达98.4%;有效防止民转刑案件130件、群体性事件432件、越级上访385件。南通市大调解工作经验在全国社会治安综合治理工作会议上交流,被《求是》杂志、《新华日报》等媒体誉为化解矛盾纠纷的"东方经验"。

【大防控建设】 着力构筑融技防、物防、巡防、心防、自防于一体的现代防控体系,全市公众安全感高达98.91%。高起点、高标准推进城市技防建设,各县(市、区)技防建设财政投入均超过1500万元,市和9个县(市、区)、122个镇街建成三级技防平台,安装视频监控探头7.5万余只,五星级技防监控中心比例达到91.6%。把农村技防作为惠民安民工程,以政府出资为主,广泛安装"平安E家"、十户联防报警器等小技防设施,全市110多万户农户安装小技防,覆盖面达42%,超过30%的年度目标。整合公安、武警、保安以及社会防范力量,构筑区域联动、规范管理、专群结合、三级巡防、实体运作的城镇巡防新格局,全市通过城镇巡防破获各类案件3448起,抓获违法犯罪嫌疑人3300名。在市区和县城镇建立一批社区心理矫治中心,构建心理危机干预预警机制,开展个人心理调节疏导工作。广泛开展邻里守望、十户联防等活动,全市共建立治安志愿者队伍1995支、13.49万人。

【大基础建设】 深入推进政法综治工作中心等级创建,全市122个乡镇(街道)政法综治工作中心达到标准级以上,其中示范级、优秀级分别达到10%和15%。着力推进以"一项保障、三小建设、一套机制"为主要内容的村居"131"工作体制建设。每个村居(社区)建立包括1名综治专干、1名驻村(社区)民警、2名专职调解员、2名专职保安、1名大学生综治社工、1名政法干警综治特派员的保障队伍。全市共配综治专干2054名、驻村民警1620名、社区管理人员7980名,专职调解、专职保安等新型社会管理专业队伍总人数达2.23万人。全面推进小技防、小档案、小群防"三小"工程建设。建立一套更为完善的村居综治工作责任制。深入开展平安企业、平安学校、平安铁路、平安市场等系列平安创建活动,基本实现基层平安创建全覆盖。

【外来人员和特殊人群管理】 大力推进外来人口管理服务平台建设,在县城镇、市区街道和外来人员2000人以上的乡镇建立外来人员管理服务中心,广泛推行集中住宿、集中管理、集中服务的外来人员"三集中"模式,全市外来人员"三集中"率达到60%。推进流动人口基础信息平台建设,实行流动人口信息社会化采集,建立房屋出租信息管理系统和户籍管理人口流入地、流出地双向管理协作机制,强化"以证管人、以房管人、以业管人"。进一步完善特殊人群管理服务工作,在县(市、区)一级由政府主导、政法综治牵头,探索建立融教育、管控、矫治、帮扶于一体的特殊人群管理服务中心;在镇(街)一级,按"政府出资购买服务、社区社工专业运作"的模式,建立专业社工服务中心,配备专业社工，为特殊人群提供就业培训、困难帮助、教育引导、管理改造等服务。全市共建立特殊群体安置就业基地64个，刑释解教人员重新犯罪率控制在1%以内，社区矫正对象又犯罪率控制在1‰以内，安置就业率达90%，衔接管控率保持100%。

（陈金祥）

公　安

【概况】 2010年，全市公安机关主动适应基本现代化建设的新定位、服务经济发展转型的新要求，以“基层基础攻坚年”为统领，以世博会安全保卫为主线，探索实践信息化条件下改进和加强公安工作的新机制、新方法，注重基层基础与治安整治、维护稳定与服务保障、城市治安与农村治安、业务建设与队伍建设的协调发展，完成全年工作目标。打击处置工作绩效在较高的平台上全面超越上年水平，群众安全感和人民群众对公安工作的满意度位居全省前列。年内，全市有863个集体和个人受到市以上表彰，其中国家级2个、公安部表彰22个、省级和省厅表彰51个，推出时代先锋顾瑛、全国先进工作者卢俊、江苏首届十大爱民警察之一尤建华、公安部一等功臣贾东涛等重大典型，市公安局被省公安厅荣记集体二等功，并荣获“全国公安机关执法示范单位”称号。

【世博安保】 全市公安机关把上海世博会安全保卫作为一项重大政治任务和贯穿全年的中心工作，围绕“护城河”工程总体部署，控源点、堵隐患，筑防线、保安全，实现“三个没有、一个平稳”的工作目标，全市没有一个重点人员入沪滋事、没有一件危险物品流入上海、没有一起案（事）件影响世博、本地社会治安形势持续平稳。市局世博安保指挥部被中共中央、国务院授予“上海世博会先进集体”称号。围绕把危险源最大限度隔离在上海以外的目标，构建以3个过江通道、16个水上安检点为重点的第一道核心防线，以全市14个市界查报站、138个市内治安卡口和10个车站为重点的第二道防线，以南通市与盐城、泰州等市界17个国省道收费站为重点的第三道防线。与海事、交通、旅游等部门联合开展外围安全检查，设立入沪通行证专用窗口，开展入沪车辆、人员前置审查，层层过滤、严密控制各种安全隐患。制定出台《全市公安机关世博安保应急指挥工作意见》，构建沪通、苏通区域警务协作基础框架，与交通、海事等部门建立常态化联动机制。建立完善“110”重大警情限时报告、社会联动救助等机制，组织开展14次跨区增援和实战拉动演练，应急处突和合成作战能力进一步增强。

【基层基础建设】 全市公安机关牢牢把握信息化条件下基层基础工作的内在规律，围绕“数据增量、专业推进、管控一体”等重点，实现“基层基础攻坚年”的预期目标。在信息采集渠道上，依托数据层面基础会战、第六次人口普查户口整顿以及地理信息系统数据会战等载体，开展基础信息标准化采集，基础平台动态信息增量比2009年上升42%；在信息采集内容上，协调卫生、劳动、工商、税务、银行、保险、房产等部门，建立涵盖医疗、劳保、投资、交易、注册等信息资源的交换共享机制，整合利用外源信息18类169种1.15亿条；在固化工作机制上，自主开发并在全省推广“公调对接”信息管理系统，整合并管理各类矛盾纠纷等基础数据。推进机关实战化、基层专业化建设，将信息采录、人口管理作为信息化条件下社区民警的两大任务以制度的形式进行固化，实施“一区多警、联勤协作”机制。推动全市1749名社区民警进入村（居）委会兼任副主任，建立机关部门挂钩派出所、机关民警挂钩社区的工作机制，明确刑侦、治安等业务警种在信息采录、情报研判、经营管控等方面的责任，调整社区工作考核导向，优化社区工作环境。

【优化警务机制】 把调机制、促转型作为推动公安机关社会管理创新的着力点，成立创新办，设立创新网、专项奖励基金，首创警务创新排行榜，以任务责任化、管理项目化、推进序时化的形式，强力推进警务机制的优化调整。推行信息化应用“单兵过关、集体晋级”和基层派出所长信息化应用技能考核评估、技战法巡讲等练兵活动，民警应用过关率达97%，应用一级单位达52.6%。推行以房管人、以业管人等模式，拓展人口信息社会化采集范围，设立流动人口信息社会化采集点2712个，年内采集外来人口信息90余万条，比2009年上升28%。依托“公调对接”信息管理系统，对公安机关“110”接报、民警滚动排查以及社会面排查的各类矛盾纠纷进行实时研判，在各委政府的领导下开展化解和疏导工作。按照“网络社会现实化管理”思路，推进互联网综合管控平台和联网单位安全审计系统建设，侦破网上传播淫秽色情物品“寻狐社区”等一批部、省挂牌督办案件。

【打击犯罪】 针对违法犯罪活动流窜性、职业性特征日趋突出的实际，以“动态打击、集群打击、专业打击”为指向，积极调整斗争方式，侦破“八类”大要案件596起，破案率达到98.8%。把切块整治、切块打击作为社会治安管控的基本形式，对全市治安问题突出的106个重点地区、27个挂牌地区，一区一策、分条切块整治，重点地区刑事警情比2009年下降5.8%。集中力量开展反盗抢“一〇行动”、“打黑除恶”等“严打”专项斗争。全市摧毁黑恶势力团伙32个，5起省厅挂牌督办案件全部告破。以整合破案资源和侦查手段为目标,完善派出所与刑侦专业队伍联动协作机制,推行打处绩效所队捆绑考核、派出所兼职刑侦技术员制度,派出所破案数占总数的38%。落实交巡警既管交通又管治安的双重职能,综合采取动态巡逻、便衣伏击、设卡堵控等手段,抓获犯罪嫌疑人1567名,其中逃犯43名。针对电信诈骗、盗窃电动自行车、街面“两抢”等犯罪活动,以接警区为单位组建4支专业队伍,对多发性、典型性案件实施专门打击。建立完善重点地区职业犯罪数据库、多发性侵财案件跨区域办案协作、打流警示等专门机制,与全国23个城市建立情报信息共享联盟,有效提升破案效能。

【治安防控】 把握桥港时代的治安特点,以闭合设防为目标,调整设防布局,整合防范资源,增强防控效能。年内,全市通过巡防破获各类案件5780起、抓获嫌疑人员5851名。一般可防性案件比2009年下降17%,其中“两抢”案件、盗窃车辆案件比2009年分别下降39.3%、29.7%。以城市巡防中心成立为契机,在不断提升专业巡防水平的基础上,以企业保安、出租车驾驶员、送奶工、保洁工等为主体,整合3万余人的“红袖标”义务巡防队伍,全天候、全方位开展区域巡防、加密巡防;依托分色预警系统,动态调整巡防级别,将警力部署、控制重心向治安复杂地区转移。把治安巡防绩效纳入社区工作考评范畴,结合大走访、警民恳谈等活动,定期听取群众评议。按照“技防年”建设的总体部署,推进道路监控“3·20”工程和“技防入户”工程,全市新增道路监控系统231套,在治安复杂区域新增监控探头1.18万个,技防全覆盖小区达56%,城市、农村技防入户率分别达50%、30%。将技防建设向经济发展前沿转移,在沿海地区建成星级技防乡镇20个、技防改造小区42个;以推进智能化管理平台建设为重点,全面落实市、县、派出所三级联网监控工作机制,开展监控应用技战法评比,提高监控服务实战的效能。全年通过技防破获各类刑事案件1087起。把重点目标、重要物品和重要阵地的安全控制作为防控体系建设的重要环节,将党政机关、水电气等重点目标数据信息全部录入基础平台,实行隐患分块排查、安全分级守护、责任分层落实。组建金融特巡队,与银行、证券业建立预警通报机制,在全市开展保险箱安全检查专项行动、水泵站安防达标创建。组织治爆缉枪专项行动,开展涉危单位安全大检查、社会面危险物品大清缴,逐一排摸安全隐患,全市400余家危险品单位无一发生安全事故。

【执法服务】 及时将工作重心从“全面保增长”向“全力促转型”转移,着力在营造一流的安全环境、服务环境和法治环境上谋发展、求实效。把校园安全、交通安全、消防安全作为最大的民生工程来抓。校园安保上,按照“技防全覆盖、保安进校园、安保明责任、长效严监管”的要求,推动配备校园保安2723人、安装监控系统975个,全面设立交巡警、社区警联合执勤的“护学岗”,开展校园周边秩序集中整治,共化解涉校矛盾1100多起、整改安全隐患3400余处,全市中小学校以及幼儿园未发生重大案件和安全事故;交通安全上,组织实施“文明交通计划”,集中整治突出交通违法行为,“三小车辆”实现无震荡治理,无人集聚、无人集访;围绕市区47处城建工程,建立交巡警派驻、新闻通报、排堵保畅突击队等12项服务机制,有力维护施工期间城市道路交通秩序,全市交通事故4项指数比2009年分别下降0.7%、2.3%、3.1%、19.3%;消防安全上,以“防火墙”工程为龙头,推进火灾隐患排查整治常态化,开展高层建筑消防安全隐患专项排查行动,建立高层建筑三维基础数据库,逐幢逐层、限期整改隐患问题,全市火灾起数与上年基本持平,直接经济损失数同比下降62.6%。

推行窗口单位标准服务、星级评价,在市口岸联检中心设立出入境服务大厅,试点推行境外人员管理服务站,开通出入境旅游二次签注自助申请系统,新增13项在线申请和预约申请功能;在全市设立23个交通管理服务站、18个“流动车管所”和15个身体条件证明网上提交点,在全国率先实行机动车驾驶人考试全过程计算机判定,南通车管所被评为“全国一等车管所”;落实订单服务、打包服务、一站式服务等特色服务措施,建立港口“110”、经济纠纷调处直通车等服务机制,举办“走进韩资企业”、“出国劳务和谐行”等恳谈活动21次,帮助解决困难5467次;搭建网上服务平台,对南通公安门户网站“警民e家”进行升级改版,建成具备在线办事、实时互动、集群交流、实景展现等功能的数字化综合服务平台,8大类47个行政事项实现网上“一站式”办理。

【队伍建设】 推进执法主体能力建设,建立全警学法积分考评、领导干部述法考评、案件主办民警资格评定认证、专业人才入库考试、基层所队长办理案件等制度。在全省公安民警法律知识执法技能竞赛中,市公安局获得团体总分和全部单项第一名;在全省公安机关首次高级法律知识考试中,南通公安民警通过率为全省第一。年内,组织社会主义法治理念、人民警察核心价值观等专题学习8次;举办先进事迹巡回报告6场、慰问演出23场,开展“三讲三比”等专题教育3次;连续第三年举办“警察文化节”,开展警体运动会、“我的警营·我的家”系列文体活动19次。注重用身边典型激励广大民警创先争优,深入学习顾瑛、尤建华等先进事迹,引导民警自觉践行“忠诚、奉献、务实、创新”的公安精神。推进基本素质评估、岗位素质评估和专业能级评估,落实全警“百日冬训”、“三个必训”等练兵制度,组织全市7000余名民警开展岗位素质网上考核,建立完善综合、侦查、法律类共61人的专业人才库,开展交通指挥手势、射击等技能比武,民警岗位技能得到锻炼提升。

(匡义勇)

消　　防

【概况】 2010年,全市发生火灾225起,死6人,伤4人,直接财产损失356.5万元,与2009年相比,火灾四项指标基本保持平稳,全市连续10年未发生较大以上火灾事故。市消防支队在全省消防部队全年综合考核中获得第二名,连续8年被评为先进支队。支队被公安部消防局表彰为全国公安消防部队2008~2009年度"争三优"活动先进单位,被省委、省政府表彰为"江苏省文明单位标兵单位",被市政府荣记集体二等功。年内开展部队精细化管理试点工作,狠抓新条令条例贯彻落实,开展"五无"(无亡人责任事故、无刑事案件、无自杀事件、无违反"五条禁令"、无严重违纪)创建等活动。承办省公安厅全省公安现役部队培育当代革命军人核心价值观主题教育片会。在总队组织的政工干部比武竞赛活动中,南通支队代表队获团体三等奖。

【消防社会化】 市、县两级政府逐级召开消防工作会议并签订目标责任书,将消防工作纳入社会治安综合治理、文明城市创建等考核内容。市政府3次召开市长常务会议,专题研究解决消防工作重点、难点问题。广泛开展消防宣传教育,消防宣传教育基地或消防站接待市民6万余人,对社会单位5万余名员工进行培训。

【"防火墙"工程】 提请市政府下发《全市构筑社会消防安全"防火墙"工程建设实施方案》,召开消防工作联席会议,对"防火墙"工程进行专题部署。全市选取"四个能力"(消除火灾隐患能力、扑救初起火灾能力、组织疏散逃生能力、消防宣教培训能力)建设9类198家试点单位,召开现场会79场次,举办培训130余场。

【执法规范化】 2010年,全市办理建筑工程审核项目677个,验收项目385个,消防设计备案抽查项目1598个、竣工验收备案抽查项目1098个,一般程序火灾调查201起;办理行政处罚案件1.08万起、罚款1152.14万元;实施消防产品抽样送检4445个批次,比上年增长89.5%,装修材料见证取样送检1093个批次,比上年增长69.29%。南通支队被评为全省消防监督执法工作先进单位,并作为全省唯一单位受公安部消防局表彰。

【灭火救援】 深化打造消防铁军活动,推进应急救援队伍建设,夯实战训基础工作,开展"六熟悉"(熟悉辖区交通道路、水源情况;辖区重点单位的分类、数量及分布情况;辖区主要灾害事故处置对策及基本程序;重点单位建筑物使用及重点部位情况;重点单位内部的消防设施情况;重点单位的消防组织及其灭火救援任务分工情况)活动和实战演练。年内,全市消防部队接警出动2677次,出动人员3.59万人次,出动各种消防车辆7188台次,抢救遇险人员242人,抢救财产价值5533万元。成功实施"4·2"中集顺达坍塌事故救援、"5·31"中南汇泉国际广场在建高层火灾扑救及"7·7"开发区深井事故救援等。年内,支队被总队评为执勤岗位练兵先进支队,代表总队接受部局战训工作考核,位列发达地区第一名。

【警营文化】 推进"警营文化·警体年"活动,警营文化成果惠及广大官兵。依托各基层单位组建10多支特色警体队伍,警体组合《壮志凌云》和花式跳绳《绳韵》,分获全省消防部队警体文化风采展示一等奖和三等奖,支队获组织奖第一名。发挥支队文联作用,加强周末育才培训,成功承办全省消防部队文体骨干培训班。支队机关中心俱乐部和特勤中队俱乐部被总队政治部评定为五星级俱乐部。

(王志祥)

边防检查

【概况】 2010年,南通边防检查站共检查出入境(港)船舶5114艘次,出入境(港)人员9.58万人次。办理各类证件10.53万份。查处违法违规案件14起15人,查获网上在逃人员3起3人。

【边防检查】 2010年,南通边防检查站顺应江苏沿江沿海大开发大开放和长三角区域经济一体化的发展大势,以提高边检服务水平为中心,坚持"5+2"、"24小时全天候"服务,完善创新网上预报检、上门送法培训、船舶直通停靠、绿色救助通道、边检QQ连线、短信告知等服务举措。立足"警力前伸、窗口前置、服务前移"的执法勤务模式,提升执法服务水平。南通边防检查站被公安部边防局评为"提高边检服务水平成绩突出单位",被江苏省口岸委表彰为"口岸工作先进单位"。

【世博安保】 根据公安部、公安部边防局和省边防总队指示精神,开展口岸安全隐患排查,严把查控、检查、证件签发"三个关口",强化口岸管控。实行以警务区为核心,执勤哨兵管点、机动巡逻管线、电子监控管面、警务区管片的"一区四管"勤务模式,修订完善《口岸限定区域管理规定》,实行凭证通行制度,强化口岸一线动态管控。加强与口岸管理单位和码头企业的协作,及时通报情况。开展长江南通段水上秩序整治,净化口岸通关环境。完善各类应急预案,组建专职处突力量,组织口岸联合处突演练。

【信息化建设】 设计开发覆盖南通口岸所有码头全貌的卫星电子警务部署地图。按照"实时可视可控"的要求,升级改造站指挥中心功能,实现数字和模拟双模式。对码头企业探头进行升级,提升码头监控系统图像质量。推进DMS(海港边检勤务管理)系统建设,规范入出境(港)船舶管理。建设沿江短波通信基地台,实现部队与执勤区域短波通信全覆盖。

【勤务变更】 8月28日,根据省边防总队《关于下达如皋口岸边防检查勤务的命令》,南通边防检查站与如皋边防检查站实行勤务交接。南通边防检查站将南通阳鸿石化储运有限公司1座码头1个泊位、南通诚晖石油化工有限公司1座码头1个泊位、江苏熔盛重工有限公司1座码头3个泊位、如皋港务集团有限公司1座码头2个泊位、南通东方石油化工港储有限公司1座码头1个泊位、南通焯盛石油化工有限公司1座码头1个泊位的边防检查勤务移交给如皋边防检查站。移交后,南通边防检查站承担22座码头35个泊位的边防检查任务。

【执法规范化建设】 2010年,南通边检站开展执法标准化管理试点工作。对30类200余万字涉及边检的法律法规,采用ISO系列标准编排方式进行归纳分类,形成12万余字255项的"岗位职责、业务流程、质量监控、警务保障、行政办案"五大标准体系和监护中队《执勤图册》,明确巡视巡查、窗口办证等35类执法岗位的行为标准以及办证、查控、船检等8个方面的11套工作法。为一线执法人员装配监护5小件和巡查9小件,配备集多种功能的边检"110"巡查车。成立专职"法制员、监督员、审核员"3支队伍,建立督导和定期评议制度,落实"三回访"举措(对接处警情况回访,对已结案件当事人回访,对信访人员回访),完善社会监督机制,确保执法"零差错、零投诉"。8月15日,江苏省公安边防部队爱民固边战略暨执法规范化建设推进会在南通召开,与会代表参观南通边防检查站5个示范单位。

【窗口建设】 建设标准型、素质型、礼仪型、高效型、廉洁型"五型"服务窗口,提升执法服务水平,规范服务礼仪,推出"文明服务十项承诺"、"便民利民十项措施"和"网上预报检"、"上门办证"、"绿色通道"等特色服务。开通绿色通道20余次,救助中外籍人员5人次。举办执勤业务英语、法律文书制作和公文信息培训班,开展评比竞赛活动,提升服务能力。女子办证科世博安保期间查获网上逃犯3起3人次。南通电视台通过7集系列片《走进边检》对该站女子办证科文明、礼仪、规范执法服务等做法进行专题报道。构建"一站式"服务快车道,推行上门服务,全年累计上门集中办证31次、3516张,上门集中培训11次、2756人次。

7月28日晚,南通边检站与南通市劳动人民文化宫联合举办"爱民固边 江海情深"濠滨夏夜专场文艺晚会。

【创建"爱民固边"模范码头(港区)】 立足"维稳、民心、固本、强基、联动"五大工程,提出"联创、联心、联防、联动"的"爱民固边"模范码头(港区)创建思路,在南通口岸开展"爱民固边"模范码头(港区)创建。8月8日,南通市政府在南通中远船务工程有限公司举行南通市"爱民固边模范码头"命名揭牌仪式,这是全省、全国首个"爱民固边模范码头"。11月25日,市政府召开南通市"爱民固边模范码头(港区)"创建工作推进会,宣布成立创建"爱民固边模范码头(港区)"领导小组,南通边防检查站与创建单位代表签订共创协议。年内,边检站在企业内部设置驻企警务室,先后走访员工800人次,开展法律宣传10次,警企文化交流2次,警民座谈会8次,发放宣传资料2000余份,帮扶困难职工16人,困难家庭5户,发放慰问金2万余元。

(吴茂林)

长航公安

【概况】 2010年,长江航运公安局南通分局着力做好社会矛盾排查化解、社会管理创新、公正廉洁执法三项重点工作。全年共调处化解各类矛盾纠纷120余起;成立南通市长江水域社会治安综合治理工作领导小组办公室,在长航全线率先设立首家驻局检察官办公室,启动公检联合打击长江干线水域犯罪协作机制;坚持规范管理,强化执法监督,确保执法公正廉洁。加强治安防控,完成世博安保任务。加强机关全面建设,做好基层基础工作。分局荣获交通运输部世博交通运输保障先进集体、2010年度南通市长安法制建设先进单位、2008~2010年度南通市水上搜救先进集体等称号,并被评为

2007～2009年度江苏省精神文明建设工作先进单位。警营文化建设取得新成果，年内选送的1个小品获长航系统下游片区廉政文化建设文艺汇演一等奖。

【三项建设】 （一）公安信息化。完善治安管理信息数据库，初步形成辖区动态监控网络，顺利完成九大应用系统培训任务。（二）执法规范化。组织开展优秀卷宗评比和"执法示范单位"、"办案能手"等创先争优活动，组织网上办案技能培训，强化执法监督和执法安全保障，执法主体能力和执法标准化、精细化、规范化水平进一步提高。（三）和谐警民关系。树立亲民、爱民、便民的服务理念，以"大走访"、"文明窗口月"等爱民实践活动为载体，推出12项便民服务措施，为企业和群众解决困难160余件，收到锦旗15面、表扬信8封；开展"情系玉树"、"人道万人捐"和老区扶贫捐款活动，累计捐款2万余元。

【基层基础】 （一）基本建设。分局警备码头、如皋派出所办公用房建设工程项目获交通运输部批复，列入2011年投资项目；启东派出所"趸所合一"建设工程列入2011年开工计划；南通派出所"趸所合一"、通州派出所办公用房被列入2012年投资计划，各项前期工作有序推进。（二）派出所等级评定。南通派出所被公安部评定为2009年度一级公安派出所，通州派出所被交通运输部公安局评定为2009年度二级公安派出所，如皋、启东派出所分别被重新认定为三级公安派出所。（三）档案管理。档案工作顺利通过江苏省档案局测评，被评定为江苏省三星级档案工作单位。

长江水上综治机构成立　　（长航公安供稿）

【治安防控】 全年共接处警2881起，查处各类案件2182起，抓获网上逃犯16名，处置浮尸7具。增设2个水上警务站，完善25家对外开放码头和重点单位信息数据库，辖区对外开放码头监控覆盖率95%以上，部分码头与分局110指挥中心实现视频信号连接。全年，与海事、水利、航道等涉水行政单位开展联合执法50余次，开展各类专项行动30余次。认真履行南通市长江水域社会治安综合治理领导小组办公室职能，大力开展水域社会治安综合治理和平安创建。成功破获"1·5"特大盗卖易制毒化学品系列案、"4·6"特大盗窃港区物资系列案等一批有较大社会影响的案件，挽回经济损失500余万元。加强交通秩序专项整治，全年组织开展28次专项交通整治行动。

【世博安保】 成立世博安保工作领导小组，细化工作方案，在警力、装备等方面给予充分保障。组织反恐处突应急演练，开展军警民联合巡逻，保证辖区政治治安稳定和生产安全。与涉水企业签订《上海世博会安保工作责任书》86份。以扼守入沪通道启东红阳港和水域船舶安检为重点，实行24小时安检工作机制，逢车逢船必检、逢物必查、逢人必核、逢疑必处，确保入沪船舶、车辆安检率100%。同时，开展"江盾行动"、"严打整治"、"治爆缉枪"、"清江行动"、"长江水上无线电整治"等一系列专项行动，以打促防，确保"环沪护城河"北大门的绝对安全。世博安保期间，共检查车辆13.51万辆，身份核查和网上比对人员18.65万人次；查获各类禁止入沪人员55人，抓获在逃人员7人，查处整改各类安全隐患1268处。

【消防监督】 与辖区消防安全重点单位签订《世博安保消防安全责任状》，开展消防法规和消防知识宣教活动，推进社会消防安全"防火墙"工程建设。与海事部门及相关船舶单位形成应急联动机制，组织开展消防实战演练10次。全年，共出动警力890人次，开展消防监护30次，检查单位260家、船舶387艘次，发现消防安全隐患1449处，当场改正912处，责令限期改正537处；发放《船舶消防安全检查意见书》387份、《建筑工程消防设计审核意见书》9份、《建筑工程消防竣工验收意见书》8份。

（徐艳红）

检　　察

【概况】 2010年，全市检察机关围绕全市工作大局，以深入推进社会矛盾化解、社会管理创新、公正廉洁执法3项重点工作为着力点，全面加强检察业务和队伍建设，各项检察工作继续保持全省领先。市检察院再次荣获全省基层检察院建设组织奖，并被省检察院评为年度综合考核优秀单位。如皋市院被最高检察院荣记集体一等功并被评为全国先进检察院，海安县院在全省检察机关第五次"双先"表彰会上受到表彰，开发区院连续第五次被评为省文明单位。

【查处职务犯罪】 查办有影响的大要案，查处职务犯罪案件有罪判决率为100%。全年查处贪污贿赂案件119件

135 人,其中大案占 98.3%,处级干部 6 人;查处渎职侵权案件 22 件 27 人,其中重特大案件 6 件。通过办案,为国家挽回直接经济损失 2400 万余元。依法查处原海安县政协主席陈友龙、原启东经济技术开发区管委会主任沈和新等一批受贿大要案。开展工程建设、涉农等领域的专项查案工作,立案侦查工程建设和涉农领域贪污贿赂犯罪案件 93 件 98 人,占立案总数的 78.2%。加大行贿犯罪打击力度,查处严重拉拢腐蚀国家工作人员的行贿犯罪嫌疑人 11 人。加大反渎职侵权工作力度,立案查处拆迁领域渎职犯罪案件 4 件 6 人;查处农机系统工作人员滥用职权致使农机购置补助款被骗案件 7 件 7 人,促进国家支农惠农资金的规范管理。

【预防与遏制腐败】　坚持标本兼治、综合治理、惩防并举、注重预防的工作方针,深化侦防一体化机制,从源头上预防和遏制腐败现象的发生。加强警示教育、案例剖析和预防建议等工作,全年开展警示教育 1300 余次,预防调查和犯罪分析报告被党委领导批示 19 件,向有关单位发出预防检察建议 160 份,推动反腐倡廉制度的落实。制定《关于进一步加强和改进预防职务犯罪工作,切实为南通沿海开发提供司法保障的意见》,主动介入全市沿海开发重点工作和重大项目进行专项预防。全面落实行贿犯罪档案查询制度,全年接受查询申请 1.19 万批次,涉及被查询单位及个人 2.08 万个。“检察提醒谈话”、“检察提醒三色通知卡”等特色做法,得到最高检察院和省检察院推广。

【服务经济发展】　制定出台《全力保障南通沿海开发的实施办法》等规范性文件,为加快转变经济发展方式提供司法保障。打击各类危害经济发展的严重经济犯罪,全年批准逮捕生产销售伪劣商品、破坏金融管理秩序、危害税收征管、扰乱市场秩序类犯罪嫌疑人 145 人,提起公诉 246 人,比上年分别上升 18.9% 和 6%。加大知识产权司法保护力度,起诉侵犯著作权、商业秘密等犯罪嫌疑人 7 人,依法办理南通神马电力有限公司商业秘密被侵犯案件,保护企业的知识产权。与全市 15 家银行共同签署《银行卡犯罪法律适用及促进社会管理创新研讨会备忘录》,维护金融管理秩序;结合农发行系统几起职务犯罪案件的查处,推动全市金融机构建立健全治理商业贿赂的长效机制。

【维护社会和谐】　充分履行批捕起诉职能,有力打击各类刑事犯罪。全年批准逮捕各类犯罪嫌疑人 3054 人,比上年上升 8%;提起公诉 5188 人,比上年下降 1.1%。其中,批准逮捕黑恶势力犯罪、故意杀人、抢劫等严重暴力犯罪嫌疑人 258 人,提起公诉 307 人;批准逮捕盗窃、抢夺、诈骗等多发性侵财犯罪嫌疑人 1287 人,提起公诉 1918 人,维护人民群众生命财产安全。建立重大案件专报制度,妥善办理备受社会关注的如东“4·17”酒后驾车撞人案件,及时平息舆情蔓延态势。贯彻宽严相济刑事政策,对初犯、偶犯、过失犯、未成年犯中犯罪情节轻微的人员,依法实行轻缓处理,尽量减少社会对立面。全年依法不批准逮捕各类犯罪嫌疑人 677 人,决定不起诉 498 人。同时,加强释法说理,疏导当事人情绪,促进案结事了人和。

【社会管理创新】　制定《南通市检察机关推进社会管理创新工作实施意见》,在深入履行职能中推进社会建设。结合执法办案,定期分析研判可能影响经济社会发展的风险隐患,向党委政府和有关部门报送风险研判报告 40 多份,其中 10 份受到各级领导批示。积极参与重点地区、重点领域社会治安综合治理,深入综治挂钩共建联系点开展工作,帮助基层组织查堵漏洞、健全制度。发挥全市检察机关 3 个国家级优秀青少年维权岗的示范作用,构建预防、保护、救助“三位一体”的青少年犯罪预防与维权体系。开展涉检信访集中攻坚活动,与相关部门协调联动,有效化解重点信访案件,继续实现“赴省进京零上访”目标。

【刑事诉讼监督】　根据上级检察院的工作部署开展专项监督,做到监督力度与监督质量、效果并重。加强对立案和侦查活动的监督,对侦查机关应当立案而未立案的监督立案 77 件,不应当立案而立案的监督撤销案件 80 件,对应当提请逮捕而未提请的纠正漏捕 131 件,对应当移送起诉而未移送的纠正漏诉 101 件。加强刑事审判监督,依法提出抗诉 15 件,建立刑事案件的起诉意见书、起诉书、判决书“三书”网上审查制度,加强对下级检察院审查起诉质量的审核把关和裁判活动的同步监督。

【民事行政诉讼监督】　开展“民行检察宣传服务月”等活动,畅通群众申诉渠道,加大民事行政抗诉和再审检察建议力度。办理各类民事行政申诉案件 584 件,依法提出抗诉 24 件,提请省检察院抗诉 16 件,提出再审检察建议 45 件。对不服法院正确裁判的 169 件民事申诉案件,依法不予抗诉,做好息诉服判工作;与法院配合达成执行和解 170 件。开展督促起诉工作,保护国家和社会公共利益,帮助挽回国有资产损失 2 亿多元。

【刑罚执行监督】　加强对刑罚执行情况的审查监督,建议不予提请减刑、假释、暂予监外执行 207 人次,监督收监执行 76 人次。开展监管执法专项检查,保持全市检察环节连续 15 年无超期羁押。推进监所检察信息化建设,全市驻所检察室与看守所均实现监控联网,强化对监管执法的日常监督。加强社区矫正检察,全年纠正违法违规 84 人次,有效预防矫正对象的脱管、漏管和重新犯罪。立案查处监管人员玩忽职守致使在押人员死亡案件1件3人，促进监管场所依法、文明、科学管理。

【检调对接】　把“检调对接”作为检察机关参与社会矛盾化解的重要载体，进一步整合资源、完善职能、优化机制，落实专门机构、配备专门人员、赋予专门职能，全面提升工作效能。全年，将符合条件的交通肇事、故意伤害等548件轻微案件纳入和解程序，调解成功475件，调解成功率为86.7%；对226件民事申诉案件促成息诉和解，全年累计调解金额达8800余万元。依法、依情、依理化解各类矛盾纠纷，有效修复社会关系，形成以如东县院“5＋1”工作法、港闸区院“五力调解模式”、如皋市院“玉山工作室”为代表的一批特色工作品牌，得到最高检察院检察长曹建明的充分肯定和人民群众的普遍欢迎。

【延伸法律监督】　坚持工作重心下移，向乡镇、街道延伸检察职能。在社情较为复杂、司法诉求相对集中的乡镇、社区设立派出检察室27个，建立检察工作站52个，贴近群众开展工作。主动加强与基层派出所、法庭、司法所等部门的沟通协作，及时掌握社情民意，化解农村社会矛盾260件；重点加强对涉及劳动纠纷、社会保障、征地补偿等民生事件的排查，对管理缺失、制度缺陷等问题及时发出检察建议39份；加强对基层一线执法单位的监督，推动提升基层管理水平。有效发挥派出检察室前沿阵地作用的做法在全省会议上作介绍。

【司法便民】　探索对弱势群体支持起诉工作，办理支持起诉案件234件。其中，为24位农民工追偿劳动报酬、为109位出国务工人员追还保证金、为身患绝症少女追索医药费等案件支持起诉后，引起良好社会反响。探索对特困刑事被害人的救助工作，救助刑事被害人235人次，发放救助金34.39万元，缓解部分特困被害人的医疗、生活困境。畅通群众诉求渠道，完善“12309”统一举报电话接处程序，设立网上举报系统和检察长信箱，推行检察长下访巡访预约接访和文明接待室创建等活动，及时处理群众诉求。市检察院和通州、如皋3家检察院再次被授予“全国检察机关文明接待示范窗口”称号，如东、海安、海门、崇川、启东5家检察院被评为“全国检察机关文明接待室”。

（高传果）

审　判

【概况】　2010年，全市两级法院以科学发展观为统领，以“三项重点工作”为主线，以“深化调解年”活动为抓手，能动司法，为南通基本现代化建设提供有力保障。全市法院受理各类案件86376件，比2009年下降4.2%；审执结84629件，结收案比2009年上升1%。其中，市中级人民法院受理3567件，审执结3515件。市中院被省高院记集体二等功，以绩效综合得分第一的成绩获“全省法院涉诉矛盾纠纷化解工作先进集体”荣誉。

【刑事审判】　坚持宽严相济刑事政策，审结各类刑事案件3863件，判处罪犯5213人。开展“打黑除恶”和“毒品犯罪”专项斗争，判处黑社会组织犯罪案9件83人，毒品犯罪案229件309人。严惩各类职务犯罪，审结此类案件120件，判处罪犯137人。制定“量刑指导意见”，完善死刑案件五级定案把关机制，推行交通肇事、经济犯罪案件缓刑报批制度，在全省率先整体推进量刑规范化试点工作。

【民商事审判】　全年审结各类民商事案件53345件，解决争议标的额57.9亿元。关注民生，审结劳动争议案件1757件，审结人身损害、婚姻家庭、医疗纠纷等案件2.8万余件，执行涉及农民工工资案件1505件，充分发挥司法维权功能。加强类案审判指导，出台“建筑工程纠纷处理指导意见”等规范性文件。

【知识产权审判】　建立全市知识产权审判技术专家库，首批17位技术领域专家受聘。总结创新知识产权保护“南通经验”，审结知识产权案件218件。与市知识产权局、市工商局等单位建立沟通联络机制，将家纺版权保护的经验拓展运用到电动工具市场，推动“品牌南通”建设。

【行政审判】　全年审结行政诉讼案件705件，非诉行政执行案件1706件。完善行政机关负责人出庭应诉机制，全市行政机关负责人出庭应诉率达到98.2%，6个县（市、区）达100%，海安法院的工作经验被最高法院向全国推广。创新行政争议协调机制，行政案件一审撤诉率61.4%，比2009年上升3个百分点。

【执行工作】　全年执结各类案件26309件，执结标的额40多亿元，有效执结率81.6%。开展争创“无执行积案先进法院”和委托执行案件专项清理活动，列入执行积案集中清理范围的5421件案件，全部执结或完成“四查”清理工作，清理率达100%。加强委托评估、拍卖管理，完善立审执协调配合、执行流程管理、执行听证等工作制度，规范执行行为。完善执行信息管理系统，推进公民身份、出入境管理、车辆登记等信息共享，方便当事人查询和社会监督。协调金融、税务、公安等部门，采取委托调查、悬赏举报、强制审计等财产调查手段，联动化解执行难题。

全国审判管理工作座谈会在通举办，南通市中院在会上作经验交流

【能动司法】 出台《能动司法30条实施意见》,确定服务南通基本现代化建设的行动纲领,得到省法院和市委领导的充分肯定。妥善调处如东5400余亩滩涂土方工程案、宁启铁路征地拆迁案等沿海开发进程中的纠纷案件,有力保障沿海开发战略顺利实施。妥善审结企业破产案件38件,涉案标的额4.2亿元,涉及企业职工2271人,推动产业转型升级。加大联系企业力度,深入南通港口集团、振华重工、东源电器等重点企业调研走访。

【诉讼调解和诉调对接】 全面深化诉讼调解,民商事案件调撤率77.9%,位居全省第一。设立法官调解工作室,总结推广"六心工作法",提升调解效果。调解案件申请执行率12.3%,比2009年下降33.3%。全面设立诉前调解中心,试点乡镇社区诉前调解工作站,诉前成功化解各类案件16611件,调解成功率91%。深化诉调对接,开展特邀调解和委托调解,挖掘人民调解、行业调解等非诉讼纠纷解决方式的潜能,完善社会矛盾纠纷的多元化解决机制。

【审判管理】 开展"促进案结事了、实现争先进位"专项活动,确立上诉率、信访投诉率、申诉申请再审率等12项质效考评指标,牢固树立正确的纠纷化解目标导向。设立调解指标管理体系,细化工作要求,加强对纠纷化解工作的考评激励。结合"万起案件评查"活动,围绕案件找问题,围绕问题抓整改,有效确保办案质量,全市法院被改判发回率仅0.3%,为全省最低。强化审判流程扎口管理,严格审限变更审查审批,推行均衡结案考评。11月,首次全国法院审判管理工作会议在南通召开,南通中院作交流发言。

【涉诉信访】 狠抓信访维稳,化解纳入集中清理范围的涉诉信访矛盾纠纷642件,化解率100%;办结重点交办案件84件,办结率96.6%。妥善处理矛盾易激化或群体性案件,建立风险评估、应急处置等工作机制,有效维护社会稳定。强化源头预防,推行裁判文书"法官寄语"新做法,加大法律释明和教育说理力度,增强服判息诉效果。全市法院一审服判息诉率位居全省前列,上诉案件比2009年下降16.9%,申诉、申请再审案件比2009年减少34.8%。

【基层基础建设】 坚持案件下移、法官下沉,发挥人民法庭纠纷化解"主力军"作用。优化法庭布局,全市人民法庭增至26家,法庭干警队伍进一步壮大。出台法庭业务建设、工作通报、巡回审判等工作制度,提升法庭工作水平。全市法庭受理各类民商事案件23585件,占基层法院民商事案件总数的50.6%;法庭调撤率84.3%,道路交通事故类案件调撤率超过90%。2家法庭被评为全省优秀法庭,4名法庭庭长被表彰为全省优秀人民法庭庭长。全省法庭工作现场会在南通召开。市委、市政府专门召开全市法庭工作会议,推动法庭工作发展。

【司法民主】 自觉接受人大、政协监督,办结代表建议26条,委员提案6条,落实法官与代表定向联络制度。强化人民陪审员工作,新选聘人民陪审员146名,一审陪审率54%,比2009年上升17%。推进"阳光司法",出台《公开审理听证工作实施意见》,开展"法院开放日"活动,定期选编优秀裁判文书向社会发布。完善司法救助机制,缓减免诉讼费用、发放司法救助金400余万元。

【学习杨志南】 开展向全国模范法官、南通中院立案庭副庭长杨志南学习的活动,用杨志南20多年如一日真情接访、身患重病仍坚守岗位的敬业奉献精神感召干警。杨志南成为全省政法系统公正廉洁执法的先进典型,并入选"中国好人榜"。开展"星级法庭"、"星级法官"和"十佳审判长、十佳审判员"评比活动,涌现"省十佳政法干警"孙翠燕为代表的一批优秀法官。

(施燕华)

司法行政

【概况】 2010年,全市司法行政系统发挥在法制宣传、法律服务、法律保障和化解矛盾纠纷中的职能作用,推进社会管理创新、社会矛盾化解、公正廉洁执法工作,南通市司法行政工作在全省司法行政系统排名中蝉联第一,多项工作全国领先。年内,省司法厅和市委、市政府领导先后对司法行政工作作出19次批示并给予肯定。

【法制宣传】 深入开展普法工作,南通市以绝对领先的综合成绩通过省级"五五"普法考核验收,并代表江苏省接受"五五"普法国家级考核验收。开设领导干部学法平台,组织对市级机关5000多名领导干部和公务员进行法律知识考试，通过率达到98%。全市有746万余人接受普法教育，应普对象普及率达97%。在全省率先组织开展“法制宣传服务世博”主题活动，确保世博期间的社会安全稳定。

【大调解工作】 深化涉外、医患、劳资、环保、拆迁等大调解专业调处机制，社会影响不断扩大。全年受理各类矛盾纠纷案件2.94万起，调处成功2.90万起，调解成功率为98.5%，位居全省前列。4月，中央政法委副秘书长王其江率中央督查组到南通视察大调解工作，给予高度评价。6月，南通市作为全国唯一地级市特邀代表出席全国社会治安综合治理工作会议，市委书记罗一民在会上作《创新大调解机制，有效化解矛盾纠纷，促进经济社会持续协调发展跨越发展》的经验介绍。8月1日出版的《求是》杂志全文刊登由中共江苏省委研究室撰写的《东方经验：人民内部矛盾的“大调解”——江苏南通构建大调解体系的调解与思考》一文。

【社矫安帮】 创新开展刑释解教人员帮教工作，形成“精神上扶心、生活上扶困、就业上扶技、发展上扶业、智力上扶学、促进思想和行为转化”的“五扶一促”工作模式，其经验在中央综治委召开的全国部分省市安置帮教工作座谈会上推广交流，司法部《司法行政工作动态》、《江苏政法要情专报》分别予以刊登介绍。2010年，全市接受刑释解教人员811名，帮教率为100%，安置率为99.6%，当年回归人员无一重新犯罪。探索社区矫正工作机制，加快乡镇（街道）社区心理矫治中心建设。全市有62个乡镇（街道）建立社区心理矫治中心，覆盖率达51.24%，在全省处于领先地位。全市在册社矫对象遵纪守规率99.25%，有效维护社会的和谐和稳定。

【法律援助】 认真办理法律援助案件，为弱势群体提供优质高效的法律援助。2010年，市法律援助工作被市政府列为“为民办实事”工程，全市办理法律援助案件8385件，比年度目标任务4000件高出110%，机构平均办案数名列全省第一；解答群众电话法律咨询3.67万个，接待群众来访咨询4.18万批次，解答处理群众来信法律问题74件和网络群众法律问题260件，均位居全省第一。举办濠滨夏夜《情满江海》和《法律援助的春天》法律援助专题文艺晚会。成立法律援助基金会，募得资金1830万元，是全国募集法律援助专项资金最多的地级市。加强法律援助理论研究，全市有9篇文章入选中国法制出版社出版的《法律援助制度改革与发展》一书。

【律师服务】 至2010年底，全市有73家律师事务所，执业律师701人。全年受理法律顾问案件2636件，收费5025.33万元；承办刑事诉讼辩护及代理1673件，收费982.91万元；承办民事诉讼代理13915件，收费7693.43万元；承办行政诉讼代理115件，收费75.78万元。其中，律师提供法律援助5345件，参加公益事业和社会活动1.96万次。开展“双促双助”（促转型、促升级，助稳定、助发展）法律服务活动，组织百名律师进百企“春风行动”和千名法律工作者进千村“春雨行动”，为百家企业提供上门服务825次，办理法律事务924件，举办法制讲座93场，解答法律咨询3166个，避免和挽回企业经济损失20.2亿元。“双促双助”活动经验在全省司法行政工作会议暨“双先”表彰会议上独家介绍。发挥政府法律顾问团的作用，律师顾问列席市、县两级政府全体会议、常务会议、专题会议等218次，参与政府招商引资活动77次，协助处理突发事件30件，完成政府交办的法律事务102件，出具法律咨询建议书82件，推动政府依法决策、依法行政的能力。

【公证工作】 2010年，全市办理各类公证6.74万件，涉及金额达243.7亿元，办证准确率为100%。8月，在省司法厅组织的全省公证质量检查中，南通市取得总分第二的好成绩。引导公证机构在社区、工业园区、职业学校、劳务中介设立公证服务联系点，延伸服务触角，拓展服务领域。全市9家公证机构全部步入文明单位行列，为全省唯一。注重服务“三农”，10月，如皋市司法局代表南通市在全省公证服务“三农”工作现场会上作大会交流。

【司法鉴定和司法考试】 组织法医类鉴定机构开展省级资质认定工作，全市6家法医类鉴定所全部通过资质认定（认证认可），位居全省前列。引导鉴定机构关爱民生，对65件鉴定案件实行减、免收费。在全省五年一度的考评中，市司法局被评为司法鉴定管理工作先进集体。承办五省市组织的长三角司法鉴定协作机制2010年工作年会，并在会上作经验介绍。周密组织国家司法考试工作，确保万无一失。8月，司法部在南通召开全国司法考试管理工作标准化建设现场会，推广南通经验。

（施　茜）

监狱管理

【概况】 2010年，江苏省南通监狱坚持“惩罚与改造相结合，以改造人为宗旨”的监狱工作方针，围绕“打造文明监狱，服务和谐社会”、“争当全国监狱系统排头兵”的目标要求，积极履行监狱职能，各项工作取得新发展。监狱连续15年无罪犯脱逃、无狱内重特大案件发生，罪犯守法守规率达99.46%,刷新连续44年无重大安全事故的全国监狱系统最好纪录。先后有38人次受到省司法厅、省监狱管理局以上单位表彰,其中1人被授予全国监狱劳教工作模范个人称号,2人被评为全国监狱劳教系统先进个人,6人荣记个人三等功。年内,对会见楼进行更新改造,多功能会见中心正式投入运行。配合做好世博、亚运安保工作,南通监狱被评为全省监狱系统世博安保工作先进集体。

岗位练兵推进会　　（南通监狱供稿）

【**教育改造**】 建立健全教育改造工作体系,加强师资、课程、场所建设。成立以监狱民警为主体、外聘专家为补充的“新苑师资库”;完善VOD点播系统,收集视频资料150余部,新增电子图书3万余册;投资近50万元添置VOD点播系统终端280余个。投入45万元改造心理健康指导中心,开展心理健康普及教育,开设心理健康大讲坛,罪犯心理健康教育普及率达100%。建立罪犯心理危机周报告制度,形成干预渠道畅通、反馈及时、责任明确的罪犯危机干预机制。探索全面提升罪犯改造质量的途径和方法,突出个案矫治在顽危犯攻坚转化中的作用,年度顽固犯转化率达60%。加强监区文化建设,绿化监内环境,举办服刑人员文化节、体育运动会,组建腰鼓队、舞龙队等特色文艺团队42个,营造积极向上的监区文化氛围。罪犯法制教育合格率、道德教育合格率、文化教育合格率均达到100%。开展矫正警务技术职务试点,聘任139名矫正官。

【**监管安全**】 推行监区安全预警评估机制,每月对监区内存在的隐患、危险因素进行分析并下发研判指令,提升监区安全预警水平。推行隐患循环排查整改机制,隐患整改率达100%,被省检察院、司法厅评为“清查事故隐患促进安全监管”专项活动先进单位。配合民警用房的施工,封闭东大门,开启南大门,推行数字密码与AB卡双重验证、押证、换证制度,建立完善车辆管理系统、网络报警系统、监控系统、门禁系统、会见系统,分段控制监狱建设工地围墙电网,确保建设期间监狱的安全稳定。新增网络报警点50多个,视频监控点500多个,实现监内全方位监控、全过程录像。推行监狱领导全天候值班、督查组全过程督查、总值班全时段备勤、特勤内卫队全方位巡逻制度,形成多层次立体化的人防新格局。修订完善监狱、监区两级应急处置预案,安全警戒做到一事一方案,提高应急防范意识和处置能力。

【**公正文明执法**】 加强制度建设,不断引导监狱管理的正规化。编纂完成70余万字的《监狱管理实务工作手册》。落实宽严相济的刑事政策,坚持四级会审合议制,办理季度减刑案件837件,假释案件156件,死缓无期罪犯减刑案件79件,依法处理罪犯申诉、控告、检举,未发生执法偏差。在罪犯及其家属中宣传狱务公开内容,切实提高执法透明度。保障罪犯合法权益,新增餐桌547张,发放救济棉絮1000条,翻新棉絮1600条,发放衣被储存包1700个、雨衣2100件,改造监区储藏室10个。加强罪犯饮食管理,伙房通过省监狱管理局“文明食堂”考核验收。做好监内疾病防治,开展各类预防知识讲座,实现罪犯病死率零纪录。监狱医院通过“一级甲等”医院验收。

（孙启明）

人民武装　人民防空

南通军分区

【概况】 2010年，南通军分区坚持以军事斗争准备为龙头，全面落实《基层建设纲要》和军区《基层建设三年规划》，高标准完成省军区赋予的“军营法律文化建设”试点任务，持续开展岗位练精兵活动，狠抓思想政治建设，坚持依法治军、从严治军，各项工作得到落实，部队和民兵预备役建设呈现稳步发展势头。

【思想政治建设】 以中国特色社会主义理论体系武装头脑，着力打牢部队官兵高举旗帜、听党指挥、履行使命的思想政治基础。专题召开学习实践活动总结大会，回顾分析两个批次学习实践活动情况，总结梳理经验成果，制定下发《军分区党委议事规则》、《关于推进军分区学习型党组织建设的措施》等一批长效机制。深入开展“学习何祥美、学习英雄纪晓飞、践行当代革命军人核心价值观”主题实践活动。结合民兵春节返乡有利时机，激励民兵为“红旗”增添新光彩，有关做法被省军区政工简报和网站采用。加强干部队伍健康情趣建设，着力培养党员干部学习、思想、工作、从政、生活5个方面的健康情趣，干部队伍精神面貌、工作姿态、思想境界不断提高。组织开展“强党性、干事业、树形象”专题教育，通过召开专题组织生活会，组织讨论辨析和对照检查，参观连云港抗日山和南通市党风廉政教育中心等，着力查找解决部分干部考虑个人问题过多、工作精力不够集中和机关作风漂浮等问题。组织区团两级机关干部和基层政工干部开展《中国人民解放军政治工作条例》学习讨论，组织条例知识考核竞赛，纠正与条例不相符的问题15项。

【军事斗争准备】 以提高基于信息系统体系作战能力为目标，认真抓好各项准备工作落实。积极适应遂行多样化军事任务需求，及时修订完善各类作战和非战争行动方案。针对年初以来多个省市自然灾害频发的实际情况，及时调整南通市防台防汛救灾方案和南通市抗震减灾应急行动预案，补充各类应急抢险、防洪防汛器材2800余件，利用民兵整组机会，组织应急分队进行拉动演练。突出军事指挥机关训练，帮助各级指挥员理清工作思路。突出基本技能训练。组织首长机关军事技能强化训练，熟悉武器装备。突出抓好重难点课目训练。全员落实“三实”训练，各类训练合格率均达到95%以上。

【部队安全管理】 坚持安全发展理念，把安全管理工作贯穿于各项工作之中。层层签订《“三防四反”工作目标责任书》和《武器装备管理目标责任书》，进一步明确各级工作目标和责任。集中开展“学、训、整”活动，组织全区干部、战士和职工进行以军容风纪检查、队列会操和条令法规知识考核为主要内容的作风纪律整顿。以省军区赋予军分区“坚持依法治军从严治军、防范重大安全问题”试点任务为契机，大力开展暑期安全竞赛活动，对全区营门警卫、保密办公、租赁房屋、武器装备仓库管理等进行全方位、拉网式检查。深化机关办公保密整治成果，对全区办公计算机、涉密载体逐个进行维修统计。

【后勤装备保障】 2010年，军分区按照“大兵种小集中、小兵种大集中”的要求，抓好司务长、炊事员、卫生员、驾驶员等后勤专业兵集训，夯实专业基础。继续完善和落实“保障力保持、指挥所运行、应急情况处置、战备演练与检查”后勤战备四个常态化保持机制，扎实抓好区团两级后勤库(室)建设。严格落实军分区《关于坚持科学管财，提高经费使用效益的若干规定》，加大财经监管力度。巩固深化装备“三化”管理成果，大力加强装备建设。

【世博安保入沪军车检查】 根据上级统一部署，抽调78名官兵，编入上海预备役某师军车入沪检查大队，主要担负从花桥、淀山湖、汾湖收费站3个固定点和钱门、昌吉、金泽3个机动点入沪军车检查任务。自4月15日至11月15日，历时213天，共出动执勤兵力1.73万人次，检查入沪军车1万余台次，通过9835台次，劝返201台次，扣押移交2台次，工作量占整个地面军车入沪检查量的50%，协助公安机关抓获通缉犯4名。

【“通防－2010”指挥所演习】 10月26～28日，历时3昼夜，重点进行防卫作战指挥所编成和指挥所勤务两个内容

的演练,全体机关干部参加。　(余小东)

【征兵工作】　军分区认真抓好征兵的准备、宣传、体检、政审、定兵、运输等各个环节,坚持科学筹划,严密组织,阳光操作,接受全方位监督,尤其是女兵征集严格按照国防部《女兵征集工作试行办法》执行,圆满完成兵员征集任务,大学生入伍比例达到13.9%、高中生达到66.4%。

(丁建军)

【民兵心理战训练】　6月13日,军分区在通州召开南通市民兵心理战训练中心落成仪式暨通州区民兵心理战分队训练成果汇报观摩会,总结推广通州区民兵心理战分队基地化训练的经验做法。

【军营法律文化建设】　2010年,军区军事检察院赋予南通军分区在73206部队进行"军营法律文化建设"试点工作。军分区紧贴部队担负的任务和官兵思想实际,从弘扬法治精神、提升官兵法律素养入手,通过建设法律文化园、开展"法在我心中"主题实践活动、开设"法律讲坛"、建立法律人才教育培训基地等方式,探索具有海防部队特色的军营法律文化建设之路,提高官兵学法用法、依法办事的自觉性。有关经验做法被省军区转发,央视七套《军营文化大视野》栏目和军区《人民前线》报进行宣传报道。

(韩小晶)

【后勤保障社会化】　指导干休所做好老干部医疗保障纳入地方医保体系改革,在省军区后勤保障社会化工作座谈会上介绍做法。继续开展驻军现役军官经济适用住房政策性补贴的申报工作,每年为驻军部队申报补贴近百万元。

【机关公寓房建设】　2010年,军分区机关公寓房开工建设,严格按照工程管理规范,先后进行13次招标,涉及经费876.64万元。截至11月底,完成所有基础设施和配套设施建设。

(余小东)

中国人民武装警察部队南通市支队

【概况】　中国人民武装警察部队南通市支队(简称南通市支队)重建于1983年1月,正团级建制。下辖直属大队、10个建制中队和4个直属单位。主要担负看押、看守、警卫、城市武装巡逻、处置突发事件和反恐等勤务。2010年,支队抓班子带队伍、抓经常打基础、抓安全保稳定、抓基层谋发展,部队全面建设呈现良好发展态势。支队被武警总队表彰为"基层建设先进支队",启东市中队被总队表彰为"基层建设标兵中队"并记集体三等功,通州区中队、如皋市中队、海安县中队被总队表彰为"基层建设先进中队",司令部被总队表彰为"先进部"。支队长赵新和政治委员王道汉被总队评为"一对好主官",4人被总队记三等功。年内,武警总队总队长孙玉义、政委张红朝先后到南通检查指导工作。

2010年12月28日,南通市召开市委议警会议

(武警南通支队供稿)

【思想建设】　2009年9月~2010年2月,根据武警党委统一部署,支队组织1个基层党委、13个基层党支部参加第三批学习实践科学发展观活动。围绕科学发展主题,按照"三个紧贴"要求,落实宣传贯彻、实践活动、问题整改等各环节工作。实行"每月一课"制度。开展带兵"情·理·法"、"亲情·友情·卫士情"、"三尊三爱"等专题教育,通过"深知兵、真爱兵"、"大排查、大谈心、大讨论"等活动,纯洁巩固官兵思想。做好一人一事思想工作,4次邀请心理专家授课辅导,转化关注对象6名,协助官兵处理家庭涉法问题5起。5月,支队举办第二届"江海清风"书画摄影展。11月15日,支队举办优秀老兵先进事迹报告会。同时,开展主题演讲比赛、"卫士杯"乒乓球赛等,丰富官兵业余文化生活。

【服务中心】　4~11月,支队根据上海世博会环沪"护城河"任务安排,担负苏通大桥临时守护和城市武装巡逻安保,安全行车9万余公里,处置各类情况105起,直属大队三中队被武警总部表彰为"世博安保先进集体",3人被评为"世博安保先进个人",17名官兵立功受奖。7月23~28日,支队先后出动2个梯队增援处置苏州地区大规模群体性闹事事件,完成圆满任务,直属大队三中队荣获集体三等功。全年,支队执行武装押解、公审公判等各类临时勤务312起,均圆满完成任务。

【从严治警】 以学习贯彻新条令、规范官兵基本养成、开展从严治警集训、组织实地检查等为抓手，狠抓部队秩序整治和规范化建设。6次集中组织安全检查、2次全员点验、有效排查整改隐患35处。注重发挥信息化功能，推进“四防一体化”建设，确保固定目标绝对安全。认真组织新兵训练、干部轮训和从严治警集训，分批实施勤训轮换，开展“执勤能手评比”、“五小练兵”等活动，官兵遂行任务能力提高。着眼于保障能力提升，先后组织炊事员、军械员、卫生员和驾驶员培训6期。5月，支队根据总队部署安排，开展以“反渗透、反心战、反策反、反窃密”为主要内容的教育活动先行试点。10月，开展保卫工作骨干集训暨防范重大安全问题研讨活动。年内清退违规使用部队住房12套，支队被总队表彰为“清房工作先进单位”。

【基层建设】 开展以“学理论、学法规、学业务”为主要内容的“大练基本功”活动，落实每月军事行政、政工例会制度。落实蹲点帮建规定，建立党委成员包片，部门副职、大队主官包队，股队挂钩帮建责任制，对海安县中队、海门市中队实施重点帮建。采取从严管理、提高福利、保证休假等宽严相济措施，激发干部安心尽职，做法被《武警报》头版头条刊登。

【市委常委议警会】 12月28日，中共南通市委召开常委议警会议，学习贯彻《人民武装警察法》和省委常委议警会议精神，听取支队建设情况汇报，研究加强支队建设问题。会议由市委书记罗一民主持，市委副书记、市长丁大卫等市委常委出席会议，市有关部、委（局）主要领导，9个县（市、区）委书记、县（市、区）长，目标单位主要负责人以及支队党委成员共52人列席会议。

【警营设施建设】 投入65万元改造、建设警示室。支队、中队两级投入300余万元对启东、海安、如皋、南通市中队等单位进行设施改造。机关迁建完成选址，进入手续报批阶段。直属大队部和三中队营房建设工程开工。

（夏同军　陈保平）

中国人民武装警察部队南通市边防支队

【概况】 2010年，武警南通市边防支队锁定与南通沿海同步发展、与南通公安同步领先的目标定位，加强基层基础建设，全面深化爱民固边战略，扎实推进“三项建设”，警营文化建设和党支部建设等5项经验在省公安厅和武警边防总队交流介绍，执法规范化建设、边防行政案件办理、边防派出所文化建设3部示范片被公安部边防局、武警边防总队推广，世博安保和爱民固边做法32次被公安部边防局、省公安厅批转，支队创建的吕四、洋口爱民固边模范渔港入选首批“全国文明渔港”。全年救助遇险渔船47艘、群众143人，走访群众2.6万户9.05万人次，帮助142名农民工追讨拖欠工资263万元，为4536名困难群众协调政府补助60余万元，为51个贫困家庭和46名困难儿童无偿捐助18万余元，收到锦旗、感谢信51面（封）。1个单位被公安部命名为“全国公安机关执法示范单位”，6个单位被公安部边防局表彰。

【边防保卫】 全年查破案件491起，打击团伙17个、违法人员1023名（网上在逃15名），8起“八类案件”全部告破，案件查破数及抓获嫌疑人数分别较2009年上升39.5%和33.6%。化解纠纷2211起，处置群体性事件64起，涉及总额580余万元。按照南通市《上海世博会环沪“护城河”水上安保方案》要求，抽调警力在南通苏通大桥、平潮、南通北、陈桥等4个跨江高速通道入口和红阳港、青龙港、临永、崇海、通沙等5个长江汽（客）渡口全天候巡逻值守，登记比对过往人员、车辆，有效防止重点人员和危险物品流入上海。其间，登记过往人员13.79万人，检查进出车辆、物品22.77万辆（件），消除各类隐患387处，协助抓获违法嫌疑人47人。圆满完成中央电视台“中华情·活力海门”文艺演出、如东港洽会等大型安保任务18场。

【警务改革】 创新社会管理，全力服务沿海开发大局。全面推行“三队一室”警务模式，在全国边防率先成立“海事法院巡回审判点”，在全省边防率先探索建立网上派出所，施行外来人口“四化”管理、出海船舶“1+4”一站式签证服务、投资企业“八个一线”等社会管理新模式。建立农村、海上两个层面的技防系统。全面推行“公调对接”，完善派出所与大调解中心、农村警务室与村调解组织、港口警务室与涉海部门联合调处中心三级对接网络。探索实践标准化执法创新之路，实现执法规范化建设的经验，得到省公安厅领导的批示肯定。

（姚　伟）

人民防空

【概况】 2010年，南通民防工作着眼民生需求，融入城市发展，各项任务圆满完成。全年南通市民防局在开发利用城市地下空间、缓解停车难和提升应急救援能力建设等方面重点推进，在人防经费征收、行政执法、资产管理等方面取得突破。在第六次全国人民防空会议上,南通市民防局被表彰为“全国人防工作先进单位”,连续第七年被表彰为“全国人防宣传工作先进单位”,在全省民防系统年度考核中连续第七年保持第一方阵。

【应急服务】 2010年,南通市民防局先后组织“市区首次初级中学综合应急救援示范演练”、“新城街道朝晖社区防灾减灾综合演练”、“防空防灾警报试鸣”等多项防空防灾演练。5月28日~6月2日,机动指挥所和通信专业队奉省民防局命令参加“信联-2010”苏北地区抗震救灾应急信息保障军地联合演练,圆满完成演习任务,得到省国动委、省民防局领导的高度评价。

【工程建设】 2010年,南通市人防工程立项、开工、竣工面积均大幅提升,分别完成年度目标任务的210%、184%、114%,3项指标均居全省江北各市之首。作为市政府2010年重点工程的“十字街”综合改造工程体量大、施工难,通过选择学田三附小补建人防工程,大大缓解周边老旧小区停车难问题,工程建设按计划有序推进。在江苏省民防局长会议上,南通民防“主动融入城市建设,建设大批惠民工程”的做法得到高度肯定。

【资产管理】 全年征收人防经费完成年度目标任务的416%,列全省第四。其中平战结合收入为1577万元,完成目标任务的263%,比2009年增长24.1%,列全省第三。

【宣传教育】 开展纪念“人民防空60周年”和“第六次全国人防会议”系列主题宣传教育活动:一是面向在校学生,组织中学生综合应急救援演练、高中军训会操活动、穿戴防护服比赛和国防、民防知识竞赛,建设“南通大学民防教育基地”和“如东县青少年素质实践基地”(民防知识教育基地);二是面向社区居民,在新城街道及朝晖花园社区组织防灾减灾综合演练;三是面向社会大众,开展人防建设成果展、防空防灾知识竞赛等12项内容的宣传活动,发放《防灾减灾知识挂图》200套、《防灾减灾知识手册》1万册,动员群众参加全省民防知识竞赛,参赛人数、参赛率居全省之首。

(陈　鹏)

市长丁大卫、副市长朱晋视察十字街综合改造工地现场　　（市民防局供稿）

经济发展篇

发展与改革
对外开放
港口口岸
产业转型
新兴产业
支柱产业
基础产业
生产性服务业
生活性服务业
现代农业　新农村建设
科技创新
综合经济管理
城市建设与管理
交通建设与管理

发展与改革

国民经济运行

【概况】 2010年,面对复杂多变的国内外经济环境,全市上下深入贯彻落实科学发展观,紧扣转型发展大局,抢抓两大国家战略规划实施的机遇,统筹推进稳增长、调结构、促转型、保稳定各项工作,全市经济发展呈现高开稳走、转型加速、活力增强的良好态势。全市实现地区生产总值3417.9亿元,按可比价计算,增长13%。其中,第一产业增加值262.4亿元,增长4%;第二产业增加值1908.6亿元,增长13.7%;第三产业增加值1246.9亿元,增长13.6%。

【国内需求有效扩大】 *投资结构不断优化。*完成全社会固定资产投资2168.4亿元,增长20.3%;其中,规模以上投资2015.2亿元,增长22.9%。全社会民间投资增长21.6%,占比达到75.5%。规模以上投资中,高新技术投资增长34.8%,占比达到26.2%,较上年提高2.3个百分点;服务业投资增长36.1%,高出全市规模以上投资13.2个百分点。

*消费需求稳步增长。*实现社会消费品零售总额1268.3亿元,增长18.7%。城镇消费、农村消费分别增长19.8%和16.1%,批发零售业和住宿餐饮业零售额分别增长18.6%和19.6%,汽车、金银珠宝等热点商品限额以上零售额分别增长34.5%和33.9%。家电下乡、以旧换新产品销售额分别列全省第三和第四。

【转型升级步伐加快】 2010年,全市通过调整产业结构,促进转型升级。加大研发投入力度,增强自主创新能力。船舶与海洋工程装备成为国家新型工业化产业示范基地。全市实现高新技术产业产值2424.1亿元,比上年增长31.8%,占规模以上工业的32.4%。年内完成省下达淘汰落后产能任务,关闭、搬迁小化工企业50家,万元地区生产总值能耗下降4%。

*新兴产业增势强劲。*海洋工程、新能源、新材料等七大新兴产业实现产值1615.8亿元,比上年增长31.4%。海洋工程完工量389.4万综合吨,增长50.9%。风电并网装机容量64.2万千瓦,增长18%;光伏电池产量523兆瓦,增长62.9%。规模以上新兴产业企业总数突破1000家,在建超亿元项目135个。

*传统产业扩量提质。*装备制造业产值增长26.9%,占规模以上工业比重提高到45.1%。船舶及配套产业产值966.7亿元,增长21.3%。纺织服装产业产值1694.3亿元,增长16.7%。电子信息、精细化工产业产值增幅均超过25%。家纺、茧丝绸成为省级特色产业基地。建筑业施工产值2700亿元,增长23.7%。

*服务业发展速度加快。*服务业增加值在地区生产总值中的占比提高到36.5%,增幅高出0.6个百分点。市级以上服务业集聚区实现营业收入996.3亿元,增长16.6%。物流业、金融业增加值占服务业比重分别达17.1%和11.3%。实现旅游总收入230.2亿元,增长27.9%。服务外包实现营业额8.1亿元,增长70%,成为苏中苏北首个省级国际服务外包示范城市。

*高效农业进一步发展。*新增高效农业面积39.7万亩,其中设施农业12.2万亩;新增高效渔业面积11.3万亩。农业产业化经营水平明显提高,32家省级以上农业产业化龙头企业利润增长25.9%。

【发展活力明显增强】 *金融创新成效显著。*成立南通市农村商业银行,引进市外银行2家,新增农村小额贷款公司8家,省信用再担保公司在南通设立全省首家分公司。新增上市公司9家,新增募集资金超过200亿元,其中,在香港上市的熔盛重工募集资金146亿港元;中小板创业板上市企业数列全国大中城市第8位;南通产控集团和开发区总公司共发行企业债券18亿元。

*开放型经济持续向好。*注册外资实际到账20.6亿美元,增长2.8%。进出口总额211亿美元,增长29.8%,其中,出口总额141.1亿美元,增长26.2%。高新技术产品出口增长53.1%;机电产品出口增长24.1%,其中光伏产品出口增长87%。外经工作继续保持全省领先,对外承包劳务营业额12.5亿美元;新批境外投资项目35个,中方协议投资额突破3亿美元。13个省级以上开发区和10多个跨江合作园区的集聚能力不断增强,苏通科技产业园一期基

础设施工程基本竣工,锡通科技产业园、上海市北高新(南通)科技城等启动建设,洋口港南通国际产业园开工。

民营经济健康发展。新增个体工商户5万户、私营企业1.5万家、注册资本857.1亿元;全市规模以上民营企业数超过5700家,24家民营企业入围全国500强。新引进市外民资项目注册资本536亿元,增长55%。民营经济实现增加值占地区生产总值比重达到60%;入库税金占比达到61.8%,提高1.1个百分点。

【经济效益持续向好】 实现财政总收入713.4亿元,增长46.8%;其中,地方一般预算收入290.8亿元,增长46.1%。全市规模以上工业实现主营业务收入7306.19亿元,增长23.2%;工业利润536.8亿元,增长37.6%;呈现利润增幅好于销售、销售增幅好于产值的良好态势。

(龙微频)

经济体制改革

【概况】 2010年,市加强对改革工作的统筹协调,市政府办公室转发《2010年南通市体制改革工作要点》(通政办发〔2010〕108号),并对实施进展和完成情况进行跟踪检查。市发改委形成《南通市"十二五"经济体制改革思路研究》课题报告和《南通市"十二五"经济体制改革规划》(修改稿)。全年在省发改委改革信息系统录用各类信息、动态、分析研究报告等共904篇,得分列全省第一名。

【深化国资国企改革】 组织国有出资企业整合有效资源。产控集团组织实施南星电子、上海国贸、风神空调等6家劣势低效股权流转,退出国有资本2500万元。推进江苏长虹清算工作,完成748名职工分流;华联商厦转股工作完成;整合商业小门店,完成47名人员分流。市国资委组织对江天化学股权进行调整,创造条件满足上市要求;置业集团将3家房地产公司整合成立江苏盛和房地产股份有限公司,为推动上市做好准备。盘活闲置资产,软件商务楼、飞越百度文化广场、扎染厂科技创意产业园等一批现代服务业项目进展顺利。

增加对新兴产业和优势项目的投入。完成对洋口港国际产业园增加投资1亿元,产控集团投入1.24亿元参加南通科技定向增发。国投公司投资1亿元、占股10%作为第一大股东发起成立南通农村商业银行;投资1亿元参股上海市北(南通)科技产业园建设,吸引上海国企到南通投资。

推进重点企业改革。指导大生集团继续深化改革,推进印染分公司整体转岗方案实施和英瑞公司资产整合,完成集团公司薪酬体系分配制度改革,优化劳动组合,实现减负增效。

【推进财政金融体制改革】 逐步完善财政管理体制。(一)实行全面预算指标管理。所有财政资金都由预算处按照规程生成指标;所拨款都由国库处按照预算指标执行;在全面指标管理基础上,预算处形成"完整统一的财政预算"本子。非部门预算经费拨款取消单位收据。对所有企业及条管部门的财政拨款不再要求单位提供"收据",直接以银行回执作为记账凭证,提高办事效率。(二)规范财政存款在银行间的分配。科学制订考核办法,实行财政存款分配与各银行贷款增长、代理财政业务量等指标挂钩,银行不需要"找关系",即可得到应得的存款额度,银行不得以财政存款增量增加个人分配,坚决杜绝银行人员到财政争拉存款的问题。(三)政府采购"分段操作制"。实行权力分设,监督管理与采购操作相分离。在全省率先实行政府采购"分段操作制",一个采购项目经过计划接受、标书制作、开评标、合同见证等4道环节,各环节分别由不同的操作者执行,相互监督,相互制约。

金融体制改革不断深化。南通农村商业银行挂牌成立。年内全市获批小额贷款公司5家,累计获批17家,其中15家已挂牌成立。

(梅 华)

国有资产运营与监管

【概况】 2010年,全市国资系统以实现国有资产保值增值为目标,以提高国有企业发展质量为核心,着力推进转型升级,不断强化监督管理,国有企业改革发展和国有资产监督管理取得新成绩,国有资本运营呈现良好发展态势。全市269户地方国有企业完成主营业务收入159.29亿元,比上年增长20.44%;利润总额9.67亿元,比上年下降1.1%;资产总额706.31亿元,比上年增长25.35%;归属母公司所有者权益175.62亿元,比上年增长33.08%。市国资委列名监管的6家企业全年实现主营业务收入96.74亿元,比上年增长12.96%;实现利润7.25亿元,比上年增长28.15%;归属母公司所有者的净利润3.81亿元,比上年增长8.99%;年末资产总额352.52亿元,比上年增长15.62%;国有资本保值增值率达105.4%。市国资委编制完成《南通市"十二五"国有经济调整发展规划》。

【投融资平台】 扎实推进国有资产经营公司经营专业化工作,资本运作平台作用得到有效发挥。(一)融资功能不断强化。国投公司拓宽融资渠道,全年新增融资30亿元,有力地支持了全市城市建设、沿海开发和重点企业基础设施项目。产控集团通过资本市场直接融资，成功发行8亿元企业债券，投资先进制造业项目，促进国有企业转型升级。(二)国有资本带动力明显增强。产控集团、国投公司充分发挥资本运作平台作用，保障企业退城进园工作，首批8个企业用17亿元国有资本启动，带动60亿元社会资本的投入，较好地实现了搬迁企业地域上集中、功能上配套、技术上升级；通过开展创业风险投资、信用担保服务、农村小额贷款等业务，引导社会资金加大投入。国投公司作为第一大股东发起成立南通农村商业银行，促进了地方金融业的发展。置业集团在加快房地产项目开工建设的同时，承建的城市绿谷、大桥观景台、1895近代工业遗产保护、寺街－西南营历史文化名人街区等文化旅游项目均取得明显进展。(三)积极参与沿海大开发。以市级国有资本投资成立的洋口港南通国际产业园2.5亿元注册资本全部到位，一期滩涂围垦按计划进行；国投公司参股10%与上海市北高新集团投资开发上海市北高新南通科技城，坚定上海投资方对南通的投资信心。

【国资证券化】 认真落实市领导关于"以资本证券化作为国资管理和发展第一要务"的要求，扎实推进国有资本证券化工作。南通精华制药成功上市，南通科技完成定向增发6亿元，南通投资管理有限公司受让上市公司东源电器12%股权。积极推进优势企业上市，南通港口集团消除同业竞争障碍；江天化学等3家优势化工企业完成调整股权结构；南通赛奥生化引进战略投资者，实现资产重组；积极培育后备上市企业，置业集团将三家房地产公司整合成立江苏盛和房地产股份有限公司，积极寻求上市途径；大生集团制订企业上市发展战略；粮油集团积极引进战略投资者，创造条件争取早日进入上市轨道。资本运作成效初显。国投公司主动拓展产权交易市场，间接参股摩根期货公司，积极开展创投业务，成功入股15家具有上市前景企业，支持南通民营上市企业资本运作；产控集团主动参与新兴产业投资和开展创投、风投业务，投资项目中已有6家企业上市。

【主业发展】 充分发挥国有企业自身发展优势，集中力量加快发展现代棉纺织、新型农药、数控机床、中成药业、高端旅游业、现代物流、金融服务业等主业。(一)实施有效投入做强主业。组织实施16个发展项目，全年完成投资15亿元，着力提高国有企业核心竞争力。南通科技通过搬迁改造，月产数控机床超百台，数控化率达70%，处于行业领先水平。(二)加快技术升级做精主业。积极引导国有企业注重技术创新，国资系统已建成省级研发中心7家，全年研制开发新产品28项。南通科技MCH63卧加系列数控机床入选国家新产品计划，精华制药"芩部丹片治疗复治肺结核的临床研究"列入国家科技重大专项课题、"大柴胡颗粒"列入省科技成果转化资金项目；大生集团全年开发11项专利技术，成为全国唯一的"国家涤纶超细纤维产品项目"生产企业。新产品投产速度加快，甲霜灵农药、吡啶衍生物、超高功率石墨电极等一批优质产品销售量、出口量在同行业中名列前茅。(三)积极开拓市场发展主业。各出资企业抓住经济回暖的有利时机，加大市场开拓力度，努力扩大主营收入。大生集团及时调整营销策略和开发适销对路产品，产销率达108.8%，实现利润2382万元；南通机场在抓好机场改扩建的同时，新开通2条航线和1条货运航班，完成旅客吞吐量同比增长23.2%，货邮吞吐量同比增长89.4%，货邮增幅列全省第一；港口集团克服超大型船舶减少等困难，新增集装箱航线两条，完成39.2万标准箱，较上年有大幅增长。(四)整合有效资源做优主业。指导产控集团组织实施南星电子、上海国贸、风神空调等6家劣势低效股权流转，退出国有资本2500万元，同时参加南通科技定向增发新股，增加对新兴产业和优势项目的投入，实现优进劣退。

【国企改革】 重点企业深化改革，大生集团实施英端公司资产整合、新老厂区织造车间整合和印染分公司人员分流，减员增效取得明显成效，纺织主业更加集聚。产控集团推进江苏长虹清算工作，748名职工顺利分流完毕；华联商厦依法清算工作完成；国嘉公司整合商业小门店6家，47名人员实施分流。推进森大帝有限公司股权转让、工业供销公司的人员分流工作。妥善处理国企改革历史遗留问题。继续加强市属改制企业股权转让的后续监管，受理南通大通风机有限公司等3家市属改制企业股权转让工作，维护了职工合法权益。解决破产、退城进郊企业厂区职工住户搬迁安置等民生问题，全年有13户无住房证的厂区职工住户签订协议并搬迁入住，同时协调推进"五一职工苑"三期工程建设。

【国资监管】 抓好经营业绩考核，严格按照薪酬考核的相关文件确定兑现年薪。制定《加强领导人员薪酬发放管理意见》，进一步明确薪酬发放过程中的有关问题。加强财务动态监控。继续开展审计、统计、会计"三计"结合的财务监督工作，全年下发整改意见书和统计评价书16份，提出建议和整改意见63条，跟踪整改意见的落实情况。出台《进一步明确出资企业相关费用支出管理的通知》、《加强市属资产减值准备财务核销管理的通知》、《关于加强出资企业对外捐赠管理的通知》、《关于在出资企业中进一步落实厉行节约要求的通知》等文件，进一步严格国有企业费用管理和相关财务规定。组织国有资产收益收缴。督促出资企业对子公司2009年度应分红的国有资产收益全部收缴到位,出资企业上缴财政国有资产净收益5849.96万元,全面完成2009年度国有资产收益收缴任务。严格国有产权管理。坚持重大资产评估项目专家评审制,组织对赛奥生化等企业重大国有资产评估项目进行专家评审,提高资产评估报告核准工作的准确性和公正性。全年核准备案18个资产评估项目,评估后增值59.5%。完善公司法人治理结构。积极推进出资企业董事长和总经理分设,出资企业外派监事实现全覆盖。监事会积极开展当期监督,对3家资产经营公司的财务状况进行全面检查,及时发现存在问题并提出整改意见。加强重大事项管理。制定《关于规范国有参、控股上市公司重大决策和信息管理的通知》,规范国有上市公司决策程序,强化信息管理,严防内幕交易。

(徐　俊)

·企业选介·

南通国有资产投资控股有限公司

【概况】 2010年,南通国有资产投资控投有限公司(以下简称"国投公司")全力抓转型、保增长、促发展,各项工作再上台阶。全年实现主营业务收入9.43亿元,比上年增长7.04%;实现净利润1.68亿元,增长16.11%;新增融资30亿元;固定资产投资2.36亿元;国有资本保值增值率110%;净资产收益率9.4%;国有资产收益收缴完成100%。年末公司总资产165.1亿元,总负债106.8亿元,净资产58.2亿元。所属企业无重特大安全事故发生,较好地完成年度指标任务。

【项目投融资】 全年对外投资8个项目,投资总额达35291.4万元,包括:大唐吕四电厂、洋口港产业园、洋口港投资开发公司、上海市北高新南通科技园、南通农商行、黄海投资公司、江海高速以及交通银行配股等项目。新增融资30亿元,融资余额70.49亿元。主要为宁启铁路项目、南通市区快速路网工程、兴东机场发展、北园2号项目、二棉搬迁及历史仓库迁建等项目提供资金支持。同时,配合市财政加强"09南通债"管理,完成第一年度的付息工作。

【金融控股】 为实现向金融业的战略转型,国投公司积极拓展金融类业务,职能业务基本涵盖银行、创投、期货、担保、小额贷款、产权交易等领域,并积极开拓融资租赁、典当业务,金融类资产达10亿元。(一)组建南通农村商业银行。3月31日,银监会批准筹建南通农商行。8月8日,南通农商行创立大会暨第一次股东大会召开。10月29日,南通农村商业银行开业。农商行注册资本10亿元人民币,国投公司持股1亿元,占比10%,为第一大股东。与农商行其他股东共同发起设立南通黄海投资发展股份有限公司。(二)参与紫金保险增资扩股。出资3150万元(占3000万股)参股省紫金财产保险股份有限公司。(三)参与组建科技创新担保公司。与市财政局、科技局共同出资组建以科技型中小企业为特定服务对象的政策性、融资性担保公司。科技创新担保公司注册资本6000万元,国投公司出资4000万元,占总股本的66.67%。此外,积极开拓融资租赁、典当等业务新领域,形成设立典当行的可研报告。

【骨干企业】 众和担保公司、紫琅小额贷款公司。众和担保公司立足服务中小企业,中小企业担保、创业担保、小额贷款、互助基金、再担保基金等业务取得优良业绩,被省经信委评定为南通市唯一四星级担保机构,被评为南通市服务中小企业融资先进单位,信用等级再上台阶。2010年,担保公司完成中小企业融资担保264笔,担保金额9.88亿元,年末担保余额7.82亿元,分别比上年增长34%、38%、49%。由众和担保的紫琅农村小额贷款公司运行良好。2010年,办理贷款业务177笔、76户,放贷2.93亿元,余额11048万元,未发生坏账和呆滞贷款。

投资管理公司。投资管理公司积极实施资本证券化,工作重点逐渐以资本运作、股权投资和创业投资为主营方向。上半年"中天科技"增发股成功退出获得近2倍投资收益,主营收入首次突破1亿元。下半年成功受让上市公司"东源电器"12%股权。在创投业务中,成功入股15家具有上市前景的企业。

产权交易所。充分发挥全市唯一国有产权交易的平台作用,坚持规范化、市场化、企业化运作,建立健全各项交易规则。全年完成17个产权交易项目,股权转让金额达9700万元。创新交易渠道和方式,先后完成更俗剧院营业用房招租、启东新启东港码头招租和海门青龙港码头招租等3个招租项目。

南通兴东机场。2010年,相继开辟南通至重庆、长沙、郑州、温州等4条客运航线,新开辟南通－深圳货运航线,每周航班量由原来34班增加到48班。在飞行区改扩建施工的同时,航运业务正常发展,实现旅客吞吐量27.14万人次,比上年增长23.24%,高于全省平均增幅近8个百分点;货邮吞吐量5881吨,比上年增长89.4%。客货运吞吐量均创历史新高,货邮增幅列全省第一。

江风海韵传媒公司。江苏江风海韵传媒公司积极拓展业务渠道,开辟高炮、LED、网络数字电视开机画面、户内外平面、宣传片等多种传媒手段,为用户提供广告发布代理、企业推介、策划咨询等服务。全年实现销售收入669万元,利润33.58万元,国有资本保值增值率103.43%,净资产收益率3.43%,做到当年运营,当年盈利。

港口集团。2010年,港口集团及时调整经营策略,集聚发展新优势，全年完成货物吞吐量5506万吨，其中，集装箱完成39.2万标箱；全年累计完成装卸3187万吨，销售利润等主要经营指标均超过上年。

五山旅游开发公司。军山景区通过3A级复核审查。开展“2010全国旅游服务质量提升年”和“迎世博－旅游景区服务质量提升月”等系列活动，申报并通过“全国低碳旅游实验区”的初审。

【重点项目】 （一）参与建设上海市北高新南通科技城。与上海市北高新集团在港闸区共同投资开发建设上海市北高新南通科技城。项目注册资本5亿元，国投公司占比10%。项目规划面积5.2平方公里，总投资超过350亿元。（二）推进港口集团上市。为推进上市，公司召开专题董事会，通过加快宝港油脂清算，对有关涉税问题出具承诺函，收购启东、海门两处剥离资产，帮助港口集团化解上市中的障碍。配合港口集团解决同业竞争难题，争取早日呈报上市材料。（三）全力支持兴东机场飞行区改扩建工程。5月8日举行开工仪式；9月6日全面开工；10月上旬，国土资源部正式批复工程全部建设用地。在开工前期，国投公司及时调度资金，协调解决施工中的困难。至年底飞行区改扩建工程完成工程总量的65%。为做好机场技改投入，向省财政、民航局争取配套补贴资金10677万元，其中，2010年到账9000多万元。（四）如东生物质发电项目现场核证工作顺利完成。（五）大唐吕四港电厂一期项目运行。一期工程4台机组均顺利投产发电。（六）北园二号建设项目按计划完工。按原定计划推进，进入工程扫尾阶段。

【内部管理】 （一）加强投资管理，严格决策程序。公司“三重一大”事项，严格经过决策酝酿、集体决策和执行决策程序，严格控制投资方向，有效控制投资风险。投资管理公司自主经营项目严格按照报批程序规范、有序开展。新源公司圆满完成启东华泰贷款清欠工作，并取得收益合计540.28万元。（二）严格执行年度经营业绩考核目标和企业经营者薪酬考核办法。对9家全资子公司分别下达年度经营业绩考核目标，明确企业经营者薪酬考核办法，开展经营业绩审计考核。（三）全面实施财务委派。公司撤销财务核算中心，在全资子公司中全面实施财务委派制，调整、委派和聘任财务人员。（四）抓好安全生产工作。定期组织对机场、五山公司、众和仓储等重点单位、重点岗位的安全大检查，认真排查事故隐患，督促及时整改到位。组织以“安全发展、预防为主”为主题的安全生产月活动，向各企业分发宣传材料。抓好夏季安全生产和防暑降温工作。抓好在建工程、企业车辆、租赁房屋的安全管理工作，严密部署兴东机场不停航施工的安全工作。

（祁晓晴）

南通产业控股集团有限公司

【概况】 2010年，南通产业控股集团积极推进资产资本化、资本证券化、产业规模化建设，取得新的发展跨越。集团通过加强国有资本营运，带动产业转型升级，全年集团投资企业共完成销售收入81.86亿元、比上年增长14.2%；实现利润6.35亿元、比上年增长36.7%；完成固定资产投入11.18亿元，实现投资收益3477.05万元；累计上缴国资收益1.86亿元，国有资本保值增值率达107.96%，净资产收益率达7.65%。

产控集团与市区六家企业签订搬迁协议

【上市融资】 推进上市融资，资本运作实现重大突破。完成精华制药上市、南通科技增发和集团本部发债，共募集资金18亿元，集团资本证券化率超过40%，上市公司国有资本总市值约35亿元。

【企业搬迁】 组织企业搬迁，产业发展加快优化升级。集团拨付搬迁资金3.35亿元，带动一批工业项目投入。江山股份等首批5家搬迁企业全部迁出，新厂全面投产；醋酸化工等3家在迁项目达到序时进度，大伦化工等6家新增搬迁项目全面签约启动。

【战略转型】 加快战略转型，一批现代服务业项目取得突破。发展洋口港国际产业园、万通城及万濠华府、飞越百度文化广场、软件园高档商务楼等一批新型业态；自行车厂土地完成挂拍和资产盘活；姚港化工区拆除完毕，为土地盘活做好准备。

【改革发展】 坚持优进劣退，资源整合和改革扫尾加快。退出一批低效股权的同时，出资3.5亿元增持南通科技增发股份、收购江天化学部分股权实现控股，增加对担保、创投等新兴产业投资，一批风险投资、部分基金投资项目进入回报期。完成江苏长虹职工分流和华联商厦清算工作。集团形成《十二五发展规划》,计划在“十二五”期间完成工业投入和新兴产业投资共200亿元,到2015年实现集团资产总规模200亿元、销售收入200亿元,打造一个由5家以上上市公司为骨干、一批特色产业板块和新型产业园区为支撑的国有产业集团。

(马德义)

民营经济发展

【概况】 2010年,面对复杂多变的宏观经济形势,全市各级按照“勇当基本现代化建设主力军”的目标定位,着力推进民营经济产业结构优化、创新能力提高和发展方式转变,狠抓项目招商、争创“三名”和板块经济等重点工作,提高服务水平和组织程度,民营经济在转型升级中总量不断增长、质态不断提升、贡献不断提高。全市民营经济实现增加值超2000亿,占全市GDP比重达60%;规模以上民营工业实现增加值969.82亿元,比2009年增长14.7%。民营经济入库税金256.23亿元,比2009年增长28.8%,占国、地税收入比重达到61.8%,对国、地税收入增长贡献率达65.7%。民营企业注册从业人员245.91万人,比2009年增长16.2%,成为吸纳就业的主渠道。全民创业保持良好发展势头,全年净增个体工商户5.04万户、私营企业1.53万家、私营企业注册资本857.1亿元,总量分别达39.21万户、15.31万家、3898.4亿元,3项指标均保持全省第二。全市超10亿元民营工业企业达51家,其中超30亿、50亿元企业分别达9家、4家。18家企业入围全省百强民企排行榜,24家企业入围全国民企500强。继续开展争创“三名”年度人物评选表彰活动,产生良好反响。11家企业被评为省优秀民营企业,徐长江被评为省杰出民营企业家。

【民资招商】 2010年,全市引进市外民资3681个,注册资本536亿元,比2009年增长55%。项目平均注册资本1456万元,创历史新高。江苏沿海开发上升为国家战略一周年前夕,全市民发办系统牵头组织408个、总投资1700亿元重大项目集中开工,《新华日报》头版头条进行报道。

【民企上市】 全市9家新增上市企业中民营企业占8家,募集资金超过200亿元,创历史新高。“九九久”、“文峰”同天过会,“江海股份”、“润邦重工”同天挂牌。“金通灵”实现南通创业板上市零的突破,“熔盛重工”成为内地在港上市最大民营企业。

【板块经济】 以民营企业为主体的船舶、海工产业继续保持强劲发展态势,全年造船完工量807.89万载重吨、海洋工程完工量389.42万综合吨,船舶及配套产业产值突破1000亿元。家纺、电动工具等传统板块继续保持竞争优势,医药化工、新材料、新能源等新兴产业板块不断壮大。全市营业收入超百亿的产业板块达14个,产业的集聚度进一步提高。

【融资服务】 中小企业金融超市坚持常态运作,全年帮助611家中小企业协调解决贷款24.8亿元;中小企业应急互助基金运作规范,全年融资周转额7.6亿元,解决一批中小企业先还贷再续贷时的资金周转困难;全市纳入备案管理的融资性担保机构增加到26家,其中注册资本亿元以上的20家,全年为1800家中小企业担保贷款85亿元。

(方雪忠)

【排定2010年南通民营企业500强】 市民营经济发展办公室、市统计局根据2010年民营企业统计资料,按营业收入指标排定了南通民营企业500强。南通民营企业500强营业收入合计为4949.75亿元,平均营业收入为9.9亿元,均比上年增长23.6%。超10亿元企业共有93家,比上年增加22家。江苏文峰集团、中南控股集团有限公司、江苏南通二建集团有限公司、江苏省苏中建设集团股份有限公司、江苏南通三建集团有限公司、江苏熔盛重工有限公司、南通化工轻工股份有限公司、南通四建集团有限公司营业收入均超百亿。

南通民营企业500强对南通经济的贡献显著,500强民营企业上交税金207.66亿元;实现利润总额341.28亿元,平均盈利6825.6万元。323家入围的工业企业只占全市规模以上工业企业总数的4.3%,但营业收入达2370.5亿元,占全市规模以上工业的32.4%;上交税金109.58亿元,占39.9%;利润总额214.74亿元,占40.0%。

从入围企业的行业分布看,南通民营企业500强中,工业企业323家、占64.6%,与上年持平;建筑业企业98家、占19.6%,比上年减少2家;商贸流通企业55家、占11.0%,比上年增加2家;房地产企业24家、占4.8%,与上年持平。入围的工业企业中,列入省统计的高新技术企业156家、占48.3%,比上年增加23家;从工业门类看,入围的企业主要分布在机械、纺织服装、化工医药、轻工食品、电子信息、船舶制造等六大行业。

(民发办)

表3-01 **2010年度各县(市、区)入围全市民营企业500强情况**

县(市、区)	入围企业数	名次	入围企业营业收入(亿元)	名次	入围企业平均营业收入(亿元)	名次	综合名次
海安县	83	2	724.63	3	8.73	6	2
如皋市	87	1	816.04	2	9.38	5	1
如东县	40	7	401.28	7	10.03	4	7
海门市	81	3	905.94	1	11.18	3	3
启东市	52	5	453.56	6	8.72	7	6
通州区	54	4	659.23	4	12.21	2	4
崇川区	47	6	624.05	5	13.28	1	5
港闸区	30	8	203.88	8	6.80	8	8
开发区	26	9	161.14	9	6.20	9	9
合　计	500	—	4949.75	—	9.90	—	—

表3-02 **2010年各行业前十名民营企业**

行业	企业名称	所在地区	500强中排名	备注
工　业	江苏熔盛重工有限公司	如皋市	6	船舶修造
	江苏通光集团	海门市	10	电子信息
	中天科技集团有限公司	如东县	11	电子信息
	江苏综艺集团	通州区	13	纺织服装
	江苏英田集团	如皋市	18	机械
	南通新正大特钢有限公司	海安县	20	冶金
	南通华达微电子集团有限公司	崇川区	21	电子信息
	南通辉煌彩色钢板有限公司	如东县	22	建材
	海门市鑫源新材料有限公司	海门市	24	电子信息
	南通江海电容器股分有限公司	通州区	26	电子信息

(续表)

建筑业房产业	中南控股集团有限公司	海门市	2	
	江苏南通二建集团有限公司	启东市	3	
	江苏省苏中建设集团股份有限公司	海安县	4	
	江苏南通三建集团有限公司	海门市	5	
	南通四建集团有限公司	通州区	8	
	通州建总集团有限公司	通州区	9	
	江苏南通六建建设集团有限公司	如皋市	12	
	江苏江中集团有限公司	如皋市	14	
	南通五建建设工程有限公司	如东县	15	
	龙信建设集团有限公司	海门市	16	
商贸流通	江苏文峰集团	崇川区	1	
	南通化工轻工股份有限公司	崇川区	7	
	南通川东石油公司	崇川区	23	
	南通燃料股份有限公司	崇川区	33	
	南通市石油有限公司	崇川区	37	
	江苏凯茂贸易有限公司	如皋市	60	
	南通市远邦石油有限公司	如皋市	66	
	南通开发区炜赋对外贸易有限公司	开发区	80	
	南通鑫磊煤炭贸易有限公司	通州区	81	
	南通美的制冷产品销售有限公司	开发区	84	

对外开放

开放型经济

【概况】 2010年，面对后危机时代复杂多变的国内外形势，全市上下按照市委、市政府提出的开放型经济要勇当基本现代化建设领跑者的工作要求，以保增长、抓转型、促提升为首要任务，积极抢抓长三角一体化发展和江苏沿海开发两大国家战略叠加机遇，着力推进转型发展，全市开放型经济发展取得了超过预期的良好业绩。

【利用外资高位发展】 以“龙腾江海 耀眼南通”为主题，先后在新加坡、印度及上海、深圳、北京、香港、台湾等地举办招商活动，签约一大批重大投资项目。全年完成工商登记注册外资55亿美元，实际到账外资28.98亿美元，自2006年以来连续5年保持20~30亿美元的高位发展。进一步突出以质为先、量质并举的考核导向，在设立利用外资目标管理先进奖、总量贡献奖、季度争先奖的基础上，增加引进重特大外资项目贡献奖。出台《南通市星级招商人员评定办法》，调动招商人员突破重大项目的积极性。外资质量明显提升，新批及净增资3000万美元以上项目34个，其中新批及净增总投资9000万美元以上项目16个。企业上市亮点凸显，熔盛重工在香港上市，募集资金140亿港元；江海电容器、润邦重工、神通阀门、联发纺织等5家企业成功上市，17家外资企业进入上市轨道。涉外税收首次突破100亿元，达到116亿元，占全市税收总收入的27.97%。

【2010港洽会成功举办】 9月15~19日，以“精彩港洽会，辉煌十年路，魅力江海城，耀眼新南通”为主题，成功举办2010中国南通港口经济洽谈会。来自30个国家和地区的1400多位中外客商和嘉宾参加。港洽会将开幕式与文艺演出有机结合，宣传推介南通的比较优势。其间，举办新能源产业发展研讨会、呼叫产业在南通推介会、南通与中央企业对外承包工程对接会等近10场经贸活动，成为融经贸、科技、文化为一体的城市盛会。集中签约100个超千万美元项目，总投资103.1亿美元，创历届港洽会之最。

【对外贸易实现七年翻两番】 2010年，全市外贸进出口总值210.96亿美元，比上年增长29.8%，进出口总量实现七年翻两番。其中出口141.07亿美元、进口69.89亿美元，分别比上年增长26.2%、37.6%。外贸结构不断优化，一般贸易出口占60.3%，高于全省23.8个百分点；高新技术产品、机电产品占比分别达到19.1%、42.7%，比“十五”期末分别提高13.1个百分点和11.5个百分点。出口市场更趋多元，出口国家和地区由“十五”期末的167个扩大到“十一五”的198个。出口大户支撑明显，出口超千万美元企业242家、超亿美元企业12家，分别是“十五”期末2.3倍、2倍。林洋新能源出口13.86亿美元，成为全市首个年度出口超10亿美元的企业。

全面培育外贸发展优势。充分利用国际金融危机形成的倒逼机制，积极探索外贸转型发展之路。召开全市加快转变外贸发展方式工作会议，提出了建立外贸转型引导体系、公共服务协调体系、外贸金融支持体系等工作重点。加强出口品牌和出口基地建设，着力提高南通外贸竞争力和话语权，评出南通市出口名牌36个，申报国家级船舶及海工出口基地，全国体育用品出口基地通过国家轻工进出口商会考核评定，崇川区被评为“江苏省体育用品出口基地”。强化知识产权保护工作，“中国南通家纺城”和“叠石桥国际家纺城”被列为“江苏省知识产权联络点”。“四位一体”构建进出口公平贸易预警体系，南通外贸医药保健品有限公司被列为“江苏省葡萄糖胺进出口公平贸易预警点”。建立百强企业联系制度，培育形成船舶海工、能源光伏、家纺服装、电动工具、化工、食品、体育用品等超亿美元出口板块。

【贸易促进工作成效显著】 2010年，南通市贸促会为2483家企业签发各类证书40971份，下设启东代办点，保障出口货物顺利通关；及时为出口台湾企业签发ECFA原产地证书，并为南通南亚塑胶公司开出全省首份ECFA证书；受理涉外商事案件12件，帮助本市企业挽回经济损失255.03万美元，调解成功率达68%，案件受理数及办结率位于全国贸促系统前列。

【外经合作保持全省领先】 2010年，全年新批境外投资项目35个,比上年增加23个;中方协议投资额3.18亿美元,增长636.5%。全年新签承包劳务合同额8.72亿美元,完成营业额12.53亿美元,新派人数8854人,期末在外人数29389人,继续保持全省领先。外经企业国际竞争力明显提高,4家对外承包工程企业进入全省"建筑外经10强",3家企业入选"全球最大225强国际承包商"行列。着力打造外经工作亮点。通过举办外经合作转型升级研讨会、上海-江苏外经合作对接会、南通与中央企业对外承包工程对接会等,推动南通外经转型升级。研究制订《关于加大资金扶持推进市区外经企业发展的实施意见》,鼓励外经企业做大做强。积极帮助符合条件的企业申报对外承包工程和劳务合作经营资格,全市具有对外承包工程和劳务经营资格的企业增至45家,对外承包劳务项目拓展到70多个国家和地区。

【开发园区转型升级】 2010年,全市开发区以全市4.08%的面积创造了占全市48%的GDP、47%的固定资产投资、43%的财政收入、79%的到账外资和88万多个就业岗位,成为推进科学发展、集约发展、和谐发展的主力军。制定《2010年全市开发区(园区)争先创优目标管理和评价办法》,出台《关于推进全市开发区转型升级的意见》,13个省级以上开发区开展年度争先创优竞赛活动,跨江合作园区建设和特色园区、生态园区创建取得显著成效。

跨江合作扎实推进。组织召开新加坡-江苏合作理事会第四次会议,推进新苏双方更深层次合作。苏通科技产业园一期10平方公里主干道基本实现环通,启动二期21.5平方公里控规、二期生态规划、公共交通系统发展规划、一期控制性详规、一期景观规划的优化编制和产城一体化课题研究,有10个项目集中开工。上海杨浦(海安)工业园有3个项目竣工投产、有5项目正在建设,海门"复旦远达科技创业园"、港闸区"市北高新(南通)科技城"、通州"锡通科技产业园"等均已签订合同,正在开工建设或规划之中。全市20个跨江合作园区正按合同协议有序推进各项建设。

特色产业园区建设和生态工业园区创建大力推进。9月,启东经济开发区的光伏新能源产业园、如东经济开发区的风电设备产业园和海安经济开发区的光伏光电新能源产业园等3家特色产业园区获批,至此全市共有11家省级特色产业园。南通经济技术开发区获批同意创建国家级生态工业园,海安、启东、通州、如皋经济开发区获批同意创建省级生态工业园区。至此,全市共有5家获批同意创建省级生态工业园区(另一家为港闸开发区)、1家获批同意创建国家级生态工业园。

【服务外包爆发式增长】 全年新增服务外包企业162家,新签境内服务外包合同额6.33亿元,比上年增长122.97%,执行金额5.51亿元,增长117.27%;离岸服务外包合同额5673万美元,增长45.63%,执行金额4270.95万美元,增长30.33%。如皋科技城10万平方米外包载体即将交付使用,全年新增服务外包载体面积28万平方米。全面实施《南通市服务外包发展战略与产业规划》,加大考核推进力度。8月,召开全市服务外包产业现场观摩推进会。市长丁大卫率团赴无锡、常州参观考察服务外包(软件)产业发展情况。修订服务外包扶持政策,出台《南通市发展服务外包专项资金管理办法》。加大南通服务外包的宣传力度,打响"中国呼叫产业城"品牌。南通被中国电子商会授予全省唯一的"中国呼叫产业建设示范基地"称号。如皋软件园被国家发改委授予"中国呼叫中心产业能力建设管理规范专业园区试点单位和标准化建设基地"称号。南通经济技术开发区被评为全省首家"2010中国最佳呼叫中心基地"。

【口岸扩大开放】 5月11日、11月12日,洋口港、吕四港两港区第三轮和第四轮临时开放获批,新增临时开放码头3座,总数增至8座。至2010年底,南通口岸正式开放码头44个泊位,临时开放码头14个泊位。口岸外贸运输快速增长,从1983年的43.5万吨发展到2010年的3000多万吨。

(张　明)

国际贸易促进

【概况】 2010年,中国国际贸易促进全南通市支会主动"服务政府,服务企业,服务发展",各项业务取得显著业绩。全年签发各类证书4.1万份,其中签发一般原产地证书3.48万份,比上年增长15.73%。签证金额12.40亿美元,占全年外贸出口额8.79%。单据认证2179份。办理国际商事证明书2368份,比上年增长23.52%,其中自办1597份,代办771份,分别比上年增长32.6%和8.1%。代办使领馆认证1374份,签发区域性优惠原产地证书280份,新增注册企业276家,分别比上年增长5.45%、28倍和5.32%。商标国际注册27件,是上年的2.7倍。为22家出口企业办理56件资信调查。全年受理调解涉外商事案件12起,帮助企业挽回经济损失255.03万美元。全年发展会员61家。主办、联办外贸扶持政策、法律服务、出认证等各类培训班11期,3094家企业3181人次接受培训,全部免收培训费。

【组织参与展会】 国际展会组参展规模扩大。先后组织7场重点推介会,500多家企业免费听讲。全年组织国际展览项目26个,展出面积1879平方米,标准摊位209个,参展企业171家,参展人数426人次,均创历史新高。在日本(东京)中国纺织成衣展、德国法兰克福家纺展上,南通市参展规模列全国地级市前列。国内展览方面,先后成功举办"2010新春物资交易会"、"中国(南通)船舶配套产品展览会"等5个展会,出展面积累计达1.1万平方米,展位近500个,参展企业300多家,接待采购商、业内观众近8万人次,成交金额约6000万元。全年接待国际展览咨询3000多人次。

【国际交流】 全年组织或参与的外事活动达11场次,接待境外商协会或企业86家141人,分别与德国工商会上海代表处、俄罗斯圣彼得堡市工商会、香港环球资源代表处签订合作意向书。与市商务局联合承办"南通与中央企业对外承包工程对接会暨南通对外经济合作洽谈会",接待近30家中央企业负责人及来自阿联酋、沙特、苏丹、日本、新加坡、越南等国家的18位客商,促成全市外经企业与中央企业和境外客商在会上签订16个境外承包工程合作项目。

(韩国强)

友好往来

【接待来访】 1月12日,副市长沈振新在市行政中心会见王子制纸上海代表处中岛孝所长一行。

1月18日,副市长沈振新在市行政中心会见日本名古屋银行南通办事处首席代表近藤博一行。

1月21日,副市长沈振新会见奥地利国家商会、国际商会主席理查德·申茨一行。

2月11日,副市长徐辉在市行政中心会见日本冈三证券集团加藤社长一行。

3月3日,副市长沈振新在文峰饭店会见日本王子制纸株式会社副社长兼江苏王子制纸有限公司董事长近藤晋一郎一行。

3月25日,市委副书记、市长丁大卫在市行政中心会见美国安客诚公司全球首席执行官约翰·梅尔一行。副市长沈振新参加会见。

4月3日,市委副书记、市长丁大卫在有斐大酒店会见香港民政事务局局长曾德成一行。

4月8日,市委副书记、市长丁大卫在安惠国际会议中心会见新加坡国际企业发展局副主席、新加坡胜科工业有限公司集团总裁兼首席执行官邓健辉一行。

4月8日,中国美国商会代表团在新任会长孟克文带领下,到南通进行考察访问。市委副书记、市长丁大卫,副市长沈振新出席双方合作交流会。丁大卫致辞,沈振新作主题推介。

4月14日,市委副书记、市长丁大卫在文峰饭店会见以市长瓦伦多米罗·洛佩斯为团长的巴西圣若泽黑河市代表团一行,并签署发展友城关系的备忘录。副市长沈振新、南通大学校长袁银南等参加会见。

4月18日,市委副书记、市长丁大卫在有斐饭店会见日本宇部兴产株式会社会长田村浩章一行。

4月22日,市委副书记、市长丁大卫在文峰饭店会见以色列驻沪总领事艾雅克一行。副市长沈振新参加会见。

5月4日,副市长沈振新在文峰饭店会见北非西亚记者代表团一行,并接受采访。

5月6日,市委副书记、市长丁大卫在文峰饭店会见日本王子制纸株式会社社长田和久一行。副市长沈振新参加会见。

5月12日,市委副书记、市长丁大卫,副市长沈振新会见由美国美中工商协会组织、会长栗亚为团长的"美中工商协会世博访问团"一行。

5月12日,副市长沈振新在市行政中心会见日本帝人株式会社会长长岛一行。

5月18日,2010海外侨商江苏沿海行考察团一行百人到南通市参观考察。市委书记罗一民,市委副书记、市长丁大卫陪同考察并出席相关活动。省侨联主席郁美兰,市领导王平、孙金华、张永凯等参加相关活动。

5月18日,市委副书记、市长丁大卫在市行政中心会见新赴任的日本丸红中国副总代表、丸红(上海)有限公司董事长兼总经理世一秀直一行。

5月20日,市委副书记、市长丁大卫在文峰饭店会见日本川崎重工业株式会社常务取缔役、川崎造船株式会社代表取缔役社长神林伸光一行。副市长徐辉参加会见。

5月23日,市委副书记、市长丁大卫在文峰饭店会见日本和泉市市长辻宏康一行。市政府秘书长屈宝贤参加会见。

5月24日,市委副书记、市长丁大卫在市行政中心会见日本株式会社PFU社长轮岛藤夫一行。副市长徐辉参加会见。

5月26日,副市长沈振新在上海会见日本信越化工株式会社代表取缔役小野义昭一行。

6月23日,市委副书记、市长丁大卫在文峰饭店会见日本富士通微电子公司社长冈田晴基一行,副市长沈振新参加会见。

6月24日,副市长徐辉在金陵能达酒店会见美国迈图高科亚太区总裁江毅德一行。

6月27日,"2010海外华侨华人高层次人才江苏行——南通站"活动在文峰饭店举行。市委副书记、市长丁大卫出席开幕式并致辞。省侨办副主任孙彬,副市长沈振新出席活动。

7月7日,世界知识产权组织助理总干事克拉克一行到南通市,就知识产权保护尤其是家纺行业版权保护工作进行考察调研。副省长曹卫星、市委书记罗一民会见克拉克一行。市领导张小平、宋文辉、黄巍东、杨展里等陪同考察。

7月8日,市委副书记、市长丁大卫在市行政中心会见印度中国经济文化促进会秘书长萨奇布和陪同访问的华为公司高级副总裁、华为印度公司副总裁姚卫民一行。

7月13日,凡特鲁斯化工(南通)有限公司在南通开发区举行奠基仪式。副市长沈振新出席仪式,并会见美国凡特鲁斯全球总裁彭泽龙一行。

7月26日,市委书记罗一民会见日本名古屋银行会长加藤千麿一行,双方就名古屋银行设立南通分行等事宜进行亲切交谈。市领导蓝绍敏、黄巍东参加会见。

7月28日,市委副书记、市长丁大卫在市行政中心会见来访的嘉吉投资(中国)有限公司总裁安博泰一行。副市长沈振新、市政府秘书长屈宝贤参加会见。

8月10日,市委书记罗一民会见世界银行-国际货币基金组织的华人专家一行。市委常委、常务副市长蓝绍敏出席恳谈会并介绍南通经济社会发展情况。省科协党组书记、常务副主席徐耀新致辞。市委常委、组织部长郭腊军,市委常委、市委秘书长黄巍东,副市长徐辉参加相关活动。

8月21日 市委副书记、市长丁大卫在文峰饭店会见新加坡第一家集团董事局主席魏成辉一行。副市长朱晋参加会见。

9月16日,"百名侨商南通行"活动在南通大饭店国际会议中心开幕。市委书记、市人大常委会主任罗一民出席开幕式。市政协主席王德忠在开幕式上致辞。市委常委、常务副市长蓝绍敏主持开幕式。市委副书记、市长丁大卫会前会见全体嘉宾。市领导黄巍东、宋飞、沈振新、顾裕岳等参加相关活动。

9月16日,由印度中国经济文化促进会与南通市政府共同主办的第五届中印投资贸易合作研讨会在有斐大酒店举行。印度驻沪总领事戴思锐,市委副书记、市长丁大卫出席研讨会并致辞。副市长沈振新参加会议。

9月16日,市委常委、常务副市长蓝绍敏在南通大饭店会见日本名古屋银行株式会社会长加藤千麿。

9月16日,副市长徐辉在市行政中心会见美国佛罗里达大学终身教授邬荣领并洽谈有关项目事宜。

9月16日,副市长沈振新在南通开发区会见日本丸红株式会社执行董事兼丸红(上海)有限公司董事长世一秀直一行。

9月17日,2010年中国南通港口经济洽谈会隆重开幕。国际友城代表、侨商代表和各级领导、嘉宾出席开幕式。

9月17日,第二届中国南通国际友城交流大会在市行政中心举行。市委副书记、市长丁大卫与9名友城市长或市长代表围绕"城市发展与绿色环保"这一主题分别进行演讲。市政协主席、对外友好协会会长王德忠致欢迎词。丁大卫代表市政府与俄罗斯圣彼得堡市莫斯科区副区长索伯列夫·迪米特里签署友城协议;市人大常委会副主任宋飞与韩国昌原市副市长金润洙签署发展友城关系意向书;市政协副主席顾裕岳与日本苫小牧市商工会议所会长藤田博章签署友好合作备忘录。

9月17日,2010南通海外高层次人才交流会暨"海外英才进百企"活动在文峰饭店开幕。市委常委、常务副市长蓝绍敏出席活动并致辞。市人大常委会副主任陆玉明参加活动。

9月23日,市委常委、常务副市长蓝绍敏在金鳌坊会见美国通用轴承公司首席执行官大卫·赛克一行。

10月1日,副市长沈振新在南通开发区会见新加坡新桥集团常务副总裁曾士生一行。

10月11日,副市长沈振新在南通开发区会见日本三洋化成工业株式会社社长家永昌明一行。

10月13日,国际奥委会副主席黄思绵、新加坡第一家集团执行董事主席魏成辉一行在南通考察。副市长沈振新陪同考察。

10月18日,市委副书记、市长丁大卫在有斐饭店会见新加坡吉宝集团首席执行官朱昭明一行,副市长朱晋、沈振新先后陪同考察。

10月19日,副市长沈振新在文峰饭店会见东盟秘书长中国事务委员会主席杰克·陈一行。

10月22日,新加坡-江苏合作理事会第四次会议在南通举行。中共江苏省委书记、省人大常委会主任、理事会江苏方主席梁保华和新加坡卫生部长、理事会新方主席许文远出席会议并致辞。市委书记罗一民出席会议,并作为江苏方代表发言。市领导丁大卫、沈振新参加会议。

10月26日,市委副书记、市长丁大卫在市行政中心会见日本川崎重工业株式会社副社长三原修二一行。

11月1日,纳米比亚驻华大使莱昂纳德·纳穆巴胡偕夫人一行到南通访问。市委副书记、市长丁大卫在文峰饭店会见纳穆巴胡一行。

11月1日,副市长沈振新在市行政中心会见日本森林株式会社常务董事森康、名古屋银行南通代表处首席代表近藤博一行。

11月1日,副市长沈振新在有斐饭店会见帝人公司总经理中川浩孝、帝人汽车用布加工(南通)公司总经理森本英一一行。

11月4日,副市长沈振新在市行政中心会见日本丸红造纸制浆工程咨询株式会社专务取缔役长野八郎一行。

11月16日,南通中远川崎船舶工程有限公司举行建厂15周年庆典,国产首艘20.5万吨散货船同时命名下水。国家发改委能源局石油天然气司副司长胡卫平,日本川崎重工株式会社代表常务取缔役神林伸光,中远(香港)航运有限公司副总经理任宝根,中远造船工业公司总经理王宇航、党委书记陈大成,市领导丁大卫、王德忠、张小平、徐辉、沈振新等出席庆典活动。

11月18日,副市长沈振新在有斐饭店会见法国乐华梅兰集团中国区CEO林柏怡、美国沃尔玛集团中国区高级地产总监吴恒耀一行。

11月19日,副市长沈振新会见韩国韩华化学株式会社董事长兼太阳能事业团团长洪起俊一行并陪同考察南通经济技术开发区。

11月30日,副市长沈振新在文峰饭店会见日本富士通半导体株式会社社长冈田晴基一行。

12月8日,市委常委、常务副市长蓝绍敏在市经济技术开发区会见美国纽升太阳能首席执行官Dave Pearce一行。

12月9日,副市长沈振新在市行政中心会见日本丸红造纸制浆工程咨询株式会社专务取缔役长野八郎一行,宾主双方就合作事宜举行会谈。

12月14日,副市长吴晓春在市行政中心会见美国安客诚公司全球副总裁杰夫·斯坦利吉一行。

12月14日,副市长沈振新在市行政中心会见美国钻石吧市原市长张文彬一行。

12月17日,第十三次中澳防务战略磋商在南通举行。中央军委委员、总参谋长陈炳德与澳大利亚国防军司令安格斯·休斯顿、国防部秘书长伊万·瓦特共同主持磋商。

12月28日,市委副书记、市长丁大卫,副市长沈振新在市行政中心会见日本东丽株式会社新任社长、日本化学纤维协会会长日觉昭广一行。

【对外交往】 1月12日、14日,副市长、市公安局局长秦剑平率市友好代表团在访问加拿大、美国期间,先后与加拿大BC省政府经济部交流洽谈,拜会美国泽西市政府。

3月12~19日,市委书记罗一民率团考察以色列、约旦、阿联酋等西亚三国,其间拜会中国驻各国大使和领事,视察南通建筑队伍承建的工地,慰问海外创业人员。

6月10日,南通市政府在新加坡举行苏通科技产业园投资环境推介会。在新加坡期间,市委副书记、市长丁大卫,副市长沈振新一行先后拜会中国驻新加坡大使魏苇、新加坡国家发展部部长马宝山,并考察新加坡国际企业发展局、吉宝集团和蛟龙重工(新加坡)公司。

6月11日,市委副书记、市长丁大卫率南通经贸代表团在印度考察软件及服务外包产业发展情况,推介南通投资环境。

7月28日,副市长吴晓春率市友好团访问俄罗斯,拜访俄罗斯圣彼得堡莫斯科区政府。

7月31日,市人大常委会副主任王平在毛里求斯参加与瓦瓜市的友城签约仪式。

8月25日,副市长徐辉率南通市代表团赴美国旧金山、纽约和加拿大多伦多等地推介江海英才计划。

10月7日,市委常委、副市长秦厚德率市友好代表团访问澳大利亚,拜会大湖市市政府,与大湖市签订友好合作意向书。

(陈　伟)

开发区(园区)建设

【概况】 2010年,全市开发区以项目建设为主线,大力招商引资,推进转型升级,主要经济指标增势强劲,基础设施日趋完善,争先创优绩效显著,转型升级步伐加快,呈现又好又快的发展态势。全市开发区实现国内生产总值2347.79亿元,比上年增长38.03%;财政收入309.82亿元,比上年增长51.34%,其中地方一般预算收入145.52亿元,比上年增长51.07%;税收收入233.03亿元,比上年增长42.47%。全年实现工业总产值7485.99亿元,比上年增长35.46 %;工业增加值1741.13亿元,比上年增长35.84%;业务总收入9910.89亿元,比上年增长35.79%;工业产品销售收入7321.77亿元,比上年增长36.52%。苏通科技产业园一期工程取得阶段性成效,高标准实现"九通一平"。

【外贸进出口】 2010年,全市开发区进出口总额118.80亿美元,比上年增长55.98%。其中:出口73.94亿美元,比上年增长61.45%;进口44.86亿美元,比上年增长47.74%。

【利用外资】 2010年,全市开发区新批外商投资企业248个,比上年增加42个。商务部确认实际到账注册外资17.04亿美元,占全市实际利用外资总额的82.71%,比上年增长3.2%。

【基础设施建设】 2010年,全市开发区加大硬件设施的投入的力度,全社会固定资产投资1381.17亿元,比上年增长34.62%;基础设施共计投入271.53亿元,比上年增长110.11%。

【争先创优】 市政府出台《2010年全市开发区(园区)争

先创优目标管理和评价办法》,全市各开发区积极开展争先创优活动,在项目建设、科技创新、环境保护、特色园区创建、跨江合作开发等方面奋力赶超。开发区建设的质量和水平得到提升,南通经济技术开发区、如皋港工业园区、海安经济开发区、海门经济开发区和如皋经济开发区分别被评为2010年度全市争先创优先进开发区(园区)前五名,受到市委、市政府的表彰奖励。

【转型升级】 11月26日,市政府召开全市开发区转型升级工作推进会。会议总结全年全市开发区转型升级所取得的成绩,动员全市开发区理清发展思路、明确发展目标、突出发展重点、提升发展水平,加快转型升级步伐。会后,各地和开发区纷纷行动,制定各自的转型升级目标和工作举措。

【特色园区创建】 市商务局引导开发园区以打造产业基地为目标,通过发展壮大一批传统产业,引进培植一批新兴产业,加快推进向特色化、专业化、生态化转型。2010年,启东经济开发区的光伏新能源、如东经济开发区的风电设备、海安经济开发区的光伏光电等3个新兴产业产业园获批为省级特色产业园。全市获批省级特色产业园11个,数量列且次于苏州市,列全省第二,苏中、苏北第一。

【生态园区创建】 2010年,全市有5个开发区通过省环保厅、商务厅、科技厅的联合评审,海安、如皋、启东、通州经济开发区获批同意创建省级生态工业园区;南通经济技术开发区通过国家环保部、商务部、科技部的评审,获批同意创建国家级生态工业园区。

(李　念)

南通经济技术开发区

【概况】 南通经济技术开发区成立于1984年12月,是中国首批14个国家级开发区之一,总面积146.98平方公里。2010年,实现地区生产总值256.2亿元,增长20%;实现财政总收入64.3亿元,增长41.9%,其中一般预算收入24.9亿元,增长41.7%;完成全社会固定资产投资208.4亿元,同比增长32.3%。完成全部工业总产值1150.4亿元,增长20.9%,实现规模工业总产值803.1亿元,增长26.5%;进出口总额35.4亿美元,增长22.9%,其中出口额19.13亿美元,增长36.2%。

【招商引资】 南通开发区重点产业规划提出"4+4"的产业发展格局,发展精细化工、装备制造、纺织及造纸、食品加工等四个优势产业,发展电子信息、新医药、新能源、现代服务业等四个新兴产业,招商选资的方向更明确、集中。切实加大战略性新兴产业、高新技术产业和现代服务业的招商力度,全年完成工商登记注册外资7.28亿美元,实际利用外资4.86亿美元。全年新批外资项目27个,增资项目23个,其中总投资超千万美元项目31个、高新技术项目20个、新兴产业项目25个。总投资5亿美元的韩华新能源太阳能电池项目、总投资4亿美元的欣兴电子项目、总投资3亿美元的台湾利音LED项目、总投资9300万美元的日立化成助剂项目签约落户。

【项目建设】 进一步优化项目推进机制,先后举行3次项目集中开工活动,新开工项目68个,总投资243亿元。全年完成工业总投资122亿元,竣工项目42个,王子制纸、振华南通新基地、醋酸化工搬迁、中天光纤预制棒等一批重点项目进展顺利。总投资60亿元的清华同方LED半导体产业基地、总投资4960万美元的朗盛台橡新材料、总投资9500万美元的信越有机硅等一批重大项目开工建设。

【产业布局】 支柱产业扩量提质。现代装备制造业、化学新材料等主导产业占规模工业比重不断提高;企业上市迈出新步伐,润邦重工挂牌上市,南辉电子、三圣石墨完成申报上市准备,瑞雪海洋完成二次私募;全年组织申报中国驰名商标1个,省市知名商标6个。

新兴产业势头强劲。清华同方LED、中天科技光纤预制棒、库博三元复合材料、龙源振华海上风电设备等新材料、新能源项目快速推进。以联亚、联科、百奥迈科、领航干细胞等为主体的生物医药产业不断壮大。列统高新技术企业增至85家,高新技术产业产值达到269.16亿元,占规模以上工业产值比重达到33.5%。

现代服务业加速集聚。全年新批服务业项目268个,服务业实际投入超过100亿元,汽车城、钢材城、通富妇儿乐城、长三角建材城等服务业重点项目进展顺利,星湖街区已有50多个项目落户,携程现代信息技术服务中心投入运行,江北首家外资银行日本名古屋银行正式落户,江苏微软培训中心、"世界之窗"创意设计产业园、中智科技云计算中心、"喜羊羊与灰太狼"动漫、连邦软件、汇环科技、江苏宜居等多个基地型、领军型、特色型服务外包项目成功落户。南通开发区荣获"微软中国2010年度服务外包成就奖"和"中国呼叫中心建设示范基地"称号。

【科技创新】 出台《科技进步2010~2012年行动计划》、《关于鼓励和促进科技创新创业的若干意见》、《南通开发区创业投资引导基金管理办法》和《加快能达商务区总部经济发展的若干意见》,鼓励企业提升自主创新能力,提供融资担保等配套服务，大力扶持现代产业发展，全年发放科技奖励扶持资金2000多万元。全年组织产学研合作重点项目20多个，4家企业成功申报省级工程技术研究中心；建筑面积6.3万平方米，集科技孵化、创意设计、科教研发等功能于一体的智能园一期投入使用；智慧园吸引一批知名企业入驻，成为高新技术企业和呼叫产业的孵化平台。出台《关于进一步推进高层次人才集聚的若干意见》，开展6次高层次人才专题招聘活动，全年共引进海内外高层次创新创业人才（团队）33个，创业创新项目9个，申报省科技创新团队4个，省双创人才及市工程技术关键人才获得市级以上资助930万元；8万平方米的人才高级公寓全面启用。全年申报各级各类科技计划和项目102个，其中国家级科技计划项目5个、省级31项，获得上级扶持资金2450万元，百奥迈科、领航干细胞获得省级重大科技成果转化项目立项。累计申报专利3203件，其中，发明专利788件，创历史新高；授权专利1312件，是前4年总和的2.24倍。联亚药业有限公司自行开发研制的药品正式获美国食品和药物管理局（FDA）批准。

【城市建设】 全年完成城建投入15亿元，实施39个城建项目，城市功能与产业承载功能不断提升。全年完成拆迁总面积162.25万平方米，新开工低价位商品房和农民集居区130万平方米，竣工安置106万平方米。编制完成开发区中心区控制性详细规划和重点地段城市设计、景观规划等规划。建成天星横河滨河公园，绿化面积达12.5万平方米；建成能达绿廊4.8万平方米；东方大道北延、星湖大道改造、新开路改造等13个项目基本竣工，通启河大桥、通盛大道北延等18个路桥工程加紧推进；竹行小学、海关监管仓库、殡葬服务中心等一批重点项目相继建成；新通海沙开发区上段岸线综合整治工程开工建设。国家生态工业示范园区规划顺利通过环保部、商务部、科技部的批准。

携程呼叫中心等一批服务业项目在开发区能达商务区落成

【能达商务区建设】 围绕打造现代服务业集聚区和现代化的新城区，全力推进能达商务区建设。1.4平方公里核心区内各项配套设施基本建成，入驻项目26家，总投资约70亿元。特色商业组团星湖街区、星湖101广场正式运营，润华国际五星级酒店、能达总部大厦、益兴总部大厦、金融财富大厦、星湖101大厦等10多个重大项目加紧建设。

（丁佐峰）

苏通科技产业园

【概况】 苏通科技产业园位于苏通长江大桥北翼，是江苏省沿海开发和长三角一体化发展的重点园区，是苏州、南通两市跨江联动开发、推动区域共同发展的合作园区，是苏州工业园区成功经验推广辐射的示范园区。园区规划总面积50平方公里。一期开发9.5平方公里。园区以"江海生态城、国际创业园"为定位，通过10年左右时间的开发建设，建成长三角经济圈体制创新的示范区、科技发展的先导区、先进产业的集聚区及和谐生态的新城区。2009年5月，苏通科技产业园奠基。2009年9月，园区一期基础设施建设项目集中开工。到2010年年底，园区一期基础设施基本竣工，道路景观同步完成。部分城市功能配套项目陆续启动。8个招商项目领照注册，并开始兴建厂房。实现财政总收入3.2亿元，其中一般预算收入1亿元。

【机构设置】 经南通市委批准，园区建立苏通科技产业园综合管理办公室，作为园区的行政机关。南通市编办批准园区的副处级内设部门包括：事务管理局（挂组织人事部、劳动保障和社会事业部牌子）、招商与经济发展局、规划建设环保局、财政局（国资办）。下属事业单位包括：土地储备中心、一站式服务中心及招商中心。市人民政府批准成立苏通科技产业园控股发展有限公司，为国资全资公司，负责园区土地一级开发、融资平台建设等。

【体制机制】 加大沟通协调，促进省市有关扶持政策落到实处。组织4批近90人次赴新加坡参加专题培训；各部门主动与苏州工业园区相关部门对接，学习借鉴新加坡先进理念和苏州工业园区成功经验，创造性地开展园区的体制建设。在市财政及税收部门支持下，确立园区企业税收界定规则，争取项目税收区属地征收，积极组织非税收入，形成园区的财税体制。探索国有资产增值机制，初步完成控股公司筹建工作；编制公司战略规划，形成由3个全资子公司、2个分公司、2个联营公司组成的企业集团。至2010年底，控股公司本部总资产8.02亿元，总负债1.01亿元，资金总投入5.73亿元。加强内部管理制度建设，机关内部运行有序高效，农场社区联合管理委员会正常运转。

【招商引资】　制定招商引资考核办法、工业项目评估细则、招商信息管理系统,与中新集团签署一体化招商协议,建立园区的招商工作机制。通过猎头招聘、自主招聘等方式,招聘18名优秀人才,组成园区招商队伍。加大对园区的宣传推介力度,在上海、北京、深圳等地以及新加坡、美国、日本等国举办了10多场投资环境说明会。在上海举办了2场总部经济推介会;在北京举办面向央企的推介会;在美国6个城市举办10场生物医药项目恳谈会;在深圳参加中国光电产业展览会。借助园区成立一周年契机,在新加坡举办专题汇报会,聘请新加坡知名企业总裁为园区高级经济顾问,并就具体合作项目进行深入洽谈。一年来,园区领照项目8个,其中新能源项目2个、光电和新型电子项目4个、精密机电项目2个,均代表国家战略性新兴产业发展方向;平均单体规模1.15亿美元,平均投资强度超过600万元/亩。

【规划编制】　委托新加坡邦城公司编制概念规划和一期控制性详规;编制15项专业规划;委托国家发改委宏观经济研究院制定产业规划,委托清华大学编制经济研究院制定产业规划,委托清华大学编制生态规划;进行二期控制详规、二期生态规划、园区地下空间利用总体规划、首期道路景观规划、核心区地上、地下城市整体设计及公共交通系统发展规划等编制工作。借助美国AECOM公司、上海市政公用公司、中国科技管理研究院等智囊团队,开展生态园区规划、数字园区规划、集中能源园区规划的前期研究工作。

【基础设施建设】　至2010年底,园区累计完成投入近20亿元,一期9.5平方公里范围内22条总长45公里的市政道路及河道、景观绿化、路灯、交通设施、给水、供电、燃气等工程基本竣工,地块的土方回填和临时绿化基本完成,新增道路总面积180万平方米、道路景观及地块临时绿化面积265万平方米,基础设施达到高标准、高质量的"九通一平"。城市配套功能设施同步推进,6.5万平方米科技孵化中心、17万平方米标准厂房于2010年年底动工建设。确定职工(人才)公寓、便利中心、住宅小区、邻里中心、九年一贯制学校等城市配套功能项目的方案。至年底,基本完成东方大道快速化改造、沈海高速(G15)园区出入口拓宽综合改造等重大项目的方案设计、工程可行性研究等前期工作。

【年度大事】　2010年2月20日,春节后上班第一天,市委书记罗一民、市长丁大卫等到园区视察并召开调研会。在视察园区一期开发建设现场后,罗一民指出,园区要把握"高、快、特、合"四个字的要求,加快开发建设,为开启基本现代化建设新征程做出贡献。

5月15日,中国生产力学会在钓鱼台国宾馆举办苏通科技产业园投资环境说明会,应邀到会有央企负责人90多位、跨国公司负责人20多位、科研机构负责人15位、国家部委机关领导30多人,十届全国人大副委员长顾秀莲、中国生产力学会会长王茂林出席会议。说明会由副市长沈振新主持,市人大常委会副主任宋飞致辞,园区综管办主任葛亮作投资环境说明。

6月10日,园区在新加坡举办投资环境说明会,市委副书记、市长丁大卫、新加坡贸工部政务次长陈振泉共同为苏通科技产业园新加坡代表处揭牌,腾飞集团总裁张雪倩等9位新加坡著名企业家受聘担任苏通科技产业园高级经济顾问,丁大卫向顾问颁发聘书,创斯达、仁创2个项目签约。

10月22日,江苏－新加坡合作理事会第四次会议在南通召开。中共江苏省委书记、理事会中方主席梁保华,江苏省副省长、理事会中方副主席张卫国,新加坡卫生部长、理事会新方主席许文远,新加坡贸工部政务部长、理事会新方副主席李亦贤等130多位嘉宾出席会议。会议把苏通科技产业园继续确定为理事会重点推进的项目,并明确从经贸、科技等六个方面对园区开发建设加以支持和推进。

10月22日下午,苏通科技产业园举行重大项目集中开工仪式,首批入园企业江苏尼欧凯汽车研发有限公司、优盛光电(江苏)有限公司、江苏创斯达科技有限公司及园区首期功能配套项目汇通科技创业园、苏通科技产业园科技孵化中心、苏通职工家园便利中心、苏通职工家园、滨江花苑、星苏花园、江海小学等10个项目集中开工。苏新理事会第四次会议与会嘉宾、入园企业代表、园区建设施工人员及市级机关部门代表等近500人出席开工仪式。与会领导及企业代表共同为奠基石培土。

(周少华　丁孝勤)

省级开发区

江苏南通崇川经济开发区

【概况】　江苏南通崇川经济开发区成立于1993年,位于南通主城区——崇川区。1997年5月被江苏省人民政府批准为省级开发区,并命名为江苏南通台商投资开发区。2005年,更名为"江苏南通崇川经济开发区"。崇川开发区总规划面积25.86平方公里,分为东西两区。东区位于主城区的东大门,占地21.48平方公里;西区位于南通港口的后沿,紧临主城区、狼山风景区,占地4.38平方公里。成立以来,全球塑胶龙头台塑关系企业南亚集团、国内十大集成电路封装测试企业之一的通富微电、世界工业企业500强之一的来宝谷物、国内化妆品十强企业东洋之花、数字视讯产品上市公司同洲电子、全球数据处理巨擘安克诚等先后入驻。2006年，崇川开发区被评为“长三角最具活力投资区域”。2010年，崇川开发区经济发展及各项工作取得有效进展。全年完成规模以上工业总产值266亿元，比上年增长29%。实现财政总收入20.96亿元，比上年增长83.5%。完成全社会固定资产投资64亿元，其中，工业投入36.5亿元，服务业投入27.5亿元。实际到账注册外资8803万美元。新办民营企业151家，注册资金10.53亿元，引进市外民资2.66亿元。6月25日，区内的金通灵风机股份有限公司在深圳证交所上市，成为南通首家创业板上市公司。

【招商引资】 崇川开发区坚持以促转型、求突破为目标，围绕现有产业基础，以电子信息、新能源新材料、节能环保产业为发展方向，狠抓项目引进，加快打造先进制造业集聚区和现代服务业高地。主攻具有影响力的LED显示屏生产基地项目、云计算数据中心项目、碳纤维项目、超导电缆、东盟经贸中心等龙头型项目，多个重大项目取得重大进展。探索园区跨区域合作开发，加强与上海漕河泾经济技术开发区、上海集成电路孵化基地、南大苏富特软件园等园区深度合作。全年新落户企业8家。6月19日，总投资近10亿元的华东最大热加工中心——通能精机热加工项目在南通科技签约，正式落户崇川开发区。9月18日，崇川开发区科技园举行重点服务外包企业入园仪式，海纳德船舶设计等12家企业拿到入园“金钥匙”。10月20日，东盟中国事务委员会主席杰克·陈与崇川区区长葛玉琴就江苏东盟经贸中心项目落户崇川开发区签订框架协议。

【项目建设】 围绕“土地出让”和“项目建设”两个环节，全力推进“双百”、“双重”项目建设。工业项目有效推进，富士通电子三期、华达集团二期、通能精机、盛祥流体迁扩建等项目开工建设，大明电子迁扩建、同洲电子研发生产基地等项目土建竣工，富士通二期02专项、富力机电建成投产。服务业项目亮点频现，IMO企业即时通讯平台正式运营，运杰龙馨园、恒盛豪庭、翰景园等楼盘相继开盘，奥迪、名尼威等4S店建设顺利推进。全年新增注册资本100万元以上的服务外包企业23家，累计引进服务外包企业69家。储备项目取得突破，万达锅炉与央企中材集团合作启动二期项目，柴油机与南高齿集团联姻成功，烟滤嘴迁扩建项目用地成功挂牌。

【服务业发展】 全年完成服务业投入27.5亿元，比上年增长103%；实现服务业税金3.02亿元，比上年增长35%。服务业集聚发展效应初显，逐步形成以南区科技园软件开发、呼叫中心、创意设计为主导的服务外包板块，以港口物流园区为主体的物流产业板块，以东区人民路两侧在建城市综合体、高档商业、办公楼宇为依托的商贸商业板块，以人民东路南侧、青年东路北侧区域内居住、商业地产为主的房地产板块，以及以东区汽车4S店集聚形成的汽车贸易板块。崇川科技园继荣获省级国际服务外包基地之后，又获得“国家高新技术创业服务中心”牌匾。新增清之华园、狼山高新技术产业园、苏源工业园等发展载体资源20万平方米，进一步拓展服务业外包发展空间。全年新增注册资本100万元以上的服务外包企业23家，累计引进服务外包企业71家，完成服务外包合同执行额8346万元，服务外包收入超10亿元。苏宁物流中心、农副产品交易中心等7个物流项目强势推进，集陆运、港运于一体的大物流格局初具雏形。

【环境建设】 坚持规划引领城市建设，完成开发区概念性规划设计初步成果，明晰城市功能布局和产业发展定位。完成钟秀东路东延、车管所西侧路、国胜路等城市主、次干道建设16.3公里。完成锦安花园一期配套工程、二期主体工程、海关营房综合楼主体工程建设。强化服务措施，帮助金通灵、同洲电子、通能精机、富士通、来宝宏通等企业解决技改和项目建设过程中规划、用地、用电等方面的问题。引导企业实施科技创新和资源综合利用，组织进区企业完成申报省级科技项目31个，市级科技项目29个，资源利用、清洁生产和节能项目15个；协助金通灵实现创业板上市，帮助南亚塑胶、富士通公司、万达锅炉等企业争取技改补贴。

【党建工作】 全年共组建基层党组织18家、团组织12家、企业工会23家。成立崇川开发区党建工作站及党支部，搭建企企互动、服务基层的党员服务平台。

（王　炜）

江苏南通港闸经济开发区

【概况】 江苏南通港闸经济开发区位于南通市区西北翼，是1993年江苏省人民政府批准设立的省级开发区。现规划面积40平方公里，下辖6个农村社区、8个行政村和8个城镇社区居委会，户籍人口5万多人。建区17年来，园区建设持续跨越，经济社会协调发展，以全区1/3的面积和1/3的人口，创造出全区2/3的经济总量，跻身江苏省沿江重点开发的十五大园区行列。2010年，开发区实现地区生产总值97亿元，“十一五”期间年均增长10.45%；完成工业总产值329亿元，年均增长15.7%；实现工业销售收入310亿元，年均增长14.6%；实现服务业营销收入132.5亿元,年均增长29.8%。年内基本完成《港闸经济开发区概念性发展规划》的新一轮修编及商业区交通系统研究,并在此基础上制作南通首个3D数字沙盘。12月30日,港闸经济开发区在中国人民网和中国城市发展协会举办的中国品牌(特色)开发区评选中,荣获"辉煌十一五·中国最佳创业开发区"称号。

【招商引资】 2010年,全区完成工商登记注册外资1.94亿美元,实现到账外资4274万美元。签约天安数码城等各类项目8个,其中完成注册外资并实现首期到账的项目6个,新增注册资金500万元以上软件和服务外包企业16家。民营经济蓬勃发展,净增私营企业348家,净增私营企业注册资本16.1亿元,引进市外民资注册资本10.41亿元,分别比上年增长71.9%、23.3%和14.4%,连续3年蝉联全市民营经济先进单位。12月9日,由江苏亚诺生物科技公司总投资2.1亿元的蛋品生物加工项目在港闸区经济开发区开工建设。

【科技创新】 2010年完成高新技术产业投资15亿元,实现高新技术产业产值54亿元。新增省科技创新型企业10家,开发省高新技术产品20个,成功申报省级研发中心8家,精华制药在深交所成功挂牌上市,紫琅科技园和牛津创业园被评定为市级科技孵化器,牛津创业园与中科院微生物所携手合作。

2010年12月26日,南通天安数码城在港闸开发区奠基开工

【基础设施】 经过全力推进,纬二路、经五路中段等市政道路建成通车,长平路西延、芦泾路北段等工程顺利开工建设。先后完成东港污水处理厂三期、陈氏花园二期等26个项目1210户民居拆迁和28个项目166家非居的拆迁,民居和非居的拆迁总量双双刷新历史最高纪录。年内开发区首个主导开发的安置房小区——隆兴佳园如期交付。先后完成永和(远鹏)佳园、隆兴佳园、新华佳园等地块2051户40.8万平方米拆迁户的安置,安置量创历史新高。永和佳园三期顺利开工建设,曙光佳园、隆兴佳园二期前期工作有序进行。开发区首次污染源排查工作完成,建立综合管线数据信息系统。

(曹 艳)

江苏省通州经济开发区

【概况】 江苏省通州经济开发区创建于1992年6月,1993年11月被江苏省人民政府批准为首批省级开发区,位于南通城区东郊,属通州南部新城区。开发区中心区面积12平方公里。2010年,通州经济开发区坚持以项目建设为中心,强势推进招商引资、拆迁安置、基础设施建设和服务保障四项重点工作,经济社会发展取得历史性突破。全年完成财政(地方一般预算)收入4.75亿元,比上年增长(下同)48.0%;新增融资10.37亿元,增长98.0%。新签约项目25个,总投资152亿元,增长2倍;开工在建重大项目总投资超100亿元,增长1.4倍;规模以上工业投入23.60亿元,增长1倍。中国供销集团南通供销产业园、综艺科技产业园、大富豪科技产业园、东源电器产业园、国盛精密机械、桑夏软件园、甬金金属、蓝海投资、万豪富都等一批重大项目签约落户。"区中园"建设初显成效,金飞达服装、东源电器、大富豪科技、综艺科技产业园先后签约,其中大富豪科技、综艺科技产业园已开工建设。5个"飞地"项目成功对接,其中五接镇引荐的总投资2.60亿元的国盛精密机械项目、五甲镇引荐的总投资1亿元的一本调度项目和四安镇引荐的总投资1亿元的威尔电机项目已开工建设。全面启动省级生态工业园区创建工作。完成拆迁面积106万平方米,增长93.0%,创历史新高;开工建设华山花苑五期等6个安置房小区共70万平方米。经通州区人民政府常务会议讨论通过,从9月起,川姜镇双池头村、复兴村成建制移交通州经济开发区管委会代管。至此,通州经济开发区南区新增面积5.42平方公里。

【省级生态工业园区创建工作启动】 5月,《通州经济开发区生态工业园区建设规划》通过论证,标志着省级生态工业园区创建工作进入实质性阶段。9月,江苏省环保厅、商务厅和科技厅批准通州经济开发区创建省级生态工业园区申请报告。10月20日,举行动员大会,创建工作拉开帷幕。

【大富豪科技产业园奠基】 9月28日,大富豪科技产业园举行奠基仪式。江苏大富豪啤酒有限公司迁至大富豪科技产业园,采用12项国内领先的节能减排新技术和自动化流程新工艺,目标建成科技含量高、创新能力强的现代化工厂,年生产能力将从30万吨提高到50万吨,成为全国啤酒行业单体产量最大的企业。同时,位于通州城区的大富豪纺织有限公司也迁至大富豪科技产业园,其生产能力将由5.50万纱锭扩大到10万精纺纱锭。

【综艺科技产业园开工兴建】 4月20日,综艺科技产业园成功签约,成为通州经济开发区建区以来引进的最大项目,主要从事太阳能光伏电池组件、太阳能发电系统等高科技产品的研发、生产和销售。10月25日,综艺科技产业园——综艺新材料一期工程开工建设。项目总投资30亿元,一期工程投资10亿元,建设400兆瓦光伏生产线。

(谷普伟)

江苏省如皋经济开发区

【概况】 江苏省如皋经济开发区位于如皋市区北郊,1993年12月经江苏省人民政府批准成立省级开发区。2008年底,开发区与柴湾镇合并,规划面积由最初4平方公里扩大至91.8平方公里。现辖行政村9个、社区13个,总人口15.1万人。2010年底,有企业900多家,其中规模企业180家,年销售超亿元企业30家,外资企业72家。2010年,实现地区生产总值48.5亿元,比上年增长32.56%;完成财政收入7.61亿元,比上年增长23.78%。在南通13个省级以上开发区(园区)争先创优考核中排名第五。全年实现规模农业总产值1.51亿元,比上年增长19.98%。成功引进总投资6000万美元的神农智能光伏立体农业项目。全年实现规模工业总产值259亿元,比上年增长43.80%;实现工业应税销售81.55亿元,比上年增长27.30%。完成工商注册外资2.63亿美元,实际到账5712万美元,增幅达260%;引进市外民资13.31亿元,增幅达123%。新批外资项目,主要集中在光伏电池、新能源汽车及汽车配套、光电等领域。汉德家电、千骏工具、江森电子、宗盛光电、意瑞达纺织等一批外资项目实现当年注册、当年开工建设。全年净增私营企业268家,私营企业注册资本净增19.48亿元。如皋液压机装备产业园成功申报"国家级液压机研发生产基地"。科技创业园成功获批国家级科技创业孵化中心。奔多电子成功升级中国"电工三膜"研发生产基地。祥源电力建立院士工作站成功研制±1000千伏特高压复合绝缘子。10月,由如皋市人民政府、清华大学科技开发部主办,如皋经济开发区承办的"低碳经济"论坛成功举办,多名两院院士参加论坛。

【"如意物联网"产业导入基金成立】 5月9日,南通地区首家产业导入基金——"如意物联网产业导入基金"在如皋经济开发区成立。一期导入对象为江苏赛福特汽车智能设备有限公司,首期导入资金1亿元年内募集到位。

【金属表面处理中心项目启动】 9月16日,金属表面处理中心一期2万平方米标准厂房建设工程启动。该处理中心是经江苏省环保厅批准的全省最大、苏中地区唯一的金属表面处理中心,占地17.8公顷,包括日排放量7000吨的金属表面污水处理厂和10万平方米标准厂房的电镀中心两大部分,全面建成后将成为集电镀、抛光、退镀、污水处理等为一体的金属表面处理基地,是打造百亿级PCB产业、IT封装产业集群必需的配套保障。上海延康、皓晶汽配、创源汽配等一批汽配企业成功入园。

【"万顷良田建设工程"全省领先】 10月21日,出席全省"万顷良田建设工程"试点工作现场会的代表参观如皋经济开发区(柴湾镇),"万顷良田建设工程"受到省国土厅领导充分肯定。项目实施以来,完成搬迁1460户,复垦土地80公顷,整理土地710公顷,极大地提升了开发开放的保障水平。

【深圳陆地方舟(江苏)新能源电动汽车有限公司成功落户】 10月28日,深圳陆地方舟(江苏)新能源电动汽车有限公司在如皋经济开发区奠基。深圳市陆地方舟电动车有限公司是我国最早专门从事高效变频纯电动汽车研发及生产的国家高新技术企业,自主拥有"高效变频电驱动系统集成"和"DSP电驱动控制系统集成"两项核心技术。江苏分公司项目总投资40亿元,预计年产量20万辆。如皋经济开发区将以新能源电动汽车为核心,全力打造以新能源电动车产品为主导、相关产业为配套的产业集群,目标建成"千亿级"新能源电动汽车产业园。

【服务设施建设】 12月16日,如皋经济开发区职工公寓一期工程投入使用,368名企业职工喜迁新居。职工公寓和人才公寓总建筑面积17.8万平方米,全部建成后可解决8000多名职工的住宿问题。8月5日,如皋经济开发区实验学校开工建设。项目总投资1.2亿元,规划用地近10公顷,按小学部12轨72个教学班,幼儿部12轨36个教学班设置。年内,教学楼主体封顶,科学实验楼、图书信息楼、艺术楼、风雨操场、食堂、学生宿舍全面开工建设。

(秦旺宏)

江苏省如东经济开发区

【概况】 江苏省如东经济开发区位于如东县东北沿海,创立于1992年7月,1993年11月被江苏省人民政府批准为省级开发区。全区规划面积34.84平方公里。2010年,如东经济开发区新批外资项目6个,其中超千万美元项目2个,实现注册外资4117.16万美元,外资到账2011.32万美元,吸引市外民资7亿元。全年全口径财政收入4.50亿元,一般预算收入2.18亿元。

【招商引资】 整合人力资源、完善组织架构,成立招商总局,下设4个招商部、1个招商服务部、1个驻沪招商办事处、2个海外招商点,新设项目预审委员会和招商实绩鉴定委员会。抽调组成近40人的专业招商队伍,同时聘请企业老总、技术人员、营销人员、专家学者和中介结构代表担任招商顾问,建立一支层次高、领域广、专业性强的兼职招商队伍。加大招商培训力度,定期和不定期开展招商业务培训和招商技能培训。全年在手在谈项目80多个,成功注册39个项目。5月,在上海南翔召开投资环境说明会,与南翔镇人民政府签订园中园合作协议。围绕主导产业强化产业招商,尤其注重风电产业链的培育壮大,积极推进台湾东元、德国SETEC、海电风能、海力风电、华泰线缆与明阳风电进行对接洽谈,重点推进Vestas注册落户。全区跟踪洽谈风电、光电等特色产业项目近40个,累计投资额达8亿美元。9月,风电设备产业园入选江苏省商务厅组织评比的江苏沿海开发十大特色产业园。

【项目建设】 围绕项目中心,不成熟项目抓清理,停建项目促复工,新批项目促开工,在建项目促进度,完善项目建设工作责任体系和工作机制,促进落户项目早开工、早竣工、早投产。全年实施工业投入项目58个,完成投入工作量21亿元,比上年分别增长40%、20%,其中千万元以上工业项目29个,累计完成投入工作量15.76亿元。盘活存量资源、提高土地利用率,全年分类处置土地21宗,清理面积达81.33公顷,占应清理项目数的53.8%,完成清理任务面积占比69%。

【工业运行】 积极搭建产学研合作平台,组织区内20多家规模企业负责人到上海第二工业大学进行产学研对接活动,其中通用机械、亿能彩钢等8家企业签订科技项目合作协议。积极帮助区内企业申报省科技扶持资金,全区获得上级科技扶持资金占全县一半以上。建立企业运行档案,实行"一企一档"、"一企一策",实施有针对性的个性化服务帮扶,全年帮助区内企业落实过桥资金近6000万元,新增升泰担保公司会员单位8个;帮助世纪燎原、思妍时装、科赛尔机械等6家企业争取设备贴息资金近200万元。全年完成规模工业产值121.1亿元,比上年增长38.1%;销售收入122.3亿元,增长41.2%;利税9.26亿元,增长109.2%。净增定报企业11个、亿元企业5个。新增省级民营科技企业4家,新引进高科技产业项目6个,建立市级以上工程技术研究中心4个。

【基础配套】 坚持多元投入、适度超前安排,全面加大建设力度,不断增强大项目承载能力。全年投入工程量1.20亿元,完成三期污水泵站、110千伏变电所、2平方公里雨水管道及3条道路工程。不断完善园区环境功能总体规划,推动清洁生产,促进节能减排,改善生态环境。省级生态工业示范园创建规划通过省专家组评审,获得省环保厅批复。深入开展"蓝天碧水工程",突出抓好"污染减排、综合整治、生态建设、环境安全"4项工作,打造宜居舒适环境。全年亮化工程投入400万元、绿化工程投入150万元,面积达24.60万平方米。

(严 频)

江苏省启东经济开发区

【概况】 江苏省启东经济开发区创建于1992年7月,1993年11月被江苏省政府批准为首批省级开发区,2003年4月,列为江苏省15个重点沿江开发区之一。2010年,启东经济开发区各项工作全面跃上新台阶。创新型经济园正式奠基,转型升级取得新突破;大招商机制全面确立,招商选资迸发新活力;林洋新能源三期、艾力斯项目快速推进,项目建设呈现新局面。全年实现全部工业产值312亿元,占全市总量的37%,比上年增长33%,其中,规模工业产值305亿元,增长32%;规模工业应税销售收入144亿元,增长49%,占全市总量的43%。全年新批工商登记注册外资1.20亿美元,注册外资实际到账6334万美元,增长195%,占全市总量的1/4;引进市外境内资金注册资本额13.5亿元,占全市总量的18%。项目建设扎实推进。全年实现全部工业投入实物工作量23亿元;新开工5000万元以上项目18个,3000万元以上新建项目竣工投产数14个。园区建设纵深拓展。全年完成基础设施投入3.2亿元;安置房建设扎实推进,基本化解历年陈账。财政收入再攀新高。全年实现入库国地税7.5亿元,增长65%,占全市总量近20%,比市平均增幅高出22.5个百分点。

(沈红伟)

港口 口岸

港口建设与管理

【概况】 2010年,南通港口根据国家加快转变发展方式和经济转型升级的战略部署,抢抓江苏沿海开发和长三角一体化发展两大国家战略机遇,围绕建设现代化、综合性、组合型强港和打造上海国际航运中心北翼分中心的目标定位,深入实施江海联动战略,实现了"十一五"发展的完美收官。2010年,全港有各类码头泊位110座(含舾装泊位15座),其中万吨级以上泊位63座,包括10万吨级泊位3座,5~10万吨级泊位38座。全年完成货物吞吐量1.51亿吨,比上年增长10.5%;完成集装箱吞吐量46.2万标箱,比上年增长31.9%。全年累计投入码头项目建设资金18亿元,为年度计划的112.5%。4月28日,南通市港务管理局更名为南通市港口管理局,并成立新的领导班子。年内,市港口管理局被评为全国港口统计单项优秀单位、全省第三次全国港口普查先进集体、全省交通运输邮电及能源消费统计工作先进单位、全省港口统计工作先进单位。

【港口规划】 《吕四港区总体规划》和《启海港区总体规划》先后获得交通运输部和省政府联合批准。沪通铁路桥址确定后,重新编制《通海港区总体规划》,并上报交通运输部、省政府。编制《天生港区小李港至捕鱼港段岸线利用规划方案研究报告》、《如皋港区总体规划调整报告》,并通过交通运输部审查。编制完成《南通市港口"十二五"发展规划》和《南通港总体规划环境影响报告书》。启动《天生港区总体规划(含横港沙)》的编制及选址论证研究。

【港口建设】 公用设施建设方面,洋口港区北水道10万吨级航道完工;2号甲锚地通过海事专项验收,正式投入运行;联检锚地扩建工程立项,开工建设,拟新增2个15万吨级锚位。码头项目建设方面,沿海的洋口港区管线桥工程、10万吨级LNG码头建设完工,通过交工验收;吕四港区55个10万吨级挖入式港池泊位和东灶港作业区两个2万吨级泊位开工建设,进展顺利。沿江的狼山三期集装箱泊位、如皋港务公用码头3号泊位完工,投入试运行;如皋港务公用码头4号泊位、一德公用码头、江山农化码头扩建工程等建设进展顺利。

【沿海港口发展】 围绕南通争当江苏沿海开发主力军的战略定位,加快沿海港口开发建设进程。(一)全面启动通州湾港区(腰沙-冷家沙海域)建港条件研究。联合交通运输部规划院、中交三航院、南京水科院等3家国内权威研究机构开展研究,形成港区海岸稳定性研究报告、港区建港自然条件系统分析报告等阶段性成果。(二)争取和落实经费,推进吕四航道试挖和洋口港区烂沙洋北水道10万吨级航道工程建设。开展洋口港区15万吨级航道和吕四港区10万吨级航道建设的前期工作,编制预可行性研究报告,省发改委审查后予以立项。(三)牵头成立洋口港区LNG项目开港作业领导小组,组织海事、安监、环保等相关部门与如东县共同服务项目的开港作业。(四)组织实施港口支持系统建设。南通港沿海港区引航站招聘4名工作人员。通过组织协调,南通港口集团、江苏中石油公司、深圳拖轮公司等3家公司共同组建洋口港拖轮公司。

【港口管理】 *创新港口建设市场管理。*牵头成立由市分管领导挂帅的全市港口项目建设整改协调领导小组,召开领导小组会议,明确县(市、区)政府属地管理的职责,联合海事、环保、安监、规划、国土等市相关部门进行整改,形成港口建设市场管理的整体合力。联合省交通运输协会举办港口工程质量安全业务培训班。对工程进行全覆盖监督,继续保持交竣工合格率100%的纪录,东灶港2个2万吨级通用码头在省交通运输厅质监局组织的检查中各项指标抽检合格率全省最高。市港口局被评为市江海联动、大交通建设先进单位。

*港口经营市场管理有新突破。*新修订的《港口经营管理规定》于2010年3月1日起正式实施。根据上级文件精神,开展新规定的宣传贯彻。以换发新版《港口经营许可证》为契机,加强港口经营市场准入管理。对135家港口经营人的申请进行审核,换发新版《港口经营许可证》109份,其中货物装卸、仓储服务企业40家,港口拖轮服务5家,船舶油污水接受企业17家,船舶燃料供应企业6家,其他船

舶港口服务企业40家。

安全监管形成长效机制。在全市港口全面实施《港口企业安全生产评估及分类监管办法》和《水运工程参建单位安全生产评估及分类监管办法》。全年排查安全隐患4404个,督查整改4385个,整改率达到99.57%,全港共投入1445.23万元进行隐患整改。港口生产建设继续保持零责任事故的纪录,洋口港管线桥被评为省平安工地典型示范工程和全国平安工地典型示范工程。市港口局被省交通运输厅港口局评为世博安保先进单位、全市安全生产目标管理先进单位。

【吕四港区总体规划获批】 1月29日,《南通港吕四港区总体规划》获交通运输部和省政府联合批准。吕四港区是南通港的重要组成部分,定位为江苏沿海开发战略的重要依托和南通市加快调整产业布局、承接产业转移和实现工业化的重要支撑,以原材料、煤炭、石油、液体化工品等散货运输为主,兼顾杂货和集装箱运输,将逐渐发展成为服务临港产业开发和腹地物资运输的综合性港区。吕四港区自然岸线长92公里,规划港口岸线60.3公里,分通州、东灶港、吕四和连兴港4个作业区,可规划建设5万吨级及以下泊位35个,新增通过能力6000万吨。

【华能直输煤码头通过竣工验收】 9月29日,交通运输部水运局组织部质监总站、档案馆及江苏交通、海事、安监等部门的专家对南通港天生港区华能电厂煤码头迁建工程进行竣工验收,一致同意通过竣工验收。该工程总投资4.3亿元,在天生港水道左侧建设一个5万吨级煤炭接卸泊位(按接靠7万吨级散货船设计)和一个4000吨级煤炭装船泊位,并修建跨越天生港水道栈桥等配套设施,年设计通过能力550万吨。

【洋口港区LNG项目通过交工验收】 10月15日,省交通运输厅工程质量监督局组织对洋口港区LNG码头及栈桥工程进行质量鉴定,专家组一致同意该工程通过交工验收。该码头长430米,有栈桥一座与码头相连,长1970米,另有16万吨储气罐两座,年运量可达350万吨。

【惠生重工改扩建工程岸线获交通运输部批准】 9月14日,惠生(南通)重工有限公司改扩建工程使用岸线获得交通运输部批准。该工程利用400米深水岸线,新建造船干船坞2座和3万吨级舾装码头1座,并将原7000吨重件码头改造为3万吨级。

【东灶港通用码头工程获批】 7月2日,交通运输部批准同意吕四港区东灶港作业区通用码头使用392米港口岸线。10月28日,省发改委对该项目予以核准。该工程建设规模为2个2万吨级泊位,结构按靠泊5万吨级船舶设计,设计年通过能力260万吨,项目总投资7.7亿元。

【沿海8座码头获准临时对外开放】 11月12日,交通运输部批复同意南通港洋口港区万吨级重件码头、LNG码头和吕四港区大唐电厂码头、中远海工码头、联合重工码头、惠港造船码头、向海造船码头、道达重工码头等8座码头临时对外开放,临时开放时间至2011年4月30日止。此次延期开放,新增洋口港区LNG码头和吕四港区道达重工码头。

【沿海引航站成功实施自主引航】 12月28日,在启东联合重工码头,长87米的"费恩勇气"号在南通港沿海港区引航站引航员的引领下缓缓离开码头,安全出港。这是南通港沿海港区引航站自2009年9月18日挂牌成立以来的首次自主引航。此前,在上海港、连云港港引航站的支持下,该站已经在沿海港区安全引航260多航次。

【上海国际航运中心建设研讨会在南通召开】 12月17日,上海国际航运中心建设研讨会暨长三角地区港口规划与业务研讨会在南通召开。原国家外经贸部副部长张祥、上海组合港管委办主任王明志,长三角地区23个城市的港口管理、港口集团、航运企业、配套服务及上海交大的专家和代表,围绕长三角区域港航的科学布局、分工合作、优势互补,进一步增强长三角港口群的综合服务功能和国际竞争力等课题进行交流。

【主流媒体集中报道南通港"十一五"发展成就】 10月27日,新华社江苏分社、《中国日报》、《新华日报》、《中国交通报》、《中国水运报》、江苏电视台、中国江苏网、江苏交通广播网等10多家主流媒体的记者到南通港,对南通港"十一五"期间的发展成就进行集中采访。"十一五"期间,南通港投入码头项目建设资金95亿元,建成55座码头泊位,新增吞吐能力5000万吨。海港开发取得历史性突破,沿海4座万吨级以上泊位投入运营,港口发展由"江河时代"迈入"江海时代"。全港五年累计完成吞吐量超过6.5亿吨,成为长三角地区大宗散货水水中转的重要口岸。

(邵金泉)

口岸管理

【概况】 2010年全市外贸进出口210.96亿美元,比2009年增长29.8%,其中出口141.07亿美元,进口69.89亿美元,分别比2009年增长26.2%和37.6%。南通港年吞吐货物总量1.51亿吨,口岸外贸进出口运量2997万吨,国际集装箱运输总量46.2万标箱,分别比2009年增长10.5%、3.8%和31.9%。全市国际空运货物2.31万吨,国际快件130万余件,分别比2009年增长10%和18%。南通海关监管进出口货物3010万吨,征收关税和进口环节税85.69亿元,分别比2009年增长4.2%和18.68%,创历史新高。南通海事局办理国际航行船舶进出口岸查验手续5347艘次,审批超大型船舶进出港757艘次,比2009年增长1.7%和20%。南通边防检查站监护出入境中外籍船舶5114艘次,检查出入境旅客员工9.58万人次,分别比2009年下降1%和增长1.3%。南通出入境检验检疫局检验检疫出入境货物15.44万批,货值123.07亿美元,分别比2009年增长17.81%和33.12%。南通引航站全年完成引航7469艘次,引航总吨位1.76亿吨,分别比2009年增长7.5%和16%。中国船级社南通办事处检验远洋级入境营运船舶63艘,新造入境船舶15艘,国内持证船舶174艘,完成船用产品1.6万批。市口岸委组织39家国际陆空运输企业和口岸查验部门深入开展"三争先"(服务平台、服务质量、服务客户争先创优)优质服务活动,江苏中外运有限公司南通分公司空运部等22家单位被评为"优秀服务单位"。南通口岸圆满组织第二十届"口岸杯"乒乓球友谊赛。

【口岸产业】 南通中远川崎船舶工程有限公司发挥造大船品牌优势,全年交付9艘5.5万吨散货船、1艘6200PCC汽车滚装船和5艘30万吨VLOC矿砂船。完成造船产量201万载重吨,实现工业总产值57亿元,分别比2009年增长57.65%和17.19%。南通中远船务工程有限公司推进高端海工产品建造和海工基地建设,全年完成销售收入47.41亿元,利润4.41亿元。南通港口集团公司全年累计完成货物吞吐量5506万吨,完成集装箱吞吐量39.2万标箱,完成装卸自然吨3187万吨,分别比2009年增长4.2%、13.7%和1.6%。全年作业外贸船舶882艘次,比2009年增加35艘次。南通振华重型装备制造有限公司全年累计发运外轮顺利进出港12艘次,监管货船安全进出港123艘次,发运钢构2.5万余吨。江苏熔盛重工有限公司全年累计造船出坞20艘,造船完工量315.5万载重吨。全年累计销售额121.19亿元,实现出口金额14.66亿美元,利润16.25亿元。

【口岸环境】 南通口岸推进新一轮江海联动开发,市口岸委和海事、海关、国检、边检等单位通力合作,口岸联合办公中心整体投入使用,实现口岸联检一站式通关,使以往几小时才能办理的联检手续缩短至半小时内,口岸环境进一步改善。如皋港作为南通市第二个一类开放口岸,口岸查验监管功能基本配套齐全,全年安全靠泊外轮810艘次,比2009年增长20%,外贸货运量达298万吨,创历史新高。如东洋口港、启东吕四港临时开放口岸,再次获国家口岸管理部门批准。4月1日,巴拿马籍船舶"亚洲天才号"运载货物在洋口港重件码头卸货,这是洋口港首艘停靠装卸的万吨级外籍船舶。南通海关创设库位监管法,实现卡口与库位、视频与巡查、运输工具与报关状态三维联动监管效果,优化通关环境。南通海事局为国际航行船舶提供"无假日"服务,确保在第一时间为船方办妥进出口查验手续,实现互联网进出口岸的网上申请和审批。南通出入境检验检疫局建立国内外产品安全预警机制,着力加强进口商品检验监管,检验进口不合格商品497批,货值4.81亿美元。建立"海安锻压机械产业集聚监管示范区"和"启东天汾电动工具产业集聚监管示范区",推动这两个产业快速、健康发展。南通边防检查站在全省率先为警务巡逻车配备"3G"图像传输设备,形成指挥中心、监护中队监控室、警务区三级监控机制和动态监控模式,有效维护口岸稳定。

【口岸代理】 江苏中外运有限公司南通分公司完成海运进出口集装箱6.91万标箱,船务代理2778艘次,进出口货代量413.6万吨,空运进出口快件14.76万票,主营业务收入3.5亿元,分别比2009年增长12.7%、2.3%、1.7%、3.7%和31.92%。中国南通外轮代理公司全年完成船舶代理1242艘次,702.13万净吨,424.31万货吨,市场占有率分别为33.1%、21.7%和20.78%。南通环亚国际物流有限公司为1000多家进出口企业提供"一站式"服务,利用直通转关空运渠道,直接向海关申报进出口业务8000多批次,比2009年增长12%,被评为南通地区唯一的"全国优秀报关企业"。江苏省华鼎国际物流发展有限公司为200多家港口、造船企业提供船舶配件等大件物流服务,被评为南通口岸优秀服务单位。南通全顺报关行为大型口岸企业优质提供报关一条龙服务8000多批次,比2009年增长18%。中外运-敦豪国际航空快件有限公司南通分公司全年营运出口快件18.2万件,比2009年增长15.19%,客户满意率达99.5%。江苏世航国际货运代理有限公司为1200多家进出口企业提供国际货运、国际快件、仓储中转等多品种配套服务,全年空运出口量635吨,海运出口标箱2035个,分别比2009年增长65%和89%。全年营业收入3050余万元,比2009年增长40%。南通外轮服务有限公司为到港1000多艘外籍船舶提供清扫生活垃圾、供应物品、回收废旧等服务,受到外宾一致好评。全年营业收入146万元,比2009年增长13%。

【业主码头】 南通东方石油化工港储有限公司全年实现油品、化工吞吐量100余万吨,比2009年增长25%。中国石油江苏南通石油分公司姚港油库全年完成油品吞吐量190万吨,与上年持平。南通嘉民港储有限公司全年吞吐各类油品100万吨,新建5.5万立方米油品仓储罐区投入运营,仓储收入突破1400万元。油品计量准确率、质量合格率达100%。嘉达港务南通有限公司完成货物装卸133.4万吨,营运总收入2760万元。南通千红石化港储有限公司全年接卸各类中外籍货轮400艘次,中转货物吞吐量80多万吨。中国华粮物流集团南通粮油接运有限责任公司全年完成货物吞吐量312万吨,实现利润2513万元,完成技改投入536万元。南通通沙港务公司全年完成装卸吨位600万吨,实现经营收入3800万元,分别比2009年增长50.38%和26.67%。南通通沙沥青科技有限公司销售沥青4.7万吨,实现经营收入2亿元。南通阳鸿石化储运有限公司全年完成吞吐量达80万吨,设立海关监管罐30只,累计容积11.7万立方米,将燃料油罐区4万立方米储罐设立为海关保税罐。南通焯晟石油化工有限公司全年完成作业船舶883艘,油品吞吐量达132.72万吨,比2009年增长67%。

(韩国强)

海关监管

【概况】 2010年,南通海关监管进出口货物2997万吨,比上年增长4.2%;监管国际航行船舶5600艘次、进出境人员6.3万人次,增长均为6.2%;审核进出口报关单11.2万份,增长15.7%。南通海关被评为南京关区2010年度基层建设达标先进单位、2007~2009年度江苏省文明单位、2009年度江苏省文明口岸先进单位,并被评为2010年度南通市服务开放型经济先进单位、南通市市级机关2010年度绩效考核先进单位、南通市对台经济先进集体。查验科、技术科、缉私分局政工科被评为南京关区2010年度先进集体;南通海关学会获南京关区2010年度学会工作先进集体;备案科被授予省级机关“巾帼文明岗”称号。南通海关探索实施的关员代表大会制度为加强基层管理和建设提供了范例。2010年3月31日,南京海关党组决定,在南京关区推广关员代表大会制度。7月28日,南京海关党组决定,调整南通海关领导班子,陶建明任南通海关党组书记、关长。

【税收征管】 2010年经济回升向好趋势不断巩固,外贸进出口继续增长,主要税源商品进口呈增长态势,为海关税收提供稳定的税源保证。南通海关加强综合治税,完善加工贸易内销征税制度,提高归类、审价、原产地等关税技术水平,做到依法征管、科学征管。2010年,征收关税12.25亿元、进口环节税73.44亿元,两税合计85.69亿元,比2009年增长18.68%,创历史新高。

【通关监管】 规范申报管理,抓好宣传培训、实时监控、业务复核和报关员记分考核。督促辖区内海关监管场所、开放码头和临时开放码头规范管理,28家海关监管场所获批运营。创设库位监管法,实施“卡口与库位、视频与巡查、运输工具与报关状态”三维联动监管。加强查验技能培训,抓好布控查验效能评估。

【加工贸易和保税监管】 加强E账册备案、内销审价、手册核销、单耗管理工作。规范保税货物退运、放弃、销毁管理。抓好手册电子化工作,备案电子手册9997份。推进加工贸易联网监管业务管理,联网监管企业数量及进出口总值达到130家、42.38亿美元。聘请2家会计师事务所参与海关保税核查。加强保税仓库和出口监管仓库存放货物实际监管力度,组织“两仓”盘查巡查,规范“两仓”业务操作。规范南通出口加工区卡口管理,2010年南通出口加工区进出口值达2.14亿美元。

【统计监督与服务】 依法开放海关信息服务,受理管理相对人调阅报关单证4050份,提供海关统计数据4.3万条,印制《海关统计(南通月报)》650份。加强基础数据管理,确保数据质量和信息安全。加强执法评估工作,发挥海关统计监测预警作用,编报统计信息125条,中办国办采用16篇,中央领导批示1篇。南通海关2010年度统计工作质量总评为南京关区一等奖。

【知识产权海关保护】 加强对侵权行为特点和规律的动态分析,明确涉嫌侵权货物的查验标准和要求。组织知识产权宣传,加强政策宣讲和舆论引导,提高业界守法意识,规范企业经营行为。实施打击侵犯知识产权和制售假冒伪劣商品专项行动。查验科被国家八部委表彰为“2010年世博会知识产权保护专项行动先进集体”。

【三查合一】 企业稽查、减免税核查和保税中后期核查实行统一归口管理,是海关大监管体系建设的一项重要内容。南通海关在认真调研的基础上,制定并实施“三查合一”改革,于2010年底前完成机构、岗位、人员调整,在南京关区率先进入实施阶段。

【服务地方经济】 (一)对接大港口,推动南通江海港群融入上海国际航运中心。加强对海关监管场所、开放码头的法律指引和规范管理。推行“属地申报,口岸验放”模式,验放区域通关货物516.7万吨,为企业提供“快、好、省”通关选择。实施出口分类通关改革，由海关 H2000 系统对出口报关单电子数据进行实时风险分析，实施红绿通道判别。(二)对接大产业，助推南通建成长三角北翼先进制造业基地。实施客户联络员制度，落实守法便利措施。审批减免税货物 7.5 亿美元，免征税款 7.78 亿元，税收优惠政策惠及化工、电子、纺织等支柱产业。落实内销便利化措施，内销征(补)税 2.41 亿元。建立专管员制度，对部分船企实行船舶行业保税加工监管，针对海洋工程项目的生产运作规律应需施助。主动为南通经济建言献策，编报《海关工作专报》16 期，市领导 7 次作出批示。(三)对接大园区，支持南通在开发大园区上有新突破。支持地方抢抓产业转移机遇，拓展南通出口加工区保税物流功能，提升加工区增值服务能力；优化加工区海关业务流程，推行 AB 角工作制、24 小时轮值制等，打造“绿色通道”。10 家物流企业进驻加工区。审核保税物流业务报关单 10518 票，验放 10 万吨保税物流货物。

【庆祝南通建关 30 周年】 11 月 10 日，南通海关举行建关 30 周年纪念大会暨“身边的感动”颁奖仪式。关庆期间，通过印制“岁月如歌”纪念文集、编辑“江风海韵”关庆专刊、媒体宣传等活动，向社会各界展示南通海关建关 30 年来的工作成果和全体关员奋发向上的精神风貌。

(焦 剑 俞 叶)

【打击走私】 2010 年，南通海关缉私分局共侦办走私犯罪案件 7 起(其中 2 起为海关总署缉私局二级挂牌督办案件)，总案值 4270 余万元，涉税 1530 万元，抓获犯罪嫌疑人 12 名，采取刑事强制措施 17 人次，其中刑事拘留 3 人。立案查处行政违法案件 79 起，总案值 2.66 亿元，涉税 1062 万元。追缴补征税款 349 万元，罚没款入库 884 万元。出动缉私艇 49 艘次，查获 3 起长江水域走私案件，案值 28.28 万元。

(黄卫华)

出入境检验检疫

【概况】 2010 年，南通口岸出入境检验检疫货物 15.44 万批，金额 123.07 亿美元，分别比上年增加 21.68% 和 33.08%。其中出境货物 14.56 万批，货值 55.36 亿美元，分别增加 21.30% 和 33.79%；入境货物 8822 批，货值 67.71 亿美元，分别增加 28.19% 和 32.51%。签发普惠制产地证 3.36 万份，金额 16.05 亿美元，比上年分别增加 17.50% 和 41.07%；签发一般原产地证 2.41 万份，金额 9.05 亿美元，分别增长 28.67% 和 29.86%；签发区域性优惠原产地证书 6085 份，金额 2.46 亿美元，分别增长 95.47% 和 136.31%。检疫进出境国际航行船舶 4724 艘次；检验检疫集装箱 25.18万标箱；实施出入境人员健康体检 1.78 万人次，比上年下降 26.02%。实现检验检疫规费收入 1.14 亿元，比上年增长 21.81%。年内，检验检疫事业建设有新的突破，南通检验检疫局综合实验大楼工程经过 2 年多的建设，已完成内装修，即将投入使用。如皋检验检疫局于 11 月 1 日正式开检，成为苏中苏北县级市中设立的首个正处级检验检疫机构。南通检验检疫局获评为 2007～2009 年度江苏省文明行业、2010 年江苏检验检疫系统文明单位、省文明口岸先进单位。检务处获评 2010 年全国检验检疫系统文明服务窗口；化矿实验室被再次认定为“全国青年文明号”。

【依法施检】 加大检疫监测力度，严防疫情疫病传播。全年截获各类动植物疫情 487 种 1.23 万种次，其中危险性有害生物 28 种 375 种次。在江苏口岸首次从进境大豆中检出北方茎溃疡病菌；在南通口岸首次截获硬雀麦、强生长小蠹；3 次在进境肠衣中检出药残超标和致病菌；扑杀 23 头阳性牛。在出入境人员体检中，检出各类传染病病例和病毒携带者 968 例，其中，艾滋病 5 例。加大检验鉴定力度，严把进出口商品质量关。全年检出不合格商品 614 批，货值 17.36 亿美元。其中，不合格进口矿产品 116 批、货值 5.1亿美元；不合格进口棉花 199 批、货值 0.9 亿美元；不合格进口机电产品 19 批、货值 154.92 万美元；销毁 3 批残损进境大豆。加大行政处罚力度，查处违法案件 153 起，处罚 65.93 万元。

2010年12月7日，启东·天汾出口电动工具产业集聚检验检疫监管示范区揭牌成立

【服务外贸】 (一)推动各类示范区建设。帮扶海安出口紫菜示范区成功建成省级、国家级出口食品农产品示范区，成为全国首个出口紫菜示范区。与海安县政府、启东市政府合作，建立“海安锻压机械产业集聚监管示范区”和“启东天汾电动工具产业集聚监管示范区”，推动地方特色产业向高端化、规模化、品牌化发展。(二)主动服务地方重

大战略和重点产业。策应地方政府的战略部署,紧贴经济发展需求,在减免检验检疫费用、提供政策咨询等方面提供个性化服务。全年为江苏王子制纸、江苏林洋新能源等近千家外贸企业减免检验检疫费用合计2566.73万元,减免额位居全省第二。(三)优化口岸通关环境。主动融入全市沿海开发格局,全力支持吕四港、洋口港、兴东机场的临时对外开放。与太仓检验检疫局就虚拟口岸直通放行和活文蛤出口检验监管签署合作备忘录,实现南通与太仓港区检验检疫通关的无缝对接;与上海国际机场检验检疫局就耶赛明公司进口原料监管签署合作备忘录,为企业提供通关便利。(四)积极应对油菜籽检疫新政。国家质检总局发布101号公告后,加大对进境油菜籽贸易、接卸、生产加工单位的技术指导,帮助企业建立和完善防疫体系,指导企业做好申请考核的各项准备工作。成功帮扶南通一德实业有限公司、南通来宝谷物蛋白有限公司和海油碧路(南通)生物能源蛋白饲料顺利通过国家质检总局的审核,获批企业数量占全国的三分之一。

【业务改革】 (一)试行出口产品检验专家会诊式检验制度。探索建立《南通检验检疫局大型设备专家会诊式检验管理办法(试行)》,邀请高校、科研机构、工矿企业等领域的高精尖人才,共同对国家重点工程中进口价值大、复杂程度高,以及存在重大安全、卫生、环保风险的大型成套设备的质量状况"会诊把脉",确保产品的质量安全。(二)规范南通检品机构的行业管理。出台《南通市检品机构管理办法(试行)》,并与商务局、工商局建立工作联络协调机制,共同把好检品机构准入关,净化委托检验市场。成功帮扶南通4家检验机构获得检验许可资格,占全国取得检验许可资格服装检品机构的44.4%。(三)对出境木质包装试点"积分制"。选取30家木质包装使用单位和7家热处理标识加工企业,按照"诚信便利、失信惩处"的原则,实行"积分制"的诚信管理试点,增强企业的质量自律意识,提高检验检疫部门监管工作的有效性。

【科技兴检】 2010年,南通检验检疫局组织申报国家局科研项目8项、省局科研项目29项、行业标准制修订项目15项,申报数创历史新高。全年,获得国家质检总局科技兴检二等奖1项、三等奖2项,省局科技兴检一等奖1项、二等奖2项、三等奖3项,获奖等次和获奖数均位居全省系统前列。1项课题获江苏省科技进步三等奖,填补江苏检验检疫系统在该奖项上的空白。

(徐劲实)

长江引航

【概况】 南通引航站是长江引航中心在南通设立的副处级单位,对外代表国家对进出南通港口的外国籍船舶实行强制引航,对内为港航企业和船舶单位提供引航服务。现有职工53人,其中高级引航员15人,一级引航员5人,二、三级引航员12人,助理、实习引航员各7人,另有辅助岗位聘用人员12人。2010年,引航7469艘次,引航船舶总吨位1.761亿吨,比2009年增长16%;净吨5904万吨,增长15%(总吨位长江全线第二,净吨位全线第一)。有效应对恶劣天气频发带来的不利影响,打破常规调派,在其它港受影响较大的情况下,南通港基本未发生压港现象。加强内部管理,再次实现全年引航无事故。加强行风建设,全年实现有理举报零记录。2010年,第三次荣获"江苏省精神文明建设工作先进单位",第四次荣获"南通市文明单位"称号。高级引航员姚泽炎被评为全国先进工作者。

【特种船舶引航】 主动服务地方经济,与造船、港口运输企业对接。全年引领特种船1070艘次,其中引领6400车位的滚装船6艘次,30万吨散货船15艘次安全出江;311艘次开普敦型船舶靠离港口集团码头;"振华"号18艘次进出振华基地。

2010年4月17日,"圣湖"轮安全靠泊南通王子制纸有限公司 (南通引航站供稿)

【服务新码头开发】 认真研究王子造纸原料码头、中集大罐码头等新码头相关资料,参与相关论证,为其开放提供引航服务。4月17日上午,装载4000吨进口纸浆的"圣湖"轮安全靠泊南通王子制纸有限公司码头,成为该码头临时开放后靠泊的首艘外轮。针对码头所处的营船港专用航道水文条件较为复杂,站领导多次察看码头现场,组织专家讨论,制定靠泊方案,并由高级引航员精心引领,保证了首艘外轮安全靠泊。至年底,先后成功引领外轮7艘次靠泊该码头。

7月7日上午,吃水5.5米的“成路10”轮在南通中集大型储罐有限公司码头靠泊,成为该码头临时开放后靠泊的首艘外轮。南通中集大型储罐有限公司码头位于营船港专用航道上段,码头总长153米,前沿水深7.5米,航道宽度150米,设计靠泊能力5000吨。11月18日下午,船长136.5米、吃水达6.7米的“斯瓦格蔓”轮成功靠泊南通中集大罐码头。该轮由澳大利亚港口始发,所装载的3000头奶牛为进口优质奶牛品种。

(朱良之)

国家海事

【概况】 2010年,中华人民共和国南通海事局(简称“南通海事局”)认真贯彻交通运输部党组“三个服务”的要求,超额完成“十一五”规划确定的目标任务,打响“江海开发先锋号”优质服务品牌。全年辖区进出船舶30.5万艘次,国际航行船舶5347艘次。南通港货物吞吐量1.51亿吨,危险货物吞吐量1819万吨,比上年增长10.5%和43.6%。进出超大型船舶757艘次,其中10万吨级以上129艘次。辖区新造船舶133艘次773万载重吨。一般及以上等级事故比上年下降40%,水上救助成功率达98.63%,水上安全形势创9年以来最好水平。圆满完成世博安保及打击超载等专项活动,被交通运输部评为“世博交通运输保障先进集体”,被部国家海事局记“集体二等功”。连续9届18年荣获“南通市文明单位”称号,2010年获得“江苏省文明行业”、“南通市市级机关作风建设先进单位”、“江苏海事局先进单位”等各类荣誉20余项。

【安全监管】 *源头排查与监管*。开展水上交通安全大检查,全面排查安全隐患,督促160家涉水单位开展自查,排查隐患443个,整改隐患432个。实施各类安全检查3198艘次,查处各类缺陷2.31万项,滞留船舶199艘次,各项安检指标完成情况在江苏海事局名列前茅。全年完成船舶登记424艘次,办理发放各类船员证书4950本。

现场巡航监控。全年跟踪船舶27万余艘次,避免各类险情1964次,纠正违章5013艘次;海巡艇巡航2.2万余小时,巡航里程26万余海里,纠正违章1.2万余次。

专项整治。开展10余项专项整治活动,查处各类违法行为1875多起。利用狼山拦截检查线打击以黄砂船为重点的超载违法行为,查处超载730起。加强水工专项整治,杜绝事故隐患。世博会期间组织通航管区巡航22次,联动执法260余次,实施世博专项安检945艘次,外轮保安检查53艘次,实现南通入沪船舶安全零事故。

【水上救助】 2010年12月31日,如东县水上搜救分中心挂牌成立,市水上搜救中心、专业分中心、县(市)级水上搜救分中心三级搜救体制逐步完善。推动重点港区、企业建设水上救援队伍,增配救援、防污设备。成功举办开发区和如皋港水上防污暨消防应急演习等一系列演练。成功防抗台风“圆规”等百余次高温雷暴、寒潮大风恶劣天气,未发生一起船舶沉没事故和人员伤亡事故。成功组织“3.17”、“6.16”、“9.22”等一批影响较大的水上突发事件应急行动;妥善处置如皋四号港漏油污染事故等一批防污染应急险情。全年出动海巡艇263艘次、执法人员781人次,救助遇险船舶243艘,救助遇险人员1386人,挽回经济损失近3亿多元。

南通海事综合业务大楼开工仪式

【服务发展】 (一)加快推进口岸开发开放。吕四港区总体规划获省部联合批准;洋口港区货物吞吐量实现零的突破;洋口港、吕四港两次临时开放获准延期;如东LNG重件码头、LNG码头和启东吕四港区大唐电厂、中远海工等6个码头获批临时开放,沿海临时开放码头增至9座。(二)加快推进沿江沿海开发。推进洋口港10万吨级液体化工品码头等12个沿海项目通过通航安全评估。加大洋口港三期、崇启大桥等沿海施工船舶安全检查力度,协助做好上海至南通铁路长江大桥等项目通航安全评估。(三)加快推进船舶海工产业发展。出台《新造船舶水上安全监督管理办法》,帮助29家修造船企业开展安全作业咨询,健全安全管理制度。成功维护中远船务66米圆筒型海洋平台等20余次高难度下水及拖带作业。办理首例委托贷款船舶抵押权登记,全年办理船舶抵押融资达12.6亿元。(四)加快提升行政许可效能。入驻口岸联合办公中心,促成口岸联检一站式通关。全面推行“六个零”服务承诺制。继续实施“零待时”,为国际航行船舶提供“无假日”服务。优化窗口办事环境,为行政相对人提供便利。(五)科学把握监管与服务关系。积极推动江苏海事局与南通市政府签署共同推进南通沿江沿海开发战略合作协议,建立服务沿江沿海开发的高层次沟通联络机制。

【科学管理】 修改完善海事管理体系,形成“文件督办、会议督办、职能督察、方针目标考核”四线并行的督办督察格局。深化综合督察、专项督察、专门督察相结合的督察机制。调整充实社会监督员。扩大录音、摄影摄像等执法工具使用范围。全年电话回访满意率98.5%。发挥“航海实践教育培训基地”和“江海讲坛”人才开发平台作用,加大青年人员培养力度。累计选送60余篇论文参与中国航海学会等学术交流。加强海事文化建设,开展庆祝建局10周年系列活动,举办第六届海事文化节,建立南通海事陈列馆,完成综合基地文化装修。重视信息工作,全年发表各类信息4343篇次。策划世博水上安保、洋口港监管等23项专题宣传报道,在各类媒体发表稿件2200余篇(次)。

(丁 宁)

地方海事

【概况】 2010年,全市地方海事系统全面发动,严守上海世博会“环沪护城河”北大门,实现辖区“平安世博”承诺。进一步叫响“放心船检”、“安全走廊”两大品牌。辖区水上交通安全形势保持稳定。按照“四统一”标准,投入200多万元,全面推进基层站所窗口标准化建设。市地方海事局机关在全省地方海事系统率先通过“省五星级”档案管理评审,建成全文数字化档案9.35万页。被评为全国安全生产督导培训先进集体,全系统获评江苏省创建文明行业先进行业、南通市文明行业。全年规费征收完成年度计划的123%,比上年增长33%。

【世博安保】 世博期间,全市地方海事系统共办理入沪船舶签证4016艘次(其中危险品运输船舶552艘次,进入核心区水域船舶547艘次),实施专项安全检查2154艘次,查纠缺陷1.46万项,督促安装AIS设备341台、VHF设备255台、船舶标识、标牌、灯箱319套,保障安全运输物资67.49万吨,先后得到交通部海事局、省人民政府、省交通运输厅、省地方海事局、市交通运输局等各级通报表彰,被交通部海事局荣记集体三等功。

【依法行政】 行政许可、行政处罚网上公开透明运行率100%。全年实施行政许可2474件,行政处罚29769件,其中一般程序3330件,未发生一起行政诉讼和行政复议案件。在全市政府法制工作会议上作经验交流发言。“安全走廊”、“放心船检”品牌入选全市交通运输系统“十佳法治惠民实事”。连续二届被确定为“江苏省依法行政示范点”,并作为全省交通运输系统唯一单位获交通运输部“全国交通运输依法行政示范单位”表彰。

【科技兴安】 如期完成搜救中心二期工程,监控站点达到109个,在全省率先实现省、市、县、基层签证站所的四级联网。水上搜救成功率达100%。首次与长江南通通信导航处合作,开通内河水上交通安全信息平台,为过往船舶提供安全信息服务。

【船舶检验】 3.2万吨大型海船检验技术现场交流会在南通召开,南通经验在全省推广。完成3.7万吨船舶的建造检验,再次刷新全省船检系统检验吨位的记录。全年完成建造检验217艘,合计20.41万总吨,均为2009年的2倍;营运检验1560艘,81.25万总吨。

【船员培训】 在全省率先实现船员考试电子化,全年组织各类船员考试27期,1891人次参考,电子化考试率达100%。率先开发船员航线考试数字化评估系统,在全国船员考试命题大会上作交流演示,省地方海事局决定2011年在全省推广应用。注重船员培训考试质量,连续7年高等级船员理论全国统考合格率全省第一。

【安全监管】 辖区水上交通安全形势保持稳定,防堵保畅新机制进一步深化。全年未发生一般以上水上交通事故,水上交通事故“四项指标”保持“零”记录。全年出动海巡艇1.88万艘次,巡航里程22.68万公里,出动执法人员6.04万人次,检查船舶18.92万艘次,纠正违章船舶2.33万艘次,办理船舶签证12.4万艘次,保障辖区货物通过量6111.67万吨。危险品船舶防污染治理能力明显提高,辖区进入上海危险品船舶GPS、AIS、VHF安装使用率100%,未发生船舶污染水域责任事件。全年办理大型钢结构运输船舶签证1479艘次,实施护航180艘次,受理新建船舶下水备案189艘,试航备案116艘,移泊备案64艘,为企业节约成本近500万元。重点工程建设物资及关系民生的各类物资实行绿色通道和快捷运输。“大船小证”专项整治、“三无”运输船舶、超载运输和隐患治理四项整治取得阶段性成果。

【行风建设】 着力解决广大船民、企业反映的热点、难点问题,梳理69条意见和建议,汇总25项整改内容,逐一整改落实。在全省地方海事系统率先建立“船员之家”,率先开通“网上服务厅”,首创成立“世博船民法制学校”,推出诚信服务、延时服务、上门服务、法制服务和技术服务等一系列服务举措。

(曹喜田)

产业转型

先进制造业

【概况】 2010年,全市工业战线突出“调结构、快转型”这条主线,量质并举调结构,创新举措促转型,大力促进支柱产业调高调优调强,工业经济实现平稳较快发展。(一)支柱产业规模跨越。2010年,海工船舶、能源及装备、电子信息、石化及化工新材料、纺织服装、轻工食品六大千亿级产业板块加速形成。全市船舶及配套、海洋工程产业累计实现产值1125亿元,南通海洋工程与船舶产业被国家工信部评为“国家新型工业化产业示范基地”。(二)经济运行质态提升。2010年,全市规模以上工业实现主营业务收入7306.19亿元,比上年增长23.2%,累计实现利税总额811.2亿元,增长33%,实现利润总额536.8亿元,增长37.6%。(三)产业结构逐步优化。重工业增长持续快于轻工业,全年全市重工业累计完成增加值1048.6亿元,比上年增长19.66%,快于轻工业8.97个百分点。新兴产业与优势产业齐头并进。全年全市规模以上新兴产业完成产值1615.82亿元,增长31.4%,占全市规模工业比重为21.6%,占比较上年底提高3.1个百分点。(四)骨干企业支撑明显。2010年,全市百强企业累计实现销售收入2290.85亿元,占全市规模工业31.35%,销售收入比上年增长35.89%,高于全市平均12.69个百分点;实现利润204.32亿元,增长52.22%。2010年全市销售收入10亿元以上工业企业87家,比上年净增23家,其中超过50亿元的有7家。(五)工业投入量质并举。2010年,全市完成全部工业投资1530.1亿元,比上年增长15.1%。工业投资结构更加优化,全年完成规模以上装备制造业投资747.8亿元,占规模工业投入的53%;完成规模以上高新技术投资528.7亿元,占规模工业投入的37.5%。

【推动产业转型升级】 (一)聚焦产业定位,提升转型导向力。针对海工船舶、电子信息、新能源等重点发展的产业,加大政策倾斜力度。先后组织召开2010年中国(南通)海洋工程产业发展高层论坛、中国(南通)新能源产业发展研讨会,发起成立江苏海洋工程产业发展联盟,成功承办第十九届日欧中韩美船舶高层峰会。(二)优化投资结构,提升项目带动力。突出重点发展的产业类项目推进、突出江海产业大项目的跟踪、突出区域布局结构调整,王子制纸、宝通合金钢、宝钢线材制品、富士通三期、醋纤五期等重大项目有序推进。(三)加强综合协调,提升要素保障力。形成“千企千亿银企授信合作”、“新兴产业融资协作”、“新设金融机构对接”、“外资银行与南通企业对接”和“金融超市”等大中小结合、高中低配套的资金融通体制。(四)推进两化融合,提升创新驱动力。实施“520”工程,推进重点企业技术创新示范项目。加强联合引智,与上海、浙江高校院所开展产学研合作,促进成果转化。发挥信息带动,启动开展两化融合示范企业试点企业创建活动。(五)坚持绿色增长,提升发展持续力。进一步加强重点行业节能监察管理,继续深入开展化工整治和淘汰落后产能工作,对钢丝绳、印染等特色行业进行整治提升,研究布局调整方案,规范行业发展秩序,增强产业发展后劲。

【承办第十九届日欧中韩美船舶高层峰会】 10月28日,第十九届JECKU峰会(日欧中韩美船舶高层峰会)在南通市举行,来自美国、欧盟、中国、日本、韩国的主要造船企业高层及各国造船行业协会负责人、专家学者等125人集聚一堂,共同探讨世界船舶产业发展。JECKU峰会是全球造船界最高级别的非政府组织会议,由各造船大国和地区的造船行业相关组织轮流主持,每年召开一次。该次峰会是第二次在中国举办,是南通市继港治会后举办层次最高、外宾最多的国际性会议。会上,各国代表团就世界经济和船舶产业发展进行发言,对2011年及今后一段时间内国际船舶市场进行预测,深入探讨绿色造船有关问题,并形成主席声明。中国船舶工业行业协会会长张广钦代表大会主办国进行主旨发言。

(缪　晗)

表 3-03　　2010 年南通市主要工业产品产量情况

产品名称	计量单位	产量	比上年增长(%)
纱	万吨	55.69	1.3
布	亿米	31.10	11.5
印染布	亿米	21.04	6.9
服装	亿件	8.08	1.1
化学纤维	万吨	62.69	6.9
化学农药原药	万吨	12.98	-4.0
钢丝绳	万吨	179.38	8.0
电动手提式工具	万台	8483.81	-16.9
光缆	万芯千米	324.13	24.4
金属集装箱	万立方米	360.92	453.4
集成电器	亿块	74.10	35.0
半导体分立器件	亿只	82.31	-52.5
民用钢质船舶	万载重吨	807.89	42.5
海洋工程及特种船舶	万综合吨	389.42	50.9
发电量	亿千瓦时	279.87	89.3
煤气生产量	万立方米	4273	-3.9
光伏电池及组件	兆瓦	523.01	62.9

（统计局）

现代服务业

【概况】 2010 年,全市服务业实现增加值 1246.9 亿元,列全省第四位,比上年增长 13.6%,增幅高于地区生产总值增幅 0.6 个百分点,占地区生产总值比重创历史新高,达到 36.5%。实现规模以上服务业投入 600.8 亿元,比上年增长 36.1%,高出全市规模以上投入平均水平 13.2 个百分点。实际到账注册外资 4.6 亿美元,占全市实际到账注册外资的比重达到 22.52%。实现地税收入 106.2 亿元,比上年增长 37.9%,占全市地税总收入的 57.1%,比上年提高 1.1 个百分点。40 家省、市级服务业集聚区综合营业收入达到 996 亿元。南通市被评为“中国现代服务业最佳投资城市”。

【生产性服务业加快发展】 2010 年,全市金融业增加值比上年增长 16.6%,达到 141 亿元,率先在全省实现农村小额贷款公司县(市、区)全覆盖。物流业增加值比上年增长 16.3%,总量达到 126.17 亿元。科技服务业实现年总收入 68.95 亿元,比上年增长 64.2%,科技孵化器发展到 58 家,居全省前列,其中国家级和省级科技孵化器达到 18 家;专利申请量 38707 件,发明专利申请量 8536 件,分别居全省第二、第三,5 项产品获第七届中国国际专利与名牌博览会金奖。境内和离岸服务外包执行金额总量分别达到 5.51 亿元和 4270.95 万美元,比上年分别增长 117.27% 和 30.33%,建成省级服务外包示范区 4 家,拥有服务外包企业 349 家,从业人员突破 1 万人。

【生活性服务业提升发展】 2010 年,全市商贸流通业增加值比上年增长 19%,达到 386.2 亿元;社会消费品零售总额 1268.32 亿元,比上年增长 18.7%;拥有年成交额 10 亿元以上市场 16 家,其中 3 家超 100 亿元。实现旅游业总收入 230.2 亿元,接待海内外游客 1802.3 万人次,分别比上年增长 25.6% 和 19.1%;新建 3A 级以上旅游景区 12 家、高星级酒店 15 家。房地产业增加值比上年增长 6%,达到 260.1 亿元;商品房开工面积和竣工面积分别比评增长 46.5% 和22%。

（缪翠华）

·服务业龙头企业选介·

江苏文峰集团有限公司

【概况】 2010年，江苏文峰集团有限公司下属各企业围绕"保增长、促发展"主线，在发展思路上创新求变，在经营管理上巩固提升，层层抓好分解落实，采取积极应对措施，各项经营发展目标顺利实现。全年文峰集团营业总收入达到182.08亿元，上缴税金4.27亿元，实现利润5.59亿元，被评为省"优秀民营企业"、南通市"纳税突出贡献企业"、"十一五南通市优秀民营企业"。

【商贸业】 *百货业态*。加大品牌引进力度，调整优化商品及布局结构；以全面推广电子券为切入点，提升营销企划的专业水平；完善会员管理，深化"满意工程"内涵；加强管理创新，不断增强和拓展盈利空间。南通文峰大世界实现销售20.80亿元，比上年增长19.49%，再次创下单店销售历史最好水平；如皋新文峰大世界于11月6日开业，创下开业当日销售1600万元的新纪录，全年实现销售3.94亿元。

超市业态。加强团队建设，对店长进行培训、轮岗；加强制度建设，年内新修订、制订《绩效工资考核办法》等20多个规章制度和工作规范，并强化检查考核；加强对商品结构的调整和品类升级管理，加强基础工作，严格控制各项成本费用。上述措施的实施，为经营业绩的增长和效益的提升奠定较好基础。

电器业态。以"家电下乡"和"金力系统"切换运行为契机，创新营销手段，提升经营业绩。强化区域管理，建立"盐泰连"分部。注重培训储备管理干部，在门店间结成竞争对子，形成内部竞争机制。在营运、行销、物流、商品品类等方面苦练内功，积聚力量，为经营业绩的提升创造条件。

【酒店业】 2010年，集团酒店业应对成本上升、用工紧张等多方面挑战，加强营销公关，积极开拓市场。一是加大力度，开发会议接待市场；二是巩固老客户，发展新客源，挖掘散客潜在市场；三是加强与异地政府部门以及旅行社的沟通联系，寻找新的旅游团队市场。同时加强内部管理，加强成本核算，通过开源节流，努力提高企业经济效益。文峰饭店全年多次接待国家领导人，接待能力和接待水平受到省市各有关方面的广泛好评。有斐大酒店于10月顺利通过国家旅游局的五星级联合复核。

【汽车销售】 2010年，国家扶持汽车产业的一系列政策继续延续，集团汽车销售板块抓住有利形势，开展常年广告宣传、节假日车市展销、"限时零利润特卖"等营销活动，加强售后服务和内部管理，销售业绩一路攀升。海马、东本、现代、别克、长马、奔驰6个品牌8个4S店，共销售整车1.46万台，比上年增长40.89%；销售总额达到20.80亿元，比上年增长55.46 %。其中南通海马4S店销售总量全国排名第一，连续7年荣获全国"优秀经销商"荣誉称号；南通长马4S店销售成绩名列全国第二；东风本田一店思铂睿销售总量全国排名第一，连续4年荣获"全国十佳优秀销售服务店"荣誉称号。奔驰汽车经营刚满1年，即荣获奔驰厂家"击败宝马奖"。在汽车板块"品牌引进"方面，东风本田二店于11月开业，取得广州丰田汽车的经营权。

【房地产开发】 做好如东财富广场工程的竣工验收和房屋交付工作。加快推进海安文峰广场工程和启东新文峰大世界工程。海安文峰广场一期工程于2010年5月封顶。随后2幢商品房投入预售，销售率达90%以上。启东新文峰大世界工程于2010年10月封顶。在抓紧南通大饭店扩建二期工程的同时，推出52层新大楼中5～24层高档写字楼的预售。对如皋文峰城市酒店，尝试实行产权式经营。位于易家桥东侧的锦峰大厦工程、位于市公安局东侧的中心花苑工程自2009年施工以来，按计划加紧推进，2010年内双双竣工。

【期货经营】 2010年，文峰期货公司通过充实市场开发力量，完善技术设备和系统软件，强化安全管理，加强交易风险控制，经营业绩有较大提升。全年完成代理交易额7158亿元，比上年增长57.91%；完成代理交易量660万手，比上年增长11.87 %；营业收入3576万元，比上年增长59.21%，利润总额1164.81万元，比上年增长23.32%，均创历史最好水平。

（张益君）

南通化工轻工股份有限公司

【概况】 南通化工轻工股份有限公司是长三角及华东地区最大的化学品分销商之一，拥有港口仓储流通企业6家。2010年，南通化工轻工股份有限公司销售收入115.6亿元，比2009年增长82.6%；实现利润1.35亿元，增长37.5%。销售化工品实物量189.3万吨，比2009年增长27.9%。公司进入国家统计局公布的企业名单前10名。上缴各种税收总额1.98亿元，比上年增长74.8%；上缴地方留成3576万元，增长46.7%。名列南通市地税收入超三百亿突出贡献企业。

【经营管理】 2010年，化轻公司以客户服务为龙头、以信息化为平台、以标准化为基础,实现经营管理重大创新。(一)再造经营管理流程。形成前台(业务主管岗位)、中台(客户服务岗位)、后台(管理执行岗位)相互衔接、自动流转的管理体系,使公司面向市场、面向客户的管理规范和企业特质更加鲜明突出。(二)开发改造办公管理系统软件。2010年底,公司推出自动化办公软件OA系统,将总经理的审核、审批程序,通过信息化平台处理。对新系统U9进行开发,对老系统U8进行改造。在新老系统双轨运行阶段,公司所有的收款开票、财务核算、经营管理和公文办公等全部通过信息化平台进行处理。所有岗位配备电脑,达到全员、全职能、全过程通过企业资源计划ERP系统和OA系统处理,并将所有工作职责、操作流程、管理标准细化到岗,实现全员一网、全程监控。(三)实施百分制考核。推进百分制考核与工资挂钩,将高管人员列入考核名单,实现从董事长、总经理到每一个员工的全覆盖。12月,通过年度考核,对80分之下的2名最低得分员工实行转岗。

【物流保障】 2010年,化轻公司控股的千迅物流公司新增26台车,总数达56台。子公司南通千红、连云港千红及在江南的常年租用储罐正常运营,为公司的资源配送、仓储提供有力保障。

(洪 珏)

现代农业

【概况】 2010年,全市农村经济保持良好发展态势,农民收入持续快速增长。全市实现一产增加值262.43亿元、增长4%;农民人均纯收入9914元、增长14%,连续7年保持两位数增长、连续两年高于城镇居民人均可支配收入增幅。(一)传统农业稳定发展。粮食连续7年增产,综合单产创历史新高。水产、生猪、家禽平稳发展,规模养殖水平进一步提高。(二)项目农业成效显著。全市完成"三资"开发农业项目490个,规模以上投资总额125.4亿元、比上年增长21.9%,总额居全省第二。新增高效农业面积和设施农业面积分别为39.65万亩和12.16万亩,累计面积占总耕地面积的46.8%和10.32%,6县(市、区)当年新增高效农业面积均列全省前20位;新增农业适度规模经营面积36.39万亩,完成省下达任务的112.3%、完成率居全省首位,累计面积占总耕地面积的50.58%。(三)农业龙头企业发展迅速。规模以上农产品加工流通企业总数达301家,销售收入增长25.6%,增幅居全省首位、高于全市规模以上工业增幅9.6个百分点。新增农业实际利用外资2.37亿美元,全省第二;完成农产品出口额2.79亿美元,全省第四;南通江海台湾农民创业园获批为国家级园区。(四)村级经济发展步入快车道。实现村级集体收入5.12亿元(不包括财政转移支付资金),村均收入比上年增加13万元、增长76%。全市建档立卡贫困人口100%脱贫。

(综 合)

【现代农业发展全省领先】 海门市官公岛现代农业园区、启东市江海生态高效农业园区被认定为省级现代农业产业园区;通州水芹、海安蚕茧、启东四青作物、如皋盆景、海门山羊分别被省农委认定为省级现代特色产业示范基地。海安县隆政村、如东县天星村、启东市光明村、海门市李彬村被认定为省现代农业示范村。市农委出台《南通市推进现代农业发展的意见》。全市共申报建设市级园区、基地、示范村近120个,年底经市验收考核,市政府确定市级现代农业产业园区、现代特色产业基地、现代农业示范村各10个。

【高效设施农业发展全省领先】 全年新增高效农业面积39.65万亩,新增设施农业面积12.16万亩,分别完成省定全年目标任务的165.2%和162.1%。全市累计高效农业面积327.65万亩,设施农业面积72.27万亩,分别占耕地比重的46.8%和10.32%。2010年全市新建300亩以上的钢架大棚园区40个,总面积1.67万亩。全市新增各种类型的休闲农业企业52家,累计达160家,比2009年年底增长48.15%。

【外向型农业全省领先】 2010年,全市新增农业利用外资项目32个,农业实际利用外资2.37亿美元,完成省下达任务的139%,农业实际利用外资总额列全省第二位;全市农产品出口总额2.79亿美元,比上年增长11.9%,列全省第四。南通江海台湾农民创业园、苏台(海安)农业合作创业园分别获国家农业部、国台办及省农委、省台办、省商务厅批准建设。

【农业服务体系建设全省领先】 基层农技推广服务体系改革到位。全市共建成专业化统防统治组织610个、农机专业合作组织299个。全年有74个农机服务组织、310个跨区作业服务队外出跨区作业,组织引导联合收割机跨区作业9363台次,跨区作业收入4.5亿元。如皋神牛农机专业合作社被评为全国农机示范合作社,如东马塘富民农机合作社被评为全国农机示范维修点。分别获省五星级、四星级农机专业合作社2个和5个。

【农产品质量安全建设全省领先】 全年对市区主要农贸市场、批发市场、超市和蔬菜基地进行农药残留监测,平均合格率为98.4%,领先全省。研发农产品生产及销售全程质量监控信息管理系统,对27个农产品生产基地进行全程监控，建立可追溯机制。全年新增无公害农产品、绿色食品和有机食品307个，其中新增无公害农产品269个，有效数保持全省第一。市农林局荣获第一次全国污染源普查先进集体称号。

【生态林业发展全省领先】 全市新增造林面积11600公顷，其中成片造林面积9066.7公顷，列全省第三。如皋市获得全市第一块“全国绿化模范县”奖牌。林业资源管理稳步推进，全市完成了省下达的38.07万亩集体林改主体改革任务，发放林权证0.24万份、股权证1.07万份，发证率达100%，南通市被省林业局表彰为“2010年度资源保护先进市”。

【平安农机创建全国领先】 深入推进平安农机创建工作，海安县、如皋市、通州市获得了全国平安农机示范县（市）称号，海门市、启东市被评为省级“平安农机示范县”，全市90%的乡镇建成“平安农机乡镇”，95%的村建成“平安农机示范村”。全年未发生重特大农机安全事故。

（杨　建）

江苏南通出口加工区

新兴产业

海洋工程与船舶产业

【概况】 2010年,全市造船完工量807.9万载重吨,船舶及配套、海洋工程累计实现产值1125.1亿元,实现了"十一五"船舶产业"1000万载重吨(综合吨)、1000亿产值"的"双千"目标,成为国内第二大造船基地。2010年,南通海洋工程与船舶产业被国家工信部认定为国家级新型工业化示范基地、被科技部认定为国家级船舶高新技术产业化基地。南通中远船务工程有限公司企业技术中心被国家发改委等5部委认定为国家级企业技术中心(南通首家)。10月,全球造船界一年一度的高级别非政府组织会议——第19届日欧中韩美(JECKU)船舶高层峰会在南通举办,这也是首次在我国地级市举办。2010年度南通创造了数项中国乃至世界第一:中国首制5400标箱集装箱船、1万标箱超大型集装箱船、30万吨超大型油轮、5000车位汽车滚装船、30万吨超大型矿砂船、7.55万吨冰区加强型巴拿马散货船,全球首艘按共同结构规范(CSR)标准制造的15.6万吨苏伊士型原油轮,世界最先进圆筒型超深水海洋钻探储油平台"希望一号"。2010年交付的代表性工程有:中国首制6200车位汽车滚装船、全球首艘采用单支柱柔性设计4300 PCTC汽车滚装船、全球首座具有自航能力的自升式海洋平台"瑞美蒂"号。

(冒小峰)

·企业选介·

南通中远川崎船舶工程有限公司

【概况】 南通中远川崎船舶工程有限公司是中国远洋运输(集团)总公司与日本川崎重工业株式会社于1995年12月合资兴建的大型造船企业,注册资本14.6亿元人民币,固定资产投资40亿元人民币,双方各占50%股权。1996年底至1999年底完成一期工程建设,2006年底至2008年10月完成二期工程建设。现有30万吨级船坞1座、50万吨级船坞1座,分别配有2台300吨门式吊机和2台800吨门式吊机,建有船体车间、舾装车间、涂装车间等,年生产能力300万载重吨。至2010年底,公司先后生产交付各型船舶78艘,超过900万载重吨。主要代表产品有30万吨级油轮(VLCC)、30万吨级矿砂船(VLOC)、第六代1万标箱以上的集装箱船、6200车位以上的汽车滚装船、20.5万吨好望角型散货船、大灵便型散货船、多用途特种重件运输船、液化天然气船等远洋运输船舶。名列中国最大规模外商投资企业500强、中国出口企业200强、中国机械行业百强。2010年,公司积极应对"后金融危机时期"的挑战,生产经营各项工作有序推进,产量、产值和效益等各项经济指标均创历史最高水平。全年交付船舶15艘,包括9艘5.5万吨散货船、5艘30万吨VLOC矿砂船和1艘6200PCC滚装船。完成造船产量201万载重吨,比2009年增长57.6%;实现产值57亿元,增长20.8%;完成利润超10亿元,增长115.9%。

【技术研发】 2010年,公司根据总体生产经营计划,完成在建散货船、30万吨级矿石运输船和6200车位汽车运输船的设计作业和应对工作,为在建船的顺利交付提供保障。新船型开发上,重点开展20.5万吨散货船、灵便型散货船和1.3万标箱集装箱等新船型的详细设计和生产设计工作;开展新型VLCC压载舱淤泥处理、PSPC相关规范的专题研究和多用途运输船(GCS)、LNG船的技术储备工作。公司正在加紧推进被誉为造船业"皇冠明珠"的LNG运输船两种船型(球冠型、薄膜型)的研发和建造。通过多年的努力,公司实现包括散货船、油轮、集装箱船、矿石运输船、汽车运输船、特种船、液化天然气船等在内的多元化产品的技术储备。

【企业管理】 加强产品设计、制造、管理信息的一体化集成,实现生产模式的仿真化、模块化和数字化,以"数字造船"促进"绿色造船"。在管理过程中,以持续改进和降低船舶能耗为目标,以全过程的供应链管理为主线,将绿色设计、标准化管理、目标化管理、"6S"和"NPS"管理、全员自主管理和技术改造进行有机融合,使资源实现最大限度的开发和利用。2010年,公司申报的《中外合资造船企业提高船舶能效的绿色管理》获第十七届国家级企业管理现代化创新成果二等奖。

（储　彬）

南通中远船务工程有限公司

【概况】 南通中远船务工程有限公司,是由中国远洋运输(集团)总公司旗下的中远船务工程集团有限公司与中远投资(新加坡)有限公司合资经营的大型修船企业,注册资本1.23亿美元,主要从事船舶修理、船舶改装和海洋工程产品修理、改装、制造以及起重机械制造等业务。公司拥有长江优良岸线1120米,10~15万吨级深水码头4座,15万吨级和8万吨级大型浮船坞各1座。2001年起南通中远船务主要经济指标一直处于中国修船行业领先地位。从2005年起,南通中远船务在修船、改装的基础上进入海洋工程制造领域。2009年交付的Sevan 650圆筒形海洋钻井平台、2010年交付的多功能自升式海洋工作平台,均为世界领先的海洋工程产品,标志着公司成功实现产品结构转型。中远船务启东海工基地抓紧建设,向世界一流的海洋工程制造基地迈进。2010年,南通中远船务工程有限公司积极应对金融危机影响,在海工装备制造领域屡创佳绩,全年实现销售收入47.41亿元、利润4.88亿元(含启东中远海工)。年内,南通中远船务获评南通市"十佳外商投资企业"、"十佳外贸出口企业"、"地税组织收入超三百亿突出贡献企业",并蝉联全国"安康杯"竞赛优胜企业。

【海工装备制造】 2010年,南通中远船务成功交付世界首艘带自航能力的自升式海洋平台"救助号",成功建造并命名代表世界先进水平的穿梭油轮"福塔雷萨·库娜森"和海上风车安装船"探险者"。至此,南通中远船务的海工产品实现从浅海到深海、从油气开发到风电安装、从服务平台到专业船舶的全覆盖,在世界海工装备制造领域打响了品牌。

【技术研发】 狠抓研发机构建设,推进企业自主创新。公司成为江苏省海洋工程产业技术创新战略联盟首届理事长单位,分别与江苏科技大学、大连海事大学签署战略合作协议。公司成立江苏省(中远船务)海洋工程装备研究院技术委员会,技术中心获得国家认定。围绕产品转型升级,加大技术研发力度。承担国家工信部、江苏省科技厅等科技研发、成果转化等项目5项。《SEVAN DRILLER钻井储油平台》荣获2010年中国造船工程学会科学技术二等奖,《水深3000米无锚系石油钻井重大装备的制造关键技术研究及应用》荣获2010年中国教育部科技进步二等奖,"超深海高稳性圆筒型钻探储油平台的关键制造技术"荣获2010年度江苏省科学技术奖一等奖。

（顾浩强）

新能源产业

【概况】 2010南通第十届港口经济洽谈会期间,"中国(南通)新能源产业发展研讨会"成功举办,大大提升了南通新能源产业知名度和影响力。全市新能源产业规模企业数达207家,总从业人数达3.8万人,全年完成产值352.3亿元,比上年增长36%,占新兴产业的比重达21.8%,占全市规模工业的比重达4.7%,占全省新能源产业的比重约10%。2010年全市风电装备制造业完成产值约90亿元,光伏电池产量达523兆瓦,组件产量约900兆瓦,核电装备、新能源汽车等其他领域也在不断拓展,呈现快速发展的良好态势。

（陈志勇）

·企业选介·

韩华新能源有限公司

【概况】 韩华新能源有限公司的前身江苏林洋新能源有限公司,成立于2004年8月,从事晶体硅太阳能电池片、电池组件的研发、生产和销售。2006年12月,林洋新能源在美国纳斯达克上市,之后产能迅速扩张,成为在国内外具有一定影响的光伏企业。2010年8月,被世界五百强企业之一的韩国石化收购并独资控股。韩华新能源有限公司注册资本3.61亿美元,总资产50多亿元人民币,电池组件产能达800兆瓦。2010年电池组件产量789兆瓦,实现统计销售收入达96.9亿元人民币。同年,公司在南通市经济技术开发区投资新建2000兆瓦规模的韩华新能源(南通)有限公司,力争成为国内最大的太阳能电池、组件生产企业之一。

（陈志勇）

江苏海上龙源风力发电有限公司

【概况】 2009年6月,龙源电力集团股份有限公司投资5.5亿元的如东3万千瓦潮间带试验风电场开工建设,单机容量1.5~3.0兆瓦,16台国内试验样机于9月28日全部投产发电,成为全球首座潮间带风电场。同年12月6日,如东15万千瓦潮间带风电场一期示范工程获得国家发改委核准。为推动海上风电建设和运营,江苏海上龙源风力发电有限公司于2010年3月5日成立,注册资本1.01亿元。如东15万千瓦潮间带风电场一期示范工程预计2012年建成投产。海上风电的开发建设,将极大促进节能减排和清洁能源的应用,成为南通和江苏的"海上三峡"。

(陈志勇)

软件和信息服务业

【概况】 2007年以来,全市各地把发展软件和信息服务业作为加快产业转型升级、扩大就业、提升区域竞争力的一项重要战略任务来抓,软件和信息服务业实现跨越发展。南通软件产业起步于2006年,短短4年,软件企业已发展到200家,从业人员3000多人。2010年,全市实现软件产业销售收入7.18亿元,比上年增长41.9%,其中南通软件园实现软件收入1.8亿元,如皋软件园实现软件收入1.5亿元。至2010年底,全市累计认定软件企业42家,累计登记软件产品103个,其中年内新增认定软件企业15家,新增登记软件产品30个。

【载体建设】 全市软件园共5家,即:南通软件园、崇川区的南通软件园南园、港闸区的南通软件园北园、海安软件园、如皋软件园,建筑总面积17.5万平方米。南通软件园、海安软件园、如皋软件园先后被认定为省级软件园。其中,南通软件园、海安软件园被认定为省级软件与信息服务产业园。

【产业结构】 经过几年的精心培育,南通软件产业已初步形成以对日外包和嵌入式软件为主、软件服务和互联网服务为辅的产业格局,并涌现一批在国内外有影响的重点企业。从事软件外包的企业主要有南通必优信息技术公司、南通华冈软件公司等;从事嵌入式软件的企业主要有南通奥特电子公司、南通瑞雪电子公司等;从事纯软件产品开发的企业有南通华诚软件公司、南通奥乐电子公司等;从事软件服务的企业有南通星网科技公司、南通用友软件公司等。另外,江苏综艺集团通过参股、控股等方式涉足安全软件、嵌入式软件、管理软件等领域,在国内同行业中处于领先地位。黄金岛网络与盛大网络联合开发的"苏中棋牌游戏中心"在线人数达万人。东丽纤维研究所、必优信息、华冈计算机、欣通船舶设计等公司也在高平台上实现快速发展。

【产业开发】 服务外包产业发展迅速,一批国内外服务外包巨头陆续落户南通。总投资2980万美元的携程信息技术(南通)有限公司首批1000个呼叫席位已投入运营。美国服务外包产业巨头安克诚公司在南通设立全球数据运营中心,一期总投资600万美元,主要从事数据分析与决策支持方面管理系统、信息安全软件的研究开发及相关应用服务项目研发。与此同时,南通本土企业快速进入国家重点发展的传感网产业领域,南通富士通微电子股份有限公司、中天科技股份有限公司等一批企业纷纷推出传感网产品,南通大学也承担了多项省部级传感网相关课题。

(高　吉)

支柱产业

电子信息

【概况】 2010年,南通电子信息产业继续保持又好又快的发展势头,销售收入、利润分别为953.5亿元、72.38亿元,比上年分别增长33.87%、47.69%,占全市规模以上工业13.05%、13.48%,占全省的5.14%、7.16%,以微弱优势超过常州,位居苏州、无锡、南京之后,列全省第四。

【企业规模迅速壮大】 在2010年全市工业企业销售收入100强中电子信息业企业占22家。销售前10强企业的总销售收入达373.2亿元,比上年增长38.41%,占电子信息产业的39.14%。亿元企业中电子信息企业有159家,其中超50亿元的企业有1家,中天科技集团有限公司销售收入达到81.88亿元;超20亿元的企业有10家;超10亿元企业10家。

【产业结构不断优化】 顺应国际产业发展潮流,积极吸引国外先进技术,努力进行结构调整,形成电子元件、电子器件、电子材料、通信、整机等5大类29个品种的电子信息产品体系。通信产品和电子材料等投资类产品已占5大类产品的40%,电子元件和电子器件等基础类产品占20%。5大类29种电子信息产品都保持稳中有升的好势头,其中有16种产品技术水平达到国际先进水平,占55%;有9种产品技术水平达到国内领先水平,占31%。

(高 吉)

化学医药

【概况】 2010年,全市规模以上化工医药工业企业666家,完成工业总产值1075.92亿元,比上年增长28.66%;累计实现销售收入1037.05亿元、利税总额106.11亿元、利润70.59亿元,与上年同比分别增长了28.63%、33.49%和36.43%,占全市规模工业比重分别为14.19%、13.08%和13.15%。名列销售收入前5位分别为:化学原料及化学制品制造业的基础化学原料制造323.48亿元、专业化学产品制造198.87亿元、合成材料制造168.94亿元,医药制造业119.43亿元,橡胶制品业90.13亿元。

全市化工医药行业前十位企业是:申华化学工业有限公司、如皋市双马化工有限公司、南通星辰合成材料有限公司、双钱集团(如皋)轮胎有限公司、南通回力橡胶有限公司、三菱丽阳高分子材料(南通)有限公司、南通江山农药化工股份有限公司、南通雄风金属材料有限公司、南通海迪化工有限公司、海门市化工原料厂。

(张 伟)

·企业选介·

南通江山农药化工股份有限公司

【概况】 2010年,南通江山农药化工股份有限公司(简称"江山农化")全力推进新区建设,杀虫剂、特种树脂等项目先后建成投产,全年累计完成固定资产投入3.1亿元,提前一年完成老厂区搬迁。克服部分农药产品取消出口退税、产能过剩市场低迷等不利因素,狠抓开源节流、降本增效工作,全年实现营业收入19.4亿元,实现净利润3074万元,实现了扭亏为盈的目标。

【技术创新】 2010年,公司先后承担多项国家级科技攻关课题,其中国家"十二五"科技支撑计划"绿色生态农药的研发与产业化"重大项目3项,"十二五"期间"863计划"研究开发项目1个。公司承担的农药助剂研究课题获得中国石油和化学工业联合会科技进步二等奖,草甘膦母液回收利用成套技术通过中国石油和化学工业联合会科技成果鉴定,达到国内领先水平。公司参与的"863计划"重点项目"农药废水低排放技术开发"中的"草甘膦废水"课题的研究,通过科技部组织的中期验收。公司1个化工产品被批准为"江苏省高新技术产品"。公司获批建立"江苏省企业院士工作站"、"江苏省绿色除草剂工程技术研究中心"。

【节能减排】 作为江苏省循环经济试点单位、全国千家重点节能企业之一,2010年江山农化加大资源综合利用、节能减排等方面的投入,投资近4000万元,实施蒸汽凝结水回收等5个回收利用项目。经省级主管部门评价考核、专家审核,公司圆满完成"十一五"节能目标,完成节能量6.99万吨标煤,完成进度为187.94%。2010年,公司耗能17.66万吨标准煤,万元产值能耗为1.06吨标准煤。

【社会责任】 公司始终高度重视改善生产经营过程中的健康、安全及环保,经环保部门监督审查,公司环境行为首次获得蓝色评价。出资1.45亿元委托南通市土地储备中心对老厂区搬迁地块进行修复。独家冠名资助中国农资质量万里行"江山杯"第四届全国普及农药知识大奖赛活动,普及农药知识、倡导科学用药、净化市场环境、推广绿色农药。组织员工参加玉树灾区募捐等活动。

(宋金华)

南通醋酸化工股份有限公司

【概况】 南通醋酸化工股份有限公司产品有基本有机化工原料、医药和农药中间体、染料及颜料中间体、食品和饲料添加剂4个系列30多个品种。质量管理获全国行业优秀奖。醋酸酐曾获国家质量银奖,"天柱"商标醋酸衍生物产品获江苏省著名产品称号,企业通过ISO9000、OHSAS18000、ISO14000、HACCP、GMP、BRC、FAMIQS、犹太洁食、清真食品标准体系认证。产品出口60个国家和地区。2010年,公司在外贸进出口大幅受阻的艰难形势下,全力推进搬迁工作,同时努力提升企业核心竞争力,全面完成全年计划目标。年销售收入8.60亿元,比上年增长13.74%;利润1.26亿元,比上年增长186.2%。其中,主营业务利润4839万元,增长14.72%;出口创汇5665万美元,比上年提高31.84%。年末固定资产净值2.49亿元,成为亚洲第一、世界第二的双乙酰化生产基地。2010年,公司主要产品产量:双乙烯酮产量1.9522万吨、山梨酸1.442万吨、山梨酸钾1.428万吨、双乙甲酯9302.81吨;市场销售情况:食品、饲料添加剂市场占有率45%,行业排名第一名;染料及颜料中间体市场占有率30%,行业排名第三名;农药、医药中间体市场占有率10%,行业排名第八名;基本有机化工原料市场占有率5%,行业排名第十二名。

【搬迁调整工作】 目标建成亚洲最大的以食品添加剂生产为主的新型精细化工企业,抓紧至南通经济技术开发区(醋酸化工)和如东洋口化工园区(立洋化学)的整体搬迁调整。至年底两处工地投入超过5.5亿元,其中开发区4.2亿元以上,如东立洋1.3亿元以上。开发区工地土建已完成85%,项目一期试生产累计产出合格双乙烯酮1.18万吨、双乙甲酯7479.3吨、乙酰乙酸乙酯729.6吨。二期项目山梨酸、山梨酸钾、脱氢醋酸正在紧张安装设备。如东立洋工地土建完成70%,设备安装完成40%,计划2011年完成搬迁。

(周 洪)

醋酸化工新厂区

纺 织 服 装

【概况】 南通市是全国著名的纺织基地,也是全国12个纺织品出口基地和10个服装出口基地之一。2010年,全市纺织(服装)业呈现平稳运行、小幅增长的态势。全市纺织(服装)业规模以上企业2851家,比上年增加140家,企业数占全市规模以上工业企业37.88%;实现销售收入1662.46亿元,增长15.87%,在全市规模工业中占22.79%;实现利税总额172.61亿元,增长32.06%,在全市规模工业中占21.32%;实现利润总额110.23亿元,增长40.38%,在全市规模工业中占20.57%。全市纺织(服装)业销售前10位企业为:江苏综艺集团、江苏联发纺织股份有限公司、鑫缘茧丝绸集团股份有限公司、南通罗莱家纺股份有限公司、江苏金雪集团有限公司、南通永安纺织有限公司、南通文凤化纤有限公司、江苏大生集团有限公司、江苏省华强纺织有限公司、南通海林集团有限公司。10家企业销售收入总计218.47亿元,其中销售收入超20亿元企业有3家,分别是江苏综艺集团70.11亿元、江苏联发纺织股份有限公司26.17亿元、鑫缘茧丝绸集团股份有限公司20.01亿元。

【纺织业】 实现销售收入1172.47亿元,占全行业70.53%,比上年增长16.48%;实现利润总额78.63亿元,占全行业71.33%,比上年增长44.89%。该分行业运行情况好于全行业。

【纺织服装、鞋、帽制造业】 实现销售收入389.86亿元，占全行业23.45%，比上年增长12.15%；实现利润总额24.4亿元，占全行业22.13%，比上年增长19.83%。该分行业运行质态低于全行业水平。

【化学纤维制造业】 实现销售收入100.12亿元，占全行业6.02%，比上年增长24.33%；实现利润总额7.2亿元，占全行业6.5%，比上年增长84.84%。该分行业总量占比较小，但全年的运行形势和增长情况好于全行业。

（陈 君）

·企业选介·

江苏大生集团有限公司

【概况】 2010年，江苏大生集团有限公司各项经营指标大幅上升，圆满完成年度计划，基本实现“十一五”规划目标。全年完成销售收入25.37亿元，比上年增长25.98%，其中纺织主业17.07亿元，比上年增长29.49%。实现利税9620.6万元，增长57.48%，其中纺织主业9184.8万元，增长85.31%。工业增加值3.11亿元，增长8.98%，其中纺织主业2.21亿元，较上年增长7.24%。员工人均年收入2.09万元，较上年增长17.9%，其中纺织主业2.11万元，较上年增长20.6%。

【纺织业优化整合】 完成薪酬制度改革和劳动力优化组合。制定并实施各级管理人员绩效考核试行办法。完成印染分公司员工整体转岗。全年集团在册人员减少928名。

加快主业集聚，完成英瑞设备整体搬迁。加快车间整合，实现按时达产，如期开出6.2万纱锭，基本形成主业轻型、高效、统一的新体制。

【市场营销】 整合营销资源，积极开拓市场。对营销机构进行调整，出台以毛利完成情况为主要内容的新的考核办法，单项销售纪录创新高。全年企业新增客户537个，是近年来最多的一年。调整品种布局，提升盈利能力。主打产品混纺纱、高档粘胶等成为盈利主力军。新开发的天丝系列产品已在家纺企业中占据一定市场。注重市场信息收集，降低采购成本，平均采购价格低于同行水平。加大应收货款的清欠力度。年末应收货款余额1290万元，较年初下降近700万元。

【新品研发】 修订、完善科技创新、产品研发的相关制度。完善院士工作站和省级工程中心等研发机构的组织体系，全年完成6项科技项目的申报工作。以新纤维、新技术、新工艺为主题加大产品开发力度。纱线方面，开发吸湿速干、吸湿发热、功能性复合无捻等六大系列产品；坯布方面，开发家纺、服装、军品等三大系列产品；成品方面，开发婴幼儿、家纺、家居、服装等四大系列产品。与上下游企业结成新品开发战略联盟，在毛巾、服装、家纺等终端领域开发功能性新产品，为产业链的延伸奠定基础。举办首届职工技术节，调动职工参与科技创新的积极性。2010年，集团共申报11项专利技术。

【内部管理】 按照现代企业制度建设的要求，继续完善内部管理。财务管理方面，完善预决算制度，降低资金使用成本，财务费用比上年下降600多万元。人力资源方面，确立新的岗位工资指导线，实施相关配套制度，优化车间劳动组合。综合管理方面，落实各项安全督查制度，保证整个集团安全、平稳生产。生产管理方面，提升各车间整体管理水平，工费成本比上年下降1000多万元；加强进厂原料检测，坚持一单一工艺生产，严把产品出厂质量关，建立完善质量内部快速反馈机制。

（陈小华）

轻工食品

【概况】 2010年，全市规模以上轻工食品工业企业累计实现销售收入828.07亿元，占全市规模工业13.55%，比上年增长16.02%；工业利润61.82亿元，占全市规模工业11.53%，比上年增长21.25%；利税总额91.53亿元，占全市规模工业11.31%，比上年增长21.5%。销售收入总量前5位分别为：农副食品加工业356.83亿元，塑料制造业104.15亿元，文教体育用品制造业75.17亿元，皮革、毛皮、羽毛（绒）及其制品业58.77亿元，工艺品及其他制造业50.35亿元。销售收入增幅前5位分别为：食品制造业52.09%，化学原料及化学制品制造业的日用化学产品34.71%，印刷业和记录媒介的复制22.32%，文教体育用品制造业22.02%，家具制造业18.91%。

全市轻工食品行业销售收入前10位企业（集团）累计实现销售收入225.40亿元，占全行业27.22%；实现工业利润24.84亿元，占全行业40.18%。前10位企业（集团）分别是：嘉吉粮油（南通）有限公司、南通醋酸纤维有限公司、南通来宝谷物蛋白有限公司、南亚塑胶工业（南通）有限公司、南通一德实业有限公司、江苏省银河面粉有限公司、南通红蚁王鞋业有限公司、南通恒康海绵制品有限公司、江苏宝宝集团公司、南通家惠油脂有限公司。其中嘉吉粮油

（南通）有限公司年销售收入达79.58亿元。

（陈　君）

· 企业选介 ·

南通烟滤嘴有限责任公司

【概况】 2010年，南通烟滤嘴有限责任公司根据国家烟草专卖局“卷烟上水平”的总体要求和江苏中烟工业有限公司的战略目标，以开展“上水平、争先进、创一流”主题活动为契机，全面推进企业生产经营、科技创新、基建技改等各项工作。全年累计完成滤棒产量181.3亿支，销售滤棒179.55亿支，实现销售收入6.55亿元，税利9427万元，其中实现利润6915万元，产销、利润均创历史新高。全年公司一次交验合格率99.8%；顾客验收合格率99.5%，合同履行率达100%，顾客综合满意度为98.9%，圆满完成年初制定的目标任务。

（姚　立）

建筑业

【概况】 2010年，全市建筑业继续快速、健康发展。全年完成建筑业总产值2700亿元，比上年增长30.2%；实现建筑业增加值660亿元，完现利税总额170亿元。承建施工面积3.54亿平方米，比上年增长21.74%；完成竣工面积1.07亿平方米，比上年增长13.75%。建筑业各项主要经济技术指标继续位居全省第一。

【市场开拓】 全系统施工总人数95万人，其中出市施工人员超过70万人，建筑队伍分布全国31个省、市、自治区。人数超3万人以上市场9个，产值超100亿元以上市场8个。南方市场有新突破，中西部地区市场份额进一步加大。建筑外经持续增长，工程承包与劳务输出并举，市场占有率和覆盖面不断提高。2010年施工队伍遍布74个国家和地区，完成营业额11.5亿美元，境外劳务人员超过2万人。承包工程占建筑外经总量74.86%。

【扶优培强】 主管部门积极帮助企业上等级、上规模，全市高资质企业有较快发展。全市特级企业有15家，一级企业达到103家。施工产值超100亿的企业有6家，其中南通二建、南通三建、苏中建设集团、南通四建等企业，总产值超过150亿元。在江苏省建筑业综合实力50强中南通市有18家，其中7家企业位居前10名。在中国民营业企业500强中，南通建筑企业占14家。南通建工集团、南通三建集团、南通六建集团进入全球国际最大承包商225强，中国承包商60强中南通市有7家。中南建设集团于2009年在深交所成功上市后，带动全市建筑企业加快上市融资步伐，江苏苏中、南通四建、南通三建等企业进入上市辅导期。全市建筑经济总量80%集中在高资质企业，初步形成一批高资质优势企业群体。

【结构调整】 引导企业向专业化领域拓展，鼓励企业做专做精，较大改变以楼宇和住宅建筑为主的单一结构。专业类一级资质企业发展到42家。在基础设施和专业施工领域，累计完成产值260亿元，比上年增长近8成。其中，承建的公路工程、水利水电工程、装饰装潢工程、建筑智能化工程与上年相比增长均超过50%；市政公用工程、机电安装工程、环保工程、地基与基础工程增长25%。全市高资质企业涉足房地产，除在南通本地搞开发，还在北方和中西部投资收购土地，经营开发房产，不少企业实施资本经营，投资发展其他三产。初步形成具有南通建筑业自身特色、专业门类较为齐全的经济结构。

【精品工程】 建筑企业施工能力显著提高，承建一大批高、大、难工程项目。承建高层建筑10650栋，其中超高层建筑1902栋，承建10万平方米以上小区1428个。把质量创优放在施工管理首要位置，在各地市场创建一大批优质工程、精品工程。年内获鲁班奖3项，国优工程银质奖6项，获上海白玉兰杯、江苏扬子杯、山东泰山杯等省级优质工程奖200余项。全市累计获鲁班奖65项，居全国地级市之首。

【科技创新】 推进科技进步，提高科技对建筑经济贡献率。全年获批省级施工工法50项，78项成果获省、全国优秀QC成果奖。加大人才培养和资源开发，建设一支新型企业家队伍，培养和引进一批层次高、业务精、技术强的中、高级专业技术和管理人才。全市完成2820名一级建造师、7510名二级建造师和1024名一级临时建造师、1196名二级临时建造师的注册或转评工作。

（姜晓云　茅建祥）

基础产业

电力

【概况】 2010年,南通市500千瓦及以上机组装机总容量为557.55万千瓦,全年完成发电量283.19亿千瓦时,比上年增长85.31%。其中华能南通电厂装机装机容量为140.4万千瓦,完成发电量86.43亿千瓦时;南通天生港发电有限公司装机容量为66万千瓦,完成发电量41.39亿千瓦时;大唐国际吕四港发电有限责任公司装机容量为240万千瓦,完成发电量119.45亿千瓦时;地方热电企业(含自备电厂)装机容量为46.95万千瓦,完成发电量21.71亿千瓦时;风力发电装机容量为64.2万千瓦,完成发电量14.22亿千瓦时。

【电网建设】 2010年,南通电网完成投资17.66亿元,220千伏园林、长沙等输变电工程竣工投产,建成以500千伏为最高电压等级、220千伏电网为输电主网架,各级电网协调发展的电网体系。南通全网最高负荷达412.32万千瓦,比2009年最高负荷增长11.09%,最高日电量达8616万千瓦时,比2009年最高日电量增长13.48%。

【用电结构】 南通全年全社会用电量达249.70亿千瓦时,比上年增长14.83%,其中工业用电187.84亿千瓦时,增长13.56%;城乡居民生活用电32.86亿千瓦时,增长13.16%。一、二、三产用电占全社会用电的比重分别为1.27%、76.83%、8.73%,轻重工业用电比例为37.7∶62.3。

【江苏大唐国际吕四港发电有限责任公司】 江苏大唐国际吕四港发电有限责任公司由大唐国际发电股份有限公司、中国大唐集团公司和南通国有资产投资控股有限公司共同出资兴建,注册资本金10.5亿元。公司坐落启东吕四港镇东部,东临黄海,海堤纵向深入大海3.4公里,围垦滩涂5065亩,是一座海上电厂。电厂一期工程新建4台660兆瓦超超临界燃煤机组,总投资112.37亿元,同步建设两个3.5万吨泊位的运煤码头,2009年12月29日经国家发改委核准。二期规划建设2台1250兆瓦超超临界机组。公司4台机组先后于2010年3月至6月投产发电,截至年底共发电119.67亿千瓦时,实现销售收入40.2亿元,上缴税金1.3亿元。

(陈志勇)

·企业选介·

南通供电公司

【概况】 南通供电公司是国家大型供电企业,主要承担南通境内电网输、变、配电生产、经营、管理责任,提供电力能源供应服务。2010年,公司进一步强化安全生产、推进电网建设、塑造品牌形象,圆满完成上海世博会保电、县级公司集约化管理等各项重点工作,完成年度和"十一五"发展各项目标任务。公司供售电量实现双超两百亿目标,全年累计完成供电量240.81亿千瓦时、售电量224.26亿千瓦时,比上年分别增长15.88%和16.86%;网供最高负荷412.3万千瓦,比上年增长11.09%;线损率6.87%,比上年下降0.79个百分点。公司获得国家电网公司世博电力保障先进集体、江苏省电力公司安全生产先进单位、南通市市长质量奖,第五次被市政府表彰为市级机关作风建设先进单位。

【电网建设】 编制《南通电网"十二五"规划报告》、《配电网"十二五"规划报告》。500千伏南通北升压工程取得省建设厅选址意见,淮南－沪西特高压在南通境内路径获市政府批复同意。编制《南通市电动汽车充电站"十二五"规划》,完成充电站建设用地手续办理,加快充电站建设进程。完成基建工程36项,大型技改及专项技改工程115项,投产110千伏及以上线路533.71公里,变电容量364万千伏安。3项工程获"国网优质工程"。国内首个"广域分布式地县一体化调度自动化系统研发与应用"在公司试点成功并通过验收。

【电力服务】 开展"客户－电力零距离"活动,实时掌握各县(市、区)政府及重要用户对供电服务的需求。国网品牌标识标准化建设通过省公司验收。修订完善各项优质服务规定,及时处理各类故障。加强行风建设,全面实行业扩工作100%回访,在全省供电服务第三方调查中列市区第一名,获江苏省放心消费创建活动先进行业。深化文明行业创建,公司获"2007~2009年度江苏省文明行业"称号。公司营业厅被中央企业团工委授予中央企业青年文明号;公司"红马甲"志愿服务项目被团省委、省志愿者协会表彰为江苏省优秀青年志愿服务项目。

【安全管理】 坚持领导每周现场"飞检",完善和细化到岗到位规定;加强电力设施保护,对内做好"三防"、"三保",对外严格执行保护区施工行政许可,连续5年保持风筝事故"零"纪录,连续3次被表彰为全国"安康杯"竞赛优胜企业。推进应急体系和机制建设,建立并完善应急抢修队伍,组织开展各类应急演练,提高应急处置能力,被市政府表彰为"应急管理综合考评先进单位"。

(徐立阳)

华能国际电力股份有限公司南通电厂

【概况】 2010年,华能国际电力股份有限公司南通电厂(以下简称"南通电厂")开展"本质安全年、燃料管理年、经营评价年、队伍建设年"和"设备整治年"活动,全年安全生产总体平稳,节能降耗水平进一步提升,控本增效成效显著,三期项目前期取得突破。全年完成发电量86.43亿千瓦时,完成年度计划的120%。实现销售额28.69亿元,实现利润上亿元,创造税收4.07亿元,是华能国际电力股份有限公司波斯顿矩阵第一象限(金牛)企业之一。完成发电利用6156小时,超江苏统调电厂平均发电设备利用682小时。发电燃油量476.33吨,单机燃油量处国内同类机组先进水平。南通电厂所属的直接输煤码头全面竣工,通过国家交通部验收,成为中国华能集团及长江沿岸首个电厂所属的对外开放口岸码头。

【扩建改造工程】 6月1日,南通电厂扩建工程项目取得国家能源局路条。之后,相继取得扩建端土地证,拿到饮用水源地保护区批复、建设项目选址意见书、可研报告审查意见等批文。12月,项目申请报告编制完成,分别由江苏省发改委、中国华能集团公司向国家发改委上报项目核准文件。

启动一期发电机组供热改造项目,选择通州平潮地区作为供热方向。项目先后通过南通市政府组织的3次审查,取得环评、能源评价以及管线规划审查意见。11月8日,南通市经信委作出项目核准批复,将其纳入南通市"十二五"节能减排规划和热电联产规划。

启动现役机组脱硝工作。8月起,南通电厂与西安热工院合作,展开可行性研究,完成初可研报告。南通电厂4台机组的脱硝改造,列入南通市"蓝天工程五年行动计划"。

【设备检修】 2010年,南通电厂进行2台机组大修和1台机组小修。通过大面积技术改造和设备整治,经济性大幅提升。试验数据表明,1号机组大修后发电煤耗下降12.75克/千瓦时,4号机组大修后发电煤耗下降10.1克/千瓦时。组织外围设备全面整治,外围设备健康状况明显提升,运行设备缺陷率明显下降。

【经营管理】 做好电力市场替代交易。全年替代电量实现12.05亿千瓦时,占全省交易量的4.2%,居省内30万级机组首位。加强燃料采购管理。加强煤炭市场走势分析预测,提前应对煤价上涨风险和煤炭紧张风险。细化生产管理,强化营销意识,运行合理分配电厂一、二期发电机组的负荷比,提高电价结算系数。加强成本管理,实现降本增效,规范招投标流程,网上采购物资占比近60%;大力提倡修旧利废、压缩检修外包项目;合理控制非生产性支出,严格控制招待费、差旅费。

【节能减排】 由于加强管理,2010年南通电厂的能耗指标实现建厂以来的最佳水平,厂用电率在华能公司同类型电厂排名第一,获2010年江苏省节水型企业称号。通过一系列改造和整改,实现综合脱硫效率92%以上,达历史最好水平,圆满完成国家环保部脱硫减排总量核查,被评为江苏省电力企业节能减排先进单位。

【安全防范】 开展创建本质安全型企业活动,全方位全过程加强安全监管和指导协调,严格安全监督,组织现场安全检查审核,人员安全技能、安全观念得到提高,设备健康水平、现场工作环境得到改善。在"外包工程安全管理年"活动中,组织修订项目建设安全管理手册,注重发挥监理作用,着重做好现场跟踪安全监督。外包队伍全面纳入南通电厂安全管理网络,严格安全资质审查。举办应急知识竞赛,开展机组异常工况、防汛专项预案、高层建筑火灾等多项应急演练,抗险救灾能力得到增强。2010年,南通电厂被国家安监总局授予安全文化示范企业称号,获华能国际电力股份有限公司基建安全先进单位称号,被评为南通市安全生产先进单位、零伤害企业。

(史智勇)

南通天生港发电有限公司

【概况】 南通天生港发电有限公司总装机容量66万千瓦、共有2台33万千瓦燃煤机组,公司注册资金5298万美元,由江苏交通控股公司、龙源电力集团股份有限公司、南通新源投资发展有限公司等六方投资。2010年,公司以"励精图治、淡定求实"为工作理念,完善经营管理,推进企业发展。"上大压小"项目于2010年6月1日获国家能源局批准立项,企业发展取得关键性进展;在煤价上扬、国内近半数火电企业亏损的情况下,实现利润3.13亿元,超额完成年度目标;主要生产指标继续保持国电集团同类电厂先进水平,完成全口径发电量62.73亿千瓦时,供电煤耗313.21克/千瓦时,综合厂用电率5.38%,对外供热84.12万吨;实现连续安全生产2701天,再创历史最好成绩。实施节能技改项目,提前超额完成"十一五"节能目标,被省经信委表彰为"全省节能先进单位"。

【经营管理】 *加强市场营销*。积极向上级部门争取电量计划,根据市场变化合理安排被替代电量计划,超额完成全年替代电量计划。积极做好煤电汽价格联动工作,确保电价、汽价政策落实到位。

控制燃料成本。密切关注、正确判断煤价运价走势,加强与重点煤炭企业联系,提高计划煤的兑现率。开展经济煤的采购、掺烧工作。

加强子公司管理。在做好主营发电任务的同时,拓展上下游业务,供热、燃料、海运等全资子公司先后组建,并成立投资开发部进行管理。2010年,各子公司圆满完成燃料的采购、运输任务,服务母公司主营业务,同时自身也创造了良好效益。

【"上大压小"项目】 2009年3月24日,天电公司与华能南通电厂签订项目合作协议,合作建设2台100万千瓦燃煤机组。经不懈努力,2010年6月1日,项目获国家能源局批准立项。双方加强分工合作,加快推进项目核准,年内完成25项支持文件,项目核准申请报告由省发改委上报国家发改委。

【安全生产】 深入推进安全生产年活动,排查和整改安全隐患,开展应急演练。圆满完成"世博保电"任务,被江苏省安监局表彰为"省安全生产诚信企业"。完成2台机组检修,设备健康水平继续保持良好,2台机组可靠性指标优于年度控制目标,自发电量再创历史新高,在中电联组织的30万等级机组竞赛中获二等奖。

(顾向东)

冶　　金

【概况】 2010年,全市规模以上冶金工业企业383家,完成工业总产值380.84亿元,比上年增长14.32%。累计实现销售收入369.11亿元、利税33.76亿元、利润21.82亿元,分别比上年增长13.12%、1.71%和3.19%,占全市规模工业比重分别为5.05%、4.16%和4.06%。冶金行业10强企业分别为:南通新正大特钢有限公司、宝钢集团南通钢铁有限公司、江苏凌宇铜材有限公司、江苏如皋钢铁有限公司、江苏狼山钢绳股份有限公司、南通东日钢铁有限公司、江苏巨力钢绳有限公司、南通申博金属制品有限公司、南通市帅龙钢绳有限公司、海安县航安钢铁制造有限公司,10强企业总销售收入139.71亿元、利税10.75亿元、利润7.64亿元,比上年分别增长29.76%、31.18%和42.10%,分别占冶金行业的37.86%、31.84%和35.01%。

(张　伟)

·企业选介·

南通宝钢钢铁有限公司

【概况】 宝钢集团南通钢铁有限公司位于南通唐闸河东北路161号,成立于2006年9月,由宝钢集团公司、南通市投资管理中心共同投资经营。公司前身为南通钢厂(成立于1987年)。公司主要产品为生铁、品种钢钢坯(管坯及方坯)及热轧带肋钢筋钢坯、Φ10-Φ50热轧带肋钢筋等。2010年,南通宝钢钢铁有限公司(以下简称"南通宝钢")通过内部转变经营机制、创新工作方式,一举扭亏为盈。项目建设进展顺利、生产准备有序,有效破解制约企业生存和发展的多重难题。立足于现场改善,开展全面深入的成本改善活动。推进技术创新,全年申请专利13项,认定技术秘密10项。全面完成国家"十一五"节能指标,获政府节能奖励资金130万元。完成新区绿化面积12.46万平方米,绿化覆盖率达31.23%。公司被南通市质监局、南通市名牌战略推进委员会评为南通市重大企业三体系认证单位。

【产品结构调整】 成立生铁、钢坯、螺纹钢3个产品经营团队,着力品牌推广和产能提升。铁水成本得到有效控制,成功实施薄料快转烧结法。螺纹钢生产强化现场管理,不断提高"吃百家料"的适应能力。大电炉项目建设如期完成各项工作。"宝日"牌螺纹钢产品获得冶金行业品质卓越产品、冶金产品实物质量金杯奖等荣誉。公司生产的管坯通过中国船级社南京分社的现场审核,取得定期审核证书。

(秦藕娟)

南通扬子碳素股份有限公司

【概况】 南通扬子碳素股份有限公司(南通江东碳素有限公司)为国家高新技术企业,主营超高功率石墨电极生产与销售。2010年,受金融危机持续影响,公司面临原料紧张、生产成本高的压力,经受国家取消钢铁企业出口退税、实施强制性节能减排政策以及人民币升值的影响,应对碳素行业内部非理性竞争,全年超高功率石墨电极生产3.33万吨,销售3.65万吨,销售收入8.1亿元,其中外销3400吨,创汇1350万美元。质量方面,石墨电极总成品率79.92%,接头成品率53.48%。

【产品调整】 2010年,在电极产销量下滑的总体形势下,扬子碳素公司围绕产品结构调整,着力抓好大规格超高电极生产销售,拓展生存发展空间。生产技术方面,针对客户使用过程中发现的问题进行改进。Φ600超高功率石墨电极质量日趋稳定,Φ700试产成功,首次实现Φ600、Φ700电极以及接头的中间工序的稳定生产。产品销售方面,巩固战略合作伙伴,销量占总销售额的48%;加强直接营销,取消海外市场的独家代理权,实行厂家直销,出口总额超上年;做好市场调查与开发,积极开发Φ700超高功率石墨电极新客户。技术装备方面,利用生产节奏放缓的契机,投入资金对压型加热介质、自动配料系统、数控电极自动加工线、大规格电极内螺纹机床、广东仁化1500压机等重点设备进行技术改造和装备升级改造。

【经营转型】 2010年6、7月起,公司连续出现亏损,经营层在对生产成本、环境能源等因素进行分析、比较后,决定关停煤气、焙烧、浸渍工序,将这些工序的生产转移到设备先进、资源丰富、劳动力低廉的地区。11月30日,煤气、焙烧、浸渍车间全面停车。同时实施动力线网改造,全年可节电24.5万千瓦时,在节能减排、战略转型上迈出关键步伐。在委托加工上,一方面努力提高各工序成品率,另一方面加强计划协调,加速产品生产周转速度,优化加工线路,尽最大努力降低加工费用。2010年,公司顺利完成ISO9000:2008换版以及成品库存管理系统的创建等工作。

【内部管理】 2010年,公司更加重视安全检查与隐患排查治理,严格执行作业票证制度,对危险源进行实时监控管理,认真做好停车前后的安全工作,全年成产安全事故保持率记录。继续扩大厂区绿化面积,改造除尘设施,营造良好工作环境。做好人员的转岗分流工作,全公司有60人申请内退,组织209人转岗,生产、人员实现平稳有序过渡。

(张 瑛)

建 材

【概况】 2010年,全市规模以上建材工业企业432家,完成工业总产值342.90亿元,比上年增长23.81%。累计实现销售收入333.05亿元、利税36.79亿元、利润23.50亿元,分别增长23.34%、43.09%和61.20%,占全市规模工业比重分别为4.56%、4.54%和4.38%。建材行业10强企业总销售收入104.64亿元、利税12.82亿元、利润8.83亿元,分别比上年增长38.98%、77.19%和111.24%,分别占建材行业的31.42%、34.88%和37.57%,其中销售收入超5亿元的8家企业,分别为:南通辉煌彩色钢板有限公司、江苏九鼎集团有限公司、南通振华港机钢结构加工有限公司、江苏戴园建材集团有限公司、海门海螺水泥有限责任公司、南通润邦重工有限公司、南通川冶重工有限公司、南通恒嘉厨具有限公司。

(张 伟)

生产性服务业

现代物流业

【概况】 2010年,南通现代物流业与制造业实现联动发展,一批制造企业开始采用现代物流管理理念、方法和技术,创新物流管理模式,实施物流业务外包。物流企业的服务能力进一步提升,社会物流总成本进一步降低。2010年,全市实现物流总量3.54亿吨,比2009年增长19.19%。其中,港口吞吐量1.51亿吨,公路货运量1.54亿吨,水路货运量4817万吨,铁路货运量91.69万吨,航空货运量5900吨。交运物流集团、大地物流等重点物流企业的营业收入继续以20%以上的速度增长。

【产业升级】 重点物流企业不断向现代物流发展。南通交运、南通杰旺等4家物流企业被评为全国物流先进企业,南通大地物流、南通中远物流等企业成为国家级4A企业。南通交运物流集团荣获江苏省物流示范企业称号。南通千红石化被评为省重点物流企业。(一)物流企业运作模式不断创新。港口集团、飞鹤物流等企业已经具备仓储、运输、配送、中转等多功能的物流服务,不断向第三方、第四方物流发展。(二)重点物流项目加快建设。华东农副产品物流交易中心项目开工建设,总投资30亿元;南通交运物流中心开始规划建设,总投资10亿元;大地物流国际物流中心一期已建成投入运营、二期正在投入建设;南通汽运集团志浩家纺物流中心等项目建设取得新进展。(三)物流企业统计评价体系建成运行。经过两年多的努力,全市建立直报工作网络,建立全市物流企业统计制度,形成全市评价统计体系,发布南通市物流运行公报。

【南通交运物流集团】 南通交运物流集团有50多年的发展史,现已成为一个集公路运输、化学危险品运输、大件运输、仓储、物流配送等为一体的现代物流企业。公司业绩已实现连续6年快速增长,2010年实现营业收入7.39亿元,比2009年增长42.66%。企业实行从接单到运费结算全程物流解决方案设计,提供普货物流、危险品运输、风电大件设备运输、仓储配送等一体化物流服务。在实践中,成功探索甩挂运输的高效能运输组织模式,被列为国家甩挂运输试点企业。

(朱苏宁)

科技服务业

【概况】 2010年,南通市科技服务业发展继续保持全省前列。全市有237家科技服务机构,从业人员达1.2万人,全年实现科技服务业总收入87.8亿元。已建企业院士工作站29家,共引进院士31人,院士团队高端人才369人。南通中远船务和神马电力获批建设省级企业研究院。全市建有国家级企业工程技术研究中心1家、省级重大研发机构3家、省级工程技术研究中心(重点实验室)142家、市级工程技术研究中心502家,省级科技公共服务平台16家、市级科技公共服务平台45家。全省研发机构建设现场会在南通市召开,推介南通做法。着眼战略新兴产业培育加快推进园区建设,各县(市、区)均启动新一轮科技园区规划建设,在建中的苏通科技产业园、锡通科技产业园、上海市北高新(南通)科技城规划了“三创”(创新、创业、创意)核心区。新增如皋市科技创业园、海门都市科技创业园有限公司、启东创业科技园有限公司3家国家级科技企业孵化器,新增数居全省第二。市政府投资4亿多元建设南通科技园,首期10万平方米正式开园,80多家企业及中介服务机构签订入驻协议。

(石 军)

表 3-04　**2010 年南通市新增国家、省级科技企业孵化器一览**

等级	孵化器名称	孵化面积（万平方米）	在孵企业	所属县(市)区
国家级	如皋市科技创业园	2.23	99	如皋市
	海门都市科技创业园有限公司	6.0	82	海门市
	启东创业科技园有限公司	13.47	80	启东市
省级	南通观音山科技创业园	6.3	23	崇川区
	海安鑫缘高新技术创业服务中心	3.99	25	海安县
	如东软件园	0	0	如东县

表 3-05　**2010 年南通市新增省级工程中心一览**

序号	工程中心名称	承担单位
1	江苏省电力设备工程技术研究中心	南通电力设备厂
2	江苏省兽用制品生物发酵工程技术研究中心	江苏赛奥生化有限公司
3	江苏省功能性纺织新材料工程技术研究中心	江苏大生集团有限公司
4	江苏省炭与石墨制品工程技术研究中心	南通扬子碳素股份有限公司
5	江苏省医药、农药中间体工程技术研究中心	南通醋酸化工股份有限公司
6	江苏省军用化工新材料工程技术研究中心	南通大伦化工有限公司
7	江苏省色织面料工程技术研究中心	南通科尔纺织服饰有限公司
8	江苏省功能性服装工程技术研究中心	南通东方星制衣有限公司
9	江苏省复合面料工程技术研究中心	南通海盟实业有限公司
10	江苏省给排水系统集成工程技术研究中心	太平洋水处理工程有限公司
11	江苏省新型集成电路封装测试工程技术研究中心	南通富士通微电子股份有限公司
12	江苏省特种工程船舶工程技术研究中心	南通亚华船舶制造集团有限公司
13	江苏省高速高精数控机床工程技术研究中心	南通科技投资集团股份有限公司
14	江苏省航海机械工程技术研究中心	南通航海机械集团有限公司
15	江苏省压力包装机械工程技术研究中心	南通棉花机械有限公司
16	江苏省农药及中间体工程技术研究中心	南通江山农药化工股份有限公司
17	江苏省风电复合材料工程技术研究中心	南通东泰电工材料有限公司
18	江苏省甲壳素生物工程技术研究中心	南通双林生物制品有限公司
19	江苏省电工绝缘材料工程技术研究中心	南通吉泰电工器材有限公司
20	江苏省冶金煤气烟气除尘工程技术研究中心	江苏瑞帆环境工程设备有限公司
21	江苏省冶金环保设备工程技术研究中心	南通申东冶金机械有限公司
22	江苏省电动工具工程技术研究中心	江苏东成工具有限公司
23	江苏省电动工具整机工程技术研究中心	江苏国强工具有限公司

（续表）

序号	工程中心名称	承担单位
24	江苏省多层共挤流涎成型工程技术研究中心	南通三信塑胶装备科技有限公司
25	江苏省防爆电气工程技术研究中心	江苏恒通电气仪表有限公司
26	江苏省卧式压力机工程技术研究中心	江苏启力锻压机床有限公司
27	江苏省化学手性药物工程技术研究中心	海门慧聚药业有限公司
28	江苏省橡胶再生与利用工程技术研究中心	南通回力橡胶有限公司
29	江苏省纳米复合涂层材料工程技术研究中心	海门市森达装饰材料有限公司
30	江苏省有机颜料和中间体工程技术研究中心	南通龙翔化工有限公司
31	江苏省绿色环保表面处理工程技术研究中心	南通市申海特种镀饰有限责任公司
32	江苏省特种光电传输工程技术研究中心	通光集团有限公司
33	江苏省轿车关键外饰件工程技术研究中心	南通市冠东车灯有限公司
34	江苏省逆变型汽油发电机组工程技术研究中心	南通泰格动力机械有限公司
35	江苏省纺织梳理器材工程技术研究中心	金轮科创股份有限公司
36	江苏省绗绣一体工程技术研究中心	江苏大岛机械集团有限公司
37	江苏省大型通风机械工程技术研究中心	江苏中联风能机械有限公司
38	江苏省生物能源工程技术研究中心	江苏联海生物科技有限公司
39	江苏省冷冻农产品生产加工工程技术研究中心	江苏中宝食品有限公司
40	江苏省聚光光伏发电工程技术研究中心	江苏白兔科创新能源股份有限公司
41	江苏省医药中间体工程技术研究中心	江苏九九久科技股份有限公司
42	江苏省稻米油工程技术研究中心	江苏金太阳油脂有限责任公司
43	江苏省特种防护功能纤维材料工程技术研究中心	江苏东升艾克科技股份有限公司
44	江苏省石油钻采井口工程技术研究中心	江苏如东通用机械有限公司
45	江苏省石油钻采机械化装备工程技术研究中心	江苏如石机械有限公司
46	江苏省特种天线工程技术研究中心	江苏华灿电讯股份有限公司
47	江苏省重型锻压装备工程技术研究中心	南通锻压设备有限公司
48	江苏省印刷机械工程技术研究中心	江苏昌昇集团股份有限公司
49	江苏省高效节能太阳电池工程技术研究中心	欧贝黎新能源科技股份有限公司
50	江苏省氢能燃料电池工程技术研究中心	江苏华源氢能科技发展有限公司
51	江苏省艺术染整工程技术研究中心	江苏华艺服饰有限公司
52	江苏省复合材料工程技术研究中心	江苏兴华胶带股份有限公司
53	江苏省电梯电气装备工程技术研究中心	海安县申菱电器制造有限公司
54	江苏省数控机床滚动单元工程技术研究中心	江苏瑞安特机械集团有限公司
55	江苏省终粉磨设备工程技术研究中心	江苏海建股份有限公司
56	江苏省剪折数控机床工程技术研究中心	江苏江海机床集团有限公司

（续表）

序号	工程中心名称	承担单位
57	江苏省纺织机械机电一体化工程技术研究中心	海安纺织机械有限公司
58	江苏省特大型数控卷板机床工程技术研究中心	南通恒力重工机械有限公司
59	江苏省化工用阀门工程技术研究中心	江苏明江阀业有限公司
60	江苏省木工机械工程技术研究中心	南通沪港木工机械有限公司
61	江苏省汽车制造自动化装配线工程技术研究中心	南通贝思特机械工程有限公司
62	江苏省鱼类育种工程技术研究中心	江苏海辰科技集团有限公司
63	江苏省长江珍稀鱼类繁养殖工程技术研究中心	江苏中洋集团股份有限公司
64	江苏省条斑紫菜工程技术研究中心	海安县兰波实业有限公司
65	江苏省现代植保机械工程技术研究中心	南通市广益机电有限责任公司
66	江苏省复合功能高档丝绸面料工程技术研究中心	江苏恒源丝绸集团有限公司

表3－06　　**2010年南通市新增省级公共技术服务平台一览**

序号	平台名称	承担单位
1	江苏省南通中小船舶及配套产业公共技术服务平台	江苏远东船舶工程技术服务有限公司
2	江苏省化学物安全性毒理学评价公共技术服务平台	南通通大化学物安全性评价中心有限公司
3	江苏省如皋花卉苗木公共技术服务中心	如皋市花木大世界有限公司

表3－07　　**2010年南通市新增企业院士工作站一览**

序号	承　担　单　位	所属县(市)区
1	南通江山农药化工股份有限公司	开发区
2	江苏辰星海洋生物科技有限公司	通州区
3	江苏力普电子科技有限公司	通州区
4	南通醋酸化工股份有限公司	港闸区
5	太平洋水处理工程有限公司	崇川区
6	江苏联发纺织股份有限公司	海安县
7	江苏中洋集团股份有限公司	海安县
8	江苏九九久科技股份有限公司	如东县
9	江苏宇迪光学股份有限公司	如东县
10	南通巴大饲料有限公司	如东县
11	江苏林洋新能源有限公司	启东市
12	江苏海四达集团有限公司	启东市
13	江苏祥源电气设备有限公司	如皋市
14	江苏包罗铜材集团股份有限公司	海门市
15	南通建筑工程总承包有限公司	海门市

（石　军）

·科技园区选介·

南通科技园

【概况】 南通科技园是由南通市人民政府投资，融企业孵化、技术研发、科技商贸、创业服务、生活配套于一体，生态化、人文化、数字化、开放式的高科技园区。2006 年 9 月，南通科技园建设项目立项。2007 年 6 月 22 日，南通科技园奠基。2008 年 9 月，各类建设项目全面开工。2010 年 9 月 19 日，南通科技园开园。

南通科技园位于南通市新城区核心区，与南通市行政中心和南通大学毗邻。园区总规划 423 亩，按照统一规划、分步实施的原则建设。一期工程占地 142 亩，首期项目总建筑面积 10 万平方米，总投资约 4 亿元，可入驻在孵科技企业 200 余家。已建成 7.7 万平方米的孵化基地，80 家企业和中科院海洋研究所(南通)、南京大学南通材料工程技术研究院、河海大学南通海洋与近海工程研究院、浙江大学南通合作服务中心等一批重大研发机构入驻园区，注册资金 2 亿元，涉及节能减排、新材料、新能源、芯片设计、物联网等高新技术领域，协议孵化建筑面积 2.5 万平方米，从业人数人员 700 人，其中硕士以上 100 多人。南通科技园初步形成综合孵化器、专业技术孵化器、国际企业孵化器、特色产业孵化器、大学科技园、留学人员创业园等各类孵化器并举发展的格局。

(石　军)

金　融　业

综　述

【概况】 2010 年，南通市实现金融业增加值 141 亿元，同比增长 22%。金融组织体系进一步健全。截至年底，全市共有银行类金融机构(含农信社)26 家；保险分支机构 56 家，其中产险 24 家，寿险 32 家；12 家证券公司的 17 家证券营业部和 4 家服务部，其中市区有 12 家营业部；全市有纳入备案管理的担保公司 26 家，有当年开业的全省第一家再担保分公司——江苏省信用再担保公司南通分公司；已备案和提出备案申请的创业投资企业 6 家，创业投资管理公司 3 家；已开业农村小额贷款公司 15 家，正在筹建的 2 家；有期货公司 1 家，期货营业部 4 家；上市公司总数累计 23 家。2010 年，南通产控集团和南通开发区总公司合计发行企业债券融资 18 亿元。年内市政府机构改革中，在南通市发展和改革委员会增挂“市政府金融工作办公室”牌子。

(任佩龙)

【银行业】 2010 年，南通银行业机构呈现各项业务快速增长、风险管理水平持续提升、改革措施不断深化的发展态势，为南通地方金融稳定奠定坚实基础。年末，全市金融机构本外币各项存款余额达 4958 亿元，比年初增加 952 亿元，增长 23.8%；各项贷款余额达 2965 亿元，比年初增加 533 亿元，增长 21.9%，贷款增量列全省第四。金融机构阵容不断壮大，全市新增股份制银行 2 家，村镇银行 1 家，4 家农村信用社升格为农村商业银行；交通、浦发等商业银行在县区新设分支机构 7 家；新设小额贷款公司 5 家。

(张永华)

表 3-08　　2010 年南通市金融机构本外币存款情况

单位：亿元

	存款合计		其中：企业		储蓄	
	余额	比年初增(%)	余额	比年初增(%)	余额	比年初增(%)
合计	4957.83	951.48	1206.41	152.08	2693.99	407.98
市区	1947.63	376.45	709.84	92.19	702.59	101.76
海安	480.85	94.74	69.33	9.99	308.11	48.07
如东	371.93	59.63	63.08	8.45	251.45	35.67
启东	506.67	101.49	77.45	8.46	354.47	54.13
如皋	492.82	101.33	86.95	11.11	316.80	53.00
通州	605.25	108.21	87.34	-0.64	396.71	60.40
海门	552.70	109.62	112.42	22.52	363.86	54.96

(续表)

	存款合计		其中:企业		储蓄	
	余额	比年初增(%)	余额	比年初增(%)	余额	比年初增(%)
工行	590.18	136.70	140.06	50.55	350.08	64.81
农行	746.46	73.11	222.25	22.08	468.05	50.42
中行	774.72	111.62	210.71	-39.08	376.72	43.88
建行	688.29	103.06	157.22	13.51	370.85	50.74
农发	10.55	-0.05	6.75	-2.19	0.00	0.00
交行	192.67	30.04	133.88	45.97	46.87	4.79
中信	51.83	24.37	20.76	6.08	4.03	2.68
华夏	18.93	18.93	9.81	9.81	3.30	3.30
招行	37.71	4.54	10.86	-2.08	6.99	0.41
浦发	100.66	7.26	66.40	5.97	15.86	1.98
兴业	38.99	38.99	12.14	12.14	5.07	5.07
民生	29.20	29.20	22.04	22.04	2.80	2.80
南京	47.96	47.19	23.60	22.93	3.53	3.43
江苏	348.05	72.11	111.84	-27.15	65.96	12.50
农商	255.15	51.42	18.78	-0.22	149.84	25.44
农合	154.87	27.85	1.32	-5.90	112.45	19.12
农信	411.74	79.96	10.74	1.06	319.12	56.28
邮储	421.18	78.21	25.39	15.02	392.17	60.06
村镇	2.02	1.63	1.47	1.15	0.30	0.27

表3-09

南通市金融机构本外币贷款情况

单位:亿元

	存款合计		其中:短期		中长期	
	余额	比年初增(%)	余额	比年初增(%)	余额	比年初增(%)
合计	2964.58	532.61	1510.40	275.53	1283.10	345.81
市区	1349.45	178.69	585.01	91.33	685.49	138.20
海安	297.38	58.38	192.41	37.82	92.88	32.47
如东	181.89	37.06	103.80	14.93	68.20	25.76
启东	284.67	69.07	157.00	30.37	115.29	43.31
如皋	247.86	67.70	117.11	24.42	100.96	39.51
通州	311.40	57.13	201.64	43.74	91.97	23.33
海门	291.94	64.58	153.43	32.92	128.30	43.23
工行	329.42	50.26	146.68	19.39	164.39	21.15
农行	346.14	52.11	129.56	14.20	194.99	75.73
中行	497.68	61.59	197.55	21.20	256.54	48.50
建行	409.81	58.00	171.30	26.32	228.15	48.62
农发	85.71	13.25	38.50	5.55	47.21	7.70
交行	157.28	18.46	67.88	12.57	89.06	22.40
中信	48.30	13.66	21.23	1.66	26.51	11.68
华夏	14.41	14.41	9.36	9.36	5.05	5.05
招行	55.23	13.94	20.90	1.95	30.27	12.02

（续表）

	存款合计		其中：短期		中长期	
	余额	比年初增(%)	余额	比年初增(%)	余额	比年初增(%)
浦发	93.29	11.93	49.62	1.82	39.28	8.94
兴业	32.81	32.81	4.83	4.83	26.45	26.45
民生	24.69	24.69	22.93	22.93	1.76	1.76
南京	35.96	20.13	21.11	16.89	14.64	3.04
江苏	223.99	31.49	107.89	16.97	103.70	16.01
农商	188.46	38.62	161.51	38.07	13.40	7.51
农合	114.54	20.02	99.76	19.46	8.76	7.76
农信	288.11	46.78	228.15	37.72	25.87	15.67
邮储	16.70	8.65	9.62	2.84	7.08	5.81
村镇	2.04	1.80	2.04	1.80	0.00	0.00

（张永华）

【保险业】 2010年，南通市保险机构不断发展，业务保持稳步增长。截至年底，纳入统计的财险公司达24家，比2009年增加2家；实现财险保费收入22.81亿元，比2009年增长38.04%；纳入统计的寿险公司达33家，比2009年增加3家，实现人寿保险收入110.78亿元，比2009年增长39.56%。

（张永华）

【证券业】 截至2010年底，南通市共有12家证券公司的17家证券营业部、4家服务部，其中市区有12家营业部。全市有纳入备案管理的担保公司26家，年内开业的江苏省信用再担保公司南通分公司为全省第一家再担保分公司。已备案和提出备案申请的创业投资企业6家，创业投资管理公司3家。已开业农村小额贷款公司15家，正在筹建2家。有期货公司1家，期货营业部4家。

至2010年底，南通市上市公司总数23家，累积募集资金270亿元，其中2010年新增量超过200亿元，当年熔盛重工在香港上市，募集资金146亿港币，为港股首次公开募股量最大的民企。2010年，南通产控集团和南通开发区总公司合计发行企业债券融资18亿元。

（任佩龙 张永华）

银 行 业

中国人民银行南通市中心支行

【概况】 2010年，面对复杂多变的经济金融形势，中国人民银行南通市中心支行立足前瞻性思维，创造性地把贯彻金融政策与发展地方经济结合，巩固经济回升向好势头，促进经济结构调整，有效防范系统性金融风险。多项工作得到上级行和地方党委政府的充分肯定。

【货币政策】 “金融超市”高效运行，银企对接平台常态化。由人行南通市中心支行、市发改委等8个单位联合创办的中小企业“金融超市”，每月举办1次银企对接活动，累计举办17期。2010年达成银企保合作646笔，协议贷款28.85亿元。此外，组织各种专场银企对接活动83次，签约中小企业1030家，合同金额达1617.68亿元。

启动“333计划”，中小企业扶持机制长效化。依托南通市中小企业信用信息辅助管理系统，牵头推出中小企业成长培育“333计划”，旨在用3年左右时间，通过银政企三方共同努力，在全市重点培育3000家成长型中小企业，实现企业贷款余额和税收总额的“双倍增”。

“献一策”活动广泛开展，中小企业金融服务务实化。在全辖金融从业人员中开展“我为中小企业金融服务献一策”主题竞赛活动，征集“计策”157条，征求到的建议均具有较强的实践性和可操作性。

拓宽抵、质押担保领域，贷款担保范围扩大化。抓住江苏沿海开发战略实施的契机，协同有关部门出台海域使用权抵押贷款管理办法，促成商业银行发放海域使用权抵押贷款4.05亿元。通过协调，南通市科技局与江苏银行南通分行签订协议，在通州区试点专利权质押贷款工作。有2家企业办理此类贷款400万元，降低融资成本8.2万元。

全省首发“新农村建设”专项贷款，服务“三农”具体化。开展通州、如皋两地的金融支持社会主义新农村建设试点工作。江苏省首笔“新农村建设”专项贷款——南通市如皋新柴农村基础设施开发有限公司向中国建设银行南通分行申请的2.9亿元贷款获批，首期5000万元资金到位。

全省首创“大学生村官创业一卡通”模式,“村官”创业便利化。推动江苏银行通州支行与通州区团委、宣传部、人事局联合制定《“大学生村官创业一卡通”实施意见》,为大学生“村官”提供创业资金、项目、政策等方面的优惠服务,为其创业富民提供金融服务新途径。

非金融企业债务融资工具发行实现“零突破”,中小企业融资渠道多样化。由兴业银行南通分行作为主承销商的南通天生港发电股份有限公司的4亿元面额、1年期限的“短期融资券”拿到全国银行间交易商协会注册通知书,标志着南通市非金融企业直接债务融资工具发行实现突破。全辖有8家银行业金融机构正式开展承销直接债务融资工具发行工作。

推广商业承兑汇票的应用,货币政策工具使用多元化。南通市企业签发商业承兑汇票40多亿元,银行业金融机构办理商业承兑汇票贴现16亿元,为海安农村合作银行、招商银行南通分行等金融机构累计办理票据再贴现2.46亿元。

【金融监管】 (一)完善制度,加强金融机构流动性风险监测。建立对法人金融机构的每月实地询访制度。联合市金融办建立农村小额贷款公司监测制度,共同防范其经营风险。建立地方法人金融机构改革重组进程报告制度。同时密切关注、及时跟踪其改革中的重大事项,加强风险防范。探索建立对证券业的监测机制,形成监测合力。(二)积极探索,试行银行业金融机构执行人民银行政策法规评价办法。为保障人民银行政策法规的正确贯彻执行,促进银行业金融机构平稳健康发展,制定银行业金融机构执行人民银行政策法规情况评价办法和实施细则。(三)创新方式,全面深化金融生态县创建工作。与市金融稳定工作协调小组成员单位建立情况通报制度,畅通信息交流渠道。2010年,南通金融生态创建取得全面丰收,辖内如皋、如东等5县(市、区)成功创建江苏省金融生态达标县,海安县成功创建江苏省金融生态示范县,南通成为全省县域全部金融生态创建达标的5个地级市之一。做好新设银行业金融机构接入城市金融网的指导和实施工作,完成两网分离工程。

【平安金融创建】 对3家新设银行业金融机构和10家县级证券业金融机构进行反洗钱业务辅导;对7家证券、保险业金融机构的主要负责人进行约见谈话;对7家金融机构履行反洗钱义务情况进行现场检查。开展银行卡犯罪法律适用问题研究。联合市人民检察院召开“银行卡犯罪法律适用问题及促进银行卡管理创新专题研讨会”。出台《关于银行卡犯罪法律适用问题及银行卡管理创新的实施意见》,对8类银行卡犯罪的法律适用进行明确,对银行卡业务的12个操作和管理环节进行规范。加强银行卡业务检查,对2家专业化收单机构和5家金融机构进行检查。对15家银行业金融机构开展账户专项检查。对20多家银行业金融机构开展代理国库业务现场检查,对发现的问题,提出整改建议。对16家外汇指定银行开展外汇业务全面检查,有效促进银行合法合规经营。完成资本项目外汇业务非现场监管系统——“金睛工程”的开发工作,得到银监分局的肯定。在全省率先建立“关注名单”制度,加强个人外汇业务非现场监管,防范个人分拆结售汇行为,该管理方式在全省推广,并得到中国银监会的充分肯定。全市有60家金融机构获省平安金融创建达标单位称号。

【金融服务】 “快通工程”建设。推进农村地区支付结算“快通工程”建设。通过多方协调,全省首个村级自助银行服务区在通州区天后宫村顺利开业,并举办ATM进乡村揭牌仪式。开发“快通工程”指标统计分析系统。通过增设外币现钞兑换点、建立快速反应机制和信息报告制度等有效措施,为“世博”创造良好的支付环境。成立南通市金融IC卡推广应用工作领导小组,推动金融IC卡工作。

中小企业信用体系建设。试行在人民银行建立地方中小企业信用信息共享服务中心,初步实现信用信息的分析利用及共享服务;实现中小企业信用档案的定期采集更新,征信系统覆盖面不断拓宽。与南通市政府签订中小企业信用信息辅助管理系统共建共享协议,与市公积金管理中心、环保局等9家单位签订信息共享协议。及时、广泛进行建设成果推介,得到人总行、省分行领导以及地方政府的高度赞扬。会同市经贸委、银监局组织辖内金融机构开展中小企业信用体系建设暨中小企业金融产品巡回辅导,为企业现场量身定做全套金融服务方案,获得广泛好评。年内接待总行调研和全国近20家分行、中心支行到南通交流中小企业信用体系建设。

国库直接支付业务。依托“国库速达工程”平台,强力推进国库直接支付业务创新。实现南通全辖各级国库直接支付创新业务的全覆盖。全辖各级国库新增直接支付项目29个,累计发放各项补贴达6980笔,金额达4.63亿元,其中直接发放到个人2792笔,金额达3209.86万元。

“人民币流通满意工程”建设。构建农村反假货币组织体系。发挥反假货币联席会议机制的作用,全年新增16家反假宣传站,完善反假三大网络体系。制定《南通市人民币流通满意工程考核评比细则》等5项制度,并督促辖内各银行业金融机构完善各自的业务操作制度。与市区8家银行业金融机构签订降低出纳差错的工作责任书。

贸易投资便利化工程。推动贸易收付汇外汇管理工作和跨境人民币结算工作。开展进口付汇核销改革试点工作,积极争取企业出口收汇存放境外的试点。稳步发展跨境人民币结算试点工作,南通市全年跨境贸易结算量超过20亿元,列全省第三位。推进人民币业务的创新,江苏省首单人民币境内外汇账户(NRA)在中国银行南通分行开立。通过人工审批额度方式降低企业贸易信贷额度不足对其经营活动的影响。办理预收货款额度审批168笔,金额6.68亿美元,解决49家企业外汇资金滞留账户、无法使用的难题;办理预付货款额度审批5036笔,金额2.59亿美元,办理延期付汇额度审批112笔,金额13476.7万美元,帮助508家企业及时付汇。率先推进国际收支网上申报试点。全辖累计有750家企业办理国际收支网上申报业务,便利涉汇企业,减轻银行负担。

(张永华)

中国银行业监督管理委员会南通监管分局

【概况】 2010年,中国银行业监督管理委员会南通监管分局(简称"南通银监分局")积极应对经济金融形势变化,认真履行监管服务职能,推动全市银行业改革发展,促进地方经济发展方式转变。分局获银监会系统"文明单位"、中华全国总工会"全国模范职工之家"、江苏省精神文明建设工作先进单位等荣誉。"职工之家"建设经验在全国金融系统"职工之家"建设经验交流会上作交流。

【风险管控】 加强固定资产贷款、流动资金贷款、个人贷款管理办法以及《项目融资指引》的宣传培训和检查督促,推动贷款新规贯彻落实。开展政府融资平台贷款规范清理和风险化解工作。2010年底,全辖不良贷款余额比年初下降9.27亿元,不良贷款率比年初下降0.78个百分点。消灭单户超比例贷款,涉及52户、21.63亿元。整治农村中小金融机构借冒名贷款。部署开展内控和案防制度执行年活动。分类清理规范延伸柜台。开展信用卡业务专项整治。组织声誉风险应对演练。开展突发事件风险隐患排查。与市检察院建立预防职务犯罪联动机制。开展网点营销平台"清洁店面、清理产品、清除闲杂"活动。

【金融改革】 市郊联社、通州联社合并组建为南通农村商业银行。如皋、海门农村商业银行相继开业。海安农村商业银行获准筹建。启东市农村信用合作联社启动组建农村商业银行法律程序。如皋包商村镇银行、海安盐海村镇银行、海门建信村镇银行获准开业,如东融兴村镇银行、启东珠江村镇银行正式筹建,基本实现村镇银行的县域全覆盖。农村商业银行组建和村镇银行设立过程中,吸收民间资本32.24亿元入股,占全部股本的72.8%。推进流程银行体制机制建设。出台农商行股东、董事资格审查意见。南通农村信用社法人机构核心监管指标首次优于全省平均水平。

【机构发展】 苏中苏北首家外资银行——日本名古屋银行南通分行通过开业验收。华夏银行南通分行、民生银行南通分行开业,广东发展银行南通分行获准筹建。指导交通银行、招商银行、中信银行、浦发银行、南京银行在县域设立6家支行,常熟、无锡农村商业银行分别在如东、如皋设立跨区域支行。

【金融服务】 开展银行业公众教育服务日和世博金融服务活动。鼓励设置自助银行和自助服务设施,新增自助银行15个。推进"阳光信贷"工作,涉农贷款比上年增加55.34亿元,增幅高出全部贷款增幅13.02个百分点。建立推进小企业贷款分类督导机制,小企业信贷专营机构达9家,创新金融产品26项,小企业贷款比上年增加168.51亿元,增幅高出全部贷款增幅25.07个百分点。

【效能建设】 出台加强和改进行政许可工作的10项措施。完善银行高管人员任职资格考试系统。开展非现场监管效能监察。实施现场检查31项,提出整改意见127条,行政处罚20万元。组织开展"创先争优"活动和"学习'廉政准则'、遵守'约法三章'"专题教育。

(曹伟东)

·银行机构选介·

中国农业发展银行南通市分行

【概况】 2010年,中国农业发展银行南通市分行累计发放支农贷款48.93亿元,年末贷款余额87.5亿元,比上年增长18.29%;年末存款余额13.53亿元,比上年增长5.8%;中间业务收入242.3万元,比上年增长32%;国际结算业务7116万美元,比上年增长42%。全年无新增不良贷款,年末不良贷款余额3120万元,占贷款总额的0.36%,均比年初有所下降。全年实现账面利润2.06亿元,人均利润133万元。全辖7个营业机构,有4个被省分行授予"精品行",3个被授予"一级行"。

【信贷支农】 全年累计发放政策性和准政策性贷款21.09亿元,占总投放的43%。其中,累放中央及省市县各级储备等政策性贷款8.45亿元,支持企业收购粮食6035万公斤、油菜籽11650万公斤;累放企业自主收购和调销粮棉等准政策性贷款12.64亿元,支持企业收购(调入)粮食23437万公斤,收购(调入)棉花70.3万担,收购油菜籽14612万公斤。为龙头加工企业发放商业性流动资金贷款15.05亿元。发放农村基础设施等新农村建设贷款12.79

亿元。开展本外币、存贷款和中间业务等一体化服务,积极拓展代理结算、信用证、承兑等各类业务,满足客户的多样化需求。

【内部管理】 加强效能建设。制定《南通市分行工作规则》,建立每周一行务例会制度,每月召开业务经营分析会。加强过程控制。按旬、按月开展各项业务监测,并对夏、秋粮棉油收购等重点工作做到按日监测。加强风险管理。先后开展粮棉油贷款库贷核查等专项风险排查,客户经理每月对所服务的贷款企业、信贷主管每季组织对辖内所有企业、市分行客户部门每季对3000万元以上贷款客户和中长期贷款项目进行一次排查。

(任 健)

中国工商银行股份有限公司南通分行

【概况】 2010年,中国工商银行股份有限公司南通分行全面推进市场营销,经营业绩显著提升,经营质态有效改善。工商银行南通南通分行2010年度考核列工商银行总行全国二级分行30强第二十九位,辖内启东支行、海安支行被江苏省分行评为精品支行和县域"十佳支行"。截至2010年12月底,全行本外币各项存款(含同业)余额598.47亿元,比年初增加141.78亿元,其中:储蓄存款余额350.08亿元,新增64.79亿元;对公存款余额240.11亿元,新增71.90亿元;同业存款余额8.29亿元,新增5.09亿元。本外币存款增量市场占比32.21%,在四大行中排名第一,其中,储蓄增量占比30.88%,四行占比列第一;公存增量占比33.50%,列第一。总存款增量、储蓄增量、对公存款增量,均首次实现了市场占比第一。

【信贷管理】 服务地方经济发展,推进信贷经营的转型升级。信贷业务在宏观调控及规模均衡投放的背景下,实现平稳增长。本外币各项贷款余额329.42亿元,比年初增加50.38亿元,比上年增加18.05%。一般流动资金贷款新增20.97亿元。突出沿海开发,全年投放项目12个,发放贷款30.6亿元,比年初净增6.7亿元,其中,支持沿江沿海滩涂围垦项目6个,贷款金额14.5亿元。小企业信贷业务稳健发展,贷款余额81.73亿元,比年初增加10.41亿元。

加快金融创新,优化信贷品种结构。抓住机遇积极开展投行业务。办理信托理财业务8.1亿元。适度控制房地产开发贷款,全行房地产开发贷款减少0.45亿元。个贷投放创历史新高,个人贷款余额62.98亿元,比年初增加16.81亿元,系统内排名第四位,其中,个人住房贷款新增5.92亿元,个人消费贷款新增10.26亿元,个人经营性贷款新增6248万元,票据贴现新增5.13亿元。外币贷款比年初新增6893万美元。

开展信贷专项治理活动,建立健全风险防范、管理和转化处置机制。完善信贷流程,将法人和小企业客户常年授信改为年度集中授信,有效提高评级授信审查审批的工作效率和工作质量;建立授信审批和信贷管理两部门联动机制,协同解决客户在评级授信中遇到的问题和困难,形成服务合力,仅第四季度小企业贷款就净增7.26亿元;实施小企业信贷"四合一"审批流程,较好地解决贷款审批流程环节多、时间长的问题。

积极探索新型业务。9月,以"预付款融资+商品融资"模式,在全省率先开办未来货权项下的商品融资业务;灵活运用政策,以发票融资业务代替国内保理,有效解决一般保理规定对建安企业的限制,支持建安企业发展;探索集团客户"实贷实付"资金管理流程,较好解决"三法一指引"制度实施中的盲点,得到银监会的肯定。成立特殊资产处置中心,实行不良资产集中专业化处置,实现余额和占比"双下降"。

【中间业务】 全年实现中间业务收入4.60亿元,比上年增加1.47亿元。在发展传统中间业务的同时,重点突出投行产品、对公理财、分期付款、国际业务和贵金属业务等新业务、新产品的发展。国际、国内表内贸易融资发生额分别达到35.48亿元和52.98亿元。大力发展分期付款业务,交易6524笔、交易额达3.33亿元,分期付款手续费收入2755万元。贵金属业务迅速发展,实物金销售量快速上升,积存金和代理金交所递延交易实现跨跃式发展,实现中间业务收入合计292万元,是上年7.3倍。对公理财客户群体发展迅速,任务完成率达129%,在省行排名第一。信贷资金托管业务有序发展、新兴托管业务取得突破,全年实现托管中间业务收入836.24万元,完成任务的174.22%。加强外汇资金业务的营销力度,通过即远期结售汇等实现汇兑损益2538万元,比上年增加494万元。账户黄金、白银交易收入99.7万元,比上年增加37.9万元。实现进出口单证项下结算业务手续费1315万元,比上年增加291万元。投行中间业务收入完成任务的112%。

【改革创新】 变革绩效考核办法,实行条块结合和产品计价,兼顾效益、公平。构建个金业务、公司业务、机构客户+无贷户3条营销主线,重组"公司业务"、"机构业务"、"个金业务"3条线的营销力量。各支行按照市分行组建3条营销主线的工作要求,探索行之有效的营销和牵头管理模式,推动基层营销团队和营销管理体系建设。市分行本部结合直营团队的建设,从减人、争先、评价、公司化、沟通等5个方面变革市分行本部工作作风。

(陈永欣)

中国农业银行股份有限公司南通分行

【概况】 2010年,中国农业银行股份有限公司南通分行坚持“发展、转型、提质、增效”的工作方针,各项业务实现又好又快发展。存贷款业务快速发展,全行本外币各项存款余额746.46亿元,比年初增加73.11亿元;本外币各项贷款余额346.14亿元,比年初增加50.42亿元,其中实体贷款增加99.55亿元;贷款结构不断优化,全行优良客户贷款占比99.07%;中间业务发展态势良好,全年实现中间业务收入4.49亿元,比上年增加1.52亿元;不良贷款实现双降,全行五级分类不良贷款余额占比比年初下降1.07个百分点。10月,在市分行及辖属各一级支行挂牌设立“中国农业银行南通分行小企业金融服务(分)中心”。2010年,市分行被评为省级精神文明建设创建工作先进单位,9家县级支行均被南通市表彰为2007~2009年度文明行业。

【经营转型】 网点建设进程加快,全年共实施网点装修改造项目24个;22家网点完成营销导入工作;全行共有59个网点实现五区分设,4个网点实现四区分设,网点的自助机具配备率90%。全年通过电子渠道处理的业务笔数达到3969万笔,达柜面业务量的3倍以上;全行业务离柜率达73.62%,比上年提高4.42个百分点。星级客户快速增加,全行个人星级客户总数达33.68万户,比年初增加6.1万户;全行电子银行注册客户96.31万户,比年初增加49.8万户。

【服务“三农”】 坚持“绑定收费功能,加载直补项目”和“做真授信、做实贷款、防住风险”的原则,在全辖推进惠农卡和农户小额贷款发放工作。全年累计发放惠农卡49.68万张,比年初增加40.73万张,激活率为100%;实现农户小额贷款授信1070户,授信金额为5027万元。至2010年末,全行涉农贷款167.49亿元,比年初增加35.87亿元,占全行贷款增量的68.84%。

【服务中小企业】 适应地方经济发展要求,加大对中小企业的金融支持力度,设立专门服务机构。至2010年末,全辖小企业贷款余额65.14亿元,比年初增加14.65亿元。

【内控管理】 开展“支行创一类、部室创一级”活动。在内控综合评价中,市分行和9家支行全部达一类行标准。强化信贷风险管理,加强风险在线监控,及时预警处置,制定并实施信贷创建“三化三无”(信贷操作程序化、制度化、规范化;无新增不良贷款、无新增欠息、无新增借新还旧)方案,9家支行信贷管理“三化”达标率100%。加强内部基础管理,以“三化三铁”(劳动组合科学化、业务操作规范化、基础管理制度化;铁账本、铁算盘、铁规章)创建推动内部管理水平提高,全辖“三铁”单位22个、“三化”单位71个、“达标”单位48个,“三化三铁”达标率100%。深入开展案件专项治理、案件风险排查、整体移位监管等活动,全辖未发生经济、刑事案件和责任性事故。

(吴　俊)

中国银行股份有限公司南通分行

【概况】 2010年,中国银行股份有限公司南通分行(简称“中行南通分行”)新增各项存款114.31亿元,存款余额783.19亿元,占市场份额15.61%,处于南通地区同业第一。其中,企业存款余额398.03亿元,新增67.71亿元;储蓄存款余额380.57亿元,新增43.42亿元。本外币贷款余额497.68亿元,占市场份额16.79%。当年新增61.59亿元,余额和新增额均居同业第一。中间业务保持快速增长,全年实现中间业务净收入6.51亿元,比上年增长32.86%,保持同业领先优势。完成国际结算量91.05亿美元,占市场份额43.16%(海关口径),比上年末增长1.3个百分点。全行实现拨备前利润16.2亿元。2010年,中行南通分行结合三十周年行庆推进企业文化建设,承办中国银行企业文化建设经验交流会,获评“中国银行精神文明建设先进单位”。年内获全国金融系统“五一”劳动奖状、全国金融系统“职工职业道德十佳单位”等9项国家级集体和个人荣誉。

【服务企业】 通过总行与熔盛重工签署300亿元战略合作协议,王子制纸16亿元、中远启东海工10亿元、苏通科技产业园区8亿元、华能启东风电4亿元等一批重点授信项目顺利审批落地。向全市各类企业提供外币贸易融资8.13亿美元、人民币贸易融资近58亿元。大力支持中小企业的发展,累计发放贷款35.84亿元,新增中小企业客户190户,获全市“2010年度中小企业金融超市优秀服务单位”称号。

【经营管理】 开展“合规提升年”系列活动,强化内控长效机制建设,在南通银监分局监管评价中获评2+级,连续3年以最高分位列南通金融机构首位,被南通银监分局评为“平安银行先进单位”,被江苏省平安金融创建活动领导小组命名为首批“平安金融单位”。在资产质量管理上,全年不良资产清收化解23250万元,年末资产不良率1.07%,保持在优秀值范围之内。发挥中行海内外联动优势,跨币种贷汇通、跨境保贷通、人民币远期信用证+NDF组合等产品得以运用,研发启东建筑项目经理人贷款等针对南通区域经济特色和专业市场需求的产品,开办全省首批跨境贸易人民币结算业务。在江苏省中行2010年度产品创新评选中获组织奖。

(邱　晔)

中国建设银行股份有限公司南通分行

【概况】 中国建设银行股份有限公司南通分行是建设银行总行确定的优先支持发展的80家中心城市行之一,排名前30位。下辖6个县(市、区)支行,6个城区支行,机构总数109个,全行员工1955人。2010年,建行南通分行实现拨备前利润13.75亿元,税前利润12.22亿元,中间业务收入比上年增长1.69亿元,一般性存款新增103亿元,各项贷款新增57.97亿元,完成国际结算52.79亿美元。不良贷款率控制在0.71%,创历史新低。被评为南通市金融信贷业绩考核先进单位、建总行"民本通达"综合金融服务二级分支机构先进集体。

【支持地方建设】 2010年,建行南通分行支持地方经济与社会发展资金投入超百亿。服务领域涉及交通运输、基础设施、教育、卫生、现代农业、现代服务业、现代装备制造业、低碳经济相关行业及部分战略性新兴产业。(一)新农村建设。在全省率先开展新农村建设贷款,全年对万顷良田、万顷桑田、城中村改造、沿海开发等提供信贷支持29.7亿元。(二)民生业务。投入全市供水管网、污水处理及文化、教育、卫生等信贷总量达46亿元。(三)建筑业及制造业重点客户。以"鲁班驿站"为专属品牌,为全市建筑业重点客户提供投融资、资金理财、投资银行业务、企业主高端服务等服务,信贷支持总量38亿元。现代制造业方面,全力服务上市公司、优势制造业客户及其上下游企业,信贷支持总量70亿元。(四)中小企业服务。采取担保、联贷联保、互保金、网络银行、应收账款质押、保理等方式,强化中小企业信贷投放、供应链融资,信贷支持总量超80亿元。被评为南通市服务中小企业先进单位。(五)企业融资。为企业积极提供融资租赁、短期融资券、中期票据,企业股权融资、并购、借壳、IPO、上市公司增发等服务。通过股权信托、"资产池"信贷等工具解决企业信贷紧张,为企业直接融资25.85亿元。(六)银团贷款。全力抓好地方基础建设、重点企业银团牵头工作。2009年以来,牵头银团支持地方经济建设88亿元。(七)企业服务。推广创新产品"禹道"现金管理系统,为20家集团企业客户实现子公司资金实时归集。(八)造价咨询。承接南通世纪大道东延工程、通吕运河5号桥、外环北路通宁大道快速化改造工程、长江路快速化改造工程等16个重点城建项目,全年工程造价咨询总量35.98亿元。

【网点建设与客户服务】 全年新购置网点7个,装修网点11个,完工8个。新增自助设备33台,其中存取款一体机19台,取款机14台。低效设备淘汰及调整6台。提高员工服务技能,加强服务质量管理。建立严格的考评考核机制推动网点提高服务质量。开展持续性服务"特训营"活动,在基金营销中移植保险销售的模式,以活动促销售。以举办"练技能、树品牌"技能大赛和参加南通市市区银行业点钞识假技能比赛为契机,开展岗位练兵。开展全行柜面业务知识查询系统应用暨柜面业务知识学习月活动,以及信用卡知识"送教上门",强化专职客户经理、个人业务顾问、柜员业务培训提升员工专业素质。利用世博、亚运、公众教育服务日等活动,积极开展金融服务宣传活动,下发金融知识宣传册(页),参加市银行业协会开展的广场集中宣传,开展金融服务进社区活动。

【筹建海门建信村镇银行】 在监管部门和上级行的支持下,根据总行授权,建行南通分行作为主发起人与海门当地7家优质企业共同出资1亿元,成立江苏海门建信村镇银行。年末,村镇银行得到市银监分局批复同意开业。

【负债业务】 进一步巩固负债业务的基础地位。对46家重点客户进行挂牌服务,出台信贷规模与负债业务挂钩管理、授信客户负债业务挂钩管理等多种服务措施,加大承兑业务、机构业务管理,企业存款比年初新增52.27亿元。个人客户方面,大力拓展代发工资、施工企业分配、年终分红及到期转存、教育储蓄、支付电话、货币化拆迁等市场份额。全年新增个人存款50.73亿元。加大外向型企业及资本金客户服务力度,全年外汇资本金累计到账578笔,累计金额3.41亿美元,比上年增加6393万美元。

【贷款质量管理】 以"防控风险、保障投放、细化管理、高效服务"为主线,加强风险管理,提高放贷质量。全年不良贷款余额降至2.91亿元,比年初减少0.42亿元;不良贷款率创历史新低,控制在0.71%,比年初下降0.24个百分点。以"贷后管理年"活动为主线,组织开展"防挪用、防诈骗、防非法融资、防监守自盗"个人金融业务操作风险专项整治活动,防治商业贿赂案件专项活动,"强化会计基础管理,杜绝案件和防范风险"回头看等主题活动。在基层营业机构重新选派"三员"(风险监督员、安全员、反洗钱信息员),有效提升案件防控管理约束水平。荣获建行总行优秀风险管理团队、江苏省平安金融单位等称号。

(陈新兵)

交通银行南通分行

【概况】 2010年,交通银行南通分行积极应对经济形势复杂多变、同业竞争日益加剧的发展环境，以"资产负债业务提升年"为发展主线，以客户基础建设、目标客户拓展为抓手，开展三大竞赛活动，实现主营业务跨越发展、转型业务推进有序、管理基础不断夯实的良好发展态势。至年底，分行资产总额200.4亿元，比年初增长17.91%；人民币存款余额186.6亿元，比年初增长19.57%；人民币贷款余额比年初增长31.6%，江苏省分行辖内排名第一；实现中间业务收入1.14亿元，比上年增长11.9%；经营利润3.97亿元，比上年增加0.56亿元；不良贷款占比较上年下降0.07个百分点。

【开办新业务】 新开办"厂商银"业务、联贷联保和小企业"e贷卡"贷款、电子票据业务、个人保单质押贷款、进口保付、出口风险参与融资、以人民币为实际押汇币种的出口押汇，成功开办全辖首个境内外汇(NRA)账户。

【服务能力建设】 海安县、如皋市支行分别于5月和12月开业，服务辐射面进一步扩大。全行有32家自助银行和单机点。持续加强内部管理和服务培训，实现全行世博服务零投诉目标，海门支行、城北支行分别获评省、市银行业协会"文明规范服务示范单位"。1人获评总行"世博平安"先进个人，1人获评上海世博会"世博城市之星"。

【业务结构和客户结构】 全行各条线按照总行"管理提升年"的要求，全面强化风险管理，为各项业务高质效发展提供保障。2010年，减退风险贷款1.33亿元，超额65%完成全年计划。至年底，1～8级客户占比为92.77%，9～12级客户占比为6.53%。

（丁芳芳）

上海浦东发展银行南通分行

【概况】 2010年，在经济波动加剧、宏观调控政策加强的情况下，上海浦东发展银行南通分行按照"抓主营、调结构、促转型、强管理、增效益"的工作思路，顽强拼搏，克难奋进，各项工作取得较好的成绩。资产业务规模实现突破，至年末全行总资产余额136.07亿元，较年初增长25.50%。负债业务规模稳中有升，至年末全行各项存款余额109.44亿元，较年初增长7.12%，其中储蓄存款余额25.05亿元，较年初增长13.78%。信贷业务规模有力扩张，至年末全行各项贷款余额93.01亿元，较年初增长14.32%，其中个人贷款余额11.78亿元，较年初增长17.57%。2010年，累计实现账面利润2.31亿元，超目标超预期完成年度经营利润指标。

（陈广明）

江苏银行南通分行

【概况】 2010年，江苏银行南通分行合理配置资源，推进经营转型，完善内控机制，强化效能建设，综合竞争力显著增强。至年底，分行各项存款348.04亿元，比年初增加72.1亿元，市场占比7.02%，较年初增加0.13%。其中储蓄存款65.95亿元，比年初增加12.5亿元；各项贷款223.49亿元，比年初增加31亿元。小企业授信户1223户，小企业贷款25.85亿元，小企业贷款占比11.57%；零售贷款17.29亿元，比年初增加6.17亿元。年末分行不良贷款余额15166万元，比年初减少497万元；不良贷款率0.68%，比年初下降0.14%。实现中间业务净收入7973.89万元，占营业净收入的7.5%。实现净利润4.97亿元（总行考核口径5.31亿元）。与2009年同期相比，分行中间业务收入增长迅速，收益水平稳步提升。年内，分行把党建工作与发展业务结合，与80家民营企业结对共建。南通分行获"江苏省五一劳动奖状"，通州支行获评"中国银行业文明规范服务示范单位"。

【存款业务】 抓好重点客户，实施精细管理，促进存款稳定增长。分行建立重点客户联系制度，加强交流合作，多渠道获取低成本资金；开展沙龙活动，加强与个人中高端客户的联系，增强储蓄存款的稳定性；争取农保资金代理行资格，维护农保存款份额；发挥信贷资源作用，加强授信客户管理，增加授信派生存款。

发展重点区域，优化资源配置，提高存款贡献度。继海门城中支行设立之后，分行加快通州平潮、启东汇龙支行和如东、通州自助银行建设；增加对县域支行市场份额的考核，调动县域支行抢占市场的积极性；加强对县域支行零售业务的研究，加快经营转型。对县域支行授信规模不受限制，并在人、财、物以及客户资源上对县区支行倾斜。年末，县区支行各项存款合计达到96.56亿元，对分行贡献度达到27.74%。

【资产业务】 贴近市场，开展特色服务，促进公司贷款业务发展。参加"中小企业金融超市"活动，"南通市中小企业金融超市"成立一周年大会宣布，江苏银行南通分行融资列南通市各家金融机构之首，荣获"南通市服务中小企业融资先进单位"称号。做好"科技之星"贷款工作，业务遍及市区及启东、海门、通州、如皋等县（区），市场反响良好。与担保公司合作，创新"联贷联保"担保方式，形成"银企保"三位一体。年末，南通分行有担保公司担保类授信企业760户，总额25亿元，占全市担保公司担保总额的30%；市区担保公司合作的份额约为70%，两项数据位居南通地区同行业首位。开展票据业务，快进快出，增强票据蓄水池作用。全年办理贴现43.3亿元,办理商业承兑汇票贴现1.6亿元。与7家农村信用社、与上海花旗银行建立合作关系,积极拓宽转贴渠道。

加强监控,推进不良清收,提高信贷风险防范能力。分行全年完成不良存量现金清收2522万元;处置抵债资产5处,处置金额881万元;累计核销呆账17笔,金额160万元。同时,加强对授信资产质量、风险预警信息和审查审批情况的监控,落实专人按季监测,完善监测和预警体系,提高风险防范能力。

【国际结算】 建立支行国际业务固定联系人制度,每月对支行提供营销建议,开展调研,及时通报业务发展情况,推动支行国际业务发展。开展"以赛代培"、跟班培训活动,普及外汇知识,提升服务水平。在"开门红"竞赛中,分行取得总行第一名的好成绩。二、三季度的争先创优竞赛活动中,分行荣获"国际结算突出贡献奖"。推广新兴业务品种,成功发放8笔信保项下融资,涉及金额约1500万元人民币;推广海外代付加远期结售汇业务,代付金额累计2.2亿美元,保证金存款达1.7亿元。全年国际业务中间业务收入占全行中间业务收入的31.91%。

【网点建设】 2010年,分行竣工投入使用的网点有营业部、港闸、平潮、东方、跃龙、新桥、汇龙、城南、环南9个网点;完成通科自助点建设,如东、通州、"居然之家"离行式自助银行陆续投入使用,虹桥自助银行改造完成。在物理渠道建设上,分行调整网点内部布局,逐步适应转型要求。陆续完成营业部、环南、港闸、虹桥、崇川、紫琅、唐闸、通州等理财室的改造,至年底,分行设立理财中心10家,逐步形成"以客户为中心"的网点布局,分层次向客户提供服务。

(张　沂)

招商银行股份有限公司南通分行

【概况】 2010年,招商银行股份有限公司南通分行面对复杂多变的外部环境,全行上下紧扣"二次转型"主线,奋力拓展市场,提升金融服务水平,支持地方经济建设。至年底,招行自营存款余额37.71亿元,自营贷款余额55.21亿元,不良率为零。建成并开业同城支行1家,县域支行1家。在2010年招总行异地机构经营管理分组监测评估中,排名第一;荣获总行2010年度"零售产能"百强网点奖等多项殊荣。

【服务地方经济】 2010年,在服务地方经济方面,坚持"大中小"齐抓并举,坚持对公对私资产结构协调。抓住南通民营经济、中小企业占主导的经济结构,探索体制、机制、产品、流程创新,全力支持中小企业发展。包括小企业信贷中心在内,招行现有中小企业授信客户400多户,行业涉及纺织、石化、商贸、新材料等。

【零售业务】 大力拓展零售市场,充分开发客户经理、理财经理和储蓄主管的潜能,依托金葵花卡、价值认同卡以及厅堂服务等综合优势,运用网上银行专业版、快易理财、智能通知存款等优势产品,锁定客户,实现储蓄存款的较快增长。至2010年底,储蓄存款余额近7亿元,新增一卡通2.21万张,管理客户金融资产日均达24.42亿元。同时,充分发挥招行个人理财业务多样化、灵活性的优势,以持续培育客户的多元化资产配置为理念,将单一的"产品销售"转变为"财富管理",全年销售零售理财产品37亿元。个人贷款业务上,通过积极推介招商银行消费易、生意贷等丰富多样、灵活便利的个贷产品,赢得客户的认可和青睐,至年底,个贷余额突破16亿元。

【优质服务】 推进"网点创赢"和"文明优质服务"活动,加强服务的软硬件建设。通过增加网点和自助设备,拓宽服务半径;通过网上银行、快易理财等产品,提高服务效率;通过开办水费电费等各项代扣项目,改善用卡环境。组织技能比赛和服务评优,加强日常监督检查。分行营业部获"江苏省巾帼文明岗"、"2010年度南通市银行业文明规范服务示范单位"称号。

(钱　菁)

南通农村商业银行

【概况】 南通农村商业银行,是在原南通市郊农村信用合作联社和通州区农村信用合作联社基础上,优化股权结构而成立的一家专注于"三农"和中小企业融资服务的新兴银行。2009年7月经江苏银监局批准筹建,2010年10月29日挂牌开业。新成立的南通农村商业银行由南通国有资产投资控股有限公司、中南控股集团有限公司、中天科技集团有限公司等国有企业及本地上市企业股东、一批优秀民营企业家股东和农商行职工股东组成,注册资本10亿元,是合并前的近五倍。南通农商银行下辖88个支行、1个营业部,服务网点覆盖南通市区,现有员工1100余人。2010年,南通农村商业银行在经济金融形势复杂多变的情况下,坚持深化改革与业务发展并重,全行资金规模上新台阶,经营效益持续提升。全行实现营业收入11.74亿元,净利润2.41亿元,较上年增长54.49%。全力打造"文明、专业、高效"行业形象,全行网点90%以上荣获区级以上文明单位、青年文明号、巾帼示范岗、群众满意基层单位荣誉称号。全年组织业务培训60余批次,人均参训3次以上,年末全行在职员工平均年龄降至39岁,大专以上学历占70%以上。向南通慈善总会捐款60万元,用于救助贫困家庭重大疾病儿童;与市红十字基金会达成未来3年捐款100万元慈善协议,成立"南通农商行生命相髓红十字博爱基金"。

【业务经营】 (一)各项存款增长,资金实力增强。截至2010年末,全行各项存款232.38亿元,比上年增长37.03亿元,增幅18.96%。其中,储蓄存款余额146.91亿元,增长19.15%;对公存款余额73.05亿元,增长29.8%。(二)信贷投放持续递增,服务水平有所提高。年末,各项贷款余额163.61亿元,比年初增加23.45亿元,增幅16.73%。其中,农业贷款32.81亿元,比上年增长3.92亿元;农村工商业及其他贷款130.80亿元,增长19.53亿元。存贷比为70.41%。(三)资产质量不断优化,不良贷款余额占比双下降。年末,五级分类不良贷款余额4.59亿元,比年初下降5006万元;不良贷款占比2.81%,比年初下降0.82个百分点。(四)资本实力增强,拨备覆盖率进一步提高。至年末,资本充足率达12.03%,不良资产拨备覆盖率109.95%,分别比上年提高5.95和20.62个百分点。

【信贷服务】 严格执行省联社信贷投放指导性计划,做到有保有压,扩大信贷投放空间,优先满足涉农贷款和中小企业贷款的有效需求,有效支持地方经济发展。转变信贷服务方式,推广"阳光信贷"惠农工程,授信农户2500户、授信金额1.30亿元。创新信贷业务品种,开办青年创业贷款、大学生"村官"创业贷款、妇女创业贷款,累计发放此类贷款7937万元。在信贷投放上向新能源、新材料、装备制造、农产品深加工等优势板块经济倾斜。全年实际发放机械制造类贷款17.81亿元、发放机电电子类贷款6.02亿元、发放能源新材料类贷款3.09亿元、发放农业深加工类贷款3.54亿元。加强银企协作,积极储备来年贷款项目。南通农商行开业之初即成功举办"支持三农和中小企业新闻发布会暨合作意向签约仪式",一次性签约金额达22.1亿元。

【机制转换】 全行着力优化股权结构,提升法人治理水平,全力加快体制转轨后运行模式的转型。抓好制度与管理模式对接,确保机构平稳过渡。根据现代金融企业规范架构整合营业网点和机关部门,统一信贷、财务、内控管理模式,平稳完成原农村信用社制度、流程向股份制商业银行的转换。全行形成16大类120余项制度,初步构建比较完备的农商行制度体系。启动"流程银行"建设,从制度层面加快推进机制转换,力求最大程度满足农商行未来发展。加强银政互动,进一步营造有利于改革发展的外部氛围。

【内控管理】 (一)对辖内政府融资平台企业经营和财务状况、建设项目立项和审批、贷款情况进行全面梳理和评估分析,按期完成"解包还原"工作。(二)建立有效的岗位制衡机制,加强对"三个办法一个指引"等监管新规的宣传、培训和组织实施。(三)进一步完善贷款三查制度和信贷风险管理制度,从客户基础资料、贷款调查、合规审查、决策审批、贷后管理等环节全面建立业务规范化管理架构。(四)通过"分类排队,突出重点清收"、"区别对待,一户一策清收"和"先易后难,循序渐进清收"等有效措施,不断加大不良资产清收力度。全年现金收回已核销呆账贷款189万元,收回历年置换贷款2377万元,诉讼执结案件7928万元,处置变现抵债资产2162万元。(五)继续开展案件防控治理工作,落实"内控和案防制度执行年"活动方案,以抓分类治理、抓高发部位、抓跟踪整改、抓内部控制、抓案件问责为工作重点,全面落实案防长效机制建设目标,整体案防能力不断增强。

(严　兵)

保　险　业

【概况】 截至2010年底,南通市保险主体56家(2009年为52家),数量列全省第三,仅次于南京、无锡。保险从业人员达2万多人。全市保费收入134.45亿元,首次超过无锡,跃居全省第三,增幅全省第二。其中,财产险保费收入21.53亿元,寿险保费收入106.91亿元,意外险2.56亿元,健康险3.45亿元。保险赔款与给付总额22.8亿元,其中财产保险赔款支出9.69亿元,人身保险赔款与给付11.22亿元、其他各类给付1.89亿元。2010年,南通市保险行业协会以"自律、维权、服务、交流"为工作重点,努力提高行业经营效率、服务效率和监管效率,促进全市保险业平稳较快发展。

江苏保监局领导到南通调研保险市场

【行业自律】 2010年,南通市保险行业协会结合南通保险市场实际,制定完善交强险自律公约、非车险自律公约、银保自律公约,并组织相应的检查活动,取得良好效果。

针对摩托车、拖拉机交强险承保难、投诉多等问题,多次组织召开专业委员会会议,研究解决办法,并深入各县(市、区)开展调研,由发改委牵头,召开专项协调会,落实责任,解决了摩托车投保难的问题。在规范车险市场取得成效的基础上,协会又对非车险市场进行试验性规范。4月,对南通辖区内所有经营非车险业务的产险公司及分支机构进行自律检查,对极少数违规的公司扣缴违约金。下半年,协会委托会计师事务所作为第三方,对各产险公司的手续费进行检查。对个别公司手续费违规问题,协会在扣除其自律违约金的同时,进行通报,要求限时整改。

召开各寿险公司会议,要求各公司注重规范经营,杜绝销售误导。11月,根据银监会文件和江苏保监局的相关要求,协会对各寿险公司银保业务进行专项自律检查。通报检查结果,督促相关单位限期整改。

【建立两个中心】 南通市保险纠纷调处中心。2010年,协会根据江苏保监局要求,借鉴苏州市保险行业协会的经验,与南通市司法局、南通市崇川区社会矛盾调处中心、南通市中级人民法院进行沟通,建立南通市保险纠纷调处中心。同时,协会重视做好信访接待工作,全年共受理投诉案件318例,办结316例,结案率为99.4%。

南通车险代理手续费结算中心。为规范南通机动车辆保险中介代理手续费支付行为,促进保险主体公平竞争,市保险行业协会于2010年4月1日成立南通车险代理手续费结算中心。截至年底,通过车险代理手续费结算中心结算的产险公司已达22家,专、兼业代理公司127家,共结算952笔,结算金额达3166.45万元。

【保险宣传】 2010年,市保险业协会加大对保险宣传的投入力度,在市级新闻媒体上搭建保险宣传平台。与南通电台联办的《保险在您身边》专题节目,从2009年4月18日开播以来运行正常,扩大了南通保险业在社会上的影响。协会组织召开节目专题策划会,各保险机构充分利用宣传平台,办好、办活《保险在您身边》节目。2010年暑期,协会尝试利用南通电视台、市电影发行放映公司等单位举办的"《魅力影院》进社区"活动,开展现场展示宣传。继续办好协会内部刊物《南通保险》和协会网站,加强行业信息的沟通。

(高海棠)

·保险机构选介·

中国人民财产保险股份有限公司南通市分公司

【概况】 2010年,中国人民财产保险股份有限公司南通市分公司通过全系统广大干部员工持续拼搏,开创业务稳定增长、险种结构发展均衡、盈利能力显著提升的新局面。实现保费收入7.8亿元,比上年增长39.8%,提前66天完成年度任务,成为苏北地区行业中保费规模最大的地市分公司。保费、利润双双完成挑战任务,实现车险、非车险、农险三大主要险种和全市系统11家经营单位全部盈利的目标,走出一条规模效益协调发展的成功之路。被省保险行业协会表彰为"标兵公司",并作大会经验交流。

【理赔管理】 为改变理赔基础工作薄弱的状况,规范理赔流程,从3月开始,在全辖实施"车险理赔基础工作整改工程"。对全市系统理赔效能、质量、管理进行逐项评分检查,对检查中发现的问题进行点评通报,并梳理10个方面的整改内容,明确整改时限和复查时间。通过持续督查整改,夯实理赔管理基础。公司在全省系统理赔质量考核中以总分81.89分名列第一。

【承保服务】 要求岗位人员做到首问负责不推诿,客户利益放心中,建立前后台沟通协调机制。建立协作服务平台和服务回访制度,完善服务承诺内容。通过信息技术监控,加大对岗位人员工作时效和出单质量的考核力度,使承保效率和质量得到明显提升。核保时效从8月起,连续5个月列全省系统第一。

【规范流程】 在流程标准推行工作中,严格执行省分公司流程标准。采取集中培训与视频培训相结合、事前对照与事后完善优化相结合、借鉴经验与实际运用需要相结合的方法,强势推进流程标准化知识的学习和运用。在省分公司组织的流程检查评比中,获得全省系统二等奖。

【防灾服务】 公司提出"防灾重于理赔"的理念,督促全辖针对季节性灾害特点,开展冬季防火和夏季防汛的防灾检查服务活动。与气象部门建立日常联系制度,及时获取气象灾害的位置、路径、强度等信息。通过"95518"专线短信平台对重点防灾企业的联系人及时进行防灾提醒。全年,全市系统组织682人次,对322户防灾重点企业开展防火防汛检查服务。公司防灾检查做法被总公司内网采用,供全系统交流借鉴。

(周红兵 崔益平)

中国人寿保险股份有限公司南通市分公司

【概况】 2010年,中国人寿保险股份有限公司南通市分公司以建设最具价值、最具品质、最具魅力的标杆型市级分公司为指引,锐意进取,扎实工作,全年实现保费总收入36.41亿元,市场份额33.71%,保费规模在全国系统大中城市排名由2008年第二十位上升至第八位,实现了跻身全国系统大中城市综合实力前15强的目标。9月,公司被中国保监会党委组织部授予保监会系统“科学发展,攻坚克难”主题实践活动优秀基层党组织。年度综合经营绩效考核位居全省系统第一名,被评为全省系统先进单位。全市系统第五次蝉联南通市文明行业。

【业务发展】 2010年,中保人寿南通分公司实现总保费36.41亿元,比上年增长25.8%。首年新单保费24.14亿元,比上年增长26.7%。首年期交保费5.15亿元,比上年增长38.3%。短险保费9699.28万元。银保渠道首年保费19.86亿元,比上年增长160.29%。银保首年期交保费1.93亿元,比上年增长121.62%。团险渠道实现短险保费4907.2万元,比上年增长5.64%。短期意外险达到2905.21万元,比上年增长24.02%。续期保费11.3亿元,比上年增长29.2%。

【经营管理体系改革】 2009年12月份以来,南通市分公司贯彻落实上级公司关于深化经营体系改革的部署,实施展管分离,形成新的运营管理体系。顺应“展管分离”的变革,推动运营支持系统服务升级。一方面加强业务质量与客户服务质量日常化考核,抓好柜面服务、“国寿1+N”服务品牌建设。另一方面重视和支持客户服务中心工作,建立县(市、区)支公司领导班子成员与客服中心联系人制度,有效支持客服工作。

【人才培养】 通过多途径吸纳优秀社会人员到公司从事管理和销售工作,现有销售人员5000余人,全部为社会招聘人员。高度重视人才的成长,为优秀人才提供畅通的晋升通道与发展平台。至2010年底,市分公司和各经营单位班子均有从社会招聘人员中成长起来的成员,为事业发展带来新活力。

【风险防范】 依法合规经营,每月排查风险,每季度、每半年召开专题会议,针对存在问题,及时采取措施,及时追踪落实。坚持把404条款遵循工作纳入日常化管理,连续几年在外部审计中保持“零缺陷”,顺利通过国家审计署对公司的抽审。

(施永红)

中国太平洋人寿保险股份有限公司南通中心支公司

【概况】 2010年,中国太平洋人寿保险股份有限公司南通中心支公司确定“经营有费用,员工有实惠,市场有地位,发展有后劲”的经营思想,上下同心,积极进取,圆满完成全年目标。至年末,公司实现规模保费7.33亿元,实现标保4.34亿元。其中,个险实现标保1.71亿元,比上年增长17.9%;团险实现标保6260万元,比上年增长35.85%,列全省第一,全国前十;银保实现标保1.99亿元,比上年增长15.25%,列全省第一;续期实现2.23亿元,13月继续率95.07%,列全省第一,25个月继续率86.21%,列全省第二。费用预算全面达成,并略有结余,全年未发现重大违规问题。全年在总公司组织的各类竞赛中有300人次获奖,春节节日竞赛中银保条线全国前20名中南通公司就占10人。

【业务结构优化】 标准保费创历史新高。标准保费在前三年平均增长超30%的基础上,2010年仍然保持较高的增长比例,比上年增长23%。业务结构持续改善,核心业务占比达到51.65%。个险业务在“重点发展”的策略指导下,加大费用投入和政策倾斜力度,标保比上年增长6.8%,达到历史最好水平。银保业务实现期缴8551万元,趸缴实现大幅度增长,标保全省名列第一。团险意外险继续保持分公司和南通同业第一。传统业务合规经营水平有提升,新项目拓展取得成效。续收成本全省最低。县支机构建设得到加强,如皋支公司团险、银保双双名列全省第一。

(李 玲)

信 息 服 务

中国邮政

【概况】 2010年,南通邮政总收入9.61亿元,比上年增长24.8%,收入规模在全省各市中列第三。如皋邮政局在苏中县级局率先实现收入破亿元。全年,南通邮政继续加大基础设施投资,完成投资4544万元,其中,以营业、投递网点为重点的基本建设投资2891万元,技术改造投资1266万元,增强网络支撑能力。全年全区邮政社会公益性投入超过50万元。开展服务对象意见征询,全区邮政服务综合满意度达89分,服务态度满意度达92.97分。南通邮政系统蝉联2007~2009年度江苏省文明行业称号。3月26日,交通运输部党组书记、部长李盛霖调研南通邮政,充分肯定南通邮政改革发展成绩。

【邮政服务】 加强对邮政公共设施的维护和更新。积极呼吁各级政府部门关注旧城小区邮政信报改造,完成675

幢2.79万户新建住宅楼信报箱的验收、70只主城区沿街和濠河风景区邮政信箱筒的维护和更新。世博、亚运期间,严格邮件收寄安全检查,确保邮运渠道的畅通和安全。

邮政储蓄银行发放服务"三农"小额贷款2.85亿元。新增绿卡村271个。增加服务窗口,积极代发新农保。建立全省首家村级自助银行——通州区天后宫村自助银行服务区。

【发行《濠河十景》系列邮品】 3月27日,南通邮政局发行《濠河十景》邮册、明信片、纪念章和纪念戳。《濠河十景》邮册系统展现濠河周边优美绵长的人文地理风貌,将五亭邀月、天宁闻钟、北阁波光、仙桥绿堤、绿苑探幽、怡园泊舟、文峰晨霭、启秀风荷、别业双辉、五园揽翠艺术性地融入邮册,并附有详细的景区介绍。该邮品系列宣传了南通,也为南通濠河创建国家5A级景区提供基础条件。

【"爱心邮路"扩展延伸】 2010年全区邮政"爱心邮路"由137条扩大至609条,帮扶对象人数达到659名。"爱心邮路"获评全省邮政年度精神文明十佳新事。交通运输部部长李盛霖看望南通"爱心邮路"乡邮员代表,赞扬"爱心邮路"引领了文明城市建设,推动了乡风文明建设。春节、重阳节期间,南通邮政在全区发起爱心邮路"暖冬行动""重阳关爱"活动。如皋"爱心邮路"向重度残疾人延伸。全区邮政系统与社区、特困家庭、伤残军人结对帮扶的做法得到市委组织部通报表扬。与江海志愿者联合为地震灾区劝募"爱心包裹"2850个。

(杨海宁)

中国电信

【概况】 2010年,中国电信股份有限公司南通分公司坚持品牌统领,加强统筹管理,实施面向市场和客户感知的差异化融合发展策略,拓展核心业务市场,实现全业务全面协调发展。在全省本地网绩效考核中继续名列前茅,在中国电信集团对全国200个本地网公司企业转型预评估中名列第四位。南通电信公司系统被评为"2007~2009年度江苏省文明行业"。

【全业务发展】 天翼移动业务规模发展。总用户数达116.1万户,市场份额上升至17%;3G业务与有线宽带充分融合,3G活跃用户达8.86万户,3G用户总流量从年初1200G提升至年底3925 G。宽带用户总数达75.6万户,其中,iTV(交互式电视)用户总数突破13万户。号码百事通和ICT(信息通信技术)业务快速发展,分别拉动收入增长1.55%和0.79%。融合业务推介和目标客户集中签约活动取得成效,全业务签约达158家,在综合办公、司法e通、渔信e通、保险e通、车辆和人员定位等多个项目上取得突破。全年净增"我的e家"客户8.35万户。三星级及以上"天翼村"从年初149个增至年底的314个。

【投资建设】 全年完成资本性支出5.3亿元。全业务网络质量保持行业领先优势。推进移动通信网络整治优化工作,重点在高档小区、高话务小区、弱覆盖小区进行滴灌组网。新建室分系统128个。新增覆盖道路宏基站7个,外打RRU(小型无线移动基站)12个,与其他电信运营商共建共享移动基站39个,市区及高速干道里程覆盖率显著改善。宽带提速取得成效。全区4兆以上速率占比达94.28%。FTTH(光纤入户)建设涉及228个小区,覆盖用户6万余户。获省公司"全程iTV质量提升活动"二等奖。

【维护管理】 天翼移动网络覆盖和运行质量持续提升。全区天翼移动网络城区覆盖率达到99.7%,高速覆盖率达到99.5%,农村覆盖率达到99.2%,保持全省领先水平。开展核心网、接入网优化工作,形成"核心层+业务接入控制层"两层结构,核心网络转发能力大幅度提升。配合宽带提速建设,持续开展宽带质量提升工作,在省公司开展的"全程iTV质量提升活动"中受到好评。加强数据网络安全防护工作,对全区IP城域网、IDC专网、LDCN网、ATM网和C网承载网开展评估,确保网络安全防护可靠性。一、二级干线实现安全无障碍。开展交换防瘫痪工作,完成所有大客户接入组网物理双路由调整工作。圆满完成上海世界博览会等重要通信保障工作。

【服务创新】 推进服务创新,提升全业务综合服务能力。开展"服务能力提升年"活动,提升基础能力,丰富服务细节,提高生产、经营活动规范性,连续4年开展"放心消费"活动。全网投诉率持续下降,万用户投诉率由年初14.55人次下降到年底的3.21人次。

(施永贤 徐李健)

中国移动通信

【概况】 2010年,中国移动通信集团江苏有限公司南通分公司以"创无限通信世界、做信息社会栋梁"为己任,深化能力经营,强化协同支撑,不断提升企业综合实力,为客户提供高品质的信息服务,客户总数超400万户。公司荣获全国质量信得过班组、中国移动企业文化示范点、2007~2009年度江苏省文明行业、2009~2010年度江苏省价格诚信单位、江苏省质量管理小组活动优秀企业等荣誉。

【网络建设】 顺应南通沿海开发需求,加大沿海通信网络建设力度。沿海网络建设累计投资1亿余元,在200多公里的海岸线上建设98个近海覆盖基站,其中大功率基站22个。将全区通信设备纳入7×24小时监控,实现GSM网、传输网、数据网的全程全网监控。完成防汛、反恐、防冰冻雨雪等59项应急预案修订和76个重点防汛基站机架抬高和防水墙改造。保障南通港洽会、如东海洽会、海安"青墩艺术节"等重大活动通信畅通。实施"绿色行动"计划,节能率达16.9%,年减少15吨重金属废弃物的生成。

【业务开发】 开发信息服务新产品,满足客户多元化需求。深化无线应用,引入"12580"联盟互动屏,汇集300余家南通市区的热门商户,为市民生活带来便利及实惠。与新华社江苏分社联合举办农信通"三农"信息移动服务平台开通仪式,率先在省内开发"12582"专家服务热线一键拨通的TD家庭固话,为农民提供综合技术服务。与南通市文明办共同开发江海志愿服务平台,为13万江海志愿者建立"网上家园"。与公安部门合作推进道路监控和社会治安信息化管理,助力"平安社会"建设。开发"文峰街道党员e家"数字化党建平台,提高街道党建工作效率。利用物联网技术,开发以GPRS为无线传输通道的智能排污监控系统,助力环保执法监管。

【服务社会】 联合南通市总工会、南通市人力资源和社会保障局,连续3年举办"我能"通信服务技能练兵大比武活动。选派3名优秀员工赴上海服务世博会。以"动感地带"品牌建设为依托,和高校合作开展求职培训系列讲座、MM百万青年创业计划、创意集市等创业类活动共计20余场次,为大学生搭建就业创业实践平台。联合江苏省妇联、南通市妇联举办"幸福快车"进世博－南通留守儿童亲子游园活动出发仪式,向世博建设者子女送上关爱。积极履行社会责任。青海玉树遭遇地震,公司在南通市人民路营业厅紧急开通两条"G3平安热线",供客户免费拨往灾区。累计捐出爱心款14.13万元,用于助学、灾区捐赠、扶贫助残等社会慈善公益事业。

(林　林)

商务服务业

会展业

【概况】 全市有较大规模专业展览场馆12个,场馆总面积近3万平方米,主要有市区的体育会展中心、南通科技馆、永兴国际车城会展中心、如东的天一紫菜展示中心、启东的天汾电动工具城展示中心、海门的叠石桥家纺产品展示中心等。2010年,全市共举办各类中、小型会展43次,营业收入近1.1亿元,成交金额148亿元,参展人数近25万人次。南通体育会展中心成功举办第四届中国(南通)国际船舶工业博览会、2010中国(南通)建筑机械展览会及多个房展、车展、家装展等大型展览会。

【特色节会】 2010年,全市各地结合当地特色产业,举办许多特色鲜明的节会,如海安的青墩文化艺术节、首届中国海安河豚节,如东的海鲜节、风筝节,如皋的盆景节,海门的金花节,启东的科技节,通州的画稿交易会等,丰富了会展业的内涵,促进了区域经济的发展。

【产业体系】 全市共有展览业专业公司和兼营公司约80余家,各类从业人员近1900人,其中中高级专业人员500余人,初步建立包括招展、组展、展览工程、展场租赁、会展物业管理等在内的展览服务体系。

(顾　潇)

广告业

【概况】 截至2010年底,全市有广告经营企业1008家(其中2010年新登记广告经营企业171家),广告从业人员9112人,全年广告经营额5.1亿元。

【广告行业管理】 南通工商局加强对全市广告经营业的规范管理,全年核发户外广告登记证2496件,实施广告行政指导264次,开展媒体广告通报会28次,案例评析会12次,通报涉嫌违法广告158件,发出各类行政指导通知书296份。加强广告经营人员培训,全年举办广告法律法规培训班12期,培训广告经营人员980人次,培训广告审查员458人。加强媒体广告监测工作,全年共监测媒体广告81.59万条次,其中电视广告34.79万条次、广播广告30万条次、报纸广告16.80万条次,责令新闻媒体停播停刊违法广告125条,查处各类违法广告案件224件。

(王铁峰)

生活性服务业

现代商贸

供销合作经营

【概况】 南通市供销合作总社辖7个县(市、区)供销合作社,主要从事农村社区服务,农业生产资料、日用消费品供应,农副产品收购、加工、销售,废旧物资收购,烟花爆竹销售,种子销售,各类批发交易市场建设,以及机械、食品、建材等生产。2010年,面对复杂多变的外部环境,全市供销合作社系统以统筹城乡和发展现代服务业为主线,以"三社"建设为基础,以"新网工程"为载体,以"强社工程"为重点,确立"富农强社"新目标,多措并举,真抓实干,各项工作齐头并进,成为全省供销合作事业的排头兵。全年实现销售349.37亿元,比2009年上升77%,是"十五"期末的6.6倍,其中农资销售54.56亿元,农副产品收购109.41亿元,消费品零售113.13亿元;实现利润1.20亿元,比2009年上升53.8%,是"十五"期末的9倍多。主要经济指标继续保持全省供销合作社系统第一方阵,再次荣获省系统综合业绩考评特等奖和创新创优先进单位。海门市社再次入围省"十强县级供销合作社"。市总社获评市级机关最佳办事单位,被市委、市政府评为"引荐外来投资服务招商引资双佳单位"。《新华日报》、《中华合作时报》等媒体对南通供销合作业转型发展进行全面报道。

【项目建设】 至2010年底,全市供销合作社系统参控股企业有59家,其中年销售超亿元企业36家,本级资产总额23.88亿元,净资产总额7.9亿元。其中,市总社本级有18家参控股企业,资产总额13.71亿元,净资产4.04亿元。实施"强社工程",积极招商引资,掀起项目建设高潮。市总社以农发资产运营公司为平台,巩固提升传统产业,积极进军新领域,发展现代物流与金融服务业,加快供销合作经济转型升级。全系统大力度推进项目建设,2010年完成投资23.22亿元,累计完成投资25.73亿元,实现"十一五"规划的643%。在建项目达41个,其中投资1000万元以上的项目25个,1亿元以上项目4个。南通农副产品物流中心项目列为市政府为民办实事工程,并列入国家发改委扩内需项目。这些项目达产后,新增销售超过200亿元,供销合作社成为全市服务业的后起之秀。县(市、区)社项目建设数量多,在建项目有35个;规模大,投资总额在1000万元的项目有19个;带动能力强,仅海安农批市场就与12家专业合作社签订长期购销合同,建立10多个生产基地,带动8万多农户。

【南通供销产业园奠基】 南通供销产业园是中国供销集团组建后着手建设的第一个产业集聚园区,位于南通市通州经济开发区,紧邻通吕运河和新江海河,距通州区政府2.5公里,南通市中心20公里。2010年11月18日,全国总社党组书记、主任李成玉到南通为南通供销产业园奠基剪彩,省委常委、副省长黄莉新出席奠基仪式。南通供销产业园项目规划占地1000亩,总投资20亿元,其中固定资产投资10.5亿元,建筑面积37万平方米。产业园包括"两个基地、两个中心"(技术装备制造基地、再生资源回收加工基地,棉花仓储物流配送中心、国际棉花交易服务中心)。项目建设分两期实施,总体建设期为3年。一期建设技术装备制造基地、棉花仓储物流配送中心、国际棉花交易服务中心,工期自2010年11月至2012年6月。二期建设再生资源回收加工基地。

【"三社"建设】 各级供销合作社积极争取党委、政府支持,挖掘自身潜力,推进"三社"建设(为农服务社、专业合作社、基层社)。市委市政府和如皋、海门、如东、海安等地党委、政府还专门下发文件,支持供销合作社为农服务工作。争取各级为农服务社扶持资金673.3万元,其中市总社自筹资金86.3万元。

至年底,累计建办为农服务社1305家,其中三星级社584家、二星级235家,完成"十一五"目标的130.5%,建办数量、质量在省社系统名列前茅,如皋率先实现行政村全覆盖;全系统累计领办帮办专业合作社164家,其中"四有"专业合作社136家,专业合作社联合社6家;新型基层供销合作社建设迈出新步伐,完成基层社改造106家,建成"三位一体"基层社18家,海门实现基层社"三位一体"的全覆盖。全系统合作社入社社员达2万人，社员股金3940万元，带动农户8.25万户，帮助社员推销产品5.96亿元，帮助农民增收1.29亿元。海门海盛肉制品、羚棋葡萄、如皋绿丰果蔬、如东绿野富硒玉米、通如草黄鸡等专业合作社的农产品成为品牌农产品。

【新网工程】 加快推进"新网工程"建设，以农资和日用消费品为重点，实施"小超市，大连锁"战略，整合资源，改造重组，优化提升，形成以骨干企业为龙头，以配送中心为支撑，以经营网点为终端，覆盖县、乡、村的现代流通体系，为城乡居民生产生活创造便捷、安全、实惠的消费环境。到年底，全系统培育连锁企业26家，建成连锁网点达到4018个，全年实现连锁销售51.86亿元，超额完成"十一五"目标任务。江苏和盛农资公司、通联农资公司和江苏品德、南通圣水等日用品连锁企业成为全市"新网工程"和"万村千乡"工程建设的骨干力量。全系统争取中央、省财政"新网工程"扶持资金781万元；从2009年起，市级尿素淡储旺供与应急储备扶持资金列入市财政预算；从2011年起，市财政每年给予200万元"新网工程"扶持资金。

【主题活动】 主办三次合作经济论坛，先后邀请全国著名学者温铁军教授作"新农村建设与供销社改革发展"专题报告，台湾知名学者、农会负责人廖焕永作"台湾农村建设的经验与启示"的专题讲座。主办7次南通农产品进上海洽谈会，累计帮助农民销售农产品16.5亿元。多次组织名优农产品生产企业、农民经纪人参加全国总社、省总社主办的农产品展销会，有效促进农超对接。开展十佳农产品经纪人、十佳农产品评选活动，取得良好社会反响。

（宋晓东　张　勇）

附：2010年南通市十佳农产品

"三香斋"牌白蒲茶干

"圣明"牌生态草鸡蛋、生态虫子蛋

"仙缘"牌海产品

"华江"牌大米

"进鲜港"牌水芹菜

"通如"牌草黄鸡

"皋岭"牌生态冷鲜肉

"葵王"牌菜籽油

"羚棋"牌葡萄

"喜尔"牌南通甜包瓜

（供销总社）

粮油贸易

【概况】 2010年，市粮食系统全面完成省政府下达的储备粮油任务和市政府下达的年度目标。全市仓储基础设施建设投入6800万元，加快建设中心粮库建设，维修改造骨干库和基层收纳库。全市国有粮食购销企业收购粮食103万吨，销售粮食97万吨，超额完成市政府下达的年度目标；实现利润1555万元，比上年同口径增长3%，资产利润率继续位居全省前列。全市粮油工业总产值完成175亿元，实现利税总额3亿元，位列全省第二。实行粮食收购资格许可网上公开透明办理，全年新办收购许可证21份。开展粮食流通监督检查活动829次，实施行政处罚96例，罚款金额2.1万元。粮食产业化龙头企业原料基地增长18%，总量达260万亩。全市创建全国放心粮油示范企业10家、新增江苏省名牌产品1个、复审通过省名牌产品5个。新建"五放心粮店"15家，超计划完成年初目标。完善"粮油实物帮困"机制，市区粮油实物帮困人数由2300人扩大到近5000人，全年发放帮困粮油价值150万元。军粮供应受部队好评。年内，如东县粮食局被评为全国粮食行业先进集体，启东市粮食局等3家单位被评为全省粮食行业先进集体。

【产业发展】 2010年，南通粮食系统抓住国家扩大内需政策的机遇，以前所未有的力度推进项目建设，掀起第二次建库高潮。全市有3个项目获中央专项补助资金1700万元，5个项目获省专项补助资金550万元。与此同时，各地抓好仓储设施维修改造，重点对仓房屋面、门窗、地坪、道路、码头等设施维修改造，对部分机械设备进行更新，有效改善仓储条件。按照省局"培育一个国企典型、引进一个战略伙伴、建设一个产业园区、扶持一个研发中心、创建一个省级名牌"的"五个一工程"要求，结合南通市实际，明确具体推进思路。全系统围绕目标任务，落实责任，市县联动，取得显著成效。面对复杂的收购形势，全市各级粮食管理部门准确分析形势，灵活开展购销经营。在掌控本地粮源的同时，组织力量到苏北、东北等地加强稻谷采购，努力做大经营总量。进一步加强产业指导，实现打造5个年销售收入超10亿元粮油工业巨人企业的目标。

【粮食安全】 完善储备体系。在储备数量上，确保完成省、市政府规定任务。在品种结构上，逐步扩大稻谷比例，减少小麦储存，同时建立成品粮油储备长效机制。组织开展粮食产销衔接，签订协议42份，订购粮食36.2万吨，并签订10万亩的粮食生产基地协议。

强化监督检查。各地认真建立健全粮食流通监督检查工作机构，完善各项行政执法制度，全市粮食行政执法工作形成组织化、规范化、日常化、制度化的良好局面。全年先后对国家政策性竞价销售出库粮食、市场粮油品质、集体食堂粮油质量、地方储备粮库存、面粉添加剂质量等进行专项检查。抓好资格核查。对2009年底前所有取得粮食收购许可证的法人、其他经济组织和个体工商户粮食收购资格进行全面核查。至年底,全市获准从事粮食收购的经营者累计716家,其中国有企业69家,民营企业及个体工商户638家,其他9家,形成"统一、公平、竞争、有序"的粮食收购市场。

保障粮食供应。2010年,受国际形势和国内游资影响,全国粮价全面上涨。各级政府和粮食主管部门制定实施《粳米市场供应和价格稳定工作方案》,成立粮食市场联合监督检查协调领导组,加强监督检查,确保市场平稳。

【实事惠民】 强化收购服务。国有粮食企业主动为农民提供晒场,帮助农民整晒粮食;不少企业购置扒谷机等机械设备,降低农民售粮的劳动强度;为农民提供临时储存的仓囤,对售粮农民提供茶水、便餐等。

推进放心工程。全市"五放心"粮店总数达192家,遍及城镇主要社区、街道、乡村。对市区放心粮店所销售的粮油每月检查、随机抽样、及时监控,发现问题迅速整改。如东、启东、海门等县(市)均制定"五放心粮店"百分考核办法,加强监督检查,确保居民消费满意。

组织实物帮困。多次召集联席会议,商讨工作措施,制定出台《南通市区粮油实物帮困供应办法》,对特殊困难户予以价格优惠和送货上门。

(王文华)

烟草专卖

【概况】 2010年,南通市烟草专卖局、江苏省烟草公司南通市公司批发销售卷烟23.7万箱,比上年增长1.7%;实现销售收入53.1亿元,比上年增长9.47%;实现税利12.8亿元,同口径比增长10.8%;实现利润8亿元,经济运行质量和效益位列全省同行前列。培育具有南通烟草特色的先进企业文化,完成全系统各单位的文化中心建设,出版《南通烟草企业文化丛书》,荣获"全国烟草系统企业文化建设先进单位"称号。

【专卖管理】 与公检法等部门联合打假,开展"冬季会战"、"闪电系列"等集中专项整治行动,强化对交通要道、网上贩烟等监管,全市卷烟市场秩序得到规范。坚持依法行政、依法管理,落实对行政处罚案件的合法性审查制度,开展形式多样的烟草法制宣传活动,顺利通过行业"五五普法"工作验收。全年,全市查处各类涉烟违法违规案件1415起,查获各类违法违规卷烟4.89万条,查获案值5万元以上的案件19起,上报贩售假烟网络案件5起,将不法烟贩移送司法机关处理47人,其中判刑15人。

【卷烟营销】 推进精准营销,合理安排货源供应,实现销量与结构的平稳协调增长。推进电子商务建设,网上订货客户比例稳步提升,全市使用互联网和手机上网订货的客户占比达84%。全面完成零售终端标准店建设并健全长效管理机制,使之充分发展形象示范作用。打造"江海同舟行"服务品牌,推行客户经理"135"工作法,营销人员公开服务承诺,客户满意度不断提升。整合全市烟草物流配送资源,实施物流中心"7S"现场管理,启动物流中心改扩建工程,TMS系统顺利通过省公司验收,物流运行效率得到提升,荣获"全国实施卓越绩效模式先进企业"特别奖。

(莫 彤)

盐业经营

【概况】 南通盐业有限公司有7家全资公司(城区分公司,海安、如皋、江东、江州、江晟、江口公司),从事食盐批发业务。全行业从业人员300人(在编198人,劳务派遣102人),另有乡村盐民150人(启东市原三甲乡边防村利用雨后盐场凹地积水灌场晒泥淋卤,年产中籽盐300吨)。"十一五"期间,南通盐业争先进位,资产规模、经济体量、经营效益在江苏盐业单体第一、总体第二,进入"三南"(苏南、南通、南京)第一方阵;淘汰4所盐场,并购4县盐业支公司,统一市域盐市场,接受省公司资产重组,为江苏盐业一体化做出重要贡献。被省公司授予"十一五期双文明单位",董事长陈瑞林被评为"十一五期管理创新先进个人"。2010年受盐业体制改革影响,以10月为界,前期紧张备战,后期相对稳定。上半年推进客户经理制、二三季度拓销多品种盐、四季度突销非盐集采商品、年末上市绿标盐并平息市场抢购风。全年经济运行质态好,年盐品总销量与利润总额保持江苏盐行业第二。全公司实现销售收入2.7亿元,比上年增长3.05%;实现利润2308.07万元,比上年减少5.27%。上缴国家和地方财政税收2230万元。国有盐业公司总资产2.28亿元,净资产1.29亿元,国有资本保值增值率115.25%。

【食盐专营】 年批发销售食盐10.67万吨,完成计划指标139.5%。其中,各类小包装食盐3.84万吨,完成计划指标110%。南通配送中心正常三班制生产,加强生产过程质量监督、安全管理,年产320克小包装盐3.47万吨,比上年净增1104吨。贯彻卫生部、发改委等13部委《实现2010年消除碘缺乏病目标行动方案》,年中与年末两次组织全市盐政执法人员抽检居民灶台、饮食行业、碘盐零售店和城镇农贸市场,碘盐合格率99.23%,碘盐覆盖率99.37%,居民户合格碘盐食用率98.6%,城乡居民碘营养处于适宜水平。

【市场营销】 全年购进各类盐品16.72万吨,批发销售各类盐品17.27万吨,购销总量均比上年略有增长。销售分类:食盐10.67万吨(含农牧渔盐17544吨),比上年净增1.05万吨;小工业盐6.6万吨,比上年减少0.88万吨。年末库存28966吨。全市食盐批零行业积极开展放心消费创建活动,确保食盐质量,提高服务水平。(一)强力推销品种盐。把促销多品种营养盐作为完成年度经济指标主要支点。组织有28名选手参加的模拟推销比赛。三季度,提出销售倍增指标,鼓励全行业冲刺。排名前三位的江州、江口、城区公司分别完成指标434%、428%、225%,获奖5万、3万、1万元。(二)工业盐稳价保市。全市已有数人在工商部门注册经销小工业盐,市场呈半放开态势。县公司副职领导兼任小工业盐客户经理,重点做好市场维护,努力掌握市场主导权。对大中型用户进行盐法宣讲,对违规用盐户给予必要处罚。(三)猛攻非盐集采。苏盐连锁公司集中采购、分派市县公司分销的非盐商品,是2010年最具挑战性的任务。南通盐业公司出台非盐经营考核奖罚暂行办法,业绩好有奖,完不成有罚。各客户经理发掘人脉资源,拓展团购,完成任务进度列全省前茅。实销活力28洗衣粉119.11万元,菱花味精863.45万元,酒类24.3万元,广味源酱料235.27万元。(四)盐化产品扩量增销。因竞争激烈,下属宏强盐化公司市场份额有所萎缩。年内实行全面改革,由南通盐业公司副总经理兼任宏强公司总经理;按事业部模式重构市县两级公司营销体系,所有盐化产品均由宏强扎口采购,各县公司分销。全年吞吐量13.47万吨,实现销售收入1亿元,比上年增加2852万元;净利润201万元,比上年增加47万元。全年非盐销售收入1亿元,比上年增长4.17%,占经济总量比重37.04%。

表3-12 2010年盐厅批发销售情况

单位:吨

盐业公司	年累计销量	与上年比较(±%)	小工业盐	食盐	
				小包装	其他食盐
城区	36653	-22.9	23169	7021	6464
如皋	42206	+12.1	12259	6108	24002
海安	20484	+5.32	8090	4536	7858
江东	22416	+0.85	6253	5297	10866
江州	9871	+4.04	2294	5443	2162
江晟	16705	-1.14	9861	5344	1500
江口	24333	+37.15	4077	4692	15564
全市合计	172668	+0.98	66003	38441	68416

【盐政宣传】 做好食盐加碘政策宣传,根据卫生部评估报告和市卫生局专家研究成果,澄清对沿海居民食用碘盐必要性的误解。增加非碘盐供应点,方便不宜食用碘盐人群凭医生证明购食非碘盐。"5·15"第十七届防治碘缺乏病日期间,以"科学补碘,持续消除碘缺乏病"为主题,联合市疾控中心、启东盐务局及相关部门,在吕四港镇设点宣传。年利用各种场合发放宣传材料23.98万份。

【盐政管理】 由于盐政管理基础较好,年内尽管巡查、办案力度有所削弱,南通地区食盐市场依然保持基本稳定,盐价执行基本到位。继续坚持食盐专营的有关政策法规。印发《规范营销行为杜绝相互串销的通知》,重申内部有边界,禁止相互倒价侵销。按省局部署,元旦春节期间、"五一"期间、中秋国庆期间开展食盐市场整治集中行动,并开展对出口食品加工企业用盐监管和上海世博会期间食盐安全两次专项行动。全年检查用盐企业2551个次、农贸市场1495个次、零售商店26589个次、食品加工企业或作坊2933个次、饭店食堂3795个次,访问居民灶台93341户次;查结盐业违法案件42起,较上年减少78%;查获非法盐产品14.51吨,较上年减少90%;没收盐产品4.63吨,较上年减少85%;罚款12741元,较上年减少84%。

【管理创新】 年初,盛传国家盐业"三放开"(政企分开,小工业盐放开,食盐专营放开)方案将于下半年公布,南通盐业直面形势,迎接考验,确定"立足农村、守住食盐、做大宏强、盘活资产"的基本思路。参与国家盐业政策大讨论,张荣生《食盐紧系民生,放宜谨慎渐进》、许卫华《纠正偏误,慎推盐改》挂载中盐协会网站。

机构重组。1月,改组南通公司机关内设机构,撤销原有各处室,成立综合管理部、营销部、资产运营部、结算中心,公司副职兼部长;所属子公司撤销科室,实行无中层扁平化管理。5月,在海门召开强推客户经理制度现场会,6

月底全市客户经理到岗履职,原盐政人员多数改充客户经理,实行"一岗双职"。江州、江晟公司首创客户经理直接掌控市场终端。针对宏强、江州公司经理助理出缺,实行全公司公推竞聘,选优配强。

分配改革。借鉴重庆盐业模式,实行绩效排名,建立绩效导向薪酬激励机制,拉开基层经营者分配档次。子公司工资总额大包干,发挥一级法人责任主体作用,在公司指导下拥有分配权。基层单位经营者绩效薪酬分配以完成指标数据说话,奖罚分明,不搞平均主义。引导优秀人才上一线,分配向一线和客户经理倾斜,上不封顶,允许业绩优异客户经理薪酬超过子公司经营者,本年江州公司金沙、平潮客户经理年收入达15万~20万元。

营销改革。全面调理上端、中端、末端营销网络,着眼市场竞争,再造商品流程。探索批零结合新业态,继上年江州公司在石港镇建立江苏盐业首家自营店后,本年所属各子公司新建8家自营店,另有加盟店13家。盘活存量资产,开展资产经营。出租南通市南大街闹市旺铺"金树银花"第12层写字楼,斥资1842万元购置跃龙南路闹市旺铺门面房663平方米,以备转型发展。

增收节支。新建保卫科,用公司员工替代原保安公司人员,年省费10万元;取消原机关事业人员平均享受差旅费,执行省公司办法按实报支;出台《规范各类社会捐赠通知》,从严控制捐赠,尽可能以非盐商品替代现金支出。全年帮扶支出13.88万元,捐献14.92万元。

【盐文化】 历经21年不懈努力,总约240万字的《南通盐业志》和《中国历代盐文学作品选注》编纂竣工。《南通盐业志》开篇有《概述》、《大事记》,正文共28章118节,有508个人物小传,数表118表、名录88表,精选彩图180帧、黑白图296帧、地图143幅,内容的丰富在全国地区盐业志中首屈一指。《中国历代盐文学作品选注》收录上至帝王、下至灶户的作者684名,作品1447篇,分为15卷。有诗歌、词、曲、赋、散文、史记、笔记、奏议、诏令等多种体裁,是贯穿古今的盐文学精品选本。

(张荣生)

·盐业企业选介·

江苏省盐业集团南通有限公司江口公司

【概况】 启东吕四一带产盐始于宋代。新中国成立后有启东、黄海两大盐场。2005年初启东盐场报废,启东盐业支公司改制成立同仁泰盐业有限公司,后转为江苏省盐业集团南通有限公司独资的江口公司。企业性质国有独资,注册资本300万元,独立法人。2010年撤销原有科室,实行无中层扁平化管理。2010年员工26人,其中管理、技术人员8人。盐斤供应区域为启东市,供应区人口111.58万人。历年盐斤销量中,除食盐、工业盐外,海蜇腌制用盐占很大比例,2010年所属6个"苏盐连锁"店销售各类盐品2.43万吨,其中食盐1.91万吨,小工业盐4077吨;销售收入3004万元,利润81万元。非盐经营收入448万元。

(张荣生 张立新)

石油供应

【概况】 2010年,中国石油化工股份有限公司江苏南通石油分公司(简称"南通石油分公司")积极应对成品油市场激烈竞争,抓好柴油资源保供,圆满完成年度各项目标任务。全年实现销售量76.01万吨,其中零售量55.82万吨,直分销量17.95万吨,润滑油1.12万吨,实现销售额50.73亿元,非油品收入3447万元,上缴税费4546.28万元。全年实现安全生产无事故,被南通市政府评为"南通市2010年度安全生产目标管理先进集体"。

【市场保供】 9月下旬开始,国内成品油特别是柴油资源持续紧张,南通石油分公司积极与地方有关部门及上级公司协调、沟通,做好每日销售和发货计划的对接,加强资源调运,确保市场供应。保供期间,加油站没有出现严重的长时间排队现象,未造成不良社会影响。

南通石油分公司开展有奖加油活动

【主题营销】 在江苏石油分公司的统一部署下,年内南通石油分公司先后开展"持卡加好油,中奖中石化"充值刮奖、"加中石化柴油,送易捷商品"、"节日加油抽奖"等一系列主题营销活动。"三秋"、"三夏"期间,与农机主管部门合作,向农机手推出"农机双优卡",深入乡间田头现场办卡充值,确保农业用油供应。通过一系列活动,有效提高了中石化的品牌形象。

【安全管理】 2010年,南通石油分公司将日常企业经营管理的各项风险因素均纳入“大安全”工作范畴,初步构筑全方位的安全管理责任体系。组织开展“我要安全,我们在行动,大家都安全”的全员安全主题活动,继续深化未遂事故管理,强化全员安全意识,全面落实《非工作时间员工安全行为规范》,将安全要求延伸到8小时以外。加强油库封闭管理和油站现场管理,完善考核运行机制,进一步强化质量管理,践行“每一滴油都是承诺”。将承包商和承运商的管理纳入日常管理,开展“平安工地”创建活动,促进其提高安全生产水平。

(张红玉)

房地产业

【概况】 2010年,南通市贯彻落实国家和省关于进一步促进房地产市场平稳健康发展的决策部署,以“增加普通商品房有效供给、加大保障性住房建设、加强住房消费引导和严格房地产市场秩序监管”的组合加强对房地产市场的监管、引导。全市完成房地产开发投资额272.78亿元,比上年增长35.85%;商品房新开工面积935.98万平方米,比上年增长46.41%。其中,市区完成房地产开发投资额169.25亿元,比上年增长47.83%;商品房新开工面积491.84万平方米,比上年增长47.49%;普通商品住房批准预售218.45万平方米,比上年增长107.53%,住房有效供应明显加大。“十一五”规划期间,市区房地产开发投资累计完成461.68亿元,年均增长26.45%。商品房销售面积达1318.15万平方米,年均增长25.63%,其中商品住房销售面积831.08万平方米,年均销售207.77万平方米。

【落实国家房地产调控政策】 12月10日,市政府办公室转发市住房保障和房产管理局等部门提出的《关于进一步促进市区房地产市场平稳健康发展加快推进保障性住房建设的意见》,从增加土地有效供给、确保满足市场需求,加快保障性安居工程和普通商品住房建设,严格执行差别化住房信贷政策、调整房地产交易环节契税、个人所得税有关优惠政策,加强房地产市场监管等方面促进市区房地产市场平稳健康发展。全年推出一系列房地产调控政策。(一)推动已出让地块加快开发。建立健全出让土地开发跟踪督查制度。建立市区住房与房地产工作领导小组,定期分析房地产市场发展情况,协调解决存在问题。健全部门联动工作制度,推动已出让地块加速开发。对市区已出让地块,区分不同情况,认真查明原因、明确责任,由相关部门严格按土地出让合同约定督促房地产开发企业按期开、竣工,确保市场的有效供应。(二)新建普通商品住房实行销售价格备案制。房地产开发企业凭价格备案手续领取预售许可证进行销售。申请备案普通商品住房销售价格为本期销售的最高价。房地产开发企业须在销售场所的醒目位置,标明经物价部门备案的价格。全面实行商品房销售“一价清”制度。明码标价以外,不得收取任何费用。对预售的各类商品住房,合同未签订以前不得收取任何形式的定金、预交款等。建立企业诚信档案,凡诚信申报价格的房地产开发经营单位,经严格考评和社会公示,授予“价格诚信企业”称号。对申报不实的企业,将记入诚信档案。(三)完善商品住房预售制度。在预售许可审核环节,严格控制房地产开发企业一次性申请预售许可的规模,对普通商品住房3万平方米以下的项目,实行一次性申请预售许可。凡实行“一房一价”的楼盘核查其详细的套型价格表。严格执行商品住房购房实名制,要求购房人认购后不得擅自更改购房者姓名,拆迁安置房经公证后申请更名变更,普通商品房的更名一般只限于家庭直系亲属。严格合同撤销审批程序,经批准撤销的房源实行网上公示10天后,对外公开销售。(四)抑制商品房买卖投机行为。9月,出台《关于规范商品房买卖合同变更与解除行为的通知》,规范房地产交易秩序,严格控制商品房买卖合同的变更,严格商品房合同撤销限制,严格规范退房房源处理程序,房地产投机行为得到有效遏制。(五)房地产中介机构管理。房地产估价评估机构续期与初始注册初审20个,注册房地产评估师续期与变更80多人;400多家房地产经纪机构申请备案。4家房地产评估机构被省建设厅和省房地产估价协会评为先进单位。举办2期经纪人培训班,有200多人获得经纪人资格证书。

【第四十九届、第五十届房交会】 5月28~30日,有32家房地产开发企业参加第四十九届房交会,参展楼盘39个。参展楼盘中,可售面积73.28万平方米,其中住宅50.90万平方米,商办类22.38万平方米;展示面积313.47万平方米,其中住宅276.40万平方米,商办类37.07万平方米。观展人数约3万人,总共成交28套,面积2600平方米;达成购房意向的333套,约2.72万平方米。11月19~21日,第五十届房交会有32家开发商参展,参展楼盘35个,参展住宅面积316.5万平方米,非住宅面积61.75万平方米,其中可售面积49.81万平方米。此次房交会接待2万人次,成交86套,面积1.11万平方米。其中商品房成交60套,成交面积7912平方米;二手房成交26套,成交面积3210平方米。两届房交会上反映出住房需求仍然较高,主要是以刚性需求和改善性需求为主。

表 3－10 2010 年南通市房地产开发投资完成情况

单位:亿元、万平方米

指　　标	全市		市区	
	本期实绩	与上年同期相比(±)	本期实绩	与上年同期相比(±)
开发投资额	272.78	35.85%	169.25	47.83%
其中住宅	204.48	39.47%	116.56	54.31%
施工面积	2434.03	21.19%	1187.95	18.59%
其中住宅	1915.08	23.44%	917.43	20.89%
其中新开工面积	935.98	46.41%	491.84	47.49%
其中住宅	750.16	45.61%	391.71	59.24%
竣工面积	667.42	21.42%	362.26	30.46%
其中住宅	520.95	18.47%	277.92	25.75%

【房屋拆迁】 2010 年,市区城市房屋拆迁建筑面积 227.72 万平方米,动迁 1.15 万户。全市拆迁规范化管理工作连续被省住建厅表彰为先进。建立城市房屋拆迁项目社会稳定风险评估机制。制定《关于市区城市房屋拆迁项目社会稳定风险评估的实施意见》,下半年对市区许可的 7 个拆迁项目全面实行社会稳定风险评估,有效规范拆迁行为、维护被拆迁群众的合法权益和社会稳定,在省政府法制工作会议上表彰为创新奖。开展“平安拆迁”创建工作。上半年对市区 35 家房屋拆迁实施单位、15 家评估机构开展“平安拆迁”创建工作进行检查考核。促进“平安拆迁”和行业规范化管理。在拆迁矛盾较多、阻力较大的背景下,通过强化行业管理,确保面上拆迁平稳推进。

【拆迁安置房建设】 市政府出台《关于进一步加强拆迁安置房规范化管理的通知》,从市场准入、方案竞选、销售管理、质量监督等 8 个方面加强对拆迁安置房的规范化管理,整合市、区两级力量,形成联合推进格局。改进和规范拆迁安置房建设行政审批综合预审操作程序,将原来土地成交后施工许可至少要 6 个月缩短至 45 天。开展拆迁安置房开发建设单位信用等级评定,对有不良信用记录的开发单位,禁止参加拆迁安置房土地竞买,净化市场环境。落实拆迁安置房纪检监察巡查制度和考核制度,督查进度、查找问题、破解难题,努力将矛盾解决在现场、解决在第一时间。开展拆迁安置房预选地块综合论证,全年完成 41 幅拆迁安置房建设用地建设条件论证,占地面积共计 548.04 万平方米。可建建筑面积不少于 900 多万平方米。2010 年,市区拆迁安置房新开工 265.88 万平方米,竣工交付 269.84 万平方米,安置拆迁户 1.35 万户。“十一五”期间,拆迁安置房新开工 722.06 万平方米,竣工交付 557.61 万平方米,安置 3.77 万户拆迁家庭,累计安置 4.3 万户。

【物业管理】 深化“条块结合”的物业管理体制。建立公开透明的网络信用体系和“市、区、街道、社区”四级物业管理投诉处理网络,逐步健全拆迁安置房物业管理保障机制,营造物业管理良好的发展氛围。加强维修资金的使用监管,确保资金使用用途、程序规范合法。市区物业管理区域达到 482 个,面积 3276 万平方米,覆盖面 85%。相比“十五”期末,物管区域增加 115 个,从业人员从 9800 多人增加到 1.5 万多人。

开展全行业创品牌活动。实施“满意家园”工程,通过“星级企业”、“优秀项目”、“服务标兵”的评定、评比,促进行业提高服务水平。2010 年全市获得各级创优项目 30 个,其中,获全国物业管理示范项目 1 个,获省物业管理优秀项目 4 个,获得市物业管理优秀项目称号 25 个。

老小区综合整治。市政府发布《关于加强市区老住宅小区综合整治工作的意见》,要求力争用 3 年左右的时间,对 1995 年以前交付使用的,基础配套设施不全、环境质量较差的老旧住宅小区进行综合整治,确保整治后的住宅小区环境整洁、功能完备、设施齐全、管理规范、治安良好。市区继续推进 7 个、新启动 32 个老小区综合整治。老小区安全防范设施改造继续推进,崇川区和港闸区共改造老小区 16 个,全部实行外部设施的封闭或半封闭管理,涉及楼房 278 幢,投入经费近 1000 万元,安装技防探头 702 只、防盗门 1112 扇、防爬刺 1.54 万只。

【房屋安全管理】 深化房屋维修、白蚁防治、安全鉴定承诺服务与强化房屋装修行为监察管理两手抓。全年完成直管公房大小维修 1000 多个,实施房改房公共部位维修工程

700多个;完成房屋安全鉴定项目390个、面积60.07万平方米;签订白蚁预防合同面积832万平方米,白蚁灭治328户,工程合格率100%。开展白蚁防治IPM(有害生物综合防治)示范项目,相关工作走在全省前列。加大对房屋安全法律法规的宣传和对违法装修行为的行政执法力度,全年妥善处理装饰装修投诉案件300多件。“十一五”期间,集中开展房屋安全普查面积11万平方米,实施直管公房维修13.83万平方米,投入资金1075万元;房改房房屋维修9.85万平方米。新建房屋白蚁预防面积2225万平方米。房屋安全鉴定面积215万平方米。

(谢启鸿)

旅 游 业

【概况】 2010年是“世博旅游年”。上海世博会的举办,给南通旅游业的发展带来重大机遇。年初以来,全市旅游行业主动对接世博,全力服务世博,做足分享世博旅游大文章,取得较好成效。全市接待海内外旅游者1802.03万人次,实现旅游收入230.17亿元,分别比上年增长20.9%、27.9%。市旅游局被省委、省政府授予“江苏省参与2010上海世博会先进集体”称号。

【规划建设】 认真开展旅游规划工作,进一步明确产业发展方向。委托上海师范大学编制《南通市旅游业发展“十二五”规划》,年内通过规划评审。根据5A创建的具体要求,濠河风景区管委会编制《濠河风景区总体发展规划》,市旅游局提供基础数据材料,帮助联系规划设计单位。参与其它相关规划的编制,加强旅游规划与各类相关规划的衔接。

大力推进旅游目的地建设,进一步壮大产业发展规模。建立完善项目考评机制、项目跟踪落实机制、项目策划储备机制,充分调动各县(市、区)发展旅游的积极性。全市旅游在建项目125个,预计总投资322亿元。旅游项目呈现投资规模大、内容较为丰富、与环境生态结合良好的特点。市区狼山、濠河以5A创建为抓手,景区提升改造步伐加快。濠河加强与周围景点的整合,推出濠河一日游精品线路;狼山景区内“近代第一城”影视基地项目稳步推进。水绘园4A创建通过最终验收,全市4A级景区增至5家。世外桃园休闲农庄和惠凯生态园、盈康山庄分别被省旅游局分别评定为四星级、三星级乡村旅游点。圆陀角风景区积极创建省级自驾游基地。围绕世博主题精心策划、包装旅游线路,5条线路入选世博体验之旅精品线路。

【宣传促销】 与中央电视台、上海电视台、东方电视台及专业旅游报刊、网络媒体、户外媒体开展合作,大力宣传南通旅游。制作南通旅游中英文宣传折页、画册、南通旅游交通地图,及时更新旅游宣传资料。以“世博在上海,休闲到南通”和“上海世博,南通美食”为主题,对上海客源市场进行全方位、高密度、多轮次的宣传。在上海世博局新闻中心召开南通旅游迎世博新闻发布会,推介南通旅游资源,预热南通世博游;在上海32条公交线路54辆公交车投放车身广告;在上海通往南通的高速沿线多处投放高炮广告。加强网络宣传。对南通旅游网进行改版,增设世博旅游一键通板块,制作英文页面;在人民网、新浪网举行旅游专题节目访谈,制作南通旅游宣传专题网页;先后邀请新浪旅游名博主“风同学”、“七色地图”、“summer”等来通采风,写下《南通 水墨之淡,重彩之浓》等10篇博文,在新浪博客上发表,点击率超过65万次;利用百度、谷歌、搜狗、搜搜等目前最热门的搜索引擎,推广南通旅游,世博会期间南通旅游展现量达到两亿多次,网站点击量达到50万次。

多次在上海组织召开南通旅游推介会,与上海旅游界直接对接。在苏中苏北率先与上海集散中心达成散客对开班车业务。为强化世博效应,研究出台大型团队到南通旅游奖励办法,开展以“看世博、游南通”为主题的专题促销活动,组织相关旅游企业组成7支旅游促销小分队,先后赴苏北和河南、河北、山西、安徽、山东、重庆等省市的30多个城市进行宣传促销。组织旅游企业参加国家旅游局和省旅游局在苏州举办的国际旅游买家团现场交流洽谈会。加强区域合作,开展联合促销。联合盐城、连云港重点打造江苏旅游新干线,组织旅游大篷车赴山东、天津、北京等地进行宣传推介。与上海、杭州等地优化赏桂之旅旅游线路,赴桂林开展促销活动。世博后期,南通市组织旅游企业赴上海举办“世博之后哪里去,鲜美南通等你来”的南通旅游美食主题推介会,抢抓后世博旅游市场。

【旅游节庆】 先后成功举办第七届南通旅游风情展、第三届南通江海美食节暨首届中国海安河豚节、南通国际江海旅游节、“通农三宝”乡村旅游美食节等节庆活动。各县(市、区)主题活动丰富多彩,如皋的长江骑马节、如东的南黄海风情游、通州的风筝节、启东的海鲜乡土美食烹饪大赛等有效提高南通旅游的影响力和吸引力。宣传南通旅游美食良好形象,打造餐饮美食品牌。举办美食节、江海美食论坛、厨师长论坛、菜肴创新专家专题培训、酒店美食展示、乡村旅游美食大赛、“通食天下”美食美文有奖征集等活动。市政府、省旅游局和中国旅游协会联合主办第三届南通美食节暨首届中国海安河豚节,以壮观的万人河豚宴进一步提升江海旅游美食的对外影响力。

【旅游商品开发】 充分挖掘南通地方特色商品资源,加快旅游商品开发步伐。组织市旅游商品企业参加各类旅游商品展销活动,板鹞风筝、工艺丝毯、仿大明宣德炉、红木雕刻等产品脱颖而出。在国家旅游局主办的2010中国旅游商品大赛上,南通选送的红木雕刻系列作品喜获金奖(江苏省唯一)。积极推动旅游商品的产销合作,与南通奥特莱斯合作开发南通大型旅游商品超市,与南通"淘宝城"合作成立专门的旅游商品淘宝店。

【行业管理】 以迎世博活动为契机,在全行业开展以"规范服务、优质服务、诚信服务、满意服务"为主要内容的旅游服务质量提升活动,塑造一流的旅游窗口服务形象。加强星级饭店的复核,按时完成旅行社年检和导游年审工作,继续开展2010年度市区十佳旅行社、十佳旅游饭店和十佳导游员评选活动。旅行社责任险统保工作走在全国前列,在国家旅游局召开的全国旅行社责任统保工作座谈会上作交流发言,全省旅行社责任险统保推进会在南通召开,推广南通做法和经验。2010年,全市新评旅游星级饭店33家,其中四星级2家、三星级6家、二星级25家,全市星级饭店总数达到97家。新审批旅行社6家,全市旅行社总数达到102家,其中国际组团社3家;另有旅行社分社7家、服务网点64家。全市现有持证导游1668人,年内参加导游资格考试报名人数达986人,旅游从业人员队伍逐步扩大。3月份起,启动"迎世博服务质量大提升"百企千人专题培训活动,培训对象包括景区景点、宾馆饭店、旅行社、旅游交通、旅游购物等与旅游相关的机关、企事业单位的管理人员、服务人员。组织举办全市导游大赛,并组织参加全省导游服务技能大赛。

【市场监管】 组织开展旅游市场检查周、节假日旅游市场综合整治等活动,督查旅游企业日常经营管理,不断促进旅游经营行为规范化。开展"质量旅游、伴你远行"旅游宣传活动,印发《文明旅游理性消费》质量旅游出行提示、旅游服务警示、投诉指南等宣传册4万册。开展"质量旅游进小区、优质服务到万家"活动,培养市民休闲旅游的观念。实行"首接负责制",及时受理旅游投诉,力求游客、旅行社"双满意"。在全省旅游行业率先推出有效投诉先行赔付制,打造旅游无忧的城市旅游品牌。

(黄爱军)

表3-11　　2010年南通市区星级饭店一览(三星级以上)

序号	饭店名称	星级	评定时间	管理模式	地址
1	南通新有斐大酒店有限公司	★★★★★	2005	集团管理	市濠南路8号
2	南通大饭店有限公司	★★★★	1996.8	集团管理	市青年东路81号
3	南通市文峰饭店有限公司	★★★★	2001.11	集团管理	市青年东路1号
4	南通三德大酒店有限公司	★★★★	2002.10	私营	市段家坝路1号
5	南通四季花园酒店	★★★★	2008.02	私营	南通市濠西路1号
6	南通华通大酒店有限公司	★★★★	2009.4	集团管理	市青年中路88号
7	南通金陵华侨饭店有限公司	★★★★	2009.12	私营	市濠西路39号
8	南通市金桥大酒店有限公司	★★★	2001.11	国有	市青年西路71号
9	通州亚细亚大酒店有限公司	★★★	2000.12	私营	通州银河路66号
10	南通市久发添宝宾馆	★★★	2003	私营	南通市外环北路298号
11	南通市崇川区星海天大酒店	★★★	2005.10	私营	南通市工农路217号
12	南通汉庭中城大酒店	★★★	2005	连锁酒店管理	南通市人民中路20号南通大厦C座
13	通州市联邦大酒店	★★★	2006.03	私营	通州市川港志浩市场

（续表）

序号	饭店名称	星级	评定时间	管理模式	地址
14	南通开发区国都大酒店	★★★	2006	私营	开发区上海路 18 号
15	百乐门大酒店	★★★	2008.12	私营	南通市跃龙路 48 号
16	南通领悟一生商务酒店	★★★	2008.12	私营	南通市工农路 531 号
17	南通佳利秀水商务酒店	★★★	2009.4	私营	南通市姚港路附一号
18	南通市崇川区锦江花园酒店	★★★	2009.9	私营	南通市人民东路 220 号
19	通州新君逸酒店有限公司	★★★	2009.11	私营	通州区新金西路 80 号
20	南通北辰大酒店	★★★	2010.5	私营	港闸区兴泰路 11 号
21	南通海缘商务宾馆	★★★	2010.9	私营	青年西路 5 号
22	南通万濠大酒店	★★★	2010.11	私营	城山路 129 号

·旅游景区选介·

狼山风景名胜区

【概况】 2010，狼山风景名胜区坚持“生态、文化、休闲”的发展定位，以“项目突破年”为契机，加快“五园”（休闲博览园、园艺博览园、佛教博览园、民俗博览园、生态养生园）建设，推进“5A”景区创建，外塑形象、内强素质，四个文明建设全面提高，狼山风景名胜区管委会获市政府 2010 年度南通市区景区经营管理目标考核一等奖。全年共接待游客 183 万人次，比上年增长 22%；实现经营收入 3936 万元，创历史新高。

【景区规划】 狼山风景区控制性规划通过审核。2010 年，狼山风景名胜区管委会委托南通市规划设计院编制的《狼山风景区控制性规划》通过市规划委员会审核。控规依据南通城市发展的新格局，对狼山风景区重新定位，明确功能分区，优化景点及配套设施、基础设施布局，控制建设容量。

征集佛教文化园概念性规划。景区广泛接触专家学者，听取社会各界特别是佛教人士对狼山佛教文化园的规划建议，联系国内一流规划设计单位，公开征集到 4 个比较成熟的概念性方案。

【项目建设】 2010 年，狼山风景区固定资产计划投资 6 亿元，实际投资 7.36 亿元，比上年增长 107.07%。（一）民博园建设初具雏形。东区一期总面积达 38.5 万平方米的南通老城 35 幢古建筑完工，新港老镇一组团封顶。南通老城建筑古朴精美、中西风格完美融合，实现“还原近代南通历史风貌”的规划设计目标。西区投资 3000 万元，建设改造道路 4200 米、河道 2800 米，完成供电杆线调整、路灯安装，理顺房屋产权。（二）廉政景观博览园建成开放。景区配合市、区纪委，总投资 400 多万元，扩建滨江公园廉洁文化广场，面积达 10 万平方米，成为全省最大的廉洁主题广场，拓展廉政文化旅游专线。该项目被评为 2010 年南通反腐倡廉“十件大事”之一。（三）啬园北扩二期项目启动。项目总投资 1000 万元，建设内容包括主入口游客服务中心、售检票房、停车场、园路绿化、水系疏浚、历史民居迁建等。经过公开招投标，游客服务中心等设施陆续开工建设。（四）佛教文化园拆迁工作顺利推进。水上乐园、狼山植物园等拆迁完毕，民居拆迁接近尾声。南通预备役团、阀门厂等涉军地块正在落实迁移安置工作。（五）滨江公园亲水平台维修。由于地质原因，滨江公园亲水平台石驳出现开裂，在市水利部门的指导下，景区于 2010 年 11 月组织施工单位进场施工，工期 5 个月。此外，加强项目招商，休闲天地二期项目与亚萍国际成功签约，民博园西区佛教文化园等抓紧进行项目接洽。

【旅游营销】 2010 年，狼山风景名胜区管委会参加旅交会 30 多场次，赴苏南等地宣传景区优惠政策，与数百家旅行社达成合作协议；与周庄、恐龙园、同里等著名景区实现网站链接；全年共在报刊、电台、电视台发表图文近 200 篇（次）。狼山、园博园、啬园 3 个景区分别围绕佛文化、浪漫休闲、生态等主题策划一系列节庆活动。狼山景区组织春节特供菩萨汤圆、中秋赠送净素月饼、大圣菩萨诞辰祈福等活动；园博园组织南通菊花节、“浪漫博缘”相亲活动；啬园组织“百花节”、“百果节”、“欢乐农家”体验活动等，达到旺季有高潮、淡季有精彩的营销目标。加强旅游产品开发。狼山景区开发折扇、纸杯、祈福月饼、菩萨诞辰卡,印制世博纪念明信片门票等;园博园开发菊花枕、菊花糕,率先打造南通首家规范化自驾游基地;啬园全年花卉苗木收入达91万元。景区组织导游、讲解员参加全市导游风采大赛和导游考试,开展导游员星级评定暨技能大赛,邀请专家进行舞蹈形体、职业淡妆、语言表达等培训,有效提高一线人员的服务技能和水平。

【创建国家5A级风景区】 成立区级创建5A旅游景区工作领导小组,组建5人工作小组。对照创建标准,整理工作台账,初步形成申报材料。开展设施改造和环境整治。狼山水系全面贯通,彻底改善狼山水质;投资200万元,改造狼山西大门,扩建西大门游客服务中心;投入150多万元对狼山景区实现监控全覆盖;实施名山名树工程,丰富景区植被,提高观赏效果。

【狼山景区】 全年狼山景区举办一系列节庆活动,吸引人气。春节期间举办"欢欢喜喜游狼山 团团圆圆过新年"狼山广教寺特供菩萨汤圆、送"福"迎新、新年画展等活动;"五一"期间举办"体验世博之旅 共赴心灵之约"建康养生活动;端午节期间策划"品味棕香 吉祥平安"主题活动,传播端午文化,向购票游客免费赠送祈福香囊;6月19日观音菩萨诞辰举办"放莲灯"活动;中秋节期间与广教寺联合举办赠送净素月饼活动;国庆节期间举办旅游商品展销、紫琅画院现场作画免费赠画等活动。精心策划迎世博活动,举办"灵验狼山 祈福平安"大圣菩萨诞辰祈福活动暨"中国世博旅游主题年"狼山启动仪式,南通大学杏林学院志愿者为世博游客提供中英法日韩五国语言讲解服务。

【南通市园艺博览园(滨江公园)】 策划主题活动,带动旅游产业。春节期间,举办专场魔术、杂技综艺演出;3月,举办第二届"植树造林,美化家园"植树认养活动;4月,举办"斗鸡、驯狗"表演;5月,举办"宠物嘉年华";暑期,举办夏令营总动员;国庆期间,举办菊花展配套文艺演出、"浪漫博缘"相亲活动;圣诞期间举办乡里相亲大联欢活动。成功承办市港洽会演出、菊花展等重大活动,策划安利公司、醋酸纤维等企事业单位企业文化日活动。全年共接待团队游客6.3万人次,比上年增长13%;接待69所学校,共3.8万人次,比上年增长17%;销售年卡1.12万张,是上年的3倍。

挖掘潜在优势,加强项目开发。全年参加各种旅交会30多场次,与100多家旅行社签订合作协议。加强与教育系统的合作,筹建崇川青少年素质教育基地,为广大学生提供劳动技术教育和综合实践活动的场所。进一步完善园区基础设施,投资18万元对茶语精舍进行改造装潢,提高对外会务服务能力;投资48万元建设刘瑞龙雕塑,打造青少年爱国主义教育基地。加强项目招商,园区内梅林春晓、渔村唱晚、西山村庐、会务中心、婚纱摄影中心等9处主体建筑已基本落实经营商户,滨江公园休闲新天地房屋也相继出租。积极打造南通首家规范化自驾游基地。通过对滨江公园北停车场及园博园无锡园区部分改造,分设自驾车露营区、木屋区、帐篷露营区,形成1万平方米用地,可供150辆自驾车、400人左右露营、休闲的需要。以承办2010南通大型菊花展为契机,推出菊花枕、菊花茶、菊花茶等旅游产品。

【南通啬园】 南通啬园充分发挥生态资源和张謇人文景观的优势,加强景区建设,实现了旅游发展与生态、文物保护的有机统一。2010年,啬园对园区局部景观进行调整改造,共调整景观10余处,其中入口主干道形成花溪叠水景观,游客反映良好。作为崇川区环境教育基地,充分发挥基地作用,与多个中小学校建立了稳定的合作关系,组织学生春秋游。作为南通大学的教育、实践基地和张謇文化研究基地,全年有4万多名通大师生入园。

做优生态休闲项目,春季"花鸟大观园"、夏季"荷花节"、秋季"欢乐农家"成为南通旅游市场上的特色品牌。通过多种途径销售年卡,2010年啬园共销售年卡2390张,增收16.7万元。

2010年啬园游客量首次突破10万人次,门票、园内经营休闲收入达160多万元。

(王　晨)

濠河风景名胜区

【概况】 2010年,市濠河风景名胜区管理处以创建国家AAAAA级旅游区为龙头,加强景区软硬件建设,顺利完成各项建设计划。全年接待游客792万人次,创历史新高。

【景区建设】 3批5A创建硬件建设项目基本完成。景区配套设施完善项目有游客中心改造、景区内公共标识系统改造、主次入口及怡园星级厕所建设、濠河周边厕所设施完善、坐凳及果壳箱更新、景区公用电话亭设置等;新景点拓展项目有古琴陈列中心改造;景区景观提升项目有主次入口改造、怡园景观完善、桥梁艺术化包装、主入口雕塑和陈实功浮雕墙设置、水生植物种植、景点建筑修缮刷新、濠河水景喷泉系统升级改造等;景区交通环境改善项目有人民公园桥改造、西被闸桥改造、南濠河陆路环通、停车场生态化改造等。

加强濠河设施的维修监管。全年实施抢修1次(文峰公园售票房玻璃屋顶维修等),大中修完成的工程量主要有濠河引水泵站3台轴流泵大修、沿河栏杆石柱整修加固(379根)、新乐桥套闸等6座涵闸维保等,工程造价约240万元。

【景区管理】 2010年,市濠河处注重濠河水质保护和水环境监控,按照水利部门的要求执行生态补水方案,督促引水泵站24小时运转,改善濠河的水质。加强景区管护,做到每周一暗查,每月一明查,每月定期点评会,及时分析问题,解决问题。加强对绿化养护方面的考评,加强养护工作的现场指导与监督,景区绿化管理水平明显提高。严把项目建设审核关,落实跟踪监管,审核城建工程项目14项,开挖、占用绿地(水面)的申请8项;打击景区毁绿、擅自开挖等不法行为,及时做好现场取证,联合城建监察支队等部门处置毁绿事件6起。杜绝在景区内举办各类商业活动,对公益性活动严格审核,全年审核公益性活动30起。全年处置数字化城管案件86件,全部落实到位。

(杨晓林)

社区服务业

【概况】 2010年,南通市区204个城乡社区及各城镇全面建成居家养老服务站。各地依托社区服务设施广泛开展面向老人、儿童、残疾人、优抚对象的救助性服务,面向社区下岗职工的就业服务,面向弱势群众提供的咨询和法律服务,面向广大社区居民提供的商业服务。社区服务业有餐饮、修理、装潢、洗衣、沐浴等成熟业态,有劳务、房产、婚姻等中介业,有养老、托幼、助读等成长性行业。婚姻中介业组建行业协会,并逐步向职业培训等高端发展。启东百合婚姻咨询服务部从2009年起代理南通地区婚姻家庭咨询师(国家三级)培训业务,先后组织150多名学员参加执业资格考试,总通过率达91%,有效提高了从业人员素质,推进咨询业向规范化发展。

(综　合)

南通农副产品物流中心项目建设启动　　(汽运集团供稿)

现代农业　新农村建设

农业经济综述

【概况】 2010年,全市农业经济呈现健康、良好发展态势。粮食总产为新世纪以来最高水平,粮食单产创历史新高。全年粮食种植面积793.1万亩,比上年减少4.0万亩;粮食总产324.96万吨,比上年增加4.34万吨。油料种植面积206.5万亩,比上年增加0.3万亩;油料总产42.13万吨,比上年减0.42万吨。畜牧生产平稳。全年生猪饲养量642万头,家禽年饲养量达16072万只,山羊饲养量达452万只,与上年相比均有所增长。蔬菜增效显著。全市蔬菜播种面积297.8万亩,比上年增加4.3%;总产量511.7万吨,增长7.4%;总产值65亿元,增加22.6%。设施蔬菜面积65万亩,增加17%。桑蚕形势喜人。全市年末保有桑田面积27.7万亩,全年发种78.44万张,比上年增加3.2万张,生产蚕茧3.55万吨。蚕农茧款收入总计12.6亿元。单张产出比上年提高42%,亩桑田收入5109.31元,比上年增加64%。林业再创佳绩。省林业局认定,全市共完成造林面积17.4万亩,其中,新增成片林面积13.6万亩,四旁植树折合造林面积约3.8万亩。建成省绿化示范村104个,海安县和如东县顺利通过省村庄绿化整体推进县验收。各项造林绿化指标均超额完成省、市下达任务。农机成效明显。全市新增20马力以上拖拉机595台,新增步进式插秧机870台、乘座式插秧机194台,总保有量达到8011台;新增高性能联合收割机88台,高效植保机械427台,大型秸秆还田机械575台,喷雾器2336台。农机总动力达到325万千瓦,比上年净增7.9万千瓦。市农委在全省农经农业系统工作效能考评中获得第一名。

全年,市农委狠抓关键举措。强化政策支撑,着力完善推动农业经济健康发展的政策体系。注重工作创新,打造"通农三宝"品牌(狼山鸡、江海土猪、海门山羊),组织研发农产品质量安全可追溯系统、农林地理信息系统、远程鸡舍环境监控系统、农产品质量检测技术服务平台等。关注热点难点,以解决问题的实际成效取信于民,办理咨询投诉件16件,群众满意率达100%。切实服务基层,先后开展送科技下乡活动5次,举办技术培训6场次,共赠送10万余元的农资物品,现场接受技术咨询8200人次。加强生产指导,推广新品种、新技术,督查安全生产,促进降灾减灾,保证农业生产的有序开展。针对农时季节和农资供应使用特点,突出种子执法年和农药监管年活动,认真开展种子质量抽检和放心农资下乡进村活动,全市农资市场供应平稳,质量较好,全年未发生因农资质量而引发农业生产事故,被农业部评为2010年"放心农资下乡进村"示范单位。

(杨　建)

【种植业】 全市粮食种植面积793.1万亩,比上年减少4.0万亩;单产410.0公斤/亩,比上年增加7.0公斤,创历史新高;总产324.96万吨,比上年增加4.34万吨,为新世纪以来最高水平。在粮食生产中,夏粮种植面积351.5万亩,占粮食播种面积的44.3%,生产了34.9%的粮食,其中小麦面积252.0万亩,生产了28.9%的粮食;秋粮种植面积441.6万亩,占粮食播种面积55.7%,生产了65.1%的粮食,其中水稻面积267.1万亩,生产了49.7%的粮食。

全市棉花种植面积66.1万亩,比上年调减1.1万亩。其中优质棉面积12.5万亩,占总面积的18.9%。棉花单产90.1公斤/亩,比上年亩增产11.1公斤。总产5.95万吨,比上年增产0.64万吨。

全市油料种植面积206.5万亩,比上年增加0.3万亩;油料单产204公斤/亩,比上年减2.4公斤/亩;油料总产42.13万吨,比上年减0.42万吨。在油料生产中,油菜种植164.1万亩,占全市油料面积的79.5%,油菜籽产量33.73万吨,占油料总量的80.1%。

2010年度,实施小麦、油菜、水稻、棉花、玉米和花生等作物良种补贴。其中,实施小麦良补面积256.28万亩,发放补贴资金2562.83万元;实施油菜良补贴面积171.35万亩,发放补贴资金达1713.52万元;实施水稻良补面积267.76万亩,发放补贴资金4016.38万元;实施棉花良补面积64.10万亩,发放补贴资金961.56万元;实施玉米良补面积70.87万亩,发放补贴资金708.70万元;实施花生良补面积9.98万亩,发放补贴资金99.85万元。2010年全市水稻直补核定到户面积为272.14万亩,发放补贴资金5442.72万元(四区、启东、海门财政自筹);农资综合补贴核定到户面积为568.32万亩，发放补贴资金39213.97万元。

（吴九林）

【畜牧业】 全年生猪饲养量达642万头，家禽年饲养量达16072万只，山羊饲养量达452万只，与上年相比均有所增长。规模养殖稳步发展。生猪规模养殖占比69.06%，新增规模出栏39.05万头；肉鸡规模养殖占比96.85%，新增规模出栏278.25万只；蛋禽规模养殖占比95.13%，新增规模存栏124.47万只；奶牛规模养殖占比99.63%。生态健康养殖继续推进，全市共有8家通过全国畜禽标准化规模养殖示范场创建。市本级出台《2010年南通市高效农业资金使用管理办法》，对达到省级生态健康养殖示范场的养殖场（户）给予一次性奖励5000元。全市共有48家通过省级验收考核。

加强疫病防控。全市组织调进禽流感疫苗5765万毫升，猪用口蹄疫疫苗2195万毫升，牛羊用口蹄疫疫苗405.5万毫升，高致病性猪蓝耳病疫苗945万毫升，猪瘟疫苗1705万头份。全市生猪口蹄疫免疫1151万头次，羊口蹄疫免疫478万只次，牛口蹄疫免疫18431头次，家禽禽流感免疫1.15亿只次，猪瘟防疫1021万头次，鸡新城疫防疫1.35亿只次。动物检疫严格规范。全市生猪产地检疫215.3万头，家禽产地检疫2225.5万羽，屠宰检疫生猪186.3万头，检出不合格生猪1256头，检出病害动物产品及“三腺”16.4万公斤，“瘦肉精”抽检数量为8338头份。动物疫病监测正常开展。全市共开展牲畜口蹄疫抗体监测1570份，合格率为97%；开展禽流感免疫抗体监测3630份，合格率为95%；开展猪瘟抗体监测1570份，合格率88%；鸡新城疫抗体监测5456份，合格率95 %；奶牛“两病”检疫4815头，共检测发现了74头奶牛布病阳性和95头奶牛结核病阳性，经省级确诊后均按照国家相关规定及时进行扑杀。

（蔡健康）

【林业】 2010年，全市新增造林面积11600公顷，其中成片造林面积9066.7公顷，列全省第三。国省道和一级河道两侧各20米宽的生态片林建设面积约1317.9公顷。南通市被省林业局表彰为“2010年度资源保护先进市”。林业产业增效显著。2010年实现林业总产值82.08亿元，比上年增长32.8%，其中一、二、三产业产值分别为51.98亿元、21.57亿元和8.53亿元。林权改革基本完成。林改面积25380公顷，集体林权改制率100%；新签订合同4722份，面积2253.3公顷；发放林权证2404份，面积3920公顷，林权发证率100.2%；发放股权证明书10708份，面积94.8公顷，股权发证率100%。资源保护卓有成效。《南通市二类调查成果报告》通过省级评审；第八次森林资源清查圆满完成。开展“为世博服务、保生物安全”林业植物检疫执法专项行动；保护性措施防治松材线虫病，获国家、省林业局高度认可并推广；社会化服务模式防治绿色通道病虫害，效果明显；发布《林木花木病虫情报》10期；扎实开展“爱鸟周”活动。林政管理规范有序。审核受理各类林政审核审批申请4件。其中，林地征占用1件，面积1.29公顷；林木采伐审核1件；林木采伐审批2件，面积6.9公顷。开具木材运输证1.32万份（含省内、出省）。发放省级生态公益林补偿资金300多万元。收缴野生动物2万余只（条）。护林防火措施有力。成立武警南通市支队森林防火应急分队、崇川区人武部森林防火专业分队、南通市农委应急救援分队等森林防火队伍，开展2010年南通市护林防火应急演练活动。全市未发生森林火灾。

（吴希从）

【蚕桑业】 全市年末保有桑田面积27.7万亩，全年发种78.44万张，生产蚕茧3.55万吨，蚕农茧款收入总计12.6亿元。平均每亩桑田蚕茧收入4554.3元，比上年增收1443.21元，增幅46%。18.49万养蚕农户，户均养蚕收益6825.51元。加上19万亩桑田套养夹种的收益，蚕业总产值达13.4亿元，桑田全年平均产值4836.46元。

由南通与苏州大学联合培育的细纤度四眠蚕品种“苏秀·春丰”，4月30日通过江苏省蚕品种审定委员会的审定，春蚕伊始投入生产应用。依托国家蚕桑产业技术体系综合试验站，开展新蚕品种农村试养鉴定，先后引进强桑一号、金十等桑品种，新莹·玉泉、苏秀·春丰、野三元、彩茧等蚕品种试验示范。如东县成功开展人工饲料育小蚕试点。

全市有23个乡镇，80多个村参与创建现代农业（蚕桑）产业园区，覆盖桑田面积20万亩。建成海安县大公镇和如皋市高明镇2个现代农业（蚕桑）产业园区和海安县南莫镇现代农业（蚕桑）示范基地。分别在海安、如皋、如东、通州建设6个蚕桑专业化服务示范片，实行“统一桑田施肥品种与治虫药物，统一各期饲蚕品种，统一组织小蚕共育，统一养蚕技术规范，统一鲜茧收购加工”的“五统一”专业化服务。示范片总计桑田6.3万亩，平均亩桑养蚕3.53万张，全年养蚕22.26万张，亩产茧达152公斤，亩产茧值5400余元。核心示范方1.3万亩，养蚕4.9万张，亩产茧值5900元。核心示范方的亩平发种、亩产茧、亩产茧值分别比平均水平高出33%、27.7%和30.4%。

开展桑病虫预测预报，蚕病、蚕药、桑药试验调查，规范蚕病防治、桑病虫测报防治技术。在海安蚕种场建立国内首个“桑园病虫害生态防治系统”，面积达3000亩。

推广桑园间作和套养，通过龙头企业及经纪人对接市场,实行“定单”生产,使亩桑夹种增收1000元左右。全年桑田套夹蔬菜瓜果面积23万亩,套种银杏2万亩,桑田套夹种比例达90%。市县蚕桑指导部门联合龙头企业,以“统一育雏,统一饲料供应,统一饲养标准,统一防疫灭病,统一收购出售”方法实施桑田养鸡项目,“桑园鸡”市场销售取得良好反响。

(严松俊)

【园艺业】 2010年,全市园艺作物面积22.3万公顷,较上年增4.6%;实现总产值90.83亿元,较上年增25.1%。其中:蔬菜播种面积19.85万公顷,总产量511.7万吨,总产值65.1亿元;果树面积1.17万公顷,产量15.6万吨,产值5.13亿元;花卉苗木面积1.28万公顷,产值20.6亿元。

规模档次进一步提高。全市设施园艺栽培面积达4.58万公顷,比上年增加18.9%。全市共建成连片33.3公顷以上、当年新建20公顷以上的钢架大棚园区40个,总面积1111.53公顷。其中新建面积33.3公顷以上的有14个,面积552.6公顷,占比49.7%。

种植结构进一步调优。果树上,低产梨园大面积缩减,梨园面积占总面积的28.5%,较上年减少2.7个百分点;以葡萄、草莓、桃为主的应时鲜果占总面积的33.0%;设施葡萄占葡萄总面积的54.8%。蔬菜上,扩种青花菜、白玉春萝卜、食用菌等市场适销品种,增种芸豆、菊苣等特种蔬菜。

园事活动深受好评。江苏省第二届年宵花卉展示展销会上,参展展品获1金3银,市林业局被省农委授予组织奖;第五届江苏省“神园杯”优质果品评比获3金6银,市农委被省农委授予组织奖(全省唯一);江苏省第十五届盆景艺术展,南通市送展盆景获11金17银,获优秀组织奖。

(陈翕兰)

农村改革

【概况】 2010年,南通市农村改革深入推进,发展活力不断增强。以三大合作组织(农民专业合作社、土地股份合作社、社区股份合作社)为主要内容的农村经营体制改革不断深化,三大合作组织总数居全省前列。加强农村土地流转工作,流转总面积占土地承包总面积的28.8%。农村公共服务体系不断健全,服务能力不断提高。

【合作组织建设】 农村三大合作组织总数达3745家、居全省前列,全市新增入社农户数8.05万户、累计入社农户数占总农户数的31.7%。围绕农业适度规模经营抓农地股份合作,新增农地股份合作社190家,新增入股面积15万亩。社区股份合作制改革稳步推进。新增社区股份合作社239家,量化资产2.97亿元,社区股份合作制改革面达到83%。

【农村土地管理】 开展农村土地承包经营权登记的试点工作。根据农业部、省农委的统一部署,制定下发《南通市农村土地承包经营权登记试点办法》。全市共8个村开展土地承包经营权登记试点工作。通过试点,为健全农村土地承包经营权登记制度探索了经验。

推进农村土地流转。2010年,农村净增土地流转面积18万亩,流转总面积达167万亩、占土地承包总面积的28.8%。搞好土地流转的管理和服务。实施土地流转合同制,推广使用土地流转合同标准文本。乡镇土地流转交易中心做到“有人员、有组织、有牌子、有场所、有制度、有活动、有档案”。依法开展土地承包纠纷仲裁,年内受理土地承包纠纷仲裁案件8起。建立农村土地承包经营权流转情况监测制度,海门市被农业部列为农村土地流转情况监测点。

【农村公共服务】 农业服务体系建设不断强化。基层农技推广服务体系进一步理顺,结构得到优化,人员工资和基本经费得到保障。农业专业化社会化服务迈开新步伐,农业机械化作业率提高2个百分点,其中,水稻机插秧率提高13.8个百分点;建立各种专业化统防统治组织600多个,农作物重大病虫害专业化防治覆盖率达45%。农村基层干部队伍活力增强。率先以市为单位在全省实现“一村一社区一名大学生”目标,有121名大学生“村官”走上村支书或村委会主任岗位。

(梅华综合)

现代农业发展

高效农田建设

【概况】 2010年,全市新增高效农业面积和设施农业面积分别为39.65万亩和12.16万亩,累计面积占总耕地面积的46.8%和10.32%。新增农业适度规模经营面积36.39万亩,累计面积占总耕地面积的50%。

【高标准农田建设】 按照现代农业的要求,强化现代农田设施配套,改善农业生产条件,全面建设旱涝保收、高产稳产、节水高效的现代高标准农田。市农业资源开发局完成南通市高标准农田建设规划编制。全年完成建设高标准农田11.55万亩,为目标任务的126%;建设高标准农田示范项目4个，为目标任务的100%；建设高标准农田示范项目4.3万亩，为目标任务的107.5%；实施土地治理项目、高沙土项目11.04万亩，为目标任务的110.4%。共修建排灌站119座、建设防渗渠354.37公里、埋设管道46.91公里、疏浚沟渠375.65公里、修筑机耕路341.91公里、配套建筑物2667座、建设微喷滴灌3600亩、营造农田防护林0.39万亩、改良土壤0.74万亩。项目区实现道路硬质化、渠道防渗化、农田方整化、绿化园林化、河道洁净化、耕作机械化、服务社会化，基本达到现代农田基础设施的要求。

（吴贤军　综　合）

都市生态农业

【概况】 2010年南通市积极发展都市生态型现代农业，全面超额完成市政府年初确定的目标任务。共对44个项目进行补助，共补助资金1667.78万元。

【项目农业】 新建和扩建项目45个，实现项目投入1.5亿元。其中港闸区14个、崇川区6个，市经济技术开发区7个，通州区18个，占地4550多亩，完成总投资8200万元。建成开发区世外桃园、港闸区久发农庄智能温室等一批休闲农业项目。加强设施农业基地建设。崇川、港闸和市开发区共建成设施农业基地16个，其中，新增设施农业面积1372.95亩，新建高效智能温室38138平方米。崇川区观音山街道青龙桥村建成3个设施农业基地，扩建连体大棚葡萄基地50亩和草莓瓜果基地200亩，全村800亩连片耕地全面实现规模设施种植。市开发区小海街道朝阳港村建成200亩设施葡萄和100亩水产养殖基地。推广连片种植。三区新建蔬菜、花木、瓜果等连片种植基地3178亩。港闸开发区国庆村葡萄种植面积近250亩，葡萄种植总面积近1000亩。港闸区幸福街道施店村建成500亩的露地蔬菜和青玉米种植基地。

棚架栽培

【土地流转】 除通州区，全年共流转土地6200多亩，市区三个区土地流转总面积达到3.87万多亩，占总耕地面积近40%。崇川区共流转土地2211亩，占耕地面积的12.5%。观音山街道青龙桥村、三桥村对50亩以上连片土地实现整村流转。开发区小海街道朝阳岗村、骆化村连片土地80%以上得到流转。港闸区秦灶街道秦北村实现村内连片耕地全面流转，建成设施农业基地200多亩，建设100多亩设施大棚。

【农田基础设施建设】 共投入财政资金1142.17万元，实施基础设施建设项目5个，总面积3400亩，实现市区全面改善农田基础设施的新突破。通过整村推进、以项目为载体配套农田基础设施的形式，对港闸、崇川和市开发区耕地实施农田基础设施建设，其中，秦灶街道的西安桥村、袁桥村和港闸开发区的国庆村实现整村推进；市开发区小海街道的朝阳港、崇川区的青龙桥和三桥3个村实施以项目为载体的农田基础设施建设。通过基础设施建设，项目区沟渠田林路全面配套，农业生产、农民生活条件得到较好改善，促进了项目落户。港闸区秦灶街道西安桥村先后引进110亩菊花种植基地和100亩高档花木基地，促进了都市生态型现代农业发展。市将50亩以上规模的项目农业全部纳入补贴范畴，对招商引资项目落户的村落实工作经费补助，调动了村级招商引资积极性。

（吴贤军）

农业园区

【概况】 2010年，全市以省“现代农业加快推进年”活动为契机，大力推进现代农业园区建设。市政府出台《关于加快现代农业发展的意见》，要求加快建立一批起点高、功能全、规模大、效益好、带动力强的现代农业产业园区，每年进行表彰奖励。市农委制定建设标准与认定办法。2010年，全市申报省级现代农业产业园区6个，其中，海门官公岛现代农业示范区、启东江海高效生态农业产业园被省政府办公厅认定为“江苏省现代农业示范园区”。全市认定市级现代农业产业园区10个，分别为：海安县蛋鸡产业园区、大公蚕桑产业园区、如皋市高明镇蚕桑产业园区、南通赛天蓬优质生猪产业园区、如东县狼山鸡产业园区、海门市三厂镇现代农业园区、申江联绿色循环种养园区、三星葡萄产业园区、通州区景瑞现代农业产业园区、石港镇水稻产业园区。

（刘蓉蓉）

休闲农业

【概况】 2010年，全市新增各类休闲农业企业52家，累计达160家。投资规模在1000万元以上的有91家,其中5000万元以上的有16家,分别比上年年底增长57%和33%。全市休闲农业企业年营业收入总额达11.39亿元,比上年年底增长49%。全市休闲农业企业从业人员累计达9185人,其中农民工人数达8607人,分别比上年年底增长62%和71%。经市政府研究同意,对当年新增投资额在1000万元以上的休闲农业项目单位补助10万元,全市有7家休闲农业企业获补助。

【成立休闲农业协会】 2010年4月28日,南通市休闲农业协会成立大会在南通惠凯生态园召开。全市26家休闲农业团体会员、79名个人会员参加成立大会。会议通过《南通市休闲农业协会章程》,选举产生协会第一届理事会和常务理事会,市农委党组副书记、副主任(市林业局局长)朱进华当选为会长,聘请市委常委、副市长秦厚德任协会名誉会长。南通惠凯生态园、南通市世外桃园休闲农庄、南通坤隆珍稀彩叶园、南通观音农业科技园等4家发起单位被授予"常务理事单位"铜牌。

(陈爱国)

【休闲农业项目建设】 建成市开发区世外桃园,完成9000平方米的多功能智能温室,投资1000多万元;建成港闸区久发农庄智能温室项目,完成2.88万平方米的智能温室、50亩的水生花卉、200亩果园、120亩蔬菜大棚建设;完成通州区新建景瑞智能温室、金沙裕隆生态园、二甲葡萄瓜果基地等一批规模设施种植基地建设,每个基地面积超过1000亩;完成东社镇忠孝文化园扩建项目、惠凯农庄扩建项目、五接曲水休闲农庄等一批休闲旅游项目。

(吴贤军)

农业机械化

【概况】 全市农机化各项工作取得可喜成效。农机装备总量持续增长。全市新增20马力以上拖拉机595台,新增步进式插秧机870台、乘座式插秧机194台,总保有量达到8011台;新增高性能联合收割机88台,高效植保机械427台,大型秸秆还田机械575台,喷雾器2336台。农机总动力达到325万千瓦,比上年净增7.9万千瓦,比"十五"期末增长9.4%。农机作业水平显著提高。实现三麦机收面积271万亩,水稻机收面积248.2万亩,三麦和水稻机收水平分别达到99.2%和92.9%;实现机插水稻面积185.32万亩,比上年增长23.36%;水稻机直播面积27.93万亩,比上年减少一半;全市水稻种植机械化水平达到79.85%,是"十五"期末的3倍。农机经营服务效益大幅增长。全市共组织引导联合收割机跨区作业9363台次,跨区作业收入4.50亿元,全市农机作业收入21.27亿元,农机化经营总收入达25.58亿元,继续保持全省领先。

【水稻种植机械化】 加大区域性整体推动力度,实现水稻种植机械化的快速发展。全市新增插秧机1064台,其中高速插秧机194台,插秧机总保有量达8011台,共完成水稻机插秧面积185.32万亩,机插率达69.1%,分别比上年提高23.36%和13.76%;水稻机直播面积27.93万亩,比上年减少一半;全市水稻种植机械化水平达到79.85%。其中,通州区水稻种植机械化水平达到80.7%,继如东县、如皋市之后建成全省"率先基本实现水稻生产机械化县"。

【秸秆还田及综合利用】 开展秸秆资源调查,摸清秸秆机械化还田和综合利用现状,制订秸秆机械化还田及综合利用发展规划和近期工作计划。广泛开展秸秆还田及综合利用工作的宣传。以农机大户和农机手为重点,强化技术培训。加强示范区建设,建立起县、镇、村、组联动工作机制,如皋市、通州区被确定为省级秸秆机械化还田示范县(市),海安县、如东县成为省级秸秆机械化还田推进县(市)。全市新增大中型拖拉机595台,大中型秸秆还田机械575台。夏秋两季实现秸秆机械化还田面积187万亩,占全省秸秆机械化还田总面积的11%。2个秸秆捡拾打捆机械新产品通过省级鉴定开始小批量生产,1个秸杆固化成型机械新产品进入国家和省农机推广目录。4月,全省秸秆固化成型装备及技术研讨会在南通市召开。

【农机跨区作业】 农机跨区作业范围不断扩大。全市共有74个农机服务组织、310个跨区作业服务队、9363台次联合收割机外出跨区作业,水稻跨区作业范围涉及25个省98个市319个县,实现跨区作业收入4.5亿元。作业领域从单一机收延伸到水稻机插秧、秸秆机械化还田、河道清淤等其他生产环节。全市依托10个跨区作业信息采集点、100个跨区作业机手联系点,全方位采集信息,并通过手机短信平台发送到4200多个用户。夏秋农忙季节建立跨区作业接待站110个,开通10部24小时热线服务电话,帮助机手协调解决维修服务、配件供应、作业用油等问题。

【农机服务组织】 积极扶持和培育多种形式的农机服务组织,全市新增农机专业合作社39个,合作社总数达到130个,拥有各类农业机械1.8万台(套),合作社服务范围覆盖到全市1073个行政村的42万农户。农机服务组织规范化建设取得初步成效,如皋神牛农机专业合作社被评为全国农机示范合作社,如东马塘富民农机合作社被评为全国农机示范维修点。全市拥有省"五星级"农机专业合作社2个,“四星级”农机专业合作社5个。

各级农机部门发动农机服务组织为4万多户军烈属、特困户、在外打工户等提供优质、优先、优惠的服务。引导8000多个农机手加入“江苏省平安农机通信信息网”,免费查询市场、服务等信息。与中石化南通分公司合作,发放9000多张“双优卡”,对机手实施优先、优惠加油,缓解加油难问题。同时,农机维修网点建设、泵站改造、农机报废更新、农机抗灾救灾等各项工作得到有序推进,保障了农业生产正常进行。

【“平安农机”建设】 强化农机安全生产监管,加大安全监管基础设施建设力度,开展平安农机进万家和农机安全生产标兵、农机岗位能手、农机安全管理示范岗竞赛等活动,有效提高“平安农机”创建水平。通州区建成国家级“平安农机示范县”,海门市、启东市建成省级“平安农机示范县”,90%的乡镇建成“平安农机乡镇”,95%的村建成“平安农机示范村”。全市拥有国家级“平安农机示范县”3个,省级“平安农机示范县”5个,“平安农机”建设工作全国领先。

【农机培训】 加强农机从业人员的素质教育和业务培训,开展多种形式的技术培训活动。全市共举办各类培训班187期,培训人员近2万人次,通过职业技能鉴定人数4900人。举办南通市首届农机职业技能竞赛,在全省农机职业技能竞赛中,获个人第一和团体二等奖。

（凌　霄）

农业综合开发

【概况】 南通市农业资源丰富,农业资源开发潜力巨大。有高沙土4.10万公顷,沿海老垦区4.88万公顷,沿江地区4.25万公顷,通东地区4.01万公顷,里下河地区1.57万公顷,其他中低产田3.77万公顷。全市江海岸线433公里,其中江岸线227公里,海岸线206公里。海岸带面积1.32万平方公里,连陆滩涂和辐射沙洲面积达380万亩。2010年度,市农业资源开发局获全省农业资源开发系统特等奖第一名,并获宣传信息工作一等奖。

【农业综合开发项目】 2010年,全市农业综合开发投入再次实现新突破,共有9类53个项目获得立项,向上争取项目资金3.2亿元,为目标任务的177%,比2009年增加39.13%,增幅远高于全省18.9%的平均增幅,投资总额苏中、苏南首位。年内共扶持产业化龙头企业24家,建设产业化经营项目24个,均为年初目标任务的150%。争取产业化项目资金11530万元,扶持12个产业化经营财政补助项目,占全省产业化项目总数的12.12%。争取土地治理与产业化经营有机结合试点项目1个,投入210万元,争取16个国家和省级贷款贴息项目,占全省项目个数的11.6%,贴息982万元。在全国率先建立健全项目库制度,创新项目培育机制,全市共选择56个项目入库,有53个项目获得国家和省级立项。争取产业化经营与土地治理相结合试点项目1个,财政投资105万元,获上级项目奖励资金168万元。

【滩涂开发】 南通沿海滩涂面积207.25万亩,其中,潮上带面积5.95万亩,潮间带面积201.3万亩(不含辐射沙脊群)。全市属于淤涨型的滩涂岸段176公里,每年向外延伸淤涨速度10~200米,每年可新增滩涂面积近万亩。争取省级滩涂垦区配套项目4个,配套2.2万亩,投资1320万元,有效地改善垦区生产条件。围垦沿海滩涂14.81万亩,为全市耕地占补平衡作出贡献。在如东建设南通沿海现代农业实验基地,研究课题获南通市科技进步一等奖。编制《南通市沿海滩涂围垦与开发利用规划》和《江苏省沿海垦区基础设施项目“十二五”规划》。

【高标准农田建设】 按照现代农业的要求,强化现代农田设施配套,改善农业生产条件,全面建设旱涝保收、高产稳产、节水高效的现代高标准农田。完成南通市高标准农田建设规划编制。完成建设高标准农田11.55万亩,为目标任务的126%;建设高标准农田示范项目4个,为目标任务的100%;建设高标准农田示范项目4.3万亩,为目标任务的107.5%;实施土地治理项目、高沙土项目11.04万亩,为目标任务的110.4%。共修建排灌站119座、建设防渗渠354.37公里、埋设管道46.91公里、疏浚沟渠375.65公里、修筑机耕路341.91公里、配套建筑物2667座、建设微喷滴灌3600亩、营造农田防护林0.39万亩、改良土壤0.74万亩。项目区实现道路硬质化、渠道防渗化、农田方整化、绿化园林化、河道洁净化、耕作机械化、服务社会化,基本达到现代农田基础设施的要求。

市区都市生态现代农业发展工作推进会　（市农发局供稿）

【科技推广】 项目区科技推广共投资398.88万元,委托江苏沿江农科所、南通市蔬菜所、扬州大学、海安县农林技术推广中心、如皋市农科所等5家科研单位,推广应用桑树“育71－1”品种、蔬菜多熟种植模式、菜稻轮作模式、葡萄T型架避雨栽培技术等66个专题项目,项目区先后引进新品种31个,为目标任务的206%;推广新技术36项,为目标任务的240%;培训农民2.22万人次,为目标任务的148.3%;开展“送科技下乡,培育新型农民”为主题的科技入户活动,在全市农业综合开发项目区培植科技骨干户和示范户2500户,印发农业综合开发科技培训教材5000册,建立百亩连片的科技示范方50多个。良种覆盖率达95%以上。争取6个省级农业综合开发单项科技推广项目,专项科技推广资金92万元,位居全省前列。

【农民合作经济组织】 争取农民合作经济组织试点项目1个,投入资金136.5万元,扶持海门市余东镇欣乐露地蔬菜专业合作社建设无公害基地1500亩;农民合作经济组织财政补贴项目5个,投入资金1220万元,扶持通州永安畜禽专业合作社万头生猪养殖改(扩)建项目、如皋市齐富畜禽专业合作社4000头优质瘦肉型苗猪繁育基地扩建项目、海门市海旺海现代农业专业合作社现代设施农业生产基地扩建项目、启东市东黄海紫菜专业合作社20万箱紫菜交易储藏新建项目,为年初目标任务的250%。启东市合作社建设经验在全国推广。

【招商引资】 依托农业综合开发项目区,加大招商引资力度,项目区合同引进“三资”25.24亿元,实际到账13.34亿元,位居全省第二。局机关引进项目资金1000万元。

【都市生态型现代农业】 积极发展都市生态型现代农业,全面超额完成市政府年初确定的目标任务。对44个项目进行补助,共补助资金1667.78万元。

项目农业。新建和扩建项目45个,实现项目投入1.5亿元。其中港闸区14个、崇川区6个、市经济技术开发区7个,通州区18个,占地4550多亩,完成总投资8200万元。建成开发区世外桃园、港闸区久发农庄智能温室等一批休闲农业项目。加强设施农业基地建设。崇川、港闸和市开发区共建成设施农业基地16个,其中,新增设施农业面积1372.95亩,新建高效智能温室38138平方米。崇川区观音山街道青龙桥村建成3个设施农业基地,扩建连体大棚葡萄基地50亩和草莓瓜果基地200亩,全村800亩连片耕地全面实现规模设施种植。市开发区小海街道朝阳港村建成200亩设施葡萄和100亩水产养殖基地。推广连片种植。三区新建蔬菜、花木、瓜果等连片种植基地3178亩。港闸开发区国庆村葡萄种植面积近250亩,葡萄种植总面积近1000亩。港闸区幸福街道施店村建成500亩的露地蔬菜和青玉米种植基地。

土地流转。除通州区,共流转土地6200多亩,全市三个区土地流转总面积达到3.87万多亩,占总耕地面积近40%。崇川区共流转土地2211亩,占耕地面积的12.5%。观音山街道青龙桥村、三桥村对50亩以上连片土地实现整村流转。开发区小海街道朝阳港村、骆化村连片土地80%以上得到流转。港闸区秦灶街道秦北村实现村内连片耕地全面流转,建成设施农业基地200多亩,建设100多亩设施大棚。

农田基础设施建设。共投入财政资金1142.17万元,实施基础设施建设项目5个,总面积3400亩,实现市区全面改善农田基础设施的新突破。通过整村推进、以项目为载体配套农田基础设施的形式,对港闸、崇川和市开发区耕地实施农田基础设施建设,其中秦灶街道的西安桥村、袁桥村和港闸开发区的国庆村实现整村推进;市开发区小海街道的朝阳港、崇川区的青龙桥和三桥3个村实施以项目为载体的农田基础设施建设。通过基础设施建设,项目区沟渠田林路全面配套,农业生产、农民生活条件得到较好改善,促进了项目落户。港闸区秦灶街道西安桥村先后引进110亩菊花种植基地和100亩高档花木基地,促进了都市生态型现代农业发展。市将50亩以上规模的项目农业全部纳入补贴范畴,对招商引资项目落户的村落实工作经费补助,调动了村级招商引资积极性。

(吴贤军)

农垦事业管理

【概况】 2010年,南通农垦垦区3个农场(南通农场、江心沙农场、海安农场)围绕江苏农垦提出的建设城郊型国有农场的要求,加快现代农业产业化建设,大力发展二产,努力发展三产。全年实现国有营业收入22.38亿元,国有利润总额7302万元。

【现代农业】 全垦区全面推行模拟股份制经营模式,完善联合体各项规章制度,严格执行“六统一”(统一供料、统一农资采购、统一机械、统一技术措施、统一收购、统一销售),强化成本控制,联合体财务纳入制度化、规范化管理轨道。农业生产结构进一步调整。着力发展设施蔬菜、大棚西瓜、优质葡萄、高架养羊、特色水产等高效农业,农场种植西瓜、葡萄、青玉米、青毛豆等,亩净收入2000元左右。

【项目建设】 南通农场积极策应苏通科技产业园开发建设带来的商机,发挥区位和土地优势,推进实施重大项目,中新苏通沥青、商品混凝土等项目于2010年顺利投产。南通农场与通常汽渡公司共同申报，新通常汽渡南侧新通海沙300亩的长江围垦用地和300多米的江岸线得到南通市政府批准，为项目建设奠定基础。

【国有三产】 2010年7月18日，南通农场与江苏省农垦物流公司合资设立南通苏垦物流公司，年内项目获南通市政府审批，拿到长江岸线的批文，项目用地等手续正在办理之中。

【社会事业】 2010年，垦区3个农场挂牌成立农场社区管理委员会，逐步分离农场社会职能，实施社区管理工程、社会保障工程、安居工程、"长安"工程等四大社会工程。农场社会事业全面和谐发展，职工及居民生活质量得到保障，"平安农场"创建力度进一步加大，文化卫生事业长足发展。

（王　红）

海洋　渔业

【概况】 2010年，全市实现水产品总产量78.9万吨，比上年增长3.8%，实现渔业经济总产值243亿元，增长27.8%，总量位居全省第一，其中海洋捕捞、水产品加工、水产品出口创汇、远洋渔业规模全省第一。全市新增确权用海30宗7039.99公顷，新增用海项目海洋功能区划符合率、确权发证率、海域使用金征收率均达100%。全年围垦滩涂17.4万亩，超额完成15万亩的年度计划任务，海安老坝港滩涂围垦工程顺利合龙。探索建立海域使用市场化流转（招、拍、挂）机制，成立全国第一家海域使用权市场交易服务中心。市海洋与渔业局先后荣获"国家海洋局东海分局海域使用管理先进单位"、"国务院第一次全国污染源普查工作先进集体"、"江苏省渔业安全生产管理先进单位"等荣誉，中国海监南通市支队被国家海洋局东海分局评为"优秀海监支队"、"海洋行政执法先进单位"，南通市海域使用动态监管中心被江苏省海域动态监管中心评为先进。局长葛海祥作为江苏唯一代表被评为全国海洋系统先进工作者。

【高效渔业规模化建设】 2010年，全市新增高效渔业建设面积11.3万亩，比省下达任务增加41.5%。以渔业产业园和渔港经济区建设为重点，争取上级财政资金1500多万元。全年改造海淡水池塘502万亩，完成7000亩标准化池塘改造，全市涌现一批亩效益5000元以上，甚至1万元以上的高效渔业典型，有效促进渔农民增收。

【河沟养殖】 研究制定河沟养殖的政策措施，加强技术指导与服务，探索适宜各地条件的河沟养殖高产高效模式。加强典型示范，全市培育河沟养殖示范村20个，其中2010年新增示范村10个。全市河沟养殖面积发展到37.4万亩，年内新增3万多亩，实现增收3000多万元。

【水产品质量安全】 2010年，全市有4个无公害产地（面积1.2万亩）和8个无公害产品通过换证审查。全年开展水产品质量监测25次，监测水产品374份，水样70份，泥样64份，监测结果在媒体公布。承担省下达的水产品及生产基地监督抽查任务，"世博会期间"对输沪水产品开展为期5个月的质量抽检，保障输沪水产品的质量安全。

【水产苗种体系建设】 强化水产苗种生产许可，"十场联动"建设水产良种体系。江苏中洋集团国家级河豚良种场建设通过农业部验收，同时认定7家水产苗种市级水产良种场（基地），全市优质水产苗种的覆盖率进一步提高。

【海域使用管理】 贯彻国家区域用海和项目用海有关政策，结合南通海域管理工作实际，制定《南通市海洋工程项目用海监督管理暂行办法》和《南通市海洋资质单位登记备案管理办法》，对所有用海项目实施论证资质备案、开工许可等8项制度。2010年，全市新增用海项目海洋功能区划符合率、环评率、海域使用金征收率均达100%。

加强海域使用动态监管。成功开发具有南通特色的海域使用管理信息系统、海洋环境监测附加系统，为海域管理部门及时了解海域使用动态提供技术支撑。加强信息员队伍建设，从用海单位聘用16名专职海洋信息员，形成市、县、乡镇三级海域动态管理网络体系。在如东洋口港人工岛布设视频监控1个，同时连接沿海视频8个，实现海域动态监管全覆盖。

【海域物权管理】 2010年，全市发放海域使用权证书30宗，确权面积7039.99公顷。探索建立海域使用市场化流转（招、拍、挂）机制，成立全国第一家海域使用权市场交易服务中心，对13宗海域使用权组织招拍挂，开启全国海域使用权市场化运作、公开出让的先河。联合市工商局出台《南通市海域使用权出资登记管理办法》，在全国率先将海域使用权延伸到工商注册登记，有力推动海域使用权价值评估体系建设。

【服务沿海开发】 紧扣市委、市政府沿海开发的要求，做好与省级规划修编的对接，为南通市未来10年争取到140多万亩的滩涂围垦指标，并成功将45万亩的腰沙－冷家沙开发作为保留区在省级规划中明确下来，相当于增加一个南通市区的发展空间。高效服务用海项目审批报批。建立海域使用审批“绿色通道”,组织召开洋口港西太阳沙人工岛等3宗海洋海洋环境影响评价听证、如东30兆瓦风电等2宗海域使用论证以及洋口港经济开发区污水处理排海工程环境影响评价,指导用海企业完善审批手续。

【生态海洋建设】 起草《南通市滨海园区尾水排海项目监管办法》,建立排海工程管理长效机制。强化渔业资源修复,全年组织渔业资源苗种招标会4次,放流河鲀、河蟹、扣蟹等14个品种、近亿单位,价值450万元。

【海洋环境监测】 建立海域使用和海洋环保“巡查”制度。每季度对沿海排污(河)口巡查一次,及时掌握全市重大用海工程海域使用和海洋环境保护情况。如东洋口化工园区自动在线监测系统建成投运,成为全省第一个海洋环境自动监测系统。每月开展一次近岸海域7个点位水质、底质监测,贝类、紫菜重点养殖区各7个点位的水质、海洋生物监测,及时发布预警建议。全年监测水样469个,沉积物76个。发布《2009年南通市海洋环境质量公报》,编印预警简报、专报14期5600份,南通市海洋环境监测工作受到省表彰。

【海监执法】 全年组织近岸海域重点检查和按月巡查30余次,出动海监车195车次、海监艇(船)28航次。全市海监执法立案31宗,其中“海盾”案件1宗,“碧海”案件2宗。年内申报建造的1艘600吨级海监执法船、1艘100吨级海监执法艇通过国家海洋局立项,国家扶持资金下拨市财政专户。

【渔政执法】 加强渔政执法工作,重点抓好长江禁渔、伏季休渔专项执法、电脉冲捕捞作业专项整治等,维护正常的渔业生产秩序。渔政执法船在海巡航21次,立案120多起,处罚金额90多万元;长江出航50余航次,查处长江违法案件31起,处罚金额2.27万元。

【渔业安全生产】 加快推进海洋渔业安全救助信息系统建设,全市协调落实建设资金1197.55万元,60马力以上渔船全部配备AIS防碰撞和渔船定位监控设备。全面落实企业安全生产主体责任,全年召开安全生产工作例会7次,组织、参与17次渔业安全生产检查督查,全年未发生安全生产责任事故。

【接轨上海工作】 全年组织接轨上海活动5次,推进两地科技项目合作,实施合作项目2个,其中为如东县政府与农业部水科院上海渔业机械研究所牵线搭桥,促成上海渔业机械研究所重点实验室和研发基地落户如东,争取农业部支持资金1600万元。

【水产病害防治】 开展水产病害测报,按区域设立8个监测区域、13个监测点,对紫菜、文蛤等13个养殖品种开展病害测报工作,每月开展1次病害月报,突发病害及时组织病害快报,并通过网站、手机“110”向养殖户发送病害预警预报信息,有效防止渔业病害的发生。南通市病害测报工作得到省级表彰。

【科技培训与宣传】 组织实施科技入户工程,指导县(市、区)开展科技入户工作,2010年,全市组织各类实用技术、安全技能、安全管理培训班180期,培训1.55万人次,组织送科技下乡活动30次,印发科普资料1万余份,超额完成全年培训任务。全市6个县(市、区)成为省渔业科技入户示范县(市、区)。

(倪晓艳)

海洋管理

【概况】 2010年,江苏省海洋渔业指挥部各项工作取得新进展:“两沙”海域管理圆满完成第一个五年工作周期;资源环保工作全方位展开,海环中心顺利通过省级资质认定;中国渔政“32505”船投入使用,江苏省首条海监执法船开工建造,1000吨级海监维权执法船建造完成设计招标工作,省级海监执法基地建设开始启动。部机关连续3年被省海洋与渔业局评为“先进单位”,“创先争优”工作受到国家海监总队表彰。海监支队被国家海洋局东海分局评为“世博光缆专巡先进集体”,再次荣获“2010年度东海区优秀支队”称号。渔政支队被授予“东海区涉外渔业管理先进集体”称号。档案工作在省海洋与渔业局系统首家通过省三星级测评验收。

【海洋监察】 加大海监执法力度,全年开展“碧海”、“海底电缆”、“养殖用海”、“非法采砂”、“海岛巡查”、“维权巡航”和“风电调查”7个专项执法行动,出动执法人员292人次、执法车辆71车次、执法船舶108航次,检查沿海用海项目33个,登临海洋养殖船舶48艘和进入光缆路由警戒区船舶395艘,办理海监案件21起,结案21起,处罚金额79.40万元,首次查处非法采砂案件1起。

【“两沙”海域管理】 保持省“两沙”(蒋家沙、竹根沙)海域生产稳定,养殖用海之间、养殖与捕捞用海之间未发生大的矛盾冲突。统筹管理各类用海行为,纵深推进海域配置市场化,高标准规划建设海域动管中心。推进种质资源保护区建设，承担"省蒋家沙竹根沙泥螺文蛤国家级水产种质资源保护区建设"项目任务，成功申报江苏省"吕四渔场近海小黄鱼国家级水产种质资源保护区"项目。

【资源环保】　连续第六年实施省近海渔业资源增殖放流项目，项目总经费450万元。组织开展14次大规模放流活动，陆续在全省沿海放流中国对虾、三疣梭子蟹、海蜇、大竹蛏、黑鲷、半滑舌鳎6个品种共计3.57亿尾（只），超出计划31.4%。对大竹蛏、文蛤、四角蛤蜊放流效果进行调查和分析评估，撰写《2010年江苏省贝类增殖放流效果评估报告》。开展海洋捕捞生产调查，编发《2010年江苏省海洋捕捞生产情况简报》。成立江苏省蒋家沙竹根沙海域环境监测中心，通过省级资质认定。

【渔政执法】　参加专属经济区巡航8次，组织省调执法船联合行动3次，组织"护渔2010"行动17次。全年累计出航61航次，巡航465天，航时2398.9小时，航程2.87万海里，登临检查828艘次，立案查处791起，结案784件，累计处罚人民币916.22多万元，比2009年增长26%。

【服务渔民】　参与和组织海难救助4次，5个航次，救助成功2次，共7人。牵头组织省船检、港监、渔政3个部门对全省海洋捕捞第十四批报废渔船的三证原件进行会审，对报废渔船拆解进行现场勘验、督查，发放报废证明159份。做好入渔通报工作，全省许可进入韩国专属经济区渔船4种作业类型94艘，配额4546吨，全年实际入渔船数为88艘，完成配额1667吨。全年渔业无线电台日常通报800多次，为全省渔政船通报服务300多次，各类事务性、气象性灾害通告10次。

（周文林）

渔船检验与渔港监督

【概况】　2010年，江苏渔港监督局、江苏渔船检验局圆满完成"十一五"目标任务。按照建设现代渔业的要求，建立了以《江苏省渔业港口和渔业船舶管理条例》为核心的渔船渔港管理法规制度体系。基本建成布局合理的全省各级渔业港监船检机构，并实行规范化管理。坚持以建立健全渔业安全长效机制为核心，深入开展渔船安全整治行动，实现全省渔船安全生产形势稳定好转。做大做强渔业互助保险，完善全省渔业安全防控体系。成功开发渔船管理信息系统、渔业港口安全监控视频系统，启用渔船电子身份证、渔船检验合格防伪标志，实施渔船身份识别管理，为今后渔船管理创新奠定了坚实的基础。被评为全国渔业船舶检验系统检验标兵单位、江苏省海洋与渔业局先进单位、全省海洋与渔业系统实行党风廉政建设责任制工作先进单位。

【渔港监督】　2010年，江苏渔港监督局深入开展渔业安全生产"三项行动"、"三项建设"。（一）开展渔业港监船检执法行动。组织安全检查51次，检查渔船1513艘次，发整改通知书871份，查处违规船厂6家、渔船27艘，世博期间全省未发生一起渔船违规事件。全年渔船安全生产事故死亡（失踪）人数低于省控指标。（二）开展渔业安全隐患治理行动。针对渔船安全生产的薄弱环节，开展打击套牌、涉渔"三无"船舶联合执法行动、清理整顿异地作业渔船专项整治行动、规范渔船标识专项行动。（三）开展渔业安全生产宣传教育行动。承办东海区渔船防碰撞警示图发放仪式暨渔业"水上交通安全"宣传咨询日活动。承办江苏省2010年秋冬汛安全生产动员暨金秋开渔仪式。推动洋口、吕四国家中心渔港入选全国首批文明渔港。首次在境外办班培训远洋渔船职务船员。完成全国渔政执法艇职务船员培训任务。全年培训各类船员1.88万人，创历史新高。（四）加强渔业安全生产法制建设。协助省人大、省政府有关部门开展立法调研，经过4年多的努力，省人大常委会全票通过《江苏省渔港和渔业船舶管理条例》。《条例》于2011年1月1日施行，为全省渔业港监船检依法行政提供更具操作性的法律依据。（五）加强渔业安全生产保障能力建设。建成全省渔船数据中心和渔船管理电子政务系统，向市县机构配发渔船管理信息系统终端设备。全省统一换发"五合一"内河渔船证书。争取政府项目资金2000多万元，实施渔业政策性保险试点项目、渔港及渔用航标维修和养护项目、渔港安全监督系统建设项目、阳光工程培训项目、海洋渔船配备气胀式救生筏项目等。（六）加强渔业港监船检队伍业务建设。召开全省渔业港监船检工作会议，提出年度工作思路。对全省市县机构进行业务考核表彰。率先在全国实行渔港监督人员持证上岗制度。率先在全国实行验船师年度工作考核制度。

渔业"水上交通安全"宣传咨询日活动

（江苏渔港监督局供稿）

【渔船检验】 (一)规范渔船检验。严格新建渔船检验管理,对未批先建的企业作出处理。严格营运渔船检验管理,催检渔船2604艘次,检验渔船3001艘。(二)加强船厂管理。查处违规修造船6家。(三)加强船用产品质量检查。对12家渔用救生衣(圈)厂、4家救生筏检修站、5家空气压缩机生产企业产品质量进行抽查,对违规企业进行处罚。(四)加强渔船技术研究。组织开展全省海洋渔船装载情况调研,形成专业技术调研报告,为上级部门出台控制违规装载政策提供依据。完成海洋渔船灯杆高度研究报告。(五)创新渔船检验识别手段。启用渔船电子身份证管理系统和渔船检验合格标志。全面启用新版江苏省渔船管理信息系统,录入9万多艘渔船基本数据,打印7万多份内河渔船船舶检验、船舶登记、渔业许可等证书,为全省8万多艘机动渔船申报柴油补贴提供测算数据。启用内河"四合一"渔船证书,为渔船规范化管理奠定基础。

【渔业互保】 争取部、省渔业政策性补贴1378.22万元,为全省7173艘渔船、12.77万名渔民参保提供风险保障110亿元,向渔民支付经济补偿金1473万元,有效缓解渔民"因灾返贫"的状况。强势推进互助保险,2010年江苏渔业互助保险保费收入首次超过5000万元大关,达到5069.6万元,跻身全国互保第一方阵。

(张　军)

村　镇　建　设

【概况】 2010年,全市完成村镇建设投资109.37亿元,其中住宅建设投资34.77亿元,公共建筑建设投资6.13亿元,生产性建筑建设投资36.67亿元,基础设施建设投资31.80亿元。全年竣工住宅建筑341.90万平方米、公共建筑58.56万平方米、生产性建筑373.39万平方米,全市1.93万户村镇住户迁入新居;全市区域供水受益乡镇77个、受益人口约558.5万人,乡镇区域供水覆盖率78%,人口覆盖率73%;新增村镇道路1782.78千米、面积992.78万平方米;新增村镇供水管道1430.8千米;新增排水管道439.02千米;小城镇绿化覆盖面积6023公顷,人均公园绿地面积4.66平方米;全市有小城镇路灯4.24万盏,桥梁1623座,小城镇综合服务功能显著增强。

【村庄环境整治】 2010年,全市完成16个省级村庄环境整治试点项目,投入资金570万元。先后新建道路1.42万米,新建村内排水管道1.42万米,新增生活垃圾箱(桶)235个,添置生活垃圾收运设施50个,新增村庄绿化面积6900平方米,新建公厕1座,清理乱搭乱建3340平方米,清理乱堆乱放472处,清理露天粪坑373座,建筑物出新6355平方米。南通市城乡建设局抓好试点项目的组织与实施,通过组织参观学习培训、中期督查和召开现场会等形式强力推进,16个省级村庄环境整治试点村按时完成整治任务。

【村庄生活污水处理】 2010年完成省级村庄生活污水处理项目7个,总投资150万元。8月27～28日,市城乡建设局组织7个试点村负责人及有关县(市、区)建设局村镇科长共11人赴无锡新区鸿山镇等地考察学习村庄生活污水处理工作,并参加专家讲座。市城乡建设局加强对试点村的检查指导,下发督查通报,全面推进建设进度,保证按时按质完成项目任务。

【村镇工程安全管理】 2010年,全市两次组织对村镇工程建设实行安全检查,召开全市村镇建设安全工作会议,回顾总结2009年全市村镇工程建设安全工作情况,肯定成绩,查找不足;下发《2010年村镇建设工程质量安全检查情况通报》。各地在工作中形成各具特色的经验做法:海安县实施安全网络全覆盖,对台账资料实行规范化管理;如皋市坚持定期联合综合大检查,狠抓安全不松懈;如东县加强对个体工匠的资质管理、从源头把好安全关;通州区加强培训,全面提高施工人员的安全意识;启东市采取安全防范"双保险",组织农民集体建房。

【村镇建设管理】 *创新管理机制*。在全省率先建立项目库制度、签字制度、承诺制、公示制、黑名单制度共五大项目管理机制,强化项目前期工作,提高社会参与度。对已立项工程进展实施有效监督,促进村庄环境整治和生活污水处理项目管理科学化、制度化。南通市的做法,得到省住房和城乡建设厅充分肯定。

加强村镇建设调研。市城乡建设局先后参加省住房和城乡建设厅、市政府组织的各项调研。先后完成《关于南通市中心镇建设的调查》、《关于南通农民集中居住区建设的调查报告》、《农村宅基地管理调研报告》、《关于如皋市推进农民集中居住区建设的情况汇报》等调研报告,为全市搞好小城镇和中心镇建设、稳妥推广农民集中居住区建设、争取省级小城镇发展项目资金打下基础。

村镇建设统计。按时完成2009年村镇建设统计年报。对如皋、海安、如东3县(市)部分乡镇统计数据进行实地调研,收集各种意见和建议,完成调研报告1篇。

村镇建设宣传。创刊《南通村镇建设信息》,利用局网站加强村镇建设宣传。先后编写南通村镇建设信息7期,在局网站发布信息33条。

【创建全国特色旅游名镇】 8月17日,由省住建厅、省旅游局相关处室和南京林业大学、南京师范大学有关教授组成的全国特色旅游名镇(村)调研组到南通,就海门常乐镇争创"全国特色景观旅游名镇"进行调研。近年来,常乐镇加大旅游投入,成立专门机构,组建专业公司,初步形成以张謇文化旅游景区为平台的文化游、名人游,以近代工业景区为平台的工业游、非遗游,以官公岛现代农业景区为平台的生态游、休闲游。

【创建园林小城镇】 为提高参与创建省园林小城镇的积极性,推动创建工作实质性进展,市城乡建设局下发《关于开展园林小城镇创建工作的意见》,采取台阶法创建办法,在全市首次创建市级园林小城镇。至年底,全市有5个乡镇申报创建南通市园林小城镇。通过重点辅导、技术支持等,帮助参创乡镇提高创建水平,并为创建省级园林小城镇准备了候选对象。

【农民住宅设计竞赛】 南通市积极参加省组织的2010年农民节能抗震住宅设计方案竞赛活动,有10多个设计作品参赛,2件作品获省二等奖,3件作品获省三等奖。获奖作品由省住房和城乡建设厅汇编成册,用于指导全省农村新民居建设。

(姜晓云　李长群)

农村环境建设

【农村基础设施建设】 2010年,全市新建农村公路1350公里,新建改造农村公路桥梁180座,改扩建农用桥梁655座,均超额完成年度目标任务,建设总量均居全省前列。262公里江海堤防硬质化建设任务"两年计划,一年完成"。完成造林面积17.3万亩,绿化覆盖率增加1.4个百分点,列全省第三。

【农村环境整治】 农村河道疏浚整治在提前一年全面完成"十一五"规划任务的基础上,及时规划和启动2011～2012年计划任务。顺利完成70万人的农村饮水安全工程建设任务,省核定南通市164.9万人的农村饮水安全工程"十一五"规划任务全面完成,在苏中、苏北领先。引江调水工作开局良好,全市水质得到明显改善,水功能区总体水质达标率提高到50%、较上年增加一倍。夏秋秸秆机械化还田面积181万亩、创历史最好水平,建成2个省级秸秆机械化还田示范县(市)、2个省级秸秆机械化还田推进县(市)。生态市创建初显成效,85%的乡镇通过全国生态乡镇省级验收,海安成为苏中苏北第一个通过考核的生态县。建成高标准农田17.93万亩,完成省下达任务的146%。

【农村环境长效管理】 农村环境长效管理被列入全市农业农村工作考核重要内容。市成立长效管理专项办公室(设在市水利局),制定出台《关于加强农村环境长效管理工作的实施意见》和《南通市农村环境长效管理考核办法》。对全市120个镇、近360个行政村(居)的农村环境长效管理进行巡查及回访检查。编发多期简报、专报。全面实现市政府年初提出的"机构人员、经费保障、责任落实、督查考核"四到位。道路、河道、绿化、垃圾处理"四位一体"的农村环境长效管理全面实施,各县(市)、通州区都建立了1300人以上的专职管理和保洁队伍,县(市)本级财政直接支出均在2000万元以上。

(农办　水利局)

水　　利

【概况】 南通市为冲积平原,境内沟河成网。通扬公路以北、通榆公路以西属淮河下游里下河地区,面积2251.97平方公里,为易涝低地。全市共有市、县级骨干河道123条2630.92公里,其中跨市、县区域性骨干河道12条743.34公里。拥有江海堤防510.1公里,其中主江堤167.4公里、海堤213公里、洲堤84.7公里,沿江沿海建成丁坝230多条。主江堤达到50年一遇的防洪标准,海堤重点地段也达到50年一遇加十级风浪爬高的挡潮标准。大中型水闸站22座,通江通海水闸有71座,发展机电排灌动力26.7万千瓦,配套灌溉渠道7.2万条,有效灌溉面积达495万亩。"十一五"期间,全市共完成水利投资35.4亿元,以海堤达标建设为重点的流域防洪工程取得重大突破;城市防洪建设、骨干河道整治工程有序进行;农村河道疏浚整治提前1年完成规划任务,成为苏中、苏北第一个通过省级整体验收的地级市;在苏中、苏北率先完成农村饮水安全工程三年建设任务,总投资7.8亿元,解决165万农村居民饮水安全问题;小型农田水利重点县及专项工程建设任务全面完成。2010年,全市水利事业实现跨越式发展,江海堤防建设、引江调水工程及各项重点水利工程全面突破,形成南引江水,向东向南排水入海入江的引排系统,防汛防旱水利工程体系进一步健全。

【防汛工作】 立足于防大汛、抗大旱的要求,及早部署全市汛前检查,努力消除度汛工程隐患。全市各级投入3600万元用于各类除险加固工程,落实储备防汛编织袋116.9万只,块石4.23万吨,土工布21.18万平方米,木材198立方米。落实应急防汛抢险队伍290个,共计1.37万人,其中民兵抢险队115个、7800人。成立市、县两级防汛抢险专业队伍,组织开展多种形式的应急演练。市防汛决策支持系统建设达到设计要求,基本实现防汛指挥决策的科学化、信息化。成功防御多次暴雨、特大暴雨以及7号台风“圆规”的袭击。2010年度,各县(市、区)完成209公里江海堤防公路硬质化建设,基本完成市政府下达的建设任务。

2010年9月2日,省政协主席张连珍一行实地察看如皋农村饮水安全工程建设进展情况 (市水利局供稿)

【引江调水】 组织编制《南通市引江调水规划》,经市政府常务会议讨论通过。全年全市沿江涵闸引水315潮次,引水量30.59亿立方米;沿江沿海排水208潮次,排水量41.28亿立方米。主要河道水质明显改善,据对分布在一、二级河道上的24个水功能区的同步水质监测,从3月份起,达标水功能区持续增加,9月达标水功能区数量增加到12个,比2009年同期增加1倍以上。

【水利重点工程建设】 水利规划编制。着重开展中小河流治理、灌区改造、长江治理、水闸除险加固、城市防洪工程等方面项目申报工作。年内完成《长江澄通河段(南通段)河道整治工程预可行性研究报告》、《南通市沿海开发水利专项规划》、《南通市临海引江供水方案专题研究》、《南通市“十二五”水利发展规划》等规划研究编制工作。

推进重点工程建设。2010年,南通市全力推进11项重点水利工程前期工作,总投资达8.4亿元以上,超历史规模。全市重点水利工程建设实际完成4.45亿元,占计划的135%,重点实施通扬运河、如泰运河、通启运河拓浚等工程。严格执行招标投标管理制度,对列入市检查范围内、动用财政资金的28个项目全部按专项治理的要求进行检查。

推进灌区建设。如海灌区列入国家2009年第四批扩大内需中大型灌区续建配套节水改造项目,至2010年底已完成所有工程建设并投入运行,工程总投资2100万元。焦港中型灌区基本完成年度计划建设任务。

【农村水利建设】 农村河道疏浚和农村饮水安全是市政府为民办实事工程。2010年,在省下达南通市65万人工程建设任务的基础上,南通自我加压,将海安的5万人列入实施计划,全面解决全市70万人的农村饮水安全。共铺设各类管道4720公里,新建增压站3座,完成投资3.46亿元。南通市提前实施2011~2012年农村河道疏浚任务,共疏浚县级河道5条段、完成土方111万方;疏浚乡级河道80条、完成土方418万立方米。重点推进784个行政村的村庄河道疏浚整治,共疏浚河道4470条,完成土方1625万立方米。小型农田水利重点县建设全面完成目标任务。南通市共承担2个小型农田水利重点县及4个专项工程建设。完成投资8243.95万元。中央财政新增农资综合补贴项目全部完成并投入使用,完成投资4511.13万元。

【城市河道管理】 为进一步提高城市水利建设和管理水平,组织编制完成了《南通市城市水系规划》,并于2010年6月经市政府批准,制定了《南通市城市河道管理考核办法》。2010年共实施节制闸除险加固、西被新闸、幸福河闸站、裤子港、界港河、通甲河等23项工程,投资达3.1亿元。市政府批准成立南通市城市河道建设管理中心,并起草《南通市城市河道管理办法》。

【第一次全国水利普查试点工作】 南通市作为第一次全国水利普查试点市之一(海安县、如皋市作为试点县),主要承担水利普查的组织、宣传、推进工作,并对两县的普查数据进行抽查、审核、汇总、上报等。重点对海安、如皋两试点县境内的河流、水利工程、水利机构以及重点社会经济取用水户进行全面普查,优质高效完成试点任务。

【重大项目服务】 各级水利部门认真参与项目审批,做好沿江开发、江海联动重点建设项目跟踪服务工作。先后完成通州恒力、蛟龙重工等50多项重大工程的涉水项目的审批、转报、技术审查工作。

【依法治水】 2010年,市水利系统加强执法检查,依法查处水事违法案件。强化长江执法巡查,组织开展长江采砂管理“江安行动”、长江河道涉砂船舶专项整治以及一、二级河道执法大检查。通过一系列专项活动,实现“非法采砂有效控制、采砂船只有序监管、工程性采砂规范管理”的目标。

(苏 心)

【水文勘测】 2010年,江苏省水文水资源勘测局南通分局在水文测报、水质监测、科技服务等方面取得新成效。全年向上级防汛指挥部门提供水情报文6000余份,遥测报文

2.3万余份。年内新增水质监测站点120个。对南通市境内182个水功能区开展例行监督监测，按月编制《南通市重点水功能区水质通报》。配合南通市城区水资源管理处对市区承压井和30多家企业取退水进行调查监测，协助6县（市）水利部门编制发布水质简报800份。为改善南通市区域水环境，补充区域水资源不足，根据市委、市政府部署，组织技术人员编制《南通市引江调水规划》，并对“引江调水”实施过程进行全程水量水质监测，同步提交监测报告和后评估报告。积极开展社会其他领域的技术服务。开展建设项目水资源论证、涉水工程防洪评价、长江采砂论证、长江采砂工程施工安全监测和监管；完成南通电厂等重点工程水土保持方案编制、参与国家重点工程建设工程水土保持监理等。 （朱友年）

巨轮通过苏通大桥 （中远集团供稿）

科技创新

综述

【概况】 2010年,南通市科技工作继续保持快速发展。全市高新技术产业产值达到2424.13亿元,居全省第四,增幅31.78%;占规模以上工业产值比重首次超过全省平均水平。全市专利申请量38707件,列全省第二,比上年增长76.71%,列全省第一;全市专利授权量22644件,列全省第三,比上年增长111.19%,增幅列全省第二。市政府与南京大学共建南京大学南通材料工程技术研究院,成为南通引进的第一家重大研究机构。新增省级企业研究院2家,列全省第一;新增省级以上工程技术研究中心66家、省级科技公共服务平台3家,均居全省第二。新增企业院士工作站15家,列全省第四。新增科技孵化器11家、入驻企业567家、孵化面积75.9万平方米,孵化总面积达到215万平方米,居全省前列。成立2家国家级产业技术创新战略联盟、8家省级产业技术创新战略联盟,省级联盟数全省第一。22人(团队)进入省高层次创新创业人才计划,10个团队被列入省科技厅培育建设的首批100家"江苏省科技创新团队",居全省第三。全市22项科技成果获省级以上科学技术奖,获奖数再创新高。南通市成功跻身全国"十城千辆"新能源汽车试点城市。中国社科院《2010年中国城市竞争力蓝皮书》中,南通的企业创新能力、科研机构竞争力和创新氛围竞争力等3项科技创新指标分列全国第三、第四和第九位。

(石 军)

高新技术

【概况】 市整合优势产业资源,成立国家集成电路封装产业技术创新战略联盟、国家茧丝绸产业技术创新战略联盟,富士通公司和鑫缘茧丝绸公司分为两家联盟的副理事长单位;成立海洋工程、船舶及配套产业、电子元器件产业等8家省级产业技术创新战略联盟,中远船务、熔盛重工、江海电容器等8家南通企业担任盟主。通过建设产业技术创新战略联盟,实现重点试验室、工程技术研究中心、各大高校科研院所创新资源的开放共享,为集聚产业创新合力、整体提升产业竞争力。南通市被认定为全国唯一一家国家船舶高新技术产业化基地,也是2010年全省唯一一家被认定的国家级产业基地,进一步巩固南通市在全国高技术船舶产业的地位,为南通市打造中国乃至世界"船谷"奠定坚实的基础。2010年,全市高新技术产业产值达到2424.13亿元,居全省第四,增幅31.78%,占规模以上工业产值32.4%。

(石 军)

表3-13　　2010年南通市高新技术产业发展情况

单位:亿元

地区＼指标	企业数	高新技术产业投资			高新技术产业产值			出口交货值	
		总量	同比增幅(%)	规模以上工业投资占比(%)	总量	同比增幅(%)	规模以上工业总产值占比(%)	总量	同比增幅(%)
全市	1105	528.67	34.82	37.46	2424.13	31.78	32.40	411.35	33.24
通州区	157	72.13	29.71	35.08	353.57	16.96	30.37	82.11	27.78
崇川区	31	13.47	-7.14	33.65	104.33	19.73	28.15	47.18	44.68
港闸区	90	23.23	82.77	28.45	100.43	20.12	20.87	29.51	15.45

（续表）

地区＼指标	企业数	高新技术产业投资			高新技术产业产值			出口交货值	
		总量	同比增幅（%）	规模以上工业投资占比（%）	总量	同比增幅（%）	规模以上工业总产值占比（%）	总量	同比增幅（%）
开发区	73	64.71	95.90	55.01	269.16	30.42	33.52	39.98	19.34
海安县	188	77.55	26.71	42.86	281.18	33.53	32.78	20.5	38.05
如皋市	194	67.02	43.70	35.56	314.84	50.55	32.13	14.01	11.99
如东县	132	53.90	47.97	30.29	268.20	35.3	30.99	50.87	49.79
海门市	114	65.44	4.23	31.03	403.87	32.54	36.59	18.75	-10.07
启东市	126	91.22	31.77	42.85	328.55	38.33	38.4	108.44	53.51

表3-14　2010年南通市新认定高新技术企业名单

序号	企业名称	区域
1	南通高盛机械制造有限公司	通州区
2	南通威明精工机械有限公司	通州区
3	南通海尔斯医药有限公司	如东县
4	江苏中联风能机械有限公司	海门区
5	南通海立电子有限公司	通州区
6	南通江华热动力机械有限公司	通州区
7	江苏铭安电气有限公司	海安县
8	南通恒通机械制造有限公司	海安县
9	南通亚威机械制造有限公司	海安县
10	江苏英力科技发展有限公司	海门市
11	启东尼斯纺织制线有限公司	启东市
12	双钱集团（如皋）轮胎有限公司	如皋市
13	南通华东油压机械制造有限公司	如皋市
14	南通中远船务工程有限公司	崇川区
15	南通市伊士生物技术有限责任公司	开发区
16	南通醋酸化工股份有限公司	港闸区
17	罗莱家纺股份有限公司	开发区
18	中天日立射频电缆有限公司	开发区
19	南通迪皮茜电子有限公司	启东市
20	海安县龙城化工有限公司	海安县
21	江苏华艺服饰有限公司	海安县
22	南通市申海特种镀饰有限责任公司	海门市
23	南通新玮镍钴科技发展有限公司	海门市
24	启东市恒安防爆通信设备有限公司	启东市
25	江苏天宇石化冶金设备有限公司	启东市
26	江苏科本医药化学有限公司	启东市

(续表)

序号	企　业　名　称	区　域	批次	省科技厅认定时间
27	如皋市日鑫电子有限公司	如皋市	3	2010.12.13
28	南通松野自动化设备有限公司	如皋市	3	2010.12.13
29	江苏万达特种轴承有限公司	如皋市	3	2010.12.13
30	江苏通用钢球滚子有限公司	如皋市	3	2010.12.13
31	江苏汤臣汽车零部件有限公司	如皋市	3	2010.12.13
32	江苏天南电力器材有限公司	如皋市	3	2010.12.13
33	森松(江苏)海油工程装备有限公司	如皋市	3	2010.12.13
34	江苏恒康家居科技有限公司	如皋市	3	2010.12.13
35	南通金驰机电有限公司	通州区	3	2010.12.13
36	南通医疗器械有限公司	通州区	3	2010.12.13
37	南通晨曦焊业有限公司	通州区	3	2010.12.13
38	江苏力普电子科技有限公司	通州区	3	2010.12.13
39	南通一品机械电子有限公司	通州区	3	2010.12.13

科技计划

【概况】 进一步梳理和完善各类管理制度,推进行政权力网上公开透明运行,完成科技项目库、项目评审专家库等系统建设,制定《科技计划项目验收实施细则》,科技计划项目全部实行网上评审,计划项目验收合格率达到80%以上。全年获国家级各类科技计划项目209项。其中,南通富士通微电子股份有限公司、南通华达微电子集团有限公司获国家科技重大专项;南通江山农药化工股份有限公司的草甘膦废水低排放及母液回收利用技术开发获国家863计划项目;江苏高胜科技创业投资有限公司获国家创业投资企业项目;江苏海安工业园区获国家国际科技合作基地项目;此外,获国家创新基金计划项目39项、国家火炬计划项目42项、国家重点新产品计划项目34项、国家星火计划项目35项、国家自然科学基金计划项目41项目、国家科技富民强县专项行动10项。制定《诚信科技互动约束管理办法》,在全省科技系统率先建立诚信科技管理体系。积极实施《南通市市区企业科技研发投入(R&D)奖励办法》,全年共为市区38家企业奖励研发投入奖金316万元,帮助全市高新技术企业兑现税收优惠4.5亿元,企业研究开发费用税前加计扣除3.55亿元。全市共有15个省重大科技成果转化专项项目获得立项,争取资金扶持1.08亿元,立项数和争取资金均创历史新高,居全省第三位。

(石　军)

农业科技

【概况】 进一步完善现代农业创新体系,成立江苏省长江特色鱼类产业、食用菌产业、紫菜产业和花木产业等4个产业技术创新战略联盟,新认定江苏新中酿造有限责任公司等7家省级农业科技型企业、26家市级农业科技型企业,成立海门市常乐镇培育草莓专业合作社等10家江苏省科技型农业专业合作社,启东海洋生物科技园成为省级现代农业科技园,认定“江苏农村科技服务超市”分店7家、便利店15家。海安县、如皋市再次被列入国家科技富民强县滚动扶持县(市),全国仅5家。如皋市、海门市被批准建设“江苏省可持续发展实验区”,全省仅3家。南通精华制药股份有限公司“芩部丹片治疗复治肺结核的临床研究”获国家“重大药创新”专项扶持。以“科技入户工程”为主题的“送科技进百村,解难题入万户”系列送科技下乡活动,先后在港闸区陈桥街道、启东市汇龙镇等9个乡镇村开展活动,发放科技宣传资料10万余册,组织120多名科技特派员和各类技术专家举办讲座、培训班140多场,培训55万人次,有效提高了广大农民的科技致富技能。市科技局被省委宣传部等15个部门联合表彰为2010年度江苏省文化科技卫生“三下乡”先进集体,被省科技厅等4个部门联合表彰为江苏省“送科技下乡促农民增收”活动科技富民突出贡献单位。

(石　军)

表 3－15　2010 年新认定省农业科技型企业一览

分类	序号	企业名称	地　区
省农业科技型企业	1	江苏天成科技集团有限公司	海安县
	2	如皋市花木大世界有限公司	如皋市
	3	江苏金太阳油脂有限责任公司	如东县
	4	海门市兴旺肉制品有限公司	海门市
	5	南通新友水产品有限公司	启东市
	6	江苏新中酿造有限责任公司	通州区
	7	南通棉花机械有限公司	港闸区
省科技型农业专业合作社	1	如皋市卉森花木专业合作社	如皋市
	2	如皋市利农优质生猪专业合作社	如皋市
	3	海门市常乐镇培育草莓专业合作社	海门市
	4	海门市绿源肉鸡专业合作社	海门市
	5	启东市圆陀角小辣椒专业合作社	启东市
	6	启东市东疆乐水果专业合作社	启东市
	7	南通青园蔬菜专业合作社	通州区
	8	通州市四安万和家禽养殖专业合作社	通州区
	9	海安县凯乐蔬菜专业合作社	海安县
	10	如东县扶海洲蔬菜专业合作社	如东县
江苏省现代农业科技园		启东海洋生物科技园	启东市

科技成果管理

【概况】 2010 年，全市达成产学研合作项目近 400 项，认定登记技术合同 305 份，比上年增长 37%；合同交易金额 2.03 亿元，比上年增长 41%。6 月，成功举办南通－浙江大学大型产学研合作洽谈会，达成合作意向 30 多项。积极组织参加新加坡－中国科技合作技术交流活动。进一步发挥南通市技术交易市场和各大高校南通工作站作用。市科技局荣获“2010 年中国产学研合作促进奖”。海安工业园区被科技部认定为国家级“国际科技合作基地”（全省仅 3 家）。对全市 2007 年以来列入省科技成果转化资金项目集中开展专项检查，帮助企业解决相关问题，推进项目顺利实施。全市 22 项科技成果获省级以上科学技术奖，获奖数再创新高。其中，国家级科技进步一等奖 1 项、二等奖 2 项，省级科技进步一等奖 2 项、二等奖 4 项、三等奖 14 项。

【南通－浙江大学产学研合作洽谈会】 2010 年 6 月 10 ～ 12 日，“南通企业走进浙江大学产学研合作洽谈会”在浙江大学举行。浙江大学副校长姒健敏，浙江大学热能工程研究所所长、中国工程院院士岑可法与浙江大学近百名专家教授出席洽谈会。南通市及各县（市、区）政府和 50 多家企业、150 多人参加活动。活动期间，900 多项最新科技成果和项目进行了对接，达成合作意向 30 多个。浙江大学热能工程研究所与南通万达锅炉股份有限公司共建江苏省企业院士工作站、浙江大学电子信息技术与系统研究所与中天科技集团共建实验室等 6 个项目在会上集中签约。

（石　军）

表 3－16　2010 年南通市获省级以上科技进步奖项目一览

序号	项　目　名　称	完　成　单　位	完　成　人　员
国家科技进步一等奖			
1	J－221－1－01 千米级斜拉桥结构	中交公路规划设计院有限公司 江苏省苏通大桥建设指挥部	
国家科技进步二等奖			

(续表)

1	中华绒螯蟹育苗和养殖关键技术开发与应用	上海海洋大学,华东师范大学,中国科学院海洋研究所,上海市水产研究所,盘锦光合水产有限公司,南通巴大饲料有限公司	陈立侨 成永旭 王 武 李晓东 吴嘉敏 王 群 崔朝霞 张根玉 李应森 赵云龙
2	钴酸镧等高性能超细氧化物催化剂的制备和应用技术	南京理工大学,常州大学,西安北方惠安化学工业有限公司,华润包装材料有限公司,南通星辰合成材料有限公司	汪 信 刘孝恒 朱俊武 姚 超 杨绪杰 陆路德 纪俊玲 颜永庆 宗建平 王联合
省科技进步一等奖			
1	超深海高稳性圆筒型钻探储油平台的关键制造技术	南通中远船务工程有限公司，江苏大学	倪 涛 徐秀龙 张永康 庄建军 王 匀 梁国明 宗建刚 杨超君 唐盛弢 宋 杰 许桢英
2	高性能耐腐蚀稀土永磁材料	南京理工大学，江苏晨朗电子集团有限公司	陈 光 徐 锋 陈 栋 卢国文 杜宇雷 孙秀芳 朱海南 李永胜 杨 森
省科技进步二等奖			
1	石油天然气装备工程系列吊卡	江苏如东通用机械有限公司，南通大学	吴国庆 何云华 周井玲 许波兵 陈世龙 张 建 冒亚飞 徐银风 肖春霞
2	SP20快速成膜抗黄斑环境友好型湿平整液	启东尤希路化学工业有限公司，上海尤希路化学工业有限公司	陈宣和 林丽静 常建忠 王 勇 陈 忠
3	微流控电泳技术在检验医学中的应用研究	南通大学附属医院，中国科学院上海微系统与信息技术研究所	王惠民 金庆辉 丛 辉 张 芹 周锦红 顾 萍 唐向荣 赵建龙 贾春平
4	发酵肉制品加工关键技术研究	扬州大学，江苏长寿集团有限公司	汪志君 于 海 席 军 赵保雷 葛兆宏 蒋云升 葛庆丰 金昌海 方维明
省科技进步三等奖			
1	集成电路多芯片封装硅基板及配套技术开发	南通大学，南通富士通微电子股份有限公司	景为平 包志华 徐 晨 丁俊民 陈海进 施 佺 季红兵
2	多频段双极化移动通信智能天线设计技术	江苏华灿电讯股份有限公司，中国科技大学，江苏大学，南通大学	吴旭东 王 刚 王 健 杨利霞 朱龙彪 马 亮
3	深海光缆	中天科技海缆有限公司，江苏中天科技股份有限公司	薛济萍 薛 驰 倪磊磊 陶新华 陆国梁 钱培林 陆如泉

（续表）

4	高效节能全工况圆筒式工业用空气处理机组	江苏风神空调集团股份有限公司，东南大学	陆 辉 张小松 徐兴林 丁欢庆 管贻孙 张 红
5	纺丝级熔纺氨纶切片产业化关键技术研究	南通华盛高聚物科技发展有限公司，上海交通大学	张春华 黄茂松 王新灵 黄建新 陆宏卿 许统林 黄晓琴
6	高速列车电加热玻璃	海安县耀华安全玻璃有限公司，江苏大学	吴贲华 程晓农 王银茂 王盘石 张文宏 仲 辉 任晓冬
7	南通体育会展中心体育场钢结构开合屋顶关键技术研究	南通建筑工程总承包有限公司，南通建设局，南通市建筑设计研究院有限公司	侯海泉 马建明 褚国栋 董年才 钱 峰 郑毅敏 陈以一
8	江苏重要经济贝类种质、繁养及加工技术集成与应用	江苏省海洋水产研究所，如东县渔业技术推广站，海门市水产技术指导站	姚国兴 吉红九 陈爱华 陈淑吟 张 英 闵 建 张志伟
9	骨髓间充质干细胞在组织工程中应用基础研究	南通大学附属医院，南通大学	王志伟 王晓冬 朱铭岩 陆玉华 陈 雪 朱沙俊 林巍巍
10	低排放生物柴油发展战略研究与产业化关键技术	江苏大学，南通大学	王 忠 袁银男 梅德清 高宗英 马淋军 孙 平 王小哲
11	喷射电沉积流场主导结晶机理与绿色技术应用	南京航空航天大学，南通大学，南通振华重型装备制造有限公司	田宗军 沈理达 花国然 刘志东 王桂峰 赵剑峰 黄因慧
12	制造装备的嵌入式智能监控与集成研究及应用	南京理工大学，南通锻压设备有限公司，江苏腾宇机械制造有限公司	陆宝春 张登峰 田先春 郭 庆 张 卫 丁玉兰 蒋怀同
13	清化湿热瘀毒法治疗慢性肝炎的理论基础与临床应用	南京中医药大学，江苏省中医院，南通市第三人民医院	薛博瑜 周 珉 叶 放 潘林梅 孙丽霞 邵 铭 周仲瑛
14	新一代在线计费系统软件 OBS	南京中兴软创科技股份有限公司，南通大学	曹 阳 许 多 邓 钢 杨学书 葛宏宾 章国安 杨永杰

知识产权管理

【概况】 2010年,市科技局进一步强化知识产权工作考核,新增发明专利考核指标;建立项目知识产权审议机制,对科技项目进行立项前知识产权审查论证;组织"4·26"世界知识产权日系列宣传活动;举办第三期南通市专利代理人培训班、"企业知识产权战略报告会"和"中国企业应对国际知识产权风险暨国际PCT专利申请"巡讲交流活动。专利工作保持全省前列,全市专利申请量38707件,列全省第二;比上年增长76.71%,增幅列全省第一。其中发明专利8356件,增长149.28%。全市专利授权量22644件,列全省第三,比上年增长111.19%,增幅列全省第二。11月,国家知识产权局局长田力普一行到南通调研,充分肯定南通市知识产权工作。

(石 军)

·科研机构选介·

江苏沿江地区农业科学研究所

【概况】 江苏沿江地区农业科学研究所,是省属全额拨款事业单位,受江苏省农科院和南通市人民政府双重领导。位于如皋薛窑,宁通高速公路九华出口西6公里处。1956年建所,1983年5月省以农区设所后改为现名,1989年增挂"南通市农业科学研究所"牌子,受江苏省农科院和南通市人民政府双重领导。农科所现有在职科研人员70名,其中研究员7名、副研究员31名、助理研究员16名,建有国家食用豆产业技术体系南通综合试验站、省级玉米种质资源库、南通市优质玉米工程技术研究中心、南通市农作物综合利用平台、农作物转基因育种实验室(南通市重点实验室)、化学分析实验室、图书资料室等。2010年,农科所科研工作成果丰硕:审定定名农作物品种7个、其中玉米2个,豆类4个,大麦1个;获作物品种权3项,申请品种权1项;获授权发明专利5个,申请专利3个;获奖成果5项(其中省科技进步三等奖1项,市科技进步一等奖1项),鉴定成果6项;制定并颁布省市农业标准16项;在中级以上刊物发表论文50篇,出版专著6部。

【科研项目】 2010年,农科所主持各级各类科研项目46项,其中,国家级项目8项(包括国家自然科学基金项目1项,国家产业技术体系项目1项,国家农业综合开发项目6项),省级科研项目20项,市级科研项目18项。同时接受委托和参与省、市项目27项。新增项目合同经费1288.83万元。在研课题中,有28个玉米、豆类、水稻、棉花等农作物新组合、新品系参加国家省区域和生产试验,其中国家试验7个、省级试验21个。研究、完善并集成"设施果蔬病虫害无公害防控技术"等高效农业新技术、"大麦/西瓜/早夏鲜食玉米+夏播鲜食玉米-秋播鲜食大豆"等栽培新模式、"鲜食毛豆速冻保鲜技术"等农副产出加工新工艺近20项,在生产实践中得到推广应用,取得良好的社会经济效益。

【科技服务】 2010年农科所以项目为载体,积极开展科技服务工作,取得显著成效,被省农科所评为"挂县强农富民工程"先进单位。(一)挂县强农富民工程。在海门市6个镇村建立1960亩设施蔬菜、15000亩高效露地蔬菜的核心示范区,农民人均纯收入比上年增长23%。(二)科技创新资金高效农业项目。项目示范区面积扩大到8362亩,平均亩产值4867元,其中2000亩核心区平均亩产值达到5700元。推广辐射面积超过5万亩。(三)农业综合开发项目。年内承担6个国家级、2个省级农业资源综合开发项目,项目分布于南通5个县市12个镇31个村。实施面积10.1万亩,建立核心示范区1.4万多亩,项目区共增产增收3743万元。

(韩 娟)

综合经济管理

经济宏观管理

【概况】 2010年,全市上下坚持以科学发展观为统领,牢牢把握"加快推动经济发展方式转型和由全面小康向基本现代化迈进"的工作主线,创新思路,锐意进取,团结拼搏,扎实工作,经济社会持续健康协调发展,年初确定的国民经济预期目标和主要任务基本实现。

【"十二五"规划编制】 根据市委、市政府的总体部署,2009年8月启动"十二五"规划工作。组织开展41个前期课题研究和"南通市'十二五'综合交通规划"、"通州湾(腰沙·冷家沙)综合开发战略规划"、"城市轨道交通线网规划"等61个专项规划的编制工作。研究提出"十二五"规划基本思路。根据市委建议,制定《南通市国民经济和社会发展第十二个五年规划纲要(草案)》,在市十三届人大四次会议上审议通过。在规划编制过程中,坚持开门搞规划的原则,多渠道听取、充分吸收了各方面、多层次的合理建议。

【经济运行监测和管理】 认真研究国家宏观调控对全市经济发展的影响,加强对经济发展环境、趋势的分析和判断,在多方调研的基础上,起草《2009年国民经济社会发展计划执行情况和2010年国民经济社会发展计划报告》,在市十三届人大三次会议上审议通过。面对严峻复杂的经济形势,加强经济运行预警预测及分析,切实搞好经济运行调节,认真落实中央、省、市扩内需、调结构、惠民生的各项政策措施,强化价格调控监管,有效促进经济平稳较快发展。继续做好国民经济动员工作。

【固定资产投资管理】 加强投资跟踪管理,着力优化投资结构。严格执行政府投资项目决策流程,积极推行政府投资项目代建制。市级政府投资项目建设中心承担代建项目14个,总投资约27亿元,其中消防指挥中心、社会福利院二期等项目竣工。创新项目审批流程,完善项目并联审批,提高服务效率,优化投资环境,全年302件收文全部办结,新增受理57个并联审批项目均完成核准程序。积极争取扩内需项目资金,有72个项目纳入中央预算内投资计划,争取中央财政预算内资金2.06亿元。

【重大项目实施】 编制下达全市投资计划和160个市级重点项目建设计划。160个市级重点项目完成投资596.4亿元,为年度计划的104%。其中,续建项目完成投资396亿元,为年度计划的110.3%,80个前期项目中有13个取得重大突破。加快推进重特大项目,大唐吕四港电厂、中远船务海工基地一期、王子制纸一期等项目竣工投产,醋纤五期、清华同方半导体基地、综艺科技产业园等项目开工建设。召开全市重大项目办公会议9次,研究出台《关于建立市区服务保障重大项目"绿色通道"制度的试行意见》。

【沿海开发】 制定《南通市沿海战略资源开发使用项目管理实施办法》和《南通市海洋产业发展三年实施方案》,编制完成《全市沿海开发招商手册》。全面落实沿海开发各项目标任务,积极推进沿江沿海基础设施项目建设,472个总投资超2000亿元的沿海开发重点项目实现集中开工。加强江海岸线深度整合和综合利用,《腰沙·冷家沙区域综合开发战略规划》形成中间成果。

【产业结构调整升级】 根据《南通市人民政府关于加快新兴产业发展的实施意见》,编制完成新能源、新材料、海洋技术等7个新兴产业发展专项规划,重点扶持100家新兴产业企业、140个重点新兴产业项目、10个新兴产业创新平台和10个新兴产业特色基地;加强高技术项目的跟踪管理,组织实施产业化推进工作;争取中央投资重点产业振兴和中小企业技术改造专项资金1570万元。落实加快市区服务业发展三年行动计划,出台《关于加快新城区中央商务区总部经济发展的若干意见》、《南通市新城区总部企业认定办法》和《关于鼓励制造业企业分离发展生产性服务业的实施意见》,加快推进31个重点集聚区和168个市级服务业重点项目建设,南通市荣列"全国服务业投资十佳城市"。统筹推进节水、节材、资源综合利用、循环经济试点等工作。

【经济体制改革】 制定全市2010年经济体制改革要点。推进企事业单位改革,研究并协调修改全市行业协会和商会改革和发展的政策意见,积极推进二甲镇全国小城镇改革发展试点。组织参加首届中国城镇投资博览会,组织2个小城镇参加上海世博会中国国家馆小城镇展示活动。

【区域合作和对口支援】 拟定全市接轨上海七大类33项重点工作。遵照《长三角地区城市合作(嘉兴)协议》,全力推进长三角城市专题合作,苏通科技产业园、南通上海市北高科园、海安杨浦工业园、启东外高桥工业园加入长三角园区区建联盟。组织参加"西洽会"、第五届苏北投资贸易洽谈会。启动新一轮援疆工作,援建四川绵竹新市镇各项工作任务全面完成。

(龙微频)

财 政

【概况】 全市各级财政部门着力做好"收入与财源、民生与社会、理财与绩效、素质与服务"四篇文章,认真落实财政科学化、精细化管理要求,打造现代财政管理模式,促进经济社会又好又快发展。全市实现财政总收入713.3亿元,增长46.8%;财政总收入占GDP的比重为20.9%,比上年提高4个百分点。全市实现地方一般预算收入290.8亿元,列全省13市第四位;增长46.1%,高于全省平均19.7个百分点,增幅列全省第四位、沿江八市第一位,连续6年超过全省平均水平。其中,税收收入完成225.2亿元,增长33.8%,超过全省平均9个百分点;全市税收占比达到77.5%,高于苏中平均水平。市区(不含通州)完成一般预算收入121.2亿元,增长54.9%,超额完成年度目标;县(市)(含通州)实现地方一般预算收入169.7亿元,增长40.6%。全市财政总支出546.2亿元,增长41%。南通市、启东市、海门市获省政府"财政收入新增贡献先进单位"称号。

【财政收支】 *收入方面*。坚持把组织收入作为财政工作的重中之重,完善考核奖励制度,强化收入跟踪分析,2010年全市财政收入实现历史性突破。"十一五"期间,财政收入呈现速度加快、总量突破、质态稳定的特点,全市财政总收入占地区生产总值比重稳步提升,一般预算收入占全省比重持续提升,一般预算收入总量在全省位次出现提升。

支出方面。不断增加民生领域财政投入。首次实行从土地出让金中提取10%用于社会事业配套。全年全市就业、社保、教育和医疗等各项民生支出达168.5亿元,占地方一般预算支出的比重达54.5%,有力保障2010年度10件27项政府为民办实事等重大项目推进,为企业退休人员独生子女一次性奖励、义务教育免学杂费、中职学校助学金发放、公交车辆采购等提供保障。支持迁建工贸技校、第六人民医院、妇幼保健院等,支持市民服务中心、工青妇活动中心、汽车枢纽东站、社会福利中心、港闸区万顷良田、狼山风景区等一批重点社会事业项目建设。

【财源建设】 (一)加强政策落实。继续构建支持区域经济发展、产业发展、科技进步、人才引进、金融和担保业发展的五大政策平台。加大对企业新上重点大项目节点扶持奖励力度,至年底,市区有27家企业33个项目与市政府签约,建成投产后对地方年税收贡献可达8.5亿元;支持科技发展,市本级安排科技发展资金1.2亿元;安排5000万元人才资金,落实"江海英才计划"等人才政策,加大工程技术关键人才引进;整合产业发展资金,提高资金使用绩效。(二)完善政策体系。全年研究制定和完善区招引工业大项目补助办法、产业发展资金整合办法、税收上台阶和大项目节点奖办法、工业企业主辅分离政策、服务业发展专项资金管理办法、中小企业发展资金管理办法、中央商务区总部经济发展资金管理办法、大型团队旅游奖励办法等10多项政策、制度、办法,财政支持经济发展的政策体系进一步完善。(三)分析政策绩效。对大项目节点奖办法实施情况开展绩效评估。开展企业发展专项资金绩效评价,对企业科技进步专项资金、人才资金、名牌资金、服务外包资金等12项专项资金设计绩效评价指标,初步建立财政支持企业发展资金的绩效评价指标体系。组织开展科技成果转化专项引导资金绩效评价,重点评价项目建设及专项引导资金运行效益。(四)加快资金拨付进度。提高财政支持企业发展资金预算执行力,主动兑现政策,主动执行预算。取消企业拨款收据,上级财政定向扶持企业资金,在市级财政账户"零停留",款到即付。

【现代财政管理模式】 探索财政管理科学化、精细化的新路子,着力打造"规范、创新、高效、廉洁"的现代财政管理模式,取得明显实效。主要做法有:实行全口径预算指标管理,形成"完整统一的财政预算";预算执行"一分为三";取消非部门预算单位拨款收据;改城建工程按形象进度拨款为施工节点拨款,拨款流程公开到全部服务对象;实行财政存款"公式化"考核分配办法,用财政存款激励银行增加对市区的贷款投入;完善经费审核会议制度,分研究事项、通报事项、备案事项提交会议,全年组织召开会议46次,研究办结经费事项889笔;实行部门预算单位往来款"实名集中支付",杜绝单位利用往来款逃避财政监管的"防空洞";财政债权回收责任到岗到人,到期债权电脑系统自动提示,人员换岗列入移交范围,确保"年账年清";会计师事务所承接财政业务一律招投标;制定公物仓管理办法,统一行政事业单位常用设备配置标准；前移审核关口，加大审核力度，全年审核城市市政建设项目、市区河道整治项目、征地拆迁项目215个，送审金额79.6亿元，核定金额69.4亿元，核减总额10.2亿元，核减率12.8%。省财政厅《江苏财政简报》、市委《研究与参阅》、省政府办公厅《专报信息》先后刊登南通市财政局的做法。

【财政监管】 逐步建立和完善预算编制、预算执行、财政监督、绩效管理“四位一体”的财政大监督体系。贯彻《江苏省财政监督办法》，确保财政资金运行高效、安全。继续开展《中华人民共和国会计法》执法检查，重点对市区344户企事业单位和9户会计师事务所实施会计信息质量检查。在党政机关和事业单位开展“小金库”治理“回头看”。市直344个党政机关和事业单位进行“回头看”自查自纠，收缴入库罚款140多万元。在社会团体、国有及国有控股企业开展“小金库”专项治理工作。全市1562户社会团体和公募基金会、496户国有及国有控股企业认真进行自查自纠，发现“小金库”33个，违纪发生额626万余元；自报“小金库”单位全部纠正到位。重点检查工作扎实推进，全市组织29组131人对295家单位进行重点检查，发现问题按政策规定严肃处理。

（陈丽丽）

国家税务

【概况】 2010年，全市国税系统坚持以降低遵从风险为导向强化税源管理、以满足合理需求为导向优化纳税服务、以规范权力行使为导向健全内控机制、以提高综合素质为导向推进队伍建设，内强管理，外树形象，较好地完成全年各项工作任务。全市完成国税总收入229亿元，比2009年增长20.32%。其中完成地方一般预算收入59.79亿元，增长26%；其中市区完成一般预算收入24.54亿元，增长22.58%。“十一五”期间，累计完成国税总收入844亿元，年均递增21.4%，其中完成地方一般预算收入210亿元，年均递增24%。4月22日，国家税务总局副局长宋兰一行到南通调研，对南通局税源专业化管理和纳税服务工作给予充分肯定。市国税系统继续保持省文明行业称号，在省局开展的纳税人满意度测评中获省辖市局第一名。

表3－17　　2010年南通市国税收入分项目情况

（单位：万元）

项　目	2010年	2009年	比2009年同期	
			增减额	增减幅%
一、国税考核总收入	2290359	1903569	386790	20.32
1.国内增值税	1588769	1488963	99806	6.7
其中：直接收入	1209869	1118963	90906	8.12
免抵调库	378900	370000	8900	2.41
2.企业所得税	546517	304225	242292	79.64
其中：地方级	501709	255739	245970	96.18
3.国内消费税	34508	21443	13065	60.93
4.存款利息个人所得税	4539	20541	－16002	－77.9
5.车辆购置税	116026	68397	47629	69.64
二、海关代征	734408	626900	107508	17.15
三、出口退税	870000	654000	216000	33.03

【落实税收优惠政策】 2010年，市国税局围绕促进转型、改善民生，认真落实各项税收优惠政策。全年有1.1万余户纳税人申报抵扣固定资产进项税金24亿元，实际抵扣15亿元，比上年增长1倍多；办理福利企业、软件产品、资源综合利用等增值税即征即退3.51亿元；有1.8万余户纳税人申报享受各种类型的企业所得税优惠15.71亿元，其中102户高新技术企业享受减免所得税4.35亿元；全年办理出口退(免)税124.89亿元。其中，出口退税87亿元，比

上年增长33%;免抵调库37.9亿元,比上年增长2.4%。“十一五”期间,累计落实各项政策性减免104亿元,办理出口退(免)税420亿元。

国税总局领导到南通调研

【税源专业化管理】 优化资源配置,明确市、县、分局风险管理职能,把专业化程度较高的税源管理职能,从属地税收管理员中分离出来,市、县两级国税机关普遍建立风险分析和风险应对两个专业团队。实施风险管理,深化横向联动和纵向互动,合理设置风险管理流程。推进信息管税,依托省局税源管理平台,开发应用大企业管理软件和纳税评估软件,为基层实施税源管理提供信息支撑。通过强化高风险企业、高风险事项的专业化应对,全年纳税评估、税务稽查入库税款分别达3.99亿元和4.39亿元。

【纳税服务】 积极构建以纳税人为中心的纳税服务机制,全年有2200多名纳税人通过各类征集平台反映纳税需求,分为五大类29条进行有针对性的服务。强化办税服务厅主阵地建设,整合窗口职能,实行纳税人办税“一站式”环形闭合运行,积极推进“同城办税”。通过税收宣传月、国税网站、“12366热线”、“纳税人之家”、专题解读会等形式和载体,广泛开展税收政策宣传咨询。加强纳税辅导,对重点大企业、新办纳税人等开展个性化服务。5月18日,市国税局举办首届税企合作与对话高层会议,就“互信、合作、遵从、发展”这一主题达成共识,签订《税企合作遵从意向书》。加强纳税服务信息化建设,全面推行网上申报、认证、抄报税和发票网上开具。截至2010年底,普通发票网络开具已推行1.3万户,推广面达93%;专用发票网上认证和运费发票网上认证率分别达到98.1%和91.6%;远程报税稳步推开,占单机版用户的58.43%。

【内控机制建设】 通过风险排查和等级评估,市国税局将当前税收执法权和行政管理权运行中最突出的6个事项确定为重点内控项目,研究内部制约办法,将控制要求层层分解落实到具体岗位和人员。加强日常监督,研究建立内控标准和测试模板,及时对内控制度的执行情况进行检查。其中,建立基层监督委员会的做法,得到市纪委的肯定并在全市推广。

【机构改革】 根据省局部署,完成机构改革。新增纳税服务处、教育处;原流转税处更名为货物和劳务税处,原计划统计处更名为收入核算处,原国际税务管理处更名为大企业和国际税务管理处。

【队伍建设】 建立健全教育培训机制,开展全员分级分类培训,截至2010年末,99.5%的干部通过省局专业等级初级考试,通过中、高级考试的干部比例分别达65.9%和24.5%。全系统拥有注册税务师、会计师、律师资格180人,高层次复合型人才48人。在全省国税系统“五员”能手(征收类、管理类、稽查类、所得税类、计算机类)竞赛中取得团体第一的好成绩。

(龚艳玲)

地方税务

【概况】 2010年,南通地税系统全面实施“创新引领”战略,整合资源配置,加快发展转型,推进“三个一流”(干部队伍、服务水平、工作业绩)建设进程,较好地完成各项工作任务,实现新一轮发展的良好开局。全年组织各项收入315.56亿元,增长28.8%。其中,税收收入207.99亿元,增长34.6%;增幅超出全省平均水平8.2个百分点,列沿江八市第二位。市地税局机关在省局“三个一流”(一流干部队伍、一流服务水平、一流工作业绩)综合考核中位居先进行列,连续第六年被市委市政府评为“南通市最佳办事单位”。“四分四专”专业化管理模式、打击发票违法工作、“三训一体”在岗实训平台、重大案件“庭辩式”审理、“5+1”干部动力激励机制等一批工作项目得到总局、省局的充分肯定。岗位廉政教育、行政监察工作在省局和全市党风廉政教育会上交流发言。

【组织收入】 完善税收预测分析机制,不断增强组织收入工作的预见性和计划性。抓好房地产行业、建筑安装项目、货物运输业等重点税种、重点行业的征收管理;创新金融商品税收管理,二手房交易税收调整、娱乐业营业税新政等措施及时跟进落实。开展企业所得税汇算清缴,全面规范税前扣除凭证、所得税征收方式及优惠事项管理。加强全员全额管理和年收入12万元以上个人所得税自行申报,以高收入者为主要对象实施精细化管理措施。从4月起,契税、耕地占用税的征管职能由财政部门划转至地税部门。土地增值税预征和清算稳步推进,"地方七税"(资源税、城镇土地使用税、城市维护建设税、印花税、土地增值税、房产税、增值税)保持较快增长。启动发票管理改革,推进发票简并、网上开票和税控机推广应用。利用社会综合治税网络,推进个体税收社会化征管机制。扎实做好反避税、国际税收情报交换、售付汇凭证管理等涉外税收工作。

表3-18 2010年南通市地方税收情况

单位:万元

项目	2010年	2009年	比2009年	
			增减额	增减%
地税系统组织收入合计	3,155,590	2,449,964	705,626	28.80
(一)地方税收收入合计	2,079,923	1,545,884	534,039	34.55
1、营业税	736,739	573,221	163,518	28.53
其中:省级	92,617	78,328	14,289	18.24
2、企业所得税	352,889	251,669	101,220	40.22
其中:省级	211	42	169	402.38
3、个人所得税	328,204	231,728	96,476	41.63
4、资源税	593	585	8	1.37
5、土地使用税	75,223	64,763	10,460	16.15
6、城市维护建设税	101,487	84,188	17,299	20.55
7、印花税	35,773	26,274	9,499	36.15
8、土地增值税	152,459	77,005	75,454	97.99
9、房产税	61,476	53,100	8,376	15.77
10、车船税	14,218	11,918	2,300	19.30
11、契税	178165	138207	39958	28.91
12、耕地占用税	42,697	33,226	9,471	28.50
(二)教育费附加	49,503	40,814	8,689	21.29
(三)文化事业建设费	2165	1755	410	23.36
(四)社保费收入	940,626	795,967	144,659	18.17
(五)其他基金费	83,373	65,544	17,829	27.20

【征管改革】 以实施专业化管理为核心,创新税源管理体系,优化征管资源配置。按照机构扁平化要求,在各县(市、区)局设立税源管理中心和重点税源管理局,实现全市基层税收管理的规范化、标准化和统一化;全面实施纳税服务中心实体化运作,适度收缩办税服务厅设置,提高管理能效。建立"四分四专"税源专业化管理模式,强化对重点行业、重点企业、重点税种、重点项目的精细化、集约化管理。各县(市、区)局重点税源管理局正常管户占全部正常管户的7%,入库税款占全部税款的66.2%,征管效益明显。

【信息管税】 在征管信息"大集中"的框架下,深度挖掘数据应用价值,信息管税对税收收入贡献率达12%以上。组织新一轮数据采集维护工作,不断完善数据审计指标体系,深化数据分析推送,基本实现"五零"数据管理目标。依托"税收风险信息管理系统",建立风险管理体系,实现税源监控的差别化管理。完成省局数据利用拓展项目一期软件开发任务,大集中系统平稳高效运行,实现与新一轮征管改革的全面对接。

【纳税服务】 深入践行"南通地税真诚面对您"的服务理念,整合优化服务资源,初步形成以信息技术为支撑的全方位、集约化、多元化的纳税服务体系。开展第十九个税收宣传月活动,营造全社会共同关注税收的良好氛围。完成办税服务厅公共管理系统的上线运行和"网上办税厅"的培训应用,推行全功能窗口办税模式,做优做强前台服务。对地税网站、"12366"系统进行优化升级,不断拓展服务功能,努力构建专业化的网上办税平台和咨询服务体系。继续办好"江海地税大讲坛",定期开展纳税人专题培训,推出场景式办税指引教程,办税人员自主办税能力不断提高。健全"纳税人之家"建设,维护纳税人合法权益。

【机关文化建设】 构建以"情境培训、基地培训、实战培训”为主要内容的“三训一体”机制,组织参与全国税务系统企业所得税知识考试、全省地税系统办税服务厅岗位能手等各级业务竞赛,有效促进干部素质的稳步提升,“三师”比率达到11.1%。深入贯彻“文化引领”战略,组织开展“地税文化月”、“江海税歌”文艺汇演等系列活动,持续打造南通地税特色文化项目。开展“优质服务企业行”、“第三方看地税”等活动,强化机关作风行风建设,塑造阳光地税形象,在委托城调队实施的社会满意度调查中,总体满意率达99.59%。《基于“心力”与“能力”最佳融合的文化自觉》一文获“全国税务文化论坛”一等奖。

(朱建军)

工商行政管理

【概况】 截至2010年底,全市个体工商户总数达39.21万户,私营企业总数达15.28万户,注册资本3898.39亿元;2010年新设立外商投资企业522家,投资总额56.79亿美元,注册资本41.65亿美元。全市各级工商行政管理机关紧贴经济发展大局,实施“调结构、扩内需、惠民生”十大工程,突出抓好服务沿海开发、实施商标强市战略、支持文明创建3项重点工作。市局及各直属局、分局制定出台服务发展类文件49个,代市、县(区)政府起草或被转发文件28个,受到县级以上领导批示32件。充分发挥职能作用,为促进全市经济社会发展作出积极贡献。市工商局在江苏省工商局2010年度考核中获综合考评第一,单项考核有15个条线进入前五名,实现历史性突破。市工商局及各直属工商局驻行政审批中心窗口均被评为“优秀窗口”。

【服务沿海开发】 出台《关于充分发挥工商职能服务沿海开发的意见》,并制定《涉港项目直通服务五项工作制度》等6个配套文件。召开首届沿海三市工商机关服务沿海开发联席会议,倡导建立协作机制,与盐城、连云港工商局共同签署《服务沿海开发合作框架协议》等合作文件。服务沿海开发的相关信息报道被国务院办公厅、国家工商总局信息刊物及《中国工商报》、《工商行政管理》等媒体刊用。

【实施商标战略】 为市政府代拟《关于大力实施商标战略加快品牌强市建设的指导意见》,促成市政府召开多个职能部门参加的商标战略座谈会,使商标工作上升为全市系统性战略工程。强化商标培育力度,全年新增注册商标4000多件,指导企业申报驰名商标10件、著名商标85件、知名商标355件;培育省级品牌培育基地2家、市级品牌培育基地3家,在叠石桥家纺市场组建全省首家品牌管理办公室。

【优化窗口服务】 登记准入窗口。修订《登记注册优质服务十项制度》,健全注册窗口制度体系。着力化解企业融资难题,探索实施浮动抵押,成功办理全省首例商标权作价入股。全市新办理各类股权出质登记188件、抵押登记837份,助企融资101.5亿元。参与“千企挂钩帮扶年”活动,挂钩企业785家,出台《内资企业(含私营)年度检验审查规范》,为企业提供集中年检、上门年检、代理年检、预约年检服务。

“12315”申诉举报窗口。优化“12315”工作流程,提高信息平台的工作效率。市工商局“12315”指挥中心全年接受咨询2.23万件、申诉3741件、举报2567件,为消费者挽回经济损失550.53万元。

会员服务窗口。全市个私协会系统开展“会员服务年”主题活动,成立法律服务中心,免费为会员提供法律援助服务,帮助会员挽回经济损失1000多万元。举办各类培训25期,培训3200人次。与劳动保障部门合作举行招聘会,解决劳动用工1.8万人。创新会员服务机制。如东县个私协会建立会员代表常任制,海门市个私协会在各镇设立个私会员服务中心,在全省个私协会系统均产生较大影响。

【创新维权机制】 创新放心消费测评机制。制定《南通市各县(市)、区对乡镇(街道)放心消费创建活动测评细则》,得到江苏省放心消费创建办公室认可并发文在全省推广。连续4年召开市、县(区)、镇(街道)三级干部会议,举办“消费与服务”和“美丽南通我的家、放心消费靠大家”两场专题文艺晚会,建立全省首个社区放心消费教育基地,使创建工作日渐深入人心。

创新消费维权调解机制。实行“消调对接”,与社会大调解全面对接,增强处理消费纠纷的工作合力。设立全省首家以个人名义命名的“消费维权工作室”和“少数民族消费维权联络站”,至2010年底,全市建成消费维权联络站点1879个,实现农村村镇和城市社区“一会两站”的全覆盖。消费教育取得突破,在国内率先以幼儿为对象编写一套消费教育教材。

创新有形市场管理机制。实行市场信用分类监管,全市347个有形市场均按信用等级分类,2.98万个场内经营户信息全部进入监管数据库。召开全市平安市场创建联席会议,组织开展省、市两级文明诚信市场创建工作,有2家市场被评为“江苏省诚信经营示范市场”。

【食品安全监管】 抓好食品流通许可管理,实行一个窗口受理、一套规范审核、一户一档立卷和一个标准评查的“四个一”管理。全年核发食品流通许可证1.55万份;重新认定1548家“食品安全示范店”;培育73条规范监管示范街,做到执照镜框、承诺内容、人员公示、消费投诉的“四统一”。在如皋市实施“天网”工程的基础上,推进“食品电子溯源监管工程”,全市有4.7万户食品经营户和27.95万批次的食品在“食品安全在线”电子溯源平台完成备案。继续实施“校园食品放心工程”,通州区新增33家校园连锁经营食品店,启东市完成校园食品连锁经营主体登记注册及47家门店布局。开展食品抽样检验,检测食品1700批次,其中不合格食品255批次,立案查处213起,没收不合格食品4184公斤。加强食品安全应急建设,确定96名信息采集员,组织开展11场次应急演练。开展食品安全专项整顿,着力规范食品经营行为。

【依法行政】 整合内外资源,实现联动执法。构建社会化监管格局,信用体系建设、无照经营整治、农贸市场改造等成为政府统一领导、多部门齐抓共管的民心工程。整合内部执法资源,实行案件扎口管理,探索实施执法办案积分考核制度。统筹实施专项执法,组织开展“迎世博、禁传销”、查处取缔无照经营、打击侵犯知识产权和制售假冒伪劣商品等专项执法行动,全市系统立案查处各类经济违法案件4355起,涉案金额4.39亿元。此外,组织开展“扫黄打非”、查禁“黑网吧”及动漫市场、安全生产等专项检查,切实维护辖区市场秩序。

加强制度建设,提高执法规范化水平。加强法制机构考核评价,推进法制建设。加强依法行政示范点建设,市工商局和启东工商局、通州工商局被表彰为全省依法行政示范点,新确定15个基层工商分局(所)为全市依法行政示范点。编制《企业经营范围核定规范》、《外商投资企业工商登记实用手册》和《内资企业(含私营)年度检验审查规范》,试行《连锁企业登记规范》,提升行政许可规范化水平。完善外资企业专管员工作制度,编写《基层监管员工作手册》。制定《行政处罚文书格式及案卷装订规范》和《实施行政强制措施行为规范》,完善集体通案和案源线索管理两项制度。市工商局3次召开收费管理工作会议,督促各单位加强票据管理,做好收费公示,完善收费制度。

【工商廉政建设】 加大作风行风建设力度。全年先后3次召开作风行风专题会议,积极化解各类矛盾,有力推动队伍作风建设。加大明查暗访力度,在督查手段、督查人员组成、督查方式上进行改进。加强纪检监察基层网络建设,在全市工商系统74个基层工商分局(所)设立专职纪检监察员岗位,如皋工商局还设立基层监督委员会。召开党风廉政建设创新工作经验交流会,集中展示工商廉政建设的成果。专职纪检监察员工作分别在9月初的全国工商系统反腐倡廉建设创新经验座谈会和12月初的南通市基层站所创设监督委员会工作推进会上作经验交流。

(王铁峰)

物价管理

【概况】 2010年,市物价系统以“服务结构调整促转型、服务消费扩大促增长、服务民生改善促和谐”为工作主线,履行价格监管职能,市区居民消费价格指数103.7,比全省平均水平低0.1个百分点。全市价格系统连续三届蝉联省文明行业,获得国家级荣誉称号1项、省级7项、市委市政府表彰7项。市物价局价格预警定量指标研究、运用价格杠杆促进旅游业发展的做法在全国性会议上作介绍。年内,市物价局制定机构改革“三定”方案,设立7个内设机构、3个直属分局。关于加强“菜篮子”等主副食品价格调控监管的建议被市政府采纳,列为2011年市政府为民办实事工程之一。推进商品价格量价监测制度,全年采集数据16万多条。上报各类分析、预测、调查材料400多篇,国务院办公厅录用7条,省政府办公厅录用15条,市政府办录用105条,分别获省局、市委市政府政务信息一等奖。

【制定实施价格政策】 全年制定6个政策性文件,其中5个由市政府或市政府办转发实施,发挥价格杠杆调节作用。研究优化狼山景区票价机制的政策措施,除对景点门票实行“联票制”、“联年卡”外,在全省率先推出两年卡、三年卡、亲情卡等多种惠民套餐。在全国率先将企业环境行为与水价挂钩,从2010年7月1日起,对市区污水处理不达标的27家“红牌”企业、8家“黑牌”企业,实行差别水价,分别加价0.3元/吨、0.5元/吨。对污水“零排放”企业免收污水处理费,鼓励高耗水企业实行水资源循环利用。全年共减少涉企收费项目22个、降低涉企收费标准21项、落实中小企业优惠政策7项,市区企业减负1.2亿元。

【加强民生类价格管理】 全年审核13批次、158.83万平方米拆迁安置房价格。对市区普通住宅商品房销售价格实行备案制度,备案新开工楼盘9个、37.24万平方米。社区医疗机构2460个基本药物全部实行零差价销售,药品价格平均下降40%。市区出台出租车油价联动机制及附加费、公办养老福利机构收费、廉租房租金等政策措施。通过争取政策支持,为通州区家庭固定电话用户每月节省50万元话费支出。在市区10多家超市开展零利润销售,稳定“菜篮子”价格,此举受到全国20多家媒体报道。

【规范价格行为】 市物价局按规定对定价、调价做到“凡定必审”、“定期监审”,全年核减不合理成本3060万元。在全省率先建立价格风险评估机制,有关做法在全市维稳工作会议上作交流。在价格检查过程中,坚持集体分级审理,同时细化、量化、固化处罚流程,新立案件全部上网运行。对实行市场调节价的商品和服务项目,加大监管力度。以开发区两个农贸市场为试点,实行农副产品销售明码标价。组织涉企收费、教育收费、农资价格、行业协会收费等专项检查,全市共查处各类价格违法案件88件,实行经济制裁808.955万元,其中退还用户126.5万元、没收违法所得669.155万元、罚款13.3万元。拓展价格鉴证服务功能,共完成各类价格鉴证、认证1044件,标的3.28亿元。

【优化价格服务】 优化权力公开透明运行网络系统,形成职责明确、操作规范、监控到位、预警督办及时的行政权力运行机制。更新物价网站,开设"农价万事通"、民生价格"价比三家"等栏目,局领导走进政府门户网站进行"民生价格"在线访谈。进一步压缩服务事项承诺时限,在21项行政服务事项中有20项保持承诺时限全省最短。抓好"12358"投诉举报服务窗口规范化建设,全年受理价格咨询、举报1515件,其中举报45件,办结率100%,退还消费者4.4万元。在全省率先把价格纠纷专业调处机制纳入社会大调解体系,被列为市社会管理创新重点项目。加强价格政策宣传与信息公开,在办好电台"今日物价"专题的同时,通过电视台每周播发1条价格游动字幕,与广电网络公司联合开发"物价之窗"互动软件,在《南通日报》、《江海晚报》每周开设1期"南通价格视窗"。开展"价格诚信单位"评比活动,将事后检查与事前指导相结合。

(顾爱萍)

国土资源管理

【概况】 2010年,市国土资源局坚持保障发展与保护资源并重,主动服务与严格监管并举,不断完善"保姆式"服务和"片警式"监管,保障全市各类重大项目、重点工程的合理用地需求,为完成全市"十一五"规划任务提供资源保障。年初省下达市新增建设用地计划为10800亩,其中农用地转用计划7230亩。市国土局通过争取独立选址、重大项目点供、城乡建设用地增减挂钩和万顷良田建设工程挂钩指标共取得农用地转用计划指标30618亩,位列苏中苏北第一,全省第二,有效保证经营性用地的平稳供应、工业项目用地的持续供应、保障性住房项目用地的优先供应。2010年,市国土局被国土资源部、人事部联合表彰为全国国土资源工作先进集体,被国土资源部评为全国国土资源依法行政工作先进集体,被省国土厅表彰为全省国土资源系统"五五"普法工作先进单位。

【规划编制与审批】 根据国土资源部批准的规划大纲,会同规划编制单位不断深化市级规划,市级规划文本、图件等最终成果在全省率先通过省政府审查,并报国务院审批。六县(市、区)规划大纲全部通过省国土厅审查批复。各地基本农田专项规划均通过省国土厅专家论证和审查批复。结合全市新一轮土地利用总体规划修编,进一步优化布局,为苏通科技产业园、锡通科技产业园和上海市北高新(南通)产业园等重点开发建设区域预留用地空间。

【耕地资源保护】 南通基本农田保护工作继续在全国保持领先地位。市政府、市国土局分别与各县(市)政府和国土部门签订耕地保护目标责任书。由市政府办公室转发《关于支持设施农业发展和规模化畜禽养殖用地有关政策的试行意见》,进一步规范设施农用地管理,提高设施农用地审批效率。"万顷良田建设工程"全面推进,如皋、海安、通州、海门、港闸5个县(市、区)共7个项目申报省试点,全部获批,申报数、批准数为全省最多。试点完成后,可建成高标准农田15.68万亩,可净增建设用地指标2.49万亩。2010年,如东洋口、海安白甸等8个省以上投资项目通过省级验收,总面积9.44万亩,新增耕地0.92万亩,争取省以上资金1.15万元。全市耕地占补平衡项目库入库项目129个,项目总规模1.8万亩,可新增耕地1.16万亩。连续19年保持耕地占补平衡。

【土地供应】 盘活土地存量,加大对征而未供、供而未用及闲置、空闲土地盘活利用力度,通过"腾笼换鸟"等多种手段盘活存量用地。全面落实节约集约利用激励措施,挖掘土地利用潜力。2010年全市利用存量用地19950亩,其中市区利用存量建设用地7050亩,比2009年增加30%。全市供应土地63090亩,比2009年增加36%。从供地结构看,工业仓储用地46%、经营性用地36%、基础设施用地15%、其他用地3%,经营性用地、基础设施用地总量增幅较大,工业用地总量稳中有升。研究提升土地集约利用新方法,探索开发区土地集约利用新路子。南通市13个国家和省级开发区集约利用考核评价更新工作通过省国土厅验收。

【土地市场】 2010年,全市经营性用地供应总量和出让金总额呈现增长趋势,房地产市场较为平稳,发展态势良好。全市招拍挂出让经营性用地23565亩,合同出让金总额为344.8亿元,比上年分别增长38%和34%,土地出让面积、土地出让收入均创历史新高。市区招拍挂出让经营性用地59宗,面积7935亩,出让金总额190.19亿元,分别比上年增加20%、42.6%、33%。其中,拆迁安置房用地14宗,面积2400亩,比上年增长36%。进一步完善工业用地招拍挂制度,坚持"即到即挂"原则,对各类工业项目用地做到在最短的时间内推向市场。

【地籍测绘】 市"二调"成果在全省率先通过部级验收,为全国第六次人口普查、"十二五"规划编制等提供准确、翔实的国土资源基础数据。实施南通市城乡一体化地籍管理信息系统开发,建立集遥感影像图、土地利用现状图、基本农田数据、土地权属数据为一体的市级土地数据库。在全省率先推行土地登记联网审批发证,全市符合法律规定的国有土地使用权初始登记发证率达到100%,全市集体建设用地使用权、宅基地使用权初始登记发证的覆盖率达95%。对全市2101个永久性测量标志进行全面检查,在全省率先建立"一标一档"。开展测量标志委托合同保管试点,全市测量标志完好率达100%。编制出版《南通市旅游交通图(中英文版)》。南通市国土局被国家六部委联合表彰为全国地理信息市场专项整治先进集体,被省测绘局评为全国测绘管理依法行政先进集体。

【地矿管理与地质防护】 按照每年递减5%~10%有证砖瓦生产企业的目标,全年关闭砖瓦企业31家。各地推行采矿权市场信息公开制度,征收采矿权价款304万元。制定2010年度南通市地质灾害防治方案,将五山地区和海安东部、如东沿海、通州沿江沿海、海门南部、启东沿海及六县(市、区)重要集镇等划为重点防治区,进一步落实防治工作责任制,完善应急预案。

【土地执法】 2009年度卫星照片执法检查成果顺利通过国土资源部审核,所涉违法用地整改到位率达95.9%,实现"零约谈、零问责"目标。2010年,全市共立案查处土地违法案件93起,涉及土地面积491.25亩,其中耕地274.5亩,罚没款73.78万元。全力推进"土地执法模范县(市、区)"、"土地执法模范乡镇"、"土地执法'三无'乡镇"创建活动。

(王　静)

南通市土地市场服务中心

【概况】 2010年,南通市土地市场服务中心进一步提高服务效能,打响"保姆式"服务品牌,促进全市土地市场健康稳健发展。年内,中心被列为市国土系统唯一市政府重点评议单位,召开各类专题会议10余次,下发文件4个,编发简报39期,发放调查问卷100余份,整改落实意见和建议24条,出台服务措施40条。中心先后被评为江苏省土地市场管理先进单位、江苏省青年文明号、市级机关"达标创模"先进单位。

【"保姆式"服务】 进一步深化"保姆式"服务,印发宣传单5000份,听取服务对象的建议意见,提出一系列服务举措。(一)对国家、省、市重点工程和外资企业土地抵押登记,实行专人负责、全程跟踪服务。全年为南通英雄建设集团等10多家企业开通办证"绿色通道"。(二)压缩办件时限。再次压缩3个办件事项,总计7个工作日。整个土地登记工作流程中,各承办业务科室之间加强沟通,快速流转,实现办证既快又好。(三)开展"上门办证"服务。由中心领导带队开展上门办证服务20余人次,送证约1000本。市土地市场服务中心"保姆式"服务活动在《中国国土资源报》、《南通日报》、《江海晚报》等媒体上报道。

【勘界服务】 全年,中心完成137宗建设用地项目的勘测定界,32批次92宗建设用地项目补偿勘界,面积1513公顷;159宗国有土地勘界,面积1273公顷;完成权途积核定51件,核定面积63公顷,分割登记43件,面积143公顷;为建设用地进行现场交地计42宗地,测定界址点1159个。重点完成港闸区"市北高新(南通)科技城"、世纪新城四期、人民东路东延(太平路－东快速路)、工农北路北延、幸余路(通宁大道－工农北路)、狼山水厂分厂一期工程等一批重点、急需用地项目征地报批工作。在港闸区"万顷良田建设工程"实施中,中心高效率完成项目区土地勘界工作。

【窗口服务】 市行政审批服务中心国土窗口连续10个季度被入围"十佳窗口"。全年受理、发放证(文)书5万多件、接待咨询2万余人次,完成行政许可及服务事项的报件受理3.07万件,办结发放3.09万件。为遗失土地使用证的市区居民出具证明252份。完成市区商品房分割登记发证1.61万本,比上年增长190%,窗口全年收发件量占整个行政审批中心全年业务量的73%以上,无工作差错,无客户投诉。

北濠桥新村业主给市中心市场服务中心送来锦旗

【土地登记】 全年完成各类土地登记1.4万件(本),其中,土地初始登记103宗,土地变更登记146宗,土地变更登记(商办房)1264宗,土地竣工换证30宗,土地抵押登记783宗,土地抵押注销与登记185宗,土地抵押注销486宗,住宅楼登记8715宗,商品房集团分割登记发证2291宗。完成分割登记证明书打证43宗2.15万份。报件合格率100%。

【土地交易】 2010年,土地招拍挂服务推出"企信通"平台服务、电话提醒服务、现场提醒服务等措施,全年完成112宗土地的挂牌出让,共计963.5万平方米,总成交额达208亿元。其中经营性用地59宗,面积528.4万平方米,成交额190.2亿元;工业用地53宗,面积435.1万平方米,成交额17.8亿元,为全市城市建设提供坚实的资金保证。

(尚玉亮)

审　计

【概况】 2010年,市审计局完成审计和审计调查项目165个(其中审计署、省审计厅"一条鞭"项目17个,市级审计项目148个)。查出违规金额1742万元、损失浪费金额1.2亿元、管理不规范金额79亿元,政府投资工程核减1.77亿元,为财政增收节支2.54亿元,向司法机关、纪检监察及有关部门移送案件线索14件。市审计局获全省审计机关综合考核先进单位,市审计系统荣获江苏省文明行业称号。年内,2名审计干部受审计署指派赴美国、肯尼亚、乌干达等地执行联合国审计任务。市审计局机关与海门市余东镇宛平村结为共建村,筹资30万元为该村铺建一条2.85公里的"审计路"。机关干部向玉树地震灾区捐出特殊党费10万余元,3位青年党员报名赴四川参加灾区重建工作。

【财政审计】 (一)坚持把"抓落实、促转变、惠民生、增效益"作为出发点和着力点,通过审计全面检查和把握财政资金分配、管理总体情况和使用绩效,促进深化财政改革和优化财政支出结构,为政府决策提供信息,为人大审议决算提供依据。(二)组织开展南通市地方政府性债务审计调查,针对存在问题进行原因分析,并提出审计建议。(三)对港务局、国资委、环保局、科技局、劳动局、农业局、人事局、外办、卫生局、南通职大等10个部门和单位2009年部门预算执行情况进行审计调查。(四)对如皋市经济技术开发区财政收支和管理情况进行审计调查,指出存在问题,提出审计建议。(五)对劳动系统7家单位、卫生系统7家单位、教育系统7家单位、体育系统3家单位、农业系统2家单位进行财务收支审计。查出7家单位管理不规范资金1595万元,查出3家单位资金管理不规范,提出纠正和完善财务核算、加强管理等审计建议均被采纳。

【专项资金审计】 完成政府投资保障性住房情况、新型农村合作医疗基金、重点行业节能减排等专项审计调查。政府保障性住房情况审计调查中肯定市各有关部门在探索住房保障机制、加强和改善住房保障方面所做的大量工作和取得的明显成效。同时也指出保障性住房政策的制定、执行、建设和分配等方面存在的问题。新型农村合作医疗基金审计调查中,发现部分地区不同程度存在重复参保、重复报销,部分医疗救助对象未纳入新农合系统等问题,提出针对性建议。在重点行业节能减排审计调查中,重点调查接受中央和省补助资金的节能减排项目78个,涉及单位57个。审计查出某风电设备制造企业及其关联企业存在用虚假财务资料骗取财政资金等违法行为,案件线索及时移送纪委。各部门、单位对审计发现的问题高度重视,及时进行整改。

完成工伤保险、港洽会资金、苏通科技产业园区一期拆迁资金、宁启铁路复线电气化工程资金等9项专项审计和审计调查。审计发现部分县(市)少计工伤保险费和工伤保险基金利息收入、未按规定提取工伤保险储备基金,某市社会保险事业管理处挪用4项保险资金垫支应由财政支付的军转干部补助、特需费等问题。审计建议当地人民政府责成该市财政局及时归还所垫资金;建议市社保主管部门督促相关地区严格执行有关规定,及时、足额提取储备基金。

【固定资产投资审计】 (一)开展工程领域突出问题专项治理。全市涉及项目1541个,总投资230.83亿元;抽审实施竣工决算审计及跟踪审计项目1536个,投资额227.10亿元,审计投入865人次,现场审计1.78万个工作日。提出审计建议323条,被采纳并整改的有228条,促进有关部门建立健全规章制度12条,促进被审计单位节约资金或挽回损失5103.86万元。提交信息、报告70篇次,向司法、纪检监察机关移送案件线索5条,涉案5人。(二)组织南通市校舍安全工程审计。对全市中小学校舍安全工程进度、资金落实、工程质量等各环节认真审核,揭示校舍安全工程实施中存在的各地进度不平衡,工程资金缺口较大,技术力量不足等问题,提出完善工程实施方案,逐级分解任务,统筹资金安排等建议,得到各级政府和校安办的关注,采取措施逐步整改到位。(三)开展援建项目和救灾资金去向跟踪审计。南通市援助四川绵竹灾后重建包括工程建设项目18个、补助类项目11个,总投资5.9亿元。市审计局专门成立援建审计工作领导小组,选派审计人员驻地跟踪审计。提交审计情况通报8篇,专题审计报告3篇、综合审计报告6篇,均被援建指挥部采用;提出跟踪审计意见和建议280条,全部被采纳。节约资金、挽回损失5796.4万元,提高援建绩效3809.4万元。先后有28篇审计信息被《中国审计报》、《中国审计》、审计署网站、省审计厅网站报道。审计组被评为德阳市青年突击队。汶川地震发生以后,南通市县两级累计收入救灾捐赠资金2.33亿元、物资折合3077.84万元,市审计局对辖区内救灾捐赠款物组织募集、接收、分配、管理及拨付情况进行全程跟踪监督。与市财政部门联合发文,对相关社会团体接收的非定向捐赠项目资金进行专户管理,集中拨付。审计促进及时安排捐赠资金1.36亿元,捐赠物资折合65.61万元。"汶川地震捐赠资金物资审计调查"获全省项目评比第一名。(四)完成卫生系统工程建设项目绩效审计调查。重点对市第一人民医院病房综合楼、市中医院综合业务大楼、市第三人民医院医疗综合楼、市第四人民医院精神科病房楼建设、管理及投入运营的效益情况进行审计调查。

【企业审计】 (一)完成省级重点产业调整和振兴专项引导资金及江苏新能源发展应用2项"一条鞭"审计调查。重点对财政、经贸、发改、科技部门以及使用资金的21家企业项目管理单位进行审计调查。揭示引导资金总量较少且分布不均衡,重点不突出,以及少数项目未及时完工等影响财政资金绩效的问题。(二)完成企业搬迁资金拨付管理情况审计调查。对9家搬迁企业及产控集团资金筹集、拨付、使用、效益及管理情况开展审计调查。审计调查得到多位市领导的充分肯定。(三)完成南通汽运实业集团及其下属6家企业资产负债损益审计。组织市、县两级审计机关同步实施审计,审计发现2件案件线索,并移交相关部门处理。(四)完成二棉集团、大生西尔克纺织公司等10个资产负债损益审计。针对部分企业核算不规范等问题提出相应的审计建议。(五)完成对宝港油脂发展有限公司破产清算费用审计。市审计局根据市领导交办,迅速组成审计组,对破产收入、支出、结余情况进行审计调查,为妥善处理破产事宜提供充分依据。

【经济责任审计】 全年组织实施经济责任审计项目22个,查处违纪违规及管理不规范金额3732万元,移交案件线索2件。为深化审计成果利用,首次向市委、市政府提交上一年度全市经济责任审计情况报告。(一)加强经济责任联席会议制度。与市委组织部、市编办共同拟定《南通市党政领导干部"三责联审"项目计划管理办法》,明确"三责联审"项目按照干部管理权限和审计管辖范围,分级分层次组织实施,并细化了"操作规程"。(二)完成有关省管干部的任期经济责任审计。(三)完成市委办、劳动局、人事局、文化局、电视台等21个经济责任审计项目。及时向纪检部门移送案件线索。

【计算机审计】 组织开展"审计信息化推进年"活动,加大"硬件"投入,以推广应用AO审计软件和OA办公自动化软件为着力点,推进审计信息化建设。33篇AO应用实例在审计署、省审计厅评比中获奖,28篇审计方法入选省计算机审计方法库,先后获计算机审计中级水平考试"优秀组织单位"、AO认证培训考试工作获全省考评优秀奖等荣誉。全市取得全国审计系统计算机中级水平考试合格证书人数在全国、全省均名列前茅。完成住房公积金管理中心和行政事业单位资金管理等信息系统审计任务。审计发现软件基础信息登记功能不完善、系统管理人员有越过系统控制直接修改数据库的情况及住房公积金政策执行方面等问题,提出加强管理、完善制度、系统升级等建议。

(姜　荣)

统　　计

【概况】 2010年,全市统计系统以提高统计能力、提高统计数据质量、提高统计部门公信力为使命,深化统计改革,加强统计建设,各项能力实现全面提升。全年各项统计工作取得新成绩,工业、能源、投资、农业、统计法制和统计科研等工作继续在全省名列前茅,服务业、综合、社会、科技、贸易等专业取得新突破,统计信息、统计调研分析等工作受到市委、市政府表彰。

【统计改革】 以科学规范为标准,加快推进科学统计进程。(一)落实各项统计制度。积极稳妥地推进以市县为总体的抽样调查制度,开展农业、规模以下工业、服务业抽样调查;积极推进文化产业统计,建立文化及相关产业统计报表制度;进一步完善部门服务业统计制度,建立相关服务业行业报表制度,并向基层单位延伸;进一步完善能源统计制度,建立月度节能监测预警制度,制定能源统计报表制度;全面贯彻推进贸易统计方法制度改革,将符合限上条件的个体户纳入贸易直报统计范围,完成限额以下批零住餐和个体抽样调查的单位新增及样本轮换工作。(二)优化数据评估审核办法。以GDP核算为龙头,制定统一规范的县(市、区)地区生产总值季度评估审定办法,加强和改进社会消费品零售总额定量评估办法,进一步细化农村住户调查数据月度、季报审核方法,完善固定资产投资统计数据的定量评估办法,严格执行重大项目文字报告制度,切实抓好基层源头数据质量。(三)强化统计工作机制。进一步强化专业联动机制,完善工业、能源的联审、联动、联评工作;强化自查自纠、数据质量控制和监督检查机制,切实维护统计数据的权威性;强化部门统计合作机制,在科学发展评价考核、服务业统计、文化产业统计、人口普查等工作上充分发挥部门联动作用,更大程度地实现信息互通和资源共享,确保数据来源的全面客观和真实可靠。

【统计服务】 以服务发展为宗旨,不断提升统计服务水平。(一)强化预警监测。继续强化快速反应机制,提高服务频率,着力抓好月度、季度等动态监测,重点加强对全市经济发展出现的新情况、新问题的预警分析。建立调研课题立项制度,着力抓好专题分析研究。对经济社会发展中的新领域、新热点加强监测和分析,形成一批快、准、新的统计分析报告,为市领导正确决策提供参考。拓宽服务领域,着力抓好统计产品开发。集各专业力量汇编年度统计分析资料、统计手册、两会手册,改版统计月报,编印《南通市经济普查年鉴(2008)》、《南通统计年鉴(2010)》。(二)强化科学发展评价考核监测。制定《南通市科学发展评价考核统计报表制度》,认真做好评价考核数据的收集、初步审定和上报工作。强化联席会议制度,加强对部门统计工作的指导与数据管理。及时掌握全省各地科学发展的指标数据,深入比较分析,确保全市各项指标监测结果的准确性和及时性。编制并发布2009年南通市科学发展评价考核统计综合年报和评估监测报告。(三)强化重点领域监测。进一步做好全市及县级社会、科技、妇儿统计监测和乡镇科技进步监测工作。完成《南通市妇女儿童发展纲要》和《南通市妇女儿童发展规划》的评价工作;编印《南通市社会发展评价(2009)》;发布2009年县(市)和乡(镇)、街道科技进步监测结果以及实施妇女儿童发展纲要和规划主要监测评价结果,为推进社会全面协调发展提供系统、科学的基础资料。

【第六次全国人口普查】 根据国务院和省、市政府的部署,以2010年11月1日零时为标准时点开展第六次全国人口普查工作,高质量、高标准、高效率地完成普查各项任务。市抽调骨干力量,组成8个人口普查工作组,全面负责全市人口普查工作的开展,全市9个县(市、区)、135个乡镇、1967个村(居)人口普查工作做到机构、经费、人员、办公条件和工作职责"五个落实"。建立质量控制体系,保障数据质量。抓好摸底调查、登记复查、数据处理准备等重点工作的督查。

【统计法制】 开展统计执法大检查,将统计法制宣传、统计监审、依法行政等工作纳入大检查内容。(一)加强统计法制宣传。以第六次全国人口普查为契机,开展面向社会公众的统计普法宣传。结合统计执法大检查,对各被检查单位(统计自查自纠单位)统计人员开展统计法制培训。在市委党校举办统计法律法规专题讲座,增强各级领导干部的统计法制观念。(二)强化监督检查。结合统计监审,开展对有关地区重点指标数据质量的调研检查和相关项目事后质量抽查,及时发现和纠正各地存在的问题,切实提高统计数据质量。(三)强化规范管理。深化行政权力公开透明运行工作,同步推进行政权力运行监控机制建设,实现统计行政处罚及其他行政事项网上运行,进一步推动全员执法。对系统运行情况进行自查,对行政许可事项流程中设计不完善、不规范的环节进行修订。

【统计信息化】 全市统计系统开展"统计信息化应用达标年"活动,努力实现管理规范化、人员专业化、数据网络化、培训制度化、服务人性化、安全系统化的"六化"要求。加快建设以数据库为支撑的统计业务平台,对网上直报系统进行升级、完善。分专业制定网上直报实施方案,继续规范和完善金融业、房地产、贸易、劳动工资等专业网上直报,积极推进规模以上工业、能源统计网上直报,直报率达到90%。加强信息系统安全使用管理,更新杀毒软件,升级办公自动化系统,确保运转高效、信息安全。

【统计基础建设】 基层基础建设。加强基层统计队伍建设,推进统计从业资格教育培训工作。开展农村统计基础工作专题调研,加快推动乡镇统计基础规范化建设。开展优秀乡镇统计办公室和先进乡镇统计工作者的评比和表彰,积极推行目标管理和争先创优活动。

统计业务基础建设。举办第四届市统计局、调查队青年干部和第二届县(市、区)青年干部统计论文评选与交流活动,取得良好反响。组织开展县(市、区)农村统计干部业务知识培训,举办首届农村统计优秀论文评选活动,进一步提高农村统计干部参与业务学习和专业研究的积极性。

(陶　晨)

质量技术监督

【概况】 2010年,南通质监局以"争先进位创三甲"活动为引领,服务经济转型,严格质量监管,主动惠企利民。2010年,南通市通过争创国家"质量兴市"先进市省级考核验收。南通质监局被省质监局表彰为2010年度全省质监系统先进单位,被市委、市政府授予2010年度市级机关最佳办事单位等荣誉称号。

【质量兴市】 以市政府名义召开全市质量振兴工作会议,出台"市长质量奖"、质量目标考核等4项文件。强化对各级政府的质量工作考核,开展宏观质量状况分析,发布《2009年度南通质量报告》。围绕市委、市政府中心工作,编制《推动沿海开发实施细则》、《争先进位三年发展行动计划》。"市长质量奖"启动第二轮评审,评审范围由工业类扩展到工业、服务业,"江苏联发纺织股份有限公司"和"南通供电公司"获得2010年南通市市长质量奖。建立"首席质量官"制度,省级以上名牌企业全部设立"首席质量官",落实企业主体质量责任的做法得到国家局、省局的肯定,并得到推广。

【名牌战略】 省名牌、市名牌申报企业数再创新高,全年有108个产品申报江苏省名牌产品,认定南通市名牌产品193个,名牌产品对工业经济的贡献份额达29.2%,名牌企业获得奖励172万元。深入推动国家级、省级优质产品生产基地创建工作。

【标准化工作】 深化技术标准战略联席会议制度,对推进技术标准战略成绩突出的单位落实奖励122万元。指导全市企业参与制(修)订国家24项,行业标准32项。指导全市248个产品采用国际标准或国外先进标准。推动企业建立全面的技术标准体系,组织全市24家企业申报国家、省标准化良好行为试点,10家企业通过标准化良好行为企业省级考核验收。在产业集聚区指导建立联盟标准,吕四海蜇、海门山羊肉两个"地理标志保护产品"通过国家质检总局审查。

【节能减排】 开展锅炉能效免费测试工作,对全市565台1吨以上燃煤蒸汽锅炉进行能耗免费测试,帮助62台未达标锅炉节能改造,累计节煤量1.1万吨。开展重点能耗单位数据分析,对全市年耗标煤5000吨以上企业的重点耗能设备实施检测,帮助重点耗能单位实施节能技改33项,节约2.2万吨标煤。帮助6家国家级、省级重点耗能单位率先建立能源认证体系,对通过认证的企业给予奖励。强化节能培训考核,免费培训全市锅炉管理人员、操作人员2600人次。

【质量安全监管】 抓好食品和特种设备质量监管,严守质量安全底线。全市80%的食品企业纳入动态监管系统,有效运行率达到50%。特种设备方面,建立信息数据互联互通的监察、检验系统。在监管机制上,实施稽查、监察、检验"三位一体"的工作模式。在监管方式上,与卫生、工商部门联合对食品小作坊实施现场审查准入制度。

【惠民行动】 组织申报省、市级农业地方标准82项,省级农业标准化示范区15项。通州水芹、启东菜用蚕豆等4个省级农业标准化示范区通过省级验收。送"农业标准到田头",免费赠送农户5000份农业标准,促进农民增收。在全市范围内开展"两免费"检定,对全市集贸市场、农村医疗卫生机构及社会福利院在用计量器具实施免费检定,累计检定电子计价秤1.78万台,血压计4767台。结合农村安全用水工程,对农村水表实施首次检定,维护群众切身利益。围绕农资、建材、节能产品、纤维制品等重点,先后组织开展专项打假行动12项,全年累计查处各类行政案件606起,查办大要案120起,查获假冒伪劣产品标值近8000万元。

【装备建设】 出台《南通质监系统装备与载体三年发展规划》,围绕地方优势产业板块,投入近1亿元用于公共检测服务平台建设。至年底,全市拥有国家、省质检中心5个。南通检验检测基地一期工程完成,顺利实现搬迁。国家钢丝绳产品质检中心通过国家"三合一"体系认证。南通检验检测基地二期工程、省电机质检中心、省级标准紧固件质检中心暨海门检验检测综合楼和如皋、启东质监检验检测中心等6个项目相继开工建设。

(刘　蕊)

食品药品监督管理

【概况】 2010年,南通市食品药品监督管理系统以确保人民群众饮食用药安全为目标,树立和践行科学监管理念,提升监管水平,巩固专项整治成果,药品针对性抽验阳性率、稽查执法结案率、上报药品不良反应监测报告数等多项关键性工作指标继续位居全省前列,日常监管、稽查执法、抽样检验、应急处置以及医疗机构药品、医疗器械质量规范化管理等重点工作保持全省领先地位。在省政府组织的食品安全综合考评中,南通市成为全省唯一连续5年被评为优秀的城市。南通市食品药品监管系统被表彰为2007～2009年度江苏省文明行业。

【机构改革】 新一轮政府机构改革中,南通市食品药品监管系统由省以下垂直管理的管理体制调整为地方政府分级管理。市食品药品监管局及如皋市、启东市、海门市、如东县、海安县、通州区食品药品监管局等7家单位全部实现单独设置,为政府独立工作部门。市食品药品监管局职能进行优化调整,原承担的食品综合监管职能移交给市卫生局,同时归入保健食品、化妆品的监管职责。调整后,市食品药品监管局承担对药品、保健食品、化妆品和医疗器械质量安全的全程监管,进一步增强了监管的专业性和权威性。根据"三定"方案,南通市食品药品监督管理局设10个内设机构:办公室(信息处)、人事教育处(对外交流与合作处)、规划财务处、政策法规处、保健食品化妆品监管处、药品安全监管处(药品不良反应监测处)、药品流通监管处、医疗器械监管处、稽查处(市药品监督稽查支队)、行政许可服务处,核定机关行政编制50名。

经市机构编制委员会同意,市食品药品监管局直属的市药品检验所增挂"南通市保健食品化妆品检验所"牌子,并增加保健食品化妆品检验职能。9月,市药检所通过省质量技术监督局组织的实验室资质认定暨保健食品、化妆品检测扩项现场评审。

【食品安全综合监管】 (一)推进食品安全动态监测。市区的“食品安全动态监测体系”连续4年纳入市政府为民办实事项目。2010年,继续强化动态监测工作,将抽检范围延伸到通州城区及周边乡镇的中型以上超市、大型农贸市场和批发市场,侧重食品中违法添加非食用物质和滥用添加剂的抽验检测。全年开展食品安全动态监测11期,采集样品2144份,平均合格率96.6%,采集批次比上年增加297份,总体合格率上升1.5个百分点。(二)牵头组织食品安全专项整顿。继续做好食品安全整顿巩固规范阶段的工作。召开食品安全整顿专题会议,明确年度工作任务,形成全覆盖、高强度的食品安全监管局面。组织开展问题乳粉专项清查行动,监督销毁问题乳粉制品64.58吨。做好上海世博会食品安全保障工作,组织协调食品安全监管部门各司其职,各负其责。(三)推进食品安全示范县创建。巩固如东、通州、海安3县(区)示范县创建成果。指导启东、海门和如皋3市以及崇川区、港闸区、南通经济技术开发区做好第三批示范县(区)创建验收工作。

【基本药物质量监管】 (一)掌控监管重点,严防安全隐患。组织地产基本药物情况调研,建立基本药物生产配送企业中标情况报备制度,准确掌握全市被列入国家基本药物或省增补药物目录的13家药品生产企业、245个品规药品以及6家基本药物配送企业的基本情况,将基本药物生产、配送企业和41个省级中标品种全部纳入重点监管对象,基本药物生产经营企业年均检查不少于2次,严防发生源头性质量安全事故。全市地产基本药物抽验116批次,合格率100%。(二)开展专项检查,严查假劣药品。综合运用派驻监督、质量受权、飞行检查、跟踪整改等多种形式,加强基本药物生产配送和使用环节监管。结合药品安全专项整治行动,严厉打击制售假冒伪劣基本药物的违法犯罪行为。开展基本药物质量抽检,确保3年内实现品种全覆盖。完成基本药物质量抽验1090批次,覆盖市内所有基本药物生产企业、配送企业和75%的医疗机构。发挥全市3900余名药品协管员、信息员作用,保障农村基层和边远医疗机构基本药物安全。(三)组织企业培训,促进诚信经营。强化企业是基本药物质量保障“第一责任人”的意识,通过举办培训、开展诚信企业测评作来促进企业诚信、规范经营。举办基本药物生产经营质量管理培训班6期,培训相关人员800余人次,督促、指导基本药物生产企业严格按照2010版《中华人民共和国药典》和新版GMP要求组织生产。

【药品全过程监管】 (一)突出源头防范,加强生产环节监管。建立驻厂监督员、质量受权人季度报告制度,综合运用飞行检查、跟踪检查等监管手段,督促企业严格按照GMP标准组织生产。受省局委托开展药品注册生产现场核查和药品注册检验抽样。开展全市医用氧生产企业专项检查,从源头上杜绝不合格医用氧流入使用单位。同时,以全市41家药品、药包材企业“药品生产许可证”和23家医疗机构“制剂许可证”集中换证为契机,规范引导药品的生产行为,健全日常监管档案。组织开展2010版《药典》、新版GMP和《医疗器械生产质量管理规范》学习培训,促使企业规范自律,提升行业整体素质。(二)强化日常监管,促进药械流通规范。以规范药品和医疗器械经营企业经营范围、供货渠道、购进验收、保管储存等为重点,开展药品流通质量安全专项整治和医疗器械经营企业专项检查,严肃查处经营假劣药械、超范围经营、擅自变更经营场所、降低经营条件等违法行为。全市对4789家药械单位实施日常监督检查5314次。推行药品零售企业从业人员电脑标准化考试制度,对新申办药品零售企业(连锁门店)的从业人员进行准入前的法律法规和业务技能考试,提高药品从业人员素质。(三)健全应急预案,提升应急处置能力。《南通市药品和医疗器械突发公共事件应急预案》由市政府办公室印发。加强药品不良反应监测工作,收集上报不良反应病例7264份,上报数量居全省第一。4月下旬,市食品安全委员会办公室接到市卫生局报告后快速抽样送检,成功处置一起儿童食用鳕鱼片中毒事件。

【药品安全专项整治】 市食品药品监管局牵头做好全市药品安全专项整治工作。以药品安全专项整治行动为载体,在全市范围内开展以严厉打击制售假冒知名品牌药械产品、擅自添加药物活性成分药品等为重点的专项整治打假行动,查获“除障则海甫片”、“定喘百合青果胶囊”等假药品种以及螺旋CT机、彩超等违规二手医疗器械。开展工业氧冒充医用氧专项检查行动,在督促自查整改的基础上,检查252家医疗机构医用氧产品以及供氧系统、分子筛制氧设备的使用状况。按照“严密监控、即时查处、充分曝光”的原则,开展违法广告药品专项检查。市区监测药品广告200余则,检查销售违法广告药品的零售企业67家次。全市稽查检查药品、医疗器械生产、经营企业和医疗机构5165家次,立案查处违法案件511件。全市完成药品针对性抽样1200批次,检出不合格401批次,不合格药品阳性率33.4%。在稽查执法过程中,以保障高风险药品质量和打击涉药刑事犯罪行为为重点,将日常稽查、专项检查和专案稽查有机结合,成功突破一批严重威胁公众用药用械安全的大案要案。市药监局查获的朱某无证经营药品“复方可待因口服溶液”等5起案件移交公安机关处理。如东药监局在公安部门配合下,成功查处一起涉及全国23个省、涉案总额300余万元的假冒医疗器械、药品和保健品网络销售大案,彻底捣毁位于河南、湖北的制假售假窝点和

20多人的销售网络。该案件列入江苏省食品药品监管局2010年度药品医疗器械“十大违法案件”。市食品药品监管局被江苏省食品药品监管局评为2010年度稽查工作先进单位和重大案件查处先进单位。

【城市社区药品安全“两网”创建】 为尽快形成全覆盖的城市药品安全网格化管理体系,推动崇川区、港闸区、南通经济技术开发区开展城市社区药品“两网”(药品监督网、药品供应网)建设示范区创建工作。市食品药品监管局呈请市政府印发《关于进一步加强药品“两网”建设的意见》,督促参创的区政府和有关部门扎实推进“两网”创建工作。10月下旬,港闸区和经济技术开发区顺利通过省政府“两网”建设示范区考核验收。

【整合食品安全检验检测资源】 市食品药品监管局牵头办理市十届人大三次会议《关于健全南通市食品安全检验检测体系的议案》。通过走访摸底,掌握全市28家食品检测机构设置和运作情况,制定全市食品检测机构整合方案。市政府出台《关于加强食品安全检验检测体系建设的意见》,明确监管部门及公共检验机构职责分工,推进落实公共检验检测“统一计划编制、统一经费管理、统一适用标准、统一信息发布、统一监督考核”的“五个统一”的工作机制,提升食品安全科学监管水平。结合新一轮机构改革,市政府在市卫生局设立专门的工作机构,具体承办全市食品安全检测检验的综合协调管理工作。

(季峰峰)

安全生产监督管理

【概况】 2010年,全市以深入开展“安全生产年”活动为主线,严格责任,强化措施,安全生产各项任务圆满完成。在2010年度全省安全生产目标考核中,南通市获优秀等次。南通市政府连续两年在全省安全生产工作会议上作经验交流(全省唯一)。南通化工园区消防站建设在省政府召开的工作会议上作经验交流。安监部门着力增强企业安全生产主体责任,夯实基层基础工作,创新监管模式,搞好事故防范,全年事故起数、死亡人数保持“双下降”(连续9年),危化品和烟花爆竹行业安全生产创历史最好水平,得到省安全生产考核组的高度评价。2010年,全市各类生产安全事故死亡512人,其中工矿商贸企业事故死亡30人。全年共发生较大事故2起(全省各市平均超过4起)。危险化学品生产领证企业连续22个月未发生亡人事故,烟花爆竹行业连续8年未发生亡人事故。国家安监总局向全国推介南通危化品监管做法。《人民日报》等中央媒体报道南通安监工作4篇,《中国安全生产报》等省部级媒体报道126篇。南通市安监局被国家安监总局、全国总工会表彰为全国安全生产应急知识竞赛优胜单位。

【安全生产目标管理】 (一)严格实施目标任务差别管理。9个县(市)、区政府与市政府签订《安全生产监督管理责任书》,57个部门和单位向市政府递交《安全生产责任保证书》。制定下发考核办法和实施细则,把年度各项控制指标分解并纳入到各地和部门政绩考核体系。(二)严格实施控制指标动态监控。定期通报安全生产控制指标,对超出当月事故控制指标进度的地方和行业进行预警提醒,对连续多月进度超标的地方和行业进行通报警告,对发生较大以上生产安全事故等8种情形的企业主要负责人进行约谈。2010年,共约谈37名企业主要负责人。(三)严格实施安全生产目标考核。健全安全生产责任目标考核体系,强化日常考核、专项考核。实行点名通报制度,在每季度市安委会全体(扩大)会议上,对重点工作完成情况进行通报讲评。严格落实“一岗双责”、“一票否决”,坚持“四不放过”原则,加大对生产安全事故责任的追究力度。

【创新监管举措】 (一)拓宽安全分类评估范围。在对全市1.65万家工业企业开展安全生产评估的基础上,将26家港口企业、45家医院纳入安全生产评估范围。2010年全市341家企业评估等级发生变化,其中升级279家,降级62家。港口安全分类评估得到国家交通部的肯定。(二)实现安全生产监管联动。探索建立安全生产理事组管理模式,通过企业自查、组内互查、组间互查等方式,实现企业间安全资源共享与互补。全市现有安全理事组98家,有效促进2000多家企业安全管理水平的提升。借鉴国际通行做法,保险公司积极参与参保企业的安全生产事故预防、风险管理和事故善后等工作。在全国率先建立行业商会“安全生产监督管理工作站”,纺织、船舶、建筑、钢丝绳等9家行业商会安监站已正式成立。国家纺织业商会对此给予充分肯定。在中介机构中开展“双优评比”活动,严把安全评价质量关。通过为专家购买保险、年终表彰等形式,积极调动专家在隐患整改、事故查处等方面的作用。2010年,各类安全专家参与安全检查、项目核查785人次。(三)深化安全标准化建设。在所有领取安全生产许可证的危化品生产企业中,大力推进安全标准化建设,70家危化品生产企业通过了三级标准化验收。在机械制造、船舶修造、冶金钢丝绳、水泥行业、烟花爆竹批发企业中开展安全标准化(规范化)建设,烟花爆竹批发企业全部实现规范化管理。(四)强化安全生产监管导向。继续将企业安全生产状况与风险抵押金、工伤保险浮动费率、银行征信系统等经济措施挂钩。全市累计15722家企业纳入金融系统安全生产诚信体系,4122家企业工伤费率实现浮动,近500家高危企业缴存1.3亿元风险抵押金。

【隐患治理】 (一)明确事故隐患排查责任制。明确县(市、区)挂牌督办重大事故隐患的数量和责任,建立挂牌督办、定期督查、通报警告等制度。2010年,全市共排查各类隐患10.20万个,整改率99.2%,挂牌督办整改一、二、三级重大隐患343个,整改327个,整改率95.34%。其中,省挂牌一级重大隐患2个,市级挂牌二级重大隐患27个。(二)规范重大危险源安全监管。严格实行重大危险源登记申报、定期评估、定期检测和相关设备设施定期检验检测制度,建立重大危险源基础信息数据库。经普查,全市重大危险源206个,涉及单位167家。(三)突出对重点领域的专项治理。出台《南通市液氨使用安全管理指导意见》、《有限空间作业安全管理指导意见》、《有限空间作业安全手册》等规章,加大对船舶修造、危险化学品、烟花爆竹、非煤矿山、冶金等行业整治。2010年,共检查船舶修造、危化品、烟花爆竹批发零售、冶金等企业501家次,整改隐患2434条;督促184家危化企业对553个高危装置进行自动控制改造。同时,指导督促相关部门加大对道路交通、水上交通、海洋渔业(滩涂养殖)等方面的专项整治,多数行业和领域安全生产状况保持稳定。2010年,南通危化品监管被国家安监总局在全国推广,南通市安监局被评为全省危化品安全监管工作先进单位、全省非煤矿山安全生产工作先进集体、全省烟花爆竹安全监管工作先进集体。

【重大工程安全保障】 加强世博会等重要活动期间安全生产工作。全系统进行动员部署,加强安全检查和督查,重点加强港洽会、船舶分会等重要活动安全保障。累计发现各类事故隐患120多个,督促企业完成整改。加强对重大工程的安全保障工作。认真分析洋口港、崇启大桥、海洋铁路等重点建设工程安全风险点,组织开展安全大检查,督促企业落实有效措施。2010年,先后组织召开重点工程安全工作会议12次,组织安全督查检查16次。加强化工集中区消防站建设。全市8个化工集中区已建立4个标准消防站,并通过省安委办验收。省安委会对南通4个消防站给予400万元补贴,占全省补贴总额1/4多。

【安全生产指导与服务】 大力开展服务千家企业活动,指导帮助企业提高安全生产管理水平。通过开展承诺卡、应知卡和应急卡活动,指导企业建立"自我约束、自我完善、自我提高"机制。通过在百家企业开展"零伤害"创建活动,指导、帮助企业解决生产过程中的安全技术问题。通过开展"安全合格班组"创建和"星级安全合格班组"评比活动,提升班组安全管理水平。通过推进"1+3"安全监控体系建设(一个方法,即事故隐患和职业危害监控法;三种机制,即事故隐患和职业危害动态管理机制、持续改善机制、系统评价机制)活动,构筑"群防、群控、群治"安全生产网络。全市631个班组通过了三星"安全合格班组"验收。规模以上企业"1+3"安全监控体系覆盖率达到100%。开展安全生产诚信企业创建活动,全市8家企业被命名为省级安全生产诚信企业。

【行政执法】 全市安监系统开展"大学习、大培训、大练兵、大比武"活动,切实提高安监人员安全生产监管能力。先后开展了"星级安全合格班组"、"十佳安全员"和"十佳安监员"评选活动,充分调动基层人员参与安全管理的积极性。加大对重点部门、重点企业、重点时段的执法力度,减少安全生产行政执法的盲目性。推行说理式行政执法,将执法"说理"贯穿到安全生产执法全过程。推行乡镇安全生产委托执法,赋予乡镇安监站(所)部分行政执法权,提高了乡镇执法效率。实施安全生产事前处罚,有效规范企业生产经营行为。2010年,全市安监系统下发责令整改指令书769份,强制措施决定书10份,责令停产停业整顿29家,经济处罚生产经营单位194家次,处罚金额895.49万元。

【宣传教育】 (一)加强全民安全教育。组织开展以"安全发展、预防为主"为主题的安全生产月活动,通过集中宣传、送法到基层、举办系列咨询、应急救援演练等14项活动,普及安全生产法律法规和安全知识,将国务院和省政府有关文件精神宣传贯彻到最基层。(二)加强职工安全培训。在完成百万职工安全生产知识电视培训的基础上,运用"网络点播+DDS互动视频直播+考试管理"三位一体远程安全培训平台,在全市掀起第二轮全员安全培训热潮。全市有130家企业建立远程安全培训平台,信息采集企业数达6893家,居全省首位。继续抓好各级领导干部和生产经营单位负责人、管理人员、特种作业人员的安全教育培训。全年培训乡镇(街道)分管领导132人,培训考核企业主要负责人近7000人,安全管理人员1万多人,特种作业人员6万多人。(三)推进安全社区创建。在全省率先启动安全社区创建活动。召开创建推进会,搭建宣传平台,建立安全社区投入、评估、服务机制,不断提高社区居民安全意识和能力。全市6个街道申报国家级安全社区,46个街道、村(居)申报市级安全社区创建。2010年,南通市安监局先后荣获全国安全生产应急知识竞赛优胜单位、全省"安康杯"竞赛组织工作优秀单位、全省安全生产宣传先进集体等荣誉。

(于 震)

城市建设与管理

城乡规划

【概况】 2010年度，市规划系统不断完善城乡规划体系，强化规划服务，严格依法行政，提升管理水平。开展以新一轮城市总体规划报批工作为核心的4类28项规划编制任务。《规划空间数据的处理技术》等7项技术在2010年城市规划新技术应用专业委员会年会上交流；《规划一张图动态管理与分析评价系统研究与应用》被列为江苏省建设厅科技示范项目。规划编制有12项成果获市级奖、6项获省级奖。年内先后获市调研工作先进单位三等奖、人大建议政协提案办理工作先进集体等10多项市级荣誉。

【规划编制】 强化城市规划编制。编制完成新一轮《南通市城市总体规划(2009～2020)》，按照国务院对规划期限的调整要求和通沪铁路改线等新情况，组织编制单位进行修编，开展《综合交通规划》的编制工作。开展《南通市城市绿地系统规划》和《南通市城市环境卫生规划》的编制工作。开展新一轮狼山景区总规修编工作，全力打造国家级风景区。编制《南大街步行化改造规划》，提升南大街商业街的整体形象和发展水平。启动崇川区、港闸区新一轮控制性详细规划编制工作，编制《南通城市路网规划》、《南通市城市交通安全管理规划》、《南通市城市公共交通规划》、《南通市城市加油、加气、充电站布局规划》等。组织《上海市北高新(南通)科技产业园控制性详细规划》、《苏通科技产业园二期控制性详细规划》成果讨论、审查和专家论证；组织《港闸经济开发区总体发展规划》、《观音山纺织工业集中区控制性详细规划》、《通州区旧城区及北部地区、新金西路西延区域控制性详细规划》等一系列规划成果的审查工作。

规范规划编制工作。做好市政府第九、十、十一次规委会的会务工作，审议通过13项规划方案，完成3个批次城市规划编制项目公开征集、评选和编制单位的确定工作。审议《濠河风景名胜区控制性详细规划》、《狼山风景名胜区控制性详细规划》等。制定《南通市区城乡规划成果法定化实施办法》、《南通市区控制性详细规划调整管理暂行规定》，规范编制工作程序。

开展城市规划调研。推进《南通市主题特色文化研究》，开展《南通市城市老小区改造规划研究》、《寺街西南营地区保护利用总体策划研究》和《南通市崇川区西部地区振兴规划研究》。完成加快南通市特色园区建设的调研报告，实施南通市“十二五”城市化研究、南大街核心商圈打造、新城区商务中心建设以及南通都市圈建设等课题调研。

统筹城乡协调发展。开展县(市)城市总体规划修编工作。策应沿海开发战略实施，协调指导启东市、海安县组织开展规划期限至2030年城市总体规划修编工作；推进撤并乡镇总体规划修编工作，充分发挥临海重点城镇在沿海开发中的优势；加强对重点中心镇的择优培育，海门市包场镇、海安县曲塘镇、通州区二甲镇纳入年度省重点中心镇控规编制，完成规划方案，并报省建设厅组织技术论证；服务沿海开发重大工程建设，组织县(市)办理临海高等级公路、通洋高速、500千伏南通北输变电工程、锡通通道北公路接线等工程规划选址服务工作。

【规划监察】 以深化文明城市创建及“讲文明、树新风、迎世博”活动为载体，不断强化规划监察工作。参加市区环境综合整治，快速高效完成市下达的拆违整治任务。坚持依法行政、文明执法，自觉维护规划的严肃性。“规划110”全年共受理案件6533件，共拆除各类违法建设23.9万平方米，拆违率为79.27%。

【重点规划】 服务民生工程项目。全力服务危旧房、城中村改造和低价位商品房等民生项目。完成10个“城中村”改造地块的规划方案研究及其大部分出让地块的规划设计要点核发工作。完成4个片区危旧房改造地块规划工作，其中唐闸公园三村、唐闸新工房2个地块已开工建设；无线电厂西南侧地块结合无线电厂地块统一改造，规划方案已审批通过；文亮小学北侧地块结合“城中村”改造统一实施，正在拆迁中。加强经营性出让地块的规划研究，2010年完成或正在研究的地块共57幅，用地面积520公顷，为历年来最多的一年。此外，积极推进老小区改造研究工作，完善老小区停车、绿化等配套服务设施；完成3幅限价房地块规划研究,建成后约可提供6800套限价房;根据崇川、港闸工业集中区实际要求,完成3个廉租房地块研究,约可解决3万多名外来务工人员居住问题。

做好新区推进工作。新区核心区在建及即将开工建设的项目共有28个,进展情况良好。市规划局进一步完善新区推进工作机制,召开推进办成员单位负责人和项目业主会议,协调项目推进中的具体问题。完成中央商务区提升研究方案成果,并提交市规划委员会审议通过。

强化市政建设规划。推进十字街地下空间建设。大力推进快速路改造方案研究工作,组织通启路快速化改造方案研究与工农路快捷化改造方案比选,开展长江路、外环北路与外环东路的快速化改造研究,完成了工农路快速化改造方案。开展长途客运枢纽布局的研究工作,开展西部地区交通研究。积极推进重大基础设施建设的规划服务。做好沿海公路、通洋高速的规划选址;推进区域供水,配合做好天然气门站选址、管道线路确定工作;全力推进市区供电工程项目的建设。

【规划管理】 健全管理制度。完善《南通市市区经营性用地容积率管理办法》、《南通市规划局行政执法程序及考核制度》、《南通市规划局听证制度》等相关制度和规定。以《江苏省城乡规划条例》颁布施行后,配合省厅在南通举办《条例》培训班。

优化规划服务。深化对大项目和大企业的服务,建立和完善与企业联系沟通、上门办公等一系列服务举措。2010年,受理各类规划审批报建2014件,办结1871件,进入并联审批项目159件、"特别快车"审批项目85件、义务代理报建项目248件、"一卡通"项目879个。

推进政务公开。继续推进行政权力网上公开透明运行工作,完善规划政务信息平台,推进建设规划"一张图"系统。扎实开展工程建设专项治理工作。继续强化公示听证,共召开规划听证会12次。城市博物馆发挥规划公示主阵地作用,及时更换规划展板,组织《南通市历史文化名城保护规划批后公示》、《苏通科技产业园专题展暨二期控规公示》,全年接待参观约10万人次、团队178支。

(顾玉香)

中心城市建设

路桥建设

【概况】 2010年,市本级工程完成投资136.05亿元,比2009年增加35亿元,再创历史新高。(一)快速化路网系统建设快速推进。通沪大道高架主线通车;长江中路高架主线贯通;外环北路快速化改造、高店立交、通宁大道快速化、长江路二期快速化改造项目(包括7座跨线桥和高架改造)等工程全面展开。(二)快捷化路网系统改造取得初步成效。完成长江北路、芦泾路A标、北城大桥主线、北濠桥路拓宽、跃龙路南延、环城东路南段、钟秀路、工农路北延等工程。另外,东快速路、静海大桥、世纪大道东延、长江南路拓宽、人民东路东延、崇川路东延、濠西路跨钟秀路跨线桥、郭里头桥改造等工程已开工建设,全面推进。(三)辖区内路网系统形成覆盖。永怡路北侧规划路、新华二村南侧规划路、开发区纬二路东延、桃园路、车管所西侧路、国胜路、世纪花城西侧规划路、新农河西侧路、唐树路、树西路、港闸开发区经五路东延完成。永和路西延、新华路等工程正抓紧施工。(四)交通节点和断头路进一步打通。完成西被闸桥、友谊桥、易家桥、文教二路等交通节点改造,建设时代超市过街通道、国美电器过街通道。(五)工程建设管理进一步加强。出台《南通市市级城建工程施工监理企业考核办法》,全方位加强对施工、监理单位和业主代表的考核,提高各责任主体的质量和安全意识。进一步规范城建工程的承发包行为,制定《南通市市本级城建工程预选承包商管理办法》,为今后全面实施资格后审和网上招标奠定基础。2010年共评出市级优质市政工程11项,5个项目获省优质市政工程奖,1个项目获国优市政金杯奖。

【通沪大道高架】 通沪大道高架工程西起通富路以西约500米,东至开发区通盛大道以东约600米,全长约4.5千米,其中高架桥主桥长3.895千米,标准宽度为25米,在通富路口东侧、太平路口东侧、东快速路口西侧各设置一组上下匝道。本工程立项投资7.2亿元,按城市快速路标准建设。工程于2009年4月开工,2010年9月主线通车。该工程是南通市区2009年重点城建项目之一,建成后,市区到苏通大桥的时间大幅缩短,实现30分钟出城的目标。

【园林路南段】 园林路南段(裤子港-啬园路)为南通市南北向的一条城市主干路。总实施范围南起裤子港,北至啬园路,道路规划宽度60米,全长约2.04千米,工程总投资约7000万元。工程于2009年10月开工,2010年11月竣工。

【园林路北段】 园林路北段(青年东路-世纪大道)为南通市南北向的一条城市主干路。总实施范围为南起世纪大道北至青年路东延,道路规划宽度50米,全长约2.7千米,工程总投资约8000万元。工程于2008年3月开工,2010年12月竣工。

【钟秀东路(外环东路-通富路)】 西起外环东路,东至通富路,全长2360米,宽48米,局部54米,主要建设内容道路、桥涵、管线、绿化及附属设施等。工程总投资约2.5亿元。工程于2009年5月开工,2010年9月竣工。

【钟秀东路东延(通富路-太平路)】 西起通富路,东至太平路,期间与胜利路相交,全长910米,宽48米,双向六车道,采用三幅路型式。主要建设内容道路、管线、绿化、公交候车亭及交通设施。工程总投资约8000万元。工程于2009年10月开工,2010年9月竣工。

【钟秀东路东延东段(太平路-通州界)】 西起太平路,东至通州界,全长约2500米,宽48米,主要建设内容道路、桥涵、管线、绿化、公交候车厅及交通设施。工程总投资约2.7亿元。工程于2009年10月开工,2010年9月竣工。该道路建成后对加强通州区与主城区的衔接具有重要作用。

【城北大道C标】 该标段长约2.2千米,规划路宽70米(局部50米)。主要建设内容为道路、桥涵、管线、绿化及附属设施等。主体工程造价4070万元,2007年8月开工,2010年竣工验收。

【站前二号路东段】 该工程西起工农北路,东至通京大道,长约2450米,宽40米。工程总投资约1.6亿元。工程于2010年3月开工,2010年10月竣工。

【北濠桥路改造】 北濠桥路南起濠北路,北至钟秀路。根据设计要求,将老路东侧人行道改为车行道,在此基础上向东拓宽5.75米作为慢车道和人行道,道路总长600米,工程总投资4500万元。工程于2010年6月开工,2010年10月竣工。

【长江北路】 长江北路工程南起越江路,西至城北大道,道路宽度50米,全长5400米。主要建设内容包括道路、桥梁、雨污水管道、路灯、绿化、供电土建、通信管道等工程。工程总投资5.4亿元。工程于2009年4月开工,2010年5月竣工。

【北城大桥】 北城大桥北起外环北路与长华路交叉口,向南跨过通吕运河后,终点交于钟秀中路北濠桥路交叉口。路线总长约1386米(含桥梁),宽30米。主桥采用62+98+62=222米的桥跨布置,南、北侧引桥均为4×30米现浇箱梁,桥梁全长466.96米。工程总投资2.7亿元。工程于2009年4月开工,2010年10月竣工。

【西被闸桥改造】 西被闸桥位于跃龙路与朱家园路T形交叉路口南侧,立项总投资800万元。工程于2009年10月25日开工,2010年1月16日简易通车,2010年4月30日完成沥青摊铺全面竣工。

【友谊桥改造】 友谊桥改造工程,主要内容为部分拆除桥梁中间老石拱两侧分隔带花坛,将原双向三车道改造拓宽至五车道。立项投资900万元。工程于2010年5月10日开工,2010年8月25日竣工。

【易家桥改造】 易家桥改造工程,主要内容为拆除中央分隔带,将南北两幅桥拼接成单幅桥,并整体现浇桥面铺装。改造后的桥梁车道宽度作适当调整,增加通行能力。立项投资270万元。工程于2010年4月9日开工,2010年6月26日竣工。

【钟秀大桥】 南起钟秀路,北至外环北路,全长1221米。主桥为60米+100米+60米三跨预应力混凝土连续梁桥,工程总投资约1.5亿元。工程于2010年5月开工,计划于2011年12月竣工。

钟秀大桥B标分为钟秀路跨线桥和郭里头桥。其中,钟秀路跨线桥跨越濠东路钟秀路交叉口以及濠东河,工程总投资约4000万元。工程于2010年10月开工,计划于2011年11月竣工。

【工农北路北延】 该工程南起火车站(货场),北至机场路,长约500米。规划路宽60米。主要建设内容为道路、桥涵、管线、绿化及附属设施等。主体工程造价1064万元,2010年6月开工,计划2011年4月竣工。

【崇川路东延(通富路-东快速路)】 崇川路东延(通富路-东快速路)西起通富路,东至东快速路,其间与太平路相交,全长约3千米,宽40米,双向四车道,采用三幅路型式。主要建设内容道路、桥梁、管线、绿化、公交候车亭及交通设施。工程总投资约1亿元。工程于2010年10月开工,计划于2011年6月竣工。

【世纪大道东延】 立项投资2亿元,工程费用1.2亿元。工程西起通富北路,东至东快速干道,全长约2600米,为新建市政道路。沿线共跨越5条河道。工程于2010年6月开工,计划于2011年内完成。

【东快速路(通沪高架-外环北路)】 南起通沪大道,北至外环北路,中间与崇川路、世纪大道、洪江路、青年路、通甲路、人民路、钟秀路等道路相交,全长约8.8千米,宽60米。主要建设内容包括道路、桥梁、管线、绿化、公交候车亭及交通设施。工程总投资约 11.38 亿元。道路部分于 2010 年 8 月开工,计划于 2011 年完成。

【长平路西延 A 标(城北大道 - 九圩港河))】 南起城北大道桩号 K0 +032.386,北至九圩港河南侧海螺路桩号 K2 +400,全长约 2.4 千米,宽 40 米。主要建设内容包括道路、桥梁及雨水管道等工程。工程总投资约 1 亿元。工程于 2010 年 11 月开工,计划 2011 年 6 月竣工。

【长平路西延 B 标(大生路 - 城北大道)】 南起大生路,北至城北大道南侧,全长约 2.9 千米,宽 40 米。实施内容包括道路、桥梁及雨水管道等工程。工程总投资约 1.5 亿元。工程于 2010 年 11 月开工,计划 2011 年 6 月竣工。

【长江中路高架】 长江中路高架西起洪江路,东至紫琅路,全长约 3.1 千米(其中高架桥全长约 2 千米),宽 25.5 米 ~53.5 米(其中高架桥宽 25.5 米),高架桥依次跨越海港引河、世纪大道、崇川路及跃龙南路。主要建设内容为道路、高架桥、桥涵、管线、绿化及附属配套设施等,总投资约 3.8 亿元。工程于 2009 年 9 月开工,计划 2011 年 7 月基本完工。

【通宁大道快速化改造】 南起永怡路,北至陈桥收费站,全线长 5.957 千米,红线宽度 70 米。工程总投资约 4.88 亿元。建设主线高架桥南起永怡路,北至永兴大道北,全长 2173 米,宽 18.5 米;幸余路跨线桥全长 493 米,宽 18.5 米;城北大道跨线桥长 493 米,宽 18.5 米,均为标准跨径为 30 米等高度预应力混凝土连续梁桥。下部结构采用双柱式花瓶桥墩,承台为钢筋混凝土结构,桩基采用钻孔灌注桩;上部结构为斜腹板单箱双室。工程于 2010 年 8 月 15 日开工,计划于 2011 年 11 月竣工通车。

【外环北路快速化改造】 西起憩亭大桥东,东至通京大道东 100 米,南起通吕运河一号桥北,北至永怡路路口南,道路全长 7.2 千米,工程总投资约 14.35 亿元。其中高架桥长 6.8 千米,立交匝道桥长 1203.428 米、桥宽 8.0 米;立交采用半苜蓿叶 + 定向匝道的部分互通,通宁大道交叉口设立交,立交被交道包含濠西路及通宁大道部分路段,一号桥 - 永怡路;下部结构采用双柱式花瓶桥墩,承台为钢筋混凝土结构,上部结构为斜腹板单箱双室。工程于 2010 年 8 月 15 日开工,计划于 2012 年 5 月竣工通车。

【长江南路拓宽改造】 长江南路是南通市区连接狼山风景区、市开发区的一条城市主干路。该工程北起工农路大转盘,南至裤子港河,全长约 3.1 千米,标准红线宽度 43.5 米。主要建设内容包括道路、排水以及照明等附属设施,工程投资 7700 万元。工程于 2010 年 9 月开工,计划于 2011 年 9 月竣工。

(姜晓云　朱峭嵘)

园林绿化

【概况】 2010 年,南通市新建、改建一批具有较高品位的公园绿地和绿化风光带。先后建完园林路北段、长江北路、城北大道等 25 条主次干道绿化配套工程,长华路绿化景观工程、南通公墓遮挡绿化、世纪大道东延北侧绿化带、城市绿谷配套停车场等园林绿化工程建设,市区新增绿化面积 240 公顷。推进濠河风景区创建国家 5A 景区工程建设,组织完成濠河疏浚工程、濠河污水截流及濠河周边环境综合整治、次入口游客中心改造、沿河生态护坡工程、标识标牌系统改造工程、监控系统整合工程等。进一步提升市级园林绿化精细化管护水平,先后组织完成 4 批计 8 条道路、5 个公园广场绿地养护招投标,49.31 公顷绿地落实养护责任主体。加强城市绿化行业管理,组织开展“园林式单位”、“园林式小区”评比活动,评出省级园林式居住区 11 个、园林式单位 14 个,南通市市级园林式居住区 14 个、园林式单位 10 个。组织参加第四届中国月季花展暨 2010 世界月季联合会区域性大会,在“月季造景艺术展”、“盆栽月季精品展”、“月季插花艺术展”3 个项目中获得 2 金 1 银 2 铜;组织参加第八届全国菊花展(开封),获得 14 金 5 银 7 铜。

(姜晓云　朱建林)

公用事业

【区域供水】 2010 年,区域供水工程快速推进,建成狼山水厂 20 万吨/日及洪港水厂 20 万吨/日扩建工程,新增 40 万吨/日供水能力。如皋长青沙水厂 20 万立方米/日扩建工程前期工作有序推进。建成通吕线输水干管,全年共新增输水主干管 65 公里、次干管 265 公里,新增受益乡镇 26 个、150 万人。截至 2010 年年底,全市引江区域供水工程累计覆盖乡镇 77 个,惠及城乡居民 558.5 万人,乡镇覆盖率和人口普及率分别达到 78% 和 73%。

【污水、垃圾处理】 年内,完成垃圾中心六号池二期工程;市污水处理中心三期 10 万立方米/日扩建工程进入调试阶段;东港污水处理厂三期工程进入前期准备阶段;观音山污水处理厂二期 4.8 万吨/日扩建工程进行前期工作。年内新增垃圾无害化处理能力 32 万立方米。全年处理污水 7954 多万吨,无害化处理南通市、如皋市和通州区生活垃圾 34 万多吨(含焚烧),平均日处理 900 多吨,垃圾渗滤液处理7万多吨。

【供气】 燃气管网建设进一步加快，2010年底年供气量（折合成人工煤气）12193万立方米，拥有燃气客户18.8万户，团体客户619户，中、低压燃气管道1401公里。

【城市照明】 配合市政工程建设，同步推进道路照明和景观亮化设施建设，市区更换、新增路灯、景观灯7758套，亮灯率和设施完好率达99.35%。

【市政设施】 全面加强市政基础设施养护工作，对296座桥梁进行巡查2万多次；完成市区17条主干道约1200多处坑塘、近2400平方米的道路维修；维修道板1200平方米；疏通下水道边井8000多只、下水管道1000多处，清理泵站淤泥、垃圾共计400多立方米。公共设施管养能力城市道路面积达到790万平方米，雨水总管429公里，污水总管243公里，泵站27座，桥梁296座。

（姜晓云　张敬东）

对口援建

【概况】 四川汶川特大地震发生后，南通市根据中央和省的要求，积极开展对口援建，实现三年任务两年完成。2008年8月，南通援建指挥部（后增挂南通市政府西南办事处）进驻四川德阳市所属的绵竹市新市镇，全面开展对口援建工作。两年间，援建工作从工程建设向产业市场对接、科技文化交流等全方位展开，至2010年6月底，援建灾区的大型项目全部完成。10月16日，南通对口援建项目集中交付仪式在新市镇举行。南通市市长丁大卫将象征对口援建项目的“金钥匙”递交给新市镇领导，并代表南通市委、市政府向新市镇党委、政府捐赠人民币100万元。南通对口支援新市镇灾后重建项目至此圆满结束，共完成对口援建工程项目18个，总投资5.5亿元。

【援建工程】 2008年8月23日，指挥部正常运转后的第三天，第一批项目上报绵竹市发改局和江苏省援建指挥部，总投资9984万元的新市学校、观鱼学校、新市镇卫生院、观鱼卫生院4个民生项目获批立项，并在全省率先举行奠基仪式。2009年7月底，新市学校、观鱼学校如期竣工交付使用。9月1日，新学期开学，两所学校的3000余名师生走进能抗8级地震的新校园。紧接着，新市卫生院、观鱼卫生院也如期竣工。第二、第三批援建项目快速推进，石亭江一号桥，江苏工业园南通路，绵竹市历史博物馆，新市镇学校配套道路及景观工程，农贸市场恢复维修，新市镇市政配套设施工程，村道建设工程，以及新市自来水厂、污水处理厂等工程次第展开。南通承建的绵竹市“三馆三中心”，是江苏对口支援绵竹灾后重建单体规模最大的文化产业项目。总建筑面积1.8万平方米，总投资1.9亿元，主要包括年画博物馆、科技馆、文化馆和职工活动中心、青少年活动中心、妇女儿童活动中心。工程外观宏伟壮丽、内部结构合理，受到省援建指挥部和当地党委政府的一致好评。另外还建成江海馨苑安置小区、新市便民服务中心等项目。

【产业对接与科技合作】 南通市把对口援建作为增进经济合作交流的重要平台，通过援建催生新的生产力。援建指挥部积极促进南通和四川两地在产业、资源、科技、市场等方面优势互补，推动建立互利共赢的长期合作机制。南通科技投资集团股份有限公司与绵竹机械行业商会合作对接，协助开拓四川市场，在西南地区机床销售额达3000多万元；南通肠衣食品企业在四川设立原料基地；江苏国盛基业投资8亿元建设绵竹恒大商贸城；“南通—成都地区高校、科研院所产学研合作洽谈会”成功举办，南通企业与四川大学、电子科技大学及中科院成都分院等达成签约项目10个。

（综　合）

城市管理

【概况】 2010年，南通市城市管理局（南通市城市管理行政执法局）以建立健全长效管理机制为核心，着力推进户外广告整治和市容环境综合整治，努力实现城市管理高效化、常态化和精细化。4月，省住建厅在南通召开全省城管执法规范化建设现场会。年内，市城市管理行政执法局被省依法行政工作领导小组确认为2010～2011年度省级依法行政示范点，被省政府法制办表彰为2010年度全省城市管理行政执法工作先进集体。在全省城管执法队伍星级单位创建工作中，全市有6支队伍获得三星级单位称号，1支队伍获得二星级单位称号。

【户外广告整治】 为净化美化城市空间环境标，坚持“减量、规范、美化、提档”和“疏堵结合”的原则实施户外广告整治。市区共拆除各类违法广告4000余处、8.3万余平方米。特别是社会各界反映强烈的205块“高炮”广告全部被依法拆除，实现“零事故、零纠纷、零上访”的目标。同时，加大检查力度，及时发现排查户外广告安全隐患，牵头组织户外广告安全检查5次，对全市大型楼顶墙体广告进行普查，发现问题120多处，督促整改率超过99%。市城管局被市政府表彰为安全生产工作先进集体。

【市容环境综合整治】 重点整治主要商业区、城市出入口及城郊结合部“脏乱差”现象,积极改善市容面貌和环境卫生状况。市城管局分4批排出932个综合整治项目,下达给各区政府和相关部门牵头整治,并进行跟踪督办和考核验收,90%以上的整治项目得到落实。针对流动摊点占道经营的情况,市区城管部门共组织整治行动60余次,出动联合执法人员1600余人次,取缔、查处流动摊点、占道经营690余起,教育劝导摊贩8100余人次,较好地遏制乱设摊点蔓延的势头。加大对城市“牛皮癣”清理整治力度,清理乱张贴、乱涂写10万余处,暂停违章通讯工具400余部。牵头组织开展南大街八仙城区域综合整治,对无序停车、占道经营、环境脏乱差等问题加大管理力度。

全省城管执法队伍规范化建设现场会在南通召开

【数字化城管】 市数字化城管平台建设取得阶段性成效,一期工程覆盖50平方公里区域,4区平台和66个部门终端全部建设完成。2010年3月1日实现全区域试运行并开通“12319”城市城管服务热线,为市城市管理实现长效化、精细化奠定坚实基础。依托数字化城管平台,整合城管110指挥中心资源,统一受理市民举报、投诉和求助。研究制定《南通市数字化城管长效综合管理考评办法》及有关细则,明确区政府和市各相关部门的职责,城市长效综合管理纳入市政府年度绩效考核体系。2010年,共受理案件11500余条,其中“12319”热线接收市民举报案件1200余条,结案率97.5%。

【市容美化】 组织编制工农路、南大街、人民中路、桃坞路4条道路的景观包装方案,加强对环濠河周边、濠西路的提档升级,严格按照工程施工标准,科学统筹施工时间,不到50天内完成近2万平方米的建筑物外墙面包装出新工程。在对现有亮化设施做好维修提档的基础上,继续加大新建楼宇的亮化建设,督促中南世纪城建设完成12处标志性建筑的景观亮化,跟踪督促南通大饭店、南通国贸大厦等4处新建建筑进行亮化建设,配合市民服务中心等2家单位完成建筑亮化设计。对新建道路两侧、重点区域商家门头店招进行规划设计。对沿街杆线、控制箱进行整治和包装,规范设置,提升品位。

【环卫设施建设】 加强公厕、果壳箱、中转站等环卫设施的建设。采购800只分类式果壳箱,安装在世纪大道、人民路、青年路等主要道路,及时更换市区道路沿线破损陈旧的果壳箱。对惠民港、掌印巷等7座公厕进行提优升级。市区秦灶、海港、观音山等7座垃圾中转站添置8套净化除臭装置。年内新建和改扩建垃圾焚烧发电厂各1座,新建、改建新型农村垃圾中转站52座,其中投入使用25座。截至2010年底,全市各乡镇有日处理能力20吨以上的压缩垃圾中转站77座,日处理能力600吨以上生活垃圾无害化填埋场1处,日处理能力3450吨垃圾焚烧发电厂4个。南通市成为全省唯一全面完成“十一五”期间生活垃圾处理设施建设任务的省辖市,在全省率先初步实现“城乡一体、资源共享”的生活垃圾无害化处理设施全覆盖。通州区成为全国首批28个村镇垃圾治理全覆盖县(区)之一。

【建筑垃圾管理】 2010年,市区共清运自管小区和主要道路两侧无主建筑垃圾4万余吨,督促建设工地设置围挡70余处。落实建筑垃圾处置场地,在通州区先锋镇设置建筑装潢垃圾处置场,初步缓解建筑装潢垃圾无处可倒的矛盾。按照省住建厅、省公安厅的要求,开展渣土运输车辆百日整治行动,对车辆带泥上路、随意倾倒垃圾等行为进行严厉查处。筹划建立建筑垃圾处置中心,实现建筑垃圾的无害化处理和资源化利用。

【市容环卫责任区管理】 严格市容环卫责任区检查考核,夯实城市管理的基础。对市区10家三星级、24家二星级单位和76家一星级单位进行表彰和授牌。建立健全“旬暗访”、“月检查”、“季互查”、“年总评”的检查考核机制,指导基层政府、责任单位强化市容环卫责任管理,进一步提高市容环卫长效常态化管理水平。全年共组织市容环卫责任区明查暗访、月度检查54次,季度互查4次,发现问题600多个。

【重要活动保障】 精心组织,周密部署市委、市政府交办的各项保障任务,制定详细具体的保障方案,加强对活动现场、重要场所及周边环境的检查督查;强化城管110值班备勤,确保队伍指令畅通;指导、协调市容和环卫部门做好亮化、美化和保洁工作。2010年,共完成重大活动的市容环境保障任务30余次。市城管局荣获港洽会组织工作先进单位二等奖。

【依法行政】 规范自由裁量行为,完善执法监督制度。继续在全系统开展行政执法检查,及时查纠不良执法行为。严格执行行政执法案件月报制度、重大行政处罚备案制度、行政许可备案制度。2010 年,市区共办理一般程序案件 873 起,简易程序案件 4700 余起,没有出现行政复议变更或撤销、行政诉讼败诉案件。全面落实行政权力网上公开透明运行,建成权责清晰、程序严密、制约有效的行政权力公开透明运行机制。制定行政权力清理制度、行政权力公开制度和绩效考核制度,编制 15 张科学合理的外部流程图、内部流程图、内部流程信息,在全市行政机关绩效考核中名列前茅。

【窗口服务】 2010 年,市城管局行政服务窗口共收件 2100 余份,发放准予许可决定 1900 余份,接受各类咨询 13000 余人次,收件办结率和无差错率均为 100%。窗口被市妇联授予"巾帼文明示范岗"称号;被市行政审批中心评为"第八次压缩承诺时限工作先进窗口"和"季度十佳窗口单位"。

【建议提案和信访件办理】 完善办理反馈工作制度,对党委、政府领导交办的重点工作,人大、政协建议提案和各类信访件落实专人办理、专题专报。2010 年,共办理 23 件建议提案,办结率、面复率、答复满意率均达到 100%;切实做好信访工作,办理市长信箱、媒体曝光、"12345"政府服务热线、网上举报等各类信访件 3600 余件,接处"城管 110"有效举报 6000 余次,做到事事有落实,件件有回音。为切实加强为民服务工作,成立市民接访服务中心,安排专人值班,局领导和处室(大队)轮流坐班接访,受理群众投诉,及时化解矛盾和纠纷。

(吕志勇)

2010 年 5 月 18 日,市妇幼保健院整体迁建工程奠基

交通建设与管理

综　述

【概况】 2010年,南通市交通局实施机构改革,组建南通市交通运输局。全市交通运输系统围绕发展方式转变、充分发挥先行引领功能,以“四个围绕”(围绕项目抓发展、围绕服务求发展、围绕调整促发展、围绕稳定保发展)统筹推进交通运输各项工作。加快实施高速公路市域全覆盖工程,扎实推进干线公路改扩建工程,船闸建设、农桥改造农村公路建设有序推进。全年在建及新开工项目总投资超过300亿元,实际完成投资56亿元,均创历史新高。运输生产稳步增长,行业管理不断加强。市交通运输局被表彰为2008~2009年度全国交通运输行业文明单位、全国交通战备工作先进单位、世博交通运输保障先进集体。全系统公路、航道、运管、地方海事四大行业全部进入全省同行业年度综合考评前三强,市交通工程质监站首次位居前三名。

【项目建设】 *在建工程加快进度*。省重点交通工程江海高速建成通车。崇启大桥接线高速路基基本完成。干线公路投资全年累计完成25.3亿元。328国道南通段和221、225、334、336省道等干线公路改扩建工程扎实推进。干线公路迎国检工作取得阶段性成果,全省干线公路建设质量工作现场会在南通召开。如皋汽车客运站一期工程主体完工,启东汽车客运站开工建设,3个乡镇客运站和108个候车亭建成投用。焦港船闸通过交工验收,被评价为创造江苏“十一五”船闸建设最高水平。吕四船闸改造工程建成复航。

重点项目全面启动。总投资65亿元的临海高等级公路通过初步设计审查,启东南段、海安段开工建设。平海公路东段全线开工。总投资35亿元的通洋(南通－洋口港)高速公路奠基,加快实现高速公路市域全覆盖。锡通大桥和接线高速立项。总投资40亿元的连申线南通段航道整治工程顺利开工。总投资超10亿元的九圩港复线船闸列入交通运输部“十二五”建设规划。总投资47亿元的农副产品物流中心开工建设。总投资3.8亿元的汽车客运枢纽东站前期工作进展顺利。3个客运枢纽站、1个农村客运站、100个候车站亭列入省交通运输厅建设投资补助项目。川港物流园区投入营运,交运物流集团林野物流中心一期工程开工。

项目储备有序跟进。洋口港物流园区列入国家“十二五”规划沿海开发项目,农副产品物流配送中心等3个园区列入省“十二五”交通物流基地布局规划,4个物流基地列入省厅投资补助计划。新增2家省“农村物流示范点”。

【交通便民工程】 启动实施农桥改造“三年攻坚”计划,年内超额完成130座桥梁改造任务。新建成农村公路1350公里。全省乡村公路管养及安保工程示范乡镇现场交流会在南通市召开。新增、调整、优化城乡客运线路31条,全市行政村客运班车通达率达99.03%,如皋市被评为全省城乡客运一体化先进单位。开通张家港和常熟2条苏通城际公交班线。新增、更新公交车133辆,整合4条重叠线路,优化调整4条线路,新辟8条线路,开通3条新村校园专线,公交智能调度运营系统试运行。深入开展“服务企业创新年”、“百企挂钩帮扶年”活动。开通“96196”交通服务热线。

【运输生产】 全年公路客运量1.62亿人次、旅客周转量133.90亿人公里、货运量1.45亿吨、货物周转量90.83亿吨公里,分别增长17.2%、18.0%、17.5%和19.5%。水路货运量达4448万吨、货物周转量287.77亿吨公里,分别增长27.09%和29.52%。更新客车202辆,高级客车占比近九成。厢式及专用货车达1.34万辆,占比增加2个百分点。船舶运力突破百万载重吨大关,增长25.3%。率先在全省启动长江干线船型标准化工作。交运物流跻身国家4A级物流企业标准化改造计划和20家甩挂运输试点单位行列,列全省首批“交通物流龙头企业”首位。

【行业管理】 率先在全省建立汽车维修质量监督员制度、排行榜制度,率先在全省实施教练车安装信誉顶灯、统一驾驶员培训合同格式、开通“学车修车网”。建立出租客运行业服务质量暗访制和目标考核长效机制,探索在5家出租车民营企业建立出租客运行业党总支。率先在全省推行路政许可事前、事中、事后全过程管理,大力整顿客、货运输市场秩序。加强建设市场监管,开展交通工程建设领域突出问题专项治理。35家道路客运企业荣登省质量信誉等级考核榜,其中9家汽车客运站被评为3A级质量信誉企业,数量居全省首位;9家企业进入省货运质量信誉企业行列,10家驾校、79家维修企业获省A级以上信誉。扩大成立省交通运输招标评标中心市级分中心(全省首家),入场招标37个项目,中标金额15.24亿元,降低造价1.31亿元,占合同金额的8.6%。省交通运输厅召开现场观摩会,推广南通做法。

【科技兴安】 为适应世博交通安保,加大运输装备投入力度。139辆危货车辆提前报废或转为普货。汽运集团投资1600万元,在全省客运行业率先运用3G实时监控技术,首期已在200辆营运客车上运用。运管系统在全省率先实现危货管理"一键通",全市有42家危货运输企业进入信息管理系统,定期生成车辆违法违章情况报表,实施危货运输黑名单制和危货运输从业者退出机制。在全省率先研发船闸安全现状评价系统。全面完成7个公路应急处置中心规划方案,投入1300万元建成市级和如皋中心,投入1800万元购置56台(套)养护应急机械设备。建成内河水上搜救中心,开通"南通市内河水上安全信息台"。开展工程安全应急救援演练。

(季建芳)

公路建设与管理

【概况】 2010年,南通市公路建设超额完成年度目标:在建9个项目,全年累计完成投资21.8亿元,占年计划的156%;建成通车23公里,占年计划的100%。至年底,全市改造国省干线公路达1180公里,构建"四横、五纵、一环"的主骨架网络,市到县全部实现一级公路连接,成功打造市县1小时交通圈。继续强化和完善"县建设、市监管"的建设管理体制。市县两级政府高度重视临海、平海公路等沿海重点项目建设,成立以分管市长为总指挥的组织机构。继续加快各项前期工作,组织开展中长期"南通市干线公路网规划研究"工作,形成中间成果。南通市公路管理处连续第八年在省公路局争先创优劳动竞赛中被评为"公路工作综合优胜单位"。被省文明委命名为2007~2009年度江苏省群众性精神文明建设先进单位,被省交通运输厅评为全省交通运输行业队伍建设工作先进集体。

【干线公路养护与管理】 市公路管理处以全国争一流为目标,全力以赴迎接全国干线公路养护与管理检查(原定2010年10月进行,后因故推迟),强化"条块结合",推动和促进迎检工作。全市整治马路市场81个,清除摊点6316个,障碍物1.83万立方米,非标悬挂物5849块,处理路面污染151处。坚持精细化养护管理,干线公路病害明显减少,顺利完成101公里文明样板路和绿色通道创建,全市干线公路优良路率达到92%。

投入524万元开展"六项整治"活动,推行机械化养护,实现一级公路小修保养机械化率达到90%以上,一级公路保洁全部实现清扫车清扫。全面完成7个应急处置中心规划方案。投入1650万元建成了市级、如皋中心,投入1600万元购置56台(套)养护应急机械设备,并投入运营。

【农路建设】 全市农村公路建设完成投资11亿元,占年计划的178%;建成里程1600公里,占年计划的272%;改造桥梁538座,占年计划的162%。继续开展县道公路文明样板路创建活动,成功打造墩孙线、吕北线、包临线等一批县道公路管养精品工程,高标准创建11条86.25公里县道公路文明样板路。全年评选出18个优秀乡镇和77条示范路,成功创建成1个省级安保示范乡镇。在2010年县道质量考核中,海门和启东分别名列全省第一和第二,地级市综合排名全省第二,农路建设质量水平继续全省领先。

【路政管理】 重点推进"公路搭接道口专项整治、路面污染集中整治、路政管理合格镇创建"等三大载体活动,全面加大公路路域环境整治力度,路容路貌明显改观。108个镇参加创建活动,71个镇被确定首批"路政管理合格镇",创建3个"路政管理示范县"。在全省第二次普通干线公路路政管理成效考核中,取得优秀等次。

【信息化管理】 车载3G移动视频监控系统初步达到远程调取录像、三方通话等功能,形成一个覆盖全市干线公路的实时动态移动视频监察系统。做好应急指挥平台向县站、应急处置基地延伸技术方案规划,实现市公路管理处与县公路站视频会议室的成功对接。

(杨 涛)

城市公交

【概况】 2010年,南通市公共交通总公司以改革为动力,一手抓生产经营,一手抓安全服务,完成年度生产计划。全年营业总收入1.29亿元,比上年增长690万元;营运总收入11946.97万元,增长4.81%。其中,普票收入6300.35万元,下降1.59%;IC卡收入2688.71万元,上升11.78%;包车收入2957.91万元,上升14.16%。总行驶里程

3466.83万公里,比上年上升1.93%;总客运量9687.87万人次,上升4.84%。全年累计亏损4412万元,比上年增加亏损118%,主要原因是燃油价格上涨增加成本1211.59万元,车辆折旧增加535.58万元,人员成本上升890万元,扣除以上刚性成本实际减亏578万元。年内,公交总公司被市委、市政府授予港洽会组织工作先进单位三等奖。

【设施更新】 加快车辆更新,改善乘车环境。2010年,公交总公司通过财政补助和企业自筹购置车辆33台,5月底前投放到3路、16路、42路线运营。公交空调营运车辆增至484台,占比达到90%。为争创国家"十城千辆"新能源汽车示范城市,申请市财政投入资金添置50辆节能与新能源公交车。对19台冒黑烟车辆进行维护调整。

完善场站设施,强化后勤保障。在灰堆坝、开发区、城闸大桥、西场4个停车场,安装4个撬装式加油装置,在省内属首家。新建人民路"友谊桥公交停车场"站台;迁移濠北路"盛和金鳌坊"站台;对143座破旧、破损公交站台进行维修;濠南路、桃坞路、桃园路10座站台重新油漆。更换破损广告灯箱、路牌面板,整修站台坐凳、地面道板等。对14条营运线路550块站牌全线更换;对598块零散站牌更新,整改34条430张线路图,更换乘车须知350张、更换禁烟标志800张。

【线路优化】 2010年,是近年来新开线路、线路变动最多的一年。根据城市发展和道路建设情况,年内优化调整37、38、39路线;新辟40、46、602、616路以及3条校园新村专线;延伸8、28、43、48、49、88路;解决部分小区多年不通公交的问题,填补部分道路的公交空白;对10、17、21、48路进行线路资源整合,在1、4、5、28、43、51、101、301等线路上增加16辆车、增加198个车次,增加行驶里程116万公里,增加直接运行成本480万元;延长5路收班时间,方便市民夜间出行;对12、301路线增设站点,方便老年人群出行;配合市政道路改造,对28条线路进行59次调整,将工程施工影响降至最低。

【技术改造】 借助高新技术提高管理效能,建立公交线路运营智能化调度系统、多媒体综合查询系统、乘客服务信息系统、站点和停车场站管理系统。安装场站调度屏7块,车载GPS一体机线路车载终端400套,客流计数器100套,车载视频监控设备100套,在小石桥站点安装电子站牌1个,全部安装调试到位;调度中心设备、后台机房设备及各类软件安装调试完成;对全体驾驶员、调度员、站务员共计918人次进行GPS/GPRS智能化信息系统的培训。通过建立智能化调度平台,大幅度提高公交车辆的运营效率。

【优质服务】 开展微笑工程活动,实行党员亮牌服务。向社会公开招聘25名义务行风监督员,对发现的675项次内容及时开出转办单交责任部门落实整改。年内新办理IC卡8.47万张,其中电子钱包7.23万张,学生卡3587张,65岁以上长寿卡8198张,残疾卡639张。刷卡人次比上年增加630万人次,老人免费乘车1038万人次。公交IC卡总持卡人达47万,设置专门窗口提供充值服务。全年,公交员工拾到现金、笔记本电脑、照相机、项链等物,仅现金就有人民币5.1万余元、港币3510元、韩币1万元,全部设法归还失主。

(公交总公司)

铁路建设

【概况】 2010年,南通铁路建设取得新突破。沪通铁路项目取得突破性进展,过江大桥方案获交通运输部批复。宁启铁路复线电气化改造工程、海洋铁路两个在建工程进展顺利。积极推进4个前期项目。完成"十二五"铁路专项规划。市铁路办围绕"当科学发展先锋,建铁路枢纽城市"主题,全力争先创优,服务效能不断提升。开展平安铁路创建活动,完善"路地协调、部门联动、上下衔接"的工作机制,建立有效的铁路安全防控体系,平安铁路区段实现"全覆盖"。拓展运输市场,整合运输资源,铁路运输为地方经济服务的能力得到显著提升。

【铁路规划】 围绕"主攻高速、干支并举、完善网络、建设枢纽"的战略构想,认真做好南通市铁路"十二五"规划编制工作。5月,委托江苏省交通规划研究院开展南通市铁路"十二五"规划编制工作。11月,南通铁路"十二五"规划通过专家评审。南通市铁路专项规划编制工作在长三角各市中处于领先地位。

沪通铁路。沪通铁路长江大桥获得行业审批。经数年论证和多个桥位的比选后,7月2日,交通运输部以交水运〔2010〕310号文正式批复沪通铁路长江大桥有关事项,确定桥位、桥式和桥跨,并提出通航净空尺度和技术要求。7月21~23日,沪通铁路可行性研究评估报告在南通通过评审,并于10月27日由中咨公司上报国家发改委,标志着沪通铁路项目进入可研审批程序。江苏段的土地预审、环境评估等配套工作以及长江大桥的专题论证工作基本完成。

宁启铁路南通至启东段。项目初测、运量和经济分析、环境评估等工作相继完成。5月7日,铁道部、省政府正式批准项目立项。5月底,项目可行性研究通过专家评审。10月中旬,上海铁路局、省铁路办向铁道部、江苏省正式上报项目可行性研究报告。项目初步设计正在进行,计划

2011年开工。

*新长铁路海安至盐城段扩能改造。*新长铁路海安至盐城段是沿海铁路的重要组成部分，目前为单线，运行速度和通过能力较低。铁道部、江苏省决定加快启动海安至盐城段的扩能改造工作。5月，项目预可研通过评审。

*海洋铁路上岛工程。*海洋铁路上岛工程是海洋铁路二期工程，项目为洋口港集疏运体系的重要组成部分。年内项目预可研、可行性研究相继完成。

*通苏嘉城际铁路。*通苏嘉城际铁路为南通首条城际铁路，连接南通、苏州、嘉兴三地，纵贯苏中、苏南与杭州湾北部，是长三角核心区城际网主骨架之一，设计时速250公里/小时以上。4月，项目预可研工作正式启动，年内预可研报告上报铁道部。

*新建或改扩建一批车站。*根据发展形势，市政府决定对原新长铁路海安县站、如皋站进行改扩建。与铁道部、省铁路办沟通，确定海安县站按9000平方米改造、如皋站按6000平方米改造。通过争取，铁道部同意宁启铁路南通至启东段沿线的启东站、海门站按8000平方米规模建设；海洋铁路沿线的如东站按6000平方米规模建设。南通市铁路站场密度在全国地级市中领先。

【铁路工程】 *宁启铁路复线电气化改造工程。*宁启铁路复线电气化改造工程是在现有宁启铁路旁增设复线并进行电气化改造，实行全封闭、全立交，改造后行车时速由120公里提至200公里。线路全长268.3公里，项目总投资130.7亿元，全线需征地7506公顷，拆迁建筑物52.6万平方米。其中，南通市境内线路长91.2公里，总投资52亿元，需征地3447.39公顷，占全线征地量的45%；拆迁建筑物31万平方米，占全线拆迁总量的58%。2010年1月18日，宁启铁路南通段复线电气化改造工程开工，3月至5月，南通各级奋战三个月全面完成沿线征地拆迁工作，实现了拆迁数量最多、资本金筹集最多(2.71亿元)、交地速度最快、施工环境最优等四个全省之最。2010年，完成项目投资10亿元，比年度计划超额25%。

*海洋铁路。*作为全市首条港口铁路，海洋铁路被列为2010年全市重点推进的铁路项目之一。该线自新长铁路海安站引出，经海安、如皋、如东，至洋口港区，全长76.8公里，总投资18.2亿元。2008年10月项目先行试验段开工以来，服务和支持到位，协调225省道和226省道预留、5条道路交叉跨越、海安地震台迁移、“三电”迁移等各类矛盾，确保施工顺利进行。2010年，海洋铁路完成投资8.43亿元，超额完成年度计划。

（吴云霞）

民　　航

【概况】 南通机场位于南通市主城区东北方向，通州区兴东镇境内，是江苏省最早投入使用的民用机场。南通机场有15个内设机构和1个下属单位(南通空港实业有限公司)，在编员工200人，其中专业技术人员146人。2010年南通机场通航北京、广州、深圳、成都、武汉、天津、重庆、长沙、郑州、温州等城市的航线，全年安全保障航班3234架次。2010年完成旅客吞吐量27.14万人次，比上年增长23.24%；货邮吞吐量5869.6吨，增长100.8%。开通重庆、长沙、郑州、温州4条客运航线及南通－深圳的货运航班。完成飞行区改扩建工程总量的65%。向民航局、省财政和市财政共争取各项补贴资金11977万元。2010年，南通兴东机场有限公司完成业务总收入2362.8万元、上缴税金165.11万元，亏损506.29万元。

【安全工作】 2010年，南通机场在推进飞行区改扩建工程的同时，全力保障安全飞行。深入推进“SMS”体系建设，进一步完善安全生产控制指标体系。以总体符合率99.09%通过民航局组织的航空安全审计复查。吸取“8·24”伊春空难事故的惨痛教训，深入组织开展安全生产大检查活动，进一步查堵安全漏洞、强化安全生产。强化完善反恐预案，完成“世博会护城河”安保工作。加大安全监管力度，落实安全责任制，狠抓安全教育与培训，更新安全设施设备，全力保障安全运行。全年共安全保障各类飞机起降2.84万架次，其中，保障航班3234架次，比上年增长19.96%，航班放行正常率100%。保障航班短停维护1605架次。安检旅客11.85万人次，检查行李18.47万件，查出管制刀具16件，查出伪造、过期身份证件20人次，监护飞机1617架次，安检货物7.39万件，安全行车63.5万公里。

【航线航班开辟】 围绕“开航线、促发展”的工作思路，加强与国航、南航、东航、深航等航空公司的交流沟通，航班量由原来每周34班增加到48班。6月，顺丰速运货运航班顺利开通，货邮吞吐量快速增长，全年货邮增幅全省第一。

【基础建设】 (一)飞行区改扩建工程。该项目于2010年9月6日正式开工，9月25日，国土资源部正式批复南通兴东机场飞行区改扩建工程建设用地1375亩，12月12日成功完成飞行区不停航施工切换工作。至年底完成工程总量的65%。(二)国际候机楼和货运仓库工程。2010年，市发改委同意南通兴东机场新建国际候机楼和货运仓库，同时配套建设消防、安检、弱电等设施设备。至年底，《南通兴东机场国际候机楼初步设计》编制工作完成，货运仓库进入招投标程序。(三)民航飞行校验中心(南通)基地。国家民航校验中心正式致函南通市人民政府,将东方校验基地选定在南通兴东机场。民航局审定同意校验中心总体规划及南通项目预可行性研究报告。

(周子钦)

运输管理

【概况】 2010年是运管机构适应大部制改革,实现职能转变的重要一年,原由建设部门管理的城市公交移交交通运管部门管理。全市运管系统瞄准"行业争名次、社会争好评、服务争口碑"的争先创优目标,不断加大工作力度,圆满完成各项任务。市运管处和如皋运管处被省交通运输厅表彰为2008~2009年度全省"优秀运政机构"。市运管处被省厅运管局表彰为"2010年度江苏省运输管理工作先进单位"和"2010年度江苏省城市客运管理工作先进单位",城际客运管理工作、宣传和政务信息工作获单项考核第一名。"运政超市延伸服务"和"预约检测"被评为全市交通运输系统"十佳法治惠民实事"。

【运输经济发展】 2010年,全市累计完成公路客运量1.62亿人次、旅客周转量133.90亿人公里,比上年分别增长17.2%和18.0%;公路货运量1.45亿吨、货物周转量90.83亿吨公里,分别增长17.5%和19.5%;水路货运量4448万吨、货物周转量287.77亿吨公里,分别增长27.09%和29.52%。运输行业整体效益明显提高,运输经济增长态势总体平稳,交通运输对地方经济发展的拉动力明显增强。

表3-19　　2010年南通城乡客运情况

区域	线路(条)	车辆(辆)			客运量(万人)		
	公交	公交	出租	合计	公交	出租	合计
南通市区(崇川区、港闸区、开发区)	77	722	1277	1999	10462.27	3762.1	14224.37
通州区	20	73	197	270	1580	426	2006
海安县	5	38	384	422	175.5	834.68	1010.18
如皋市	16	93	357	450	457.75	915.49	1373.24
如东市	21	72	202	274	550	249	799
海门市	9	68	270	338	491.7	527.2	1018.9
启东市	6	49	406	455	333.2	710.5	1043.7
合　计	154	1115	3093	4208	14050.42	7424.97	21475.39

【公交优先发展】 市运管处认真抓好调查研究,在短时间内拿出市区公交优先发展3年工作目标和计划,被市政府采纳,纳入市区"102030"交通畅通工程计划。本着先易后难、轻重缓急的原则对公交进行改造,方便城乡居民出行。全面落实公交优先发展20项举措,对市区公交线路重新编号运营,对飞鹤公交公司与公交总公司5条重叠运营的城郊公交班线进行资源整合,开通3条新村校园公交专线,新辟市区公交线路8条,新增、更新公交车133辆。先后开通南通至张家港、南通至常熟2条苏通城际公交班线。

【城乡客运一体化】 全市新增、调整、优化城乡客运线路31条,城乡客运线路总数达到159条,全市1525个行政村通达客运班车,通达率达99.03%。13个乡镇客运站建成投入使用,建成108个侯车亭。如皋白蒲、九华客运站建成待投入使用,海安墩头客运站主体完工。如皋新客运站一期主体土建工程基本完成,启东中心客运站完成主体工程60米打桩。如皋市在全省城乡客运一体化发展工作会议上作典型经验介绍,并被省厅表彰为"江苏省城乡客运一体化发展先进单位"。

【交通物流业】 交运物流跻身国家4A级物流企业标准化改造计划,列全省首批"交通物流龙头企业"首位。新增2家全省"农村物流示范点"。如东洋口港物流园区列入国家"十二五"规划沿海开发项目,市区农副产品物流配送中心、交运物流中心等3个园区列入省"十二五"交通物流基地布局规划,川港物流园区大部分设施已投入营运。南通交运物流中心、农副产品物流中心等4个物流基地项目列入省厅2010年建设投资补助计划。交运物流被列为交通运输部甩挂运输试点单位,试点工作取得初步成效。物流信息平台建设一期项目开展公开招投标。

【运力结构调整】 全市更新客车220辆,高等级客车占比近九成。厢式及专用货车量拥有量突破1.34万辆,占比提高2个百分点。市、县际客运车辆公司化经营率保持78.9%。建立南通市道路客运运力经营权服务质量招投标评标专家库,对道路旅游包车客运车辆经营权实行公开招投标。

航运运力规模再创历史新高,总量突破百万载重吨,达107.6万载重吨。其中,海运船舶运力规模位居全省第三;单船平均吨位达1万载重吨,列全省第一。在全省率先启动长江干线船型标准化工作,船舶拆改完成量位居全省第一。

【技术改造】 继续实施8年退出财政补贴保障机制,出台危货车辆提前报废、更新资金补贴办法,推进危货车辆提前更新。全年投入引导资金100万元、带动企业投入资金2000多万元,提前报废、转出或转为普货的危货车辆139辆,超出年度目标178%。在全市42家危货运输企业中全面推行使用道路危险货物运输信息管理系统,危货管理率先在全省实现"一键通",危货车辆GPS动态运行、驾押人员持证上岗、承运货物的运输情况等实现实时监管。

【运输市场监管】 与公安等部门联合执法,打击"黑车"和规范旅游客运,开展出租客运、危险品运输、快件运输等各类专项整治活动及全市互查活动。专项整治期间,全市查获各类违法案件3000余起。充分发挥车载移动视频监控系统等高科技设备作用,运用多元取证方式,收集第一手证据资料,建立基础证据库,固定证据链,提高违章处理的准确性。

【运输市场监管】 开展"法制稽查规范年"活动,大力实施规范执法,推进依法行政。在内部管理上,推行服务式许可、"在线稽查"、使用新版执法文书、及时处理投诉。推出"三接"措施,强化运输市场管理,即对投诉处理实行"96520"接警与稽查大队处警的对接,加大对投诉人当事人的取证力度,避免不实投诉和恶意投诉;对违章案件处理实行前后台移交的在线衔接,提高违章案件的结案率;强化违章案件处理的后续链接,加强对从业人员的记分管理和诚信考核管理的力度。探索协同作战的工作机制,强化对"黑车"的打击力度。发挥市县联动机制,实施市县互查。利用"96520"服务平台,加大出警力度。重拳打击"黑车"等无证营运行为,开展高速公路专项整治活动,运输市场环境得到有效净化。

结合文明城市创建,对出租车加强管理。制定市区出租行业文明创建责任标准及考核办法,督促企业履行主体责任;启动出租车经营行为暗访活动,形成出租车长效管理新机制。

【驾培、维修市场管理】 抓好机动车驾驶员培训、汽车维修市场监管,对78个"校外便民点"进行检查、规范。开通南通学车网/修车网(www.ntxcw.com),定期发布驾驶员培训、汽车维修等行业信息,为市民提供学车、修车便利。严格查处驾培弄虚作假行为,分别对5家驾校给予责令整改、吊销行政许可的处理。教练车安装信誉顶灯,推出驾驶培训协议统一文本格式,规范机动车驾驶培训活动。

开展"3·15汽车维修质量服务月活动",开展维修质量、服务质量专项检查和无证维修专项整治活动。联合市汽车综合性能检测中心共同推出便民举措,市区所有道路客、货营运车辆及教练车等二级维护竣工检测及汽车综合性能等级评定实行计划预约,提高车辆检测效率。落实节能减排措施,在维修作业中完成车辆尾气排放检测项目,严格执行尾气排放国家标准;鼓励淘汰低效率、高耗能老旧维修设施,做好维修配件和再生资源的回收利用。至年底,引导维修行业淘汰老旧维修设备40多件、回收废旧轮胎5000多条、旧电瓶800多只,转化利润价值25万余元;汽运集团节约燃油55.43万升,总价值约340万元,节油率较以往提升6.56%。

【运输组织保障】 成立防洪防汛运输应急保障指挥部和运输大队,应对防洪防汛救灾紧急物资及受灾人员运输。"五一"小长假,全市公路安全运送旅客59.34万人次,同比增长18.2%,全市投放运力5927辆、1.96万班次、2.49万客位,组织加班车辆1205辆次、4.94万客位,包车145辆次、6430客位。中秋小长假,累计发送客车1.94万班次,3.03万客位,组织包车317辆次,加班399辆次,安全运送旅客49.87万人次。国庆期间,全市投入客运车辆1.52万辆,投入运力63.62万座,其中包车557辆,加班车2407辆,日均发班次6182班,累计运送旅客133.67万人次,同比增长1.7%。圆满完成2010年南通冬季新兵运输工作。市运管处被省政府春运领导小组表彰为2010年度全省春运工作先进集体。根据世博安保要求,加大对车站管控、入沪车辆GPS信息联网联控、水路危货运输市场监管和重点时段、路段营运车辆的检查密度,实现世博安保工作"零事故"。

【品牌创建】 全市有35家道路客运企业登上省质量信誉等级考核榜,其中9家汽车客运站被评为省质量信誉AAA级企业,占比15.5%,数量居全省首位。9家企业进入省货运质量信誉企业公示行列,其中4家入选道路货运50佳、4

家人选国内水路货运20佳、1家入选省道路货运10佳质量信誉站场。新增“江苏快货”品牌线路5条,“江苏快修”品牌企业增至19家。10家驾校被省交通运输厅运管局评为机动车驾驶培训学校A级以上信誉等级单位,76家机动车维修企业被评为“省A级以上信誉企业”。

(徐海兵)

航道管理

【概况】 2010年,全市航道、船闸安全畅通。辖区干线航道通航保证率达99%,船闸通航保证率达100%,优良闸次率达99%以上,航标正常率达99.9%。全市航道系统以加快发展为主题,团结拼搏,开拓奋进,超额完成“十一五”规划确定的目标任务。政策体系不断完善,《南通市内河航道网规划》正式实施。航道建设成果丰硕,焦港船闸工程、吕四船闸改建工程顺利交工,连申线航道整治工程全面启动。航闸养护、行业管理、服务社会等再上新水平。市航道处在省局开展的建功立业综合考核中再次荣获一等奖。《沿海船闸绿色高耐久钢筋混凝土应用技术研究》项目被评为南通市科技进步二等奖,实现科研成果获奖零的突破。

【内河航道规划】 航道发展得到社会关注、领导关心和政策支持。市委副书记、市长丁大卫,副市长吴晓春带领市政府相关部门专题调研航道建设情况,听取汇报,并提出指导性意见。市人大主任会议专题听取市政府关于航道建设管理情况的报告,形成加快航道发展的共识。各县市政府不断加大对航道建设的投入,2010年,市县两级政府投入航道的财政资金达9000万元。对接部、省规划,编制《南通市内河航道网规划》,获市政府正式批复。

【重点工程】 焦港船闸工程。焦港船闸位于如皋市江安镇焦港河,是长三角高等级航道网和江苏省干线航道网连申线江北段入江口门船闸。工程概算投资5.2亿元。船闸设计标准为三级通航建筑物,口门宽23米,闸室长230米,最小槛上水深4米,最大可通航1000吨级船舶。工程于2008年2月28日开工建设,2010年12月19日,连申线焦港船闸工程顺利通过省交通运输厅组织的交工验收,验收委员会评价该工程质量指标“创造了江苏‘十一五’船闸建设最高水平”。船闸建成后,通航能力从每天短时间只能通过300吨级以下的船舶提升到全年全天候通航1000吨级船舶,彻底改变焦港节制闸运输的“瓶颈”现象。

连申线航道整治工程。连申线(连云港-上海)是江苏省干线航道网规划“两纵四横”中的第二纵,直接沟通连云港、大丰港、洋口港、如皋港等沿海沿江港口,是江苏省东部沿海地区重要的内河运输通道。连申线全线按三级航道标准进行整治,设计最大通过船舶为1000吨级。其中,南通段66.4公里,新建护岸123公里,新建海安双线船闸一座,改建桥梁39座,新建停泊锚地、服务区等。批复概算投资40亿元。计划于2014年建成通航。12月19日,连申线东台-长江段航道整治工程正式开工。副省长史和平,省交通运输厅厅长游庆仲、副厅长王昌保,南通市委副书记、市长丁大卫,副市长吴晓春,省有关部门、盐城市政府及工程设计、施工、监理单位代表,沿线干部群众代表等200余人参加开工仪式。

吕四船闸改建工程。吕四船闸于2009年7月开工,按五级航道标准进行技术改造,闸室有效宽度12米,闸室长150米,门槛水深3.3米,设计最大通过船舶300吨级。工程内容为拆除老闸,新建闸室、闸首及导航段和上游277米护岸。工程总投资约4000万元。2010年12月30日,顺利通过交工验收会,工程质量被省航道局评定为优良。

【行业管理】 坚持依法治航。全年实施各类航道行政许可217项,依法实施行政处罚8起。全面实施行政权力网上公开透明运行,实现行政许可办结时间全省航道系统最短和行政处罚自由裁量零空间。加强航产航权保护,收取赔、补偿费1668.3万元,过闸费收入4227.48万元。加强安全监管,推行“船闸安全现状评价系统”。着力构建“1+3”安全监控体系,加大安全隐患排查和治理力度,推动安全风险防控和标准化体系建设。安全生产长期保持平稳态势。圆满完成世博安保各项工作任务。

【文明创建】 深化建设“船民驿站”和“航标灯”两大服务品牌,全力推进行业实事和便民举措的落实,受到涉航企业和广大船民好评。积极培树行业先进,涌现出省级工人先锋号焦港船闸现场办、金锚奖获得者陈冲等一批先进典型。持续推进“点-线-网”文明创建体系建设,下属12家单位全部被评为南通市文明单位,市航道系统被评为江苏省创建文明行业工作先进行业和南通市文明行业。

(纪 玲)

·交通运输企业选介·

南通港口集团有限公司

【概况】 南通港口集团有限公司是2005年由香港保华集团有限公司、南通众和控股有限公司、南通国投交通公司共同出资组建的大型港口企业,注册资本9.66亿元。南通港口集团是南通港最大的企业,也是江苏省首批重点物流企业,拥有6家分公司,全资、控股、参股公司15家。拥有长江岸线4166米,千吨级以上公用生产泊位24座,其中万吨级以上14座，港口年通过能力5000万吨。主要业务有港口建设和经营，货物装卸、堆存，客货运代理，理货，港内船舶拖带服务，船舶航修等。2010年全年完成货物吞吐量5505.7万吨，与上年持平。其中，外贸吞吐量完成2265.8万吨；完成集装箱吞吐量39.2万标箱（TEU），比上年增长13.87%。港口主要货种金属矿石完成3531.1万吨，非金属矿石完成491.2万吨，水泥完成442.1万吨，钢铁完成132.5万吨，煤炭完成106.3万吨，粮食完成106.2万吨。全年完成营运总收入7.5亿元。（一）抓住全球经济企稳回升、水运物流市场逐渐回暖的机遇，创新揽货思路，优化货源结构，不断提高市场份额。在稳定金属矿石等支柱货源的基础上，积极组织二程矿、水泥熟料、煤炭等到港作业，弥补货源不足。加强新货种开发，全年作业铝钒土46万吨，取得良好的收益。与浙江舟山港开展战略合作积极组织相关钢厂的矿石到舟山港减载，“舟山+南通”一船两卸模式初步建立。（二）坚持以安全高效接卸超大型船舶为重点，优化生产组织，强化现场管理，完善装卸工艺，科学高效指挥港口集疏运。全年作业海轮1262艘次，比上年增加82艘次；其中外贸船舶882艘次，比上年增加35艘次。加强与海事、引航、代理等口岸单位沟通协调，确保每条船安全顺利进江、靠泊、作业及离泊，生产组织得到不断优化。（三）以深入开展“1+3”（贯彻事故隐患和职业危害监控法；建立动态管理、持续改进和系统评价三项机制）安全监控体系建设和“创建平安港口”、“安全管理提高年”等活动为抓手，完善安全监管机制，加强现场监督管理，提高员工自觉遵章守纪意识，有效遏制现场“三违”和习惯性违章现象。严格按照交通运输部《港口危险货物作业规则》和集团公司《危险品管理办法》的要求，加强特种设备和危险品的管理，强化危险货物作业及堆存各环节的安全监管，确保安全生产全覆盖。

【集装箱运输】　全年完成集装箱吞吐量39.24万标箱（TEU），较上年增长13.9%，作业船舶1.12万艘次，班轮准班率达97.8%，集装箱分公司荣膺中国港口内河集装箱码头前六强。公司以市场为导向，大力开发内贸集装箱市场，做好航线货源匹配分析和物流策划，内贸航线的开发取得重大突破。6月，成功开通恒瑞内贸直达航线。10月又开通中海内贸直达航线，打开南通港内贸集装箱直接运送到南方沿海的物流通道。年内两条新航线完成102航次，共计6460标箱。积极培育开发适港货源，对沿江钢结构和重工企业进行走访调查，了解出货需求，开发18家客户，货种包括舱盖板、卷钢、配件、设备等，全年完成特种货物船舶108艘次，比上年增长14%。继续发展“散进箱”业务，新开发锂辉石、糖、玉米粕、大麦、硫磺、化肥、生铁等货源，全年完成“散进箱”业务9403标箱，装拆箱作业量增长93%。优化边装边卸、循环作业、船过船作业等作业模式，提高生产效率。加强泊位管理，控制码头船舶靠离泊秩序，降低船舶在港停时，提高准班率。

【开通南通-广州直达集装箱航线】　在市政府关于加快集装箱发展的若干扶持政策支持下，南通港口集团集装箱分公司与南京恒瑞海运有限公司通力合作，成功开通南通-广州的内贸集装箱直达班轮航线。6月20日，在南通举行首航仪式。南京恒瑞海运有限公司所属的“恒瑞9号”承担首航任务，该轮载重吨7315吨，载箱量达300标箱。该航线的开通，结束了南通内贸集装箱从其他港口中转运送到南方沿海港口城市的历史。南通地区的货物运到泉州、汕头、广州只需3～5天，运输时间及运输费用均有节省。

（王龙华）

中国南通外轮代理有限公司

【概况】　2010年，中国南通外轮代理有限公司（简称“南通外代”）完成国际船舶代理1242艘次，702.13万净吨、424.3万货吨。外贸出口揽箱20058标箱，外贸进口重箱13614标箱。工程物流营业额1702.8万元，产品物流营业额606万元。完成进出口散杂货代理362万吨，完成租船108艘次，全年实现利润2001万元，全面完成上海区域公司下达的精益管理指标，再创历史最好成绩。公司通过中国物流与采购联合会的现场评审，获得4A物流企业资质。

【船舶代理】　在到港国际船舶总量减少的情况下，南通外代加强市场营销力度，大豆、硫磺船的代理保持原有份额；修船代理占有70%的份额；多次顺利完成大型、特种船舶的代理，圆满完成洋口港首艘进口设备外轮，以及道达重工在启东港交付第一艘新船出口代理业务，国际船舶代理继续保持市场领先地位。

【综合货运】　集装箱业务方面，与多家船公司加强合作，代理的箱量比上年有较大幅度提高。散杂货业务方面，不断拓展新业务，弥补近几年没有铁矿代理的空白，并在进口煤炭代理上实现零的突破。

【物流业务】　工程物流方面，成功操作中远船务70%的船用备件进口、联合重工第一台1000吨船用吊机、明德重工大型螺旋桨运输、M+R超大件设备进口等业务。产品物流方面，积极开拓市场，全年签约开发17个新项目、新业务，中标王子纸业的内贸箱运输业务，并开始操作。

【支持性业务】　租船业务方面，优化配船方案，提高船舶准点率,为中远川崎提供租船运输服务,巩固了为该公司钢材运输的独家代理地位。船舶服务方面,面对中远船务修船业务减少、操作难度加大等困难,加强流程管理,在船舶备件服务上仍保持较高的市场占有率。

(薛　巍)

南通汽运实业集团有限公司

【概况】 2010年,南通汽运实业集团有限公司(以下简称"汽运集团")面对交通管理体制的调整、结构转型的起步和安全形势的压力,公司全体员工齐心协力,完成全年各项工作目标,综合实力名列"中国道路运输百强诚信企业"第六位,荣获全国交通运输客运行业优质服务"示范企业"和"全国企业文化建设的先进单位"称号。全年实现营业收入11.3亿元,比2009年增长5.58%,其中客运收入7.08亿元,货运收入1.90亿元,三产收入2.15亿元。完成出站客运量9352万人次,比2009年增长6%。全年实现利润1.24亿元。年末,企业总资产达17.27亿元,拥有客运车辆1811辆、客运班线604条。

【农副产品物流中心建设】 2010年初,由南通汽运集团与江苏省供销合作总社、南通市供销合作总社共同投资建设的南通农副产品物流中心项目全面启动。该项目作为南通市政府2010年为民办实事工程和全市服务业重点项目,总规划用地71.07公顷,总投资约29亿元。项目功能设计为"十区、二街、八中心",整个工程在3年内全部完成,12月1日正式开工。

【世博运输】 为组织好世博运输,汽运集团制定详细方案和各类应急预案。累计投入车辆1776辆,发班4.34万班,其中组织上海世博会旅游包车1238班,共计运送旅客127.94万人次。投资400万元完善各客运站安检仪和视频监控系统,落实专人24小时监控,查获危险品1598件,圆满完成世博会期间运输任务。

【科技兴安】 2010年,汽运集团在做好GPS监控管理的基础上加大3G远程视频监控的推广力度。计划总投入1600万元,安装243台,预计2012年实现全覆盖。投资250万元,在营运客车上推广使用"G-BOS智慧运营系统",实现车辆动态监控实时化。投资约18万元在下属15家车辆单位的培训教室安装网络摄像头和可视探头。投资15万元购置了模拟驾驶仪,训练驾驶员应急处置和紧急避险的能力。如皋新站建设中投资25万元配备高射水炮防火装置,满足候车室等大型空间的防火要求。

【站场建设】 加强新站建设和旧站改造,进一步优化布局,提升功能。如皋新站、启东新站建设全面推进,预计于2011年内完工,抓紧落实通州分公司综合楼和海门客运站改造工程。

【城乡客运一体化】 汽运集团抓住交通大部制改革契机,与市公交公司整合和置换平潮、新坝、张芝山、江海河、刘桥5条公交线路,既满足了沿线群众的乘坐需求,又使无序竞争的现象得到根治,提升了飞鹤公交的服务形象。通州分公司积极争取公交经营权和政府财政补贴,在公交60路改造的基础上,公司先期对通州区内1、2、3、4、5、6、9路公交及金沙至三余、北兴、二甲3条农公班线进行公交化改造。

(顾　雅)

江苏省通沙汽车轮渡管理处

【概况】 2010年,江苏省通沙汽车轮渡管理处实现经营总收入5.2亿元,比2009年增长17.12%;净利润4100万元,增长46.59%;上缴税费1261万元。创建南通边检"爱民固边"模范港区,与南通海关签订企业战略合作协议。成功提高码头前沿航道维护水深,提高码头的靠泊能力。加大渡运设施投入,3006轮顺利建成投产,其装载量大、能耗低、数字化程度高,在全国内河渡轮领先。

【汽车渡运业】 着力推进渡运业转型升级,从传统的渡运运输向更高层次的现代服务业转变。全年累计安全渡运车辆150.8万辆次,比上年增长5.46%;安全开航6.7万航次,增长0.5%;实现渡费收入9542万元,增长8.94%,渡轮在航率达93.69%。实现非车载旅客收入171万元。

【港口仓储业】 港务公司抓住上海世博会客户分流的契机,发展优质客户,优化客户结构,在稳定现有货种的基础上,增加外贸货物比重。全年完成吞吐量775.14万吨,实现产值5220万元,税后净利润1974万元,上缴税费881万元,均达到历史最高水平。沥青产业在市场竞争十分激烈的形势下,依靠产品质量赢得客户认可,全年销售沥青8.98万吨,中转2万吨,供货合格率达100%。全年共实现营业收入3.62亿元。

(康　峰)

文化建设篇

文化事业与产业

新闻出版　广播电视

体　育

文化事业与产业

综　　述

【概况】 2010年,南通文化事业紧紧围绕“文化强市”战略目标,各项工作取得新成绩。文化设施建设有序推进,南通市图书馆新馆奠基。全市119个乡镇有116个建有文化站,达标率97.5%;1660个行政村有1656个建有文化活动室,达标率99.8%;市文化信息资源共享工程网站开通。推进有线电视数字化整体转换,新增农村有线数字电视用户101万户,总数超过160万户。广播电视宣传舆论引导能力和水平进一步提升。举办群众文化活动。坚持开展“千戏下基层,唱响新农村”、“高雅艺术进校园”、“专业艺术进社区”等文化活动,组织实施“三下乡”、“三送”工程,举办第三届“公共文化服务月”、第八届南通韬奋读书节暨第二届南通农民读书节、“我们的节日”等系列活动。配合2010中国南通港洽会、2010南通市新春团拜会、“三名之春”颁奖、第十六届国际船舶峰会等举办大型文艺活动。加强对外文化交流,组队赴纳米比亚参加庆祝中纳建交20周年演出、赴韩国进行文艺交流,组织画家赴美国开展学术交流活动。

(张　涢)

历史文化保护

【概况】 2010年,市规划局完成寺街、西南营、唐闸历史文化街区保护规划中间成果讨论及省级专家评审,同时组织上述三个规划的技术审查和修改工作;组织开展寺街天宁寺周边地区策划方案讨论、伶工学社保护规划;形成寺街、西南营、西寺、伶工学社等历史文化保护工程方案提交市领导研究、决策。年内,寺街·名人文化区建设前期工程启动。

(顾玉香)

【“城市绿谷”一期工程竣工】 2010年2月,“城市绿谷”一期工程对外试营业。城市绿谷原名陈氏花园,是与张謇共同创办大生纱厂的民族资本家陈维镛之子陈葆初请著名建筑家孙支厦设计建造的,位于港闸区芦泾港村,具有100多年历史。2008年起,市政府开始对年久失修的陈氏花园及其周边地区进行整体保护和开发,对这座百年名园进行修复和扩建,项目建设由南通国有置业集团负责。按照总体规划,“城市绿谷”将以原生态景观、历史文化保护、旅游休闲三者结合,体现历史、生态、人文和谐发展主题。对外开放的“城市绿谷”一期工程,占地6万平方米,有着得天独厚的生态环境。园内原有古树名木35棵,占整个南通城区原生态古树总量的12%,其中几株香樟、罗汉松在南通非常罕见。此外还有各类植被近200多种,园内空气清新,是市民亲近自然的好去处。二期工程灵石天生和丛林野战部分进入全面建设阶段。

(综　合)

【文物保护】 市文化部门参与历史文化名城保护各项专业规划的编制和南通市历史文化遗产保护建设项目。指导南通文庙、如皋集贤里、曹顶墓、北极阁城墙遗址等单位开展保护维修工作。配合市规划部门开展国家级历史文化名镇的推荐工作,指导海门余东镇编制名镇保护规划。编制白雅雨故居抢救保护方案、伶工学社保护利用方案及景观设计方案等。完成第七批国家级文物保护单位的推荐和申报工作以及第七批省级文物保护单位的推荐上报工作。

(张　涢)

文　艺　创　作

【概况】 全年各类文艺创作成果丰硕。南通市文化艺术创作研究中心创作的剧本《貂婵之死》、《大眼睛与小记者》分获首届全国戏剧文化奖银奖、剧本奖。南通艺术剧院创作排演的话剧《风铃》被评为江苏省2009~2010年度舞台艺术精品工程优秀剧目。话剧《母亲的守望》晋京演出,反响强烈。世博会期间,大型神话舞蹈史诗《东方神韵》献演上海大剧院。市文广新局选送的广播剧《书生意气》获江苏省第七届精神文明建设“五个一工程”入选作品奖。与中影集团等合作的电影《寻找成龙》获上海国际电影节传媒大奖、《濠河边上的女人》在全国公映。广播剧《亭亭向阳花》在中央人民广播电台播出。制作完成电影《大爱人间》和52集原创高清动漫作品《彩色豆园》。南通书法国画研究院全年发表作品160多件。作品《苏州园林》、《天上人间》分别入选中国美协主办的“2010全国中国画展”和“全国首届工笔画展”。组织举办南通籍书画名家系列展——袁运甫作品展、丁杰山水画展,尤无曲百年诞辰画展等系列美术展览活动。

(张　滇)

【文学创作】 2010年,南通市文联会员出版文学书籍24部。其中,长篇小说4部:《白牡丹》(陆修谷)、《中国式秘书》(丁邦文)、《命运》(陈寅生)、《酒娘》(蒯本佑);中短篇小说集4部:《今夜月圆》(顾光燧)、《有心插柳》(顾光燧)、《刚刚迈步》(顾光燧)、《紫蝴蝶》(黎化);另有散文集8部,诗歌集5部,纪实文学1部,评论集1部,其他文集1部。储成剑散文集《若即若离》入选江苏省作协重点扶持项目“壹丛书”。

【音乐创作】 陆铁雄的歌词《中国,我的母亲》获中国音乐文化协会、中国大众音乐协会新创歌曲比赛一等奖。马鼎奇的歌词《打工姑娘》获21世纪华人音乐家大赛作词类一等奖;季铁权创作的歌曲《海之风》获声乐新创作品三等奖;此外,获声乐演唱二等奖(一等奖空缺)、三等奖、优秀奖各1个,南通市获组织奖。姚橹词作《拾海》、《渔乡海鲜街》、《老渔夫》、《海妹子》、《南黄海金黄黄》、《大滩涂》、《渔嫂子》入选江苏省音乐文学协会编辑的《江苏百家词选》。

【美术创作】 王法的《梧桐图》获中国美协主办的全国中国画作品评选优秀奖。邬小伟的《八月鱼儿鲜》获文化部举办的“时代新风”——中国现代民间绘画新作展银奖,蔡虹的《旋转幸福》获优秀奖,丁征峰的《和为贵》、陈卫华的《打春》获入选奖。张淮中国画《虎仔图》入选中国美协中国画艺委会与江西省文联主办的“百年百虎国画精品展”。唐润华油画《青花瓷》、《古韵》入选“迎上海世博会公益书画展”并获大展金、银奖。朱建辉版画《锐》入选“上海世博会中国美术作品展览”。陈卫华农民画《黄海姑娘》入选中国农民画精品展。

【书法创作】 出版书法作品集《当代书法名家精品赏析·谢骏书法作品集》(谢骏)。

【摄影创作】 吴振华《犀利哥的关注》获全国第23届摄影艺术展记录铜牌,任重《生命之水》获记录类优秀奖,李亦农《驼铃声声》获艺术类优秀奖,汤姜辉《小区里的一台戏》获青年组优秀奖。出版的摄影作品集有《钱冰南通人物肖像摄影选》(钱冰)、《澳州印象》(蒋瑞祥)、摄影专著《风光摄影专著》(吴强)。

【戏剧创作】 张滇的剧本《貂婵之死》获首届全国戏剧文化奖银奖,张乐天的剧本《大眼睛与小记者》获剧本奖。顾平生瓷画《虎子》、《神龙优虎图》获2010上海世博会纪念品设计大赛优秀奖。由市文联推荐的港闸区陈桥小学儿童京剧《野猪林》、《杨门女将》分获全省少儿京剧大赛儿童组二等奖,受到省文明办、省文联、省戏剧家协会的表彰奖励。

【民间文艺】 王振兴的南通二甲蓝印花布获全国农民文化艺术一村一品展优秀作品奖。在中国文联、中国民协主办的第五届中国民间工艺品博览会上,《镇海宝舟》(朱宇)、《夹缬真丝系列》(吴灵姝、宋晓鑫、陈正飞、吴元新)、《扎染百华图》(焦宝林)、《刺绣系列》(周武珍、郁宗翰)4件作品获金奖;《家居竹艺系列》(杨振明)、《神女伏虎图2》(顾平生)2件作品获银奖;南通市文联、南通市民间文艺家协会获最佳组织奖。

【舞蹈创作】 《如东跳马伕》获首届中国农民艺术节最高荣奖“精粹奖”。在第三届江苏省新人新作歌舞大赛中,符薇薇等人编导、张钟瀛等人表演的女子群舞《湿漉漉的太阳》获编导二等奖(一等奖空缺)和优秀表演奖;喜启明等人编导,曹峰峰、顾菊萍表演的双人舞《网之梦》获优秀创作奖。

(张金萍)

群众文化

【概况】 开展文化科技卫生“三下乡”活动,南通市文化广电新闻出版局被评为江苏省“三下乡”先进集体。“文化江海行”广场文艺演出获文化部授予的第十五届公共文化服务项目类“群星奖”。在第九届江苏省“五星工程奖”评比中,获得“三金七银七铜”。通州区稳步推进文化惠民工程,培育特色业余文艺团队10支,建设示范文化活动阵地20个,培训文艺骨干4000名。海门市组织开展“一镇一品”特色文化创建和“激情江海风”——乡镇文化品牌等文化活动,启东市举办第三届“江海文化节”、首届“中老年舞蹈大赛”等演出活动,崇川区“三送”工程推陈出新,港闸区文化惠民“十百千”工程内容丰富,开发区星湖文化广场大舞台带动村居小舞台惠及千家万户。

(张　滇)

公共图书馆

【南通市图书馆】 南通市图书馆全年购新书22760册,订购期刊1145种,接受捐赠普通图书533册,报刊67种,征集地方文献712册、报刊36种;完成分编加工图书22791册;装订报纸合订本220余册,装订期刊合订本480册,修补图书5084册;更新网站124条,答读者问49条;推荐新书270本;通过网络平台,为读者查阅传送300多篇参考文献。举办"走进2010年上海世博会"、"人民英模——100位为新中国成立作出突出贡献的英雄模范人物"图片展、"静海讲坛"广播版讲座、"南通市第七届家庭读书乐"等活动。

全年在省级以上发表或交流论文30篇,其中发表论文6篇。在"第五届苏中地区图书馆发展战略研讨会"上,获一等奖5篇、二等奖7篇、三等奖16篇,南通市图书馆获优秀组织奖。编印《文献与信息》4期。在川吉苏冀桂五省(区)第十二届学术研讨会上,获二等奖1篇、三等奖2篇。在2010中国图书馆学会年会上,获二等奖2篇、三等奖3篇。在江苏省图书馆学会第六次会员代表大会上,南通市图书馆学会获2003~2009年度先进学会称号。被市社科联评为南通市十佳社科之友。

开展第三批《全国珍贵古籍名录》和第二批《江苏省珍贵古籍名录》的申报工作,4部古籍入选第三批国家珍贵古籍名录,17部古籍入选第二批省级珍贵古籍名录。至此,南通市图书馆共有31部珍贵古籍进入国家级珍贵古籍名录,114部古籍进入省级名录。

【新馆建设】 1月18日,南通市图书馆举行新馆奠基仪式,7月完成新馆建设的规划、征地、红线审批手续,10月完成新馆总平面图、扩初方案图的设计,11月进行桩基的试桩及破坏性检测,12月进行桩基、护坡施工的招标工作。

【南通市少年儿童图书馆】 南通市少年儿童图书馆全年采购新书11700册,报刊281种。全年接待读者31万多人次,每周开放时间60小时。外借书刊34万多册次,增发借书证3049张。市少年儿童图书馆网站年访问量达29.49万人次。组织开展"好书相伴过新年"、"中外儿童文学经典书展"、"迎中秋、庆国庆"谜语有奖竞猜和南通地区大型家庭读书活动。承办"走进世博,走向世界"2010年度南通市红领巾读书征文演讲比赛活动。在江苏省红领巾读书演讲比赛中,获一等奖2个,二等奖1个,被江苏省文化厅授予优秀组织奖。

（张　滉）

文物　博物

【概况】 文物保护利用稳步提升。编制寺街等历史街区保护规划。划定第四至第六批省以上文保单位保护范围和建设控制地带。完成第三次全国文物普查第二阶段工作。全面推进伶工学社保护利用工程。组织参加国际博物馆协会上海大会,大会代表600多人到南通考察环濠河文博馆群,产生重大影响。非遗保护利用势头良好。公布第二批市级非遗28项、第一批市级非遗扩展项目3项,命名第二批、第三批市级非遗项目代表性传承人44名,新增第三批国家级非遗3项、第三批省级非遗项目代表性传承人11名。中国古琴艺术(梅庵琴派)入选联合国教科文组织世界非遗名录。南通范氏诗文世家陈列馆、范氏诗文研究所获文化部表彰。

（张　滉）

南通博物苑

【概况】 南通博物苑是民族实业家张謇于1905年创办的中国第一个公共博物馆,为全国重点文物保护单位。2010年,举办多类展会加强地方文化传播,进一步展示中国博物馆事业发祥地的新风采。开展科普宣传活动,充分发挥社会服务功能。1月,南通博物苑作为全省唯一文博单位被省林业局授予"江苏省生态文明教育基地"。年内,南通博物苑获"江苏省馆藏珍贵文物数据库建设工作先进单位"称号。

【珍贵文物数据库建设】 成立馆藏文物数据库建设工作小组,组织专人开展相关工作。在规定时间内向江苏省文物局报送数据2802条,其中,一级文物41条,二级文物616条,三级文物2145条。"馆藏珍贵文物数据库建设省内领先"获第七届南通市市直宣传文化系统改革创新奖。

【陈列展览】 2010年,南通博物苑全年在做好6个基本陈列正常开放的基础上,主办、承办《翁同龢、张謇书法精品联展》、《纪念刘瑞龙诞辰一百周年特展》、《逄小威世博建筑摄影作品巡回展》等22个临时展览,丰富了市民文化生活。5月1日,《人类非物质文化遗产——南京云锦特别展》在南通博物苑新馆展出。该展览由江苏省文化厅、江苏省文物局主办,南京云锦博物馆和南通博物苑承办。7月17日~8月10日,由江苏省文物局、南通市文广新局主办的《皇家风范——常熟博物馆藏清代宫廷官窑瓷器展》在南通博物苑新馆展出。展品共有33件(套),均为仿古代青铜礼器制作,这样完整的皇家官窑礼器全世界仅存3

套。12 月 30 日,由江苏省文化厅、江苏省文物局主办,南通博物苑、苏州博物馆、江阴博物馆承办的江苏省精品文物巡展《锦心神针——苏绣与仿真绣精品文物展》在江阴博物馆开幕并展出。展出的 40 余件展品,80% 为首次对外展出。南通博物苑收藏的仿真绣作品 20 幅参展,其中有刺绣大师沈寿的早期、晚期代表作《秋声图》、《生肖屏》和《蛤蜊图》、《古观音像》。

【《纪念刘瑞龙诞辰一百周年特展》】 2010 年 9 月 24 日,为纪念刘瑞龙诞辰一百周年,由南通市委、市政府主办,市文广新局、南通博物苑、南通农业职业技术学院承办的《纪念刘瑞龙诞辰一百周年特展》在博物苑新馆展出。展览共分"江海大地播火者"、"川陕红军标语王"、"淮海后勤建奇功"、"功勋彪炳垂青史"四个部分,通过图片、日记、书信、实物和影像等多种形式,生动地再现刘瑞龙光辉的一生。

【参加国际博物馆协会上海大会】 三年一届的国际博物馆大会素有"博物馆界奥林匹克"的美誉。由南通市文广新局牵头,组织环濠河文博馆群的相关人士赴上海参加大会,与国内外博物馆界人士进行交流。南通博物苑具体负责环濠河文博馆群主题展览的设计制作,配合此次活动完成《南通文博馆群概览》、《南通文博场馆导览》编撰制作,向世界展示了中国博物馆事业发祥地的新风采。南通博物苑还成功接待大会组委会安排的 500 余名中外博物馆界人士参观南通环濠河文博馆群。

【南通范氏诗文世家陈列馆获文化部表彰】 南通范氏诗文世家陈列馆位于南通博物苑内,2005 年建成开放。2010 年 8 月 17 日,文化部在人民大会堂为南通范氏诗文世家陈列馆颁发表彰状。11 月 20 日,表彰状揭牌仪式在南通博物苑举行。著名学者、书画家、诗人范曾和南通市委副书记黄利金共同为文化部表彰状揭牌。

【科普宣传】 4 月 22 日,由南通市林业局、南通市文化局、南通市科学技术协会、南通市野生动物保护协会主办,南通博物苑和南通市林果指导站承办的"科学爱鸟护鸟,保护生物多样性"主题宣传活动开幕式在博物苑举行。城中小学学生在活动仪式上作绘画展示和主题演讲。仪式后,与会人员和学生们参观《南通博物苑"爱鸟护鸟"主题科普巡回展览》。

2010 年暑期,南通博物苑参与市文明办牵头的"七彩的夏日"主题活动,走进通州区观音山镇埭伍桥村社区、南通市学田、南川园、学田北苑等 6 个社区,进行"人与自然"科普宣传活动。举办"南通市常见野生鸟类标本展览"、"虎年说虎"图片展,通过 40 多块展板和 30 多件标本向社区居民展示有关地球形成、沙漠变绿洲、水土流失、地球变暖、控制污染等科普知识,倡导节约能源、保护生态环境。

【未成年人成长指导】 由市文明办、市教育局、市文广新局、市卫生局、团市委、市妇联、市关工委主办,南通博物苑承办的南通市未成年人成长指导中心,于 2010 年 7 月 17 日起试运行,10 月 23 日正式对外免费开放,成为专门为南通市未成年人健康成长提供服务的公益性咨询机构。来自学校、医疗等单位的 50 多位教育学、心理学专家,利用双休日到"中心"义务为青少年提供心理健康服务。至年底,接待未成年人及其家长 300 余人次到访面询。

(顾海燕)

文化产业

【概况】 市文广新局新设立文化产业处,负责全市文化、广电、新闻出版、版权产业发展工作。起草南通市首个文化产业发展规划纲要并广泛征求意见。积极争取省文化产业引导资金,2010 年海安 523 文化产业主题公园、江海民俗博览园、动画片《孔小如》等 5 个项目共获补助或奖励 636 万元,中广有线南通分公司连续三年获得资金扶持。市直单位首次尝试直接参与动漫产业投资,由南通电视台参与投资的 52 集高清动画片《彩色豆园》完成前期工作。积极扶持文化企业发展。江苏永兴多媒体公司入选商务部《2009~2010 年度国家文化出口重点企业目录》,南通妙吧影视动漫有限公司获国家动漫企业认证,积极指导企业获取财政、税收、金融等多项政策扶持。积极引导文化产业基地和园区建设。继续扶持海安 523 文化产业主题公园和南通慧源文化传媒有限公司两个省级文化产业示范基地扩大规模,提升质态。指导南通民俗博览园、南通飞越百度文化广场等重点文化产业项目合理布局、加快推进。对南通凤凰国际书城、唐闸·1895 广场、南通报业传媒中心等在建项目加强跟踪服务。

(倪小平)

【产业发展】 全市文化经营总收入达 8.84 亿元,较 2009 年增长 18%。南通电视台注册成立天和文化投资公司、天然传媒公司、天彩广告公司,运营情况良好;中广有线稳步发展数字电视基本业务及互动点播、付费电视、有线宽带等增值业务;南通电台广告收入比上年增长 40%;南通广播电视报广告收入在全国地级市中保持领先。海安县 523 文化产业主题公园跻身第三批江苏省文化产业示范基地,组织举办海安 523 国际文博会及艺术品(秋季)拍卖会。如皋市出台文化产业发展相关配套政策。如东县积极探索民间绘画产业化。通州区打造家纺文化创意园、动漫企业集聚区。崇川区重点打造江海民俗生态文化博览园、飞越百度文化广场。港闸区引进深圳华强城市乐园,打造国内首家城市版主题乐园。

(张　滇)

【南通凤凰国际书城奠基】 2010年5月28日,由凤凰出版传媒集团投资12亿元的南通凤凰国际书城在南通新城区奠基开工。项目占地2.2万平方米,规划建筑面积15万平方米,建设工程三年。项目集图书销售、影剧院、展览展示等功能为一体,为新城区文化建设标志性建筑物。项目设计"双塔"型高层建筑,由1栋高层商务办公楼及1栋高层公寓楼组合而成,建筑裙楼高5层,主楼38层,高150米。其中,文化服务功能用房超过5万平方米。其中综合书店建筑面积1.65万平方米,影院5500平方米,文化产品销售区及配套服务用房1.1万平方米。省委宣传部副部长梁勇,南通市委书记罗一民,市长丁大卫,凤凰出版传媒集团党委书记、董事长谭跃等省、市领导及有关方面负责人出席开工典礼。

(刘旭华)

第八届韬奋读书节、第二届农民读书节开幕式

(市新华书店供稿)

【第八届南通韬奋读书节暨第二届南通农民读书节活动】 2010年5月至10月,南通新华书店有限责任公司承办第八届南通韬奋读书节暨第二届南通农民读书节活动。读书节期间,向全市青少年推荐百种优秀苏版出版物;开展"我爱祖国的蓝天"中小学生读书征文评选和演讲比赛活动;开展"我的书屋,我的家"——南通市农家书屋阅读讲演活动;举办"中华经典诗文朗诵会";各地新华书店组织全市"三农"图书大联展及农业图书流动展,向农民朋友发放4000份百种优秀"三农"图书、百种优秀"三农"期刊、百种优秀"三农"音像制品书目;举办第二届南通人著作展;举办数百场"农业科技进乡村"讲座;开展全民阅读报刊行活动;评出全市十佳"读书明星"。中国社会科学院著名学者周国平、著名军事理论家和军事评论家张召忠等应邀到南通讲学,儿童作家曾曦,家庭教育专家高鸣、梅之涵等应邀与南通部分学校师生见面交流读书心得。邀请央视主持人杨悦、江苏卫视《非诚勿扰》节目特邀嘉宾主持乐嘉、郭敬民创作团队在南通大学、南通一中、南通书城与读者见面签售新书。

【图书发行】 2010年,南通新华书店有限责任公司以"调结构、促发展"为主线,在"企业文化建设、调整经营结构、扩大市场销售、内部制度建设、加强市县联动"五个方面发力,经过努力,各项经营指标再创新高。全年各类读书总销售量876.23万册,销售额8551.55万元。各类图书在总销售额中占比,哲学社会科学类占9.98%;文化教育类占8.08%;文学艺术类占6.09%;自然科学类占3.46%;课本和教辅读物(含大中专教材、少儿读物)占57.45%;其他出版物(含期刊、音像制品、电子出版物)占14.94%。成功举办第八届南通韬奋读书节暨第二届南通农民读书节。公司荣获江苏省发行协会第三届江苏省"双优诚信"书店,被江苏省新闻出版局评为江苏省新闻出版(版权)系统先进集体。

(刘旭华)

【电影放映】 南通更俗剧院全年放映各类中外电影230多部,放映1.15万场次,观众38万人次,电影票房收入1000多万元,比2009年增长21%。其中20%的大片创造80%的票房收入。演出、场租及其他收入创收500多万元,全年各项经济指标突破1600万元。组织开展优秀国产影片《第一书记》展映活动,组织放映《唐山大地震》、《山楂树之恋》、《精武风云陈真》、《狄仁杰之通天帝国》、《黑猫警长》等优秀国产影片。美国3D大片《阿凡达》票房收入达150万元、国产片《唐山大地震》票房收入超过130万元,分别创单片电影票房最高纪录和国产片历史最高纪录。被上海联和院线评为"推荐影片放映优胜奖",国家电影基金管委会评为"优秀国产影片放映先进单位二等奖"。

【娱乐业】 根据国务院《娱乐场所管理条例》和中央、省有关文件精神,在全市大力推行娱乐场所阳光工程建设,规范娱乐市场秩序,整治娱乐市场环境。根据省文化厅的统一部署,对全市歌舞娱乐经营场所进行登记和审核,对审查合格的171家歌舞娱乐场所重新换发娱乐场所经营许可证。组织举办市区歌舞娱乐场所负责人法律知识培训班,要求学法懂法,自觉遵守国家法律法规,做到守法经营、规范经营、诚信经营、文明经营。切实做好歌舞娱乐场所安全防范工作,确保不发生重大安全事故。

【文化市场管理】 坚持“一手抓繁荣,一手抓管理”,重点开展网吧专项整治,在全国文明城市测评中未失分,文化市场健康发展。坚持有序管理文化市场,网吧连锁经营顺利推进,签约比例超过50%。网吧技术监控系统服务器在线率和客户安装率全省第一。在全省文化市场管理工作会议上作专题经验介绍。全年出动稽查人员1.55万人次,检查文化经营场所7209家次,受理举报275件,立案调查119起,行政处罚46.8万元,协助部、省级文化市场管理部门督办重大案件7起。南通市文化稽查队等单位被省文化厅评为查处“12·10”特大网络游戏“私服”案先进单位。

(张 湏)

由原机电园改造成的飞越百度文化广场 (产控集团供稿)

新闻出版　广播电视

新闻出版与版权管理

【概况】 2010年，南通市文化广电新闻出版局（南通市版权局）坚持正确导向，加大对正式报刊和内部资料性连续出版物的管理力度；建立“农家书屋”长效管理机制，着力提升新闻出版公共服务水平；做好世界知识产权组织版权保护优秀案例示范点项目调研成果的总结、宣传、推广工作。深化南通两大家纺市场版权管理工作，加大对家纺产品版权保护力度，巩固版权保护成果，提高版权保护水平。鼓励家纺企业自主创新，做好家纺美术作品著作权登记服务工作，全年登记各类版权作品4520件。4月，南通市版权局被国家版权局表彰为“全国青少年版权保护知识竞赛活动优秀组织奖”。8月，“南通版权保护得到世界知识产权组织认可”入选南通市2009年度重大法治活动。顾翔被国家知识产权局、公安部、国家版权局等八部委表彰为“2010年世博会知识产权保护专项行动先进个人”。

【出版管理】 实施报刊整治和规范新闻采访秩序两项专项治理工作，深入开展打击“假报刊、假记者、假记者站、假新闻”活动。加强对正式报刊审读，注重对内部资料性连续出版物的审读。进一步巩固报刊治理成果，及时查处违规办报、变相摊派等群众反映突出的问题。在出版物发行业方面，积极扶持主渠道发展，积极推进全市非国有书店向规模化、连锁化方向发展。在印刷复制业方面，积极培育印刷行业的先进典型，继续推进印刷工业基地建设。

【南通家纺业版权保护列为世界知识产权组织优秀案例】 4月中旬，南通与浙江绍兴、山东潍坊、广东佛山四地纺织品市场联合签署版权保护与合作协议，这是全国第一个跨区域的纺织品市场版权保护合作协议，为跨区域开展家纺版权保护工作提供了平台。4月下旬，省委宣传部组织省内9家主要媒体齐聚南通集中宣传报道版权保护“南通经验”。7月初，中宣部组织《人民日报》、新华社、《光明日报》、《经济日报》、中央人民广播电台、中央电视台、中国国际广播电台、《中国日报》、中新社等9家中央权威媒体集中采访南通家纺产业版权保护工作，并在南通召开南通家纺产业版权保护经验情况通报会。7月9日，世界知识产权组织和国家版权局在京联合发布《加强版权保护对中国南通家纺产业发展的影响》调研报告，向全球推广版权保护促进区域经济发展的“南通经验”。《人民日报》、新华社、中央人民广播电台、中央电视台等相继作重点报道。《人民日报》以《南通：版权兴业的全球样本——聚焦“联合国知识产权组织版权保护优秀案例”》为题作近半个版面的专题报道，中央电视台在《焦点访谈》栏目推出《版权“织”出生命线》专题报道。世界知识产权组织版权保护优秀案例示范点项目调研的主成果——《加强版权保护对中国南通家纺产业发展的影响调研报告》（中英文版）由江苏人民出版社出版发行。《中国作家》（半月刊）2010年第6期刊载长篇报告文学《明珠出海耀中天》，介绍世界知识产权组织版权保护优秀案例示范点调研过程。

2010年4月12日，江苏南通、山东潍坊、广东佛山、浙江绍兴四市签署纺织品市场版权保护与合作协议

（市版权局供稿）

【《著作权法》宣传】 市版权局开展《中华人民共和国著作权法》宣传，增强全社会版权保护意识。“4.26”世界知识产权日当天，在南通书城、王府井图书城向读者发放“保护知识产权绿书签”和《著作权基本知识》宣传册；在虹桥社区开展“4·26”知识产权进社区宣传咨询活动；会同市知识产权联席会议成员单位在南大街繁华地段进行知识产权联合执法检查。9月初，为全市知识产权工程师培训班的

参训人员讲解《著作权法》基本知识和企业软件正版化操作实例。推进15家企业使用正版软件,完成省局下达的软件正版化任务。

【“扫黄打非”】 按照国家和省、市统一部署,开展“扫黄打非”第一、二、三阶段的专项行动,包括:整治互联网和手机媒体淫秽色情及其他有害信息专项行动、打击侵权盗版音像制品专项行动行动、校园周边地区特别整治行动、“平安世博”专项行动、印刷企业清查行动、迎亚运“扫黄打非”专项行动,全力清缴侵权盗版音像制品和其他各类非法出版物。全年全市出动检查人员1.02万人次,检查出版物经营点6299家次,收缴各类非法出版物14.1万件,行政处罚案件17起,刑事处理案件5起,审结刑事案件2起,刑事判罚3人。加大侵权案件查办力度,查处3起侵犯著作权重大案件,并指导2起案件刑事移交。为4起行政案件提交侵权鉴定书5份,鉴定侵权盗版出版物2700余种;为3起刑事案件提交鉴定书3份。

(顾　翔)

南通日报

【概况】 2010年,《南通日报》在宣传报道、新媒体建设、经营发展、平台建设等各方面取得新的进步,实现社会效益与经济效益的双赢,获“2007～2009江苏省文明单位”称号。《南通日报》发行10万份,《江海晚报》发行8万份,《南通手机报》订户超5万,报业经营总收入突破2亿元,南通报业新闻传媒中心正式开工建设。《南通日报》、《江海晚报》分获“金长城传媒奖——2010中国十大地市报”,日报入围“中国品牌媒体百强——地市党报品牌创新力10强”,晚报获“中国报刊广告金鼎奖”,南通网(www.zgnt.net)被评为“2010年中国地方网站最具本土号召力品牌”。

【重大宣传报道】 《南通日报》围绕中心、服务大局,不断提升舆论引导能力。全年围绕转型升级、文明城市创建、创先争优活动、贯彻十七届五中全会精神、抗震救灾、迎世博、总结“十一五”展望“十二五”等主题,推出一系列有深度、有影响力的报道。注重超前策划、采访整体联动、版面精耕细作,多次受到市主要领导的好评。市委书记罗一民对日报的转型升级报道,批示“有力度,有深度”。《江苏报刊审读与管理》第八期、第十一期,分别以《为产业结构调整提供舆论支持》和《拓展力、透析力、渲染力》为标题,对日报“转型升级在南通”等主题报道予以好评。注重在“贴近”上下功夫,在“深度”上做文章,做强主流新闻、做活本土新闻、关注民生热点,建立应对突发事件的快速反应机制,提高新闻传播的时效性和权威性。加强内部报道,出版《内参》13期,及时向市委市政府提供决策参考,多次受到市领导批示。在强化舆论引导同时,注重以版式创新带动内容优化和机制创新。年初推出优化改版方案,提升报纸的视觉冲击力和内容的感召力。

【新媒体建设】 加强城市门户网站南通网和手机报、数字报、期刊等新媒体建设。加大南通网(www.zgnt.net)的新闻宣传力度。利用新媒体技术和手段,在开展互联网新闻宣传方面取得快速发展,面对突发事件和重大活动,推出视频直播、图文直播、网页专题。全年推出“追忆赵小婷”、文明城市创建、牵手大山深处贫困学子、抢救落井儿童等专题,提高门户网站的舆论引导力和权威性。加大网站品牌推广,通过开展报网互动、专题策划、网站优化等形式,提高品牌影响力,网站日点击量最高突破50万。加强手机报的改版和推介,实现移动、电信、联通全覆盖,客户订阅总量超5万。年内,《三角洲》杂志改为南通市文联与《南通日报》社联办。

(唐彦云)

江海晚报

【概况】 2010年,《江海晚报》策划组织一系列有影响的重点报道。(一)晚报记者重访震区特别报道。江海晚报记者赴四川汶川震区采访,并于5月12日当天,用4个版面登载《本报记者重访震区特别报道》。详细介绍南通市对口援建的绵竹市新市镇改天换地的新面貌,展现震区人民重整山河、重新生活的喜悦与奋进。(二)江苏沿海开发一周年特别报道。江苏沿海开发上升为国家战略一周年之际,连云港、盐城、南通三市晚报联手打造特别报道,通过以点带面反映一年来三地多方面的重大转变和可喜成果,6月11～19日连续登载19天,每天1个专版。(三)广州亚运报道的南通印记。为报道广州亚运会,《江海晚报》不仅派出专门的报道团队,而且在11月13～28日期间,每天推出4个版面的“流金穗粤”亚运特别报道。在大量亚运图片和文字报道中,重点关注9名南通籍运动员的精彩表现,展现了体育健儿的拼搏、进取精神,激发家乡人民的自豪感、荣誉感。

(毛玉冰)

学术期刊

【《南通大学学报》】 南通大学主办的《南通大学学报》分社会科学版、自然科学版、医学版,分别单独发行。

《南通大学学报(社会科学版)》。刊号为 ISSN1673－2359,CN32－1754/C。双月刊,每期 140 页。该刊为“中国人文社科学报核心期刊”、“江苏省一级期刊”。2010 年 10 月,获评“第四届全国百强社科学报”,为连续第三次入选。新开辟“教育学·心理学研究”栏目;“哲学研究”栏目被江苏省期刊协会评为“江苏省期刊明珠奖·特色栏目”;2010 年刊发的论文中,被全国各大型文摘刊物转摘 24 篇次,其中 2010 年第 2 期刊发的周溯源《中国古代王朝动乱衰亡的体制原因》一文,《新华文摘》2010 年第 17 期全文转摘并列入封面要目。据《中国学术期刊影响因子年报》(2010 年)报告,《南通大学学报(社会科学版)》被引频次有大幅度提高,影响因子排名由 211 位跃升至 111 位。

《南通大学学报(自然科学版)》。刊号为 ISSN1673－2340,CN32－1755/N。季刊,每期 94 页。主要刊载数学、物理、化学化工、纺织服装、机械工程、电气工程、建筑工程、电子信息、计算机、生命科学、地理等自然科学方面的学术论文。被美国《CA》(化学文摘)、《中国数学文摘》和《中国物理文摘》收录。2008～2010 年刊登的论文中国家级项目占比从 0.06% 增长到 31%,总被引频次增加 60%,影响因子增加 80%。2010 年刊登的基金项目论文中国家级基金资助项目 23 篇,省级以上课题基金资助项目论文 23 篇。学报 2010 年第 3 期与江苏省计算机学会合作,发表学会年会论文。

《南通大学学报(医学版)》。2010 年由《南通医学院学报》更名后的《南通大学学报(医学版)》正式出版。刊号为 ISSN1674－7887,CN32－1807/R。双月刊,每期 80 页。现为江苏省一级期刊。中国医学文摘系列、中国药学文摘、中文科技资料目录(医药卫生和中医药)等收录期刊;中国期刊全文数据库、中国核心期刊(遴选)数据库、中国学术期刊综合评价数据库源期刊。主要刊载南通大学及其附属医院等医疗卫生单位的教学科研人员、医疗卫生工作者在基础医学、临床医学、预防医学、祖国传统医学以及航海医学等学科领域中的最新研究成果。2010 年共出版 6 期,发表文章 218 篇,100 余万字,基金项目课题论文 78 项,其中国家自然科学基金资助项目 10 项,省部级基金资助项目 28 项。

【《交通医学》】 《交通医学》是由江苏省教育厅主管、南通大学主办的医学类学术刊物。刊号为 ISSN 1006－2440,CN 32－1412/R。双月刊,每期 108 页。主要刊登与交通医疗卫生相关的临床医学、基础医学、预防医学等方面的最新研究成果。设有航海医学、航空医学、交通卫生防疫、交通心理卫生等具有交通行业特色的专栏和继续医学教育等栏目。实行专家审稿制和主编终审制,对学术质量进行把关。2010 年出版 6 期,刊登学术论文 353 篇,约 142 万字,刊登各级课题基金资助项目论文 44 篇,其中国家 863 基金项目、自然科学学基金项目 16 项。

【《廉政文化研究》】 《廉政文化研究》,由原《南通大学学报(教育科学版)》更名而来。刊号为 ISSN1674－9170,CN32－1817/D。季刊,每期 96 页。2010 年 3 月,《廉政文化研究》(创刊号)出版。国家预防腐败局官方网站全文转载该刊论文 23 篇,占公开出版以来发表文章的 49%。首期(创刊号)刊发的任建明《我国未来反腐败制度改革的关键:反腐败机构与体制》一文,被《新华文摘》(2010 年第 20 期)全文转载。

(金　鑫　陈亚利)

【《南通职业大学学报》】 《南通职业大学学报》(CN32－1528/G4,ISSN1008－5327)是由南通市政府主管、南通职业大学主办的综合性学术刊物(季刊),国内外公开发行,江苏省一级期刊,全国高职高专优秀学报。现设有区域发展研究、高职教育研究、政治与法律、文学与艺术、经济与管理、应用技术研究、基础理论研究和数学建模等栏目,其中“区域发展研究”栏目成为发布区域经济社会发展重大和热点问题研究成果的重要窗口。2010 年《学报》发表学术论文 116 篇,其中省部级以上基金课题项目论文占 40%。

(陈　刚)

【《南通纺织职业技术学院学报》】 《南通纺织职业技术学院学报》是一份国内外公开发行的综合性学术季刊,是江苏省一级期刊、全国高职高专特色学报、《CAJ－CD 规范》执行优秀期刊。主要刊登础科学、工程科学、经济管理、教育研究及人文社科等文章,设有“技术应用”、“张謇研究”、“学术探讨”、“管理纵论”、“教育研究”等栏目。全年共出版 4 期,刊发文章 117 篇。新增“南通发展”栏目,新增“就业创业”、“他山之石”、“非遗”、“校园文化”等专题。

(徐　磊)

【《南通航运职业技术学院学报》】 《南通航运职业技术学院学报》是由江苏省教育厅主管、南通航运职业技术学院主办的综合性学术刊物(季刊),江苏省一级期刊,国内外公开发行。学报主要刊登人文社会科学以及航海技术、船舶工程、机电工程、交通运输管理等领域的研究论文,是《中国期刊网》、《中国学术期刊(光盘版)》、《万方数据——数字化期刊群》、《中文科技期刊数据库》、《中文电子期刊服务——思博网》全文收录期刊,是《中国学术期刊综合评价数据库》来源期刊,是《中国核心期刊(遴选)数据库》收录期刊。2010 年,编辑出版 4 期,刊载学术论文 138 篇,约 70 万字,学术质量、编校质量和印装质量稳步提高。

(王　彬　王　琪)

广播电视事业

【概况】 2010 年,全市广播电视工作深入学习贯彻科学发展观,紧扣市委、市政府中心工作,高举旗帜、围绕大局、服务人民、改革创新,各项工作取得新的成绩。

【舆论引导】 中心工作宣传。突出沿海开发宣传、开启现代化新征程宣传、民生宣传、对外宣传、文明城市创建宣传,为全市经济建设和社会发展营造浓烈氛围。文明城市创建宣传受到市领导充分肯定。南通电台、南通电视台聚焦“高炮广告”、“五小车辆”整治等工作,针对群众反映强烈的侵占绿化带、违章搭建等热点问题追踪采访,先后曝光不文明现象 200 多个,有力推动问题的解决。市电视台推出 20 多个版本的文明城市宣传片。大型新闻调查“聚焦 2009:应对金融危机”、大型新闻采访行动“穿越长三角——世博会,长三角准备好了”、大型采访活动“转型升级在南通”等主题宣传反响强烈。舆论监督品牌节目《政风行风热线》在全省政风行风热线经验交流会上作为唯一的媒体代表作专题发言。

创新宣传方式。组织开展市直广电媒体青年记者“三下乡”联合采访报道活动、民生宣传文案策划比赛。市电台办“看得见的广播”,全年开展户外直播活动 154 场,“我们的社区”——广播社区行系列直播、“刘宇说法”——法律援助江海行等活动形式新颖、内容丰富、深受欢迎。市电视台开展历时 2 个多月的 2010“文明南通”公益广告大赛,引起社会广泛关注。

节目创优成果丰硕。《江风海韵》被评为第七届江苏广播电视“十大名专栏”。53 件作品在全省广播电视优秀作品政府奖评比中获奖,其中特等奖 1 件、特别奖 1 件、一等奖 7 件,获奖数量和等次继续保持全省领先。

【事业建设】 推进有线电视数字化整体转换。各地按照“政府领导、广电实施、社会参与、群众认可、整体转换、市场运作”的工作方针,全面动员,周密部署,精心组织,攻坚克难,高效实施有线电视数字化整体转换工作。2010 年,全市新增有线数字电视 101 万户,海安、如东、通州、海门、启东等五个县(市、区)的一次整转率均达到 80% 以上。至年底,全市有线数字电视用户突破 160 万户。

改善网络,提升服务。各地努力提高有线电视网络质量,加快农村网络的光缆化改造,加强村级广播室的建设,全市乡镇广电服务站标准化建设比例突破 60%。全年新增有线电视用户 11.2 万户,全市有线电视总用户 203 万户。启东市建成省有线电视示范市。

【广播电视管理】 强化宣传管理。加强广播电视收听收看工作,组织集中评议 7 次,编发《南通收听收看》9 期。建立健全净化声频荧屏工作长效机制,取得实效。全市 5 家新闻单位被省广电局评为全省广播电视新闻报道先进单位,数量名列省辖市第一。

安全播出管理。始终把安全播出作为广播电视的生命线,完善应急调度指挥系统和广播电视安全运行保障体系,确保安全优质播出万无一失。

卫星接收设施管理。把专项整治、日常管理与创建“无小耳朵社区”相结合,采取有效措施,坚决打击非法销售、安装、使用“小耳朵”(卫星电视广播地面接收设施)行为。

广播电视广告管理。健全广告管理制度,形成监听监看、广告监管例会、定期评议、责任追究等监管制度。开展对医疗资讯服务和电视购物领域侵犯知识产权、虚假违法广告专项整治活动,提高广播电视公信力。

(倪小平)

南通人民广播电台

【概况】 2010 年,南通电台新闻宣传成绩突出,广告经营再创辉煌,事业建设再获新高。全年有 11 件新闻作品获省级以上奖,其中江苏新闻奖 1 个,省广播特奖 1 个、一等奖 2 个。年底,原崇川电台、港闸电台并入南通电台,新组建为南通电台音乐频率、生活频率。历经数年设计建设的新中波台成功启用,省中波台台长会议在南通召开。全年全台广告创收 4500 多万元,比上年增长 35%。交通、新闻两个频率双双进入全国同类频率前三十强;财经频率成为第三个创收超千万频率,进入江苏城市电台经济频率第一方阵。

【新闻宣传】 2010 年,南通电台先后推出“聚焦 2009,应对金融危机”、“转型升级在南通”、“直通世博会”、“讲文明、树新风、迎世博”、“江海园区行”、“国庆六十一周年特别报道”、“十七届五中全会精神解读”、“经典南通、辉煌十一五”、“利为民所谋”等 20 多个大型新闻宣传报道。结集出版《聚焦 2009,应对金融危机》、《利为民所谋——十一五政府为民办实事纪实》作为 2010 年、2011 年“两会”材料发给与会的人大代表、政协委员,获得广泛好评,市委书记罗一民、丁大卫分别为两书作序。此外,组织开展了“创先争优在南通”、南通民营经济“三名”人物、“情系玉树、抗震救灾”等宣传报道。

【节目创新】 南通电台三套频率准确定位频率特色,以节目品牌化的思路，制作“精品节目”。新闻·综合频率全新推出早八点新闻大版块节目——《新闻资讯榜》。经济·生活频率确立“城市生活第一台”的办台宗旨，全新打造一批财富服务类节目。音乐·交通频率围绕“交通”做文章，以“活力调频92.9”为频率风格。三套频率的节目以丰富多彩的内容，大气清新的风格，成为江海上空的“时代之音”。

【广播社区行】 通过举办现场直播和大型户外活动，办“看得见的广播”，提升拓展广播的影响力。全年南通电台共举办各类户外活动100多场，组织“市民最满意的社区评选暨我们的社区”、“新人妙会”、“汽车文化节”、“刘宇说法江海行”等大型活动。七、八两个月，为助推文明城市创建，“我们的社区”广播系列直播活动走进虹桥、朝晖、德民等21个社区，宣传文明知识，播撒文明新风。《中国广播报》、《视听界》等报刊报道南通电台的创新实践。“社区行”广播系列活动荣获2010年南通市宣传文化改革创新奖。

【事业建设】 更新完善直播、录播、转播及办公设备，新建1间直播室。新中波台于2010年1月5日试运行，并于5月正式启用。省中波台台长会议在南通召开，对南通中波台的建设给予高度评价。

（赵　冲）

南通电视台

【概况】 2010年，南通电视台围绕中心，服务大局，新闻宣传、产业发展、技术运行、内部管理等各项工作都取得了新的成绩：牢牢把握正确舆论导向，主流媒体影响力不断扩大，“转变发展方式、沿海开发”等重大宣传报道，形式多样，亮点纷呈。节目创优再创佳绩，获省政府级以上作品奖19件。经营创收创历史最好水平，全台广告经营收入达到1.72亿元，比上年增长13.2%。成立产业发展中心，积极探索新兴产业，全台产业平台成功搭建。顺利启用新大楼技术系统，全年实现安全运行。调整部分部门管理和运行岗位，队伍建设和内部管理再上新台阶。

【新闻宣传】 2010年，南通电视台围绕“全面达小康、建设新南通”主题，开展电视新闻宣传和舆论引导工作，不断提高新闻宣传的有效性、针对性，巩固和扩大了主流媒体的影响力。突出“转变发展方式、沿海开发、十七届五中全会、回眸十一五”等重大主题宣传，开展一系列新闻行动，凝聚了人心，鼓舞了士气。为迎接全国文明城市复查，一套、二套各主要栏目和网站从6月份起，开展了声势浩大的文明创建宣传报道工作，6月至9月南通电视台举办了文明创建“公益广告大赛”，收到作品上千件，使文明礼仪深入千家万户。深入报道见义勇为的南通籍军官纪晓飞、全国优秀大学生赵小亭、江海神探顾瑛等先进典型的事迹，在全社会进一步弘扬社会主义核心价值观。2010年，南通电视台还举办了“爱心助学”、“感动教育十大人物评选”、“卫生系统十大真情故事评选”、“房产节”等活动，不仅扩大了南通电视台的影响力，还培养了一支组织大型活动的队伍。进一步深化新闻立台的理念，在人才、资金、技术等方面向节目生产一线倾斜。针对6、7月份世界杯给南通电视台收视市场带来的冲击，及时调整二套节目编排，使收视率走出低谷。2010年，全台四个频道黄金时段（18:00－22:30）收视率14.01%，市场份额42.52%；全天时段收视率3.14%，市场份额32.60%。

【产业发展】 以“整体营销”为理念，努力开拓广告市场，积极探索产业经营。4月，南通电视台对广告中心人员结构进行调整，细化考核方案，调动了全体人员的积极性。2010年新增各类品牌96个，与节目部门共同策划一系列活动，创收近千万元，实现了经济和社会效益双丰收。2010年，南通电视台广告经营收入达到1.72亿元，比上年增长13.2%。在巩固和壮大广告主业的同时，积极探索与电视媒体有关的新兴产业。4月中旬，南通电视台成立产业发展中心，年内先后注册南通天和文化产业投资发展有限公司、南通天然传媒有限公司和天彩广告有限公司。制定转型发展战略，向地方多媒体内容生产和传播主体转变，从生活频道节目的改版和南通城市生活门户网站建设起步，积极介入新媒体业务。2010年，产业发展中心先后对南通电视台有关固定资产进行产权确认，对部分项目进行出租和出售。新购买的户外大屏开始对外经营，南通电视台参与合作拍摄的动漫片《彩色豆园》进展顺利。

【技术运行】 年初，南通电视台采编、技术和行政保障部门通力协作，完成新大楼采编系统、播出系统、演播室系统的衔接，于1月底顺利完成全台四个频道及江苏公共频道新老系统的切割，新系统运行正常。下半年，南通电视台完成新大楼技术系统包括全台网系统、演播室系统、播控系统和一卡通系统等四个子项目的初验，完成现场编辑系统、在线编辑系统等新技术设备的招标、购买和培训使用，进一步提高技术装备水平。2010年，南通电视台四个频道累计安全播出2.7万小时，5个无线频道安全播出3.6万小时，日自制节目200分钟、日安全播出时间约70小时，出动转播车完成录制和重大活动的直播任务32次。

【创新创优】 2010年,南通电视台在电视作品江苏省政府奖和江苏电视文艺"金凤凰"奖评比中又创佳绩。其中,新闻系列报道《危机中的奋进》获新闻作品一等奖,社教专题《永远的诺亚方舟》获社教作品一等奖,新闻现场直播《魅力东方迎世博》获新闻作品特别奖(相当于一等奖),电视剧《中国家庭——第一部》(30集)获江苏电视"金凤凰"奖优秀作品奖,此外还有6件作品获新闻、社教、文艺、论文作品二等奖,9件作品获三等奖。《江风海韵》获江苏广播电视"十大名专栏"并入选年度全国城市台标杆品牌电视栏目。南通电视台合作摄制的电视连续剧《寒夜》在中国教育台、北京卫视、江苏卫视等电视台播出。合作拍摄的电影《濠河边上的女人》在全国上映。创建不到一年的南通电视台网站,被江苏省委宣传部等单位评为全省"行业特色网站"。在2010中国地市新闻网联盟年会暨全国地方互联网站(连云港)发展论坛上,南通电视台网站获"全国地方网站最具发展潜力品牌奖"。

【"加快转型升级 转变发展方式"系列报道】 2010年4月起,南通电视台《NTTV新闻》栏目推出大型系列报道《加快转型升级 转变发展方式》。系列报道持续全年,共编发报道60余篇,重点报道了数十家典型企业及重点经济园区在经济结构调整、产品升级换代、技术自主创新等方面所取得的新成果、新经验、新做法,报道中见人见事,由点及面,具有很强的可看性和指导性,为全市企业转型升级提供了借鉴,拓展了思路。

【沿海开发系列报道】 2010年6月,在国务院通过《江苏沿海地区发展规划》一年之际,南通电视台联合六县市区台在《NTTTV新闻》栏目推出大型系列报道《江海涛声》,先后发稿18篇,重点反映各县市区沿海开发取得的重大成果及创新举措,聚焦落户沿海沿江的亿元重点项目,为全市沿海开发营造浓厚的宣传氛围。7月,南通电视台与盐城、连云港电视台联合推出大型系列报道《江苏沿海开发巡礼》,介绍三地的沿海开发现状,重点突出三地抢抓沿海开发重大机遇的新思路、新举措,有力地助推江苏沿海开发。

【文明南通公益广告大赛】 2010年6月起,市委宣传部、市文明办、市文广新局主办,南通电视台和南通广播电视报社承办"共建文明城市,同享美好家园"文明南通公益广告大赛。1200多名参赛者提交作品,共有1000余幅平面作品、80多部影视作品参赛,以不同形式、多种角度体现出对文明的理解和对南通的热爱。大赛组委会经过几轮评选,最终评出优秀奖及组织奖。大赛期间,组织200多幅(部)作品分赴崇川、港闸、开发区各街道、社区以及行政中心、南通博物苑、车站、银行、商场、医院等场所巡回展示。南通电视台网站发布全部作品,每天点击量超过4000人次,南通广播电视报亦每期刊登参赛优秀作品。2010年9月11日,南通电视台直播"文明的力量"主题晚会暨公益广告大赛颁奖典礼,进一步激发了市民热爱南通,积极投身文明创建的热情。

【感动南通十大教育人物评选活动】 为倡导尊师重教的社会风气,在第二十六个教师节来临之际,南通电视台特别策划2010年"爱铸师魂"感动南通十大教育人物评选活动。活动历时两个月,从南通六县一市征集教育人物感人故事,通过网络、短信和专家进行投票,层层选拔,最终产生10个感人至深的故事。9月10日教师节当天,南通电视台举办感动南通十大教育人物颁奖典礼。节目播出后,得到社会各界的广泛好评。

【"3·15"晚会】 2010年3月13日下午,以"消费与服务"为主题的2010年南通市"3·15"晚会在更俗剧院举行,这是南通市近十年来第一次举办这样大型的"3·15"主题晚会,受到社会各方面的关注。晚会通过短片回顾2009年来南通市十大消费维权事件以及部分有代表性的制假售假案件。晚会期间,通过一些专访,对消费投诉热点进行分析,一批诚信企业和放心消费创建示范单位得到表彰。晚会推出了一批切合主题的原创节目,中央电视台著名主持人撒贝宁和央金兰泽、徐洁儿等歌手应邀参与主持和演出,为晚会增色添彩。

(电视台)

南通广播电视报

【宣传工作】 2010年,南通广播电视报社加强宣传策划,重点推出特别报道"春暖2010"助贫济困特别行动、"南通名人"系列报道、"世博特刊"、"世界杯特刊"、民生系列报道、典型人物系列报道。积极参与文明创建宣传,通过特辟专版、增设栏目、典型报道、系列评论、漫画图片、公益广告等多种形式营造创建氛围。配合市广电局和电台、电视台重点活动搞好宣传,主要有"春天的歌"大型文艺晚会、"三下乡"活动、"做新时期优秀新闻工作者"主题演讲比赛、首届汽车文化节、《刘宇说法》法律援助江海行活动、大型系列报道《利为民所谋——"十一五"政府为民办实事纪实》、南通电视台建台25周年等。在2009年全国城市广电报优稿评选中,夺得10个一等奖、6个二等奖和6个三等奖,获奖数量与奖次在全国同行中名列前茅。

【广告经营】 创新营销手段,广告创收再次刷新纪录。其中，房产、金融、餐饮广告较上年有较大幅度增长。由广告部策划出版的《都市风》，广告吸附能力不断增强，广告额连年大幅递增，与A、B叠呈三足鼎立之势。广告部开展一系列富有创意的主题活动：举办《跨越——南通地产30年回顾与展望》高峰论坛、《2010消费者最期待购买楼盘票选》活动、与市消协合作出版2010年度《3·15特刊》、与市旅游局联办"通食天下·天下通食"征文活动、推出中央商务区系列报道、举办2010下半年房地产形势分析会、2010小户型论坛、推出"北城大桥通车"纪念特刊、星湖·101街区系列报道等，不仅为报社取得可观的经济收益，也取得良好的社会效应。

（何　兵）

南通电视台制播大楼

体育

综述

【概况】 2010年是第十六届亚运会(2010年11月、中国广州)和江苏省第十七届运动会(2010年10月、常州)举办之年。9名南通籍运动员出征广州亚运会,勇夺6枚金牌、3枚银牌、1枚铜牌;南通选手在省运会上,金牌、奖牌、总分均名列全省第六名。群众体育上水平、跃台阶,“南通体育日”活动形式不断创新,确定“全民健身大体验、志愿服务在行动”活动主题,被授予全国全民健身活动优秀组织奖。全力把体育运动学校建成体育后备人才培养和青少年阳光体育活动基地。体教结合工作不断深入,通州开沙岛国际乒乓球学校正式成立。全市累计创建国家级青少年俱乐部2个、省级青少年体育俱乐部2个,国家级后备人才基地中期评估全省领先。体育产业发展势头良好,体育彩票销售首次突破6亿元。全年举办13项次体育比赛,其中全国以上比赛7个,再次被国家体育总局授予“全国优秀赛区”称号。体育科研取得明显进步,有2项课题被省体育局立项。市体育局被省体育局表彰为2008~2009年度江苏省市级体育科技工作考核“优秀单位”;获省体育局、省十七运组委会表彰的省十七运科学大会论文报告会“优秀组织奖”;被省体育局评为十一运周期江苏省体育科技工作先进集体。全年有372人参加晋升裁判员培训考试,其中晋升二级的280名,晋升一级的61名。

(朱龙云)

群众体育

【全民健身活动】 深入贯彻《全民健身条例》,着力推进全民健身服务体系建设。《条例》宣传教育“进社区、进校园、进企业”,《条例》宣传内容列入市政府“在线访谈”和“政风行风”热线直播。以“全民健身大体验、志愿服务在行动”为主题,组织“全民健身日”、“南通体育日”系列活动,举办市级机关“体彩杯”游泳比赛、“濠滨夏夜”专场体育晚会等活动。全市共开展各级各类全民健身活动1800次,群众参与面超过400万人次。举行南通市全民健身志愿者服务大行动启动仪式,制定并下发《关于建立全民健身志愿服务长效机制的通知》。南通市被授予全国全民健身活动优秀组织奖。

【全民健身工程】 大力扶持基层体育健身俱乐部。有3个俱乐部通过省体育局验收命名,全市创建命名市级体育俱乐部45个。制定下发《南通市各级城乡社区体育健身俱乐部资助经费使用管理办法》。积极培育发展晨晚练健身点。全市新增晨晚练健身点250个,命名32个市级晨晚练健身点,70个基层健身点被表彰为江苏省优秀群众健身活动站(点)。认真搞好国民体质监测服务。推进体育社团“实体化、社会化、规范化”进程。拓展深化“医保·健身一卡通”服务。在市区发展5家“医保·健身一卡通”定点运动健身场馆,全市“一卡通”定点运动健身场馆累计达8家。与市人社局联合下发《南通市市区医保定点运动健身场馆考核办法》。继续做好健身设施建设和维护。从体彩公益金中拨出专款,向16个敬老院、退休职工公寓捐建室外健身路径。投入25万元专项资金,委托南通铁人公司组织专门维修人员,深入社区维护管理,对健身设施报修及时给予维修和更换。

(朱龙云)

竞技体育

【人才输送】 全面备战省第十七届运动会,有的放矢安排好各项备战工作,与训练单位签订“参加省第十七运赛风赛纪和反兴奋剂责任书”。10月,在省第十七届运动会上,南通市突出人才贡献奖名列全省第三;金牌、奖牌、总分均名列全省第六;南通体育代表团荣获体育道德风尚奖。11月,南通籍9名运动员出征广州亚运会,勇夺6枚金牌、3枚银牌、1枚铜牌,参赛成绩全面超历史。加大对教练员的检查考核力度,有效促进全市体育后备人才的培养,本周期南通市向省优秀运动队输送体育后备人才60名以上。

【体教结合】 巩固市体校联合办学成果,把体育运动学校建成体育后备人才培养和青少年阳光体育活动基地,市体育运动学校和如皋市体校分别被国家体育总局田管中心命名为短跨项目单项基地和铅球铁饼项目单项基地。大力推进县级体教结合工作。通州开沙岛国际乒乓球学校正式成立,形成由通州平潮中(小)学承担运动员的文化教学,体育部门负责运动训练的特色学校。如皋市体育局将少体校挂靠如皋外国语学校,充分发挥教育、体育部门的各自优势,促进体育后备人才的持续发展。会同教育部门举办青少年阳光体育活动,积极开展俱乐部创建活动,通过多种形式增强学生体质,促进身心全面发展。国家体育总局局长刘鹏在全国优秀运动员保障暨体育行业职业技能鉴定工作会议上再次肯定南通体教结合、科学育才的做法,号召全国体育系统学习借鉴南通经验,加速培养体育后备人才。

【教练员队伍建设】 全市有教练员100名,其中高级教练25名,中级教练45名,均具有大专以上文化程度,其中市区现有教练员52名,高级教练员18名,中级教练员17名。年内,南通市体育局积极组织教练员参加岗位培训,先后有21人次参加国家体育总局和江苏省体育局组织的田径、足球、体操、蹦床项目教练员培训班。

(朱龙云)

表4-01　　2010年南通籍运动员参加国家级以上比赛名次

姓　名	性　别	赛　事　名　称	项　目	名　次
马　晋 成　淑	女	第十六届亚运会	羽毛球(女子团体)	1
仲　满	男	第十六届亚运会	击剑(男子佩剑团体)	1
仲　满	男	第十六届亚运会	击剑(个人佩剑)	2
包盈盈	女	第十六届亚运会	击剑(女子团体佩剑)	1
陈若琳	女	第十六届亚运会	跳水(女子10米双人跳台)	1
张　希	女	第十六届亚运会	沙排(女子沙排)	1
黄　影	女	第十六届亚运会	沙排(女子沙排)	2
吴鹏根	男	第十六届亚运会	沙排(男子沙排)	1
薛　娟	女	第十六届亚运会	田径女子标枪	2
马　晋	男	第十六届亚运会	羽毛球(混双)	3
成　淑	女	世界羽毛球锦标赛	羽毛球(双打)	3
张　希	女	国际排联沙滩排球巡回赛	沙滩排球	3(总排名)
张　希	女	亚洲沙滩排球锦标赛	沙滩排球	1
吴鹏根	男	亚洲沙滩排球锦标赛	沙滩排球	1
吴　健	男	全国田径锦标赛	男子铁饼	1
薛　娟	女	全国田径锦标赛	女子标枪	1
陶嘉乐	男	全国羽毛球锦标赛	羽毛球	1
陈若琳	女	全国跳水冠军赛	跳水	1
包盈盈	女	亚洲击剑锦标赛	佩剑团体	1
仲　满	男	亚洲击剑锦标赛	佩剑团体	1
仲　满	男	全国击剑锦标赛	佩剑团体	1
吴　杰	男	全国击剑锦标赛	佩剑团体	1
陆　毅	男	全国击剑锦标赛	佩剑团体	1
殷　珠	女	全国击剑锦标赛	花剑团体	1
陆亚珠	女	全国击剑锦标赛	花剑个人	1
陆亚珠	女	全国击剑锦标赛	花剑团体	1
陈灵峰	男	全国手球锦标赛	手球团体	1

(朱龙云)

体育产业

【概况】 开展体育产业专项调研,进一步摸清全市体育产业的基本情况,逐步探索适合南通体育产业经营发展思路。建立起健身休闲、竞赛表演、体育用品、体育彩票等体育市场体系,促进体育产业健康发展。

【体彩销售】 重点抓好销量较好的即开和销量较差的排列3这两种玩法,同时抓住世界杯机遇,推进竞彩销售。突出县级体彩,推进市县联动。通过政策引导、技术培训、营销宣传、新增站点等措施给县级体彩给予支持。全年销售体育彩票超6亿元,再创历史新高,继续位列苏中、苏北第一,筹集体育彩票公益金近5000万元,为全市体育事业发展提供了强有力的经济支撑。

【体育设施建设】 加大对全民健身中心工程建设的推进力度,确保2011年竣工并对外开放。市体育馆抓紧维修加固;市儿童业余体校体育馆维修工程向市发改委申报立项,抓紧开展前期准备工作。部分县市开始实施综合体育中心工程。

(朱龙云)

濠河一景 (丁晓春摄)

社会建设篇

社会保障

社会事务

社会管理

教　　育

卫　　生

社会保障

人民生活

【城镇居民收支】 全年城镇居民人均可支配收入21825元,比上年增长12.1%。其中,市区(不含通州区)居民人均可支配收入23541元,比上年增长12.1%。全年市区(不含通州区)居民人均消费性支出14492元,比上年增长10.6%。年末全市城镇居民人均住房建筑面积40平方米。

表5-01 市区居民人均消费支出情况

指 标	人均消费支出(元)	比上年增长(%)
食品	5173	7.7
衣着	1583	21.5
居住	1049	12.0
家庭设备用品及服务	1188	29.8
医疗保健	701	18.0
交通与通讯	2091	31.3
娱乐、教育、文化服务	2107	-11.0
杂项商品与服务	600	1.6

【农村居民收支】 全年农村居民人均纯收入9914元,比上年增长14.0%;人均生活消费支出7240元,比上年增长12.3%。年末农村居民人均住房面积53.5平方米。

表5-02 农村居民人均消费支出情况

指 标	人均消费支出(元)	比上年增长(%)
食品	2623	7.8
衣着	417	16.9
居住	1006	13.4
家庭设备用品及服务	426	30.5
交通通讯	789	20.1
文教娱乐用品及服务	1328	9.4
医疗保健	490	10.5
其他商品和服务	161	23.8

【劳动就业】 全年提供就业岗位36.76万个,新增转移农村劳动力6.20万人。城镇单位年末从业人员63.11万人,其中,国有单位20.23万人,城镇集体单位2.29万人,其他单位40.59万人。

全年城镇集体及以上单位在岗职工平均工资39103元,比上年增长11.0%。其中,国有单位57035元,增长9.5%;集体单位36607元,增长17.3%;其他单位30451元,增长13.5%。

(张莉云)

【农村居民社会保障】 全市新农保参保总人数197万人,当年新增80万人,占参保总数的41%。全市农村居民社会养老保险覆盖率达95.5%,成为全省第一个真正意义上实现新农保"基本全覆盖"的地区。108.69万农民领到了基础养老金、总人数全省第一,发放率达98%。全市100%的行政村建成(社区)级劳动保障服务站,60%的行政村建成"充分就业村"。全市返乡创业人数4682人,全省第二。市政府出台《关于加强和完善崇川区、港闸区被征地农民基本生活保障工作的意见》,两区11万被征地农民纳入社会保障体系,覆盖率达99%。

(市委农办)

社会保障制度改革

【城乡养老保险制度不断健全】 积极推进灵活就业人员、农民工参加企业职工基本养老保险。至2010年末全市参保人数达111.2万人,缴费人数达106.5万人,均突破百万大关;缴费人数比2009年末净增7.2万人。基金收入再创新高。基金总收入达62.36亿元,当期结余3.84亿元,全年实现收支平衡、略有结余的目标。市本级参保缴费单位已达15582家,养老保险参保人数达42.52万人。

推进农村居民社会养老保险全覆盖工作。市政府出台《南通市农村居民社会养老保险全覆盖工作目标考核办法》,至年底,全市有197.48万人参加新农保,实现真正意义上的全覆盖。

提升社会保障水平。全市有108.69万名60周岁以上农民领到基础养老金,发放率99.62%,发放总量全省第一。各县(市、区)全面建立城镇老年居民养老补贴制度。企业退休人员养老金水平苏中领先。全市平均养老金达到1300元,市区达到1424元。企业退休人员社区管理服务率、档案接收率均达100%。做好被征地农民基本生活保障工作。新增被征地农民基本生活保障率达95%以上。

【社会保险制度建设】 率先建立城镇职工和居民医保门诊统筹制度,有效减轻群众医疗负担。城镇职工基本医疗保险和城镇居民基本医疗保险制度规定范围内的医疗费用基金支付的比例分别为81%和61%。全面完成医疗生育保险市级统筹。率先建立居民生育保险制度,生育保障从企业走向全民,为全国领先。职工工伤保险实现市级统筹。老工伤人员全部纳入工伤保险统筹管理。完善失业保险制度,参保人数达80.5万人。 (梅 华)

劳动就业与劳动关系协调

【概况】 2010年,南通市人力资源和社会保障局坚持"促转型、重民生、保稳定"工作主线,主动服务改革发展稳定大局,全面履行职责,各项工作取得新成效。率先建成充分就业市区,100%社区建成"充分就业社区",德民社区劳动保障服务站被认定为"国家级充分就业示范社区"。率先提出"充分就业村创建活动",年底充分就业村创建达60%。在国内率先开展农村人力资源全面调查。南通市人社局在全国基层就业暨就业援助工作座谈会上介绍经验。失业动态监测工作全国领先,12月全国失业动态监察工作座谈会上南通市作经验介绍。在人社部组织召开的全国公共就业人才服务信息化建设工作视频会议上,作为全国唯一地级市作题为《着眼信息系统覆盖 突出两个市场贯通 全力推进公共就业人才服务信息系统建设》的交流发言。全市新增就业9.96万人,新增农村劳动力转移6.2万名。城镇登记失业率为2.74%,维持较低水平。培训农村劳动力6.20万人,其中转移前培训4.09万人,在岗农民工培训2.11万人;就业再就业培训6.34万人,创业培训7695人。市就管中心被评为"2008~2010年度全国优质服务窗口",连续第十四年被评为省就业再就业工作先进单位。劳动保障监察两网化管理工作、劳动争议调解仲裁工作均获全省一等奖。

【促进就业】 困难人员就业帮扶。重点关注困难家庭大学毕业生、城镇困难人员、农民工和困难企业职工四大群体,突出市场引导就业、创业带动就业、培训促进就业、帮扶援助就业和企业稳定就业,强攻"全民创业"、"扩大就业"、"托底就业"和"稳岗就业"四大战役。突出抓好"困难家庭"大中专毕业生就业援助,对就业援助对象实行全程跟踪服务。继续放宽公益性岗位补贴对象,进一步拓展公益性岗位范围。完善企业监测和市场分析预测,市区在对原有30家重点行业、重点企业进行监测的基础上,新增30家企业开展失业动态监测。2010年,全市3.85万名城镇失业人员实现再就业,帮助13997名就业困难人员实现再就业,连续40个月保持"零就业家庭"动态清零。

促进农民自主创业。年初召开全市农民自主创业推进会,总结、交流各地做法,宣传创业典型。提请市政府出台《关于进一步促进农民自主创业的工作意见》,进一步提高小额担保贷款额度、放宽贴息范围、降低反担保门槛、扩大服务对象,将各项优惠政策覆盖到农村。充分发挥社区劳动保障平台作用,摸清本辖区符合发放小额贷款对象的情况。通过"十佳创业示范基地"和"十佳创业带头人"评选、"创业口号"征集、优惠政策宣传等,调动广大社会人员参与创业的积极性。举办创业培训(SYB)师资培训班,全市创业培训师资总数达180人,创业指导专家队伍达43人。规范创业基地管理,全市建成20个创业孵化基地。全市新发放贷款752笔、5583万元,贴息616笔、244.15万元;累计发放小额担保贷款1.9亿元,直接帮助4000人创业,带动1.8万人就业。

加强基层就业服务。在全市范围内开展农村人力资源普查,对所有农村居民的年龄、文化、职业、收入、社会保险、居住状况、就业愿望等作全面调查。在3个月时间内,筹资近1000万元,组织2万多人,深入全市118个乡镇、1731个村、206万户,调查552万人,建立全市农村人力资源状况信息系统。开展创建"充分就业村"活动。市政府将"创建充分就业村达50%"的目标列入为民办实事内容,市就业工作领导小组办公室出台《南通市村级劳动保障平台考核办法》和《南通市"充分就业村"考核办法》,全市"充分就业村"创建率达到60%。

市长丁大卫视察劳动力市场 (市人社局供稿)

【技能人才培养】 大力推进南通工贸技师学院筹建工作,工贸技工学校新校区于2010年9月正式启用,10月底通过国家级重点技工学校的省级初评。扶持企业开展高技能人才培养,全年有24家企业享受到高技能人才培养奖励共计28.88万元。以市政府名义出台《南通市高技能人才成就奖评选奖励试行办法》,获奖者由市委、市政府颁发荣誉证书,并发给一次性奖金10万元人民币。会同有关部门开展农机维修、建筑架子工、移动通信行业、宽带服务等各类职业技能大赛。第四届全省数控技能大赛暨第四届全国数控大赛江苏赛区选拔赛在南通举办,南通市30名选手参加并取得历史最好成绩。落实农村家庭经济困难学生及涉农专业学生免收学费政策,777名技工院校学生享受到免收学费补助。全年组织推荐新培养技师、高级技师3927人,列全省第一;完成职业技能鉴定105529人,组织全国、全省统考8512人。

【劳动保障监察】 在全市范围内开展"农民工工资支付"、"整治非法用工"等专项执法检查6次,共检查用人单位5336户,涉及职工29.2万人,追欠工资3859.7万元。对各类单位、组织的劳动保障法律法规遵守情况进行书面审查,全市共审查用人单位8683家,涉及劳动者46.37万人。完善劳动保障诚信等级评价标准和体系,培育劳动保障诚信示范企业,市区评选出307家2009年度诚信示范企业培育对象,29家"南通市劳动保障诚信示范(合格)企业",并在全市范围内推荐10家企业参加省级诚信示范企业的评定。2010年,全市共主动监察用人单位4836户,涉及劳动者人数40.66万人;共受理各类劳动保障监察举报、投诉案件2622件;追发劳动者工资待遇4180.15万元。

【劳动人事争议调解与仲裁】 全市三方驻会办公室组建率达100%,仲裁院组建率达100%,人民调解室组建率达78%(省厅目标60%)。3006家事业单位建立人事争议调解组织。全年基层调解组织处理劳动争议案件9231件(含仲裁机构案外调解857件),占全市劳动争议案件总数的66.2%(省厅目标50%)。全市乡镇街道全部建立劳动争议调解组织,组建率为100%。

在全国率先建立劳动争议仲裁应急处置机制,一旦发生突发性群体劳动争议事件,相关部门可现场设庭仲裁。在全省率先建立劳动仲裁与劳动监察互动机制,通过联合接访、信息共享、归口办案、互动办案等形式实现仲裁调处与行政调处的无缝对接,65件劳动争议案件进入"监裁互动"处理程序。在全省率先建立法律援助与劳动仲裁衔接机制,为经济确有困难的劳动者提供劳动争议仲裁与法律援助的程序衔接。继续完善特邀评审员制度,加强对劳动争议案件特别是"一裁终局"和议案案件处理工作的监督。继续加大劳动争议调解力度,在立案前、开庭前以及开庭时、庭审后开展全过程、全方位的调解工作。全市共立案处理劳动争议案件4563件,涉及劳动者5632人,经济标的11641万元,调撤结案3719件,调撤率81.5%。市人社局获全省劳动争议仲裁办事机构实体化建设一等奖、全省调解仲裁工作综合考核一等奖。

【企业工资调控】 (一)提高企业最低工资标准。从2010年2月1日起,市区及启东、海门最低工资标准从850元调整为960元,海安、如皋、如东三县(市)从700元调整为790元。(二)完善工资宏观调控三项制度。发布2009年南通市市区劳动力市场部分职位工资指导价位、企业人工成本水平和2010年企业工资指导线,引导企业建立工资正常增长机制。(三)全力推进工资集体协商制度。全面实施企业工资集体协商春、秋季"双百日"要约行动,落实"一函六书"制度。2010年,全市共发出特别提示函3847份,签订工资集体合同4063份。签订区域行业工资协议849份,覆盖企业12611家,覆盖职工79万多人。审查集体合同1.1万份,各类企业劳动合同签订率为98.5%,企业农民工劳动合同签订率达92%。

【劳动保障"两网化"建设】 (一)进一步扩大劳动保障两网化覆盖面。目前,全市共建立一级网格117个,二级网格1065个,一级网格信息系统联通率达100%,二级网格信息系统联通率达99.4%。(二)着力实施劳动保障监察两网化管理标准化建设。各县(市、区)均已建立起用人单位信息数据库,做到每季度至少更新一次,并有专人负责劳动保障监察信息系统维护工作,实时解决系统运行过程中的各类技术问题。到2010年底,全市共采集并录入2.96万家用人单位基本信息,用工8人以上的用人单位信息采集率已达100%。(三)实施企业欠薪预警监测。利用"两网化"建设对市区企业欠薪劳动保障预警工作进行常态化管理,实时动态监控用人单位的劳动关系状况,市区通过网格上门预警调查14批共90家企业,预警通报11家企业。

(袁瑜佳)

社 会 保 险

【概况】 2010年,五大基本保险覆盖面持续扩大,养老、医疗、失业、工伤、生育保险参保人数分别新增12.36万人、4.6万人、6.51万人、4万人、2.87万人,覆盖率稳定在97.5%左右。工伤保险率先在全省实现市级统筹,城镇居民基本医疗保险覆盖率达到98%。基本建立被征地农民基本生活保障制度,农村老年居民基础养老金发放人数突破百万(总量全省第一),新农保政策实现"六统一",实现真正意义上的全覆盖。市区企业职工养老保险基金基本实现收支平衡,企业离退休人员养老金按时足额发放。全市城镇无保障老年居民养老补贴制度全面建立,市区5129人享受补贴560万元。全市企业退休人员养老金人均标准提高到1300元/月,市区城镇职工基本医疗保险取消医疗费用最高支付限额,提高了大病报销比例,全市城镇居民基本医疗保险财政补助标准上调20%,在校生和未成年人住院起付线降低50%,住院费报销比例提高10%。农民工住房保障等工作获得部、省相关部门肯定。

【养老保险】 (一)市区出台特困失业人员爱心助保实施办法。由政府筹集爱心助保资金,向受助对象提供助保借款,帮助其及时续保缴费,受助人退休后以月养老金收入的一定比例归还借款本金,免还利息。(二)城镇老年居民养老补贴制度更加完善。在2009年建立市区城镇老年居民养老补贴制度的基础上,从2010年7月起,对市区户籍不满15年且无固定保障来源的人员按照每人每月60元的标准发放养老补贴,使市区实现老有所养的“无缝”覆盖。(三)新农保实现全覆盖。出台《关于贯彻落实江苏省新型农村社会养老保险制度实施办法的意见》,并指导各县(市、区)根据本地实际制定实施办法,确保全市新农保制度与国家、省新农保制度全面对接和平稳衔接。截至2010年底,全市新农保参保人数207.07万人,覆盖率达93%。108.69万名符合条件的农村老年居民领取政府发放的基础养老金,发放率达99.62%。(四)机关事业保险稳步推进。提前完成机关事业单位养老保险结算方式改革,有2975家参保单位由差额缴拨改为全额缴拨,占总参保单位数的97.48%。21489名事业单位离退休人员工资实现社会化发放,占离退休总人数的85.69%,其中有4个县(市、区)达到100%。

【医疗、生育保险】 (一)提高医疗生育保险待遇。修订出台《南通市区城镇职工基本医疗保险实施办法》,建立门诊统筹制度,扩大个人账户支付范围、提高医保待遇水平、统一待遇享受条件。市区还相继建立城镇职工重症补充医疗保险制度、城镇职工基本医疗自费补充保险办法,以及职工、居民医保衔接机制,并推进完善国家基本药物制度。大幅提高生育保险待遇,扩大医疗费支付范围。进一步优化生育报销费用结算办法,参保人员可直接在定点医疗机构划卡支付。(二)推进医疗生育保险市级统筹。以通州区与市区医疗保险并轨为起点,全市医疗生育保险资源整合、市级统筹步伐加快。到2010年底,全市医疗、生育保险市级统筹任务全面完成,工作进度全省领先。(三)建立居民生育保障制度。出台《南通市市区居民生育保障暂行办法》,规定市区参保居民中的育龄妇女在不缴费情况下,从8月1日起的相关生育费用,居民生育保险都给予不同的补助和报销。至此,市区生育保险覆盖城镇所有居民。

【工伤保险】 强力推进建筑项目工伤保险,再次与建设部门沟通、协调,最终将建筑施工企业参加工伤保险列为申领建筑施工许可证的条件。做好工伤保险大市统筹相关工作,制定6项配套政策,并明确统筹工作“三步走”的战略思路。全市工伤保险基金的历年结余均到账,每月收缴基金及时到位。在省内率先探索工伤预防,从建筑施工企业征缴工伤保险基金总额中计提5%作为工伤预防费,专项用于建筑业工伤预防工作。出台《南通市工伤预防费管理暂行办法》,明确工伤预防费的使用范围、具体项目和标准。

【失业保险】 进一步完善失业保险制度,提高失业保险基金运作质量。在确保失业人员失业保险待遇的前提下,拓宽资金使用渠道,扩大支出项目,加大对企业受金融危机影响的减员稳岗补贴力度。2010年,失业保险参保人数为80.5万人,失业保险费征缴5.7亿元。

【退休人员社会化管理】 市区12.7万企业退休人员社区管理率、档案接收率、周期免费健康体检率、供养直系亲属享受社保待遇资格认证率均达100%。社区退休人员管理服务机构达标创建示范活动稳步推进,市区达标社区201个,占97.6%,并涌现出45个市级、10个省级示范社区。在国内率先出台退休人员定点养老机构评估办法,为市区退休人员选择养老机构提供指南。

【农民工住房保障】 2010年5月,市政府转发市总工会、市房管局、市劳动和社会保障局《关于将市区优秀农民工和缴纳社会保险费时间较长的外来农民工纳入经济适用住房保障范围的意见(试行)》,对农民工申请经济适用房的配额,原则上按市区经济适用房计划总数的15%左右确定。首批19位农民工获得经济适用房。

(袁瑜佳)

住房保障

【概况】 2010年,全市住房保障工作力度加大,居民居住水平不断提高。全市拆迁安置房开工536.6万平方米、竣工交付391.5万平方米,其中市区新开工265.9万平方米、竣工交付269.8万平方米,安置拆迁户1.35万户。全市提供公共租赁住房1.1万套(间)、经济适用房4091套、廉租房465套。再次降低廉租住房、经济适用住房、经济适用住房政策性补贴的保障门槛,市区住房保障覆盖到人均住房建筑面积20平方米以下、人均月收入1200元以下的低收入家庭。市区按照三年建成1万套的目标，启动保障性(限价)商品房建设。2010年底，市区居民人均住房建筑面积达32.83平方米，比“十五”期末增加3.69平方米。5～7月，市住房保障和房产管理局开展对市区中低收入住房困难家庭、新就业人员和外来务工人员住房状况全面调查登记，为出台住房保障有关政策提供依据。12月，《南通市市区“十二五”住房保障规划》由市政府印发。

【农民工纳入市区住房保障范围】 5月6日，市政府办公室转发市总工会、住房保障和房产管理局等部门联合制定的《关于将南通市市区优秀农民工和缴纳社会保险时间较长的外来农民工纳入经济适用住房保障范围的意见》，符合条件者可以购买经济适用住房。原则上按市区每年经济适用住房计划总数15%的比例，确定农民工经济适用住房的配售数量。2010年受理21户，经公示复核，有19户符合条件，其中17户为优秀农民工家庭，2户为交纳养老保险时间较长的农民工家庭。国务院和省相关专业简报对此分别作专刊宣传。国务院《农民工工作联席会议简报》称：“这一举措，在江苏省乃至全国开创了农民工享受城市住房保障的先河。”

【廉租住房】 市区廉租住房保障对象从人均月收入800元以下的家庭扩大到人均月收入900元以下，现住房人均建筑面积低于20平方米(含)的家庭。租金补贴标准为低保、特困职工家庭13元/平方米，一般低收入家庭11元/平方米。补贴面积标准为1人户家庭28平方米，2人户家庭45平方米，3人户家庭60平方米，4人及以上户家庭80平方米。2010年，市区廉租住房实物安置51户，申请保障、经审核符合条件的低保、特困和低收入住房困难家庭实现“应保尽保”；为1215户发放廉租住房租金补贴738.6万元。

【经济适用住房】 市区经济适用住房保障对象从人均月收入900元以下、人均住房建筑面积15平方米以下的家庭扩大到人均月收入1200元以下、人均住房建筑面积18平方米以下的家庭。经济适用住房政策性补贴保障对象从人均住房建筑面积15平方米以下的家庭扩大到人均住房建筑面积20平方米以下的家庭。补贴标准仍为每平方米建筑面积500元，可享受补贴的建筑面积为75平方米。全年为578户发放经济适用房政策性补贴1850万元。

【公共租赁住房】 市政府办公室发布《关于加快发展公共租赁住房的指导意见》，明确市区要继续加快发展公共租赁住房，重点解决外来务工人员和新就业大学生住房困难，统筹保障城市中等偏下收入住房困难家庭。采取统一规划、集中供地、分年实施、分区建设、分类保障的方式。各区投资建设的公共租赁住房，主要在各辖区内开发园区、工业园区及企业集中区域边缘集中建设，以集体宿舍和职工公寓形式为主，着重解决企业新就业人员和外来务工人员的住房困难。市级财政投资建设或配建、收购的公共租赁住房房源，着重解决引进人才、新就业大学生和中等偏下收入家庭的住房困难。2010年市区落实公共租赁住房5591套(间)。其中，政府投资建设1919套(间)，分别为四海家园三期1419套(间)、观音山镇园区外来务工人员配套用房一期500套(间)。

【危旧房改造和老小区综合整治】 继续推进唐闸公园二村、南工房、崇川建设新村3个片区危旧房改造。新启动唐闸公园三村、新工房、崇川区文亮小学北侧地块、无线电厂西南侧地块4个片区危旧房改造。实施老住宅小区综合整治，崇川区在继续推进虹桥新村、海港新村和紫琅新村等7个项目整治的基础上，新启动6个项目。在虹桥新村、易家桥新村、郭里园新村等处增设非机动车库，解决居民反映强烈的停车难问题。港闸区对具备条件的老小区实行封闭和半封闭管理，老小区楼宇增设对讲防盗门等设施。

【保障性(限价)商品房建设】 市政府第四十五次常务会议决定，在市区开发建设一批保障性(限价)商品房，解决中等收入家庭特别是不符合经济适用房购买条件、又无力购买普通商品房的“夹心层”的住房问题。保障性(限价)商品房在市区适当区位均衡布点，套型以建筑面积70～90平方米为主，以同区位普通商品房价格70%左右的限价向政府认定的特殊对象销售，满足自住需求。计划三年内建设供应保障性(限价)商品房1万套。2010年完成规划选址，确定市开发区通富路西朝阳河北冠达商城南地块、崇川区青年东路南海港河东侧地块、港闸区城北大道南侧规划路南幸福竖河西侧地块等4个保障性商品房建设地块，总占地面积约38.67公顷，可建保障性商品房约10540套。12月，由江苏炜赋集团建设开发有限公司承担的开发区内保障性(限价)商品房项目“炜赋花苑”正式开工建设。该地块占地8万平方米，可建限价商品房1992套。

(谢启鸿)

住房公积金管理

【概况】 2010年，南通市住房公积金管理中心创新管理和服务，稳步推进归集工作，积极开展贷款工作，持续推进精细化管理，深入开展“零距离”满意工程，住房公积金事业实现持续稳步发展，为推动住房消费、稳定房地产市场、支持保障性住房建设发挥积极作用。中心获2007～2009年度"江苏省文明单位",连续第九年蝉联该项荣誉。11月,顺利通过ISO 9001质量管理体系的换版运行审核。加强行风建设,行风评议在被评单位中名列前茅。加强普法工作,获"全市首批法制宣传教育示范单位"称号。

【住房公积金归集】 2010年,全市归集总额达35.65亿元,比上年增长16.83%;全年新增开户单位1542家,新建职工人数8.39万人,完成年度目标5.50万人的152.55%,实缴人数增长率9.13%。依靠行政力量推进企业建制取得突破性进展。海门市、启东市、如东县相继出台稳步推行企业建立住房公积金制度的相关文件,非公企业建制单位和缴存人数占主体地位。中心通过住房公积金宣传月活动造势,开展归集劳动竞赛,妥善处理职工投诉,推进稽核工作,职工受益群体持续稳步扩大,职工的缴存权益得到有效维护。截至年底,全市有13043家单位64.84万名职工建制,缴存总额达189.96亿元,余额92.45亿元,累计提取97.50亿元。《半月谈》杂志出版的《民生》专刊、住房与城乡建设部住房公积金监管司主编的《住房公积金简报》分别刊登南通公积金中心的经验介绍。

【住房公积金贷款】 2010年,公积金管理机构为全市11679户家庭发放33.49亿元住房公积金贷款,个贷发放率93.94%,个贷比率为104.03%,实现运营效率最大化。严把贷款审批关等,贷款逾期率为0.12‰,比上年下降0.16个百分点,创历史新低。全市审批住房公积金按揭贷款项目152个,面积达458.74万平方米。中心出台《关于购买经济适用住房办理住房公积金贷款的意见》,解决低收入家庭购买经济适用房的困难。两次上调住房公积金存贷款利率,其中存款利率上调0.54个百分点;5年期以下(含5年)贷款利率上调0.42个百分点,5年期以上贷款利率上调0.43个百分点。从2010年11月30日起,南通市开始实施住房公积金贷款新政,实现新老政策平稳对接。及时采用"公转商"办法,建立新的运行平台,缓解资金压力和矛盾,保持贷款的稳定高效运行。至年底,累计为全市13.11万户职工发放住房公积金贷款达183.32亿元,余额达96.18亿元。全年提供廉租住房建设资金4753万元。

【便民服务】 在贷款、提取方面简化手续,增加便民服务项目,提高服务质量。一是建立南通行政区域"农村地名库",解决由于户籍制度改革,部分农民工、农村户口职工提取住房公积金问题;二是合理解决离婚房产住房公积金问题;三是向全市915家单位的5.13万名职工发放住房公积金龙卡,市区向39.1万缴存户发放住房公积金对账单;四是新增住房公积金银行服务网点,新增兴业、华夏、南京、民生4家银行承办住房公积金贷款委托业务,新增江苏银行所属的如东、海安、启东支行开办个人贷款委托业务,新增中行港闸支行为住房公积金归集网点。

(施伯璐)

表5－03 **2010年度全市住房公积金缴存、贷款情况**

单位:亿元、户

项目	缴存情况			贷款情况				
	缴存额	缴存总额	缴存余额	发放额	发放总额	发放余额	发放户数	总户数
市区	17.33	98.52	43.77	15.44	95.67	48.42	4529	75506
海安	2.89	14.75	7.59	2.07	13.1	6.93	958	10181
如皋	3.39	16.29	9.25	3.69	14.94	9.61	1575	9698
如东	2.62	12.98	7.88	3.3	14.58	6.83	1322	9403
通州	3.11	15.94	8.09	2.75	14.23	7.99	1056	7709
海门	3.2	16.56	8.38	3.19	16.17	8.47	1140	9429
启东	3.11	14.91	7.48	3.04	14.61	7.92	1099	9212
合计	35.65	189.95	92.44	33.48	183.3	96.17	11679	131138

民　政

综　述

【概况】 2010年,全市民政系统根据市委、市政府加快现代民政建设的要求,深入开展民政工作"规范化、社会化、标准化"建设,不断提升民政事业设施现代化、管理科学化、服务人本化水平,扎实推进各项民政工作。(一)社会救助体系不断健全。按照自然增长机制再次提高城乡低保标准。扩大粮油实物救助范围。进一步完善困难群众临时救助机制,实行医疗救助即时结算。加强农村"五保"工作,继续实施"关爱工程",总投资6400万元,新增农村敬老院床位600多张。(二)社会福利政策更加惠民。推行惠民殡葬政策,倡导文明办丧,市区全面实行殡葬基本服务政府出资和定点办丧政府补贴政策。探索建立孤儿社会福利标准体系,出台市区孤儿养育基本生活保障制度及认定工作流程。市区居家养老服务站基本实现城乡社区全覆盖,通州区及其余五县(市)实现城市、城镇社区全覆盖,农村社区覆盖面达到35%以上。(三)社会管理水平不断提高。全面推进城乡社区建设,城乡社区设施建设实现全覆盖。推进社区服务体制机制创新,提升社区服务实效。大力培育发展民间组织,全市民间组织登记或备案数量明显增加。(四)"双拥"优抚工作更加扎实。认真落实优抚对象抚恤标准自然增长机制,进一步提高抚恤补助标准。将驻通部队离休干部纳入当地离休干部医保体系。做好2010年退役士兵安置工作。

【重点民政工程建设】 社会福利中心一期工程运营状况良好,入住老人120名,二期工程即将投入使用,三期正在加紧设计中。集军供工作和军休服务为一体的市军休服务中心投入运营。紫琅医院门急诊楼工程顺利封顶,计划2011年对外运营。市殡仪馆配套设施进一步完善,公墓扩建项目开展选址及土地征用工作。经过积极争取,民政部中华慈善博物馆项目落户南通,位于市中心区的40亩用地选址得到落实。

【民政部副部长窦玉沛到南通调研】 6月8日,民政部副部长窦玉沛一行在南通专题调研崇川区居家养老工作,听取崇川区居家养老信息管理系统及运行情况的汇报,对这一创新举措给予充分肯定。在南通期间,窦玉沛还参加市社会福利中心揭牌仪式,并听取南通市政府关于中华慈善博物馆筹建工作情况汇报。

(陆骏骅)

社会救助

【城乡低保】 2010年7月,南通市再次提高城乡低保标准。城市低保标准,崇川区、港闸区、市经济技术开发区、海门市提高到400元/月,通州区、启东市提高到350元/月,如皋市提高到340元/月,海安县、如东县提高到330元/月。农村低保标准,崇川区提高到400元/月,港闸提高到280元/月,开发区提高到340元/月,通州区提高到230元/月,海门市、启东市、海安县、如皋市、如东县提高到210元/月。至年底,全市有7844户、15185人享受城市低保,发放低保金3617万元,人均月补差187.79元;有79972户、131348人享受农村低保,发放保障金1.72亿元,人均月补差114.1元。

【专业渔民低保】 2010年1月起,全市专业渔民低保标准调整为210元/人/月。通州区、启东市、如东县分别将渔民低保并入农村低保,不再单独统计。其中,启东市对无地渔民的低保补助标准在农村低保标准的基础上增发50%,标准为315元/人/月。

【低收入家庭认定管理】 3月30日,南通市政府出台《南通市城乡低收入家庭认定管理试行办法》,自2010年5月1日起施行。该文件将城市和农村的低收入认定工作融合在一个制度体系内,对城乡低收入家庭认定工作进行全面规范,不仅能适应住房保障工作要求,还能适应临时、医疗、教育等专项救助制度需要。市民政局指导海门市成立"社会救助事务服务中心",并集中推广海门、通州等地建立低收入认定服务中心的做法,不断推进城乡社会救助工作规范化。

【粮油实物救助】 扩大粮油实物救助范围。在原来每月为市区城市低保对象中的70周岁以上老人、学龄前儿童、中小学生、重度残疾人和重大疾病患者发放40元粮油实物补助的基础上,将市区特困职工、城市低保边缘户家庭中的70岁以上老人、学龄前儿童和中小学生、重度残疾人和重大疾病患者四类人群纳入救助范围,共有4586人受益。

【困难群众临时救助】 市民政局制定下发《南通市城乡困难群众临时生活救助规范管理办法》,进一步规范临时生活救助的对象、标准、程序和要求。2010年全市共发放临时救助金828万元,受惠36519人次。同时全市共对66437人实施重残救助,发放救助金1.2亿元。市区医疗救助即时结算从2月1日起正式运行,困难群众在市区所有的医疗保险定点机构就医时,均可享受这一服务;除通州区外其余县(市)均实现医疗救助即时结算,缓解了困难群众无力垫付就医的矛盾。

【困难群众物价补贴发放】 7月份以来，受国内外多种因素影响，以农产品为主的生活必需品价格上涨较快，给城乡困难群众的生活带来较大压力。根据相关规定，南通市及时启动困难群众物价补贴发放工作，第二季度、第三季度全市共对低保对象发入物价补贴1890万元。12月，提前发放第四季度物价补贴，补贴对象从原来的城乡低保对象扩大到重点优抚对象、农村"五保"对象、城市"三无"对象、孤儿等五类人员，补贴标准为12月份各地低保标准的25%。截至12月25日，四季度物价补贴全部发放到位。全市共向五类人员发放物价补贴1405万元，共有21.7万人受益。

【春节元旦慰问】 2010年元旦、春节期间，全市集中对城乡低保等对象开展普惠性节日慰问，各县(市、区)城乡低保对象慰问标准在每人100元以上，市区慰问标准达每人300元，创历史新高。"两节"期间，全市各级民政部门共投入城乡困难群众普惠慰问资金3620万元，直接受益近24万人次。

【"五保"供养】 2010年，全市"五保"供养标准按照不低于上年度农民人均纯收入45%的比例进一步提高。集中供养标准提高到3820元~4800元，分散供养标准提高到2750元~4800元，全市共有"五保"供养人数20240人，其中集中供养14679人，分散供养5561人，集中供养率达72%。崇川区、港闸区集中供养和分散供养标准实行一体化，分别为5640元/年、4800元/年。市开发区集中供养标准、分散供养标准分别为5000元/年、4600元/年，启东市分别为4800元/年、3360元/年，海门市分别为4320元/年、3680元/年，通州区分别为4800元/年、4000元/年，如东县分别为4000元/年、3000元/年，如皋市分别为3920元/年、3020元/年，海安县分别为4050元/年、2750元/年。

开展农村文明敬老院创建，召开全市农村敬老院建设管理工作推进会。至年底全市共有农村敬老院144所，其中，如东县马塘镇敬老院、开发区敬老院被评为国家级文明敬老院，有22所敬老院被评为省级文明敬老院。启东市民政局被民政部评为全国农村"五保"供养工作先进单位。

防灾减灾

【救灾救济】 2010年，南通市共遭受10多次风雹灾害，全市因灾倒塌民房286户、642间；受灾人口累计150万人，因灾伤病13人，紧急转移安置1172人；共造成直接经济损失1.5亿元。各级党委政府采取有力措施，妥善安排灾民生活。全市下拨救灾款192万元，冬令春荒款142万元，帮助灾民修建房屋642间。

【"5·12"国家防灾减灾日活动】 5月，市减灾委各成员单位联手开展防灾减灾宣传活动。市民政局、红十字会协同组织防灾减灾广场科普宣传教育活动。市地震局、民防局、民政局等部门指导崇川区在朝晖社区开展地震防灾演练。市民政局编印《社区防灾减灾知识读本》并发放给社区群众，取得良好社会效果。

社会福利

【推行惠民殡葬政策】 6月7日，市委办、市政府办出台《关于推行惠民殡葬促进文明办丧的实施意见》，在全省率先推行惠民殡葬政策。惠民殡葬政策的内容主要包括两项：一是殡葬基本服务补贴。凡市区户籍且不享受丧葬补助待遇的城乡居民(不含已在外地领取丧葬补助的人员和入学前非市区户籍的大中专院校学生集体户口人员)，死亡后到南通市殡仪馆火化的，按800元/具标准予以定额补贴，由市殡仪馆在收费时直接扣减办理。二是发放定点办丧补贴。市区户籍居民在经民政部门审批的殡仪服务点办理丧事，且承诺不在居住小区办理丧(斋)事等扰民活动的，2个月后可凭相关证明材料到亡者原户籍所在地镇(街)民政办领取1000元的定额补贴。文明办丧、惠民殡葬政策于7月20日全面实行，市财政为此每年支出约700万元。

2010年6月8日，民政部副部长窦玉沛视察南通虹桥社区居家养老服务站

【市区孤儿保障】 从2010年起，南通市按照城乡一体化原则，大幅提高市区孤儿基本生活保障标准，集中供养孤儿生活保障标准按民政部、省最低养育标准每人每月1000元执行，孤儿大病医疗救助费另行安排；社会散居孤儿养育标准按每人每月600元执行，散居孤儿基本医疗保障纳入城乡统筹医疗保障范畴，大病医疗救助费进行专项安排。市区约有120名孤儿。纳入市区孤儿保障范围的对象是具有市辖各区户籍，未满18周岁，失去父母和事实上无人抚养的未成年人。上述对象由民政部统一制发儿童福利证，凭证享受优惠政策。

【扶持民办养老机构】 市民政局、财政局联合出台《关于进一步完善民办非营利性养老服务机构扶持政策的通知》。规定凡市区各企事业单位、社会团体等社会组织以及个人用非国有资产举办的非营利性养老服务机构均可根据资助条件向民政部门申请领取资助金。资助分床位补贴和运营补贴。从2010年1月1日起,凡市区民办养老机构经市、区民政局评定,确认为一、二等级的,分别按每张床位3000元、2400元的标准给予补贴,分3年资助到位,市、区财政对半分担。2010年之前已获得床位补贴的,剩余年限的资助按新标准执行;从2010年1月1日起,凡市区符合床位补贴发放条件的民办养老机构,按入住6个月以上市区户籍年满60周岁的非政府供养老人实有数,根据自理、介助、介护等三种情况,分别给予养老机构每月每张床位40元、50元、60元的运营补贴,市、区财政对半分担。截至2010年底,全市民办养老机构超过100家,拥有床位8000多张,当年新增床位数2400张,占全市新增总床位数的50%。

(陆骏骅)

优抚安置

【优抚工作规范化建设】 在全市范围内全面实施优抚工作规范化建设。核查信息实行"一人一表"制,政策待遇实行"一人一卡"制,日常管理实行"一人一证"制,档案管理实行"一人一档"制,管理手册实行"一村一册"制。全市有6个县(市、区)编印《优抚工作规范管理操作手册》,发放到镇(村)。7个县(市、区)实行重点优抚对象医疗救助"一站式"即时结算。

【退役士兵城乡一体化安置】 8月,市民政局下发《关于实施退役士兵安置城乡一体化的意见》,全市退役士兵城乡一体化安置工作全面启动。从2010年冬季起,崇川、港闸、开发区农村退役士兵与城镇退役士兵享受同等的自谋职业补助金标准,其余县(市、区)用3~5年时间逐步推进退役士兵城镇一体化改革,首年度农村退役士兵按相同服役年限城镇退役士兵自谋职业补助金的20%计发;以后每年计发比例提高20%(有条件的地区可以适当提高比例),至计发比例100%止。同时要求各地自谋职业补助金标准按照城镇职工平均工资的增长比例同步提高。经测算,按照退役士兵城乡一体化安置的最高标准,每年需增加补助金5564.6万元。

【退役士兵职业技能培训】 2010年全市退役士兵职业技能培训应参训1831人,实际参加培训2427人,其中短期班1796人,中高级班588人,复学和学历教育43人。短期班结业1796人,就业1706人,就业率95%;中高级在培人数631人。

(陆骏骅)

市领导慰问参加"5.8"世界红十字日广场纪念活动的志愿者

社会事务

慈善事业

【慈善救助】 2010年,南通市慈善总会继续围绕“六助”(助老、助困、助学、助孤、助残、助医)开展形式多样的慈善救助活动。1月,联合市民政局、南通日报社发起“情系夕阳、牵手孤老”活动,通过福彩资金、社会捐助等筹集10万元,购买30台47寸平板彩电赠送给全市农村敬老院;整个活动期间,全市600多家企事业单位和社会组织共捐赠现金360多万元,物资折价200多万元。春节前夕会同市妇联开展“爱心助孤工程”,出资20万元,联合社会各方,对全市所有未被资助孤儿进行资助。5月“助残日”期间,出资4万元,慰问市福利院残疾人和市特教中心残疾儿童;出资29.94万元,购买护理器具赠送给全市的特困残疾人。8月21日,市慈善总会联合市民政局、教育局筹资60万元开展江海阳光慈善助学活动,发放仪式于环西文化广场举行,资助新录取高一新生100名,本二以上大一新生100名。当月还通过“慈善梦圆”、结对助学等活动发放定向助学款22.7万元。10月重阳节前夕,联合县(市、区)慈善会筹资90万元,资助全市18家条件较差敬老院添置电视机、空调、热水器等电器设备。2010年,分两次为市区(含通州区)城镇低保户发放240元慈善爱心卡,共计82万余元。此外,资助唇腭裂儿童手术109例,先天性心脏病儿童手术32例。

【突发性灾害社会捐赠】 2010年2月起,中国西南许多地区发生大面积旱灾,市慈善总会发表接收社会定向捐赠的公告,共接收善款2.04万元。4月14日,青海省玉树地区发生地震灾害后,市慈善总会在开展宣传发动的同时组织专人接收,共接收社会各界定向捐款1700.02万元。8月7日,甘肃舟曲发生特大泥石流后,市慈善总会筹募定向赈灾款23.31万元。

【筹建中华慈善博物馆】 2010年5月20日,民政部函复南通市,同意在南通筹建中华慈善博物馆。7月3日,中华慈善博物馆作为唯一的实体项目被列入民政部与江苏省人民政府签署的《共同推进江苏民政事业率先发展合作协议》。市委、市政府主要领导分别作出批示,对项目建设提出要求。初步建设方案经市政府第十二次规划委员会会议和市政府常务会议讨论通过,各项筹备工作有序推进。经比选论证,市政府同意中华慈善博物馆选址于通棉二厂旧址。中华慈善博物馆项目初步估算总投入2.68亿元,占地面积2.65万平方米。

【福利彩票销售】 2010年,全市共设立福彩站点总数852个,福利彩票总销售4.79亿元。福利彩票积极回报社会,组织开展了“福彩圆梦大学”活动,为252名录取全日制本二以上低保家庭学生,每人发放1000元至4000元不等的助学金,共计60多万元。积极实施临时关爱救助,拿出30万元资助关爱对象100多名。组织“福彩爱心敬老进社区”活动。资助乡镇敬老院60多家,投入资金40多万元。

表5-04 2010年南通市福彩销售情况

单位:万元

区县名称	电脑票销售	即开票销售	中福在线销售	合　计
市区(不含通州区)	10672.34	4620.03	337.01	15629.38
通州区	3968.77	1095.46	2102.31	7166.54
启东市	4257.99	1889.50	/	6147.49
如皋市	4572.01	1010.00	45.47	5627.48
海门市	3280.36	1701.89	/	4982.25

（续表）

区县名称	电脑票销售	即开票销售	中福在线销售	合　计
海安县	3724.02	1094.84	/	4818.86
如东县	2563.12	954.50	/	3517.62
总　计	33038.61	12366.22	2484.79	47889.62

（陆骏骅）

残疾人事业

【概况】 2010年，南通市残疾人事业取得长足进展：市残联与财政局联合出台文件，对城镇和农村残疾人分别每月给予100元和50元护理补贴；南通市残疾人托养中心在南通市紫琅医院正式挂牌，成为全省首家挂牌的市级残疾人托养中心；0～6岁残疾儿童在康复机构和家庭康复训练达500名；完成"三助一给"年度任务；安置残疾人就业近2000名，其中按比例就业387人，集中就业321人，个体就业223人；在广州首届亚洲残疾人运动会上，南通籍肢残运动员顾小飞获得举重金牌（打破世界记录），盲人陈山勇和队友获得盲人足球冠军，肢残运动员陈鑫云获得羽毛球亚军。

【残疾车整治】 2010年，在市残联的统一指导下，全市对残疾车及残疾车主实行"统一车型，统一标志，统一持证驾驶"，实现下肢残疾人机动轮椅车"三统一"目标。372辆营运车和124辆代步车均上牌正常行驶，残疾车置换工作圆满结束，成为江苏省唯一许可残疾车营运的城市。

【"三助一给"康复工程】 2010年，南通市免费施行白内障手术1000例，免费为新发生的贫困聋儿验配助听器，免费安装假肢任务150条，精神病患者免费服药任务5000名，并集中免费安置特困精神病重症患者住院任务100名。

【第六届南通市残疾人运动会】 7月，南通市举办第六届残疾人体育运动会，近200名残疾人运动员参加，崇川区、如皋市和海门市获团体总分第一、第二、第三名。这次运动会共选拔47名优秀运动员，组队进行为期近1个月的强化集训，在江苏省第六届残疾人体育运动会上，南通市代表队取得总分第四名、奖牌数第五名的好成绩。

【残疾人文艺汇演】 11月，在南通更俗剧院举办南通市盲、聋、培智学校学生专场文艺汇演，展示残疾学生自强不息的精神风貌。海门市残联选送的小品《猫鼠共舞》和如东县残联选送的《海娃乐》代表南通赴省参加文艺汇演。

（程　娟）

老龄工作

【概况】 2010年，全市老龄工作部门以敬老助老先进县（市、区）竞赛活动为载体，创新工作方式，推进老龄事业全面发展。老年优待水平持续提升，市区建成10个社区老年活动场所并投入使用。聚焦老年人满意度，推进居家养老服务工作。组织开展首个全国"敬老月"系列活动，举办第二届南通市老年文化艺术节。市老龄办被评为2009～2010年度全省老龄宣传工作先进单位。

【老年优待服务】 4月，市委、市政府出台《关于加快我市老龄事业发展的实施意见》，各县（市、区）相继出台贯彻文件及一系列惠老助老政策。全市基本建立80周岁以上高龄老人尊老金发放制度，百岁以上老人每人每月不少于300元，90～99周岁、80～89周岁（海安、启东除外）老人分别每人每月30～100元，10～50元。2010年全市累计发放尊老金6500多万元，受益老年人达28.21万人。县（市）70周岁以上、市区65周岁以上老人免费进入当地政府主办的公园、旅游景点和公共体育健身场所，免费乘坐当地城市公交车。其中，如东、海门、启东三县（市）对60～69周岁老年人乘坐城市公交车实行半价优惠。

【敬老助老竞赛】 深入开展敬老助老竞赛活动，开展满意测评，综合评估表彰，全市敬老助老社会氛围、老年人优待水平、老年人文化体育、居家养老服务等工作都有新提升。港闸区在全市率先成立"港闸区机关事业单位爱心救助基金"，对辖区内孤寡老人、孤儿等弱势群体给予补充性救助，首批12名特困老人分获3000元救助基金。开发区将为60周岁以上老年人免费体检列为管委会为民办实事工程，并将体检结果存入老年人个人健康档案。如皋市实施"夏送清凉、冬送温暖"工程，开办老年人意外伤害保险业务，6万人次参保，填补老年人保险的空白。开展敬老助老成果网上测评，1485人参与投票。

【居家养老服务】 市政府办公室出台《关于推进居家养老服务工作的实施意见》，市财政局、民政局出台《南通市市区居家养老服务补贴办法（试行）》，为市区"三无"、"五保"、80周岁以上特殊老年人和重点优抚对象共1994名老年人提供每人每月100元的政府购买服务。2010年,成功将居家养老服务工作人员列入公益性岗位范畴,首批招聘工作人员36名。先后3次组织开发区、崇川区150名居家养老服务人员参加岗位培训。建成全省第一个居家养老服务信息系统,收录市区16万多名老年人基本信息和需求信息,实现信息动态管理。招募居家养老服务志愿者3000多名,提供居家养老入户服务。至2010年底,市区204个城乡社区及各城镇社区居家养老服务站实现全覆盖,农村社区居家养老服务站建站率达46%,初步建成市、县(市、区)、乡镇(街道)、社区四级居家养老服务体系。

2010年10月14日,市委常委、常务副市长蓝绍敏一行慰问市社会福利中心入住老人　　（市老龄办供稿）

【老年文化宣传】 8～10月,市老龄办与市委宣传部、市文广新局、市体育局等部门和单位联合举办第二届南通市老年文化艺术节。各县(市、区)组织开展开幕式分场活动及近2000场(次)街道(乡镇)、社区演出活动,老年观众达5万余人,丰富了老年人的精神文化生活。崇川区成功举办首届老年文化艺术节。在敬老日庆祝表彰大会暨第二届南通市老年文化艺术节闭幕式上,全市50个老年文体先进集体和80名先进个人受到表彰,市委书记罗一民等市领导出席活动并讲话。组织"庆八一银龄风采文艺书画表演进军营"活动,向40个社区老年活动场所和市社会福利中心捐赠近万册图书。组织推荐老年书画作品参加全省首届老年书画作品展,23件作品入展,18件作品获奖,参展作品数量和质量均居全省之首,南通市荣获"优秀组织奖"。制定市区基层老年文化团队星级评定办法,45家老年文艺团队被评为2010年度星级老年文化团队,并获资金扶持。推荐上报全国孝亲敬老之星9人和百岁夫妻双星3对。8人被评为"第四届全国孝亲敬老之星",1人获"中华孝亲敬老楷模提名奖"。1对百岁夫妻双星进入全国百岁双星前十名(江苏唯一)。全年市老龄办先后在省、市各类报纸、专刊及网站上发表老龄事业有关稿件100多篇。

【老年维权服务】 市老龄办会同市司法局法律援助中心到崇川区、港闸区、南通经济技术开发区开展老年维权系列活动6场,现场接受老年人法律咨询,发放有关维权宣传资料2万余份。开展老年人防诈骗知识讲座。在崇川区建立首家老年人维权站。成功将老年人服务热线与"12348"热线并线,每周三接受老年人法律咨询。全年先后办理老龄问题建议提案9件。

【敬老月活动】 10月,在全市范围内开展以"关爱老人 构建和谐"为主题的"敬老月"系列活动。各地、各部门、各单位积极响应,开展内容丰富、形式多样的尊老敬老惠老活动。敬老月期间,全市各地、各部门共慰问特困、孤寡、高龄、残疾老年人约12.7万人,慰问经费达190.5万元。各地广泛组织志愿者为老年人提供家政、照料、护理、精神慰藉等志愿服务。市经济技术开发区各镇(街、场)在重阳节期间重点开展志愿服务活动。南通市邮政局通过609条爱心邮路开展"重阳关爱"活动。据统计,全市有8000名志愿者参与为老服务,惠及1.5万名老年人。

【老年人活动中心】 借势社会力量,开展丰富多彩的文体活动。举办各类文艺演出17次,讲座、笔会5场,老年个人书画展4次,举办老年人电脑入门培训班3批次,组织"中老年单身俱乐部"成员联谊15次。成功组织台湾、上海、港澳、厦门、北京5条线路近20批次共计500余人次出行。

（王秀红）

关心下一代

【概况】 2010年,全市有关心下一代工作组织5880个,其中乡镇街道关工组织142个,村社区关工组织1880个,学校关工组织732个,全市参加关心下一代工作的"五老"和志愿者有10.54万人。全年市关工系统开展各项教育和关爱服务活动,各项工作取得新成绩。南通市关工委被中央文明办、中国关工委授予全国关心下一代工作先进集体荣誉称号。市关工委、市文明办等4个单位被省关工委、省文明办评为全省城乡社区校外教育辅导站工作先进集体,海安县大公镇王院村校外教育辅导站等10个辅导站荣获"全省城乡社区校外教育辅导站工作优秀辅导站"荣誉称号;董美英、孙学维、沈汉超、陆子森、黄国建等5人被评为全国关心下一代工作先进工作者,狄锦山等35位校外教育辅导员荣获"全省城乡社区校外教育辅导工作先进个人"称号。年内,市关工委联合《关心下一代周报》在通师一附等23所学校和校外教育辅导站建立小记者活动基地,60名学生成为周报小记者,1175名学生成为小读报员,321名老师("五老")成为读报指导员,66名老师("五老")成为小记者辅导员。依托南通市网上村村通建立南通市各级关工网站,开辟关工宣传的新平台。对33个市级关心下一代工作示范村和示范社区进行检查验收,全市关心下一代工作示范村(社区)达到61个。

【主题教育】　各级关工委和"五老"利用校外教育辅导站等阵地,在青少年中开展"迎世博 学双百 争三好"主题教育活动,提高青少年思想道德素质。组织"五老"宣讲团,运用宣传栏、黑板报、关工园地等开展世博宣传。市关工委编写2010年上海世博会宣传提纲。7月7~10日,与市教育局、市集邮协会联合举办南通市第十六届中学生集邮夏令营,组织66名青少年学生走进世博。崇川区百花村社区校外教育辅导站12名"五老"志愿者和10名大学生志愿者带领24名外来务工子女参观上海世博。开展学习宣传双百人物主题教育活动,编印双百人物事迹材料,发到学校、辅导站。崇川区钟秀街道"五老"宣传队到社区校外教育辅导站、家长学校作33场宣讲。在主题教育活动中,注重与学习青海玉树地震和甘肃舟曲特大泥石流中涌现的英雄人物先进事迹结合起来,特别是与学习赵小亭先进事迹结合起来。据统计,全年各级关工委组织"五老"宣讲员4267人,编写材料3741篇,开展活动2000多场次,受教育中小学生200多万人次。组织图片展览、文艺演出、演讲比赛2891场次,参加人数77万人次。

【校外教育辅导站建设】　为进一步推进校外教育辅导站建设,9月2日,市委常委、组织部长郭腊军召集12个部门单位负责人举行全市校外教育辅导站建设工作联席会议。会后,市文明办、关工委等12个部门下发《关于进一步加强全市校外教育辅导站建设的意见》,对建立校外教育辅导站长效机制提出明确要求。市关工委认真总结校外教育辅导站的实践经验,共收到研讨文章41篇。海门、启东、通州、如皋和通州五接镇等地关工委召开校外教育辅导站建设现场会、推进会或培训班,推进辅导站长效机制建设。市校外教育辅导站逐步建立学习培训、活动开展、奖励保障等一系列制度,基本形成长效管理机制。全市共建立校外教育辅导站点5000多个,校外教育辅导员3.31万人,86万多名学生参加辅导站活动。南通校外教育辅导站的做法和经验得到上级肯定,在中央文明办、中国关工委联合召开的纪念中国关工委成立20周年暨全国关心下一代工作双先表彰大会上,南通市关工委被评为先进集体,海门市"清澄书屋"校外教育辅导站负责人沈汉超作为江苏省唯一基层代表参加会议。

【三好标兵竞赛】　市关工委联合市文明办、市教育局、团市委、市妇联等部门开展"三好"(在校做好学生、在家做好孩子、在社区当好公民)标兵竞赛活动。3月下发检查通知,9月组织联合检查,10月正式开展评比活动。各县(市、区)通过动员,评出县级"三好"标兵1161名,启东、海安、如东、崇川等地还开展镇村级"三好"标兵的评选表彰活动。

【网吧义务监督】　市关工委先后5次组织有关同志配合市文广新局,抽查市区56家网吧和电子游戏经营场所。各地关工委领导和工作人员深入一线巡查,并将巡查情况及时向相关部门反馈。全市义务监督员队伍扩大到2200多人。11月11日,市关工委、文广新局联合召开全市优秀"五老"网吧义务监督员表彰大会,对120名先进个人和10个先进集体进行表彰奖励。

【未成年人零犯罪社区(村)创建】　全市各级关工委积极参与未成年人零犯罪社区(村)创建工作,为建设长安南通贡献力量。3月30日,市委、市政府召开全市深入推进未成年人零犯罪社区(村)创建工作会议。6月,市关工委会同市综治办、团市委对各县(市、区)创建工作进行督查。经过努力,全市共有零犯罪社区280个,零犯罪村797个。市关工委充分发挥各级关爱工作团的作用,认真开展法制教育和结对帮教工作;组织政法系统"五老"编写《未成年人法制教育宣讲材料汇编》,印发3000本至基层关工委。市关爱工作团组织老同志深入学校、社区开展以"两法"、"一条例"为主要内容的法制宣传教育。12月4日全国法制宣传日,市关工委、市关爱工作团联合市文明办、市司法局等单位在通师二附举行"法乳滋润心田"未成年人教育主题讲演活动。市关爱工作团还定期派老同志到拘留所向在押人员作法制教育、思想道德和革命传统教育报告。据统计,全市有关爱工作团队632个,参加关爱工作团队"五老"有2万余人,累计进行法制宣传教育2355场次,受教育青少年达111万人次;成立帮教小组4535个,参加帮教的"五老"志愿者有1.2万余人,一大批问题青少年得到教育转化。

【全民科学素质工作】　各级关工委积极发挥校外教育辅导站作用,扎实开展科普主题教育活动,提高未成年人科学素质。市关工委会同市农委、科协等部门组织开展农业科技乡村行活动,组织第二轮农业实用技术培训班、机插秧关键培管技术讲座和生猪饲养技术讲座,开展种植、养殖、植保、病虫害防治等咨询服务。市关工委还联合市农委、科协组织编写28万字的《青年农民现代农业实用技术读本》。据统计,各级关工委参与举办政治科技特色学校1122所,发动4034名老科技工作者参加学科技活动,组织科技宣讲2296场次,受教育青年达10万多人次。

(匡志森　谢爱忠)

社会管理

人口和计划生育

【概况】 2010年,全市出生42271人,计划生育率为99.05%,人口自然增长率为-2.63‰。年初,市政府召开专题会议,对人口计生工作进行部署。8月,为市区2009年度财政支付对象3588人发放计划生育一次性奖励金1148.16万元。11~12月,按照新办法为1419人发放一次性奖励金。建立"当月登记、次月发放"的市区持证退休职工一次性奖励金发放长效管理机制。继续做好奖励扶助和特别扶助工作,2010年全市享受奖扶人数13.41万人,享受特扶人数为9572人。南通市被评为全国人口和计划生育综合改革示范市、全国婚育新风进万家活动示范市。市人口计生委主任顾绮被国家人口计生委办公厅评为"纪念《公开信》发表30周年人口和计生事业新闻人物"。

【"亲情牵手"行动】 联合有关企业开展"百台彩电送亲情生育关怀南通行"活动,给全市120户计划生育困难家庭赠送彩电。与民建南通市委联合开展"思源工程——生育关怀"行动,慰问100户计生贫困家庭。坚持志愿者活动日制度。完善公益金管理制度,创办省内首家人口生育关怀基金会,8月,由该基金会创办的"星美常青生态扶贫园"在如皋开园。启东市积极拓展"亲情牵手"零距离服务内容,开展"太阳岛"工程,针对计划生育特殊人群(丧子家庭和孤儿)进行心理援助,受到群众好评。

【新农村新家庭计划】 "新农村新家庭"计划纳入新农村建设总体规划和评估验收体系,列入2010年全市农业和农村工作单项目标考核。2月,在全市农业、农村工作会议上,市委、市政府对海安县曲塘镇等10个镇(乡)进行通报表彰,授予人口计生"新农村新家庭"建设示范镇(乡)称号。3月,全市人口计生"新农村新家庭"推进会在如皋市举行。至年底,所有县(市、区)、85%的乡镇(街道)都建有人口文化园和人口文化一条街(路),85%村(居)有人口文化图书角。全市行政村创建参与率100%,家庭参与率90%以上。2010年,南通人口计生新农村新家庭"五有五星"创建活动被评为全省人口计生工作综合改革创新奖。

【优质服务体系】 各地加大财政投入力度,扩大"世代服务"的覆盖面。截至2010年10月底,农村完成改造改建镇以上计生服务机构106个,占99.06%;城区有17家社区卫生服务中心完成改造并投入运行,占98%。"十一五"期间,市、县、镇(乡)三级共投入1.10亿元用于基层人口计生服务机构规范化建设,累计开展计划生育手术3.30万例,未发生一例计划生育技术服务事故。南通市探索"避孕节育全程服务"、打造500米药具发放服务圈的经验在2010年全省计划生育药具工作会议上推广。

【信息化建设】 落实人口计生目标责任制,坚持和推行对党政领导、有关部门和计划生育部门的分线考核。继续开展"人口统计数据质量年"活动,对"江苏省人口和计划生育综合信息平台"内全部信息,重点对2000年以后有生育、节育、婚姻、迁移、死亡的育龄妇女信息认真核查、修正和变更,对综合平台和全员停息系统的数据进行整合、修正、核对、匹配,全市两个信息系统匹配率达95%以上。加强与卫生、公安、民政等部门的协作,努力实现资源共享。在开发区试点市区人口计生移动信息平台建设。启东市两级计生部门全面建成电信宽带局域网,依托党政数据网、计生内网和互联网,实现网上政务、信息、数据及时交换和传输。各县(市、区)人口计生工作网站全面开通,南通人口网进一步完善"在线咨询"等栏目,开通在线办理和办事查询等服务功能,累计浏览量超过1000万人次。

【纪念《公开信》发表30周年系列活动】 2010年9月25日是《中共中央关于控制我国人口增长问题致全体共产党员、共青团员的公开信》发表30周年纪念日,为隆重纪念《公开信》发表30周年,提高党员干部和广大市民对新形势下人口计生工作的认识,5月至10月全市举行纪念《公开信》发表30周年系列活动。9月22日,市委市政府隆重举行"情牵国策"纪念大会。市四套班子领导和机关干部、各界群众700余人参加大会,会上发布人口计生事业30年最具影响力的十件大事,表彰30年来为人口计生事业作出突出贡献的十大典型人物。“9·25”期间，反映南通市人口计生事业历程的《南通人口与计划生育志》及“历史的足迹”系列丛书由中国人口出版社正式出版。市委书记、市人大常委会主任罗一民作电视讲话。

纪念《公开信》发表三十周年大会（市人口计生委供稿）

【计生队伍建设】 开展继续教育，举办B超进修培训班，不孕不育诊疗技术培训班，培训技术人员100多人次，提高基层技术服务骨干业务能力。80人通过国家生殖健康员资格考试。70%的规统人员取得初中级职称。2010年在全省药具知识竞赛中，南通代表队荣获第一名。在全省科技大练兵竞赛中，南通计生委代表队荣获第二名。南通市与南京人口学院联合举办的社会工作（人口统计与计算机应用方向）“专升本”学历班26名统计人员年内顺利毕业。实施“五证管理”（行政执法证、职称证、继续教育证、上岗证、咨询师证）制度，推进队伍职业化建设，相关经验在全省交流。

（陶 娟）

民政社会事务管理

【概况】 2010年，在全市民政系统窗口单位中开展“树立婚姻登记人本服务的新形象、纠正殡葬服务中的不正之风；树立民政干部队伍勤廉为民的新形象、纠正惠民政策落实中的不正之风”活动，着力解决损害群众利益的突出问题，树立民政系统的良好形象。印发《全市民政系统创建行风建设示范单位暂行办法》，评选全市民政系统行风建设示范单位，向省民政厅推荐11个行风建设示范单位。开展最佳婚姻登记员评选活动。起草《关于加强全市殡葬服务单位价格规范管理的实施意见》。“两树两纠”活动的开展促使全市婚姻登记、殡葬管理更加规范有序。南通市民政局被民政部表彰为全国婚姻登记规范化建设“十一五”贡献突出单位和“全国殡葬工作先进单位”。

【婚姻登记】 2010年全市办理结婚登记共128114人，其中，海安县17328人、如皋市24030人、如东县15230人、海门市15104人、启东市19632人、通州区19140人、崇川区10310人、港闸区3302人，开发区4038人。共办理离婚登记10236对，其中，海安县976对、如皋市1353对、如东县1174对、海门市1389对、启东市2264对、通州区1126对、崇川区1289对、港闸区353对，开发区312对。

【殡葬管理】 全市共有殡仪馆14家，职工人数346人。2010年，全市殡仪馆实际火化遗体64786具，其中本地户籍59586具，外地户籍5200具。

【流浪乞讨救助管理】 协同公安、城管等部门，加强对街头流浪乞讨和生活无着人员的救助工作，开展“夏季送清凉”、“秋冬送温暖”专项活动及街头主动救助“突击救助月”活动，全市共救助流浪乞讨人员3126人次。推进救助管理机构规范化达标创建工作，南通市救助管理站和启东市、海门市、海安县救助管理站达到全国救助管理机构规范化单位标准。

（陆骏骅）

民间组织管理

【概况】 全市民间组织总数达9366家，列全省第二。其中，2010年新增2534家，增幅全省第一。

【建立社会组织“孵化器”】 市民政局采取“政府支持、民间力量兴办、专业团队管理”的模式，积极打造社会组织“孵化器”，为其提供包括办公场所、办公设备、能力建设、小额补贴和注册协助等服务和条件。对原军供站老楼一、二层约1000平方米的用房进行装修改造，为社会组织提供办公场所。崇川区在城东街道建立“创新社区社团组织孵化基地”，运行良好。

【开展社会公益活动】 6月26日，组织全市35家社会组织120多人在环西文化广场开展“奉献爱心、回报社会”公益活动，发放宣传资料，为群众提供医疗义诊、美容美发、法律咨询等服务。10月全国“敬老月”活动期间，市民政局动员广大社会组织参与“敬老助老、奉献爱心”活动，120多家社会组织、800多人次开展各项服务、慰问活动，发放慰问款物折合人民币30多万元，受到广大老年人的好评。

（陆骏骅）

社区建设

【基层公共服务中心建设】 全市累计投资11亿元,新建1325个、改扩建111个村级社区服务中心,总建筑面积达60.78万平方米,平均建筑面积超过400平方米。加强城市社区基础设施建设,完成市区2个区级公共服务中心、18个街道服务中心和所有社区用房的新改扩建任务,全市1960个社区都建立民政服务站,413个特色社区建设也形成较好的社会影响力。

【农村社区建设全覆盖】 继海门市、启东市被民政部命名为全国首批农村社区建设全覆盖示范单位后,2010年,通州区顺利通过民政部评估验收,如皋市、海安县、如东县经省民政厅同意完成申报工作。至此,市所属各县均达到民政部城乡社区建设全覆盖示范单位创建标准。

【村民自治与换届选举】 市民政局指导各县(市)开展村民自治模范村和民主管理示范村创建活动。2010年,市城乡"两个自治"达标率再创新高,全市城市居委会和农村村委会依法自治达标率分别达99.6%和99.9%。南通市作为全省唯一试点单位,率先开展第九届村委会换届选举工作。全市1380个村委会依法选举,严把推选关、登记关、提名关、投票关,参选率达97%,一次选举成功率达100%。市换届选举工作和建立落实民主实践制度的有效做法得到省民政厅的充分认可并在全省推介。

(陆骏骅)

地名管理

【出台《南通市地名管理办法》】 2010年4月17日,《南通市地名管理办法》经市十三届人民政府第42次常务会议审议通过,并于5月20日颁布实施。该办法从源头上规范地名命名工作,提出对快速路、主干路、次干路及延伸段、大中型桥梁、广场等名称的命名、更名提前到规划阶段;进一步明确地名命名的权限和程序,提高地名命名的科学性;对缺乏文化内涵的不规范地名进行有序更名。办法还规范地名标志设置和管理。

【第二次全国地名普查试点工作会议在南通召开】 4月27日,第二次全国地名普查试点工作会议在南通召开。民政部党组副书记、常务副部长李立国出席会议并讲话,副省长李小敏到会并介绍江苏省地名管理工作情况,市委副书记、市长丁大卫出席会议。

【地名命名更名】 2010年,道路延伸使用原名的有13条。分别为:世纪大道、红星路、青年东路、永怡路、永和路、黄海路、复兴路、濠东路、园林路、五一路、长泰路、常青路和通达路。新建道路一条:永宁路。新建桥梁2座,分别为:长泰大桥和永兴大桥。新建绿地、公园7座,分别为:清源广场、园艺博览园、五星公园、北城公园、环保公园、城市绿谷和五里树公园。

表5-05 2010年南通市重要道路桥梁更名情况

序号	原路(桥)名	现更名
1	外环北路	江海大道
2	外环东路	通京大道
3	通富北路(开发区段)	通富南路
4	1号桥	通宁大桥
5	2号桥	崇川大桥
6	3号桥	通京大桥

(陆骏骅)

教　育

综　述

【概况】 2010年,全市共有各级各类学校1024所,在校生101.9万人,教职工7.47万人。其中,普通高等学校6所,在校生8.49万人;普通中等专业学校6所,在校生5万余人;普通高中57所,在校生13.05万人,普通初中193所,在校生2.06万人;职业中学15所,在校生3.33万人;小学347所,在校生32.32万人;特殊教育学校9所,在校生1041人;幼儿园374所,在校生15万余人;成人高等学校2所,在校生2.25万人;成人中等专业学校6所,在校生2437人;技工学校9所,在校生1.51万人。2010年,南通教育现代化建设持续推进,海安县、如皋市、如东县、海门市、启东市、崇川区、港闸区、南通市经济技术开发区等8个县(市、区)被授予"江苏省教育现代化建设先进县(市、区)"称号,通州区顺利通过省教育现代化建设水平评估。10月,市委、市政府制定颁布《南通市中长期教育改革和发展规划纲要(2010~2020年)》,明确南通教育改革发展的战略目标:到2015年,基础教育优势继续巩固提升,各类教育事业协调发展,主要指标高于全省平均水平,建成教育强市;到2020年,教育发展水平和综合实力位居全省前列,率先实现教育现代化,建成学习型社会和人力资源强市。

2010年10月13日,市委、市政府召开全市教育工作会议　　（市教育局供稿）

【教育改革试点】 根据市教育事业发展的总体要求,市教育行政部门启动、实施一批教育改革试点项目,其中"中考改革"和"地方政府促进高职教育改革发展"被教育部列入国家教育体制改革试点项目。市教育局拟用4~5年时间,深化考试招生制度改革,建立符合素质教育要求,并适应义务教育课程改革需要的中等学校考试招生制度。《南通市中等学校招生考试改革方案》平稳实施,中考改革成果得到教育部和省教育厅领导的肯定。12月,南通市被教育部列为"规范中小学办学行为,改进教育教学方法,改进考试评价制度,探索减轻中小学生过重课业负担的途径和方法"的试点地区。经国务院办公厅批准,南通市成为国家教育体制改革试点项目"地方政府促进高职教育改革发展综合改革"的18个试点市之一。12月,市政府召开推进高校服务经济社会发展暨高职教育综合试验区建设工作会议,在全省率先启动高职教育综合试验区建设工作。南通市五年制师范免费定向培养试点工作自2007年实施以来,南通高师、如皋高师培养工作取得可喜成绩。2010年5月,南通市定向培养师范生素质发展公开汇报活动在南通高师举行,教育部原副部长、国家总督学顾问王湛,江苏省教育厅副厅长杨湘宁等参加观摩活动。

【中小学校舍安全工程】 全市共检测鉴定683所中小学、6174栋校舍建筑物,总面积728万平方米,其中需要加固校舍513万平方米,重建75万平方米。编制完成2010~2012年校舍安全工程实施规划。2010年4月,市政府召开全市中小学校舍安全工程推进工作会议,与各县(市、区)政府签订目标责任书,全力推进工程加快实施。2010年,全市校安工程累计投入资金7.88亿元,通过拆除、重建、加固、维修等措施,共完成改造中小学校舍151.66万平方米,全面完成市政府下达的年度目标任务,开工率和完成率等主要指标列全省前三名。

【教育均衡发展】 市教育局制定出台《南通市农村中小学公用经费使用管理暂行办法》,义务教育经费保障机制进一步完善。2010年义务教育生人均公用经费按小学370元、初中610元划拨,全市共安排资金2.68亿元。如皋市被列入首批创建江苏省义务教育优质均衡改革发展示范区,崇川区、如东县申报第三批江苏省义务教育均衡发展先进县(市、区)。年初,全省义务教育优质均衡改革发展示范区建设工作座谈会在南通市召开,如皋市作交流发言。在市区新一轮中小学布局调整中,通师一附新校区二期工程、市第一初中校园改造工程继续推进;新区高中建设项目获批立项,并列入市政府重大项目。为促进义务教育均衡发展,市、区两级教育部门互派学校干部挂职锻炼,市教育局选派12名市直学校教师分别到崇川区、港闸区学校挂职,崇川区、港闸区、开发区教育部门也选派人员到市直学校参与管理。部分市直学校与区属学校跨越管理体制障碍,积极推进联合办学,3月,与南通中学联合办学的北城中学校区投入使用,南通中学选派校级领导任学校校长,并选派部分中层以上干部和教师全面参与学校教学与管理;6月,市第一初中易家桥校区正式挂牌,第一初中向易家桥中学派驻管理团队,组织教师定期交流,两校联合办学走向深度融合。市教育局按照省政府会议精神,制订《全市清理规范义务教育阶段改制学校工作方案》,全市25所义务教育阶段改制学校明确清理规范时序表。2010年秋季开学时14所改制学校停止招生,其他学校也基本完成清理规范任务,并以县(市、区)政府名义承诺全部收回公办,拟于2011年春季起统一实行公办学校收费政策。年底,省政府检查组到南通市专项督查,对南通市在全省率先基本消除义务教育阶段公办学校择校招生问题给予肯定。

【素质教育】 2010年,南通市承担开发的江苏省高中优质教学资源通过部级鉴定,达到国内同类产品的先进水平。南通市教育局被表彰为江苏省基础教育课程改革先进集体,并获得教育部基础教育课程改革教学研究成果一等奖2个、三等奖3个。全市区域性活动课程建设全面加强,重点启动中小学德育课程顶层设计和德育活动体系的构建。《南通市中小学德育活动课程》正式出版。教育行政部门启动"中小学科技活动课程"研制工作,实施综合实践活动课程,以思想道德、科普劳技、生活实践、体育锻炼为主要内容的市中小学生素质教育实践活动丰富多彩,并成为南通教育一大亮点和特色,江苏教育电视台对此作深度系列报道。在全国第四届学生阳光体育冬季长跑活动和首届"阳光体育运动会"上,南通市开展阳光体育运动的做法受到教育部、体育总局、共青团中央的通报表彰,并在全省学生阳光体育运动推进会上作经验介绍。体育、艺术"2+1"项目工程全面实施,征集"2+1"活动示范案例360个,评出示范学校20所,创建省级艺术特色学校6所,《中国教育报》等媒体对此进行多次报道。在全国第三届中小学生艺术展演活动中,南通市荣获优秀组织奖和7个一等奖。

【教师队伍建设】 2010年,市教育局制订《南通市名校长培养方案》,召开名校长培养工程推进会,组织第一梯队名师培养对象进行16场教学专题研讨会,先后在各县(市、区)举办教学成果展示活动,10多位名师培养对象筹建"名师工作室",年内有8位培养对象完成个人专著。市教育局举办以"高中可持续发展与校长领导力提升"为主题的星级高中校长高级研修班,组织全市中小学开展为期30天的暑期校本研修,2000多名校长和5万多名教师参加全市统一组织的校本研修测试。组织1000名校长参加第二期校长远程培训,继续实施教师专业成长三年规划,完善骨干教师培养、考核等管理办法,对任期已满的骨干教师进行重新评定。暑期组织70位名师分赴陕西咸阳、甘肃白银等地讲学,选派5位优秀教师参加进疆支教,南通市与青海玉树教育对口援助"双百计划"正式启动。大力实施"青蓝工程",参加"168爱生行动"教职工达4.17万人,帮扶困难学生7.63万人次。注重树立师德典范,在全市各地先后举办10场师德典型先进事迹报告会,开展创建"优秀教师群体"活动和人人争当"师德标兵"活动,教师节隆重举行"感动南通·教育人物(群体)"颁奖典礼,评选产生10位"感动南通"教育人物,产生良好的社会反响。2010年度又评选表彰南通市第七届"园丁奖",30名教师荣获第十一批江苏省特级教师称号,通师二附老师李吉林、如皋残疾企业家阎建国同时入选"感动江苏教育"十大人物。

【创先争优活动】 根据教育系统党员岗位特点,市教育局设立"教书育人党员示范岗"、"管理育人党员示范岗"和"服务育人党员示范岗";在全市教育系统党员教职工中开展"三讲三比"(讲党性,比师德;讲敬业,比师能;讲责任,比贡献)的教育活动;在教职工党员中开展"一助一"、"一助多"和"多助一"结对贫困生、学困生活动;开展党员示范课活动,10个学科的14名教书育人示范岗的优秀党员教师为青年党员教示范课。市教育局被市委表彰为全市党建工作先进集体。教育系统党风廉政建设不断加强,开展"廉洁文化进校园"活动,积极创建"廉洁示范学校",评选首批全市教育系统"勤政廉政好干部",开展大中专院校党风廉政建设督导巡查活动。进一步治理学校乱收费,启东市、如东县创建"规范教育收费示范县(市)"通过省检查验收。

【扶贫助学】 2010年,市教育行政部门进一步完善扶贫助学体系,制定出台《市区中等职业免费教育实施细则》,为11364名农村中小学寄宿生补助生活费737万元,为91501名贫困学生提供免费作业本,对1.3万名普通高中学生免学费和发放助学金1930万元,对6.3万多名中职学生免收学费和发放助学金9900万元,对2025名贫困大学生发放助学款1080万元。开展"江海阳光·慈善助学"行动、"希望工程"春秋季助学等活动,全市通过助、补、捐等各种扶贫形式,发放各类助学款1.92亿元,惠及学生达28万人之多,基本实现"不让每一位学生因家庭经济困难而失学"的目标。市政府教育督导室组建第六届政府督学队伍,组织开展中小学公用经费使用情况专项督导、四星级普通高中实施素质教育情况专项督导评估、规范办学行为随机督导、县域教育技术装备工作专项督导。

【语言文字工作】 南通市语言文字工作处承担中国语言资源有声数据库建设第二批试点工作。通过多方协调,积极探索,顺利完成中国语言资源有声数据库南通8个调查点资料采集工作。市教育局语工处荣获中国语言资源有声数据库建设第二批试点贡献奖。

2010年,市教育行政部门依法推进相关人员的普通话培训测试工作。全年组织测试1.6万多人次,市教育局被省语委推荐为"全国普通话培训测试先进集体"。第二届全国学生规范汉字书写大赛,南通市的参赛人数和获奖等级均列全省第一,其中获全国一等奖2人、全国二等奖4人、全国三等奖19人。在省第三届中华经典诵读大赛中,南通选手荣获一等奖。

【媒体宣传】 各级各类媒体广泛宣传南通教育改革的创新举措,南通教育的影响持续扩大。全年累计在纸质媒体刊发教育宣传稿300余篇。在《新华日报》、《中国教育报》刊发《南通启动高职教育改革试验区》,仅《江苏教育报》就先后刊发《南通:中考改革引领素质教育创新路》等报道30余篇。围绕全市教育工作会议、《南通市中长期教育改革和发展规划纲要》的颁布实施等主题,在国家、省、市媒体进行系列报道。《中国教育报》、《江苏教育报》先后刊发南通市二甲中学、南通中专、南通市三中等多所学校在诚信教育、品牌建设等方面的成功经验。《南通教育报》改版,推出社会版,每月向市民免费赠阅5万份;办好南通教育网,全年累计发布综合新闻900篇。

(沈 淦)

学前教育

【概况】 2010年,南通市有幼儿园454所。全年有30所幼儿园创建省优质园,仅通州区就有22所幼儿园接受省评估院组织的现场评估,全市省优质幼儿园覆盖率超过60%。23所幼儿园创建为市优质园。3月与10月,市教育研究中心先后组织、开展"南通市幼教大讲坛活动",围绕"幼儿园阅读文化的建设与思考"、"制度与园本文化建设"进行研讨,全市约100位园长与骨干教师出席活动。为深入推进平安园校创建,市委市政府组织市综治办、教育局和公安局共同研究制定《关于开展长安学校创建工作的实施意见》,明确全市各级各类学校幼儿园必需配备驻校专职保安人员,幼儿园至少配备2名专职保安人员;师幼员工人数超过1500人的按照不低于总人数的2‰、寄宿制的按照不低于总人数的3‰配备专职保安人员。并在软硬件建设上提出明确要求。全市各学校幼儿园开展安全隐患大排查行动,全面落实学校安全管理新标准、新要求。通过创建,学校幼儿园的安全管理制度不断完善,应急反应机制不断加强。平安校园创建活动与和谐学校、优质幼儿园等创建活动有机结合,相互促进,年内有114所学校幼儿园成为南通市最安全学校。

(沈 淦)

小学与普通中学教育

【概况】 2010年,南通市基础教育工作以进一步提升义务教育均衡发展水平,大力推进普通高中教育优质特色发展为目标,深化教育改革,推进科学发展。清理规范义务教育阶段改制学校,25所改制学校中14所自秋季起停止招生,其余全部收回公办。深入推进中考改革,启动新中考改革方案的实施工作,从科目设置、难度控制、录取方式等方面进行新的探索,进一步体现中考促进学校发展推进素质教育的功能。根据省市未成年人思想道德建设三年提升行动计划(2010~2012年),市教育行政部门出台《南通市中小学德育创新深入实施素质教育行动计划》,进行第二批中小学德育测评。为完善改革配套制度,建立基础教育信息管理平台,推动综合素质评价制度的落实;完善热点普通高中"指标生"推荐制度和特长生招生办法,为品学兼优、学有特长的学生拓宽高中入学通道;完善基于"五严"规定的督查制度("五严",即省教育厅制订的五项制度:严格禁止下达高中考升学指标、严格控制学生在校集中教学活动时间、严格执行国家课程计划、严格规范考试和招生管理、严格制止义务教育办学中的违法行为)。在中小学生中开展弘扬和培育民族精神月系列教育活动,在参加省级"周恩来班"创建活动中,全市有4个班级被省教育厅等部门命名为"周恩来班"。为提高中小学生思想道德素质和创新能力,市教育局组织第八届"南通韬奋读书节"中小学生读书征文演讲比赛、“我家的低碳生活”中小学生环境征文比赛,配合市文明办开展“在家里做好孩子、在学校做好学生、在社会做好公民”的新“三好”标兵竞赛评比活动,组织学生参加省青少年科技创新大赛,南通市的获奖层次和获奖面继续在省内领先,2 名学生进入“江苏省十佳小发明家”行列。在“美好江苏”青少年素质展示活动中,有 3 名学生获一等奖。

【中小学教育】 市教育局制定市区义务教育阶段学校招生工作意见,义务教育按施教区免试就近入学,在全省率先基本消除义务教育阶段公办学校择校招生问题。深入推进基础教育课程改革,召开基础教育课程改革第七次现场会;形成一批区域性高效课堂模式,确立一大批校本化高效课堂模式。由南通市承担开发的江苏省高中优质教学资源通过部级鉴定,达到国内同类产品的先进水平。高中教育的普及水平进一步提高,初中毕业升学率达到 98.86%,6 个县(市、区)均成功创建江苏省普及高中阶段教育先进县(市、区)。全市普通高中数量由“十一五”之初的 73 所调整为 63 所,20 普通高中的规模效益得到快速提升。优质普通高中创建工作全面推进,全市所有普通高中均成功创建省三星级以上普通高中,其中四星级普通高中达 26.98 %。师资队伍建设不断加强,具有研究生学历的普通高中教师达 5.3%,名师梯队建设加快推进。普通高中办学行为得到有力规范,常规管理进一步加强。9 月,全市普通高中教学工作会议召开,推动普通高中教育在新的起点上持续高位发展。

2010 年,全市初中毕业生总数为 88133 人,比 2006 年减少 20217 人;全市普通高中共招生 41123 人,比 2006 年减少 6717 人;全市初中毕业升学率达到 99%,比 2006 年提高 4 个百分点,全市高中教育毛入学在全省处于领先水平。

2010 年高考,南通市 4.5 万名考生共有 42384 名考生被各类院校录取,总录取率为 95.1%。普通类参考人数为 43691 人,录取 41428 人。其中,本一录取 9000 人,比上年增加 1216 人,录取率为 20.6%;提前本一录取 491 人。本二以上录取率为 45.6%,比上年提高 7 个百分点。民办本科录取 9621 人,提前专科录取 23 人,专科一批录取 10656 人,专科二批录取 1190 人。体育类:本科录取 14 人,专科录取 11 人。艺术类:公办本科录取 425 人,民办本科录取 190 人,专科录取 316 人。南通西藏民族中学参加高考的 123 名同学全部被本科院校录取。

【中考改革】 2010 年是南通市实施中考改革方案的第一年,市中招工作职能部门坚持“公平、公正、公开、择优”的原则,严格执行招生各项政策,规范各类招生行为,确保全年中招工作顺利进行。(一)以抓好现代技术管理为前提,构建“一站式”中招管理系统平台。市教育局、市招生办加大对中招信息的统一管理,启用网上报名、网上志愿填报、网络化考务管理、网上阅卷以及网上录取等“一站式”中招管理系统平台。(二)以建好整体管理平台为契机,制定“一整套”中招管理操作规程。分网上报考、考务管理、网上阅卷、远程录取四个部分形成完整操作流程。(三)以办好人民满意教育为目标,实施“一条龙”中招管理配套服务。出台整套的中招政策、建立全新的网络平台、开通全面的宣传渠道、实施全程的咨询服务。在中考过程中则加大中招政策宣传的力度、志愿填报指导的力度、全市中招统管的力度。在全省率先开发高考监考教师网上管理系统,对监考工作人员进行网上实时考评,量化考核,有效解决以往对监考工作人员的考核流于形式的情况。

【招飞工作】 2010 年,南通市招飞工作继续保持全省先进。9 名学生被正式录取为空军飞行学员,占全省录取总数的 18.8%。9 月,空军招飞工作局南京选拔中心专门给市招生部门发来贺信。

【特殊教育】 2010 年,南通市残疾儿童入学率达 97.7%。加快资源整合、加大投入力度,全市特殊教育学校办学条件明显改善,现有 7 所特殊教育学校均达合格学校标准,其中建成省特殊教育现代化示范学校 4 所。崇川区辅读学校迁入市盲聋学校新校区,整合组建南通特殊教育中心。5 月,江苏省视障教育研讨会在市特教中心举行。

【规范招生收费行为】 市教育行政部门组织各学校、各单位签订规范招生、规范办学、规范收费和师德建设责任书,下发《关于重申严禁师德失范行为有关规定的通知》,提出严禁有偿家教、严禁收受学生及其家长的礼金礼品、严禁接受学生家长的吃请、严禁体罚学生的要求。全年清退违规收费 475.8 万元,给予党纪政纪处分和组织处理 6 人。市教育局加强对义务教育改制学校清理规范工作的监督检查,参与对市区近 200 家民办非学历培训机构的检查。开展 2010 年度教育行风评议工作,首次采用网上调查,指导 9 所学校召开行风质询会,进一步畅通行风评议渠道。

【学校管理】 *加强干部队伍建设。*市教育局对市直属学校(单位)领导班子后备干部进行集中调整。97 名优秀年轻干部分别被推荐为处级、科级后备干部人选;27 名科级领导干部进行集中调整;124 名教职工受聘学校中层岗位。

*加强学校民主管理。*着力提高教代会质量,实施抓程序、抓提案、抓表决、抓研讨、抓报告等“六个抓”的举措。2010 年,全市教代会共通过 1252 项决议,征集教职工提案 7500 份,民主评议学校领导干部 2017 名。有关经验在省

级内刊上发表。市教育工会举行庆祝南通市教育工会成立60周年纪念活动，出版《沐雨栉风六十年》一书，收入纪念文章140篇。市教育局表彰全心全意依靠教职工办学的好校长18名。

促进学校卫生工作。全面贯彻《中小学健康教育指导纲要》，加强学校食品安全检查，大力开展健康教育活动。市教育局会同市卫生监督所对全市学校A级B级食堂进行了复查评估，评出A级食堂86所；加强对高考、中考的卫生督查，确保考生的饮食安全。市教育局加强对学校传染性疾病的预防和监测工作，开设预防艾滋病的课程、讲座，对直属学校2.6万多名学生进行健康体检，并建立健康档案。加强学校青少年红十字会规范化建设，至2010年底，已创建江苏省红十字会示范学校9所。在省中小学生健康教育知识竞赛中，获一等奖4个、二等奖9个；组织教师参加省健康教育授课竞赛，获一等奖2个、二等奖2个；市教育局荣获江苏省健康教育知识竞赛优秀组织奖。为创建健康促进学校，市教育局体艺卫处与市卫生部门做好指导工作，获省级“健康促进学校”铜牌74所，银牌15所，达全省中等以上水平。在全省率先建立学生体质健康监测站和监测研究中心，确定省级监测点6个，市级监测点47个。

（沈　淦）

·学校选介·

江苏省南通中学

【概况】 江苏省南通中学始建于1909年，至2010年已跨越百年光荣历史。学校现有高中教学班59个，学生3050名，教职工368人。2010年，南通中学确立新百年办学思路：以深化学校内涵发展为中心，构建难忘校园；以办好精品高中为核心，促进多元发展。学校通过江苏省四星级普通高中复查验收，完成2010年南通市区热点高中“指标生”考核工作。2010年，学校高考、学业水平测试成绩再获大面积丰收，毛仕卓位居省高考理科第一名，在各类学科竞赛中均有多人次获国家和省级一、二等奖。再次获得北京大学“校长实名推荐”资格，向北大推荐1名优秀学生。年内学校先后荣获全国德育工作优秀单位、省文明单位标兵、省基础教育课程改革先进集体、省体育工作先进学校、省平安校园等荣誉。

【联合办学】 在巩固与南通市第三中学联合办学的基础上，启动与南通市北城中学的联合办学工作，学校派出管理人员和优秀教师，顺利完成北城中学的首届招生任务。学校还与美国安生文教交流基金会联合举办美国高中课程实验班（+AP），完成首届招生任务。学校大幅增加西藏生招生数量，现有西藏在读生61人。高一西藏生独立建班、学科课程教学独立进行、活动课程与同年级汉族学生混合走班。

【深化“难忘教育”】 学校积极打造具有通中特色的“高效难忘课堂”教学模式，组织“高效难忘课堂模式建构”大型教学研讨活动。教育研究成果向学校全域推广，学校德育活动课程中的“难忘”体验不断增添新元素，高一新生在国旗下宣誓、第27届校园文化艺术节、“校园十大明星”评选活动等都有新的创意。学校建立和完善了50多个学生社团，经常性地开展形式多样、内容丰富的社团活动。

【师资队伍建设】 2010年，南通中学成立教师专业发展指导委员会、名师培养指导委员会、青年教师教育教学研究会等组织，大力推进师资队伍培养工程。有2名教师被评为江苏省特级教师，7名教师被评为南通市学科带头人，5名教师被评为南通市骨干教师，晋评人数和通过率均列全市第一。在市区各科优课评比活动中，南通中学参评教师获10个学科中9科一等奖第一名的佳绩。学校开展首批难忘教师评选活动，为6名教师颁发了“难忘教师”荣誉奖。“言传身教、精心育人”难忘教师群体获市委、市政府“特别荣誉奖”。

（孙　晨）

江苏省南通第一中学

【概况】 2010年，江苏省南通第一中学以提升教育现代化水平为主线，走特色发展、内涵发展之路，全面推进课程改革，全面提高教育质量，各项工作取得新成绩。学校先后获得江苏省精神文明建设工作先进单位、江苏省基础教育课程改革先进集体、江苏省首届基础教育课程改革成果奖一等奖、江苏省体育工作先进学校和江苏省国防教育先进学校等省级表彰，被评为首批南通市特色学校、南通市艺术特色学校、江苏省平安校园。

【新校区建设】 新校区项目工程正式启动。该项目规划总用地13.33公顷，建筑面积8.1万平方米。按照江苏省五星级高中标准设计。

【国际交流】 继2009年成功开设PGA国际课程班之后，2010年下半年，学校在苏中苏北首家引进世界金牌课程A-LEVEL课程，并获英国剑桥考试院授权。暑假期间，该校30多名学生参加联合国青年大会和模拟联合国大会，与世界各国优秀学子共同关注国际热点，探讨焦点问题，学校获优秀组织奖。

南通一中PGA班学生参加联合国青年大会

【教学质量】 学校教学质量呈稳步提升。2010 年高考,本科上线率达 95%,本一、本二上线率均比全省平均高出 40%。各项竞赛捷报频传,有 91 人次获数理化奥赛省级奖,64 人次获科技竞赛省级奖,300 人次获艺体竞赛省级奖。其中,3 名高三学生获得全国数学联赛一等奖,分别被保送至清华大学、南京大学和中国科技大学。在 2010 年中国机器人大赛上,夺得全国一等奖 3 个和全国二等奖 3 个;高一新生在南通市四星级普通高中军训会操比赛中荣获所有 5 个单项比赛一等奖,并荣获团体一等奖。校男子排球队获省比赛第三名、全国比赛第六名的好成绩。

【师资建设】 校长成锦平获全国"名校长"、"江苏省有突出贡献的中青年专家"等荣誉称号。2 名教师被评为教授级中学高级教师。至年底,学校 177 名专任教师中有特级教师 3 人、大市级学科带头人 7 人、大市骨干 12 人,其中高级以上专业技术职务 104 人;研究生学历或硕士以上学位 48 人(含在读研究生 13 人)。一批教师在各级教学竞赛中获奖,张小平获全国综合实践活动教学和说课比赛一等奖;杨彬获江苏省语文优课评比一等奖;林宏获全国第十届化学实验教学创新研讨会优课比赛一等奖。

【教育科研】 "十一五"期间学校市级课题全部顺利结题,受到市教科中心高度赞扬。全年学术沙龙活动正常开展,研讨氛围浓厚。学校化学教研室荣获全国课改实验区"优秀化学教学团队"称号,物理教研室被评为江苏省物理学会工作先进集体。12 月,学校以"模式建构与课堂生成"为主题举办公开教研活动,邀请市内外 9 位名师与学校优秀教师两两同台演绎,形式新颖,效果良好,获得专家和同行的好评。

(曹鸿斌)

江苏省启东中学

【概况】 江苏省启东中学为国家级示范性普通高中、江苏省首批四星学校。全校有 60 个教学班,教职工 296 人,学生 3000 多名。在职教师中,有博士 1 人,硕士 42 人,享受国务院特殊津贴专家 1 人。全国教育系统劳动模范 2 人,特级教师 5 人,省人民教育家培养对象 1 人,省中青年专家 3 人,省 333 工程培养对象 1 人,高级教师 139 人,其中教授级高级教师 2 人。2010 年,学校教育质量稳步提高,高考取得优异成绩;成功举办江苏省苏北片第十五届中学生田径运动会。南通市人民政府督导组对启东中学进行素质教育专项督导评估,肯定学校办学实践和教学成果。

【教学成果】 探索高效课堂教学模式,教学质量稳步提高。2010 年高考,16 人达到清华、北大录取分数线,5 人进入省前 100 名,其中 1 名学生进入省前 8 名。本一上线率、本科上线率创历史新高。2010 年下半年,启东中学在全国中学生数、理、化竞赛江苏赛区复赛中再次取得优异成绩,有 22 位同学获得高校保送资格。学校被中国人才研究会超常人才专业委员会授予"超常人才教育研究实践基地"。

(陈宏杰)

江苏省如东高级中学

【概况】 2010 年,江苏省如东高级中学以师生共同发展为主线,以生态课堂实践为重点,以精致高效管理为抓手,着力构建高效课堂模式;以全面提升质量为目标,以党建工作和制度文化建设为保障,努力构建以生态型德育、生态型课堂、生态型学校环境、生态型师生课余生活为主要内容的生态型校园文化体系;谋划"十二五"发展规划,建设"人文性、生态型、数字化"现代化特色名校。年内学校接受南通市政府教育督导室推进素质教育专项督导,并被推荐接受省级督导。学校再次获得"江苏省文明单位"、"江苏省体育工作先进学校"荣誉称号,并被评为"江苏省平安校园"、"全国中小学图书馆先进集体"等。

【教育教学】 严格执行"五严"规定,自觉规范办学行为,学校高考取得连续 17 年的辉煌成绩。清华北大达线 14 人;高三(1)班学生张峰获南通市文科第一名;8 人进入全省文理科前 100 名;本一上线 905 人;本二上线 1200 多人。高二学业水平测试居全市第二名。各级各类竞赛硕果累累,5 名学生获江苏省中学生生物学科奥林匹克竞赛一等奖;在全国高中学生化学竞赛江苏赛区竞赛中,学校有 47 人获奖,其中 5 人获一等奖。阳光体育运动正常开展,学校太极拳运动多次接受兄弟学校观摩。

如东中学与新疆克拉玛依五中结为友好学校

【德育活动】 成功举办第三届以应届毕业生为主体的"义卖"活动,2010届毕业生举行"情系西部学子 共建美好家园"义卖,所得善款8000余元全部捐赠给地震灾区学生。2010届高三(8)班陈逸霖荣获"红十字博爱奖章"。

【教育科研】 "十一五"期间承担的南通市重点课题《重点高中综合性课堂教学模式研究》和省教育学会立项课题《重点高中语文综合性课堂教学模式研究》顺利结题。编撰《生活德育从细节开始》等40种校本课程教材,完善学校的校本课程体系。2010年,全校累计发表论文500余篇。学校领导应邀参加兰州大学举办的全国重点高中校长高峰论坛,并在论坛上作题为《为未来的钱学森们引路导航》的发言。

(殷 飞)

南通特殊教育中心

【概况】 南通特殊教育中心,由南通市聋哑学校、南通市盲童学校和南通市崇川区辅读学校于2008年9月联合组建而成。其前身南通盲哑学校系清末状元张謇于1916年创办。2008年由板桥路44号迁至现址城山路110号。现有37个班级,307名学生,104名教职工,是一所为盲、聋、智残学生提供康复训练、文化教育及职业培训的综合性特殊教育学校。学校秉承张謇"为造就盲哑具有普通之学识,俾能自立谋生"的教育宗旨,坚持"以人为本、尊重差异"的科学发展观,培养"四有"残障新人。2010年,学校积极创建现代化特殊教育学校(2011年1月10~11日,通过江苏省特教学校基本实现现代化评估验收),被评为南通市科技教育特色学校、南通市最安全学校、崇川区体育工作先进学校。学校网站名列崇川区十佳校园网站、南通市中小学百优校园网站。学校教师群体荣获2010感动南通教育人物(群体)提名奖。

【教育教学】 学校致力于残障学生生存与发展能力的培养,形成鲜明的办学特色。发展职业教育,加强校企合作,拓展专业设置,有7名学生被北京联合大学、南京特殊教育职业技术学院等录取,录取率达100%;其余毕业生都顺利通过职业技术等级考核并获三级工以上证书。创建书香校园,继续与江海小记者联合开展"同读《中国少年报》,让我们一起成长"活动,促进残健交往。推行成长档案袋,记录学生成长足迹。培养学生生活自理能力,组织学生参加南通市首届小学生厨艺大赛获团体一等奖。成立艺术社团,舞蹈《那一天》等在南通市残障学生文艺汇演中获奖。田洁怡等同学获崇川区第四届中小学生独唱比赛一等奖、独奏比赛二等奖。学校重视安全教育,邀请南通市消防支队特勤中队到校作消防安全教育和逃生演练。全年,南通电视台《城市日历》、《总而言之》等栏目先后10多次对学校教学活动作报道。

市特教中心聋部学生展示双手画

【参与残疾人体育比赛】 学校有14名师生入选南通市残疾人运动队,参加江苏省第八届残疾人运动会,在羽毛球、盲人门球、田径、游泳、乒乓球等项目上再创佳绩,获10块金牌、10块银牌、6块铜牌。

【科技环保教育】 学校注重培养学生的科学素养,参加南通市第十九届"智能杯"小巧手比赛获团体二等奖,参加崇川区中小学生车辆模型、飞碟迷宫比赛获团体一等奖,参加崇川区中小学生航空车辆模型、悠悠球比赛,遥控直升飞机比赛获团体一等奖。组织听障学生用废旧材料制作手工艺作品参加崇川区教育体育局、南通市环境保护宣传教育培训中心组织的崇川区学校师生"绿色环保"废旧材料手工艺作品比赛,获得一等奖1个、二等奖1个、三等奖3个。

【师资建设】 加强师德建设,举行"青蓝工程"签字仪式及师德承诺宣誓仪式。提高教师业务素质,开展暑期校本研修,举行"特色发展"论坛。学校教师专科及以上学历达94%,其中本科学历达40%,中高级职称近60%。组织教师参加全国、省、市各类培训,多名教师成为各领域的优秀人才。学校有省、市特殊教育学科带头人3名,市级名师培养对象1名,市骨干教师2名,市教坛新秀2名。

【教育科研】 学校成功主办2010年江苏省视障教育研讨会,南京特教学院、中德视障教育合作项目专家及全省8所特校的50多位领导和老师参加。先后承担国家、省、市级课题5个、区级课题17个,出版成果集《生命之光》、《生活之树》。推进“品德建构”课题研究。组织教师参加全国第四届现代特殊教育论文大赛、张謇特殊教育思想论坛等,全年有40多人次在市级以上杂志发表文章或获奖。

(施建军)

中等职业技术教育

【概况】 2010年,市教育行政部门开展全市职业教育专业结构与产业结构吻合度大调研,专题调研成果受到省教育厅高度肯定。职业教育服务地方经济社会行动“八大工程”进一步实施,出台《关于进一步加强职业教育校企合作办学的意见》,积极推动校企深度合作。着力加强职业学校基础能力建设,12个专业顺利通过省级职业学校示范专业视导评估,14所学校申报创建2010~2012年全省中等职业教育“高水平示范性实训基地”。南通中专被认定为江苏省四星级中等职业学校,并成为“国家中等职业教育改革发展示范学校”。海安职教中心接受江苏省四星级中等职业学校评估验收。市教育局召开职业教育课程改革实验工作第三次推进会,4个专业顺利通过省课改实验工作的视导评估。职业学校人才培养质量不断提高,举办2010年全市职业教育技能大赛,共有937名选手参加16大类50个单项的比赛。南通市组队参加全省、全国职业教育技能大赛,在全省职业院校技能大赛中获23枚金牌,在全国职业院校技能大赛中获5枚金牌、2枚银牌。2010年度,全市有8所省“四星级”中等职业学校,在全省处于领先行列。

【校企合作】 南通职教部门积极推动校企深度合作。评选、表彰南通市职业教育与社会教育为南通经济社会发展服务“双百”竞赛活动标兵和校企合作示范组合。积极组建南通市校企合作联盟,草拟《关于进一步加强职业教育校企合作办学的意见》,并呈报市政府发文公布。

【承办全国中职德育工作实验基地校协作会年会】 11月,全国中职德育工作实验基地校协作会年会暨南通中专“成功教育”现场会在南通中专召开。教育部职业教育与成人教育司、德育处及江苏省教育厅、南通市委、市政府等领导出席开幕式。全国107所中等职业学校德育工作实验基地校以及2010年全国中职德育先进学校180多名代表出席会议。南通中专的“成功教育”经验做法在会上作了推介。

【师资建设】 市教育行政部门以促进教师专业成长为主题,召开全市职业教育课程改革实验工作第三次推进会,4个专业顺利通过省课改实验工作的视导评估,先后组织各种教研活动14次,参加人数520人,组织教师参加第六届江苏职业教育创意论坛,11人获一等奖,75人获二等奖。举行全市中等职业学校公民教育实践活动培训,召开南通市中等职业学校公民教育实践活动现场观摩会,有力推进职业学校德育工作。南通市教育局等7家单位被省教育厅、人社厅联合表彰为全省德育工作先进集体。暑假期间,市教育局在学校、企业、行业建立职教师资培训基地,开展全市职教师资培训工作,并组织300名教师参加国家、省、市级共10大类专项培训。

(沈 淦)

·学校选介·

南通体臣卫生学校

【概况】 2010年,南通体臣卫生学校有教职员工214人,其中专任教师153人,年末在校生6136人。当年招生1166人,毕业学生821人。现有五年制高职护理(含涉外护理)、药学、医药营销、医学检验技术、针灸推拿等5个专业,四年制中职护理、药剂和针灸推拿等专业。2010年,学校围绕建设高职校这一中心,开展“教学质量年”、“内涵建设年”活动,在专业建设、课程改革、人才培养等方面均取得可喜成绩。

【迎评促建】 2010年,体臣卫校顺利通过省教育主管部门组织的高职校评估、专业建设水平评估和药学示范专业评估。体臣卫校成功升格高职校,成为江苏联合职业技术学院南通卫生分院;高职药学专业被评为省级示范专业。年内,全国护士执业资格统考中,学校大专护理学生通过率为100%,中专护理通过率为97.28%,在全省同类院校中名列前茅。

【异地迁建】 随着近几年招生数的急剧增加,体臣卫校在上世纪90年代初按1500人规模建设的现有校区已不能满足办学需求。2009年12月31日,市长丁大卫、副市长杨展里率有关部门领导到校调研,并进行现场会办公。2010年6月2日,市政府第四十四次常务会议决定体臣卫校实施异地迁建,提供资金4.69亿元,按6000人办学规模,建筑面积15.7万平方米,在南通市开发区辟地21.13公顷,建设新校区。

【教科研】 2010年,全校教师在省级以上刊物发表论文90篇(其中核心期刊7篇),行业内论文交流获奖25篇,行业内课件交流获奖3件,编写正式出版教材9本。在研课题4项,立项10项(其中国家级1项、省级8项、市级1项),并实现省级精品课程零的突破。在2010年江苏省职业教育教学改革研究课题评审中,卫校有7个课题获准立项,在全省同类院校中排名第一。在江苏联合职业技术学院举办的"一课同上"教学比武中,体臣卫校青年教师分别获得第一、三、五名的好成绩。

(房加洲)

南通市中等专业学校

【概况】 2010年,南通中等专业学校围绕"两个优化、两个创新、两个提升"发展主题,创新思路,开拓进取,实现新的历史性跨越。被评为江苏省四星级中等职业学校、江苏省高水平示范性中等职业学校、江苏省职业教育课程改革实验学校,并荣获国家中等职业教育改革示范学校、江苏省中等职业学校德育工作先进集体、2009~2010年度南通市语言文字工作先进集体等众多荣誉。其中,"国家中等职业教育改革发展示范学校"为教育部、财政部、人力资源和社会保障部联合组织的项目,南通中专与全国其他284所中等职业学校被评定为第一批立项建设学校,南通中专因此进入全国先进中等职校行列。

【师资建设】 2010年,南通中专在读和已取得研究生学历学位的教师有37人;双师型教师占专任专业教师70%。全年有40多人次教师参加全国、省、市各级培训。南通中专开展教师教学系列比武、岗位技能比武、技能节等活动,组织专业教师参加行业企业资格和技能等级的考证,引导教师积极参与各项教育科研,申报省市和校本课题近30项。学校成功完成省教育厅职业教育课程改革创新重点项目"服装技能大赛综合实训课程辅助教学资源项目"的研发工作。2010年暑期,学校承办南通市职业学校专业教师暑期校本研修,500余位专业教师分别参加计算机、服装、电子电工三大门类9个专业的研修。8月,承办江苏省职业学校服装专业教师课程改革及技能竞赛专题培训,为期14天,开展课改研讨、大赛剖析和技能训练等综合培训。

【校企合作】 2010年,南通中专先后引进赛辉服装、远东汽修、实德贸易等多家企业进驻学校,将现代企业制度、企业管理、企业技术引进学校。积极探索学校与企业共同育人的教学模式,逐步实现"学中做,做中学","产、学、研"一体化的格局。实训基地的育人效益、社会效益和经济效益不断提高。与南通赛晖服饰有限公司、南通明德重工有限公司、南通苏友服饰有限公司被南通市教育局表彰为"校企合作示范组合"。

【技能大赛】 在2010年南通市职业学校技能大赛中,南通中专有79人次获奖。33名选手代表南通参加2010年江苏省职业学校技能大赛,有18人获奖,学校获特别贡献奖,服装专业荣获专业优胜奖。在2010年全国职业院校服装设计与制作技能大赛中,南通中专集训的6名选手取得四金二银的佳绩。

全国中职德育工作实验基地学校协作会年会在南通中专举行

【成功教育】 由全国职教学会德育工作委员会主办,江苏省职教学会德育工作委员会、南通市教育局和南通中专共同承办的2010年全国中职德育实验基地校协作会年会暨南通中专"成功教育"现场推进会于11月13~14日在南通中专召开。来自全国各地的专家、同行200人参加活动。在第二届江苏省中等职业学校"文明风采"大赛中,南通中专有147人获奖。在第七届全国中等职业学校"文明风采"大赛中,南通中专45人获奖。南通中专被教育部、中央文明办、共青团中央、中华职业教育社四部门联合表彰为"全国决赛组织奖"。

【创业教育】 探索多种模式,培养实用型人才。利用学校场地在相关专业中诚聘合作企业,将学生原来的部分岗位培训前移至校内完成,以便学生毕业后直接上岗工作。利用北大门东侧一层临街楼面,创办12个创业实体,建设面向社会的开放式创业实践平台。

【参加全国中职学生技能作品展洽会】 6月25日,全国中等职业学校学生技能作品展洽会在天津开幕,全国112所中等职业学校的2000件作品参加为期3天的展览。南通中专的校企合作服装作品和乡礼服饰参加展洽会,获展洽会三等奖。6月27日,中央政治局委员、国务委员刘延东,教育部长袁贵仁等领导出席展洽会,并进入南通中专展厅视察。

(陈永生)

南通市体育运动学校

【概况】 南通市体育运动学校是1986年经江苏省人民政府批准建立的一所全日制中等体育专业学校,前身为南通市少年儿童业余体育学校,始建于上世纪60年代初。学校挂南通市少年业余体校、南通市健雄学校、南通市人民体育场牌子,实行“四块牌子、一套班子”的管理体制。学校占地130亩,总建筑面积2.5万平方米。现举办田径、击剑、射击、篮球、排球、足球、举重、柔道、摔跤、自行车、散手、射箭、手球等13个运动项目,在训注册运动员600人。现有文化教学班级10个,其中小学部2个班,初中部5个班,中专部3个班。学校在职教职工83人,其中专职教练员26人,专兼职文化教师26人。至2010年累计向省以上优秀运动队、部队及高校输送500多名优秀体育后备人才,其中国家队25人。2010年度向省队及部队输送12人,向省少体校输送30人。2005年起连续两个奥运周期被国家体育总局命名为“国家高水平体育后备人才基地”。2010年,学校有多个项目被评为国家高水平单项体育后备人才基地,同时被评为江苏省群众体育先进单位。

【参与赛事】 2010年江苏省第十七届运动会在常州举行,南通体校选送的运动员获26枚金牌,为南通市取得第六名奠定基础。2010年广州亚运会上,南通体校输送的运动员仲满、薛娟、包盈盈、吴鹏根参加,获得4金3银的佳绩。

【教育教学】 进一步完善教育教学各岗位工作职责,加大教育教学工作量化管理力度。以课堂教学为主阵地,落实分层教学、分类指导,强调分步推进。以两个毕业年级为重点,切实提高教学质量。2010年中考均分达330.5分,比上年提升5个百分点,绝大多数科目达到或超过考核目标。中考篮球、排球、田径等项目中9名运动员被通中、一中录取。录取体院单招19人,占参考人数80%。

【后勤产业】 积极拓宽创收渠道,全年预算外收入达230万元。成功举办或承办南通市少儿排球比赛、全国少年击剑锦标赛和市少儿田径比赛。在国家体育总局击剑中心、江苏省体育局举办、南通市体校承办的全国少年击剑赛中首次采用现场骨龄检测,得到国家体育总局击剑管理中心的肯定。

【教研科研】 2010年,市体育科研突出“考核争优”和“服务备战”两项重点,抓好医务监测保障,组织各类业务培训,教科研工作取得新成果。在省十七运科学大会上,南通送审的论文有9篇获奖,15篇被录用,被省体育局、省十七运组委会评为省十七运科学大会“优秀组织奖”;市体育科研所同时被省体育局评为江苏省体育科技工作先进集体。

(陆 慧)

普通高等教育

【概况】 2010年,南通高等教育内涵建设进一步加强。在通高校积极围绕沿海开发、推动产业结构优化升级的需要,调整专业结构,创建特色专业,年内新增专业23个,新增国家特色专业建设点1个,省级品牌、特色专业5个,省级品牌、特色专业建设点12个,国家精品课程2门,省精品课程14门。南通大学科技园被教育部和科技部认定为高校学生科技创业实习基地;南通大学通过博士学位授予权单位立项建设规划,成为博士学位授权单位立项建设单位,标志着南通高等教育事业发展进入新阶段。南通大学启东校区(杏林学院)奠基,南通纺院滨海实训基地正式开工建设,南通商贸高职学校升格为高职学院,紫琅学院升格本科学院的可行性报告已通过市政府上报省教育厅;南通体臣卫生学校申报五年制高职学校顺利通过江苏省教育厅专家组办学水平评估,新校区建设通过立项;南通商贸高职校新校区建设按时有序推进,学校完成整体置换。学科建设和研究生教育水平进一步提升。在南通高校以高职教育综合试验区建设为契机,立足南通,加快发展,主动增强服务意识,深化校企合作,服务企业达604家,一批合作项目集中签约。年内,南通航院成为国家首批骨干示范高职院校建设单位,全市有4所高校成为创新实验基地。高校学生管理工作不断创新,加大扶困助学力度,全市未出现因家庭经济困难辍学的学生。

【楚辞国际学术研讨会在南通大学召开】 3月,由中国屈原学会和南通大学楚辞研究中心联合主办、南通大学楚辞研究中心承办的“传统与现代——楚辞国际学术研讨会”在南通大学召开。海内外40余名楚辞研究专家出席会议。南通大学楚辞研究在江苏乃至全国学术界都处于领先地位。南通大学楚辞研究中心主任周建忠教授潜心研究楚辞30年,创立楚辞与楚辞学“同步进行”的研究方法,在学界自成一家,已出版《楚辞讲演录》、《楚辞学通典》、《楚辞考论》等专著9部。

【南通大学成立创造教育研究所】 为加强对拔尖创新人才培养的研究,12月,南通大学成立创造教育研究所。南通大学是全国高校中最早对师范生开展创造教育的高校之一,2000年正式启动《创造教育》课程建设,出版专著《儿童创造教育论》、《儿童创造心理发展引论》,并先后承担教育部人文社会科学基金项目、全国教育科学规划重点项目等20余项课题。创造教育研究所下设"创造教育研究中心"、"创造心理研究中心"和"创新大赛研究中心",现有教授3人,副教授4人,讲师、助研5人,所长由中国创造学会常务理事、中国发明协会高校创造教育分会理事王灿明教授担任。

【南通航院进入国家骨干高职院建设计划】 2010年11月6日,南通航运职业技术学院举行国家骨干高职院建设启动暨五十周校庆庆典活动。交通运输部党组书记、部长李盛霖专门发来贺电,对南通航院50年来办学成果给予高度的肯定和赞扬,并提出殷切的期望。12月6日,教育部、财政部下发《关于确定"国家示范性高等职业院校建设计划"骨干高职院校立项建设单位的通知》,南通航运职业技术学院进入"国家示范性高等职业院校建设计划"全国100所骨干高职院校立项建设单位行列,江苏省仅2所入选。

(沈　淦)

·学校选介·

南通大学

【概况】 南通大学是江苏省政府和交通运输部共建的综合性大学。2004年由原南通医学院、南通工学院、南通师范学院合并组建而成。学校设有23个学院、1个独立学院、1个国际教育学院和1个继续教育学院,拥有1所近百年历史的大型综合三级甲等附属医院;设有80个本科专业,涵盖文学、理学、工学、医学等九大学科门类;有5个国家特色专业建设点,20个省级品牌专业、特色专业(含建设点)。学校是教育部本科教学工作水平评估优秀单位,拥有1个联合培养博士点、43个硕士学位授权点。学校有全日制在校生3.3万余人,其中博士、硕士研究生1383人,留学生300余人。有专任教师近2000人,其中高级职称800多人,博、硕士生导师400多人。学校是国务院批准的首批具有硕士学位授予权的单位,2003年被批准为联合培养博士生单位,2010年被确立为博士学位授予立项建设单位。2010年2月,南通大学与纳米比亚华人爱心基金会签署合作协议,纳方将增派更多留学生前来留学深造。

【教学工作】 (一)专业建设。积极拓展海洋技术、船舶工程和交通工程类本科专业,预防医学专业被新增为第六批国家级高等学校特色专业建设点,汉语言文学等5个专业通过省第二批品牌特色专业建设点验收,生物科学等4个专业被遴选为省级品牌特色专业建设点。至此,全校共有5个国家级特色专业建设点、3个省级品牌专业、7个省级特色专业、3个省级品牌专业建设点、7个省级特色专业建设点和12个校级品牌专业。另外,统计学、药学、物流管理3个专业获得学士学位授予权。(二)课程建设。2010年共遴选出17门校级精品课程,6门课程被评为省级精品课程,设立"示范性公共选修课课程建设"项目。(三)教学团队建设。"人体解剖与组织胚胎学"教学团队和"中国古代文学"被评为国家级教学团队,实现国家级教学团队零的突破;"医学神经生物学教学团队"被评为省级优秀教学团队。(四)教材建设。2010年评审出校级教材建设立项项目27个,校级精品教材18部。(五)创新实验基地建设。"临床医学人才培养模式创新实验区"被评为江苏省高等教育人才培养模式创新实验基地,完成2008年省级创新实验基地"校企互动型实践教学模式改革与创新创业能力培养实验基地"的阶段性建设成效总结工作。(六)教学改革研究。学校除设立114项非指定立项课题外,还针对人才培养方案实施、教学管理改革、课程教学内容、教学方法和教学手段、现代教育技术应用、实验室与设备管理等方面设立30项指定立项课题。(七)实验室建设。获国家级实验教学示范中心建设经费50万元、省实验教学示范中心建设经费200万元;申报2010年度中央财政支持地方高校建设项目,获批中央与地方共建项目5个,获专项资金690万元;申报2010~2012中央财政支持地方高校建设项目,2010年度获批项目4项,获专项资金1400万元。(八)实践创新活动。组织学生参加校级以上各类学科竞赛24项,承办校级以上各类学科竞赛9项,6000余人次参加各层次的学生科技竞赛,有670人次在比赛中获奖,其中国际级7项,全国特等奖2项、一等奖22项。(九)实践基地。2010年新增校外实习基地15家。学校共建设包括医院、政府机关、中小学、幼儿园以及各类相关企事业单位在内的494家校外教学实践基地,顺利完成师范专业、医学专业、理工科专业46个实践教学环节共26935名学生的实习任务。

【科技与产业】 (一)科研项目培育与申报。全年共申报校外科研项目470项,获准立项138项。其中,国家科技支撑计划项目1项,资助经费300万元;国家自然科学基金项目38项,资助金额总计1296.5万元。项目涵盖化学、生命、医学、地理、工程与材料、信息等6个科学学部的基础研究,资助项目数及资助经费再创新高。获省、部级项目16项,市、厅级项目81项,校级课题立项152项。(二)科研奖励和专利。教育部高校科学研究优秀成果奖(科学技术)取得零的突破,获专利奖二等奖1项、科技进步奖二等奖1项(合作);获中国纺织工业协会科学技术进步奖二等奖1项(合作);获中国石油和化学工业联合会科学技术进步奖二等奖1项(合作);获江苏省科学技术奖8项(含附属医院),以南通大学为第一完成单位的3项。全年申请国家发明专利41项、实用新型专利2项;年内获国家授权发明专利23项、实用新型专利8项。被SCI、EI 、CPCI－S三大检索收录论文215篇(第一作者单位)。中文核心期刊发表论文304篇。(三)科研基地建设。技术转移中心加强专兼职技术经纪人队伍建设、县市区工作站建设和办公场所建设等,2010年7月通过省科学技术厅组织的现场考评,并获得2010年度江苏省科学技术厅和江苏省财政厅滚动建设资金100万元,南通市科学技术局匹配50万元。"南通市虚拟现实与高性能仿真技术公共技术服务平台"、"南通半导体照明技术公共服务平台"获南通市科技公共服务平台建设立项,各获资助经费25万元。南通市科技局批准成立"先进伺服控制技术研究重点实验室"和"南通市燃料电池重点实验室",各获资助经费20万元。实施学校第二批科技创新基地建设工作,对"现代纺织服装研究中心"等9个项目予以立项建设。新建"应用数学研究所"等15个自然科学研究机构。推进交通运输工程研究院建设,组织研讨省部共建工作,申报交通运输部和江苏省科技厅各类科技项目。(四)学术交流活动。召开南通大学科学技术协会代表大会,选举产生南通大学科学技术协会委员会及主席、副主席、秘书长、副秘书长。自然科学类学院共邀请国内外学者到校做学术报告、学术讲座90场(次),参加学术活动人数逾1.6万人次。全年主办、承办长江三角洲微分几何及图像处理研讨会、第十一届全国高等医药院校临床生物化学与分子诊断学学术研讨会暨教学会议等学术会议11场次。3名教师获第五届南通市优秀科技工作者荣誉称号,2名教师获南通市第五届青年科技奖。组织参加市科协"我与低碳"征文活动,共有4篇征文获奖。在省、市科协系统组织的年度考核中,南通大学科协均被评为2010年度先进高校科协。(五)科技型企业发展。进一步理顺资产管理,将后勤集团所属南通通大物业管理有限公司等3家企业资产划转到资产管理经营有限公司,至年底,资产管理经营有限公司有6家下属企业。学校对南通大学资产管理经营有限公司及后勤集团的财务进行统一管理,制定具体的实施方案。南通大学资产管理经营有限公司与常熟市建华模具有限责任公司共同投资2000余万元,组建常熟沙家浜通大玻璃模具工程研究院有限公司,南通大学资产公司占30%股份。南通通大化学物安全性评价中心有限公司建设的江苏省农药安全性评价专业技术服务平台,被江苏省经信委、省中小企业局、省科学技术厅列为第二批江苏省中小企业技术服务示范平台。(六)服务地方经济建设。举行"双创人才进通大,校地互动谋双赢"南通大学客座教授聘任仪式,16名江苏省高层次创新创业人才受聘担任客座教授。新增南通新绿叶非织造布有限公司等20家产学研基地。全年收集本地及周边地区技术需求信息1000余项,并在校园网上发布。参加省内各地举办的科技洽谈会及江苏省教育博览会、教育部蓝火计划,推广学校最新的科技成果。全年共签订横向科技项目合同115份,2项发明专利"一种无引线集成电路芯片封装"和"一种电子锁防探码的方法及其电路"成功转让。学校两对合作基地被市政府评为南通高校校企合作示范基地。2010年12月,南通大学被江苏省教育厅评为2009～2010年度江苏省科技工作先进高校。

【人文社科】　2010年,南通大学出台4个科研管理文件,对原有18个校级人文社科研究机构进行全面考核,撤并"旅游文化研究所"等4个研究机构。启动第二批校级研究机构的申报工作,新增18个人文社科研究机构,"楚辞研究中心"被确立为重点研究基地,"廉政文化研究所"被确立为重点研究基地培育点,"范氏诗文研究所"受到文化部表彰。学校共有122个社科类项目被批准立项,其中国家社科基金项目7项、省部级项目31项、省高校哲社重点研究基地重大项目2项。省部级以上项目立项数比2009年增长40.7%;获立项资助经费351万元,比2009年提高40.4%。人文社科研究人员在核心期刊上发表论文286篇;在CSSCI来源期刊(含扩展版)上发表论文212篇;出版专著12部;获省高校第七届哲社研究优秀成果奖11项;获南通市2010年度经济与社会发展热点问题研究成果奖6项;有3人获南通市"十佳社科中青年专家"称号。

【招生与就业】　加强招生宣传,2010年在全国30个省市招收学生8408名,录取分数线持续走高,生源质量总体好于往年和同层次高校。成功举办首届全国高等学校创新与创业教育论坛。建立"分学院、分专业、分年级、分群体"的分类就业指导模式,有针对性地加强就业指导,加大就业市场开拓力度,截至2010年底,本科生就业率达99.01%。学校被团中央授予"全国大学生SAB创业教育基地"称号,并被评为"2010年度全国青年创业教育先进集体",首批江苏省创业培训定点机构。

【学科建设和研究生培养】　国务院学位委员会第二十七次会议正式批准南通大学为博士学位授予立项建设单位。在国务院第十一批学位授权点评审中,学校13个一级学科硕士学位点获得通过。学校一级学科硕士授权点达到15个,涵盖的二级学科增加到105个。"基础医学"获得江苏省高校优势学科建设工程一期项目;在省重点学科中期检查中,学校省重点学科全部合格,"人体解剖与组织胚胎学”学科获得“优秀”。学校召开第二次学科建设与研究生教育工作会议，开展对授权学科、支撑学科的检查考核。启动新一轮校重点学科建设工作，组织遴选2010～2013年校级重点学科32个，分省重点学科培育建设点和校级重点学科两层次立项建设。2010年共招收硕士研究生533名，学校被评为2010年江苏省研究生招生管理工作优秀单位；获得省级研究生科技创新计划8项；获得“省企业研究生工作站”10个，总数居全省高校前列；2009年硕士学位论文抽检优良率90%，列全省第二，合格率100%。2010年研究生录取率10.25%，取得新突破。

【师资建设】 招聘江苏特聘教授1名，江苏产业教授3名；新增校特聘教授2名、客座教授35名、兼职教授2名；引进教授3名，引进培养博士78名；选拔“拔尖人才基金”资助对象9名、“创新人才基金”资助对象11名；选拔推荐2010年度“333工程”、省教育厅“六大人才高峰”第七批高层次人才和省“青蓝工程”培养人选。出台《南通大学青年教师培养方案(初稿)》等文件。召开师资工作会议，以高水平人才引进和优秀中青年骨干教师培养为重点，全面实施以岗位责任和岗位聘任为核心的人事管理体制，努力建设一支高水平师资队伍。2010年，学校被表彰为江苏省师资队伍建设先进单位和南通市人才工作先进单位。

【国际交流与合作】 2010年，南通大学获2010年度江苏省外国文教专家管理工作先进单位、在通外国友人才艺比赛优秀组织奖。成功举办“传统与现代——楚辞国际研讨会”、手部创伤及疾病等国际学术讨论会。(一)校际合作领域不断扩大。与美、英、澳、日、韩等国和中国台湾等30多所高校进行友好交流，新增友好学校5所，友好学校总数达28所。组织实施国际交流项目8个，拓展新项目4个，派出交流学生43名，接受日韩交流学生26名。全年接待国外大学和机构访问250余人次，组织各类因公出访129人次。(二)中外合作办学取得新的进展。继续实施与美国温斯洛普大学“3+1”会计学本科国际课程实验班、与英国贝德福特大学“3+1”计算机网络工程本科国际课程实验班项目，共计招生116名，选送40名会计学项目学生赴美留学。与美国夏威夷太平洋大学新签旅游管理2+2本科双学位项目。继续实施与美国、英国的合作办学项目。分别获得江苏省政府茉莉花奖学金和纳米比亚华人爱心基金会奖学金资助。(三)留学生教育稳步发展。成立国际教育学院，配备学院领导和专职辅导员。2010年新增临床医学及汉语留学生48人，在校各类留学生规模超过300人，首批临床医学本科留学生完成学业。(四)引智效益不断提高。聘用长期外籍教师23人，获省教育厅、财政厅2010年度聘用长、短期外国文教专家资助经费23万元。

【党团建设】 开展标准化党支部建设，指导部分学院党组织完成对118个基层党支部的设置和调整。2010年南通大学党委被南通市委组织部命名为南通市党建工作示范点。年内共发展新党员2463名，预备党员转正1851名，学生党员占比达11.8%。部署开展创先争优活动，并与各项中心任务紧密结合。

举办第七届校园文化艺术节，组织开展“拥抱世博，放飞梦想”手绘横幅展等活动110多项，累计参与人数达2万多人次；开设“名师导航”大学生人文素质拓展讲座140讲，成为青年学生拓展综合素质的“第二课堂”。开展多种形式的道德教育与实践活动。上半年，面向毕业生团员青年开展“感恩通大、立志成才”、“我为母校发展献一策”等一系列活动。下半年，抓住新生入校的黄金时期开展“预习通大 青春起航”系列活动，在3个校区共举办6场“我的青春故事”大学生成长体验报告会。全校21个学院与崇川区10个街道、100个社区结对共建，面向全校选拔100余名优秀学生骨干到南通各县、市、区挂职锻炼，全年共有4273名学生参与结对共建活动。认真实施2010年西部、苏北计划志愿服务工作，1名学生被确认为绵竹计划志愿者，1名学生被确认为西部计划志愿者，7名学生被确认为苏北计划志愿者。

【后勤改革】 对教工食堂实行目标管理，变个人经营承包为集团目标管理经营。通大豆腐坊领取南通市区首张豆制品工业产品生产许可证，豆制产品打入南通市场。坚持大宗物品集中采购，扩大集中采购品种。在各校区学生公寓安放37台自动饮料售货机。完成钟秀校区混水工艺改造，年节水达800吨。

【启东校区建设】 南通大学和启东市人民政府经多次协商，双方决定共建南通大学启东校区，并于2009年12月30日和2010年10月18日先后签订《关于共建南通大学启东校区的协议书》、《关于南通大学杏林学院迁址启东市办学的协议书》。启东市政府无偿划拨1200亩净地，启东市国有资产投资控股有限公司预算投入5亿元人民币的建设资金，同时给予人才引进、教职工住宅等多方面的政策优惠。项目建成后，所有权归属南通大学。南通大学启东校区(杏林学院)选址于启东市滨海工业园内，规划招生规模全日制在校生1万人，非全日制生源折合标准学生2000人。10月29日，南通大学启东校区(杏林学院)隆重奠基。校区建筑面积拟为32.7万平方米，项目建设一次规划，分三期实施，一期工程计划于2012年3月完成。12月8日，南通大学举行启东校区(杏林学院)总体规划设计方案定标评审会，中船第九设计研究院设计的方案中标。

【校报出版】《南通大学校报》坚持正确的舆论导向,充分发挥宣传功能及在和谐校园建设中的作用。全年编印30期。在2010年度江苏高校报好新闻评比中,共有6件作品获奖。

(金　鑫　陈亚利)

南通职业大学

【概况】 2010年,南通职业大学(简称"南通职大")以示范性院校建设为龙头,加强内涵建设和办学特色建设,办学水平、人才培养质量和服务地方经济社会发展能力显著提升,各项事业取得又好又快发展。开展创先争优活动,实施"先进党组织创建工程"、"党员干部素质提升工程"、"党员服务师生工程"。开展创建"五好"领导班子活动,贯彻和推进院系党政共同负责制,被确定为"南通市党建工作示范点",在全市事业单位争创"五好"领导班子动员大会上作经验介绍。招生工作实现"规模在全省排名前进一位、报到率提高一个百分点、各批次录取分数线南通专科第一"的目标。稳步推进相关领域改革,深化二级管理模式,上半年各院系均设立党政办公室,财务、教务、后勤3个部门试点设立二级科室,下半年完成"系改院"工作,岗位设置管理有序进行。继续教育新增3个函授专业,专科招生比上年增长12%,在籍专科学生达1600多人。6月,"南通职业大学合作办学单位"在宿迁泗阳职教中心揭牌。学校总收入比上年增长13%。教育发展基金会正式运作,取得公益性捐赠税前扣除资格。教代会、工代会完成换届工作,公共课部分工会被中华全国总工会授予"全国模范职工小家"称号。对外交流进一步扩大,校友会筹建工作启动。公共卫生管理工作通过省教育厅考核。校园信息化高速公路全面建成,数字化校园建设项目投入试运行。机械制造教学团队获2010"感动南通教育人物"提名奖,是南通高职院校中唯一获奖者。12月,学校全票当选中国高职教育研究会第八届常务理事单位。年内,学校被评为"南通市人才工作先进单位"、"2007~2009年度江苏省群众性精神文明建设先进单位"、"江苏省高等学校和谐校园"、"江苏省平安校园"。

【第一次党代会】 9月26日,中国共产党南通职业大学第一次代表大会召开。校党委书记王炎斌作工作报告,校纪委书记王建新作书面工作报告。大会全面回顾学校6年来的工作,确定未来5年工作的指导思想、奋斗目标和主要任务,选举产生学校新一届党委和纪委委员。省教育工委副书记丛懋林、市委副书记黄利金等领导出席会议并讲话。

9月26日,中共南通职业大学第一次代表大会召开,省教育工委副书记丛懋林、市委副书记黄利金等领导出席大会

【示范性院校建设】 2010年是南通职大示范性院校建设"攻坚年"。学校以专业建设为重点,以教改项目为抓手,推进教育教学改革,提升人才培养质量。至年底,示范性院校建设各项任务基本完成。

专业建设水平进一步提升。继续加大力度建设4个省财政支持重点专业和5个校级重点专业建设点,举办重点专业人才培养模式改革案例展,完成9个重点专业人才培养模式和课程体系建设教改项目预验收工作。根据地方经济社会发展需要和重点产业发展规划,新开设"自动化生产设备应用"、"建筑钢结构工程技术"、"工业环保与安全技术"3个专业;新增"工程监理"、"室内设计技术"2个省级特色专业建设点。2006年省品牌专业建设点"应用电子技术"和特色专业建设点"应用日语"顺利通过省教育厅验收;建工学院"校企合作"人才培养模式实验基地被评为省级高等教育人才培养模式创新实验基地。

课程改革进一步深化。全面完成各重点专业课程标准制定工作、所有课程教学大纲制修工作以及核心课程与特色教材教改项目验收工作。开展校级精品课程评选,《机械制造工艺编制及实施》、《单片机控制系统应用》和《日语精听精解》3门课程被评为省级精品课程,其中《日语精听精解》被教育部高职高专其他语言类专业教学指导委员会评定为2010年度精品课程。10月,由南通职大主办的第四次全国高职基础课程建设与改革研讨会在常州举行。学生职业能力得到加强,毕业班学生技能证书获证率达到94.37%,计算机和英语应用能力考试通过率继续高于全省平均水平。学生在各级各类技能比赛中,继续取得优异成绩,其中获得全国性奖项47人次、省市级奖项77人次。10项课题入选省大学生实践创新训练计划,6项优秀毕业设计(论文)获省级奖励。

实习实训条件得到改善。继续重点建设国家级"建筑施工技术实训基地"和省级"工业自动化实训基地",开展校内外"十佳实训基地"遴选工作,"电工电子综合实训基地"成功获得国家级立项和资助。

师资队伍建设水平再上新台阶。专任教师中硕士、博士研究生比例达41%，相当于一般本科院校水平；正、副教授比例达35.5%，占比在全省高职院校中位列前三名；新增正高职人员3人，总量高于南通其他高职院校教授数量总和；“双师型”教师比例近90%，“双师”结构和素质得到改善；“建筑工程技术专业教学团队”成为学校第三个省级优秀教学团队。继续组织专业教师下企业活动，全年出国进修、高访、各种短期进修培训120余人次。

【就业与创业】 加强就业宣传推介。学校加强与各地就业主管部门联系，走访用人单位，深入各类招聘会，积极向外推荐毕业生；以学校为主体形成毕业生就业市场，全年举办大型就业招聘会4场、小型及专场招聘会231场、企业宣讲会近100场，近1000家企业进校招聘，合计为毕业生提供就业岗位近2万个。加强就业创业教育。组织“就业大讲坛”、“企业家进校园”、“创业政策进校园”、“创业明星演讲报告会”、“大学生创业训练营”等活动，传授就业创业知识，帮助和引导学生树立正确就业创业观念。发挥“就业创业指导服务中心”平台作用，给予学生就业创业个性指导和帮助。创新“创业一条街”和“点击创业平台”运作模式，尝试院系牵头创业街承租方式，充分发挥院系专业优势和积极性，将学生创业与专业结合，创业品质和示范效应得到提升。加强“省大学生创业教育示范校”建设，遴选与专业结合紧密的创新创业教育建设项目，合理分配建设资金，取得初步成效。6月，学校选送作品“南通环源桥废水处理有限公司创业计划”获第六届“挑战杯”省大学生创业计划竞赛决赛一等奖。

【科技工作】 2010年，南通职大在科研工作再次取得重大突破。学校获1项教育部人文社会科学研究规划基金项目、1项省教育厅高职院校工程技术研发中心项目、1项市级重点实验室项目和1项市级公共服务平台项目。丰坤武教授学术专著《南通文化研究》正式出版，成为全面研究南通文化的第一部专著。全年总计申报科研项目71项，是2009年的1.4倍；总计获得纵向科研项目经费89.4万元，是2009年的2.4倍；横向经费实际到账67.3万元，是2009年的2.4倍。全校在研自然科学研究项目20多项，领先于本市其他高职院校。2人分获市第五届“优秀科技工作者”和“青年科技奖”。全年教职工公开发表论文290篇，其中在权威与核心期刊上发表62篇，被SCI、EI等转载7篇；主编教材25部，其中国家级出版社出版18部；获授权专利8项。

【校企合作】 推进校企合作，力促校企合作由少数专业领域向全面推进、短期项目合作向长效稳定合作转变。学校围绕南通新兴产业发展，探索新能源、船舶工程技术、港口机械等新设专业的校企合作，与综艺集团、润邦重机、吉宝船厂等企业达成合作意向，船舶工程技术专业获得南通市船舶产业发展专项资金扶持。对年初揭牌的12家校企合作基地进行工作考核，推进12个挂牌实体开展实质性合作研究和人才培养工作。积极开展“订单式”培养，国核维科公司从化工、机械、电子等学院大二学生中选拔120多名学生，组建“国核维科班”。学校深挖社会企业资源，积极探索校内外实训基地建设新模式。学校在职业教育与社会教育为南通经济社会发展服务“双百”竞赛活动中被表彰为标兵集体，2人被表彰为标兵个人，学校与江山农化股份有限公司、南通星辰合成材料有限公司被表彰为职业教育校企合作示范组合。在全市推进高校服务经济社会发展工作会议上，学校与南通科技投资集团被评为南通市十大校企合作示范基地之一，4人被评为校企合作先进个人。

【校园文化】 继续精心打造“高雅艺术进校园”等传统品牌活动，先后组织“名家名戏进校园”、“书画名家进校园”等活动。精心筹备，组建师生艺术团体，成功举办首届校园文化艺术节。为期两月的校园文化艺术节围绕“展人文魅力，建和谐校园”主题，举办师生摄影作品展、“十月金秋”专场文艺演出、“书香校园”读书节、“中华颂”经典诵读、“红色记忆”爱国歌曲大合唱等10多项文化活动。全年，学校及各院系还组织开展其他各类常规性校园文化活动达数百场，学生参与面达95%以上。

【技师学院】 2010年，南通技师学院在办学条件、办学质量、办学水平等方面均有较大提升。中央财政资助的高级技校综合实训中心完成主体施工。省级重点专业评定中，技师学院7个专业入选（全市技工类学校共9个专业入选）。在省级高技能人才培养基地考评中，技师学院被评为“20佳省级高技能人才培养示范基地”，直接入围“十二五”省级高技能人才培养示范基地（南通唯一）。在生源继续萎缩的不利情况下，2010年技师学院招生1508人，蝉联“江苏省技工院校招生工作先进学校”；毕业生就业率连续多年实现100%。积极开展对外培训，全年社会培训规模1600多人，其中技师培训、退伍军人职业技能培训得到省市政府表扬与奖励。

（万 军）

南通纺织职业技术学院

【概况】 南通纺织职业技术学院是省属公办全日制普通高等学校，始建于1912年，为我国第一所纺织专门学校，1999年经教育部批准升格为南通纺织职业技术学院，现为国家示范性高职院校建设单位。设有纺织、染化、机电、信息、艺术、服装、经贸、外语、建工、社会科学、体育与军事等11个系部以及继续教育、国际合作、堪培门等3个二级学院。设置53个专业(方向),拥有国家级精品课程5门、省级精品课程8门,9个省级以上品牌、特色专业(含建设点)。学院建有48个实训室,拥有中央财政支持的现代纺织技术实训基地、国家级家纺设计师职业资格培训中心、江苏省家用纺织品与服装工程技术研发中心、江苏省示范性实训基地(现代纺织技术)、南通市服装技术创新中心、南通市色织面料研发中心、南通市染整技术公共服务平台、江苏省基础课实验教学示范中心、国家职业技能鉴定所等,与海门市共建生产性实训基地。2010年,学院拥有全日制在校学生9570人,成人教育在籍学生1826人;校内专任教师472人,校外兼职教师163人;专任教师中具有正高职称17人,副高职称139人。学院有国家优秀教学团队1个,省级优秀教学团队2个,院级优秀教学团队5个。年内,学院获江苏省高校毕业生就业工作先进集体、江苏省平安校园等荣誉称号。

【招生就业】 2010年,学院面向全国18个省(自治区)招生总计划3610人(其中对口单招200名),实际招收新生2893名,报到率为90%。全年举办各类招聘会46场,到校招聘学生的用人单位524家,提供就业岗位1.19万个。2010年末毕业生就业率达98.98%。组织参加第六届江苏省"挑战杯"大学生创业计划大赛,获一等奖和三等奖各1项;参加"昆山杯"全国大学生创业计划大赛,获江苏赛区三等奖1项。

【国家示范性高职院校建设】 完成36门核心课程建设、32门工学结合教材建设、9个社会服务与辐射能力子项目建设、5个教学团队子项目建设和数字化学习中心建设的内部验收。5个重点建设专业的验收报告和人才培养方案已完成文本制定,完成征集40个优秀工学结合案例、36个优秀教学设计,为迎接教育部、财政部的验收做好准备。继续推进专业建设和课程改革,成绩显著。"印花工艺实施与管理"成为高职高专国家精品课程,"纺纱工艺设计与实施"、"服装工业样板设计与制作"、"染整设备操作与维护"等3门课程成为省级精品课程,"现代纺织技术"成为省级品牌专业,"电气自动化技术"、"工程造价"成为省级特色专业建设项目,"染整技术"、"服装设计"、"家用纺织品设计"等3个省级特色专业全部通过验收。接受新疆维吾尔轻工职业技术学院纺织班105名师生在校进行一学期的学习交流活动,受新疆维吾尔自治区政府委托,举办首期新疆纺织类师资培训班,培训教师21人。全年接待省内外30多家兄弟院校、200余人前来考察。示范建设成果在《中国职业技术教育》集中介绍。

【教育科研】 全年出版教材12本,其中国家和部委级"十一五规划教材"各2部。开展高职教育研究课题21项,新增中国纺织工业协会高职教育教学成果奖一等奖2项、二等奖1项、三等奖3项。全年在《中国学术期刊综合评价数据库》统计源期刊上发表的学术论文369篇,其中,发表在全国中文核心期刊的论文93篇,国家权威期刊论文9篇,SCI、EI和ISTP收录论文9篇。

【产学研相结合】 2010年,获立项省级科技项目2项,市厅级科研项目4项、哲社研究项目2项、产业化项目1项,当年到账科研经费89万元。积极开展校地、校企科技合作,学院资助经费12万元,合作企业投入40万元,以直接产业化或商品化为目标的院级立项科技项目17项。全年新增具有稳定服务关系的企业131家,承担企业委托科技服务项目268项,获企业科技服务经费254.26万元;承担企业横向项目41项,其中50万元以上项目4项,获得横向项目科技经费296万元。全年获科技成果奖6项,申请专利25项,13项专利成果实现产业化。"江苏省家用纺织品与服装工程技术研究开发中心"通过验收,组建"江苏纺织服装职教集团服装设计中心",新增"江苏省风光互补供电工程技术研究开发中心",重点建设"南通中小企业IT外包公共技术服务平台"、"南通市染整技术公共服务平台"和"南通市色织面料设计中心",联合甘肃省服饰家纺协会、南通家纺行业协会、南通工艺美术行业协会,成立敦煌国际家纺布艺研究所,与台湾旭荣集团合作启动"旭荣空间时尚服饰品牌战略",共建"服饰设计校企联合开发基地"。全年新增院级技术研发和服务中心7个、院级技术服务与创新团队11个、系级技术服务与创新团队5个。定点联系企业269家,教师担任企业兼职技术人员147人、受聘南通市企业技术顾问59名、"校企联盟"对接企业55家,合作企业提供的用于科技开发的设备约1300万元。2010年,举办各级各类培训班83期,累计培训1万余人次,其中,针对企事业单位和社会人员的培训人数6135人,占57%。全年培训下岗失业和外来进城务工人员662人,组织和参与鉴定中级工1373人,高级工237人,共计1610人。

【学生工作】 开展第七届诚信教育月、第五届基础文明建设月活动和宿舍文化节活动。关注学生心理健康,新建心理档案2992份。做好贫困生帮扶工作,全年认定贫困学生2772人,帮助1142名学生顺利获得生源地国家助学贷款计562万元。全年发放学生勤工助学酬金36万余元,为2464名贫困生发放国家奖助学金共计817.7万元。通过爱心基金、临时困难补助、红十字会、企业捐助等渠道,向困难学生发放各类补助款3.29万元,发放各类企业奖助学金26万元。为9335名学生办理了南通市城镇医疗保险。发挥共青团引导、组织、服务、维权四项基本职能,院团委获全省首批基层团建示范点授牌。积极开展暑期大学生社会实践活动,多支团队被评为南通市优秀集体,学院被评为市“大学生社会实践先进单位”。

(徐 磊)

南通航运职业技术学院

【概况】 南通航运职业技术学院创办于1960年,前身为江苏省南通河运学校、江苏省南通航运学校,隶属于江苏省交通运输厅。2000年10月,经江苏省人民政府批准改制升格为南通航运职业技术学院,成为一所全日制普通高等学校。学院设有航海、轮机工程、船舶与海洋工程、交通工程、管理信息、机电、人文艺术等7个系和1个成人教育学院,设置46个专业(含专业方向),有4个中外合作办学专业,7个省级品牌、特色专业,2门国家级精品课程、12门省部级精品课程。学院占地面积63.2公顷,校舍建筑面积32万多平方米。全日制在校生10236人,成教函授学员1140人;教职员工679人,其中专任教师481人。建有国家级职业教育实训基地2个、省级职业教育实训基地2个、南通市重点实验室3个、省市级科技服务机构4个、省市级培训机构6个、校内各类实验实训室27个、校外实习就业基地171个。2010年,南通航院全面加强内涵建设、全力提升核心竞争力,推进各项事业发展,圆满完成“十一五”发展的目标任务。年内,编制完成“十二五”发展规划;建立与运行重点领域廉政风险防控管理体系;组织开展庆祝建校50周年系列活动;体育馆工程如期竣工并投入使用,标志着学院新校区工程建设全面完成;数字化校园建设一期工程项目基本完成。开展迎评创建活动,学院成为首批国家骨干高职院校立项建设单位、首批全国交通职业教育示范院校。毕业生就业工作成绩喜人,2010届毕业生就业率达98.9%以上。全年引进人才35人,新晋升高级职称10人、中级职称50人。学院在江苏省高职高专基层党组织建设工作考核中被评为优秀院校。

【示范性高职院创建】 1月,根据交通运输部《关于开展交通职业教育示范院校认定工作的通知》精神,学院组织申报工作,并顺利通过答辩评审。4月,学院被交通运输部认定为首批“交通职业教育示范院校”。6月,按照《教育部、财政部关于进一步推进“国家示范性高等职业院校建设计划”实施工作的通知》精神,学院启动申报工作,7月通过省内评审,8月通过教育部答辩评审。11月,学院被教育部、财政部确定为“国家示范性高等职业院校建设计划”首批骨干高职院校立项建设单位。12月,学院完成国家骨干高职院校项目建设方案的修订和任务书的编制工作,顺利通过省教育厅组织的专家论证,并报送至教育部。

南通航院50周年校庆队形操表演

【50周年校庆】 2010年是南通航院建校50周年、建院10周年。学院开展一系列纪念庆祝活动,组织编写2010版校史(含五十年建设发展大事记)、《璀璨》校友风采录、《航程》宣传画册、优秀论文集等,建设校史馆,录制影像专题片,并组织师生开展迎校庆系列活动。11月6日,学院在体育馆隆重举行“国家骨干高职院建设启动暨五十周年校庆庆典大会”。省交通运输厅党组书记刘大旺、南通市市委书记罗一民、省委教育工委副书记丛懋林出席大会并致辞,省市领导、省内外兄弟院校领导、国内外合作企业领导、杰出校友代表、学院离退休老同志和师生员工代表4000余人参加庆典大会。交通运输部部长李盛霖、江苏省副省长史和平等领导和国内外有关单位发来贺信贺电。省交通运输厅与学院老领导等嘉宾为校史馆开馆仪式剪彩。省交通运输厅向学院赠送校庆纪念宝鼎,并举行揭幕仪式。《新华日报》、《中国教育报》、江苏电视台、南通电视台等媒体在对校庆盛况作报道。

【教育教学工作】 学院坚持走产学研相结合的改革发展之路,探索创新校企合作、工学结合的人才培养模式,形成校企合作办学、合作育人、合作就业、合作发展、合作评价的良好氛围,教育教学改革取得新成果。年内,新设置专业5个,增加中外合作办学项目1个;航海技术专业和轮机工程技术专业顺利通过省教育厅品牌专业建设验收;国际航运业务管理专业、港口物流设备与自动控制专业顺利通过省教育厅特色专业建设验收;商务英语专业被评为省级品牌专业建设点,船舶工程技术专业被评为省级特色专业建设点;轮机维护与修理课程被评为国家级精品课程,轮机自动化课程被评为省级精品课程。3个专业的工学结合人才培养典型案例入编公开出版的《交通职业院校校企合作、工学结合案例集》。总投资900多万元、由中央财政支持的轮机工程技术专业实训基地“自动化模拟机舱”项目建设通过专家组验收;总投资500多万元的数字化港航物流实训中心,被列为2010年度中央财政支持的职业教育实训基地,项目建设基本完成;新增校外实训基地20个。学院制定并实施实训(实验)室绩效考核办法等管理制度,并组织开展实验实训室绩效考核评估。学院教育质量管理体系顺利通过国家海事局组织的中间审核和附加审核。

学院加强大学生思想政治教育工作和校园文化建设,促进校风、学风、班风的进一步改善。年内,学院受省市级表彰的先进集体11个、先进个人44名,397人被授予优秀毕业生称号;9人获得国家奖学金,358人获得国家励志奖学金,2082人获得国家助学金;学生在各级各类竞赛中荣获众多奖项。

【教育服务】 坚持学历教育与非学历教育并举,积极开展教育服务工作。2010年实际招生录取3288人,其中省外15个省份共录取601人,新生总报到率达91%。学院“订单式”人才培养模式深受企业欢迎,在2010级学生中订单需求学生2074名、订单专业31个,订单企业43家,订单式培养学生数占新生总数60%以上,其中航海类专业新生订单率高达93%。招收成人学历教育函授学员889名;开设两年制船员职业培训班、熔盛重工焊工技能培训班等各类短期培训班188个、成教函授班20个、远程教育班42个,培训各类学员1.23万人次;开展助理物流师等12个工种的职业技能培训与鉴定3547人次,取证3058人次,合格率达86%。学院航海职业培训的所有项目通过国家海事局船员培训机构资质现场核验,并新增内河船员培训资质6项。通过承办全国高职高专轮机骨干教师培训班、全国磁罗经校正员及校正师培训班、引航员知识更新培训班等短期培训任务,学院培训的规格、规模、种类又有新突破。

【科研工作】 2010年,南通航院取得发明专利1项、实用新型专利7项;院外各级各类纵向科研项目立项7个,院外各级各类教育教学和人文社科研究课题立项17个,院外各级各类教科研成果奖4项。学院为崇启大桥建设指挥部、扬州市地方海事局等单位开展的6个科技服务项目顺利通过结题验收。全年教职工公开发表论文438篇,其中在全国核心期刊发表论文63篇,被EI、ISTP、SCI等收录5篇。

(王 彬 黄晓芬)

南通农业职业技术学院

【概况】 南通农业职业技术学院前身为1945年创办于重庆的国立高级农业职业学校,1946年8月东迁南通。新中国成立后,学校先后称“苏北南通农业学校”、“江苏省南通农业学校”等,1959年迁往如皋薛窑,1990年迁回南通市区青年东路60号。2003年7月,经江苏省人民政府批准升格为南通农业职业技术学院。学院设有生物工程系、环境与资源系、机电工程系、经济贸易与管理系、信息工程系、园林园艺系、人文系、基础教学部等7系1部和继续教育学院,开设专业(含专业方向)59个;有学生7300多人,教师300多人。专任教师中,教授7人,副高职称80多人。学院设有劳动部国家职业技能鉴定所、南京农业大学南通成教中心等考核与培训机构,被农业部确定为首批“农业职业教育能力建设计划”试点院校。2010年,学院开展教学质量年活动,出台《教学建设与改革项目实施管理办法》,探索校企合作、工学结合的职业能力培养模式。举办建校65周年庆典活动。制定“十二五”发展规划。推进校园建设,利用社会资金启动体育馆、综合楼(含报告厅)建设工程,完成400米跑道标准田径场改建工程,完成农业教育博物馆的建设和“校园一卡通工程”。由于在帮扶如皋市“一村一品”高效农业及沿海现代农业中成绩显著,被省农委、省教育厅、省科技厅联合授予“挂县强农富民工程”先进单位称号。

【职业能力培养】 根据培养学生岗位技能的需要,建设191个相对稳定的校外实习基地,其中紧密型20多个。积极寻求合作伙伴,探索“校中厂、厂中校”的办学模式,久发基地作为农业生产类实验基地,成功申报江苏省高校人才培养模式创新实验基地。学院与20家企业和单位协议共建产学研基地,南通市环境工程公司基地获得市示范基地称号。在全国农业技能比赛中2位学生分获高职组种子质量检测、艺术插花二等奖;3位教师参加全国高职高专食品及生物技术类专业教师教学竞赛,分获一、二等奖。

【招生就业】 2010年,总招生计划2500人,实际报到人数2177人,报到率为88%。拓宽毕业生就业渠道,与近300家用人单位建立联系,先后举办3次校内毕业生就业双选会。2010年毕业生总人数2766人,初次就业率达96.02%,协议就业率达90.5%,就业率、协议就业率全省名列前茅,被省教育厅授予“就业工作先进集体”称号。

【教育科研】 2010年申报省市各级各类科技项目40个,批准立项23个,合同经费138.5万元,获市科技进步一等奖1项、二等奖1项;有5项成果分别通过省农委、省教育厅验收,8篇教研论文获第七届全国农业职业教育优秀论文奖。设施蔬菜课题组获省留学基金资助。4位教师获得市产学研先进个人称号,1位教师获得省级优秀科技特派员称号。

【思想政治教育】 拓展教育载体,引领青年进步。多方筹集资金、发动学生自己设计,建成农业教育博物馆;大力开展爱国主义教育,组织“刘瑞龙农业教育观学术研讨会暨纪念座谈会”等系列活动,缅怀刘瑞龙同志的丰功伟绩,引导青年学生坚定走中国特色社会主义道路的信念。

(朱红明)

南通高等师范学校

【概况】 南通高等师范学校有南通、海门、三里墩3个校区,占地面积25.10万平方米,校舍建筑面积12.28万平方米。学校设有人文系、数理系、外语系、艺体系和教育科学教学部等5个系部,开设小学教育、学前教育2个五年制师范专业,其中小学教育专业有小学文科教育、理科教育、英语教育、信息技术教育、音乐教育、美术教育、体育教育等7个专业方向。设商务英语、旅游英语、商务日语、国际商务、装潢艺术设计、电脑艺术设计、计算机应用技术等7个五年制非师范专业。学校有教职工417人,其中教师271人;教师中具有高级职称的97人,占教师总数的35.8%。教学班级105个,普通全日制学生4436人。2010年,学校积极应对高等教育大众化、办学类型综合化、小学师资本科化的挑战,大力推进以专业建设、课程建设、教师专业发展和学生职业生涯规划为主要项目的内涵建设,教学成就显著,全年获国家、省级竞赛等级奖项199人次,获市级表彰64人次。举办14场职业技能汇报演出,举办23场个人声乐、器乐、舞蹈等专场汇报演出和美术作品展。年内,校党委顺利换届。调整学术委员会、教学质量评估委员会,探索学术权与行政权适当分离。理顺办学体制,附属冠今中学办学主体由南通高师变更为海门市教育局。组织纪念校友刘瑞龙、丁瓒、吴天石、尤无曲百年诞辰等近20个主题活动。

【高校化教学】 加强教学建设项目的管理,首批25个教学建设项目取得中期成果,第二批项目中5个优秀课程完成评审和立项。加强与小学和企业的合作办学,与“安博”、“雄风”等优质企业开展基地共建,在网络工程、创意设计、涉外商务、服务外包等领域共建实训体系。学校组建“高职专业指导委员会”,着力架构与高校对话的平台。研究制定《南通大学初等教育学院(筹)学科与专业建设规划》,尝试构建初等教育、学前教育的学科平台和学科群,举办首届“学术周”活动,开设“南通高师讲坛”,创设“学校信息资源共享服务平台”,实现与南通大学的在电子和文本资源的共建共享。走访浙鲁有中师升格背景的近10所高校,提出进一步纳入高校序列的基本设想。

【定向生培养】 5月22日,学校承办“南通市定向培养师范生素质发展公开汇报”活动,向社会展示自2007年在全省率先启动定向师范生培养以来的成果。教育部原副部长、国家总督学顾问王湛,江苏省教育厅副厅长杨湘宁,江苏省教育科学研究院、江苏教育学院党委书记管向群,南通市委常委、宣传部部长张小平等省、市领导和家长代表等150多人参加活动。2010年有定向生班级14个,学生550人。年内,以定向生为实验对象的市重点资助课题——品德教育创新研究结题。

【刘延东等视察南通高师】 9月24日,到南通出席刘瑞龙同志诞辰100周年纪念活动的中央政治局委员、国务委员刘延东,全国人大财经委副主任委员、二炮原政委彭小枫上将,全国政协环境资源委员会副主任江泽慧等在省、市领导陪同下来到南通高师,参加学校在刘瑞龙铜像前举行的纪念刘瑞龙同志诞辰100周年纪念仪式。

(许 迅)

如皋高等师范学校

【概况】 2010年,如皋高等师范学校有教职员工220人,专业班级92个,在籍学生3836人。全年毕业学生395人,其中,初中起点五年制大专毕业生359人,三年制中等职业教育毕业生36人。25名优秀学生发展为中共党员。年内有8名教师晋升副高职称,2人晋升教授职称,成为全省12家高等师范学校中正高职称人数最多的学校。学校获2007~2009年度江苏省精神文明建设工作先进单位、首批“江苏省平安校园”、2009~2010年度“江苏省价格诚信单位”等荣誉。专题片《百年如师》和《沙元炳》在南通电视台播出。12月17日,学校二届一次教职工代表大会、二届一次工会会员代表大会召开,听取、讨论学校“十一五”工作报告,审议通过“十二五”事业发展规划和师资队伍建设、专业建设、校园基本建设规划等3个子规划,选举产生新一届工会委员会。

【集贤校区建成启用】 9月,集贤校区历经一年建设正式投入使用,1300名学生入住3幢宿舍楼。集贤校区内2个学生食堂及面包房、超市、理发店、洗衣店等投入运营,学校实现“开放式办学、封闭式管理”目标。集贤校区被南通市城乡建设局表彰为“南通市优质结构工程”。

【毕业生就业】 学校多次开展就业工作研讨,科学实施就业应聘考试辅导方案,尽最大努力促进毕业生顺利就业、高质量就业。截至7月3日,2010届毕业生就业率达100%,其中,合同就业、协议就业率达99.72%,灵活就业率仅0.28%。毕业生就业率连续五年在全省同类学校中位居第一。

【专转本考试】 在全省21所学校参加的五年制师范生统一考试中,如皋高师有81名学生参考,总均分313分,以高出全省总均分48分的绝对优势再次高居榜首,实现"专转本"考试全省"五连冠"。高职应届毕业生专转本考试9名学生参考,8人被本科院校录取。

【五年制学前教育专业建设研讨会】 6月19日,如皋高师举办五年制学前教育专业建设研讨会,南通各县区教研室的幼教教研员和13家示范幼儿园的园长与会。代表们听取学前教育专业学生培养的工作汇报和培养方案介绍,观摩学前教育专业学生学习成果展和主题班会,并就五年制学前教育专业建设进行深入研讨。学校还与各幼儿园代表签署合作共建协议书,举行"如皋高等师范学校教学科研基地"授牌仪式。

【文体竞赛】 2010年,如皋高师学生参加第十一届全国师范院校书法教育学术年会书法大赛,8人获得一等奖,15人获二等奖,16人获三等奖。参加江苏省高等师范学校第二届体育节,获得体育道德风尚奖,健美操比赛二等奖,田径比赛男子团体总分第四名、女子团体总分第五名。参加南通市第三届"王府会"杯健美操锦标赛,获得高校组特等奖。

【培训工作】 2010年,学校重点落实"省初中新课程'送培到县'"、"省小学骨干教师培训"、"义务教育小学英语教师素质提升培训"、"省英语引智培训"、"市农村小学骨干教师培训"等项目,拓展"省高师体育骨干教师培训"和"南通市小学体育骨干教师培训"2个新项目,全年培训总人数超过1900人次。学校为学生提供职业资格鉴定、全国计算机等级考试、全国英语等级考试、江苏省书法等级考试、普通话水平测试等培训服务,全年培训累计8800多人次。

(孙红兵)

江苏省南通商贸高等职业学校

【概况】 江苏省南通商贸高等职业学校设有经济贸易、经济管理、信息技术、应用电子、基础教育等5个教学系部,12个五年制高职专业,有在校生近7000人,其中五年制高职在校生6211人;教职员工370人,外籍教师7名。2010年年底,学校主要领导进行调整,任芳任学校党委书记。年内,学校获江苏省供销合作社系统创新创优先进单位、江苏省职业教育与社会教育先进单位等荣誉称号。

【新校区启用】 9月,位于港闸区江通路48号的新校区扩建一期工程8万平方米竣工。10月8日新校区正式启用。扩建二期工程的扩初设计等已启动。老校区完成搬迁,下半年全部迁入新校区办学。工农路47号老校区土地以7.52亿元成功置换,置换分成所得全部用于新校区建设。

【教育教学】 5月,学校物流管理专业顺利通过省教育厅专业评估,成为学校第四个省级示范专业。在充分调研论证的基础上,学校新设工程造价专业,2010年开始招生。学校首批9个校级精品课程立项,有2门课程成为江苏联合职业技术学院精品课程建设项目。建成开通精品课程建设平台。选派20余名教师参加省教育厅、省联合学院、南通市等专业培训,推荐3名联院级专业带头人候选人和多名联院级教学能手候选人。重视对青年教师的培养,24名青年教师结对"青蓝工程"。物流实训中心成为省级紧缺人才培养优秀基地,被授予"江苏省职业教育实训基地",成为2010年全国职业院校技能大赛(现代物流类)江苏赛区承办点、集训点。在校学生在全省物流技能比赛中荣获第一名,在2010年全国"天物杯"现代物流技能比赛中,以校选手为主的江苏省代表队荣获一等奖,实现学生参加技能大赛省级金牌、国家金牌的突破。学校与中国棉花信息网联合举办的首届"中国棉花加工技能培训班"于7月结业。坚持"校企合作、工学结合"职业教育理念,继续推进校企合作,首期"常客隆店长班"完成为期一年的学习任务,与三星电子(苏州)半导体有限公司合作开设"三星特别班",信息系举办南通市软件企业"校企合作恳谈会",邀请知名软件企业专家到校开办讲座。

【招生就业】 2010年,学校招收新生1355人,其中五年制高职1178人,三年制中专177人,圆满完成招生计划,生源质量稳步提高。就业方面,学校采取多种举措,主动出击,拓宽毕业生就业渠道,在确保较高就业率的基础上,提高毕业生对口就业率,提高就业质量。4月,学校开展第五届"就业与创业宣传月活动"、与市人才交流中心合作举办"实习+就业"专场洽谈会。2010年毕业生1428人,其中高职生1199人,就业率达98.19%,中专生229人,就业率达97%。

(袁晓春)

紫琅职业技术学院

【概况】 紫琅职业技术学院是江苏江海科教开发有限公司于2000年创办的全日制民办普通高等职业学院。学院占地面积47公顷(含租用土地13.33公顷),校舍建筑面积24万平方米(含租用房屋1.93万平方米),现设有机电工程系、汽车运用工程系、船舶工程系、建筑工程系、软件工程系、经济贸易与应用外语系、生物技术系、新能源工程系、公共课教育部等9个系(部)和继续教育学院,开设专业34个,在校生近9000名(包括培训生),教职工500多名。2010年,学院继续推进教学改革、强化内涵建设,新增3个专业。学院获准立项成为"江苏省中小型风力发电技术研究开发中心",与15家企业新签订校企合作协议。学院通过中国质量认证中心ISO质量管理体系再认证审核,连续三年顺利通过第三方的外部审核。年内,市委副书记、市长丁大卫,市政协主席王德忠,副市长杨展里先后到校视察调研,协调解决办学过程中的难题。市政府两次召开会议,明确学院"资产过户是依法规范办学行为的整改措施,不是市场交易的经营行为,无需对其计征营业税",从而使学院在资产过户中免收各项税费2340万元,顺利完成资产过户,在全省民办高校中率先落实法人财产权。市政府将紫琅职业技术学院升格筹建紫琅职业技术学院(本科)列入市经济社会发展"十二五"规划。学院成为中国民办教育协会高等教育委员会第一届理事会副理事长单位、江苏省高等教育学会副会长单位和江苏省高职教育研究会副理事长单位,被确定为省级高职高专实训基地建设点和2010年江苏省高等教育人才培养模式创新实验基地。

【校庆10周年】 11月5日,紫琅学院举行建院10周年庆典。副省长曹卫星专门发来贺信,省委教育工委副书记丛懋林、市委副书记黄利金、副市长杨展里等领导,兄弟院校、校企合作单位、校友以及社会各界代表共计500余名嘉宾出席庆典大会。日本电波学园集团理事长小川一行也专程参会。学院开展校庆系列活动,举办校庆专场晚会,安排16场学术讲座。

【调整系部和专业设置】 根据全省推进新能源产业和南通市建设长三角新能源基地的新形势,学院整合优质办学资源,成立新能源工程系。为适应培养复合型人才的需求,将工商管理系和应用外语系合并成立经济贸易与应用外语系。同时,在机电系、汽车系和船舶系分别新增检测技术及应用、汽车整形技术、船舶舾装等3个新专业。

【实验实训室建设】 2010年上半年,学院投资400多万元,新建新能源展览展示和实训中心;投资200多万元,新建包括船模展示室、管系实训室、港机实训室、钣金钢结构实训室、焊接实训室以及船舶CAD实训室等在内的船舶实训中心;投资50余万元,新建建筑土工实验室,增购数十台全站仪、GPSRTK测量仪等。下半年,与美国通用电气公司(GE)共建价值1600万元的GE自动化系统实训室;1.4万平方米汽车技术服务中心大楼落成并投入使用,并在楼内又新建汽车技术服务与营销实训计算机房实训室。

【继续教育与培训】 2009年底学院成立继续教育学院,2010年创办南通市博世教育培训中心和南通市紫琅职业培训学校。面向校内外开展一系列继续教育和各类社会培训及职业资格技能鉴定共计7000余人次,其中面向社会培训3500余人次。学院连续第三年荣获"机械工业职业技能鉴定工作先进集体"称号。学院与南京工业大学、南京农业大学等7所本科学校合作开展专接本教育,2010年专接本人数为213人,有33位学生顺利毕业,其中15人获得学士学位。学院还与电子科技大学合作开展远程本科教育,招收成教大专生160余人。

【创业教育】 继续加大大学生创业教育力度,学院将原有的100万元大学生创业基金增加到200万元,用于扶持在校大学生创业项目、创业教育师资培养、设施投入等软硬件建设。学院专门制定出台《大学生创业基金管理办法》,成立大学生创业基金管理办公室,负责受理大学生创业申请。2010年学院被评为"江苏省大学生创业教育示范校"。

(王振兴)

成人教育

【概况】 南通市各级党委、政府和教育部门高度重视成人教育,成人教育和社区教育工作的深度与广度有新拓展。年内一批社区教育基地受到省级认定。11月,市教育局对在通高校成人教育校外教学点进行年检。

【社区教育】 2010年,市教育行政部门组织创建成省级社区教育实验区1个、省级社区大学和省级社区学院各1所、社区教育中心4个、省级社区教育示范乡镇4个,组织对22个乡镇(街道)社区教育中心进行市级评估;组织召开全市社区教育暨崇川区中小学生社区实践教育活动现场推进会。市教育局举办南通市全民终身学习活动周,开展崇川区中小学生社区教育现场观摩活动。南通市老年大学办学成果显著,重阳节期间开展"学习成果演出展示"等活动。

【自学考试】 2010年,南通自学考试以终身教育和继续教育为落脚点,坚持学历教育与非学历证书考试并重发展,为构建终身教育体系打造开放式教育平台。学历教育与非学历证书考试总规模达21.69万人次(不含大学英语四六级考试7.74万人次),考试人次首次突破20万。全市学历教育报考规模3.93万人次,完成目标任务的67.5%;非学历证书考试报考规模达17.76万次,完成目标任务的

466.8%。市自考办挖掘潜力,稳定自考学历教育规模,推进“专接本”、“二学历”的试点工作,动员中专、职高学生参加自学考试,发挥乡镇自学考试服务站作用,提高农村自考生学习的效率。

【专业证书考试】 市教育行政部门抓住非学历证书考试中“书法水平考试”、“全国计算机等级考试”、“全国英语等级考试”三个重点项目,主动为基层单位培训高级书法培训教师、全国计算机等级考试的考务管理员和技术管理人员。全年书法水平考试11.57万人次,计算机等级考试4.15万人次,英语等级考试报名1.33万人次,三个重点项目规模比2009年翻了一番。

(沈 淦)

· 学校选介 ·

南通市广播电视大学

【概况】 南通市广播电视大学(简称“南通电大”)是南通市属地方高校,业务上受江苏省广播电视大学指导,拥有外环西路、中远2个校区。2006年挂牌“江苏城市职业学院南通办学点”。2010年,全校有各类全日制学生5362人,各类成人学员4582人,教职工207人。2010年招生工作在严峻形势下,取得五年制招生717人、三年制高职招生540人的好成绩,在南通六所高职院校中,录取分数理科第一、文科第二,达历史最好水平。开展南通社区大学筹建工作。学校申报“全国示范性市级电大”,以江苏电大系统第一名的成绩上报中央电大评审。

【教学与科研】 全面开展课程与专业建设,启动10门校级精品课程建设,确定工程造价、电气自动化、会计、数控等4个专业为校级重点建设专业。注重学生实践能力的培养,2010年全校有66人次在全国、省、市等各级各类技能比赛中获奖。年内全校公开发表论文173篇,其中核心期刊13篇;出版教材13本;获省级立项课题6项,王逸峰老师的《晚清军事后勤研究》课题获教育部立项,实现江苏电大历史上零的突破。

【德育实践】 试行学生德育实践工程,全校共有3778名学生参加德育实践活动,合格率为98.6%。赴虹桥社区,开展主题为“感恩母校 服务社会”的志愿服务活动;赴船民子弟学校,为学生送去文艺汇演,共度“六一”儿童节;联合任港街道举办法律知识竞赛。2010年中国南通国际江海旅游节暨南通菊花节,“12·5”国际志愿者日广场服务活动暨江海志愿服务平台启动仪式,学校均作为唯一入选志愿服务的南通高校,共计700余人次参与志愿服务活动。

【筹建南通社区大学】 经教育主管部门批准,2010年4月,学校成立南通市民学习中心,在此基础上筹建南通社区大学。成立社区教育指导中心、社区教育技术中心和社区教育研究所,在虹桥、和平桥、德民等社区建立社区教育基地,初步形成四级社区教育网络。至年底,社区大学筹建工作基本完成,并通过省教育厅专家组的评估验收。

【校企合作】 与伍盛网络科技有限公司、南通富来威农业装备公司、南通友星机电有限公司、南通航海机械集团等16家企业签订产学研合作协议,其中与南通富来威农业装备公司的校企合作被评为南通高校校企合作示范基地。

(孙晓榴)

卫 生

卫生事业

【概况】 2010年,全市有各级各类医疗卫生机构3399个。医疗卫生机构房屋建筑面积达306.48万平方米,开设床位2.63万张,每千人拥有床位3.36张,卫生技术人员3.06万名,每千人拥有卫技人员4.02人。全市医疗卫生机构固定资产72.3亿元。全年门急诊人次1934.06万人,住院65.74万人,人均门诊医药费用143元,人均住院医药费用7637元。全市基本医疗保障制度不断完善,国家基本药物制度稳步推进,基层卫生体系建设显著进展,基本公共卫生服务日趋规范,公立医院改革试点稳步实施,新型农村合作医疗覆盖率达99.52%,"无红包医院"创建成果再次入选"全市反腐倡廉十件大事"。卫生监督、无偿献血、应急救援、惠民医疗、医学科技、中医中药等各项事业协调发展。

【卫生改革与发展】 推进公立医院"委托经营管理"改革,实行院长负责制,强化公益服务职能,严格人均门诊和住院费用控制、药品收入占比及医疗质量等指标的考核。引入成本核算管理模式,市属医院建成全成本核算系统。调整卫生资源配置结构,10月市六院新建工程落成启用,市妇幼保健院迁建工程如期动工,市中医院门诊楼二期、市四院病房楼进展顺利,体臣卫校迁建工程通过立项。市三院、市肿瘤医院建成三级甲等专科医院,市中医院通过三级甲等医院复核。崇川、港闸、开发区均实施基本药物制度,22个社区卫生服务中心统一配备使用并零差率销售基本药物,减轻群众药品费用负担2466万元,居民到社区就诊比例43.34%,12家社区卫生服务中心成为省级示范中心,崇川区成为全省社区卫生服务先进区。

【公共卫生服务】 完善艾滋病检测实验室网络,新建艾滋病筛查检测实验室15家。实现重大疾病防控目标,完成艾滋病毒抗体检测31万人次,综合干预措施进一步落实;筛查肺结核病人3861例均,给予规范管理治疗。甲乙类传染病发病率123.42/10万。孕产妇和婴儿死亡率分别降至2.08/10万和3.97‰。11种国家免疫规划疫苗统一免费接种,覆盖包括流动人口在内的所有适龄儿童,儿童预防接种系统完成升级,实现"全市一卡通"和流动儿童信息共享。处置各类突发公共卫生事件21起,确诊甲型H1N1流感病例78例,手足口病8135例,成功救治重症病例83例,无一例死亡。对口援建绵竹市计免和儿保门诊成为省级示范项目。开展现代结核病以及结核病、艾滋病双重感染的控制工作,重点人群行为干预措施覆盖到乡镇,"四免一关怀"政策继续贯彻落实。全市累计建立居民健康档案414.2万份,建档率54.3%,完成60岁以上老人健康体检125万人。推进城乡环境卫生整洁行动,新增国家卫生城市1个(如皋市)、省级以上卫生镇8个、省级卫生村39个、农村无害化卫生户厕20.48万座。整合疾控系统业务信息资源,建立卫生应急数据库。制定各类应急预案、技术方案60余种,储备卫生应急物资106种对应急预案进行汇编。在省卫生厅组织的两次突发公共卫生事件应急演练竞赛中,分获一等奖和第一名。组织市级培训7次,培训人员566人次。全年接受群众应急工作咨询1万余人次,发放宣传资料12万份。参与全市重大活动卫生保障36批次,实现"零事故"。

【农村卫生】 推进"亿万农民健康促进行动",全市健康教育标准宣传栏覆盖率均达到100%,健康教育资料入户率以县(市、区)为单位均达到95%以上。健全覆盖县、乡、村的农村三级医疗卫生服务体系,通州、海门、启东陆续将已改制的乡镇医院收归公办,所辖六县市(含通州区)70个乡镇至少有一所政府举办的卫生院,占乡镇总数的69.3%。全市新农合参合人数520.52万人,参合率99.52%;人均筹资标准160元,其中政府财政补助120元;平均住院费用实际补偿比45.52%,县乡两级政策范围内医药费用报销比例达60.82%;新农合最高支付限额(封顶线)10万元,达农民人均纯收入的11.75倍。规范定点医疗机构监管,建立合同管理和记分登记制度,基金结余率控制在10%以内。新农合信息系统基本全覆盖,部分县(市)实现省级联网,结报系统延伸到村。启动乡镇卫生院医生"务实进修项目",1701名乡村医生完成中专学历补偿教育理论学习。

【医政管理】 市区共批准设置医疗机构7家,执业登记5家,暂缓校验3家,注销各级各类医疗机构5家,核减医疗机构诊疗科目2家。全市4000名医师参加业务水平测评,办理注册执业医师835人,变更注册1996人;办理护士首次注册1034人,变更注册1235人、注销注册2人。推进“全面改善医疗服务推进医德医风建设”专项行动,推广预约诊疗服务。深化平安医院创建活动,会同综治、司法、公安、法院部门,完善医患纠纷第三方调处机制,市区共调处医患纠纷84起,调结73起。一级以上医院全部纳入医疗保险,参保率100%,其中市区二级以上医院参保金额604万。市区无偿献血人数3.6万人次(其中自愿献血2.6万人次,应急计划单位人员献血1万人次),机采血小板3700个治疗单位,临床用血100%来自无偿献血。

【卫生法制与监督】 推进卫生监督体系建设,海安、如皋通过省级评估验收。完善审批制度改革,简化审批手续,压缩办结时限,卫生审批窗口受理各类许可申请1313件,按时办结率100%。行政审批窗口连续第六年被行政审批中心评为最佳窗口。在餐饮行业、住宿业全面实行卫生监督量化分级管理,监督覆盖率100%。完善经常性卫生监督“片警制”,强化日常监督检查,健全管理相对人台账,餐饮业、住宿业监督量化分级管理率100%。世博期间,出动卫生执法人员1.06万人次,检查餐饮、公共场所单位(包括单位食堂)3.17万户次,全年未发生重大食物中毒等安全事故。打击各种非法行医,监督检查各类医疗机构和血站279户次,查处30户次,其中取缔无证行医11户次,警告5户次,罚款25户次,罚款金额6.46万元,没收违法所得2户次,没收金额4380元。参与国家食品安全标准修编工作,市卫生监督所承担的“水产食品安全标准中关键指标限量值研究”获卫生部立项。

【医学教育与科研】 培训基层全科医师264名、社区护士101名,组织1701名乡村医生完成参加中专学历补偿教育理论阶段学习。开展乡镇卫生院医生“务实进修项目”,培训806名住院医师。体臣卫校高职护士应届毕业生执业考试通过率100%。指导市直医院与上海各大医院建立技术合作关系,选派业务骨干到上海进修学习36人次,邀请上海专家前来会诊154人次。获国家自然科学基金项目1项,省卫生厅招标课题3项,省预防医学会招标课题6项,市级社会发展指令性项目22项,指令性应用研究11项,市级社会发展指导性项目33项;市局科研项目20项。获省厅医学新技术引进一等奖1项,二等奖3项。市科技进步34项。获省卫生厅医学新技术引进一等奖1项,二等奖3项。获得发明专利1项、实用新型专利7项、SCI收录论文10篇。

【中医工作】 海安县获评“全国农村中医药工作先进县”,启东市人民医院被评为全国综合医院中医药工作示范单位。3个县级中医院入选全国农村医疗机构针灸理疗康复特色专科建设项目,7所中医院全部通过省级复核评审。4人入选第二批全国优秀中医临床人才培养对象,1人入选省中医药领军人才培养对象,2人入选省优秀中青年中医临床人才高级研修班培养对象,30人成为省农村优秀中医临床人才培养对象。国医大师朱良春入选全国名老中医药专家传承工作室建设项目专家;益肾蠲痹法、黄氏玉容丸制作技艺等列入第二批南通市非物质文化遗产。成功举办“中医中药中国行”系列宣传活动。

(宗 平)

疾病预防控制

【概况】 南通市疾病预防控制中心成立于2002年10月,在原南通市卫生防疫站(青年西路28号)、市皮肤病防治所、市健康教育所3个独立法人单位基础上撤并组建而成。2008年1月迁至现址(工农南路189号),占地9239平方米、总建筑面积1.49万平方米。中心主要职责为疾病预防控制、卫生监测检验、公共卫生技术管理与服务、预防医学教育与科研、健康教育与健康促进、皮肤病与性病诊治等。设20个职能及业务科室,现有在职职工154名,其中各类专业技术人员142名,正高级职称10人,副高级36人。2010年,各全市疫情网络直报正常运转,医疗卫生单位均实现网络直报,传染病报告率99.2%,疫情报告质量列全省第一。全市累计报告甲乙类传染病15种9343例,报告发病率为123.42/10万,比上年下降17.3%;累计报告丙类传染病7种10148例,较上年上升16.5%。组织接种甲肝疫苗,甲肝发病数较上年有所下降,疫情相对平稳。重视霍乱防治,4月1日起各级各类医院均恢复腹泻病门诊,防病与消杀药品及时到位,全市报告腹泻病人88611例,发现1例O139型霍乱确诊病例,检索各类外环境标本1329份,首次检出1份小川型霍乱菌株。正常开展流感监测、传染性非典型肺炎预警病例监测和日报告工作,未发现传染性非典型肺炎预警病例,未发现不明原因肺炎病例。全年累计网络报告手足口病8135例,重症病例83例,无死亡病例。

【卫生应急】 2010年,市疾控中心在建立应急机构的基础上成立7支相对独立的专业队伍,有57人列入应急队伍。组织力量收集、整理形成《南通市突发公共卫生事件应急处置预案、技术方案汇编》,其中国家级预案13个、省级60个、市级33个,合计103个。添置、储备传染病控制类为主的应急物资16个品种,计4万多元。9月和12月,组织全市疾控中心分别开展职业中毒并引发水体污染、学校传染病的应急模拟演练。按时完成2009年疫情年报及分析,2010年周、月、季分析。结合世博会保障,中心每周提供疫情分析报告,参加国家组织的疫情会商。据疫情网统计,全市2010年发生突发公共卫生事件21起,其中传染病疫情18起,食物中毒3起,均得到迅速有效处置。全年参加南通市2010年"两会"、"春运"、天主教海门教区祝圣活动、全球创新型经济高层论坛、上海世博会环沪"护城河"反恐怖工作医疗卫生救援等12项重大活动的卫生保障,均圆满完成工作任务。"12320"公共卫生公益电话全年处置举报、接受咨询2774人次。

2010年9月,市疾控中心组织化学品泄漏模拟应急演练

【艾滋病防制】 年内全市建立艾滋病筛查检测实验室15家,总数增至46家。市疾控中心艾滋病确证实验室共确证检测52批137份标本,比2009年有大幅提升。全市检测各类人群HIV(艾滋病病毒)抗体31万人次,新发现阳性128例。全市VCT(艾滋病自愿咨询检测)门诊接待咨询5810人,检测5049人,发现HIV阳性31例。全市累计有121名艾滋病病人进行抗病毒治疗,年末尚在治疗108人。全年开展免费CD4和病毒载量检测319人次。血友病人及其家属的医疗救治与生活救助得到基本解决。各艾滋病干预项目县每月对娱乐场所开展干预工作,均已覆盖乡镇,累计干预娱乐场所1166家、1.12万次,月均干预女性性工作者4422人,月均覆盖率为83%。市疾控中心每月对市区男男同性恋人群活动场所开展干预工作(月均干预303人),成立由12名圈内志愿者组成的预防艾滋病工作组。设于市第四人民医院的滥用阿片类物质成瘾者社区药物维持治疗门诊全年接受治疗125人,累计有264人入组接受治疗。

【免疫规划】 全市报告AFP病例21例,报告率为2.50/10万。报告麻疹病例34例,较上年193例下降82.4%。报告新发未分类乙肝403例,流调率100%。发生疑似流脑2例,疑似乙脑1例。报告疑似预防接种异常反应672例,无疫苗质量事故及接种事故。全市抽查12家县级及以上新生儿接种单位共5224名新生儿,乙肝疫苗接种率96.8%,应种未种率52.1%,24小时内及时接种率99.6%。实施补种乙肝疫苗项目,发送短信17万条,通知单31.36万份。通过查验接种证调查摸底26.06万人,应种34376人,实种34090人,接种率99.2%。继续开展麻疹疫苗强化免疫,全市适龄儿童接种215815人,接种率96.7%。南通市连续第六年荣获全省免疫规划工作综合评估一等奖。

【结核病防制】 (一)推进第七轮中国全球基金耐多药结核病项目。通过召开会议、组织培训、现场督导等措施,有效推进项目实施。2010年,市疾控中心共进行结核菌药敏试验869例,发现耐多药肺结核81例,市六院发现10例,超额完成任务。纳入治疗患者69例。(二)启动中盖结核病项目(中华人民共和国卫生部与美国比尔及梅琳达·盖茨基金会结核病防治合作项目)。10月、12月,先后派员参加在湖南省和黑龙江省召开的培训会议,至年底,各项目点均完成启动前准备,开始患者纳入工作。(三)开展第八轮全球基金监狱系统结核病防治项目。落实南通监狱、南通女子监狱和疾控中心各自承担的职责和具体任务,项目进展顺利。(四)参与国家科技重大专项研究。参与国家科技重大专项《以重组IL和GM-CSF辅助治疗难治性肺结核缩短病程及提高疗效的研究》和《复发性结核病治疗的研究》工作,按课题要求完成66例的入组筛选和治疗管理。全年对各县(市、区)进行4次结防工作专项督导,接受省卫生厅结防工作专项督导两次。市圆满完成国家规划DOTS覆盖率100%,新发涂阳肺结核发现率70%,治愈率85%以上的三大指标,有效地控制结核病疫情。

【血吸虫、地方病、寄生虫病防制】 全市在除启东以外的7个县(市、区)64个乡(镇)202个村开展查螺工作,完成查螺面积2310万平方米。完成药物灭螺面积2.9万平方米,巩固灭螺面积18.5万平方米。血防监测查病12145人,粪检结果均为阴性。完成家畜监测查病325头,未查到病牛。加工层碘盐监测批质量合格率为100%,各项指标均符合国家消除碘缺乏病标准。10月,省血地办考评组确认南通市实现消除碘缺乏病目标达标、重点地方病防治完成规划目标。启动消除疟疾行动计划,全市报告疟疾病例37例,均得到及时正规治疗,未发生病例死亡及继发感染。全市在居民和学生中共投放驱虫康23万人份,居民肠道寄生虫病监测7868人,总感染率为0.69%,小学生和学龄前儿童蛲虫病监测4925名,总感染率为0.35%。

【劳动卫生与职业病防制】 积极开展《中华人民共和国职业病防治法》宣传,全年检测企业145厂次,签订建设项目评价合同10项,完成建设项目评价项目8个,明确诊断职业病23例(其中,尘肺17例、中毒5例,职业性听力损伤1例),接受职业病咨询约600人次。

【麻风病防治】 全市新发麻风病人2例,麻风病现症病人14例,联化受治率及规范治疗率均达100%。如皋麻风病线索调查项目及海安县村级麻风病综合防治试点项目均受到省疾控中心的肯定。举办麻风病防治知识培训班1期。为全市1200名足底麻木患者免费发放防护鞋2400双,为180例麻风溃疡患者免费发放溃疡换药包2700包,并安排医务人员上门帮助清创换药。在世界麻风病日,副市长杨展里带领卫生、民政、残联、红十字会、疾控中心等单位负责人,看望并慰问海安县疾控中心麻风病残老村100多位麻风休养人员和工作人员。

【健康教育与健康促进】 全市成立健康素养讲师团,以县(市、区)为单位开展健康素养知识巡讲,覆盖率达100%。制作展板250块在全市45个街道(乡镇)巡展,举办健康咨询78场,受众近5万人。通州区和海安县纳入城乡监测点,两地各500人的现场调查和数据整理录入工作全部完成。继续开展健康促进学校创建工作,接受省教育厅、卫生厅抽查考核,全市新增省级健康促进银牌学校15所,铜牌学校74所。协同做好农村健康教育工作技术指导及业务督导,在启东、市开发区等地开展基本公共卫生服务规范的培训。

【慢性非传染性疾病防制】 进一步加强死因登记报告工作,居民死亡漏报率3%左右,完成2009年生命统计数据、肿瘤监测点数据汇总。进一步规范慢病病人管理,海安县开展"全国高血压社区规范化管理"项目,如皋市实施江苏省慢病监测项目,海门在部分村推行高血压分级管理,如东、通州等地陆续开展居民健康档案电子化管理。全市35岁及以上居民首诊测血压工作全面落实,高血压、糖尿病等慢病建档率不断提高,随访管理工作日趋规范。有序推进重症精神病管理项目,各地已完成686项目(中央补助地方卫生经费重型精神疾病管理治疗项目)所要求的线索调查、复核诊断和危险性评估,已录入患者信息1500条,项目以外的病例按基本公共卫生服务要求逐步建立健康档案。

【疾病预防控制绩效考核】 根据卫生部关于在全国范围内开展疾病预防控制绩效考核的精神,市疾控中心成立绩效考核领导小组及办公室。派员参加卫生部举办的骨干培训班,组织相关人员赴省疾控中心现场观摩,制定并实施绩效评估指标任务分解等方案。5月,通过省卫生厅组织的现场核查。6月,配合市卫生局完成对各县(市、区)的疾病预防控制绩效考核现场核查。

【中青年人员军训】 9月,举办南通市疾控系统中青年人员军训活动。250多人分两批参加在通州民兵训练基地进行的为期两周的封闭式军事化训练,其中组织1次多专业、复合型的突发公共卫生事件应急处置模拟演练,对提升队伍素质、促进市县联动起到积极作用。

(李　勇)

卫 生 监 督

【概况】 南通市卫生监督所是受市卫生局委托承担卫生监督执法事务的专业机构,行政管理型事业单位,副处级建制。具体从事餐饮食品安全、公共场所和饮用水卫生、学校卫生、职业卫生、传染病防治、医疗卫生等卫生监督执法工作。2010年,市卫生监督所开展"质量建设年"、"党风廉政建设和行风建设年"、"干部人事制度改革年"系列活动,实施"党风廉政、行风制度体系构建与提升执行力"、"创建学习型单位、学习型党组织"、"深化干部人事制度改革"、"案件主办负责制"、"行政权力网上公开透明运行"、"档案规范化管理"6个项目,各项工作高起点定位、高标准实施,年度各项工作任务顺利完成。蝉联省、市文明单位,获全省卫生监督体系建设先进单位、全省卫生监督工作先进单位等荣誉称号。

《中国卫生标准管理》杂志在南通市卫生监督所设工作站

【监督执法】 全年受理各类许可申请1313件(其中,即办件766件,承诺件502件,上报件34件,退件11件),按时办结率100%;核发许可证975户,其中新发证308户、核证308户、换证359户;预防性卫生监督审查142家,其中并联扩初审查指导42件,提前介入技术指导服务100户。先后开展地沟油专项整治、乳品及含乳食品专项整治、集中式消毒餐具专项整治、保健食品生产企业违法添加专项整治、化妆品生产经营专项检查、游泳场馆专项整治等各类专项整治或检查活动43项次。先后承担港洽会、“两会”、中高考、2010全球创新型经济高层论坛、苏新理事会、中央首长接待等卫生监督保障任务28项，均未发生责任事故。抽检食品156份，合格112份，合格率71.8%；抽检集中消毒餐具80份，合格65份，合格率81.3%；抽检公共场所用品用具272份，合格258份，合格率94.9%；采集出厂水16份，合格率100%；监测末梢水336份，合格率100%；采集二次供水20份，合格11份，合格率55%。在新闻媒体和南通卫生监督网站公告抽检结果6次。受理查处群众举报投诉148起，其中食品类53起，公共场所类11起，职业卫生类8起，医疗卫生类68起，其他8起，全部按时、按要求办结；接报公共卫生突发事件10起，均得到及时、妥善、有效的处置，全部按照有关程序上报；实施行政处罚195起，其中重大案件3起，罚款61.06万元，没收违法所得8.69万元。

【数字化建设】 在行政权力公开透明运行工作中，抓住关键，严把规范，在接受省检查组考核检查中获得较好评价。在此基础上，全面启动“数字卫监”的建设。“数字卫监”系统架构包括“一个软件整合平台”和“四个支持系统”（移动执法系统、应急指挥系统、远程监控系统、保密安全系统）。市卫生局专门调拨100万元用于项目启动。“卫生监督综合管理信息系统”试点逐步推开，力求通过“数字卫监”建设，形成卫生行政执法全程网上运行新模式。

【行风评议】 2010年，南通市卫生监督所被列为市直执法机构民主评议政风行风参评单位。在征求意见阶段，通过发放征求意见表、走访管理相对人、“短信呼”等形式，将征求意见的范围拓展到全部管理相对人和部分群众。在整改落实阶段，以“三服务一促进”（关注发展，服务大局；关注民生，服务百姓；关注下情，服务基层；依法履职，促进社会和谐）为主题，组织开展地沟油专项整治、乳品及含乳食品专项整治等群众关注的热点问题专项整治。与南通电台联办“卫生监督每周报告”。民主评议政风行风在市直各参评单位中名列前茅。

（金瑛斐　陈　敏）

·医院选介·

南通大学附属医院

【概况】 南通大学附属医院有将近百年历史，现为省属综合性三级甲等医院、卫生部国际紧急救援中心网络医院。2010年医院占地面积8.28万平方米，建筑面积15万多平方米，开放床位1861张。有33个临床科室，18个研究室、实验室，医技科室设置齐全，达到基本现代化建设标准。全院职工2381名，其中正高职称155人，副高职称343人，博士77人，硕士425人。2010年医院门急诊量134.3万人次，出院病人4.84万人次，手术2.13万台次，全年业务收入10.87亿元。医院再度荣获省卫生厅直属单位综合目标管理责任制年度考核一等奖，被评为全国医药卫生系统先进集体、全国卫生系统卫生文化先进单位、江苏省文明单位。在全省60所医院出院病人问卷函调中，通大附院病人满意度达96.44%，位列全省第二。获南通市民主评议政风行风工作先进集体、创建“无红包医院”先进集体。1位专家入选“南通市卫生系统十大真情故事”与“中国好人”候选人。

【学科人才】 2010年，医院被批准为国家级博士后科研工作站。省科教兴卫工程临床医学中心（手外科）、省医学重点学科（眼科学和实验诊断学）均顺利通过建设周期终末验收。耳鼻喉科实现三级分科建设，9个临床专科床位得到扩大，新增康复科、风湿免疫科2个病区。新增江苏省“333工程”项目资助1人，江苏省“六大人才高峰”项目资助7人。新增中华医学会专业常委2人，新增省级医学会副主任委员5人。举办13个国家级、3个省级继续医学教育培训班，招收学员2044名。

【科研工作】 全年获各级课题资助55项，其中国家自然科学基金项目11项（含重点项目1项），部级项目2项，江苏省自然科学基金项目3项，省卫生厅项目5项，省教育厅项目4项，南通市社会发展项目30项。获各级科研成果奖34项，其中省科技进步奖2项，省卫生厅新技术引进奖9项，省医学科技奖4项，省中医学科技奖1项，南通市科技进步奖18项。获国家专利4项。在各级杂志发表论文536篇，其中SCI收录论文60篇，中华系列论文66篇，统计源、核心期刊论文182篇，出版专著10部。根据《世界临床医学杂志》最新统计，名列全国医院学术成就排行榜第五十四位。

【硬件设施】 完成5号病房楼修改建工程。南区医疗服务综合楼工程通过立项审批。数字化医院建设稳步推进，以电子病历为核心的临床信息系统建设全面展开，进入上线试点阶段。全年购置医疗科研设备1147台，总计4420万元。

【公益服务】 完成各项对口支援任务。先后派出103名医疗队员赴启东市人民医院、海安县人民医院、海门市人民医院进行对口支援，87名医疗队员到狼山医院、小海镇卫生服务中心对口支援，8名医疗队员赴陕西省南郑县人民医院对口支援。组建医疗队分别赴新疆伊犁、圭亚那执行援疆、援外医疗任务。积极应对甲流感等重大疫情,认真落实低保患者医疗费用减免相关政策。完成"心蕊工程"、"明天计划"、"微笑列车"等慈善项目手术100余例,均取得良好效果。完成政府指令性重大活动医疗保障、紧急医疗救治任务30余次。

(倪 歌)

南通市第一人民医院

【概况】 南通市第一人民医院(简称"市一院")为市属三级甲等综合医院。核定编制床位710张,核定开放床位1100张,设有30个病区,32个临床专科,24个医技科室,36个专科门诊。现有职工1325人,其中专业技术人员1217人,其中高级职称194人,中级职称391人。2010年,市一院以加强内涵建设、提高医疗质量和服务水平为重点,切实履行骨干公立医院职责,医疗、教学、科研各项事业健康发展,全院主要质量和效率指标达到较好水平。总诊疗66.35万人次,出院病人2.69万人次。总收入4.91亿元,其中业务收入4.56亿元,分别比上年增长6.3%和6.2%。医疗费用得到较好控制,出院病人平均费用和门诊病人平均费用分别为12663元和167元。年内被评为省首批医疗保险AAA级诚信服务定点单位、市党建工作示范点、市人才工作先进单位。

【医疗质量与安全管理】 严格核心制度的落实,抓关键时段和关键科室的管理,抓关键病人和关键流程的管理。实施临床路径管理,加强抗菌药物临床分级使用的规范管理。组织"创先争优"杯病历书写竞赛、临床医师查房竞赛和"三基"竞赛系列活动,在省卫生厅"三基"测试中取得医师第8名、护士第15名的较好成绩。电子病历进入试运行。深化护理内涵,启动"优质护理服务示范工程",成立5个示范病区,开展"无陪化温馨病房"试点。强化医疗安全教育,邀请知名专家作"侵权责任法"专题讲座及医疗事件案例分析。细化病人安全措施,加强医患沟通制度建设和医院感染管理。在省卫生厅医疗质量与安全专项检查中获充分肯定。

【专科建设与人才培养】 截至2010年末,全院有2个省级临床重点专科和1个省级临床重点建设专科,有16个市级重点专科和3个市级重点建设专科。全院获省医学新技术引进奖二等奖2项;获市医学新技术引进奖32项。获省医学科技奖三等奖1项,获市科技进步奖12项,其中二等奖2项。成功举办继续教育学习班国家级1项、省级10项。至年末,有87人次被列为省医学重点人才、省"333"培养对象、市"226"培养对象、市专业技术拔尖人才和市医学重点人才等。"1233"人才建设工程序时推进,首批17名优秀青年医学人才和25名优秀青年护理人才得到重点培养。7名业务骨干赴德国、澳大利亚以及中国台湾研修。

市一院承办2010两岸护理学术交流会

【设施建设】 原外科楼整体改造工程列为市政府重点工程,年内结构加固项目基本完成。完成CT、DR机房及综合病房楼DSA机房的改造,添置10万元以上医疗设备26台(套),新增设备固定资产4308万元,设备总资产达2.4亿元。5月1日,医院信息管理系统整体切换一次成功,包括22个子系统的各程序模块将全院业务信息和管理信息有机整合。

【承担指令性任务】 (一)手足口病医疗救治。承担全市大部分危重手足口病的救治任务,共收治手足口病患儿406名,其中重症患儿66名,无死亡病例。(二)援疆、援陕工作。派出2名业务骨干开展援疆医疗服务;派出2批共8名队员赴陕西省三原县医院开展对口支援工作。(三)完成卫生支农、征兵体检、院外会诊、社区医疗服务以及港洽会、中高考医疗保障等指令性任务。卫生支农全年下派四批38人次,帮助对口支援医院开展一批新技术项目。开展惠民医疗服务,落实医疗救助制度。全年惠民医疗报销6.56万元,三无人员救助31.14万元。

(施建红)

南通市第二人民医院

【概况】 南通市第二人民医院(简称"市二院")是港闸区唯一的市属二级甲等综合性医院、南通市惠民医疗定点医院,实际开放床位360张,下设11个病区、22个临床科室,拥有市级医学重点学科1个(康复科),市级临床重点专科3个(康复科、骨科、消化内科)、市级临床重点建设专科2个(心血管内科、神经内科)。全院有职工521名,在编444名,其中卫技人员400名,高级职称69名,中级职称172名。2010年,市二院加强规范化管理,实施"科技兴院"战略,各项工作取得明显进步。全年门急诊病人25.43万人次,住院病人7537人次,分别比上年增长21.2%、2.9%,床位使用率达94.3%。总收入1.33亿元,其中业务收入1.13亿元,比上年增长12.8%。净资产1.29亿元,增长16.2%,固定资产1.31亿元,增长23.6%。2010年,被授予市医院工作先进单位、市卫生行风先进单位等称号。

【专科建设与人才培养】 专科建设持续加强。骨科、康复科、消化内科等重点专科保持良好发展势头。承办省继续医学教育项目“脑卒中的康复治疗与护理新进展”学习班,成立南通市康复医学会,进一步做大做强康复品牌。组织人员赴镇江参观急诊科建设。邀请上海中医院专家定期坐诊。鼓励心内科、神经内科、儿科等优势学科引进新技术、实施新项目,学科水平不断提升。人才工作取得新进展。全年引进优秀人才27名。与复旦大学合作举办人才培训班,有步骤地推荐中青年业务骨干进入相应层次的人才培养计划,人才梯队建设取得明显进步。

【基本建设】 装修改造部分医疗用房,对中央空调机组、高配间机组改造升级,院内整体面貌得到改善。重点推进医院“南扩工程”,论证、调整总体规划设计方案,完成工程前期征地拆迁,对工程建设的项目管理、招标代理等进行调研初选。全年购置万元以上设备21台(件),投入资金130余万元。

(沙静华)

南通市第三人民医院

【概况】 南通市第三人民医院是一所全民所有制三级甲等医院,医院始建于1962年。前身为南通市传染病医院,现已发展成为一所集医、教、研于一体的具有显著专科特色的综合性医院,是南通大学附属南通第三医院,南京中医药大学南通中西医结合临床医学院,江苏省基本现代化医院试点单位,附设南通市肝病研究所。南通三院坚持“以德治院”,创建全国首家政府命名的“无红包医院”,并保持15年如一日,得到社会的广泛赞誉,成为全国卫生系统职业道德建设的一面旗帜。先后获得“全国文明单位”、“全国职工职业道德建设十佳单位”、“全国五一劳动奖状”、“全国卫生系统先进集体”、“全国医德建设先进集体”、“全国卫生系统思想政治工作先进单位”、“中国百强品牌医院”等多项国家级荣誉。探索“以专科为重点、综合学科协调发展”的创新之路,跨入全国同类医院的排头兵行列。医院实际开放床位900张,建有43个临床医技科室,有职工1000余人。2010年总诊疗人次43.4万,比2009年增长2.5%,出院1.43万人次,增长12.5%。总收入3.2亿元,增长19.6%,业务收入2.96亿元,增长18.9%。2010年,在省卫生厅对全省47所三级医院1~3季度运行情况通报中,医院运行综合评价指标值名列全省第五,专科医院中名列第二。2010年,市三院被省厅批准成为江苏省第二家、苏中苏北地区唯一的三级甲等传染病医院。

【患者安全管理】 根据江苏省《医院手术分级管理规定》、《医院手术分级目录》,重新审定、确认各级医生的手术资质和手术范围,细化手术分级审批制度;推行“手术安全检查表与手术风险评估表”制度,严格防止手术患者、手术部位及术式发生错误;规范抢救车管理,各科室抢救药品、物品统一放置,确保应急状态下正确使用;成立处方点评专家组,指导药剂科的专职临床药师每月的处方点评工作;投资10多万元安装合理用药检测系统,实时对医生用药进行监测提醒;建立患者心理安全维护机制,明确经治医师和责任护士是患者心理安全的责任人;严格执行生命紧急值报告制度等医疗服务中各相关环节接口的管理制度,确保服务的顺畅、便捷和安全。2010年,市三院被省医院协会确定为患者安全目标合格单位,平安医院创建通过省级评审。

【科研与教学】 市三院与其他医院合作开展《慢性乙肝临床转归及相关影响因素的研究》等3项国家“十一五”重大课题研究。年内,1项课题获省科技厅“科技基础实施建设计划”资助,4项课题获市社会发展计划项目立项。4项课题获南通市科技进步奖。全年发表论文118篇,其中SCI收录论文2篇,核心期刊、统计源期刊发表论文50篇,2篇论文在亚太肝病年会上壁报交流。全年组织10多次院级业务讲座,近2000人次参加。安排20余名医技护人员外出进修学习,卫技人员继续医学教育覆盖率达100%,中级职称以上人员取得继续教育规定学分达标率100%。成功举办“新发传染病暨病毒性肝炎诊疗新进展培训班”等2项省级继续教育项目。承担南通大学多个专业30余个班级的传染病学、内科学、外科学及诊断学教学任务。完成南京中医药大学、南通大学300余人的实习教学任务。接受护理实习生103人,全年进行理论及操作培训968人次,培训率100%。

【基础建设】 完成传染科门诊、病房改造,并在病房与门诊之间新建风雨连廊。拆除4号楼前的平房、老车库,新建非机动车车库。拆除旧职工食堂、浴室、洗衣房,建成景观绿化带。对供应室、血透中心、营养食堂、职工食堂等进行改扩建。

【创建“白求恩式医院”】 从2007年起,市三院在保持“无红包”医院的基础上,迈进,提出开展“白求恩式”医院创建的更高目标。2010年,市三院评选表彰“白求恩式医生、护士”及“十佳医生、护士”。2009年、2010年,在江苏省卫生厅对60家医院出院病人函调中,南通市三院综合满意度名列全省第七,南通市第一。12月17日,江苏省委副书记、代省长李学勇一行在市领导陪同下到市三院视察,高度肯定市三院医德建设的做法。

(葛　锋)

南通市第四人民医院

【概况】 南通市第四人民医院(南通市精神卫生中心)位于港闸经济开发区城港路37号,是一所集医疗、教学、科研、防治于一体的全民所有制医院;是专业防治神经精神心理疾患的省重点专科医院、省政府指定的南通地区唯一进行精神司法鉴定、自愿戒毒的医院。拥有精神科男女病区,心身康复科、内科、神经科、普外、脑外、胸外、骨外等病区;设有精神科、神经内科、内科、外科、骨科、妇产科、儿科、五官科、口腔科、皮肤科、中医理疗科等临床诊疗科室;同时开设南通市心理咨询中心、南通市精神司法鉴定所、南通市美沙酮药物维持治疗门诊等科室。医院承担南通大学医学院等多家医学院校的实习带教工作,同时承担南通大学心理专业研究生带教及南通大学国家心理咨询师执业资格培训任务。医院现有职工398人,其中在编255人、编外143人;具有高级专业技术职称66人,中级职称82人,初级职称149人。有床位350张。2010年,门急诊12.48万人次,出院3877人次。医院加强行风建设,继续保持"无红包医院"荣誉。年内获江苏省司法鉴定先进集体、江苏省"迎世博 讲文明 满意在江苏"活动先进集体。12月,医院党总支改建为党委,并选举产生新一届党委和纪委班子。

【基础设施建设】 年初,新食堂楼竣工并投入使用,职工、病人及家属就餐环境得到改善。5月,7700多平方米病房楼二期工程奠基开工,年底完成土建施工。

【科研与培训】 年内,市四院主持召开南通市精神医学学术年会2次;申报科研课题6项,其中1项被列为市级指令性课题,3项被列为市级指导性课题,2项课题在市卫生局立项,有2个项目分获南通市科技进步二、三等奖。全年在省级以上专业期刊发表学术论文40多篇,80余篇论文参加市级以上学术交流,发表100多篇专业科普文章。全年组织医务人员集中学习培训25次,200多人次外出参加省级以上学术会议。选派临床技术骨干15人参加在职研究生课程班学习,1人在读博士学位。选派16名医疗骨干和医疗管理人员到省内外有关医院进修、学习,1名护士长参加中华护理学会组织的为期2个月精神科专科培训。

【南通市心理咨询中心】 至2010年11月,全省首家从事心理咨询与治疗的专门机构——南通市心理咨询中心已运行10年。每年接待各种心理咨询与治疗10多万人次。先后与南通中学、通州平潮中学、如东实验中学、南通中专、南通商贸高等专科学校、南通航运学院、南通纺织技术学院、南通农业技术学院、南通监狱、南通收容教育所等单位共建心理健康教育基地,派专家上门进行现场心理咨询。先后为大专院校、部队官兵、厂矿企业及司法、公安、妇联单位等进行心理卫生专题讲座140多场次;为社会各界义务心理咨询、义诊182场次。与南通广播电台合作"名医讲座"、"心灵对话"、"青春你我他"、"家有儿女"、"家长学校"、"真情面对面"等节目150多期;与《江海晚报》合办《心理健康》专栏130多期。

(毛兰青)

南通市中医院

【概况】 2010年,南通市中医院彰显中医特色品牌,强化医院内涵建设,加快"三名"(名医、名科、名院)建设步伐,医院改革发展取得成果,医、教、研各方面工作都上新台阶。2010年,医院总收入2.57亿元,比上年增长4.91%;其中业务收入2.37亿元,比上年增长9.93%。诊疗人次达44.89万人次,出院1.19万人次,分别比上年增长2.18%和7.53%。综合业务大楼一期工程完工,3月12日完成门急诊搬迁。综合业务大楼二期工程进展顺利,进入内外装修阶段。2010年,市中医院获江苏省"五一劳动奖状"、南通市卫生系统先进集体和市卫生行风建设先进单位光荣称号,金荞麦制剂方法列入南通市第二批市级非物质文化遗产名录(金荞麦制剂在治疗呼吸系感染性疾病上有广泛应用,1984年曾获国家发明三等奖)。

【中医中药特色优势工程活动】 以缓解病人看病贵、看病难为目标,市中医院开展中医中药特色优势工程活动。(一)加强中医、中药宣传。加强中医内病外治、冬病夏治的特色宣传,加强中医中药文化养生知识宣传,举办第二届中医膏方节,举办著名中医药专家义诊。开展全院中医药"三基"知识竞赛。(二)制定进一步加强发挥中医药特色的规定,注重中医药特色发挥和参与。消化内科运用院内特色制剂治疗慢性胃炎、慢性结肠炎;中医妇科运用中药煎剂加灌肠治疗慢性盆腔炎,中药经皮给药治疗盆腔瘀血综合症;泌尿外科应用"慢前煎"治疗慢性前列腺炎;针灸科运用针灸方法,治疗肥胖症、痤及美容,小针刀治疗颈椎病、腰腿痛等;内儿科冬病夏治、内病外治,中医冬令进补膏方等在临床得到进一步重视和发挥。手术科室特别是妇科、外科、骨伤科注重围手术期中医药的参与,围手术期中医药参与率达46%。加强对重点病种质量监控,优势病种中医治疗率达到72%。

【科研工作】 2010年,全院科教经费投入457.06万元,占医疗收入的5.25%。有4项课题通过鉴定。在研立项科研课题20项,新立项课题5个。年内获江苏省中医药科学技术奖二等奖1项(合作)、三等奖1项,并获南通市科技进步奖、市卫生局优秀中医药项目奖、新技术引进奖等共10项。

【参加"中医中药中国行"活动】 "中医中药中国行"文化科普宣传周于2010年9月19~24日在北京朝阳公园举行,全国200多家中医医院和中药企业参加活动,南通市中医院三块展板参加展示,派出消化内科和针灸专家现场义诊、咨询,接待100多人。在9月19日晚上的"中国中医药中国行"表彰大会上,国医大师朱良春寄语中医界,不仅要搞"中医中药中国行",还要将中医中药推向世界。

(王家骜)

南通市肿瘤医院(南通市第五人民医院)

【概况】 南通市肿瘤医院是一所全民所有制的三级肿瘤专科医院,始建于1972年,总部位于通州区平潮镇,是国内创建最早、规模最大的地市级肿瘤专科医院。2006年4月,兼并位于青年西路的原南通港口医院,成立南通市肿瘤医院南院,并增挂"南通市第五人民医院"牌子。2010年,医院实现历史性跨越,顺利通过江苏省卫生厅等级医院评审,成为三级甲等专科医院。全院在职职工1032名,编制床位720张。全年医院门诊诊疗人次13.82万人次,出院病人1.64万人次,总收入3.4亿元,业务收入3.24亿元。完成固定资产投资4484万元,年末总资产3.92亿元。

【"三甲"创建】 2010年,医院以创建三级甲等肿瘤专科医院为龙头,狠抓基础管理,落实创建措施,有序推进创建工作。9月19~20日,省卫生厅三级甲等医院评审专家组对医院创建三级甲等肿瘤专科医院进行现场评审,专家组对医院两年多来创建取得的成绩和显著进步予以充分肯定。12月31日,省卫生厅发文确认南通市肿瘤医院为三级甲等专科医院。

【PET-CT正式投入使用】 6月,南通市PET-CT中心在肿瘤医院南院成立,医院购置的苏中地区首台PET-CT投入使用。PET-CT是卫生部管理的甲类大型医疗设备,为目前全球最高端的医学影像诊断设备,一次显像可获得全身各方位的断层图像,可一目了然的了解全身整体状况,达到早期发现病灶和诊断疾病的目的。临床应用上,在高端健康体检、肿瘤的早期发现、良恶性病变的鉴别、肿瘤的分期及疗效评价、原发灶、转移灶的查找等方面独具优势。启用后运行良好,全年检查1231人次。

(丛顾俊 杨晓晴)

南通市第六人民医院

【概况】 南通市第六人民医院前身为南通市肺科医院,始建于1972年,原址位于城市绿谷(原陈氏花园)。2008年,经市政府研究决定,将市肺科医院整体迁至永和路500号,并按二级甲等综合性医院标准组建市第六人民医院。该项目被列为市政府为民办实事重点工程之一,2009年4月奠基开工,2010年10月竣工投入使用。新医院规划用地4万平方米,建筑面积3.2万平方米,一期投资1.5亿元,设置床位380张。内设急诊科、呼吸科、心脑血管疾病科、消化内科、肾脏/内分泌科(血液净化中心)、普外/胸外科、骨科、妇科、眼科、耳鼻咽喉科、口腔科、皮肤科、中医科、体检中心、结核病诊疗中心及医技科室等。2010年,医院在职职工250人。门诊诊疗1.41万人次,住院1179人次,三日确诊率92.3%,危重病人抢救成功率87.6%,住院病历甲级率达95%以上。全年未发生重大医疗事故。

【专科建设】 市重点建设学科——结核病专科,参与国家科技重大专项《以重组IL-2和GM-CSF辅助治疗难治性肺结核缩短病程及提高疗效的研究》、《结核病药敏及快速诊断技术和产品的研究》、《复发性结核病治疗的研究》等科研项目的研究。呼吸内科、心内科、肾内科等临床科室在正常开展各种常见病、多发病的诊治同时,培育和建设自己的特色专科、特色项目,成功开展无痛支气管镜、无痛胃镜等新技术项目。

(蒋杏茂)

南通市妇幼保健院

【概况】 南通市妇幼保健院(南通大学附属妇幼保健院、南通市虹桥医院)是一所集医疗、保健、科研、教学为一体,以妇幼保健为中心的综合性医院。前身为南通市妇产科医院,于1983年4月1日正式开诊,1992年增挂"南通市虹桥医院"牌子,1999年与市妇幼保健所合并,2002年更名为南通市妇幼保健院。2004年被江苏省卫生厅评为三级乙等妇幼保健院。2006年增挂"南通大学附属妇幼保健院"牌子。医院有编制床位320张,实际开放300张,设有10个病区,12个临床科室,9个医技科室,37个专家专科门诊。拥有4个市级重点专科(助孕中心、产科、新生儿科、微创妇科)。2010年,全院在编职工496人,其中卫技人员384人,高级职称77人。全年门急诊人数32.12万人次;住院病人1.07万人次,床位使用率105.9%,比上年提高9个百分点。全年实现业务收入1.21亿元,比上年增长10.1%。2010年度被授予全市卫生系统先进集体等荣誉称号。

【科研教学】 2010年科教经费投入316万元,占医疗总收入5%。全年获市科技局课题立项4项,市卫生局课题立项4项,南通大学课题立项5项。有3项课题通过验收鉴定。获市科技进步三等奖2项,市卫生局新技术项目引进二等奖1项、三等奖1项。全年职工在省级以上期刊发表论文54篇,其中统计源以上期刊28篇,核心期刊8篇。继续做好南通大学临床教学工作,完成南通大学4个专业34个班级课程教学和12个班级的临床带教工作。护理部完成南通体臣卫校、江苏建康职业学院、泰州职业技术学院实习生55人以及市三院的实习妇产科、儿科计79人的带教工作。

【迁建工程】 市妇幼保健院整体迁建工程于2010年5月18日奠基,并被市政府列为十大实事之一。9月完成桩基基建工作,11月完成4000平方米地下人防工程。年内,工程概算通过市卫生局审核、并经市政府同意,总额为3.31亿元,增加工程投资3760万元。21层主楼的基础工程招标工作完成,设计图纸正在优化调整之中。

(朱 剑 陆 蓉)

南通市红十字救护中心

【概况】 南通市红十字救护中心是南通市唯一院前急救独立机构,成立于1991年12月,主要任务是负责急、危、重病人的院前急救及伤病员的长短途转院、送出院以及政府指令性医疗保健和保障等。中心设有一室三科,5个分站。现有在编职工43人,临工12人,其中专业技术人员28人。中心拥有救护车18辆、指挥车1辆。2010年,南通市红十字救护中心全方位提升院前急救能力和应急保障能力,发挥保驾护航作用。有计划开展技能比赛、实战演练和理论考试,提高应急救援水平。圆满完成2010年上海世界博览会的卫生保障任务。全年未发生医疗纠纷及安全行车事故。年内顺利完成编内、编外人员的招聘工作,编外人员的招聘全程接受公众监督。

(陈明华)

2010年10月，市第六人民医院落成

生态建设篇

环境管理

环境科技

环境监测

环境质量指标

节能减排

固体废物管理

节水与水资源保护

自然生态保护

环境保护

综述

【概况】 2010年,全市环境保护工作围绕“为发展腾出更多的环境容量,为群众创造更好的环境质量”目标,继续以生态市创建为引领,着力抓好重点污染源监管,持续推进节能减排,全面深化农村环境综合整治,各项工作取得新进展。环境专项行动措施有力,一批群众反映强烈的环境问题得到初步解决。主要污染物减排成效显著,全面超额完成“十一五”主要污染物存量削减任务和省政府下达的年度减排任务。“治淮”工程全面建成并通过验收,完成率全省第一。环境应急得到加强,环境突发性事件创近年最低;秸秆焚烧得到控制,禁烧工作全省第二,苏中第一。城市环境综合整治取得成效,机动车尾气污染监管力度得到加强,全市轻型汽车“稳态工况法”尾气检测率达100%;市区“清水工程”三年行动计划全力推进,“蓝天工程”五年行动计划全面启动。核辐射监管实现全覆盖。全国环境监测工作会议在南通召开,南通经验在会上交流。《南通市环保局行政处罚自由裁量规定》被省监察厅、省环保厅向全省转发,规范处罚裁量的做法被《人民日报》报道,被市纪委评为反腐倡廉十佳好制度。环保审批窗口在市行政审批中心29个窗口中唯一连续十二个季度被评为“十佳窗口”,同时被省环保厅评为全省环保系统“十佳环保窗口”。市环保局荣获全国污染源普查先进集体、全省先进环保局、全省环保执法工作标兵单位、全省应急管理工作先进单位、全省排污收费工作标兵单位、全省环境信访工作目标管理先进集体。获得全市应急管理工作先进单位、南通市服务对台经济工作先进单位等多项荣誉。

(黄 华)

环境管理

【环境执法监管】 加强国控、省控等重点企业监管。对违法排污企业始终保持高压态势,全面推广移动执法,实行分片包干,责任到人。重点污染源企业监管每月不少于2次,集中式污水处理厂每周不少于1次,每月组织2次以上执法大检查,必要时实行全天候蹲守。全年共出动现场执法人员6.6万人次,检查企业3.6万厂次。开展重点污染源检查、环境重点案件后督察、秸秆禁烧、化工企业专项整治等各类执法大检查48次,是上年的1.3倍。完成一厂一档249件。组建工作小组,强化技术服务,确保整治标准一致、进程统一,企业投入整改资金1748万元,铺设明管2282米,建应急备池1.08万立方米,安装电磁阀24台,新装流量及数据采集系统3套。借助企业环境信用评定,督促企业补交排污费300余万元,9家企业安装化学需氧量(COD)在线监控,6家企业补办排污许可证。审核并处罚环境违法行为23件,罚款117万元。

强化区域整治合力。落实联防联保长效管理措施。与通州区、崇川区、开发区、港闸区联动推进印染、钢丝绳等行业的整治,企业治污能力得到根本提高和有效监管。

健全执法基础。制订《自动监控系统报警处警制度》,完成新增国控重点源在线监控设备安装、全市20吨自备锅炉省级联网和火电企业的脱硫设施旁路烟道挡板铅封。制定《南通市环境保护局企业环境信息电子档案管理办法》,移动执法系统、一厂一档企业电子档案管理系统、环境信访处理系统、建设项目“三同时”管理得到进一步完善,成为具有环境管理服务功能的综合性平台。港闸污水处理厂、开发区第二污水处理厂完成过程监控,市区污水处理厂、饮用水水源地等重点地段的视频监控基本完成。

(黄 华 张 和)

【环境专项整治】 对14个群众反映强烈、对环境安全构成重大隐患的环境问题进行挂牌督办,联合纪检监察部门开展四次督查,至年末,14个挂牌督办事项中,7个按时完成,4个正在实施,3个申请延期。开展涉铅生产企业环境专项整治,排查25家涉铅重点企业,其中6家关闭,2家长期停产,生产经营正常的企业污染治理设施均整治到位。集中开展通盐地区化工企业环境整治,海安、如东两县辖区内的化工企业整治取得阶段性成果。实施秸秆禁烧。通过高频率的媒体宣传,提高群众禁烧意识。与农委联合出台《南通市秸秆综合利用和禁烧工作考核奖惩办法(试行)》,

从环保补助金中拿出400万元,对3个区及通州区兴东镇实行考核奖励。全年禁烧期间共出动1700多人次,督查585次,扑灭火点百余处。对全市144家规模化畜禽养殖场进行执法检查,基本摸清全市畜禽养殖业污染情况。

(黄 华 张 和)

【环境突发事件处置】 加强风险调查和应急预案。建立南通市环境风险源数据库,对石油加工炼焦、化工原料及化学制品制造业、医药制造业3大类10中类35小类的所有647家产业的82项指标逐一进行检查、填报。制定《环境应急处置人员AB角制度》和《应急处置专家库工作方案》,成立应急处置队伍,实行全天候双岗待命制。10月15日,联合海门市政府举行环境突发事件演练,市、县、园区、企业四级联动,在机制、模式和联动三方面取得实战经验。年内成功处置狼山水厂取水口油污染、南通市再生资源总公司废旧氯气钢瓶泄露、如皋长青沙水厂取水口周围重油污染等3起环境突发事件,应对江西剧毒化学药桶沿赣江向下游漂流事件,有力保障环境安全。

(黄 华 张 和)

【环评审批与项目管理】 (一)严格环境准入。认真贯彻执行国家产业政策,构建"三个严格"(严格空间准入、严格总量准入、严格规模准入)的环境准入机制,要求新建化工项目一次性投资额在1亿元以上,电镀项目实行"开一关一、等量替换"。对照标准,规范环评审批,对化工、电镀、印染等16类污染较重的建设项目从严把关。对江山农化等3家农药和医药类项目开展环境影响后评价,完善污染治理设施,提升达标排放水平。建立完善建设项目审批与环保基础设施建设、污染减排绩效挂钩制度。全年否决18个项目、总投资15.55亿元。(二)实施环评提前介入。继续推行并联审批、网上预审制度。全年完成27个并联审批项目、19个网上预审项目,为120家企业进行报审培训,发放环评审批"一卡通"356份。推行项目环评招投标,审批过程实时透明公开。对照分类管理名录,按照所处区域和周边环境,分类合并,"捆绑审批"。市区53条城市道路项目,通过整合,简化编制报告书11本,环评编制时间缩短1/2,环评费用降低1/3。苏通科技产业园、南通醋纤五期扩建、华能南通电厂、通富微电子、南通同方半导体等项目,均在较短时间内拿到环评批文。(三)加强规划环评。以"十二五"规划编制为契机,以区域资源承载力、环境容量为基础,以节能减排、淘汰落后产能为目标,积极推动建立与发改、规划、国土部门的联动机制。《江苏沿海地区发展规划环评》得到环保部确认,南通港启海港区总体规划环评通过交通部审查,苏通科技产业园一期规划环评通过省厅审查,通州滨江新区横港沙纺织化纤产业园一期规划环评通过市环保局审查。(四)推进环境基础设施建设。开展环境基础设施建设专项督查,主动上门服务,解决32个问题。实行月度报告制度,协调解决推进中的问题。开展重点化工园区环评审批回头看,对光荣化工、大海化学等批复超过5年尚未实施、污染较重的14个项目,不再予以确认,腾出环境容量支持低污染、高效益的项目建设。(五)工程领域专项治理。对2008年以后政府投资的136个新开工项目进行全面排查,16个未办理环评审批手续的项目责令补办,其中年内14个完成审批。全年审批项目建设项目188个,项目总投资578亿元,环评书76个,环境影响报告表112个。(六)核辐射监管项目审批。全年共办理核辐射监管项目审批业务60件,配合省厅完成回收底源20枚,检查全市放射源单位30家,市区II类射线装置单位21家,抽查县区II类射线装置单位17家,市区III类射线装置单位43家,检查率、核与辐射项目"三同时"验收率、信访投诉调处率均达100%。

(黄 华 葛 刚)

【企业环境行为信息公开】 对市区274家企业进行环境行为年度评定,评出绿色级企业38家,蓝色级企业104家,黄色级企业97家,红色级企业27家,黑色级企业8家,评定结果于2010年6月3日通过新闻媒体向社会公布。全年共出具未受处罚的合法证明140份,上市企业环保核查意见8份。

(黄 华 陆天静)

【排污费征收】 加强企业排污申报和核定工作,进一步摸清家底,规范排污费征收的核定、征缴程序,努力拓宽收费渠道和范围,做到应收尽收。加大执法力度,从强化污染源监管入手,以监管促征收,对不履行缴费义务的企业依法征收、追收排污费。实施专项稽查,促进征收。对9家提出排污复核申请的企业进行现场核查。对53家国控源的排污费缴纳情况进行稽查。按照《中华人民共和国水污染防治法》规定,南通市停止征收污水排污费及污水超标排污费,减收约2000万元。2010年,全市共征收排污费1.55亿元,完成省定的排污费征收任务。

(黄 华 季 旬)

【信访处理】 围绕年初确定的信访总量下降目标,变被动上访为主动下访,变被动监管为主动挂牌。采取多部门联动机制,缓解油烟污染和夜间挖土、铝合金加工噪音扰民的群众投诉;解决市区新建路新村71幢旁基站辐射污染问题。对52个重点环境违法案件行政处罚执行情况、整改措施落实情况进行后督察,一大批老大难问题得到有效解决。每季度开展一次环境信访矛盾纠纷排查,把问题梳理分类,明确包案领导,立足于提前介入、协调化解,将信访问题化解在萌芽状态。坚持每周二局领导信访接待日制度。全年共受理各类环境信访投诉5677件,比2009年下降9%;省级以上越级信访464件,比2009年下降19%;重要信访64件,比2009年下降43%。被省环保厅评为“全省信访调处工作先进单位”。

(黄　华　顾宇翔)

【环保宣教】 加强媒体和社会宣传。全年在各级新闻媒体播发有关环境保护的通讯、评论、连续报道等500余篇(条),其中,国家和省级媒体播发稿件50余篇(条)。《南通日报》、《江海晚报》、南通电台和南通电视台在报道动态新闻的同时,还推出专版、专题及深度报道、连续报道20多个。在市区主要路段发布公益广告20余块,面积近2000平方米。启动“生态文明与我同行”南通环保联合行动,联合市教育局、团市委、妇联、科协及有关学校企业、社区等开展以“节能宣传月”、“科普宣传周”、“六·五”世界环境日、“五五”普法宣传、“秸秆禁烧及综合利用”等主题宣传活动10多个,参与人数达万人。

全面深化绿色创建。先后举办绿色学校创建培训班、大学生环保社团骨干集训班、绿色社区创建培训班、绿色宾馆创建培训班,全年共建成省级绿色学校13所、省级绿色社区20个,市级绿色学校30所、绿色示范学校12所、市级绿色社区22个、银叶级绿色宾馆10家。

(黄　华　李耀东)

环境科技

【环境科研】 全年申报国家、省、市各类科研课题20项,4项获得立项,4项科研课题通过组织验收。为解决钢丝绳行业废酸污泥污染问题,完成污泥资源化技术的课题研究,并通过市科技局组织的成果鉴定;废酸资源化技术课题研究取得阶段性成果,自行研究的废酸资源化利用技术在江山农药股份公司完成10万吨规模的中试。推广企业污管明走电磁阀控制技术,在观音山地区环境综合整治中取得效果;推广污泥压缩干化技术,使污泥的含水率降到70%以下。

(黄　华　吴玉军)

【清洁生产审核】 按照国家环保部2010年颁发的54号文件要求,12个行业的企业作为重点清洁生产审核,5个重金属污染行业的企业开展二年一轮审核,7个产能过剩行业的企业开展三年一轮审核,其他行业的企业开展五年一轮的审核。联合经贸委共同举办一期国家清洁生产审核员资格培训班,59人取得国家清洁生产审核师资格证书。全年对本市18家企业开展清洁生产审核,为污染物减排任务的完成提供支撑。率先在全省出台《南通市清洁生产审核管理办法》和《南通市清洁生产审核咨询机构管理规定》,为进一步加强对清洁生产审核工作提供制度保障。

(黄　华　章艳清)

环境监测

【概况】 根据《环境监测报告制度》规定,按时高质完成市区环境空气、水质、土壤、近岸海域、生物及生态环境、噪音、辐射等例行监测任务,全年共获得环境监测数据68184个,比上年增加15.3%。按时上报各类环境质量监测数据,编制2009年度环境质量报告书和监测年鉴,2010年环境质量月报、季报和年报及各类分析报告186份。优化监测方案,组织市县两级全市地表水小康考核断面同步监测6次、4次季度生态补水效果和下半年全市引江调水同步监测工作,获得数据5247个,为全市地表水长效管理提供技术依据。编制《南通市印染、钢丝绳行业集中区水环境专项监测报告》,为全面反映区域污染整治成效、及时发现反馈治理中的症结问题提供数据支撑。投入72万元完成4个功能区噪声自动监测系统的建设,并于年底建成运行;更新升级现有的2个交通噪声自动监测显示屏,即时发布噪声监测数据,提升公众环保知情权。水质自动站扩建全面展开,农场中心河水站和狼山水厂生物毒性自动监测项目完成招标签约,站房设计进展顺利。洪港水厂新增VOC、挥发酚监测项目完成前期准备。空气监测能力全面拓展,世博会期间,积极参与长三角区域环境空气联动监测,每日定时上传南通市5个空气子站的空气质量监测数据和空气质量预报值。优化污染源监测工作,对市区48家重点水污染源、5家污水处理厂、17家重点气污染源、201家工业污染源和212家企业环境行为信息公开化评判单位开展监测,提供监测报告537份。配合执法检查监测3911厂次,获取数据1.5万多个,为排污收费和执法管理提供可靠的依据。全年投入549万元添置电磁辐射选频分析仪、大流量空气采样器、翻转式振荡器、多功能自动进样器等先进设备,大大提高现场采样和检验分析的综合能力。全年发放考核标样46项次,合格率100%,完成质控数据25423个,检查合格率99%以上。在全省空气自动监测质量考核评比中,取得优异成绩。在省环境科学学会长江三角区生态环境保护论文征集活动中囊括所有奖项,6人获奖,其中1人获一等奖。

(陆　荣　黄　华)

【应急监测】 投入40万元添置和更新一批应急设备。开展正常拉练和应急演练,参加省厅在淮安组织的化工企业不明气体泄漏突发环境事件监测演练。全年共参加6次突发性环境事故的应急监测,编制10份应急快报,为快速、合理处置环境污染事故提供有力的技术支撑。

（黄　华　陈昊）

【环境监测服务】 为项目环保工程竣工验收和企业环境影响评价提供优质服务。全年完成建设项目"三同时"验收监测报告93份,委托监测报告598份,跟踪全市重点工程和重大项目,完成建设项目环境影响评价报告120份。开展环境监测"助民"服务月活动,为市区100户家庭免费提供室内空气监测服务。

（黄　华　钱　震）

清之华园等科技孵化载体相继建成启用　　（崇川开发区供稿）

生态创建

环境质量指标

【概况】 2010年,南通市以生态是创建为引领,持续推进污染物减排,不断加大环境综合整治及监管力度,促进经济与环境协调发展。全市环境保护投入117.06亿元,较上年增长23.06%,占同期地区生产总值的3.42%,比上年增加0.11个百分点,其中,城市环境基础设施建设投资84.09亿元,工业污染防治投资21.1亿元。南通市在"城市环境综合整治定量考核"中继续保持全省前列,全国领先。全面超额完成"十一五"主要污染物存量削减任务和省政府下达的年度减排任务。海安县通过环保部考核验收,成为苏中苏北首个国家生态县;如皋市、海门市创建国家生态市通过省级考核验收。90个镇通过国家级生态乡镇省级考核验收,占全市乡镇总数的88%。

【环境综合整治】 大气环境整治。大力淘汰落后产能,关闭江山农化姚港热电厂等燃煤机组,关闭机组总装机容量达到607兆瓦。继续实施烟气脱硫工程,至2010年底全市燃煤电厂及热电厂52台套脱硫设施全面完成脱硫改造。继续实施机动车尾气污染防治,全市共建成机动车尾气检测站8座、检测线25条、年检测能力50万辆。机动车尾气检测率100%。秸秆禁烧工作持续强化,全市共出动1700多人次,扑灭火点百余处,在国家秸秆焚烧卫星遥感火点通报中南通市共发现火点7处,成绩优秀,列全省第二。

水环境整治。全力推进实施市区(不含通州区、下同)"清水工程"三年行动计划,按照地块改造截污、企业搬迁截污、生态活水、生态修复、生态补水、河道保洁的总体思路全年共完成清水工程30项,市区黑臭河道明显减少,城市水环境质量进一步改善。继续开展饮用水源专项整治,全市县级以上集中式饮用水源水质达标率为100%。大力推进城镇污水处理工程建设,至2010年底,全市污水处理厂累计达90座,日处理能力达120万吨,污水主管网达1300余公里。全面完成"十一五"淮河流域水污染防治工作任务,顺利通过国家考核验收,得到省政府表扬。

声环境整治。市区"一环一轴八射"快速化路网体系建设大规模启动,市区路网建设加快,交通噪声得到进一步控制。继续强化对固定噪声源、建筑施工噪声和生活噪声的管理。在中、高考期间,继续开展"绿色护考"行动,保障考生拥有良好的学习和休息环境。

【环境空气状况】 南通市能源结构以煤炭为主,大气污染主要为煤烟型污染,主要污染因子为二氧化硫、二氧化氮、可吸入颗粒物和降尘。市区环境空气中主要污染物年日均值为:二氧化硫0.033毫克/立方米、二氧化氮0.029毫克/立方米、可吸入颗粒物0.098毫克/立方米,均符合国家《环境空气质量标准》(GB 3095-1996)二级标准;降尘6.5吨/平方公里·月,符合参照标准。各县(市)、通州区政府所在地城镇环境空气质量均符合国家《环境空气质量标准》(GB3095-1996)二级标准,除掘港镇降尘年月均值超过参照标准0.04倍外,其余各地降尘均符合参照标准。

2010年,南通市区环境空气质量达到优的有71天,达到良的有259天,轻微污染28天,轻度污染4天,中度污染1天,重度污染2天,全年达到优良的天数占90.41%。各县(市)、通州区城镇环境空气质量达到优良的天数占全年天数的比例分别为:海安镇95.07%、如城镇94.20%、掘港镇93.70%、金沙镇89.29%、海门镇93.42%、汇龙镇92.33%。影响环境空气质量的首要污染物均为可吸入颗粒物。

2010年,市区降水年均pH值为4.65;各县(市)、通州区城镇降水年均pH值分别为:海安镇4.82、如城镇5.03、掘港镇5.62、金沙镇5.00、海门镇4.53、汇龙镇5.21。市区酸雨频率为40.6%;各县(市)、通州区城镇酸雨频率分别为:海安镇47.4%、如城镇39.1%、掘港镇12.9%、金沙镇65.1%、海门镇58.7%、汇龙镇36.2%。

2010年,全市工业煤炭消耗量1532.99万吨,废气排放量2023.62亿标立方米,废气中主要污染物二氧化硫排放量6.07万吨,烟尘排放量3.84万吨,工业粉尘排放量0.83万吨。其中,市区煤炭消耗量767.04万吨,工业废气排放量1159.62亿标立方米,废气中主要污染物二氧化硫排放量2.82万吨,烟尘排放量2.07万吨,工业粉尘排放量0.23万吨。

【水环境状况】 全市工业废水排放总量为15707.99万吨，其中市区排放量为5933.83万吨。主要污染物排放量分别为：化学需氧量2.33万吨、氨氮0.21万吨。其中市区排放量为：化学需氧量1.15万吨、氨氮0.12万吨。

市区生活污水排放量为6723.3万吨，处理量为6015.2万吨，处理率为89.46%。各县(市)、通州区政府所在地城镇污水排放量为6913.10万吨，处理量为6055.35万吨，处理率为87.59%，乡镇集镇建成区生活污水处理率基本达到生态乡镇考核标准。

饮用水源水质。2010年，市区和各县(市)、通州区城镇均采用优质长江水作为饮用水源，狼山水厂、洪港水厂、芦泾港水厂、鹏鹞水厂、海门水厂水源地总体水质符合国家《地表水环境质量标准》(GB3838－2002)Ⅲ类标准，水质达标率为100%。

长江(南通段)水质。长江南通段水质较好，各项水质指标均符合国家地表水Ⅱ类标准。

内河水质。九条主要内河中，通吕运河、通启运河、九圩港河、如海运河、焦港河、新通扬运河、栟茶运河总体水质符合地表水Ⅲ类标准；通扬运河、如泰运河总体水质符合地表水Ⅳ类标准。主要污染指标为氨氮、高锰酸盐指数、生化需氧量。

【声环境状况】 区域环境噪声。2010年，市区区域环境噪声平均值为55.0分贝，各县(市)、通州区分别为：海安镇54.9分贝、如城镇54.2分贝、掘港镇50.0分贝、金沙镇54.6分贝、海门镇54.1分贝、汇龙镇54.5分贝。

功能区噪声。2010年，市区1类功能区(居民、文教区)、2类功能区(居住、商业、工业混杂区)、3类功能区(工业区)昼、夜间等效声级值均符合国家《城市区域环境噪声标准》(GB 3096－2008)相应功能区标准；4类功能区(交通干线两侧等区域)昼间等效声级值符合标准，夜间超过标准。五县(市)及通州区城镇中1类区、2类区、3类区及4类区昼夜间等效声级值均符合相应标准。

交通干线噪声。2010年，市区交通干线平均车流量2253辆/小时，噪声平均值为67.8分贝，符合国家城市区域环境噪声4类区昼间标准，各县(市)、通州区分别为：海安镇68.7分贝、如城镇68.0分贝、掘港镇67.0分贝、金沙镇66.1分贝、海门镇67.3分贝、汇龙镇67.7分贝，均符合国家城市区域环境噪声4类区标准。

(环保局)

节能减排

【概况】 对照“十一五”期间环保节能减排工作目标和省政府下达的年度减排任务，坚持“三基”共进，减排任务超额完成。全年安排减排项目70个，其中COD减排项目61个，减排COD 19473吨，SO_2减排项目9个，减排SO_2 5.6万吨。南通市COD、SO_2排放量分别下降3%和2%，控制在8.23万吨和6.62万吨以内总体目标。“治淮”工作全面完成。2010年新通扬—通榆运河古贲大桥断面高锰酸盐指数、氨氮均达到地表水III类标准，水质达标率为100%。总投资8.56亿元的11项治淮工程全面建成并通过验收。机动车尾气污染监管得到加强，全面推广机动车尾气简易工况检测法，截至年底，全市共建成机动车尾气检测站8座，检测线路5条，除启东场站在建外，其他市县均建站并经省厅验收，形成年检测能力50万辆，“稳态工况法”尾气检测率100%。全年发放环保标志12.4万份，黄标车的淘汰和以旧换新工作加快进行，通过汽车以旧换新信息平台完成3861辆黄标车的逐一环保审核，获得补贴额达5324万元。修改完善《南通市扬尘污染防治管理办法》江海港务、通沙港务及易家桥施工地扬尘污染控制试点工作全面完成。制定《南通市涉铅生产企业环境专项整治方案》，检查重金属重点企业88家，限期整改6家。印制《南通市化工生产企业专项整治工作资料汇编》，督促海安、如东开展化工生产企业整治，并通过验收。优化工作机制，推进重点节点工程进展，截至2010年底，全市污水处理厂累计达82座，日处理能力达108万吨，是2005年的4.8倍，建成污水管网1300余公里，13座2万吨以上的污水处理厂全部建成中控平台，市区、县(市)县城镇生活污水处理率分别达到88.3%和84.1%。已建、在建的乡镇污水处理厂覆盖93个乡镇，覆盖面97%，污水处理率42.5%，海安、如皋、通州、海门基本实现乡镇污水处理厂全覆盖。全市建成燃煤火电、热电机组脱硫设施52台套，烟气旁道进行铅封，23套CEMS完成和省级环保部门联网，现役4886W燃煤机组全部实施脱硫改造，机组脱硫率超过99%，平均综合脱硫效率超过85%，年减排SO_2超过10万吨。

【空气质量与烟尘控制】 巩固“保护臭氧层示范城市”创建成果，对可能涉及使用消耗臭氧层物质的单位进行全面摸底调查，并对多家企业进行技术指导，油气回收前期摸底调研工作全部完成。全年减排$SO_2$5.6万吨，超额完成省政府下达的消减任务。完成3861辆尾气排放严重车辆的淘汰和以旧换新。制定《南通市秸秆禁烧及综合利用宣传工作方案》，联合市农委出台《南通市秸秆综合利用和禁烧工作考核奖惩办法(试行)》，使秸秆禁烧工作做到责任细化到位、宣传造势到位、方案制定到位，督察巡查到位、制度落实到位。春秋两季，秸秆禁烧工作全省排名第二，苏中第一。牵头起草《南通市“蓝天工程”五年行动计划》及《南通市扬尘污染防治管理办法》，施工场地扬尘污染得到有效控制，空气环境质量得到改善，空气污染指数(API)平均值为89.2，比上年同期降低3%，与2009年相比，空气质量为优的增加1天，为良的增加2天，轻微污染天数减少3天。

【能耗控制】 全市能源消费总量1933万吨标准煤，万元地区生产总值能耗为0.664吨标准煤，比上年下降4%。

（黄　华　王朝晖）

表6-01　　**2010年南通市十大行业能源消耗情况**

指　　标	综合能源消费量（万吨标准煤）	单位产值能耗（吨标准煤/万元）	单位产值能耗比上年增长(%)
电力、热力的生产和供应业	528.21	4.417	9.3
化学原料及化学制品制造业	187.72	0.219	-13.1
纺织业	140.79	0.118	-8.1
黑色金属冶炼及压延业	59.67	0.453	-17.6
化学纤维制造业	48.84	0.350	-9.5
通用设备制造业	39.89	0.066	-7.2
金属制品业	38.11	0.083	-21.6
非金属矿物制品业	31.23	0.159	-14.9
电气机械及器材制造业	30.56	0.034	-18.2
农副食品加工业	22.89	0.063	-6.9

（统计局）

固体废物管理

【概况】 2010年，市环保局扩大重点企业监管范围，从原有114家增至210家。提高监管要求，危废重点企业年监管频次不低于4次。延伸监管过程，主动为项目建设提供咨询服务，提出合理建议，从源头控制固废产生量，实现“三同时”全过程监管。强化监管手段，大力推进重点企业远程监控设施建设，南通清源工业固废处置厂、启东金阳光固废处置公司、如东危险废物处理有限公司等3家危废焚烧处置企业均实现在线监控联网。创新监管方式，推出联动机制、帮促机制、市场机制、预审机制、社会保险机制等一系列举措，联合公安、卫生、港务、海关等部门十多次联动查处固废非法倾倒、地沟油和废矿物油回收，及时查处陈桥污泥倾倒事件、海安跨省危废转移事件、江心沙农场废酸倾倒事件等一批违法行为。在省内率先出台废矿物油经营管理规定，为省厅制定相关规定作出有益尝试。危险废物转移审批、危险废物经营许可证、进口固废、行政处罚等全部在网上透明公开运行。压缩行政许可的承诺办结时限在全省处于领先，2010年，办理行政许可461件，比承诺时间提前了17483个工时。积极出谋划策，主动靠前服务，力促观音山地区印染行业、通海地区钢丝绳行业及开发区港口工业三区重点入管企业整治工作顺利完成。全年对市区56家危废重点企业进行现场检查300余厂次，纠正不符合要求的措施100多项，进一步规范了企业环境行为。寻找固废处置途径，推广处置技术，宝灵化工顺利通过环保部的项目验收，东星皮革的污泥处置取得显著成效，年节约处置费用100多万元。重点行业二噁英调研监测工作全省领先。12家具有一定规模的污泥处置单位，已形成日污泥无害化处置能力500吨，采用焚烧、堆肥、制砖等处置方式，无害化处置率达90%以上。全市固体废物综合利用率99.99%，规范化处置率100%。

【危险废物管理】 加大执法力度，严格危废管理。严把行政许可关，不符处置利用条件的固废决不允许转移，不符条件的经营企业决不允许进入市场。全年18项不符合规定的危废转移项目未获批准，否决换领危废经营许可证的企业8家，建议省厅吊证1家。全年受理危险废物转移申请513份，本地区转移申请409份，跨地区转移申请104份，同意511份，危险废物转移审批总量22.55万吨，进口废物申请11份，初审总量88150吨；审查办结2件新化学物质申报手续；全年现场监察5315厂次，其中市区1856厂次。对9家环境违法企业进行依法查处，处罚金80万元。领取危险废物经营管理许可证的单位从2009年27家增至38家，地区资源综合利用能力得到提升。

（黄　华　张　军）

【生态工业园区创建】 积极响应生态市创建的号召，按照《国家生态工业示范园区管理办法(试行)》及《江苏省省级生态工业园区管理办法(试行)》要求，与市商务局、科技局共同制定创建计划,明确工作目标。如皋、如东、通州3个省级开发区通过生态工业园区规划省级评审,南通经济技术开发区通过国家级评审。

(黄 华 章艳清)

节水与水资源保护

【节水型社会建设试点】 制定《南通市节约用水管理办法》等规范性文件,推进全国节水型社会建设试点市工作。2010年,创建节水型企业31家,节水型社区16个,节水型灌区3个,开展八大行业节水技改项目34个,超额完成年度目标任务。市区共实施节水技改项目18个,总投资金额超亿元,其中涉及节水工程的投资金额达1900多万元,预计年节水约300万立方米,节约蒸汽1.5万吨,并形成1个工艺水"零排放"示范项目。

(苏 心)

【水资源管理和保护】 实施水资源管理信息系统一期工程,建成376个取水监测站点、35个地下水位远程监测站点、1个市级和2个县级分中心。全年共征收水资源费3400万元,南水北调基金2471.6万元,完成计划任务;征收水利工程水费4700万元,超额完成计划任务。成立农民用水者协会,创新水资源管理新路径。

(苏 心)

【饮用水源地保护】 根据省人大《关于加强饮用水源地保护的决定》,修改完善《南通市县级以上集中饮用水源地保护区专项整治工作方案》,划定水源地保护区,会同建设、水利等相关部门制作、树立保护区标志牌和警示牌。开展城镇饮用水水源地基础环境信息动态更新和农村饮用水水源地基础环境调查与评估。以环境监测与分析为基础,重点开展乡镇集中式饮用水水源地基础环境状况调查,并建立信息库,全面评估乡镇集中式饮用水水源地环境禀赋、环境质量、环境监管与环境风险状况。全面分析饮用水水源地环境管理、污染防治、环境政策及环境监控等问题,提出饮用水水源地环境管理对策建议。如皋长青沙饮用水水源地取水口上游约1.9公里的南通华泰船务有限公司将所排废水全部接入污水管网。开展典型乡镇集中式饮用水水源地保护区划分,全市县级以上集中式饮用水源水质达标率为100%。

(黄 华 秦 星)

自然生态保护

【生态市建设】 全面开展环境综合整治,针对各地实际情况,深入调查研究,剖析问题症结,提出整改建议。参与修订《江苏省生态镇标准》,制定《南通市生态村标准》。全年有针对性地进行面对面的指导220多镇次,帮助基层查找差距,理清思路,共商解决办法。对申报省级考核验收的乡镇,坚持反复查看现场,认真核对资料,严把申报关口,全年组织人员对47个乡镇开展"回头看",推动问题的整改和长效管理机制的落实。把握农村环境"四位一体"长效管理机制,主动参与,形成合力,促进农村环境综合整治工作落到实处,农村面貌得到显著改善。全年有2个村被命名为国家级生态村;19个村被命名为江苏省生态村,命名数量居苏北之首;231个村被命名为南通市生态村;25个乡镇被命名为江苏省环境优美乡镇;50个乡镇通过国家级生态乡镇省级考核验收。海安县在苏中苏北地区第一个通过环保部国家级生态县考核验收;如皋、海门两市通过国家生态市省级考核验收;如东县国家级生态乡镇达80%,实现市委、市政府年初确定的2010年有3~4个县基本达到国家生态县考核标准的目标。

(黄 华 张再峰)

【农村环境综合整治】 通过典型引路、试点示范,推动各县(市、区)开展农村环境综合整治工作。组织编写《农村环境长效管理环境保护规则》,争取资金实施"以奖代补",海安成为中央农村环境连片整治示范县,重点开展畜禽养殖污染防治工作,获资金资助2100万元;全市13个行政村成为2010年度农村环境综合整治省级示范村,获以奖代补专项资金195万元。市本级财政继续给予生态创建资金资助,获命名的生态镇、省级生态村以及市级农村环境综合整治示范村共补助54万元。畜禽养殖污染防治、秸秆禁烧和综合利用、农村生活污水集中处理、生活垃圾无害化集中处理均取得成效,全市农村环境综合整治工作扎实推进。

(黄 华 张再峰)

辖 区 篇

通州区

崇川区

港闸区

南通经济技术开发区

海安县

如皋市

如东县

海门市

启东市

通州区

【概况】 南通市通州区位于南通市域中部，三面环绕南通中心城区，东临黄海，海岸线长15.97公里；西、南濒临长江，江岸线长10.77公里。后周显德五年（958年）建置通州，属扬州管辖。宋改为崇州，又名崇川，属淮南东路。明朝时属扬州府。清雍正二年（1724年）升为直隶州，民国元年废州称南通县，属苏常道。1949年2月，南通全境解放后，实行市、县分治，南通县属南通区（今南通市）管辖。1993年2月，撤销南通县，改建通州市。2009年7月2日，撤销通州市，设立南通市通州区。2010年末，通州区总面积1525.74平方公里，其中陆地面积1351.50平方公里、江海水域174.24平方公里；设建制镇19个、省级经济开发区1个，街道办事处4个、行政村207个，社区63个，农场5个。2010年末户籍人口124.64万人，常住人口113.87万人。

【经济发展】 2010年，通州区实现地区生产总值508亿元，比上年（下同）增长13.5%；财政总收入77.87亿元，一般预算收入33.89亿元。全社会固定资产投资额299.01亿元，增长18.7%，其中工业投入230.10亿元，增长13.8%。

农业　实现农林牧渔业增加值40.40亿元。粮食总产量50.57万吨。油料总产量9.69万吨。棉花总产0.95万吨。新增造林面积2000公顷，年末实有育苗面积173.33公顷、四旁植树2800万株。建成国家级标准化养殖场1个、省级畜禽生态健康养殖示范场（小区）23个。生猪出栏52.33万头，存栏29.58万头。家禽出栏1323.0万只，存栏443.53万只。

工业　完成规模工业总产值1169.28亿元。重大项目强势推进。韩通重工二期、润德船舶钢结构、金兰数码打印材料、荣鑫管业、华亚船舶二期等76个重大项目竣工投产。东方泵业、国盛精密机械等44个重大项目开工建设。锡通科技产业园进入实质性推进阶段，加快规划编制。恒力集团首期10万吨差别化纤维项目成功立项；总投资20亿元的中国供销集团南通产业园项目成功落户；总投资8亿元的格雷特港口机械完成注册。企业综合素质明显提升。江海电容器在深圳证券交易所成功上市，蛟龙重工在新加坡借壳上市，上市企业累计达6家。通州区被授予“江苏省首批新型工业化产业示范基地”称号，获南通民营经济争创“三名”先进称号。川姜、五接镇被评为南通市发展民营经济先进镇。自主创新能力明显增强。规模工业实现高新技术产业产值353.57亿元。申报立项市级以上科技项目71项，其中国家级18项。新增省级创新型企业13家、民营科技型企业37家、高新技术产品50个。大力发展创新载体，新增市级以上工程技术研究中心7家、市级科技孵化器2个，组建省电容器及材料产业技术创新联盟；新增省级院士工作站2家、国家级博士后科研工作站1家。

外向型经济　利用外资难中求进。全年新增工商注册外资5.05亿美元，增长15.4%，其中工商注册外资超千万美元项目12个，下降7.7%。注册外资实际到账1.03亿美元，增长69.8%。新批项目45个，下降11.8%。增资项目19个，下降20.8%。完成进出口总额23.97亿美元，增长44.2%，其中出口总额19.44亿美元，增长36.2%；进口总额4.53亿美元，增长92.5%。外经合作有序发展。全年完成外经合同额2.49亿美元，增长101.1%；营业额2.12亿美元，增长6.3%。新派劳务人数903人，增长11.5%。

项目投入　新签约项目25个，总投资152亿元，增长2倍；开工在建重大项目总投资超100亿元，增长1.4倍；规模以上工业投入23.60亿元，增长1倍。苏通大桥科技产业园完成工业项目实物投入18亿元、应税销售34.68亿元、财政收入1.66亿元，分别增长89.4%、49.8%和41.9%。全年新开工规模以上项目31个，投资总额38.63亿元。锡通科技产业园进入实质性建设阶段，完成拆迁101.30万平方米。

国内贸易与服务业　全区社会消费品零售总额176.65亿元，比上年（下同）增长18.0%。按经营单位所在地分，城镇市场实现零售额119.0亿元，增长19.0%；农村市场实现零售额57.65亿元，增长15.9%。分行业看，批发业实现零售额26.29亿元，增长30.0%；零售业实现零售额137.48亿元，增长15.9%；住宿和餐饮业实现零售额12.88亿元，增长15.3%。以培育“通州八景”及加快乡村旅游景点建设为重点，加快旅游事业发展。重点推进旅游项目12项，其中被评定为省三星级乡村旅游点1家。全年接待国内外游客153.50万人次，实现旅游总收入18.09亿元，增长28.2%。

【社会事业】 教育　全区拥有小学46所、中学34所，其中高中10所。幼儿园在园在托幼儿2.07万人，小学在校学生5.04万人，初中在校学生3.52万人，高中在校学生1.85万人，各类中等职业教育在校生8887人，特殊教育在校生106人。全区初中毕业生升学率99.1%，毕业率100%；小学升学率、毕业率分别为96.8%和100%；3～6岁幼儿入园率为91.6%。

文化　小戏《半夜鸡叫》获“第二届中国江南文化节·沙家浜戏剧奖小戏小品大赛”银奖；小品《那一瞬间》参加第七届中国滨洲·博兴小戏艺术节，获最佳剧目奖、最佳编剧奖、最佳导演奖、最佳表演奖；版画《寒冬》获江苏省美术家协会主办的首届中国农民艺术节——江苏农民画展一等奖；中短篇小说集《紫蝴蝶》由人民日报出版社出版，散文集《走过四季》由中国文联出版社出版;歌曲《中国,我为你喝彩》在"感动中国——2009年全国第四届新创歌曲、歌词大赛"中获三等奖。文化产业强势推进。位于五接镇的南通刺绣博物馆基本建成,位于二甲镇的蓝印花布博物馆竣工。同时,以通州妙吧影视动漫有限公司为龙头,大力招商引资引智,在通州形成动漫企业聚集区。全面启动数字电视整体转换工作,全年新增有线电视用户1.64万户,年末用户总数为28.89万户,其中22.08万户整体转换数字电视。

卫生　年末全区有医疗卫生机构500个,其中系统内医院、卫生院51个,社区卫生服务站323个,疾病预防控制中心、卫生监督所、妇幼保健所和采供血站各1个。全区拥有医疗标准床位3695张。系统内全年总诊疗病人351.55万人次,医疗单位实现业务收入8.02亿元,增长26.5%。全面实施新型农村合作医疗,参合人数95.89万人,参合率达98.9%,覆盖全区所有行政村。全区城镇和农村社区卫生服务覆盖率100%,5.79万名参合人员获住院补偿金1.11亿元。

体育　全年组织开展各类群体活动100余项次,近10万人次参与全民健身活动。举行全民健身月启动仪式暨"运动通州·活力通州"健康跑活动,开通职工"健身直通车",构建具有通州特色的职工体育服务体系。成功承办"桑夏杯"中国乒乓球女队"兵发莫斯科"选拔赛、中国南通(通州区)第二届太极拳观摩交流大会、全国"肯德基"三人制男子篮球(通州赛区)比赛、"铁人杯"省传统校小学生羽毛球夏令营赛等大型赛事,中国乒协乒乓球运动学校、南通市通州乒乓球运动学校开学招生。

【人民生活与社会保障】 城镇居民人均可支配收入23081元,农村居民人均纯收入10541元,分别增长12.3%和14.0%。全区城镇职工养老、医疗、工伤、生育、失业五大社会保险参保人数分别为11.70万人、13.30万人、10.50万人、9.20万人和9.10万人,城镇职工五大社会保险基金征缴率超98%。全区农村劳动力基本养老保险参保率98.0%。建立农村低收入人员养老保险补助、农村无社会保障老年居民养老补贴和农村超龄人员参保三项惠民政策制度,进一步扩大农村老年居民享受社会养老待遇或养老补贴覆盖面。城镇居民最低生活保障标准由2009年的330元提高到350元,农村居民最低生活保障指导标准由2009年的210元提高到230元。

【企业上市】 2010年,通州区新增江海股份、亚洲新能源2家上市企业,上市企业总数增至6家。此外,新增首发申请过会企业1家、首发申请报会企业1家、备案企业2家,5家企业在轨运作。

【招商引资】 3月19日、24日,在苏州和上海分别举办"对接台企"、"接轨世博"两场主题招商活动,邀请45名台商和30多位上海外迁企业家参会。4月23日,举办"南通台商看通州"招商活动,40名台商参加。5月25日,在日本大阪举办"江苏省家纺出口基地说明会",日本大阪府及周边府、县的工商界42名客商应邀参会。6月8日,在香港举办"通州(香港)投资环境推介会",40余名客商应邀参会。6月25日,举办通州(成都)经济合作恳谈会,150名成都知名企业家应邀参会,通州区与成都锦江区缔结为友好合作区,开发区与锦江区创意产业商务区缔结为友好开发区。8月14日,在杭州举办农业招商洽谈会,30余名客商应邀参会,达成合作意向项目37个,其中当场签约项目9个。9月3日,在深圳举行通州区(深圳)招商活动,30余名客商应邀参会,签约项目2个。10月27~29日,召开第十六届通州金秋经贸洽谈会。有海内外385名客商和10多位发展论坛的领导、专家参加。此届经洽会共集中发照项目10个,签约项目21个,投资总额22.67亿元,其中外资项目1个,投资总额3000万美元,涉及包装材料、物流中心、房地产、机械制造、农副产品等行业。12月15~16日,在北京举办"对接央企"系列活动。期间,参加南通市"龙腾江海·耀眼南通"(北京)投资环境推介活动;邀请中航集团等公司负责人20余人,就相关投资事宜进行洽谈。

【南通供销产业园奠基】 11月18日,中国供销集团直接投资建设的第一个供销产业集聚园区——南通供销产业园在通州经济开发区奠基。该项目计划投资20亿元,将建设"两基地两中心",即技术装备制造基地、再生资源回收加工基地和棉花仓储物流配送中心、国际棉花交易服务中心。项目建成达产后,年经营规模达100亿元,年缴纳税金5亿元。这是落户通州的首个央企项目。

【在全国首次拍卖家纺画稿】 11月13日,中国家纺产业网与区发改委、家纺指数办联合主办的"金太阳杯"家纺画稿设计拍卖大赛在南通家纺城成品展示中心开拍。此次全国首次拍卖家纺画稿共68幅,成功拍出17幅,总价5万余元。全场成交最高价为《永恒的微笑》8000元。

【第三届全国少儿歌曲创作征集活动】 由南通市通州区发起的"童声里的中国"系列活动,先后于2007年、2009年成功举办"新儿歌唱响荣辱观"和"祖国献您一首诗"全国征集推广活动,在全省乃至全国产生积极影响。2010年,该区以"歌唱伟大的党·做有道德的人"为主题,精心策划第三届"童声里的中国·唱支歌儿给党听"全国少儿歌曲创作征集活动。8月20日,在北京举行全国少儿歌曲创作征集启动仪式。全国政协副主席张梅颖写信祝贺,十届全国人大常委会副委员长、中国关工委主任顾秀莲,全国人大常委、民进中央副主席朱永新,中宣部原常务副部长徐惟诚,江苏省委原副书记顾浩等出席仪式。区文明办与江苏省文明办、江苏广播电视总台、江苏文艺广播联合举办“七彩夏日·童声里的中国”少儿歌曲征集演唱活动,邀请金波、晨枫等专家推荐筛选各时期经典少儿歌曲60首,再通过广泛宣传发动,让全省少年儿童从中选出30首作为暑期歌咏活动内容,以此丰富广大少年儿童暑期生活。

【中国乒协乒乓球运动学校建成开学】 9月2日,由国家体育总局乒羽中心和通州区人民政府共同兴建的中国乒协乒乓球运动学校、南通市通州乒乓球运动学校开学。国家体育总局副局长、中国乒乓球协会主席蔡振华,江苏省副省长曹卫星,国家体育总局乒羽中心主任刘凤岩,江苏省体育局局长殷宝林等出席开学典礼。中国乒协乒乓球运动学校是国家体育总局乒羽中心直属的全国第一所公办乒乓球运动学校,位于五接镇开沙岛,建筑面积1.5万平方米,包括教学楼、学生公寓、教练员公寓、训练馆等。5月,学校面向全国招生,经文化、技术两项入学测试,录取学生122名。

(陈 菊)

通州区领导干部名录

中国共产党南通市通州区委员会

书　记　宋文辉
副书记　李雪峰　陈永红
常　委　宋文辉　李雪峰　陈永红　施　辉　邰江淼
　　　　葛锦坤(4月免)　桑建美(4月任,女)
　　　　凌建华　朱正南　王克华(挂职)
　　　　曹国平　陈　斌

南通市通州区人大常委会

主　任　明汉清
副主任　昝圣达　易　昕　张宏杰　吴晓晖　吴　刚

通州区人民政府

区　长　李雪峰
副区长　邰江淼(常务,3月任)　王克华(挂职)　陈　斌
　　　　陈艳梅(女)　张一峰　黄　忠　瞿云峰
　　　　赵玉涛(挂职,4月任)

中国人民政治协商会议南通市通州区委员会

主　席　曹建平
副主席　王沈康　宋汉斌　葛　涛　季　平　吴　俊

(陈 菊)

崇　川　区

【概况】 崇川区为南通市的主城区。1983年设区(南通市城区),1991年更名为崇川区。境内有狼山风景名胜区、濠河风景名胜区和中国十大港口之一的南通港,被誉为适宜人居创业的“崇川福地”。全区总面积99.98平方公里,下辖10个街道、107个社区,1个省级开发区,城市空间划分为老城区、新城区、开发区、风景区和沿江经济带5个功能区域。全区常住人口68.61万人。“十一五”期间,崇川区经济总量和人均地区生产总值实现双翻番,在苏中、苏北率先实现全面小康,荣获全国中小城市科学发展百强第八名、中国十佳和谐可持续发展城市等荣誉。2010年,崇川区实现地区生产总值350.03亿元(全省省辖市主城区第二)。其中,第一产业0.69亿元,第二产业156.31亿元,第三产业193.03亿元。财政总收入102.3亿元,其中一般预算收入41.5亿元(全省省辖市主城区第一)。全社会固定资产投资216亿元,其中服务业投入169亿元。全年完成工业增加值128亿元,比上年增长10.3%;服务业增加值190亿元,比上年增长14.2%。社会消费品零售总额210亿元,增长186%。外贸进出口额53亿美元,自营出口额33.5亿美元,对外劳务营业额2772万美元。新增个体工商户6350户、私营企业3828家,新增注册资本75亿元。

【项目建设】 开展“百日攻坚”,全年实施重点项目193个,其中工业项目33个,服务业项目160个,总投资176亿元。中远川崎三期、金通灵迁建二期等18个重点项目相继竣工,醋纤五期、文峰城市广场等50个重大项目顺利开工。万达锅炉与央企中材集团的合作全面启动,柴油机厂与南高齿集团联姻成功,烟滤嘴迁扩建成功获批。

【转型升级】 工业规模化趋势加强。28家亿元企业占全区工业总产值80%。中远川崎销售收入达58亿元,成为首家销售超50亿元企业。传统商贸流通业提档升级。百货大楼和无锡八佰伴成功合作。服务外包领跑全市。新增注册资本100万元以上服务外包企业69家,服务外包销售收入超10亿元。苏宁物流中心、农副产品交易中心等7个物流项目强势推进,大物流格局初具雏形。工农路沿线高星级酒店集聚带基本形成。创新驱动成效显著。高新技术产业产值104亿元,占规模以上工业产值28.1%。全社会研发投入占地区生产总值2%,省级以上科技项目立项38项,争取各级科技经费2.1亿元,签约产学研成果转化项目30项。新增省级工程技术研究中心7家,中远船务建成全市首家国家级企业技术中心,富士通、金通灵在国外设立研发中心。崇川微电子产业园创成省级科技产业园,观音山科技创业园获评省级科技孵化器。

【城市建设】 基础设施建设快速推进。北城大桥、通沪大道高架等一批城市主干道相继通车。投入2亿元实施市政

工程及基础设施项目40多个。完善政府投资项目代建机制,代建公共投入项目14.8万平方米,项目总投资额超5亿元。深入推进城中村改造。启动11个城中村改造项目,面积52公顷,涉及居民1000多户。整治老小区环境。"5+2"试点工作顺利实施,铁皮棚整治成效明显,第一批9个车库8500平方米基本完成,提供非机动车位3700个,拆除铁皮棚1200多个,惠及群众1900多户。投入700多万元,安装楼道灯5万余盏。分类统计全区387个住宅小区,建成崇川住宅小区基础数据库,移交公建配套用房近2万平方米。

【拆迁安置】 征地拆迁高效推进。全年新开工拆迁项目38个,动迁民居2033户、28万平方米,非居732户、42万平方米。世纪大道东延段、南通科技等15个项目全部完成,太平路改造拓宽、东快速路等11个项目基本完成。车管所西侧道路、钟秀安置点等13个扫尾项目全部完成,保障市、区重大项目顺利进行。

安置工作有序开展。在建安置房185万平方米,新开工安置房112万平方米,完成新胜三期、锦安二期等安置点3600多户入住,交付58万平方米。运作机制科学公开。对35个征地拆迁项目进行风险评估,做好风险预防。完善监督机制,拆迁安置更加规范。

【社会事业】 深化联合办学,启动学前教育名园引领"1+1"工程。实施名师培养共同体工程,名优教师梯度培养机制初步形成。积极拓展社区教育,全区107个社区全部与辖区中小学校结对,学校社区教育一体化初具雏形。群众文化活动蓬勃开展,文化遗产保护工作进一步加强,社区文化艺术节等社区"三节"活动成功举办。深化医药卫生体制改革,国家基本药物制度实现以街道为单位的全覆盖。公共卫生服务有效提升,麻疹疫苗接种率、乙肝疫苗补种率均达到95%以上,60岁以上居民健康档案建档率达90%以上。全区依法生育率99.7%,流动人口计划生育管理服务率98.5%。劳动保障坚持扩面提标。实施"十百千"工程,以创业带动就业,建成创业孵化基地20家,实现城镇失业人员再就业1.3万人。城乡老年居民生活保障工程全面启动,共计发放养老补贴800多万元。完善尊老金制度,高龄补贴发放范围扩大至80岁以上老人。全面完成货币安置时期被征地农民回保工作。

【社区建设】 深化社区改革。建立社区组织体制,实施"网格管理、组团服务、包干推进"的运作机制,推行社区工作准入制。35个村进行社区股份制改革,建立村组股份合作社173个。完善社区服务体系。实现街道、社区居家养老服务中心(站)全覆盖,建成区残疾人康复服务中心。稳步落实惠民殡葬政策,促进文明办丧。加强社区社团建设。新增社区社团250家,累计达1250余家,社区建设论坛、百佳评选等各类活动影响广泛。健全社区工作管理制度。加强队伍建设,完善绩效考核体系,激发社区工作活力。

【环境治理】 以"讲文明、树新风、迎世博"主题活动为契机,大力整治市容环境。强势推进户外违法广告整治,拆除辖区内违法设置的高立柱广告125处,拆除其他各类广告近千块。集中开展"三小车辆"综合治理工作,更新置换车辆1500台,涉及从业人员3000多人。投入3000多万元,全面进行河道整治,疏浚农村河道109条。长安建设不断深化。实施老小区安全改造,加强校园安全建设,排查整治社会治安重点区域。成立区社区矫正教育管理服务中心,高危人群得到有效管控。严格执行领导包案和信访接待日制度,信访办结率和群众满意率不断提高。优化社会矛盾纠纷调处机制,成立全省首家涉外矛盾纠纷调处中心、新市民调解工作室,调处各类矛盾纠纷1300余起,调解成功率达99%。全面推行规模以上企业"1+3"安全监控模式,市、区挂牌督办安全隐患全部整改到位。成立区综合应急救援大队,完善应急工作机制,突发公共事件应急处理能力不断提高。

(袁　扬)

【"崇川社区建设论坛"成功举办】 2010年12月29~30日,由中共中央党校党建部主办,南通市党建学会、崇川区委、区政府等部门承办的崇川社区建设论坛在南通文峰饭店举行,来自中央党校、全国党建研究会、国家民政部、中国浦东干部学院等单位的专家学者齐聚一堂,以"社区社团与社区和谐"为主题,围绕如何推进社区和谐建设交流探讨,并实地考察了崇川区社区建设现场。崇川区作为南通市的主城区,全面创新社区管理、社区党建以及社团建设,启动"和谐社区创建三年行动计划",大力发展志愿服务、社会管理、文体活动等多种类别的社区社团,发动社会力量参与和谐社区建设。全区登记备案的社区社团组织已有1200多家,成为社会建设和管理的重要力量。崇川区还整合社区各类资源,先后投入近十亿元,建成面积400平方米以上、具备"一校三站五室"60余项服务功能的社区公共服务中心127个,将劳动就业、社会保障、信访调解等各类公共服务项目全部纳入,社区慈善超市、居家养老服务中心(站)实现全覆盖。

【建成市区首个文化创意产业集聚区】 南通市区任港路原为"机电一条街",近年来沿街大多数企业随着主城区产业结构的调整,已纷纷迁出。2009年底,南通产业控股集团和宁波飞越时空企业管理有限公司达成合作协议,对原南通衡器厂所在的南通机电园地块进行全面翻建，建设飞越百度文化广场项目。2010年4月项目正式动工，为南通市区首个文化创意产业集聚区，被列为南通市政府2010年第三产业及文化产业的双优重点项目。项目占地面积2.6万平方米，集演艺、休闲、美食文化于一体，包括综艺大剧院、影视城、动漫影视制作、书吧等多种文化休闲业态，提供就业岗位3000人左右。至年底，项目建设完工，开业前的各项准备工作基本完成。

（通　鉴）

崇川区领导干部名录

中共南通市崇川区委员会

书　记　吴　旭

副书记　葛玉琴（女）　黄卫锋

常　委　顾　军　俞汉林　陈中锋　蔡　莉（女）　王懋君　吴永宏　江建春　赵玉峰

南通市崇川区人大常委会

主　任　吴　旭

副主任　曹志林　沈建洪　孙振志　顾昌进　时国华　王世荣

南通市崇川区人民政府

区　长　葛玉琴（女）

副区长　吴永宏　陈中锋　刘　洪　田　桦　王志宏　顾晓明　顾德华　林　伟（科技副区长）

政协南通市崇川区委员会

主　席　唐吉玲（女）

副主席　郭张达　金吉林　刘　勇　陈爱国　朱克东

（袁　扬）

港　闸　区

【**概况**】　港闸区位于南通市主城区北翼。1991年5月由南通市郊区更名。区名由“天生港”和“唐闸”两个百年老镇缩略而成。2010年，港闸区围绕“打造品质新城、建设四优强区”总目标，以“转型升级”为引领，以“保增长、抓转型、建新城”为首要任务，强势推进30项重点工作，国民经济保持较快发展，各项社会事业取得进步。全区总面积134平方公里，下辖4个街道、1个经济开发区，29个居委会、18个村（社区）居委会。2010年末全区户籍人口18.82万人，常住人口26.63万人。2010年全区实现国民生产总值178.1亿元，比上年增长13.0%。按户籍人口计算，人均地区生产总值达95007元。三次产业结构比为1.4∶75.6∶23.0。全区财政一般预算收入19.19亿元，比上年增长31.8%。

【**经济发展**】　农业　全年农林牧渔业总产值43242万元，比上年增长12.2%。其中，农业产值29336万元，增长15.6%；林业产值565万元，增长0.9%；牧业产值10052万元，增长3.9%；渔业产值1580万元，增长8.7%。全年粮食种植面积84924亩，比上年减少4758亩；油料种植面积7800亩，减少23亩；蔬菜种植面积1445亩，增加242亩。全年粮食产量38051吨，比上年下降5.5%；油料产量2608吨，下降0.5%。蔬菜44332吨，增长4.0%；牛奶6684吨，增长0.7%；生猪饲养量5.14万头，增长3.8%，年末存栏1.34万头，增长11.7%；家禽饲养量70.1万羽，增长3.8%；年末存栏20.1万羽，增长21.5%；淡水鱼产量1200吨，增长0.9%。

工业和建筑业　全年全部工业增加值119.10亿元，比上年增长12.9%。其中规模以上工业增加值98.21亿元，增长12.1%。全年规模以上工业总产值481.20亿元，比上年增长24.4%。其中，船舶制造业产值210.48亿元，增长43.0%，占规模工业的43.7%，比上年提高6.1个百分点；高新技术产业产值100.43亿元，增长20.1%。全区规模以上工业主营业务收入467.67亿元，比上年增长27.5%；规模以上工业利润总额22.57亿元，增长47.9%。实现主营业务收入10亿元以上企业8家。年内获认定省科技创新型企业15家、国家重点新产品4个、省高新技术产品10个、省自主创新型产品1个。实施产学研合作项目48项，省重大科技成果转化项目2项。建成市级以上工程技术研究中心17家，省级公共服务平台实现零的突破。新增孵化面积8万平方米，紫琅科技园、牛津科创园被认定为市级科技企业孵化器。

全年建筑业实现增加值15.43亿元，比上年增长17.4%。具有资质等级的总承包和专业承包建筑企业实现施工产值102.6亿元，比上年增长19.4%。全年建筑企业承建施工面积1172.75万平方米，比上年增长40.4%；竣工面积551.6万平方米，增长29%，承建高层（十层及以上）建筑227栋，其中超高层（29层以上）8幢。有21项工程获得国家、省、市“詹天佑奖”、“扬子杯”和“紫琅杯”奖。

民营经济　年末拥有私营企业4716家，个体经营户12457户，分别比上年增长25.6%、7.2%。全区私营企业注册资本27.55亿元，个体经营户注册资本5.85亿元。全年民营工业上缴税收6.13亿元，比上年下降15.8%。规模以上民营工业实现增加值49.2亿元，占地区生产总值的比重达27.6%。民间投资完成额103.40亿元，占全社会固定资产投资72.1%。

固定资产投资　全年完成全社会固定资产投资额143.49亿元，增长23.0%，规模投资占全社会比重为96%。

工业投资完成85.72亿元,增长14.3%,占全社会固定资产投资59.7%;服务业投资完成57.77亿元,增长38.8%,占全社会固定资产投资40.3%。全年完成房地产开发投资24.28亿元,增长27.3%;施工面积251.41万平方米,增长46.3%;竣工面积65.16万平方米,增长198.6%;商品房销售面积84.26万平方米,增长330.3%。

国内贸易　全年实现社会消费品零售总额63.42亿元,增长19.3%。批发企业零售额53437万元,增长39.6%;零售企业零售额567306万元,增长18.3%,住宿业零售额928万元,增长23.1%,餐饮业零售额12564万元,下降3.7%。全区限上汽车企业实现零售额38.66亿元,增长18.6%,占限额以上零售额89.7%。全社会商品销售总额239.68亿元,增长31.1%。

对外经济　全年海关进出口总额16.84亿美元,增长29.7%。其中,出口14.09亿美元,增长29.6%;进口2.74亿美元,增长30.2%。在出口额中,全年纺织品出口4.35亿美元,增长16.3%,机电产品出口8.14亿美元,增长41.4%。全年新批外资项目22个,增资6个,协议注册外资2.95亿美元,增长12.4%;经商务部确认的实际到账注册外资5375万美元,增长2.1%。全年新批超千万美元以上的项目11个,协议外资额2.64亿美元。全年新签对外承包工程和劳务合作合同金额897万美元,增长3.0%;完成营业额1510万美元,与上年持平;新派出人员630人,下降19.8%;期末在外人数1007人,增加85人。

【社会事业】　教育　全区拥有各类普通中学6所,在校生3754人;小学15所,在校生9062人;幼儿园20所,在园儿童5565人;学龄前儿童入学率为100%,小学毕业生升学率100%。首次承办国家级少儿五子棋锦标赛,获团体、个人冠军。2所学校分别被评为全国消防教育示范学校、省德育先进学校。

文化、广电　大力推进文化惠民"十百千"工程,秦灶街道西安桥村"农家书屋"获省新闻出版局优秀"农家书屋"称号;积极开展全国第三次全国文物普查活动,新发现较有价值历史文物124处;民间文学"花子街"被列为市非遗保护项目,季德胜蛇药被列为全国非遗保护项目。新增有线电视入网用户1.25万户,完成3426户数字电视整体转换。

卫生、体育　全区有各类医疗卫生机构104个,其中医院9所、社区卫生服务中心(站)9所、卫生院4所、诊所卫生室医务室78所;床位2020张;卫生专业技术人员2841人,其中执业(助理)医师799人,注册护士987人。新建社区卫生服务站11家,秦灶公共卫生服务中心顺利通过省级示范中心验收,60岁以上老年人健康档案建档率达95%。在全市首批实施国家基本药物制度,药品价格和就诊费用分别下降30%和33%。

新建市级全民健身工程点6个、市级晨晚练健身点8个,越江社区率先通过省体育健身俱乐部验收。7人进入省专业运动队,6人参加省残运会,女子足球队在省"十七运"成功摘金。顺利完成全国第三次国民体质监测样本有效测试数据采集任务。

【人民生活和社会保障】　全年城镇居民家庭人均可支配收入23541元,居民人均消费支出14492元,分别比上年增长12.1%、10.6%(市区数);农村居民人均纯收入11148元,人均生活消费支出7715元,分别比上年增长9.0%、18.5%。

实施被征地农民回归基本生活保障工作,回保率达90%。城乡低保标准分别提高至400元/月和280元/月。百岁老人长寿金补助标准提高至300元/月,"五保"供养标准较上年提高14%。募集机关事业单位爱心救助基金114万元。全区农村社会福利中心5家,床位514张,接收寄养320人;民办社会托老机构16家,床位656张,接受寄养318人。3个公益性公墓及配套殡仪服务站基本建成。

【北翼新城核心区建设】　编制完成整体开发规划,成功举办北翼新城核心区发展论坛,与南通楼市传媒广告有限公司合作发行《南通北翼新城核心区特刊》。第六人民医院、北城中学等公共配套项目先后竣工并投入使用;尚海城、嘉御龙庭、北城一品等中高档商住项目顺利开工;绿洲假日大酒店主体全面封顶;港务物流、国税大楼、鸿鸣商务中心项目取得进展;南通华强城市乐园和万科城两个知名品牌顺利落户。静海大桥、江海大道和通宁大道高架、长华路西侧道路等工程开工建设。

【万顷良田建设工程】　万顷良田建设工程,东起秦灶河,南沿通启高速、新长铁路,西至九圩港,北隔北界河与通州刘桥镇相邻,规划总面积为3.6万亩,涉及2个街道、11个行政村,投资规模约73亿元,总体规模全省第一。工程年内正式启动,通过对田、水、路、林、村等进行综合整治,实施大范围空间整合,达到"农地集中、居住集聚、用地集约、效益集显"的目的,实现改善农村面貌、促进镇区开发、突破用地指标瓶颈、拓展未来发展空间的四个有机统一。

(顾　穆)

港闸区领导干部名录

中共南通市港闸区委员会

书　记　沈　雷

副书记　沈红星　许美云(女)

常　委　周明华　张松泉　王小红（女）
　　　　许刚健（至12月）　杨　建　严长新　张建新
　　　　丁佳荣（12月起）

南通市港闸区人大常委会

主　任　沈　雷

副主任　陆　骥　陈海平　姚惠琳　王剑光　许志清

南通市港闸区人民政府

区　长　沈红星

副区长　张松泉　杨　建　蒋才茂　戴兴农
　　　　朱　萍（女）
　　　　顾国华　顾　峰　瞿永国

政协南通市港闸区委员会

主　席　张　健

副主席　周德清　黄雅香（女）　马晓辉　季红星
　　　　周涌泉（1月起）

（港闸区委办）

南通市经济技术开发区

【概况】 南通市经济技术开发区成立于1984年12月，是中国首批14个国家级开发区之一。南通市政府富民港办事处与开发区管委会合署。2010年，开发区实现地区生产总值256.2亿元，比上年增长20%；实现财政总收入64.3亿元，增长41.9%，其中一般预算收入24.9亿元，增长41.7%；完成全社会固定资产投资208.4亿元，同比增长32.3%。完成全部工业总产值1150.4亿元，增长20.9%，实现规模工业总产值803.1亿元，增长26.5%；进出口总额35.4亿美元，增长22.9%，其中出口额19.13亿美元，增长36.2%。招商引资、项目建设取得新突破（详见《经济发展篇》"对外开放"部分）。各项社会事业健康发展。

【社会事业】 推进各项惠民工程，8项实事工程基本完成。全面落实各项强农惠农政策措施，农业增效、农民增收和农村稳定的良好局面进一步巩固提升。开发区被评为区域教育现代化先进县（市、区），天星湖中学通过省四星级高中现场评估验收，6家幼儿园创成省优质园。"三送"工程扎实推进，职工图书馆被全国总工会授予"国家级职工书屋"示范点。建立区红十字会，食品安全示范区、药品"两网"示范区创建和计生世代服务中心改建工作通过省级验收。社会保障体系不断完善，22个村（社区）达到充分就业村（社区）标准，年满60周岁农民和城镇居民全部纳入基本生活保障范围，被征地农民实行社会保障全覆盖。政法综治和平安法治建设不断创新，大调解机制进一步深化，建立社会稳定风险评估机制；街道政法综治工作中心实现全覆盖；外来人员"三集中"管理模式不断优化；信访工作有力加强；成立专职巡防中心，万人发案率持续下降，公众安全感保持在98%以上。严格落实安全生产责任制，狠抓隐患排查整治，安全生产形势持续好转。"创先争优"活动深入开展，"强基工程"扎实推进，撤镇建街工作顺利完成。

（丁佐峰）

南通市经济技术开发区、苏通科技产业园领导干部名录

（2010.1～2010.12）

中共南通市经济技术开发区工作委员会

书　记　陈德新

副书记　葛　亮　严　宪　陈晓东

委　员　范新泉　董克新　丁秉华　陈　强　陈　琦
　　　　王世瑞　范志强　李晓斌

南通市经济技术开发区管理委员会

主　任　葛　亮

副主任　严　宪　陈晓东　范新泉　董克新　陈　强
　　　　陈　琦　王世瑞　池　宇

苏通科技产业园综合管理办公室

主　任　葛　亮（兼）

副主任　陈晓东（常务，兼）　周少华　李　玲

（丁佐峰）

海　安　县

【概况】 海安县位于南通市域北部，东临黄海，南与如皋市、如东县相连，西与泰州的泰兴市、姜堰市交界，北与盐城的东台市毗邻。县名取自"海水永不扬波"之意。海安县是江海文化的源头，该县西北的南莫镇青墩遗址发掘和研究表明，早在5000多年前的新石器时代就有人类居住。东晋义熙七年（411年）始设宁海县，上属海陵郡。宁海县即今海安县，为海安建县之始。南朝宋泰始七年（471年）分宁海县西境置海安县，之后与宁海县、海陵县几度分合。唐景龙二年（708年）至唐开元十年（722年），海陵县东境复置海安县。五代至宋，属海陵县。明清时期，今海安县境分属泰州、如皋、东台等州县。1940年，新四军东进，在海安镇建立泰县抗日民主政府。1943年设紫石县。县名缘于海安镇爱国民主人士、原江苏省省长韩国钧的字紫石。1948年3月，紫石县更名为海安县。1949年1月，海安全境解放，县政府迁回海安镇。2010年末，海安县总面积1108平方公里。辖14个乡镇、210个行政村（含村居合一）。年末常住人口86.63万人。2010年，全县实现地区

生产总值355.57亿元,按可比价计算增长14.1%。按户籍人口平均每人地区生产总值38009元。完成财政总收入50.54亿元,其中一般预算收入20.52亿元,增长31.7%。

【经济发展】 农业 全县农林牧渔业现价总产值71.75亿元,增长4.12%。粮食总产63.28万吨,连续5年获全国粮食生产先进县称号,保持亩产吨粮县称号。全年,生猪年末存栏50.06万头,羊36.95万头,家禽1908.00万羽,禽蛋产量24.01万吨。新增高效农田面积3510公顷,新(扩)建13.3公顷以上连片钢架大棚设施园区7个。全县设施栽培面积4530公顷,产量19万吨,产值3.5亿元。

工业和建筑业 全年完成规模工业产值857.89亿元,比上年增长27.1%。全县亿元企业169家,实现销售收入619.24亿元、利税81.28亿元,分别增长23.68%、39.77%。新开工千万元以上项目417个;新增规模企业153家;开票销售超亿元企业70家,实现开票销售263亿元,占比全部工业开票销售58%。年末,有中国名牌7个、江苏省名牌产品27个,南通市名牌产品47个。全部工业实现产品销售收入1590.92亿元,增长21.9%;产品销售率97.9%;实现利税101.93亿元,增长45.6%。海安入选省第二批新型工业化产业示范基地。建筑业实现施工总产值423.9亿元,增长29.6%,获国际建筑大奖2项,国优工程奖2项。全县建筑业总产值超亿元企业32家。全年在建高层建筑1738幢,其中29层以上超高层建筑329幢,增幅均在25%以上。

服务业 全年实现服务业增加值124亿元,比上年增长14.1%,占地区生产总值的34.9%。实现社会消费品零售总额133.16亿元,增长18.4%。服务业考核获南通市一等奖。开展"万村千乡市场工程",建成农家店330家,行政村覆盖率87.62%。

固定资产投资 全社会固定资产投资241.96亿元,比上年增长24.1%,其中工业投资195.28亿元,增长17.4%。全年完成房地产投资额21.76亿元,比增长11.4%。兴建商品房面积74.7万平方米,商品房销售额29.3亿元,增长14.6%。

外向型经济 全县新批注册外资4.43亿美元,注册外资到账1.42亿美元。进出口总额11.03亿美元,其中出口总额9.03亿美元。全年新签外经合同额8707万美元,实现对外劳务营业额6815万美元。

金融 年末各金融机构贷款余额297.38亿元,存款余额480.85亿元,总量保持全市第二位,建成省级金融生态示范县。12月30日,江苏海安农村商业银行股份有限公司成立,其前身是江苏海安农村合作银行。

【社会事业】 科技创新 全年获省科技进步奖2项,市科技进步奖15项。海安工业园区被科技部授予国家级"国际合作基地"称号,李堡镇被省科技厅命名为江苏省首批创新型乡镇。实现高新技术产业产值281.72亿元,增长55%。新认定国家重点新产品3个,省级高新技术产品73个,省自主创新产品18个;新认定省级孵化器1家,省级科技工业园2家;新认定省级工程技术研究中心18家,新增国家级高新技术企业5家,均居全市之首。

教育 高考高分段人数连续11年名列全省第一,12所学校被表彰为省平安校园,10所学校通过省健康促进学校创建验收,海安宁蒗支教群体获"2010感动南通年度教育人物"特别荣誉奖。年末,全县有各类学校135所,其中普通中学36所,职业中学2所,艺术学校1所,小学46所,幼儿园48所,特殊教育学校1所。中小学在校学生7.58万人,比上年减少0.44万人;职业中学人数1.12万人,比上年增加418人。学龄儿童入学率、小学毕业生升学率100%,初中毕业生升学率99.97%。

文化事业与产业 全县有207个行政村建有"农家书屋",农家书屋建设以及长效管理机制得到国家新闻出版总署高度评价。荣获江苏省"十大书香县(区)"称号。"523"文化产业园被命名为江苏省文化产业示范基地。《海安年鉴(2009)》在全国地方志年鉴评比中获得最高奖——综合特等奖。有线电视数字化整体转换全市领先。海安花鼓参加上海世博会巡街演出和江苏馆演出。王奇寅的国画《凝霜立雪》获上海世博会美术大展国画展优秀奖(最高奖)。全年送戏200多场,送电影1908场,送书8000多册。2010年,海安再次被表彰为省法治县创建工作先进单位,"12345"公共服务热线开通。

旅游业 全年接待国内外游客164万人次,实现旅游总收入18.04亿元,分别增长26.76%、28.86%。角斜红旗民兵团史绩陈列馆、523文化主题公园评为国家2A级旅游景区。成功举办首届中国海安河豚节、海安里下河捕鱼节、老坝港开渔节和第五届青墩文化艺术节。

卫生 全县有医疗卫生机构181个,医疗机构总床位书3149张,卫生技术人员3034人。县人民医院16层病房楼顺利投入使用,并开工新建肿瘤治疗中心;妇幼卫生达江苏省妇幼卫生先进县建设标准;完成农村项目改厕2.5万座。年内,海安县城被全国爱卫会复评为国家卫生县城,被国家中医药管理局评为全国农村中医药工作先进单位,

体育 成功举办县全民健身运动会开幕式暨万人健身长跑活动。获第三届全国亿万学生阳光体育冬季长跑活动优秀组织奖,被评为"江苏省体育强县"和"全省群众体育先进单位"。中央电视台体育频道在全民健身日当天播出反映北凌农民马拉松运动员陈进传奇事迹的电视专题片。海安籍运动员吴鹏根在沙滩排球世界大满贯赛俄罗斯站获冠军,这是中国男子获得的第一枚沙滩排球金牌。吴鹏根、

仲满在广州亚运会上分别获沙滩排球冠军和个人佩剑亚军、佩剑团体冠军。

【人民生活和社会保障】 居民生活水平进一步提升。城镇人均可支配收入20512元,农民人均纯收入9478元,分别增长12.6%、14.1%,小康建设综合实现程度99.85%。全年新增城镇就业7100人,城镇失业人员再就业3621人,城镇登记失业率2.97%。全年培训农村劳动力1.54人,农村劳动力新增转移就业9409万人。城镇职工养老、医疗、失业保险参保人数分别为12.62万人、15.73万人、8.47万人。城镇居民医保、新型农村合作医疗参保率分别为98%、99%。新型农村合作医疗参保人数60.84万人,新型农村养老保险参保人数22.7万人。社会保险综合覆盖率98%。经省统计局、省发改委、省委研究室监测统计,2009年度海安县总体达到省定全面小康标准。

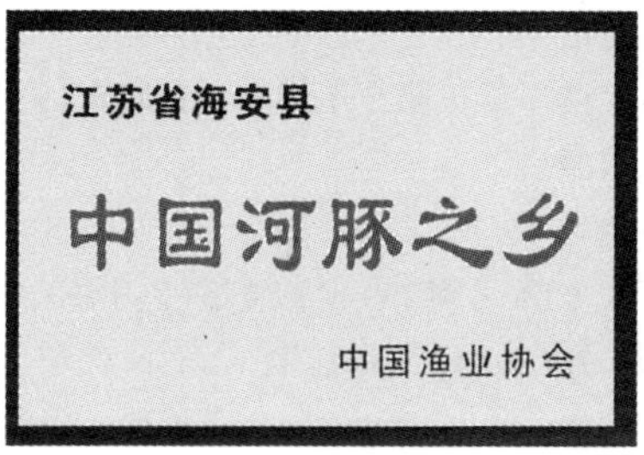

【苏台(海安)农业合作创业园获准设立】 3月9日,省农委、省台办、省商务厅批准设立苏台(海安)农业合作创业园。创业园规划总面积7013.33公顷,位于老坝港镇、北凌垦区和新围垦区,目标建设“一城、一区、一港、一带”,即中国南黄海紫菜城、精致农业生产示范展示区、国家级中心渔港、生态农业观光旅游带。5月,经农业部、国台办批准,该园成为国家级“南通江海台湾农民创业园海安苏台农业合作示范区”。9月19~22日,作为江苏台湾周活动一个重要组成部分,“海峡两岸(昆山)农产品展示展销会”在昆山举行,“苏台(海安)农业合作创业园”作为全省10个苏台合作园之一,在展示展销会上独立设展。

【首届中国海安河豚节】 4月24日,第三届南通江海美食节暨首届中国海安河豚节在海安七星湖月亮广场开幕。中国渔业协会会长齐景发及省、市各级领导,国内近百家旅行社负责人,省内各市县烹饪协会负责人,上海、苏州、无锡等大中城市数10个旅游团近6000人参加开幕式。期间,先后举办河豚烹饪技能成果展、河豚美食论坛及旅游推介活动。近3000名游客游览韩国钧故居、广福禅寺、七战七捷纪念馆、中洋生态农业观光园等景点。

【海安建工获国际建筑大奖】 5月26日,上海世博会官方宣布:参加上海世博会的英国、西班牙国家馆,荣获2010年英国皇家建筑师协会RIBA建筑奖。其中英国馆由英国皇家建筑师协会成员海瑟维克工作室创意设计、海安苏中建设集团建筑施工。英国馆(昵称“蒲公英”)项目由苏中建设集团上海分公司采用国际通用的FDIC设计施工总承包模式负责施工,其最大亮点是由6万根7.5米长的蕴含植物种子的透明亚克力杆悬挂在一个木制结构上,组成巨型“种子殿堂”,亚力杆会随风微微摇动,顶端都带有一个细小的彩色光源,可组合成多种图案和颜色,使展馆表面形成各种可变幻的色彩。6月30日,英国皇家特许建造学会(CIOB)首次离开英国本土在中国上海举办CIOB全球建造峰会,苏中建设集团设计总承包的上海世博会英国馆“绽开的蒲公英”与世博文化中心、国际金融环球中心等项目一同被CIOB授予“杰出建设项目管理奖”。这是南通建筑铁军首次获此大奖,也是中国世博工程在国际建筑界所获的最高荣誉。海安建筑队伍以过硬技术和可靠信誉,成为世博会场馆建设主力军,共承接英国馆、台湾馆、爱尔兰馆3个世博展馆建设工程。

【第五届青墩文化艺术节】 10月18日上午,中国·海安第五届青墩文化艺术节暨2010年金秋经贸洽谈会开幕式在海安县行政中心广场举行。各级领导、中外客商2000多人参加开幕式。开幕式上,举办“2010年中华经典秧歌邀请赛”,山东胶州秧歌、陕西延安腰鼓秧歌、辽宁海城高跷秧歌、山西翼城花鼓、江苏睢宁洛子和海安花鼓参加比赛。下午,举行集中签约仪式。107个招商引资项目签约,总投资额235亿元,总注册资本68亿元,平均单体规模2.2亿元。其中,外资项目19个,投资总额7.6亿美元;民资项目88个,投资总额182亿元。10月20日上午,中国海安欧洲工业园洽谈会在王府宾馆举行。正在建设中的中国海安欧洲工业园是面向欧洲企业设立的专业园区,园区以低碳经济和先进制造业生产基地为发展愿景,总建设周期5年,规划建设工业用地1000亩。期间,还举办第二届中国海安文化博览交易会,海安523文化产业主题公园78名驻园艺术家创作的291件艺术品在“青墩文化节”高端艺术品拍卖会上亮相。150多名来自新加坡、意大利、北京、上海、杭州、苏州等地的收藏机构、国内收藏界和企业界知名人士参加拍卖会。

【523文化产业主题公园国际文化博览交易会】 5月23日,成功举办海安523文化产业主题公园国际文化博览交易会。文博会展出20多万件文化产品,1000多家海内外采购商与会洽谈订购,近万名游客观光。签约文化产业项目59个,签约额18亿元。首批产自海安的4000多件油画

产品出口至美国新泽西州。文博会期间，成功举办两岸艺术家高层论坛，来自北京大学、台湾师范大学的多名知名学者参加论坛。

【海洋滩涂围垦竣工】 2009年11月，海安启动围垦工程，这是《江苏沿海地区发展规划》获国务院批准后的全省海洋滩涂第一项重大工程。工程位于北凌垦区东侧黄海滩涂，围垦范围北起安台线，南至北凌新闸。海堤全长13.06公里，匡围面积3.74万亩，工程总投资约1.5亿元。2009年12月6日正式开工。2010年10月底，海洋滩涂围垦工程竣工。此次海洋滩涂围垦工程是继1984年之后海安的又一次围垦工程，将新增发展空间3万多亩。

【建成苏中苏北首个国家生态县】 12月25～26日，国家环保部考核验收组对海安生态县建设进行考核验收，通过实地考察，同意海安通过国家生态县考核验收，海安成为苏中、苏北地区建成的首家国家生态县。2007年起，海安县不再新批园区外化工、电镀等项目。2008年底前，危险化学品生产企业全部搬入专业化工园区，并淘汰年产5万吨以下废纸造纸、水泥湿法窑和干法中空窑生产线，淘汰居民集中居住区附近有碍居民生活和休息的企业生产线，并以年递减10%的要求，关闭数十家不符合国家产业政策和环保要求的砖瓦企业。清洁生产企业的审核比例在南通率先达到100%，水污染物排放总量控制在0.74万吨以内，二氧化硫在0.37万吨以内。建成高标准污水处理厂15座，新增日处理污水能力9.2万吨。全县14个镇生活污水处理厂投入运营，新建14座垃圾压缩中转站，新上日处理750吨生活垃圾焚烧发电项目，配备1538名专业保洁人员。

【交通建设实现新突破】 2010年是交通工程建设任务最为繁重的一年，交通建设投资突破17亿元。组织编制省内县级城市第一个综合交通发展规划，已形成初审稿。江海高速公路11月3日竣工通车，新增高速公路26公里，海安至南京实现全程高速，通行时间缩短至两小时左右。临海高等级公路建设正式启动，海安段全长3.31公里，总投资约1.6亿元。新328国道通过省市交通主管部门组织的交工验收。通榆公路(老204国道)、221省道改建工程序时推进。海洋铁路工程进展顺利，9月底开始正式铺轨。宁启铁路复线电气化改造工程正式启动，海安段总里程45.7公里，房屋拆迁基本结束。海安火车站按9000平方米的标准进行改建，初步设计方案通过审查。5月，新长铁路盐城至海安复线电气化改造工程项目预可研报告通过铁道部审查。连申线(东台－长江段)航道整治工程12月19日在海安举行开工仪式。海安境内全长约25.65公里，全线按三级标准双线航道进行整治。新建海安双线船闸，改建、新建跨河桥梁46座，计划总投资31.5亿元，工期4年。新建改造农村公路123公里，农村危桥100座，连续6年被评为“全省农村公路改造先进单位”。

(周宏文　季陈娟)

海安县领导干部名录

(2010.1～2010.12)

中共海安县委员会

书　记　章树山

副书记　单晓鸣(女)　朱　春(5月免)
　　　　柯德来(5月任,11月免)　王少勇(12月任)

常　委　肖陈忠(9月免)　韩菊芳(女,5月免)　王晓斌
　　　　孙进基　周宗泉　葛锦坤(5月任)　焦广琪
　　　　杨　抒(挂职)　李春旺(5月任)
　　　　王　炜(5月任)　朱一林(9月任)

海安县人大常委会

主　任　章树山

副主任　田友峦　肖正明　王锡林　章曙东(1月任)

海安县人民政府

县　长　单晓鸣(女)

副县长　柯德来(5月辞职)　王晓斌(5月任)　孙进基
　　　　杨　抒(挂职)　张佳生
　　　　钱锁梅(女,12月辞职)　吉传稳　彭为杰
　　　　陶荣龙　严卫飞　李子全(5月任)
　　　　张亚曦(9月任)

政协海安县委员会

主　席　朱　春(1月任)

副主席　蔡祝平　曹依群(女)　陈　楷　周厚宽
　　　　朱卫民

(周宏文　季陈娟)

如皋市

【概况】 如皋市，东与如东县、通州区毗邻，西与泰州泰兴市、靖江市接壤，北与海安县乡连，南与苏州张家港市隔江相望。以《春秋左传》所记贾大夫“御于如皋”(意为驾车前往泽地)射雉的典故而得名。东晋义熙七年(411年)，始有如皋县建置。隋时并入扬州宁海县。南唐保大十年(952年)升为如皋县，隶属泰州。后县制历代沿袭。清雍正二年(1724年)划归通州。民国时为一等县，与湖南邵阳同列为全国最大的县。1940年8月，新四军东进至如皋西乡，在卢港(今搬经、高明一带)建立如皋县政府；10月，县政府随军继续东进至如皋东乡，接管国民党如皋县政府。1941年3月，在如皋西乡成立如西县政府，至此，原如皋县以通扬运河

为界划分为两个县。1945年9月21日,新四军收复如皋城,如西县复名如皋县,原设于如皋东乡的如皋县更名如东县。12月1日,苏皖边区第一行政专员公署于如皋城成立。1949年1月27日,如皋全境解放。5月12日,第一行政专员公署改称苏北泰州行政区专员公署,如皋属其管辖。1950年1月,划归苏北南通行政区专员公署。1991年,如皋撤县建市。现辖20个镇(其中江苏省如皋经济技术开发区与柴湾镇、如皋港区与长江镇实行区镇一体化管理),348个行政村(居委会),全市总面积1477平方公里,常住人口126.71万人。2010年,如皋市成功实现"转型升级调结构,奋力跨江争八强"的总体目标,实现地区生产总值430.99亿元,比上年增长14.3%。人均地区生产总值34577元。三次产业的比例为9.6∶56.8∶33.6。财政总收入占地区生产总值的比重达18.1%,比上年提高3.5个百分点。

【经济发展】 农业 2010年,如皋市实现农林牧渔业总产值68.59亿元,增长10.89%。其中,农业产值40.06亿元,增长18.52%;林业产值0.18亿元,增长3.99%;牧业产值22.09亿元,增长0.18%;渔业产值3.71亿元,增长7.5%;农业服务业产值2.55元,增长7.14%。全年粮食产量69.63万吨,比上年增产2.91%;棉花产量264吨,下降20%;油料产量3.99万吨,与上年持平;蔬菜产量48.5万吨,增长40.54%。

工业和建筑业 完成工业增加值207.59亿元,增长16.2%。全市销售收入500万元以上规模企业1156家,完成规模以上工业总产值988.61亿元,增长29.23%。全市规模以上工业主营业务收入972.87亿元,增长27.6%;规模以上工业利润总额58.71亿元,增长37.55%;工业产品销售率99.70%,上升0.65个百分点。2010年末销售收入2000万以上的工业企业723家,实现产值948.00亿元,实现主营业务收入933.44亿元。

全年实现建筑业增加值37.26亿元,增长15.4%。全市建筑队伍人数15.5万人,建筑队伍遍及10多个国家和地区,年末境外劳务人员近千人。全年建筑企业承建施工面积6094万平方米,比上年增长21.8%。承建高层建筑2264栋。全年建筑企业创省级以上优质工程27项,其中扬子杯优质工程14项。市六建集团获得境内、境外鲁班奖各1项,市江中集团连续3年获得鲁班奖。年末,全市拥有特级资质建筑企业2家,一级资质建筑企业20家。拥有一级建造师400人,二级建造师929人。

固定资产投资 2010年,如皋全年全社会固定资产投资253.44亿元,比上年增长18.9%,其中,规模以上投资234.48亿元,增长22.4%,规模以上投资占全社会投资的比重为92.55%。全社会工业固定资产投资198.17亿元,增长15.5%,占全社会固定资产投资的比重为78.22%。第三产业投资51.06亿元,增长36.3%,占全社会投资比重为21.8%。

全年房地产开发投资18.29亿元,增长28.98%;房屋施工面积335.7万平方米,增长31.1%,其中,施工住宅266.28万平方米,增长28.03%;商品房屋销售面积65.83万平方米,增长8.31%,商品房屋销售额24.29亿元,增长20.43%。

国内贸易 全年社会消费品零售总额170.01亿元,比上年增长18.5%。分行业看,批发和零售业零售额156.74亿元,增长18.0%;住宿和餐饮业零售额13.27亿元,增长24.7%。年末,全市拥有营销额超亿元的市场12个,全年市场成交额185亿元,增长21.7%。

开放型经济 全年新批外资投资项目78个,其中增资项目13个。全年实际到账外资9.25亿美元,增长50.4%。外经贸易稳步增长。全年完成进出口总值19.31亿美元,增长25.3%,其中自营出口总额10.05亿美元,增长0.9%,出口超千万美元的企业达到27家;出口贸易总值中,机电产品出口2.24亿美元,下降33.9%;高新技术产品出口0.92亿美元,增长75.3%;农产品出口0.78亿美元,增长9.2%。年末与如皋建立进出口贸易关系的国家和地区135个。全年完成对外劳务营业额2.01亿美元,增长64.1%,当年新派对外劳务人员3026人,年末在外劳务人员9012人。

财政、金融 2010年,如皋市财政总收入78.08亿元,比上年增长50.9%。全年一般预算收入33.69亿元,增长55.6%,其中,营业税、增值税、企业所得税分别增长46.4%、11.7%、117.4%。全年财政总支出67.45亿元,增长42.1%,其中一般预算支出45.23亿元,增长33.5%。

2010年末,金融系统本外币各项存款余额492.82亿元,增长25.88%,其中城乡居民储蓄存款余额316.80亿元,增长20.1%。贷款余额247.86亿元,增长37.58%。

【社会事业】 科学技术 全年专利申请量5848件,增长57.33%;专利授权3522件,增长106.93%。全年申报各级各类科技项目447项,立项267项,获各级扶持资金4490万元。全年有21项科技成果获江苏省及南通市科技进步奖。全年新增省级公共技术服务平台1家,省院士工作站1家,省企业研究院1家,省级工程技术研究中心17家;新增科技孵化器2家,其中国家级1家,省级1家。

教育 建成江苏省首批创建义务教育优质均衡改革发展示范区。办学条件进一步优化,全年新建校舍16.6万平方米,新开工工程19个;学校布局更趋优化,全市新撤并小学、初中9所,撤并幼儿园(点)84个,建成省优质园6所、南通市优质园2所。年末,全市共有普通中学35所,在校学生6.61万人;职业中学3所,在校学生1.27万人;小学

56所,在校学生6.11万人;幼儿园55所,在园学生2.99万人。年末,全市共有教职工总人数1.0万余人,其中专任教师8340人。

卫生　年末,全市有卫生机构68个,其中,医院、卫生院64个,妇幼保健所1个,疾病预防控制中心1个。全市拥有医院和卫生院床位数3510个,卫生技术人员3517人,其中执业(助理)医师1564人,注册护士973人,卫生技术人员255人。新型农村合作医疗保障水平巩固提高,全市共有122.11万人参加合作医疗,参合率达100%;农村卫生服务体系不断完善,全市共建成社区服务站423个。

文化　2010年,如皋举办"文明之光"、"小康之路"、"锦绣华章"等大型主题文化宣传活动;精品创作和群文理论研究成果丰硕,全年共15篇作品获国家级奖项,38篇作品获省级奖项。"三送"活动备受欢迎,全年向各镇送图书2.5万余册,送电影4050场,送戏103场。年末,全市有文化经营单位679家,从业人员1205人,全市登记注册的民营演出团体118个,已建成农村文化站20家。全市拥有各级文化保护单位10处,其中,全国重点文物保护单位1处,省级文物保护单位5处;全市拥有省级非物质文化遗产名录5项,南通市级非物质文化遗产9项。年末,全市拥有文化团体1个,公共图书馆1个,市博物馆2个。全市有线数字电视整体转换率达97.6%,当年新增有线数字电视用户3.92万户,数字电视普及率达77.6%;农村有线广播村通响率达82%。

体育　年内,承办"交通杯"中国·如皋公路自行车大赛等3次国际、国内大赛。组织参加21次国际、国内体育健身大赛,其中参加全国群众体育健身大赛15次,获金牌29块。在第十六届亚运会上,如皋籍运动员薛娟获女子标枪银牌。群众体育活动模式创新,镇村广场集体舞成为新农村建设亮丽风景。全市开展各级各类全民健身活动参与人数超过50万人次。体育彩票创历史新高,全年销售额达8419万元。

【社会保障与人民生活】　2010年,如皋市城镇居民人均可支配收入19852元,比上年增长12.1%。全年城镇居民人均消费性支出11447元,比上年增长14.3%。年末全市城镇居民人均住房建筑面积40.2平方米。

全年农村居民人均纯收入8695元,比上年增长14.3%;人均生活消费支出5947元,比上年增长11.5%。年末农村居民人均住房面积48.5平方米。

全年城镇集体及以上单位在岗职工平均工资35956元,增长13.2%。其中,国有单位53067元,增长13.42%;集体单位43005元,增长15.8%;其他单位24807元,增长12.71%。

年末,全市拥有各类养老机构25家,总床位数4663张;年末全市农村拥有敬老院20家,床位3813张。在全市农村4121名"五保"对象中,有2889人实行了集中供养,集中供养率达70.1%。

年末,全市参加企业养老保险人数达11.49万人,参保率96.10%;参加医疗保险人数14.86万人,参保率98.2%;参加失业保险人数10.26万人,参保率96.6%。年末,城镇登记失业人数4563人,城镇登记失业率2.99%。

【沿江开发突破性进展】　7月28日,如皋港集装箱航线正式首航。8月30日,如皋边防检查站揭牌;10月9日,苏中苏北县级市首家出入境检验检疫机构——如皋出入境检验检疫局揭牌。至此,除海事外,如皋港口岸开放的海关、边检、出入境检验检疫等联检部门全部正式运行,保税仓库、监管仓库、现代物流外包服务中心等功能配套项目陆续建成,形成6000万吨的吞吐能力。2010年长江镇(如皋港区)实现财政总收入17.08亿元、一般预算收入10亿元,分别占全市镇级财政的36.2%、38.7%;到账外资5.06亿美元,占全市的54.7%;完成规模工业应税销售211.23亿元、规模工业投入73.15亿元,分别占全市的41.4%、34.7%,"八年再造一个如皋经济总量"目标基本实现。2010年,长江镇(如皋港区)列为江苏省首批"强镇扩权"试点镇。

【"一会两节"成功举办】　10月28日,第八届中国·如皋沿江经济洽谈会、第五届如皋·中国长寿文化节、第六届中国(如皋)花木盆景艺术节(简称"一会两节")隆重开幕,近千名中外嘉宾客商出席。节会以"绿色、低碳、环保"为主题,安排沿江开发成就展示、开幕式文艺演出、如皋投资环境说明会、项目洽谈签约仪式、重大项目集中开工仪式、长寿楹联评审结果揭晓、第二届中国·如皋长寿论坛、如皋"世界长寿乡"资格确认仪式、东方盆景园开园仪式等经贸文化活动。10月28日,137个项目集中签约,总投资355.05亿元和16.82亿美元。10月29日,80个项目集中开工,其中内资项目68个、外资项目12个。

【熔盛重工在香港上市】　11月19日,江苏熔盛重工在香港成功上市,是当年在香港上市的最大民营企业和非金融类企业,首期募集资金25亿美元。熔盛重工自2005年10月正式开工建设后,5年时间创造了世界造船史上建厂周期最短、单笔造船载重吨及订单金额最大、苏伊士油轮市场份额最高、船坞及龙门吊最大等多项世界纪录,迅速成长为国内大型民营重工企业,是南通首家应税销售超百亿工业企业。

【《燃烧的青春》出版】　9月,展示如皋市大学生"村官"在农村工作、生活、学习的日记选编《燃烧的青春》一书及同名电视片由中央组织部党建读物出版社出版。日记选编从

8万多篇大学生"村官"日记中,精心挑选87篇结集而成。中共中央政治局委员、中央书记处书记、中组部部长李源潮以"你们的生活很精彩"为题,为该书作序。近年来,如皋市积极响应中央号召,面向全国择优选拔358名高校毕业生到村(社区)任职,率先实现大学生"村官""村村有",不断推动大学生"村官"工作创先争优,探索形成"下得去、待得住、干得好、流得动"的大学生"村官"工作长效机制。

(邱贵平)

如皋市领导干部名录

(2010.1~2010.12)

中国共产党如皋市委员会

书　记　陈惠娟(女)

副书记　姜永华　杨曹明　羌　强(挂职)

常　委　谢新民　黄　成　顾保红(9月25日免)
陈慧宇(3月16日免)　张　辉　于　勇
马建明　司祝建(3月16日任)
胡拥军(9月25日任)

如皋市人大常委会

主　任　石　耀

副主任　刘培银(12月27日免)
谢新民(12月25日提名)　吴晓培　周金仁
程德兴(12月27日免)　邵晓泉　张秀良
佘鸣皋

如皋市人民政府

市　长　姜永华

副市长　黄　成(常务)　马建明(11月26日免)
司祝建(3月31日任)
陈冬梅(女,3月23日免)　杜永红　张　军
陈万圣　吴道健　赵男男(女)　杜松华
李　斌(挂职,5月26日任)
林凤勇(挂职,12月28日任)

中国人民政治协商会议如皋市委员会

主　席　李中林

副主席　张元健　魏祝明　章建平　刘聪泉
黄文斌(12月25日提名)

(邱贵平)

如　东　县

【概况】 如东原为如皋东乡,1945年秋定名如东县。南与通州区为邻,西与如皋市接壤,西北与海安县毗连,东面和北面濒临黄海。境内海岸线全长106公里,占全省1/9,滩涂面积6.93万公顷,占全省35%。全县海域面积6000多平方公里。全境总面积1872平方公里(不包括海域)。其中,陆地面积为1702平方公里,水面面积为170平方公里。全县耕地面积10.44万公顷。2010年,全县户籍人口104.83万人,常住人口99.59万人。全县辖14个镇、46个居民委员会、214个村民委员会。2010年,如东县被国际休闲产业协会、中国城市经济学会授予"中国十大低碳休闲示范城市",被国家能源局等部门授予"国家绿色能源示范县"称号。

【经济发展】 2010年,如东坚持实施"以沿海开发为龙头带动、以产业调整为主攻方向、以城镇改造为有力依托、以基础设施为坚实支撑、以城乡统筹为战略取向"的基本策略,加快经济发展步伐,进一步提高运行质量,调整产业结构,不断增强创新能力。全年实现地区生产总值352.36亿元,比上年增长14%;人均地区生产总值3.57万元,比上年增长13.6%。三次产业增加值比例为12.8:53.4:33.8。全年实现财政总收入50.38亿元,比上年增长25.5%,其中地方一般预算收入19.04亿元,增长24.2%。县域经济基本竞争力连续8年跻身全国百强县(市)行列。

农业　全县实现农林牧渔业现价总产值93.80亿元,比上年增长10%。主要农副产品产量中,粮食89.42万吨,棉花1.69万吨,油料总产5.25万吨,生猪出栏83.39万头,羊出栏26.35万只,家禽出栏2508万羽,蚕茧产量3423吨;水产品总量26.03万吨。全年组织实施市级以上重点农业科技项目69项,获市厅级三等奖以上科技成果项目6项次。新增认证"三品"22个,其中无公害产品16个,绿色食品6个。全县新建千亩以上高效规模农业园区15个,新增亩产出3000元以上高效农田1.02万公顷,建成特色养殖基地1个。机械化种植水平达85.85%,其中机插秧率达80%。

海洋渔业　全年新增高效渔业面积3000公顷,高效渔业总面积达2.43万公顷。获省级以上渔业项目12个,扶持资金800万元。国家级漠斑牙鲆良种场建设项目,繁育漠斑牙鲆75万尾、海参苗2100万尾。全年全县海淡水养殖总面积达5.30万公顷,实现水产品总量25.43万吨,渔业经济总产值达70亿元,比上年增长8%。

工业　工业经济在加快增长和调整中取得新业绩。全年工业实现增加值152.01亿元,比上年增长16.5%。全年工业销售收入超亿元企业190家,其中超10亿元企业3家。纺织服装、化工医药、机械电子、食品加工等主导产业的支柱作用不断增强,风力发电、光伏电池等新兴产业占比逐步提高。全县省级以上高新技术企业19家,全年认定省级以上高新技术产品20个。九九久科技成为如东继中天科技之后第二家上市公司。

建筑业　全县建筑企业共128家。有特级资质企业2家,一级资质企业7家;二级资质企业35家。2010年全县完成建筑业增加值36.24亿元,比上年增长17.7%;建筑企业完成施工产值205.70亿元,增长18%。

外向型经济　成功举办第四届“海洽会”及各类大型招商活动,全年新批外商投资企业52个,新批注册外资6.30亿美元,到账外资3.50亿美元;引进市外境内民资58亿元。全县完成外贸自营进出口总额9.58亿美元,增长29.5%。洋口港经济开发区全年完成新批注册外资2.50亿美元,到账外资1.71亿美元,市外民资6.93亿元;如东经济开发区实现注册外资4047万美元,到账外资1999万美元,市外民资7亿元;沿海经济开发区完成注册外资1.18亿美元,到账外资1136万美元,市外民资5.50亿元。东安科技园区引进项目17个,新增注册资金7.60亿元,到账资金4.58亿元。

现代服务业　全年实现社会消费品零售总额153亿元,比上年增长20.1%。服务业项目加快实施,发展层次明显提升。首家五星级酒店雷迪森大酒店、规模最大的华润苏果超市年内建成开业;如东汽车交易城2个品牌汽车交易中心投入使用;银河纺织品市场二期工程完工,300多户商家陆续入驻;全县一批新建宾馆酒店、休闲娱乐、仓储物流项目投入运营。成功举办港汇海鲜美食城招商说明会,打造中国海鲜之乡建设平台。全面启动如东沿海区域旅游规划,全年开工建设旅游项目13个。洋口港旅游风景区建成开放,新建小洋口海滨风情主题旅游区,成功举办首届如东(掘港)葡萄节。举办如东第四届沿海经济合作洽谈会暨南黄海国际休闲旅游节。全年接待游客143万人次,实现旅游总收入17.86亿元,比上年增长29.8%。

【社会事业】　科技　着力加强创新创业平台建设,提高企业自主创新意识,促进产业转型升级。全年全县高新技术产业完成投资62亿元、高新技术产值260亿元,比上年分别增长58%、44%,高新技术产业产值占全县规模以上工业总产值32%。建设中的如东软件园被认定为省级软件园。认定省级以上科技创新型企业19家、高新技术企业2家、农业科技型企业1家,高新技术产品26个,民营科技企业53家。申报国家、省、市级科技计划项目259项,获准立项109项。专利申请2113件,专利授权1622件,分别增长23.4%、增长95.2%。引进实施产学研合作项目60项,获市级以上科技进步奖15项。

教育　均衡配置学校教育资源,启动新一轮学校布局调整。加快实施重点教育工程项目,逸夫特殊教育学校迁建工程竣工投入使用,第一职教中心迁建工程抓紧实施,双甸、岔河小学迁入新校园。不断创新教育教学管理,进一步放大品牌效应。全县学生在各项素质竞赛中,获得100多项国家、省市级奖项。高考再创佳绩。全县考生5998人,本一上线1937人,上线率32.96%;本二上线3635人,上线率61.86%。生均总分、本科上线率等核心指标全省第一。全省职业教育技能大赛获得3金3银8铜,取得历史性突破。特殊教育高考成绩名列全省前茅。各镇社区教育中心全年劳动力转移培训9149人次,创业培训近2000人次。开展各项特色培训班1500多个,培训人数12万多人次。

文化　如东县图书馆被文化部命名为国家一级图书馆。全县262个行政村(居)农家书屋实现全覆盖,全县农家书屋新增图书6.50万册。第六届“蠙城之夏”暨全县非公企业文艺汇演活动,共演出20场,观众近4万人次。全年送电影放映3672场。民间舞蹈《跳马伕》参加全国首届农民艺术节开幕式广场演出,荣获最高荣誉奖——“精粹奖”,并成功入选国级非物质文化遗产名录。

卫生　全县门急诊274.29万人次,出院病人数7.07万人次,病床使用率67.49%,危重病人抢救成功率90.4%。加快推进新农合村级网络建设步伐,全县240个社区卫生服务站配备结报设备,与南通市肿瘤医院、市第三人民医院、市第四人民医院开通联网结报。全年全县参合人数83.47万人,参合率达99.7%。建成示范化、标准化社区卫生服务站240个。

体育　全年完成健身设施城中村布点64家,创建省市体育健身俱乐部5个,优秀体育健身活动点12个。参加江苏省县级田径比赛获团体总分第十一名。南通市少儿田径比赛获团体总分第二名,金牌总数第一名。向省专业队输送2人、向省体校输送5人、向市体校输送37人。全年培养新增国家一级裁判员22人,二级裁判员15人,三级裁判员130人,7人晋升国家一级社会体育指导员,348人晋升国家二级社会体育指导员。成功举办全国风筝邀请赛、江苏省风筝精英赛、江苏省青少年击剑冠军赛等大型赛事。

【人民生活和社会保障】　2010年,城镇居民人均可支配收入2.05万元,农村居民人均纯收入9120.40元,分别增长12.5%、14%。全县新增就业7506人,失业人员再就业3775人,新增转移就业9260人。城镇登记失业率3%。完成农村劳动力培训6280人,开展专业技术人员培训和继续教育培训3560人。职工养老保险累计参保11.54万人,城镇职工养老保险覆盖率达98.6%;基本医疗保险累计参保14.74万人,城镇基本医疗保险覆盖率达95.4%;工伤保险累计参保10.20万人;失业保险累计参保7.60万人。新型农村养老保险累计参保30.50万人,基本实现全覆盖。单独享受基础养老金13.70万人,累计发放9200万元;享受退休金待遇8.11万人,累计发放1.12亿元。

【第四届海洽会暨南黄海国际休闲旅游节】　10月18日,

由中国旅游协会、中国港口协会、中共如东县委、如东县人民政府共同举办的第四届中国如东沿海经济合作洽谈会暨南黄海国际休闲旅游节开幕。全国政协副主席李金华、海关协会会长赵光华、江苏省政协副主席包国新及南通市、如东县领导出席开幕式。海洽会上，通洋高速、临海高等级公路如东段、海洋铁路电气化工程及如东火车站等一批事关如东长远发展的交通设施项目开工；签约项目99个，其中内资项目71个，总投资179亿元人民币，外资项目28个，总投资33.04亿美元。与会来宾观看"魅力如东"大型文艺晚会，该晚会以"2010环球国际旅游皇后大赛"主体，穿插部分知名演员演出及如东乡土特色节目。来自世界40多个国家的佳丽们，通过活力装、泳装、晚装、才艺展示等环节的激烈比拼，产生冠、亚、季军以及各单项奖。

【荣获"国家绿色能源示范县"称号】 10月28日，国家能源局、财政部、农业部联合发出通知，授予如东"国家绿色能源示范县"称号。近年，如东绿色能源产业迅猛发展。2010年，实现新能源产值7亿多元。新增风电装机容量10万千瓦，累计并网发电超过20亿千瓦时。风电产业链不断延伸，明阳风电、海装风电、丹麦维斯塔斯等风电装备制造项目加快落户建设，海力风电公司生产的塔筒正式进入市场。光伏产业健康发展，强生非晶硅太阳能电池总产能达95兆瓦。生物质发电进入良性轨道，国信生物质发电公司全年上网电量近1.50亿度，消耗秸秆25万多吨。

【重大交通项目】 10月，总投资17.50亿元的通洋高速公路（如东境内路线长28公里）正式奠基，建成之后如东将结束无高速公路历史；全长74.21公里、总投资约28亿元的临海高等级公路如东段开工建设，成为如东交通工程建设史上规模最大、等级最高、里程最长，真正意义上的临海大通道；海洋铁路电气化工程暨如东火车站建设开工，铁路总投资21.50亿元，计划2011年通车。

【洋口港开发建设】 3月17日，万吨级外籍货轮"幸运彩虹号"停泊洋口港万吨重件码头抛锚作业，这是洋口港初步通航后首艘万吨级外籍货轮到港作业。8月8日，洋口港管线桥全线贯通。10万吨级石化码头岸线项目获交通运输部批复，中石油10万吨级LNG码头通过验收交付使用。东太阳沙人工岛30万吨级航道及码头方案、金牛挖入式港区规划研究完成中间成果。重点工程建设加快推进，LNG接收站完成工程量85%，太阳岛三期完成工程量80%，临港工业区二期匡围工程基本完成。海洋铁路完成总工程量78%。招商引资取得明显成效，LNG项目一次性实现外资到账1.42亿美元，LNG配送中心项目、LNG冷能、石材产业基地、氯乙烯等项目取得进展。

【成立全国首家县级海域交易中心】 5月20日，全国首家县级海域交易中心在如东成立。首期有6宗海域挂牌确认海域使用权，全年分4期对14宗近2000公顷海域进行招拍挂确权，共竞得海域金7400多万元。

（顾久芬）

如东县领导干部名录

中共如东县委员会

书　记　周铁根

副书记　詹立风　潘建华

常　委　周建飞　顾淑英（女）　陈跃生　陈昌龙　陈建华　徐守宏　任新峰　蔡建华

如东县人大常委会

主　任　张桂英（女）

副主任　徐志平　杨成泉　沈更生　蔡瑞平　冒亚平

如东县人民政府

县　长　詹立风

副县长　顾淑英（女）　徐守宏　刘才盛　于立忠　姜晓静（女）　卢瑞华　洪大林（5月挂职）　蒋树建

政协如东县委员会

主　席　徐建华

副主席　王志荣　童玉林　桑　健　余　科　桑圣权

（顾久芬）

海　门　市

【概况】 海门市，素有"江海门户"之称，东连启东市，西靠通州区，南北分别濒临长江、黄海。五代后周显德五年（958年）建县。明朝中期一度废县设乡，并入通州。清乾隆三十三年（1768年）建江苏省海门直隶厅。中华民国元年（1912年）复称海门县。新中国成立后海门县隶属于南通区（即今南通市）。1994年6月，海门撤县建市。2010年，全市总面积1148平方公里，实有耕地5.98万公顷，下辖21个镇、1个乡、2个省级经济开发区、2个新区，3个街道办事处、57个居民委员会、233个村民委员会。2010年末，全市户籍人口99.86万人，常住人口90.76万人。

【经济发展】 2010年，海门市实现地区生产总值500.10亿元，按可比价计算，比2009年增长14.3%。人均生产总值55908元，增长14.4%。实现财政总收入70.51亿元，比上年增长33.0%。其中地方一般预算收入31.27亿元，增长37.6%。

农业　全市完成农林牧渔业总产值59.98亿元，比上年增长4.0%,其中农业产值29.66亿元,增长5.8%;林业产值0.47亿元,增长3.0%;牧业产值10.47亿元,增长3.1%;渔业产值15.02亿元,增长3.6%。高效农田占比继续全省领先。亩产值3000元以上的中高效田块60.5万亩,占总耕地面积的67.04%,设施栽培面积23.1万亩(不包括架构设施及地膜),占总耕地面积的25.6%。常乐官公岛万亩农业园区先后被认定为“全国蔬菜标准示范园”和江苏省第一批现代农业园区。四青作物、特色瓜蔬、特粮特经、海门山羊、果品苗木、优质家禽、优质水产品等七大产业年产值超过5亿元,其中特色瓜蔬、海门山羊、四青作物等3个产业的年产值超过10亿元。海门市被省农委批准为“江苏省海门山羊产业基地”。全年通过农业“三品”认证数123个,其中无公害农产品103个、绿色食品17个、有机食品3个。

工业　总量规模较快提升。全年完成工业增加值247.14亿元,比上年增长15.3%,总量居南通五县(市)第一。规模工业企业实现销售收入1094.48亿元,比上年增长16.5%;实现利税153.71亿元,比上年增长29.1%;其中利润总额达100.28亿元,比上年增长35.3%。转型升级步伐加快。传统产业集群发展取得新成效,海门市被评为中国纺织产业基地市,省级家纺优质产品生产示范区通过考核。加快新兴产业发展。全年实现高新技术产业产值426亿元,总量继续保持南通五县(市)之首,占规模工业比重达37.9%。创新能力不断增强。全年新认定省级工程技术研究中心18家,超过历年认定总和;新认定南通市级工程技术研究中心17家,江苏省企业院士工作站2家,国家级博士后科研工作站1家,全市重点骨干企业建立研发机构比例达到62%。海门都市科技创业园被科技部认定为国家级科技企业孵化器。

建筑业　全年完成建筑业增加值54.81亿元,比上年增长17.9%。全市建筑施工人数20.2万人。建筑企业全年完成建筑业总产值504.2亿元,增长43.2%;施工面积7085万平方米,增长19.1%;竣工面积1293万平方米。全年获得3个国优银奖,1个国优工程奖,还有83项工程获省优工程。

固定资产投资　全年完成全社会固定资产投资完成额281.43亿元,比上年增长19.5%。房地产投资23.5亿元,增长18.5%。全市完成工业性投入230.28亿元,比上年增长17.4%。海新重工、广亿纺织、泰森食品、泰山石膏、中兴能源装备等一批重点工程项目进展顺利,超亿元工业项目完成投入76亿元,增长57.1%。全年销售各类商品房面积80.25万平方米,比上年下降3.6%。商品房销售额39.34亿元,比上年增长28.4%。

国内贸易　全年社会消费品零售总额173.71亿元,比上年增长18.4%。其中,限额以上批发零售贸易业零售额37.1亿元,增长23.3%,限额以下批发零售贸易业零售额125.2亿元,增长17.6%;餐饮业零售额11亿元,增长11.8%。年末全市有成交额超亿元的商品交易市场17个,成交额达406亿元。

外向型经济　全市完成进出口总额12.32亿美元,比上年增长42.0%。其中,出口总额9.33亿美元,增长38.2%;进口总额2.99亿美元,增长55.7%。全年新增三资企业60家;新批增资项目22个,工商登记注册外资5.84亿美元,注册外资实际到账3.67亿美元。全市新签对外承包劳务合同额1.86亿美元,增长18.8%。全市对外劳务实现营业额3.27亿美元,同比增长30.6%。新派出国劳务1937人,年末在外人数5927人。新批境外投资企业5家,中方协议投资额达1450万美元。省商务厅公布的2010年度全省开发区建设发展综合评价结果,海门经济开发区在全省108个省级开发区中排名第八位,比2009年前移2个位次,打破省级开发区前十强由苏南占据的格局。

城市建设　按照“城市南进会战年”的总体部署,全力会战新城区,全面提升老城区。新行政中心于1月25日率先启用,消防指挥中心、军事指挥中心、土地资产储备中心、政法大楼等一批公建项目陆续交付使用,欧尚超市建成营业,东恒盛五星级酒店主楼结构封顶,财富广场、步行街二期等项目全速推进,新闻中心、地税局、质监局奠基开工。城区实施拆迁项目63个、65.59万平方米,动迁企业、单位139个,拆迁门面333间,动迁住户3122户。竣工安置房项目7个,计2143套、30.58万平方米;新开工建设安置小区6个,计2551套、31.41万平方米。2010年城区完成的拆迁面积、竣工安置房面积和开工安置房面积3项数据均创下海门城市建设历年之最。城市建成区面积由上年的20.28平方公里扩展到20.85平方公里。建设完成“数字城管”系统,被省建设厅评为“江苏省优秀管理城市”。国家生态市创建通过省级考核验收,在国家环保部公布的城市环境综合整治定量考核中,海门市名列江苏省27个参考的县级城市第一。

【社会事业】　教育　深入实施教育布局调整,撤并2所村小、1所初中;校舍安全工程扎实推进,拆除、新建、加固校舍12.9万平方米。高考再创佳绩,“本二”以上上线率超过省平均水平39个百分点,高等教育毛入学率超过60%。至年底,全市有普通中学40所,在校生4.77万人;高中9所,在校生1.81万人;职业中学2所,在校生7694人;小学45所,在校生4.43万人;特殊教育学校1所,在校生126人;各级各类幼儿园43所,在园生1.99万人。初中毕业生升学率98.3%。全市教职工数为8483人,其中专职教师7492人。

体育　成功举办海门市第十五届运动会。全年向省体校输送1人,向南通市体校输送35人。组队参加省田径县组比赛,获得金牌10块、银牌7块、铜牌5块,金牌总数、团体总分、高中组成绩均列第一位。年末有体育场地数100个,其中系统内3个;全市有等级运动员108人,其中二级19人,三级89人;有等级裁判654人,其中一级以上48人,二级284人,三级322人。全年举办大型全民健身演示会8场次,参加各类健身活动超8万人。

文化 大力开展以“激情江海风”为主题的市镇互动、镇镇联动的区域文化联动的特色文化创建活动,获省五星工程服务金奖。“海门之夏”广场文艺演出层次全面提升,近3000名演员参演400多个节目,观众达20多万人。全市年末有文化馆(站)23个,公共图书馆1个、藏书46.49万册。举办各类文化展览会70次,组织文艺活动478次,送书2万余册,送电影2840场,送戏170场,全市所有行政村建成达标型农家书屋,全市22个乡镇文化站阵地建设全部达到省级标准。有专业技术表演团体1个,演出146场次,观众达11.8万人次。全市有文化经营单位500家,从业人员4900人。全年在省以上媒体发表各类文艺作品300篇(首),获奖作品200篇(首)。开展扎实有效的文物普查,确认50个重点保护项目,大生三厂历史建筑被省政府确定申报第七批全国重点文物保护单位;余东明清建筑群、常乐镇张謇扶海宅旧址、大桥镇清代建筑群、东灶港张公堤等4处获南通市政府同意申报第七批省级文物保护单位。

卫生 坚持预防为主,防控结合,加强疾病监测和控制。全市有71.58万人参加新型农村合作医疗,参合率99.35%,人均筹资水平提高到160元。农村人均基本公共卫生服务经费从6元提高到8元,并全额列入财政预算。年末全市有卫生机构237个,其中医院、卫生院38个,疾病预防控制中心、妇幼保健站各1个,专科防治所1个。有卫生技术人员3367人,其中执业医师和执业助理医师1304人,注册护士956人,药剂、检验和其他人员843人。全市拥有医疗标准床位3095张。全年总诊疗病人149.14万人次。

【人民生活与社会保障】 年末全市在岗职工人数6.48万人,其中:国有单位2.21万人,比上年减少1.1%;集体单位0.27万人,减少3.8%;其他单位4.03万人,减少2.1%。全市在岗职工年平均工资为36172元,比上年增长8.7%。建立健全城乡统筹的就业服务体系,提供有效就业岗位2.62万个,新增城镇就业人数8400人,帮助3100名城镇下岗失业人员和598名就业困难人员实现再就业。城镇登记失业率为2.7%。完成农民实用技术培训12.6万人次,农民创业培训2800人次,新增农村劳动力转移7300人。被评为全省促进农民创业就业工作先进县(市)。全年农民人均纯收入11372元,比上年增长13.7%。

【第十五届中国海门金花节】 4月7日晚,第十五届中国海门金花节暨沿海开发经济合作洽谈会在滨海新区开幕。各级领导和中外嘉宾500多人出席开幕式。开幕式结束后,举行主题为“活力海门·相约东灶港”大型文艺晚会,央视“中华情”栏目组携两岸三地明星参加演出。4月8日,举行金花节沿海开发高层论坛暨项目集中签约仪式。4月10日,举行金花节产学研合作洽谈会。节会期间,各园区、乡镇与客商签约项目170个,总投资315.65亿元。其中,外资项目67个,总投资15.5亿美元;内资项目103个,总投资211.8亿元。

【江海联动开发】 建立临江新区和滨海新区,三星工贸园区升格为江苏海门工业园区,成为海门市第二个省级开发区。实施新通海沙综合整治工程和东灶港围填海工程,新增陆域面积11.4平方公里和15平方公里。东灶深水港岸线获得交通运输部批文,5万吨级通用码头获得省发改委核准,并完成水下作业施工,崇海大桥筹建工作提升到省级层面。一批对海门发展具有重大拉动力的临港新兴产业落户沿江沿海,到2010年底,全市64%的注册外资实际到账、60%的在建超亿元项目、55%的工业应税销售和46%的财政收入源于四大园区。

【东灶港建设汇报会】 1月8日,海门市在北京人民大会堂举行海门沿海开发·东灶港建设汇报会。全国人大常委会副委员长周铁农,全国政协副主席阿不来提·阿不都热西提,全国人大常委会原副委员长、中国关心下一代工作委员会主任顾秀莲,人力资源和社会保障部副部长季允石,交通部副部长翁孟勇,住房与城乡建设部副部长郭允冲,全国政协常委张绪武,中国国际金融有限公司董事长李剑阁,南通市委书记罗一民等中央、省、南通市领导和美国泰森公司、中国建材集团、中国中船重工等中外企业代表及专家学者共计300人参加汇报会。海门市委书记曹斌致欢迎词,并作海门沿海开发情况介绍。市委副书记、市长姜龙主持会议。

【海门入选长三角世博主题体验之旅】 海门市策划的“东海之门——张謇故里”被纳入2010年上海世博会“长三角世博主题体验之旅”。该旅游线路包括张謇纪念馆、世博第一金得主颐生酒厂在内的10个旅游景点。世博会期间,世博展馆内摆放“东海之门——张謇故里”的专题展板,印发画册材料,同时在所有旅行社内推介该旅游线,有效提升海门市在国内外的影响力。

【**新通海沙综合整治工程竣工**】 新通海沙综合整治工程是海门市重要战略性工程,该工程于2006年5月启动,经4年多努力,完成东段一、二、三期工程,获得10多公里岸线资源,其中深水岸线3公里多,并获得8000多亩腹地。西段综合整治工程位于南通经济开发区与海门市分界处至新江海河之间,2010年1月开始施工,围区内吹填土方3000万立方米,抛石护脚31.7万立方米。至年底,西部工程堤成路通,围区全面成陆,西部工程总投入资金超过5个亿,圈围土地8500亩,新筑江堤7公里,其中长江深水岸线3公里。

【**中国国际家纺产品设计大赛颁奖**】 9月16日,张謇杯·2010年中国国际家纺产品设计大赛颁奖典礼暨获奖作品展在海门叠石桥国际家纺城举行。48件作品分获"国际流行趋势应用设计奖"、"品牌产品设计风格奖"、"产品设计奖"3个奖项的金、银、铜和优秀奖。大赛由中国家纺协会、中国国际贸易促进委员会纺织行业分会、法兰克福展览(香港)有限公司和南通市人民政府共同主办。大赛以"新中式"为主题,自3月开赛以来,共收到国内外270套(件)参赛作品、2400件产品,是历年来参赛作品数量和参赛国家最多的一次。中国叠石桥家纺市场形象标识(LOGO)在大赛颁奖典礼上揭晓。

【**张謇纪念馆开馆**】 由常乐镇政府组织实施、东南大学负责建筑设计、中国美院负责展示设计施工、中南控股集团承建的张謇纪念馆扩建工程于10月底竣工,11月8日隆重开馆。张謇嫡孙张绪武、全国工商联副主席谢伯阳等出席开馆仪式。新扩建的张謇纪念馆建筑面积2000平方米,总投资1500万元。馆藏300多件珍贵文物和1000多幅图片史料。

【**季方史料陈列馆开馆**】 为纪念中国农工党创始人之一季方先生诞辰120周年,在中国农工民主党成立80周年之际,8月13日,季方史料陈列馆在季方的家乡——三阳镇永平村开馆。农工党中央副主席、全国政协副秘书长刘晓峰,农工党副主席、南京邮电大学校长杨震,农工党省专职副主席肖渡和南通市委、海门市委领导及三阳镇干部群众300多人参加开馆仪式。季方史料陈列馆同时被命名为"农工党党史教育基地"和"海门市爱国主义教育基地"。

【**海门成为全省唯一的山羊产业基地**】 2010年,海门全市山羊年饲养量170万只,规模养殖比例27%,山羊生产、加工产值8亿元,实现规模化养殖、科学化饲养和产业化经营。先后制定江苏省地方标准《海门山羊》,南通市地方标准《无公害海门山羊育肥羊饲养技术规程》、《无公害海门山羊肉加工操作技术规程》等。全市有羊业专业合作社8个,山羊交易市场4个,山羊屠宰场30个,从事山羊交易的农民经纪人有400多名,旺季日交易量3000只以上。8月,海门山羊肉被国家质量监督检验检疫总局认命为地理标志保护产品,9月,海门市被省农委正式确立为江苏省唯一的山羊产业基地。

(薛卫菊)

海门市领导干部名录

(2010.1~2010.12)

中共海门市委员会

书　记　曹　斌
副书记　姜　龙　黄汉忠(6月止)　陆一飞(6月任)
常　委　肖振时(女)　顾　军　王一鸣　张建华
　　　　曹　军(10月免)　李　闽　沈峻峰　鲁亚飞
　　　　成建平(10月任)

海门市人大常委会

主　任　朱玉兰(女)
副主任　陈水平　方正达　王蒲萍(女)　季允刚
　　　　黄伯新　王兰平(女)

海门市人民政府

市　长　姜　龙
副市长　陆一飞(9月免)　沈峻峰　张建新(11月免)
　　　　郭晓敏(女)　王拥军
　　　　朱志强(挂职任新疆昭苏县委副书记,12月结束)
　　　　张建华　李　闽　何　峰
　　　　陶　军(挂职,5月任)

政协海门市委员会

主　席　黄汉忠(1月任)
副主席　方绥生　林文标　席尚俭　郁　斌
　　　　郭　辉(1月任)

(顾良生)

启　东　市

【**概况**】 启东市地处长江入海口北翼,境内圆陀角为黄海、东海、长江三水交汇处。1928年3月建县,县名取"启吾东疆"之意。1990年正式撤县建市。2010年,全市地域总面积1708平方公里,辖11个镇、1个乡、2个经济开发区,3个街道办事处、292个行政村。年末户籍人口112.06万人,常住人口97.25万人。

【**经济发展**】 2010年,全市实现地区生产总值(GDP)

430.04 亿元，比上年增长 14.1%。三次产业比重结构为 12.7:53.4:33.9。全市按户籍人口计算人均地区生产总值 3.85 万元。全年财政总收入 75.06 亿元，比上年增长 65.4%。其中地方一般预算收入 31.26 亿元，增长 46.6%。财政收入占 GDP 的比重为 17.5%，比上年提高 4.9 个百分点。

农业　全市实现农林牧渔业总产值 97.14 亿元，按现价计算，比上年增长 9.9%。其中农业产值 34.14 亿元，增长 15.1%；牧业产值 11.1 亿元，增长 14.5%；渔业产值 48.01亿元，增长 5.2%。全市年末耕地面积 103.1 万亩，农作物播种总面积 230.1 万亩，增加 0.5%，其中粮食播种面积达 106 万亩，下降 3.3%。粮食总产量 24.19 万吨，增长 4.1%；油料 10.55 万吨，增长 3.9%；棉花 1.86 万吨，增长 22.7%；蔬菜 69.82 万吨，增长 8.0%；瓜果 8.41 万吨，增长 15.4%；蚕茧 0.1 万吨，下降 16.4%；水产品 33.96 万吨，增长 3.2%。

工业　2010 年全市完成全部工业总产值 1517.40 亿元，比上年增长 25.9%，其中规模以上工业企业完成工业总产值 855.51 亿元，增长 30.6%。规模工业企业实现销售收入 842.96 亿元，增长 30.4%；实现利税 98.94 亿元，增长 28.1%，其中利润总额达 65.58 亿元，增长 32.4%。全年共有规模以上高新技术企业 126 家，占规模以上企业总数的 15.2%。全年实现高新技术产值 328.55 亿元，占规模工业 38.4%。支柱产业优势凸显，八大产业总产值 772.95 亿元，占规模工业 90.4%。有 5 个产品被认定为国家重点新产品，8 个产品被认定为自主创新产品，44 个产品被认定为省高新技术产品，12 家企业被认定为省创新型企业，92 家企业被认定为省级民营科技企业。

建筑业　全年建筑企业 212 个，建筑企业从业人员 15.5 万人，实现建筑业总产值 321.8 亿元，比上年增长 28.8%。建筑施工企业完成施工产值 316.1 亿元，增长 35.2%。施工面积 4100 万平方米，增长 27.4%；竣工面积 928 万平方米，下降 0.8%。

开放型经济　2010 年，全市新批工商登记注册外资 5.77亿美元，外资实际到账 3.65 亿美元，比上年增长 196.6%。新批外资项目 37 个，平均单体规模 1560 万美元。完成对外承包劳务营业额 0.96 亿美元，增长 14.9%。境外投资取得新进展，好收成集团在美国设立的境外企业增资 100 万美元，奥翔服饰有限公司分别在英国、爱尔兰投资设立境外贸易公司，瑞帆环保设备公司在香港新设成立瑞英环保技术公司。

【社会事业】　教育　年末，全市拥有职业中学 2 所，在校生 6900 人；普通中学 38 所，在校生 4.28 万人；小学 54 所，在校生 4 万人；幼儿园 62 所，在园儿童 2.06 万人；特殊教育学校 1 所，在校学生 120 人。学龄儿童入学率、小学毕业生升学率均为 100%，初中毕业生升学率 98.5%。有 38 所幼儿园创建为江苏省优质幼儿园，全部普通中学达到省定三星级标准。

文化　全市共有歌舞娱乐场所 27 家，网吧 63 家，音像制品经营单位 80 家，书报刊经营单位 148 家，印刷企业 126 家，演出团体 5 个，演出场所 11 家，电影放映单位 14 家、文化市场经营单位总数为 587 家。

卫生　2010 年末，全市共有各类医疗卫生机构 188 个，卫生技术人员 3162 人，其中执业（助理）医师 1562 人，护师、护士 1099 人。新型农村合作医疗工作深入推进，全市共有 86.6 万人参保，参保率达 99.6%，政府共筹集资金 1.38 亿元，全市有 5.72 万人得到补偿，发放补偿金 9821 万元，人均补偿 1717 元，实际补偿率 40%。

广电体育　有线数字电视整转工程全面推进，城区各居住小区整体转换工作任务基本完成，整转户数 8.29 万户，整转率 91%；农村有线数字电视整转工作已开始实施。年末，全市有线电视总户数为 29.24 万户。全市共有体育社团 18 个；体育彩票完成销售额 3156 万元，比上年增长 50% 以上。

【人民生活与社会保障】　全年城镇居民家庭人均可支配收入 20618 元，人均消费支出 12571 元，分别比上年增长 12.2%、11.5%；农村居民人均纯收入 10587 元，人均生活消费支出 7792 元，分别比上年增长 14.0%、13.0%。年末全市城镇企业职工参加基本养老保险 10.53 万人，比上年增加 0.69 万人，城镇基本养老保险覆盖面为 97.3%。全市参加失业保险的人数为 7.75 万人，城镇失业保险覆盖面为 97.0%。全市参加医疗保险 14 万人，城镇基本医疗保险覆盖面为 98.2%。全市农村养老保险参保 27.46 万人，新型农村社会养老保险参保率为 92.0%。

【转型升级】　2010 年，启东市实施“双百双千双提升”工程（“双百”：培育百亿级企业实现新突破，八大产业产值均超过百亿元；“双千”：规模企业个数超过千家，规模工业产值超过千亿元；“双提升”：沿江、沿海开发在项目建设、产业发展、平台打造等方面都有新的提升）。进一步做精做优电动工具、医药化工、精密机械、现代纺织等四大支柱产业，做大做强电子信息、电力能源、海工船舶、临港产业等四大新兴产业，全年规模工业产值 855 亿元，增长 29.3%。规模工业增加值和工业应税销售分别增长 18%、60.9%，增幅列南通之首。实现进出口总额 25 亿美元，增长 55.4%，总量和增幅均列南通各县市第一。企业转型发展步伐不断加快。江苏神通阀门股份有限公司在深圳证券交易所成功上市，启东经济开发区设立省级光伏新能源产业园,南通二建集团荣获江苏建筑业综合实力(总承包类)50强企业第一名。

【启东市获评中国中小城市科学发展百强县市】 2010年,全市实现地区生产总值430亿元,比上年增长14.5%。完成财政收入75.1亿元,其中一般预算收入31.3亿元,分别增长65.4%和46.6%。连续第三年荣居中国最具投资潜力中小城市百强县市第二位(2009年前称"全国综合实力百强县市"),首次荣膺"2010中国最具海外影响力城市"。

【国家知识产权强县工程试点】 经国家知识产权局批准,启东市成为国家知识产权强县工程试点市;启东科技创业园被科技部认定为国家级科技企业孵化器。2010年,启东市科技创新取得多项重大成果。道达重工公司采用复合筒型基础整机一体化安装技术的2.5兆瓦海上风电样机正式并网发电,破解海上风电一体化安装的世界性难题,填补国际海上风电施工空白。

(陆金红)

启东市领导干部名录

(2010年12月31日)

中共启东市委员会

书　记　孙建华

副书记　徐　锋　戴　辉

常　委　倪国冲　倪春元　陆卫东　姜　平　韩菊芳(女)　陈太勇　汤　雄　朱益民(挂职)　邵茂华

启东市人大常委会

主　任　孙建华

副主任　顾林忠　黄本华　王　生　俞翠明　张建芳(女)　潘国红

启东市人民政府

市　长　徐　锋

副市长　陆卫东　倪春元　朱益民(挂职)　顾云峰　孙建忠　张卫生　张蓉蓉(女)　刘以银　胡建斌(挂职)　袁鸿飞　李红建(挂职)

政协启东市委员会

主　席　张建飞

副主席　袁裕丽(女)　蔡建平　宋　逵　施炳新　袁圣菊(女)　朱家鼎

(汤　辉　龚磊磊　华富刚)

如皋大寿星园

人 物 篇

领导人物

先进人物

劳动模范

道德楷模

领导人物

【孙金华】 南通市人民政府副市长、南京水利科学研究院党委常委、副院长。男，1962年9月出生，汉族，江苏靖江人，研究生学历，工学博士学位，研究员。1983年7月加入中国共产党，1983年8月参加工作。

1980年9月南京航务工程专科学校港口水工建筑专业学习；1983年8月南京水利科学研究院人事处干事；1987年12月南京水利科学研究院人事处副科长；1992年9月南京水利科学研究院人事处副处长；1995年6月南京水利科学研究院人事处处长(其间，1994年4月至1996年4月中国社会科学院研究生院世界经济与政治专业学习)；1996年12月南京水利科学研究院院长助理兼人事处处长；1997年10月南京水利科学研究院副院长、党委常委兼人事处处长(其间，1998年3月获高级经济师职称)；2000年1月南京水利科学研究院副院长、党委常委(其间，2004年6月研究员，2001年10月至2002年5月在清华大学公共管理学院EMPA研究生脱产学习；2003年2月至2006年3月参加河海大学水资源环境学院水文学及水资源专业博士研究生学习)。为江苏省“333高层次人才培养工程”首批中青年科学技术带头人。

2010年5月，根据省委安排，以“科技挂职服务沿海”身份到南通挂职副市长，任期两年。5月19日，市十三届人大常委会第十六次会议决定任命孙金华为南通市人民政府副市长。

先进人物

【顾 瑛】 2010年8月26日下午，南通刑警支队原支队长顾瑛在办案途中遭遇车祸不幸牺牲。从警32年，顾瑛参加、指挥侦破刑事案件数千起，被称为“南通神探”。先后30多次受到公安部、江苏省表彰，被授予“全国优秀人民警察”、“江苏省劳动模范”等称号。顾瑛带领的南通刑警支队，成为全国公安系统的一面旗帜。2005年被国务院授予“特别能战斗刑警队”荣誉称号，是全国公安刑侦系统唯一获此殊荣的集体。2009年，被授予全国“人民满意的公务员集体”称号，是江苏省唯一获此殊荣的公务员集体。2010年3月，他出席在北京举行的全国公安机关爱民模范先进事迹报告会，并代表支队接受“全国公安机关爱民模范集体”荣誉称号。

出生于上世纪50年代的顾瑛，因历史原因，只接受过不完整的初中教育。自1992年调任崇川分局任刑警队长以后的18年来，他不断学习，悉心钻研刑侦技术，提高破案能力。在他的率领下，南通公安打响“命案必破”的品牌，全市实现连续18年杀人案件破案率95%以上，有6年命案当年全破，成为全国公安系统的一面旗帜。2003年5月19日，启东市发生一起杀人焚尸案，由于现场遭到严重破坏，证据一时难以采集，传统的勘察手段无法发挥作用，历时1个多月的调查陷入僵局。顾瑛及时将思路转移到新刑事技术甄别手段上。他与法医一道，对现场遗留的1双拖鞋反复研究，提取鞋内沾有嫌疑人脱落皮屑的生物检材，成功做出3人以上DNA混合图谱，最终经遗传基因鉴别使凶手认罪。不断总结创新使顾瑛始终立于刑侦改革的发展前沿。他创建了预防和打击流窜犯罪警示机制，研制高危人群管控系统，率先推行刑侦基础工作标准化建设等。他牵头探索的陈旧尸骨DNA检测鉴定和ABO基因分型技术，填补国内空白。

对顾瑛来说，案情就是命令。2005年1月16日，海安县大公镇发生持枪入室抢劫案，67岁的葛某头部中枪惨死家中，手机等财物被洗劫一空。这起南通历史上社会影响最恶劣、破案难度最大的凶杀案引起群众关注。顾瑛了解情况后，第一时间赶赴现场并成立专案组。夜以继日的过度劳累让顾瑛的身体状况急剧恶化，万般无奈下同事们只好“逼”他进医院。可不到两天，他实在坐不住了，拔掉输液管，将药水全部喝进肚里，逃离医院重回一线。在顾瑛的组织指挥下，历经68天艰苦侦查，转战8个省市，行程5万公里，最终将凶犯抓获。对2名嫌疑人枪源突审后，顾瑛又马不停蹄飞赴北京，一举捣毁贩枪窝点。顾瑛常对身边的人说，“公安一头系着政府的心，一头系着百姓的心。我们在干，群众在看。”随着年纪的增大，他感到能为百姓服务的时间越来越少了，必须抓紧每一秒的时间工作。他还计划退休后写一本回忆录，把破案经验记录下来，为以后的工作提供借鉴。

由于长期的劳累和生活缺乏规律，顾瑛患上心肌炎、高血压、肾结石等7种疾病，每天要吃8种药。但爱憎分明、疾恶如仇的他一沾上工作就非干完干好才罢休。2010年初，组织已安排顾瑛到二线，改任副调研员，可他牵挂破案，要等手上的两个案件破了才肯退下来。8月26日下午3时，顾瑛针对近期农村频发的入室盗窃案召开案情分析会，会后决定立即赶赴如东指挥破案。他不顾雷电交加、大雨滂沱，带上侦查员匆匆上路。下午4时左右，车行至通州区十总镇路段时，与一辆相向而驶的拖拉机发生碰撞。顾瑛身负重伤，经紧急救治无效，不幸牺牲。年仅57岁。

顾瑛逝世后市党政领导和5000余名社会各界群众自发为他送行,10余万网民发起网上悼念活动。11月初,顾瑛牺牲前侦查的"7·20"命案被南通刑警支队成功告破。

(综　合)

【尤建华】 现任南通市交巡警六大队治安查报站民警。1981年12月入伍,先后荣立三等功7次、二等功1次、一等功1次,被中央军委授予"排雷英雄"称号。从部队转业后,十年如一日坚守查报站,创造了查处违章车辆最多、破获案件最多、群众零投诉的业绩,被公安民警称为"查控能手"和"纠违能手",先后荣立一等功1次、二等功1次、三等功4次,2010年1月当选"江苏省十大爱民警察"。2010年6月30日,市委、市政府作出决定,在全市开展向爱岗敬业、创先争优、执法为民、勤政奉公的楷模尤建华同志学习活动。

1981年12月,18岁的如皋贫苦农家子弟尤建华,放弃当时待遇优厚的建筑公司统计员工作,背着父母光荣入伍。新兵集训期间,勤于动脑、甘于吃苦的尤建华很快脱颖而出,在全军工兵专业14门科目考核大比武中夺得第一名,被荣记三等功。在军教导队任工兵教员的4年间,尤建华更是异常刻苦,翻烂十多本专业书。为了培养胆大、心细、手巧、反应灵敏的良好素质,动作训练中,尤建华将10多根50厘米的探雷针最后磨得只剩下10厘米。蒙上眼睛,他就能探摸辨别出20多个国家的地雷。

1987年4月,尤建华所在的部队担负起老山地区防御作战任务。当时老山又被称为"雷山",阵地上到处是敌我两军布设的地雷,最密集的地方每平方米达20多颗,而且品种多样,埋设诡异。尤建华所在的工兵排,大部分都是入伍两年多的新兵,担负的任务就是为部队排雷、开辟通路。作为排长,每次执行任务时,尤建华都是坚持"第一条路先走,第一颗雷先排,危险时刻自己先上"。

从1987年4月至1988年4月的一年里,尤建华冒着生命危险,排除地雷1100多颗,破障开路2800多米,27次执行设障任务,多次把战友从"死亡线"上拉回来。1988年4月,部队奉命后撤时,他被敌方的炮弹炸埋在地道里。同行的战友们以为他牺牲了,家里父母也为他立了牌位。然而,3天后,清理战场的战友们发现,弹坑中的尤建华头部受伤,但依然活过来了。获悉尤建华的英勇事迹后,时任国防部长张爱萍将军亲切接见他,称他为"老山雷博士"。1988年5月,尤建华被中央军委授予"排雷英雄"荣誉称号。

1999年,已是副营职军官的尤建华脱下戎装,转业回到家乡。他谢绝许多老首长、老同学帮他联系待遇高、环境好的单位,服从组织安排,到市公安局当了一名普通交巡警。尤建华工作的教育路治安查报站在城郊接合部,主要任务是对进出城区的过往车辆进行监控盘查。尤建华上任后从夯实查报站基础工作做起,苦练查车破案基本功,先后摸索出"一看、二查、三问、四追"的工作方法,并在支队推广。他还创造性地在查报站周边小商店、摩托车修理行和过往的大客车、出租车驾乘人员中发展治安信息员,把自己的眼睛变成"千里眼",准确收集各类治安信息。2006年1月7日下午,根据信息员反映,尤建华率领辅警在一租赁房内,一举捣毁南通有史以来最大的1处制售假证窝点,当场擒获涉嫌制售假证的湖南籍犯罪嫌疑人彭某,缴获各类假证(章)数千件。2010年1月6日凌晨,尤建华在对1辆出城出租车上的两名外省乘客进行登记检查时,发现强光手电筒、微型撬棒、锥子等可疑物品。经仔细审查,两名嫌疑人交代了自2008年12月以来先后盗窃28辆电瓶车和1辆摩托车的事实。据统计,从警11年来,尤建华协破案件145起,抓获犯罪嫌疑人156人,查扣嫌疑车辆56辆。

尤建华热心助人的事迹被居民群众所称道。先后在3个查报站工作的他,累计为过往驾驶员和周边群众解决实际困难400多件,化解各类矛盾纠纷230多起。2007年夏天,他正在通沙汽渡执勤,发现一辆行驶中的大型油罐车后轮突然着火,直冒黑烟。他迅速冲上前,拦下油罐车,避免一场重大事故的发生。2008年起,每年春节,他都要到三里墩村慰问志愿军老战士葛锦银的遗孀葛莲英和他们患有智障的儿子葛门闩。2009年10月,市公安局将尤建华工作的教育路查报站命名为"老尤查报站"。

全国公安机关执法规范化建设现场会在南通召开后,全国各地公安机关到南通参观学习的代表很多,"老尤查报站"均为必到之处。中央电视台军事频道《和平年代》栏目特意来通采访,制作播出关于尤建华的纪录片《在路上》。

(综　合　孙吉安)

劳动模范

(2010年全国劳动模范)

【葛建华】 1970年3月出生,高中学历,江苏通州四建集团有限公司瓦工工长,助理工程师,高级技师。2010年被评为全国劳动模范。

1990年,葛建华进入江苏通州四建集团有限公司当瓦工。他刻苦钻研技术,追求"越做越好"。2001年参加南通市建筑业青工技能竞赛,获"南通市青年岗位能手"称号。2002年参加江苏省建筑业青工技能竞赛,获瓦工组第四名。2006年9月,在全国建筑职业技能大赛中获一等奖,被中华全国总工会授予"全国技术状元"称号。2002年他担任项目部瓦工工长后,用心带好队伍,追求"团队效应"。为了在第一时间就能发现工人中可能出现的质量问题,他坚持在工地上巡视,检查、指导。他不厌其烦地将自己的技术要点手把手地教给大家。在他的帮助下,有10名瓦工走上了班长的岗位,多名瓦工成了业务尖子。他善于总结经验,追求"科技含量"。每次参加技能竞赛后都及时进行总结,在攻克难关的过程中发挥主心骨作用。2002年江苏省电信综合楼项目、2009年南京大学地下车库项目的施工过程中,他和QC小组成员一起攻关,两度获江苏省QC成果一等奖。

【洪建忠】 1957年5月出生,南通出租汽车有限公司驾驶员,高级技师。2010年被评为全国劳动模范。

洪建忠以乘客满意为追求,走在文明服务的最前列。结合实际总结出一整套爱心服务流程:乘客上车,笑脸相迎致以问候;老人上下车,耐心等待不催促;乘客行李多,提醒关门不忘掉东西。在营运中遇到特殊情况的乘客,他有时主动免单,拉着不识路的老人耐心找家,发现乘客身体不适主动开窗、降速、递药等。2009年,他在南通出租车行业率先作出"不讲文明用语,可免一个起步价"的服务承诺。他是个富有爱心的热心人,他自费赴川,为灾区学生带去捐款和学习用品;带孤残儿童去踏青,陪老军人、老党员、老工人畅游通城新景;积极参加公司组织的高考免费接送志愿活动。他创建爱心团队,吸引了一批的哥的姐成立"洪建忠班组",每一个人都自愿牺牲自己的劳动收入为他人做好事,先后有5人被评为南通市"文明使者"。他牢固树立"心中有客人,安全挂心上"的理念,从业20年来,未发生一次行车事故,累计安全行车超过200万公里。

【季建华】 1975年12月出生,中共党员,大学学历,南通邮政局市场经营部主任,工程师。2010年被评为全国劳动模范。

季建华是南通邮政由技术向经营转型的代表人物之一。他在技术部门工作时,拥有过硬的专业素质,带领技术团队,运用技术手段推动邮政与各大公共服务机构和通信运营商的全面合作,为打造南通邮政"缴费一站通便民服务"品牌作出了贡献;运用技术手段解决了当时用户缺报少刊的热点问题,南通邮政报刊的短缺率始终在万分之一以下,远远低于国家标准;在同业银行纷纷撤出农村的过程中,通过技术手段丰富完善了邮政的金融服务手段,促进邮政服务"三农"工作的落实。他走上经营工作岗位后,凭着一贯具有的好学和钻研精神,快速地自我转变,很快胜任新的岗位,成为市场经营方面的骨干。他立足团队能力提升,开展多层面的培训实践活动,从专职营销员能力提升、团队管理专业化改造和内训师队伍规范化等方面全面开展全局知识型团队建设工作。2009年,他带领的市场经营团队邮政业务总收入提前1个月完成发展目标,收入规模在全省前移1位、列全省第三。

【卢　俊】 1966年10月出生,中共党员,大学学历,如皋市公安局副局长、刑警大队大队长,二级警督。2010年被评为全国劳动模范。

卢俊1987年参加工作,当过公安特派员、刑警,历任刑侦大队副大队长、教导员、大队长、指挥中心主任。他干一行爱一行。在刑侦大队,创下了连续18年201起凶杀案当年全破的记录,公安部副部长张新枫称如皋破案工作"可供全国刑侦同行们学习借鉴"。八类案件破案率持续保持在97%以上,2009年侵财案件破案率达52.2%。刑侦大队先后3次荣立集体二等功,如皋市公安局被省委、省政府表彰为全省打击犯罪先进集体,侦破特大网络贩卖枪支案专案组被公安部记集体一等功。

调任指挥中心主任以后,完成"110、122、119"三台合一,开通"110"英语接处警服务、"经济110"、预防和制止家庭暴力举报投诉中心,成立政府"122"社会服务求助中心,"110"报警服务台被授予全国"巾帼文明岗"。推进"大接访"、"三基"工程建设等工作受到公安部表彰。如皋市"110"指挥中心连续两年被南通市公安局荣记集体三等功。

【毛纪治】 1951年1月出生,中共党员,高中学历,江苏省电力公司启东市供电公司工人,高级技师。2010年被评为全国劳动模范。

作为一名检修工区职工,毛纪治没有大学文凭,却有一连串"家"的称号。在30多个春秋寒暑中,他从检修工做起,始终坚守一线,从一名高中生成长为江苏省内唯一的变电检修技能一级专家、高级技师,被誉为"土专家"。在技能人才短缺的今天,他不仅自己攻下30多个技术革新项目,而且带出一批学有专长的中青年技工佼佼者,被人们称为"实干家"。在2004年、2006年全国电力行业技能大赛上,他作为江苏省电力公司总教练,带领江苏队包揽变电检修的团体冠亚军和个人前三名,被人们称为"检修专家"。多年来,他记下的学习心得笔记有几十本之多,他研制的声光"五防装置"使公司多年未发生任何误操作事故,创下连续3745天安全运行的历史纪录。他经过700多个日夜的反复试验,攻下变电运行中变压器渗漏油顽症,使启东公司率先成为全国无渗漏供电公司。

【倪　涛】 1963年4月出生,中共党员,南通中远船务工程有限公司总经理、党委副书记,工程师。2010年被评为全国劳动模范。

作为一名从基层生产一线成长起来的企业领导,倪涛以他科学慎密的决策、果敢创新的精神、求真务实的作风、坚韧不拔的意志,将一个传统的船舶修理改装企业打造成中国一流、世界知名的海洋工程装备建造和船舶修理改装基地,在中国船舶行业创造了世界顶尖高科技海洋工程装备"中国制造"的奇迹,成为企业产业结构调整和转型升级、又好又快科学发展的成功典范,得到吴邦国、温家宝等中央领导的高度肯定和好评。2004 年至 2009 年的五年间,企业销售收入增长 3.3 倍,利润增长 2.3 倍,资产规模增长 8 倍多。

倪涛参与技术设计、主持和审定建造方案的世界首座超深水石油钻探储油平台 SEVAN650,成为世界海洋石油钻探平台中技术水平最高的领先产品,填补了我国海工装备制造业的多项空白。他注重企业以人为本管理,以"员工生命健康和环境保护"为最高准则,投入巨资建设农民工培训中心和生活设施,每年投入3000 万元用于补贴农民工伙食、为农民工购买养老保险和工伤保险、设立农民工技术骨干奖等。加强企业党风建设和反腐倡廉,主持开展"创建最廉洁企业"活动,被南通市树立为国有企业反腐倡廉工作的典型,受到中纪委领导的充分肯定。2005 年至 2009 年,企业缴纳各项税收 16.57 亿元。

【唐慧娟】 女,1969 年 8 月出生,中共党员,大专学历,海门市海盛生猪专业生产合作社理事长,高级畜牧师。2010 年被评为全国劳动模范。

1997 年 8 月,唐慧娟在包场镇一片荒草地上兴建海门市第一个千头养猪场,当年出栏商品猪 600 多头。但随后由于生猪行情处于低谷,以及疫病等原因,先后亏损 100 万元。面对挫折,她没有丧失信心,而是积极参加培训学习,邀请专家讲授指导,提高科学养猪水平。通过 6 年艰苦努力,到 2003 年,猪场规模从千头发展到万头,建成省级无公害畜禽产地,获农业部无公害农产品认证证书。她坚持专业合作,带动农户发展规模养殖,成立生猪专业生产合作社,到 2009 年底,合作社社员由成立时的 29 户发展到 238 户,全社生猪出栏量达到 7.5 万头,年销售额 7431 万元,利润 2475 万元,户均收入 10.4 万元。合作社被评为江苏省"四有"农民专业合作示范社。她带领社员先后承担省市《无公害猪肉标准生产基地建设》、《优质香猪新品系选育与开发》等 6 个科技项目,形成工厂化养猪工艺,产品先后荣获省食品质量安全"指定产品"、"南通名牌产品"、"江苏省名牌农产品"称号。积极探索养猪 - 沼气生产 - 瓜蔬种植 - 养鱼的循环经济生产模式,建设沼气发酵池、钢结构贮气柜等设施,猪场畜禽粪便无害化处理率达到 100%,资源利用率达到 95%,逐步实现生态农业的转型。

为带动群众共同致富,先后投资 36 万元建造 2 个可分别容纳 80 人和 260 人的无公害生猪生产培训基地,常年免费为社员培训生猪生产技术,并提供多样化的技术指导。

【王广祥】 1952 年 10 月出生,中共党员,南通日报社(江海晚报社)正科级职员,高级记者,中国记协七届理事。从事新闻工作近 30 年来,先后有 268 篇(幅)作品在全国及省以上评比中获奖。曾获范长江新闻奖提名奖。2010 年被评为全国劳动模范。

他视新闻为生命,越是艰险越向前。为报道万船堵塞长江,非法狂捞滥捕鳗鱼苗突发事件,追踪 22 个昼夜,其发出的连续报道为国务院和省市政府准确决策发挥重大作用。曾为介绍海安老师群体支教的事迹,在艰难的环境下采访完成独家报道,在全国产大极大影响。深入西藏阿里,向全国推出孔繁森式的好干部——南通籍援藏检察官倪惠康。

他高度关注普通百姓的生产生活。主持江海晚"报新闻 110",为弱势群体提供舆论支持。山东民工王守峰为救溺水少年而牺牲,通过 20 多天连续报道,动员社会各界为英雄家庭募集 30 多万元捐款。汶川地震后,三赴绵竹灾区,发回专稿 30 多篇,现场图片 51 幅。为捍卫中国记者的尊严,他自费十多万元,6 次往返香港,打赢境外维权官司,引起全国新闻界的强烈反响。

【吴和平】 女,1957 年 10 月出生,中共党员,大学学历,江苏省南通师范第二附属小学校长、党总支书记,中学高级教师。曾获全国五一劳动奖章、全国三八红旗手、全国一级"星星火炬"奖章、江苏省劳动模范、江苏省优秀教育工作者、江苏省师德模范等荣誉,当选为江苏省第十届、十一届人大代表,成为 2008 年北京奥运火炬手。2010 年被评为全国劳动模范。

吴和平拥有先进的教育和管理理念,以"为学生终身发展奠基,让学生拥有学习的快乐和童年的幸福;为教师专业发展搭建平台,让教师拥有工作的快乐和人生的幸福"为办学目标,积极营造素质教育文化,使素质教育成为教师的自觉追求。她坚持"以德为先"、"活动育人",精心打造教育品牌,全力支持全国著名特级老师李吉林开展情境教育实验与研究,构建"情境教育"办学特色。通过在学生中组织开展"我感动,我行动"、小蜜蜂读书行动等丰富多彩的教育活动、学科活动等,让每个学生都拥有充满真诚、善良、美丽、智慧和快乐的精神家园。她注重抓好"名师工程",舍得在教师培训上投入资金,向教师赠阅书籍和报刊,经常邀请专家作讲座,承办大型教研活动,让教师开拓眼界,提升素质。学校连续 6 年获得全省小学数学课堂教学比赛一等奖,有 3 位教师被评为省特级教师。她处处身为表率,为学校发展无私奉献,历时 4 年完成校园扩建的拆迁工作、校园网络、多媒体进教室、标准专用教室等建设，在省区域学校现代化验收中，受到高度评价。她努力放大和辐射学校优质资源，积极参加"省千校万师送教下乡"活动，派出得力领导和教师支持连云港墟沟小学发展。

【吴玉祥】 1969年8月出生，中共党员，大学学历，南通精华制药股份有限公司制造部门经理，高级工程师。2010年被评为全国劳动模范。

吴玉祥具有较高的政治业务素质和技术理论水平。他工作任劳任怨，加班加点，克服家庭困难，认真组织生产。负责的原料药生产管理车间，5年产值5亿多元，利润近8000万元。注重产品工艺革新，2005年在保泰松还原岗位去醇新工艺改进中，负责图纸设计，指导设备安装与试车投产工作，使新工艺每吨降本约5000元，累计降本390万元，同时从源头上减少有机物的排污量。2006年承担抗真菌药氟胞嘧啶新工艺的图纸设计、设备安装、试车投产等工作，新工艺每公斤降本约330元，新增效益295万元。2008年参与了非甾体消炎药吡罗昔康的工艺革新，产能扩大1.5倍，年创效益50多万元。提出许多合理化建议和技术改造设想，不仅为企业节约大量费用，还使企业节能减排上了一个新台阶。他注重知识更新，善于发挥技术专长，编写GMP文件270多个，为公司顺利取得国家GMP证书、美欧COS证书、美国FDA证书作出了贡献。

【薛济萍】 1951年3月出生，大学学历，中共党员，中天科技集团有限公司董事长、总经理，高级经济师。曾获全国乡镇企业先进工作者、全国信息产业系统劳动模范、中国光纤光缆30年风云人物、江苏省优秀企业家等荣誉称号。2008年被评为全国五一劳动奖章。2010年被评为全国劳动模范。

从接手一家亏损数十万元的农村社办砖瓦厂起家，经过30年努力，把企业发展成为一家拥有1个上市公司和16个子公司，年销售额超70亿元，年上缴税费超过2亿元的现代企业集团，跻身中国电子信息百强、中国光纤光缆30年最具影响力企业。先后创造了国首根五类电缆、首根深海光缆、首根光纤复合架空地线、首根全介质自承式光缆、铝包股钢芯耐热铝合金倍容量导线等，打破跨国巨头的技术封锁和垄断局面，为国家节约大量的建设资金和外汇，为电信、电力、海洋经济、交通运输、国防等领域的信息安全作出重大贡献。他主持开发14个国家重点新产品、22个江苏省高新技术产品，承担18项国家火炬项目，申请获得130个国家专利、18个部、省、市级科技进步奖，创造18个全国第一。他热心社会公益事业，近5年，用于捐资助学、扶弱救残、修路修桥的资金达3000万元；投入5000多万元实施节能减排、万亩造林计划；带领职工为2006年印尼海啸捐款捐物110万元；为2008年抗冰救灾、抗震救灾捐款捐物500万元，并紧急供应价值上亿元的救灾物资，2009年被评为中国通信产业社会责任标杆企业。在应对金融危机中，他带领团队依靠科技创新，内抓管理、扩规模，外拓市场、搞联合，实现产业升级和效益提升，年销售收入、上缴税费和实现利润增长都超过40%，并创造1081个就业岗位。

【姚泽炎】 1964年12月出生，中共党员，大学学历，长江引航中心南通引航站高级引航员。先后获"全国交通系统劳动模范"（2001年）、"十佳长江引航员"（2002年、2004年）称号，2004年获交通部长江海事局的重奖。2006年获全国五一劳动奖章。2010年被评为全国劳动模范。（事迹详见《南通年鉴(2010)》"先进人物"）。

【张菊华】 1958年12月出生，中共党员，南通市自来水公司维修班长，高级技师。曾获"全国五一劳动奖章"、"江苏省劳动模范"等荣誉称号，其所在的班组被授予省级青年文明号班组和省级"工人先锋号"。2010年被评为全国劳动模范。

张菊华1975年参加工作，1980年起做自来水管道维修工。坚持31年如一日，不畏辛劳，默默工作，在平凡的岗位上作出了不平凡的业绩。为了管网安全，他经常废寝忘食连轴转，从不计较个人得失。2006年起连续多个春节坚持加班抢修，解决居民春节用水困难。他在技术上精益求精，不断吸收采用新技术，率先试用UPI管道维修快速堵漏剂，提高维修质量。他是自来水公司"江海志愿者"活动的发起人之一，带领管线所40多名同事加入"学雷锋学莫文隋"献爱心的行列，所在的班组全体成员都是"江海志愿者"，每月定期到市区各大新村进行志愿服务，为市民排忧解难。

【章幼奕】 女，1955年12月出生，中共党员，大学学历，江苏省南通市第三人民医院副院长，主任医师。她在医院工作近30年，担任主管传染病防治的业务院长12年。在她和全院同事的共同努力下，医院成功创建全国首家"无红包医院"，成为全国医疗行风、精神文明战线的一面旗帜。医院先后获得"全国文明单位"、"全国职工职业道德建设十佳单位"、"全国先进基层党组织"、"全国五一劳动奖状"、"全国卫生系统先进集体"等荣誉。个人先后获全国"三八"红旗手、全国卫生系统先进工作者等荣誉。2010年被评为全国劳动模范。

近年来，"非典"、甲型H1N1流感等新发传染病来势凶猛，作为市医疗救治专家组组长，她都在第一时间亲临现场，为危重病例救治抢先机，抢救成功率达100%。坚持把以肝病为主的传染病诊疗做"强"做"大"，慢性肝炎抗病毒治疗率接近74%，远远超过19%的全国平均水平；传染病治愈好转率达98%以上，危重病人抢救成功率达85%以上；先后成功施行30余例肝移植手术，跃居全国传染病医院的一流行列。她领衔组建的肝脏病学科先后成功救治危急重症传染病患者数百例；在国家及省级学术刊物上发表专业论文40多篇，参与编写《戊型肝炎》、《内科程序诊断》等多部学术专著；主持和指导省、市级科研课题16项并达国内先进水平或填补国内、省内空白，16次获得市以上科技进步奖及新技术项目奖。

【朱月红】 女，1968年1月出生，中共党员，海安县环境卫生管理处环卫工。2010年被评为全国劳动模范。

朱月红出生于一个家庭困难的农民家庭，初中毕业后在环卫所找到一份扫地的工作。她24年如一日，无怨无悔，始终坚守在环卫一线。随着城镇规模扩大，厕所保洁工作的压力也越来越大，要求越来越高，一些环卫工人不堪重负，有的辞职，有的调离，导致出现厕所无人承包的现象。在这种情况下，她一下子接管17个厕所保洁工作。她在工作繁忙时，有时还动员丈夫孩子一起帮忙。有几个旱厕无水，她就从几十米以外的地方一桶一桶提过来；吸粪时遇到堵塞，她就衣袖一卷，动手去掏；有时一些居民不小心把钥匙、手表等掉在粪池里，她在抽光厕所粪便后，站到几米深的粪池里把失物捞上来。她乐于思考，勇于创新，主动和所里的技术人员研究推广厕所感应节水系统，她管理的17个厕所，成为海安环卫系统绝无仅有的"免检厕所"。她以身作则、言传身教，把单位提出的"宁愿一人脏，换来万人洁"、"环卫是我家，搞好靠大家"等创建口号铭记于心，用真情和关爱引导人们自觉爱护公共卫生。

（钱聪慧）

道德楷模

（2010年中国好人榜入选者）

【纪晓飞】 28岁，如东县人，浙江省舟山警备区某两栖侦察队侦察艇艇长，为及时制止持刀行凶的歹徒而身受重伤。

4月20日，纪晓飞乘坐浙江宁波至安徽颍上的大巴，准备到镇江执行公务。当晚10时许，车行至宜兴市丁山镇时，突然，坐在倒数第二排的纪晓飞听到一阵惊恐的喊叫声，同时感觉一些温热液体溅到脸上，一摸，竟是鲜血！车上一名男乘客手持40多厘米长的自制刀具向其他乘客乱砍乱捅。

纪晓飞见状，大喊"大家快跑！"慌乱中，一些乘客逃离车厢。在昏暗的光线中，纪晓飞和后排3名乘客一起与行凶者展开搏斗。搏斗中，眼看刀就要砍向自己身旁一位30多岁女乘客，纪晓飞立即向凶手猛扑过去，一面试图夺刀，一面用自己身体护住这位女乘客。未料，头部被砍中一刀，纪晓飞顿时倒在血泊之中。在大家的共同努力下，持刀行凶者终被制服。22点30分，纪晓飞被送进宜兴市第二人民医院。

送达医院后，医院组织力量立即抢救。纪晓飞头上的伤口长达15厘米、深3.5厘米，先后缝合30针。主治医生吴雪峰对当时的情景记忆深刻："刀刃如果再偏2公分就会伤到中枢神经，治好也成植物人。"24小时后，21日晚11点，纪晓飞出现异常反应，经诊断，被确诊为左侧额叶脑挫伤伴脑内血肿，生命危在旦夕，必须马上施行开颅手术。22日凌晨1点，纪晓飞再次被送上手术台。经过5个多小时抢救，纪晓飞成功脱险。舟山警备区参谋长曾鹏翔赶到医院看望，并请来无锡市解放军101医院脑科专家进行会诊，最大程度减少感染发生率。

据另外4名被砍伤的刘伟涛、李德群等乘客说："要是没有他，可能车上被砍伤的乘客会更多。"一身便装的纪晓飞坐的位置靠近车厢走道，当时完全可以自己先逃离车厢，但他没有这样做。事后，大家才知道他是一名军人。纪晓飞对未婚妻庄露说："身为一名军人，即使不穿军装，也必须挺身而出。"

浙江省军区、舟山警备区两级党委和镇江船艇学院党委，分别作出向纪晓飞学习的决定，所在部队为他荣记一等功。中央政治局委员、中央军委副主席徐才厚以及南京军区司令员赵克石、政委陈国令批示，要求在军队广泛宣传纪晓飞的英勇行为。

【赵小亭】 女，21岁，如皋市如城镇邵庄村人，生前系武汉大学电气工程学院电气工程与自动化专业2008级本科学生。杰出大学生志愿者。2010年7月21日，在贵州省贵定县马场河中心小学进行暑期支教的赵小亭在穿越一段崎岖山路时，被突然滚落的山石击中头部，不幸当场遇难。

这是赵小亭第二次参加支教活动。2009年暑假，她与同学前往湖南新邵县农村小学，开展为期两周的暑期支教。尽管条件艰苦，但她认为很值得。因此，这一次，她放弃去上海看世博会的机会，与同伴一起再次踏上支教的行程。

在马场河小学支教只有一周，赵小亭珍惜同这里的孩子相处的时间。她担任安全课和合唱课老师。课前，她总是认真备课，每次上课前都要在寝室演练几遍，获得大家的一致通过后才去课堂上正式教学。只要往讲台上一站，她就进入角色，成为一位严谨认真的老师。

7月21日下午，赵小亭和同伴以及马场河小学的一名负责人等一行17人步行前往一条河流采风。正当大家趟水过河时，一块拳头大的石头从30多米高的地方滚落下来，赵小亭躲闪不及，被砸中头部。大家迅速帮助止血，当地医生也随即赶到现场。但终因伤势严重，年轻的生命终止在大山之中。

7月25日，武汉大学追授赵小亭同学“品学兼优、自强奉献优秀大学生”荣誉称号。共青团湖北省委、湖北省学生联合会、湖北省志愿者协会追授赵小亭“湖北省杰出大学生志愿者”荣誉称号。7月27日，共青团中央、全国学联、中国青年志愿者协会追授赵小亭“中国杰出青年志愿者”称号。12月，赵小亭被中国志愿服务基金会表彰为全国百名优秀志愿者。

【郭建兵】 男，45岁，中共党员，启东市近海镇合兴圩村个体渔船主。他是一位多次在大海中救人的勇士。十几年来，他多次冒险出海搜救遇险者，5次从大海中救回近20人，拖回损坏的船只20余艘，为渔民兄弟挽回损失数百万元，从不向被救者要一分钱的报酬。他的义举在渔区广为传诵。

2002年10月18日上午10时许，正在近海进行捕捞作业的郭建兵接到苏启渔04447号船来自深海的求救。该船因机器故障失去动力，请求帮助拖回海港避风。郭建兵不顾即将来临的台风，立即下令停止捕捞作业，砍断网绳，放弃价值数万元的渔具和网中的鱼，毅然逆水行舟，前往出事海域救助。经过数小时的艰苦搜寻，郭建兵一行终于找到遇险渔船，并奋力将遇险船只拖返港口。返航途中，11级台风将连接两船的缆绳刮断，情况十分危急。郭建兵一边发出求救信号，一边指挥渔船向遇险船只靠近，与遇险船只一起同惊涛骇浪搏斗10多个小时。郭建兵用自己宝贵的脱险时间，换取了遇险船只6名渔民生还的希望。在部队直升机的救助下，两艘船上的船员全部安全脱险，而郭建兵价值20多万元、仅使用两个月的新渔船却被迫抛弃，沉入海底。

2007年10月6日一早，近海镇15149号船主顾卫东驾船出海进行深水网作业。由于受16号台风“罗莎”影响，顾卫东受阻在海上。顾卫东的妻子多次联络没有信息，便向塘芦港渔政站求助。郭建兵接到渔政站的求助电话后，二话没说，骑着摩托车赶到港口，将自己正在整修的04473号渔船装好马达，借来矿灯和应急灯就出了海。冒着10级大风和5米高的浪头，经过两个多小时的搜救，终于发现15149号船。郭建兵等当即把顾卫东、张永军2人救上船。次日一早，再次出海把暂时抛锚的15149号船拖回码头。

郭建兵先后被评为江苏省见义勇为先进分子、江苏省第十一届精神文明建设新人新事等荣誉称号。2004年6月，中央电视台《讲述》栏目以《回不了港的船》为题报道其感人事迹。

【沈建芳】 女，58岁，中共党员，启东市王鲍镇合群村村民。一位用爱创造希望的农村妇女。

1977年的春天，沈建芳的儿子刚满周岁，丈夫郭瑞新突发急病，住院90多天，为此，夫妻俩背负了沉重的债务。之后，郭瑞新又患上无法治愈的类风湿性关节炎。面对襁褓中的孩子，望着丈夫和公婆无助的目光，沈建芳选择了坚强，开始了对命运的顽强抗争。

带着孩子，照料丈夫，生活何其艰辛。当时的沈建芳既要参加生产队劳动，还要种菜园补贴家用。常常五更摘菜，天不亮就骑自行车带着丈夫和两拖篮蔬菜，到两公里外的镇上摆摊卖菜，卖菜回来后又赶着参加集体劳动。

1987年，丈夫郭瑞新彻底瘫痪了，当时儿子才11岁，沈建芳的负担更重了。但生活的重负没有让沈建芳低头，每天早晨4点左右，她就起床帮助丈夫大小便，然后洗衣做饭，下地干活，午后先到河东小菜场卖菜，做完生意再下地干活到天黑，晚上安顿好丈夫孩子，经常都是深更半夜了。这样的日子，沈建芳一过就是30年。

30年里，丈夫郭瑞新前后有10多次突发各种急病，但在沈建芳的照顾下，每次都转危为安。2010年春节，郭瑞新连续腹泻，几度病危，沈建芳领着儿子，多方求医，硬是将丈夫从死亡线上抢了回来。

“艰苦不要紧，只要不穷困”，沈建芳对生活的理解如此质朴。她省吃俭用，连给孩子夏天买根冰棍都不舍得，但她给丈夫治病、向村里上缴税款从不皱眉头，为给瘫痪在床的丈夫解闷，她节衣缩食买了电视机。20年前，家里的旧平房摇摇欲坠，她在别人的惊叹声中翻建了两间大瓦房。又过了10年，孩子长成大人，沈建芳一咬牙翻建了两层楼房。2009年，她在人们的“啧啧”感叹中又给儿子娶了媳妇。如今，儿子在苏州打工，儿媳开了农资门市，一家人的生活充满希望。

30年如一日精心服侍瘫痪在床的丈夫，并在困苦中摆脱家庭贫穷，沈建芳以无私质朴的奉献演绎了一曲催人泪下的大爱之歌。她多次被评为启东市优秀共产党员，并荣获南通市文明新风典型。

【陈卫忠】 男，51岁，启东市东海镇东余镇村19组村民。一位多次舍己救人的平民英雄。陈卫忠家住在五滧河岸边，先后干过船工、发师和邮递员。20多年来，老陈先后救下6条人命，所做的平凡好事更是不计其数。

1984年11月某天深夜，当时在做船工的老陈像往常一样和工友们一同为客户运输货物，当船行至大同地段时，借助船上的微光，他们发现一名妇女从岸边跳进江中。见此情形，老陈“噗通”一声扑下水。最终靠近并托起落水妇女，在工友的协助下，将这名妇女救上船。后经了解，才知道这是附近村庄的一名智障妇女,离家在岸边经过时不慎跌入江中的。

1999年腊月某天下午,一个小男孩不慎落水,老陈循声而去,甩掉身上的棉袄,跃入河中。河水冰冷刺骨,他不顾自身安危,托起这个已快完全沉入河中的小男孩,向岸边游去。孩子得救了,老陈却连续发了6天高烧。

2009年6月18日早晨,一位妇女推着电瓶车在桥上慢慢向前走时,细细的鞋跟嵌入桥缝。她正想处理,右手却不小心拉动了油门,冲出去的电瓶车带着她落入水中。老陈穿着拖鞋迅速跑向出事地点,跳入河中,奋力地游向正在下沉的妇女,在众人的帮助下,一起将妇女拉上了岸。

陈卫忠一次次奋不顾身救人的事迹感染着他身边的所有人。

【曹来珍】 女,58岁,启东市吕四港镇锡康村农民。一位坚持18年照顾瘫痪丈夫的农村妇女。

曹来珍善良贤淑,是持家的能手。婚后夫妻和睦、孝敬公婆、关爱孩子,一家人生活甜蜜。然而一场意外,让丈夫潘德忠双脚瘫痪。那时,曹来珍感觉天塌下来了,看着躺在床上的丈夫和两个还在上学的女儿,曹来珍擦干眼泪,选择坚强。

就这样,繁重的生活重担全部压在曹来珍瘦弱的双肩上。她不仅要照顾丈夫和孩子,还要像男人一样支撑起一个家。一天活干下来,她一身骨头都累散架了。每天她还花大量的时间照顾丈夫。让丈夫保持身上干净,每天吃上一个鸡蛋。潘德忠看着妻子忙碌操劳,心里愧疚憋屈得难受,常暗自流泪。曹来珍经常鼓舞他,让丈夫重新树立起生活的信心。她常对丈夫说:"有你在,我们才是个家。再苦再难我们都能坚持下去!"曹来珍还经常把丈夫抱在轮椅上,看看电视解解闷,有时推着他外出走走,到集市里逛逛。妻子的一片苦心终于让潘德忠变得开朗起来,尽可能地实现生活自理,为妻子减轻负担。

18年来,曹来珍对这个贫困的家庭不离不弃。她既当妈又当爸,把两个年幼的女儿抚养成人,并供她们读书直至中专毕业。这些年,曹来珍在照顾好丈夫的同时,还要种好3亩地,偶尔出去打零工。如今,两个女儿都在上海找到好工作,家庭生活情况开始好转。

"久病床前见真情",是"不抛弃、不放弃、不离弃"的信念让曹来珍走到现在,而她对这个家庭的爱感人肺腑、难能可贵。

【王国华】 男,61岁,如东县双甸镇锡伍村村民,抗美援越老战士。一位信守44年前生死承诺的老兵。

1966年3月,3位同乡新兵王国华、张成荣、王长礼并肩奔赴越南参加抗美援越战争。他们所在的炮兵部队驻扎在安沛,正处于我志愿军抗美援越的重要补给线上(安沛还有军用机场)。面对残酷的战争,大家都做好牺牲的心理准备。他们相互约定:活着回去的要帮对方立碑。

1966年5月31日,美国空军大举进攻安沛,飞机直奔王长礼所在的四连阵地。敌机扔的是子母弹,杀伤力极强,整个阵地的土几乎被翻了一遍。全连110多人中,王长礼等19名战士当场牺牲,约90人受伤。张成荣全身多处被弹片击中,右手大拇指被弹片削掉,他所在的班仅有他幸存。虽然伤亡惨重,但安沛之战最终以志愿军的胜利告终。

王长礼烈士的遗体永远地留在越南的土地上,为王长礼烈士在老家立碑成了王国华多年未了的心愿,尤其是当他得知王长礼没有直系后人,更感到责无旁贷。事有凑巧,一位名叫蒙毅的当年入越参战女战士在搜集整理抗美援越志愿军资料时,发现王长礼烈士来自如东,便和王国华等人取得联系。了解到烈士有在家乡立碑的遗愿,大家分头发动,短短几天,60多名志愿军老战士筹得资金7000多元。

2010年5月31日,是抗美援越安沛之战44周年纪念日,也是王长礼牺牲44周年的纪念日。王国华和专程从北京、上海、四川、广西赶来的战友们会聚在如东,参加王长礼烈士立碑仪式。让烈士安息,同时让后人了解那段战火纷飞的历史,珍惜今天的美好生活。44年前的承诺,至此终于实现。

【周胜兵　陈　利】 周胜兵,男,48岁;陈利,男,42岁,均为南通市汽运实业集团有限公司飞鹤旅游分公司驾驶员。他们在泥石流中保护了乘客生命财产安全。

7月23日下午7时许,周胜兵和陈利驾驶苏F11931旅游大巴行驶至陕西省潼关县城到港口收费站大南街村地段,车上的30位乘客是如东县马塘中学的老师和他们的孩子。此时,旅游大巴已经在瓢泼大雨中行驶整整1天,车顶上雷鸣般的轰响让人不寒而栗。面对这样恶劣天气,两位驾驶员始终保持高度的警惕。旅游大巴在泥泞不堪的村道上艰难前行,路面上的积水也越来越多。忽然,前方的一辆面包车陷入了一个大水坑,陈利紧急停车。周胜兵则下车探路,但他没走几步就滑倒在积水里。不等他站起来,眼前的一幕就让他惊呆了:巨大的泥石流从汽车前方几米远的山坡上滚滚而下,湍急的水流夹杂着树木、石块以及从民房里卷出的家具冲向路面。

周胜兵和陈利两位驾驶员生活在平原地区,从没有见过如此凶猛的山洪和泥石流。但凭着多年的驾驶经验和应急常识,他们立即采取避险措施。陈利立即将旅游大巴启动,把车紧紧地贴在右前方的一个小土丘边,防止车辆被泥石流卷走。周胜兵回到车上,赶紧摇醒了车内还在睡觉的乘客们。就在这短短的一两分钟内,路面的积水就达到齐腰深。更让人恐惧的是,停在前方的一辆小轿车和一辆面包车瞬间被汹涌的泥石流冲到道路右侧的河流中。

此时的旅游大巴几乎一半都浸泡在水里,已是寸步难行。危急关头,周胜兵、陈利毅然作出决定:打开车门,让乘客到高处去避难。头顶大雨如注,脚下水流湍急。周胜兵、陈利和导游一起,冷静地指挥男老师们挽起手臂,搭起两道人墙,护送妇女儿童转移。好几个孩子和女老师惊慌失措,刚出车门就滑倒在水里,两位驾驶员奋不顾身,扑出去救回她们。经过紧张的自救,车上所有的乘客都安全转移到一个小土丘上,周胜兵、陈利才最后离开旅游大巴。

经过导游联系,一车人到附近张姓村民家里暂避。看见大家浑身湿透、又冷又饿,周胜兵、陈利决定回到车里给大家取衣物和食品。他们再一次冒着大雨,在夜色中小心翼翼地摸索着淌过泥石流,将衣服和食物交到乘客们手中。随后两人守在车上,帮助看管行李。7 月 24 日凌晨 2 点多,在当地救灾指挥部的帮助下,30 名乘客坐上去西安的大客车。清晨时分,巨大的泥石流终于退去,两位驾驶员协助抢险人员清除道路淤泥。为保证行驶安全,他们又将车调试冲洗、暴晒 10 多个小时后,才赶去和乘客们会合。事后,记者问周胜兵、陈利在生命受到威胁时为什么没有自己逃命,而是选择帮助乘客逃生时,他们的回答是:救人是我们的本能。

【蒋长英】 女,64 岁,中共党员,通州区金沙镇人。她是一位面对 500 余万元巨奖不动心的体彩销售员。她为人诚信、与人为善、服务热情,经营的体彩销售点多次获得全国、省、市优秀销售站点称号。

2007 年 9 月 26 日晚,蒋长英像往常一样收看彩票开奖节目。10 点 15 分,当江苏教育电视台的游动字幕出现南通 06705 中特等奖字样时,蒋长英激动起来,06705 正是她经营的体彩销售站点号。随后,她发现开出的号码很眼熟,似乎是一位老彩民委托她购买的体彩号码。第二天一早,蒋长英赶到销售点打开彩票机一看,发现果真自己的点中奖了,一个特等奖为 500 万元,一个一等奖为 15938 元。巧合的是,两个号码都是一个老彩民委托她购买的,一人一下子中了两个奖,其中还有一个巨额大奖,但彩票还没有取走,购彩票的钱还欠着。

根据彩票兑奖"只认票、不认人"的规定,蒋长英只要带上这张彩票和自己的身份证,就能领走这笔巨奖。但面对从天而降的巨奖,蒋长英没有动心,她几乎毫不犹豫地选择通知彩民。并不知情的老彩迷接到电话后,起初还不信。15 分钟后,骑车前来的老彩迷将 25 元购票钱付给蒋长英,蒋长英则将中奖彩票及 1 元零钱给了老彩迷。

24 块钱和 500 余万元巨款,孰轻孰重,蒋长英比常人看得更透彻。事后谈起这个在世人眼中难得的发财好机会时,蒋长英语气仍然显得很平和,甚至有点轻描淡写。她说:"我这样做一点不后悔,现在我吃得下饭、睡得着觉、心里很踏实。"2007 年 10 月,江苏省体彩中心授予她体彩诚信销售员荣誉称号,南通市体彩中心也发出向蒋长英同志学习的倡议书。她的事迹先后被《中国体育报》、《新民晚报》、《扬子晚报》等报纸和多家网站报道,社会反响强烈。2008 年 1 月,她荣获江苏省第十一届精神文明建设新人新事评选提名奖。

【陈永善】 男,63 岁,海门市常乐镇如意村 16 组村民,海门航运公司退休职工。六旬老汉勇救 7 名落水人成为美谈。

陈永善原在海门航运公司工作,当过 20 多年的轮机长。在航运公司工作期间,他在上海新闸河桥救起一位投河轻生的老人。退休后回到村里,空闲时帮女儿打理一家超市。8 月 31 日下午 1 时 55 分,大雨如注,正在店门口看报纸的老陈猛然听到"砰"的一声巨响,只见 20 米开外的公路上,一辆小面包车与一辆轿车相撞,失控的面包车飞出 4 米多远,掉入路旁 50 多米宽的河中。

"不好,出大事了!"老陈第一个冲到河边,发现面包车正在下沉,车上传来呼救声,他来不及细想,"扑通"一声跳入河中。这条河本来就有三四米深,加上近日暴雨,河水猛涨。凭着良好水性,老陈很快接近了四轮朝天的小面包车,他用力拉开被撞坏的车门,让司机钻出来。接着,他又钻进车里,使劲将一名紧搂着妈妈的 10 多岁男孩拽了出来,送到岸边。随后,老陈又一次返回到车中,将满脸是血、意识有些模糊的男孩母亲拉至岸上。

在面包车司机和岸边热心村民的救助下,很快又有 2 名乘客脱险。此时,面包车在不断地下沉,车上还有 2 名被困者没有救出。已累得精疲力竭的老陈再次下水,又从车里拉出了一对母女。并和另一名下河救人的村民老韩一起合力将两人推到了岸边。这时,小面包车已完全沉入河中。

来不及喘口气的老陈又忙着和闻讯赶到的交巡警一起在车内打捞出 3 只行李包,并把行李包拖到超市门口看管起来。事后,他才得知,被救起的 7 名落水者都是海门市王浩镇人。当日他们是到海门去为子女上学报名的,其中一只包内有万余元现金和贵重物品。

【俞　杰】 男,54 岁,如东县掘港镇人,如东县地税局原党总支副书记、副主任科员。他用大爱唤醒沉睡 4 年的植物人妻子。

2010 年 7 月 10 日凌晨 1 时许,如东县地税局干部俞杰被一阵"呀,呀,呀"的叫声惊醒,他赶紧起身,打开电灯,原来这叫声来自他心爱的植物人妻子。这声音尽管不动听,但这是 4 年多来精心照顾的成果。

俞杰是一名转业干部,妻子刘晓燕曾经担任过乡党委副书记,后调到县卫生局任副局长,儿子也上了大学,一家人过得快快乐乐。然而,2006 年 2 月 26 日,这种安静祥和的生活被彻底打乱了。那一天夜里,刘晓燕骑自行车下班途中,一辆电动三轮车从她身上碾过去,并趁着夜幕逃遁。附近居民赶到出事地点时,刘晓燕的脑壳被碾碎裂。很快,120 救护车飞速将刘晓燕送到如东县中医院抢救。正在扬州参加培训的俞杰闻讯后连夜赶回,第二天赶到医院见到妻子时,躺在病床上的妻子已经变成植物人,南通大学附属医院的专家已经为妻子做了第二次手术。

刚刚赶到的上海脑神经外科专家通过会诊,认为刘晓燕伤情严重,特重型颅脑损伤、脑挫裂伤、颅内血肿和全脑疝,"撞成这样,救活的希望微乎其微。""只要有一线希望,恳求你们把她抢救到底!"哭成泪人的俞杰央求上海脑神经外科专家。随即,刘晓燕被转进如东县人民医院重症监护病房,由上海专家做了第三次手术。3 次手术,2/3 的脑组织被切除。

"7 天中能苏醒,就有希望。"上海专家临走时撂下这句话。此时的刘晓燕全部功能丧失,呼吸靠切开气管输氧,补充营养靠鼻饲,俞杰整天整夜守护在床边,想尽一切办法让妻子恢复各种功能。为唤醒妻子的意识,俞杰把笔记本电脑拿到重症监护病房,播放她喜欢的《好日子》、《东方之珠》等歌曲。第 29 天,奇迹出现了,妻子的眼睛慢慢地睁开了。接着,俞杰想办法让妻子张开嘴巴,用冰块、醋来刺激其感觉,渐渐地,茶、牛奶、米粥汤,一滴一滴地喂进妻子的嘴里。为激活脑组织,俞杰把妻子带到南京的大医院,做高压氧。每次做高压氧,吸痰、小便,妻子必须身上插着 3 根管子,他得进去监护。为了妻子的康复出现更多的奇迹,俞杰连续 60 多次进高压氧舱。

有一天,他忽然发现妻子手术后,脑袋两边鼓起来了,赶紧报告医生。经检查,妻子脑子有积水,立即转到上海华山医院。妻子上午 6 时进手术室,晚上 7 时才出来,他在手术室外焦急等待 13 个小时。

在上海,俞杰举目无亲,好在同一病房里照顾另一个患者的两个护工过来帮忙。一天早上,他临时外出,护工打来电话:"你赶紧过来一下,监护仪器反映你妻子的血压高了,呼吸加快了。"俞杰跑步赶到,贴到妻子耳边:"晓燕呀,我来了。"话音刚落,仪器监测的各项指标恢复正常了。闻讯赶来的医生告诉俞杰:"说明你的妻子有了意识,她已经离不开你啦。"俞杰遇到外出,就把手机放在护工那里,遇到异常情况,他在电话里跟妻子说几句话,病症立刻消除。

妻子的呼吸靠一根管子,鼻饲插一根管子,小便插一根管子。长期下去,俞杰很心疼。2006 年 11 月下旬,妻子从上海回到如东县人民医院后,他找到医生提出拔掉这些管子的想法。医生起初坚决不同意,经不住他好说歹说,只得勉强同意:"你要有心理准备,拔掉导尿管,半个小时一场尿。""就是 5 分钟一场尿,我也认了。"俞杰斩钉截铁地回答。果然导尿管拔掉后,妻子频繁小便,他毫无怨言地当好保姆。渐渐地,膀胱恢复功能的妻子,3 个小时才小便一次。

拔气管,医生坚决不允许:"她嘴不能张开,万一痰堵住怎么办?那是要出人命的!"俞杰没有办法,趁医生不在场,他悄悄试验用布堵气管,让妻子用鼻子呼吸,开始只有几分钟,没效果,改用输液瓶塞子堵,并渐渐延长时间,有了痰,他就吸,连续堵了一周没事,医生拗不过他,只好听他的,拔掉气管。拔鼻饲的管子也很困难,一开始,往她嘴里打一针管子的粥汤,就要一个小时。2007 年春节前夕出院时,妻子身上插的 3 根管子全部拔掉,好多专家、医护人员和亲友夸俞杰了不起。

妻子从不动、不语、没有任何意识,营养靠鼻饲,到喂饭能吃、大小便预先通知、恢复月经,1400 多个日日夜夜,俞杰付出难以计量的心血。尽管刘晓燕还躺在床上,但是,体重、脸色恢复到出事前的水平。"我还要努力,争取让妻子开口说话。"在帮助妻子恢复功能的路上,俞杰仍在跋涉。

【杨志南】 男,1957 年 6 月出生,中共党员,南通市中级人民法院立案庭副庭长、四级高级法官。在信访接待这个特殊的岗位上,杨志南默默坚守 22 年。他用真诚和爱心解决群众的问题,架起了党和群众之间的连心桥,被誉为老百姓的贴心法官。他先后荣获全国优秀法官、江苏省优秀政法干警、江苏省十佳法官、南通市劳动模范等荣誉称号。

22 年来,杨志南时刻想着上访百姓,以其尽心尽责给身处绝境的人一丝生的希望,给蒙冤多年的人一个昭雪的证明,给孤苦无依的人一份养老的保障,给外乡漂泊的人一张回家的车票……多年来,杨志南自掏腰包数千元,为上访当事人解决吃饭、交通、住宿等费用。近 5 年来,他平均每年接待来访群众 1500 多人次,独立化解重大疑难信访案件 20 多件,先后解决 5 名长达 20 多年的上访老户实际问题。

为了更好地为百姓解决问题,他刻苦钻研,积累本地区从解放到现在 60 多年的 40 多本档案资料,还为近百名到北京、南京上访人员建立专门档案,被业内称为信访工作的"活字典"。

南京的王某,新中国成立前是一名地下党,由于同其单线联系的同志不幸牺牲,其真实身份无人能够证明,新中国成立后被错判为反革命分子。为此,王某多年上访,但因找不到档案,始终没有结果。老人抱着最后一线希望找到杨志南。根据老人提供的线索,杨志南用他多年积累的资料,为老人找到分散在几处的档案,终于证实老人的身份,使多年悬案得到圆满解决。杨志南凭着深厚的档案功底,先后为 30 多名错叛的反革命平了反,有的还得到了补偿。

杨志南虽然是北方人,但为了便于和案件当事人、上访人员交流,他不但将生涩难懂的南通话学得惟妙惟肖,而且能使用本地区的七八种方言与当事人沟通。他倡导的"六心"(态度要热心、倾听要耐心、记录要专心、看信要细心、解释要真心、答复要诚心)服务成为立案庭沿用至今的工作制度。

2009年11月,杨志南因为肛瘘开刀,刀口很大,医生说要多躺、多休息,起码要两个月才能上班。杨志南心里记挂着工作,二十几天就上班了。他带了个汽车轮胎,垫在屁股下面坚持工作。长期超负荷的工作让杨志南累倒在工作岗位上。2010年四、五月间,杨志南在北京处理接访工作时,感觉身体很不舒服,靠吃止痛片坚持到任务圆满结束。回南通检查被确诊为肝癌!

得知杨志南生病的消息,很多老上访户带着鲜花和自家田里收获的农产品自发去看望他,有的送去了花篮,有的还送去了治病的秘方。10月,江苏省高级人民法院和南通市委组织部、宣传部、政法委相继将杨志南确定为创先争优活动重大典型,号召向杨志南同志学习。2011年1月16日凌晨1时许,杨志南病逝。数千名干部群众冒雪赶赴殡仪馆送他最后一程。江苏省委常委、政法委书记林祥国发来唁电,高度评价杨志南坚持22年爱心接访的先进事迹,对其英年早逝表示深切哀悼,并向其家属表示亲切慰问。

【包荣林】 男,40岁,海安县城东镇葛家桥村20组村民。2008年11月9日,包荣林为抢救落水群众刘芳,献出自己40岁的年轻生命。

2008年11月9日晚22时40分,包荣林的小饭店"迎宾饭店"送走了最后一拨顾客,包荣林和妻子黄传美以及店里的帮工刘芳一起踏上了回家的路。刘芳是他们同组的村民。

他们回家的路程约8里。黄传美、刘芳各自骑着电动自行车在前面走,包荣林的摩托车行驶在最后。离家已经很近了,当行至城东镇南阳村21组的双桥时,刘芳的电动自行车突然失控蹿下河去。此时,包荣林的摩托车刚刚驶上桥头,而黄传美已经顺利过了桥。

包荣林大叫:"不好,刘芳掉到河里了!"把摩托车放倒在桥头,从桥的西侧跳入河中,一边跳一边吩咐黄传美赶快喊人。黄传美喊了句"你不会游泳",包荣林在河里应了句"救人要紧",这就是他的最后一句话!刘芳落水的地方是双鱼河、光明河的交界处。前不久这两条河道刚刚疏浚,这三角地带的水深达4米。黄传美看丈夫跳进河里了,自己也从河岸奔向水中,大声喊着:"救命呀,救命呀!"

黄传美的呼救声惊醒家住双鱼桥桥南东侧的63岁的老党员张宏稳。老人循声而去,顺着黄传美指示的方向下了水。瞅准落水者头往上冒的当儿,扑过去把她往岸边猛力一推。刘芳得救了。当他准备上岸时,黄传美说,水中还有人,又掉转身,但没摸到人。这时,张宏稳的邻居、刚做新郎的许秀斌和他的几个朋友也赶到现场,一起跳入河中救人。有好心群众报了警,越来越多的人进入冰冷的河中救人。

24时20分,包荣林被打捞出水面,他的双手还保持着向上托举的动作。但是,他的呼吸已经停止了!

2008年11月11日,包荣林的遗体在海安殡仪馆火化,600多名村民自发前去为他送行。11月15日,葛家桥村为包荣林举行追悼会。1000多名群众自发赶到现场,纪念这位助人为乐、见义勇为的好人。

【张卫忠】 男,45岁,启东市近海镇人,启东市地方税务局稽查局副局长,共产党员。他是一位身患绝症依然忘我工作的优秀税官。

2008年12月末,为稽查启东某房地产企业偷税漏税的案子,张卫忠和同事连夜从启东赶到案发地上海,开始紧锣密鼓的查案。为取得第一手证据,张卫忠连续半个多月呆在上海市静安区税务局的档案室中翻阅账册。由于过度劳累,张卫忠不停地出着虚汗,伴随而至的是腹部的隐隐作痛,同事建议他到医院去检查一下。张卫忠怎么也不愿意离开,一直坚持到工作结束。2009年1月4日,案子圆满结束后,张卫忠才去医院检查,检查单上无情地写着两个字:肺癌!家人、同事、朋友都惊呆了!张卫忠果断决定开刀切除。由于术后免疫力下降,身体各项机能没有完全恢复,一直困扰他的胆结石也时时发作,疼痛难忍。不得已,2009年5月,他又接受胆囊切除手术。短短4个月内就接受两次大手术,上海胸科医院的主刀大夫再三叮嘱他:"你这样的病,关键是保养,以后能不上班最好,在家休养休养,可千万不能再累着。"但是为了不耽误工作,张卫忠术后仅仅休息一个多月就回到单位继续上班。

2009年9月,据群众举报,某企业有偷逃税行为,如果延缓检查,企业有可能转移相关资料。案情就是命令!术后还没完全康复的张卫忠,不顾身体虚弱,在接到通知的第一时间,亲自带队赶赴企业展开调查。这家企业的货物主要是销往山东日照、莱芜等地,时近国庆中秋长假,许多工厂要停产休息,到时就很难取证。张卫忠和稽查局的其他同事经过一个多星期的来回奔波,往返数千公里,终于赶在放假前一天完成取证,得到企业虚列安装费成本的铁证,查补税款100多万元。

从走上税务工作岗位的第一天起,张卫忠就立下志向,做一名合格的税官。他成为系统里公认的业务标兵,多次受到江苏省地税局的表彰奖励。他大胆改革落后的管理方法,把刚性考核和人性管理融合在一起,使稽查局面貌一新,在启东市百家科室评选中从2007年的十多名一举跃居第一名,并连续3年获得启东市人民满意示范窗口光荣称号。

24个春秋,张卫忠以他朴实的作风、踏实的行动,践行他的诺言,忠于地税事业,无愧于党和人民交给的使命。

(文明办)

尤建华先进事迹报告会

文 献 篇

南通市国民经济和社会发展第十二个五年规划

东方经验：人民内部矛盾的“大调解”

——江苏南通构建大调解体系的调查与思考

不断提高社会管理科学化水平

风范长在 精神永存

——纪念刘瑞龙同志诞辰一百周年

南通市国民经济和社会发展第十二个五年规划纲要

（2011 年 2 月 24 日南通市第十三届人民代表大会第四次会议批准）

南通市人民政府

目　录

“十二五”时期（2011～2015 年）是南通在全省江北率先基本实现现代化的加速推进阶段，是加快转变发展方式、推动经济转型升级的攻坚突破阶段，也是加快建设江海交汇的现代化国际港口城市、构建长三角北翼经济中心的重要时期。

《南通市国民经济和社会发展第十二个五年规划纲要》（以下简称《纲要》），依据《长江三角洲地区区域规划》和《江苏沿海地区发展规划》两大国家规划，根据《中共南通市委关于制定南通市国民经济和社会发展第十二个五年规划的建议》编制。

《纲要》主要阐明今后五年南通国民经济和社会发展的目标任务、发展重点和政策取向，是政府履行经济调节、市场监管、社会管理和公共服务职责，编制和实施各类规划、计划以及制定相关政策的重要依据，是引领全市经济社会创新转型、跨越发展的行动纲领。

第一章　向基本实现现代化迈进（略）

第二章　把加快转变经济发展方式贯穿现代化建设全过程

第一节　指导思想

“十二五”时期，我市经济社会发展的指导思想是：高举中国特色社会主义伟大旗帜，以邓小平理论和“三个代表”重要思想为指导，深入贯彻落实科学发展观，按照党的十七届五中全会、省委十一届九次全会和市委十届七次全会精神，紧紧围绕“加快现代化、再创新辉煌”的战略定位，全力抢抓两大国家战略规划深入实施的重大机遇，以科学发展为主题，以加快转变经济发展方式为主线，以改革开放和科技创新为强大动力，以保障和改善民生为根本目的，以全国社会管理创新综合试点城市为重要抓手，统筹做好改革发展稳定各项工作，促进经济长期平稳较快发展和社会和谐稳定，为 2018 年左右基本实现现代化奠定具有决定性意义的基础。

贯彻上述指导思想，要把握好以下基本原则：

——必须坚定不移地走科学发展观指引下的跨越之路。（略）

——必须把加快转变经济发展方式作为“十二五”时期发展的主线。（略）

——必须深度参与长三角和江苏沿海地区融合发展。（略）

——必须更加突出以改善民生为重点的社会建设。（略）

——必须把深化改革开放作为推动现代化建设的强大动力。（略）

第二节　发展目标

综合考虑未来的发展趋势、条件和要求，“十二五”时期奋斗目标是：

——经济更加强盛。经济发展主要指标增幅超过全省平均水平，地区生产总值按现价计算年均增长 13% 左右，到 2015 年，经济总量超过 6000 亿元，人均地区生产总值突破 80000 元；产业结构明显优化，发展质量和效益明显提升，高新技术产业产值占规模以上工业比重达到 37%，服务业增加值占地区生产总值比重提高到41%;城市化和城市现代化水平明显提高,城乡、区域发展更趋协调,城市化率达到64%;改革开放不断深化,江海开发、跨江合作实现更大突破,成为江苏新的重要增长极,初步确立长三角北翼经济中心的地位。

——*科教更加发达*。科技创新体系充满活力,力争研发投入占地区生产总值比重达到2.5%,科技进步贡献率提高到60%以上,形成一批拥有自主知识产权、自主品牌的创新型企业;教育强市建设迈出坚实步伐,教育现代化水平进一步提高;人才强市战略实施取得明显成效,基本建成创新型城市。

——*社会更加和谐*。各项社会事业加快发展,城乡各类公共服务水平显著提高;全民综合素质得到普遍增强,城市文明程度保持全国领先;法治南通、长安南通建设水平不断提高,民主法制建设进一步健全,社会管理机制进一步完善,人民权益得到切实保障,社会管理创新、和谐社会建设走在全省和全国前列,社会持久稳定。

——*文化更加繁荣*。社会主义核心价值体系得到广泛认同和遵循,新时期"南通精神"不断弘扬光大,文化软实力大幅提升;江海特色文化强市建设成效显著,文化事业和产业得到大力发展,文化创新扎实推进,公共文化服务内容不断丰富,实现文化事业强、文化产业强、文化队伍强。

——*生态更加优良*。低碳经济、循环经济得到大力发展,资源利用效率不断提高,单位地区生产总值能耗和二氧化碳、主要污染物排放总量明显减少,污染得到有效防治;生态得到切实保护,耕地保有量保持在45.9万公顷左右,森林覆盖率提高到21%,人民群众对生态和人居环境满意度持续提高,建成国家生态市。

——*人民更加幸福*。城乡居民收入普遍较快增加,努力实现居民收入增长与经济发展同步、劳动报酬增长与劳动生产率提高同步,城镇居民人均可支配收入和农民人均纯收入分别达到4万元和1.9万元,力争实现倍增;社会就业更加充分,五年新增城镇就业40万人以上,城镇登记失业率低于全省平均水平;社会保障体系日益完善,人民群众享有较高水平的教育、健康服务和公共文化产品,幸福感明显提高。

通过五年努力,综合经济实力、自主创新能力、国际竞争力和可持续发展能力显著增强,人民群众普遍过上更加宽裕安康的生活,全面建成更高水平小康社会,加快建设现代化,努力走在全省江北现代化建设的最前列。再经过一个时期的努力,把南通建成江海交汇的现代化国际港口城市、长三角北翼经济中心和国内一流的宜居创业城市。

"十二五"国民经济和社会发展主要指标

序号	指标		2010年实绩	2015年目标	指标属性
1	经济增长	地区生产总值(亿元)	3417.88	6000以上	预期性
2		人均地区生产总值(元)	47500	80000以上	预期性
3		注册外资实际到账累计(亿美元)	126.95	100以上	预期性
4		港口货物吞吐量(亿吨)	1.51	2.5	预期性
5	经济结构	居民消费率(%)	30	>35	预期性
6		服务业增加值占地区生产总值比重(%)	36.5	41	预期性
7		高新技术产值占规模以上工业比重(%)	32.4	37	预期性
8		城市化水平(%)	55	64	预期性
9		民营经济占地区生产总值比重(%)	60	65	预期性
10	科技创新	R&D经费支出占地区生产总值比重(%)	1.8	2.5	预期性
11		百亿元GDP专利授权数(件)	580	400	预期性
12		科技进步贡献率(%)	52	60	预期性

（续表）

序号	指标		2010年实绩	2015年目标	指标属性
13	公共服务	高中阶段教育毛入学率(%)	100	96以上	约束性
14		千人拥有病床数(张)	3.51	4	预期性
15		城乡基本社会保险覆盖率(%)	97.6	99.5	约束性
16		城乡三项医疗保险参保率(%)	95	95以上	约束性
17		市区新增保障性住房面积(万平方米)	265.46	296	约束性
18		城市每万人公交车拥有量(标台)	12	15	预期性
19	资源环境	耕地保有量(万公顷)	45.87	45.9	约束性
20		单位地区生产总值能源消耗降低(%)	-	完成省下达指标	约束性
21		单位地区生产总值二氧化碳排放降低(%)	-		约束性
22		主要污染物排放总量减少(%)	-		约束性
23		森林覆盖率(%)	20.2		约束性
24	人民生活	人口自然增长率(‰)	-0.9	<1	约束性
25		城镇居民人均可支配收入(元)	21825	40000	预期性
26		农民人均纯收入(元)	9914	19000	预期性
27		城镇登记失业率(%)	2.75	4以下	预期性
28		城镇新增就业累计数(万人)	42	40以上	预期性

第三节　空间布局

按照“江海联动、港城互动、轴向带动”的空间开发理念，加快优化产业布局、城镇布局，逐步形成“两带两轴五组团”的总体发展格局，进一步加强主体功能区建设，合理引导生产力布局和要素流动，实现空间集约与协调发展。

一、优化空间发展布局

拓展两条产业带：科学利用宝贵的岸线资源，构建沿江、沿海两条特色产业带，促进优势互补、协调发展。

沿海产业带。发挥港口和土地资源优势，构建新兴基础产业基地和海洋产业集聚区，重点发展石油化工、电力能源、冶金建材、重型装备等制造业；挖掘海洋资源潜力，发展海洋经济，大力发展现代物流、滨海旅游等现代服务业，因地制宜发展特色农业。

沿江产业带。拓展沿江产业集聚区产业优化新空间，提高沿江岸线集约利用水平；提升船舶海工、电子信息、粮油加工、高档制纸、精细化工、新材料、新医药等产业发展水平，向产业链和价值链高端攀升；策应中心城区现代功能的不断提升，逐步引导沿江地区大宗散货类运输、大进大出类企业向沿海有序转移，加快发展港口物流、滨江旅游、现代商贸等现代服务业。

强化两条辐射带动轴：充分发挥运输大通道的传导作用，构建联通江海、贯通腹地、沟通内外的辐射带动轴，带动更大区域发展。

纵向辐射带动轴。依托由沿海高速、锡通高速、沪通铁路、新204国道，以及宁启铁路海安至南通段、通苏嘉城际铁路、内河连申线等组成的运输大通道，形成一条承接并传递以上海为核心的长三角南翼辐射的北向带动轴。

横向辐射带动轴。依托苏通大桥及北接线、通洋高速、洋口运河及通吕运河，形成一条南通都市区向东拓展、联结江海、互动发展的Y型发展轴。

构建五大城镇组团：充分发挥中心城市的集聚辐射作用，形成都市区、海安-如城、洋口港-掘港、吕四港-汇龙、通州湾（暂定名，下同）等5大组团，带动城镇与港口、产业的协调发展。

都市区组团。主要包括中心城区及海门城区、如皋港周边地区，形成“一主三副”的组团式空间布局，“一主”即市区主城区，“三副”即金沙镇、海门镇和长江镇。围绕长三角北翼经济中心的定位，坚持发挥比较优势和统筹发展的原则，优化区域发展格局，合理确定产业分工。加快苏通科技产业园、锡通科技产业园、空港产业园等综合性园区建设,发展以商贸物流、商务金融、服务外包、旅游会展、信息开发、总部经济为重点的现代服务业,以高端装备制造、电子信息、生物医药、纺织服装为重点的都市型工业,以休闲养生、生态体验为重点的都市农业,加速都市区各板块间的连接融合,逐步形成对全市乃至周边地区集聚、辐射和示范效应更强的大都市。

海安－如城组团,主要包括海安城区、如皋城区及周边地区,加快相向发展,形成我市北拓西进的门户型工业走廊。洋口港－掘港组团、吕四港－汇龙组团,推动县(市)城区与临海城镇互动发展,依托深水港和岸线,大力发展临港临海产业,构建"哑铃型"中等城市。通州湾组团主要包括腰沙·冷家沙区域及其对应的部分陆域,通过开发大型深水海港带动产业发展、人口集聚,构建滨海新城。

南通市"十二五"空间发展布局图

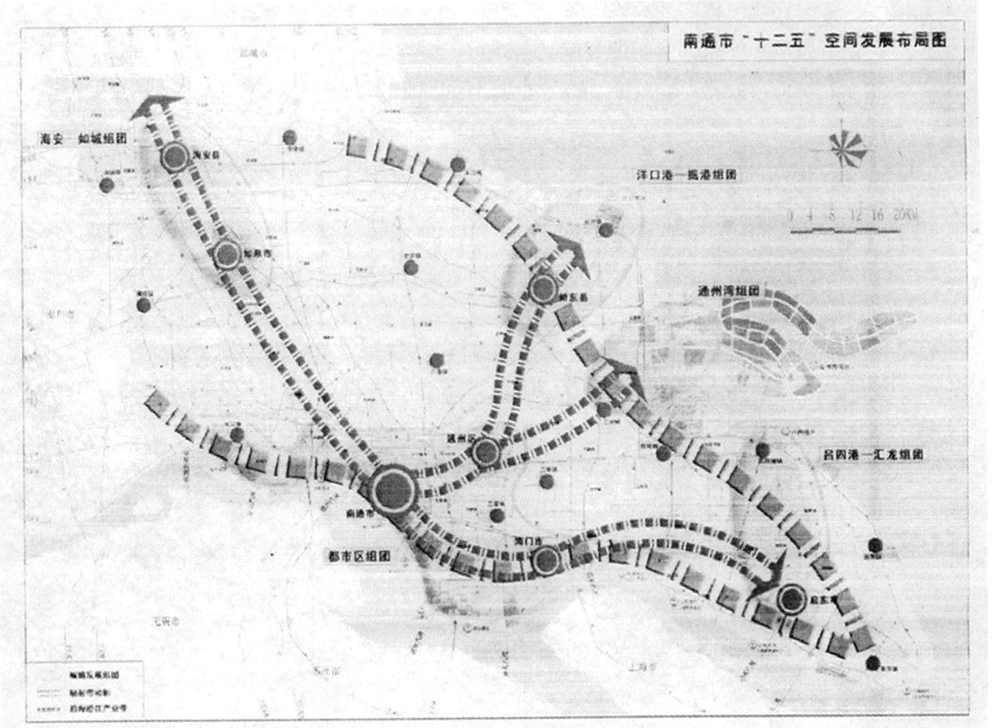

二、加强主体功能区建设

按照主体功能清晰、发展导向明确、开发秩序规范、各类要素协调的要求,形成合理的空间开发格局。继续提升主城区和沿江地区的优化开发区域,加快推进沿海地区、县(市)城、重点镇等重点开发区域的开发建设,使人口、经济和资源环境在国土空间分布上更趋协调。

强化区域分类管理,建立健全优化主体功能区布局的体制机制、政策体系和绩效评价体系。落实并完善空间调控政策,通过差别化的产业、土地、财政、考核等政策,促进整个市域空间的优化发展。对禁止和限制开发区域实行严格的土地用途管制。探索建立对禁止开发区域公共服务的一般性财政转移支付和用于生态环境建设的专项转移支付制度,并逐步建立市场化生态补偿机制。综合考虑各类功能区经济发展和生态保护,实行分类考核。

第三章 加快构建现代产业体系

坚持走新型工业化道路,大力推进产业结构战略性调整,促进新兴产业跨越发展、传统产业提升发展、现代服务业加速发展,着力构建结构优化、技术先进、清洁安全、附加值高、吸纳就业能力强的现代产业体系。

第一节 优先发展新兴产业

以产业规模化、技术高端化、人才国际化、发展集约化为方向,以培育优势企业和打造特色基地为重点,加强规划引导和政策支持,实施新兴产业规模倍增计划,优先发展海洋工程、新能源、新材料等优势产业,加快培育生物和新医药、智能装备、节能环保、软件和服务外包等成长型产业,促进发展提速、比重提高,着力形成特色鲜明的新兴产业发展新格局。

优先发展优势产业。海洋工程。围绕打造国家级海洋工程产业基地，重点发展新型钻井平台、浮式生产储卸装置和大型一体化模块及动力定位、单点系泊、海水淡化、油污水处理等关键系统，重点推进中远船务、熔盛重工等海工基地建设。新能源。围绕建设国家绿色能源示范基地，加快风能、太阳能、潮汐能、生物质能的开发利用。统筹沿海风电开发，建设"海上三峡"，重点推进如东、启东大型海上风电场等项目建设，风电装机容量突破200万千瓦。重点发展大功率风电机组、高转换率太阳能光伏电池、新能源汽车及电池、生物质能发电设备，加快智能电网建设，加快启东、海安、如东等新能源基地建设。新材料。围绕打造长三角新材料研发转化生产基地，以结构功能复合化、功能材料智能化、材料器件集成化为方向，重点发展新型电子信息材料、高性能膜材料、高品质特种钢、新型合金材料、工程塑料、高性能纤维及复合材料、新型建筑材料等，重点推进市经济技术开发区化工新材料、如皋新材料、海门特种金属材料基地建设。到2015年，海洋工程、新能源、新材料三大产业实现销售收入突破3000亿元。

加快培育成长型产业。生物和新医药。重点发展新型疫苗和诊断试剂、化学药物、现代中药等创新药物品种，扶持医药原料及医药中间体发展，加快南通传统中(成)药的二次开发，提升医药产业水平。重点培育生物育种、生物农业、生物环保、生物能源、生物制造等生物产业。加快海洋生物技术及产品的研发和产业化。重点打造开发区医药板块，提升精华制药集团等龙头企业发展水平，推进启东生物医药、海门医药化工等特色基地建设。智能装备。积极发展以数字化、柔性化及系统集成技术为核心的智能制造装备，重点发展智能电气电工、智能机械、智能建筑、智能仪器仪表等，积极引进智能机器人、智能交通、智能家居等项目，形成以整机制造、成套设备和核心功能部件为重点，专业配套齐全的智能装备产业链。节能环保。大力开发推广高效节能装备及产品，重点发展环保型锅炉、吸收式热泵、废旧轮胎资源回收利用、环保自动化控制系统等节能环保装备产业，积极开发节能环保热交换装备、节能风机、节能型输变电装备、LED高效节能等节能环保新产品，加快发展节能设计、能源管理等节能环保服务产业。软件和服务外包。围绕打造长三角北翼服务外包首位城市，重点发展呼叫中心、应用软件、嵌入式软件、动漫游戏以及纺织服装、船舶、医药等重点行业研发设计外包；加快发展软件信息系统集成与管理、软件定制测试及网络化等服务；扩大信息技术、业务流程、知识流程等国际服务外包规模。以南通科技园、南通软件园及省级软件园等为载体，加快培育一批软件和服务外包企业，建成一批省级以上服务外包示范区。到2015年，生物和新医药、智能装备、节能环保、软件及服务外包四大产业实现销售收入突破1000亿元。

专栏：重点新兴产业基地

南通船舶海工产业基地：高科技、高附加值船舶，港口机械、海洋工程装备、基础零部件生产；

海安新能源特色产业基地：LED钻石光源基材、太阳能电池、太阳能及生物质发电设备；

如皋新材料产业基地：密封件、空心复合绝缘子、支柱复合绝缘子、线路复合绝缘子、复合套管和复合绝缘杆塔等系列产品，玻璃纤维、玻璃钢及其制品；

如东风电装备产业基地：风力发电机组及零配件；

海门特种金属材料产业基地：特种钢材、特种铜材、特种光缆、特种镀饰；

启东新能源产业基地：硅棒、硅片、太阳能电池片、电池组件、光伏发电系统；

通州光伏产业基地：非晶/微晶薄膜太阳能电池；

崇川区电子信息产业基地：集成电路封装、测试，呼叫产业；

南通开发区电子信息产业基地：光纤通信、电力传输产品；

第二节 做强做大支柱产业

围绕建设长三角北翼国际先进制造业基地，大力推进主导产业高端化、传统产业品牌化，进一步壮大"千亿级"产业板块发展优势，加速提升制造业发展水平。促进装备制造、电子信息、精细化工等主导产业向高端发展，提高产业层次和核心竞争力；大规模改造提升纺织服装、轻工食品、建筑业等传统产业，增强创新能力，提升产品质量。

船舶及重装备。围绕打造世界级"船谷"，重点发展30万吨以上超大型油轮和矿砂船、10000标箱以上的大型集装箱船、大型液化天然气船、大型液化石油气船、大型汽车运输船等高技术、高附加值船舶，提高船舶产业配套能力，重点发展大功率柴油机、船舶动力系统、通信导航系统等船舶配套产品。围绕建成全国重要的装备制造基地，重点发展精密高速数控机床、多轴联动加工中心等通用设备;港口机械、石油机械等专用设备;高压、特高压输变电成套设备和大型高效清洁发电设备;航空、汽车、轨道交通等运输装备的配套设备。到2015年,船舶及机械制造业产值达到4000亿元。

电子信息。围绕建成技术先进的电子信息产业基地,巩固提升国家级电子材料、电子元器件产业基地发展水平,大力发展光通讯、集成电路测试封装、新型显示、高端服务器、新型电子元器件、计算机及网络、数字视听、电子材料等重点产品,努力推动电子信息企业由简单加工向打造自主品牌、掌握核心技术转变。到2015年,电子信息产业产值达到2200亿元。

精细化工。围绕建成国内重要的精细化工产业基地,优化沿江、沿海精细化工园区布局,强化集聚发展。重点突破生物技术、新型催化技术、膜技术、耦合技术等绿色精细化工关键技术,大力发展化学中间体、功能中间体、功能化学品、智能催化剂、环保新农药等产品,进一步做强国家级新型农药基地。到2015年,精细化工产业产值达到2100亿元。

纺织服装。围绕建成长三角地区特色鲜明的纺织基地,加快向时尚化方向发展,塑造"南通家纺"世界品牌,实现由纺织大市向纺织强市的跃升。重点发展碳纤维、芳纶、新型差别化纤维、特种印染后整理、高档面料和产业用纺织品等;引进国际先进装备,加快纺织、服装、色织和茧丝绸等行业技术更新改造步伐;以提升档次、打造品牌、扩大出口为重点,建设集研发、生产、贸易一体化的国内一流的家纺产业基地和茧丝绸基地。到2015年,纺织服装产业产值达到2700亿元。

轻工食品。围绕建设华东地区具有较强影响力的轻工业基地,重点发展粮油加工、绿色饲料、醋片醋纤、电动工具、工艺美术等产业集群;以王子制纸为龙头,打造全国一流的高档纸制品基地;依托现有产业基础,提升电动工具、长寿食品、钢丝绳等特色产业基地水平。到2015年,轻工食品产业产值达到1600亿元。

建筑业。围绕打造全国一流建筑强市的目标,运用新材料、新结构、新技术、新设备促进建筑业转型升级,实现从房屋建造为主向专业技术领域和基础设施领域延伸,从单一的承包向勘查、设计、采购、施工与运营为一体的综合性工程服务拓展,提高附加值;优化行业结构,加快培育壮大龙头企业,提升资质等级,形成一批资金雄厚、人才密集、技术先进的工程总承包建筑企业集团;强化外向拓展,进一步扩大海外业务规模,提高国际市场占有率和影响力。到2015年,建筑业总产值突破4000亿元。

第三节　大力发展现代服务业

以市场化、产业化、社会化、国际化为方向,促进生产性服务业集聚化、生活性服务业便利化、基础性服务业网络化、公共性服务业均等化,推动服务业增长提速、比重提高、结构提升,全面提高服务业整体发展水平。到"十二五"末,生产性服务业增加值占服务业增加值的比重达到40%。

专栏:"十二五"服务业主要行业发展目标

现代物流业:增加值达到330亿元,全社会物流总量突破6亿吨,社会物流成本占全市GDP的比重降到14%;
科技服务业:总收入达到100亿元;
服务外包:业务收入年增速达到25%以上,从业人员超过5万人,每年新增规模以上服务外包企业180家;
金融保险业:增加值达到320亿元;
商务服务业:增加值达到150亿元;
旅游休闲业:增加值突破300亿元,旅游业增加值占地区生产总值的比重达到5%;
现代商贸业:增加值达到780亿元;社会消费品零售总额达到2600亿元;

做大做强特色服务业。重点发展现代物流业。围绕建设长三角北翼现代物流中心,着力发展城市配送、农产品冷链、大宗商品物流,推动物流业运作一体化、技术电子化、服务标准化、管理信息化发展,增强服务长江中上游的能力。加快推进火车站物流园、通富路物流园、空港物流园等一批现代物流园区建设;充分发挥南通出口加工区保税物流功能,大力开展离岸结算、转口贸易、跨境物流仓储等业务;建成华东地区农副产品物流交易中心、南通粮食物流中心、如皋港300万立方米石化仓储等一批现代物流项目。以基地型航空、航运龙头企业为重点,加快培育和引进一批现代物流大企业。建设一体化、综合性、全功能的南通物流信息公共服务平台。加快发展旅游休闲业。以打造独具魅力的江海旅游门户城市和旅游休闲城市为目标,挖掘"近代第一城"等历史文化资源,加大旅游产品开发和旅游线路设计,推动我市旅游业由观光型向休闲度假型转变。加快创建狼山、濠河5A级景区,开发方特城、南通之眼等大型主题公园,打造特色城市休闲带;建设长青沙、开沙岛、苏通大桥公园等生态旅游景区,提升发展沿江风情休闲带;大力开发圆陀角、东灶港、南黄海等旅游度假区,完善滨海度假休闲带;进一步开发如皋长寿文化、海安青墩文化及里下河水乡风情,构建福寿文化和湿地风情旅游带。利用南通特色资源优势,拓展旅游产业链,大力发展体现"江海河三鲜荟萃"的美食旅游、体现"教育之乡"的修学培训旅游、体现"世界冠军摇篮"的健身旅游等。大力培育自驾游基地、游艇俱乐部及旅游演艺等旅游新业态。提升发展现代商贸业。积极打造新商圈,合理规划发展新型商业街区、城市综合体,优化市区商业中心、商业次中心和社区便利商业网点布局;完善商贸服务业态,大力发展连锁配送、特许经营、网上购物等新型业态;大力发展专业市场,积极扶持南通家纺市场、天汾电动工具城、如皋花木城等重点市场做强做大,努力建成面向全国乃至国际的具有物流集散、批发交易、信息发布、产品展示、电子商务等综合功能的新型市场。

积极培育高端服务业。加快发展金融业。鼓励国内外各类金融机构来通设立区域性总部、分支机构或金融业外包基地,打造上海国际金融中心配套服务基地,争取新引进或组建银行业金融机构10家以上。努力发展地方中小金融机构,农村信用社全部改制成银行机构,推进南通农商行在市外开设分支机构。建立健全沿海开发投融资体系。加快金融创新,积极开发针对"三农"、中小企业、科技创新和就业再就业的金融产品和服务,鼓励金融机构开发适合南通船舶、家纺等支柱产业特点的金融产品。鼓励发展保险、创投、信托、担保等金融业务。加快发展科技服务业。推进企业非核心业务外包,分离发展产品研发、品牌推广等专业化服务企业。以网络技术、信息技术为支撑,重点发展信息服务、研发服务、专业技术服务、科技推广、知识产权管理、技术监测等新型科技服务业。大力发展科技服务机构,积极吸引科技行业领军企业研发中心向南通转移。加快发展商务服务业。积极打造长三角北翼商务服务高地,将南通家纺服装展、船舶展等展会办成在国内外有较大影响力和较高知名度的品牌会展;加快发展会计、审计、法律、咨询、广告、经纪等商务服务业,努力建立一批具有竞争力的商务服务品牌;加快建设中央商务区、能达商务区及北翼新城商务区,大力发展总部经济,吸引国内外大中型企业地区性总部或职能型总部入驻。

全面提升生活性服务业发展水平。积极发展社区服务业。完善社区服务功能,鼓励发展针对老年人、儿童、残疾人等特殊群体的养老、幼托等专业化服务,加快发展保健服务、家政服务,积极发展科教文体服务,规范发展物业管理服务,大力拓展社区便民利民服务,切实加强社区就业再就业服务;推动生活服务业品牌化、标准化、规模化、连锁化发展。健康发展房地产业。有效增加土地供给,优化住房供应结构,支持居民自住和改善性购房,加大中低价位、中小套型普通商品住房和保障性住房的开发建设力度;积极吸引国内外品牌房地产开发企业,加快推进现代化大型居住区建设;加快房地产信用体系建设,引导企业合理开发,消费者理性消费,促进房地产业平稳健康发展。

加快服务业专业化和集聚化发展。推进制造业企业分离发展服务业,建立各类专业化服务业企业,大力发展专业服务中心、行业协会、科技中介机构等专业服务组织。加快服务业标准化建设,突出抓好重点领域服务标准的制定与推广,积极推进国家级、省级服务业标准化示范项目。发挥工业开发区产业优势,建设生产性服务业集聚区,促进生产制造和生产服务共同发展;立足各类交通枢纽,建设现代物流和产品交易市场集聚区;依托城市存量资产,建设高端服务业集聚区。建立完善商务类和技术类服务平台,推动服务业集聚区由规模扩张转向质量提升。

专栏:省级服务业集聚区

现有省级服务业集聚区:南通软件园、南通家纺城、叠石桥国际家纺城、天汾电动工具商贸城、能达商务区、海安启迪软件园,共6家。

规划创建的省级服务集聚区:崇川区的中央商务区、南大街商业中心、南通科技园、崇川科技创业园、观音山物流园,通州区的空港物流园、南通汇晟建材市场,港闸区的火车站北物流园、火车站站前区、紫琅科教城、城港路汽贸街,市开发区的通富路商贸物流园,海安县的523文化创意主题公园、海安火车站专业市场集聚区、北二环综合物流集聚区,如皋市的如皋港现代综合物流园、如皋花木交易集聚区、如皋软件园、如皋科技创业园,如东县的洋口港物流园、县城商贸集聚区、银河纺织品集聚区、南黄海旅游度假区,海门市的东洲物流园集聚区、三和汽车广场集聚区、沿江保税物流园集聚区、神州科技创业集聚区,启东市的水产品集聚区、吕四港物流中心、圆陀角度假区,共30家。

第四节 建设基础产业基地

把握沿海开发机遇,以大项目为带动,加快发展基础产业,建设国内重要的基础产业基地。

现代能源。围绕建成长三角地区重要的现代能源基地,加强能源储备,重点发展液化天然气、石油、煤炭战略储备中转。充分依托江海港口资源优势，推进如东洋口港LNG接收站和1000万吨炼油、启东吕四港成品油储备基地和煤炭储备交易中心、如皋100万吨焦煤储运中心等一批能源储运项目。提升装机容量，建成南通电厂“上大压小”合建项目一期工程、如东LNG燃气电厂一期工程；争取开工建设南通电厂“上大压小”合建项目二期工程、如东LNG燃气电厂二期工程、大唐吕四港电厂二期工程；积极推进海安国投电厂、海门国电电厂、华电如皋电厂等一批重大电源点项目前期工作，力争装机容量突破1000万千瓦。

建设枢纽型电网。围绕打造重要电力能源基地目标，继续加强主网架建设，构建以500千伏变电站及220千伏电网为支撑的东南部和西北部两片环网。东南部环网覆盖南通市区、海门、启东，以三官殿、华能南通电厂、东洲、新丰变电站等电源点为支撑；西北部环网覆盖海安、如皋、如东，以500千伏南通北、南通西变电站以及天生港电厂等电源点为支撑。继续完善重点开发区域的变电站布点和网络结构，重点加快苏通科技产业园、新城区及各类开发园区电网建设。

石油化工。围绕打造全国沿海新兴石油化工基地，积极推进与中石油、中海油、中国化工等大型企业的合作，发展大型炼化一体化、煤化工、盐化工等项目。利用进口液化天然气发展乙烯和芳烃类基础化工，与沿江精细化工、化工新材料优势产业形成衔接配套的产业链。

精品钢材。围绕建成特色鲜明的冶金和金属制品生产基地，积极推进本地企业与国家大型钢铁企业联合，加快宝钢海门工业园等项目建设，重点发展技术含量高、市场竞争力强的精品特钢、优质棒材、不锈钢型材、合金钢管材、船用板材等关键品种，发展大型钢结构及特种金属制品等深加工产品。

建材。围绕建成新型建材产业基地，淘汰、整合现有小型水泥加工能力，发展高品质水泥；提高玻璃等建材质量及加工深度，发展节能环保的新型建筑材料、保温材料及绿色装饰材料。

第五节 积极培育大企业大集团

综合运用财税、金融、土地等政策，推动生产要素向优势企业集中、向行业骨干集聚，引导骨干企业做大规模、做强主业、做响品牌，培育一批基地型龙头大企业(集团)，打造一批“小巨人”企业集群。到“十二五”末，销售收入百亿元以上企业超过20家。

支持优势企业以市场为导向、资本为纽带、品牌为龙头，鼓励企业跨区域跨行业跨所有制兼并重组，大力拓展经营领域和业务规模，实现低成本扩张，形成一批主业突出、拥有自主知识产权和自主品牌、具有较强竞争力的大型企业(集团)。支持优势企业改制上市，借助资本市场做大做强；鼓励上市公司通过再融资、并购重组等形式实现规模扩张，增强核心竞争力，推动重点产业的整合和提升。实施品牌工程，鼓励企业创建著名商标和驰名商标，支持企业商标境外注册，不断扩大品牌知名度。支持企业跨国经营，鼓励设立海外研发机构、生产基地和营销网络，拓宽市场、扩大规模。引进一批集研发、设计、制造于一体的旗舰型企业，发挥大企业、大集团骨干作用，促进产业集群化发展。强化产业链上下游的分工协作，建立大企业、中小企业相互协作的战略联盟，做大船舶海工、纺织服装等集群规模，培育新兴产业板块，创立区域品牌，形成一批融入国内外产业链的知名产品群和一批产业规模、市场份额、盈利能力在长三角乃至全国领先的产业基地和产业集群。

第六节 全面提升信息化水平

加快工业化与信息化融合，加强信息基础设施建设，着力提升产业整体素质和综合竞争力。

推进信息技术广泛应用。加强工业化与信息化深度融合，深入推进物联网、云计算等信息新技术在工业发展中的广泛应用，以电子、船舶、纺织和化工等优势产业为重点，实施“两化融合”示范工程，全面提升装备信息化水平，促进企业生产过程的自动化、网络化和智能化，全面增强信息技术对产业发展的整合力和支撑力。提升电子政务、电子商务、数字社区、数字医疗、远程教育、地理信息等信息化应用服务能力，满足多元化的信息需求。加强基础信息资源开发，推进跨部门信息共享与业务协同。

加快信息基础设施建设。加快推进电信网、广播电视网、互联网“三网融合”，着力构建高速、智能、融合的现代信息基础设施。重点实施“信息南通”工程，建设宽带无线城市，推进移动通信网络、光纤接入、下一代互联网、下一代广电网、智能通信等工程建设，构建覆盖全市、高速互联、安全可靠、业务融合的新型信息服务网络。大力实施智能民生工程建设计划，加大基层信息基础设施建设力度，提高社区和农村信息化水平。完善信息安全平台，加强网络信息体系和安全保密设施建设，确保基础信息网络和重要信息系统安全。

第四章 加快建设创新型城市

坚持教育和人才优先发展、优先投入，着力增强自主创新能力，大力发展创新型经济，加快建设创新型城市，基本形成以自主创新带动经济增长方式转变、经济结构调整和竞争力提升的格局。

第一节 提升创新能力

坚持把提高自主创新能力作为建设创新型城市的中心

环节，培育和重视原始创新，加强集成创新和二次创新，完善企业为主体、市场为导向、产学研相结合的技术创新体系。到2015年，全市高新技术产业产值占规模以上工业总产值比重达到37%，对外技术依存度进一步降低。

优化科技投入布局。进一步完善政府投入为引导、企业投入为主体、社会投入为补充的多形式、多渠道科技投入体系。加大政府科技投入，集聚科技扶持资金、政策、资源和力量，着力在大院大所引进、新兴产业发展、核心技术攻关上寻求突破。创新政府科技资金支持方式，提高配置效率。完善重大科技攻关项目运作机制和市场化的筛选、投入、评估及退出机制，引导企业、个人和非营利机构增加科技投入。2015年，财政科技支出占一般预算支出的比例超过3%。

强化企业创新主体地位。引导和支持创新要素向企业集聚，推动企业进一步成为技术创新需求、研发投入、技术创新活动、集聚创新人才和创新成果应用主体。鼓励企业建立工程技术研究中心、企业技术中心、重点实验室、博士后工作站和院士工作站。支持行业龙头企业建立高水平技术研究院，开展前瞻性、原创性研究和重大战略产品的系统设计，力争每个优势产业、产业集群均拥有掌握核心技术和自主知识产权的研发机构。继续推进亿元企业工程技术研究中心建设，扶持企业研发平台列入国家和省研究机构建设。重点建设国家茧丝绸工程技术研究中心、国家动力电池及材料中心、特高压绝缘子省级重大研发机构等一批研究中心和实验室。“十二五”期间建成市级以上企业工程技术研究中心和重点实验室200家，期末拥有研发机构的大中型企业所占比重达到80%以上。

提升产业技术创新能力。着眼国际高新技术发展前沿和方向，重点围绕新能源、电子信息、生物医药等高新技术产业发展，组织科技攻关，集中力量突破一批具有全局性、带动性的关键技术、共性技术和前瞻性技术，提升产业技术层次和竞争力，引导和推动产业结构向高端攀升。

专栏：高新技术产业优先开发领域和关键技术

新能源产业及节能技术：风电装备、太阳能光伏、生物质利用、智能电网及运行体系、新能源汽车及零配件、新型高效能量转换及储存装备、高效节能技术、新型环保设备等；

电子信息产业：软件及创意设计、集成电路、新型显示、高端服务器、新一代移动通信、下一代互联网核心设备和智能终端、三网融合、云计算技术、超宽带无线接入系统、光纤光缆、新型电子元器件等；

生物技术及医药产业：生物制药、新型疫苗和诊断试剂、中成药现代化技术、抗肿瘤和心脑血管类化学合成药、新型医药中间体、医疗仪器技术及设备等；

光机电一体化产业：数控加工技术及设备、节能与电力设备、航空装备、轨道交通设备、智能制造装备等；

新材料产业：高性能膜、功能陶瓷、半导体照明、高品质特殊钢、新型合金、工程塑料、碳纤维、芳纶、超高分子量聚乙烯纤维和纳米、超导等共性基础材料；

高技术船舶及海洋工程装备：船用通讯设备、高性能机舱自动化系统、新型大功率船用柴油机等；

高技术农业：农业新品种引进示范推广、动植物病虫害防治、设施农业、农产品贮藏和深加工、农业生物技术、海洋生物技术等。

推进产业技术创新战略联盟建设。充分发挥科研机构和高等院校在自主创新中的引领作用，积极吸引国内外科研院所来通设立分院所，重点建设南京大学南通材料工程研究院、东南大学南通工业研究院、中科院南通海洋研究所、江苏省海洋工程与装备研究院、江苏省船舶工程技术研究院等一批研究院所。更大力度推进产学研紧密结合，支持企业与高等院校、科研机构开展技术转让、技术入股、联合开发、共建研发机构和科技实体等多种形式的合作，形成资源共用、风险共担、利益共享的合作机制，重点组建海洋工程、船舶及配套、新能源、电容器及材料、食用菌产业等一批省级以上技术创新战略联盟，加速创新成果的本地化、商品化、产业化。

提高科技惠民能力。加强科普基础设施建设，强化面向公众的科学普及。加大社会发展领域民生科技的开发与应用，继续推进科技惠民示范工程。在重大疾病防治、新药研发、生产安全、食品安全、智能交通、治安防范等领域加快关键技术研究开发，在防灾减灾、生态环境治理、节能减排、循环经济等领域加快关键技术研究和应用示范。推进国家节能与新能源汽车示范推广试点城市建设。

第二节　加强创新载体建设

整合科技资源，围绕产业结构转型升级和社会公益领域的关键技术，加快创新载体和服务平台建设，着力增强集聚自主创新主体的能力。建设高新技术园区。大力推动科技园区建设向高层次、特色化、专业化方向发展，形成科技创业园（科技企业孵化器）、科技加速器、科技产业园相互配套、联动发展的格局。加快建设苏通科技产业园、南通科技园、上海市北高新(南通)科技城、锡通科技产业园等重点科技园区,打造创新型核心园区。推进建设崇川科技园、如皋科技城、开发区软件园等集聚度高、特色鲜明的专业科技园。

建设高新技术产业基地。以园区为依托,汇聚创新资源,加快研发和转化最新科技成果,增强产业技术创新的辐射力,加快推进新能源、船舶海工、电子信息、海洋、现代农业等特色产业发展,以国家级高技术船舶产业基地建设为重点,打造一批引领转型发展的高新技术产业基地。

建设共性技术平台。以科研院所、科技服务型企业为依托,以分析检测、试验验证、共性加工、制样、信息服务等产业共性技术为重点,加快创新设计服务机构、创意文化设计中心和科技公共服务平台建设,逐步实现共性技术的示范、推广和扩散,实现创新资源共享,促进科技研发和成果转化。

第三节 率先实现教育现代化

全面实施《国家中长期教育改革和发展规划纲要(2010-2020年)》,坚持育人为本,增加教育投入,提高教育质量,促进教育公平,推动教育事业率先发展、内涵发展、特色发展,构建服务型、开放型、终身型教育体系,加快建成教育强市,率先实现教育现代化,办好人民满意的教育。

加大教育投入。落实教育优先投入机制,确保财政教育支出增长高于财政经常性收入增长,财政教育支出占一般预算支出比例高于中央和省核定的比例;全社会教育投入增长高于地区生产总值增长。大力发展民办教育,鼓励和引导社会力量投资教育、捐资办学。

高水平普及基础教育。促进义务教育均衡发展,以促进公平和提高质量为核心,优化调整学校布局,合理配置教育资源,进一步缩小城乡、区域、校际教育发展差距,所有县(市、区)全部建成江苏省义务教育优质均衡改革发展示范区。巩固和提升南通基础教育的品牌优势,推动普通高中教育优质高位发展,推进多种形式的联合办学,逐步形成若干区域合作、规模适度、结构合理的教育教学集团。切实加强学前教育,普及科学保教方法,建立政府主导、社会参与、公办民办并举的办园体制,逐步实现就近入园入托,学前三年毛入园率达到98%以上,省优质幼儿园比例达到80%以上。健全助学体系,发展特殊教育,保障残疾儿童少年、家庭困难学生、进城务工人员随迁子女等平等接受义务教育权利,加强对留守儿童的教育和服务。

创新发展职业教育。把发展职业教育放在更加突出的位置,以扩大就业为导向,以提高技能为核心,统筹发展中等职业教育与高等职业教育,大力培养应用型、创新型技能人才。加强中等职业教育基础能力建设,办好示范性职业技术学校和实训基地。优化调整职业教育布局,推进体臣卫校迁建、旅游职中迁建、商贸学校秦灶校区二期、海门职教中心整体搬迁等项目,实现职业教育集约发展和资源共享。全面推行工学结合、校企合作、顶岗实习的人才培养模式,引导职业院校面向经济社会发展调整优化专业结构。建成5所国家级示范性职业学校、5所省级示范性职业学校和10个以上全省领先的职业学校创业园。

优化发展高等教育。继续提高高等教育毛入学率,推进高等教育内涵发展,大力提升高等教育质量。加强优势学科、特色学科建设,建设一批适应南通经济社会发展需要的特色高校、重点学科和品牌专业,增强服务地方经济社会发展能力。提高南通教育对外开放水平,积极引进国内外著名大学来通设立分校或研究院所。支持南通大学积极发展研究生教育,扩大专业学位硕士生及博士生教育规模,建成国内高水平、有特色的综合性大学;支持高等师范学校依托南通大学建设初等教育学院。

加快构建终身教育体系。完善职业教育与普通教育协调并进、学历教育与非学历教育并重并举、继续教育与学校教育相互衔接的终身教育体系,健全社区教育体系,扩大非学历教育规模,发展现代远程教育。整合各类学习资源,推动学校教育资源和社会教育资源双向开放。推进教育信息化建设,探索共建共享教育资源的新机制,为全体市民提供接受各类终身教育与培训的机会和保障,建设学习型社会。到"十二五"末,建成4所省级社区教育培训学院和3个国家级社区教育实验区。

第四节 努力建设人才强市

全面确立人才优先发展战略,以高层次领军人才为重点,统筹推进各类人才队伍建设,实现人才强市建设目标,整体提升人才队伍的素质和竞争力,人才贡献率进一步提高。

突出培养造就高层次创新创业人才。大力推进百千万人才引进和培育工程,围绕优先发展的重点产业引进100名高层次创业领军人才、1000名工程技术关键人才、10000名紧缺专业人才。深化拓展"226高层次人才培养工程",重点培养100名能驾驭国际化大型企业集团的高层次经营管理人才、1000名科技创新领军人才、10000名生产一线技术精尖的高技能人才。力争到2015年全市专业技术人才达到70万人,企业经营管理人才达到10万人,高技能人才达到20万人。努力提高人才发展专项资金在财政预算支出中的比重,引导企业加大人才投入,努力提高人力资本投资占GDP的比重,形成多元化人才投入机制。

全面加强各类人才队伍建设。实施党政干部"江海精英培养计划",不断提高党政领导干部掌握国际通行规则、适应经济全球化要求和驾驭各种复杂局面的能力。加强农村科技、教育、文化、卫生和经营管理等实用人才队伍建设，抓好农村富余劳动力资源开发，大力培养新农村建设骨干力量。适应构建社会主义和谐社会的需要，以人才培养和岗位开发为基础，以中高级社会工作人才为重点，培养造就一支职业化、专业化的社会工作人才队伍，全市社会工作人才总量达到1.5万人。

大力加强人才服务体系建设。健全完善人才培养开发、评价发现、选拔任用、流动配置、激励保障机制。完善人才服务网络，加强产业集中区域人才综合服务平台建设，探索建立专业人才市场，不断提高人才工作服务重点产业、重点项目、重点工程水平。实行特殊人才特殊保障服务，努力为高层次人才（团队）家属就业、子女入学、住房和医疗保障等提供优惠服务。鼓励社会人才服务机构参与人才引进、培养和提供其它优质服务，对引进、培养人才成绩优异的单位或个人给予奖励。

第五节　营造创新发展环境

完善创新机制，探索创新模式，营造有利于创新发展的良好环境。

强化金融支撑。创新科技金融体系，最大限度地发挥财政资金、科技银行、风险投资基金、科技担保公司“四位一体”支撑科技创新的集成效应，促进优质资源和要素向优质创新企业集中。完善鼓励自主创新的金融财税和政府采购政策，发挥政府各类科技攻关资金的杆杠作用，重点支持关键领域重大科技攻关项目。积极探索并努力推进“新三板”和产权交易中心建设，为中小型科技企业提供股权融资模式的金融支撑。制定促进创新型企业融资担保和风险补偿办法，改善对新兴产业特别是科技型中小企业的信贷服务和融资环境。探索设立创业投资引导基金，开展科技小额贷款公司试点，鼓励设立专注于南通的创业投资机构，鼓励创业投资资本投向初创期的创业企业和项目，鼓励本地企业利用创投资金，鼓励创投人才投身南通创投事业。

保护知识产权。实施知识产权战略，提升知识产权创造、运用、保护、管理能力，建成国家知识产权示范市。提高知识产权创造水平和产业化程度。专利申请量、授权量年均增长15%以上。引导企业建立和完善知识产权管理制度，加快发展知识产权交易、专利代理等中介服务机构。以南通家纺市场被列为全球版权保护优秀案例示范点为契机，加快建立知识产权保护综合管理、司法保护和企业自我保护三大体系，切实加强知识产权保护和执法力度。

发展中介服务。加快形成社会化科技中介服务网络。鼓励有条件的科研院所、高等院校、企业和个人兴办科技中介服务机构，鼓励事业单位面向社会开展科技中介服务，吸引市外机构来通开展科技中介服务。强化科技中介机构在信息咨询、创业服务、科技评估、技术交易、科技培训、技术开发等方面的服务功能。

完善技术市场。加强技术市场基础设施建设，完善技术市场的法制环境，引导技术市场有序发展，促进各类技术要素进入市场。建成区域性技术市场信息网络，提高各类技术贸易机构和技术交易场所的服务水平和能力。

第五章　加快建设现代化国际港口群

以沿海洋口港、吕四港和沿江深水港区为主体，加快深水泊位建设，完善港口集疏运体系，推进口岸开放，提升港口功能，构建结构合理、功能完善、服务高效的现代化江海港群，打造上海国际航运中心北翼组合强港，建设面向亚洲、太平洋主要国家和地区的区域性国际航运枢纽。

第一节　构建“一港两翼、江海组合”总体发展格局

南通港形成“一港两翼、江海组合”的总体发展格局。

“沿江翼”：沿江九大港区通过岸线资源整合、功能布局调整、码头扩能改造、港区分工协作，实现资源集约利用、效能整合提高、质态改善提升、港城和谐发展的开发局面。

“沿海翼”：沿海三大港区通过加快建设，强势推进，充分发挥“区位好、航道深、码头大、滩涂多、腹地广”的综合优势，实现规模化、高起点、跨越式发展。

“江海组合”：通过江海联动、市县联动、统筹开发，打造江海组合强港。规划建设综合性、公用性、工业性三类港区。其中，综合性港区包括狼山、通海、如皋、洋口、吕四、通州湾等六大港区，是南通港综合运输的核心枢纽，为长江中上游和中西部地区提供服务；公用港区包括南通、江海等两大港区，主要为腹地经济发展提供公共运输服务；工业港区包括天生港、任港、富民、启海等四大港区，主要为后方开发区或工业园区的临港工业发展服务。

第二节　推进沿海三大深水港区建设

依托“黄金海岸”打造沿海综合性港区和深水港群，重点发展原材料、能源、液体化工等大宗散货中转运输，服务大规模沿海开发和临港产业发展，将沿海港口逐步发展成为服务临港及腹地产业、发展外向经济的重要出海通道。

洋口港区。以建成服务我国东部沿海地区和长江中下游流域的多功能、现代化、综合性大型深水港区为目标，依托蓝沙洋北水道，合理布局码头作业区，加快港区建设。积极推进洋口港区北水道进港航道工程，建成乘潮15万吨级进港航道，分步推进乘潮30万吨级航道建设；加快建设港区码头工程，建成5万吨级液体化工泊位、10万吨级石油化工泊位各1个，5万吨级通用散货泊位2个，10万吨级通用散货泊位1个，开工建设15万吨级通用散货泊位2个；

推进金牛岛码头区工程建设。到"十二五"末,港口吞吐量突破1800万吨。

吕四港区。以打造我国沿海地区能源储备、中转的主要港区和重要的临海工业港为目标,利用小庙洪水道,在建成5万吨级进港航道的基础上,加快推进10万吨级进港航道工程;开工建设10万吨级挖入式港池;建成5万吨级通用泊位6-8个;积极推进100万立方成品油基地及相应专用泊位建设;完成43平方公里临港工业用地围填,逐步实现港区规模开发。到"十二五"末,港口吞吐量力争达到3200万吨。

通州湾港区。围绕把通州湾打造成"苏东门户、产业航母、海上新城"的战略定位,坚持规划先行、科学开发、统筹推进,科学研究港区规划布局,全面深化以港口功能定位、空间开发布局、开发建设时序、滩涂匡围、集疏运体系建设、产业发展、生态环境保护为重点的综合开发利用规划研究,系统开展以滩槽稳定、泥沙回淤、泊稳安全等为重点的建港条件研究。在充分论证的基础上,启动通州湾围垦一期工程和港区起步码头建设,为发展高端装备、船舶海工、粮油加工、滨海旅游、仓储物流、海洋资源综合利用等产业提供承载条件,并为远期发展石化、能源、冶金、建材等基础产业奠定基础。

第三节 提升沿江九大港区开发水平

抓住国家对长江深水航道实施新一轮疏浚整治的机遇,深入推进沿江岸线资源的整治开发、整合优化和保护,提升沿江码头靠泊等级和服务能力,加快江港结构调整步伐,突出公用码头建设,通过江海水水中转,放大沿江港口集散功能,拓展服务范围,增强为长江中上游地区和中西部地区服务能力。到"十二五"末,沿江港口货物吞吐量突破2亿吨。

加强沿江岸线资源整合优化。按照"高效利用、集约使用"以及"分类合并、共建共用"原则,加大对如皋段、市区段等沿江重点岸段的优化整合力度,提高岸线利用效率及纵深开发水平。天生港港区重点对通沙汽渡上游岸线进行整合,建设高技术含量的特种船舶制造基地。任港港区重点对姚港河口上游岸线进行整合,通过实施搬迁理顺功能,作为船舶工业发展岸线。如皋港区采取管线联网方式整合石化码头,提高港口设施对后方腹地的带动作用。

加强沿江岸线资源整治开发。新通海沙。结合长江口深水航道整治,密切关注通州沙、狼山沙整治动态,维持通州沙东水道分流比,将通海港区建成具有较大规模的江海物资中转、水陆物资集散中心,通过围填形成9公里深水岸线,与狼山港区共同构成长江干流核心枢纽港区。横港沙。结合澄通河段河道整治,密切关注双铜沙、福姜沙整治动态,加强长青沙、泓北沙、横港沙、东沙并岸成岛研究和开发利用规划研究。长江北支。密切关注崇明岛实施的围垦工程,由市级层面统筹组织开展长江北支整治对启海地区水系调整的影响及补偿等基础研究工作,加强对顾园沙开发利用的基础研究工作,加快长江北支河道整治进程,推进启海港区建设,打造具有较大规模的临港工业基地。

加强沿江岸线资源保护。坚持"开发和保护并重"的原则,加强沿江岸线资源开发和保护的统筹协调力度,实现整体联动,在开发中保护、在保护中开发。坚持"河势整体稳定"的原则,加强河势的动态监测,加强技术咨询和基础研究,适时采取科学合理的工程措施,确保上下游河势稳定。维护如皋中汊、天生港水道、新开沙夹槽河势稳定,巩固现有沿江开发成果。坚持"生态优先、环保优先"原则,严格保护和优化沿江地区生态环境。

加快推进沿江地区产业向沿海转移。结合沪通铁路桥位上移,积极推动沿江船舶海工企业向沿海地区转移。结合主城区城市建设,逐步将沿江以中转为主的煤炭、建材等散杂货泊位向沿海地区迁移,助推沿海临港产业带加快形成。严格限制新引进的化工企业在沿江地区布局,积极推动沿江地区已有的化工企业加快向沿海化工园区转移。

第四节 科学开发利用滩涂

按照依法、科学、适度、有序的原则,坚持开发和保护并重、科学生态开发、高效集约利用,加快沿海滩涂综合开发和沿江沙洲资源的保护性开发利用。围填工程规划区分为沿岸类围填区和辐射沙洲类围填区。沿岸类围填区布局在老坝港至东灶港之间的淤涨型海岸和东灶港至启东嘴之间的稳定型海岸附近。辐射沙洲类围填区主要布局在通州湾。洋口港区着重推进金牛岛匡围工程开工建设;吕四港区着重推进43平方公里临港工业用地围填工程;通州湾港区着重深化建港条件和腰沙促淤堤位置、走向的基础技术研究,并实施促淤工程。新匡围滩涂总面积90.9万亩,形成的土地资源统筹用于产业开发、城镇建设、农业生产和生态保护等。

南通市"十二五"滩涂围垦总体布局方案

岸段(沙洲)	面积(万亩)
安台线-新北凌河口	3.06
新北凌河口-小洋口	8.73
小洋口-掘苴口	12.5
掘苴口-东凌港口	24.81
腰沙-冷家沙	20.4
遥望港口-塘芦港口	16
塘芦港口-协兴港口	0.6
协兴港口-圆陀角	4.8

第五节 完善江海港口综合功能

创新港口开发机制。统筹沿江沿海港口开发，推进港口投资主体多元化，促进港口建设、经营和管理一体化。提高海运能力，引进国际著名海运公司和战略投资者，进一步增强揽货能力和开辟国际近远洋航线能力。继续探索海域使用权转让、出租、抵押、作价入股等港口开发创新举措。

推进口岸对外开放。力争洋口港、启东实现一类口岸正式开放。发挥南通出口加工区政策优势，用好海关特殊监管区域政策，加快发展保税港区或综合保税区，完善口岸、物流、加工、监管等功能，重点培育国际中转、配送、采购、转口贸易和出口加工等功能。

完善“大通关”体系。推进口岸信息化，建立政府公共信息平台，加快南通电子口岸建设步伐，以现有的电子数据交换信息管理系统(EDI)为基础，全面建成并推广应用南通港航系统。按照国际惯例建立现代化的港口通关模式，提高通关效率。

推动港口与临港产业联动发展。在临港产业集聚区集约发展先进制造业、仓储和物流产业，提升港口商务、金融、船代、货代等服务功能，促进集聚区产业链和港口服务业相互关联、有机结合、共同发展。

第六章 加快构建区域性综合交通运输枢纽

坚持适度超前、配套完善的原则，加快构建多式联运、协调衔接、互为补充的现代化综合交通运输网络，建设区域性综合交通枢纽。

第一节 构建“三纵两横一核四中心”综合运输体系

以“旅客出行更便捷、物流成本更低廉、资源利用更集约、系统运行更高效”为目标，加快构建西进东出、南北贯通的“三纵两横”五大运输通道；按照“客运零换乘、货运无缝对接”的要求，加快形成“一核四中心”五大综合枢纽，规划建设4个综合客运枢纽和11个货运枢纽。

到“十二五”末，初步形成“功能完善、能力充分、衔接顺畅、安全绿色”的现代化综合交通运输体系新格局，基本适应南通建设更高水平小康社会和加快现代化建设进程的需要。

专栏：综合运输体系

★“三纵两横”五大运输通道

“三纵”指通西通道、濒海通道及通洋通道。

纵一：通西运输通道。北接盐城、南接无锡，并可向西南沟通南京、浙西、皖东等地区，是联系苏北和苏南的重要通道，也是国家南北沿海大通道的重要组成部分。通道由沈海高速(沿海高速)、锡通高速、204国道、新长铁路、宁启铁路海安至南通段、沪通铁路、通苏嘉城际轨道、内河连申线等构成。

纵二：濒海运输通道。北接盐城沿海、南接上海，是连接苏北和上海的通道，是服务于南通市临海产业带和城镇群的濒海市域通道。通道由扬启高速、临海高等级公路、洋口港区至吕四港区铁路及沿海港区等构成。

纵三：通洋运输通道。北接沿海港区、港口新城、产业集聚区，南连南通中心城区，向南沟通苏州、嘉兴、杭州等城市，是实现南通市沿江和沿海两大产业带联动、加快融入苏南的运输通道。通道由通洋高速、锡通高速东延段、苏通大桥及北接线、市域轨道交通、内河通栟线、洋口运河等构成。

“两横”指通北通道和沿江通道。

横一：通北运输通道。从沿海港区出发，经如东、海安，西接泰州、扬州，是贯通苏中地区、辐射中西部的运输通道。通道由扬启高速、328国道、海洋铁路、通扬运河、西气东输南通段管道等构成。

横二：沿江运输通道。沿长江北岸东起启东，经海门、南通中心城区，向西连接泰州、扬州和南京，是贯通苏中、连接南京辐射长江中上游等中西部地区的运输通道，也是国家沿江运输大通道的组成部分。通道由沪陕高速(宁启高速)、长江航道及沿江港区、通吕运河、宁启铁路南通至启东段、沿江城际轨道等构成。

★“一核四中心”五大综合枢纽

“一核”：南通都市区综合枢纽。

“四中心”：海安－如皋、如东－洋口、启东－吕四、南通滨海－通州湾4个综合枢纽。

★4个综合客运枢纽：南通火车站综合客运枢纽、南通火车西站综合客运枢纽、南通机场综合客运枢纽、南通城东综合客运枢纽。

★11个货运枢纽：处于一核范围的南通港物流园区、南通火车站北物流园区、如皋港区物流园区、南通火车站东站物流园区、空港物流园区、南通纺织物流园区、南通农副产品物流园区、海安物流园区、洋口港区物流园区、吕四港区物流园区、通州湾港区物流园区。

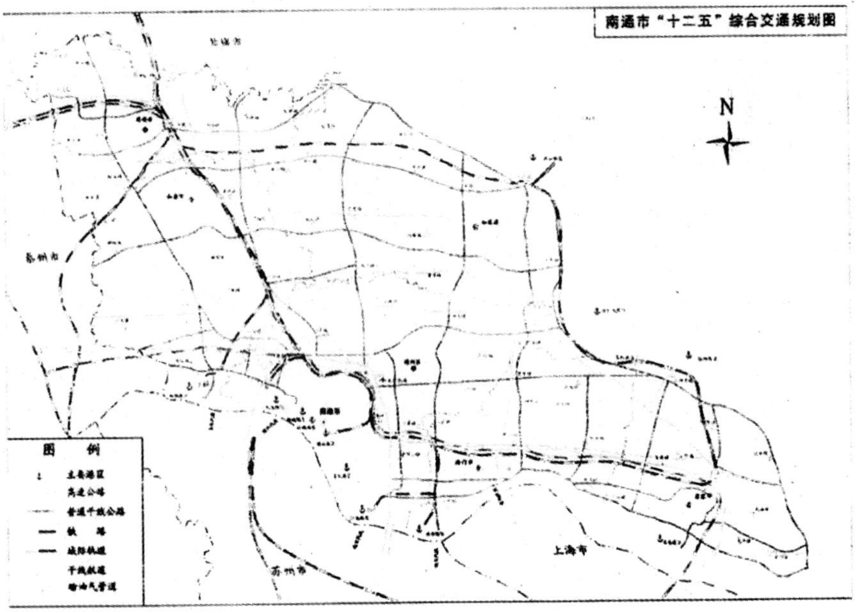

南通市"十二五"综合交通规划图

第二节　完善"两纵两横"铁路干线网

围绕"主攻高速、干支并举、完善网络、建设枢纽"的战略构想，将南通逐步打造成长三角北翼的铁路枢纽城市，形成以新长铁路、沪通铁路、宁启铁路、海洋铁路"两纵两横"干线铁路和通苏嘉城际、南京至南通城际、泰州－南通－启东沿江城际"一纵两横"城际轨道为主骨架，市域轨道交通、铁路支线和专用线为辅助的多层次铁路网络。开工建设沪通铁路南通段、宁启铁路南通至启东段、通苏嘉城际铁路等重点项目；建成海洋铁路、宁启铁路和新长铁路南通段复线电气化改造等工程。

到"十二五"末，铁路营运里程达到360公里以上，复线率达到50%以上，电气化率力争达到100%。

第三节　优化"三横三纵三联"高速公路网

围绕建成"三横三纵三联"高速公路网总体布局，在"十二五"期间，建成崇启大桥、锡通高速、通洋高速，开工建设海启高速、崇海大桥，形成宁启高速、锡通高速、海启高速"三横"，沿海高速、通洋高速"两纵"和九华－平潮、机场高速"两联"的高速公路网。建成临海高等级公路、平海公路扩建改造等重点工程，将临海高等级公路提升为国道，基本建成以一级公路为主的"七横九纵"普通干线公路骨干网。

到"十二五"末，高速公路通车里程达到320公里，普通国省道总里程达到1300公里；公路客运量达到22亿人次，货运量达到2.3亿吨。

专栏：公路网络

★"三横三纵三联"高速公路

三横：沪陕高速(宁启高速)、锡通高速、扬启高速。

三纵：沈海高速(沿海高速)、通洋高速、海三高速。

三联：沪陕高速南通支线(九华－平潮)、扬启高速吕四支线(吕四－海启高速)、南通机场支线。

★"七横九纵"普通干线公路

七横：G328、S355、S334、S602(平海公路)、S335、S336、S356(沿江公路)。

九纵：新G204、S226、S225、S223、S222、S434(包临公路)、S433(吕北公路)、S255、S221。

第四节　建设“三纵四横”内河航道干线网

围绕构筑以四级及以上高等级航道为主干，五、六级航道为补充的布局合理、干支相通、层次分明、通江入海、连城达港的航道网络，着力加快连申线、通洋运河、通栟线－洋口运河“三纵”和栟茶运河、如泰运河－通同线、通吕运河、通启运河“四横”干线航道网建设，航道规划总里程962公里。“十二五”期间，重点推进连申线南通段、通扬线（泰海界－海安船闸）等骨干航道，开工建设九圩港船闸扩容工程，提高骨干航道技术标准和通航能力；开展江海运河前期研究工作。

到“十二五”末，全市等级航道总里程达到770公里，水运货运量达到7500万吨，基本消除堵挡碍航现象，内河航运的优势和规模效益得以充分体现。

第五节　建设上海国际航空枢纽辅助机场

围绕建设成为“服务上海国际航空枢纽的辅助机场、货运航空基地、上海国际航空枢纽优势互补的骨干支线机场和飞行训练基地，融入上海国际航空枢纽的一类开放口岸”的目标，充分发挥南通区位优势、空域优势和综合交通优势，加快改造建设4D级南通兴东机场，主动参与上海国际航空枢纽和长三角航空运输体系的合理分工，拓展干线，强化支线，努力扩大货运航空，积极发展通用航空，完成兴东机场飞行区改扩建工程，力争实现一类口岸正式开放。

到“十二五”末，机场通航等级达到4D级兼顾4E级，客运量达到160万人次/年，货运量超过3.5万吨/年。

第六节　建设油气品运输管网

以天然气管道，即西气东输南通段管道及如东LNG配套输送管网为主，逐步形成以天然气、沿江沿海原油及成品油运输共同构成的管道运输体系。建成扬州至南通市区天然气运输管网，建成“西气东输”第二气源如东LNG运输配套管网。积极创造条件，争取铺设洋口－仪征、启东－南通－金陵石化的输油管道。到“十二五”末，输油气管道总里程达到100公里以上。

专栏：重大交通基础设施工程

崇启、崇海大桥，锡通高速、通洋高速、海启高速、临海高等级公路等16个公路建设项目，总投资465.7亿元；

沪通铁路、宁启复线电气化改造、宁启铁路南通至启东段、海洋铁路、通苏嘉城际轨道交通工程等8条铁路线建设项目，总投资251亿元；

洋口港区30万吨级航道工程、吕四港区10万吨级进港航道工程及连申线内河航道等6个航道建设项目，总投资144亿元；洋口港区5－10万吨级液体化工码头、5－15万吨级通用散货码头，吕四港区5－10万吨级通用码头、吕四港区东灶港作业区2万吨级通用码头，如皋港务通用码头等26个码头建设项目，总投资240亿元；

南通兴东机场改扩建工程建设，新建候机楼、货运仓库、平滑、站坪扩建和正式口岸开放设施。

第七章　加快推进城市现代化

围绕建设长三角北翼经济中心和江海交汇的现代化国际港口城市，进一步优化调整城镇布局，完善城市功能，促进大中小城市和小城镇协调发展，构建经济实力较强、功能优势互补、江海特色鲜明的现代化城市群。

第一节　打造现代化中心城市

按照“拓展规模、完善功能、彰显个性、提升形象”的总体要求，围绕建设300万人口特大城市的目标，加快实施“东西轴向延伸、南北相向聚合”的城市发展战略，进一步壮大经济规模、强化产业先导效应、提升城市集聚功能、增强辐射带动能力，形成中心城市“一核三片区”互动并进的发展新格局，加速向区域服务型中心城市转型，加速向长三角副中心城市迈进。

核心区：依托崇川区，着力发展都市工业和金融保险、商务会展、现代物流、旅游休闲、科技信息等现代服务业；进一步加快新城区建设步伐，大力发展总部经济、现代商务服务业，建成功能齐全、商业繁荣、环境优美的现代新城；保护性开发老城区，保护历史文化资源，加快老小区和城中村改造步伐，不断改善人居环境，形成具有浓厚历史文化底蕴和现代文明气息的独特城市风貌；统筹先锋、兴仁等周边镇发展，打造科教、产业与人居相得益彰的现代化观音新城。

东部片区：以通州城区、通州开发区为核心，以川姜、兴东、西亭、石港等周边镇及滨海新区为腹地，重点发展空港物流、精密机电、新能源、纺织服装、都市生态农业等产业，着力加强与主城区的互通融合，加快建设极具浓郁田园气息的现代宜居新城，构建市区“东大门”。

南部片区：依托国家级经济技术开发区、苏通科技产业园和锡通科技产业园，放大苏通大桥的“南大门”效应，重点发展装备制造、电子信息、新材料、生物医药等先进制造业，积极发展服务外包、商务信息等现代服务业，突出“一区两园”基础设施建设，不断完善功能配套，打造南翼新城。

北部片区:依托港闸区和通州区五接、平潮、平东等镇,充分发挥沪通铁路、锡通通道“西大门”、火车站“北大门”效应,围绕火车站和火车西站规划建设现代物流园区,加快北翼新城核心区、上海市北高新(南通)科技城建设,着力提升城市功能,加快改造唐闸、天生港等老镇区,全面打造北翼新城。

第二节 积极构建江海城市群

加快海安、如城、掘港、海门、汇龙等县(市)城建设,推进工业化和城市化进程,强化分工与协作,发展特色经济,提高综合服务能力,建成发展规模适度、要素集聚明显、基础设施良好、城市管理到位、服务体系健全、发展特色鲜明的现代化中等城市,呼应中心城市发展,共同打造现代化城市群。到“十二五”末,力争五个县(市)城区人口规模均达到35万人左右,各县(市)在全省的位次显著提升。

掘港、汇龙,着力为沿海开发提供服务和支撑,加快建立与中心城市、临海城镇之间的快速通道,加强与临海城镇的互动发展,为临海城镇快速发展创造良好条件,促进中等城市功能提升。海门、如城、海安,加快产业园区建设,培育特色产业集群,加快城镇化进程,不断壮大区域化、专业化、特色化的县域经济。

第三节 推进重点镇发展

按照“统筹规划、基础先行、积极推进”的要求,着力提升公共服务和居住功能,建设一批各具风貌和特色的现代化小城镇。

长江、吕四港镇,开展行政管理体制改革试点,赋予县级经济社会管理权限,逐步发展成为人口集聚、体制创新、社会和谐的现代化新型小城市。李堡、曲塘、搬经、岔河、二甲、石港、三星等省级重点中心镇,充分发挥连接城乡的纽带作用,因地制宜发展各具特色的二三产业,繁荣镇域经济,建设成为规模适度、功能健全、环境优美的特色城镇。寅阳、近海、东灶港、包场、三余、长沙、洋口、老坝港等临海重点镇,依托沿海特色产业,加快人口集聚,合理扩大城镇规模,建成功能配套完善、生态环境优良的滨海城镇。

加大公共服务设施建设力度,增强面向城镇居民和农村人口的公共服务能力。加快路网、供水、供电、通信等基础设施建设步伐,增强对产业发展和人口集聚的支撑能力。

第四节 全面完善现代城市功能

坚持适度超前、突出重点,建设一批基础性、功能性、标志性、公共性重大工程,形成现代化城市基础设施网络和高效便捷的公共设施,全面增强城市服务功能。

加快推进城市交通畅通工程。按照“干道快捷化、道路网络化、交通立体化、管理手段设施化、交通运行效率最大化”的要求,着力实施城市道路快速化改造工程,完善路网结构,形成良好的道路交通环境。实施主城区“102030”工程,加快形成主城区“一环一轴八射”的城市快速路网、“十八横十五纵”的城市主干路布局,加快构建连接主城区和通州区的快速道路骨架,强化中心城市与如皋港区、海门城区的交通衔接,着力构建便捷顺畅的都市区综合交通体系。继续实施公交优先战略,提高公交服务水平,公交出行比例达到20%。加强公共停车设施建设,开发利用城市地下空间资源。加快城市轨道交通线网规划及建设规划研究和编制,控制预留轨道交通线位和站点。

专栏:主城区交通畅通工程

★**“102030”工程**:通过103个交通项目的实施,实现主城区机动车10分钟上快速路、20分钟上高速公路,30分钟通勤。

★**“一环一轴八射”快速通道**:“一环”为江海大道(原外环北路)-长江路-啬园路-通沪大道-东快速路;“一轴”为通京大道(南段为原外环东路)-洪江路东段-通富路-星湖大道;“八射”为长江北路通往宁启高速平潮收费站、通宁大道通往宁启高速陈桥收费站、通京大道北段通往宁启高速横港收费站、江海大道(原外环北路)通往通金公路宁启高速兴仁收费站、青年东路通往通州、通沪大道通往宁启高速小海收费站、星湖大道通往沿海高速竹行收费站、东方大道接沿江公路通往沿海高速开发区收费站。

完善城市公共基础设施。推进城市燃气管道工程及天然气门站、高-中调压站、气源置换等配套设施建设。完善城市综合管网系统,兴建一批污水处理厂和垃圾分类处理设施。加强城市消防、民防(人防)等基础设施建设,构建防洪、防灾、减灾、救灾体系,提高城市防护能力。改善城市环境质量,整治城市水系,加强城市生态绿地建设,到“十二五”末,城镇人均公共绿地面积达到12.2平方米。

美化城市形态。充分挖掘城市文化内涵,加强城市景观规划,推动人文、景观、建筑和空间发展的协调一致,进一步彰显城市个性,提升城市品位。将主城区工农路、人民路、世纪大道、园林路和濠河周边、新区核心区骨干道路建成汇集经典建筑、突显地域文化、彰显江海气派的标志性路段。在重点商务、商贸集聚区和骨干道路的重要节点，规划建设一批个性突出、富有魅力的地标性建筑，显著提升城市靓度。在崇川区南大街、虹桥路工农路交叉口、人民东路通京大道交叉口以及通州区、港闸区、开发区核心区域等地建设一批业态高端、市场繁荣的现代商业圈；在中央商务区、能达商务区等新城、新区建设若干总部汇集、精英荟萃的现代商务圈；在环濠河、通吕运河－海港引河、五山－滨江、通州城东－进鲜港等地建设一批开发适度、环境怡人的现代景观圈；依托西南营、寺街、唐闸等人文资源，建设一批既富有古典气息、又启迪现代发展的历史文化街区。

第五节 提升城市规划和管理水平

提升城市规划水平。坚持以科学规划引导城市发展，按照建设特大城市的要求，强化“大南通”一体规划，提高规划的前瞻性和科学性，增强规划的约束力，统筹实施南通城市总体规划和各分区规划、专项规划。提升基础设施、产业布局、公共服务、生态环境等详规的规划水平，形成相互衔接、相互配套的规划体系。

提升城市管理水平。创新市政公用事业投资、管理和运营体制，积极推进市政公用事业改革，进一步提高市政公用事业服务水平。完善“二级政府、三级管理、四级网络”城市管理体制和相对集中行政处罚权制度，推动城市管理工作重心下移，强化街办、社区基础管理职能；加强老小区整治、小区物业管理和停车场建设。充分运用现代信息技术管理城市，加快建设和完善地理信息、综合管理、智能交通等城市信息系统，提高城市管理的数字化和精细化水平。积极探索城市管理长效机制，构建“大城管”工作格局，不断巩固“五城同创”成果。

第八章 加快推进社会主义新农村建设

推动先进生产要素向农村流动、基础设施向农村延伸、公共服务向农村覆盖、现代文明向农村传播，努力缩小城乡发展差距，进一步建设“民富、村美、风气好”的社会主义现代化新农村。

第一节 大力发展现代农业

大力促进传统农业向现代农业转型升级，逐步形成以区域化布局、专业化生产、产业化经营、科学化管理、社会化服务为主要特征的现代农业发展格局，提高农业综合生产能力、抗风险能力和市场竞争能力。

提高农业综合生产能力。建设高标准农田，加快农田水利、农业综合开发、土地整治、中低产田改造和耕地质量建设，进一步改善农业生产条件，提高农业综合生产能力和防灾减灾能力。坚持以项目为载体，整合资源、连片治理、综合开发，统一组织推进新增粮食产能建设工程、“万顷良田工程”建设，稳步提高粮食产量，保障口粮基本自给，夯实现代农业发展基础。

发展高效设施农业。以项目农业建设为抓手，大力发展都市生态型现代农业，积极发展设施园艺业、规模畜牧业、优质蚕桑业、特粮特经和特色水产业，促进优势产业向优势区域集中。到“十二五”末，设施农业面积占比达15%。大力推进南通江海台湾农民创业园等现代农业园区建设，努力形成一批现代农业园区。到“十二五”末，全市建成省级农业产业园区（基地）10个以上。加快农业标准化生产，发展绿色、高效、生态、循环农业。大力发展品牌农业，重点培育和创建一批国家级、省级名牌农产品，提高南通农产品知名度和市场占有率。

提升农业市场化和组织化水平。推进农业产业化经营，扶持壮大农产品加工和流通业，促进农业生产经营专业化、标准化、规模化、集约化。大力发展农民专业合作组织，积极培育壮大农民经纪人队伍。促进土地适度规模经营，提高农产品商品化程度。大力发展农村现代流通业，积极构建快捷的农产品市场流通体系。大力扶持农业龙头企业，到“十二五”末，市级以上农业龙头企业达到100家。切实加强“菜篮子”工程建设，全面落实蔬菜保供基地建设责任制，着力推进农贸市场建设和升级改造，积极组织“农超对接”，加强农产品质量安全体系建设。

完善农业服务体系。构建以政府农业公共服务机构为主导，农民合作经济组织为基础，农业科研、教育单位和涉农企业广泛参与的社会化服务体系。加快农业品种创新和产业化技术开发，加速农业科技成果的推广和转化应用。积极扶持农机专业化服务组织发展，重点做好高性能插秧机、秸秆还田及综合利用机具、农产品初加工机械等的推广与应用，提升农机化水平。

第二节 多渠道增加农民收入

构建农民增收长效机制，巩固提高家庭经营收入，努力增加工资性收入和财产性收入，大力增加转移性收入，促进农民收入持续较快增长。

积极挖掘农业内部增收潜力。加快推进高效农业规模化，发展农产品加工和深加工，促进农产品加工增值，拓展农业的生产、生活和生态功能，发展休闲观光农业，让农民在农业产业化经营和农业功能拓展中获得更多收益。

拓展农民就业创业空间。加快发展农村二、三产业，推动农村劳动力向非农产业和城镇有序转移。进一步提高劳务输出的组织化程度，引导劳务公司规范运作。加强对农民的技能培训，培养一批具有较高技能、较强创业能力的现代农民。鼓励和引导成功人士返乡创业、大学生村官带头创业,建设一批有特色的农民创业孵化基地。进一步加强政策扶持,切实降低农民创业门槛,减轻农民创业负担。

加大强农惠农政策扶持。认真落实中央、省各项强农惠农政策,结合实际进一步加大对"三农"工作的投入。认真抓好粮食直补、良种补贴、农资综合补贴、农机具购置补贴等直补资金的落实,抓好高效设施农业、促进劳动力创业就业等政策的落实,保障农民直接受益。完善加快村级集体经济发展的政策,增强村级集体经济发展的造血功能和内生动力。加大扶贫工作力度,建立农村贫困人口脱贫长效机制。

第三节 不断改善农村生产生活条件

加强农村公共基础设施建设。加快农村公路、桥梁的建设和改造步伐,基本实现农村公路网络化,农村行政村公路硬化率达到100%;推进引江区域供水进一步向农村延伸,受益乡镇实现全覆盖;新建一批农村电网项目,形成比较完善的电网和服务体系。

着力改善农村生态环境。开展农村环境综合整治,实施农村清洁工程,全面落实和完善农村道路、河道、绿化和垃圾处理"四位一体"的农村环境长效管理机制,建立"户分类、组保洁、村收集、镇运转、县(市、区)处理"的城乡生活垃圾一体化处理模式。发展农村清洁能源,推进户用沼气和规模养殖场沼气工程建设。

建设新型农民集中居住区。遵循适度集聚、节约用地、有利生产、方便生活的原则,有序推进新型农民集中居住区建设,引导分散居住农户、新建翻建农户以及已向非农产业转移的农户到城镇及其周边地区的新型居住区集中居住,提高城镇人口集聚水平和资源利用效率。加快发展农村社区服务,建成集惠农服务、教育培训、政策宣传、民主监督、文体娱乐、医疗服务、警务综治、办公接待等功能于一体的农村社区服务中心。

专栏:现代农业和农村基础设施重点工程

★**新增粮食生产能力建设工程**:通过灌区改造、高标准良田等建设,到2020年海安、如皋、如东、通州四县(市、区)新增粮食生产能力10万吨。

★**万顷良田工程**:全市新建万顷良田试点7个,建成高标准良田15.68万亩,新增建设用地3.1万亩。

★**农业综合开发工程**:建设高标准农田74万亩,改造高沙土农田23万亩等。

★**设施农业建设工程**:新增设施蔬菜30万亩,优质果品5万亩,鱼池标准化改造10万亩,工厂化水产养殖50万平米,建设1~2个中心渔港,3~4个一级渔港。

★**林业建设工程**:计划造林54万亩,其中新增造林24万亩,完善更新造林30万亩。

★**农村沼气工程**:新建户用沼气20000户,大中型沼气工程300个。

★**防洪保安和农村水利工程**:长江防洪、沿海防洪、区域防洪除涝和骨干河道治理,县乡村河道疏浚、小型农田水利建设、农村安全饮水工程、灌区续建与配套等。

★**水资源水环境保护工程**:构建临海引江供水大通道,建设骨干输水干线清水河道工程,拓竣、疏竣整治部分河网和配套建筑物工程,建设九圩港引江泵站,启动滨海平原水库建设,开展水土保持、水环境监测。

★**农村公路、桥梁改造工程**:新改建、拓宽农村公路2000公里,桥梁800座。

★**农村电网改造**:新建、改造农村输变电网点123个。

第四节 着力促进城乡互动发展

以破除城乡二元结构为突破口,着力推进城乡规划、产业布局、基础设施、公共服务、劳动就业"五个一体化",加快构建新型城乡关系,初步形成城乡经济社会发展一体化新格局。

统筹城乡规划编制。高水平推进城乡规划一体化,促进城乡建设、土地利用、产业发展、生态保护等规划有机融合和衔接,调整优化城乡空间布局,统筹安排城乡建设用地,提升城镇承载能力。

统筹城乡产业发展。调整优化城乡产业发展布局,鼓励城市资金、技术、人才等生产要素进入农村,通过多形式、多层次、多领域的合作与开发,带动农村产业结构调整,形成互为支撑、互动发展的城乡产业结构和空间布局。

统筹城乡基础设施。加快推进城乡客运一体化、农村客运公交化和区域供水一体化,进一步改善农村道路、交通出行、饮水安全、医疗卫生、环境整治、信息畅通、灾害防御等基础设施条件。

统筹城乡公共服务。加快建立城乡协调的社会保障体系。建立农村养老保险和城镇职工养老保险接转机制,加快新型农村合作医疗与城镇居民医疗保险管理体制并轨，进一步健全落实城乡低保标准增长机制，探索城乡社会保障制度逐步接轨。进一步完善被征地农民社会保障体系。合理布局农村教育、商贸网点、医疗卫生、文化体育等配套服务设施，不断优化农村人居环境。

统筹城乡劳动就业。加快建立城乡居民共享的就业公共服务体系，推动就业信息、技能培训、政策咨询、职业介绍等公共就业服务向农村拓展。引导劳动力在城乡之间合理有序流动，营造城乡劳动力公平竞争、同工同酬、同等待遇的良好就业环境。

第九章　加快提升开放型经济发展水平

以提升国际竞争力和影响力为目标，坚持扩大开放与产业升级、区域合作相结合，坚持“引进来”与“走出去”相结合，加快转变开放型经济发展方式，在更大范围、更广领域、更高层次参与国际经济合作与竞争，实现由开放大市向开放强市的转变。

第一节　转变外贸发展方式

加快对外贸易由规模效益型向质量效益型转变，走高新化、品牌化、多元化发展道路，推动由外贸大市向外贸强市转变。2015年，全市外贸进出口总额力争达到300亿美元，其中出口总额突破200亿美元。

优化出口商品结构。推动出口产品向高技术含量、高附加值转变，加快由单一加工制造环节向上下游产业链延伸。引导企业加大出口产品研发力度，提高船舶海工、电子信息、精细化工等高新技术产品出口比重，扩大家纺、服装、机械等自主品牌产品出口，提高出口产品竞争力。到“十二五”末，机电产品出口占比达到50%。

优化出口地区结构。引导企业加大市场开拓力度，加快构建国际市场营销体系，进一步巩固日本、欧盟、美国等传统市场，开拓东盟、南亚、东欧、非洲、南美、中东等新兴市场。充分利用国家(地区)间自贸区“零关税”等优惠政策，大力开拓自贸区市场。大力实施国际化市场建设和出口基地建设计划，重点打造船舶海工、纺织服装、电动工具、太阳能光伏电池等具有影响力的南通特色产业出口基地。探索国际贸易摩擦预警机制，建立健全应对各种非关税壁垒的应急反应机制。到“十二五”末，培育和创建省级以上出口品牌30个以上，省级以上出口基地5家。

优化贸易方式。提高一般贸易在商品贸易中的比重，促进加工贸易转型升级。加快发展以软件外包、生物医药研发、船舶设计、电子商务等服务外包为重点的服务贸易，着力扩大服务贸易出口。鼓励进口国外先进技术和装备、关键零部件、紧缺资源类产品。强化外贸扶持，加强行业组织建设，组织专业化贸易促进活动，完善服务企业信息和贸易融资平台建设。

第二节　提高利用外资水平

坚持引资与引智、引技、引园并举，积极承接国际产业转移，优化外资投向，创新引资方式，实现利用外资从数量型增长向质量型提升转变，促进产业结构优化升级。五年累计注册外资实际到账100亿美元以上，引进超亿美元项目50个、超5亿美元项目10个。

优化引资结构。重点瞄准跨国公司和世界500强，鼓励外资更多地投向高新技术产业、装备制造业、新兴产业、现代服务业、现代农业等领域和沿江沿海地区。以重特大项目为突破口，大力引进临港工业、重型装备、生物医药、石油化工等关联度高、带动力强、符合环保要求的龙头型、基地型项目，形成产业集聚发展的新格局。

拓展引资领域。扩大金融、教育、医疗、体育等领域对外开放，适应国际服务业转移趋势，大力引进现代物流、商务会展、服务外包、现代金融、信息服务等现代服务业，提高服务业国际化水平。加快引进国外先进技术、管理经验和高素质人才，大力引进外资金融机构的分支机构，鼓励和支持跨国公司在南通设立地区总部、销售中心和研发机构等。

优化引资方式。探索外资并购重组、风险投资、境外上市等多种利用外资新方式。按照低成本、规范化的要求，积极稳妥地推进符合条件的企业到海外上市，扩大海外上市企业规模。积极引进境外各类投资基金，拓宽企业融资渠道，鼓励外资企业在境内上市和发行债券。强化外资的溢出效应，围绕新兴产业培育、主导产业升级所需的关键技术，加强与外资企业的技术交流与合作。

第三节　推动企业“走出去”

拓展对外投资领域和方式，支持企业“走出去”，鼓励有条件的企业开展对外直接投资、对外工程承包、境外资源开发和跨国并购，提高外经合作层次和水平。

鼓励企业境外投资。鼓励企业采取独资、合资、合作、并购等多种方式，设立境外贸易机构、研发机构、生产加工基地，利用当地人才、技术和信息，加快融入跨国公司全球生产、采购和销售服务体系，打造南通的国际知名品牌，提高企业核心竞争力。利用南通家纺服装、电动工具在世界上的营销网络，探索建设境外经贸合作区。积极推动与东南亚、非洲、俄罗斯、澳大利亚等重要资源国的合作，通过长期贸易协议、参股开发等方式，探索在境外建立资源基地。加强对“走出去”企业的指导服务和权益保护。

提高对外承包工程水平。以转型转轨为抓手，优化外派劳务结构，扩大技能型和技术型劳务输出规模，不断提高管理水平。鼓励企业承揽技术含量高、能带动设备出口的大型“交钥匙”工程项目,创造条件承接BOT项目,进一步提高对外承包工程的质量和竞争力。推进外经企业与工业、科研、设计、建筑等行业企业联合与重组,提高对外承包和设计咨询能力,积极承揽境外农业、水利、交通、能源、通信等基础设施工程。2015年,对外承包劳务营业额达到20亿美元。

第四节 高标准建设开发园区

以集约、集聚、创新、生态为目标,加快开发园区从投资驱动向创新驱动、资源依赖向科技依托、生产制造向研发设计转变。以南通经济技术开发区为龙头,加快建设一批省内一流、国内先进、具有国际竞争力的开发园区,努力把开发园区建设成为推进新型工业化的主导区、自主创新的先行区、可持续发展的示范区和功能配套完善的现代新城区。到“十二五”末,南通经济技术开发区发展水平进入国家级开发区前20位,两个以上省级开发区发展水平进入全省前10位,其它开发区均大幅晋位并进入全省开发区的中上行列。

建设特色园区。提升规划水平,以前瞻、科学的规划指导和推动各类开发园区的健康发展,培育一批在产业集群、自主创新、节能减排等方面具有较强优势的特色园区。合理确定开发园区的主体功能和产业定位,以产业链整合生产和服务,构建统一规划、特色鲜明、相互配套、协调发展的园区开发新格局。做大做强11个省级特色产业园,力争每个开发区再培育一个特色产业园,全市开发区新获批省级特色产业园4个以上。

深化跨江合作。着力实施跨江联动开发战略,高标准建设苏通科技产业园、锡通科技产业园、上海市北高新(南通)科技城、外高桥(启东)产业园、杨浦(海安)工业园等一批跨江合作园区;充分发挥沿海港口、岸线、土地等资源优势,把跨江合作共建园区拓展延伸到沿海地区。学习吸收合作方在园区规划、建设、运营、招商中的先进经验,统一规划,整合资源,强化基础设施建设,推进跨江合作园区的产业集聚、企业集群。

推进市县联动。充分发挥各地资源优势,合理引导要素流向,鼓励和支持市县、区县之间开展多种形式的经济协作和技术、人才合作。强化市区对县区在融资、招商、信息等方面的全方位支持,鼓励各地按照“优势互补、合作发展、共建共赢”原则联合推进园区开发,加快推进洋口港南通国际产业园建设。

提升园区功能。提升创新功能,构建创新人才、科教资源、研发机构的集聚平台,大力促进技术创新和科技成果转化;提升服务功能,优化投资环境,鼓励开发园区创新管理体制,打造公共服务平台,形成与国际接轨的管理方式;提升配套功能,大力引进现代物流、金融保险、信息服务等生产性服务业,增强生产要素的集聚功能,提高园区产业层次和科技创新水平。积极支持有条件的省级开发园区跻身国家级开发区,有条件的重点乡镇工业集中区发展成为省级开发区。

第五节 深入推进区域合作

加快构建沪苏通“小金三角”。抢抓长三角一体化机遇,以跨江联动、园区共建为载体,加强区域产业合作,加快推进区域重大基础设施一体化,加快形成与上海、苏南城市的同城效应。有选择地接受上海、苏南产业转移,加大现代物流、金融、旅游等现代服务业的接轨和融入力度。深化科技、环保、水利、信用、信息、社保、通关监管等区域合作,全面提升城市综合承载能力和服务功能。

积极开展与长江中上游地区合作。依托南通江海港口资源和区位优势,加强与长江中上游地区的互动合作,建立上下游区域沟通、协调机制,发挥江海联运优势,推进南通与长江中上游地区在交通、产业等方面开展全方位合作,实现优势互补。

积极开展对口援疆工作。按照中央和省统一部署,扎实做好对口支援新疆伊宁县工作,以支援促合作,以合作促发展,确保我市新一轮援疆工作走在全省前列。

第十章 加快提升民营经济发展质量

围绕打造“江苏民营经济第一大市”目标,以增强竞争力为核心,推进民营经济组织结构现代化、发展布局集约化、增长方式科技化,实现民营经济的总量倍增、内涵提升,进一步激发经济增长的内生动力。

第一节 增强民营企业核心竞争力

加快企业转型升级。继续实施“名企、名品、名人”工程,推进民营企业在转型中打造竞争新优势。鼓励企业加大研发投入,采用新设备、开发新技术、研制新产品,加强以产品创新为核心的技术创新,形成拥有自主知识产权的核心技术。支持企业加快信息化步伐,以信息化提升生产管理、市场营销、售后服务水平。开展“质量兴市”先进市创建活动。引导企业完善治理结构、推进管理创新、诚实守信经营。到2015年,私营企业注册资本突破6000亿元。

引导企业整合重组。鼓励、扶持有条件的民营企业加强与国内外大企业、大集团的合作,通过强强联合、内联外合、产业链延伸、品牌联盟等多种形式,按照市场规律实施整合重组,加快向产业化、规模化、品牌化、国际化方向发展,实现企业做大做强做优。推动优势企业、高科技企业与资本市场接轨,充分利用资本市场,扩大直接融资,力争全市上市公司数比“十一五”末翻一番。加快推进民营企业股权多元化，促进股权流转，探索开展非上市公司股权流转试点。

鼓励企业开拓市场。加强与著名产品交易网站合作，发展纺织服装、电动工具等行业性电子商务平台，推动中小企业开展电子商务活动，加大市场推广力度。举办船舶配套、纺织服装等专业品牌展销活动，扩大展会影响力，帮助企业搭建市场开拓平台。支持中小企业参加各类展览展销活动，组织终端产品生产企业，组团赴重点地区开展需求对接活动，积极拓展市场空间。鼓励企业开拓国际市场，培育一批"专而精"、"小而特"的潜力型、成长型中小外贸企业。

第二节 促进产业集聚发展

拓宽民营企业发展领域。支持民间资本发展新能源、新医药、节能环保等新兴产业，支持民间资本发展软件外包、信息服务、广告创意等现代服务业，支持有实力的民营企业进入基础设施、公用事业、文化产业、公共服务、城中村改造、金融服务等领域。

引导中小企业集聚发展。高起点规划、建设一批生产规模大、配套能力强、专业特色鲜明的产业园区，合理布点、重点扶持一批规模大、档次高、功能全、辐射力强的专业大市场，形成专业市场与特色园区的互动发展机制，推进产业集聚发展，提升产业竞争力和可持续发展能力。支持重点特色产业基地实施品牌战略，壮大骨干龙头企业，加快产业集聚区公共技术服务平台建设，延长产业链，提高专业化协作水平，以各级各类开发园区为载体，推进电子信息、集成电路、新能源、新材料、输变电设备、电动工具等一批特色产业集群发展。

第三节 优化民营经济发展环境

破解中小企业发展难题。全面落实国家和省关于促进民营经济发展的意见，进一步缓解民营经济发展在用地、融资、用工等方面的制约。探索民营经济用地保障新机制，推进供地模式和用地方式转变，以工业园区为重点，探索建立集约节约用地与新增建设用地指标分配挂钩机制。完善中小企业金融服务体系，扩大中小企业融资规模，引导民间资本进入金融领域，深化农村合作金融机构改革；发展壮大中小企业贷款担保公司，努力提高信用担保规模和能力；探索开展无形资产质押贷款改革试点，试行开展中小企业集合债券和中小企业集合票据融资；实现银企对接、中小企业"金融超市"、应急互助基金等融资平台的常态化，扩大中小企业受惠受益面。

加快中小企业服务体系建设。培育综合服务机构，探索建立服务于民营企业管理层的专家"智库"，逐步完善覆盖创业指导、信息服务、管理咨询、人才培训、质量检控、技术创新、研发设计等领域的多层次、立体化服务体系。扩大推进网络平台联动体系建设，尝试建立接轨苏南、上海的网络平台联动机制，完善以市级网站为基础、以县(市、区)网站为支撑的上下互动大型信息网络和服务平台。

完善民营企业发展的政策体系。整合现有专项资金，扩大市区中小企业发展专项资金规模。积极发展为民营经济服务的行业协会、商会，积极培育为民间投资服务的中介组织，落实扶持民营经济的财税政策，完善政府公共服务外包制度，支持民营企业产品进入政府采购目录。规范涉企检查、评比、收费等政策，切实减轻企业负担。建立民营企业投诉中心，深化落实帮扶企业的各项行之有效的举措，切实为民营经济发展保驾护航。

第十一章 加快推进生态市建设

加快推进生态市和"绿色南通"建设，构建资源节约、环境友好的生产方式和消费模式，全面提升生态文明建设水平，促进可持续发展。

第一节 大力发展绿色经济

加快发展循环经济。积极推行循环经济发展模式，加快形成资源消耗低、环境污染少、资源利用水平高的产业发展新格局。全面推进循环农业、循环工业、循环服务业建设，构建区域循环经济体系，构筑纵向延伸、横向耦合、链接循环的产业体系，积极创建循环经济示范企业和生态工业示范园区。推动城市循环经济试点建设，培育和发展全社会再生资源利用产业体系，引导绿色消费模式和生活方式。到"十二五"末，全市工业固体废弃物综合利用率保持在98%以上，工业用水重复利用率提高到80%。

积极推进清洁生产。围绕化工、医药、印染、冶金、建材等重点行业和涉及重金属行业开展清洁生产审核，对超标、超总量排污和使用、排放有毒有害物质的重点企业依法实施强制性清洁生产审核。支持企业实施清洁生产改造，引导企业改造生产流程，推广应用先进清洁生产工艺技术与设备，提高生产技术和工艺水平。深入开展ISO 14000环境管理体系、环境标志产品和其他绿色认证，建成一批绿色企业。

大力发展低碳经济。提高一次能源消费中的非化石能源比重。积极开展碳捕获、封存和利用技术的研究和攻关，加快推进低碳技术向传统产业扩散和应用，积极推进低碳示范园区建设，着力建立以低碳排放为特征的产业体系。加快研究促进低碳经济发展的政策，形成有利于低碳社会发展的环境。加强低碳理念的普及与推广，积极倡导低碳生活。

第二节 强化资源节约利用

以节地、节水、节能、节材等为重点，进一步提高资源集约利用水平，加快形成节约型的生产方式、消费模式和交通方式。

节约用地。加强土地资源供需调控，加强对闲置土地的监管。鼓励土地二次开发和节约、集约利用，挖掘土地利用潜力。强化产业准入制度，提高土地投资强度和产出效益，促进土地资源的永续利用。严格保护耕地和基本农田，确保"十二五"时期全市基本农田总量不减少、用途不改变、质量有提高。

节约用水。大力推进节水技术进步，开展雨水收集利用和海水淡化研究，加强城乡生活节水管理和水资源综合利用，继续建设节水型企业(单位)、社区、学校、灌区，继续在火电、化工、纺织、冶金等重点行业实施节水行动。建成国家级节水型城市。

节约能源。加大结构节能、技术节能、管理节能力度，抓好工业、建筑、交通运输等重点领域节能，严格控制高耗能和产能过剩行业扩大产能，促进节能新技术、新产品、新工艺、新材料的广泛应用，大力推广节能示范项目建设和合同能源管理。

节约材料。加强生产、建设、流通和消费等重点领域原材料消耗管理，指导企业建立完善原材料消耗标准，鼓励生产再生型材料，提高原材料利用率和重复使用率。支持节能建筑材料和新型环保材料等产业化发展，全市新型墙材应用比例和水泥散装率均超过90%。

专栏："十二五"环境保护重点工程

★**总量控制工程**：继续建设县(市)城、乡镇、工业园区及农村集中式污水处理厂和配套管网，"十二五"期间，新建、扩建污水处理能力30万吨/日。所有县级以上污水处理厂完成除磷脱氮提标技术改造。继续开展脱硫工程建设，全面完成集中供热范围内小锅炉关停任务。完成全市3座火电企业的脱硝工程。

★**水环境保护工程**：严格执行饮用水源地保护区划分，到2015年，全面实现城乡统筹区域供水，建立饮用水源地监测预警机制，开展饮用水源地环境综合整治，确保饮用水源地及备用水源地的环境安全。

★**大气环境保护工程**：做好工业大气污染防治、机动车尾气污染防治、扬尘污染防治、秸秆综合利用和污染防治、餐饮服务业油烟防治等五项工作，积极参与长三角地区大气污染联防联控工程。

★**固体废物污染防治工程**：扩建危险废物焚烧处置厂，危险废物焚烧处置能力增加到25000吨/年；新建危险废物填埋场1座，年处置能力2万吨；新建污水处理所产生污泥的处理设施，形成污泥处理能力1000吨/日。

★**工业污染防治工程**：继续强化印染、化工、钢丝绳行业污染治理，推进重点企业清洁生产审核。提升工业园区环境管理水平，所有省级以上开发区或工业园区全部建成生态工业园区。

★**城乡环境综合整治工程**：全面消除城乡黑臭河道，开展农村环境连片集中整治，重点推进农村垃圾集中收集处理和畜禽粪便资源化、无害化，全市生活垃圾焚烧能力达到3700吨/日。

★**近岸海域环境保护工程**：开展入海河流水环境综合整治，主要入海河流水质基本达到水环境功能区划要求。加强海洋特殊功能区监管。

★**生态环境保护与建设工程**：加强重要生态功能区保护，开展生物多样性调查。

★**核与辐射安全监管**：重点实施辐射环境预警网络建设、放射源自动监控系统建设。

★**环境保护能力建设工程**：重点实施环境监察、监测、宣传教育和信息现代化建设工程。提高环境事件应急预警处置能力。

第三节 加强环境保护

实施"清水工程"。严格执行饮用水源地保护制度，深入开展城乡饮用水源地专项整治，确保城乡居民饮水安全。加强重点流域、重点地区、重点行业、工业集中区水污染综合整治，建设清水走廊，加快推进引江调水工程。加强入海河口及近岸海域断面水质的监测和管理，保护海洋生态环境。加强农村生活污水治理和畜禽养殖污染治理。加快污水处理厂及配套管网建设。到"十二五"末，城市、县城和建制镇污水集中处理率达到国家生态市创建标准。推进城市内河整治，消除"黑臭"河道，修复内河生态功能。

实施"蓝天工程"。开展对重点行业、重点区域废气的专项整治，削减二氧化硫、烟尘、粉尘等大气污染物排放总量。加快推进南通宝通钢铁脱硫工程和一批燃煤电厂的烟气脱硝项目建设。加强建筑工地、道路运输、港口装卸、物料堆场等重点场所扬尘防治。严格实施机动车尾气监测和分类标准管理。深入开展秸秆综合利用，加大禁烧力度。

建设清洁家园。加强农村生活污染源治理，加大改水改厕力度，无害化卫生厕所普及率达到80%。高度重视农业面源污染治理,加强土壤污染防治与修复。加强固体废物污染防治,继续推进固体废弃物无害化处理和生活垃圾分类收集,到"十二五"末,工业固体废弃物无害化处理率达到100%。

第四节 加强生态保护与建设

按照生态保护和建设重点从事后治理向事前保护转变、从人工建设为主向自然恢复为主转变的原则,加强重要生态功能区保护,实施重大生态修复和建设工程,进一步提高生态服务和生态保障功能,建成国家环境保护模范城市群和国家生态市。

构建生态安全屏障体系。以大型生态廊道建设为重点,优化生态网络结构,着力推进以生态高度敏感区为核心,以运河、高速公路、铁路为隔离带,以沿江、沿海、农田、城镇防护林为林网的"六核、六带、六林网"建设,基本形成生态安全屏障体系。大力开展植树造林工程,增加森林蓄积量,提高森林覆盖率和固碳能力。

强化生态功能建设。加强自然保护区、风景名胜区、饮用水源保护区、重要渔业资源等重要生态功能区的保护和生态修复。建设如东生态廊道等一批重点生态工程,构建系统、均衡、宜居的生态体系。加强外来有害入侵物种的防治和生物安全管理,强化野生动物保护,着力构建全方位、多层次的生物多样性保护体系。加强湿地保护,减少水土流失,增强生态调节功能。加强环境监测监控,健全重大环境污染事故防范与责任追究制度。

第十二章 加快建设江海特色文化强市

坚持"开放、多元、创新、繁荣"的方针,深入实施《南通市2010-2015年文化建设规划纲要》,大力发展文化事业和文化产业,切实加强精神文明建设,提高城乡居民文明素质,满足人民群众日益增长的精神文化需求,提升南通城市发展的文化软实力。

第一节 提高全民文明素质

以社会主义先进文化为核心,建设社会主义核心价值体系,加强理想信念教育,倡导爱国守法和敬业诚信,着力形成社会主义和谐社会的思想基础和道德规范。

深入开展思想道德建设。围绕建设社会主义核心价值体系,广泛开展理想信念教育、国情省情市情教育和形势政策教育,开展爱国主义、集体主义、社会主义思想教育,加强社会公德、职业道德、家庭美德和个人品德建设,持续开展文明新风典型评选和道德模范选树活动,光大精神文明"南通现象"。坚持学校、家庭、社会"三结合",保护青少年身心健康,倡导敬老、爱老、助老的道德风尚。弘扬先进文化,提倡有益文化,改造落后文化,坚决抵制庸俗、低俗、媚俗之风,净化社会文化环境。综合运用教育、法律、行政、舆论手段,形成扶正祛邪、惩恶扬善的社会风气和知荣辱、树新风、促和谐的文明风尚。

弘扬城市人文精神。传承"中国近代第一城"优秀文化,进一步弘扬"包容会通、敢为人先"的新时期南通精神,打造城市的灵魂和品格。把社会主义核心价值观的要求融入精神文明建设之中,深入开展文明城市、文明村镇、文明行业等群众性创建活动,开展志愿服务活动。大力发展企业文化、社区文化、校园文化,调动群众参与文化建设的积极性。大力宣传各类模范人物和典型事迹,促进多种文化之间的交流,以新闻舆论导向、社会政策导向、文化产品导向、公众人物导向、社会环境氛围影响的协同呼应,推动南通城市精神融入城乡居民的生活,转化为不同群体的共同价值取向,为城市发展提供思想保证、精神动力和智力支持。

第二节 积极发展文化事业

基本建成覆盖全市、惠及全民的公共文化服务体系,高标准建设重点文化工程,丰富公共文化服务内容,满足人民群众的基本文化需求,保障人民群众的基本文化权益。

完善公共文化服务体系。按照公益性、基本性、均等性、便利性原则,建成覆盖全社会的公共文化服务体系。大力推进文化惠民工程,建成市图书馆新馆、凤凰国际书城、报业新闻传媒中心、工青妇活动中心等一批文化设施,加快推进南通大剧院、广电传媒中心、国际文化交流中心等重点文化工程的建设;加快基层公共文化服务网点建设,推进社区综合文化站(社区文化活动中心)和农家书屋建设,形成覆盖城乡、结构合理、功能健全、实用高效的公共文化设施网络。

努力创作文化艺术精品。大力实施精神文明建设"五个一"工程,带动戏剧、影视剧、文艺图书、歌曲等各类文艺创作全面发展。通过政策引导、资金扶持等多种途径,努力创作群众喜爱、思想性艺术性观赏性相统一,体现时代风采、展示南通地域文化特色的精品力作。促进艺术精品的生产和引进,丰富艺术活动,充分满足人民群众对高雅艺术的需求。

积极打造城市文化品牌。发掘提升"江海文化"、"博物馆文化"等特色文化。加强对重大文艺作品和项目的扶持,提升"濠滨夏夜"等群众文化品牌,继续组织实施"千戏下基层,唱响新农村"主题活动,全面实施送科普、送戏、送电影"三送"工程和文化、科技、卫生"三下乡"工程。

专栏:“十二五”公共文化事业重点工程

★广播电视村村通工程。广播电视综合覆盖率继续保持100%,基本实现有线广播电视户户通。建成覆盖全市的无线地面数字电视公共服务系统,完成全市有线电视数字化整体转换。逐步建设农村应急广播体系。全面完成乡镇广电服务站标准化建设。

★文化信息资源共享工程。完善资源传输机制,实现文化信息资源共享工程入户。推进数字图书馆建设,资源存量年均递增15%。

★乡镇(街道)综合文化站、村文化室建设工程。乡镇文化站藏书达到1万册以上。开展文化站长、村文化辅导员技能培训。利用文化阵地开展丰富多彩的群众文化活动。

★“农家书香”工程。更新、充实已建“农家书屋”出版物,逐步建立起“供书、读书、管书、用书”的长效机制和农村出版物发行网络建设新途径。建立一支“农家书屋”管理员队伍。积极开展星级“农家书屋”创建活动。

★农村电影放映工程。按照市场运作、企业经营、政府购买、群众受惠的原则,进一步完善农村电影放映财政保障机制,鼓励有条件的地区建立固定放映点,确保每个行政村每月放映1场数字电影。

保护和传承历史文化。进一步完善环濠河博物馆群建设,建设中国慈善博物馆,加强历史文化遗产的保护利用,做好地方史志工作,推进天生港历史街区、寺街、西南营、唐闸·1895等历史文化保护区工程建设。加大文物保护力度,全面完成文物普查,开展重要文物保护单位、历史风貌保护区、历史文化名镇(村、街区)和优秀历史建筑的调查规划保护工作,加强对海安青墩等历史文化遗产的考古研究和保护性开发。加强优秀民间和民俗艺术、非物质文化遗产的保护和传承,扶持民间文化组织发展。加强档案资源建设,保护档案文献遗产,推进档案数字化,提高档案服务功能。

第三节 大力发展文化产业

以新闻出版、广播影视、文化旅游、文化娱乐、会展文博、体育服务、民间工艺品、现代传媒、文化信息服务等九大产业为重点,搭建市场要素平台,扶持龙头品牌企业,加快文化产业发展,促进公益性文化和经营性文化良性互动、协调发展。

发展壮大文化企业。以市场为导向、资本为纽带,加大资源整合力度,鼓励多元化经营、跨区域发展,培育一批具有较强竞争力和影响力的文化企业集团。推进文化产业重大工程建设,发挥骨干企业对产业集聚发展的带动作用。支持中小文化企业向“专、精、特、新”方向发展。加快发展民营文化企业,支持重点民营文化企业做大做强。

建设文化产业集聚区。培育富有活力、形态多样的文化产业集群,重点发展高科技文化创意产业园区,积极发展地方特色文化产业园区,提高文化产业规模化、集约化、专业化发展水平。规划建设南通印刷工业园,推动以家纺创意产业为特色的出版发行业发展。培育、扶持启东版画、如东农民画、如皋木偶、如东杂技、通州装裱、海安油画、海门红木雕刻等艺术产业集聚发展。

繁荣规范文化市场。加强文化产品市场和文化要素市场建设,构建统一开放竞争有序的现代文化市场体系,大力发展文化行业组织、中介机构和现代流通组织。健全文化市场管理机制,放宽准入条件,鼓励非公有资本进入政策许可的文化产业领域,增强文化发展活力。积极引导文化消费,提高居民文化消费水平。正确处理发展与规范、繁荣与秩序的关系,切实加强文化市场建设和管理,推进文化市场综合执法,坚决打击违法文化经营活动,优化文化产业发展环境。

第四节 努力推进文化创新

创新公共文化服务方式。降低文化消费门槛,提供更多群众买得起、受欢迎的文化产品。深入推进文化资源共享,提高公共文化资源利用效率。全面实现博物馆、纪念馆及爱国主义教育基地向社会免费开放;推广政府购买、集中配送、联网服务等方式,把健康向上的文化产品和服务送到城乡基层,推动城市公共文化服务向农村延伸;积极促进公共图书馆、企事业单位图书馆等各类文化信息资源的共建共享。支持民办公益性文化机构发展,引导社会力量参与公共文化服务。加快现代科技、互联网技术在公共文化服务领域的应用,提高公共文化服务的信息化水平。

发展创新文化产品和文化业态。推动文化企业在文化与市场、文化与科技的结合中不断创新,使企业成为文化创新项目实施和成果转化的主体。积极运用高新技术提升文化创作、生产和传播方式,促进数字影视、数字出版、电子印务、手机报等新型业态快速发展,进一步完善数字电视多媒体网络,加快建设网上图书馆、网上博物馆、网上剧院。鼓励各类文化创意活动,促进文化产业与南通历史文化资源交融,与教育、体育、旅游、休闲等产业嫁接,与科技创新、工业设计、城市建设等结合,催生新的文化业态。

加强对外文化交流。开设文化交流窗口,展示南通历史文化名城的良好形象。挖掘范曾等一批南通文化名人资源,深化青墩文化等特色文化研究,提升南通文化影响力。引导具有市场优势的文化项目开展商业化运作,鼓励"走出去",开辟和巩固市场地位。完善大型文化交流活动组织模式,培育外向型骨干文化企业和对外文化交流经纪人队伍,扩大对外文化交流途径,增强南通文化产业竞争力和国际影响力。

鼓励和促进哲学社会科学研究。积极推进学科体系、学术观点、科研方法创新,促进哲学社会科学繁荣发展。推动有区域特色的基础理论研究、应用研究和优势学科建设,支持和鼓励南通社会科学工作者争取在国内、省内重大理论问题上有所建树和贡献。加强社科联建设,整合我市社会科学研究力量,紧密结合南通发展需求,围绕重大理论和现实问题开展前沿性、战略性研究。

第十三章 加快建设均等化的基本公共服务体系

坚持以人为本、民生优先,积极推进创业富民、就业惠民、社保安民,着力保障和改善民生,使基本公共服务全面、平等地惠及全体居民,促进人民生活实现更大改善。

第一节 促进全社会充分就业

把扩大就业作为民生之本,实施更加积极的就业政策,完善就业服务体系,促进全社会充分就业。

拓宽就业渠道。通过项目带动、产业发展、开发公益性岗位等多种途径和劳动者自主创业、自谋职业、灵活就业等多种方式,增加就业岗位和从业机会。积极发展吸纳劳动力能力强的劳动密集型企业、服务型企业、中小企业和民营企业,鼓励企业稳定和增加就业岗位。充分发挥创业资金资助、社会补贴、房租补贴、贷款贴息、购买服务、以工代赈等政策的激励引导作用,支持自主创业和自谋职业。加强创业辅导,加大创业扶持力度,完善创业平台,优化创业环境,建设100个创业孵化基地、100个创业实习基地,新增发放失业人员小额担保贷款4亿元,促进以创业带动就业。

改善就业服务。健全制度化、专业化、社会化的就业指导、职业培训、创业支持等公共就业服务体系,建立产业结构调整与就业结构调整有机结合的良性互动机制。加强公共实训基地和高技能人才培养基地建设,农村剩余劳动力转移培训和失业人员培训后就业率达60%以上。加强择业观念教育,强化就业政策与保障政策联动,促进有劳动能力的低保人员积极就业。加强人力资源市场建设,规范发展就业中介服务。建立健全失业评估和失业预警机制,建立失业调查制度。依法维护劳动者权益,加快劳动监察网格化、网络化建设,推进劳动争议"五位一体"调解机制建设。发挥政府、工会和企业作用,深入开展创建和谐劳动关系企业活动,形成企业和职工利益共享机制。

帮助重点人群就业。重点做好高校毕业生、农村转移劳动力、城镇就业困难人员就业工作。继续推进大学生职业见习计划,鼓励有条件的地区建立大学生创业园,鼓励高校毕业生到城乡基层一线就业。开发公益性岗位,落实社保补贴政策,完善就业援助制度,形成及时有效帮助困难群体和零就业家庭就业的长效机制。

第二节 建立增长有序结构合理的收入分配格局

强化政府指导、规范、调控和监督作用,合理调整收入分配格局,逐步扭转收入分配差距扩大趋势。

合理调整收入分配格局。加快建立劳动者收入和经济同步增长的机制,着力提高居民收入在国民收入分配中的比重和劳动报酬在初次分配中的比重。以私营企业、劳务派遣企业为重点,建立劳资双方对话制度,推进工资分配、工时安排、劳动定额等集体协商,推动企业建立健全工资决定、正常增长、支付保障机制。

提高中等收入者比重。鼓励劳动者通过资本、技术、管理等要素参与分配,通过自主创业、技术创新等方式提高收入,提高中等收入人群占总人口的比重。

提高低收入者和失地农民收入。合理控制劳务派遣用工数量,落实平等就业、同工同酬原则。稳步提高最低工资标准和扶贫标准,扩大转移支付,着力提高低收入者收入。完善征地制度,使农民更多地分享农业用地转为非农用地过程中形成的土地增值收益。

第三节 建设覆盖城乡的社会保障体系

加大社会保障投入,构建覆盖城乡、相互衔接、内容完整、水平适度的社会保障体系,初步实现人人享有基本社会保障。

扩大社会保障覆盖面。提高城乡低保、新型农村合作医疗、城镇居民基本医疗保险、新型农村社会养老保险覆盖水平,初步实现人人享有基本社会保障。继续推进非公有制企业及个私经济组织从业人员、灵活就业人员等符合条件的各类群体纳入相应的社会保障体系。高度重视对低收入、未就业等特殊困难群体的帮扶救助,重点推进困难企业退休人员、职工参加城镇职工医保和在校大学生参加城镇居民医保,做好断保人员续保工作。鼓励、推进农民工参加社会保险,建立新农保与企业职工养老保险之间的衔接机制。推进实施"市民卡"制度,实现医疗、社保、公交及水电气等支付"一卡通"。

着力提高社会保障水平。逐年增加财政对新型农村社会养老保险的投入和对财政薄弱乡镇的转移支付;全面推行企业职工社会保险“五费合征”,提高企业退休人员养老金标准,进一步完善被征地农民基本生活保障制度,合理提高农村居民参保缴费、参保补贴和基础养老金标准,提高城镇老年居民养老补贴标准。进一步降低城镇职工医保、城镇居民医保和新农合患者自付比例。以住院和门诊大病保障为重点,将普通门诊费用逐步纳入医保及新农合基金支出范围。新农合年人均筹资标准力争达到500元以上,城镇职工、居民医保、新农合制度范围内报销比例分别达80%、65%、65%以上。完善社保基金多元筹集机制,加快改进社保基金运作与管理模式,加强社保基金监管。支持发展企业年金和职业年金,促进社会保险多层次、可持续发展。加快社会保障规范化、信息化、专业化建设步伐,形成高效便捷的劳动保障服务体系。

健全社会救助体系。完善医疗、教育、住房、计生等单项救助政策,加强对困难群众的综合帮扶,及时调整城乡低保、医疗、救助等标准。研究建立残疾儿童接受学前康复教育救助制度,完善孤疾儿童系统化救助制度。以扶老、助残、救孤、济困为重点,进一步做好城镇“三无”和农村“五保”对象的集中供养。提供教育基金、教育贷款、就业援助,提高困难人群的“造血自救”和长远发展能力。

发展社会福利和社会慈善事业。完善面向老年人、孤儿、残疾人、流浪未成年人的福利机构基础设施。加快福利中心、敬老院等社会福利设施建设,形成由老年福利、残疾人福利、教育福利、医疗福利、计生家庭福利、住房福利等构成的与更高水平小康社会相适应的社会福利体系。发展红十字事业。完善优抚安置服务体系,实行物质优抚和精神优抚并重,增强优抚对象的光荣感。积极推行惠民殡葬政策和绿色殡葬。大力发展慈善事业,通过税收等政策引导鼓励社会各方面积极参与慈善和公益事业。

第四节　提升全民健康水平

坚持公共医疗卫生的公益性质,加快建设覆盖城乡居民的基本医疗卫生制度,努力为群众提供安全、有效、方便、价廉的医疗卫生服务,提高全民健康水平,居民主要健康指标省内领先。

健全公共卫生服务体系。建立健全市、县两级疾病预防控制、卫生监督、妇幼保健、精神卫生、应急救治、健康教育、职业病防治、采供血和计划生育等专业公共卫生服务网络。全面实施国家、省规定的基本公共卫生服务和重大公共卫生服务项目,并向流动人口延伸服务。到“十二五”末,全市居民平均期望寿命达到79.5岁。

强化基层医疗卫生服务。加强城市社区卫生服务机构建设,合理设置城市社区卫生服务中心(站),构建15分钟健康服务圈。健全以县级医院为龙头、乡镇卫生院和村卫生室为基础的农村医疗卫生服务网络,推进乡(镇)、村卫生机构一体化管理。加强基层医疗卫生机构标准化建设,完善预防、保健、康复、计划生育指导、健康教育、基本医疗等“六位一体”功能。全面实施国家基本药物制度,受益人口覆盖率达到95%以上。引导社区首诊、双向转诊,居民在社区就诊比例达45%以上。

优化医疗资源配置。制定区域卫生规划,重点推进城市新区、重要交通节点及医疗资源缺乏区域的医疗机构建设,南通经济技术开发区、苏通科技产业园等地建设二级以上综合医院。加强儿科、老年护理、康复、精神卫生等卫生资源配置。扶持中医药事业发展。

提高医疗服务水平。加强卫生人才队伍、临床重点学科建设及重点医学领域科研攻关。开展全科医师、公共卫生医师和社区护士岗位培训。健全医疗机构质量控制体系,完善医患纠纷第三方调处机制,推进医院精细化管理。加强大中型医院、预防保健机构与社区卫生服务机构的技术协作。加强卫生信息化建设,建立居民电子健康档案,构建区域卫生信息平台,实现卫生信息资源的统一采集与综合利用。加强医德医风建设。

开展全民健身和爱国卫生运动。积极发展体育事业,实施全民健身计划,大力开展全民健身运动,基本建成覆盖城乡的全民健身服务网络,加强公共体育基础设施网络建设和管理,促进学校等体育场地向社会开放,基本实现每个社区和村镇都有公共体育活动场地。加强优秀体育后备人才培养,提高竞技体育水平。巩固国家卫生城市创建成果,积极创建卫生城镇和卫生村。

第五节　健全多层次的住房保障体系

以满足城市中低收入家庭基本居住需求为目标,有重点、分层次、多渠道地保障城乡居民住房。综合运用土地、信贷、税收等手段,加强和改善对房地产市场的调控,遏制房价过快上涨,促进房地产市场健康发展。

推进保障性住房建设。进一步完善面向困难群众的廉租住房制度,扩大廉租房受益面,提高实物配租比重。大力推进拆迁安置房建设,保障被征地居民的居住条件。大力度推进公共租赁房建设,其中市区新建公共租赁住房不少于10000套(间)。市区新建经济适用住房(含保障性限价商品房)不少于6000套;配建、收购廉租住房实物配租房源不少于500套。逐步将有稳定职业、在城市居住一定年限的优秀进城务工人员纳入城镇住房保障体系。加大保障性商品房(限价商品房)供应力度。完善土地供应政策,增加居住用地供应总量,有效扩大普通商品住房供给。

积极推进大型居住区建设。在北翼新城核心区、观音新城及主城区连接通州区的骨干交通轴重要节点,规划、建设一批大型居住区,吸引常住人口定居。加强大型居住区周边产业、社会事业配套功能建设。

大力推进危旧房改造和城中村改造。依照城乡规划法有关规定对危房集中、基础设施落后等地段进行旧城区改造。加强城中村改造。重点推进老城区和重点集镇成片分布、群众改造意愿强烈的城中村改造，基本完成通京大道以西、洪江路以北、通吕运河以南区域改造任务；对其它城中村，加强基本配套设施的维护，提高物业、交通、治安等管理和服务水平，并列入中远期改造规划。

全面推进农村危房改造。通过政府、集体、个人三结合，以新建、翻建、购置等多种形式，对农村困难家庭危房进行改造。对现有农村困难家庭危房一次性改造到位；建立动态排查机制，定期对农村困难家庭新增危房进行改造。

第六节　完善养老服务体系

加快建立以居家为基础、社区为依托、机构为支撑，城乡一体化、投资多元化、管理规范化、队伍专业化的多层次社会化养老服务体系，提高老年人生活质量。到“十二五”末，养老机构床位数达老年人总数的3.5%左右。

完善养老制度体系。完善政府供养制度，保障城市“三无”、农村“五保”老人供养水平随经济社会发展逐步提高。建立养老服务政府补贴制度。积极探索建立由政府主导的长期护理保险制度，鼓励和引导商业保险公司开辟长期护理保险业务。建立高龄补贴制度，逐步将80周岁以上老年人纳入高龄补贴保障范围，按月向符合条件的老年人计发高龄补贴。进一步做好退休人员社会管理服务，逐步提高退休人员重大节日和重病慰问标准。

大力发展居家养老服务。依托社区，为居家老年人提供生活照料、家政、康复护理和精神慰籍等服务，满足老年人多种需求。到“十二五”末，全市城市社区基本建立起多形式、全覆盖的居家养老服务网络；农村社区（村）依托敬老院、村级组织活动场所等现有设施资源，建立综合性老年服务中心（站），建成比例达到60%以上。引导和鼓励社会中介组织、家政服务企业参与居家养老服务。创建全国老年人宜居社区，为老年人营造良好的生活服务和生态人文环境。

加快养老服务机构建设。推进市社会福利中心建设，充分发挥其示范引导作用。到“十二五”末，各县（市、区）均建成1所政府主办的老年公寓或福利院。积极探索公办民营、合作经营、委托管理、服务外包等运行模式，完善管理机制，降低运行成本，提高服务水平。继续加强农村敬老院基础设施建设，全市“五保”集中供养率稳定在80%以上。积极支持社会力量兴办养老服务机构，鼓励社会资本投资兴办福利性、非营利性的老年公寓、老年康复中心、托老所、老年护理院等养老服务设施。

高度重视老年人精神关爱。发展老年教育，把老年教育纳入终身教育体系。继续办好市、县（市、区）老年大学，改善教学设施，提高教学质量。丰富老年人文化体育生活，加强老年活动中心建设，推进街道（乡镇）、社区（村）建设老年文化活动室、老年健身活动场所。加强老年人心理疏导服务。大力弘扬敬老关老爱老精神，推动鼓励爱心帮扶、社会结对帮扶特困老人。进一步发动江海志愿者为农村老年人提供切实可行的帮助。

第十四章　加快构建高效有序的社会管理体系

以入选全国社会管理创新综合试点市为契机，坚持一体化谋划，突出基础化建设，实施人本化管理，健全长效化机制，重点抓好社会管理创新十大体系建设，进一步完善党委领导、政府负责、社会协同、公众参与的社会管理格局，提升社会管理的科学化、规范化、制度化水平。

第一节　加强新型社区建设

把社区建设摆在社会管理的突出位置，加强社区社会管理和公共服务职能，建设管理有序、服务完善、民主自治、文明祥和的社会生活共同体，努力实现向服务型管理转变，不断夯实社会建设基础。

完善社区治理结构。理顺和规范党组织、居委会、业委会等社区内各类主体之间的关系，强化社区管理和服务功能，推动形成以社区党组织为核心、以社区自治组织为基础、以社区服务站为依托的现代社区治理结构。推动公共资源向城乡社区延伸，积极开发多样化的社区服务项目，逐步建立社区网格化管理机制和社会工作机制，将社区建设成为基本公共服务的基本单元和社会管理的组织节点。

大力推进社区民主自治。加强和完善村（居）委会民主选举和管理措施，明确村（居）委会作为社区自治主体的地位。积极推进社区自治工作的制度化、规范化，建立健全社区居民会议、社区议事协商会议等制度，规范社区民主决策程序。加强对社区自治性工作的指导，支持社区居委会自主管理；按照“权随责走”、“费随事转”要求，对委托社区居委会协助完成的工作提供相应的经费和条件。建立社区工作准入制度，切实减轻社区居委会工作负担。

增强社区公共服务能力。加大政策支持力度，确保社区卫生服务中心、文化活动中心、劳动保障中心等各类社区服务平台向专业化、社会化方向发展，为居民提供优质服务。加强社区硬件设施建设，改善社区服务用房条件，推进社区信息化建设。调整充实基层管理力量，提高基层干部管理和服务社会的能力。将社区党组织和居民委员会的工作经费、人员报酬以及服务设施和社区建设等经费纳入财政预算，并建立工资自然增长机制。推进社区干部队伍职业化，健全社区管理服务制度。按照资源共享、互惠互利的原则，积极引导机关、团体、企事业单位向社区居民开放内部生活服务设施和文化设施,完善社区功能。加强社区组织与社会单位的横向联系,共商社区事务,共享社区资源,增强社区工作的整体合力。

第二节 加强社会组织建设

继续加强社会组织建设和管理,充分发挥社会组织在提供公共服务、反映利益诉求、扩大公众参与、协助社会管理、增强社会活力等方面的积极作用,推动社会组织健康发展。

完善社会组织管理体制。加快政社分开步伐,推动各类社会组织自我管理、自主发展。以工会、共青团、妇联、商会、科协、社科联、残联等人民团体和群众组织为骨干,构建一批枢纽型社会组织。在依法监管的基础上,建立社会组织考核评价体系,完善法制监督、政府监督、社会监督和自我监督相结合的制度体系,加强社会组织管理的规范化、制度化、法治化建设。

优化社会组织结构和布局。培育发展各类民间服务性组织,发挥其在联系社区、沟通民意等方面的重要作用。积极发展教育、科技、文化、体育、医疗卫生、福利慈善、生态环保等领域的公益性服务组织,形成民办社会事业和公办社会事业相互促进、互为补充的格局。有序发展基金会组织,发展壮大志愿者组织,促进其在安老助残、扶危济困、救急赈灾等方面发挥积极作用。改革发展行业协会组织,以市场为导向,规范有偿服务,增强其服务企业、行业自律、促进产业发展的功能。按照内部治理规范、学术质量优良、服务社会突出、社会信誉良好的发展方向,加强学会、研究会等学术性社团建设。

加大政府对社会组织的支持力度。落实社会组织税收优惠政策,引导社会工作人才在社会组织择业就业,鼓励和支持社会组织依法自主参与公共服务和社会管理,激发其自我管理、服务社会的能力和活力。

专栏:社会管理创新十大体系

创新发展社会服务管理体系,强化政府公共服务职能,建立完善网格化社会服务管理模式;

创新发展社会矛盾纠纷大调解体系,推进大调解体系科学化、规范化、法治化;

创新发展现代防控体系,加强社会治安综合治理,实施科技兴安战略,充分发挥警务力量的主导作用和保安、志愿者作用,实现防控网全覆盖,加强群防群治,建设现代化技防城市;

创新发展新型社区服务体系,健全社区矫正、社区戒毒等管理服务机制,提高社会管理协同力;

创新发展特殊人群服务管理体系,加强帮教管理工作,有效预防青少年等特殊群体犯罪,形成管理有序、生活保障、帮扶到位的教育转化工作格局;

创新发展外来人口服务管理体系,全面加强乡镇(街道)外来人口管理服务中心建设,到2015年全市外来人口"三集中"率提高到90%以上;

创新发展政法队伍管理体系,全面提升政法队伍整体素质,抓好社会专业队伍培育;

创新发展基层基础建设体系,强化村居以"一项保障、三小建设、一套机制"为主要内容的"131"管理体制,每个村居设立1名村综治专干、1名社区民警、2名专职调解员、2名专职保安、1名大学生综治社工、1名政法干警综治特派员;

创新发展组织领导体系,全面提升各级党政领导维护稳定、依法行政、科学决策的能力和水平;

创新发展社会管理新的手段体系,强化大信息、大整合、大法治、大宣传的手段,不断提升社会管理效能与质态。

第三节 加强长安南通建设

加快公共安全由被动应付型向主动保障型转变,进一步加强完善党委和政府主导的维护群众权益机制,形成科学有效的利益协调机制、诉求表达机制、矛盾调处机制、权益保障机制,统筹协调各方面利益关系,切实维护群众合法权益。加强公共安全建设,全力维护社会稳定。

扩大公民有序政治参与。拓展民意表达渠道,依法保障公民的知情权、参与权、表达权和监督权。充分发挥人大、政协、民主党派、人民团体、社会组织采集民意、反映群众诉求的积极作用,引导群众依法理性有序地表达个人意愿。完善舆情汇集分析机制,健全公共政策协商沟通机制和群众参与公共政策制定、实施、监督以及评估的常态化制度,确保决策的合法性、合理性。

全力维护社会稳定。全面深化法治南通建设,进一步强化法治城市、法治县(市、区)、法治乡镇(街道)创建,深入推进依法行政、公正司法、法制宣传,为全市加快现代化提供稳定的社会环境和良好的法制环境。进一步加大社会治安综合治理力度,深入开展治安重点地区打击整治、长安系列创建、无邪教地区创建、国家安全人民防线建设等工作。进一步完善社会管理风险评估、矛盾纠纷排查预警和化解处置机制,妥善协调各种利益关系,积极防控、依法妥善处置各类群体性事件,努力从源头上化解社会不和谐因素。切实加强和改进信访工作,推动领导干部接访、下访工作制度化。健全平安稳定发布机制,完善政府发言人制度,加强舆论正面引导,合理引导社会公众心理预期。进一步加强和完善信息网络管理,健全网上舆论引导机制,提高对虚拟社会的管理水平。严格防范、依法打击各种违法犯罪活动。

完善应急管理体系。健全统一领导、综合协调、分类管理、分级负责、属地为主的公共突发事件应急管理机制,提高突发事件的预防预警、应急处置和应急保障能力。推进应急预案全覆盖、衔接配套、信息化。加强监测预警系统建设,建立风险隐患数据库,构建综合预警平台。加强与公安110指挥中心资源整合,加快各级政府综合应急指挥平台和专项指挥系统建设,逐步形成完整、统一、高效的应急管理指挥体系。打造专兼并存的应急队伍。建立市为枢纽、分区建库、县乡支撑的应急物资储备体系。发挥公、铁、水、空及驻军等各方面运输力量的作用,建立联合运输网络。建立公用与专用、保密与非保密相结合的应急通信保障网络。建立灾情评估体系、恢复重建标准和灾后重建统一规划机制。开展应急关键技术研发,推广公共安全技术和产品。开展应急宣传教育,提高公众应对突发公共事件的综合素质。

加强安全生产、质量监管、防震减灾、民族宗教、国防动员等工作。强化安全生产责任制和责任追究制,有效预防和遏制重大安全事故。强化重点危险源监控,道路交通、危险化学品、建筑施工、消防火灾、水上交通、海洋渔业等重点领域和行业安全生产状况明显好于"十一五"期末。加强消防基础设施建设,全面提高消防整体水平。全面推进质量安全准入制度,强化对食品安全的监测和监管,加强对药品生产、流通和使用的监管,加强重大动物疫病预警和控制体系建设,保障人民群众健康安全。加强职业危害监管,保障职工健康。健全自然灾害管理体制,完善社会动员机制,加强防灾减灾设施建设,落实防灾减灾措施,提高地震及气象灾害监测预报、震害预防和快速反应能力,陆地、近海地震监测能力分别达到1.5级和2.5级。做好水上搜救工作。做好民族、宗教工作。坚持平战结合,加强经济动员、交通战备、科技信息等国防动员工作,进一步促进军政军民团结,推进双拥共建活动。

第四节 加强诚信南通建设

加强思想道德和社会诚信体系建设,扎实开展"争当道德楷模,建设诚信南通"主题教育活动,大力创建诚信机关、诚信社区、诚信行业、诚信企业、诚信家庭,倡导公正、诚实、守信、自律的价值观,使诚信成为市民公约、乡规民约和行业规范的普适追求。

加强政务诚信建设。建立健全政府诚信责任机制,建立集政府部门信用信息采集、管理、考核、运用于一体的政府诚信体系,提高政府公信力,以政务诚信引领商务和社会诚信建设。对政府行为进行诚信评价,重点评价行政决策、行政许可、行政处罚、行政管理、落实征信责任和带头使用信用产品等情况。

加强商务和社会诚信建设。制定出台企业、行业、社会组织、公民个人信用征信管理办法,对信用信息采集、信用评级、成果运用、信用激励、信用惩戒、信用修复、信用示范、分类监管等进行规范。强化政府部门和国有企事业单位带头使用信用产品的政策引导,实行政府采购、工程项目招投标、财政性资金项目等社会信用等级准入和激励制度。加强市公共信用信息系统建设,建立完善企业、政府、个人、社会组织信用信息数据库,建立信用信息共享机制。对严重失信企业及其法定代表人实行行业禁入制度和惩治措施。着力抓好机关事业单位工作人员、有特定资质人员和企业经营者的诚信建设,实行从业资格、晋级晋职、职称评定社会信用准入制度。

第五节 加强人口综合管理和服务

坚持计划生育基本国策,保持人口规模与城市环境资源的承载力和发展潜力相适应,促进人口长期均衡发展。

建立适应特大型城市特点的人口管理新模式。稳妥推行城乡户籍制度改革,合理有序地促进农村人口逐步向城镇转移。加强人口总量、出生、死亡、结构、迁移等中长期预测预报,引导市民按政策生育。引进年轻经济活动人口,优化人口年龄结构。完善人口和计划生育公共服务体系,改善出生人口素质,保持合理的出生人口性别比。积极推进优质服务体系建设,完善优生促进社会化工作机制。切实保障妇女合法权益,加强未成年人保护,发展妇女儿童事业。加快残疾人事业发展,健全残疾人保障和服务体系。

深化流动人口和新市民服务管理。按照全国"流动人口一盘棋"要求,创新流动人口管理方式。按照"大人口格局",以全员人口统筹管理信息系统、流动人口综合服务系统为依托,强化社区流动人口信息采集、登记,建设"人口基础信息数据库"及"人口地理信息系统",实现人口信息适时变动、异地查询、动态管理。实行社区流动人口"一站式"服务,将计划生育利益导向由户籍人口延伸到流动人口,流动人口计划生育均等化服务覆盖率达85%以上。建立流动人口居住证"一证通"制度,完善房屋租赁管理制度,更加注重公平公正,扩大流动人口共享发展成果的深度和广度。

第十五章 加快构建适应现代化发展的体制机制

以更大的决心和勇气全面推进重点领域和关键环节改革,着力解决体制机制深层次、结构性矛盾,不断完善社会主义市场经济体制机制,为现代化建设提供有力保障。

第一节 深化行政管理体制改革

坚持执政为民、科学决策、依法行政,推进政府管理方式、管理制度和管理方法创新,提高行政效率,促进政务公开,努力建设服务政府、责任政府、法治政府。

强化政府服务职能。继续推进政企分开、政资分开、政事分开、政府与市场中介组织分开,努力为市场主体创造良好发展环境。推进行业协会、商会改革和发展。探索公用事业特许经营,探索和推行政府购买公共服务的多种有效形式。进一步推动行政审批提速增效,加强电子政务建设,全面实施行政权力网上公开透明运行,增强公共政策制定透明度和公众参与度;进一步清理行政审批事项和行政收费项目,优化审批流程,深入推进项目并联审批。提高区域统筹发展水平,适时调整优化行政区划;强化市与县(市)之间在发展规划、项目推进等方面的统筹协调;贯彻落实市政府《关于加强沿海战略资源科学开发使用管理的意见》,加强对重要资源利用、土地开发、项目布局、环境保护等方面的统一管理。

全面推进依法行政。加强依法行政制度建设,推进政府各项行政管理规范化、法治化,着力提高依法行政水平。健全科学决策、民主决策、依法决策机制,完善公众参与、专家论证、风险评估、合法性审查和集体讨论决定等重大决策制度,强化行政问责制。推进行政执法体制改革,改进执法方式,规范执法行为。加大政府信息公开和办事公开力度。强化行政机关层级监督和专门监督,改进行政复议,提高政府公信力。

强化行政效能建设。强化绩效管理和考核,建立健全科学的政府绩效评估体系和经济社会发展综合评价体系,重点强化对经济结构调整、生态环境保护和民生改善等领域的考核,加大绩效审计力度。加强政府投资审计,建立健全政府投资项目公示、责任追究、建设监督和风险约束制度,健全政府投资项目代建制。建立健全惩治和预防腐败体系,坚持从源头上惩治和预防腐败,加强对权力运行的监督和制约,加大违法违纪案件查处力度,建设一支廉洁、勤政、务实、高效的公务员队伍。

第二节 深化经济领域改革

深化国资、国企改革。推进国有(集体)资产监督管理体系全覆盖,健全国有资本经营预算管理、收益分配制度和国有企业经营业绩考核制度,实现国有资产保值增值。完善国有企业法人治理结构,推进企业经理人配置市场化,健全党政机关和国有企业干部双向培养交流机制。推动国投公司多元化发展,进一步做强金融控股,做大实业投资,做活融资平台,建成以金融控股、实业投资、城建融资为主业的综合性集团。推动产控集团集聚国有优势产业资源,引导、促进重点产业结构调整和新兴产业发展。推动置业集团发展不动产开发经营管理业和特色旅游业,促进环河沿江临海休闲旅游景区集群、历史文化名城体验观光集群的加快形成。推动市级国有控股公司与县(市、区)合作,参与沿海项目开发。促进优质企业上市,提高经营性国有资产的证券化比例。

深化资源环境管理体制改革。加快推进资本、人力资源、技术、土地、海域使用权、排污权等要素资源市场建设,建立统一、开放、竞争、有序的要素资源市场体系。推行耕地占补平衡、排污权等指标的有偿转让,促进资源产权和资源产品的自由流动。完善土地利用现状动态监测系统,实现建设用地全程动态网上监管。推动粘土资源采矿权进入市场公开出让,实现网上交易和监管。探索推行梯次电价、气价、水价,实施农业节水与农业水价综合改革。推进环保收费改革,完善城市污水、垃圾及医疗废物等处理收费制度,完善排污费征收使用管理制度。加强公共资源交易平台建设,探索建立全市统一的公共资源交易所(中心)。

深化财政金融体制改革。推进预算制度改革,实行全口径预算管理;全面提高财政预决算透明度,健全监督机制;深化政府收支分类改革,强化预算支出约束;建立财政风险防控机制。发展壮大地方金融机构,创新风险投融资机制,建立政府性创业投资引导基金,以国有资本撬动民间资本进入创业投资领域,鼓励社会资本参与金融机构重组改革;积极培育发展租赁公司和各类基金投资组织;健全中小企业融资担保体系,完善担保风险补偿机制。

完善价格监管机制。加强通胀预期管理,加大市场价格监管力度,保持市场价格总水平基本稳定。正确处理价格改革与保障群众基本生活的关系,加强重要生活消费品价格波动监管,提高应急处置能力,完善价格听证制度,稳妥推进公共产品价格改革,增强价格调控的针对性。

第三节 深化农村领域改革

围绕发展农业、繁荣农村、致富农民,突破新时期解决"三农"问题的关键环节,为农村现代化、城乡一体化创造有利的体制机制环境。

深化农村土地制度改革。有序开展农村土地综合整治,用好城乡建设用地增减挂钩试点政策,提高土地节约集约利用水平。完善土地承包经营权权能,开展农村土地和农民住宅确权、登记、发证,依法保障农民对承包土地和住宅的占有、使用、收益等权利,在自愿有偿的基础上,探索建立土地承包经营权流转市场，提高土地流转管理和服务水平，发展多种形式的农业适度规模经营。逐步建立城乡统一的建设用地市场，完善农村集体经营性建设用地使用权有序流转制度。

发展农村合作经济。加快发展农民专业合作、土地股份合作、社区股份合作三大合作组织。完成农村集体资产确权发证工作，探索建立农村产权交易市场。深化股份合作改革，探索资源资产化、资产资本化、资本股份化、股份市场化，促进农村新型合作经济组织转型升级、提质增效。积极探索社经分离，将依附在村级组织中的股份合作经济组织独立运营，进一步做大做优。

推进农村金融改革。引导金融机构服务“三农”，深化农村信用社改革，积极发展农村新型金融组织，实现村镇银行县域全覆盖，支持金融机构不断开发各种适合“三农”特点的金融产品和服务。发展农村小额贷款公司，扩大农村有效抵押、担保物范围，加快建立有利于集聚金融资源的现代农村金融制度。发展农业保险和担保业务，健全农村金融风险防范机制。加强金融监管协调，完善市、县（市、区）政府金融管理体制。

第四节　深化社会领域改革

深化教育管理体制改革。将非户籍常住人口子女义务教育纳入城市教育发展体系，建立优质教育资源向农村地区和薄弱学校流动的体制机制。鼓励和规范社会力量办学，健全教育对外开放和多元办学制度。落实学校办学主体地位，强化对各类办学行为的监督管理。推进中等职业教育免费进程。推进学校内部改革，建立优胜劣汰、富有活力的师资队伍管理体制。全面实施我市“地方政府促进高职教育改革发展综合试验区”试点和“中考改革”试点两项国家教育体制改革项目。

深化医药卫生体制改革。加快建立惠及城乡居民的基本医疗卫生制度，坚持政府主导、公益公平、为民惠民，推进政事分开、管办分开、医药分开、营利性和非营利性分开。注重发挥市场机制作用，进一步完善政策措施，鼓励社会力量举办医疗机构，加快形成多元化的办医格局，满足群众多层次的医疗卫生需求。政府举办的基层医疗卫生机构全面实施基本药物制度，确保基本药物的优先选择和使用。推进公立医疗机构改革，改革公立医院补偿机制，逐步取消以药补医机制；改革公立医院管理、运行和监管机制，强化公立医院公益性质，构建以战略管理、全面预算、绩效考核、资产监管为重点的专业化管理制度。实施公立医院会计委派制度，加强财务监管，严格预算和收支管理。

深化文化体制改革。加快政府部门由“办文化”向“管文化”转变，由微观管理向宏观管理转变，由直接管理向间接管理转变。推进国有经营性文化事业单位转企改制，推进出版发行、文艺院团、影视制作和流通、非时政类报刊等经营性文化单位逐步转制为企业，培育一批有竞争力的文化企业集团。推行公益性新闻出版单位改革。进一步改革用人制度、财政拨款制度和内部分配制度，引进激励机制，激发内在活力，创新服务方式，提高公共文化服务整体能力和水平。

第十六章　实现宏伟蓝图的有力保障

顺利实施我市“十二五”规划，必须调动一切积极因素，认真贯彻落实国家宏观调控政策，合理运用财政、投资、信贷、价格等政策工具，加强重大政策调节，加强重大要素保障，健全规划体系和机制，强化规划实施组织保障，形成推动改革发展的有力保障。

第一节　努力扩大消费

把扩大消费需求作为扩大内需的战略重点，落实中央和省鼓励消费的各项政策，进一步释放城乡居民的消费潜力，增强消费对经济增长的拉动作用。

增强消费能力。推进城镇化，努力增加就业创业机会，着力提高城乡居民特别是低收入群体收入；进一步完善社会保障体系，着力提高社保水平，稳定消费预期，提高居民消费率；开发完善各类消费信贷产品，扩大信用消费规模，提高信用消费水平；降低预防性储蓄，提高即期消费。

促进消费升级。引导居民由被动型消费向主动型消费、储蓄型消费向信贷型消费转变，树立现代消费观念。鼓励产品和服务创新，满足多层次、个性化的消费需求。培育和发展网络消费、定制消费和信用消费等新型消费模式。发展和完善汽车信贷抵押以及保险服务，鼓励节能环保轿车进入家庭；加快发展新型消费业态，拓展文化、体育健身、旅游、娱乐、信息等新兴服务消费。大力开拓农村市场，完善农村市场流通体系，创造和激发农村新的市场需求，提升农村消费水平。

改善消费环境。鼓励发展消费信贷，规范消费市场秩序，维护消费者权益。加快市场、休闲旅游等消费基础设施建设，建设覆盖广泛、方便快捷、丰富多样的城乡消费载体，深入开展放心消费创建活动，构建消费者“放心、安心、舒心”的和谐消费环境。加强对教育、医疗、住房等与人民生活密切相关的商品和服务标准、价格、安全的监管。严厉打击销售假冒伪劣商品、商业欺诈等各类违法违规行为。

第二节　合理引导投资

发挥投资在扩大内需中的重要作用，调整优化投资结构，保持投资合理增长。

扩大有效投资。适度扩大投资规模，发挥投资对经济增长的拉动作用。引导投资重点投向新兴产业、现代服务业、科技创新、民生和社会事业、农业农村、生态环保、资源节约及重大基础设施等领域。鼓励和扩大民间投资,放宽市场准入,支持民间资本进入基础产业、基础设施、市政公用事业、社会事业、金融服务等领域。积极拓宽利用市外资本渠道,重点吸引央企、外企和知名民企来通投资。“十二五”期间,规模以上投资力争突破1万亿元。

强化重大项目支撑。加快实施一批事关南通发展全局的重大项目。围绕沿海开发和跨江合作开发,实施一批推动产业优化升级和新兴产业发展的重大项目;围绕加快服务业发展,实施一批现代服务业重点项目;围绕加快“枢纽南通”建设和城市化进程,实施一批重大基础设施项目;围绕改善民生,实施一批重大社会事业项目。“十二五”期间,计划实施重大项目350个,预计完成投资8000亿元左右。

专栏:“十二五”重大项目分布和结构

“十二五”期间初步安排重大项目350个,总投资10006亿元,“十二五”期间计划完成投资7831亿元。

按项目行业类别划分。农业水利项目28个,“十二五”期间完成投资167亿元;基础设施项目62个,“十二五”期间完成投资1698亿元;工业项目132个,“十二五”期间完成投资3490亿元;服务业项目92个,“十二五”期间完成投资2063亿元;城建项目13个,“十二五”期间完成投资288亿元;社会事业项目23个,“十二五”期间完成投资125亿元。

按项目投资规模划分。总投资100亿元以上的项目23个,“十二五”期间完成投资2049亿元;50~100亿元的项目36个,“十二五”期间完成投资1928亿元;10~50亿元的项目202个,“十二五”期间完成投资3426亿元; 10亿元以下的项目89个,“十二五”期间完成投资428亿元。

按项目实施进度划分。续建项目136个,“十二五”期间完成投资2331亿元;新开工项目207个,“十二五”期间完成投资5500亿元;前期项目7个,总投资816亿元。

优化投资结构。增强统筹区域、产业、行业投资能力,建立健全优化投资结构的长效机制;制订符合地方实际的产业指导目录,整合并综合运用土地、资金、税费等政策,促进鼓励类产业发展。提高沿海区域、开发园区和中心城市发展轴的投资比重,提高先进制造业、现代服务业、现代农业、重大基础设施、社会事业、节能环保等投资在社会总投资中的比重。

提高投资效益。进一步提高生产性投资的产出效益和公益性投资的社会效益,促进投资效益稳步提升。完善政府投资决策流程,加强政府投资项目过程管理,开展政府投资项目后评价。严格执行投资项目用地、节能、环保、安全等准入标准,运用经济、法律和必要的行政手段,防止低水平重复建设和产能过剩。积极引导和培育规范的投资中介服务组织,加强产业政策、行业规划、市场动向等投资信息发布,科学引导企业的投资方向和经营行为。强化单位土地面积投入和产出指标约束,不断提高产业集聚和投入产出水平。

第三节 合理配置财政资源

按照公共财政服务于公共政策的要求,优化调整财政支出结构,优先投向科技创新、人才引进培养、基本公共服务、社会发展、“三农”、公共安全、节能减排等领域。整合各类专项资金,突出重点领域和薄弱环节,确保财政资金合理高效使用。加大对限制开发区域的转移支付力度,重点支持基本公共服务、农业生产和生态保护,完善生态补偿机制,增强基本公共服务的供给能力。加强预算和财务管理,严格控制和降低行政成本,加强审计监督,杜绝行政经费不合理使用。健全财政资金使用绩效评价制度,提高财政资金使用效益。加强政府债务管理,促进地方政府投融资平台规范有序发展,防范财政风险。

第四节 强化要素保障

按照“适度超前,留有余地”的原则,进一步强化土地、水资源、能源、资金、人才等要素资源供给,满足经济社会率先发展、科学发展的需要。

——土地。“十二五”期间,规划全市新增建设用地控制在6800公顷以内。努力提高土地集约节约利用水平,力争“十二五”期间单位地区生产总值建设用地面积降低20%。科学合理开发滩涂资源,加强土地复垦,提高土地利用效率。加大闲置土地依法处置力度,建立土地利用长效管理机制。

——淡水。预测到“十二五”末,市域供水能力达到4亿立方米,其中城市供水由1.6亿方提高到2亿方。加强给排水管网建设,加强节约用水,实现供水总量和结构平衡。

——电力。预测到“十二五”末,全市总装机容量将突破1000万千瓦,全社会用电量需求为500亿千瓦时,正常稳定负荷约440万千瓦,可以外供500多万千瓦电能。加快电源点建设,大力发展清洁能源;实现能源结构多元化;加大电网建设与改造,完善电网结构,提高供电质量。

——资金。预测到2015年,银行业金融机构贷款余额可达5900亿元。继续扩大有效信贷投放,充分利用间接融资,努力推进股市融资,大力发展创业投资,积极推进债市融资,不断提高直接融资比重。积极招商引资,充分激活民资,争取各类政策性资金,充分发挥财政资金的杠杆作用,提高资金融通能力,为经济金融良性互动发展提供切实保障。

——人才。预测“十二五”期间,全市人才需求总量达100万人,每万人口拥有人才1260人;其中产业人才77万人,高层次人才5万人,高级工及以上高技能人才在技术工人总数中的比例达到30%以上。以扩大各类人才总量为基础,以调整和优化人才结构为主线,建立健全人才开发体系,大力培育人才吸纳载体,拓展人才引进渠道,营造富有活力的人才环境,为“十二五”经济社会发展提供坚强的人才保证和广泛的智力支撑。

第五节 完善规划体系和机制

建立完备的规划体系。“十二五”规划体系由总体规划、专项规划、区域规划和县(市、区)规划组成。增强总体规划对各级各类规划编制的指导作用;市级专项规划要细化落实本规划提出的主要任务,尤其是重点专项规划要围绕经济社会发展关键领域和薄弱环节,着力解决突出问题,形成落实本规划的重要支撑和抓手;县(市、区)规划要做好与本规划提出的发展战略、主要目标和重点任务的协调。

强化分类实施机制。政府的各种行政行为都必须以法律为准绳,以本规划为依据,并相应完善各级政府的考核制度;市、县(市、区)政府必须进一步强化规划意识,确保认识到位、组织到位、措施到位。健全重点任务责任制,对本规划中确定的重大任务和重大项目,由市政府分管领导挂帅,相关部门和地方各负其责;根据不同指标的属性,建立相应的评价与实施机制,本规划确定的约束性指标要纳入各部门、各县(市、区)经济社会发展综合评价和绩效考核体系,确保各项重大任务、重大项目顺利实施。

健全参与监督评估机制。进一步调动社会各界和广大群众的积极性和创造精神,积极推动规划的有效实施。组织开展规划实施评估,全面分析检查规划实施效果及各项政策措施落实情况,推动规划有效实施,并为动态调整和修订规划提供依据。

(注:本规划中2010年实绩采用统计公报数)

东方经验:人民内部矛盾的“大调解”

——江苏南通构建大调解体系的调查与思考

中共江苏省委研究室

经济体制的深刻变革、社会结构的深刻变动、利益格局的深刻调整以及思想观念的深刻变化,给我国发展进步带来了新机遇、新活力,也带来了各类社会矛盾纠纷高发、多发的新情况、新问题。如何在“战略机遇期”与“矛盾凸显期”的相互交织中处理好社会矛盾纠纷,为战略机遇期营造良好发展环境,是我们面临的一个时代课题。江苏南通各级党委政府直面社会转型期阶段性特点和社会矛盾纠纷的现实,在全国率先探索建立了社会矛盾纠纷大调解体系,7年来累计化解各类矛盾纠纷23.14万件,有效防止民转刑案件1935起、越级上访3993起、群体性事件3448起,走出了一条符合实际、富有特色的大调解之路。

大调解的“南通特色”

联动性。大调解的关键在于“大”,“整合资源、整体联动”是南通大调解最明显的特征。在组织架构上,建立了党委政府统一领导、政法综治牵头协调、调处中心具体负责、司法部门业务指导、职能单位共同参与、社会各方整体联动的矛盾纠纷调解大格局。健全了市大调解指导工作委员会、县乡调处中心、村居级调处站、十户调解小组和基层调解信息员纵向到底的调解工作大网络。在内涵建设上,融人民调解、行政调解、司法调解于一体,形成了化解社会矛盾纠纷的大合力。县、乡调处中心整合司法、公安、城建、信访、环保等有关职能部门资源,健全公安、检察、法院与大调解对接机制,综合运用多种手段对社会矛盾纠纷进行调解。在工作机制上,融矛盾纠纷排查、听证对话、风险评估、调解处置于一体,形成了预防、发现、受理、调处和化解的工作大体系。县、乡、村调处中心(站)定期排查矛盾纠纷,实行“零报告”制度;县、乡调处中心引入听证对话制度,对政府即将出台的政策措施与项目进行听证对话。

实体性。大调解的运作在于“实”,“实体运作、规范运行”是南通大调解的核心要素。一是做实专门机构。全市9个县(市、区)社会矛盾纠纷调处中心均为党委政府直属正科级事业单位,调处中心主任由党委分管领导担任,配备两至三名副主任,工作人员9~11人;122个乡镇(街道)调处中心作为大调解体系的主体支撑,各配备不少于2名专职调解员;2255个村级调解组织与村(居)综治办、警务室三位一体,各配备1名综治专干、1名驻村民警、2名专职调解员。二是落实工作责任。赋予县、乡调处中心矛盾纠纷分流指派、调处调度、调处督办、"一票否决"建议和渎职责任追究"五大职权",县级调处中心履行对辖区内调解组织的指导、协调、管理、培训、督查和考核职能,受理调处一些行政性争议和跨地区、跨部门的重大疑难复杂矛盾纠纷;乡镇调处中心负责调处自身受理、上级指派和村居协调解决不了的矛盾纠纷;村(居)调处站负责本村居一般性民间纠纷的排查和调处。

专业性。大调解的活力在于"专","一综多专、专业调处"是南通大调解机制的成功创新。"综"就是县乡大调解中心作为综合性的调处平台;"专"就是这几年应运而生的各种专业化调处机制,包括医患纠纷调处、劳资纠纷调处、环保纠纷调处、交通事故调处以及公安、检察、法院与大调解对接机制。2008 年 2 月,市成立了首家医患纠纷专业调处中心,负责调处市区医院发生的重大医疗纠纷,两年来成功调处重大医患纠纷 390 多件,为患者兑付理赔 500 多万元,有效遏制了"医闹"现象。各县(市、区)相继建立了劳资、拆迁、环保、交通等矛盾纠纷专业调处中心,使大调解工作呈现出综合性平台不断加强和提升、专业性机制不断创新和发展,两者相辅相成、相得益彰的良好态势。

权威性。大调解的权威在于"公","公信力强、权威性高"是南通大调解机制的内在品质。南通大调解既坚持党政主导,又保持调处中心作为社会组织的较强独立性,使调处中心能在充分尊重当事人意愿的基础上,把党的思想政治工作优势与政策调解、依法调处、以德化解相结合,使矛盾得到公正化解,以公正赢得公信。从司法、劳动、工商、医院等职能部门选聘一批群众威信高、熟悉法律政策、热心调解工作的人员担任调解员,乡、村调解员以长期担任农村领导工作、情况熟悉、经验丰富的老干部为主,以他们在群众中公道正派的良好形象赢得公信。坚持"阳光调解",健全协调会办、听证认证、公示公告和督查回访等制度,做到"纠纷情况公开、调处过程公开、调处结果公开",以公开赢得公信。近年来,全市矛盾纠纷调处成功率达到 97% 以上。各矛盾纠纷调处中心悬挂的"握手言和"的独特标识,已成为南通老百姓心目中的重要品牌。

大调解的实践价值

大调解体现了中国特色民主法制建设的基本要求。从发展民主来说,大调解在充分尊重当事人意愿的基础上,依据法律和政策,进行平等交流、民主协商,推动双方相互谅解、达成共识,这是协商民主在化解社会矛盾中的具体运用,有利于各方面诉求充分表达,通过协商达成一致。从加强法治来说,把调解作为第一位的司法能力,贯穿到公安执法、检察立案、法院审理和执行的各个方面,有利于促进和谐司法、实现法律效果和社会效果相统一。

大调解为化解新时期社会矛盾纠纷提供了有效途径。社会主义和谐社会不是没有矛盾的社会,但应当是能够有效化解各种矛盾、安定有序的社会。南通市在区域经济快速发展、城市化工业化加快推进、利益格局加快调整、人口流动更为频繁的复杂大背景下,探索建立起的大调解工作体系,使面广量大的社会矛盾纠纷在基层通过调解方式得到有效化解。近年来南通公安接处警量、法院民商事诉案量以及集访上访量每年以 10% 左右的比例下降,全市 1/3 以上乡镇实现无民转刑案件、无越级上访、无群体性事件。

大调解是加强社会管理的重要创新。加强社会管理,迫切需要健全一套及时有效处理和化解矛盾纠纷的机制。南通市的大调解工作体系,经过七八年的运行和发展,已经成为一个比较成熟的社会管理体系,使得化解社会矛盾的主要方法从诉讼变成了调解。这一深刻变化,推动了诸多社会管理理念和方法的变革。用调解的理念化解社会矛盾,促进了社会管理从刚性向柔性转变;把党的思想政治工作、群众工作与社会工作紧密结合,有效整合社会资源、行政资源和司法资源,实现社会矛盾纠纷常态化解,促进了社会管理从一元转向多元;政府购买服务为老百姓维权,建立了一支具有较高专业素养、会调解、善调解的社会工作者队伍,在政府与社会之间构筑一道矛盾纠纷的"缓冲带"和"减压阀"。

大调解赋予传统和谐文化以新的时代内涵。中华民族"和"的思想源远流长,"礼之用,和为贵"、和睦相处、政通人和,成为人们普遍的价值观念和理想追求。调解作为和谐这一传统文化的重要载体,使优秀的传统文化在新的历史条件下发扬光大。南通大调解的创新之处就在于:正确把握新形势下人民内部矛盾交叉性、复合性、相关性不断增强的特点和规律,突破了传统的局限,把人民调解、行政调解、司法调解有机结合,形成了一个综合性强、权威性高、公信力大的多元化矛盾纠纷调处机制,使大量社会矛盾通过非讼手段得到化解。大调解使矛盾纠纷当事人实实在在领悟到"退一步海阔天空,忍一时风平浪静"的境界,最终化干戈为玉帛从而和谐相处。

大调解密切了党群关系、巩固了党的执政根基。新形势下的社会矛盾大多涉及民生。正确处理并解决好这些矛盾,一头连着广大群众,一头连着社会稳定;一头牵动着改革发展,一头关系到执政根基。南通市把推进大调解工作作为一件民生大事,思想上重视、组织上配强、政策上倾斜、工作上持续推进,不断加强领导、充实力量、拓展职能,提升大调解工作水平。几年来成功化解了 1 万多件涉及民生的复杂矛盾纠纷,有效维护了群众权益。同时,大调解坚持公益性、便民性和服务性的原则,群众"一不跑远路,二不花本钱,三不伤感情",矛盾纠纷得到及时有效解决,在党和人民群众之间搭建了"连心桥",开通了"直通车",对密切党群关系、巩固党的执政基础起到了重要的推动作用。

大调解的完善发展

（一）向法制化迈进。大调解是化解新形势社会矛盾纠纷的有效方法。调解先行，可把住第一道关口；司法铸盾，可守住最后一道防线。大调解不是“和稀泥”，更不是简单的“花钱买平安”，而是以公平正义为取向，在尊重当事人意愿基础上的依法调解，其背后依靠的是法律、政策和制度的支撑。同时，大调解涉及的部门多、方法手段多、需要配套的制度措施多，也迫切需要将这一基层创造的行之有效的做法和经验上升到法律法规的高度，从法制层面上予以规范化和制度化。

（二）向社会化拓展。大调解从根本上说是社会管理的创新，既要依靠党政主导，又要坚持社会化的发展方向。只有依靠党政主导，才能有效整合社会各方面调解资源，动员社会各方面力量参与。只有坚持社会化的发展方向，才能保持各类调解机构的相对独立性，独立自主、客观公正地进行调解。要根据便民利民的原则，推动大调解工作向更广泛的社会自治转型，进一步拓展大调解机制的社会服务功能，特别是要加快建设一支素质优良、专业精通、善做群众工作、善于化解各类矛盾的社会工作者队伍，完善调解员选聘任用、持证上岗、等级考核、晋级提升等制度，造就一批群众威信高、社会广泛认可的调解专家、调解能手。

（三）向科学化提升。要按照“机构体制一体化运作、力量调配一体化管理、目标任务一体化安排”的要求，进一步加强基层调解组织实体化建设，使其真正成为人民调解、行政调解、司法调解相互衔接配合的中枢。按照“预防在先、发现在早、控制得住、化解得了”的要求，进一步加强大调解机制的能力建设，健全对话听证、社会稳定风险评估、矛盾纠纷排查和反馈纠错机制，提高对新时期社会矛盾纠纷发生、发展、演变规律性的认识，创新调解方法，特别是要强化对突发性、群体性矛盾纠纷的应急反应和管控处置。按照“协调有序、规范运作”的要求，进一步加强大调解工作的制度建设，在矛盾纠纷的预防、排查、受理、调解、分流、督办及群体性事件处置等各个环节，健全一套行之有效的工作制度，确保各类矛盾纠纷解决在基层、化解在萌芽状态。

（调研组成员：刘松汉 苗成斌 臧佩洪 周兴年 梁慎坤；本文刊登于《求是》杂志2010年第15期，2010年8月5日《南通日报》全文转载）

不断提高社会管理科学化水平

罗一民

社会管理状况是执政能力和地方治理水平的综合反映。党的十七届五中全会指出，着力保障和改善民生，必须加强和创新社会管理，切实维护社会和谐稳定。近年来，江苏省南通市在着力推动经济又好又快发展的同时，高度重视社会建设，以促进社会和谐、维护人民利益为根本着眼点和落脚点，积极整合各种资源，努力创新管理理念、改进管理方式、完善管理体系，不断提高社会管理科学化水平，初步形成了较为完善的社会管理格局。

强化统筹管理。社会管理涉及多个领域，必须着眼全局，用系统的思维整体谋划、用整合的理念凝聚合力、用综合的手段解决问题，形成社会管理的整体联动效应。一是把加强和创新社会管理放在党委工作的突出位置，深入研究社会发展和管理的特点与规律，及时提出工作目标和工作任务，理顺各方职责，强化基层党组织的管理责任。二是加快转变政府职能，完善政策法规，健全管理体系，加强综合治理，充分发挥政府部门的主导作用。三是大力整合社会资源，完善基层群众自治组织，提高各类社会组织的协同能力和服务功能，引导企事业单位承担应有的社会责任，促进社会管理由传统的单一治理向多元治理转变。

抓好源头治理。源头治理是变被动处置为主动管理的关键环节，是社会管理的治本之举。一是推进社会主义核心价值体系建设，深入开展社会管理群众性创建活动，树立良好社会风尚，培育正确价值取向；完善各种社会规范与行业准则，用文明科学的准则规范行为、维护秩序。二是发展社会主义民主政治，扩大公民有序政治参与；促进社会公平正义，维护公民合法权益，建设公正廉明的司法制度；从调节利益关系抓起，深化城乡户籍管理制度、城乡居民收入分配调节制度和教育、医疗、住房、社会保障制度等各项改革，促进基本公共服务均等化。三是抓住政府、社会、公众三个维度和源头治理、动态协调、应急处置三个方面，探索科学合理、相互衔接、百姓认可的管理办法，并把实践中成功的做法和经验制度化，形成有效的管理机制。

改善基层管理。社会管理的重点和难点在基层，必须采取有效措施改善基层管理。一是完善基层管理网络。针对社会事务的复杂性、公众需求的多样性，进一步整合政府相关部门的社会管理职能，把社会团体、行业组织、志愿者团体等社会组织联合起来，形成党政组织抓总、社会各方联动的综治队伍，构建门类齐全、法规健全的社会组织工作体系。二是提升基层管理能力。调整充实乡镇、街道、社区和村级党组织力量，有计划地对基层干部进行专业培训，提高基层干部做好群众工作的能力。三是提高基层服务水平。加强社区和村级公共服务中心建设,增强基层干部的服务意识,完善"一窗口受理、一条龙服务、一站式办结"制度,让群众的困难在基层解决、怨气在基层消除。

实施动态管理。社会是不断发展的,需要用动态的办法抓社会管理。一是畅通诉求表达渠道。加强和改进信访工作,创建便于群众表达诉求的快捷方式,在第一时间掌握社情民意、化解矛盾问题;推进政务公开,提高公众参与度。二是健全矛盾调处机制。综合运用各种方式和手段,及时、依法、有效地化解矛盾纠纷;加强应急管理建设,建立以"110"、"119"、"112"和政府应急管理中心为主体的"3+1"公共应急管理模式,完善预防社会矛盾积累激化的排查机制、社会敏感问题和突发事件监测预警机制及应急处置救援机制。三是建立网上舆情动态引导和处置机制。用信息化手段提升管理效能,构建网络信息快速处理系统,确保社会信息采集、综合研判和应对处置快捷高效。

(原文刊于2010年12月7日《人民日报》第七版)

风范长在 精神永存

——纪念刘瑞龙同志诞辰一百周年

中共南通市委 南通市人民政府

2010年10月3日是久经考验的无产阶级革命家刘瑞龙同志诞辰100周年纪念日,我们怀着十分崇敬的心情,深切缅怀他为中华民族独立和人民解放事业及社会主义建设事业作出的杰出贡献。刘瑞龙同志的革命精神和高尚风范,将激励全市人民全力加快经济社会发展步伐,努力把南通建设得更加美好。

追求真理,革命业绩永载史册

刘瑞龙同志是江苏南通人,1910年10月3日出生,1924年秋考入南通师范学校。在校期间,他积极参加学生运动,接触并接受马克思主义,并于1926年加入共产主义青年团。大革命失败后,国民党残酷屠杀共产党人和工农群众,白色恐怖笼罩全国。1927年9月,年满17岁的刘瑞龙毅然加入中国共产党,并担任南通师范学校党支部书记。从此,共产主义成为他一生的追求。在白色恐怖和枪林弹雨面前,他毫不畏惧;面对十年"文革"的冤屈,他坦然视之;为了实现革命理想,追求真理,他生命不息,战斗不止。

作为较早深入农村开展革命斗争的共产党人,刘瑞龙同志成为南通地区土地革命斗争杰出领导者。1928年1月,他担任南通城区区委书记,领导南通城的革命斗争。1928年冬天,他以南通县委委员的身份出现在南通农村,发动和领导土地革命,开始了领导武装斗争的生涯。1929年11月,他任中共南通县委书记,1930年5月,任中共通海特别区委员会书记。面对严重的白色恐怖和武装斗争的新任务,他不畏艰险,克服种种困难,创造性地开展工作,在国民党统治力量较强的苏中平原地区,积极参与中国工农红军第十四军的创建和武装斗争的领导工作。这支在中央军委和江苏省委直接关心、帮助下建立起来的红军武装,在敌人统治力量强大的通海如泰地区与敌展开殊死搏斗,给反动统治以沉重打击,支持、配合了中央苏区的武装斗争,宣传了党和红军的主张,播撒了革命种子。其间,刘瑞龙同志撰写的《将破晓的南通东区》,对红十四军在南通地区的武装斗争作出深刻分析,并提出了红军思想组织建设的若干设想,为人民军队建设作了理论上的有益探索。

1930年9月,刘瑞龙同志调江苏省委(江南省委)工作,先后任省委外县工作委员会委员、副书记、宁沪线巡视员、省农委书记兼省军委委员,积极推动江苏各地农民运动和武装斗争的开展。1933年3月以后,刘瑞龙同志奉命到川陕苏区和红四方面军工作,先后任红军第29军政治部主任、中共川陕省委宣传部长、红军第四方面军政治部宣传部长。1935年5月,刘瑞龙同志随同部队参加长征。他努力开展红军政治思想工作,尤其在制定、宣传、执行党的民族政策方面做了大量工作,扩大了革命影响,维护了民族团结,取得了卓越的成就。

抗日战争时期,刘瑞龙同志在刘少奇同志领导下,积极参与抗日根据地的开辟和民主政权建设。1939年底,刘瑞龙同志转战淮北地区,历任皖东北区党委副书记、淮北苏皖边区党委副书记、淮北苏皖边区行政公署主任等职。淮北抗日民主根据地在党的领导下,积极开展军事斗争,加强政权建设,发动群众开展减租减息,加强人民团体建设、财政经济建设,开展文化教育工作、公安司法工作,加强党的建设,整顿党的作风,实行精兵简政,拥军爱民和拥政爱民,抗日根据地和民主政权的建设取得了长足的发展。在这中间,刘瑞龙同志付出了大量心血,做了大量卓有成效的工作,为淮北根据地的巩固和发展作出了很大的贡献。

1945年10月以后,刘瑞龙同志先后任中共中央华中分局委员、民运部部长、苏皖边区政府第一副主席、华东野战军副参谋长兼后勤司令、豫皖苏分局财经办事处主任、第三野战军后勤司令兼政委等职,积极开展发动群众、土地改革、发展生产和部队后勤保障等工作,为解放战争的胜利作出了卓越贡献。淮海战役中,刘瑞龙同志在总前委领导和各解放区党政军机关密切配合下,以其非凡的组织发动能力和群众工作经验,与华东野战军和中原野战军后勤司令部其他同志一道,动员和组织起浩浩荡荡的几百万民工大军奋勇支前,摸索出一套行之有效的方法,解决了分散落后的农村如何支持高度集中、大规模的现代化战争需要的难题，为淮海战役及其随后渡江战役的胜利建立了不朽的功勋，也为探索人民军队后勤保障工作积累了宝贵的经验。

鞠躬尽瘁，农业战线孜孜耕耘

全国解放后，刘瑞龙同志在我国农业战线孜孜耕耘，成为广大干部群众公认的卓有建树的领导干部。

1949年5月上海解放后，刘瑞龙同志历任中共上海市委秘书长、中共中央华东局农委书记、华东土地改革委员会副主任，从此开始了为发展新中国农业生产、改变农村落后面貌、提高农民生活水平孜孜耕耘的奋斗历程。他深入农村调查研究，组织撰写了《土地改革前华东农村土地情况》等重要资料，为恢复和发展华东地区的农业生产，开展新解放区的土地改革等工作提供了重要依据。

1953年2月，刘瑞龙同志调任国家农业部常务副部长兼党组副书记。在党中央领导下，作为我国农业战线的重要领导者之一，刘瑞龙同志积极探索，形成了一套组织起来的农村如何发展农业生产，改善生产条件，提高农民生活水平等设想，并用于指导我国农业生产和农村工作，为我国农业发展作出了杰出贡献。

第一个五年计划期间，刘瑞龙根据中央指示，组织起草《全国农业发展纲要》（初稿）和《第二个五年计划期间农业建设方案（初稿）》，并参考中国历史上的有关农书，广征博引，撰述了《农业增产的八项措施》。1957年10月印发的经过修订的《全国农业发展纲要》，成为我国社会主义时期第一个以发展农业为主要内容的经济发展战略，体现了中国共产党和毛泽东同志对于我国社会主义建设道路的最初探索和思考，对我国农村社会主义建设具有重大的指导意义。1963年，刘瑞龙调任中共中央华东局委员兼农委主任。面对农村困难局面，他积极探索农业管理体制，落实增产措施，推动农业生产的发展。

"文化大革命"中，刘瑞龙同志遭到残酷迫害，被非法关押达5年之久，身心受到极大摧残。尽管失去为党工作的权利，但他并不消沉，坚信真理终将胜利。被关押期间，他重新通读了《资本论》等马列原著，写下了30多万字的读书笔记，构思并详细列出了《农业八字宪法浅说》等著作的写作提纲，并创作了《南京长江大桥通车》、《革命路上不歇脚》等大量诗词，体现了对党、对共产主义坚定的信念和坚强的革命斗志。

粉碎江青反革命集团以后，刘瑞龙同志得到彻底平反，重回农业部工作，先后任顾问、副部长、党组成员，并当选五届全国政协常委、六届全国人大常委。他衷心拥护并积极贯彻执行党的十一届三中全会以来的路线、方针、政策，参与平反了大量冤假错案；他认真执行党的知识分子政策，关心、爱护农业战线上的知识分子，帮助解决他们的实际困难，充分发挥他们的才华；他热情关注农村经济体制改革的伟大实践和成就，多次深入农村基层调查农业生产责任制、发展商品经济以及传统农业向现代农业转变等问题，提出许多宝贵的建设性意见。

刘瑞龙同志十分重视农业知识的总结和农业科学的研究。1984年兼任《中国大百科全书》总编辑委员会副主任和《中国农业百科全书》总编辑委员会主任后，他不顾年迈多病，积极组织力量，亲自过问细节，作出具体部署，对世界上规模最大、内容最丰富的农业百科全书的成功编纂起到了举足轻重的作用。

直到生命的最后一刻，刘瑞龙同志仍在为中国农业发展日夜操劳。1988年5月25日，正在广州主持全国农史学术讨论会议的刘瑞龙同志因病抢救无效，不幸去世，实践了共产党人生命不息、战斗不止的誓言。

风范长在，南通人民永志不忘

刘瑞龙同志在60多年的革命生涯中，襟怀坦白、坚持原则、生活简朴、严于律己、为人表率，深受大家普遍尊敬和爱戴。

刘瑞龙同志对党的事业和共产主义理想信念非常坚定，无论环境多么恶劣和复杂，都能经受住考验。1928年至1937年的10年间，他先后三次被捕入狱，始终坚守党的秘密，坚定革命信念。出狱后，他义无反顾地投入继续革命的洪流。"文革"的磨难，也丝毫没有动摇他对党、对共产主义的信念。他在革命和建设实践中坚持从实际出发，始终秉持实事求是的科学态度。无论是战争年代还是和平建设时期，刘瑞龙同志都十分注意密切联系群众，深入实际调查研究。无论走到哪里，不管对哪级干部或普通群众，他都注意倾听各方反映特别是不同意见，使同志们毫无顾虑，敢于陈述实情，敢说心里话。他在担任国家农业部门负责人时，主持制定的有关农业政策措施都是在深入调查研究、科学论证的基础上形成的。"文革"期间，他坚持真理，保护同志，绝不诬陷他人，坚信是非曲直终将大白于天下，保持了共产党人襟怀坦荡、坚持原则的气节。

刘瑞龙同志时刻把人民的利益放在首位，甘做人民的公仆。刘瑞龙同志常说：人民是胜利之本，是军队力量的源泉。当年在淮北抗战，为了支援浴血奋战的新四军，群众踊跃参军，捐献物资。成千上万的群众齐上阵，挖成了纵横交错、绵延百里的交通沟，使新四军能够机动灵活地开展对敌斗争。他认为：人民是我们的母亲，我们是人民的儿子。儿子为母亲服务，是天经地义、义不容辞的。解放后，他时刻关心老区人民，时间愈久，牵挂愈深。只要老区来人、只要老区有困难，不管是干部，还是乡亲，他从不拒绝，千方百计帮助解决。

身为党的高级领导干部,刘瑞龙同志一贯严于律己,为人表率,始终保持艰苦朴素的本色。他襟怀坦白、生活简朴,受到大家的普遍推崇和尊敬。他有一件衣服曾经打过240多个补丁。他对子女家人也都严格要求,从不搞特殊。

刘瑞龙同志是从南通走出去的老一辈无产阶级革命家,是南通人民的骄傲。对这片生他养他的热土,刘瑞龙同志充满感情。在华东局和国家农业部工作期间,他曾多次回到南通,深入基层,访问老党员、老干部、红十四军老战士和当年鱼水相依的群众,嘘寒问暖,排忧解难,并深入调查研究,听取干部群众的意见和建议,指导当地工作。其朴实的作风,谦逊的态度,科学细致的工作方法,给南通人民留下深刻的印象。

我们今天纪念刘瑞龙同志诞辰100周年,就是要以刘瑞龙同志等老一辈革命家为榜样,学习他们坚定的理想信念,始终保持共产党人的先进性;学习他们实事求是的科学态度,大兴求真务实之风;学习他们甘当人民公仆的精神,始终树立和实践正确的权力观;学习他们廉洁自律的高尚品德,始终保持艰苦奋斗的优良作风。

改革开放以来,南通人民在党的领导下,发扬包容会通、敢为人先的精神,不断解放思想、更新观念,在坚持实事求是的基础上创造性地开展工作,用创新的办法解决前进中的困难和问题,以创造性的工作扎实推进跨越发展、科学发展、和谐发展,取得了世人瞩目的巨大成就。当前,南通正处在抢抓两大国家战略机遇、推进基本现代化建设的新起点上,我们要进一步弘扬革命先辈的奋斗精神,在以胡锦涛同志为总书记的党中央和省委、省政府的正确领导下,锐意改革创新,推动科学发展,扎实推进经济建设、政治建设、文化建设、社会建设协调并进、全面发展,为建设一个经济更加强盛、科教更加发达、社会更加文明、文化更加繁荣、生态更加优良、人民更加幸福的现代化新南通而共同奋斗。

(原文刊于2010年10月2日《南通日报》A1、A2版)

附 录

文件选目

2010年中共南通市委主要文件目录索引

文 号	文 件 标 题	发文日期
通委发〔2010〕1号	中共南通市委、南通市人民政府印发《关于推进长安南通建设的意见》的通知	2010.2.21
通委发〔2010〕2号	中共南通市委关于学习宣传贯彻《中国共产党领导干部廉洁从政若干准则》的通知	2010.2.26
通委发〔2010〕3号	中共南通市委关于进一步加强新时期科协工作的意见	2010.3.22
通委发〔2010〕4号	中共南通市委、南通市人民政府关于加快我市老龄事业发展的实施意见	2010.4.14
通委发〔2010〕5号	中共南通市委关于贯彻落实《中国共产党党校工作条例》的若干意见	2010.7.1
通委发〔2010〕6号	中共南通市委关于印发《2010～2014年南通市党的基层组织建设规划》的通知	2010.9.1
通委发〔2010〕7号	中共南通市委关于进一步加强和改进人大工作的意见	2010.9.16
通委发〔2010〕8号	中共南通市委、南通市人民政府关于深化医药卫生体制改革的实施意见	2010.9.20
通委发〔2010〕9号	中共南通市委、南通市人民政府关于印发《南通市长期教育改革和发展规划纲要(2010～2020年)》的通知	2010.10.12
通委发〔2010〕10号	中共南通市委、南通市人民政府关于加快残疾人事业发展的实施意见	2010.11.18
通委发〔2010〕11号	中共南通市委、南通市人民政府关于印发《南通市推进社会管理创新工作实施意见》的通知	2010.12.9
通委发〔2010〕12号	中共南通市委关于制定南通市国民经济和社会发展第十二个五年规划的建议	2010.12.13
通委〔2010〕4号	中共南通市委、南通市人民政府关于印发《海门市人民政府机构改革方案》的通知	2010.1.23
通委〔2010〕5号	中共南通市委、南通市人民政府关于印发《启东市人民政府机构改革方案》的通知	2010.1.23
通委〔2010〕6号	中共南通市委、南通市人民政府关于印发《如东县人民政府机构改革方案》的通知	2010.1.23
通委〔2010〕7号	中共南通市委、南通市人民政府关于印发《海安县人民政府机构改革方案》的通知	2010.1.23
通委〔2010〕8号	中共南通市委、南通市人民政府关于印发《通州区人民政府机构改革方案》的通知	2010.1.23
通委〔2010〕9号	中共南通市委、南通市人民政府关于印发《港闸区人民政府机构改革方案》的通知	2010.1.23
通委〔2010〕15号	中共南通市委、南通市人民政府关于印发《崇川区人民政府机构改革方案》的通知	2010.3.1

(续表)

文　号	文　件　标　题	发文日期
通委〔2010〕18 号	中共南通市委、南通市人民政府关于成立南通市统筹城乡发展工作领导小组的通知	2010.4.16
通委〔2010〕19 号	中共南通市委、南通市人民政府关于印发《南通市人民政府机构改革实施意见》的通知	2010.4.16
通委〔2010〕21 号	中共南通市委、南通市人民政府关于成立南通沿海开发领导小组的通知	2010.4.23
通委〔2010〕23 号	中共南通市委关于成立市委创先争优活动领导小组的通知	2010.6.3
通委〔2010〕24 号	中共南通市委、南通市人民政府府关于成立市“十二五”规划编制工作领导小组的通知	2010.6.7
通委〔2010〕25 号	中共南通市委关于表彰全市党建工作先进单位的决定	2010.6.28
通委〔2010〕26 号	中共南通市委、南通市人民政府关于开展向尤建华同志学习活动的决定	2010.6.30
通委〔2010〕27 号	中共南通市委、南通市人民政府关于授予南通市首届江海杰出英才奖、留学回国人员成就奖、高技能人才成就奖的决定	2010.7.1
通委〔2010〕28 号	中共南通市委、南通市人民政府关于表彰全市人才工作先进单位和先进个人的决定	2010.7.1
通委〔2010〕29 号	中共南通市委、南通市人民政府关于表彰 2009 年度南通市洋口港开发建设突出贡献及先进单位的决定	2010.7.26
通委〔2010〕33 号	中共南通市委关于加强党员干部思想道德和社会诚信建设深入推进惩防体系建设的意见	2010.8.11
通委〔2010〕41 号	中共南通市委、南通市人民政府关于表彰 2010 年度南通市科技兴市功臣的决定	2010.11.26
通委〔2010〕45 号	中共南通市委、南通市人民政府关于成立南通市社会管理创新综合试点工作领导小组及办公室的通知	2010.12.9
通办发〔2010〕6 号	市委办公室、市政府办公室关于印发南通市 2010 年度县(市)区党政领导科技进步与人才工作目标责任制考核要点的通知	2010.3.11
通办发〔2010〕9 号	市委办公室、市政府办公室关于印发《南通市江海英才引进计划实施办法》等 4 个办法的通知	2010.3.16
通办发〔2010〕10 号	市委办公室、市政府办公室关于印发 2010 年全市民营经济发展重点工作目标任务分解表的通知	2010.3.18
通办发〔2010〕12 号	市委办公室、市政府办公室关于转发市依法治市领导小组 2010 年法治南通建设工作要点的通知	2010.3.30
通办发〔2010〕16 号	市委办公室、市政府办公室转发市依法治市领导小组关于开展争创全省首批法治城市工作实施方案的通知	2010.4.23
通办发〔2010〕17 号	市委办公室、市政府办公室关于印发南通市事业单位岗位设置管理实施意见的通知	2010.4.27
通办发〔2010〕19 号	市委办公室转发市委组织部关于做好村社区党组织班子成员公推直选工作实施意见的通知	2010.5.28
通办发〔2010〕20 号	市委办公室、市政府办公室关于对 2010 年全市农业和农村工作主要目标实施考核的通知	2010.5.31
通办发〔2010〕21 号	市委办公室、市政府办公室关于在全市党的基层组织和党员中深入开展创先争优活动实施意见的通知	2010.6.1

（续表）

文　号	文　件　标　题	发文日期
通办发〔2010〕22 号	市委办公室、市政府办公室关于印发 2010 年度南通市洋口港开发建设重点工作计划及责任分解表的通知	2010.6.1
通办发〔2010〕23 号	市委办公室关于调整市社会治安综合治理委员会成员的通知	2010.6.7
通办发〔2010〕24 号	市委办公室、市政府办公室关于印发推进文明办丧实施惠民殡葬工作意见的通知	2010.6.7
通办发〔2010〕25 号	市委办公室关于中共南通市委副秘书长分工的通知	2010.6.9
通办发〔2010〕31 号	市委办公室关于调整市委密码工作领导小组（市国家密码管理委员会）成员的通知	2010.6.21
通办发〔2010〕32 号	市委办公室关于调整南通市依法治市领导小组成员的通知	2010.7.1
通办发〔2010〕33 号	市委办公室、市政府办公室关于调整市机关作风建设目标责任制管理工作领导小组成员及其下设办事机构组成人员的通知	2010.7.9
通办发〔2010〕34 号	市委办公室、市政府办公室关于印发 2010 年度市级机关综合绩效考评办法的通知	2010.7.9
通办发〔2010〕35 号	市委办公室、市政府办公室关于做好全市第九届村民委员会换届选举工作的通知	2010.7.12
通办发〔2010〕36 号	市委办公室、市政府办公室关于调整治理小金库工作领导小组组成人员的通知	2010.7.13
通办发〔2010〕41 号	市委办公室、市政府办公室关于加强县级社科联组织建设的意见	2010.8.9
通办发〔2010〕42 号	市委办公室关于成立市党员干部思想道德和社会诚信体系建设推进办公室的通知	2010.8.10
通办发〔2010〕43 号	市委办公室、市政府办公室关于推进农村党风廉政建设“三三三工程”的意见	2010.8.10
通办发〔2010〕46 号	市委办公室、市政府办公室关于印发《南通市涉农负担问责暂行办法》的通知	2010.8.18
通办发〔2010〕47 号	市委办公室、市政府办公室关于认真做好 2010 年度军队转业干部安置工作的通知	2010.8.23
通办发〔2010〕48 号	市委办公室、市政府办公室关于印发南通市关爱农村老人农民工子女志愿服务活动实施方案的通知	2010.8.23
通办发〔2010〕50 号	市委办公室关于进一步加强大学生村（社区）干部教育管理的实施意见的通知	2010.9.19
通办发〔2010〕51 号	市委办公室关于进一步做好非公有制经济代表人士综合评价工作意见的通知	2010.9.20
通办发〔2010〕54 号	市委办公室、市政府办公室关于建立南通市社会稳定风险评估工作领导小组的通知	2010.10.8
通办发〔2010〕56 号	市委办公室关于调整南通市国防教育委员会成员的通知	2010.10.26
通办发〔2010〕57 号	市委办公室、市政府办公室关于进一步落实工作责任深化为民服务的意见	2010.10.26
通办发〔2010〕60 号	市委办公室、市政府办公室关于印发《南通市环境保护问责暂行办法》的通知	2010.11.4

（续表）

文号	文件标题	发文日期
通办发〔2010〕61号	市委办公室关于调整南通市维护稳定工作领导小组成员的通知	2010.11.23
通办发〔2010〕62号	市委办公室、市政府办公室关于印发南通市社会管理创新综合试点项目书的通知	2010.12.9
通办发〔2010〕64号	市委办公室转发市委组织部关于实行乡镇(街道)党(工)委书记管党述职评议制度意见的通知	2010.12.28
通办发〔2010〕67号	市委办公室关于印发推进全市学习型党组织、学习型领导班子建设的实施意见的通知	2010.12.30
通办发〔2010〕70号	市委办公室、市政府办公室、军分区政治部关于做好驻通部队军人子女就学工作的意见	2010.12.31

（市委办）

2010年南通市人民政府主要文件目录索引

文号	文件名	发文时间
转型升级		
通政发〔2010〕11号	市政府关于扶持市区新能源产业加快发展的若干意见	2010.1.23
通政发〔2010〕12号	市政府关于扶持市区电子信息产业加快发展的若干意见	2010.1.23
通政办发〔2010〕14号	市政府办公室关于开展新型工业化系列考评活动的通知	2010.1.23
通政办发〔2010〕62号	市政府办公室关于2010年推进实施六大产业转型升级规划纲要主要目标任务分解的通知	2010.4.21
通政办发〔2010〕116号	市政府办公室关于印发《南通名牌产品管理办法》的通知	2010.7.12
通政发〔2010〕82号	市政府关于加快淘汰落后产能工作的实施意见	2010.9.25
通政发〔2010〕89号	市政府关于加快全市开发区转型升级的若干意见	2010.11.26
通政发〔2010〕93号	市政府关于鼓励制造业企业分离发展生产性服务业工作的实施意见	2010.12.1
通政发〔2010〕98号	南通市人民政府关于加快新兴产业发展的实施意见	2010.12.14
人才和科技创新		
通政办发〔2010〕43号	市政府办公室关于印发2010年度南通市高新技术产业发展和全社会研发投入考核办法的通知	2010.3.26
通政规〔2010〕7号	市政府关于印发《南通市科学技术进步奖励办法》的通知	2010.6.30
通政办发〔2010〕119号	市政府办公室关于印发南通市人民政府聘请高级经济顾问暂行办法的通知	2010.7.14
环境保护和节能减排		
通政办发〔2010〕6号	市政府办公室关于印发《南通市市级公共机构节能工作考核评估办法》的通知	2010.1.11
通政规〔2010〕2号	市政府关于印发南通市节约用水管理办法的通知	2010.2.24
通政办发〔2010〕51号	市政府办公室关于印发2010年重点环境保护工作任务分解表的通知	2010.3.31
通政办发〔2010〕59号	市政府办公室关于下达2010年全市节水型社会建设目标任务的通知	2010.4.19

（续表）

文　号	文　　件　　名	发文时间
通政办发〔2010〕68 号	市政府办公室关于印发 2010 年全市墙体材料革新与建筑节能工作目标任务分解表的通知	2010.4.26
通政办发〔2010〕94 号	市政府办公室关于印发南通市 2010 年整治违法排污企业保障群众健康环保专项行动工作方案的通知	2010.6.2
通政发〔2010〕67 号	市政府关于进一步加大工作力度确保实现 2010 年节能减排目标的通知	2010.6.28
通政办发〔2010〕169 号	市政府办公室关于做好全社会节约用电工作的通知	2010.9.25
通政规〔2010〕13 号	市政府关于印发《南通市建筑节能管理实施细则》的通知	2010.11.9
通政办发〔2010〕205 号	市政府办公室关于 2011 年全市造林绿化工作的意见	2010.11.18
通政办发〔2010〕206 号	市政府办公室关于做好 2011 年造林绿化考核工作的通知	2010.11.19
新农村建设		
通政发〔2010〕3 号	市政府关于进一步促进农民自主创业的工作意见	2010.1.22
通政办发〔2010〕52 号	市政府办公室关于加强农村环境长效管理工作的实施意见	2010.3.30
通政办发〔2010〕56 号	市政府办公室关于印发南通市农村环境长效管理考核办法的通知	2010.4.6
通政发〔2010〕79 号	市政府关于加快推进江苏南通江海农民创业园建设的意见	2010.9.13
第一产业		
通政办发〔2010〕15 号	市政府办公室关于 2010 年市区都市生态型现代农业发展工作意见	2010.2.3
通政办发〔2010〕61 号	市政府办公室关于加快地方特色畜禽产业发展的意见	2010.4.21
通政发〔2010〕57 号	市政府关于加快现代农业产业发展的意见	2010.5.6
通政办发〔2010〕105 号	市政府办公室关于做好 2010 年农业保险试点工作的通知	2010.6.22
通政办发〔2010〕127 号	市政府办公室关于转发市农办市财政局南通市农业保险试点工作考核办法的通知	2010.7.22
沿江沿海开发		
通政发〔2010〕31 号	市政府关于加强沿海战略资源科学开发使用管理的意见	2010.3.16
通政办发〔2010〕44 号	市政府办公室关于印发 2010 年度南通市大交通建设重点工作目标考核办法的通知	2010.3.25
通政办发〔2010〕142 号	市政府办公室关于印发南通市长江北支综合整治研究工作意见的通知	2010.8.16
通政办发〔2010〕181 号	市政府办公室关于印发《南通市沿海战略资源开发使用项目管理实施办法（试行）》的通知	2010.10.11
服务企业发展		
通政办发〔2010〕23 号	市政府办公室关于改善全市出口百强企业跟踪服务责任制的通知	2010.3.2

(续表)

文　号	文　　件　　名	发文时间
通政办发〔2010〕38 号	市政府办公室转发市物价局财政局关于完善涉企收费优惠政策意见的通知	2010.3.18
通政办发〔2010〕114 号	市政府办公室转发市财政局科技局关于扶持南通科技园入驻企业发展若干意见(试行)的通知	2010.7.12
通政发〔2010〕145 号	市政府办公室关于转发人行南通市中心支行等七部门《南通市中小民营企业成长培育"333 计划"》的通知	2010.8.26
通政办发〔2010〕151 号	市政府办公室关于建立市区服务保障重大项目"绿色通道"制度的试行意见	2010.9.6
通政办发〔2010〕153 号	市政府办公室关于进一步加强对外商投资企业服务工作的意见	2010.9.13
通政发〔2010〕84 号	市政府关于加大资金扶持推进市区外经企业发展的实施意见	2010.10.8
第三产业		
通政办发〔2010〕42 号	市政府关于印发《2010 年度南通市商贸流通经济发展考评办法》的通知	2010.3.24
通政发〔2010〕43 号	市政府关于印发 2010 年度南通市服务业目标考核办法的通知	2010.3.25
通政办发〔2010〕57 号	市政府办公室印发关于强化政策驱动促进南通服务业又好又快发展议案办理工作方案的通知	2010.4.7
通政办发〔2010〕66 号	市政府办公室关于印发《南通市 2010 年度旅游项目建设目标考核办法》的通知	2010.4.26
通政办发〔2010〕67 号	市政府办公室关于印发《迎世博暨 2010 年全市旅游重点项目工作任务分解表》的通知	2010.4.26
通政发〔2010〕62 号	市政府关于加快新城区中央商务区总部经济发展的若干意见	2010.6.1
通政办发〔2010〕106 号	市政府办公室关于印发南通市新城区总部企业认定办法的通知	2010.6.30
通政办发〔2010〕113 号	市政府办公室转发市物价局关于进一步优化服务业价费环境意见的通知	2010.7.12
通政发〔2010〕92 号	市政府关于加快推进供销合作社改革发展的意见	2010.11.30
改革开放		
通政办发〔2010〕49 号	市政府办公室关于印发《南通市 2010 年接轨上海重点工作目标及责任分解表》的通知	2010.3.30
通政办发〔2010〕108 号	市政府办公室关于转发市发展改革委员会 2010 年南通市体制改革工作要点的通知	2010.7.2
通政办发〔2010〕31 号	市政府办公室关于充分利用上海世博会契机积极推进我市招商引资工作的指导意见	2010.3.4

（续表）

文 号	文 件 名	发文时间
城市建设		
通政办发〔2010〕73 号	市政府办公室关于印发南通市 2010 年区级城市建设目标考核办法的通知	2010.5.4
通政办发〔2010〕217 号	市政府办公室关于在全市开展用电信息采集系统建设工作的通知	2010.12.1
通政办发〔2010〕70 号	市政府办公室关于印发《南通市市区户外广告综合整治工作方案》的通知	2010.4.27
通政办发〔2010〕87 号	市政府办公室关于印发南通市市区主城区单位配建停车场对社会开放实施方案的通知	2010.5.24
通政发〔2010〕100 号	市政府关于加强市区老住宅小区综合整治工作的意见	2010.12.16
国土资源		
通政发〔2010〕9 号	市政府关于建立耕地保护共同责任机制的意见	2010.1.22
通政办发〔2010〕74 号	市政府办公室关于印发《南通市市区经营性用地规划容积率调整管理办法》的通知	2010.5.7
通政办发〔2010〕162 号	市政府办公室转发市国土资源局等部门南通市征地项目实行社会稳定风险评估的试行意见的通知	2010.9.25
通政发〔2010〕95 号	市政府关于进一步加强市区土地储备工作的意见	2010.12.13
社会事业		
通政发〔2010〕65 号	市政府关于继续做好市区持独生子女父母光荣证退休企业职工一次性奖励的通知	2010.6.21
通政办发〔2010〕126 号	市政府办公室关于贯彻《全民健身条例》的实施意见	2010.7.22
通政办发〔2010〕132 号	市政府办公室关于推进居家养老服务工作的实施意见	2010.8.5
通政办发〔2010〕133 号	市政府办公室转发市教育局等部门南通市学生体质健康监测工作方案的通知	2010.8.6
通政办发〔2010〕193 号	市政府办公室转发市教育局等部门关于进一步加强职业教育校企合作办学意见的通知	2010.11.1
通政办发〔2010〕224 号	市政府办公室关于印发南通市市区 2011 年度无偿献血应急计划的通知	2010.12.9
通政办发〔2010〕214 号	市政府办公室关于印发《南通市促进高职教育改革发展综合试验区实验方案》的通知	2010.12.1
民生和社会保障		
通政办发〔2010〕12 号	市政府办公室关于调整市区被征地农民基本生活保障标准的通知	2010.1.22
通政办发〔2010〕25 号	市政府办公室关于进一步加强拆迁安置房规范化管理的通知	2010.3.1

(续表)

文　号	文　件　名	发文时间
通政办发〔2010〕39 号	市政府办公室转发市粮食局等部门关于进一步完善市区粮油实物帮困救助工作实施意见的通知	2010.3.22
通政发〔2010〕38 号	市政府关于贯彻落实江苏省新型农村社会养老保险制度实施办法的意见	2010.3.22
通政规〔2010〕3 号	市政府关于印发《南通市城乡低收入家庭认定管理试行办法》的通知	2010.3.31
通政发〔2010〕47 号	市政府关于印发《南通市城乡低收入家庭认定管理试行办法》的通知	2010.3.31
通政办发〔2010〕64 号	市政府办公室关于印发 2010 年度全市劳动保障工作目标考核办法的通知	2010.4.23
通政办发〔2010〕75 号	市政府办公室转发市总工会等部门关于将优秀农民工和缴纳社会保险时间较长的外来农民工纳入市区经济适用住房保障范围的试行意见的通知	2010.5.7
通政发〔2010〕58 号	市政府关于进一步促进高校毕业生就业工作的意见	2010.5.10
通政办发〔2010〕77 号	市政府办公室关于印发《南通市区域供水工程建设考核办法》的通知	2010.5.13
通政办发〔2010〕80 号	市政府办公室关于开展市区中低收入住房困难家庭、新就业人员和外来务工人员住房状况调查工作的通知	2010.5.18
通政发〔2010〕66 号	市政府关于进一步做好市区城镇老年居民养老补贴发放工作的通知	2010.6.22
通政规〔2010〕6 号	市政府关于印发《南通市市区居民生育保险暂行办法》的通知	2010.6.22
通政办发〔2010〕111 号	市政府办公室关于进一步加强药品安全监督和药品供应网络建设的意见	2010.7.9
通政发〔2010〕85 号	市政府关于加强和完善崇川区、港闸区被征地农民基本生活保障工作的意见	2010.10.20
通政办发〔2010〕189 号	市政府办公室关于加快发展公共租赁住房的指导意见	2010.10.25
通政规〔2010〕9 号	市政府关于印发《南通市按比例安排残疾人就业办法》的通知	2010.10.25
通政办发〔2010〕194 号	市政府办公室关于报送 2011 年政府为民办实事项目计划建议的通知	2010.10.28
通政规〔2010〕10 号	市政府关于印发《南通市市区城镇职工基本医疗自费补充保险暂行办法》的通知	2010.11.2

（续表）

文　号	文　件　名	发文时间
通政办发〔2010〕200 号	市政府办公室关于印发《南通市 2010 年实施国家基本药物制度工作方案》的通知	2010.11.16
通政规〔2010〕12 号	市政府关于修改《南通市气象管理办法》的决定	2010.11.25
通政发〔2010〕91 号	市政府关于加强食品安全检验检测体系建设的意见	2010.11.30
通政发〔2010〕90 号	市政府关于切实稳定消费价格保障群众生活的通知	2010.12.2
社会管理		
通政办发〔2010〕1 号	市政府办公室关于印发南通市药品安全专项整治工作实施方案的通知	2010.1.5
通政办发〔2010〕30 号	市政府办公室转发市公安局关于做好上海世博会我市环沪护城河工作意见的通知	2010.3.3
通政办发〔2010〕34 号	市政府办公室关于在全市进一步推行仲裁法律制度的通知	2010.3.16
通政办发〔2010〕35 号	市政府办公室关于印发 2010 年度南通市质量工作绩效考核办法的通知	2010.3.17
通政办发〔2010〕47 号	市政府办公室转发市纠正行业不正之风领导小组办公室 2010 年全市纠风工作要点的通知	2010.3.29
通政办发〔2010〕54 号	市政府办公室关于印发 2010 年全市应急管理工作要点的通知	2010.3.29
通政办发〔2010〕60 号	市政府办公室关于深入推进应急管理“五个一”示范工程建设的通知	2010.4.19
通政发〔2010〕53 号	市政府关于下达 2010 年全市安全生产控制指标的通知	2010.4.22
通政办发〔2010〕63 号	市政府办公室关于印发《南通市 2010 年度安全生产目标管理考核办法》的通知	2010.4.22
通政规〔2010〕4 号	市政府关于印发《南通市区“三小车辆”管理暂行办法》的通知	2010.4.26
通政办发〔2010〕69 号	市政府办公室关于印发《南通市区“三小车辆”综合治理工作方案》的通知	2010.4.26
通政办发〔2010〕76 号	市政府办公室关于印发《南通市继续深入开展“安全生产年”活动方案》的通知	2010.5.10
通政办发〔2010〕77 号	市政府办公室关于印发《南通市区域供水工程建设考核办法》的通知	2010.5.13
通政规〔2010〕5 号	市政府关于印发南通市地名管理办法的通知	2010.5.20
通政办发〔2010〕109 号	市政府办公室转发市住房保障和房产管理局等单位南通市市区城市房屋拆迁项目社会稳定风险评估实施意见的通知	2010.7.8
通政办发〔2010〕121 号	市政府办公室关于印发《南通市药品和医疗器械突发公共事件应急预案》的通知	2010.7.22

(续表)

文　号	文　　件　　名	发文时间
通政办发〔2010〕152 号	市政府办公室关于做好第六次全国人口普查工作的意见	2010.9.6
通政办发〔2010〕155 号	市政府办公室关于切实加强基层应急队伍建设的意见	2010.9.16
通政办发〔2010〕157 号	市政府办公室关于认真做好全市第四届社区居委会换届选举工作的意见	2010.9.17
通政办发〔2010〕195 号	市政府办公室关于建立南通市应急管理委员会的通知	2010.11.3
通政办发〔2010〕198 号	市政府办公室关于组建南通市应急救援支队的通知	2010.11.9
政务公开		
通政办发〔2010〕95 号	市政府办公室关于印发 2010 年全市政务公开工作要点的通知	2010.6.4
通政办发〔2010〕99 号	市政府办公室关于开展全市行政权力网上公开透明运行考核验收工作的通知	2010.6.9
通政办发〔2010〕226 号	市政府办公室关于开展 2010 年度政府网站测评活动的通知	2010.12.14

(政府办)

年　度　先　进

年度各类先进集体

经济建设先进单位

建筑强市、建筑强县(市、区)

(江苏省政府 2011 年 4 月表彰)

南通市　通州区　海门市　海安县　启东市　如皋市　如东县

江苏省建筑业优秀企业

(江苏省政府 2011 年 4 月表彰)

江苏南通二建集团有限公司

江苏省苏中建设集团有限公司

南通建筑工程总承包有限公司

南通四建集团有限公司

江苏顺通建设集团有限公司

江苏南通六建建设集团有限公司

江苏启安建设集团有限公司

南通建工集团有限公司

江苏省社会主义建设先进村

(江苏省委农村工作领导小组 2011 年 1 月授予)

海门市海门工业园区叠石村

海门市正余镇邢柏村

启东市吕四港镇菜园村

启东市汇龙镇东郊村

如东县大豫镇东凌村

如皋市长江镇海坝村

海安县曲塘镇刘圩村

海安县海安镇三塘村

南通市崇川区观音山街道山港桥村

南通市港闸区天生港镇街道国庆村

南通市通州区刘桥镇刘桥村

南通市通州区兴东镇孙李桥村

江苏省优秀民营企业

(2010 年 10 月 23 日,省委、省政府在全省民营经济工作会议上表彰)

江苏熔盛重工有限公司

江苏中天科技股份有限公司

江苏综艺集团
江苏文峰集团有限公司
鑫缘茧丝绸集团股份有限公司
江苏南通二建集团有限公司
江苏东源电器集团股份有限公司
南通华达微电子集团有限公司
通光集团有限公司
江苏英田集团有限公司
江苏中南建设集团股份有限公司

2010 年度南通市民营经济十强乡镇(街道)
(2011 年 1 月南通市委、市政府表彰)
海安县城东镇
如皋市如城镇
海门市三星镇
港闸区天生永兴街道
启东市汇龙镇
启东市吕四港镇
通州区平潮镇
如东县掘港镇
崇川区观音山街道
通州区金沙镇

2010 年度南通市民营经济发展明星村(社区)
(2011 年 1 月南通市委、市政府表彰)
海安县李堡镇李堡村
如皋市如皋经济技术开发区鹿门社区
如东县曹埠镇跨岸村
海门市德胜镇李彬村、三星镇镇南村
启东市吕四港镇东皇山村
通州区川姜镇志浩村
崇川区钟秀街道百花社区
港闸区天生港镇街道爱国村
南通经济技术开发区新开街道沙家圩村

“十一五”南通市优秀民营企业
(2011 年 1 月南通市委、市政府表彰)
江苏鹏飞集团股份有限公司
江苏联发纺织股份有限公司
鑫缘茧丝绸集团股份有限公司
南通海林集团有限公司
江苏省苏中建设集团有限公司
江苏省华强纺织有限公司
南通新正大特钢有限公司
江苏熔盛重工有限公司
如皋市双马化工有限公司
江苏九鼎新材料股份有限公司
江苏英田集团有限公司
江苏省如高高压电器有限公司
中天科技集团有限公司
南通辉煌彩色钢板有限公司
江苏九九久科技股份有限公司
南通强生轻工集团有限公司
江苏快达农化股份有限公司
中南控股集团有限公司
江苏南通三建集团有限公司
龙信建设集团有限公司
江苏通光电子线缆股份有限公司
江苏金雪集团有限公司
江苏林洋电子股份有限公司
江苏南通二建集团有限公司
江苏神通阀门股份有限公司
启东道达重工有限公司
南通永安纺织有限公司
南通东泰电工器材有限公司
江苏韩通船舶重工有限公司
江苏中联科技集团有限公司
南通江海电容器股份有限公司
江苏大富豪啤酒有限公司
江苏东源电器集团股份有限公司
江苏亚伦集团股份有限公司
南通一德实业有限公司
江苏文峰集团有限公司
南通华达微电子集团有限公司
南通化工轻工股份有限公司
江苏金通灵风机股份有限公司
南通川东石油公司
南通亚华船舶制造集团有限公司
南通华荣建设集团有限公司
江苏国建企业发展股份有限公司
江苏狼山钢绳股份有限公司
南通扬子碳素股份有限公司
罗莱家纺股份有限公司
江苏润邦重工股份有限公司
江苏巨力钢绳有限公司
江苏弘扬钢丝制品有限公司

2010 年度全市开放型经济工作先进单位
(2011 年 1 月南通市委、市政府表彰)
1.南通市十佳外商投资企业

江苏熔盛重工有限公司
江苏林洋新能源有限公司
嘉吉粮油(南通)有限公司
南通中远川崎船舶工程有限公司
江苏乐天玛特商业有限公司
南通中远船务有限公司
南通醋酸纤维有限公司
江苏韩通船舶重工有限公司
南通富士通微电子股份有限公司
南通来宝谷物蛋白有限公司

2.南通市十佳外贸出口企业

江苏林洋新能源有限公司
南通中远川崎船舶工程有限公司
江苏韩通船舶重工有限公司
南通富士通微电子股份有限公司
南通中集罐式储运设备制造有限公司
欧贝黎新能源科技股份有限公司
江苏联发纺织股份有限公司
南通经济技术开发区炜赋对外贸易有限公司
南通江山农药化工股份有限公司
南通中远船务有限公司

3.南通市十佳外经合作企业

江苏南通三建集团有限公司
南通建工集团股份有限公司
江苏南通六建建设集团有限公司
南通四建集团有限公司
启东建筑集团有限公司
龙信建设集团有限公司
江苏中海国际经济技术合作有限公司
江苏中澜境外就业服务有限公司
江苏综艺股份有限公司
江苏韩通船舶重工有限公司

4.南通市十佳服务外包企业

东丽纤维研究所(中国)有限公司
携程信息技术(南通)有限公司
巴塞利亚药业(中国)有限公司
海门慧聚药业有限公司
安客诚全球信息服务(南通)有限公司
南通联亚药业有限公司
南通晟峰信息科技有限公司
如皋市先锋广告有限公司
江苏易博云天信息技术有限公司
南通互联盛世网络科技有限公司

文明创建先进单位

2007~2009年度江苏省文明乡镇标兵

(中共江苏省委、江苏省人民政府表彰)

海安县曲塘镇
海门市三厂镇

2007~2009年度江苏省文明村标兵

(中共江苏省委、江苏省人民政府表彰)

如东县马塘镇马丰村
如皋市如城镇顾庄社区(村)
启东市汇龙镇城北村

2007~2009年度江苏省文明单位标兵

(中共江苏省委、江苏省人民政府表彰)

南通大学
华能国际电力股份有限公司南通电厂
江苏省南通中学
南通市公安消防支队
南通烟滤嘴有限公司

2007~2009年度江苏省文明社区标兵

(中共江苏省委、江苏省人民政府表彰)

南通市崇川区城东街道德民社区

2007~2009年度江苏省文明镇

(江苏省文明委表彰)

海安县南莫镇
如皋市桃园镇
如东县大豫镇
海门市常乐镇
启东市寅阳镇
启东市惠萍镇
南通市通州区石港镇
南通市通州区平潮镇

2007~2009年度江苏省文明村

(江苏省文明委表彰)

海安县城东镇泰宁村
海安县海安镇园庄村
如皋市白蒲镇朱家桥村
如皋市江安镇联络新社区(村)
如东县大豫镇一门闸村
如东县掘港镇港南村
海门市正余镇邢柏村

海门市常乐镇培育村
启东市南阳镇光明村
启东市惠萍镇河湾村
南通市通州区兴仁镇徐庄村
南通市通州区石港镇江海村
南通市崇川区钟秀街道城北村社区(村)
南通市崇川区狼山镇街道剑山社区(村)
南通市港闸区唐闸镇街道高店村社区(村)
南通市港闸区天生港镇街道八一村
南通市竹行镇神农村

2007~2009年度江苏省文明单位

(江苏省文明委表彰)

海安县总工会
海安县国家税务局第一税务分局
海安县地方税务局第三税务分局
江苏昌昇集团股份有限公司
江苏九鼎集团有限公司
如皋市人民检察院
江苏省栟茶高级中学
江苏省如东高级中学
如东县地方税务局第一税务分局
如东县国家税务局第四税务分局
海门市财政局
海门市人民检察院
叠石桥国际家纺城有限公司
海门市地方税务局第一税务分局
江苏省启东中学
江苏林洋电子股份有限公司
启东文峰大世界有限公司
启东市国家税务局第三税务分局
江苏大富豪啤酒有限公司
江苏省通州高级中学
江苏省通州经济开发区管理委员会
南通市通州区人民检察院
中共南通市崇川区委组织部
中糖世纪股份有限公司江苏分公司
南通市崇川区钟秀街道办事处
南通市崇川区虹桥街道办事处
南通市鹤涛小学
南通华荣建设集团有限公司
南通市经济技术开发区人民检察院
南通阿尔德服装有限公司
南通航运职业技术学院
南通市公安局出入境管理处
南通市公安局车辆管理所
南通大众燃气有限公司
江苏省通沙汽车轮渡管理处
南通交通建设投资公司
南通市第三人民医院
南通市疾病预防控制中心
南通日报社
南通港口集团有限公司集装箱分公司
南通兴东机场有限公司
南通市国家税务局第一税务分局
南通市地方税务局稽查局
南通市地方税务局第一税务分局
南通市纤维检验所
江苏省特种设备安全监督检验研究院南通分院
南通海关
文峰大世界连锁发展股份有限公司
南通市住房公积金管理中心
南通大学附属医院
南通天生港发电有限公司
南通市卫生监督所
南通狼山风景名胜区管理委员会
南通市濠河风景名胜区管理处

2007~2009年度江苏省文明社区

(江苏省文明委表彰)

海门市海门镇茅镇街道社区
启东市汇龙镇南城区东洲新村社区
南通市通州区金沙镇虹西社区
南通市崇川区和平桥街道北濠东村社区
南通市崇川区新城桥街道濠景园社区
南通市崇川区城东街道小石桥社区
南通市港闸区唐闸镇街道新华社区
南通市开发区新开镇星海社区

2007~2009年度江苏省文明行业

(江苏省文明委表彰)

南通市国家税务系统(海安县国家税务系统、如皋市国家税务系统、如东县国家税务系统、海门市国家税务系统、启东市国家税务系统)

南通市地方税务系统(海安县地方税务系统、如皋市地方税务系统、如东县地方税务系统、海门市地方税务系统、启东市地方税务系统、南通市通州区地方税务系统)

江苏省电力公司南通市供电系统(江苏省电力公司海安县供电系统、如皋市供电系统、如东县供电系统、海门市供电系统、启东市供电系统)

南通市邮政系统(海安县邮政系统、如皋市邮政系统、如东县邮政系统、海门市邮政系统、启东市邮政系统)

南通市气象系统(海安县气象系统、如皋市气象系统、如东县气象系统、海门市气象系统、启东市气象系统、南通市通州区气象系统)

南通出入境检验检疫系统

中国电信股份有限公司南通分公司系统(中国电信股份有限公司海安分公司系统、如皋分公司系统、如东分公司系统、海门分公司系统、启东分公司系统、通州分公司系统)

南通市环境保护系统(海安县环境保护系统、如东县环境保护系统、海门市环境保护系统、启东市环境保护系统、南通市通州区环境保护系统)

南通市食品药品监督管理系统(海安县食品药品监督管理系统、如东县食品药品监督管理系统、海门市食品药品监督管理系统、启东市食品药品监督管理系统、南通市通州区食品药品监督管理系统)

南通市价格系统(海安县价格系统、如皋市价格系统、如东县价格系统、海门市价格系统、启东市价格系统、南通市通州区价格系统、南通市崇川区价格系统、南通市港闸区价格系统、南通市经济技术开发区价格系统)

中国移动通信集团江苏有限公司南通分公司系统(中国移动通信集团江苏有限公司如皋分公司系统、如东分公司系统、海门分公司系统、启东分公司系统、通州分公司系统)

南通海事系统

南通市烟草专卖系统(海安县烟草专卖系统、如皋市烟草专卖系统、如东县烟草专卖系统、海门市烟草专卖系统、启东市烟草专卖系统、南通市通州区烟草专卖系统)

南通工商行政管理系统(如皋市工商行政管理系统、如东县工商行政管理系统、海门市工商行政管理系统、启东市工商行政管理系统、南通市通州区工商行政管理系统、南通市崇川区工商行政管理系统、南通经济技术开发区工商行政管理系统,南通狼山风景区工商行政管理系统)

中国银行股份有限公司南通分行系统(海安支行系统、如皋支行系统、如东支行系统、海门支行系统、启东支行系统、通州支行系统、南通开发区支行系统)

南通市公路管理系统(海安县公路管理系统、如皋市公路管理系统、如东县公路管理系统、海门市公路管理系统、启东市公路管理系统、南通市通州区公路管理系统、南通市市区公路管理系统)

南通市公安系统(如皋市公安系统、如东县公安系统、海门市公安系统、启东市公安系统、南通市通州区公安系统、南通市崇川区公安系统、南通市港闸区公安系统、南通经济技术开发区公安系统)

南通质量技术监督系统(海安县质量技术监督系统、如皋市质量技术监督系统、如东县质量技术监督系统、海门市质量技术监督系统、南通市通州区质量技术监督系统)

南通市审计系统(海安县审计系统、如皋市审计系统、如东县审计系统、海门市审计系统、启东市审计系统、南通市崇川区审计系统、南通市港闸区审计系统)

中国建设银行股份有限公司南通分行系统(中国建设银行股份有限公司海安支行系统、如皋支行系统、海门支行系统、启东支行系统、通州支行系统)

2010年度全国巾帼文明岗

(全国城镇妇女"巾帼建功"活动领导小组表彰)

江苏银行股份有限公司南通崇川支行

海安县地方税务局第一税务分局征收股

南通市如皋工商行政管理局登记注册科

如东县国家税务局办税服务厅

如东县地方税务局纳税服务局办税服务股

启东市地方税务局第四税务分局征收股

南通市通州区会计核算中心

2007~2009年度江苏省旅游行业文明单位

(2010年12月江苏省文明办、江苏省旅游局命名表彰)

江苏省文明宾馆:南通大饭店

江苏省文明旅行社:南通中国旅行社

2010年江苏省五一劳动奖状获奖单位

海安县鹰球集团有限公司

南通盛祥流体控制有限公司

江苏银行南通分行

南通出租汽车有限公司洪建忠班组

南通市中医院

南通市文峰饭店有限公司

2010年江苏省"工人先锋号"集体

南通双弘纺织有限公司二纺车间细纱设备维护组

如皋市地方税务局第三分局三分局第一责任区

中交二航局中国石油江苏LNG项目接收站配套码头及栈桥工程项目经理部钢栈桥制作安装工段

通州新华书店有限责任公司通州书城

海门市行政服务中心

启东市地方税务局第二税务分局

江苏金通灵风机股份有限公司主轴焊接组

南通安装集团股份有限公司第三项目部

南通润邦重机有限公司生产部三车间

江苏天舒电器有限公司技术部

中国移动通信集团江苏有限公司南通分公司工程维护

部

南通中远船务工程有限公司船体车间

南通市高等学校招生委员会办公室

南通市公路管理处南通市交通局农村公路建设管理办公室

南通市濠河旅游园景建设发展公司游船旅游服务部导游组

南通市第一人民医院消化内科

南通科技投资集团股份有限公司整机工厂电气装配一班

江苏大生集团有限公司职工医院护理组

南通港口集团有限公司通州港务分公司电力供应队现场维修班

南通文峰大世界食品部

南通兴东机场有限公司航务管理部调度室

江苏省南通市对口支援四川省绵竹市新市镇地震灾后恢复重建指挥组

南通建工集团股份有限公司南通市民服务中心工程项目部

（综　合）

年度各类先进个人

江苏省杰出民营企业家

（2010年10月23日，省委、省政府在全省民营经济工作会议上表彰）

徐长江　江苏文峰集团有限公司董事长

2010年江苏省五一劳动奖章获得者

蔡　钧　江苏省电力公司海门市供电公司总经理

包惠东　中国电信南通分公司副总经理、工会主席经济师

严晓建　南通万德电子工业有限公司开发部经理

陈华祥　南通市广源彩印有限公司机长

宋立钧　南通大众燃气有限公司炼焦车间主任、党支部书记

倪　燕　江苏神通阀门股份有限公司技术科长

潘建明　南通美亚热电有限公司副值长

郭建华　江苏通州四建集团有限公司木工组长

罗亚萍　江苏熔盛重工有限公司副总工程师、设计院副院长

葛家君　如东县建筑行业协会秘书长

汤国杰　南通航运职业技术学院航海系主任

喜　庆　海安县地方税务局局长

宋爱红　南通市房产管理局房改办主任、住房保障办公室主任

2010年江苏省五一劳动荣誉奖章获得者

林锦松（中国台湾）　启东华泰陶瓷制品有限公司副总经理、工会主席

徐晓松（中国籍、美国绿卡）　南通芥明软件科技有限公司总经理

工藤仁志（日本）　南通中远川崎船舶工程有限公司

2010南通经济年度人物

（2011年3月30日市政府表彰）

南通中远川崎船舶工程有限公司总经理　徐　凯

南通醋酸纤维有限公司总经理　孙桂泉

南通中远船务工程有限公司总经理　倪　涛

中南控股集团有限公司董事长　陈锦石

南通富士通微电子股份有限公司董事长　石明达

嘉吉粮油（南通）有限公司总经理　陈立新

南通振华重型装备制造有限公司总经理　李　泽

江苏综艺集团董事长　昝圣达

南通产业控股集团董事长　陈照东

华能南通电厂厂长　朱鸿远

2010年南通市民营经济争创“三名”年度人物

（2011年3月30日市政府表彰）

鑫缘茧丝绸集团股份有限公司董事长　储呈平

江苏大富豪啤酒有限公司董事长　易　昕

江苏省苏中建设集团股份有限公司董事长　笪鸿鹄

江苏熔盛重工有限公司总裁　陈国荣

江苏九九久科技股份有限公司董事长　周新基

江苏南通二建集团有限公司董事长　陈建年

文峰大世界连锁发展有限公司总经理　顾建华

中天科技通信产品集团总经理　薛　驰

2010年南通市科技兴市功臣

（2010年11月南通市委、市政府表彰）

陈　俊　南通万达锅炉股份有限公司副总工程师，高级工程师

潘志远　南通中远川崎船舶工程有限公司副总经理，高级工程师

罗永欣　南通中集罐式储运设备制造有限公司总经理助理，高级工程师

薛　驰　中天科技海缆有限公司董事长，高级经济师

杨金德　南通宏德机电有限公司董事长，工程师

黄高杨　江苏神通阀门股份有限公司副总经理，高级工程师

马　跃　江苏林洋新能源有限公司技术总监,工程师
刘卫伟　江苏好收成韦恩农化股份有限公司副总经理,高级工程师
唐文君　江苏联发纺织股份有限公司总工程师,高级经济师
费建明　欧贝黎新能源科技有限公司董事长,高级工程师
王德峰　南通市华峰化工有限责任公司董事长,高级经济师
张周吉　南通市神马电力科技有限公司总工程师,高级工程师
谢书鸿　江苏中天科技股份有限公司总工程师,高级工程师
李梅芳　江苏快达农化股份有限公司副总经理,工程师
孙振平　中兴能源装备股份有限公司副总经理,工程师
姜煜峰　江苏通达动力科技股份有限公司董事长,高级经济师

南通建筑业功勋企业家

(2011 年 2 月南通市委、市政府表彰)

陈建年　江苏南通二建集团有限公司
周渭新　启东市建筑集团有限公司
徐竹林　江苏南通三建集团有限公司
陈锦石　南通建筑工程总承包有限公司
陈祖新　龙信建设集团有限公司
耿裕华　南通四建集团有限公司
张慎林　通州建总集团有限公司
易杰祥　南通新华建筑集团有限公司
胡　斌　南通五建建设工程有限公司
曹国祥　江苏顺通建设集团有限公司
徐正洪　江苏南通六建建设集团有限公司
沈良兵　江苏江中集团有限公司
笪鸿鹄　江苏苏中建设集团股份有限公司
陶昌银　南通华新建工集团有限公司
张向阳　南通建工集团股份有限公司

(综　合)

统计资料

2010 年南通市经济社会主要指标

指标名称	2010 年指标值	比上年增长
一、面积与人口		
辖区面积(平方公里)	8001	-
其中:市区	1521	-
年末常住总人口(万人)	728.28	
年末户籍总人口(万人)	762.92	持平
其中:市区(万人)	211.54	持平
年平均人口(万人)	762.79	-0.1%
年末总户数(万户)	283.17	1.5%
其中:市区(万户)	80.23	0.2%
出生人数(人)	53385	12.0%
出生率(‰)	7.0	0.8 个千分点
死亡人数(人)	60138	1.6%
死亡率(‰)	7.9	0.1 个千分点

（续表）

指　标　名　称	2010年指标值	比上年增长
自然增长率(‰)	-0.9	0.6个千分点
人口密度(人/平方公里)	954	持平
其中:市区(人/平方公里)	1391	持平
年末在岗职工数(万人)	58.96	1.4%
其中:市区(万人)	27.67	2.6%
乡村劳动力(万人)	327.42	-2.0%
其中:农林牧渔业(万人)	78.34	-4.7%
三、经济总量		
地区生产总值(亿元)	3417.88	13.0%
第一产业(亿元)	262.43	4.0%
第二产业(亿元)	1908.56	13.7%
其中:工业(亿元)	1568.49	14.3%
第三产业(亿元)	1246.89	13.6%
人均地区生产总值(元)	44808	13.0%
四、农业经济		
农林牧渔业总产值(亿元)	463.31	4.0%
其中:农业(亿元)	203.66	4.5%
其中:林业(亿元)	3.01	2.1%
其中:牧业(亿元)	118.99	3.5%
其中:渔业(亿元)	113.10	3.5%
农林牧渔业增加值(亿元)	262.43	4.0%
其中:农业(亿元)	140.37	4.0%
林业(亿元)	1.78	1.1%
牧业(亿元)	46.88	5.1%
渔业(亿元)	62.87	2.8%
粮食产量(万吨)	324.94	1.3%
棉花产量(万吨)	5.95	12.1%
油料产量(万吨)	42.21	-0.8%
蚕茧(万吨)	3.44	5.4%
生猪出栏(万头)	357.28	2.6%
羊出栏(万头)	241.42	6.5%
家禽出栏(万只)	10959	0.7%
猪肉(万吨)	25.20	3.4%

(续表)

指 标 名 称	2010年指标值	比上年增长
牛羊肉(万吨)	2.60	10.2%
禽蛋(万吨)	45.81	0.7%
蚕茧(万吨)	3.43	5.2%
水产品总产量(万吨)	78.92	3.8%
五、规模以上工业		
企业数(个)	7548	-
工业总产值(亿元)	7481.53	23.2%
主营业务收入(亿元)	7306.19	23.2%
其中:国有控股企业	423.47	40.0%
私营企业	3374.60	22.1%
外商港澳台投资企业	2872.75	22.7%
其中:轻工业(亿元)	2789.41	17.4%
重工业(亿元)	4516.78	27.1%
利税总额(亿元)	811.20	33.0%
其中:利润(亿元)	536.80	37.6%
六、建筑业		
建筑业总产值(亿元)	2701.32	23.7%
其中:在外省完成的产值	1430.10	22.4%
竣工产值(亿元)	1971.30	17.6%
房屋建筑竣工面积(万平方米)	35413.47	20.3%
年末从业人数 (万人)	106.65	10.9%
七、交通运输		
公路总里程(公里)	17474	13.4%
其中:高速公路(公里)	277	13.1%
客运量(万人)	16715	18.6%
货运量(万吨)	20301	27.5%
南通港货物吞吐量(万吨)	15069.80	10.5%
集装箱吞吐量(万标箱)	46.23	31.9%
八、电力		
全社会用电量(亿千瓦时)	249.70	14.8%
其中:工业用电量(亿千瓦时)	187.84	13.6%
九、固定资产投资		
全社会固定资产投资完成额(亿元)	2168.38	20.3%

（续表）

指 标 名 称	2010年指标值	比上年增长
其中：工业投入（亿元）	1530.11	15.1%
其中：民营投资（亿元）	1637.20	21.6%
规模以上固定资产投资完成额（亿元）	2015.18	22.9%
新增固定资产（亿元）	1301.84	8.1%
十、国内贸易		
社会消费品零售总额（亿元）	1268.32	18.7%
十一、对外经济		
进出口贸易总额（万美元）	2109616	29.8%
其中：进口总额（万美元）	698868	37.6%
出口总额（万美元）	1410748	26.2%
新批外商投资项目数（个）	364	-9.2%
新批协议注册外资额（万美元）	551453	-0.2%
实际到账注册外资额（万美元）	206056	2.8%
对外劳务承包合同额（万美元）	87252	13.0%
对外劳务承包营业额（万美元）	125316	8.4%
十二、旅游		
旅游人数（万人次）	1802.30	20.9%
其中：外国游客（万人次）	31.60	18.0%
港澳台游客（万人次）	3.91	21.7%
内地游客（万人次）	1766.79	21.0%
十三、财政		
财政总收入（亿元）	713.36	46.8%
其中：一般预算收入	290.81	46.1%
地方财政支出（亿元）	546.18	41.0%
十四、金融		
金融机构年末存款余额（亿元）	4957.83	23.8%
其中：城乡居民储蓄存款余额（亿元）	2693.99	17.9%
金融机构年末贷款余额（亿元）	2964.58	21.9%
十五、价格指数（以上年为100）		
居民消费价格总指数	103.7	
商品零售价格总指数	102.4	
十六、人民生活		
在岗职工平均工资（元）	39448	12.0%

(续表)

指 标 名 称	2010年指标值	比上年增长
城镇居民人均可支配收入(元)	21825	12.1%
农民人均纯收入(元)	9914	14.0%
十七、社会事业		
在校学生数(人)	843997	-5.0%
其中:普通高等学校	84856	-5.0%
普通中等专业学校	50042	7.0%
职业高中	33294	-7.9%
普通中学	336451	-8.3%
小学	323219	-1.5%
毕业学生数(人)	248453	-4.4%
其中:普通高等学校	28555	18.4%
普通中等专业学校	9643	-6.6%
职业高中	12679	-12.2%
普通中学	132088	-4.9%
小学	61360	-8.6%
卫生机构数(个)	1667	-6.6%
其中:医院	63	14.5%
卫生院	270	-2.2%
卫生机构床位数	26293	8.5%
其中:医院(张)	14416	12.1%
卫生院(张)	11210	4.6%
卫生技术人员(人)	30645	9.4%
其中:执业(助理)医师	13198	5.4%

2010年南通市全面建设小康社会统计监测指标

指 标 名 称	单位	目标值	2010年
一、经济发展			
1、人均地区生产总值	元	≥24000	47500
2、二三产业增加值占GDP比重	%	≥92	92.3
3、城镇化率	%	55	55.0
4、城镇登记失业率	%	<5	2.75
二、生活水平			
5、居民收入			
(1)城镇居民人均可支配收入	元	≥16000	21825

（续表）

指　标　名　称	单位	目标值	2010 年
(2)农村居民人均纯收入	元	≥8000	9914
6、居民住房			
(1)城镇人均住房建筑面积	平方米	30	40.0
(2)农村人均钢筋、砖木结构住房面积	平方米	40	53.5
7、居民出行			
(1)农村行政村通灰黑公路(或航道)比重	%	100	100.0
(2)城镇人均拥有道路面积	平方米	12	18.5
8、居民信息化普及程度			
(1)百户家庭电话拥有量	部	200	282.0
(2)百户家庭电脑拥有量	台	40	61.6
9、居民文教娱乐服务支出占家庭消费支出比重	%	18	18.0
10、恩格尔系数	%	<40	35.9
三、社会发展			
11、全社会研发投入(R&D)占 GDP 比重	%	≥1.5	1.80
12、高中阶段教育毛入学率	%	≥90	100.0
13、卫生服务体系健全率	%	≥90	100.0
14、社会保障			
(1)城镇劳动保障三大保险各自覆盖面	%	≥95	97.6
#城镇基本养老保险	%	≥95	98.4
城镇失业保险	%	≥95	97.0
城镇基本医疗保险	%	≥95	97.4
(2)新型农村合作医疗覆盖面	%	≥95	99.5
15、人民群众对社会治安的满意率	%	90	达标
16、城乡村(居)民依法自治			
(1)城镇社区居委会依法自治达标率	%	90	99.6
(2)农村村委会依法自治达标率	%	95	99.6
四、生态环境			
17、绿化水平			
(1)城市绿化覆盖率	%	40	40.6
(2)森林覆盖率	%	20	20.2
18、环境质量综合指数	分	80	88.6

2010年南通各县(市、区)主要经济指标

	全市	崇川区	港闸区	开发区	通州区	海安县	如皋市	如东县	海门市	启东市
南通市生产总值(亿元)	3417.88	350.03	178.10	256.21	508.00	355.57	431.00	352.36	500.10	430.04
第一产业	262.43	0.69	2.53	2.33	40.40	38.25	41.35	45.10	37.29	54.49
第二产业	1908.56	156.31	134.52	223.66	295.89	193.26	244.85	188.25	301.95	229.98
工　业	1568.49	124.26	119.10	208.55	242.14	157.53	207.59	152.01	247.14	183.37
建筑业	340.07	32.05	15.43	15.11	53.75	35.73	37.26	36.24	54.81	46.61
第三产业	1246.89	193.03	41.05	30.22	171.71	124.06	144.80	119.01	160.86	145.57
人均GDP(元)	44808	63765				38009	30574	33535	50086	38458
财政总收入(亿元)	713.36	389.02	77.87	50.54	78.08	50.38	70.28	75.06	70.28	75.06
全社会固定资产投资(亿元)	2168.38	217.21	143.49	208.42	299.01	241.96	253.37	235.14	281.43	280.75
进出口贸易总值(万美元)	2109616	567290	168381	354456	239664	110262	193161	95799	123175	257386
实际到账注册外资(万美元)	206056	9092	5375	45572	7976	14184	34048	27913	34925	24968
对外承包劳务营业额(万美元)	125316	27069	1632		21217	6815	20133	7997	32470	9615
社会消费品零售总额(亿元)	1268.32	213.79	63.42	20.96	176.71	133.16	170.01	148.19	173.71	168.37
城乡居民储蓄存款(亿元)	2693.99	1099.30			396.70	308.11	316.80	251.45	363.86	354.47
城镇居民可支配收入(元)	21825	23541			23081	20512	19852	20502	22930	20618
农民人均纯收入(元)	9914				10541	9478	8695	9120	11372	10587

2010年江苏省各市主要经济指标

	全省	南京市	无锡市	徐州市	常州市	苏州市	南通市	连云港市	淮安市	盐城市	扬州市	镇江市	泰州市	宿迁市
地区生产总值(亿元)	40903.34	5010.36	5758.00	2866.93	2976.68	9168.91	3417.88	1150.81	1345.07	2266.26	2207.99	1956.64	2002.58	1015.21
第一产业增加值(亿元)	2539.59	142.02	104.94	278.00	99.82	155.53	262.43	176.10	189.97	363.71	159.25	81.58	148.45	181.69
第二产业增加值(亿元)	21753.93	2327.76	3208.79	1490.22	1667.16	5294.07	1908.56	545.07	647.10	1096.55	1229.34	1124.52	1125.85	479.14
工业增加值(亿元)	19266.93	2005.26	2986.52	1267.91	1514.36	4956.75	1568.49	431.84	537.00	935.51	1074.61	1043.67	981.02	386.37
第三产业增加值(亿元)	16609.82	2540.57	2444.27	1098.71	1209.70	3719.31	1249.89	429.64	508.00	806.00	819.40	750.54	728.28	354.37
财政总收入(亿元)	11743.22	1850.86	1579.85	646.83	841.67	2759.67	713.36	352.58	449.86	494.52	400.80	381.50	456.37	205.76
全社会固定资产投资(亿元)	23186.75	3306.05	2985.65	2049.26	2103.55	3617.82	2168.38	1234.25	1485.00	1891.05	1331.85	1327.08	1538.03	1010.00
进出口贸易总值(亿美元)	4657.90	456.01	612.23	41.61	222.78	2740.76	210.96	50.72	21.71	39.37	82.40	81.54	85.86	12.20
出口总值(亿美元)	2705.50	248.85	362.72	26.31	155.58	1531.08	141.07	26.00	14.95	23.19	60.55	47.51	58.77	9.14
实际到账注册外资(亿美元)	285.00	26.76	33.00	10.13	24.43	85.35	20.61	11.01	10.51	13.04	20.56	16.15	13.63	1.81
社会消费品总额(亿元)	13482.32	2267.77	1809.08	948.25	1044.73	2380.06	1268.32	426.75	464.81	759.50	719.48	559.52	550.29	286.74
居民储蓄存款余额(亿元)		3572.07	3109.44	1329.11	2024.15	4701.31	2693.99	538.24	587.24	1131.82	1252.39	1002.51	1164.18	419.34
城镇居民人均可支配收入(元)	22944	27383	27750	16762	25875	30366	21825	15790	15983	16935	19537	23224	20255	12757
农民人均纯收入(元)	9118	11128	14002	7955	12637	14657	9914	7039	7233	8751	9462	10874	9324	6975

2010 年“长三角”城市主要经济指标

	上海市	南京市	无锡市	常州市	苏州市	南通市	扬州市	镇江市	泰州市	杭州市	宁波市	嘉兴市	湖州市	绍兴市	舟山市	台州市
地区生产总值(亿元)	16872.42	5010.36	5758.00	2976.68	9168.91	3417.88	2207.99	1956.64	2002.58	5945.82	5152.82	2296.00	1301.56	2782.74	633.45	2415.12
第一产业增加值(亿元)	114.15	142.02	104.94	99.82	155.53	262.43	159.25	81.58	148.45	207.96	218.43	126.30	104.61	149.28	62.44	159.99
第二产业增加值(亿元)	7139.96	2327.76	3208.79	1667.16	5294.07	1908.56	1229.34	1124.52	1125.85	2844.25	2848.23	1342.12	764.61	1582.87	288.55	1262.66
工业增加值(亿元)	6456.78	2005.26	2986.52	1514.34	4956.75	1568.49	1074.61	1043.67	981.02	2500.29	2569.60	1191.02	637.18	1414.33	213.78	1144.08
第三产业增加值(亿元)	9618.31	2540.57	2444.27	1209.70	3719.31	1246.89	819.40	750.54	728.28	2893.39	2059.16	827.58	482.34	1050.59	282.46	992.47
规模以上工业总产值	30003.57	8502.61	12958.53	7387.79	24598.89	7481.53	5872.85	4175.11	4861.10	11258.49	10867.47	5137.50	2677.80	6836.71	989.14	3783.32
全社会固定资产投资(亿元)	5317.67	3306.05	2985.65	2103.55	3617.82	2168.38	1331.85	1327.08	1538.03	2753.13	2206.48	1518.56	764.95	1253.60	413.84	950.24
进出口贸易总值(亿美元)	3688.69	456.01	612.23	222.78	2740.76	210.96	82.40	81.54	85.86	523.55	829.04	228.20	69.28	270.16	107.33	170.01
出口总值(亿美元)	1807.84	248.85	362.72	155.58	1531.08	141.07	60.55	47.51	58.77	353.27	519.67	160.40	58.61	210.89	69.37	139.63
实际到账注册外资(亿美元)	111.21	26.76	33.00	24.43	85.35	20.61	20.56	16.15	13.63	43.56	23.23	16.10	9.19	9.03	0.67	1.32
社会消费品总额(亿元)	6036.86	2267.77	1809.08	1044.73	2380.06	1268.32	719.48	559.52	550.29	2146.08	1704.51	799.36	516.09	852.89	212.54	960.45
居民储蓄存款余额(亿元)	16249.29	3572.07	3109.44	2024.15	4701.31	2693.99	1252.40	1002.51	1164.18	4990.97	3312.17	1629.71	821.68	1945.72	410.80	1730.67
市区居民人均可支配收入(元)	31838	28312	27750	26269	29219	23541	21766	23075	21359	30035	30166	24815	25572	27626	26242	28583

实 用 信 息

南通汽车站班车时刻表

（2011 年 1 月起执行）

省际班车

终点站	发 车 时 间	车 型
汉口	18:00	高二卧铺
上海	5:45－19:00，约 30 分钟一班，共 24 班	大型高二
宁波	8:00 10:00 13:50 15:50	大型高二
杭州	7:00 8:30 9:50 11:30 13:00 14:40 15:40 16:40	大型高二
嘉兴	7:50 10:50 13:50 16:50	大型高一
北京	15:00	高一卧铺
天津	10:20	高一卧铺
邢台	18:00	高一卧铺
临汾	12:00	高一卧铺
沈阳	9:10	高一卧铺
大连	10:30	高一卧铺
上海	6:00－17:45，约 40 分钟一班，共 24 班	大型高一

崇明	11:00	大型中级
安吉	15:15	中型高一
乐清	17:45,隔日	高一卧铺
湖州	8:30 12:30	大型高一
温岭	8:30	高一卧铺
路桥	10:00	高一卧铺
绍兴	8:00 14:50	大型高一
合肥	8:00 9:50 13:20 15:50	大型高一
温州	12:00	高一卧铺
枞阳	9:20	大型高一
丽水	17:10	高一卧铺
芜湖	7:35 13:20	大型高一
余姚	8:45	大型高一
铜陵	8:30	大型高一
义乌	15:00	高一卧铺
萧山	7:00 13:10	大型高一
平湖	14:00	中型高一
文成	12:40(隔日)	高一卧铺
水头	10:40	高一卧铺
金华	15:40	高一卧铺
龙港	13:40	高一卧铺
莆田	13:10	高一卧铺
福州	14:30	高一卧铺
济南	17:00	高一卧铺
青岛	8:30	大型高一
青岛	12:00 18:00	高一卧铺
郑州	9:15	高一卧铺
沙市	14:30	高一卧铺
崇阳	8:50	高一卧铺
临湘	10:30(隔日)	高一卧铺
湖南长沙	9:50	高一卧铺
南县	15:20(隔日)	高一卧铺
南昌	12:15	高一卧铺
广州	16:35	高一卧铺
重庆	10:00(隔日)	高一卧铺

慈溪	9:45 15:30	中型高一
漯河	6:50	大型高一
贵阳	9:45(隔日)	高一卧铺
南宁	15:30(隔日)	高一卧铺

市际班车

终点站	发 车 时 间	车 型
南京	6:00－18:50,约30分钟一班,共29班	大型高二
扬州	6:20 7:00 7:40 8:20 9:10 9:30 10:30 11:00 11:45 12:30 13:00 13:40 14:20 15:10 15:30 16:30 17:00 17:45	大型高二
泰州	6:40 8:15 9:15 10:15 11:15 12:40 14:15 15:15 17:15	大型高二
泰兴	7:00 8:00 9:00 10:30 12:30 14:00 15:00 16:00	大型高一
镇江	7:50 9:00 10:45 12:30 14:30 16:00	大型高一
常州	6:00－18:20,约30分钟一班,共22班	大型高二
无锡	6:15－18:00,约30分钟一班,共24班	大型高二
江阴	7:20 8:30 9:30 10:45 13:20 14:30 15:30 17:00	大型高一
苏州南站	7:00 8:00 8:50 9:40 10:30 11:30 12:40 13:30 14:30 15:30 16:30 17:40	大型高二
苏州北站	6:00－19:00,约30分钟一班,共24班	大型高二
盛泽	7:30 10:30 13:45 16:30	大型高一
常熟	6:00－18:00,约60分钟一班.共16班	大型高一
昆山	7:00 8:00 9:00 10:00 11:00 11:50 13:00 14:00 15:00 16:00 17:00 18:00	大型高一
太仓	8:00 9:00 10:20 12:00 13:00 14:00 16:00	大型高一
张家港	6:00－18:20,约25分钟一班,共30班	大型高一
江都	6:45 9:30 13:10 15:30	大型高一
丁山	15:30	大型高二
宜兴	8:00 12:30	大型高一
黄桥	7:15 9:30 13:15 15:40	大型高一
靖江	7:30 9:10 10:20 13:45 15:25 16:30	大型高一
徐州	8:00 10:00 15:15 17:15	大型高一
龙固	10:45	大型高一
邳州	8:15	大型高一
新浦	6:20 7:45 9:50 14:20 15:00	中型高一
东海	5:50	中型高一
宿迁	9:20	大型高一
泗洪	8:00 13:30	大型高一
沭阳	13:50	大型高一

淮安	7:10 13:30	大型高一
盱眙	6:55 12:40	大型高一
楚州	12:00	大型高一
涟水	8:40	大型高一
盐城	6:30－18:00,约30分钟一班,共24班	中型高一
滨海	13:50	中型高一
阜宁	12:45	中型高一
东台	6:45 8:45 9:40 11:15 13:15 14:45 15:45 16:45	中型中级
大丰	6:15 8:15 10:15 12:15 14:15 16:15	中型高一
戴南	7:45 12:00	中型中级
建湖	13:40	大型普通
金湖	12:45	大型高一
兴化	7:20	中型高一
高邮	8:40 13:30	中型高一
姜堰	13:00	大型中级
扬中	7:05 10:00 12:55 16:00	中型中级
溧阳	7:45 12:35	大型高一
宝应	7:30 12:25	大型高一
泗阳	15:45(隔日)	大型高一
区内班车		
海安	5:45－19:00,约15分钟一班,共57班	大型高一
如皋	6:00－19:00,约15分钟一班,共65班	大型高一
金沙	6:45－18:55,约25分钟一班,共37班	大型高一
掘港	6:00－18:40,约30分钟一班,共24班	大型高一
海门	5:50－18:50,约20分钟一班,共40班	大型高一
启东	5:50－19:00,约15分钟一班,共45班	大型高一
三厂	6:00－17:55,约20分钟一班,共36班	大型高一
三阳	9:10 14:45	大型高一
余东	8:45 15:00	大型高一
国强	6:05 10:20 13:15 15:50	大型中级
吕四	5:40－19:00,约25分钟一班,共41班	大型高一
二案	5:45－19:00,约15分钟一班,共40班	大型中级
长青沙	6:10 7:20 8:50 10:10 11:40 13:20 14:30 15:10 16:20 17:50	大型中级
东余	8:40 14:40	大型中级
海丰	8:00 14:00	大型中级

江安	6:15－19:00,约40分钟一班,共18班	中型中级
黄市	9:05 9:50 11:25 14:25 15:25 17:40	中型普通
石庄	6:00－18:30,约30分钟一班,共25班	大型中级
永隆沙	12:35	大型中级
叠石桥	7:30 9:00 11:50 13:50 15:50 17:00	大型中级
志浩	6:00－18:10,约20分钟一班,共37班	中型中级
高明	9:25 16:25	大型中级
常青	8:40 10:50 15:10 16:50	大型中级
搬经	9:30 16:00	中型中级
场北	8:20 9:40 15:50 16:40	大型中级
雪岸	9:45 16:45	大型中级
白蒲	6:20－18:30,约20分钟一班,共40班	中型中级
曲塘	9:35 16:05	大型中级
雅周	9:10 10:40 15:20 16:30	大型中级
角斜	8:55 15:45	大型中级
长沙	9:15 15:15	中型高一
北坎镇	6:10 9:10 13:20 14:25 17:10	大型中级
棉场	15:10	大型中级
沿南	7:50 8:45 9:55 11:00 13:15 14:50 16:10 17:00	中型中级
河口	8:30 15:10	大型中级
浒零	9:25 15:45	大型中级
拼茶	6:00 7:40 8:50 10:05 11:20 12:30 13:35 14:40 16:20 17:40 －	大型高一
洋口	9:20 15:10	大型中级
双甸	10:40 17:20	大型中级
马塘	6:00 8:30 9:45 10:50 13:00 14:30 16:30	大型高一
曹埠	8:00 9:30 11:50 13:50 15:40 17:30	大型中级
东凌	16:10	大型中级
兵房	7:20 8:10 10:10 11:05 12:00 12:50	大型中级

2011年飞鹤公共交通分公司班车时刻表

南通汽车站

二甲	5:30－18:00,约25分钟一班,共24班	公交型
南兴	5:45－18:40,,约50分钟一班,共20班	公交型
农场	5:20－19:00,,约20分钟一班,共50班	公交型

校西车站

终点站	发 车 时 间	车 型

掘港	6:15－18:35,班次间隔约20－30分钟一班	大型高一
兴东	6:00－19:15,班次间隔约30－35分钟一班	公交型
江海河	5:30－19:30,班次间隔约15－20分钟一班	公交型
石港	5:30－19:45,班次间隔约15－20分钟一班	公交型
横港	5:20－19:00,约15分钟一班	公交型

南通汽车站问询电话:0513－83512816 http://www.ntqyjt.com.cn(可办理网上购票)

南通机场航班时刻表

(2011年4月起执行)

航班号	航线							机型	班期
ZH9729/30	天津	1340	1530	南通	1115	1255	天津	A319	1 4 6
MU5797/98	昆明	0750	1150	南通	1230	1700	昆明	B737	1 3 6
MU5797/98	南昌	1030	1150	南通	1230	1350	南昌	B737	1 3 6
ZH9729/30	深圳	0710	0920	南通	1620	1830	深圳	A319	1 4 6
CA1513/14	北京	1515	1715	南通	1815	2010	北京	B737	1234567
G52769/70	重庆	1425	1745	南通	1815	2145	重庆	CR2	2 4 6
G52769/70	长沙	1610	1745	南通	1815	1955	长沙	CR2	2 4 6
3U8985/86	成都	1405	1745	南通	1835	2235	成都	A319	2 4 6
3U8985/86	武汉	1635	1745	南通	1835	1950	武汉	A319	2 4 6
CZ3267	广州	1510	1855	南通	2000	2205	广州	B737	1234567

南通兴东机场公司 问讯:0513－86560050 售票:86560315 http://www.ntcaac.com

民航售票处(工农路241号):0513－85228985、85228989

上海铁路局南通站旅客列车时刻

(2011年7月1日起执行)

车次	车种	运行区段	开车时刻	到达时刻	沿途靠站
K772	新空快速	南通－济南 830千米	06:40	18:56	海安县 东台 盐城 淮安 沭阳 新沂 邳州 徐州 枣庄西 滕州 邹城 兖州 磁窑 泰山 济南
K8456	新空快速	南通－南京 284千米	8:10	12:50	如皋 海安县 姜堰 泰州 江都 扬州 仪征 六合 南京
K8600	快速	南通－淮安 291千米	8:45	13:15	如皋 海安县 东台 盐城 建湖 阜宁 淮安南 淮安
K564	新空快速	南通－太原 1409千米	13:00	次日6:40	海安县 东台 盐城 淮安 新沂 徐州 砀山 商丘 菏泽 ②聊城 衡水 辛集 石家庄北 太原

K8506	新空快速	南通－淮安 291千米	13:50	18:38	如皋 海安县 东台 盐城 建湖 阜宁 淮安南 淮安
K8504	新空快速	南通－南京 284千米	14:55	18:46	如皋 海安县 姜堰 泰州 扬州 南京
K568	新空快速	南通－重庆北 2112千米	15:40	次日22:34	海安县 泰州 扬州 南京 马鞍山 芜湖 巢湖 合肥 ②六安 固始 商城 潢川 信阳 桐柏 唐河 南阳 襄阳 谷城 武当山 十堰 白河东 安康 紫阳 万源 宣汉 达州 渠县 广安 重庆北
K384	新空快速	南通－汉口 967千米	17:45	次日7:31	海安县 泰州 扬州 合肥 ②淮南 阜阳 潢川 麻城 红安 汉口
Z52	直达特快	南通－北京 1325千米	18:50	次日7:28	海安县 盐城 淮安 ②徐州 北京

车次	车种	运行区段	开车时刻	到达时刻	返程停靠车站
K383	新空快速	汉口－南通	19:46	次日9:30	汉口 红安 麻城 潢川 ②阜阳 淮南 合肥 扬州 泰州 海安县
Z51	直达特快	北京－南通	21:17	次日9:55	北京 ②徐州 淮安 盐城 海安县
K563	新空快速	太原－南通	16:00	次日10:45	太原 石家庄北 辛集 衡水 聊城 ②菏泽 商丘 徐州 新沂 淮安 盐城 东台 海安县
K567	新空快速	重庆北－南通	23:59	第三天 11:10	重庆北 ②广安 渠县 达州 宣汉 万源 安康 白河县 十堰 武当山 襄阳 南阳 唐河 桐柏 信阳 潢川 商城 固始 ③六安 合肥 巢湖 芜湖 马鞍山 南京 扬州 泰州 海安县
K8503	新空快速	南京－南通	8:10	12:30	南京 扬州 泰州 姜堰 海安县 如皋
K8505	新空快速	淮安－南通	8:25	12:55	淮安 淮安南 阜宁 建湖 盐城 东台 海安县 如皋
K8455	新空快速	南京－南通	12:40	16:50	南京 六合 仪征 扬州 江都 泰州 姜堰 海安县 如皋
K8599	快速	淮安－南通	14:25	19:55	淮安 淮安南 阜宁 建湖 盐城 东台 海安县 如皋
K771	新空快速	济南－南通	7:30	20:20	济南 泰山 兖州 邹城 滕州 枣庄西 徐州 邳州 新沂 淮安 盐城 东台 海安县

注：具体行车时间以车站公告和车票票面为准。表中②③表示第二天、第三天。上海铁路局统一问询电话：95105105

索　　引

说　　明

1. 本索引采用主题分析法编制,便于读者检索栏目(亦称类目)、分目、条目。按汉语拼音顺序排列,同字同音按声调排列,音调相同按下一字的音序排列。

2. 卷首的特载、概览篇及卷尾的辖区篇、人物篇、文献篇、附录等内容未作索引。对其余篇目的主要条目均予以收录。

3. 栏目、分目用黑体字,条目用宋体字。标引词后的数字表示所在页码,数字后的 a、b 分别表示左、右栏。标引词相同的按页码前后排列。

4. 索引标引词一般采用中心词或简称,机关企事业单位及在南通发生事件名称前冠"南通"字样的,一般予以省略,易产生歧义者除外。

A

B

C

K

L

T

W

X